Z-163

JAHRBUCH FÜR FRÄNKISCHE LANDESFORSCHUNG

HERAUSGEBER UND VERLAG
ZENTRALINSTITUT FÜR REGIONALFORSCHUNG
AN DER UNIVERSITÄT ERLANGEN-NÜRNBERG
– SEKTION FRANKEN –
66

Auslieferung: Wissenschaftlicher Kommissionsverlag
Sigrid Strauß-Morawitzky
Alter Festplatz 14 · 96135 Stegaurach

Festschrift
Werner K. Blessing

Zum 65. Geburtstag gewidmet
von Kollegen, Freunden und Schülern

HERAUSGEGEBEN
VON
CHRISTOPH HÜBNER
PASCAL METZGER
IRENE RAMOROBI
CLEMENS WACHTER

Gedruckt mit Unterstützung

des Bayerischen Staatsministeriums für Wissenschaft, Forschung und Kunst

der Kulturstiftung der Sparkasse Nürnberg für die Stadt Nürnberg

des Bezirkstags von Mittelfranken

der Unterfränkischen Kulturstiftung des Bezirks Unterfranken

der Stadt- und Kreissparkasse Erlangen

Abbildung auf dem vorderen Buchdeckel:
Auszeichnung für Uhrmacher Gustav Speck[h]art auf der Weltausstellung 1900
in Paris (Stadtarchiv Nürnberg: E 10/77 Nr. 11, Beitrag Daniela Stadler)

ISSN 0446-3943
ISBN 978-3-940049-01-8

Schriftleitung: Werner K. Blessing, Dieter J. Weiß, Wolfgang Wüst
Redaktionelle Mitarbeit: Marina Heller

Für die Beiträge sind die Verfasser verantwortlich.

Satz: Dr. Anton Thanner, Weihungszell
Druck: VDS Verlagsdruckerei Schmidt, Neustadt an der Aisch

INHALT

Geleitwort	IX
Mitarbeiterverzeichnis	X
Tabula gratulatoria	XI

Karl Strobel, Die Römer am Main – Die Mainlinie als Teil der augusteischen Eroberungspolitik in Germanien 1

Alois Schmid, Schwandorf. Der lange Weg vom Dorf zur Stadt 19

Günter Christ, Johannes Lohelius – Vom Stallknecht zum Erzbischof von Prag. Eine Karriere im Zeitalter von katholischer Reform und Gegenreformation 35

Wilhelm Störmer, Wallfahrt in Zeiten der ‚Gegenreformation'. Ein mainfränkisches Beispiel 41

Werner Wilhelm Schnabel, Kirchweih in Kraftshof 1641. Volksbelustigung im Spiegel akademischer und nichtakademischer Dichtung 51

Hans-Otto Keunecke, Zum Buchgewerbe in Neustadt an der Aisch 1677–1792 83

Heike Petermann, „Die Sorge um das Wohl der Menschen". Gesundheitsfürsorge in Franken Ende des 18. Jahrhunderts im Kontext 103

Rudolf Endres, Die Handlungsdienerhilfskasse (Hülfskassa) in Nürnberg (1742–1944) 121

Anne von Kamp, Amalie von Baumbach geb. von Hendrich. Ein adeliges Frauenleben zwischen Wunsch und Wirklichkeit 129

Wolf D. Gruner, Immanuel Kant (1724–1804) – Friedrich Gentz (1764–1832) – Karl Christian Friedrich Krause (1781–1832) und die Deutschland- und Europavorstellungen ihrer Zeit. Vom ausgehenden 18. Jahrhundert bis zur Julirevolution 145

Gerhard Rechter, Das Rittergut Rügland und die Einquartierung französischer Truppen 1806 169

Dieter J. Weiß, Krone ohne Krönung. Symbole und Repräsentation der bayerischen Monarchie 181

Karl Möckl, Die bayerischen Bezirke. Historische Grundlagen und Perspektiven 195

Andreas Otto Weber, Strukturwandel am Rand einer entstehenden Großstadt: Bogenhausen vom herzoglich-bayerischen Grenzdorf zum Nobelviertel im Münchner Osten 207

Wolfgang Wüst, Gerichts- und Gutsadel 1806–1848/49. Regionaler Hoffnungsträger oder Hemmschuh für die Integration in Süddeutschland? 227

Peter Mast, Der Regierungsbezirk Erfurt. Zur Stellung Preußens in Mitteldeutschland zwischen dem Wiener Kongreß und der Reichsgründung 1815–1871 247

Alfred Kröner, Ludwig Feuerbach an der Universität Erlangen – Chronik eines Scheiterns 263

Pascal Metzger, Die ersten Nürnberger Fabrikarbeiter. Die Lebenswelt der Arbeiterschaft der Maschinenbauanstalt Johann Wilhelm Spaeth im Spiegel der Fabrikordnung von 1838 285

Matthias Honold, Wilhelm Löhe und die Diakonissenanstalt Neuendettelsau 1854–1872. Entwicklung und Wahrnehmung sozialer Arbeit einer diakonischen Einrichtung in der Mitte des 19. Jahrhunderts 301

Helmut Neuhaus, Gräfenberg im preußisch-bayerischen Krieg von 1866. Zur historischen Einordnung einer kleinen Episode 319

Daniela Stadler, Die Beteiligung Nürnbergs an den Weltausstellungen des 19. Jahrhunderts 331

Edeltraud Loos, „Die gute Erziehung der kleinen Kinder der Armen ... ist für den Staat von größter Wichtigkeit." Von der Kinderbewahranstalt im 19. Jahrhundert zur Kindertageseinrichtung (Kita) im 21. Jahrhundert am Beispiel Erlangen 363

Claudia Thoben, „Notorische Straßendirnen" im Visier der Polizei. Bruchstücke weiblicher Lebensläufe im Nürnberg des ausgehenden 19. Jahrhunderts 377

Martina Bauernfeind, Nürnberg – eine Stadt in Bewegung. Zu den Herkunftsgebieten der Erwerbsmigranten um 1900 391

Clemens Wachter, „Pflegestätte des deutschen Idealismus". Die Konzeption einer „Freien Hochschule für Handel, Industrie und allgemeine Volksbildung" in Nürnberg am Beginn des 20. Jahrhunderts 417

Christoph Hübner, Ein bayerischer Vertreter des Weimarer „Rechtskatholizismus": Max Buchner als Historiker, Politiker und Publizist in München und Würzburg (1919–1933) 441

Alfred Wendehorst, Die Zwischen- und die Nachkriegszeit im Erzbistum Bamberg. Einige Fakten und Beobachtungen zu den Auswirkungen politischer und gesellschaftlicher Veränderungen auf das kirchliche Leben 463

Steven M. Zahlaus, „Ende des Patriarchats?" Zu Leben und Werk der Frauenrechtlerin Rosine Speicher 487

Irene Ramorobi, Ein Arbeitgeber gestaltet eine Lebenswelt. Die Wohnfürsorgepolitik der Deutschen Reichsbahn-Gesellschaft am Beispiel Bayerns . 507

Thomas Horling, Kartell und ausländisches Kapital. Die deutsche Wälzlagerindustrie in den Jahren 1925–32 521

Andreas Jakob, „Mögen im ewigen Auf und Ab, dem Gesetz allen Daseins, sich immer wieder starke Männer finden, die das aufwärts strebende Unternehmen erhalten, stärken und immer höher bringen!" Das Erlanger Baugeschäft Baßler von der Gründerzeit bis zum Ende des Zweiten Weltkrieges 563

Hermann Rumschöttel, Die Aufnahme in das Maximilianeum. Eine Fußnote zur politischen Biografie von Franz Josef Strauß 581

Charlotte Bühl-Gramer, „… und muss ich sagen, hängt man an einer so schönen Stadt." Ein Kurzporträt der jüdischen Familie Astruck in Nürnberg 593

Michael Diefenbacher, Verschenkt, verkauft und wiedergewonnen – die abenteuerliche Geschichte eines Amtsbuchs aus dem Stadtarchiv Nürnberg nach dem Zweiten Weltkrieg 603

Heinz Hürten, Eine neue Quelle zur Freiheitsaktion Bayern 617

Erich Schneider, „… von unbestreitbarem kunsthistorischen Wert". Olaf Andreas Gulbranssons Auferstehungskirche in Schwebheim und die bayerische Denkmalpflege 623

Inez Florschütz, Architektur zwischen Neuanfang und Rekonstruktion. Ein Streifzug durch die Fünfziger-Jahre-Architektur in Bayern 639

GELEITWORT

Am 20. November 2006 vollendete Professor Dr. Werner K. Blessing sein 65. Lebensjahr. Dazu gratulieren seine Schüler, Kollegen und Freunde herzlich und widmen dem Jubilar vorliegende Festschrift, die mit zahlreichen Beiträgen einen weiten thematischen Bogen über sein Forschungsfeld, die fränkische und bayerische Landesgeschichte, spannt. Viele Weggefährten haben sich in die Tabula gratulatoria eingetragen und sprechen ihm auch auf diesem Weg alle guten Wünsche aus.

Werner K. Blessing verbrachte Kindheit und Jugend in seiner Geburtsstadt München und besuchte das dortige humanistische Wittelsbacher-Gymnasium. Anschließend studierte er Geschichte, Germanistik und Politische Wissenschaften an der renommierten Hochschule seiner Vaterstadt, der Ludwig-Maximilians-Universität, sowie in Amsterdam. In München traf er auf seinen langjährigen akademischen Lehrer und späteren Doktorvater, den Ordinarius für Bayerische Landesgeschichte Karl Bosl. Das Studium bei ihm und die Auseinandersetzung mit seinem wissenschaftlichen Werk sollten Werner K. Blessing nachhaltig prägen. Auf die Promotion folgte 1975 eine Tätigkeit als wissenschaftlicher Mitarbeiter an der Münchener Universität der Bundeswehr bei Eberhard Pikart und 1979 als Akademischer Rat und Oberrat an der Otto-Friedrich-Universität in Bamberg bei Karl Möckl. 1989 schließlich wurde Werner K. Blessing auf die Professur für Neuere Geschichte und Landesgeschichte an der Universität Erlangen-Nürnberg berufen. Darüber hinaus wirkt er in wissenschaftlichen Vereinigungen, so als Mitglied der Kommission für bayerische Landesgeschichte bei der Bayerischen Akademie der Wissenschaften und des Gesamtausschusses der Gesellschaft für fränkische Geschichte. Auch ist ihm die Förderung der bayerischen Kirchen- und Religionsgeschichte ein besonderes Anliegen.

Der wissenschaftliche Ansatz von Werner K. Blessing ist gekennzeichnet von einer spezifisch landesgeschichtlich-regionalen Perspektive auf historische Phänomene und Strukturen, die eben gerade über den rein regionalen Blickwinkel hinausweisen. Anhand von historischen Entwicklungen der Region, des Landes, am Beispiel Frankens und Bayerns, findet Werner K. Blessing sozial- und kulturgeschichtliche Zugänge, die den Blick freigeben auf so umfassende und vielschichtige Phänomene wie Säkularisierung, Rationalisierung, gesellschaftliche Differenzierung und Modernisierung. Das sozial- und kulturgeschichtliche Konzept der Lebenswelt bietet ihm hierbei ein angemessenes wissenschaftliches Instrument zur Verbindung der Sphären von regionaler Kultur und „universaler" Struktur. Seine Ansätze inspirierten daher nicht zuletzt eine Vielzahl von sowohl landesgeschichtlich als auch strukturgeschichtlich interessierten Schülern, die diese Methodik sich zu eigen machten.

Zu danken haben die Herausgeber der Festschrift in erster Linie den Autoren, die sich bereitwillig zu einer Mitarbeit einfanden, sowie den Schriftleitern des Jahrbuchs für fränkische Landesforschung für die Aufnahme der Festschrift als 66. Jahresband in die Publikationsreihe. Schließlich gilt der Dank allen Institutionen, die das Zustandekommen in großzügiger Weise finanziell unterstützten.

Autoren, Gratulanten und Herausgeber wünschen ihrem verehrten Lehrer, Kollegen und Freund einen erfüllten Ruhestand und weiterhin eine Zeit ertragreichen Schaffens.

Erlangen, im Dezember 2006   Die Herausgeber

MITARBEITERVERZEICHNIS

Bauernfeind, Martina, Dr. phil., Nürnberg
Bühl-Gramer, Charlotte, Dr. phil., Akad. Rätin, Nürnberg
Christ, Günter, Dr. phil., Univ.-Prof., Köln
Diefenbacher, Michael, Dr. phil., Ltd. Archivdirektor, Stadtarchiv Nürnberg
Endres, Rudolf, Dr. phil., Univ.-Prof. (em.), Buckenhof
Florschütz, Inez, Dr. phil., wiss. Assistentin, Architekturmuseum der TU München / Pinakothek der Moderne
Gruner, Wolf D., Dr. phil., Dr. phil. habil., Univ.-Prof., Rostock
Honold, Matthias, M.A., Zentralarchiv Diakonie Neuendettelsau
Horling, Thomas, Dr. phil., wiss. Sekretär, Kommission für bayerische Landesgeschichte, München
Hübner, Christoph, M.A., wiss. Mitarbeiter, Erlangen
Hürten, Heinz, Dr. phil., Univ.-Prof. (em.), Eichstätt
Jakob, Andreas, Dr. phil., Stadtarchivar, Erlangen
von Kamp, Anne, M.A., Erlangen / Göttingen
Keunecke, Hans-Otto, Dr. phil., Direktor der Universitätsbibliothek Erlangen-Nürnberg
Kröner, Alfred, Dr. phil., Oberasbach
Loos, Edeltraud, Dr. phil., Lehrbeauftragte, Erlangen
Mast, Peter, Dr. phil., München
Metzger, Pascal, M.A., Nürnberg
Möckl, Karl, Dr. phil., Univ.-Prof., Bamberg
Neuhaus, Helmut, Dr. phil., Univ.-Prof., Erlangen
Petermann, Heike, M.A., Münster
Ramorobi, Irene, M.A., Nürnberg
Rechter, Gerhard, Dr. phil., Ltd. Archivdirektor, Staatsarchiv Nürnberg
Rumschöttel, Hermann, Dr. phil., Prof., Generaldirektor der Staatlichen Archive Bayerns, München
Schmid, Alois, Dr. phil., Univ.-Prof., München
Schnabel, Werner Wilhelm, Dr. phil., PD, Erlangen
Schneider, Erich, Dr. phil., Leiter der Museen und Galerien der Stadt Schweinfurt
Stadler, Daniela, M.A., wiss. Angestellte, Stadtarchiv Nürnberg
Störmer, Wilhelm, Dr. phil., Univ.-Prof. (i.R.), München
Strobel, Karl, Mag. Dr. phil., Univ.-Prof., Klagenfurt
Thoben, Claudia, Dr. phil., Oldenburg
Wachter, Clemens, Dr. phil., Universitätsarchivar Erlangen-Nürnberg
Weber, Andreas Otto, Dr. phil., wiss. Assistent, Erlangen
Weiß, Dieter J., Dr. phil., Univ.-Prof., Bayreuth
Wendehorst, Alfred, Dr. phil., Univ.-Prof. (em.), Erlangen
Wüst, Wolfgang, Dr. phil., Univ.-Prof., Erlangen
Zahlaus, Steven M., M.A., Erlangen

TABULA GRATULATORIA

Wolfgang Altgeld, Würzburg
Helmut Altrichter, Nürnberg
Heidrun Alzheimer, Bamberg
Klaus Arnold, Hamburg
Karl-Ludwig Ay, Puchheim
Richard Bartsch, Ansbach
Werner Bätzing, Erlangen
Martina Bauernfeind, Nürnberg
Walter Bauernfeind, Nürnberg
Konrad Bedal, Bad Windsheim
Helmut Beer, Nürnberg
Paul Beinhofer, Würzburg
Petra Bendel, Erlangen
Monika Berthold-Hilpert, Fürth
Dietrich Blaufuss, Erlangen
Karl Borchardt, Rothenburg ob der Tauber
Egon Boshof, Passau
Hanns Christof Brennecke, Erlangen
Evamaria Brockhoff, Augsburg
Wolfgang Brückner, Würzburg
Charlotte Bühl-Gramer, Nürnberg
Franziskus Büll, Münsterschwarzach
Enno Bünz, Leipzig
Günter Christ, Köln
Heidi Christ, Uffenheim
Hermann Dannheimer, Hadorf
Joel Davis, Columbia, Missouri/USA
Christoph Daxelmüller, Würzburg
Walter Demel, München
Günther Denzler, Bayreuth
Stephan Deutinger, München
Michael Diefenbacher, Heilsbronn
Eckart Dietzfelbinger, Nürnberg
Günter Dippold, Lichtenfels
Jesko Graf zu Dohna, Castell
Erwin Dotzel, Würzburg
Eberhard Dünninger, Regensburg
Bernhard Ebneth, München
Daniela F. Eisenstein, Nürnberg
Hubert Emmerig, Wien
Rudolf Endres, Erlangen

Thomas Engelhardt, Erlangen
Elisabeth Erdmann, Bubenreuth
Guido Fackler, Würzburg
Wiltrud Fischer-Pache, Nürnberg
Helmut Flachenecker, Würzburg
Peter Fleischmann, Augsburg
Inez Florschütz, München
Jürgen Franzke, Nürnberg
Pankraz Fried, Heinrichshofen
Christoph Friederich, Erlangen
Horst Fuhrmann, München
Walter Fürnrohr, Gauting
Uwe Gebauer, Fürth
Jürgen Gebhardt, Erlangen
Horst Gehringer, Coburg
Rainer Glafey, Nürnberg
Hermann Glaser, Roßtal
Hubert Glaser, Freising
Silvia Glaser, Nürnberg
Elke Goez, Passau
Luitgar Göller, Bamberg
Rainer Gömmel, Regensburg
Axel Gotthard, Erlangen
R. Gabriele Greindl-Wagner, München
Egon Johannes Greipl, München
Armin Griebel, Uffenheim
Rolf Griebel, München
Claus Grimm, Gräfelfing
Wolf D. Gruner, Rostock / Hamburg
Karl-Dieter Grüske, Erlangen / Nürnberg
Klaus Guth, Bamberg
Johanna Haberer, Erlangen
Anett Haberlah-Pohl, Erlangen
Rainer W. Hambrecht, Bamberg
Berndt Hamm, Erlangen
Ludwig Hammermayer, Ingolstadt
Hermann Hanschel, Neunkirchen am Brand
Wolfgang Hardtwig, Berlin
Walter Hartinger, Regensburg

Peter Claus Hartmann, München
Manfred Heim, München
Christian Heller, Erlangen
Hartmut Heller, Erlangen / Nürnberg
Marina Heller, Erlangen
Klaus Herbers, Erlangen
Peter Herde, Alzenau
Simon Hessdörfer, Marburg
Hermann Hiery, Bayreuth
Peter Högemann, Erlangen
Ludwig Holzfurtner, München
Matthias Honold, Neuendettelsau
Thomas Horling, München
Roland Horster, Würzburg
Irmgard Höss, Nürnberg
Christoph Hübner, Erlangen
Heinz Hürten, Eichstätt
Karl Inhofer, Ansbach
Andreas Jakob, Erlangen
Walter Jaroschka, München
Gotthard Jasper, Erlangen
Nikolaus Jaspert, Bochum
Stuart Jenks, Fürth
Anne von Kamp, Erlangen / Göttingen
Rudolf Keller, Lehrberg
Hans-Otto Keunecke, Erlangen
Friedrich Kiessling, Erlangen
Rolf Kiessling, Augsburg
Josef Kirmeier, München
Helmut Klumpjan, Erlangen
Andrea M. Kluxen, Nürnberg / Ansbach
Ulrich Knefelkamp, Frankfurt an der Oder
Walter Koch, München
Jürgen Kocka, Berlin
Werner König, Augsburg
Hans-Michael Körner, München
Ferdinand Kramer, München
Andreas Kraus, Schondorf
Frank-Lothar Kroll, Chemnitz
Alfred Kröner, Oberasbach
Fred Krüger, Erlangen
Christian Kruse, Nürnberg
Hartmut Kugler, Erlangen
Werner Kugler, Heidenheim/Mfr.
Karl-Friedrich Kühner, Bayreuth

Sibylle Kussmaul, Berlin
Dieter Langewiesche, Tübingen
Maximilian Lanzinner, Bonn
Julia Lehner, Nürnberg
Bruno Lengenfelder, Eichstätt
Friedrich Lenger, Gießen
Max Liedtke, Nürnberg
Edeltraud Loos, Erlangen
Wilfried Loth, Essen
Andreas Luther, Erlangen
Franz Machilek, Bamberg
Paul Mai, Regensburg
Matthias Maser, Erlangen
Peter Mast, München
Herbert May, Nürnberg
Alexander Mayer, Fürth
Rainer Mertens, Nürnberg
Karl Heinz Metz, Erlangen
Pascal Metzger, Nürnberg
Christoph H. F. Meyer, München
Karl Möckl, Bamberg
Horst Möller, München
Karl Möseneder, Erlangen
Horst Haider Munske, Erlangen
Karl B. Murr, München
Helmut Neuhaus, Erlangen
Thomas Nicklas, Erlangen
Stefan Nöth, Bamberg
Gunnar Och, Erlangen
Roland Pauler, Windorf
Heike Petermann, Münster
Eberhard Pikart, Riemerling
Ute Planert, Tübingen
Harald Popp, Erlangen
Irene Ramorobi, Nürnberg
Ursula Rautenberg, Erlangen
Gerhard Rechter, Nürnberg
Klaus Reder, Würzburg
Wolf-Armin Frhr. von Reitzenstein, München
Helmut Richter, Erlangen
Erwin Riedenauer, Kirchseeon
Josef Riedmann, Innsbruck
Dieter Rossmeissl, Erlangen
Eyring Frhr. von Rotenhan, Ebern-Eyrichshof

Hermann Rumschöttel, München
Karsten Ruppert, Eichstätt
Claus W. Schäfer, Nürnberg
Bernhard Schemmel, Bamberg
Winfried Schenk, Würzburg
Martin Schieber, Nürnberg
Werner Schiedermair, München
Anton Schindling, Tübingen
Alois Schmid, München
Peter Schmid, Regensburg
Alexander Schmidt, Nürnberg / Flossenbürg
Eberhard Schmitt, Bamberg
Werner Wilhelm Schnabel, Erlangen
Erich Schneider, Schweinfurt
Thomas A. H. Schöck, Erlangen
Gregor Schöllgen, Erlangen
Robert Schuh, Nürnberg
Christoph Schumann, Erlangen
Claudia Schwaab, München
Georg Schwaiger, München
Andrea Schwarz, Nürnberg
Helmut Schwarz, Nürnberg
Sofia Seeger, Erlangen
Gunnar Seelow, Erlangen
Georg Seiderer, Schwabach
Jonathan Sperber, Columbia, Missouri/USA
Tobias Springer, Nürnberg
Matthias Stadelmann, Erlangen
Daniela Stadler, Nürnberg
Robert Stalla, Wien
Kilian J. L. Steiner, München

Wilhelm Störmer, Neubiberg
Karl Strobel, Klagenfurt
Roland Sturm, Erlangen
Michael Stürmer, Berlin
Hans-Christian Täubrich, Nürnberg
Claudia Thoben, Oldenburg
Norbert Trebes, Teuschnitz
Manfred Treml, Rosenheim
Josef Urban, Bamberg
Ralf Urban, Erlangen
Theodor Verweyen, Erlangen / Freiburg im Breisgau
Wilhelm Volkert, München
Clemens Wachter, Erlangen / Nürnberg
Werner Wagenhöfer, Veitshöchheim
Monika Wahl, Erlangen
Andreas Otto Weber, Erlangen
Hans-Ulrich Wehler, Bielefeld
Horst Weigelt, Bamberg
Eberhard Weis, Gauting
Dieter J. Weiss, Bayreuth
Alfred Wendehorst, Erlangen
Wilhelm Wenning, Bayreuth
Joachim Wild, München
Dietmar Willoweit, Würzburg / München
Ulrich Wirz, Kulmbach
Renate Wittern-Sterzel, Erlangen
Gerhard Philipp Wolf, Pegnitz
Wolfgang Wüst, Erlangen
Steven M. Zahlaus, Erlangen
Gerd Zimmermann, Bamberg
Robert Zink, Bamberg

Karl Strobel

Die Römer am Main – Die Mainlinie als Teil der augusteischen Eroberungspolitik in Germanien

Nach dem Abschluss des Kantaber-Krieges und der römischen Eroberung der iberischen Halbinsel begann während des zweiten Aufenthaltes des Agrippa in Gallien 20/19 v. Chr. der Bau der strategischen Hauptstraßen in Gallien, die von der zentralen Verkehrsachse der Rhône und dem Straßenknotenpunkt Lugdunum (Lyon), dem neuen römischen Zentrum Galliens, über die Saône-Achse zum Oberrhein und über die Moselachse zum Mittelrhein (Niederrheinische Bucht) führten[1], wo damals der zwischen Sieg und Lippe zu lokalisierende Großverband der Sugambrer als Hauptgegner jenseits des Stromes erschien.[2] Agrippa selbst hatte während seiner ersten gallischen Statthalterschaft 39/38 v. Chr. zur Sicherung Ostgalliens den Rhein in einer demonstrativen Aktion überschritten.[3] Das gleiche tat M. Vinicius im Jahre 25 v. Chr.[4] Ubische Gruppen waren offenbar schon in den 30er Jahren des 1. Jh. v. Chr. über den Rhein gekommen; ihre ursprünglichen Siedlungsräume lagen südlich der Sieg, im Neuwieder Becken und um die untere bis mittlere Lahn.[5] Die weitgehende Umsiedlung der Ubier auf das linke Rheinufer 19/18 v. Chr., wo ihre frühen Siedlungen in dem zuvor nur sehr dünn besiedelten Gebiet zwischen Worringen, Neuss, Köln-Blumenberg und Bonn zu finden sind, war Teil der Politik des Agrippa während seines zweiten Aufenthalts in Gallien zur Sicherung der Rheinlinie.[6] Als eine Koalition von

---

[1] Vgl. Strab. 4, 6, 11. (Für die Zitierweise antiker Autoren vgl. „Der Neue Pauly", für die Kurztitel von Zeitschriften und Sammelwerken vgl. „Année Philologique" und „Abkürzungsverzeichnis der Römisch-Germanischen Kommission des DAI".) Die weiteren strategischen Straßen führten von Lugdunum nach Aquitanien und zur Kanalküste beziehungsweise verbanden Lyon mit der westlichen Narbonensis und Massilia (Marseille). Das Straßennetz im Süden Galliens bis Lyon war zweifellos bereits in den Jahren vor 20 v. Chr. ausgebaut worden, da sonst die Entwicklung Lyons nicht zu erklären wäre und zudem hier die strategische Logistik für die Spanischen Kriege geschaffen werden musste. Der Beginn des Ausbaus des alten Verkehrsweges von Boulogne über Bavais und Tongeren zur Maaslinie und zum Rhein (nach Köln und Vetera/Xanten) gehört offensichtlich erst in die Zeit 14/12 v. Chr. Vgl. zusammenfassend K. Strobel, Der Raum als vorgegebene Größe? Politisches Handeln und die Schaffung des historischen Raumes: Von der Peripherzone des Imperium Romanum zu einem Kernraum Europas, in: F. Irsigler (Hg.), Zwischen Maas und Rhein, Trier 2006, 73–116; ders., Das römische Heer als Motor der Neustrukturierung historischer Landschaften und Wirtschaftsräume, in: The Impact of the Roman Army 200 B.C. – A.D. 476. Symposium Capri 2005, Nijmegen (im Druck).

[2] Vgl. D. Timpe, Die Rheingrenze zwischen Caesar und Drusus, in: Monumentum Chiloniense. Studien zur augusteischen Zeit. Festschr. E. Burck, Amsterdam 1975, 124–147; J. Heinrichs, RGA² 30, 2005, 124–127.

[3] Cass. Dio 48, 49, 2–3; außerdem hatte Agrippa die Unterwerfung Aquitaniens vollendet (App. b.c. 5, 92).

[4] Cass. Dio 53, 26, 4.

[5] Den Ubiern ist sehr wahrscheinlich das 34 ha umfassende, überaus stark befestigte Oppidum Dornburg bei Limburg als Zentralsiedlung im Lahnbereich zuzuordnen. Vgl. F.-R. Herrmann, in: S. Rieckhoff / J. Biel (Hg.), Die Kelten in Deutschland, Stuttgart 2001, 333–335; F.-R. Herrmann / A. Jackenhövel, Die Vorgeschichte Hessens, Stuttgart 1990, 348 f.; Strobel, Raum (wie Anm. 1), 82, 109 f. Das Dünsberg-Oppidum, der Vorort des chattisch-batavischen Verbandes, begrenzt das Siedlungsgebiet im Osten, das von J. Heinrichs (wie Anm. 6) zu weiträumig angesetzt wird, der den Dünsberg als ubisches Oppidum ansehen möchte. Die Auswertung der spätlatènezeitlichen Münzen durch Heinrichs und W. Eck wird von N. Roymans, Ethnic Identity and Imperial Power. The Batavians in the Early Roman Empire, Amsterdam 2004 korrigiert.

[6] Tac. Germ. 28, 5. Vgl. K.-H. Dietz, DNP 3, 1997, 72–76; R. Wiegels, DNP 12/1, 2002, 961–962; W. Eck, Köln in römischer Zeit, Köln 2004, 44 f., 46–62; J. Heinrichs, RGA² 31, 2006, 356–361.

Sugambrern, Tenkterern und Usipetern 16 v. Chr. den Rhein zu einem Einfall in Ostgallien überschritt, trat ihnen der Statthalter Galliens, M. Lollius, entgegen, erlitt aber im Frühsommer 16 v. Chr. eine schwere Niederlage, bei der die Legio V Gallica verloren ging.[7] Diese Niederlage brachte eine grundsätzliche Änderung der römischen Politik an der Ostgrenze des gallischen Provinzgebietes und damit an der Rheinlinie mit sich. Der Niederlage folgte noch im Sommer und Herbst 16 v. Chr. der Aufmarsch römischer Truppen. Die Germanen hatten sich unter dem Eindruck der beginnenden römischen Reaktion wieder über den Rhein zurückgezogen und stellten, um einen römischen Gegenschlag zu vermeiden, Geiseln und schlossen Frieden[8], ordneten sich also in das römische Föderatensystem im Vorfeld der Rheinlinie ein.

Während des durch die Clades Lolliana veranlassten Aufenthaltes des Augustus in Gallien 16–13 v. Chr. begann die römische Militärführung im Rahmen der nun einsetzenden neuen Planungen mit der Verlegung der römischen Streitkräfte aus dem Inneren Galliens an den Rhein, zuerst zur Sicherung gegen weitere Einbrüche linksrheinischer Gruppen.[9] Zugleich wurde das von Caesar eroberte gallische Provinzgebiet, die Gallia Comata, in drei Provinzen neu organisiert und 13 v. Chr. ein Census in Gallien durchgeführt. Wir können mit gutem Grund annehmen, dass bereits nach der Clades Lolliana der Grundsatzbeschluss gefallen ist, die Gebiete jenseits der Rheins nach einer abschließenden Eroberung beziehungsweise Annexion des Alpenbogens, für die das Jahr 15 v. Chr. vorgesehen war, durch eine groß angelegte Offensive in das römische Herrschaftsgebiet einzubeziehen und als Provinz Germania zu organisieren.[10] Deren schließlich geplante Grenzen an der Elbe und dem Hercynischen Wald, den Mittelgebirgen zum Böhmer Becken, haben sich aber wohl erst mit den Feldzügen des Drusus bis 9 v. Chr. konkretisiert.[11]

Erst nach dem Abschluss der Alpenfeldzüge im Sommer des Jahres 15 v. Chr.[12] und der vollen Annexion des Alpenbogens konnte der strategische Schwerpunkt auf ein

---

[7] Cass. Dio 54, 20, 4–6; Vell. 2, 97, 1–2; Suet. Aug. 23, 1. Vgl. K. Strobel, Die Legionen des Augustus. Probleme der römischen Heeresgeschichte nach dem Ende des Bürgerkrieges, in: Limes XVIII. Proceedings of the XVIIIth International Congress of Roman Frontier Studies, BAR Int. Ser. 1084, Oxford 2002, 51–66, bes. 54.

[8] Cass. Dio 54, 20, 6.

[9] Vgl. zusammenfassend Strobel (wie Anm. 1).

[10] Vgl. Strobel (wie Anm. 1); Eck (wie Anm. 6), 63 ff., der sogar eine Entwicklung des Plans 19 v. Chr. für möglich hält; J. Deininger, Germaniam pacare. Zur neueren Diskussion über die Strategie des Augustus gegenüber Germanien, Chiron 30, 2000, 749–773; S. v. Schnurbein, Augustus in Germanien. Neue archäologische Forschungen, Amsterdam 2002; D. Timpe, RGA² 11, 1998, 210–225; ferner die Beiträge in: W. Schlüter / R. Wiegels (Hg.), Rom, Germanien und die Grabungen von Kalkriese, Osnabrück 1999. In jeder Beziehung enttäuschend ist U. Riemer, Die römische Germanienpolitik von Caesar bis Commodus, Darmstadt 2006; verfehlt ist ihr erneuter Versuch der Leugnung expansiver Ziele Roms, Rom habe stets nur defensiv zur Sicherung der verbindlich gesehenen Grenzen an Rhein und Donau gehandelt; die Arbeit weist auch methodisch schwere Mängel auf. Vgl. ferner R. Wolters, Römische Eroberung und Herrschaftsorganisation in Gallien und Germanien, Bochum 1990; ders., Die Römer in Germanien, München ⁴2004; mehrfach problematisch M. Gechter, Die Militärgeschichte am Niederrhein von Caesar bis Tiberius – eine Skizze, in: T. Grünewald / S. Seibel (Hg.), Kontinuität und Diskontinuität. Germania Inferior am Beginn und Ende der römischen Herrschaft, Berlin / New York 2003, 145–161.

[11] Vgl. auch Aufidius Bassus, HRR 2, 96.

[12] Strab. 4, 6, 9. Der Versuch von K. Roth-Rubi, die Walenseetürme und das Lager von Dangstetten bereits etwas vor 15 v. Chr. zu datieren (so zuletzt K. Roth-Rubi, Das Militärlager von Dangstetten und seine Rolle für

offensives Vorgehen zur Sicherung Galliens durch eine politische und militärische Durchdringung des Raumes östlich des Rheins und dessen Annexion verlegt werden. Die Umsetzung der Vorhaben wurde mit dem Antritt der gallischen Statthalterschaft des älteren Drusus 13 v. Chr. eingeleitet, der am 1. 8. 12 v. Chr. als symbolischen Abschluss der römischen Ordnung Galliens den Altar für Roma und Augustus bei Lugdunum weihte. Die Feldzüge selbst begannen 12 v. Chr., wobei erneute Vorstöße der Sugambrer, bei denen es sich vermutlich eher um passende „Grenzzwischenfälle" handelte, als Anlass für ein *bellum iustum* gegen diesen ja in einem Vertragverhältnis zu Rom stehenden Stammesverband diente.[13] Bereits 9 v. Chr. wurde von Drusus die Elbegrenze erreicht.

Die römischen Operationen begannen im Spätsommer des Jahres 12 v. Chr. Der Feldzug dieses Jahres richtete sich gegen Chauken, Bructerer und Friesen, der folgende Feldzug des Jahres 11 v. Chr., der bis zur Weser geführt wurde, gegen Sugambrer, Tenkterer, Usipeter und Cherusker. Bereits im Spätsommer und Herbst 11 v. Chr. wurde das große Lager von Oberaden an der Lippe erbaut, das bis 8 v. Chr. bestand. Im Jahre 10 v. Chr. operierte Drusus von Mainz ausgehend gegen die Chatten und zog durch das Gebiet der Markomannen, der „Grenz(land)männer" des elbgermanisch-suebischen Komplexes[14], die schwer geschlagen wurden und große Verluste erlitten.[15] Anzusetzen ist dieses markomannische Gebiet mit großer Wahrscheinlichkeit in Mainfranken[16] sowie dem südlichen Thüringen und Westsachsen bis zur

---

die spätere Westgrenze Rätiens, in: C.-M. Hüssen / W. Irlinger / W. Zanier (Hg.), Spätlatènezeit und frühe römische Kaiserzeit zwischen Alpenrand und Donau, Bonn 2004, 133–148) kann nicht überzeugen. Zum einen ist mit neuen Truppenkonzentrationen im Osten Galliens vor 19/18 v. Chr. sicher nicht zu rechnen, zum anderen kann aus der Fundkeramik keine Feindatierung mit der erforderlichen Genauigkeit gewonnen werden, um zwischen den Jahren 18/17–15 v. Chr. unterscheiden zu können. Vgl. auch F. Fischer, Zur historischen Datierung frührömischer Militärstationen. Walenseetürme, Zürich-Lindenhof und Dangstetten, Germania 83, 2005, 45–52.

[13] Vgl. Cass. Dio 54, 32, 1; Strab. 7, 1, 4.

[14] Archäologisch sind sie zu einem Teil in den elbgermanisch (Großromstädter Kultur) geprägten Fundgruppen Mainfrankens zu identifizieren; die Einwände gegen diese Identifizierung sind nicht stichhaltig, vielmehr sind die Markomannen des Jahres 10 von den Sueben des Jahres 9 deutlich zu trennen. Vgl. zu den Markomannen P. Kehne, RGA² 19, 2001, 290 ff., 321–324 (nicht immer überzeugend); J. Tejral, RGA² 19, 2001, 302. Es kann aber nicht genügen, diesen Markomannenkomplex, der offenkundig die Grenzzone des eigentlichen Suebenkomplexes zum spätlatènezeitlichen keltischen Raum (Volcae/„Welsche" von Südthüringen bis Nordbayern) bildete, auf Mainfranken allein zu beschränken. Deutlich wird die Problematik der Quellenlage bei D. Timpe, Die Siedlungsverhältnisse Mainfrankens in caesarisch-augusteischer Zeit, in: C. Pescheck, Germanische Bodenfunde der römischen Kaiserzeit in Mainfranken, 1978, 119–129, jedoch hat sich der archäologische Forschungsstand seitdem wesentlich verbessert; auch allgemein K.-H. Dietz, Zur vorrömischen Bevölkerung nach den schriftlichen Quellen, in: Hüssen / Irlinger / Zanier (wie Anm. 12), 1–23.

[15] Oros. 6, 21, 15; Flor 2, 30, 23.27; zu den Drusus-Feldzügen vgl. D. Timpe, Drusus Umkehr an der Elbe, RhM 110, 1967, 289–306; ders., RGA² 11, 1998, 215 ff. sowie die weiteren Beiträge von D. Timpe, in: D. Timpe, Romano-Germanica. Gesammelte Studien zur Germania des Tacitus, Stuttgart / Leipzig 1995; P. Moeller, RGA² 6, 1986, 204–215 (teilweise sehr eigenwillig und überholt).

[16] Vgl. zusammenfassend D. Rosenstock / L. Wamser, Von der germanischen Landnahme bis zur Einbeziehung in das fränkische Reich, in: P. Kolb / E.-G. Krenig (Hg.), Unterfränkische Geschichte I. Von der germanischen Landnahme bis zum hohen Mittelalter, Würzburg 1989, 15–91, bes. 26 ff.; J. Haberstroh, Germanische Funde der Kaiser- und Völkerwanderungszeit aus Oberfranken, Kallmünz 2000, bes. 125 ff.; B. Steidl, Mainfranken in den beiden Jahrhunderten um Christi Geburt, in: C.-M. Hüssen / W. Irlinger / W. Zanier (Hg.), Spätlatènezeit und frühe römische Kaiserzeit zwischen Alpenrand und Donau, Bonn 2004, 223–235; ders., Die Siedlungen von Gerolzhofen und Gaukönigshofen und die germanische Besiedlung des 1. Jhs. v. Chr. bis 4. Jhs. n. Chr. am mittleren Main, in: A. Haffner / S. v. Schnurbein (Hg.), Kelten, Germanen, Römer im Mittel-

Elbe.[17] Nach dem Sieg über die Markomannen erreichte Drusus die Elbe, wobei die Mittelgebirgszone der Hercyniae Silvae erstmals von den Römern durchbrochen worden war. Da für das Jahr 10 v. Chr. keine Kämpfe mit den „Sueben" wie im Jahre 9 v. Chr. berichtet werden, deren Kernraum mit dem Raum der größten Konzentration der Kriegergräber des Großromstedter Horizonts in Thüringen vom Mittellauf der Saale (Rudolfstadt – Halle) bis zum Oberlauf der Unstrud zu identifizieren sein dürfte[18], muss der Vorstoß zur Elbe von Oberfranken aus im Raum östlich der Thüringischen Saale erfolgt sein. Aus diesem Gebiet sind dann Markomannen und weitere germanische Gruppen mit Marbod nach Böhmen abgezogen (s. u.).

Im Jahre 9 v. Chr. zog Drusus wiederum von Mainz aus durch das Gebiet der Chatten (Wetterau – Obere Lahn – Schwalm) und dann weiter gegen die dem elbgermanischen Horizont zuzuweisenden (suebischen) Stammesgruppen im nördlichen Hessen sowie gegen die suebischen Kernräume im zentralen Thüringen und im westlichen Anhalt (Vormarsch wohl über die Linie Eisenach-Erfurt zur Unstrut), wonach der Sieg über die Sueben verkündet wurde.[19] 8/7 v. Chr. wurden dann von Tiberius Umsiedlungsmaßnahmen zur endgültigen Schwächung dieser Gruppen durchgeführt.[20] Nach Nordhessen zurückgekehrt, überschritt Drusus die Weser (Werra)[21], griff die

---

gebirgsraum zwischen Luxemburg und Thüringen, Bonn 2000, 95–113; weiter D. Rosenstock, Ein reicher Keramikkomplex der Großromstedter Kultur aus Oberstreu, Lkr. Rhön-Grabfeld. Ein Beitrag zur frühgermanischen Besiedlung in Mainfranken, in: Aus Frankens Frühzeit. FS P. Endrich, Würzburg 1986, 113–133; ders., Kulturverbindungen Mainfrankens während der römischen Kaiserzeit im Spiegel der Fibelfunde, in: S. Dušek (Hg.), Beiträge zur keltisch-germanischen Besiedlung im Mittelgebirgsraum, Stuttgart 1992, 184–199; Ältere Zusammenfassung bei Pescheck (wie Anm. 14); K. Peschel, Anfänge germanischer Besiedlung im Mittelgebirgsraum. Sueben – Hermunduren – Markomannen, Berlin 1978; vgl. ferner die Beiträge in Dušek (wie Anm. 16), bes. K. Peschel, Rezension ebd. 153–162. S. auch u. S. 5, 12 ff.

[17] Vgl. zur Verbreitung des suebisch-elbgermanischen Fundhorizonts der Großromstedter Kultur S. Rieckhoff, Süddeutschland im Spannungsfeld von Kelten, Germanen und Römern, Trier 1995, 80 ff., 100 ff., 151 ff., 192 ff. mit Karte 2 und 5; auch K. Peschel, RGA² 13, 1999, 89–97; ders., Kelten und Germanen während der vorrömischen Eisenzeit (2.–1. Jh. v. u. Z.), in: F. Horst / F. Schlette (Hg.), Frühe Völker in Mitteleuropa, Berlin 1988, 167–200. Zum Suebenbegriff L. Rübekeil / J. Scharf, RGA² 30, 2005, 184–193. S. ferner u. S. 5, 13 ff.

[18] Vgl. T. Grasselt / T. Völling / W. Walther, Nordbayern und Thüringen. Drehscheibe archäologischer Kulturentwicklung in einem Verkehrsraum, in: Menschen. Zeiten. Räume. Archäologie in Deutschland, Berlin 2002, 232–235, bes. Karte 8; allgemein S. Dušek (Hg.), Beiträge zur keltisch-germanischen Besiedlung im Mittelgebirgsraum, Stuttgart 1992.

[19] Cass. Dio 55, 1, 2; Consolatio ad Liviam 17–18; Flor. 2, 30, 27; Suet. Aug. 21, 1. Nach Caes. b.G. 1, 51, 2 setzte sich das Heer des Heerkönigs Ariovist aus Harudes, Marcomanni, Triboci, Vangiones, Nemetes, Eudusii und Suebi zusammen; auch im archäologischen Fundgut zeigen sich neben den elbgermanischen Elementen Gruppen der Przeworsk-Kultur (vgl. T. Dabrowska, RGA² 23, 2003, 540–553, bes. 545). Der Suebenname bezeichnet hier einen konkreten Stammeskomplex und ist nicht als Sammelname wie dann bei Strabon (7, 1, 3) zu verstehen. Caesar versteht die Sueben als einheitlichen Stammesverband, dessen Kernland weit im Osten anzusiedeln sei (Caes. b.G. 4, 3, 1–4). Die beiden großen Gräberfelder von Großromstedt und Schkopau, die durch zahlreiche Kriegergräber charakterisiert sind, brechen noch vor dem Ende der augusteischen Zeit ab. Dies kann mit den römischen Operationen 9–7 v. Chr. in Zusammenhang gebracht werden; vgl. auch Rieckhoff (wie Anm. 17), 195; zu Nordhessen M. Seidel, Karte, in: Biegert (wie Anm. 69), 26.

[20] Suet. Aug. 21, 1; Tib. 9, 2; auch Oros. 6, 21, 24; Epit. de Caes. 1, 7.

[21] Das an der Werrafurt bei Hedemünden am alten Fernweg aus dem Raum Kassel zum Leinetal neu entdeckte Lagerensemble (gut ausgebautes, befestigtes Standlager als Versorgungsbasis, mindestens zwei Marschlager am Zugang zum Leinekorridor) ist dem Oberaden-Horizont, d. h. den Operationen des Drusus und Tiberius 11–8 v. Chr., zuzuordnen. Vgl. zu dem Komplex K. Grote, Das Römerlager im Werratal bei Hedemünden (Ldkr. Göttingen). Ein neuentdeckter Stützpunkt der augusteischen Okkupationsvorstöße im rechts-

Cherusker von Süden her über die Leinelinie an und erreichte dann wiederum die Elbe; eine zweite Heeressäule operierte gegen die Sugambrer und Cherusker.²² Auf dem Rückmarsch von der Elbe über die Thüringische Saale zum Rhein, offensichtlich über den Durchgangsraum Erfurt – Eisenach – Bad Hersfeld, Richtung Mainz starb Drusus irgendwo zwischen Saale und Rhein nach einer Leidenszeit von 30 Tagen an den Folgen eines Sturzes vom Pferd.²³ Die Monumente des Heroenkultes für den älteren Drusus wurden in Mainz errichtet (s. u.). Tiberius übernahm das Oberkommando von seinem sterbenden Bruder und führte die Eroberung des Raumes zwischen Rhein und Elbe im Jahre 8 v. Chr. durch militärische und diplomatische Aktionen zu Ende; alle germanischen Stammesverbände unterwarfen sich der römischen Herrschaft, die Führungsschicht der Sugambrer wurde ausgeschaltet.²⁴ Der damalige Markomannenkönig wurde vermutlich 8 v. Chr. durch den mit den römischen Truppen aus Rom zurückgekehrten Marbod ersetzt und interniert.²⁵ 7 v. Chr. führte Marbod allerdings dann einen größeren suebischen Gefolgschaftsverband, der sich um die unter seiner Herrschaft stehenden Teile der Markomannen gruppierte, nach Böhmen und entzog sich damit der römischen Herrschaft und Kontrolle.²⁶ Teile der suebisch-markomannischen Bevölkerung blieben aber zurück, wie dies für den oberfränkischen Raum festzustellen ist.²⁷ Der Winter 8/7 v. Chr. galt offiziell als der Abschluss der 12–9 v. Chr. mit den Feldzügen des Drusus begonnenen Eroberung Germaniens; am 1. 1. 7 v. Chr. feierte Tiberius seinen Triumph *ex Germania*.²⁸ Germanien galt als in den Status einer Provinz des römischen Volkes übergeführt.

Bisher war die primäre Aufgabe des römischen Heeres als Träger der römischen Herrschaft deren Sicherung in Gallien gewesen. Nun wurde von einer vorrangigen Binnenbesetzung Galliens auf eine offensive Frontbildung umgestellt, für die der Rhein als zentrale Versorgungs- und Kommunikationslinie diente. Erste Aufmarschbasen wurden offensichtlich in Neuss²⁹ und in Nijmegen-Hunerberg³⁰ für Aktionen

---

rheinischen Germanien, Germania 84, 2006, 27–59. Vgl. zur Anlage fester Positionen durch Drusus Flor. 2, 30, 26, wo allerdings das in den Hss. überlieferte Mosa nicht auf die Maas zu beziehen ist, wie immer wieder angenommen, sondern ursprünglich die Ems (Amasia) bezeichnete.

²² Cass. Dio 55, 1, 2–4; Flor. 2, 30, 26–28; Oros. 6, 21, 16.
²³ Strab. 7, 1, 3; Liv. per. 142; Cass. Dio 55, 1, 4 –2, 1.
²⁴ Vell. 2, 97, 4; Cass. Dio 66, 6, 1–5; Suet. Aug. 21, 1; Tac. ann. 2, 26, 3.
²⁵ Aug. r.g. 32; Strab. 7, 1, 3; Vell. 2, 108; zu Marbod vgl. auch P. Kehne, RGA² 19, 2001, 258–262, der eine römische Beteiligung an der Machtübernahme zu Unrecht ablehnt.
²⁶ Strab. 7, 1, 3. Für das Jahr 7 v. Chr. berichtet Cass. Dio 55, 8, 3, dass Tiberius schon relativ bald nach seinem Triumph wieder nach Germanien eilte, da es in der eben proklamierten Provinz Germania zu Unruhen gekommen war; zu Kämpfen kam es während dieses relativ kurzen Aufenthaltes aber nicht (Cass. Dio 55, 9, 1).
²⁷ S. u. S. 13 ff. mit Anm. 67.
²⁸ Vgl. Cass. Dio 55, 6, 2–3; 55, 8, 3; 55, 9, 1; HRR 2, 96 (Aufidius Bassus); Vell. 2, 97, 4; 105, 4; Aug. r.g. 26, 2; 32, 1. Vgl. Eck (wie Anm. 6), 68 ff.; auch R. Wolters, Germanien im Jahre 8 v. Chr., in: W. Schlüter / R. Wiegels (Hg.), Rom, Germanien und die Ausgrabungen von Kalkriese, Osnabrück 1999, 591–635.
²⁹ Vgl. zu einer Revidierung der Chronologie N. Hanel, Zur Datierung der frühkaiserzeitlichen Militärlager von Novaesium (Neuss), in: Limes XVIII. Proceedings of the XVIIIth International Congress of Roman Frontier Studies, BAR Int. Ser. 1084, Oxford 2002, 497–500; ders., RGA² 21, 2002, 121–126. Entscheidend für die Bedeutung des Platzes war die Lage an der Mündung der Erft in den Rhein, welche die Verbindungslinie zum Inneren Galliens, ins Trevererebiet und nach Lyon darstellte, wobei der Beginn einige Zeit vor 12 v. Chr. als erwiesen gelten kann.
³⁰ Vgl. J. K. Haalebos, Die früheste Belegung des Hunerberges in Nijmegen, in: Limes XVIII. Proceedings of the XVIIIth International Congress of Roman Frontier Studies, BAR Int. Ser. 1084, Oxford 2002, 403–414.

im Bereich der Niederrheinischen Tiefebene und der Rheinischen Bucht angelegt. Nijmegen war die Sperrstellung am Beginn des Rhein-Maas-Deltas, Neuss sicherte die Niederrheinische Bucht und deren Übergang in die Niederrheinische Tiefebene.

Teilweise bereits 15/14 v. Chr., jedenfalls aber mit dem Jahre 13 v. Chr. setzte die Errichtung einer Reihe von zentralen militärischen Basisräumen und -stellungen entlang des linken Rheinufers ein, die zum einen die Endpunkte der logistischen Nachschublinien ins Innere Galliens und zum Mittelmeer hin darstellten und andererseits den Endpunkten der durch die naturräumliche Gliederung gegebenen Verkehrslinien im freien Germanien gegenüberlagen. Es waren dies Mainz für die Mainlinie, Koblenz für die Lahnlinie[31], Bonn für die Sieg- und Aggerlinie, Neuss am Ende der Erftlinie für die Wupper- und Ruhrlinie (Hellweg/Bergisches Land; mit der direkten römischen Gegenstellung von Moers-Asberg), dann Vetera/Xanten, der Ausgangspunkt für die Drususfeldzüge 12/11 v. Chr., für die zentrale Lippelinie und Nijmwegen für das Rheinmündungsgebiet, das Berkel- und Issel-Gebiet sowie Gelderland. Sie waren damit zugleich die Ausgangsbasen für römische Operationen östlich des Rheins, die sich auf diese vorgegebenen Kommunikationslinien zu stützen hatten, und die militärische Deckung für die möglichen Wege ins innere Galliens (Mainz: Nahe / Glan / Pfälzer Pforte / Oberrheintal, Koblenz: Mosel, Bonn / Köln: Ahr / Eifelstraße / Niederrheinische Bucht, Neuss: Erft-Linie, Xanten: Niederrheinisches Tiefland / Maas-Gebiet, Nijmegen: Maas-Gebiet).[32] Erst nach dem römischen Rückzug nach der Varus-Niederlage 9 n. Chr. entwickelten sich in diesen Basisräumen festere Standortstrukturen, die dann nach dem von Tiberius angeordneten Abbruch der offensiven Germanienpolitik 16/17 n. Chr. zur endgültigen Etablierung fester Armeegarnisonen entlang der Rheinlinie führten; jeweils zwei Legionen lagen den Hauptwegen in das freie Germanien und aus ihm heraus gegenüber, und zwar in Mainz und Vetera, in Neuss waren es schwankend 1–2 Legionen. Die zu Zentralgallien hin offene südliche obergermanische Rheinfront wurde nun durch Legionsgarnisonen in Strassburg und Vindonissa gedeckt. Der Rhein war in vorrömischer Zeit keine Scheidelinie gewesen. Die Rheinzone und der Strom waren in ihrer wirtschaftlichen Bedeutung eher marginal. Die wichtigen Handelswege verliefen über den Rhein hinweg (Salz, Eisen, Buntmetall, Sklaven). Der Strom gewann erst durch den für das römische Militär und die römische Wirtschaft charakteristischen Massengütertransport seine große Bedeutung als zentrale Kommunikationslinie. Ganz anders verhält es sich mit der Mainlinie, die in prähistorischer wie spätlatènezeitlicher Periode und auch in der 2. Hälfte des 1. Jh. v. Chr. einen zentralen Handels- und Verkehrsweg darstellte.[33] Wie etwa auch die

---

Weder für Neuss noch für Nijmegen lassen die Münzreihen den tatsächlichen Nachweis einer römischen Militärpräsenz bereits vor 16/15 v. Chr. zu.

[31] An der mittleren Lahn ist ein weiteres römisches Lager entdeckt worden, Oberbrechen-Alteburg; vgl.F.-R. Herrmann, Numismatik und Archäologie. Vorbericht über ein neu entdecktes römisches Lager bei Oberbrechen (Kreis Limburg-Weilburg), in: R. Cunz / R. Polley / A. Kopeke (Hg.), Fundamenta Historiae. Geschichte im Spiegel der Numismatik und ihrer Nachbarwissenschaften. FS. N. Klüssendorf, Hannover 2004, 435–445.

[32] Vgl. K. Strobel, Die Legionen des Augustus. Probleme der römischen Heeresgeschichte nach dem Ende des Bürgerkrieges, in: Limes XVIII. Proceedings of the XVIIIth International Congress of Roman Frontier Studies, Oxford 2002, 51–66.

[33] Auffallend ist, dass zwischen der Wetterau und Oberfranken (Schwanberg/Steigerwald; Staffelstein) im Maingebiet keine Oppida vorhanden sind. Das Oppidum Creglingen-Finsterlohr im Taubergrund als Mittelpunkt eines größeren Stammesgebietes (eines der Hauptverbreitungsgebiete der sogen. Viereckschanzen) lag

Münzfunde zeigen, liefen über den Unter- und Mittellauf des Mains und die an das Maindreieck anschließenden Verkehrswege sowie über das obere Maintal die Verbindungslinien nach Süddeutschland, Thüringen und Böhmen. So kann gerade das Treverergebiet fast als der westlichste Teil jenes Geflechts wirtschaftlicher und kultureller Beziehungen gelten, das sich über den Mittelgebirgsraum nach Franken, Böhmen und in den Donauraum erstreckte.[34] Gleiches zeigt die Münzprägung der Treverer[35], welche in Gold und Potin Vorbilder der westlichen Nachbarn aufgriff (Ostgallien, Belgica), und deren anepigrapher Silberhorizont typologisch zu der Gruppe der mittel- und süddeutschen Quinare gehören, deren Zone sich bis nach Böhmen erstreckt und der süddeutschen Oppida-Kultur zuzurechnen ist.[36]

Für die Mainlinie wie für ein Vorgehen gegen die Chatten über die Wetterau und für die Kontrolle des Hessischen Rieds bildete Mogontiacum[37], das römische Mainz, die Schlüsselstellung. Die Errichtung der großen Militärbasis auf dem Hochplateau des Kästrich und einer zugehörigen Hafenbasis am Strom ist ohne Zweifel mit dem Beginn der Offensive des Drusus in Germanien zu verbinden und ab 13/12 v. Chr. anzusetzen; spätestens 10 v. Chr. war hier die Hauptbasis der südlichen Rheinfront mit einer Garnisonsstärke von zwei Legionen und zugehörigen Auxiliartruppen ausgebaut. Ein Dendrodatum von 17/16 v. Chr. könnte auf einen etwas früheren Beginn römischer Präsenz am Ort unmittelbar vor oder wahrscheinlich doch eher im Zusammenhang der Clades Lolliana hinweisen. Die Holz-Erde-Mauer des Doppellegionslagers wurde bereits in augusteischer Zeit mehrfach ausgebessert und dann in tiberischer Zeit völlig erneuert. Wie die neuen dendrochronologischen Daten für die Pfahlrostgründung der Pfeiler der ersten festen Rheinbrücke zeigen, wurde diese dann

hingegen beherrschend an der wichtigen Nord-Süd-Verbindung zwischen Süddeutschland und dem Maindreieck; vgl. C. Öftinger, in: S. Rieckhoff / J. Biel, Die Kelten in Deutschland, Stuttgart 2001, 318 f.; auch G. Wieland, Die späten Kelten, in: Imperium Romanum. Roms Provinzen an Neckar, Rhein und Donau, Stuttgart 2005, 63–70. B. Ziegaus, Der latènezeitliche Münzumlauf in Franken, BVBL 54, 1989, 69–135; zu Unterfranken auch M. Marquart, Beiträge zur Vorgeschichte des Aschaffenburger Landes im Spiegel der Sammlungen des Aschaffenburger Stiftsmuseums, Diss. Kiel 2002, bes. 106 ff., 118 ff., 122 ff.

[34] Vgl. etwa A. Müller-Karpe, Grab 1445. Ein keltischer Streitwagenkrieger des 3. Jh. v. Chr., in: A. Haffner (Hg.), Gräber – Spiegel des Lebens. Zum Totenbrauchtum der Kelten und Römer am Beispiel des Treverer-Gräberfeldes Wederath-Belginum, Mainz 1989, 141–160, bes. Karte, 157.

[35] Vgl. C. Haselgrove, The significance of the Roman conquest for indigenous monetary economies in northern Gaul and southern Britain, in: K. Strobel (Hg.), Forschungen zur Monetarisierung und ökonomischen Funktionalisierung von Geld in den nordwestlichen Provinzen des Imperium Romanum, Trier 2004, 27–52; R. Loscheider, Fremd oder einheimisch – ein Wechselspiel von Einflüssen?, ebd. 159–179; ders., Untersuchungen zum spätlatènezeitlichen Münzwesen des Trevererlandes, Archaeologia Mosellana 3, 1998, 61–225.

[36] Vgl. D. G. Wigg / J. Riederer, Die Chronologie der keltischen Münzprägung am Mittelrhein, in: U. Peter (Hg.), Stephanos Nomismatikos. Festschrift E. Schönert-Geiss, Berlin 1998, 661–674.

[37] Vgl. J. Oldenstein, RGA² 20, 2002, 144–153; R. Klein (Hg.), Die Römer und ihr Erbe. Fortschritt durch Innovation und Integration, Mainz 2003, bes. L. Schumacher, Mogontiacum. Garnison und Zivilsiedlung im Rahmen der Reichsgeschichte, 1–28; R. Haensch, Mogontiacum als ‚Hauptstadt' der Provinz Germania Superior, 71–86; O. Höckmann, Mainz als römische Hafenstadt, 87–105; ferner R. Haensch, Capita provinciarum, Köln 1997, 149–153; M. Witteyer, Mogontiacum – Militärbasis und Verwaltungszentrum. Der archäologische Befund, in: Mainz. Die Geschichte der Stadt, Mainz 1998, 1021–1058; dies., Zur römischen Besiedlung von Mainz-Weisenau, in: Provinzialrömische Forschungen. Festschrift G. Ulbert, Espelkamp 1995, 273–288; U. Ehmig, Die römischen Amphoren aus Mainz 1–2, Möhnesee 2003. Der Beitrag von G. Ziethen, Mogontiacum. Vom Legionslager zur Provinzhauptstadt, in: Mainz. Die Geschichte der Stadt, Mainz 1998, 39–70 ist in jeder Beziehung enttäuschend.

aber erst in den Jahren 25–27 n. Chr. errichtet.[38] Um das Lager entwickelte sich zu Beginn vor der Südwestfront eine Lagersiedlung, die *canabae legionis*. Eine relativ lockere Bebauung dehnte sich in der Folgezeit bis zum Rhein hin aus, wobei das Gelände in vielen Bereichen erst durch Aufschüttungen als Baugrund hergerichtet werden musste. Im Bereich der ausgedehnten Hafenanlagen entstand im Gebiet des sogenannten Dimesser Ortes beim dortigen großen Frachthafen die erste eigentliche Zivilsiedlung. Das Praetorium des obergermanischen Legaten, des Kommandeurs des „oberen Heeres in Germanien", des Militärgouverneurs und dann ab 85 n. Chr. des Provinzstatthalters der Germania Superior, lag nicht im Legionslager auf dem Kästrich[39], sondern im Bereich zwischen Lager und Rhein. Dabei ist m. E. wie in Köln wohl eine Nähe zum Fluss und zum Hafenbereich „Brand", dem römischen Kriegshafen, sowie zur direkten Fortsetzung der Via Praetoria anzunehmen. Die Achse der Via Praetoria des Lagers auf dem Kästrich war nicht auf den großen Frachthafen im Bereich Dimesser Ort ausgerichtet, sondern in dieser Achse war etwas stromaufwärts von der römischen Rheinbrücke der Kriegshafen des 1. und 2. Jh. sowie der Spätantike angelegt und noch etwas weiter stromaufwärts ein zweiter, wohl primär militärischer Frachthafen, wo auch eine Werft augusteischer Zeit gefunden wurde; die Kaianlagen der Mainzer Häfen wanderten mit der Verlandung des Ufers und der Verlagerung des Flusslaufes nach Osten beziehungsweise Nordosten in der Folgezeit mit.[40] Die Achsen des sich entwickelnden zivilen Siedlungsagglomerates waren durch die auf das Legionslager zulaufenden und von dort zu der Rheinbrücke beziehungsweise zum Kriegshafen führenden Straßen bestimmt. Die repräsentativen Bauten standen im Zusammenhang des Heeres und des Kaiserkultes, der auf dem Memorialkult des Drusus d. Ä. aufbaute[41]: Drusus-Kenotaph, Paradeplatz, Germanicus-Bogen und Bühnentheater; hinzu kamen Thermen und Rheinbrücke. Das römische Mainz blieb bis in die Spätantike durch seine Funktion als zentrale Truppenbasis und als logistisches Zentrum im oberen Abschnitt der Rheingrenze geprägt. Das gesamte Stadtgebiet und sein Umland blieben aufgrund der großen strategischen Bedeutung als *solum Caesaris* unter direkter kaiserlicher Verwaltung, repräsentiert durch den Militärkommandanten und seinen Stab.

Die verkehrstechnische Lage von Mainz war hervorragend. Der Platz war durch Kommunikationslinien nach Westen, Südwesten und Süden mit dem gallischen Hinterland und der zentralen Verkehrsachse Lyon – Trier – Köln, ja auf einem fast durchgehenden Wasserweg über Rhône, Saône, Mosel und Rhein mit dem Mittelmeer verbunden. Die Rheintalstraße führte über die Burgundische Pforte ebenfalls nach

---

[38] Vgl. S. Bauer, in: www.roemisches-mainz.de/mainz/inhalt/fundberichte.html (30. 6. 2005).

[39] Vgl. entsprechend AE 1964, 148: das Praetorium „ad hiberna leg(ionis) XXII P(rimigeniae) p(iae) f(idelis)".

[40] Vgl. Höckmann (wie Anm. 37) mit Abb. 3.

[41] Vgl. AE 1991, 20, Z. 26–28; Suet. Claud. 1, 3; Cass. Dio 55, 2, 3; Eutrop. 7, 13, 1; D. Lebek, Die Mainzer Ehrungen für Germanicus, den älteren Drusus und Domitian, ZPE 78, 1989, 45–82; dens., Ehrenbogen und Prinzentod 9 v. Chr.–23 n. Chr., ZPE 86, 1991, 47–78. Augustus hatte durch den Senat verfügen lassen, dass jährlich eine Truppenparade durchzuführen war und die gallischen Civitates dem Toten durch eine Supplicatio die Ehre zu erweisen hatten. Der Bogen für Germanicus ist in diesem Ensemble zu suchen; der Bogen in Mainz-Kastel wird heute mit gutem Grund mehrheitlich, wie vom Verf. schon lange vorgeschlagen, als Siegesmonument Domitians interpretiert.

Lyon. Zugleich lag Mainz am Ende der Mainlinie, der wichtigsten West-Ost-Verkehrsachse Germaniens. Wäre die Provinzbildung in Germanien erfolgreich verlaufen, so wäre zumindest ein Teil der Mainzer Garnison, wie wir zu Recht annehmen können, auf der Mainlinie nach Osten verschoben worden, wahrscheinlich in das Doppellegionslager von Marktbreit (s. u.).

Frühe militärische Brückenköpfe waren in Mainz-Kastel und gegenüber von Mainz-Weisenau errichtet worden. In dem rechtsrheinischen Vorfeld von Mainz, das vor Mitte des 1. Jh. v. Chr. unter der Kontrolle des Heidetränk-Oppidums gestanden hatte, wurden vermutlich um die Zeitenwende oder aber bereits im Rahmen der Politik des Tiberius 8 v. Chr. die Mattiaker[42], offensichtlich ein Teilverband der Chatten in einem engen Vertragsverhältnis zu Rom, angesiedelt und als Civitas organisiert; dies steht wohl mit der Neuordnung des chattischen Raumes, der in Waldgirmes im Lahntal[43] einen städtischen Civitasvorort bekommen sollte, in direktem Zusammenhang. Als Vorort der Mattiaker wurde der augusteisch gegründete Vicus Mattiacum beziehungsweise Aquae Mattiacae nahe den bereits in der 1. Hälfte des 1. Jh. n. Chr. bekannten Thermalquellen errichtet.[44] Die Parallele zu der Gründung der Civitasvororte am Niederrhein in der Nähe großer römischer Militärbasen ist sicher nicht zufällig.

Für die römische Militärplanung war die Gründung der Militärbasis durch die strategische Lage gegenüber der Mainmündung, am Ende eines der wichtigsten Verkehrswege aus dem und in das Innere Germaniens, sowie an traditionellen Flussübergängen ober- und unterhalb der Mainmündung, die sich in entsprechenden vorgeschichtlichen Flussfunden spiegeln, geradezu vorgegeben. Ebenso kontrollierte das wohl nur wenig nach 13/12 v. Chr. 3,5 km rheinaufwärts auf der Hochfläche errichtete zweite Militärlager Mainz-Weisenau einen alten Flussübergang. Das Lager von Mainz-Weisenau, für das nur völlig unzureichende Erkenntnisse vorhanden sind, war offensichtlich eine Bereitstellungbasis für weitere Truppen neben dem Doppellegionslager und hatte dementsprechend bis in domitianische Zeit ganz unterschiedliche Garnisonsstärken und wohl auch Lagergrößen.

Nach Süden und Südwesten dehnt sich das Hügelland Rheinhessens aus, dessen Plateau hier mit einem Steilabfall zu den Uferterrassen des Rheins abfällt, wobei sich das Flussufer gegenüber der römischen Zeit schrittweise nach Osten beziehungsweise Nordosten verschoben hat.[45] Der Raum von Mainz hatte vor der Gründung der römischen Militärbasis keinerlei Mittelpunktsfunktion.[46] Er war vielmehr in der Grenzzone zwischen dem südöstlichen, vom Donnersberg-Oppidum dominierten Teil der Treverer und dem Einzugsbereich des jenseits des Rheins das Rhein-Main-Gebiet domi-

---

[42] Vgl. zu ihnen R. Wiegels, DNP 7, 1999, 1035 f.

[43] Vgl. A. Becker / G. Rasbach, RGA² 33, 2006, 131–136; diess., Waldgirmes. Eine augusteische Stadtgründung im Lahntal, BerRGK 82, 2001, 591–610; diess., Die spätaugusteische Stadtgründung in Lahnau-Waldgirmes, Germania 81, 2003, 147–199; Strobel, Raum (wie Anm. 1), 75 f.; A. Becker, Lahnau-Waldgirmes. Eine augusteische Stadtgründung in Hessen, Historia 52, 2003, 337–350; S. v. Schnurbein, Augustus in Germanien. Neue archäologische Forschungen, Kroon-Voordracht 24, Amsterdam 2002, bes. 5 ff.

[44] Vgl. zum römischen Wiesbaden A. Becker, RGA² 19, 2001, 440–443; W. Czysz, Wiesbaden in der Römerzeit, Stuttgart 1994, 52 ff.

[45] Vgl. die Karten bei Höckmann (wie Anm. 37).

[46] Vgl. zur Vorgeschichte des Mainzer Raumes K. V. Decker, Die Anfänge der Mainzer Geschichte, in: Mainz. Die Geschichte der Stadt, Mainz 1998, 1–35.

nierenden Heidetränk-Oppidums bei Oberursel-Oberstedten[47] gelegen. In Bad Nauheim befand sich eine unbefestigte latènezeitliche Siedlung, deren Salinen zu den bedeutendsten Salzgewinnungsorten des keltischen Raumes gehörten und zweifellos durch die geradezu vorindustrielle Salzgewinnung vom 3. bis ins 1. Jh. v. Chr. eine Quelle des Reichtums der Region waren.[48] Das Oppidum mit einer Fläche von 130 ha ist durch seine Bedeutung als Münzprägestätte und durch seine Handwerksquartiere hervorgehoben, in denen eine arbeitsteilige Wirtschaftsweise vom Rohmaterial bis zum Fertigprodukt nachgewiesen werden konnte. Südlich des Mains finden sich bis zum Rand des Odenwalds zahlreiche offene latènezeitliche Siedlungen, eine Ringwallanlage fehlt jedoch in diesem Raum, so dass mit einer Zugehörigkeit zum Stammesverband um das Heidetränk-Oppidum zu rechnen sein dürfte. Die Aufgabe des Heidetränk-Oppidums ist wahrscheinlich nicht ganz eine Generation vor jener des Dünsberg-Oppidums im Lahntal[49], also nicht lange nach 50 v. Chr. anzusetzen; die Existenz des Dünsberg-Oppidums, des ursprünglichen Zentralortes des batavisch-chattischen Verbandes, dessen Bedeutung offensichtlich seit circa 50/40 v. Chr. bereits abgenommen hatte, reicht dagegen noch bis in die Zeit circa 30/vor 20 v. Chr. (Ende des hessischen Lt D 2). Der Volksverband mit dem Zentrum des Heidetränk-Oppidums war zusammen mit den von der keltischen Oppida-Kultur geprägten Volksverbänden der spätlatènezeitlichen Zentren[50] Amöneburg, Milseburg bei Hofbieber-Danzwiesen und Altenburg bei Niedenstein, die alle in Lt D 2 um die Mitte des 1. Jh. v. Chr. endeten, sowie des Dünsberges das Bevölkerungssubstrat für die Entwicklung

---

[47] Vgl. F. Maier, RGA² 14, 1999, 157 f.; dens., in: Rieckhoff-Biel (wie Anm. 5), 438–441; dens., Das keltische Heidetränk-Oppidum bei Oberursel im Taunus, Arch. Denkmäler in Hessen 10, Wiesbaden ²1993. Der Ausbau der beiden älteren latènezeitlichen Befestigungen Altenhöfe und Goldgrube zu einem großen Oppidum erfolgte in der 2. Hälfte des 2. Jh. v. Chr. Vgl. insgesamt A. Jockenhövel, in: F.-R. Herrmann / A. Jockenhövel (Hg.), Die Vorgeschichte Hessens, Stuttgart 1990, 244 ff., bes. 270 ff., 461 f.

[48] Vgl. B. Kull (Hg.), Sole und Salz schreiben Geschichte. 50 Jahre Landesarchäologie, 150 Jahre archäologische Forschungen in Bad Nauheim, Mainz 2003.

[49] Vgl. C. Schlott, Zum Ende des spätlatènezeitlichen Oppidums auf dem Dünsberg (Gem. Biebertal-Fellingshausen, Kreis Gießen, Hessen), Forschungen zum Dünsberg 2, Montagnac 1999; K. Reeh, Der Dünsberg und seine Umgebung. Eine Bestandsaufnahme, Forschungen zum Dünsberg 1, Montagnac 2001; J. Schulze-Forster, Die latènezeitlichen Funde vom Dünsberg, Diss. Marburg 2002; K.-F. Rittershofer / J. Schulze-Forster, Forschungen am Dünsberg I-II, Ber. Komm. Arch. Landesforsch. Hessen 6, 2000/2001, 125–146; Grabungsberichte in www.duensberg.de; www.archaeologie-online.de/magazin/fundpunkt/2004/09/duensberg_1.phb; 2005/04/duensberg_3.phb. Vgl. auch Roymans (wie Anm. 5), bes. 130, 148. Die keltischen und römischen Waffenfunde insbesondere im Bereich vor Tor 4 und auch Tor 5, die bisher oft mit einem Kampfgeschehen des Drususfeldzuges 10 v. Chr. verbunden wurden, erweisen sich zunehmend als Teil kultischer Deponierungen. Eine gewisse Präsenz römischen Militärs auf dem Dünsberg, der nur 8 km von der Stadtgründung Waldgirmes entfernt ist und das gesamte Wetzlar-Gießener Becken sowie die Butzbacher Taunussenke beherrscht, kann m. E. zu Recht vermutet werden. Das offensichtlich nur kurzzeitig wohl in den Jahren 10/8 v. Chr. belegte Lager von Dorlar, das etwa eineinhalb Legionen Platz geboten hat, liegt zwischen Waldgirmes und dem Dünsberg, steht jedoch kaum mit einer postulierten römischen Eroberung des Dünsbergs in Beziehung. Das späte Fundgut des Dünsberg zeigt mitteldeutsch-elbgermanische Beeinflussung, die offensichtlich einen entscheidenden Faktor der chattischen Ethnogenese darstellen.

[50] Vgl. jeweils in Rieckhoff-Biel (wie Anm. 5); Herrmann / Jockenhövel (wie Anm. 47); zum hessischen Raum insgesamt Jockenhövel (wie Anm. 47), 271 ff. Mit einer Zuwanderung von Gruppen vermutlich aus dem sich durch sprachlichen Wandel formierenden frühgermanischen Raum ist vermutlich bereits in der mittleren Latènezeit (Lt C) zu rechnen. Lt C 2 geht unmittelbar in die Stufe Lt D 1 über. Lt D 2 (Mitte des 1. Jh. – 30/20 v. Chr.) brachte den Abbruch der Oppida.

der historischen Chatten in einem sprachlichen und sozialen Wandlungsprozess, der sich heute deutlicher fassen lässt.[51] Zudem ist keineswegs gesagt, dass die nordhessische Randzone der Latènisierung überhaupt sprachlich den Kelten zuzuordnen ist.[52] Dabei zeigt sich ein bereits seit mehreren Jahrhunderten wirksames kulturelles Bezugsfeld als Substrat des späteren Rhein-Weser-Germanischen zwischen Nordhessen und dem Rhein. Die „keltisch-germanische Übergangszeit" ist durch Zuwanderung und Überschichtung durch elbgermanisch geprägte Gruppen ab caesarischer Zeit charakterisiert, welche die einheimische Bevölkerung dominierten und offensichtlich auch sozial und politisch neu formten. Das keltische Anbausystem einer diversifizierten und personalintensiven Landwirtschaft wurde durch eine subsistenzorientierte Landwirtschaft ‚germanischen' Typs abgelöst.[53]

Mit dem Erfolg des Jahres 8 v. Chr. und der offiziellen Erklärung der Beendigung der Eroberung Germaniens wurde der Prozess der Organisation der neuen Großprovinz Germania zwischen Maas und Elbe eingeleitet[54], die damit auch die Rheinzone westlich des Stromes umfassen sollte; Köln wurde als der politisch-administrative Mittelpunkt der neuen Großprovinz nach dem Vorbild Lugdunum/Lyon gegründet.[55] Hier wurde der Sitz des zentralen provinzialen Rom- und Kaiserkultes, die Ara Ubiorum (eigentlich Ara Germaniae), eingerichtet, an der Männer der führenden germanischen Adelssippen, wie der Cherusker Segimundus im Jahre 9 n. Chr., das Priesteramt verrichteten.[56]

Im rechtsrheinischen Territorium wird die ordnungspolitische Neustrukturierung des Raumes durch die Gründung eines städtischen Vorortes für den Volksverband der Chatten in Waldgirmes im mittleren Lahntal dokumentiert.[57] Die Errichtung dieser nach römischem Muster mit Forum, Basilika und Monumenten des Kaiserkultes im Aufbau befindlichen Stadt, die vermutlich als Oppidum Chattorum bezeichnet wurde, brach im Jahre 9 n. Chr. nach einer Belegungsdauer von etwa 10 Jahren mit der Varus-Katastrophe und dem römischen Rückzug auf die Basen der linken Rheinseite ab. Wie die jüngsten Untersuchungen zeigen, setzten sich die bebauten Areale auch außerhalb

---

[51] Vgl. M. Seidel, Frühe Germanen am unteren Main. Bemerkungen zu den neuen Zeugnissen der Przeworsk-Kultur aus Oberhessen, Germania 74, 1996, 238–247; ders., Die jüngere Latènezeit und ältere Römische Kaiserzeit in der Wetterau. Fundberichte aus Hessen 34/35, 1994/95 (2000), 1–355; ders., Großromstedt- und älterkaiserzeitliche Siedlungskeramik aus Netze, Stadt Waldeck, Kreis Waldeck-Frankenberg. Ein Beitrag zur frühgermanischen Besiedlung in Niederhessen, in: Fundberichte aus Hessen 32/33, 1992/93 (2000), 111–127; L. Fiedler / S. Gütter / A. Thiedmann, Frühkaiserzeitliche Siedlungsfunde aus Niederweimar bei Marburg, Germania 80, 2002, 135–168; D. Raetzel-Fabian, Kelten, Römer und Germanen. Eisenzeit in Nordhessen, Kassel 2001; M. Seidel, Rez. zu Raetzel-Fabian, Germania 82, 2004, 288–292; Biegert (wie Anm. 69).

[52] Vgl. etwa Jockenhövel (wie Anm. 47), 279 ff., 295 ff.

[53] A. Kreuz, Landwirtschaft im Umbruch? Archäobotanische Untersuchungen zu den Jahrhunderten um Christi Geburt in Hessen und Mainfranken, BerRGK 85, 2004, 97–292.

[54] Auch die Erschließung und Ausbeutung der Bodenschätze setzte sehr rasch ein; im Sauerland wurde bereits in großem Stil die Ausbeutung der Bleivorkommen betrieben. Vgl. N. Hanel / P. Rothenhöfer, Germanisches Blei für Rom. Zur Rolle des römischen Bergbaus im rechtsrheinischen Germanien im frühen Prinzipat, Germania 83, 2005, 53–65; ferner E. Riccardi / S. Genovesi, Un carico di piombo da Rena Maiore (Aglientu), in: Africa Romana 14, 2, Sassari 2002, 1311–1321; P. Rothenhöfer, Geschäfte in Germanien. Zur Ausbeutung von Erzlagerstätten unter Augustus in Germanien, ZPE 143, 2003, 277–286.

[55] Vgl. Eck (wie Anm. 6), 77 ff.

[56] Tac. ann. 1, 57, 2.

[57] Vgl. Anm. 37. Zu Haltern und Anreppen vgl. Becker (wie Anm. 43); Schnurbein (wie Anm. 43).

der als Holz-Erde-Mauer errichteten Stadtbefestigung fort. Das Baulager der hier eingesetzten Baukolonnen des Heeres konnte ebenfalls außerhalb der Umwehrung festgestellt werden. Auch in Haltern zeichnet sich in dieser Phase des Jahrzehnts vor 9 n. Chr. ein Wandel insbesondere im Bereich des sogenannten Hauptlagers von einer zentralen militärischen Basis hin zu einem administrativen Zentrum ab. Repräsentative Grabbauten charakterisieren den zivilisatorischen Ausbau. Zugleich entwickelte sich hier eine bedeutende handwerkliche Produktion.[58] In Anreppen konnte sehr wahrscheinlich die zeitweise Residenz des Tiberius 4–5 n. Chr. erkannt werden; das Lager diente offensichtlich als zeitweilige Statthalterresidenz. Cassius Dio bietet den lange umstrittenen Locus Classicus für die augusteische Städtegründungspolitik in dem Gebiet östlich des Rheins, dessen Organisation als Provinz spätestens seit 4/5 n. Chr. rasch voranschritt.[59] Tacitus spielt einmal kurz auf diese „novae coloniae", neuen Römerstädte, an.[60] Diese verstärkte Provinzialisierung des militärisch und politisch durchdrungenen Raumes setzte offensichtlich bereits vor dem Beginn der großen Aufstandsbewegung 1 n. Chr.[61] ein, die sich während der Statthalterschaft des M. Vinicius über drei Jahre hinzog und die Tiberius in den Jahren 4–5 n. Chr. endgültig niederwarf, wobei er die militärischen Strukturen reorganisierte und die militärisch-politische Durchdringung des Landes vollendete.[62] Legat Germaniens als Nachfolger des M. Vinicius war 4–6 n. Chr. C. Sentius Saturninus, dem Tiberius die Operationen und Kontrolle im südlicheren Teil der Provinz überließ.[63] Der Aufstand 1–4/5 n. Chr. hatte den Ausbau der Provinzorganisation zweifellos gehemmt, der unter der Statthalterschaft des P. Quinctilius Varus ab 6 n. Chr. gezielt und beschleunigt vorangetrieben wurde.[64] Die Errichtung von städtisch strukturierten Mittelpunktssiedlungen zielte auf die Erschließung des Raumes, auf die Konzentration der Eliten in den Zentralorten, auf die Einrichtung von Strukturen der Selbstverwaltung und damit auf die volle Integration des Raumes in das römische Herrschaftssystem. Man sollte deshalb nicht von einer Urbanisierungspolitik in Sinne von Städtegründungen um der Verbreitung städtischer Siedlungsweise willen sprechen; Zentralorte als Mittelpunkte von politisch-organisatorischen Einheiten in den Provinzen waren als tragende untere Ebene für das administrative Funktionieren des Reiches, das ja über keine eigene Administration im eigentlichen Sinne verfügte, unverzichtbar.

Etwa in den Jahren 3/1 v. Chr. überschritt L. Domitius Ahenobarbus als Legat Germaniens wohl von Süden oder von Mainz kommend und durch Thüringen vorstoßend die Elbe zu einer militärischen Machtdemonstration, nahm suebische Gruppen jenseits des Flusses in die römische Freundschaft auf, errichtete am Ufer des Flusses einen Altar zu Ehren des Augustus und schuf so ein in diplomatischen Verhältnissen zu

---

[58] Vgl. B. Rudnick, Die römischen Töpfereien von Haltern, Mainz 2001.
[59] Cass. Dio 56, 18, 2: „Ihre Truppen (i. e der Römer) überwinterten dort und es wurde mit der Anlage von Städten begonnen, und die Barbaren selbst passten sich den neuen Sitten an, gewöhnten sich an Märkte und trafen sich zu friedlichen Zusammenkünften".
[60] Tac. ann. 1, 59, 6.
[61] Vell. 2, 104, 2.
[62] Vell. 2, 105, 1–3; 106, 1–3; 107; Cass. Dio 55, 13, 1a–2; 28, 5–7.
[63] Vell. 2, 105, 1–2.
[64] Vgl. auch Cass. Dio 56, 18, 2–3.

Rom stehendes Vorfeld der bis zur Elbe entwickelnden Provinz.[65] Bereits vor seinem Vorstoß über die Elbe hatte er einen Teilverband der Hermunduren, der seine Wohnsitze verlassen hatte, abgefangen und ihnen einen Teil des Siedlungsgebietes der Markomannen, aus dem jene Gruppen abgezogen waren, die Marbod nach Böhmen folgten, zugewiesen.[66] Mit der Stammesbezeichnung Hermunduren werden im 1. Jh. n. Chr. die rhein-weser-germanisch geprägten Gruppen in Mainfranken[67] und in Thüringen, wo die Chatten an der Werra als Nachbarn erscheinen[68], verbunden. Rhein-Weser-Germanisch ist dabei selbst ein unscharfer Begriff für ein Phänomen zwischen dem elbgermanischen und nordwestdeutschen Kulturkreis, dessen Entstehung regionale, im Sinne der Latènekultur randständige spätlatènezeitliche Kontinuitäten und elbgermanische Überformung zu vereinigen scheint.[69]

Der Hermunduren-Name, der mit dem Thüringer-Namen entgegen den älteren Deutungen in keinem Zusammenhang steht[70], bezieht sich aber in der Überlieferung offenkundig auf regional verschiedene Gruppen eines ursprünglichen suebisch-elbgermanischen Teilkomplexes der Gruppen an der mittleren Elbe, der sich in den Wanderbewegungen und ethnischen Überschichtungen ab dem mittleren 1. Jh. v. Chr. aufgelöst und mehrfach neu formiert hat. Die südliche Gruppe in Mainfranken besaß als *civitas Hermundurorum* (CIL III 14359.4) einen privilegierten Vertragsstatus im Vorfeld der Provinz Raetien.[71] Eine jenseits der Elbe lebende, den Semnonen benachbarte Gruppe erscheint dort im Zusammenhang des Zuges des Tiberius zur Elbe im Jahre 5 n. Chr. bei Vell. 2, 106, 2 und ist ebenso bei Strab. 7, 1, 3 als einer der Teile der Sueben, die am jenseitigen Ufer der Elbe lebten, angesprochen. Die Hermunduren, die

---

[65] Cass. Dio 55, 10a, 2; Tac. ann. 4, 44, 2.

[66] Cass. Dio 55, 10a, 2; vgl. auch Wolters 1990 (wie Anm. 10), 181 ff.; P. Kehne, RGA² 19, 2001, 321–324 zur Diskussion der Formel „in einem Teil der Markomannis" bei Cassius Dio, der mit D. Timpe und K.-H. Dietz die Lokalisierung dieses zugewiesenen Siedlungsraumes in Mainfranken ebenfalls verneint.

[67] Vgl. Rosenstock / Wamser (wie Anm. 16); Haberstroh (wie Anm. 16) 127 f., der zu Recht darauf hinweist, dass bis zum Steigerwald als westlicher Grenze die elbgermanische Prägung des Fundgutes mit seiner direkten Parallelisierung zum böhmischen Raum erhalten geblieben ist. In Oberfranken können wir mit dem Fortbestehen der markomannischen Besiedlung rechnen, während sich der rhein-weser-germanische Einfluss in restlichen Mainfranken durchsetzt. Allerdings kommt es im Laufe des 2. Drittels des 1. Jh. n. Chr. dann am Ende des Großromstedter Zeithorizonts zu einer Ausdünnung der Besiedelung in Oberfranken.

[68] Tac. ann. 13, 57, 1.

[69] Vgl. zur grundsätzlichen Problematik des Rhein-weser-germanischen Horizonts bereits o. S. 10 f.; H. Beck / R. Müller, RGA² 24, 2003, 532–534. Die Eigenständigkeit von Formentraditionen entwickelt sich erst im Übergang zwischen älterer und jüngerer römischer Kaiserzeit, während zuvor die elbgermanische Überprägung beziehungsweise Beeinflussung charakteristisch erscheint. Auch für den mitteldeutschen Raum im westlichen Thüringen zeigen sich die rhein-weser-germanischen Züge primär in Kontinuitäten zur ausgehenden Spätlatènezeit. Vgl. K. Peschel, Frühgermanische Bodenfunde zwischen Saale und Werra und die Stammesfrage, in: Beiträge zur Ur- und Frühgeschichte 1. Fs. W. Coblenz, Berlin 1981, 623–663; M. Meyer, Germanische Siedlungen der Spätlatènezeit und der Kaiserzeit im nördlichen Hessen, in: A. Leube (Hg.), Haus und Hof im östlichen Germanien, Bonn 1998, 98–123; die Beiträge in: S. Biegert u. a. (Hg.), Beiträge zur germanischen Keramik zwischen Donau und Teutoburger Wald, Bonn 2000; R. Müller, RGA² 24, 2003, 532–534; D. Bérenger, Zur Chronologie der vorrömischen Eisenzeit und römischen Kaiserzeit in Nordost-Westfalen, Mainz 2000; D. Walter, Germanische Keramik zwischen Main und Taunuslimes. Untersuchungen zu rhein-wesergermanischen Gefäßen in römischen Siedlungen des Rhein-Main-Gebietes, Rahden/Westfalen 2000.

[70] So noch K.-H. Dietz, DNP 5, 1998, 454; vgl. aber J. Udolph / M. Springer / W. Heizmann / C. Theune, RGA² 30, 2005, 519–544.

[71] Tac. Germ. 41. Deutlich ist ein Vermischungsprozess latènezeitlicher und elbgermanischer Elemente, wobei sich mit Rückgang des elbgermanischen Einflusses die rhein-weser-germanischen Züge durchsetzen.

östlich von Thüringer- und Frankenwald bis jenseits der Elbe siedelten und deren Ansiedlung dort westlich der Elbe offenbar auf die Ordnungsmaßnahme des Domitius Ahenobarbus zurückging, haben sich zu einem bedeutenden Machtfaktor im 1. Jh. n. Chr. entwickelt, der unter der Führung des Vibilius im Jahre 19 n. Chr. den Markomannenkönig Catualda, der Marbod gestürzt hatte, aus Böhmen vertrieb und 50 n. Chr. auch an dem Sturz des von Rom als Nachfolger des Catualda eingesetzten Vannius maßgeblichen Anteil hatte; 58 n. Chr. besiegten sie die Chatten an den Salzlagern der Werra.[72] Dieser nordöstliche Hermundurenkomplex hatte sich nach dem Sturz des Marbod offsichtlich als mächtiger nördlicher Nachbar der Markomannen und Sueben in Böhmen und Mähren etabliert.

Die Reichsbildung des Marbod mit Kern in Böhmen, die sich östlich der Elbe darüber hinaus ausdehnte, wurde im Jahre 6 n. Chr. zum Ziel einer groß angelegten römischen Offensive.[73] C. Sentius Saturninus führte eine Armee von sechs Legionen des germanischen Heeres mit den zugehörigen Hilfstruppen von Mainz den Main aufwärts nach Böhmen. Die zweite Heeressäule unter dem Befehl des Tiberius selbst stieß von der Basisstellung Carnuntum aus ebenfalls mit sechs Legionen durch Mähren nach Böhmen vor. Mit dem großen Zangenangriff auf das Marbod-Reich sollte der letzte germanische Machtfaktor beseitigt und die römische Kontrolle bis zur Sudeten/Beskiden-Linie, dem Herkynischen Wald, errichtet werden, womit die Elbegrenze eine natürliche Fortsetzung gefunden hätte. Die beiden Heeressäulen hatten sich bereits bis auf wenige Tagesmärsche dem Punkt ihrer Vereinigung genähert, als das Unternehmen kurz vor dem endgültigen Erfolg von Tiberius wegen des in Pannonien und Dalmatien ausgebrochenen großen Aufstandes abgebrochen werden musste. Marbods Vertragsverhältnis mit Rom wurde erneuert; seine Stellung als *amicus populi Romani* wie sein Königstitel wurden von Rom bestätigt. Dies ist die letzte Information, die wir über römische Operationen entlang der Mainlinie haben.

Während lange Zeit augusteische Militärpositionen jenseits der Wetterau unbekannt waren, hat sich durch die Entdeckung des Doppellegionslagers von Marktbreit an der Spitze des Maindreiecks die Situation grundlegend gewandelt.[74] Ein erstes 9 ha großes Lager, das nur in seinem Graben fassbar ist und sonst keine Bebauungsspuren zeigt, kann zeitlich nicht näher bestimmt werden. Das 37 ha-Doppellegionslager, das in der Struktur seiner Innenbebauung deutliche Parallelen zu Dangstetten oder Anreppen zeigt, da neben der großen Principia nur Praetorium, Quaestorium, ein angrenzender Wohnkomplex, Horreum und *fabricae* sowie die Kopfbauten der Mannschaftsbaracken ausgebaut waren, während Spuren der eigentlichen Mannschaftsbaracken fehlen, war offenbar nie über längere Zeit belegt gewesen. Dafür spricht der sehr spärliche Fundanfall, der den Komplex aber in den halterzeitlichen Horizont datiert (5 v. – 9 n. Chr.). Im Bereich des großen Wirtschaftsgebäudes können drei Bauphasen festge-

---

[72] Tac. ann. 2, 62; 2, 63, 5; 12, 29–30; 13, 57, 1–2.

[73] Vell. 2, 108, 1–110, 2; Strab. 7, 1, 3; Tac. ann. 2, 45–46; 2, 63, 1; Cass. Dio 55, 28, 7. Vgl. Eck (wie Anm. 6), 106 f.; auch P. Kehne, RGA² 19, 2001, 260, 294, der allerdings zu Unrecht annimmt, dass weder Sentius Saturninus noch Tiberius sehr weit über ihre Ausgangspunkte hinausgekommen seien.

[74] Vgl. zusammenfassend M. Pietsch, RGA² 19, 2001, 329–331; ders., in: Die Römer in Bayern, Stuttgart 1995, 475–479; ders. / D. Timpe / L. Wamser, Das augusteische Truppenlager Marktbreit, BerRGK 71, 1991, 263–324; S. v. Schnurbein, Die augusteischen Stützpunkte in Mainfranken und Hessen, in: Die Römer zwischen Alpen und Nordmeer, München 2000, 34–37.

stellt werden, die für eine längere Existenz des Lagers sprechen, das zeitweise wohl nur von einer kleinen Sicherungstruppe belegt gewesen ist. Das zugehörige, mit Sicherheit anzunehmende Uferkastell am Main ist noch unbekannt. Der Beginn des Legionslagers in der Frühphase des Haltern-Horizontes ist vermutlich spätestens mit den Unternehmungen des Domitius Ahenobarbus kurz vor der Zeitenwende in Verbindung zu bringen. Ein Ausbau in den Jahren der Statthalterschaft des M. Vinicius (1–4 n. Chr.) scheint möglich. Sicher aber hat das Lager 6 n. Chr. eine Schüsselfunktion bei dem Feldzug des Sentius Saturninus gegen das Marbodreich gespielt. Es ist durchaus wahrscheinlich, dass im Zuge der Organisation der Provinz Germania die Mainlinie als Hauptachse für deren südlichen Teil ausgebaut werden sollte und durch die Garnisonen von Mainz und Marktbreit mit vermutlich vier Legionen gesichert werden sollte. Zum endgültigen Ausbau und zur Stationierung von zwei Legionen ist es dann offensichtlich in Folge des pannonisch-dalmatischen Aufstandes und der zu seiner Niederschlagung erforderlichen Truppenkonzentrationen nicht mehr gekommen. Im Jahre 9 n. Chr. wurde das Lager systematisch geräumt und von der abziehenden Besatzung zur Schleifung niedergebrannt.

Das Lager von Marktbreit am Spitz des Maindreieckes war in einer hervorragenden verkehrsgeographischen und strategischen Lage geplant gewesen. Unter-, Ober- und Mittelfranken sowie Taubergrund und das Hohenloher Land konnten von hier aus kontrolliert werden. Nach Süden führten die alten wichtigen Verkehrswege über obere Tauber und Wörnitz sowie über obere Fränkische Rezat, obere Altmühl und Wörnitz zur Donau, ebenso über die mittlere Altmühl. Nach Osten führten die Verkehrswege nach Oberfranken, in die Oberpfalz und weiter ins Böhmische Becken beziehungsweise nach Thüringen. Noch heute zeichnet sich die Bedeutung des Raumes im Eisenbahn- und Autobahnnetz nach. Ein weiterer alter Verkehrsweg verband über die Regnitz-Rednitz-Senke sowie anschließend über Altmühl oder Wörnitz Oberfranken mit der Donau. Der Raum des Zusammenflusses von Wörnitz und Donau war zugleich der Endpunkt der Lechlinie und damit der Nachschublinie aus Oberitalien über Reschen- und Fernpass.[75] Hinzu kommt, dass sich hier im Bereich des Maindreiecks frühgermanische Siedlungen des Großromstedter Horizontes konzentrieren, für die auch entsprechende Kontakte und Beeinflussungen durch die römische Präsenz im Fundgut festzustellen sind, was ja ein charakteristisches Phänomen für die okkupationszeitliche Entwicklung in Germanien darstellt.

Die germanische Landnahme[76] im Main- und Regnitzraum Oberfrankens durch die Gruppen des Großromstedter Horizonts, d. h. das Erscheinen elbgermanischer Bevölkerung, setzt 30–20 v. Chr. ein und verstärkt sich in entscheidender Weise in der Zeitspanne 10 v. – 10 n. Chr., wobei die intensiven Beziehungen zu Böhmen deutlich ins Auge fallen. Die frühaugusteische Zeitstufe ist dabei durch den Kontakt der einwandernden Germanen mit der verbliebenen Restbevölkerung geprägt, die dem Abzug keltischer Gruppen bei der Aufgabe des Staffelberg-Oppidums nicht gefolgt war. In Unterfranken sind im gleichzeitigen frühen germanischen Fundhorizont neben den Gruppen des Großromstedter Horizonts mit ihrer Konzentration westlich des Steigerwaldes und um das Maindreieck sowie an der fränkischen Saale auch Elemente des

---

[75] Die neuen Befunde von Burghöfe dürfen als Bestätigung dieser Hypothese gesehen werden; s. u.
[76] Vgl. Haberstroh (wie Anm. 16), 125 ff.; o. S. 3f., 13 mit Anm. 67.

frühen rhein-weser-germanischen Horizonts und auch Einflüsse aus dem Rheingebiet zu fassen, wobei letztere offensichtlich auf den Rückstrom suebischer Gruppen aufgrund der römischen Operationen seit caesarischer Zeit zurückzuführen sind. Die Verdichtung der markomannisch-suebischen Besiedlung in der Zeit der römischen Kontrolle des Raumes fällt ins Auge. Während die Großromstedter Befunde westlich des Steigerwaldes im ersten Drittel des 1. Jh. n. Chr. ausklingen, bleibt der Raum östlich des Steigerwaldes trotz einer Ausdünnung der Besiedlung noch weiter markomannisch-elbgermanisch geprägt.

In Augsburg lag ein weiteres frühes militärisches Zentrum – dessen Struktur wir allerdings nicht kennen –, das die Kopfstellung der Nachschubachse über Fern- und Reschenpass am Zusammenfluss von Lech und Wertach bildete.[77] Bekannt sind die durch eine Hochwasserkatastrophe in einem alten Wertachbett in Augsburg-Oberhausen abgelagerten Massen an militärischem Fundgut. Das frührömische Lager, das die Funktion einer zentralen Versorgungsbasis gehabt zu haben scheint, ist nach dem Oberaden-Horizont anzusetzen und sehr wahrscheinlich in die Jahre 8/5 v. – 6/9 beziehungsweise 6/10 n. Chr. zu datieren. In spätaugusteisch-frühtiberischer Zeit wurde dann das Truppenlager auf der Hochfläche zwischen Wertach und Lech im Gebiet der späteren römischen Stadt angelegt. Es ist naheliegend, wenn bisher auch durch Funde nicht erwiesen, dass von der Basis- und Versorgungsstellung Augsburg aus eine militärische Kommunikationsachse zur Mainline, und zwar zum Raum von Marktbreit, bestand. Die Versorgung der im östlichen Mainfranken und darüber hinaus operierenden römischen Verbände war somit von Gallien wie von Italien aus möglich. Für letzteres ist auf den frühen Zustrom der stadtrömischen Münzmeisterprägungen (Prägedaten 16–2 v. Chr.) aus dem italischen Münzumlauf hinzuweisen.[78] Durch die jüngsten Forschungen ist nun in Submuntorium-Burghöfe eine Lagerabfolge nachgewiesen, die den Raum des Zusammenflusses von Lech, Donau und Wörnitz kontrollierte und deren älteste Phase in den Zeithorizont von Augsburg-Oberhausen fällt.[79]

---

[77] Vgl. L. Bakker, RGA² 21, 2002, 479–483; ders., in: Die Römer in Bayern, Stuttgart 1995, 419 f.; ders., Der Militärplatz von Oberhausen und die weitere militärische Präsenz im römischen Augsburg, in: Schlüter / Wiegels (wie Anm. 10), 451–465; A. Schaub, Zur Frage der Kontinuität von der Spätlatènezeit in die frühe römische Kaiserzeit in Augsburg, in: Hüssen / Irlinger / Zanier (wie Anm. 12), 93–104. Die wenigen späten Münzen (10/14 n. Chr.: 4; 15/16 n. Chr.: 1) können das durch die Terra Sigillata nahegelegte Ende nicht widerlegen. Vgl. auch B. Ziegaus, Römische Fundmünzen von ausgewählten Plätzen des Alpenvorlandes aus der Zeit 1. Jh. v. Chr. bis in die Regierungszeit des Tiberius – ein Überblick, in: Hüssen / Irlinger / Zanier (wie Anm. 12), 53–66.

[78] Dieser Zustrom wird traditionell erst in frühtiberische Zeit datiert (vgl. B. Ziegaus, Der frühkaiserzeitliche Münzumlauf zwischen Alpen, Donau und Iller, in: Die Römer zwischen Alpen und Nordmeer, Mainz 2000, 18–23, bes. 20). Das Münzspektrum von Augsburg-Oberhausen verweist jedoch auf einen Zustrom bereits in der späteren Phase des Haltern-Horizontes. Dem widerspricht auch der Befund der beiden kurzzeitig belegten Lager von Friedberg-Rederzhausen nicht, deren Fundgut in die spätaugusteische bis mitteltiberische Zeit datiert wird (vgl. W. Czysz, in: Die Römer in Bayern, Stuttgart 1995, 501 f.) und die diese Münzen ebenfalls zeigen. Auch das Erscheinen dieser Münzen in Burghöfe ist heute bereits der vortiberischen Zeit zuzuweisen (s. u.). Ziegaus (wie Anm. 77), 55 erkennt die Zusammenhänge nicht.

[79] Vgl. S. Ortisi, Das archäologische Jahr in Bayern 2003, 2004, 85–89; ders./ S. Gairhos, Das archäologische Jahr in Bayern 2001, 2002, 94–96; diess., Das archäologische Jahr in Bayern 2004, 2005, 105–107; vgl. bereits S. Ortisi, Römische Kleinfunde aus Burghöfe 2. Die früh- und mittelkaiserzeitlichen Fibeln, Rahden 2002; jetzt die Aufarbeitung der Neufunde durch B. Ziegaus (Münzen) und eine Magisterarbeit an der Universität München, die in Kürze vorgelegt werden. Nur vorläufig Ziegaus ebd. 58 f.

Im südwestdeutschen Raum beginnt die Präsenz römischer Truppen bereits im Jahre 15 v. Chr., als im Zuge des Alpenfeldzuges des Tiberius, der bis zur Region der Donauquellen vordrang, das Lager von Dangstetten errichtet wurde, in dem Kernverbände der 19. Legion sowie keltische Kavallerieeinheiten, orientalische Bogenschützen und auch germanische Hilfstruppen lagen.[80] Im Rahmen der Reorganisation 8/7 v. Chr. wurde das Lager geräumt. Mit dem Jahre 15 v. Chr. ist offensichtlich auch die Räumung des nahegelegenen spätlatènezeitlichen Oppidums Altenburg-Rheinau verbunden gewesen, in dem noch römische Militaria erscheinen. Ebenso ist mit spätkeltischen Restgruppen im Gebiet der oberen Donau zu rechnen, die ebenfalls 15 v. Chr. unter römische Kontrolle kamen. Der direkte Weg vom Schweizer Mittelland zu den Donauquellen lief über das Lager Dangstetten, das aber ebenso den direkten Zugang zum oberen Neckar eröffnete.[81] Insgesamt wird man aber zu Recht den Schluss ziehen dürfen, dass wir bisher nur einen Bruchteil der frühen römischen Militäranlagen kennen, wie etwa die Neufunde in Hessen und Niedersachsen zeigen. Insbesondere gilt dies für die Mainlinie. Denn selbstverständlich war das Lager von Marktbreit durch eine gesicherte Kommunikationslinie mit Mainz verbunden gewesen.[82] Und ebenso müssen sich zumindest temporär besetzte Anlagen weiter nach Oberfranken erstreckt haben. Main- und Lippe-Linie sind zu Recht als parallele Elemente in der römischen Strategie und Militärplanung bereits seit dem Jahre 10 v. Chr. zu sehen. Wir können sicher nicht zu Unrecht davon ausgehen, dass entlang der Mainlinie und in ganz Mainfranken noch entsprechende Entdeckungen zu erwarten sind. Wäre die Entwicklung der römischen Großprovinz Germanien nicht im Jahre 9 n. Chr. abgebrochen, so wäre, wenn dies auch Spekulation bleiben muss, auch in Mainfranken mit der Errichtung eines oder mehrerer Civitas-Vororte nach dem Schema, das wir in Waldgirmes erkennen, zu rechnen gewesen. Ein solches römisches regionales Zentrum würde auf Grund der Parallelen sehr wohl am Spitz des Maindreiecks denkbar sein, ein zweites im Raum des Zusammenflusses von Obermain und Regnitz. Vielleicht werden Forschungen in der Zukunft sogar einen mit Waldgirmes vergleichbaren Komplex im Maingebiet ans Tageslicht bringen.

---

[80] Strab. 7, 1, 5. Vgl. G. Fingerlin, Dangstetten II, Stuttgart 1998; ders., Römische und keltische Reiter im Lager der XIX. Legion von Dangstetten am Hochrhein, Arch. Nachr. Baden 60, 1999, 3–18; ders., Küssaberg-Dangstetten, in: D. Planck (Hg.), Die Römer in Baden-Württemberg, Stuttgart 2005, 156–158, W. Zanier, Der Alpenfeldzug 15 v. Chr. und die Eroberung Vindelikiens, BVBl 64, 1999, 99–132; F. Fischer, Das Oppidum von Altenburg-Rheinau und sein spätlatènezeitliches Umfeld, in: C.-M. Hüssen / W. Irlinger / W. Zanier (Hg.), Spätlatènezeit und frühe römische Kaiserzeit zwischen Alpenrand und Donau, Bonn 2004, 123–131; G. Wieland, Zur Frage der Kontinuität von der Spätlatènezeit in die frühe römische Kaiserzeit an der oberen Donau, in: ebd. 113–122; ders., Augusteisches Militär an der oberen Donau, Germania 72, 1994, 205–216; M. Kemkes, Frührömisches Militär östlich des Schwarzwaldes, Jahresber. Ges. Pro Vindonissa 1997, 17–24.

[81] Die Frage früher Militäranlagen in den Neckarraum hinein ist bisher nicht geklärt. Luftaufnahmen zeigen die Existenz temporärer Lager an, deren Zeitstellung noch offen bleibt. In Köngen gehört ein älterer Spitzgraben zu einer Befestigung von ca. 12 ha; er könnte schon in die erste Hälfte des 1. Jh. n. Chr. gehören; vgl. M. Luik, in: Planck (wie Anm. 80), 149–151.

[82] Einen Hinweis geben die frühen Münzbefunde, so insbesondere von Eußenheim zwischen Würzburg und dem Mainknie bei Gemünden; vgl. Ziegaus (wie Anm. 78), 19.

Alois S c h m i d

Schwandorf. Der lange Weg vom Dorf zur Stadt

„Tradens [...] I obam iuxta quoque ceruleum fluentum Naba dicto in uilla Suainicondorf"[1]: Dieser unscheinbare Hinweis in einem Eintrag im Traditionsbuch des Klosters St. Emmeram zu Regensburg steht am Beginn der schriftlichen Überlieferung zur Geschichte der Stadt Schwandorf.[2] Der Mönchschreiber des bedeutenden Klosters in der Nachbarstadt hat mit ihm eine Güterübertragung an sein Haus protokolliert, um sie auf Dauer abzusichern. Natürlich musste das Schenkungsgut genau lokalisiert werden. In diesem Rahmen erfolgte die erste Nennung des Ortes Schwandorf. Er wird in der Privaturkunde als *villa*, als Dorf, bezeichnet. Aus der *villa* des Früheren Mittelalters wurde im Hohen Mittelalter ein *forum,* ein Markt, aus dem Markt am Ausgang des Mittelalters eine Stadt. Seit 1972 führt Schwandorf den Titel einer Großen Kreisstadt und ist seit 1993 zudem Mittelzentrum. Der genannte Eintrag im Emmeramer Traditionsbuch steht also am Beginn einer langen Entwicklung, die Schwandorf von einem Dorf zum wichtigsten urbanen Zentralort in der mittleren Oberpfalz machte. Dieser Vorgang hat sich im Grunde über das gesamte Jahrtausend hingezogen, das seit der Erstnennung vergangen ist. Die sehr kleinen Anfänge haben in unserer Gegenwart auf einen Höhepunkt geführt und somit ihre bisherige Krönung erfahren. Dieser Umstand ist sicherlich ein geeigneter Anlass, an den Beginn der Entwicklung zu erinnern. Freilich ist die Frühzeit Schwandorfs mit vielen Fragezeichen behaftet. Aber das ist eigentlich bei allen Städten, nicht nur des bayerischen Raumes[3], so. Schwandorf stellt insofern gewiss keinen Sonderfall dar.[4]

---

[1] Josef Widemann (Hg.), Die Traditionen des Hochstifts Regensburg und des Klosters S. Emmeram (Quellen und Erörterungen zur bayerischen Geschichte NF 8), München 1943, S. 226 Nr. 278. – Für wertvolle Unterstützung danke ich sehr herzlich Herrn Diplombibliothekar Alfred Wolfsteiner, Schwandorf.

[2] Gesamtdarstellungen: Georg Hubmann, Chronik der Oberpfalz I: Chronik von Schwandorf, Amberg 1865; Joseph Pesserl, Chronik und Topographie von Schwandorf, in: Verhandlungen des Historischen Vereins für Oberpfalz und Regensburg 24, 1866, S. 163–586 (unveränderter Neudruck: Neustadt a. d. Aisch 1989); Josef Salzl / Alfred Wolfsteiner, Schwandorf. Von den Anfängen zur Gegenwart, Amberg 1993; Alfred Wolfsteiner (Red.), Schwandorf in Geschichte und Gegenwart, 2 Bände (Schriftenreihe der Stadtbibliothek und des Stadtmuseums Schwandorf 3), Schwandorf 2001; Alfred Wolfsteiner, Schwandorf. 1000 Jahre Geschichte an der Naab, Ensdorf 2006. Kurzabriß: August Scherl, Schwandorf, in: Erich Keyser / Heinz Stoob (Hg.), Bayerisches Städtebuch II (Deutsches Städtebuch 5/2), Stuttgart 1974, S. 632–638; Alfred Wolfsteiner, Schwandorf, in: Hans-Michael Körner / Alois Schmid (Hg.), Handbuch der Historischen Stätten Deutschlands VII: Bayern I, Stuttgart [4]2006, S. 767–769.

[3] Karl Bosl (Hg.), Die mittelalterliche Stadt in Bayern (Zeitschrift für bayerische Landesgeschichte Beiheft B 6), München 1974; Karl Bosl, Die bayerische Stadt in Mittelalter und Neuzeit: Altbayern – Franken – Schwaben, Regensburg 1988; Helmut Flachenecker / Rolf Kießling (Hg.), Städtelandschaften in Altbayern, Franken und Schwaben (Zeitschrift für bayerische Landesgeschichte Beiheft B 15), München 1999.

[4] Zum Stand der Stadtgeschichtsforschung zusammenfassend: Fritz Mayrhofer, Stadtgeschichtsforschung: Aspekte – Tendenzen – Perspektiven (Beiträge zur Geschichte der Städte Mitteleuropas 12), Linz 1993.

Die Frühzeit

Erörterungen zur Lokalgeschichte sollten ihren Ausgang immer von den geographischen Gegebenheiten nehmen. Schwandorf liegt am Ostufer der mittleren Naab auf einer Schotterterrasse inmitten einer breiten Niederung der Naab, in der sich der Flusslauf wegen zweier Inseln in mehrere Arme zerteilt.[5] Diese geographische Situation ist wie an vielen anderen Orten auch hier die entscheidende Voraussetzung für die Einbeziehung in die Kulturlandschaft geworden. Während der bewaldete Raum nördlich der Donau im übrigen lange als wenig siedlungsfreundlicher Nordwald gemieden wurde, zogen diese besonderen Gegebenheiten hier schon früh Menschen an. Durch alle Epochen der Vorgeschichte[6] lassen sich auch für das unmittelbare Stadtgebiet Spuren der Begehung nachweisen, die sich freilich lange nicht zu dauerhafter Siedlung verdichteten. Noch die Zivilisation der Römer machte weithin an der Donaugrenze des Imperium Romanum halt.[7] Auch aus der Einbeziehung des Gebietes ins Thüringerreich, das sich nach dem Ende des Imperium Romanum über Naab und Regen bis an die Donau hinunter erstreckt haben soll[8], darf keine flächendeckende Erfassung abgeleitet werden. Andererseits setzt der vordeutsche Name der Naab, der auf Wasser und Feuchtigkeit verweist[9], die kontinuierliche Siedlung einer Trägerschicht voraus; völlig menschenleer kann der Raum nie gewesen sein. Erst im Verlaufe des Frühmittelalters wurde er allmählich von einer dauerhaften Frühsiedlung erfasst, die aus drei Richtungen kam.

Die Landeserschließung erfolgte hauptsächlich vom Donautal her und stand unter bajuwarischen Vorzeichen. Das machen einerseits die *-ing*-Orte deutlich, die es auch nördlich der Donau gibt, in besonderer Konzentration in zwei Siedlungskammern: eine im mittleren Regental um Cham und Roding, die andere zwischen Amberg und Schwandorf. Die *-ing*-Orte verweisen auf eine bajuwarische Population, die weiterhin in den Reihengräbern fassbar wird. Beide Elemente früher bajuwarischer Siedlungstätigkeit finden sich auch im Raum Schwandorf, gehören aber nicht mehr der agilolfingischen Frühzeit an, weil deren Ausstrahlung ins Naabtal auf der Höhe etwa von Burglengenfeld auslief.[10] Sie griffen auf den nördlich anschließenden Raum erst mit einer

---

[5] Zur geographischen Situation: Dietrich Jürgen Manske, Mittleres Naabgebiet, in: Topographischer Atlas Bayern, hg. vom Bayerischen Landesvermessungsamt, München 1968, S. 164 f. Karte 77; Alfred Wolfsteiner u. a., Die Naab. Leben am Fluß im Wandel der Zeiten, Amberg 1998.

[6] Hans-Werner Robold, Vor- und Frühgeschichte der Stadt Schwandorf und des weiteren Umlandes, in: Wolfsteiner (Red.), Schwandorf I (wie Anm. 2), S. 9–50.

[7] Wolfgang Czysz / Karlheinz Dietz / Thomas Fischer / Hans-Jörg Kellner, Die Römer in Bayern, Stuttgart 1995 (Nachdruck Hamburg 2005); Thomas Fischer, Römer und Bajuwaren an der Donau. Bilder zur Frühgeschichte Ostbayerns, Regensburg 1988.

[8] Anonymus Ravennatus, Cosmographia. Eine Erdbeschreibung um das Jahr 700, übersetzt von Joseph Schnetz (Nomina Germanica 10), Uppsala 1951, S. 65.

[9] Wolf-Armin Freiherr von Reitzenstein, Lexikon bayerischer Ortsnamen: Herkunft und Bedeutung, München 1986, S. 258.

[10] Hans Dachs, Der Umfang der kolonisatorischen Erschließung der Oberpfalz bis zum Ausgang der Agilolfingerzeit, in: Verhandlungen des Historischen Vereins für Oberpfalz und Regensburg 86, 1936, S. 159–178; Ernst Schwarz, Sprache und Siedlung in Nordostbayern (Erlanger Beiträge zur Sprach- und Kunstwissenschaft 4), Nürnberg 1960.

gewissen Verzögerung in karolingisch-ottonischer Zeit aus.[11] Sie ist für das unmittelbare Stadtareal mit einem Reihengräberfeld in Krondorf belegt.[12]

Die Ausrichtung am Süden macht vor allem die Bezeichnung des Raumes als Nordgau deutlich. Der Begriff Nordgau gewinnt nur Sinn vom Vorort Regensburg aus gesehen.[13] Diese Deutung wird bestätigt von der mehrfachen Bezeichnung des nahen Vilstales als *Nordfilusa*[14], die ebenfalls auf einen bestimmenden Bezugspunkt im Süden verweist. Der Schwandorfer Raum lag in diesem Nordgau, der sich allerdings vom Westen her erst allmählich ins Naabtal hinein vorschob.[15] Der Vorgang steht im Zusammenhang mit der Expansion des Frankenreiches. Damit ist eine zweite Kraft angesprochen, die bei der Erschließung des Raumes wirksam war. Die Naablinie wurde auf dem Höhepunkt der Karolingerzeit erreicht. Das bezeugt hauptsächlich das wichtige Dokument des Diedenhofener Kapitulare von 805. Hier werden die Grenzorte des Frankenreiches zu den Slawen hin von der Ostsee bis zur Donau angeführt. Zwischen Forchheim und Regensburg wird allein Premberg bei Schwandorf genannt.[16] Dieser Ort ist einer der ältesten im Naabtal. Um 800 war er offensichtlich ein wichtiger Punkt an der Ostgrenze des Frankenreiches.[17]

In Premberg wurden die Beziehungen des Frankenreiches zur Welt der Slawen abgewickelt. Denn von Osten her wirkten als dritte Kraft die Slawen ins Naabtal hinein. Diesen Befund bestätigen die Archäologie und vor allem die Ortsnamenkunde. Wenn das Suffix *-itz* und das Grundwort *-winden* im Ortsnamenbestand wichtige Kennzeichen der Slawensiedlungen sind, dann erstreckte sich vom böhmischen Kessel her die slawische Population weit über die Naablinie nach Westen hinaus.[18] Die Durchsetzung des Raumes mit unterschiedlichen Ortsnamen belegt den Ausgriff unterschiedlicher Völker in dieses Kolonisationsgebiet. Vor allem zwischen Burglengenfeld und Schwandorf konzentrieren sich seit dem 8. Jahrhundert die Slawenorte; ein gewisser Brennpunkt war Teublitz.[19]

Der mittlere Naabraum wurde also im Früheren Mittelalter eine Berührungszone unterschiedlicher Ethnien, die zunächst friedvoll neben- und miteinander lebten. Herr-

---

[11] Armin Stroh, Die Reihengräber der karolingisch-ottonischen Zeit in der Oberpfalz (Materialhefte zur bayerischen Vorgeschichte 4), Kallmünz 1954.

[12] Ebd., S. 25 f. Vgl. die Kartenskizze von Robold, Vor- und Frühgeschichte (wie Anm. 6), S. 43.

[13] Alois Schmid, Regensburg: Reichsstadt – Fürstbischof – Reichsstifte – Herzogshof (Historischer Atlas von Bayern, Altbayern 60), München 1995, S. 32.

[14] Monumenta Germaniae Historica DD KdGr. 169; Vita Wynnebaldi, hg. von Oswald Holder-Egger, Monumenta Germaniae Historica Scriptores in folio XV, Hannover 1887, S. 109.

[15] Andreas Kraus, Marginalien zur ältesten Geschichte des bayerischen Nordgaus, in: Jahrbuch für fränkische Landesforschung 34/35, 1975, S. 163–184; ders., Bayern und der Nordgau, in: Verhandlungen des Historischen Vereins für Oberpfalz und Regensburg 116, 1976, S. 175–178.

[16] Monumenta Germaniae Historica Capitularia I, hg. von Alfred Boretius, Hannover 1883, S. 123 Nr. 44. Vgl. Erwin Herrmann, Das Diedenhofer Capitulare Karls des Großen, eine karolingische Quelle zur Frühgeschichte der Oberpfalz, in: Oberpfälzer Heimat 6, 1961, S. 15–22.

[17] Körner / Schmid (Hg.), Handbuch der Historischen Stätten Bayern I (wie Anm. 2), S. 668, 816 f.

[18] Hans Losert, Bajuwaren und Slawen im frühen Mittelalter in der mittleren und nördlichen Oberpfalz, in: Sulzbach und das Land zwischen Naab und Vils im frühen Mittelalter (Schriftenreihe des Stadtmuseums und Stadtarchivs Sulzbach-Rosenberg 19), Amberg 2003, S. 155–162.

[19] Robert Schuh, Die Besiedlung der Oberpfalz im Spiegel der Ortsnamen, in: Konrad Ackermann / Georg Girisch (Hg.), Gustl Lang, Leben für die Heimat, Weiden 1989, S. 158–184.

schaftliche Brisanz trug erst die Frankenherrschaft ab 788 in den Raum, die auf Ostexpansion ausgerichtet war. Die Karolinger schickten als Statthalter Grafen in den in frühere Zeiten zurückreichenden Nordgau. Fränkische Grafen sind hier seit dem mittleren 9. Jahrhundert belegt. Sie kamen zunächst aus dem Umfeld der Karolinger[20], später aus dem Geschlecht der Luitpoldinger[21] und nach 938 der Schweinfurter.[22]

Für den Raum zwischen Donau und Main stellt dann die Jahrtausendwende einen tiefen Einschnitt dar. Voraussetzung war die Erhebung des Bayernherzogs Heinrich IV. zum deutschen König im Jahre 1002. Dabei erfreute er sich der wirkungsvollen Unterstützung des mächtigen Schweinfurter Markgrafen Heinrich.[23] Als Gegenleistung wurde diesem die Herzogswürde in Bayern versprochen. Als der König seine Zusage dann aber nicht einhielt, erhob sich der Schweinfurter. Es kam zum Krieg, der sich vor allem im Naabgebiet abspielte.[24] An seinem Ende steht die Zerschlagung der Schweinfurter Herrschaft. In der Folgezeit erwachsen auf dem Nordgau neue Kräfte.[25] 1007 wird zwischen Naab und Regen um Holzheim am Forst das kaum weiter einzuordnende Gebilde des *pagus Horevun* genannt, das aber nur kurz bestanden haben kann;[26] der Name hängt vielleicht mit dem nahen Raffaforst zusammen. Bald gelangte der Schwandorfer Raum dann aber in die Zuständigkeit der aufsteigenden Herren von Pettendorf – Lengenfeld – Hopfenohe, die zwischen den Diepoldingern im Osten und den Sulzbachern im Norden eine machtvolle, freilich nur kurzlebige Adelsherrschaft aufbauten.[27] Deren Zentren waren die drei genannten Hauptburgen; dem Schwandorfer Raum kam in diesem Gebilde keine besondere Bedeutung zu. Als Vorort kristallisierte sich im 12. Jahrhundert die mächtige Burg Lengenfeld heraus.[28]

---

[20] Hans Schneider, Grafschaft und Landgericht auf dem Nordgau, in: Dieter Albrecht / Dirk Götschmann (Hg.), Forschungen zur bayerischen Geschichte. Festschrift für Wilhelm Volkert zum 65. Geburtstag, Frankfurt a. M. 1993, S. 15–38; ders., Die Oberpfalz im frühen Wittelsbacher Landesstaat, in: Ackermann / Girisch (Hg), Gustl Lang (wie Anm. 19), S. 185–212, hier 190 f.

[21] Kurt Reindel, Die bayerischen Luitpoldinger 893–989. Sammlung und Erläuterung der Quellen (Quellen und Erörterungen zur bayerischen Geschichte NF 11), München 1953.

[22] Hubertus Seibert, König, Herzog und Adel auf dem Nordgau in ottonischer Zeit (936–1024), in: Sulzbach und das Land zwischen Naab und Vils (wie Anm. 18), S. 21–42, bes. 29 f.; ders., Adlige Herrschaft und königliche Gefolgschaft. Die Grafen von Schweinfurt im ottonischen Reich, in: Zeitschrift für bayerische Landesgeschichte 65, 2003, S. 839–883, bes. 869–877.

[23] Erich Schneider / Bernd Schneidmüller (Hg.), Vor 1000 Jahren. Die Schweinfurter Fehde und die Landschaft am Obermain 1003 (Schweinfurter Museumsschriften 118), Schweinfurt 2004.

[24] Peter Ettel, Karlburg – Roßtal – Oberammerthal. Studien zum frühmittelalterlichen Burgenbau in Nordbayern (Frühgeschichtliche und Provinzialrömische Archäologie: Materialien und Forschungen 5), Rahden 2001.

[25] Andreas Kraus, Amberg und der bayerische Nordgau im 11. Jahrhundert, in: Karl-Otto Ambronn / Achim Fuchs / Heinrich Wanderwitz (Hg.), Amberg 1034–1984: Aus tausend Jahren Stadtgeschichte (Ausstellungskataloge der Staatlichen Archive Bayerns 18), Amberg 1984, S. 25–34. Vgl. auch Hans Schmid, Besitz- und Herrschaftsverhältnisse in und um Schwandorf von 1000 bis 1300, in: Jahresbericht des Gymnasiums Schwandorf 1969/70, Schwandorf 1970, S. 51–63; auch in: Heimaterzähler 21, 1970, S. 81 f., 85 f., 89 f. Nr. 21–23.

[26] Monumenta Germaniae Historica DD H II. 153.

[27] Alois Schmid, Die Herren von Pettendorf – Lengenfeld – Hopfenohe, in: Ferdinand Kramer / Wilhelm Störmer (Hg.), Hochmittelalterliche Adelsfamilien in Altbayern, Franken und Schwaben (Studien zur bayerischen Verfassungs- und Sozialgeschichte 20), München 2005, S. 319–340.

[28] Margit Berwing, Burglengenfeld. Die Geschichte der Stadt und ihrer Ortsteile, Regensburg 1996, S. 37–48.

Das Dorf

In diese Zeit fällt die erste Nennung des Ortes Schwandorf in der eingangs genannten Urkunde.[29] Zu ihr ist aber bereits vorab folgende wichtige Feststellung zu treffen: Für eine Datierung genau ins Jahr 1006 bietet sie keine eindeutigen Anhaltspunkte. Sie findet sich in der einschlägigen Handschrift innerhalb einer ganzen Gruppe von vergleichbaren Notizen zur Übertragung von Gütern, mit denen das Kloster begabt wurde.[30] Aufgrund inhaltlicher Indizien hat der Herausgeber eine Datierung versucht, die aber nicht mehr als ein grober Anhaltspunkt sein kann. Für einen exakten Zeitansatz genau ins Jahr 1006 ergeben sich keine zwingenden Indizien. Es kann lediglich festgestellt werden: Die Urkunde ist in etwa um das Jahr 1006 anzusetzen.

Die Privaturkunde ist mit ungewöhnlicher Sorgfalt ausformuliert. Das muss auffallen, weil ihr Inhalt im Grunde ein Tagesgeschäft des Mittelalters betrifft: Ein Warmund schenkt an das Kloster St. Emmeram zu Regensburg eine Hube zu Schwandorf. Der Schenker Warmund wird als Angehöriger des Adels bezeichnet (*nobilis*). Träger dieses Namens sind in der Emmeramer Geschichte mehrfach bezeugt; sie haben das Kloster wiederholt gefördert. Vor allem verdankte der Konvent den wichtigen Besitzkomplex zu Vogtareuth der Schenkung einer Person dieses Namens im Jahre 959.[31] Deswegen wurde der Name auch im Totenbuch des Klosters festgehalten.[32] In seiner Kirche ist das Grab eines Warmund noch heute bekannt; es gehört zur vielbeachteten Gruppe der Emmeramer Hochgräber im Chor des linken Seitenschiffes.[33] Freilich muss bezweifelt werden, dass es sich beim Schenker von Vogtareuth und dem Schenker von Schwandorf um die gleiche Person handelt; dazu liegen die Vorgänge zeitlich zu weit auseinander.[34] Wenn der seltene Name eine enge Verwandtschaftsbeziehung nahelegt, wird man vielleicht an ein Vater-Sohn-Verhältnis denken dürfen. Der Schenker Warmund gehörte mit hoher Wahrscheinlichkeit zu einer Familie im Grafenrang[35], die den Konvent St. Emmeram mehrfach unterstützt hat und deren namhaftestes Mit-

---

[29] S. Anm. 1. Vgl. Ferdinand Janner, Geschichte der Bischöfe von Regensburg I, Regensburg 1883, S. 461.

[30] Bayerisches Hauptstaatsarchiv München, KL St. Emmeram/Regensburg 5 ½, fol. 41 Nr. 120.

[31] Monumenta Germaniae Historica DD O I. 203. Vgl. Ernst Klebel, Aus der Verfassungs-, Wirtschafts- und Siedlungsgeschichte der Hofmark Vogtareuth bei Rosenheim, in: Zeitschrift für bayerische Landesgeschichte 6, 1933, S. 27–59, 177–216.

[32] Das Martyrolog-Necrolog von St. Emmeram zu Regensburg, hg. von Eckhard Freise, Dieter Geuenich und Joachim Wollasch, Monumenta Germaniae Historica, Libri memoriales et Necrologia NS 3, Hannover 1986, S. 155, 230 (zum 27.6.).

[33] Josef Anton Endres, Die Hochgräber von St. Emmeram zu Regensburg, Regensburg, in: ders., Beiträge zur Kunst- und Kulturgeschichte des mittelalterlichen Regensburgs, Regensburg 1920, S. 138–162, hier 150 f. (Abb. S. 140); Die Kunstdenkmäler von Bayern: Oberpfalz XXII: Stadt Regensburg I, bearb. von Felix Mader, München 1933 (ND 1981), S. 252.

[34] Die Inschrift auf der Grabplatte nennt als Todesjahr 1010. Demnach müsste Graf Warmund ein sehr hohes Alter erreicht haben. Im Gegensatz zu diesen Angaben gehen Klebel, Vogtareuth (wie Anm. 31), S. 31 f. und Karl Bosl, Forsthoheit als Grundlage der Landeshoheit in Bayern, in: ders. (Hg.), Zur Geschichte der Bayern (Wege der Forschung 60), Darmstadt 1965, S. 461 f., von einem baldigen Tod des Grafen nach der Übereignung von Vogtareuth aus. Der Schenker von Schwandorf ist mit hoher Wahrscheinlichkeit eine andere Person, die aber dem gleichen Umfeld zuzuordnen sein dürfte. Janner, Bischöfe von Regensburg I (wie Anm. 29), S. 461 spricht ihn als „Ministerial des Klosters" an.

[35] Vgl. Tertulina Burkard, Landgerichte Wasserburg und Kling (Historischer Atlas von Bayern, Altbayern 15), München 1965, S. 34 f. Zur Familie der Grafen von Wasserburg gehört Warmund aber trotz der Angabe auf der Grabplatte nicht.

glied ein Grab in der Klosterkirche erhalten hat.[36] Der Grund der Übereignung zu Schwandorf wird genau angegeben. Der Graf schickte seinen Sohn als Mönch ins Kloster. Die Schenkung zu Schwandorf diente zu dessen Versorgung.

Mit dieser Urkunde wird eine *oba* in der *villa* zu Schwandorf übereignet. Was bedeutet das genau? *Hoba* bezeichnet einen Bauernhof, ein landwirtschaftliches Anwesen.[37] Dieses wird noch näher präzisiert, mit ihm stehen Fischrechte (*piscationes*), Mühlen (*molendinae*) und eine Schiffsanlegestelle (*portus*) in Verbindung; es muss ein großes Anwesen gewesen sein, dessen Betrieb stark auf den nahen Fluss hin ausgerichtet war. Die übereignete *hoba* bildete zusammen mit weiteren derartigen *hobae* = Bauernanwesen in der näheren Umgebung eine *villa*. Villa ist ein agrarischer Großverband mehrerer Anwesen, der seinen Mittelpunkt *in loco* Schwandorf hatte, Schwandorf erscheint also bei der Erstnennung als Zentrum einer Villikation, als Mittelpunkt eines ländlichen Großgrundkomplexes. Und diese Villikation war Eigenbesitz des machtvollen Grafen Warmund. Angesichts des hohen Ranges des Schenkers nimmt es nicht wunder, dass der Schenkungsakt vor einem Grafen namens Adalprecht vollzogen und beurkundet wurde. Er war offensichtlich der damals für die Umgebung zuständige Graf. Die anderen Zeugen können nicht weiter zugewiesen werden. Was also war Schwandorf zum Zeitpunkt der Erstnennung? Es war der Mittelpunkt einer agrarischen Grundherrschaft im Besitz eines angesehenen Adeligen, der einen Teil an das Emmeramskloster weitergab. Der Adelsbesitz kam nunmehr in kirchliche Hände.

Diese Interpretation der Urkunde bestätigt auch der Ortsname. Das Toponym Schwandorf[38] ist schwer zu deuten. Das Bestimmungswort Schwan hat sicher nichts mit dem gleichnamigen Tier zu tun, wie die humanistischen Übersetzer ins griechische *Cycnocomeus* vermuteten.[39] Die ältesten Belege verweisen eindeutig auf das Wortfeld des Schweines. Die Ortsnamenforschung bringt sie mit dem Personennamen Sweinikko in Verbindung, in dem als Wortwurzel ahd. swein = Hirt, Knecht steckt.[40] Schwandorf ist also als Hirtendorf zu verstehen, an dessen Anfang ein Träger des Namens Sweinikko oder Sweinikka gestanden haben könnte. Der Ortsname verweist mit hoher Wahrscheinlichkeit auf die agrarischen Anfänge der Siedlung. Nicht auszuschließen ist auch ein Bezug zu den Markgrafen von Schweinfurt, in deren Herrschaftsraum das Naabtal im 10. Jahrhundert lag; sie können wirklich mit dem na-

---

[36] Die einschlägigen Quellenhinweise hat zusammengetragen der verdienstvolle Erforscher des mittelalterlichen Adels in Bayern Franz Tyroller, dessen unveröffentlichte Materialien in der Kommission für bayerische Landesgeschichte München zur Benützung verfügbar sind. Vgl. weiterhin zu Warmund: Elisabeth Hamm, Herzogs- und Königsgut – Gau und Grafschaft im frühmittelalterlichen Baiern, Diss. phil. masch. München 1950, S. 27 f.; Peter Schmid, Regensburg. Stadt der Könige und Herzöge im Mittelalter (Regensburger Historische Forschungen 6), Kallmünz 1977, S. 152, 215, 219, 220, 223.

[37] Zu diesen Fragen der Organisation des ländlichen Grundbesitzes: Friedrich Lütge, Geschichte der deutschen Agrarverfassung vom frühen Mittelalter bis zum 19. Jahrhundert (Deutsche Agrargeschichte 3), Stuttgart ²1967.

[38] Von Reitzenstein, Lexikon bayerischer Ortsnamen (wie Anm. 9), S. 343.

[39] Die Matrikel der Ludwig-Maximilians-Universität Ingolstadt-Landshut-München II, hg., von Götz Frhr. von Pölnitz, München 1939, Sp. 48: *Ioannes Hillebrandus Cycnocomeus in Palatinatu superiori.*

[40] Schwarz, Sprache und Siedlung in Nordostbayern (wie Anm. 10), S. 89, 112.

hen Lindenlohe in direkte Verbindung gebracht werden.[41] Eine Deutung aus dem deutschen Wortschatz heraus erscheint jedenfalls näher liegend als aus dem Slawischen, was durchaus erwogen wird. Für den deutschen Bezug spricht vor allem das Grundwort -*dorf*, auch wenn es bei den Toponymen deutsch-slawische Mischbildungen gibt. Das Grundwort verweist auf eine Ortsgründung der Ausbauphase des karolingisch-ottonischen Zeitalters. Schwandorf wurde also gewiss nicht erst zum Zeitpunkt der Erstnennung gegründet. Es bestand damals bereits, allerdings noch nicht allzu lange. Der Ort gehört keinesfalls zur Ursiedlung, es gibt ältere Orte schon im unmittelbaren Umfeld. Schwandorf gehört in eine frühe Ausbauphase noch vor der Jahrtausendwende.

Die Schenkung wurde bald ausgebaut. Wenig später machte der Regensburger Bürger Imici, wohl ein Fernhändler mit einem Depot am Ort, eine Zustiftung.[42] In Erwartung des baldigen Todes schenkte dieser einflussreiche Mann ebenfalls ein Gut, das als *predium* bezeichnet wird, in der Absicht, im Kloster sein Grab zu erhalten. Wiederum einige Jahre später machten drei Frauen namens Sigiza, Weza und Heilica eine weitere Zustiftung: Sie gaben an das Kloster ein *predium* am Ort zurück, das sie von diesem erhalten hatten.[43] Zur selben Zeit übereignete schließlich noch ein Azaman dem Kloster 13 Joch Landes ebenfalls in diesem Dorf.[44] Weitere Zustiftungen erfolgten in der unmittelbaren Umgebung in Ettmannsdorf[45] und auch in Premberg.[46]

Das Kloster St. Emmeram hat also zu Schwandorf durch mehrere Schenkungen schon früh eine beträchtliche Begüterung erhalten. In Schwandorf bildete sich ein klösterlicher Besitzkomplex. Dieser ist in den frühen Güterverzeichnissen der Abtei durchaus nachzuweisen. Schon der Güterrotulus von 1031 nennt immerhin zwei *hobe*, von denen 70 Denare an das Kloster gingen.[47] Es wird sich um die beiden erstgenannten Schenkungen handeln, deren Abgaben in Geldreichnisse umgewandelt worden waren. Doch ist dieser Besitz nicht beim Kloster verblieben. Im Rahmen der Güterteilung zwischen Domkloster und Domkirche im 11. Jahrhundert kam der Schwandorfer Komplex an die Domkirche.[48] Das Domkapitel wurde wichtigster Grundherr. Daneben war hier auch das Regensburger Obermünster mit einem ausgedehnten Anwesen begütert.[49] Der Ort war fest in geistlicher Hand.

---

[41] Wilhelm Störmer, Der Adel der Obermainregion im Umkreis der „Schweinfurter" während der ausgehenden Ottonenzeit, in: Schneider / Schneidmüller (Hg.), Vor 1000 Jahren (wie Anm. 23), S. 83–100, hier S. 85 Anm. 12.

[42] Widemann (Hg.), Traditionen Regensburg (wie Anm. 1), S. 231 Nr. 288. Vgl. Bosl. Die bayerische Stadt (wie Anm. 4), S. 49; Karl Bosl, Die Sozialstruktur der mittelalterlichen Residenz- und Fernhandelsstadt Regensburg. Die Entwicklung ihres Bürgertums vom 9.–14. Jahrhundert (Abhandlungen der Bayerischen Akademie der Wissenschaften, Phil.-Hist. Klasse NF 63), München 1966, S. 29 f.

[43] Widemann (Hg.), Traditionen Regensburg (wie Anm. 1), S. 285 Nr. 504.

[44] Ebd., S. 290 f. Nr. 517.

[45] Ebd., S. 242 Nr. 310.

[46] Monumenta Germaniae Historica DD O I. Nr. 219. S. Anm. 16, 17.

[47] Paul Mai, Der St. Emmeramer Rotulus des Güterverzeichnisses von 1031, in: Verhandlungen des Historischen Vereins für Oberpfalz und Regensburg 106 (1966), S. 87–101, hier 99 f. Nr. 84.

[48] Karl Hausberger, Geschichte des Bistums Regensburg I, Regensburg 1989, S. 66–69.

[49] Franz Michael Wittmann, Schenkungsbuch des Stiftes Obermünster zu Regensburg (Quellen und Erörterungen zur bayerischen Geschichte 1), München 1856, S. 147–224, hier 166 f. Nr. XIX: *Insuper etiam ad Sueikendorf coloniam unam cum mancipiis X omnibisque legitime ad eandem respicientibus*.

Der Markt

Um 1115 endete das Geschlecht der Herren von Pettendorf – Lengenfeld – Hopfenohe. Dessen Besitz ging an die Wittelsbacher über. Rechtsgrundlage war die Ehe des Wittelsbachers Otto mit der Erbtochter Heilica. Diese Verbindung öffnete den Wittelsbachern den Zugang zum Nordgau. Den Umfang des Erbes, das auf diesem Wege an die Pfalzgrafen und späteren Herzöge kam, dokumentiert das älteste Herzogsurbar, das um 1230 angelegt wurde. Es verzeichnet unter den insgesamt 36 Ämtern, in die die wittelsbachische Verwaltung ihre Einkunftsquellen aufteilte, ein sehr ausgedehntes „ampt ze Pettendorf".[50] An dieses grenzte „Daz ampt ze Swainkendorf".[51] Zu dessen Grundlegung hatten vor allem die Bischöfe von Regensburg beigetragen, welche die Vogtei über diesen ausgedehnten Besitzkomplex im Jahre 1224 ebenfalls den Wittelsbachern übertrugen. Damit konnten diese ihre mit dem Pettendorfer Erbe begründete Position ausbauen. Das Amt Schwandorf war somit eines der ältesten wittelsbachischen Ämter auf dem Nordgau;[52] es war nicht besonders ausgedehnt und einträglich, wenn es Einkünfte aus folgenden Orten verzeichnet: Lindenlohe, Höflarn, Niederhof, Imstetten, Alberndorf, Nattermoos, Oder und Prissath. Aus Schwandorf selber flossen Geldabgaben in Höhe von 5 Pfund und 37 Pfennigen.

Bereits im ersten Herzogsurbar zeichnet sich also Schwandorf als Verwaltungsstützpunkt ab, obwohl es zu diesem Zeitpunkt nicht mehr als ein Dorf gewesen sein kann. Mit dieser neuen Funktion war aber ein Aufstieg vorgezeichnet. Der bisher ländlich geprägte Zentralort entwickelte sich nun zum Markt weiter. Der entscheidende Beleg dafür findet sich im zweiten Herzogsurbar, das um 1280 angelegt wurde.[53] Im nunmehrigen Markt standen den Wittelsbachern natürlich auch weiterhin Einkünfte zu, die im wesentlichen denen des ersten Urbars entsprechen. Im einzelnen werden 18 Lehen, Zoll, Fischrechte, eine Mühle und eben die Kirchenvogtei genannt. Erstmals ist in diesem Zusammenhang vom Markt Schwandorf die Rede. Allem Anschein nach war in der Zwischenzeit eine derartige Aufwertung erfolgt.[54] Diese können nur die wittelsbachischen Landesherrn verfügt haben, denen ein Dorf als Amtssitz unzweckmäßig erschien. Die neue Aufgabe erforderte eine höherrangige Siedlung mit einem anspruchsvolleren Baubestand. Deswegen haben die Wittelsbacher das Dorf zum Markt ausgebaut.[55] Den Markt unterscheidet vom Dorf die Plananlage; sie ist im Schwandorfer Stadtkern bis heute gut erkennbar. Sie wird am eindringlichsten auf dem Stadtplatz fassbar, dessen Dreiecksgrundriss auf die Stadtpfarrkirche zuläuft. Gewiss stammt die heutige Bebauung erst aus der Zeit des Wiederaufbaus nach der Zer-

---

[50] Ingrid Heeg-Engelhart, Das älteste bayerische Herzogsurbar. Analyse und Edition (Quellen und Erörterungen zur bayerischen Geschichte NF 37), München 1990, S. 254–271 Nr. 1729–1838.

[51] Urbarium antiquissimum ducatus Bavariae, in: Monumenta Boica XXXVI, München 1852, S. 122 f.; Heeg-Engelhart, Das älteste bayerische Herzogsurbar, S. 273–275 Nr. 1852–1862.

[52] Hans Schneider, Schwandorf als wittelsbachischer Ämtersitz, in: Wolfsteiner (Red.), Schwandorf I (wie Anm. 2), S. 73–114.

[53] Urbarium Baiuvariae Transdanubianae, in: Monumenta Boica XXXVI (wie Anm. 51), S. 389–391.

[54] Ein späteres Verzeichnis: Urbarium vicedominatus Lengenvelt (1326), in: Monumenta Boica XXXVI, S. 571 f.

[55] Max Spindler, Die Anfänge des bayerischen Landesfürstentums (Schriftenreihe zur bayerischen Landesgeschichte 26), München 1937 (ND Aalen 1973), S. 10, 141.

störung im Landshuter Erbfolgekrieg 1504;[56] doch folgte der Wiederaufbau in den entscheidenden Grundzügen vermutlich dem älteren Vorbild. Der Initiator der Markterhebung kann nur der Landesherr von Bayern gewesen sein; Herzog Ludwig der Strenge (1253–1294) ist tatsächlich als sehr aktiver Städte- und Märktegründer bekannt.[57]

Der Grund für die Neuordnung des zentralörtlichen Systems lag in administrativen Erfordernissen. Im Rahmen der Organisation der Landesverwaltung haben die neuen Landesherrn einen Stützpunkt der neu aufgebauten Verwaltung nach Schwandorf gelegt. Dieses bot eine günstige geographische und zweckmäßige Verkehrslage sowohl bezüglich der Land- als auch der Wasserstraßen. Deren Überwachung war zunächst Ortsadeligen übertragen, deren Burg bisher archäologisch noch nicht gesichert werden konnte.[58] Sie wird von manchen auf dem Weinberg vermutet, andere suchen sie im Bereich des heutigen Pfleghofes oder im Umfeld der Stadtpfarrkirche St. Jakob. Die ältere Burg wurde nun durch die Marktanlage abgelöst. Neben dem Dorf bildet auch hier die Burganlage einen der präurbanen Kerne des Amtssitzes. Von dieser Befestigungsanlage ist freilich heute nichts mehr zu sehen.

Üblicherweise erhielten die Verwaltungszentren der Wittelsbacher den Stadtrang; sie wurden oftmals eine *civitas*. Das war in Schwandorf nicht der Fall. Dass diesem neuen Stützpunkt nur der Marktrang zugestanden wurde, passt aber bestens zur Politik dieser Jahre. Seit 1270 werden in Bayern keine Städte mehr gegründet. Nur wenige Orte werden noch zu Städten erhoben. Im allgemeinen wird die bisherige rege Städtepolitik nun gezielt in eine nicht minder rege Märktepolitik überführt.[59] Hintergedanke war die Zurückdrängung der weitergehenden Selbstverwaltungskompetenzen der Städte zugunsten der geminderten Marktrechte. Der Landesherr brauchte Helfer, die in einem Netz von Zentralorten positioniert wurden, denen man aber in dieser späten Phase nicht mehr den Rang von Städten, sondern nur mehr von Märkten zugestand. Schwandorf liegt in einer Zone, die mit derartigen neuen Zentralorten ohnehin nur wenig besetzt wurde. Auch die nächstgelegenen Hauptorte (Burg-)Lengenfeld, Schmidmühlen, Rieden und Bruck erhielten zunächst nur den Marktrang.[60] Noch in einer Urkunde von 1271 wird die *villa Swainkendorf* scharf von den *civitates* Nabburg und Cham abgehoben.[61] Vielleicht ist die Erhebung wirklich erst mit der Anlage des zweiten Urbars erfolgt. Die Rangerhöhung steht einerseits im Zusammenhang mit dem Verwaltungsaufbau, der einen urbanen Zentralort erforderlich machte, der an die

---

[56] Rainer Scharf, Die Herrschaftsgeschichte Schwandorfs von den Anfängen bis zum Beginn des 20. Jahrhunderts, in: Wolfsteiner (Red.), Schwandorf (wie Anm. 2), S. 51–72, hier 58.

[57] Wilhelm Liebhart, Die Wittelsbacher als Städte- und Märktegründer in Bayern, in: Hubert Glaser (Hg.), Die Zeit der frühen Herzöge. Von Otto I. zu Ludwig dem Bayern. Beiträge zur bayerischen Geschichte 1180–1350 (Wittelsbach und Bayern I/1), München 1980, S. 307–317.

[58] Curt Tillmann, Lexikon der deutschen Burgen und Schlösser II, Stuttgart 1959, S. 983.

[59] Wilhelm Liebhart, Zur spätmittelalterlichen landesherrlichen Marktgründungspolitik in Ober- und Niederbayern, in: Pankraz Fried (Hg.), Bayerisch-schwäbische Landesgeschichte an der Universität Augsburg 1975–1977: Vorträge – Aufsätze – Berichte (Augsburger Beiträge zur Landesgeschichte Bayerisch-Schwabens 1), Sigmaringen 1979, S. 141–152.

[60] Max Spindler (Hg.), Bayerischer Geschichtsatlas, Red. Gertrud Diepolder, München 1969, Karte 22–23.

[61] Franz Michael Wittmann (Hg.), Monumenta Wittelsbacensia. Urkundenbuch zur Geschichte des Hauses Wittelsbach, 2 Bände (Quellen und Erörterungen zur bayerischen Geschichte AF 5,6), München 1857/1861, S. 241 f. Nr. 101.

Stelle der bisher dominierenden Burg zu Lengenfeld trat. Dass er von diesem Herrschaftspunkt nun weggelegt wurde, hängt mit der herrschaftlichen Entwicklung zusammen, die Schwandorf bald zu einem Ort an der Grenze machte.[62] Man darf ihn durchaus auch dem Typus der Gegenstädte zurechnen, die unter wechselnden Konstellationen eine Grenzposition abzudecken hatte.

Was bedeutete Markt konkret? Üblicherweise rechnet man zur Marktgerechtigkeit[63] gewisse, im Vergleich zur Stadt geminderte Kompetenzen der Selbstverwaltung: Sie sind auch für Schwandorf vorauszusetzen. Besonders wichtig war sodann die Funktion als Nahmarkt. Schwandorf stieg weiter zum wirtschaftlichen Zentrum des Umlandes auf. Hier wurde die Umgebung, vor allem auf Wochen- und Jahrmärkten, mit Gütern und Produkten des überörtlichen Lebensbedarfes und Gewerbes versorgt. Im Markt siedelten sich die üblichen ländlich orientierten Gewerbe an. Bezeichnenderweise wird in einer Quelle auf einen Schmied verwiesen. Doch wird man für Schwandorf auch einen spürbaren Durchgangsverkehr mit Handel in Rechnung zu stellen haben; auf ihn verweist das Jakobs-Patrozinium der Hauptkirche[64], die erst nach der Amtsbildung aus dem älteren Pfarrort Wiefelsdorf in den Markt hinein verlegt wurde.[65] Entscheidend für den Markt aber war die Schaffung der Organe der bürgerlichen Selbstverwaltung. So ist schon 1299 von einem Rat die Rede. Seit eben dieser Zeit sind Bürgermeister und erste Organe einer Stadtverwaltung vorauszusetzen. Eine bürgerliche Rechtsgemeinde entstand.[66]

Die Stadt

„Daz amt ze Swainkendorf" war im Rahmen der Landesteilung von 1255 in die Zuständigkeit der Herzöge von Oberbayern gekommen. Hier folgte auf Herzog Ludwig den Strengen 1294 Herzog Rudolf I.[67] Von diesem ist bekannt, dass er ein großer Förderer gerade der oberpfälzischen Städte gewesen ist. Das hängt sicher mit seinen Kämpfen gegen den eigenen Bruder Ludwig den Bayern um die Herrschaft im Lande zusammen. In diesem Rahmen hat er einer Reihe von oberpfälzischen Städten zu den begehrten Stadtrechten verholfen. So kommt 1299 auch Schwandorf in den Genuss eines entsprechenden Privilegs, dessen Formulierung sich völlig an das Amberger

---

[62] Hans Schneider, Eine alte Landesgrenze. Geschichte einer politischen Naht bei Schwandorf, in: Oberpfälzer Heimat 3, 1958, S. 92–101.

[63] Reinhard Heydenreuter, Der Markt Bruck und sein Verhältnis zum Kloster Fürstenfeld, in: Angelika Ehrmann / Peter Pfister / Klaus Wollenberg (Hg.), In Tal und Einsamkeit. 725 Jahre Kloster Fürstenfeld. Zisterzienser im alten Bayern II, München 1988, S. 319–334, bes. 321 f.

[64] Ludwig Weingärtner, Die Katholische Kirche in Schwandorf. Von den Ursprüngen bis zur Reformation, in: Wolfsteiner (Red.), Schwandorf II (wie Anm. 2), S. 669–679.

[65] Otho Merl, 1285–1985: 700 Jahre Kirche Schwandorf, Schwandorf 1985; Ludwig Thomas Weingärtner, Unbekanntes St. Jakob Schwandorf. Topographie einer Pfarrei, Schwandorf 1992.

[66] Franz Sichler, Die Kommunalverfassung der Stadt Schwandorf von 1800 bis zur Gegenwart, in: Wolfsteiner (Red.), Schwandorf I (wie Anm. 2), S. 141–166, hier 141.

[67] Vgl. Alfons Sprinkart, Kanzlei, Rat und Urkundenwesen der Pfalzgrafen bei Rhein und Herzöge von Bayern 1294 bis 1314 (1317). Forschungen zum Regierungssystem Rudolfs I. und Ludwigs IV. (Forschungen zur Kaiser- und Papstgeschichte des Mittelalters 4), Köln / Wien 1986.

Vorbild von 1294 anlehnt.[68] Schwandorf gehörte nämlich zur Amberger Stadtrechtsfamilie, die wiederum vom beherrschenden Nürnberger Stadtrecht von 1219 bestimmt ist.[69] Vielleicht war dabei ein gewisser Diepold behilflich, der in einer Urkunde des Jahres 1296[70] als Sohn Schwandorfs bezeichnet wird und Schwiegersohn des Marquard von Glött war, der in der Herzogskanzlei eine wichtige Stelle innehatte.[71] Der herzogliche Schreiber der Urkunde hat die 22 Artikel der Amberger Vorlage Wort für Wort abgeschrieben und so auch Schwandorf – gleich achtmal – das Attribut Stadt zugelegt.[72] Daraus hat man seit Joseph Pesserl oftmals abgeleitet, dass Schwandorf 1299 wirklich eine Stadt geworden sei.[73] Die Stadt hat 1955 ihren 650. Geburtstag gefeiert.[74] Als man allerdings die Quellen genauer einsah, musste man erkennen, dass Schwandorf trotz dieser Urkunde auch in hochwertigen Zeugnissen der Folgezeit des 14. und noch des 15. Jahrhunderts, in denen man eine präzise Verwendung der Rechtsterminologie voraussetzen muss, durchwegs nur von *markt* die Rede ist.[75] Die Urkunde von 1299 steht mit ihren Formulierungen völlig isoliert im Raum und hatte offensichtlich in der Verfassungswirklichkeit keine entsprechenden Änderungen zur Folge. Wie ist dieser merkwürdige Vorgang zu deuten?

Am intensivsten hat sich mit diesen Problemen der verdiente Hans Schneider auseinandergesetzt.[76] Zweifellos hat er den zutreffenden Weg zur Erklärung gewiesen. Er betonte zu Recht, dass Schwandorf 1299 offensichtlich wohl wichtige Vorrechte der bürgerlichen Eigenverwaltung zugestanden wurden, nicht aber der entscheidende Kern: der Titel Stadt. Wenn er trotzdem in der Urkunde von 1299 mehrfach steht, muss man diesen Befund am ehesten dem saumseligen Schreiber anlasten, der seiner Vorlage zu unbedacht gefolgt ist. Er hat es unterlassen, das für Amberg vorgefundene Attribut Stadt durch die für Schwandorf nach wie vor zutreffende Bezeichnung Markt zu ersetzen. Damit hat er die Historiker lange in die Irre geführt. Schwandorf ist auch nach 1299 im strengen Sinne der Terminologie ein Markt geblieben, obwohl es nun

---

[68] Johannes Laschinger, Denkmäler des Amberger Stadtrechts I (Bayerische Rechtsquellen 3), München 1994, S. 4–6 Nr. 4.

[69] Werner Schultheiß, Die Einwirkung Nürnberger Stadtrechts auf Deutschland, besonders Franken, Böhmen und die Oberpfalz (Der Nürnberger Stadtrechtskreis), in: Jahrbuch für fränkische Landesforschung 2, 1936, S. 18–54, bes. 25.

[70] Sprinkart, Rudolf I. (wie Anm. 67), S. 460 Nr. 417.

[71] Regesta Boica IV, München 1828, S. 626: *Diepoldus, nacione de Swainkkendorf, Gener Marquardi* [...] *Testis: Marquardus Notarius Domini Rudolfi Ducis Bavariae gloriosi.*

[72] Überlieferung der Urkunde von 1299: Bayerisches Hauptstaatsarchiv München, Kurbayern Äußeres Archiv 1135, fol. 127rv; Kopie aus dem Jahre 1657: Stadtarchiv Schwandorf. Regest: Adolf Koch / Jakob Wille, Regesten der Pfalzgrafen bei Rhein 1214–1400, Innsbruck 1887, S. 84 Nr. 1417; Sprinkart, Rudolf I. (wie Anm. 67), S. 460 Nr. 417.

[73] Pesserl, Schwandorf (wie Anm. 2), S. 24–32. Vgl. auch Hans Weiss, Die Rechtsgeschichte der Stadt Schwandorf, Diss.jur. masch. Erlangen 1944, S. 5–11.

[74] Festschrift der Stadt Schwandorf in Bayern: 650Jahrfeier der Stadt Schwandorf in Bayern – 275 Jahre Konsekration der Kreuzbergkirche, Schwandorf 1955.

[75] Wittmann (Hg.), Monumenta Wittelsbacensia II (wie Anm. 61), S. 303 (1329), 404 (1348), 552 (1392); Hans Rall, Wittelsbacher Hausverträge des späten Mittelalters. Die haus- und staatsrechtlichen Urkunden der Wittelsbacher von 1310, 1329, 1392/93, 1410 und 1472 (Schriftenreihe zur bayerischen Landesgeschichte 71), München 1987, S. 103 (1329), 192 (1392), 251 (1410).

[76] Hans Schneider, Wann wurde Schwandorf Stadt?, in: Oberpfälzer Heimat 2, 1957, S. 38–42; ders., Die Stadtwerdung Schwandorfs (Manuskript im Stadtarchiv Schwandorf).

über vermehrte Rechte bürgerlicher Autonomie verfügte. Schwandorf war eine Ansiedlung mit stadtartigen Rechten geworden, hier war eine bürgerliche Rechtsgemeinde ansässig, die aber dennoch nicht über den förmlichen Rang einer Stadt verfügte. Deswegen sollte auch für die Zeit nach 1299 noch nicht von der Stadt Schwandorf gesprochen werden. Nach der heute in der Geschichtswissenschaft[77] üblichen Definition „Stadt ist, was in den Quellen Stadt genannt wird" reicht der eine vorliegende Beleg dafür gewiss nicht aus, zumal er mit Problemen belastet ist.

Für den heutigen Betrachter sind diese Umstände unverständlich. Heutzutage ist der Rechtsstatus einer Kommune eindeutig geklärt; entweder sie verfügt über ein Stadt- oder über ein Marktrecht. Das ist im Mittelalter aber anders. Mittelalterliches Recht ist Privilegienrecht, das nicht auf normativer Rechtssetzung mit Allgemeingültigkeit beruht.[78] Jede Stadt erhielt damals ihr eigenes Privileg, das nur für den besonderen Einzelfall Gültigkeit hatte. Angesichts solcher Umstände sind derartige Mischformen wie in Schwandorf durchaus möglich. Sie waren auch andernorts gegeben.[79] Der vergleichende Blick in die Nachbarstädte Nabburg[80], Weiden[81] und Neunburg[82] zeigt dort durchaus ähnliche Schwebezustände. Die Rechtsqualität von Stadt und Markt wurde in dieser Phase noch nicht streng auseinandergehalten. Die Grenze zwischen Stadt und Markt war fließend. Gerade in der Oberpfalz[83] wurde im Rahmen herrschaftlicher Auseinandersetzungen bewusst eine derartige Zwischenform geschaffen: Der Markt Schwandorf erhielt vom wittelsbachischen Landesherrn Rudolf I. zur Unterstützung seiner Politik durchaus städtische Vorrechte. Keinesfalls darf die Schwandorf-Urkunde isoliert betrachtet werden; sie ist im Kontext mit ähnlichen Urkunden für Amberg, Nabburg, Sulzbach, Lauf und auch Cham zu sehen[84], wo ähnliche Verhältnisse gegeben waren. Auch in diesen Nachbarorten verursachte der beabsichtigte Schwebezustand ein vergleichbares terminologisches Durcheinander. Die Herzöge wollten die Städte dieses Raumes fördern, aber nur in begrenztem Ausmaß;

---

[77] Zu diesen allgemeinen Fragen vor allem: Carl Haase (Hg.), Die Stadt des Mittelalters, 3 Bände (Wege der Forschung 243–245), Darmstadt ³1978–1987.

[78] Friedrich Keutgen (Hg.), Urkunden zur städtischen Verfassungsgeschichte, Berlin 1901 (ND Aalen 1965).

[79] Alois Schmid, Städte und Märkte in der Oberpfalz. Grundzüge ihrer Entwicklung im späten Mittelalter und in der beginnenden Neuzeit, in: Flachenecker / Kießling (Hg.), Städtelandschaften (wie Anm. 3), S. 113–151.

[80] August Scherl, Verfassung und Verwaltung der Stadt Nabburg bis zum Ausgang des 16. Jahrhunderts, in: Verhandlungen des Historischen Vereins für Oberpfalz und Regensburg 96, 1955, S. 93–276, hier 111–134; Elisabeth Müller-Luckner, Nabburg (Historischer Atlas von Bayern, Altbayern 50), München 1981, S. 106–113.

[81] Konrad Ackermann, Weiden, Tor und Brücke zu Böhmen (Bayerische Städtebilder), Stuttgart 1992, S. 18 f.

[82] Wilhelm Nutzinger, Neunburg vorm Wald (Historischer Atlas von Bayern, Altbayern 52), München 1982, S. 230–240.

[83] Reinhard H. Seitz, Zum Problem Markt und Stadt im Spätmittelalter in der Oberpfalz, in: Emil Meynen (Hg.), Zentralität als Problem der mittelalterlichen Stadtgeschichtsforschung (Städteforschung A 8), Köln / Wien 1979, S. 272–283; Konrad Ackermann, Zur Entwicklung der oberpfälzischen Städte vom Spätmittelalter zur Frühen Neuzeit, in: Zeitschrift für bayerische Landesgeschichte 50, 1987, S. 441–462.

[84] Sprinkart, Rudolf I. (wie Anm. 67), S. 438 Nr. 173 (Amberg), 448 Nr. 284 (Nabburg), 460 Nr. 413 (Lauf), 482 Nr. 681 (Sulzbach); Ludwig Schnurrer, Urkundenwesen, Kanzlei und Regierungssystem der Herzöge von Niederbayern 1255–1340 (Münchener Historische Studien Gesch. Hilfswissenschaften 8), Kallmünz 1972, S. 370 Nr. 338 (Cham).

die Städtepolitik war im ausgehenden 13. Jahrhundert bereits in eine Märktepolitik überführt worden. Für diese Verhältnisse gibt es durchaus Parallelfälle. Die neueste Stadtgeschichte spricht vom Vorgang der Deurbanisierung, mit der das Städtewesen von den Landesherrn gezielt in ein regelrechtes Städtetal hineingeführt wurde.[85] Sie kennt eine ganze Gruppe von solchen Minderstädten, die den Status von Vollstädten lange nicht erreichten.[86] Diese allgemeine Entwicklung gilt auch für Bayern. Vilsbiburg etwa erhielt 1323 und 1341 Stadtrechte bestätigt, galt aber dennoch in der Folgezeit durchgehend nur als Markt.[87] Ein weiteres Beispiel dafür ist auch Schwandorf.

Der so geschaffene Schwebezustand dauerte Jahrzehnte an. Je mehr aber die Verwaltung in den wittelsbachischen Landen ausdifferenziert, bürokratisiert und professionalisiert wurde, umso mehr wurde er zum Problem. Im Verlaufe des 15. Jahrhunderts wurde der Zustand schließlich als unhaltbar erkannt. Das hängt hauptsächlich mit der Ständeentwicklung zusammen. Vor allem in der zweiten Jahrhunderthälfte verfestigten sich die Landtage und bildeten tragfähige Organisationsstrukturen aus, die sich dann auf Dauer halten sollten. In diesem Rahmen bildeten sich auch eigene Korporationen der Städte und Märkte; das gilt für das Herzogtum Bayern und die Oberpfalz in gleicher Weise.[88] In diesem Rahmen[89] musste geklärt werden, ob ein Ort eine Stadt oder ein Markt war. Denn davon hing ab, ob er auf diesem Landtag Sitz und Stimme erhielt oder nicht. In diesem Zusammenhang wurde man mit dem Problem der eindeutigen Ortskategorisierung konfrontiert. Das neue Herrschaftsverständnis und die weiterentwickelte Regierungspraxis verlangten derartige Festlegungen.[90] Auf diesem Wege wurde auch für Schwandorf schließlich eine Klärung herbeigeführt. Sie wurde erstmals in einer Urkunde vom 7. März 1451[91] niedergelegt, in der nun

---

[85] Alois Schmid, Die Städtepolitik des Kurfürstentums Bayern, in: Ostbairische Grenzmarken 40 (1998), S. 75–90.

[86] Heinz Stoob, Minderstädte. Formen der Stadtentstehung im Spätmittelalter, in: Vierteljahrschrift für Sozial- und Wirtschaftsgeschichte 46, 1959, S. 1–28; wieder in: ders., Forschungen zum Städtewesen in Europa I: Formen, Räume und Schichten der mittelalterlichen Städte. Eine Aufsatzfolge, Köln / Wien 1970, S. 225–245; ders., Über frühneuzeitliche Stadttypen, ebd., S. 246–284.

[87] Georg Schwarz, Vilsbiburg. Die Entstehung und Entwicklung der Herrschaftsformen im niederbayerischen Raum zwischen Isar und Rott (Historischer Atlas von Bayern, Altbayern 37), München 1976, S. 256–264; Körner / Schmid (Hg.), Handbuch der Historischen Stätten Bayern I (wie Anm. 2), S. 851.

[88] Zum Vorgang allgemein: Karl Bosl, Die Geschichte der Repräsentation in Bayern I: Landständische Bewegung, landständische Verfassung, Landesausschuß und altständische Gesellschaft (Repräsentation und Parlamentarismus in Bayern vom 13. bis zum 20. Jahrhundert 1), München 1974, S. 49–67; Klaus Köhle, Landesherr und Landstände in der Oberpfalz von 1400–1583. Sozialstruktur und politische Repräsentanz eines frühneuzeitlichen Territoriums (Miscellanea Bavarica Monacensia 16), München 1969, S. 22–27.

[89] Deswegen unzutreffend: Geographisch-historisches Handbuch des Königreichs Bayern, München 1852, S. 457, wo das Jahr 1411 genannt wird.

[90] Parallelbeispiele bietet: Körner / Schmid (Hg.), Handbuch der Historischen Stätten Bayern I (wie Anm. 2): Pfaffenhofen, Rosenheim, Schrobenhausen, Stadtamhof, Dietfurt, Velburg.

[91] Der Erstbeleg: Urkunde 7. 3. 1451. Als Fundort der Urkunde wird in der entscheidenden älteren Literatur das Stadtarchiv Schwandorf angegeben: Hubmann, Chronik von Schwandorf (wie Anm. 2), S. 25; Pesserl, Schwandorf (wie Anm. 2), S. 64, 99. Doch ist sie dort heute nicht mehr nachweisbar. Das kann mit beträchtlichen Archivalienverlusten zusammenhängen. Die Urkunde wird genannt in der umfassenden Bestätigung früherer Rechtsverleihungen an die Stadt durch Pfalzgraf Philipp Wilhelm vom 6. 4. 1457, die im Stadtarchiv nachgewiesen ist: Eduard Pohle, Übersicht über zwanzig Stück älterer Archivalien der Stadt Schwandorf (MS 1901), Nr. 17. – Die Urkunde befindet sich nach frdl. Auskunft der Leitung im Archiv des Germanischen Nationalmuseums Nürnberg.

wirklich von Schwandorf als Stadt die Rede ist. Eine förmliche Erhebung, etwa mithilfe einer Urkunde, ist auch damals nicht erfolgt. An der Rechtsstellung der Kommune hat sich nichts geändert. Die Landesherrschaft hat lediglich – recht formlos – der Verfassungswirklichkeit nachträglich Rechnung getragen. Aussteller der Urkunde war Pfalzgraf Otto I. von Moosbach (1410–1461); die Stadterhebung Schwandorfs gehört in den Kontext der pfälzischen Städtepolitik, nachdem der Raum auf dem Pfandwege zwischenzeitlich in die Zuständigkeit der pfälzischen Wittelsbacher gekommen war. In der Folgezeit setzte sich die neue Terminologie rasch durch. Angesichts der langwierigen Stadtwerdung blieb weiterer Klärungsbedarf; deswegen holte man noch später diesbezügliche Rechtsauskünfte in den Hauptstädten Amberg und Sulzbach ein.[92] Der entscheidende Grund für diese Klärung war die Verfassungsentwicklung, die im Zusammenhang mit der Ständebewegung eindeutige Zuordnungen verlangte. Und wirklich wird Schwandorf seit eben dieser Zeit in der Landtafel geführt, es erhält in der Städtekurie 1459 Sitz und Stimme.[93]

Schwandorf legte sich in der Folgezeit die entscheidenden Attribute einer Stadt zu: Nun werden Siegel und Wappen fassbar;[94] sie nehmen Bezug auf die für die Herrschaftsentwicklung wichtigen Vogteirechte. Die üblichen Signalbauten wie zum Beispiel ein Spital[95] oder ein Rathaus[96] werden geschaffen, ein Burggeding wird aufgebaut.[97] Vor allem wird eine Stadtmauer errichtet. Eine solche hatte es bisher nicht gegeben, weil sie einem Markt im Grunde auch nicht zustand. Die hussitische Bedrohung, die Schwandorf unmittelbar betraf, mag auch hier den Vorgang befördert haben; obwohl sie zu diesem Zeitpunkt bereits der Vergangenheit angehörte, galt es noch immer, Vorsorge zu treffen: Wer konnte garantieren, dass diese Gefahr nicht wiederkehrte? Entscheidend für die Erwerbung des Stadtranges war die Mauer wohl nicht, weil in diesem Falle auch andere Märkte mit Mauer zur Stadt geworden sein müssten. Das ist nicht der Fall. Eher trifft das Gegenteil zu: Der soeben errungene Stadtrang legte den Gedanken an diese teure und prestigeträchtige Statussymbol nahe. Gerade in der Oberpfalz ist der Zusammenhang von Stadtverfassung und Stadtmauer komplizierter

---

[92] Vgl. Scherl, Schwandorf, in: Keyser / Stoob (Hg.), Bayerisches Städtebuch II (wie Anm. 2), S. 633. Für entsprechende Recherchen in den dortigen Ratsprotokollen danke ich den Leitern des Stadtarchivs Amberg (Dr. Johannes Laschinger) und Sulzbach-Rosenberg (Johannes Hartmann). Zum Vorgang: Franz-Dietrich Mayerhofer, Die Verfassung und Verwaltung der Stadt Sulzbach bis zum Ausgang des 16. Jahrhunderts (Schriftenreihe des Stadtmuseums und Stadtarchivs Sulzbach-Rosenberg 15), Sulzbach-Rosenberg 2000, S. 131–134.

[93] Heinz Lieberich, Die bayerischen Landstände 1313/40–1807 (Materialien zur bayerischen Landesgeschichte 7), München 1990, S. 235.

[94] August Scherl, Das Schwandorfer Wappen, in: Festschrift der Stadt Schwandorf in Bayern (wie Anm. 74), S. 19–21.

[95] Hubmann, Chronik von Schwandorf (wie Anm. 2), S. 24; Artur Dirmeier, Die Spitäler im Bistum Regensburg, in: 1250 Jahre Kunst und Kultur im Bistum Regensburg: Berichte und Forschungen (Kunstsammlungen des Bistums Regensburg – Diözesanmuseum Regensburg: Kataloge und Schriften), München / Zürich 1989, S. 209–227, hier 221.

[96] Hubmann, Chronik von Schwandorf (wie Anm. 2), S. 24 f.; Franz Sichler, Das Rathaus der Stadt Schwandorf, Schwandorf 2004.

[97] Auf eine Bestätigungsurkunde aus dem Jahre 1423 im Stadtarchiv Schwandorf verweist: Pesserl, Schwandorf (wie Anm. 2), S. 29 f.

als in anderen Regionen;[98] das hat wesentlich mit den Hussiten zu tun. Zu Recht wurde aber der enge Zusammenhang von Stadtwerdung und Stadtmauer betont.[99]

Erst damit – ungewöhnlich spät – war der Vorgang der Stadtwerdung abgeschlossen. Zu diesem Zeitpunkt war aus dem Dorf über einen Markt wirklich die Stadt Schwandorf geworden. Sie gehört damit in die kleine Gruppe von Städten, die diesen Rang erst im 15. Jahrhundert erhielten. Sie behauptete diesen Status auch über die für Städte schwierigen Jahrhunderte „des Städtetales" der Frühen Neuzeit, ehe sie dann mit dem 19. Jahrhundert in die Phase ihres großen Aufschwunges eintrat. Industrialisierung und Verkehrslage waren die entscheidenden Voraussetzungen dafür. Die anfängliche Verwaltungsstadt verschaffte sich nun Bedeutung als wichtiger Industriestandort und Verkehrsknoten; sie wurde vor allem zu einer Eisenbahnerstadt. Der Aufstieg erreichte in der Großen Kreisstadt und im Mittelzentrum unserer Gegenwart seinen Höhepunkt. So stellt sich die Entwicklung jedenfalls in der historischen Langzeitperspektive dar. Den Blick für diese Gesamtschau dürfen auch die Schwierigkeiten der Kommunen in unserer Gegenwart nicht verstellen. Dass diese den aufgezeigten Weg der langfristigen kontinuierlichen Aufwärtsentwicklung nicht hemmen können, sondern dass er fortgesetzt werden kann und die Stadt weiter voranbringen möge, dieser Wunsch sei an den Schluss dieser Betrachtung gestellt: Schwandorf möge auch weiterhin leben, gedeihen und blühen: Vivat, crescat, floreat – ad multos annos!

---

[98] Seitz, Zum Problem Markt und Stadt in der Oberpfalz (wie Anm. 83).
[99] Darauf hat vor allem Schneider, Schwandorf (wie Anm. 76) wiederholt hingewiesen. S. auch Josef Rappel, Mauern, Türme und Tore der Stadt Schwandorf, in: Oberpfälzer Heimat 12, 1968, S. 123–138.

Günter Christ

Johannes Lohelius – Vom Stallknecht zum Erzbischof von Prag

Eine Karriere im Zeitalter von katholischer Reform und Gegenreformation[1]

Bevor wir uns mit der Persönlichkeit von Johannes Lohelius befassen, ist es notwendig, einen Blick auf die kirchlichen Strukturen zu werfen.[2] Das 973 errichtete Bistum Prag war bis 1344 dem Erzbistum Mainz unterstellt und wurde in diesem Jahr zu einem Erzbistum erhoben. 1421, mit dem Übertritt des Erzbischofs Konrad von Vechta zum Utraquismus, begann eine 140jährige Sedisvakanz. Während dieser Zeit führte das Domkapitel die Administration. Die Restitution des erzbischöflichen Stuhls im Jahre 1561 – der erste Erzbischof war Anton Brus von Müglitz (er wie auch sein Nachfolger von nicht-adeliger Herkunft) – knüpfte insofern nicht mehr an die Tradition an, als die Bestellung des Erzbischofs künftig königlicher Nomination unterlag. Das dem Prager Domkapitel 1213 zugestandene Bischofswahlrecht lebte nicht wieder auf, die Verwaltung der Diözese in den Jahren der Sedisvakanz wurde offensichtlich nicht honoriert. Damit unterschied sich Prag von den Erz- und Bistümern der Reichskirche, wo das Wahlrecht der Domkapitel, ungeachtet mancher faktischen Pressionen, grundsätzlich unangetastet blieb. Damit fügte sich Prag in das System des habsburgischen Landeskirchentums ein.[3] Dessen Charakteristikum bestand in der Schaffung landesfürstlichem Nominationsrecht unterworfener Landesbistümer, dies in betonter Konkurrenz zum herrschenden Reichskirchensystem. Damit sollte dem Ärgernis, daß weite Teile eines Territoriums der geistlichen Jurisdiktion landfremder, selbst weltliche Herrschaft ausübender Bischöfe unterworfen waren, begegnet werden. Das habsburgische Landeskirchentum hatte mit der Errichtung landesherrlicher Bistümer in Laibach (1461/62), Wien (1469) und Wiener Neustadt (1469) greifbare Gestalt angenommen und konnte sich auf Ansätze der babenbergischen und przemyslidischen Vorgänger der Habsburger berufen. Es waren freilich nur punktuelle Einbrüche in das Sy-

---

[1] Zu Lohelius zusammenfassend: Winfried Eberhard, in: Erwin Gatz (Hg.), Die Bischöfe des Heiligen Römischen Reiches 1448 bis 1648, Berlin 1996, S. 433–436; Ferdinand Seibt, in: Lexikon für Theologie und Kirche, ²hg. v. Josef Höfer / Karl Rahner, Bd. VI, Freiburg 1961, Sp. 1129; Miloslav Polívka, in: Lexikon für Theologie und Kirche, ³hg. v. Walter Kasper u.a., 10 Bde. 1993 ff., Bd. VI, 1997, Sp. 1034 f.; Günter Christ, in: Neue Deutsche Biographie, hg. von der Bayerischen Akademie der Wissenschaften, Bd. 15, München 1987, S. 122–124; ders., Köln und Prag am Vorabend des Dreißigjährigen Krieges. Ferdinand von Wittelsbach und Johannes Lohelius in ihrer Rolle als Koadjutor und Erzbischof im Rahmen der kirchlichen Strukturen ihrer Zeit, in: Ferdinand Seibt (Hg.), Die böhmischen Länder zwischen Ost und West. Festschrift für Karl Bosl zum 75. Geburtstag, München / Wien 1983, S. 53–69. An älterer Literatur wurden vor allem herangezogen: Anton Frind, Die Bischöfe und Erzbischöfe von Prag, Prag 1873, S. 200–207; Léon Goovaerts, Ecrivains artistes et savants de l'ordre de Prémontré, Bruxelles 1899, S. 523–531; Konstantinus Pichert, Johannes Lohelius. Sein Leben und seine Tätigkeit im Prämonstratenserorden und als Erzbischof von Prag, Tongerloo 1927 (Analecta Praemonstratensia III), S. 125–140, 264–283, 404–422.

[2] Lexikon für Theologie und Kirche, ³hg.v. Walter Kasper, 10 Bde., 1993 ff., hier Bd. VIII, 1999, Sp. 494–496.

[3] Als allgemeinen Überblick vgl. Günter Christ, Landeskirchliche Bestrebungen in Bayern und in den österreichischen Erblanden, in: Mitteilungen der Gesellschaft für Salzburger Landeskunde 116 (1976), S. 137–158.

stem der Reichskirche; erst mit der Diözesanreform Kaiser Josefs II. wurde es für die habsburgischen Erblande flächendeckend wirksam.

Unter den wenigen Prager Erzbischöfen der Frühneuzeit, die nicht-adeliger Herkunft waren, rangiert Lohelius, von dem hier die Rede sein soll, am untersten Ende der sozialen Pyramide. 1549 als Sohn eines Fuhrknechts wahrscheinlich zu Wogau bei Eger geboren, dazu, wie eine päpstliche „Dispensatio super defectu natalium" von 1602 (anläßlich seiner Bestellung zum Weihbischof) vermuten läßt, sogar als unehelicher Sohn[4], zeigt sein Lebensweg, daß gerade im Kirchendienst die sozialen Schranken durchlässiger waren als in anderen Bereichen – vergleichbar etwa dem Militärdienst der Zeit. Für einen beträchtlichen Teil seines Lebens gab der Prämonstratenserorden den Rahmen ab; erst in vorgerückten Jahren bekleidete er bischöfliche Würden. Zunächst Stallknecht, dann Diener des Abtes Johannes Meyskönig in Stift Tepl, fiel der junge Mann erst einmal durch seine musikalische Begabung auf und wurde Stiftsorganist. Sein weiterer Weg führte ihn in den Prämonstratenserorden. 1573 sehen wir ihn in Tepl als Novizen, 1575 legte er die „einfachen Gelübde" ab. Nach einem Studium der Rhetorik und Philosophie am Prager Bartholomäuskonvikt wurde er 1576 zum Priester geweiht. Erste Kontakte mit Strahov, seiner langjährigen Wirkungsstätte, wurden bei dem anschließenden Theologiestudium in Prag geknüpft, als Lohelius in der damals verödeten Klosterkirche sonntags die Messe zu halten pflegte.

Zwei Grundmuster seines späteren Wirkens zeichneten sich schon früh ab: ein explizit gegenreformatorisch akzentuierter Glaubenseifer sowie eine außerordentlich hohe Einschätzung seiner Fähigkeiten von seiten des Ordens, mit der Folge eines steilen Aufstiegs innerhalb der Ordenshierarchie. In knapp einem Jahrzehnt hatte er 1587 mit der Bestellung zum Generalvikar des Prämonstratenserordens für Böhmen, Mähren, Schlesien, Österreich, Ungarn und Polen den Zenit seiner Ordenslaufbahn erreicht. Die Stationen seines Aufstiegs waren: 1578 Subprior in Tepl, im gleichen Jahr Prior in Strahov, 1583 Prior in Tepl, im selben Jahr erneut Prior in Strahov, wo er 1586 zum Abt gewählt und in der Folgezeit „zum Retter und zweiten Gründer"[5] wurde.

Seinen Reformeifer konnte er schon früh bewähren, zunächst im Stift, dann auch in der weitgehend der Reformation zugewandten Stadt Tepl. Der Schwerpunkt seiner kirchlichen Wiederaufbauarbeit war jedoch Strahov, wo er nicht nur die Neuformierung der Klostergemeinschaft, sondern ebenso (mit finanzieller Hilfe Kaiser Rudolfs II. und befreundeter Magnaten) die Wiederherstellung der Baulichkeiten und den Rückerwerb ehemaliger Stiftsbesitzungen bewirkte. Seine besondere Fürsorge galt der Heranbildung von Ordensnachwuchs, wie die 1603 – unter Heranziehung von Ordensleuten aus dem Mutterkloster Steinfeld in der Eifel – erfolgte Einrichtung eines Knabenseminars zeigt. 1594 legte Lohelius auch den Grundstock zu der berühmten Strahover Klosterbibliothek, die er durch Bücherspenden bereicherte. 1589 ließ er sich von Kaiser Rudolf II. die Abtwürde des heruntergekommenen Klosters Seelau übertragen. Sein volles Profil als Ordensreformator bildete Lohelius erst als General-

---

[4] Eberhard (wie Anm. 1), S. 433, nennt als Geburtsort Wogau, Frind (wie Anm. 1), S. 200, und Goovaerts (wie Anm. 1), S. 523, Eger, ebenso Aleš Zelenka, Die Wappen der böhmischen und mährischen Bischöfe, Regensburg 1979, S. 50, während Pichert (wie Anm. 1), S. 135, die Frage offenläßt.

[5] Pichert (wie Anm. 1), S. 140.

vikar seines Ordens aus. Unermüdlich als Visitator tätig, erwies er sich bei der Wiederherstellung der Ordensdisziplin als strenger Zuchtmeister, der auch vor drastischen Sanktionen wie etwa der Verhängung von Klosterhaft gegen Äbte und Prioren und Inanspruchnahme der weltlichen Gewalt gegen Widerspenstige nicht zurückschreckte. Auf die Kapitelswahlen übte er Druck aus, setzte gegebenenfalls auch selbst Äbte und Äbtissinnen ein beziehungsweise ab. Generelles Ziel war die „Zentralisierung des Ordens mit Ausrichtung auf Prémontré in Vita Communis, Disziplin und Gottesdienstordnung".[6] Dafür hatte er vom Generalabt von Prémontré ausgedehnte, 1601 erneuerte Vollmachten erhalten. Dies führte allerdings auch zu Konflikten. Obwohl Lohelius von Kaiser Rudolf II. unterstützt wurde, zeigte sich der päpstliche Nuntius über den häufigen Bruch der Klosterfreiheiten verärgert, wie auch der Bischof von Olmütz Franz Seraph von Dietrichstein[7] auf in Rom erlangte besondere Visitationsvollmachten pochte. Dessen ungeachtet bleibt als Fazit, daß infolge dieser Reformen „die Prämonstratenser neben Jesuiten und Kreuzherren schon vor 1620 eine solide Grundlage für die katholische Erneuerung"[8] bildeten.

Einen zweiten Strang im Lebensweg des Johannes Lohelius bilden die bischöflichen Leitungsfunktionen. 1603 (nach anderen Quellen 1602;[9] Weihe erst 1604) ernannte Erzbischof Sbineo de Berka den zunächst widerstrebenden Lohelius zu seinem Weihbischof und Bischof von Sebaste „in partibus infidelium". Gefördert wurde dieser Schritt von Kaiser Rudolf II., der bereits wiederholt in Regierungsangelegenheiten den Rat von Lohelius gesucht hatte. 1605 nahm Lohelius an der Prager Synode teil. Das Amt des Weihbischofs behielt er auch unter Berkas Nachfolger Karl von Lamberg bei, ebenso die Leitung des Klosters Strahov und das Amt eines Generalvikars der Prämonstratenser. In beiden Funktionen folgte ihm 1612 Kaspar von Questenberg nach. In diesem Jahr wurde er, auf Betreiben von König Matthias, zum Koadjutor Lambergs mit dem Recht der Nachfolge ernannt – dies vor dem Hintergrund der Religionsauseinandersetzungen am Vorabend des 30jährigen Krieges, denen sich der gesundheitlich schwer angeschlagene Lamberg (seit 1609 regierungsunfähig, an Epilepsie leidend „unter ärztlicher Pflege" in Stift Osseg lebend) nicht mehr gewachsen zeigte.[10] Schon als Weihbischof galt Lohelius, dessen Verhältnis zu seinem Erzbischof gespannt war, als der „eigentliche Leiter der Erzdiözese".[11] Unter dem Druck der kaiserlichen Räte mußte Lamberg gegen eine Pension schließlich die gesamte Kirchenverwaltung an seinen Koadjutor abgeben – ein Schritt, der durch den kurz darauf erfolgenden Tod des Erzbischofs (18. September 1612) keine großen Auswirkungen mehr zeitigte. Mit der Übergabe des Palliums am 8. Dezember 1612 trat Lohelius das Amt des Erzbischofs an. Wie seine Vorgänger übernahm er auch die Würde eines Großmeisters der Kreuzherren mit dem roten Stern.[12] 1616 vollzog er die Krönung

---

[6] Eberhard (wie Anm. 1), S. 434.

[7] Zur Person: Eberhard (wie Anm. 1), S. 129–133.

[8] Eberhard (wie Anm. 1), S. 434.

[9] 1602: Frind (wie Anm. 1), S. 201; 1603: Zelenka (wie Anm. 4), S. 50; Hierarchia Catholica Medii et Recentioris Aevi …, Bd. IV, Münster i.W. 1935, S. 288, 308 (30.7.1603 als Datum der Ernennung).

[10] Eberhard (wie Anm. 1), S. 403 f.; das Zitat: Frind (wie Anm. 1), S. 195.

[11] Eberhard (wie Anm. 1), S. 434.

[12] Lexikon für Theologie und Kirche, ³Bd. VI, Sp. 459 f. Die Erzbischöfe von Prag waren zur Aufbesserung ihrer Dotation von 1561 bis 1694 auch Großmeister des Kreuzherrenordens.

Annas, der Gemahlin König Matthias', 1617 krönte er Ferdinand II. zum König von Böhmen.

Bereits als Weihbischof hatte Lohelius eine strikt altkirchliche Linie verfolgt, wie ein ihm zugeschriebenes Gutachten zur Rekatholisierung Böhmens von 1607/08 zeigt (Einrichtung katholischer Pfarreien und Pfarrschulen in Prag, Errichtung neuer Bistümer in Leitmeritz, Königgrätz, Budweis und Pilsen). Gegen den Majestätsbrief von 1609 stand er in Opposition und hielt sich auch später nicht an ihn gebunden. Die reformerischen Aktivitäten als Erzbischof richteten sich einmal nach innen und folgten dem Muster, das er schon als Klosterreformator angewandt hatte. Vor allem übte er strenge Aufsicht über den Weltklerus aus, mit dessen Disziplin es offenbar nicht zum besten stand, wie die Verhängung von Gefängnisstrafen zeigt, ebenso auch über die Klöster, auch solche außerhalb seines eigenen Ordens. Sein persönlicher Lebenswandel war untadelig, dies im Gegensatz zu manchem seiner bischöflichen Amtsbrüder (Ernst von Wittelsbach[13], Johann Philipp von Gebsattel in Bamberg[14]).

Gegenüber den Protestanten verfolgte Lohelius eine unnachgiebige Linie, die ihn in Gegensatz zu der mit dem Majestätsbrief von 1609 eingeschlagenen kirchenpolitischen Tendenz brachte und letztendlich auch zum Politicum wurde. Naturell und kirchenpolitische Maximen des Erzbischofs haben gewiß nicht dazu beigetragen, Konflikte zu entschärfen. Einmal ging es um die Ersetzung evangelischer Geistlicher durch Katholiken auf den erzbischöflichen und königlichen Gütern – auch da wo gar keine Katholiken lebten. Protestanten wurde das kirchliche Begräbnis verweigert, Utraquisten auch die Kelchkommunion. Mit der Hilfe der kaiserlichen Hauptleute wurde die Absetzung evangelischer Ratsherren betrieben. An diesen Methoden nahmen sich überdies auch die Führer der katholischen Adelspartei ein Beispiel. Den Höhepunkt erreichte die Eskalation auf den erzbischöflichen Gütern von Osseg. Hier hatte der Erzbischof die 1609 erfolgte Zuwendung der Gemeinde Klostergrab zum evangelischen Bekenntnis mit Einkerkerung, Ausweisungen von Schulmeistern und Stadtschreibern sowie einer Getreide- und Handelsblockade beantwortet. Eine unter Berufung auf den Majestätsbrief erbaute evangelische Kirche ließ Lohelius 1614 versiegeln und im Dezember 1617 schließlich niederreißen.

Nach dem anfänglichen Erfolg des böhmischen Aufstandes büßte Lohelius sein Engagement mit Konfiskation des Kirchengutes und Landesverweis. Ein dreijähriges Exil in Wien, zeitweise auch in der Zisterzienserabtei Neuberg in der Steiermark war die Folge. Nach der Restituierung der habsburgischen Herrschaft kehrte er 1621 nach Prag zurück; am 28. Februar 1621 rekonziliierte er die (zuvor von den Calvinisten genutzte) Kathedrale. Seine rigide Rekatholisierungsstrategie zielte, im Gegensatz zu pragmatischeren Konzepten, auf „eine rasche und restlose kirchliche Vereinheitlichung".[15] Neben der Wiederherstellung zahlreicher Kirchen, der Rückgewinnung der Güter von Domkapitel und Metropolitankirche sowie der Durchsetzung des Kollaturrechts im Sinne der Rekatholisierung konnte er 1621 beim Papst „im Zusammenwirken mit Nuntius und Jesuiten"[16] das Verbot des Laienkelchs erreichen. Das von ihm

---

[13] Franz Bosbach, in: Gatz, Bischöfe (wie Anm. 1), S. 163–171.
[14] Egon Johannes Greipl, in: Gatz, Bischöfe (wie Anm. 1), S. 212 f.
[15] Eberhard (wie Anm. 1), S. 435.
[16] Ebd., S. 435.

initiierte Werk wurde von seinem Nachfolger, dem über vier Jahrzehnte regierenden Ernst Adalbert von Harrach fortgeführt und abgerundet. Als erster Prager Erzbischof führte er den Titel eines „Primas regni"; der geistliche Stand erhielt auf seine Initiative wieder seinen Platz im Landtag. Am 2. November 1622 verstarb Lohelius nach kurzer Krankheit in Prag und wurde – symbolisch für den prägenden Einfluß seiner klösterlichen Lebensphase – in der Strahover Stiftskirche beigesetzt.

Trotz der Tatsache, daß Lohelius, der zu einer „copie vivante" des hl. Norbert hochstilisiert wurde[17], auch in die Litanei der Seligen und Heiligen des Prämonstratenserordens Eingang gefunden und sich als Ordensreformator und Kirchenfürst unbestreitbare Verdienste erworben hat, wird er dennoch von der Ordens- wie auch der Profanhistorie kontrovers beurteilt. Dem Urteil von Winfried Eberhard, daß er „mit konsequenten gegenreformatorischen Maßnahmen ohne politisches Augenmaß die konfessionelle Polarisierung vorangetrieben" habe, ist schwerlich zu widersprechen.[18]

---

[17] So von Goovaerts (wie Anm. 1), S. 526; ebd., S. 528, die Feststellung: „Sa mémoire reste vénérée comme celle d'un saint", Frind (wie Anm. 1), S. 207, attestiert ihm, „im Rufe eines heiligen Mannes" aus dem Leben geschieden zu sein.

[18] Eberhard (wie Anm. 1), S. 435.

Wilhelm Störmer

Wallfahrt in Zeiten der ‚Gegenreformation'

Ein mainfränkisches Beispiel

Nicht nur Bücher haben ihre Schicksale. Dies gilt auch für viele Kultbilder[1], vor allem, wenn sie „von der Politik heimgeholt werden".[2] Die Konfessionalisierung des 16. Jahrhunderts hat hier manches verändert, zerstört oder „gerettet".[3] Die Thematik der evangelischen Bewegung, der Konfessionalisierung, und ihre Akzeptanz im Kirchenvolk, der ‚Reformation' und ‚Gegenreformation' hat gerade in den letzten Jahrzehnten wieder einen neuen wissenschaftlichen Aufbruch erfahren, wobei Fragen nach der Mentalität der Bewegung gerade seit Werner Blessing uns neue Zugänge geschaffen haben.[4] Als Festtagsgruß möchte der Verfasser hier dem befreundeten Werner Blessing ein kleines Beispiel aus dem Main-Spessart-Grenzraum und gleichzeitig konfessionellen Grenzraum bieten. Es zeigt die Schicksale einer spätgotischen Marienstatue, die seit dem 16./17. Jahrhundert bis heute in Faulbach/Main verehrt wird, aber ursprünglich für die der Kartause Grünau gehörige Markuskapelle (heute Wüstung) geschaffen wurde.

Komplizierte Pfarreiverhältnisse an der Diözesan- und Zentgrenze

Ein paar Bemerkungen zur Vorgeschichte der Gemeinde und der Pfarrei Faulbach. Der relativ einfachen geographischen Gliederung des Maintals im Mainviereck entspricht meist nicht eine einfache Kirchengliederung. Früh ist zwar das Bistum Würz-

---

[1] Vgl. Hans Belting, Bild und Kunst. Eine Geschichte des Bildes vor dem Zeitalter der Kunst, München 2004; Klaus Schreiner, Maria. Leben, Legenden, Symbole (Beck-Wissen), München 2003, bes. S. 28 ff., 38 ff., 77 ff., 94–108.

[2] Vgl. Jürgen Petersohn, Der König ohne Krone und Mantel. Politische und kulturgeschichtliche Hintergründe der Darstellung Ottos IV. auf dem Dreikönigsschrein, in: Jürgen Petersohn (Hg.), Überlieferung – Frömmigkeit – Bildung als Leitthemen der Geschichtsforschung, Wiesbaden 1987, S. 43–72. Vgl. auch die enge Verklammerung von St. Markus mit der Republik von Venedig oder St. Nikolaus und Bari. – Für Franken s. Dieter J. Weiß, Reichsstadt und Kult im Spätmittelalter, in Klaus Herbers (Hg.), Die oberdeutschen Reichsstädte und ihre Heiligenkulte, Tübingen 2005, S. 1–23.

[3] Walter Ziegler, Würzburg, in: Anton Schindling / Walter Ziegler (Hg.), Die Territorien des Reichs im Zeitalter der Reformation und Konfessionalisierung, Heft 4 (KLK 52), 1992, S. 98–126; Klaus Guth, Die Würzburger Kirche in der Begegnung und Auseinandersetzung mit der Lehre Luthers, in: Peter Kolb / Ernst-Günter Krenig (Hg.), Unterfränkische Geschichte 3, Würzburg 1995, S. 17–61; Roman Fischer, Das Untermaingebiet und der Spessart, in: ebd., S. 393 f., 413–417, 419–431; Brunnhilde Giesecke, Friedrich von Wirsberg (1558–1573), Bischof von Würzburg und Herzog zu Franken. Der Beginn der Gegenreformation in Franken (Mainfränkische Studien 18), Würzburg 1978; Frank Fätkenheuer, Lebenswelt und Religion. Beispiele aus Franken um 1600 (Veröffentlichungen des Max-Planck-Instituts für Geschichte 198), Göttingen 2004.

[4] Werner K. Blessing, Umbruchkrise und ‚Verstörung', in: ZBLG 42, 1979, S. 75–106; ders., Staat und Kirche in der Gesellschaft. Institutionelle Autorität und mentaler Wandel im Königreich Bayern während des 19. Jahrhunderts, Göttingen 1982; ders., Gottesdienst als Säkularisierung?, in: Wolfgang Schieder (Hg.), Religion und Gesellschaft im 19. Jahrhundert, Stuttgart 1993, S. 216–253. Vgl. auch Johannes Fried, Der Schleier der Erinnerung, München 2004.

burg über Homburg am Main in den Spessart, das Erzbistum Mainz bis Bürgstadt bei Miltenberg vorgestoßen und bildete hier eine Großpfarrei, die im Osten bis an den Faulbacher Bach reichte.[5] Diese Randzone war offensichtlich durch Rückschläge gekennzeichnet, denn 1320 schenkte ein Graf von Vehingen, damals Herr Prozeltens, die offensichtlich schon existierende Pfarrei Faulbach an den Deutschen Orden.[6] Ob und wie lange Dorfprozelten noch das jüngere Stadtprozelten kirchlich betreute, ist ungewiss.

Die Pfarrkirche dieses Grenzortes, zwischen Erzbistum Mainz und Bistum Würzburg und politisch zwischen Kurmainz und Grafschaft Wertheim gelegen, war offenbar seit ihrer Entstehung im 13./14. Jahrhundert der heiligen Elisabeth von Thüringen geweiht (möglicherweise als Kon-Patronin mit der hl. Maria), die auch eine besondere Patronin des Deutschen Ordens war, der von etwa 1321 bis 1484 die Kommende (Stadt-)Prozelten besaß, zu der Faulbach rechts und links des Baches gehörte, bis der Komplex an Kurmainz vertauscht wurde.[7] Die 1320 von Konrad von Vehingen übertragene Pfarrei Faulbach dürfte mit größter Wahrscheinlichkeit ihre Kirche am heutigen Platz, das heißt in Faulbach links des Baches gehabt haben.

Wie diese Pfarreien aussahen, welche Umgrenzung sie hatten, erfahren wir leider nicht. Zur später würzburgischen Pfarrei Faulbach gehörte aber de facto nur der Teil links des Bachs, rechts des Bachs lag der Ortsteil ‚Frischbach', der seit 1594 das Rathaus der Gemeinde Faulbach trug.[8] Es scheint, dass 1484 bei der Kurmainzer Übernahme der Kommende Prozelten auch die Pfarrstruktur neu geregelt wurde. Zumindest der westliche Teil des Ortes Faulbach (= Frischbach) zeigt bis ins 16./17. Jahrhundert deutlich Züge jener offenen Strukturen in der fürstlichen, gräflichen und adeligen Herrschaftsausübung in fränkischen Grenzzonen, die Johannes Merz[9] eindrucksvoll dargelegt hat.

---

[5] Zum im Einzelnen schwer rekonstruierbaren würzburgischen Diözesanvorstoß von Osten her: Heinrich Wagner, Zur Frühzeit des Bistums Würzburg (II), in: WDGBll 48, S. 111–131, bes. 126 ff. Zum würzburgischen Diözesanvorstoß vgl. auch: Wilhelm Störmer, Die kirchliche Ordnung in Franken 1046–1215, in: Walter Brandmüller (Hg.), Handbuch der bayerischen Kirchengeschichte I, St. Ottilien 1999, S. 73–77, bes. 329–348; Erik Soder von Güldenstubbe, Zur Pfarrgeschichte von Trennfeld am Main, in: Edith Müller u.a. (Hg.), Trennfeld am Main (Beiträge zur Geschichte des Marktes Triefenstein IV), Markt Triefenstein 1990, S. 196–237, hier: S. 196 ff. Zum Mainzer Vorstoß von Westen: Norbert Schmitt, Die alte Mutterpfarrei Bürgstadt und ihre ehemaligen Filialen, in: WDGBll 33, 1971, S. 5–49.

[6] Staatsarchiv Würzburg, Mainzer Urkunden 544. Datierung: 1320, September 22. Graf Chuonrad von Vehingen und seine Ehefrau Elisabeth, geb. von Schlüsselberg, übergeben hier der Deutschen Ordenskommende Prozelten „unser kirkensetz der pharre ze Nidernprozelden unde der Pfarre ze Fulenbach, der (genannten) dörfer […]." (mit Zeugenreihe). Herr Ltd. Archivdirektor Dr. W. Wagenhöfer danke ich bestens für die rasche Übersendung der Buchscannerkopie der Urkunde.

[7] Otto Kienitz, Zur Geschichte von Faulbach a. Main, in: Frankenland 1/8, 1914, S. 411–416. Ob Elisabeth allein oder mit Maria Konpatrozinium war, muss freilich offen bleiben. Gerd Zimmermann, Patrozinienwahl und Frömmigkeitswandel im Mittelalter, in: WDGBll 21, 1959, S. 56, 79; Karl H. Lampe, Das Zins- und Gült-Register der Deutschordenskommende Prozelten (Veröffentlichungen der Gesellschaft für fränkische Geschichte, Reihe X,6), Würzburg 1965, S. 106 (Anm. 99 f.), 108 (Anm. 129); Herbert Nickles, Gericht und Genossenschaft in der ehem. Zent zur Eich, Phil. Diss. München 1970, S. 23 ff., 49. – Zum würzburgischen Diözesanvorstoß von Osten her: Wilhelm Störmer, in: Brandmüller (Hg.), Handbuch der bayerischen Kirchengeschichte I (wie Anm. 5), S. 73–77.

[8] Wilhelm Störmer, Faulbach am Main. Ein fränkisches Dorf in seiner geschichtlichen Entwicklung, in: Josef Weiß (Red.), Faulbach am Main, 1983, S. 5–72, bes. 15 ff.

[9] Johannes Merz, Fürst und Herrschaft, München 2000, S. 142–172, 199 ff.

In diesem westlichen Ortsteil saß auch ein Ortsadeliger namens Frischbach. Gar nicht klar ist, ob dieser ‚Niederadelige' den ganzen Ortsteil westlich des Faulbachs beherrschte oder nur Inhaber des später sogenannten Häuserhofs war. Erstmals erscheint dieser, als 1362 Bischof Lupold von Bamberg seinen Hof zu Erlenbach dem „festen Mann" Peter Frischenbach und seiner Schwester[10] verkauft. 1395 veräußerte dieser Peter Frischenbach einen ‚armen Mann' zu Nassig bei Wertheim; vielleicht saß Frischenbach auch in Mondfeld.[11] Im ältesten Lehenbuch der Grafen von Wertheim aus den Jahren 1444/1454 wird jedenfalls bemerkt, dass damals der Wertheimer Vasall Kunz Klinkhart unter anderem „die guttere zu Fawlnbach, die Frischenbachs waren mit allen iren rechten […]" innehatte.[12]

Präziseres erfahren wir in einem Wertheimer Lehenbuch des 16. Jahrhunderts: „Etliche gueter zu Faulenbach, so Frischenbach zuvor gehabt, empfengt Diethelm von Hausen Anno 1408, Klinkhart 1440 bis uf absterben des geschlechts (1564)".[13] Somit ist klar, dass die Familie des von Frischenbach um 1408 ausgeschieden (ausgestorben?) ist.

Jedenfalls könnte der von Frischenbach vor 1408 neben dem alten Faulbach den neuen ‚Frischenbach' angelegt haben zur Bewirtschaftung von Mühlen, die bis in das 19./20. Jahrhundert existierten. Der Ortsteil westlich des Bachs hieß wohl seither zumindest im Volksmund (bis heute) Frischbach.

Schwierigkeiten bereitet bis heute die Lokalisierung und die herrschaftliche Funktion des sogenannten Häuserhofs, dessen Flur ganz im Westen am Ortsrande Faulbachs beziehungsweise „Frischbachs" noch als Flurname erhalten ist. In einer Gebietskarte zu einem Reichskammergerichtsprozess Kurmainz – Wertheim 1593[14] erfahren wir, dass des „alden hoff(s) Scheuren" 1593 als imposante Ruine noch stand.

Dieser westliche Ortsteil gehörte zumindest seit 1484 mit dem Nachbarort Breitenbrunn zur Pfarrei Mondfeld jenseits des Mains, die ursprünglich administrativ zur Mutterpfarrei Bürgstadt bei Miltenberg zu zählen ist.[15] Weshalb es zu dieser Aufteilung kam, weshalb nun Stadtprozelten bis 1323 zur Pfarrei Dorfprozelten (dem älteren Ort) gehörte, nicht aber Faulbach und Breitenbrunn, ist wohl nicht mehr zu klären. Ungeklärt ist auch, wann die Mondfelder Pfarreizugehörigkeit der beiden Orte beziehungsweise Ortsteile aufgelöst wurde. Vermutlich geschah dies im Rahmen der Konfessionalisierung um 1600.[16]

---

[10] Lampe, Zins- und Gült-Register (wie Anm. 7), S. 111, Anm. 167.
[11] Ebd., S. 90.
[12] Alfred Friese, Der Lehenhof der Grafen von Wertheim im späten Mittelalter (Mainfränk. Hefte 21), Würzburg 1955, Nr. 56.
[13] Störmer, Faulbach (wie Anm. 8), S. 54, Nr. 4.
[14] Staatsarchiv Wertheim, R 52/4; s. auch Titelbl. des von Weiß herausgegebenen Faulbach-Bandes, ferner Hermann Ehmer, Geschichte der Grafschaft Wertheim, Wertheim 1989, nach S. 64.
[15] Schmitt, Bürgstadt (wie Anm. 5), S. 35, 46.
[16] Ebd., S. 35, 47 f.

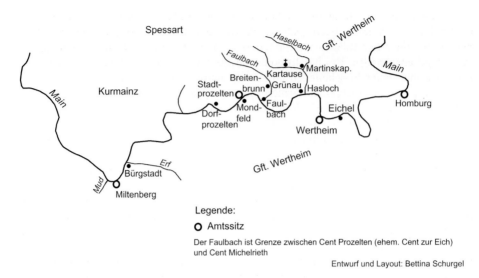

Legende:
O Amtssitz
Der Faulbach ist Grenze zwischen Cent Prozelten (ehem. Cent zur Eich) und Cent Michelrieth

Entwurf und Layout: Bettina Schurgel

Wallfahrtsmadonna Faulbach[17]

Die Holzplastik der Grünauer Markuskapelle, später Faulbacher Madonna mit dem Kind, kann meines Erachtens frühestens eine Generation vor Riemenschneider (* um 1460, seit 1478/79 in Würzburg, † 1531) entstanden sein. In den letzten Jahrzehnten des 15. Jahrhunderts nahm die Produktion von Mariendarstellungen einen ungeheuren Aufschwung, deren Vorbilder vielleicht die Nürnberger oder gar schon oberrheinische Werkstätten waren. Um 1500 hatte sich beispielsweise in Würzburg die Riemenschneider-Werkstatt zu einem blühenden Betrieb entwickelt;[18] dieser Künstler wurde zu einem hervorragenden Meister der Wiederholung. Seit wann die Faulbacher Maria mit ihrem Kind eine Krone trug, wissen wir nicht. Die heutige Krone scheint nicht vor dem 17. Jahrhundert entstanden zu sein. Wir haben also mit späteren Ergänzungen und wohl auch mit – nicht optimalen – Übermalungen zu rechnen. Die wenigen Quellen sagen freilich dazu nichts.

---

[17] Josef Dünninger, Die Marianischen Wallfahrten der Diözese Würzburg, Würzburg 1960, S. 51. Dünninger gibt ein kurzes Bild von der Faulbacher Marienverehrung, geht aber nicht auf die mittelalterliche Wallfahrt in die Grünau ein. – Gustav Rommel, Geschichte der ehemaligen Kartause Grünau im Spessart, Wertheim (o.J. = 1932/33), S. 90, datiert die Entstehung der Faulbacher Madonna um 1470. Bei Rommel (bes. S. 88 ff., Kap. V.: Die Markuskapelle) finden wir bereits eine Reihe von sehr wichtigen Hinweisen auf die Marienverehrung in der Grünau.

[18] Claudia Lichte, Tilman Riemenschneider – Ein Meister der Wiederholung, in: dies. (Hg.), Tilman Riemenschneider. Werke der Blütezeit, Katalog zur gleichnamigen Ausstellung in Würzburg, Regensburg 2004, S. 83–103.

Ein ganz ähnliches Muttergottes-Bildnis wie in Faulbach findet sich in unmittelbarer Nachbarschaft, in der Pfarrkirche Dorfprozelten. Diese Holzplastik, ähnlich alt wie die Faulbacher, trägt noch eine ältere Krone (?).[19] So könnte die Faulbacher ursprünglich ausgesehen haben. Der Typ dieser heutigen Faulbacher Madonna begegnet häufig, soweit ich sehe, ist er leider bislang zu wenig untersucht.

Ausgangspunkt unserer Betrachtung ist also eine Wallfahrtsmadonna in Faulbach/Main, zwischen Wertheim und Stadtprozelten beziehungsweise Miltenberg am Main gelegen, mit Zufahrt zum Mittelgebirgsraum des Spessarts. Aus diesem Spessartbereich (Kropfbachtal/Haslochtal) stammt ursprünglich die geschnitzte spätmittelalterliche Marienfigur, nämlich aus der heute verfallenden Markuskapelle[20], die im Mittelalter zum ältesten fränkischen Kartäuserklösterchen Grünau[21] gehörte, dessen Vögte die Grafen von Wertheim waren.

Interessanterweise wird die sogenannte Markuskapelle vom 15. bis 17. Jahrhundert nur als Marienkapelle bezeichnet. Der Name Markuskapelle findet sich erst 1741 im Faulbacher Wallfahrtsbüchlein.[22] Über den Ursprung der Kirche wissen Sagen zu berichten. Bemerkenswert ist jene Volkssage, die erzählt, dass zwei Hirsche einige Haslocher Bauern an diesen Ort im Spessart geführt haben sollen, wo ein Klausner wohnte. Von da an sei man immer zu dem frommen Manne gepilgert und habe ihm eine Kapelle errichtet, die die Mutterkirche der ganzen Gegend sei. Wir dürfen annehmen, dass die Persönlichkeit des Klausners das Volk der Umgebung anzog. Erinnern wir uns, dass in einem bedeutenden Epos des Mittelalters der Einsiedler eine ganz entscheidende Rolle in der Erziehung des christlichen Ritters spielt. Es ist der Einsiedler Trevrizent im „Parzival" des Wolfram von Eschenbach, der übrigens ein Dienstmann der Grafen von Wertheim war.[23]

Die 1328 gegründete Kartause Grünau – erste Kartäuserniederlassung in Franken –[24] blieb offenbar bis in die Reformationszeit ein schwacher Konvent. 1525 wurde die Kartause von den Bauern geplündert; die Mönche flohen in die Kartause Ilmbach/Steigerwald. Da die Grafen von Wertheim protestantisch wurden, war die Kartause bald am Aussterben. 1557 wurde sie aufgehoben und die Einkünfte dem Hospital zu Wertheim zugewiesen.

---

[19] Georg Veh (Red.), Dorfprozelten am Main. Ein Dorf in seiner 1000jährigen Geschichte, Münsterschwarzach 1995, S. 61 f.

[20] Die Kartause Grünau, in der Regel Nova Cella = Neuzelle genannt, wurde 1328 als erste Kartäuserniederlassung in Franken gegründet, und zwar im einsamen Kropfbachtal im Südspessart (zwischen Hasloch/Main und Schollbrunn). Die Kirche – in einiger Entfernung vom Kloster – war über 100 Jahre älter, 1216 gegründet, 1297 mit einem Ablass versehen (heutige Markuskapellenruine im Haselbachtal). Stifterin der Kartause war die Wertheimer Grafentochter Elisabeth, Gemahlin des 1290 verstorbenen Gottfried von Hohenlohe-Röttingen, die auch weitere fränkische Klöster bedachte. Grünau, das auf wertheimischem Erbgut errichtet wurde, erhielt bald Besitzungen und Gefälle vom Wertheimer Grafenhaus (das die Vogtei innehatte) sowie vom Adel der Umgebung: Rommel, Grünau (wie Anm. 17), S. 7 ff.; James Hogg, Die Kartause Grünau, in: Wertheimer Jahrbuch 1981/82, S. 37–54, hier S. 37 ff.; Hermann Ehmer, Dokumente zur Geschichte der Kartause Grünau im Mittelalter, Wertheim 1981, S. 2.

[21] Ehmer, Wertheim (wie Anm. 14), S. 49 ff.; Hogg, Grünau (wie Anm. 20), S. 41.

[22] S. Anm. 40.

[23] Horst Brunner, Deutsche Literatur, in: Peter Kolb / Ernst-Günter Krenig (Hg.), Unterfränkische Geschichte 2, Würzburg 1992, S. 547–549.

[24] S. Anm. 20.

Die Kartäuser versuchten im frühen 17. Jahrhundert und besonders nach dem sogenannten Restitutionsedikt von 1629 verschiedentlich, von Würzburg aus in Grünau wieder einzuziehen, am 23. November 1629 mit Hilfe des kaiserlichen Reichshofrats. Offiziell aber wurde das Kartäuserkloster erst 1643 restituiert. Umso erstaunlicher ist, dass aus diesem „provisorischen" Kloster schon ab 1629 eine Reihe von wichtigen Tagebuchaufzeichnungen vorhanden ist, so auch die älteste Nachricht über das Schicksal der jetzigen Faulbacher Madonna aus der Markuskapelle. Aus dieser Kapelle entführten die Faulbacher zwischen 1557 (Aufhebung der Kartause) und 1629 unser Mariengnadenbild, da das Kirchlein seit der Reformation durch die Grafen von Wertheim nicht mehr benützt und dem Verfall preisgegeben war. In einem Protokollbuch des Klosters Grünau ist nämlich folgende Notiz[25] zu lesen: „27. Dezember 1629 würdt geredt von Männern von Braidenbrunn, daß das Mariae Bilt, welches in der Capelle beym closter gestanden, als die Faulbacher von Haßloch geführth, geschienen und den Weg erleuchtet hab, als wie ein scheinets licht. Welches Bilt noch zu Faulbach in der Kirchen gehalten und verehrt würdt". Maria hat also nach der Volksüberlieferung ihrem Befreier besondere Gnade gezeigt durch ein Lichtwunder.

Wenn dem so ist, dass „die Faulbacher" das geschnitzte Marienbild nicht in der Markuskapelle ‚entwendet', sondern in Hasloch ‚abgeholt' haben, wie es im ersten Bericht heißt, dann ergeben sich ganz andere Fragen. Denn Hasloch war offiziell seit den zwanziger Jahren des 16. Jahrhunderts lutherisch, da die Wertheimer Grafen über sie geboten.[26] In den Erzählungen (kaum ‚Berichten') liest man immer wieder, dass die Haslocher – wer immer dies auch konkret war – mehrere Male die Marienstatue von der Kapelle entwendet hatten, die Heiligenstatue aber immer wieder zurückgekehrt sei. Wie freilich „die Faulbacher" dieses Heiltum in Besitz nahmen, bleibt unausgesprochen. Bei aller Vorsicht wird man doch den Verdacht nicht los, dass ein oder eher mehrere Haslocher Bauern diese wertvolle Heiligenfigur für ihren Ort oder ihre Kirche organisieren wollten, aber Widerstand von Seiten der ‚Obrigkeit' erfuhren oder zumindest fürchten mussten. Daher die Nacht- und Nebelaktion „der Faulbacher", deren Ochse oder Stier das Bildnis weiterbeförderte. Der Sage nach gab ja eigentlich die Heiligenstatue die Richtung an: sie leuchtete, bis sie am heutigen „Bildhäuslein" auf Faulbacher Flur angekommen waren.[27]

Damit sind auch die ‚eigentlichen Nachrichten' beendet. Nichts wird gesagt, wie sie zur Faulbacher Pfarrkirche kam, wo sie dort aufgestellt wurde, wie die Pfarreiangehörigen darauf reagierten. Das ‚Fenster' öffnet sich gewissermaßen erst im Dreißigjährigen Krieg, als die Kartäusermönche wieder in die Grünau zurückkehrten und das vorhandene und entfremdete Inventar zu sichten suchten.

---

[25] Staatsarchiv Wertheim, Protocollum rerum memorabilum Domus Grunauensis ab anno 1629. Frau Archivdirektorin Dr. M. Schaupp danke ich bestens für die Überlassung einer Kopie. Rommel, Grünau (wie Anm. 17), S. 29.

[26] Der Nachbarort Hasloch mit Hasselberg gehörte politisch zur Grafschaft Wertheim (seit 1524 lutherisch), kirchlich aber zur Pfarrei Eichel, die wiederum im Mittelalter kirchlich gänzlich der Diözese Eichstätt unterstand. Wilhelm Engel, Urkundenregesten zur Geschichte der kirchlichen Verwaltung der Grafschaft Wertheim 1276–1499, Wertheim 1959, Nr. 19, 31, 41, 168, 216. Es muss beachtet werden, dass auf dem Altar der ev. Pfarrkirche Hasloch bis heute eine spätmittelalterliche Mariendarstellung sich befindet.

[27] Die Kapelle, das sog. Bildhäuslein, das bis heute noch in der Flur „Zum weißen Bild" liegt.

Ging es den Faulbachern bei dieser Tat aber nur um den Erwerb beziehungsweise die Rettung irgendeines Marienbildes? Die Madonnenstatue war den Faulbacher Bauern nicht unbekannt, denn zu ihr waren die Vorfahren wohl schon seit über hundert Jahren „gewallt". Davon berichtet eine Aktennotiz um 1630: „Item die capell under dem closter, dahin vor disem ein große Wallfahrth gewesen, jetzt verweist und ohne dach, ein Vieh Ruhe darauß worden [...]"[28] Aber die Wallfahrt zu dieser Kapelle ist offenbar älter als unser Marienbild.

Der kurmainzische Kommissarius der Zweitresidenz Aschaffenburg verordnete am 9. Oktober 1646, dass die Pfarrei Faulbach das aus dem Klosterbesitz der Kartause Grünau entwendete Marienbild bei Strafe von 50 fl. wieder zurückgeben müsse.[29] Das Gnadenbild blieb allerdings in Faulbach; ob die Pfarrei die geforderten 50 fl. tatsächlich bezahlte, ist mehr als ungewiss. Die Frage bleibt, wieso die Rückgabe gerade am 9. Oktober 1646 – also zwei Jahre vor dem Ende des Dreißigjährigen Krieges – wieder vom Mainzer Erzbischof gefordert wurde. Eine erste Antwort lautet, dass die Kartause Grünau 1545 sequestriert, 1557 endgültig aufgelöst, aber 1629/35 von der Grafschaft Wertheim restituiert wurde.[30]

Hinter diesen Untätigkeiten muss man nicht nur den Dreißigjährigen Krieg als solchen sehen. Vermutlich spielten dabei die konfessionellen Auseinandersetzungen der Erben der Grafschaft nach 1556 eine größere Rolle. Seit 1522 hatte sich Graf Georg von Wertheim der Lehre Luthers angeschlossen. Das Erbe, das schließlich die Grafen von Löwenstein(-Wertheim) übernahmen, war zunächst der ‚Gegenreformation' Bischof Julius Echters von Würzburg (1573–1617) ausgesetzt. Bald teilte sich auch die Familie der Grafen: Die Linie Löwenstein-Wertheim-Rochefort (später Rosenberg) wurde 1621 katholisch, während die Linie Löwenstein-Wertheim-Virneberg (später Freudenberg) evangelisch blieb. Beide Linien übten aber – nicht immer friedlich – die ungeteilte Herrschaft über die Grafschaft Wertheim aus. Erst 1692/1715 endeten die Familienstreitigkeiten, die immer mit konfessionellen Fragen beziehungsweise Forderungen verbunden waren.[31]

Man muss den Aschaffenburger Befehl von 1646 also im Zusammenhang mit der kurmainzischen Unterstützung der Wiedererrichtung der Kartause Grünau durch die katholische Linie der Löwenstein sehen, die aber nur zögerlich voranging.[32]

Ob freilich die Pfarrei Faulbach und der Kurmainzer Raum der Umgebung im 16. Jahrhundert tatsächlich ‚katholisch', das heißt altkirchlich, geblieben waren, daran kann man zu recht zweifeln. Dabei ist nicht nur an neukirchliche Einflüsse aus der Grafschaft Wertheim zu denken. Die Gegenreformation scheint im Mainzer Oberstift lange Zeit Probleme gehabt zu haben.[33] Dazu passt, dass die kurmainzischen Amtsträ-

---

[28] Vgl. Rommel, Grünau (wie Anm. 17), S. 33 ff., 90 f.

[29] Ebd., S. 90.

[30] Günter Christ, Untermaingebiet, Spessart und Odenwald, in: Peter Kolb / Ernst-Günter Krenig (Hg.), Unterfränkische Geschichte 4/1, Würzburg 1998, S. 172.

[31] Ehmer, Wertheim (wie Anm. 14), S. 118–174; vgl. Christel Hutt, Maximilian Carl Graf zu Löwenstein-Wertheim-Rochefort und der fränkische Kreis 1700/1702, Diss. Würzburg 1969, II, S. 276 ff.

[32] Rommel, Grünau (wie Anm. 17), S. 27 ff.; Helmut Rößler, Fränkischer Geist – deutsches Schicksal, Kulmbach 1953, S. 82 ff.

[33] Christ, Untermaingebiet (wie Anm. 30), S. 151 ff.; Roman Fischer, Das Untermaingebiet und der Spessart, in: Kolb / Krenig, Geschichte (wie Anm. 3), S. 418 ff.

ger auf dem benachbarten Schloss Prozelten sogar den katholischen Pfarrgottesdienst durch ihre Jagdhunde störten.[34] Für Faulbach fehlen die Quellen. Nur eine Nachricht über den Konfessionswechsel eines Faulbacher Pfarrers haben wir: „Johann Hallwig aus Fulda, gewesener Meßpfaff von Faulenbach, und Anna, Andre Zimmermanns Tochter von Beringen in der Herrschaft Henneberg", schlossen 1596 in Wertheim die Ehe.

Das alles zeigt, dass Kurmainz allmählich wirksamen tridentinischen Widerstand leistete, aber doch bis in das letzte Jahrzehnt des Jahrhunderts nicht unbedingt erfolgreich war. Demgemäß bleiben auch einige Zweifel, ob die Madonnenentführung seitens der Faulbacher Bevölkerung noch dem 16. Jahrhundert zuzuschreiben ist.

Der Pfarrsitz in Faulbach unterstand, da der Zent Michelrieth zugehörig, – zumindest theoretisch – bis 1656 der Diözese Würzburg, war aber zwischen der Grafschaft Wertheim und dem Mainzer Erzbistum völlig isoliert. Erst 1656 kam es nach offenbar langjährigen Schwierigkeiten zu einer diözesanen Grenzkorrektur zugunsten Kurmainz.[35]

Aus Faulbach selbst, wo in der Kirche der neue Standort der ‚wundertätigen' Marienfigur war, erfahren wir im 17. Jahrhundert fast nichts. Allerdings heißt es in einem Schreiben des Ortspfarrers an den Kurfürsten und Erzbischof von Mainz, der 1684 um Zuschüsse zur Kirchenerweiterung bat, dass über 350 Menschen stets die Kirche besuchen, „ohn denen, die so Sonn- und Feyertags von den benachbarten (Orten) dahin kommen […] Wallfahrt undt Procession ausgenommen".[36] Der Brief macht also die besondere Situation deutlich, auch wenn er in der Wallfahrtsfrage vage bleibt.

Über die Überführung des Gnadenbildes von der Markuskapelle nach Faulbach berichten auch verschiedene Faulbacher Pfarrbücher und Gemeinderechnungen des 18. Jahrhunderts, und zwar alle in ähnlicher Weise wie der Grünauer Prior Sebastian Schübel († 1743). Eine Eintragung ins Pfarrbuch weiß 1731 zu erzählen, dass ein Faulbacher Bauer das Gnadenbild Beatae Mariae Virginis auf einem Wagen mit zwei wilden Ochsen aus der alten Kapelle nach Faulbach geholt habe[37], und in Notamina zur Faulbacher Gemeinderechnung 1779, wo über denselben Vorgang berichtet wird, heißt es weiter, dass darauf in Faulbach eine besondere Andacht eingeführt und in Rom ein vollkommener Ablass an den Marienfesten erwirkt worden sei; nun sei ein solcher Zulauf des Volkes gewesen, so dass zeitlicher Pfarrer ein Subsidiarum (Hilfskraft) aus dem Franziskanerkloster Miltenberg jederzeit kommen lassen müsse, die Gemeinde habe zur Unterhaltung dieses Franziskaner sich einverstanden, einen Beitrag alljährlich zu leisten.[38] In der Tat finden sich auch meistens in den Gemeinderechnungen des 18. Jahrhunderts die Ausgabeposten: „Item dem H. Pfarrer wegen de-

---

[34] A. Ludwig Veith, Kirche und Kirchenreform in der Erzdiözese Mainz (1517–1608), Freiburg 1920, S. 66 f.

[35] Friedrich Emlein, Bilder aus Wertheims Vergangenheit, Wertheim 1932, S. 21. Zum Folgenden: Friedrich Jürgensmeier, Diözesane Grenzkorrektur und Beilegung von territorialen Differenzen zwischen Kurmainz und Würzburg 1656, in: Josef Schröder (Hg.), Beiträge zu Kirche, Staat und Geistesleben (Beiträge zur Geschichte der Reichskirche in der Neuzeit 14), Stuttgart 1994, S. 112–130, bes. S. 113 ff., 117, 121–127.

[36] Pfarrarchiv Faulbach, A III fasc. 4, nr. 2.

[37] Ebd., Pfarrbuch ab 1701.

[38] Gemeindearchiv Faulbach, Gemeinderechnung 1779; eine Ablassurkunde ist nicht vorhanden.

ren Festtägen Beatae Mariae Virginis zahlt 6 fl. 6 kr. Item dem P. Franciscaner für ein Eymer wein 4 fl. Mehr denen selben zum Lohn 4 fl."[39]

1741 erschien in Faulbach auch ein Wallfahrtsbüchlein mit dem typisch barocken Titel „Unendlicher Schatz. In dem Marianischen Gnaden-Bild, So aus der alten Capellen nechst der loblichen Carthaus Grünau erhoben, und nacher Faulbach wunderlich überbracht […]."[40]

Den Verfasser dieser Schrift kennen wir leider nicht. Pfarrer zu dieser Zeit war in Faulbach Melchior Meck (1733–1742/43). Ob er das geistige Rüstzeug zu dieser Gebets- und Messanweisung hatte, muss dahingestellt bleiben. Zur gleichen Zeit aber schrieb auch der Prior der Kartause Grünau Schübel eine Geschichte seiner Kartause.[41] Ich halte es für nicht unmöglich, dass er auch der Verfasser des Faulbacher Wallfahrtsbüchleins war.

Nach dem zehnstrophigen Jubelgesang, dessen Melodie einem ebenfalls barocken Lied „Die Himmels-Königin ist eine Jägerin", das wir bedauerlicherweise nicht kennen, entnommen ist, folgt eine „Bitt und Anbefehlung Seiner vor dessen Gnadenreicher Bild Jesu und Mariae in der Faulbacher Wallfahrt" (S. 61). Darauf werden die Kurtzer Tag-Zeiten „von dem wunderthätigen Mutter Gottes-Bild zu Faulbach, worinn das Lobgesang mit Sitten-Lehren und Bitten befaßt, auch kann gesungen werden Im Thon; O Maria jetzt ist …" vorgestellt. Zur „Metten" (= Matutin, Gebet zur frühen Morgenstunde) (S. 8 ff.) wird ein Lobgesang, dann ein Gebet (S. 9.), darauf wird ein spezielles kurzes Gebet zur Prim, Terz, Sext und Non sowie anschließend ein Lobgesang mit Antiphon gesungen beziehungsweise gebetet. Den Abschluss bilden eine Vesper, ein Complet, Opferung („Aufopfferung dieses Officii"), Gebete zur Beicht- und zur Kommunionvorbereitung und -nachbereitung, schließlich ein Gebet zur Erlangung eines vollkommenen Ablasses, „welcher an denen Marianischen Haupt-Festen zu Faulbach zu gewinnen." Dieses Gebet ist unvollständig; der Schluss des Andachtsbüchleins ist offenbar verloren gegangen.

Im 19. Jahrhundert ist plötzlich ‚Funkstille'. Sollte dabei der langjährige Weinzehntstreit der Pfarrgemeinde mit ihrem Pfarrer eine Rolle gespielt haben? 1781 kam es in dieser Sache zu einem Prozess zwischen Pfarrer und Gemeinde, den sie 1787 verlor. Der Widerstand der Kleinbauern, solche Steuern zu entrichten, saß tief. Die Säkularisation scheint in dieser Hinsicht bei den Kleinbauern auf keinen Widerstand gestoßen zu sein. Das könnte sich auch auf die Verehrung des Marienbildes ausgewirkt haben.

Wenn man sich überlegt, dass der erste nichtadelige Würzburger Bischof Georg Adam Stahl (ab 1840) aus dem Nachbarort Stadtprozelten stammte (1805–1870), ein Mann, der ganz stark die römische und asketische Linie vertrat, dann ist man eigentlich erstaunt, dass diese ‚Bischofsnähe' sich nicht auf die Faulbacher ‚Wallfahrtsmentalität' auswirkte.

---

[39] Ebd., Einträge im 18. Jahrhundert. Gemeint sind die Franziskaner in Miltenberg.
[40] Im Pfarrarchiv Faulbach (ohne Ortsangabe). Druck (Fotonachdruck): Josef Weiß, Faulbach 1983.
[41] Rommel, Grünau (wie Anm. 17), S. 49. Dieses Manuskript ist in der Universitätsbibliothek Würzburg seit der Bombennacht 1945 nicht mehr vorhanden.

Wir Schüler wussten zwar von dem ‚wundertätigen' Marienbild in Faulbach, doch lag das für uns weit fern. Erst der Bombenkrieg und die letzten Tage des März/April 1945 erweckten wieder vehement den Bezug zur Faulbacher Gottesmutter.

Wir dürfen kurz nachfragen nach dem jeweiligen Standort der Grünau-Markuskapellen-Marienstatue. Sie kam in die alte Wehrkirche in Faulbach, die, seit 1320 bezeugt, wohl im frühen 14. Jahrhundert oder gar früher erbaut wurde. Der Friedhof, in dem die Kirche stand, war befestigt; Reste der Mauern existieren noch. Wo freilich das neue Gnadenbild in dieser Kirche aufgestellt wurde, wissen wir nicht. Um 1810 wurde die Kirche abgerissen. 1809 wanderte es in die neue Kirche, einen Streiter-Bau, wo es den linken Nebenaltar zierte. Seit 1961 steht es in der neuesten Muttergottes-Pfarrkirche in Faulbach.

Fassen wir zusammen: In einem konfessionellen Grenzgebiet[42] wurde nach der Auflösung der alten Kartause Grünau im Spessart aus der heute sogenannten Markuskapelle (Ruine) eine Holzplastik der hl. Maria mit Kind entnommen, und zwar offensichtlich zuerst von der Bevölkerung der benachbarten, damals offiziell lutherischen Gemeinde Hasloch. Nach Schwierigkeiten mit der dortigen Obrigkeit bekam die Bevölkerung des nächsten Nachbarorts Faulbach Zugriff auf diese Figur, die durch ein Wunderzeichen veranlasst (‚scheinets licht') auf einem Ochsenwagen abgeholt wurde. Die katholischen Faulbacher, die schließlich die Wundertätige Maria in ihrer Pfarrkirche verehrten, interpretierten den Vorgang als Ablehnung Marias, im lutherischen Hasloch zu bleiben.

Nachrichten über diese Vorfälle erhalten wir erst über die wiedererstandene Kartause Grünau 1629. Eigenartigerweise fordert Kurmainz 1643 für die Kartause Grünau die Statue zurück, nicht aber das Bistum Würzburg.

Es scheint rasch zu einer Verehrung, bisweilen auch Wallfahrt zum „Marianischen Gnadenbild" in Faulbach gekommen zu sein, auch im 18. Jahrhundert wird dies ganz deutlich. Spätestens mit der Entstehung der neuen Kirche 1809 schweigen die Nachrichten. Erst am Ende des Zweiten Weltkriegs wendet sich die Bevölkerung, gelenkt durch Pfarrer Stecher, wieder hilfesuchend an das Marienbild. Flurprozessionen mit dem Heiligenbild erlahmten in den 1960er/70er Jahren aber bald.

---

[42] Grundsätzlich s. jetzt Enno Bünz, Die mittelalterliche Pfarrei in Franken, in: Konrad Ackermann / Hermann Rumschöttel (Hg.), Bayerische Geschichte – Landesgeschichte in Bayern (= ZBLG 68, 2005), S. 51–74; ders., „Die Kirche im Dorf lassen …". Formen der Kommunikation im spätmittelalterlichen Niederkirchenwesen, in: Werner Rösener (Hg.), Kommunikation in der ländlichen Gesellschaft vom Mittelalter bis zur Moderne, Göttingen 2000, S. 77–167; Franz Machilek, Kirche, Staat und Gesellschaft. Das Spätmittelalter von 1215 bis 1517. Schwaben und Franken, in: Walter Brandmüller (Hg.), Handbuch der bayerischen Kirchengeschichte 1, St. Ottilien 1999, S. 437–520.

Werner Wilhelm Schnabel

Kirchweih in Kraftshof 1641.
Volksbelustigung im Spiegel akademischer und nichtakademischer Dichtung

I. Traditionelle Wahrnehmungsmuster

Das Bild der Kirchweih als Schauplatz primär bäuerlicher Volksbelustigung[1] ist in der frühneuzeitlichen Tradition vergleichsweise homogen. Feststehende Topoi sind das unmäßige Trinken und Essen, das laute Singen und Grölen der Betrunkenen, die Märkte mit ihren Krämern, Gauklern, Marktschreiern, Glücksspielern und Betrügern, das Buhlen und wilde Tanzen der jungen Männer und Frauen, das ebenso wie die anschließende, oft blutige Rauferei ein Übermaß körperlicher Energie beziehungsweise einen Mangel an gesellschaftlich gebotener Affekt- und Körperkontrolle belegt. Kirchweihfeste wurden demzufolge nicht als eigentlich kirchliche Veranstaltungen wahrgenommen, die zum Gedenken an das Weihedatum oder das Patrozinium einer Pfarrkirche begangen werden, sondern in erster Linie als ausgelassene und kommerzialisierte Belustigungen,[2] die ein breites – und letztendlich abschreckendes – Spektrum von Fehlverhaltensweisen im Sinne der christlichen Morallehre zeigten.

Ein solches Bild scheint sich in unterschiedlichen Überlieferungszusammenhängen vielfach bestätigt zu finden. Rechtsgeschichtlich faßbar sind die vielfältigen Verstöße gegen die Normen, die ein Einschreiten der Obrigkeit nötig machten und zu anschließenden Sanktionen gegenüber den Missetätern führten. Der ‚Kirchweihschutz', der durch Rechtszeichen und zeremoniöse Handlungen visualisiert wurde,[3] zeigt sich dabei als dringend notwendige Maßnahme, um den friedlichen Ablauf der Veranstaltungen sicherzustellen. Von den Geistlichen, die die Verweltlichung des ursprünglich kirchlichen Festes mit Argwohn beobachteten, wurden die Ausgelassenheit und die Ausschweifungen der Feiernden scharf kritisiert;[4] vor allem auch Martin Luther beanstandete 1520, daß die Feste „nit anders […] dan rechte tabernn, Jarmarckt und spiel

---

[1] Der einschlägige Artikel in Johann Heinrich Zedlers Universallexikon Aller Wissenschaften und Künste (Bd. 15, Halle, Leipzig 1737, Sp. 776 f.) bezeichnet die Kirchweih sogar ausdrücklich als „Bauer=Fest".

[2] Verwiesen sei auf das Manuskript zu einer vom Jubilar vor Jahren konzipierten Radiosendung: Werner K. Blessing, Kirchweih und Kino. Vergnügungen der kleinen Leute in Bayern anno dazumal. Bayern – Land und Leute (Bayern 2), 12. 10. 1975.

[3] Karl-S[igismund] Kramer, Geschichtliche Nachrichten zur mittelfränkischen Kirchweih, in: Bayerisches Jahrbuch für Volkskunde 1959, S. 98–119; ders., Volksleben im Fürstentum Ansbach und seinen Nachbargebieten (1500–1800). Eine Volkskunde auf Grund archivalischer Quellen (Beiträge zur Volkstumsforschung 13; Veröffentlichungen der Gesellschaft für fränkische Geschichte IX/15), Würzburg 1961, S. 116–123; ders., Volksleben im Hochstift Bamberg und im Fürstentum Coburg (1500–1800). Eine Volkskunde auf Grund archivalischer Quellen (Beiträge zur Volkstumsforschung 15; Veröffentlichungen der Gesellschaft für fränkische Geschichte IX/24), Würzburg 1967, S. 116; Georg Schwarz, Kirchweih (Kerwa). Sitte und Brauchtum (Heimatbeilage zum Amtlichen Schulanzeiger des Regierungsbezirks Oberfranken 116), Bayreuth 1985, S. 15–17.

[4] Schwarz, Kirchweih (wie Anm. 3), S. 9.

hoffe worden" seien[5] und führte die Kirchweih in weiteren Schriften sogar ausdrücklich in seinen Lasterkatalogen der römischen Kirche auf.[6] In der Bildkunst fanden sich mit Vorliebe die derben und drastischen Szenen der handfesten bäuerlichen Lustbarkeiten dargestellt, bei denen auf den kirchlichen Anlaß allenfalls noch im Hintergrund zurückhaltend hingewiesen wurde.[7] Die frühneuzeitliche Literatur schließlich griff die Thematik ihrerseits auf und schrieb dabei praktisch durchgehend das Motivrepertoire aus, das aus den angesprochenen Überlieferungszusammenhängen bekannt war.[8] Zwar wurde die Kirchweih im 16. und 17. Jahrhundert kaum je zum Thema eigenständiger literarischer Texte gemacht und beschränkte sich dann auf das schwankhafte Genre,[9] doch bildete sie als Episode in größerem Zusammenhang ebenso wie die Bauernhochzeit oder der Jahrmarkt eine paradigmatische Situation, um die Verhaltensweisen durch Alkohol und Kumpanenschaft entfesselter Bauern (oder auch Kleriker) zu zeigen und damit Bilder geradezu karnevalesken Treibens zu entwerfen. Entsprechend belegt auch der volkstümliche Gebrauch sprichwörtlicher Redensarten besonders gern die Verbindung der Feste mit Genußsucht und Ausgelassenheit, derber Neckerei, Streitsucht, Roheit und Kampf.[10]

Eine solche Fülle gleichgerichteter Belege könnte nun als Indiz dafür gewertet werden, daß die beschriebenen Sachverhalte tatsächlich historischer Realität in einem be-

---

[5] Martin Luther, An den christlichen Adel deutscher Nation, in: Weimarer Ausgabe (künftig: WA) 6, 1888, S. 404–469, hier S. 446. Ähnlich Luther in seinem gegen die Täufer gerichteten „Brief […] von den Schleichern und Winkelpredigern (1532)", wo er die Folge „schone kirchwey, kretzschmer [= Wirtshaus, Dorfschenke] und jarmarckt" in abwertender Absicht für die Charakterisierung nichtautorisierter Predigt verwendet (WA 30/III, 1910, S. 518–522, hier S. 522; dazu Revisionsnachtrag 1970, S. 117). – Belege zur festkritischen Einstellung des Reformators u. a. bei Fr. A. Reimann, Deutsche Volksfeste im neunzehnten Jahrhundert. Geschichte ihrer Entstehung und Beschreibung ihrer Feier, Weimar 1839, S. 244; Karin Wagner, Kirchweih in Franken. Studien zu den Terminen und deren Motivationen, Phil. Diss. Erlangen-Nürnberg 1971, S. 8; Ingeborg Weber-Kellermann, Saure Wochen – Frohe Feste. Fest und Alltag in der Sprache der Bräuche, München / Luzern 1985, S. 88; Hans-Joachim Simm (ed.), Feste und Feiern. Ein Lesebuch, Frankfurt/M. 1988, S. 47 f.

[6] Vermahnung an die Geistlichen, versammelt auf dem Reichstag zu Augsburg (1530): WA 30/II, 1909, S. 268–356, hier S. 348, 350, 351. – Warnung an seine liebe Deutschen (1531): WA 30/III, 1910, S. 276–320, hier S. 310, dazu Revisionsnachtrag 1970, S. 77.

[7] Holzschnitte von Barthel Beham, um 1534: Walter L. Strauss, The German Single-Leaf Woodcut 1500–1550. A Pictorial Catalogue. 4 Bde., New York 1974, hier Bd. I, S. 128–132. – Diverse Holzschnitte von Sebald Beham 1532/39: ebd. I, S. 234–242; Schwarz, Kirchweih (wie Anm. 3), S. 9, 11. – Gemälde von Pieter Breughel: Weber-Kellermann, Saure Wochen (wie Anm. 5), S. 86 f. – Augsburger Einblattdruck mit Holzschnitt von Abraham Bach, 2. Hälfte 17. Jahrhundert: Walter L. Strauss, The German Single-Leaf Woodcut 1600–1700. A Pictorial Catalogue, 2 Bde., New York 1977, hier Bd. I, S. 56.

[8] Vgl. die zahlreichen Hinweise bei Jacob und Wilhelm Grimm (ed.), Deutsches Wörterbuch. Reprogr. Ndr. in 33 Bden., München 1991, hier Bd. 11, 1991, Sp. 828–833 bzw. 833–837.

[9] Beispielsweise Hans Sachs, Der Bawern Aderlaß sampt einem Zanbrecher [22. 9. 1557; Kirchweih in Dettelbach], in: Hans Sachs, Sehr Herrliche Schöne vnd warhaffte Gedicht. Bd. 1, Nürnberg: Leonhard Heußler 1570, fol. CCCCCXXIX^{r-v}. – Wer lust zu gwinnen hat ein Krantz/ Füg sich zu diesem Nasen=Tantz [12. 8. 1534; Kirchweih in Gümpelsbrunn], in: ebd., fol. CCCCCXXX^{r-v} (dieses Gedicht mit Holzschnitt von Sebald Beham bei Strauss, Woodcut 1500–1550, Bd. I, S. 242). – Der Pawerntantz versamlet auß mancherley Dörffern [15. 3. 1528; Kirchweih in Mögeldorf], in: ebd., fol. CCCCCXXX^v–CCCCCXXXI^r (dieses Gedicht mit Holzschnittfolgen von Barthel bzw. Sebald Beham bei Strauss, Woodcut 1500–1550, Bd. I, S. 124–127, 240 f.).

[10] Vgl. Grimm, Wörterbuch (wie Anm. 8), Bd. 11, Sp. 832 f. – Dazu auch Karl Friedrich Wilhelm Wander (Hg.), Deutsches Sprichwörter-Lexikon. Ein Hausschatz für das deutsche Volk, 5 Bde., Leipzig 1867–1880, hier Bd. II, 1870, Sp. 1269, 1350–1353 und passim; ebd. Bd. V, 1880, Sp. 1500.

stimmten Milieu entsprochen haben. Immerhin wäre auf diese Weise problemlos eine Verbindung zum „Prozeß der Zivilisation" herzustellen, den Norbert Elias seinerzeit als mehr oder minder linear vollzogene Durchsetzung von Affekt- und Körperkontrolle beschrieben hat;[11] diese ist in verschiedenen sozialen Schichten und Milieus bekanntlich zu unterschiedlichen Zeiten und in unterschiedlichem Ausmaß wirksam geworden. Mühelos ließe sich auch ein Zusammenhang mit dem Bachtinschen Konzept der „Karnevalisierung" konstruieren, das in ausgelassener Körperlichkeit gerade ein Merkmal vermeintlicher „Volkskultur" erkennen will, die auf die Unterminierung aller Ordnung und Autorität des herrschenden Systems ausgerichtet sei.[12] Solchen kulturwissenschaftlichen Generalentwürfen steht freilich ein quellenbezogenes Problem entgegen. Trotz der vermeintlichen oder tatsächlichen Übereinstimmung der Belege geht es nicht an, die erhaltenen Berichte als unmittelbare Abschilderungen der Realität zu verstehen. Sie sind vielmehr Zeugnisse bestimmter Wahrnehmungsweisen, ja Wahrnehmungsmuster, mit denen die Berichts- und Bewertungsinstanzen nicht zuletzt konkrete Intentionen verfolgten. Nur durch eine Hinterfragung möglicher Interessenlagen läßt sich das entworfene Bild unter Umständen relativieren und zeigen, warum die Wahrnehmung des Berichterstatters nicht zuletzt von seiner Wirkungsabsicht beeinflußt worden ist.

Gerade in Hinblick auf die Kirchweihfeste ist das durchaus naheliegend. Rechtsquellen halten kaum je normentsprechendes Verhalten fest, sondern im wesentlichen Regelwidrigkeiten, die in den Augen der rechtssetzenden und -ausübenden Instanzen nach Sanktionierung verlangen. Den altkirchlichen Kritikern der Kirchweihsitte ging es um eine strikte Unterscheidung von kirchlichem Fest und weltlichen Lustbarkeiten, so daß sich aus der Übergewichtung des weltlichen Teils leicht ein ‚abusus'-Vorwurf entwickeln ließ. Ihre reformatorischen Konkurrenten dagegen versuchten mit dem Aufweis der Kommerzialisierung und Ausgelassenheit der Festivitäten gleich den zugrundeliegenden Anlaß mit zu diskreditieren, der ihrem Kirchenverständnis strikt widersprach. Bildende Kunst und Literatur wiederum pflegten oft nicht nur eine gewisse Neigung zu derben Genreszenen, sondern verstanden sich – ganz ernsthaft und durch die zeitgenössische Kunsttheorie und Poetik gestützt – als Mittler moralischer Belehrung. Gemeinhin stand hinter ihren Darstellungen ein didaktischer Impuls, der sich der Besserung der Menschen verschrieben hatte und mißliebiges Verhalten deshalb notfalls durch Übertreibung geißelte, um normgerechte Verhaltensweisen desto besser erkennen zu lassen.

Wichtig erscheint in diesem Zusammenhang auch der Umstand, daß die praktisch durchgängig im bäuerlichen Milieu beheimateten Kirchweihfeste ebenso regelmäßig von Beobachtern beschrieben wurden, die selbst in mehrfacher Weise eine Außensicht auf das Geschehen repräsentierten. Zum einen kamen sie in der Regel aus einem städtischen Kontext, in dem dergleichen Feiern offensichtlich keinen so großen Stellenwert einnahmen wie auf dem Land, wo die Kirchweih das bäuerliche Fest schlechthin

---

[11] Norbert Elias, Über den Prozeß der Zivilisation. Soziogenetische und psychogenetische Untersuchungen, 2 Bde., Bern / München ²1969.
[12] Michail Bachtin, Rabelais und seine Welt. Volkskultur als Gegenkultur, hg. von Renate Lachmann, Frankfurt/M. 1995.

darstellte.[13] Die Wahrnehmungsweise war also durch einen gewissen Stadt-Land-Gegensatz geprägt, der das bäuerliche Brauchtum mit seinem ausgeprägten Lokalkolorit oft gerade unter dem Gesichtspunkt kultureller Alterität und Kuriosität in den Blick nahm. Eng damit verbunden war zweitens ein Gefühl moralischer Superiorität. Im Bewußtsein, die religiös fundierten Regeln menschlichen Zusammenlebens und die Normen fortgeschrittener ‚Höflichkeit' besser zu beherrschen als die nur mäßig policierten Bauern, bewerteten die Beobachter die Geschehnisse nach ihren eigenen Normen, denen sie wie selbstverständlich allgemeine Geltung zusprachen. Der Gedanke einer Mehrzahl gleichberechtigter ‚Kulturen', die in bestimmten Milieus gepflegt wurden, gewann erst im späteren 18. Jahrhundert mit der Entdeckung einer idealisierten ‚Volkskultur' an Relevanz. Drittens ist auffällig, daß die Berichterstatter praktisch durchgehend dem akademischen Milieu entstammten.[14] Ihre Sichtweisen waren also durch eine Sozialisation geprägt, die auf der Basis humanistischer und späthumanistischer Wertmaßstäbe ein recht homogenes Normsystem entwickelt und ihre Vertreter in die unmittelbare Nähe zur politischen Obrigkeit geführt hatte. Der ‚unkultivierten' Landbevölkerung wurde hier allenfalls am Rande Platz zugewiesen, hatte sie an den Errungenschaften des Wissens und an den Legitimationsbemühungen und Selbststilisierungen der Bildungsschichten und Machteliten doch so gut wie keinen Anteil. Um sie mit den Segnungen der Zivilisation zu versehen, waren Belehrung und polizeiliche Sanktion zwei Mittel, die sich gegenseitig durchaus ergänzten.

Vor diesem Hintergrund ist die Kenntnisnahme und literarische Thematisierung einer Landkirchweih in mehrfacher Hinsicht bemerkenswert. Zum einen handelt es sich bei dem hier vorzustellenden Gedicht (Textanhang A) um einen der sehr seltenen selbständigen Texte, die sich im 17. Jahrhundert mit den bäuerlichen Feierlichkeiten zu einem solchen Anlaß überhaupt befaßten. Zum anderen entstammt der Autor einem bildungsfernen Milieu, dessen literarische Produktivität im modernen literarhistorischen Kanon keinerlei Beachtung erfährt; literarischer Wert wird allein der anspielungsreicheren, mit einem exponierten Artifizialitätsanspruch auftretenden Dichtung der kulturell ‚führenden' akademischen Kreise zugesprochen, nicht aber den ehemals durchaus lebenskräftigen Gegenströmungen in anderen Milieus, die sich von der institutionalisierten Neugermanistik marginalisiert sahen und sehen. Zum dritten bleibt diese ungewöhnliche Provenienz nicht ohne Auswirkungen auf die Wahrnehmung und Beurteilung volkstümlicher Vergnügungen, die hier eine durchaus eigenständige Einschätzung erfahren. Schließlich und viertens ist es ein außerordentlich seltenes Phänomen, daß ein Text dieser Herkunft unmittelbar nach seinem Entstehen von einem Bildungsdichter adaptiert und nach den Gepflogenheiten der zeitgenössischen ‚Kunstpoesie' eingerichtet wurde (Textanhang B) – und das immerhin über ein Jahrhundert vor dem Erwachen des Interesses an der scheinbar unpolicierten ‚Volksliteratur', das seit Mitte des 18. Jahrhunderts zeitweilig zu einer ästhetischen Neuausrichtung auch der ‚Kunstliteratur' führen sollte.

---

[13] Wagner, Kirchweih (wie Anm. 5), S. 9.

[14] Selbst Hans Sachs kann in gewissem Sinne in dieses Bildungsmilieu gerechnet werden. Obwohl Handwerker von Beruf und auch zu den Zeiten, in denen er nicht mehr von seiner Hände Arbeit lebte, mit diesem Stand kokettierend, hatte er als Kind lange Jahre die Lateinschule besucht und später ausgiebig die Literatur der klassischen Antike rezipiert, sofern diese in deutschen Übersetzungen vorlag.

II. Der Autor

Wilhelm Weber, der Verfasser des mehrfach handschriftlich überlieferten Gedichts über die Kraftshofer Kirchweih von 1641, war im April 1602 in Nürnberg geboren worden.[15] Sein Vater Hans Weber (1546?–1623), der möglicherweise aus Hersbruck zugewandert war, verdiente sein Brot als Dockenmacher (Spielzeugmacher) und war wohl seit 1587 im damals florierenden Milieu der handwerkerlichen Meistersinger engagiert.[16] In der Stadt bekannt war er freilich in erster Linie als Inhaber des Spruchsprecheramtes. Als Spruchsprecher nahm Weber eine eigenartige Zwischenstellung zwischen obrigkeitlich deligierter Amtsfunktion und freiem Kleinunternehmertum im Unterhaltungsgewerbe ein. Auf der einen Seite wurde er vom Nürnberger Rat oder Rugamt bestellt und hatte bei Hochzeiten über die Einhaltung der strengen Sittengesetzgebung zu wachen. Auf der anderen Seite trug er bei diesen Veranstaltungen und anderen freudigen und traurigen Feiern gegen Honorar selbstverfaßte Spruchpoeme vor, um das Publikum zu unterhalten, zum Nachdenken anzuregen und zu belehren. Weiter wurde er von unterschiedlichen Handwerken beauftragt, für deren Zusammenkünfte Handwerkssprüche zu verfassen und vorzutragen. Die formellen Verträge, die zu diesem Zweck geschlossen wurden, regelten neben der regelmäßigen Verpflichtung zum Auftritt vor den Meistern auch die leihweise Überlassung silberner Schilde und Plaketten mit dem Emblem der jeweiligen Profession, die der Lobsprecher in einem breiten Gehänge vor der Brust und an seinem Spruchsprecherstab trug. Diese glitzernde und klapprige Amtstracht verschaffte dem Inhaber den volkstümlichen Namen „Hängelein" oder „Hegelein", unter dem er gelegentlich in den Quellen auftaucht.

Das Spruchsprecheramt muß für einen gewandten Stegreifdichter und Vortragskünstler, der seinem meist kleinbürgerlich-handwerklichen Publikum „aufs Maul zu schauen" verstand, eine lukrative Position gewesen sein. Zwar lernte Wilhelm Weber zunächst die gleiche Profession wie sein Vater; schon früh scheint er aber eine ausgesprochene Begabung für das Reimen entwickelt zu haben, so daß er offenbar bruchlos als Nachfolger seines Vaters installiert wurde. In der Rolle des städtisch bestellten Berufspoeten und Vortragskünstlers erlangte Weber in breiten Bevölkerungskreisen des reichsstädtischen Gemeinwesens große Popularität, was wohl nicht zuletzt mit einer gelegentlich schlitzohrigen Schlagfertigkeit und einem geselligen Wesen zusammenhing, die für die erfolgreiche Ausübung seines Amtes Voraussetzung waren. Dabei beschränkte sich seine Tätigkeit keineswegs nur auf die mündliche Präsentation seiner Texte bei geeigneten Gelegenheiten. In erheblichem Ausmaß trat Weber auch als Her-

---

[15] An älterer Literatur über Weber sind zu nennen: E[mil] Weller, Die Nürnberger Spruchsprecher und Neujahrsdichter, in: Anzeiger für Kunde der deutschen Vorzeit 1867, Sp. 201–205; Hugo Holstein, Der Nürnberger Spruchsprecher Wilhelm Weber (1602–1661), in: Zeitschrift für deutsche Philologie 16, 1884, S. 165–185; Th[eodor] Hampe, Spruchsprecher, Meistersinger und Hochzeitlader, vornehmlich in Nürnberg, in: Mitteilungen aus dem germanischen Nationalmuseum 1894, S. 25–44, 60–69; Hugo Holstein, Art. „Weber, Wilhelm", in: ADB 41, 1896, S. 358. Zahlreiche neue Quellen wird die Einleitung zur ausführlich kommentierten Ausgabe der Weberschen Dichtungen bieten, die der Vf. in Kürze vorlegen zu können hofft. Sie entsteht im Rahmen eines umfassenderen, von der Fritz-Thyssen-Stiftung finanzierten Projekts, in dem die literarische Praxis bildungsferner Milieus des 17. bis 19. Jahrhunderts exemplarisch untersucht werden soll.

[16] Irene Stahl, Die Meistersinger von Nürnberg. Archivalische Studien (Nürnberger Werkstücke zur Stadt- und Landesgeschichte 33), Nürnberg 1982, S. 316 f.

ausgeber (und Verkäufer) von Einblattdrucken und Flugschriften hervor. In ihnen wünschte er seiner Heimatstadt zu Neujahr fast regelmäßig das Wohlwollen Gottes und friedliche Zeitläufte für ein Florieren von Handel und Wandel; in ihnen klagte er aber auch über die Verheerungen des großen Krieges, schilderte prunkvolle Leichenbegängnisse, die in der Stadt für Aufsehen sorgten. Weiter beleuchtete er auf unterhaltsame Weise Erscheinungen der unmittelbaren Lebenswelt seiner Zeit und betätigte sich als moralischer und religiöser Mahner, der seine Leser zu Besinnung, Umkehr und Einsicht in die Bedingtheit alles diesseitigen Strebens aufrief. Weber übte das einträgliche Amt des Spruchsprechers bis zu seinem Tod im Jahre 1661 aus. Anders als manche akademische Autoren, die sich zur selben Zeit darin versuchten,[17] konnte er tatsächlich als Berufsdichter und Vortragskünstler leben und scheint nur noch gelegentlich in seinem ursprünglichen Beruf tätig gewesen zu sein. Noch Jahrzehnte später war er – wie der Mitte der 1690er Jahre über den Meistersang recherchierende Altdorfer Polyhistor Johann Christoph Wagenseil (1633–1705) erfuhr – in der Erinnerung seiner Mitbürger außerordentlich präsent;[18] seine Dichtungen finden sich bis ins späte 17. Jahrhundert in unterschiedlichen Zusammenhängen als Abschriften überliefert.

Ohne irgendeine höhere Bildung genossen zu haben, hatte sich bereits der junge Weber in den schmalen Büchervorrat seines dichtenden Vaters vertieft, zu dem auch eine von Hans Sachs handschriftlich verfaßte Sammlung von Meisterliedern gehörte. In der Tat ist es der ungemein produktive Nürnberger Handwerkerpoet gewesen, dessen Spruchpoesie er formal und oft auch inhaltlich immer wieder als Vorbild heranzog und nachahmte. Und er las neben der Bibel intensiv auch eine Reihe antiker Schriftsteller, sofern sie in deutscher Übersetzung vorlagen. Die „Aeneis" des Vergil, die „Metamorphosen" des Ovid und die „Jüdischen Altertümer" des Flavius Josephus hat er nachweislich gut gekannt; daneben nahm er aber auch die verbreitete Schwank- und Exempelliteratur sowie naturhistorische Werke (Plinius d. Ä.) und jüngere kosmographische (Sebastian Münster) oder pastorale und katechetische Arbeiten (Veit Dietrich, Johann Schröder) zur Kenntnis. Sieht man von augenscheinlich nahezu wörtlichen Zitaten aus diesen literarischen Genres einmal ab, so läßt sich indes feststellen, daß die Aneignung der Stoffe und Themen oft nur selektiv und simplifizierend gelang. Der Autodidakt Weber zog aus ihnen in erster Linie passende Exempel und Versatzstücke, die er je nach Bedarf abwandelte oder auch uminterpretierte. Sie dienten in seinen adressatenbezogenen Gelegenheitsdichtungen in erster Linie dazu, bestimmte Traditionslinien und Argumentationen zu untermauern und ihnen die Dignität

---

[17] Sigmund von Birken (1626–1681) gilt gemeinhin als einer der ersten selbständigen Autoren, die ihren Lebensunterhalt im wesentlichen durch ihre Dichtungen bestritten. Zu seinen sorgenvollen wirtschaftlichen Verhältnissen vgl. Rudolf Endres, Das Einkommen eines freischaffenden Literaten der Barockzeit in Nürnberg, in: Friedhelm Brusniak / Horst Leuchtmann (ed.), Quaestiones in musica. Festschrift für Franz Krautwurst zum 65. Geburtstag, Tutzing 1989, S. 85–100; Hartmut Laufhütte, Poetenwürde und literarisches Dienstleistungsgewerbe im 17. Jahrhundert. Am Beispiel des Pegnesischen Blumenordens, in: John Roger Paas (ed.), Der Franken Rom. Nürnbergs Blütezeit in der zweiten Hälfte des 17. Jahrhunderts, Wiesbaden 1995, S. 155–177. – Bezeichnenderweise läßt sich zwischen den beiden in Nürnberg lebenden Poeten, die gänzlich unterschiedlichen Milieus angehörten, keinerlei persönlicher Kontakt nachweisen.

[18] Johann Christoph Wagenseil, Buch Von Der Meister=Singer Holdseligen Kunst Anfang/ Fortübung/ Nutzbarkeiten/ und Lehr=Sätze, in: ders., De Sacri Rom[ani] Imperii Libera Civitate Noribergensi Commentatio [...], Altdorf: Jobst Wilhelm Kohles 1697, S. 433–576, hier S. 466.

weit zurückreichender kultureller Überlieferung beizulegen. Nur vergleichsweise selten hat er die Stoffe der literarischen und kirchlichen Tradition zum eigentlichen Gegenstand eigenständiger Dichtungen gemacht.

So zählt Weber trotz einer gewissen Kenntnis späthumanistischen Bildungsguts wesentlich deutlicher als Hans Sachs zu einer genuin nichtakademischen Dichtungspraxis, wie sie im kleinbürgerlich-handwerkerlichen Milieu seiner Heimatstadt noch lange Zeit über ein dankbares und durchaus zahlungsbereites Publikum verfügte. Als nichtakademisch ist sie nicht nur deshalb zu kennzeichnen, weil sie einem anderen Bildungs- und Erfahrungshorizont entstammte als die humanistische Poesie, die sich in „imitatio" und „aemulatio" an ihren antiken Vorbildern abarbeitete und sich – neben der Behandlung religiöser Stoffe – vornehmlich an der Vorstellungswelt des klassischen Altertums orientierte. Die mit hohem Anspruch auftretende Bildungspoesie der Zeit, wie sie an den Lateinschulen und Universitäten gelehrt wurde, wandte sich fast durchwegs an ein ebenso gebildetes Publikum, das die metrischen Feinheiten, die sprachkünstlerische Artistik, eine mehr oder minder erlesene Bildlichkeit und Metaphorik, eine raffinierte Strukturierung und genau kalkulierte Informationsvergabe zu goutieren verstand; die geschilderte Handlung diente nicht lediglich der Unterhaltung, sondern wies über sich selbst hinaus, vermittelte moralische oder religiöse Lehrinhalte, die oft nicht explizit wurden, sondern erst erschlossen werden mußten. Dagegen beschäftigte sich die bildungsferne Literatur meist sehr viel mehr mit der konkreten Lebenswirklichkeit ihrer Schöpfer und Rezipienten. Weniger die Darstellung komplexer Handlungszusammenhänge als die Beschreibung von Ereignissen und Sachverhalten stand hier im Mittelpunkt; auf den Einsatz spannungserzeugender Elemente oder unerwarteter Pointen wurde deshalb weitgehend verzichtet. Statt kunstvoller Konstruktionsschemata bevorzugten die Autoren zudem oft eher eine einfache Reihung von Motiven und Handlungselementen, die gleichsam additiv aneinandergefügt wurden. Auch wurden die Aussagen des Textes nicht etwa verschlüsselt und verrätselt und damit der Deutungsfähigkeit des Lesers überlassen; dem wenig belesenen und in den Auslegungsverfahren minder bewanderten Zielpublikum kam es vielmehr entgegen, sie explizit und damit eindeutig zu machen. Ganz offen formulierten literarische Texte dieser Art ihre ‚Moral' gleich selbst und hofften damit ihre Leser unmittelbarer und unmißverständlicher zu erreichen.

Nichtakademisch war die Dichtung Webers aber auch deswegen, weil sie sich – von ganz vereinzelten Versuchen abgesehen – nicht auf die Neuerungen einließ, die in der Bildungspoesie spätestens seit der Opitzianischen Versreform weiteste Verbreitung erfahren hatten. Das „Buch von der Deutschen Poeterey" (1624)[19] hatte den gelehrten Dichtern nicht nur eine selbstbewußte Konzeption von Amt und Würde des Poetentums insbesondere im höfischen Kontext vermittelt, sondern ihnen auch knappe und faßbare Regeln zur Gestaltung dichterischer Sprache zur Verfügung gestellt. Mit dem Insistieren auf hochdeutscher ‚Sprachreinheit', der Orientierung am natürlichen Satzbau, der Forderung nach reinen Reimen und einem rigoros alternierenden Rhythmus, nach einer Übereinstimmung von Versbetonung und natürlicher Wortbetonung, mit seiner Propagierung des Alexandriners und raffinierter strophisch strukturierter Gedichtformen entfaltete Opitz in den akademischen Kreisen eine rasche und

---

[19] Martin Opitz, Buch von der Deutschen Poeterey (1624), hg. von Cornelius Sommer, Stuttgart 1983 u. ö.

nachhaltige Wirkung. Schließlich waren es letztendlich die Regeln der antiken und späthumanistischen Dichtungstheorie, die hier auch auf die muttersprachliche Poesie übertragen wurden. Sie sollten der deutschen Literatur Anschluß verschaffen an die Dichtung der romanischen Länder, die als wesentlich fortgeschrittener galt.

Die kleinbürgerlichen Autoren wie Weber oder diejenigen, die gezielt ein nichtintellektuelles Publikum ansprechen wollten,[20] hielten dagegen ganz überwiegend an den metrischen Traditionen fest, wie sie in der Spruchpoesie seit dem Spätmittelalter gepflegt worden waren. Sie konzentrierten sich nach wie vor im wesentlichen auf den durch langen Gebrauch nobilitierten vierhebigen und paargereimten Sprechvers, der es mit der Reinheit der Reime und der Kongruenz von Wort- und Versbetonung nicht immer ganz genau nahm; sie streuten ohne Bedenken Füllwörter und Formeln ein oder verwendeten Elisionen, wenn es das Reimwort oder der Rhythmus erforderlich machten; sie scheuten sich auch nicht, mundartliche Wendungen zu verwenden, die dem im protestantischen Kulturbereich mittlerweile kanonisierten ‚Lutherdeutsch' fremd waren. Manches davon war sicher der Mündlichkeit des Vortrags geschuldet, bei dem bestimmte Regelverstöße besser kaschiert werden konnten als bei der Lektüre eines geschriebenen Texts; anderes aber verdankte sich auch der Ausrichtung auf ein meist wenig gebildetes Publikum, bei dem manierierte Dichtersprache weniger ankam als Verständlichkeit der Rede und die Bezogenheit auf die eigenen Sprechgewohnheiten und Erfahrungen. Formulatorische Artifizialität war durch die Reimbindung hinreichend nachgewiesen; allzu auffällige Formexperimente mochten in diesem Rezeptionshorizont dagegen eher von den Inhalten ablenken, denen das primäre Interesse von Dichter und Adressaten galt.

III. Die Spruchdichtung

Trotz dieser scheinbaren ‚Kunstlosigkeit' der nichtakademischen Poesie des 17. Jahrhunderts, die von den selbstbewußten Bildungsdichtern denn auch hinlänglich als primitive ‚Reimeleimerei' verunglimpft wurde, weist Webers Kirchweihgedicht doch eine relativ stringente Architektur auf, die zudem interessante Einblicke in die Arbeitsweise eines bildungsfernen Autors der Zeit erlaubt. Thema sind – zumindest dem Titel nach – die Kirchweihfeierlichkeiten, die am 26. September 1641 in einem rund sieben Kilometer nördlich der Nürnberger Stadtmauern gelegenen Dorf veranstaltet wurden. Der Patrizier Johann Wilhelm Kreß von Kressenstein (1589–1658),[21] der nach dem Tod seines Oheims Wilhelm Kreß (1560–1640) die Administration der Kressischen Familienvorschickung und damit die Herrschaft über Kraftshof übernommen hatte,[22] führte sich auf volkstümliche Weise bei seinen neuen Untertanen ein, indem er mit seiner Familie nicht nur persönlich an der kirchlichen Veranstaltung teilnahm, sondern auf generöse Weise auch das nachmittägliche Preisschießen durch die

---

[20] Das belegt auch das Vorherrschen vierhebiger Reimpaarverse auf den verbreiteten Flugblättern, die eine Illustration mit einem versifizierten Beitext versahen.

[21] Johann Gottfried Biedermann, Geschlechtsregister des Hochadelichen Patriciats zu Nürnberg […], Bayreuth 1748 (Reprogr. Ndr. Neustadt/A. 1982), Taf. CCXCV; Karl Friedrich von Frank zu Döfering, Die Kressen. Eine Familiengeschichte, Senftenegg 1936, Sp. 453–486.

[22] Frank, Kressen (wie Anm. 21), Sp. 1391.

Aussetzung von Siegesprämien unterstützte. Zugleich ließ er – gleich in mehreren Exemplaren – das „Krafthöfische Schießbuch" anlegen, in dem über viele Jahre hinweg die Gewinner der Ausscheidungen namentlich festgehalten wurden.[23]

Allerdings setzt das Webersche Gedicht nicht etwa bei der Beschreibung der Belustigungen selbst ein, sondern wählt eine Eingangssituation, die eine Annäherung an den Gegenstand erlaubt: nach einer genauen Datierung des zu schildernden Vorgangs (A 1–6),[24] die in diesem Fall sogar eine relativ genaue Zeitangabe enthält (,kurz vor Sonnenaufgang'), berichtet der Ich-Sprecher vom Verlassen seines Hauses und einem Spaziergang vor dem Stadttor. Dieser in der städtischen Spruchdichtung nachgerade topische Eingang erlaubt es dem Erzähler, mit anderen Leuten ins Gespräch zu kommen, die ihm Neuigkeiten verschiedener Art mitteilen (A 12). Erst diese Informationen veranlassen den Ich-Sprecher, sich den kenntnisreichen Gesprächspartnern anzuschließen (A 20) und schließlich zum Schauplatz des eigentlichen Geschehens zu gelangen. Daß diese Exposition entgegen dem ersten Eindruck nur scheinbar autobiographisch ist, belegt der Umstand, daß eine solche Situationierung in erzählenden Texten dieser Art geradezu topisch ist. Weber hat sie – ganz in Anlehnung an entsprechende Schöpfungen des Hans Sachs und anderer, anonymer Spruchdichter – nahezu regelmäßig verwendet, erlaubt sie doch einen Einbezug des personalen Sprechers in die Ereignisse. Funktional war sie darauf ausgerichtet, die (fingierte) Teilnahme des Berichterstatters am Ereignis zu begründen und zugleich Vorabinformationen über das angesteuerte Ziel zu geben. Zugleich wurde an dieser Stelle bereits in die ebenso gängige dialogische Struktur der Informationsvergabe eingeführt: der Sprecher erlebt Vergnügen und Zerstreuung nämlich nicht nur innerhalb einer Menschengruppe und berichtet unmittelbar davon, sondern er wird selbst von einem personalen Gegenüber belehrt, das ihm Anregungen und neues Wissen vermittelt. Dieses gibt der Sprecher dann an sein Publikum weiter, so daß er in breiten Passagen seines Textes nicht als souverän über den Dingen stehender Berichterstatter, sondern eher als Vermittler fremden Wissens auftritt, der am Ende nur die Leistung des gestaltenden ‚Übersetzens' in eine poetische Form für sich in Anspruch nimmt.

Vor diesem Hintergrund sind die ausführlichen Passagen des Kirchweihgedichts, in denen der Sprecher eigene Beobachtungen und Eindrücke schildert, für Weber insgesamt eher ungewöhnlich. Breiten Raum nimmt hier die Beschreibung der Wegstrecke ein, die der Berichterstatter zwischen dem Tiergärtnertor als dem nördlichen Ausgang der Stadt und seinem Zielort zurücklegt (A 21–53). Er macht nicht nur genaue Ortsangaben (Kleinreuth hinter der Veste, Almoshof, Kraftshof) und erwähnt markante topographische Marken und Gebäude, die seine Route exakt nachvollziehen lassen (die Begrenzungshecken an den landwirtschaftlichen Parzellen, das durch Kleinreuth fließende Bächlein, die noch heute erhaltene Praunsche Marter jenseits von Almoshof, Schloß Almoshof, ein Vogelherd im Kirchenwald zwischen Almoshof und Kraftshof); zugleich bemüht er sich, dem Leser wechselnde Gemütsbewegungen angesichts der beobachteten Stätten zu vermitteln: die Wanderschaft mit den Zufallsbekanntschaften

---

[23] Erhaltene Exemplare etwa Germanisches Nationalmuseum Nürnberg (künftig: GNM), Archiv: Kreß-Archiv, Abt. f, Reihe D, Nr. 19 a (Eintragungen 1641–1668) und Stadtarchiv Nürnberg (künftig: StadtAN) E6/688 Nr. 240 (Eintragungen 1641–1701). Vgl. weiter Frank, Kressen (wie Anm. 21), Sp. 1405 f.

[24] Die Angaben verweisen auf die Textanhänge A bzw. B und die jeweilige Versnummer.

und der Gesang der Vögel erwecken Fröhlichkeit und ‚Lust' (A 21–26), hingegen wird die Beobachtung der tätigen und geschäftstüchtigen Bäuerinnen sogleich mit einem Verweis auf die Zerstörungen kontrastiert, die sofort „des kriegs elend" ins Gedächtnis rufen (A 33);[25] anhand der Reliefs auf der steinernen Martersäule[26] wird der Betrachter an die Passion Christi erinnert und damit auf die Transzendenz verwiesen, und das ausgebrannte Praunsche Schlößchen erweckt schließlich sogar „grausung" (A 42), ehe sich bei Betrachtung des geschäftigen Vogelherdes beim Sprecher erneut Freude einstellt. Die einzelnen Stationen des Weges stehen erkennbar nicht für sich selbst, sondern dienen dazu, Gesehenes ‚bedeutsam' zu machen, evozieren sie doch eine Vielzahl von Affektzuständen und Gedanken, die letztendlich von der Wahrnehmung einer heilen, erfreulichen, gottgegebenen Natur zur Einsicht in die Leiden der kriegerischen Zeitläufte und den gleichen Weg wieder zurück zur Freude an Natur und menschlicher Tätigkeit führen. Daß das Zentrum dieses in fünf Stationen vollzogenen Erkenntnisgangs ausgerechnet die Betrachtung eines Gebetsmahnmals darstellt, ist kein Zufall und zeigt die genau kalkulierte Konstruktion bereits dieser einleitenden Passage.

Auch die Ankunft in Kraftshof wird dementsprechend zunächst ganz auf die religiöse Sphäre hin ausgerichtet. Es sind die Kirchenglocken, die den Wanderer empfangen und zum Gottesdienst rufen (A 54). Ehe er sich dort aber belehren läßt, schließt der Sprecher eine Besichtigung der St. Georgs-Kirche an, die ihn von außen in den Innenraum mit seinen Altären, dem wappengeschmückten Inventar und den Grabskulpturen führt (A 55–87). Bei der bewundernden Kenntnisnahme der Kunstdenkmäler, die mit preisenden Epitheta ausgezeichnet werden (‚fein', ‚herrlich', ‚schön', ‚rein'), vollzieht der Betrachter eine chronologische Reihe nach: die Inschrift auf der Stirnseite der Vorhalle[27] verweist auf den angeblichen Stifter Friedrich Kreß († 1340)[28] und die Konsekration des Gotteshauses durch den Bamberger Bischof im Jahr 1315; das Grabdenkmal des Christoph Kreß (1484–1535)[29] an der südlichen Stirnwand des Kirchenschiffes und das von dem Bamberger Bildhauer Hans Werner (um 1560–1623) geschaffene, reich ornamentierte Monument des Hieronymus Kreß

---

[25] Daß der Weg nicht ganz ungefährlich war, belegt der Umstand, daß noch wenige Tage zuvor, am 20. bis 22.9.1641, das Regiment Löwenstein durch die Gegend marschiert war und in Fürth und Zirndorf ‚viel Mutwillen' verübt hatte (Staatsarchiv Nürnberg Rep. 12/2 Nr. 219, fol. 257^r).

[26] Der spätgotische Sandsteinpfeiler, der im 16. Jahrhundert von der Patrizierfamilie Praun gestiftet wurde, zeigt Reliefs der Kreuzigung und der Grablegung Christi. Vgl. Günther P. Fehring / Anton Ress, Die Stadt Nürnberg (Bayerische Kunstdenkmale), München ²1982, S. 270; Elke Masa, Freiplastiken in Nürnberg. Plastik, Denkmale und Brunnen im öffentlichen Raum der Stadt, Neustadt/A. o.J. [1994], Nr. 485.

[27] Daß diese Inschrift erst 1590 datiert ist (Fehring / Ress, Nürnberg (wie Anm. 26), S. 369), wird bezeichnenderweise nicht erwähnt, um die Chronologie nicht zu stören.

[28] Biedermann, Geschlechtsregister (wie Anm. 21), Taf. CCLXX. – Kritischer Gerhard Hirschmann, Kraftshof. Ein nürnbergisches Dorf mit Herrensitz und Wehrkirche (Altnürnberger Landschaft, 19. Jg., Sonderheft 1970), Nürnberg 1970, S. 2; eingehend zur Kirche auch Frank, Kressen (wie Anm. 21), Sp. 1427–1462.

[29] Biedermann, Geschlechtsregister (wie Anm. 21), Taf. CCLXXI; Frank, Kressen (wie Anm. 21), Sp. 263–303; Hirschmann, Kraftshof (wie Anm. 28), S. 8. – Zum Grabdenkmal Fehring / Ress, Nürnberg (wie Anm. 26), S. 371 f.

(1546–1596)[30] an der nördlichen Stirnwand sind die beiden optisch dominierenden Kunstwerke des Raums. Sie stellen zwei besonders prominente Mitglieder der Familie vor, die sich vor allem in kriegerischer Hinsicht hervorgetan hatten. Auffälligerweise übergeht der Berichterstatter allerdings die weiter oben hängenden zahlreichen Totenschilde der Familie ebenso mit Schweigen wie das Bronzeepitaph eines Geistlichen aus dem 16. Jahrhundert, den Hochaltar und die seitlich angeordneten Altäre, die biblischen Fresken und die 1615 gestiftete Kanzel[31] oder die pittoreske Wehrkirchenanlage an sich. Bei seiner Beschreibung steht nicht etwa der geistliche Aussagewert der Kunstwerke im Mittelpunkt, wie man das in einer Kirche eigentlich erwarten würde. Ganz offensichtlich dient die Beschreibung markanter Monumente nicht der Imagination der Kirche und ihres gottesdienstbezogenen Inventars. Vielmehr stellt Weber gezielt Bezüge zur Familie Kreß von Kressenstein her, die in dem von ihr gestifteten Gotteshaus ihr Erbbegräbnis unterhält.

Eine geschlossene Sequenz (A 88–99) bildet weiter die kurze Schilderung des nun beginnenden Gottesdienstes. Das Augenmerk gilt hier einmal der ‚geistreichen' Predigt, die der Kraftshofer Pfarrer Peter Limburger (1601–1664)[32] über die Heilung der zehn Aussätzigen (Lk 17,11–19) gehalten hatte, nicht minder aber der Forderung, die Kirchweihfeierlichkeiten „Christlicherweiß" zu begehen. Die offensichtlich ebenso topische wie vorausschauende Mahnung des Geistlichen, die sich auf die bevorstehenden populären Lustbarkeiten bezieht, wird vom Berichterstatter allerdings nicht weiter kommentiert oder auf die folgenden Ereignisse bezogen.

Mit der kurzen Darstellung der geistlichen Feier ist für den Sprecher der eigentlich religiöse Teil des Festtages abgehandelt. Er wendet sich nun den weltlichen Vergnügungen zu, die für die Grundherrenfamilie zunächst mit der Einkehr auf ihrem Herrensitz[33] beginnt. Das ist für den selbstbewußten Erzähler eine gute Gelegenheit, sich auch einmal vor höhergestelltem Publikum zu präsentieren. Er bittet das Familienoberhaupt um die Erlaubnis, das Schloß besichtigen und seine Spruchkünste dort vor-

---

[30] Biedermann, Geschlechtsregister (wie Anm. 21), Taf. CCXCIV; Frank, Kressen (wie Anm. 21), Sp. 363–388; Hirschmann, Kraftshof (wie Anm. 28), S. 8. – Zum Grabdenkmal Fehring / Ress, Nürnberg (wie Anm. 26), S. 370.

[31] Eine zeitgenössische Innenansicht bietet die Schnittzeichnung durch das Kirchenschiff von Hans Bien aus dem Jahr 1630. Vgl. Peter Fleischmann, Der Nürnberger Zeichner, Baumeister und Kartograph Hans Bien (1591–1632). Eine Ausstellung des Staatsarchivs Nürnberg zum 400. Geburtstag des Künstlers (Ausstellungskataloge der Staatlichen Archive Bayerns 30), München 1991, S. 149–151. – Weitere Innenansichten aus dem 17. Jahrhundert bei Frank, Kressen (wie Anm. 21), Sp. 1455–1484.

[32] Limburger war seit 1636 Pfarrer in Kraftshof. – Vgl. Georg Andreas Will, Nürnbergisches Gelehrten-Lexicon oder Beschreibung aller Nürnbergischen Gelehrten beyderley Geschlechtes nach Ihrem Leben/ Verdiensten und Schriften […]. Fortgesetzt von Christian Konrad Nopitsch. 8 Bde., Nürnberg-Altdorf 1755–1758 bzw. 1802–1808, hier Bd. II, 1756, S. 441 f.; ebd. Bd. VI, 1805, S. 304; Matthias Simon, Nürnbergisches Pfarrerbuch. Die evangelisch-lutherische Geistlichkeit der Reichsstadt Nürnberg und ihres Gebietes 1524–1806 (Einzelarbeiten aus der Kirchengeschichte Bayerns 41), Nürnberg 1965, Nr. 757.

[33] Das repräsentative Schlößchen der Familie Kreß, 1460 errichtet, war im August 1634 während der Kriegshandlungen vor der Stadt von kaiserlichen Truppen niedergebrannt worden. Da ein neues Herrenhaus erst 1712/13 erbaut wurde, wird es sich beim genannten „Schloß" um den schon 1449 im Ersten Markgrafenkrieg zerstörten Burgstall gehandelt haben, der mit einem einfachen Überbau als Sommerhaus genutzt wurde; oder es ist das bescheidene „Fischerhaus" gemeint, ein Nebengebäude des eigentlichen Schlosses, das bis zum Neuaufbau als Wohnstätte diente (Frank, Kressen (wie Anm. 21), Sp. 1403; Fleischmann, Bien (wie Anm. 31), S. 152).

führen zu dürfen. Daß ihm dies nicht nur vergönnt, sondern er darüber hinaus auch noch großzügig bewirtet wird, macht die Jovialität und Volksnähe der Familie deutlich, der sich Weber mit seiner poetischen Schöpfung anzudienen versucht. So wie dem persönlichen und als äußerst erfolgreich bewerteten Besuch die Beschreibung der Kressischen Begräbniskirche mit ihren Monumenten vorausgegangen war, so folgt ihm nun eine Stippvisite in dem nur rund 500 m entfernten Dorf Neunhof (A 123–130), wo das Geschlecht einen weiteren, in den 1630er Jahren ausgebauten Herrensitz besaß.[34] Das Bauprinzip der Rahmung, in den die wichtigeren Episoden des Spruchgedichts eingebettet sind, wird uns in der Folge noch häufiger begegnen.

Mit der Rückkehr nach Kraftshof wendet sich der Blick nun aber endgültig dem Festtrubel zu. Der Sprecher berichtet kurz von den aufgestellten Krambuden, der fröhlichen und opulenten Mahlzeit, zu der Musikanten aufspielen[35] und Gaukler[36] ihre Kunststücke zeigen (A 131–142). Dann wendet sich sein Interesse allerdings dem Ereignis zu, das für ihn offensichtlich den Höhepunkt des Tages bildet: dem Schützenwettbewerb auf einem Gelände östlich der Wehrkirchenanlage.[37] Das Kraftshofer Kirchweihschießen, das urkundlich erstmals 1532 erwähnt ist,[38] fand auf einem der wenigen vom Rat geduldeten Schießplätze im Umfeld der Stadt statt. Es wurde nicht nur von den Ortsansässigen besucht, sondern mehr noch von aus der Stadt herauskommenden Schützen (A 150f.), die hier eine passende Einrichtung vorfanden. Die Schießveranstaltungen, die nicht zuletzt der paramilitärischen Ausbildung der reichsstädtischen Bürgerwehr dienten und deshalb vom Rat gefördert und beaufsichtigt wurden, fanden unter der Regie des Schützenmeisters von St. Johannis statt, wo sich schon seit der ersten Hälfte des 15. Jahrhunderts eine Schießstätte befand.[39] Hier in Kraftshof war es freilich die Aufgabe der Grundherrschaft, die traditionellen Preise auszuloben. Entsprechend erscheint dem Berichterstatter an diesem Ereignis nicht nur der rege Zustrom der Zuschauer bemerkenswert, sondern auch die Art der Prämien, die sich die Gewinner verdienen konnten. Namentlich genannt wird nicht nur der Gewinner des Wettbewerbs;[40] auch die drei Schützenmeister und der Schreiber und da-

---

[34] Schloß Neunhof war Allodialbesitz der Familie der mit Johann Wilhelm Kreß verheirateten Susanna Koler und ging 1629 als Familienvorschickung in den Besitz der Kreß über; es blieb während der Kriegshandlungen von 1634 unversehrt und wurde in den Folgejahren zusätzlich befestigt und ausgebaut; vgl. Frank, Kressen (wie Anm. 21), Sp. 463, 1391, 1489f.; Fleischmann, Bien (wie Anm. 31), S. 154f.; Horst-Dieter Beyerstedt, Neunhof. Geschichte eines Dorfes im Knoblauchsland (Schriftenreihe der Altnürnberger Landschaft 43), Simmelsdorf 1996, S. 54–64.

[35] Vgl. Kramer, Kirchweih (wie Anm. 3), S. 109f.

[36] Zu den auf den Kirchweihen auftretenden Gauklern, Glücksspielern und Artisten vgl. Kramer, Kirchweih (wie Anm. 3), S. 112; Kramer, Volksleben Bamberg (wie Anm. 3), S. 118–120.

[37] Die Ansicht eines Schießens in der Wolfsgrube 1641 zeigt ein Stich bei Frank, Kressen (wie Anm. 21), Sp. 1403f.

[38] Gustav Bub, Geschichte des Feuerschützenwesens zu Nürnberg, in: Festschrift zur Feier des fünfhundertjährigen Bestehens der Hauptschützengesellschaft Nürnberg 1429–1929, Nürnberg 1929, S. 11–143, hier S. 89.

[39] Bernd Windsheimer / Martin Schieber, Der Schießplatz in St. Johannis. Büchsenschützen und Friedensfeuerwerk, in: Bernd Windsheimer / Martin Schieber / Alexander Schmidt, St. Johannis. Geschichte eines Stadtteils (Nürnberger Stadtteilbücher 7), Nürnberg 2000, S. 64–69

[40] Christoph Herold/Höroldt (1594–1666), seit 1624 Rotschmiedemeister, hatte sich auf das Zapfenmachen spezialisiert und übte spätestens 1624 das Amt eines Kalkmessers aus. Zwischen 1632 und 1646 war er als Höckelpfragner (Lebensmittelhändler) und Lichtmacher tätig. Bei der Schützengesellschaft wurde er als Cor-

mit die Honoratioren der Johannisser Gesellschaft werden samt ihren Professionen ausdrücklich aufgeführt.

Eben dieser Schreiber, der Rotschmied Lienhard Ernst, ist es denn auch, den der Berichterstatter anspricht, um nähere Informationen über das Schießen zu bekommen (A 173–176). Wie schon in der Eingangspassage zieht der Sprecher auch hier wieder einen Wissenden hinzu, der dem Besucher Unbekanntes erklärt und nahebringt. Anders als dort geschieht dies hier jedoch in ausgebreiteter Form, so daß die umfangreiche Sequenz (A 177–277 beziehungsweise – mit den zugehörigen Eingangs- und Schlußpassagen – A 173–280) aus dem Munde des Kundigen fast wie ein Fremdkörper innerhalb des Gesamtgedichts wirkt.[41] Tatsächlich folgt Weber im Aufbau der eingeschobenen Passage dem Schema des Lobspruchs, wie er es in vielen anderen seiner Texte für einzelne Handwerke umgesetzt hat. So wie er sich dort in den Dienst der handwerkerlichen Selbstrepräsentation stellt,[42] so wendet er das bewährte Darstellungsschema hier auf die Schützen an, die in mehrfacher Hinsicht „zupreissen" seien (A 177).

Es ist eine interessante Beobachtung, daß Weber sein ‚Lob der Schützen' wenige Jahre später praktisch unverändert in ein anderes Gedicht übernehmen konnte, das die neuerrichtete Schlaguhr auf dem Johannisser Schießhaus dichterisch pries.[43] So bildet das vorliegende Gedicht nicht nur den frühesten Beleg für Webers enge Kontakte zu den Nürnberger Wehrsportlern, für die er auch anderweitig tätig geworden ist,[44] sondern es kennzeichnet zugleich auch sein ausgesprochen speditives Arbeitsverfahren: im Bemühen, die Erwartungen seiner verschiedenen Auftraggeber und Adressaten mit begrenztem Aufwand erfüllen zu können, bediente er sich gezielt bereits ausgearbeiteter Passagen, die er an passender Stelle in einen neuen Kontext einfügte. Dieses Verfahren der Wiederverwendung und Neukombination thematischer Sequenzen wird gerade dann deutlich, wenn man den Aufbau seiner poetischen Arbeiten einer Strukturanalyse unterzieht und die mitunter nur oberflächlich gekitteten ‚Fugen' zwischen den einzelnen Bauelementen als Folge seiner Arbeitsweise erkennt.

Zum Schema des handwerkerlichen Lobspruchs, das Weber an dieser Stelle für die Schützen fruchtbar macht, gehört zunächst die Zurückführung des Standes auf zeitlich möglichst frühe Ursprünge, ja womöglich auf die Begründung durch Gott selbst. Natürlich ist es die Bibel, die hierfür die autoritativsten Belege zur Verfügung stellt. Im

poral geführt und war 1638 außerdem Schützenmeister am Schießplatz bei St. Johannis; vgl. Bub, Feuerschützenwesen (wie Anm. 38), S. 21; Stahl, Meistersinger (wie Anm. 16), S. 195 f. Sein Rang als Schützenkönig des Jahres 1641 wird auch erwähnt im Kraftshofer Schießbuch (StadtAN E 6/688 Nr. 240, sub 26.9.1641).

[41] Die Überlieferung des Spruchgedichts in einer Dokumentensammlung zu Schloß, Kirche und Dorf Kraftshof, die mit zahlreichen Abbreviaturen und Marginalien von Johann Wilhelm Kreß von Kressenstein selbst niedergeschrieben wurde (GNM, Archiv: Kreß-Archiv, Abt. f, Reihe A, Nr. 11 c, fol. 632^v–635^v), verzichtete z.B. auf diese Passage (V. 173–280).

[42] Zur Konstruktion derartiger Traditionsbildungen vgl. Patrick Schmidt, Zünftische Erinnerungskulturen und städtische Öffentlichkeit. Die Repräsentation des korporativen Gruppengedächtnisses im Medium des Festes, in: Ulrich Rosseaux / Wolfgang Flügel / Veit Damm (ed.), Zeitrhythmen und performative Akte in der städtischen Erinnerungs- und Repräsentationskultur zwischen Früher Neuzeit und Gegenwart, Dresden 2005, S. 69–92.

[43] StadtAN E 6/688 Nr. 39, fol. 2^r–11^r (datierbar Ende 1643, Abschrift von 1644); der strukturnotwendig erforderliche Kundige wird dort vom Berichterstatter ohne Namensnennung als ‚ein guter Freund' bezeichnet.

[44] 1647 hat er in weiteren Sprüchen die Porträtgalerie im Johannisser Schießhaus (Stadtbibliothek Nürnberg Nor. H. 687. 2°, fol. 1^r–5^r) und den Herrenschießgraben (ebd., fol. 5^r–10^r) bedichtet.

vorliegenden Gedicht fungiert Lamech, der Nachfahre Kains, der seinen Feinden schreckliche Vergeltung androhte und mit bereits verübter Blutrache prahlte (1 Mo 4,23 f.), als „der erste Schüz" (A 179). In chronologischer Reihung werden dann – zum Teil nur durch Namensnennung, zum Teil mit kurzen Erläuterungen – weitere biblische Personen aufgeführt, die im Alten Testament als Schützen oder Jäger Erwähnung finden.[45] Zweitwichtigste Quelle für die Traditionsbildung des gerühmten Standes ist dann die antike Überlieferung, für die in diesem Falle ohne weitere Unterscheidung sowohl historiographische (Livius) wie fiktional-literarische Quellen (Homer, Vergil, Ovid) herangezogen werden. Beleg für die – gegenüber der Bibel – in diesem Bereich sehr viel ungenauere Quellenkenntnis Webers ist der Umstand, daß er die Ereignisse des Trojanischen Krieges hier augenscheinlich mit der Livianischen Erzählung des Galliersturms auf Rom kompiliert (A 213 f.) und später statt Troja fälschlicherweise Trier als Schauplatz anführt (A 227).[46] Eingemengt wird zudem – chronologisch unpassend und sachlich ungenau[47] – ein kurzer Bericht von der Belagerung Isfahans durch Timur Lenk (1336–1405).

Können die Bogen- und Armbrustschützen des Altertums und des Mittelalters zwar als ‚Vorfahren' der zeitgenössischen Büchsenschützen gelten, so ist die Feuerschießkunst deutlich jünger. Unter ausführlichem Bezug auf Sebastian Münsters „Cosmographey" (erstmals 1550) schildert der Gewährsmann die Erfindung des Schwarzpulvers durch Bertold Schwarz[48] und die folgende Entwicklung der Feuerwaffen. Relativ kurz gegenüber der breiten Abhandlung der Tradition fällt dagegen der Abschnitt über Nutzen und Rang der Schießkunst aus – ein Aspekt, dem in den Handwerkssprüchen aus begreiflichen Gründen sehr viel mehr Aufmerksamkeit zukommt. Relativ abstrakt bleibt der Verweis darauf, daß die Schießkunst nicht zu verachten sei, wenn sie zu Gottes Ehre ausgeübt werde (A 234 f.), konkreter wird immerhin die Bemerkung, daß die Schützen im Krieg immer an vorderster Front stünden (A 265–269). Aber immerhin werde das Schießen seit langem auch als Belustigung betrieben, und auch die sozialen Führungsschichten hätten die Vorteile der Feuerwaffen mittlerweile erkannt (A 270–275). Topischer Ausgang der Passage ist der Dank des nun umfassend informierten Sprechers an seinen Gewährsmann und sein Abschied von diesem.

Aufgrund seiner Position und seines Umfangs nimmt das eingefügte Lob der Schützen eine zentrale Stellung innerhalb des Gesamtgedichts ein. Die folgenden Ausführungen fungieren mehr oder minder als rahmende Erzählungen um diesen Nucleus und zeigen im übrigen thematisch den symmetrischen Aufbau des Reimspruches. Der zuvor gebotenen kurzen Schilderung leiblicher Genüsse und kostenpflichtiger Unterhaltungen entspricht jetzt eine weitere Passage über das Kirchweihtreiben,

---

[45] Ismael (1 Mo 21,9–21), Esau (1 Mo 27,1–4), Jehu (2 Kö 9,24), Jonathan (1 Sm 19–20, 2 Sm 20,33), Asa (1 Kö 15,9–24, 2 Ch 14–16), Elisa (2 Kö 13,15–17).

[46] Dieser Fehler ist in allen Handschriften des Spruchs enthalten, die das Schützenlob überliefert haben.

[47] Tatsächlich wurde die Stadt von Tamerlan zweimal zerstört, wobei nur die Kirchen geschont wurden; vgl. Adam Olearius, Vermehrte Newe Beschreibung Der Muscowitischen vnd Persischen Reyse So durch gelegenheit einer Holsteinischen Gesandschafft an den Russischen Zaar vnd König in Persien geschehen […], 2. Ausg., Schleswig: Johann Holwein 1656. Reprogr. Ndr., hg. von Dieter Lohmeier (Deutsche Neudrucke, Reihe: Barock 21), Tübingen 1971, S. 553, 556.

[48] Sebastian Münster, Cosmographey oder beschreibung aller Länder/ Herrschafften/ fürnemmsten Stetten/ geschichten/ gebreüchen/ handtierungen/ etc. […], Basel 1572, S. dccvij (Buch III, Cap. cvc).

in dem zumindest kurz der Kirchweihtanz mit seinen ausgelassenen Freuden und der beachtliche Konsum an Essen und Alkoholika angesprochen werden (A 281–290). Ebenso wie am Anfang der morgendliche Fußweg in das Dorf beschrieben wurde, schildert der Sprecher nun seinen Rückweg in die Stadt, für den er eine etwas andere Route wählt (A 291–299). Der Selbstthematisierung des Verfassers in der einleitenden Darstellung der Ausgangssituation entspricht am Ende eine Passage, in der Weber seine Motivation für die Abfassung des Gedichts benennt. Sein Werk, das er am folgenden Tag „in reimen zusamm bracht" (A 305) habe, eignet er zum Dank für die freundliche Aufnahme (und sicher auch in Erwartung einer entsprechenden ‚Verehrung') dem jüngeren Sohn des Kraftshofer Schloßherrn, Christoph Hieronymus Kreß (1627–1696) zu.[49] Die Schlußformel, für die Weber in zahlreichen seiner Schöpfungen die aus der mittelalterlichen Spruchdichtung bekannte und auch von Hans Sachs gerne gebrauchte Teichnerformel benutzt, wird in diesem Fall noch mit einem zum Thema passenden Verweis darauf ergänzt, daß auch Jesus zur Kirchweih gegangen sei, der Besuch einer solche Festivität also seinerseits biblisch legitimiert sei.[50]

Deutlich wird, daß Weber sein Spruchgedicht mit einigem Sinn für ausgewogene Anordnung konstruiert und daß er dafür mehrere Sequenzen mit unterschiedlichen stofflichen Schwerpunkten und Aussageintentionen verwendet hat. Unter diesen Sequenzen nimmt die Kirchweihveranstaltung, die im (wohl vom Verfasser selbst stammenden) Titel an erster Stelle gestanden hatte, nur einen vergleichsweise randständigen Stellenwert ein. Sie fungiert letztendlich vor allem als Anlaß für die Wanderung des Sprechers von der Stadt aufs Dorf, für die Andienung an den bekanntermaßen sehr geschichtsinteressierten patrizischen Grundherrn[51] und für die Beschreibung des Schießens, dem der Berichterstatter besonders breiten Raum widmet. Nicht die verschiedenen, oft stark formalisierten Gebräuche der Kirchweih wie Musik, Tänze,[52] Spiele, Schlägereien oder Zerstörungslust[53] oder auch die Durchführung des Schie-

---

[49] Vgl. Biedermann, Geschlechtsregister (wie Anm. 21), Taf. CCXCV; Frank, Kressen (wie Anm. 21), Sp. 565–576.

[50] Allerdings läuft der Verweis in diesem Fall ins Leere. Die „Reinigung des Tempels" (Lk 19,45–48) exemplifiziert ja gerade die Ablehnung einer Vermischung von ‚Bethaus' und ‚Räuberhöhle', also von Gottesdienst und Kommerz bzw. Volksbelustigung. Indes besteht wohl ein indirekter Zusammenhang: nach volkstümlicher Überlieferung soll der Zöllner Zachäus – seine Geschichte berichtet Lk 19,2–10 – beim Heruntersteigen vom Maulbeerbaum in der Eile seine Hose verloren haben, die an der Rinde hängengeblieben sei; zur Erinnerung daran habe man später zur Kirchweih eine Kirchweihfahne aufgehängt. Vgl. etwa Johannes Agricola, Sibenhundert vnd funfftzig Deutscher Sprüchwörter/ ernewert/ vnd gebessert [...] Mit vielen schönen lustigen vnd nützlichen Historien vnd Exempeln erkleret vnd ausgelegt, Wittenberg: Hans Kraffts Erben 1582, Nr. 346, fol. 193^{r-v}; [Adelbert von Keller (Hg.)], Fastnachtspiele aus dem fünfzehnten Jahrhundert (Bibliothek des Litterarischen Vereins in Stuttgart 30), III. Stuttgart 1853, S. 1459, Nr. 91 (zur Weimarer Handschrift 42 Q, fol. 34^v: „Das kirchweihbanner komme her von Zachäus hosen"); weiter Grimm, Wörterbuch (wie Anm. 8), Bd. 11, Sp. 836.

[51] Kreß war ein „ausgesprochener Sinn für alles Geschichtliche" zueigen; er ist selbst als Verfasser historischer Schriften, Materialsammler und Annalist hervorgetreten (Frank, Kressen (wie Anm. 21), Sp. 466).

[52] Daß der Sieger des Schießens aufs Schloß gebeten und bewirtet wurde und mit der Beschließerin oder Köchin des Schlosses einen Vorreihen tanzen durfte (Frank, Kressen (wie Anm. 21), Sp. 1405 f.), erwähnt der am dörflichen Brauchtum offensichtlich nur mäßig interessierte Weber nicht.

[53] Vgl. Kramer, Kirchweih (wie Anm. 3), 108–113.

ßens[54] sind es, die seine Aufmerksamkeit erheischen,[55] sondern bestimmte Einzelereignisse, die sich in die Form eines Lobgedichts bringen lassen. Im Zentrum der Darstellung stehen deshalb die panegyrische Würdigung einer Person beziehungsweise einer Familie und die rühmende Auszeichnung einer Personengruppe, die durch gemeinsame Tätigkeit und Interessen gekennzeichnet ist. Weber, der bei den geneigten Empfängern – anders wohl als bei den Bauern – auf eine entsprechende Honorierung hoffen durfte, griff hier in gewohnter Weise auf Genres zurück, die ihm aus seiner dichterischen Produktion geläufig waren; das Kirchweih-Ambiente fungierte für ihn lediglich als Einkleidung, mittels derer sich die beiden zwar verwandten, aber nicht zwangsläufig zusammengehörigen Textsequenzen verbinden ließen.

Auffälligerweise verzichtete der städtische Spruchsprecher bei seiner Darstellung der dörflichen Vergnügungen auf den moral- und sittenkritischen Dünkel der bürgerlichen akademischen Intelligenz, der geradezu topisch mit zu den üblichen Kirchweihschilderungen gehört; nur am Rande erwähnte er etwa die ausgelassene Körperlichkeit der Knechte und Mägde (A 285 f.) und betonte sogar ausdrücklich, daß es sich bei den ungeniert Zechenden nicht nur um Bauern, sondern auch um trinkfreudige Besucher aus der Stadt gehandelt habe (A 288–291). Gleichwohl war sein literarischer Blick auf die Ereignisse ein ‚städtischer' und zudem sehr zielgerichtet interessierter. Allenfalls beiläufig nahm er die bäuerliche Festkultur unter dem Kuriositäts-Aspekt zur Kenntnis. Tatsächlich befaßte er sich überwiegend mit Phänomenen, die eigentlich nicht in die dörflich-bäuerliche Sphäre im engeren Sinne gehörten. Der Weg nach Kraftshof instrumentalisierte Wahrnehmungen topographischer und volkskundlicher Art im Sinne eines Anreizes zu weitergehenden Überlegungen über Freude und Trauer, Frieden und Krieg, Diesseitigkeit und Transzendenz. Der Besuch der St. Georgs-Kirche diente in erster Linie der Verherrlichung der Stifterfamilie, die hier ihre Monumente hinterlassen hatte und der mit dem Besuch auf dem Schloß eine weitere Reverenz erwiesen wurde. Das Schießen auf dem Wolfsfeld schließlich war eine Veranstaltung, die von städtischen Schützen einmal jährlich im dörflichen Umfeld veranstaltet wurde und der – das zeigt die Unterhaltung mit dem informierten Gesprächspartner – ein ausgesprochen prominenter Traditionshintergrund beigelegt wurde. Bauern tauchten in Webers Spruch allenfalls als Statisten auf; die Kirchweih war ein Ereignis, das nicht zuletzt den Städtern und ihren sonntäglichen Unterhaltungsbedürfnissen gerecht wurde. Schon allein aus diesem Grund mochte es in der literarischen Verarbeitung des herausgewanderten Kleinbürgers keine allzu exzessiven Formen annehmen.

IV. Die Bearbeitung

Noch im gleichen Jahr 1641 wurde eine Flugschrift publiziert, die – ohne Verfassernennung – die gleiche Thematik wie das Gedicht Webers behandelte. Auch wenn

---

[54] „Leider befaßt sich das Gedicht weniger mit der Schilderung der Vorgänge selbst, als vielmehr mit umständlichen Betrachtungen über die Geschichte des Schießwesens überhaupt, belegt mit zahllosen Beispielen aus der Bibel, der Klassischen Mythologie und der Weltgeschichte" (Frank, Kressen (wie Anm. 21), Sp. 465).

[55] Dies etwa im Unterschied zu den schwankartigen Beschreibungen diverser Bauernkirchweihen von Hans Sachs (siehe oben Anm. 9).

der Bearbeiter namentlich nicht bekannt ist, ist es doch wahrscheinlich, daß er auf Veranlassung des Kraftshofer Grundherrn Johann Wilhelm Kreß tätig geworden ist, wenn der gebildete Patrizier nicht überhaupt selbst der Verfasser gewesen ist. Schließlich fügte sich die dichterische Verherrlichung der Ereignisse gut in seine Bemühungen ein, die Übernahme seiner Besitzung zu dokumentieren und dabei auch seine volkstümliche Zuwendung zu den neuen Untertanen öffentlich zu machen. Dieser Absicht ist es wohl auch zuzuschreiben, daß der kleine Druck mit einer Reihe gestochener Porträts und Veduten versehen war, die erwähnte Personen aus der Familie Kreß sowie deren Besitzungen Kraftshof und Neunhof auch im Bild präsentierten und nur aus dem Fundus des Besitzergeschlechts stammen konnten. Karl Friedrich von Frank hat die Schrift ohne weitere Begründung Wilhelm Weber selbst zugewiesen,[56] was angesichts der gewandten Sprache und der Vertrautheit mit dem Regeln der ‚Kunstpoesie' sehr unwahrscheinlich ist. Sollte Johann Wilhelm Kreß sich nicht selbst an der Bearbeitung versucht haben, so kommt als Verfasser möglicherweise auch Peter Limburger (1601–1664) in Frage,[57] der seit 1636 als Pfarrer in Kraftshof amtierte. Er war nach Ausweis der dokumentarischen Überlieferung bei der Gotteshausrechnung nach der Kirchweihpredigt auf dem Schloß zugegen und damit unmittelbarer Zeuge des Weberschen Vortrags.[58] Mit der Familie Kreß stand er schon aufgrund seines Wirkungsorts auf vertrautem Fuß und hat auch eine Reihe von Leichenpredigten für Angehörige des Geschlechts verfaßt.

Ein Vergleich der gedruckten Rezeptionsfassung mit der Vorlage belegt, daß der Verfasser im Aufbau und in zahlreichen Formulierungen eng am nur handschriftlich überlieferten Text des Spruchsprechers geblieben ist. Allerdings hat er die Zahl der Verse um über ein Drittel gekürzt, so daß aus den ursprünglich 318 Versen nun nur noch 180 geworden sind. Freilich ist auch der Wechsel des Versmaßes zu berücksichtigen. Die alexandrinischen Langzeilen mit ihren zwölf oder 13 Silben sind in der Lage, mehr Text aufzunehmen als die gemeinhin nur acht oder neun Silben umfassenden, mehr oder minder regelmäßig alternierenden Knittelverse, wie sie Weber verwendete.[59] Mit der Wahl des Alexandriners griff der Bearbeiter auf ein aus dem romanischen Kulturraum stammendes Versmaß zurück, das im Gefolge der opitzianischen Versreform in allen Gattungen gebundener Sprache zum bevorzugten Medium akademischer Dichtung geworden war. Schon mit der äußeren Form, zudem mit der Verwendung reiner Reime und einer zum Teil außergewöhnlichen Bildsprache markierte der Verfasser also seine Distanz zu der volkstümlichen Dichtungspraxis, wie sie dem handwerkerlichen Berufs- und Gelegenheitspoeten geläufig war. Überdies nahm er eine Reihe inhaltlicher Umakzentuierungen vor, die der Druckversion trotz aller Anlehnungen an die Vorlage eine gewisse Eigenständigkeit verleihen.

---

[56] Frank, Kressen (wie Anm. 21), Sp. 465.

[57] Will / Nopitsch, Nürnbergisches Gelehrten-Lexicon (wie Anm. 32), Bd. II, 1756, S. 441 f.; ebd. Bd. VI, 1805, S. 304; Simon Pfarrerbuch (wie Anm. 32), Nr. 757. – Sein Sohn und Nachfolger war der für die Geschichte des Pegnesischen Blumenordens bedeutsame Martin Limburger (1637–1692), der später für die Anlage des ordenseigenen Irrhains bei Kraftshof verantwortlich wurde.

[58] GNM, Archiv: Kreß-Archiv, Abt. f, Reihe D, Nr. 19 a.

[59] So stehen der 1788 Wörter umfassenden Weberschen Fassung immerhin 1522 der Rezeptionsversion gegenüber.

Anders als der nach traditioneller Art mit der Datierung beginnende Weber setzt die Rezeptionsfassung mit der stimmungshaltigen Evokation eines Herbstmorgens ein. Mit gewählten Bildern wird die personalisierte Sonne beschrieben, die „Purpurglantz" über den Feldern verteile und in Kontrast zum jahreszeitenbedingten Rauhreif trete (B 1–5),[60] ehe der Ich-Sprecher dann, seiner „Lust" folgend, den Weg vor das nördliche Stadttor wählt. Auch er reiht sich in den Strom der Hinausziehenden ein und läßt sich über das in Kraftshof stattfindende Ereignis informieren. Der Entschluß, das Dorf zu besuchen, wird hier deutlicher motiviert: ist es in der Vorlage einfach der Anschluß an die anderen (A 20), so bekennt der Berichterstatter in der späteren Fassung, daß er mit dem Kirchweihbrauchtum nicht vertraut und schon deshalb neugierig darauf gewesen sei (B 15 f.). Das Bauernfest ist für den Städter trotz der geringen räumlichen Entfernung also etwas außergewöhnliches, das nicht in seinen gängigen Erfahrungshorizont gehört.

Folgt die anschließende Behandlung der Reiseroute prinzipiell dem Vorbild, so offenbart sich doch mehr als dort eine ausgeprägte Detailfreude in den einzelnen Beschreibungen, wobei der spätere Verfasser insbesondere den Schönheiten der Natur mit ‚poetischen' Bildern gerecht zu werden versucht (B 21 f., 40). Zugleich legt er seinen Wahrnehmungen wesentlich deutlicher als der zurückhaltendere Weber interpretatorische Sinngebungen bei: die Vöglein singen „Lied" und „Leid" (B 19), die abgebrannten Scheunen und Häuser veranlassen ihn zu einer Apostrophe Gottes, in der er über den Krieg und dessen jammervolle Ergebnisse klagt (B 30–32). Kurz nur werden im Anschluß die Praunsche Marter und der abgebrannte Herrensitz sowie der Vogelherd im Kirchenwald erwähnt. Anders als Weber, der damit einen steten Wechsel der Empfindungen verbindet, akzentuiert der Bearbeiter in erster Linie Gedanken an die Gefährdung des Diesseitigen, an Zerstörung, Tod und Vergänglichkeit, so daß auch aus der vormals erfreuten Beobachtung des herbstlichen Vogelfangs (A 51) nun die Wahrnehmung des „Geschrey[s]" „deß Lufftgesinds", der „albern Vögel" wird (B 40–42).

Auch jetzt ruft die Glocke den Besucher zur Kirche, die in einer längeren Passage beschrieben wird. Mehr noch als Weber legt der Beobachter sein Schwergewicht dabei auf die Monumente der Stifterfamilie, während Altäre, Fenster und Predigtstühle (A 66 f.) nicht einmal mehr erwähnt werden. Stattdessen ergänzt er die Würdigung der hier begrabenen Personen durch zusätzliche Biographica, wobei er die Rolle Christoph Kressens bei der Übergabe der lutherischen Konfessionsschrift auf dem Augsburger Reichstag von 1530 ausdrücklich herausstreicht (B 57 f.). Im Unterschied zu Weber verfügt der Bearbeiter also über genauere Informationen zur Geschichte des Geschlechts, die er gerade in Hinblick auf deren religionspolitische Verdienste gerne ergänzt. Die – bei Weber – recht auffällige Orientierung an militärischen Meriten wird dadurch zumindest partiell relativiert.

Nach einem kurzen Bericht über die Festpredigt, die die biblische Belegstelle – anders als die Vorlage – als bekannt voraussetzt und nicht eigens benennt und den Situationsbezug der Kirchweihfestlichkeiten ganz unterschlägt, wendet sich der Sprecher nun seinem Besuch beim Schloßherrn zu. Genauer wird die Lage des Neunhofer

---

[60] Das Kirchweihereignis ist in der Druckfassung übrigens – versehentlich, jedenfalls unzutreffend – um zwei Wochen auf den Sonntag nach Michaelis verschoben.

Schlosses in einem Teich charakterisiert; vor allem aber wird der Verkehr des kleinbürgerlichen Besuchers mit dem adeligen Patrizier auf eigenartige Weise umakzentuiert. Wo der Webersche Sprecher den Grundherrn frei angesprochen, um Besichtigung des Schlosses gebeten und selbstbewußt einen seiner Sprüche als Ehrenbezeigung angeboten, Kreß wiederum sein Einverständnis mit jovialer Freundlichkeit und einem Imbiß bewiesen hatte (A 113–122), unterwirft sich der Berichterstatter der Rezeptionsfassung in auffälliger Betonung den hochkonventionalisierten Höflichkeitsformeln, wie sie von den kultivierten Schichten propagiert wurden.[61] Hier „erkühnt" sich der Sprecher zu seiner Frage, ob dem Patrizier damit „gedient" sei, ihm sein „genädigs Ohr" auf kurze Zeit zu leihen (B 81–83); der bei Weber selbstbewußt angebotene ‚schöne' Ehrenspruch (A 117 f.) wird vor lauter Submission gar zum „schlechte[n] Reim-Geschmeid" (B 84) herabgewürdigt. Umgekehrt zeigt Kreß seine „Gnaden= Gunst", womit er sich beim Sprecher „grossen Danck" verdient. (B 84–89). Der Habitus, der hier dargestellt wird, ist nicht mehr die Haltung des selbstbewußt-bescheidenen Reichsstädters, der einem Angehörigen seiner örtlichen Führungsschicht gegenübertritt, sondern das Verhalten eines Untertanen, der sich dem Herren nur noch in Selbstherabwürdigung und Unterwürfigkeit zu nähern wagt. Die Optik, die hier vermittelt wird, kennt keine Gemeinsamkeit auf der Basis der Zugehörigkeit zum gleichen bürgerlichen Staatswesen, die durch die gesellschaftliche Ordnung lediglich graduiert würde; sie – das machen viele andere Spruchdichtungen Webers deutlich – entsprach dem Ständemodell des dichtenden Kleinbürgers. Stattdessen kennt das Konzept der Rezeptionsfassung nur noch ein Oben und Unten, das den Bittsteller ganz selbstverständlich in standesgemäßer Submission auftreten läßt. Der nur wenige Verszeilen umfassende kleine Beleg läßt im Vergleich der Versionen augenscheinlich werden, wie weit sich die Weltsicht der gesellschaftlichen und kulturellen Führungsschichten um die Mitte des 17. Jahrhunderts auch in den bürgerlichen Stadtstaaten von der des ‚gemeinen Mannes' entfernt hatte.

Im Unterschied zur Besuchsepisode, die den Huldigungscharakter der bearbeiteten Fassung noch deutlicher werden läßt, hält sich der Bearbeiter im folgenden wieder weitgehend an die Webersche Vorlage. Der kurze Abstecher nach Neunhof, der Kram auf dem Dorfplatz, die leiblichen Genüsse im Wirtshaus werden mehr oder minder entsprechend wiedergegeben; zurückhaltendere, distanziertere Aufmerksamkeit erfährt allenfalls das Vergnügen, das aus dem Aufspielen der Musikanten und den Darbietungen der Gaukler entspringt (A 139–142, B 100 f.). Den umfangreichen Abschnitt über das Wettschießen hat der Bearbeiter hingegen immer wieder deutlich gekürzt. Zwar verwendet er mehr Raum auf die Berufe der drei Schützenmeister, indem er die bei Weber jeweils aus einem Wort bestehende Professionsbezeichnung in eine verblümte Umschreibung ihrer Tätigkeit überführt; die Darstellung der biblischen Tradition des Schützenstandes aber reduziert er regelmäßig um die Angabe der alttestamentarischen Belegstellen. Offensichtlich ist, daß es dem Bearbeiter zwar um die Anführung der Stoffe beziehungsweise Motive ging, daß er es aber nicht für nötig hielt, den Leser auf den Originaltext der Quelle zu verweisen. Ob er die Kenntnis der Stellen bei einem gebildeteren Publikum schlichtweg voraussetzte oder sie für seine

---

[61] Vgl. Manfred Beetz, Frühmoderne Höflichkeit. Komplimentierkunst und Gesellschaftsrituale im altdeutschen Sprachraum (Germanistische Abhandlungen 67), Stuttgart 1990.

Argumentation nicht für essentiell hielt, ist freilich nicht zu klären. Auch verzichtete er nötigenfalls auf weniger bekannte Belege, die Weber mit Fleiß zusammengetragen hatte: die wenig geläufige Geschichte von König Assa (1 Kö 15,9–24; 3 Ch 14–16) ersetzte er zudem durch die deutlich bekanntere vom Tod des israelitischen Königs Ahab durch einen Pfeilschuß (1 Kö 22, 34–37); die Elisa-Episode, die in der Vorlage immerhin sieben Verse beanspruchte, kürzte er auf zwei Verse zusammen (B 135 f.) und ließ auch das Zwischenresumee Webers weg, demzufolge das Lob der Schützen bereits aus der Bibel ableitbar sei.

In gleicher Weise reduzierte der Bearbeiter die Belege aus der antiken und mittelalterlichen Historie. Während bekannte Helden des Altertums (Marcus Manlius, die Trojaner beziehungsweise ihre Belagerer, Scipio Africanus) zumindest noch Erwähnung finden, macht Tamerlans Belagerung der Stadt Isfahan nur mehr ein Achtel des ursprünglichen Umfangs aus und wird auf die mythischen Beispiele Webers (den Königssohn aus Arkadien, Herkules, Achilles) verzichtet. Augenscheinlich unterschied die Rezeptionsfassung genauer als ihre Vorlage zwischen geschichtlichen und fiktionalen Exempeln, wobei sie den ersteren höhere Überzeugungskraft zuwies. Weiter komprimierte der spätere Verfasser die Passagen über die Erfindung des Schwarzpulvers und die Weiterentwicklung der Waffentechnik, die Weber unter Rückgriff auf die Kosmographie des Sebastian Münster vergleichsweise breit ausgebaut hatte. Nahezu völlig tilgte er zudem die Ausführungen über den militärischen Einsatz der Schützen und das Schießwesen in der Reichsstadt, die für die öffentliche Rechtfertigung der Aktiven immerhin einen besonderen Stellenwert einnehmen.

Die tendenzielle Kürzung des Textbestandes setzt die Druckversion auch nach der Rückkehr zur Beschreibung des Kirchweihtreibens fort. Auf die einzelnen Aspekte der Volksbelustigungen wird dabei nur noch mit knappen Erwähnungen eingegangen, wobei auch der gebildete Bearbeiter mit leiser Kritik am ‚Überhandnehmen' von Freude und Wein (B 171) nicht spart. Mit einer bildhaften Anspielung auf die antike Vorstellung vom Eintauchen des Sonnenwagens ins Meer (B 172) beendet der Verfasser auch diese Passage und resümiert knapp die Heimreise des Beobachters in die Stadt. Auffällig ist am Ende dann noch die Umgestaltung der Schlußpassage. Zum einen verzichtet der Bearbeiter auf die namentliche Nennung des Kraftshofer Schloßherrnsohnes, dem der Spruch ursprünglich zugeeignet worden war; stattdessen wird der Segen Gottes über das Geschlecht beschworen, das an diesem Ort weiter fortblühen solle. Zum anderen tilgt die Rezeptionsfassung die Herbeizitierung des ‚Kirchweihgängers' Jesus und damit eine inhaltlich problematische Stelle, die sich anhand der Bibel so nicht verifizieren läßt. Schließlich unterschlägt sie die autorisierende Teichnerformel: das neue Kunstprodukt ist nicht mehr dem ursprünglichen Verfasser zugewiesen, der den Plot zur Verfügung gestellt hat; es benennt aber auch keinen Bearbeiter, der für seine Veränderungen die Verantwortung übernehmen würde. Das „Ich" der Rede, das in der Vorlage mit der Person des Autors gleichgesetzt wurde, bleibt hier unidentifiziert. Nicht ausgeschlossen werden kann, daß dem Bearbeiter der letztendlich bäuerliche und damit diskreditierte Gegenstand schlichtweg zu banal war, als daß er in einem solchen Zusammenhang hätte namentlich aufscheinen wollen.

V. Resümee

Beim Vergleich der Textvorlage des vergleichsweise bildungsfernen Handwerkerdichters Wilhelm Weber und der zeitnah publizierten Druckfassung eines gebildeten und mit den Verfahrensweisen der zeitgenössischen Bildungsdichtung durchaus vertrauten Bearbeiters erweisen sich mehrere Aspekte als bemerkenswert. Rein formal ist der Wechsel von den dichterischen Konventionen der traditionellen Spruchpoesie hin zu den ‚modernen' Regeln der nachopitzianischen Dichtung auffällig. Der ohne Zweifel akademisch gebildete Bearbeiter transferierte die Handlung nicht nur in ein Versmaß, das in seinen Kreisen anerkannt und prestigehaltig war, sondern tilgte auch ‚holpernde' Rhythmen und unreine Reime, die für den handwerkerlichen Vortragskünstler und seine üblichen Adressaten kein Problem darstellten. Gezielt wurden die Beschreibungen durch ausgearbeitete Details, amplifizierende und variierende Umschreibungen erweitert, antikes Bildungsgut alludiert, die poetische Bildlichkeit verstärkt und der dichterischen Evokation von Stimmungen besonders am Anfang breiterer Raum eingeräumt. Ganz offensichtlich wollte die kleine Flugschrift ein ganz anderes Publikum ansprechen als der bodenständige Weber, dem der Inhalt und die pragmatische Anlaßbezogenheit seiner Texte letztendlich immer wichtiger waren als eine geschliffene und bis ins letzte ausgearbeitete Form. Das ist um so auffälliger, als die zeitgenössische Kleinschriftenliteratur, die in Form von Einblattdrucken oder kleinformatigen Heftchen erschien, vielfach an den traditionellen Knittelversen festhielt,[62] wenn breitere – und ästhetisch konservativere – Zielgruppen angesprochen werden sollten. Gerade in Nürnberg setzte sich der Alexandriner in diesen populären Publikationsmedien erst relativ spät, nämlich ab 1645, nach und nach durch.[63] Die reich bebilderte Flugschrift stellt in diesem regionalen Kontext nicht nur einen frühen Beleg für die Propagierung der opitzianischen Reform dar; sie grenzt auch den Leserkreis auf ein Milieu ein, das den neueren Tendenzen in der muttersprachlichen Poesie aufgeschlossen gegenüberstand. Verbreitungswürdig erschien dem Financier des Druckes nur ein Text, der den aktuellen poetologischen Tendenzen entsprach, nicht die scheinbar simpel-altbackene Reimerei eines dichtenden Handwerkers und volkstümlichen Vortragskünstlers.

Gleichwohl hielt sich der Bearbeiter eng an die durchdachte Struktur seiner Vorlage. Weber hatte hier seine übliche Arbeitstechnik angewandt, episodische Versatzstücke bei Bedarf neu zu kombinieren und auf die anlaßgebende Gelegenheit hin einzurichten. Er tat dies durchaus geschickt, indem er die inhaltlich recht divergenten Teile in ein symmetrisches Schema einpaßte und die zentrale Passage gleichsam mit mehreren rahmenden Teilen versah. Auf diese Weise verband er die sittliche und religiöse Mahnung, die sich an eine breite, unbestimmte Zielgruppe wandte, mit einer konkret adressierten Personal- und Standespanegyrik. Der Bearbeiter hat keinen dieser Teile gänzlich unterschlagen; er hat seine Fassung aber wesentlich eindeutiger auf die Per-

---

[62] Vgl. – zeitlich freilich etwas früher fokussiert – Elisabeth Lang, Das illustrierte Flugblatt des Dreißigjährigen Krieges – Ein Gradmesser für die Verarbeitung der Opitzischen Versreform?, in: Daphnis 9, 1980, S. 65–87, 670–675.

[63] Ebd., S. 77. Die Vfin. sieht darin ein Verdienst des 1644 ins Leben gerufenen Pegnesischen Blumenordens.

sonalpanegyrik hin akzentuiert, die sich in diesem Fall weniger an eine konkrete Person als an das Geschlecht der Kreß von Kressenstein insgesamt richtete. Das Lob des Schützenstandes, dem Webers besonderes Augenmerk gegolten hatte, wurde dabei deutlich gekürzt und immer wieder dem Horizont gebildeter und nicht direkt involvierter Leser angepaßt. Daß sich dabei in gewissen Passagen ein bemerkenswerter Unterschied der Versionen in Bezug auf den gesellschaftlichen Verkehr zwischen ‚oben' und ‚unten' und damit auch ein differierender Habitus des Sprechers feststellen läßt, wurde gezeigt.

Insgesamt vollzieht die Rezeptionsfassung – ganz untypisch für ein Werk der Bildungsdichtung – freilich auch wesentliche Entscheidungen des Weberschen Gedichts nach, die zu vermeiden eine grundsätzliche Umarbeitung der Vorlage nötig gemacht hätte. Vom eigentlichen Kirchweihtreiben ist bei alledem nämlich nur am Rande die Rede. Korrekt differenziert der Autor zwischen dem geistlichen und dem weltlichen Teil der Veranstaltung. Tatsächlich berichtenswert erscheint ihm aber kaum das Brauchtum der Dorfbevölkerung, in deren Wohnort das Fest stattfindet. Die eigentlichen Akteure sind die herausgewanderten Städter, die sich gütlich tun und amüsieren, auf dem Schießstand ihr Können messen oder – wie der Berichterstatter selbst – mit dem Schloßherren Umgang pflegen und sich von geschichtskundigen Experten belehren lassen. Überhaupt entzieht sich der Redner dem Problem, die „regelhafte Regellosigkeit" des Festes[64] zu beschreiben. Indem er ordnungsgeleitetem Verhalten seine Aufmerksamkeit schenkt, blendet er die nach den Zeitmaßstäben kritisch zu bewertende Regellosigkeit weitestgehend aus. So finden Aspekte ungebändigter Lebenslust und derben Übermuts, der Neugier und Kauflust, der Entgrenzung und Gruppendynamik, also Markttreiben, Musik, Tanzbräuche, Spiele, Wettbewerbe und Mutproben, Völlerei und alkoholbedingte Exzesse in Webers Text nur beiläufige oder gar keine Erwähnung. Anders als den herkömmlichen bauern- und sittenkritischen Verlautbarungen gebildeter Autoren geht es ihm nicht um eine moralistische Ausdeutung des Gesehenen im Sinne traditioneller Verhaltens- und Tugenddidaktik. Ihm ist es ersichtlich auch nicht um den Alteritäts- und Kuriositätscharakter des Beobachteten zu tun, der sich dem Städter auf dem Land als Einordnungs- und Bewertungsschemata aufdrängen mag; weder macht er die Bauern lächerlich noch stilisiert er sie zu Mustern naturverhafteten Lebens. Andererseits ist ein vorherrschend dokumentarisches Interesse trotz der distanzierten Außenperspektive der Beobachter- und Sprecherinstanz weder erwart- noch erkennbar. Für seinen Text gilt offensichtlich der traditionelle, insbesondere aber in der Bildungsdichtung formulierte Vorbehalt, daß die „Beschreibung [der] Bäurischen Gespräche unnd groben Sitten/ mehr Verdrus als Belustigung" erzeuge.[65]

Letztendlich hat die Zurückhaltung in der Darstellung von Exzeß und Devianz allerdings wohl auch einen wirkungsästhetischen Hintergrund, der zudem mit der Ausrichtung auf eine bestimmte Adressatenschaft zusammenhängt. In beiden Gedich-

---

[64] Joachim Küchenhoff, Das Fest und die Grenzen des Ich. Begrenzung und Entgrenzung im „vom Gesetz gebotenen Exzeß", in: Walter Haug / Rainer Warning (Hg.), Das Fest (Poetik und Hermeneutik 14), München 1989, S. 99–119, hier S. 102.

[65] [Georg Philipp Harsdörffer / Johann Klaj], Pegnesisches Schaefergedicht/ in den Berinorgischen Gefilden angestimmet [...], Nürnberg 1644, in: Eberhard Mannack (Hg.), Die Pegnitz-Schäfer. Nürnberger Barokkdichtung, Stuttgart 1988, S. 18–64, hier S. 21.

ten bildet die geschilderte dörfliche Kirchweihsituation mitten im Dreißigjährigen Krieg in erster Linie Anlaß und Ambiente für eine Verknüpfung personal- und gruppenpanegyrischer Textpassagen, so unterschiedlich diese im einzelnen auch gewichtet werden. Eine lobende Intention wäre mit der benachbarten Darstellung sittlicher Entgleisungen aber nur schwer zu vereinbaren, ohne deren Wirkung zu beeinträchtigen. Und das ist bei einem Stück populärer Handwerkerliteratur nicht anders als bei dem außergewöhnlichen Beleg für die Rezeption eines ‚volkspoetischen' Textes in der Bildungsdichtung. Trotz aller unterschiedlichen Formbewußtheit und differierender Akzentuierungen üben die pragmatischen Sachzwänge anlaßbezogener Gebrauchspoesie eine Kraft aus, die sich in den akademischen wie den nichtakademischen literarischen Kulturen der Zeit gleichermaßen als nötigend erweist.

Textanhang A

Textgrundlage: Germanisches Nationalmuseum Nürnberg 4° Hs. 7130 (wohl eigenhändige Niederschrift Webers).
Weitere Überlieferung: Stadtarchiv Nürnberg E6/688 Nr. 240. – Germanisches Nationalmuseum Nürnberg, Archiv: Kreß-Archiv, Abt. f, Reihe D, Nr. 19 a, unpaginierter Vorspann. – Germanisches Nationalmuseum Nürnberg, Archiv: Kreß-Archiv, Abt. f, Reihe A, Nr. 11 c, fol. 632ᵛ–635ᵛ (gekürzt).

    Kurtzweilige Beschreibung der
    Kirchwey, zu Crafftshof/ vnd des
    darbey nach Alten gebrauch gehal=
    tenen gewöhnlichen Püchsen=
    schiessens daselbst betref=
    fent.

1   Als man zählt sechzenhundert Jahr,
    Ein vnd vierzig die Jahr zahl war,
    Den Sechs vnd Zwainzigsten Herbstmon,
    Stund Jch früe auf vnd legt mich an
5   Am Sontag vor Michaeli,
    Vmb den Garaus des morgens früe,
    Spaziert naus fürs Thiergertnerthor,
    Von Nürnberg, nit weit daruor,
    Hinauf das dorf Crafftshof zu hand,
10   Jn die Kirchen, welche genant,
    Zu Sanct Geörgen vngefehr,
    Erfuhr Jch bald die neüen mer,
    Vnter wegen, weil auch viel leüth
    hinaus fuhren mit frölichkeit,
15   Eins theils Rüethen, die andern gingen,
    Darunter Jhrer Zween anfingen,
    Die sprachen zu mir also frey,
    heüt ist in Crafftshof die Kirchweyh,
    Nach alten Loblichen gebrauch,
20   Jch sagt, hinaus so will Jch auch,
    Mit Jhn gieng Jch frölich die strassen,
    Die war lustig über die massen,
    Alß Jch kam zu den grünen höcken,
    Thetten sie Mir ein lust erwecken,
25   Die Vögelein sungen mit schall
    daß dorff Kleinreüth ersah ich bald,
    Auch kam Jch zu eim Bächlein clar,
    Etliche Bäuerin kamen dar,
    Die brachten Ruben vnd Peterlein,
30   Vnd wuschens in dem wasser rein,
    Weiber vnd Kinder sah ich lauffen,
    Etliche Ruben thetten kauffen,
    Jm dorff sah Jch des kriegs elend,
    Wie manches Zimmer abgebränt,
35   durch Kleinreüth nam Jch meine straß,
    Nach Malmeshof bald über daß,
    Jch zu der stainen Marther kam,
    Christi Leiden Jch dran vernam,
    Kam also in das Knoblachs land,
40   Jns dorff Malmeshof, da Jch fand,
    Der herrn Bräunischen Behaussung,
    fast ein Schloß gleich doch mit grausung,
    Weil es zu der Zeit abgebrent,
    Steht anzuschauen gahr elend,
45   Durch den Kirchenwald gieng Jch nüber,
    Bey Einem Vogelhert vorüber,
    Alda sahe ich ein weyle zu,
    Was Voglerey gibt für unruh,
    Bey dieser Herbstzeit mit Verlangen,
50   Wan man die Vögel wil fangen,
    Welches mich erfreüet solcher gestalt,
    Nach diesem ging Jch durch den Wald,
    Kam gehn Crafftshoff mit guter Zeit,
    Jch hört, das man zur Kirchen leüt,
55   Ehe ich aber zur Kirchenthür kam,
    Sah Jch in dem Eingang mit nam,
    diese schrifft Verzeichnet, gahr fein,
    herr Friderich Kreß von Kressenstain,
    diese Kirchen gestiftet hat,
60   Gott zu Ehrn auß gutem rath,
    Wie man schrieb dreyzehen hundert Jahr,
    fünfzehen, die minder Zahl war,
    Also Jch in die Kirchen gieng,
    die gefiel mir wol allerding,
65   Drin ersah Jch mich hin vnd her,
    Viel herrlicher schöner Althär,
    Fenster vnd Predigstühl geziert,
    Mit dem Kressen wappen ornirt,
    Wie auch an zweyen schönen rainen
70   Pollirten roten Marmelstainen,
    War abgebilt Herrn Christof Kressen
    Des Eltern, welchs nicht zuuergessen,
    Biltung, so Anno fünfzehen hundert
    Vnd fünf vnd dreißig außgesundert,

75 Zu Nürnberg seelig verschieden,
       Ruhet alhie durch Gott in frieden.
    Wie auch herrn hieronymo
       Kressen seeligen der Anno
    Christi fünfzehen hunder erwehlt
80   Sechs vnd Neünzig man hat zehlt,
    Jst Er nach Gottes willn, in frieden,
       Jn Ungern zu Preßburg verschieden,
    Vnd stehen beede herrn mild
       Ganz Rittermessig abgebilt,
85 Liegen in der Kirchen begraben
       Alda Jhr Nachkomen haben,
    Jhr Erbbegrebhnus noch der Zeit,
       Als man uns zur Kirchen geleit,
    hat herr Peter Limburger auch,
90   Pfarrer diß orts, nach Alten brauch,
    Ein Geistreiche Predig gethan,
       wie Jesus Christus Gottes Sohn,
    Macht zehen Aussezige rein,
       wie Lucas das beschriben fein,
95 Jn seinem Evangelio,
       Am Siebenzehenten also,
    Erinnert herrlich dabey
       Wie man Christlicherweiß Kirchweyh
    Soll halten, in der Christenheit,
100   Vnd weil eben zu dieser zeit,
    der Edel, Ehrenuest fürsichtig
       hoch vnd wolweiß, in Gott aufrichtig,
    herr Johann Wilhelm Kreß von rechts,
       Alß Eltester seines Geschlechts
105 Dern von Kressenstein, da erschien,
       Neben seiner Ehegemählin,
    Söhn, Aydam vnd Tochter mit freüden,
       vnd mit Andern fürnehmen leüthen,
    Auch damals in der Predig gewesen
110   Des Gotes diensts Christlich zugnesen
    Seins nach dem selben mit Verlangen,
       Auf sein Schloß daselbst anheims
                           gang[en]
    Darumb hab Jch es solcher massen
       dißmals nicht mögen Vnterlaßen
115 Jhr herrlichkeit zusprechen an,
       Ob Jch nicht in das Schloß dörfft gahn,
    Ein schönen spruch da zuerclern,
       Sampt einen guten gruß zu Ehrn,
    Jhr herrlichkeit Mir solchs verhißen,
120   Sampt den Jhren, die Mir erwiesen,
    Allen guten willen mit tranck vnd speiß,
       Gott, vnd Jhm sey Lob Ehr vnd preiß,
    Vnd weil Jch dar sah zu der zeit,
       das daß dorff Neünhof lag nicht weit,
125 darin das Schloß von hie nicht fern
       welches auch obgedachten herrn
    Kressen, da angehörig ist,
       hab Jch mich also bald gerist,
    Spazierte auch den weg hinüber,
130   Besichtigt es, kam wieder rüber,
    Nacher Crafftshof zu der Kirchweyh,
       Verfügt Mich auf den plaz darbey
    Vor dem Wirthshauß mus Jch auch sagen,
       hat man viel der Cräm aufgeschlagen,
135 Jn das Wirthshauß gieng ich hienein,
       Vnd hielt die mittag mahlzeit mein,
    Neben andern Leüthen vnd Gästen,
       war Jch frölich, vnd thet mich mästen,
    Es kamen Geiger, Pfeiffer, Leyrer,
140   Gauckler und ander Abenteyrer
    die spielten auf gringes geltt
       An frölichkeit es nirgents fehlt,
    dernach Ein schiessen ghalten war,
       Auß handrohrn, Jch macht mich dar,
145 Ausserhalb des dorfs ward der stant,
       Wird bey der Wolfsgruben genant,
    denselben hab Jch auch ein weill,
       zugesehen, dahin zum theill,
    Wie oben gedacht solcher gstallt,
150   Sehr viel der Burger, Jung vnd alt,
    Auß der Staat kamen zu den schießen,
       Wie dan gebräuchlich, solches zu gnie-
                           ßen,
    die herrn Kressen haben Ein
       Schönes roth vnd weisses fähnlein,
155 Welches mit Jhren wappen geziert,
       Nach alten brauch, wie sichs gebüert,
    Die Schüzen, damit anzufrischen,
       Neben Ein Nürnbergischen,
    Goldgulten, auch zum besten geben
160   daßelbe hat damals gahr eben,
    Vor andern gewonnen zu hand,
       Ein rotschmid Christoff Herold genant,
    Die Schützenmeister alle drey,
       haben gewohnt dem Schießen bey,
165 der erst hieronymus Merckel ist,
       Ein Feilnhauer wolgerist,
    Michel Jenig der ander eben,
       Thut ein Büchsenschiffter geben,
    Der dritt Geörg Stoy ist ein Schneider,
170   Welcher kan machen schöne Kleider,
    Der Schreiber Lienhard Ernst hieß,
       Kein mühe Er sie nit dauren lies,

Nach solchen Jch den Schreiber fragt,
 Bat Jhn freündlich, das Er mir sagt,
175 Nach seim belieben vngefehr,
 Wo Erstlich das Schießen käm her,
 Er sprach, die Schüzen sein zupreissen,
 Solchs kan man mit der Schrifft erwei-
 sen.
 Als Lamech war der erste Schüz,
180 Jsmael, Esau dem Jsaac nuz,
 Jn kranckheit sein Vatter begehrt,
 Esau alß sein Sohn im gewehrt,
 Eilents Er Jhm ein Wiltpret schoß,
 wiewol sein Esau wenig genos.
185 Alß man im Buch Genesis find,
 Auch ander Patriarchen sind,
 Gott strafft durchs Gschüz den Jehu,
 Auch so mach[st] weider suchen du
 Jm Buch der König find man clar,
190 Alß Jonathan mit Dauid war,
 Wie Jhn Saul verfolget die noth,
 das Gschüz bracht ihn bis in den tod,
 Köng Assa das Geschlecht Benjamin,
 Bedacht sein krieg, mit klugen sinn.
195 Achzig tausent zusammen bracht,
 damit zwang Er Agripisch macht.
 Jm vierten Buch der König steht,
 das Heliseus der Prophet,
 Ein heiliger Mann zu der zeit,
200 derselb daß Gschoß hat benedeyt,
 den Köng von Jsrael groß
 Vnd sprach ein schuß des heyls ist das,
 der Prophet sein hand selbst dran legt,
 Welches billich iederman bewegt
205 das man die Schüzen, soll loben vnd prei-
 ßen,
 weil mans kan, mit der schrift erwei-
 ßen
 Aus dem Livio ist zu schliesen,
 da uiel geschriben ist von schießen,
 Von Schüzen, auch Mannlichen thaten,
210 Alß die Römer groß krieg hatten,
 Von Marco Manlio, der Höldt,
 die starcken Griechen hat gefält,
 zu Troia anfenglich Jhr viel,
 Der Römer schossen zu dem ziel,
215 Auch Thamerlanus der Ein hayd,
 leget sich für Ein Statt mit streit,
 dieselbig Hispa ward genant,
 der hayd sehr lüstig wurd erkant,
 Künth doch der Statt nichts gewinnen an,
220 Mit sechs mal hundert tausent man,
 Vor schießen der Schüzen in der Statt,
 Der hayd seines kriegs kein ehr nit hat,
 Virgilius des kongs Sohn,
 Jn Arcadia rühmen kan,
225 des gleichen auch von Hercule
 von dem Kriegsfürsten Achille,
 den Paris zu Trier erschoß,
 Da ward Trojaner freüd groß
 Affricanus Manheit versteht,
230 Auch mit den Schüzen üben thet,
 daß schießen hat Er sehr geliebt,
 die Perser habens auch geübt,
 Mit der Armprust, vnd dem Bogen
 welchs nicht klein zu achten, erwogn,
235 So man es braucht zu Gottes ehr,
 Noch wil Jch dir erzehlen mehr,
 Vernim die Püchsen schützen sein,
 Jn kurzer zeit geführet ein,
 Wie mans iezund vor augen sicht,
240 Was wunder damit wird verricht,
 Wiewol das Stahlschießen nunmehr,
 Sein Vrsprung hat, von Alters her,
 Alß man schrieb dreizehen hundert Jahr,
 Achzig der mintern zahl, ist wahr,
245 Nach Christi geburt wie man liest,
 das Pulver erdacht worden ist,
 Von eim liestigen Mönch zu hand,
 Mit namen Berthold Schwarz genant,
 die Alchimiam Er studirt
250 hat auch also die kunst probirt,
 da schlugs wie der donner vnd bliz,
 Welchs kam von lauter kält vnd hiz,
 Außm Münster hab Jchs genommen,
 darnach seind Meister herfür kommen,
255 die wolten übern Mönch sein,
 Mit Jhrer kunst versteh mich fein,
 die schlugen drauf ganz ungeheüer,
 Wol auf daß Eissen bey dem feüer,
 Welches gehört zu solchen sachen,
260 Eyserne Rohr thetten sie machen,
 Die wurden zielpüchsen genant,
 den Schüzen sein sie wolbekant,
 Damit fingen an zu schießen,
 Vnd theten Jhrer kunst genüßen,
265 Was man iezunt wil fangen an,
 So mus die Püchsen z'forderst dran,
 Jm krieg, wie man es noch aufheut,
 Gebrauchen thut, zu dieser zeit,
 Man führts zu roß vnd auch zu fuß,

270 darbey Jch dir auch sagen mus,
   derhalben nimb es eben wahr,
    Es hat gewert viel hundert Jahr,
    Das herren vnd Schüzen z'samm sein kommen,
   Auf den Schüeßen, hab Jch vernommen,
275 wie dan eben geschicht auf heüt,
    Also hab ich dir auch angedeüt,
   den Anfang vnd vrsprung erclert,
   Jch sprach das will Jch halten wert,
   Vnd danck ihm fleißig solcher massen,
280 Nam urlaub, vnd gieng meiner strassen,
   Vnter des hat sich des mit Verlangen,
   Jm dorff der Kirchweyh danz angfang[en],
   Sampt anderer kurzweil solt Jhr wissen,
   daßelb hab Jch auch sehen müssen,
285 herumb springen die Baurnknecht,
   die Baurn Maigdlein auch nicht schlecht,
   Freyden sich der kirchweyh mit crafft,
   dergleichen auch die Burgerschafft,
   Asen vnd Truncken, lebten wol,
290 Einstheils trancken sich gringsrum vol,
   Vnd dieweil Jch solches betracht,
   der Abent sich auch herzu macht,
   hett weder z'fahren, noch zu reitten,

   Macht ich mich zu mein Landsleüthen,
295 hab ein andern weg mit fug,
   Angestelt, als erstlich durch Buch,
   darnach durch Thon mit allen fleiß,
   wieder nach Nürnberg mein heimreiß,
   Genummen, vnd glücklich verricht,
300 Jch kunt es vnterlaßen nicht,
   Zu Ehrn vnd gedechtnus dessen
   Ob Edel gedachten herrn Kressen
   Vielgeliebten Sohn Christophoro=
   Hieronymus Kressen also,
305 dieses in reimen zusamm bracht
   Vnd hab hiemit zu gleich gedacht,
   Schrifftlich ein solches zuuerehrn
   Gott der almechtig wol Vermehrn
   Sein gnad vnd Segen allezeit,
310 das Sie künfftig offtmals mit freid
   Besuchen mögen diesen ort,
   Vnd frölich leben hie vnd dort,
   Bey Vnsern herrn Jesum Christ
   derselbst auf die Kirchwey gang[en] ist,
315 Wie Lucas schreibt offenbahr,
   das Neunzehent Capitel clar,
   der ist auch Meines Wunsch ein gebr,
   Gott geb Vns fried, wünscht Wilhelm Weber.

Textanhang B

Textgrundlage: Germanisches Nationalmuseum Nürnberg, Archiv: Kreß-Archiv, Abt. f, Reihe D, Nr. 19 a.

Kurtzweilige Beschreibung
Der
Kirchweih zu Krafftshof/
und deß dabey/ nach alten Gebrauch/ gehalte=
nen gewöhnlichen Büchsen=Schiessens.
An. 1641.

1	DJe Sonne hatte sich kaum aus den Bett gemachet/
	und mit dem Purpurglantz die Felder angelachet/
	da als der rauhe Reiff das reiffe Obst gefällt/
	und man acht Tage nach/ Michaels Feste hält:
5	Es hieß der mundre Tag mich aus dem Bett aufstehen/
	und meine eigne Lust an andre Oerter gehen/
	ich folgte Beyden nach/ und machte mich hervor/
	kam alsobalden hin vor das Thiergärtner=Thor/
	Jndem ich also pfleg vor diesen Thor zu gehen/
10	sih ich von fernen an das Dorff Crafftshoffe stehen.
	Man ritt/ man fuhr/ man gieng/ ich fragt/ was dieses sey/
	die Antwort wurde mir: Es were die Kirchweih/
	an erstbemeldten Ort. Als ich das angehöret/
	hat sich mein Sinn und Gang nach diesem Dorff gekehret:
15	Jch hatte grosse Lust/ zu sehen diese Lust/
	die Lust am Kirchweihfest/ so mir noch unbewust.
	Es trugen mich die Füß durch schönbegrünte Hecken/
	in derer Schatten Laub die Vögel sich verstecken/
	und singen manches Lied/ und klagen manches Leid/
20	denselben hört ich zu/ biß daß das Dorff Kleinreuth/
	vor meine Augen kam/ alda ein Bächlein lauffet/
	und seinen schlanken Rand mit hellen Quellen tauffet/
	Es kam das Dorffgesind/ der Bauren=Mägde Schaar/
	in diesen Quellen=Bach/ mit manchen Kräutern dar/
25	Sie brachten Ruben hin/ Meer=Rettich/ Petersilgen/
	der Erden Koth und Schlamm mit Wasser zuvertilgen/
	ein Theil der Unsrigen/ die laufften ihnen ab/
	ich aber sahe an der Bauren Gut und Haab/
	die Scheunen und das Haus/ in falben Aschen ligen:
30	Ach GOtt! gedachte ich/ was kan das wilde Kriegen
	vor Jammer richten an/ es frisset Holtz und Stein/
	und sauffet Menschenblut/ kan auch was ärgers seyn.
	Jndem wir sämtlich nun/ auch dieses Dorff verlassen/
	da führt uns durch das Feld/ ein Schnurgerade Strassen/
35	auf Malmeshof hinab: da zeigte uns ein Stein/
	der an den Wege steht/ deß HErren Todt und Pein/
	Jm Dorffe sahen wir ein schönes Hauß zerstöret/
	das den Herrn Bräunischen anjetzo noch gehöret.

```
           Jndessen kamen wir den Kirchenwald vorbey/
40         wo mir zu Ohren kam deß Lufftgesinds Geschrey/
       bey einem Vogelherd: Jch kame hingegangen/
       und sah ein Weile zu/ die albern Vögel fangen.
           Nach diesen hörte ich/ wie man zur Kirchen leit/
       und kame nach Krafftshoff/ bey noch bequemer Zeit.
45     Jch sah am Kirchenthor im hin= und widergehen/
       nechst S. Georgen Bild in harten Steine stehen/
           (der Worte Jnhalt nach) ein gleiche Uberschrifft:
       Es hat Herr Friedrich Kreß von Kressenstein gestifft/
       hier diesen Tempelbau/ als nach ein tausent Jahren/
50     300. und fünffzehn gleichsfals verflossen waren/
           von Gottes Menschheit her. Die Kirch ist schön geziert/
       mit Wappen hin und her/ die diß Geschlechte führt/
       Und hat deß Künstlers Hand zwey Adeliche Kressen/
       in reinen Marmorstein zusetzen nicht vergessen/
55         auf Jhr selbst Ehren=Grab: Der eine der gerüst/
       in Harnisch und Gewehr/ hier abgebildet ist/
       Der hat mit eigner Hand zu Augspurg unterschrieben
       die reine Gottes Lehr/ die bey uns wird getrieben/
           Und heist: Herr Christoff Kreß/ Kriegshaubtmann/ Bundes=Rath/
60     so seines Lebens Ziel in Gott vollendet hat/
       Als da fünffhundert Jahr schon über Tausent waren/
       und fünff und dreissig noch/ als Gott herabgefahren/
           und uns erlöset hat; Der an der andern Wand/
       wird Herr Hieronymus von Kressenstein genandt/
65     Und hatte zu Preßburg/ in Ungerland/ sein Leben/
       im sechs und neunzigsten hernacher auffgegeben;
           Die Seele ist bey GOtt/ hier ruhen die Gebein/
       und aller derer die von diesen Stammen seyn.
       Jndessen kam die Zeit/ daß man zur Kirchen gienge/
70     als nun nach dem Gesang die Predigt sich anfienge/
           Hat Herr Limburger da/ ein Pfarrer dieses Orts/
       dieselbe abgelegt/ wie Gott/ durch Krafft deß Worts/
       Die zehen Männer/ so mit Aussatz=Seuch beladen/
       geheylet und befreyt/ von allen ihren Schaden.
75         Herr Johann Wilhelm Kreß/ der ältst in seinem Stamm/
       samt seinem Ehe=Schatz/ auch in die Kirchen kam/
       begleit von andern mehr/ die Stamm und Tugend zieret.
       Als nun der Gottesdienst war recht und wol vollführet/
           hat sich Jhr Herrlichkeit nach seinen Schloß verfügt/
80     das fast zu End deß Dorffs in einen Teiche ligt/
       bey diesen hab ich mich in meinem Muth erkühnet/
       Jhr Herrlichkeit gefragt; ob Jhr damit gedienet/
           daß Jhr genädigs Ohr auf eine kleine Zeit/
       im Schloß möcht hören an/ mein schlechtes Reim=Geschmeid/
85     Die Freundlichkeit die da bey diesen Herren wohnet/
       hat dieser meiner Bitt/ mit Gnaden=Gunst belohnet/
           und solches zugesagt/ ja auch mit allem Fleiß/
       versehen meinen Leib mit guten Tranck und Speiß/
```

diß weiß ich grossen Danck. Als dieses nun geendet/
90 hat meiner Füsse Gang sich nach Neunhoff gewendet/
da Jhrer Herrlichkeit auch dieses Schloß gehört/
das ich allda beschaut/ bald bin ich umgekehrt/
und habe nach Krafftshoff/ zuruck/ den Gang genommen/
als ich nun auf den Platz/ zur Kirchweih/ bin gekommen/
95 ersah ich manchen Kram/ beym Wirtshauß aufgemacht/
in welchem manche Wahr zu kauffen wurd gebracht.
Jch kehrte damals ein/ und satzt mich zu den Gästen/
hielt meine Mahlzeit mit/ und lebte nach dem Besten/
Die Lust und Kurtzweil war allhie in guten Kauff/
100 weil Gauckler und Spielleut/ und solches Volck vollauf.
Jn dessen wird gemach das Schiessen angestellet/
dort wo die Gruben sonst die Wölffe hat gefället;
Es kamen Jung und Alt/ von manchen Orten her/
weil da ein guter Schuß nicht gäntzlich lieffe leer.
105 Dann die Freygebigkeit der Edlen Herren Kressen/
hat Jhre milde Hand zu öfnen nicht vergessen.
Auf diesen Kirchweihfest: Ein Fähnlein war der Preiß/
an Farbe Weiß und Roth/ das Christoff Herolds Fleiß/
samt ein Golgulden noch/ vor dißmal hat genommen/
110 die Schützenmeister sind zum Schiessen all gekommen:
Der Erst Hieronymus/ und Merckel/ wird genandt/
die rauhe Feile ist die Arbeit seiner Hand.
Der Michel Jenig war der ander/ der hier stunde/
und wolgefügte Schäfft zu Rohren machen kundte/
115 der sich in dieser Kunst von Jugend auf geübt/
und dieses was er kan/ auch noch beständig liebt.
Der Dritte Georg Stoy/ so Meister in den Schiessen/
und in den Kleidern auch/ die andre wie sie hiessen/
die gleichfalls sich geübt/ ist mir nicht alls bewust/
120 Der Schreiber/ der die Gab der Schützen schreiben must/
heist Leonhardus Ernst/ von welchen ich auch fragte/
und fleissig von ihm bat/ auff daß er mir doch sagte:
wovon die Schützenkunst den ersten Anfang nam?
wie und von welchen doch deß Pulvers Macht herkam?
125 Er sagte: billich sind die Schützen hoch zu preisen/
weil man kan ihre Kunst aus Gottes Wort erweisen.
Der Lamech war der Erst/ der Pfeil und Bogen nam/
wie Moses uns bericht: darnach Jsmael kam/
Und Esau/ Jsaacs Sohn/ der als der Vatter wolte/
130 daß er in Schwachheit ihm ein Wildprät fällen solte/
es alsobald gethan; Der Jehu ward von GOtt/
durch das Geschütz gestrafft/ Als David war in Noth/
hatt ihm der Jonathan mit Pfeilen loß gegeben/
Den König Ahab halff ein Schuß von seinem Leben.
135 Elisa segnete den Schuß/ den Joas thät/
und sprach: Ein Pfeil deß Heils/ der auf die Syrer geht.
Der Livius schreibt viel/ daraus man könne schliessen/
daß jederzeit im Werth gewesen sey das Schiessen:

Der Marcus Manlius, ein dapfrer Krieges=Held/
140   die Griechen hat im Krieg mit Pfeil und Schuß gefällt.
Du Troja hast ja offt die Pfeile fühlen müssen/
die manches Helden Stärck zu Boden hingerissen:
    Der Thamerlanes hätt dich Hispa längst verheert/
    wo du mit Schiessen dich so Mannlich nicht gewehrt/
145 Den schönen Paris hat ein Pfeile durchgepfeilet.
Der Africanus hat im Schiessen sich verweilet.
    Die Perser haben die mit sich nicht in die Schlacht/
    nechst anderen Gewehr die PlitschePfeil gebracht?
Aus diesem scheinet klar/ das Schiessen sey zu lieben/
150 wann es zu Gottes Ehr/ und Wehre wird getrieben.
    Nach diesem/ hat die Witz der Menschen mehr erdacht/
    und fast den Donner selbst/ zur Gegenwehr gemacht/
Es speyet Feur und Bley/ es fallen ein die Mauren/
kein hoher Thurn kan vor diesen Schiessen dauren:
155   Jn deme Bertold Schwartz/ an Namen und der That/
    der die Goldmacherey/ und mehr erlernet hat/
das Pulver zugericht; Als nach zehnhundert Jahren/
dreyhundert achtmal zehn/ auch schon vergangen waren;
    Nach diesen hat man auch ein mehrers ausgedacht/
160   aus Steinen/ und aus Stahl/ das Feuer vorgebracht/
Das hart Metall geschmeltzt/ und Röhre drauß gegossen/
mit welchen sie in Streit und auch in Freude schossen.
    Diß hat seithero nun stets fort und fort gewert/
    daß man die Rohre führt/ zu Fusse und zu Pferd.
165 Jch danckt ihm deß Berichts/ und kehrte meine Strassen/
ergäntzte meine Freud/ die ich zuvor verlassen/
    Jn dem ich zu den Platz/ aufs neue/ wider kam/
    ersah ich/ daß der Dantz/ den frohen Anfang nam;
Es sprang das Bauer=Volck/ in dem vermischten Reyen/
170 und führte ihren Dantz/ nach Stimme der Schalmeyen:
    Die Freude und der Wein/ die namen überhand/
    biß daß die Sonn ins Meer sich mit den Pferden fand/
Derwegen gleichsfals ich must dieses Ort verlassen/
und nam/ durch Buch und Thon/ mir eine andre Strassen.
175   Weil ich nun dieser Lust/ und Ehre nachgedacht/
    so hab ich diese Reiß in Reimen eingebracht.
Der/ der von Anbegin hat dieses Rund gemessen/
Der woll den alten Stamm der Edlen Herren Kressen/
    in Gnaden sehen an/ und schützen fort und fort/
180   daß sie in steten Fried/ besehen dieses Ort.
        ENDE.

Hans-Otto Keunecke

Zum Buchgewerbe in Neustadt an der Aisch 1677–1792

Die überragende Rolle Nürnbergs als Verlags- und Druckort hat das Buchgewerbe in den näher gelegenen Städten klein gehalten. Eine knappe Umschau zeigt dieses deutlich. In Altdorf begegnen Druckereien nicht vor 1579, und sie sind bezeichnenderweise keine selbständigen Unternehmungen, sondern Zweigbetriebe von Nürnberger Firmen. 1619 endlich gibt es den ersten eigenständigen Altdorfer Drucker und erst ab 1661 einen zweiten Betrieb in der Universitätsstadt.[1] In Ansbach nimmt der erste Typograph seine Tätigkeit 1604 auf, aber erst gegen Ende des Dreißigjährigen Krieges kann man bei seinen Nachfolgern von einer nennenswerten Druckproduktion sprechen, die es zu einer gewissen Blüte dann schließlich im 18. Jahrhundert bringt.[2] Den ersten Drucker in Erlangen gibt es im Jahr 1698, aber erst die Universitätsgründung im Jahr 1743 lässt die Buchproduktion in der zweiten Hälfte des 18. Jahrhunderts anwachsen.[3] In Fürth wurden im 17. und 18. Jahrhundert von wenigen Ausnahmen abgesehen praktisch nur Hebraica hergestellt[4] und in Roth wird ab etwa 1710 gedruckt und das dortige Buchgewerbe erlischt ab 1760 wieder bis zur Mitte des 19. Jahrhunderts.[5]

Auch in den fränkischen Reichsstädten ist keine sonderlich rege Verlags- oder Drucktätigkeit festzustellen. In Schweinfurt gibt es vor dem Dreißigjährigen Krieg nur zwei wenig erfolgreiche Versuche von Buchdruckern, sich zu etablieren, und erst ab 1690 beginnt mit der Typographenfamilie Morich eine Zeit kontinuierlicher Druckereitätigkeit. Aber auch das Schweinfurter Buchgewerbe des 18. Jahrhunderts wird von der besten Kennerin der Verhältnisse mit Begriffen wie "kümmerlich", „ärmlich" und „provinziell" charakterisiert.[6] In Rothenburg ob der Tauber gibt es zwar schon ab 1557 bescheidene Anfänge und eine gewisse Belebung des Buchgewerbes im 17. Jahrhundert, doch bleibt es auf wenige Jahre bei nur einem Betrieb bis in das 19. Jahrhundert hinein.[7] In Weißenburg begegnet man erst am Beginn des 18. Jahrhunderts Anfängen des Buchdrucks und das dortige Buchgewerbe verharrt auf einem sehr

---

[1] Josef Benzing, Die Buchdrucker des 16. und 17. Jahrhunderts im deutschen Sprachgebiet (Beiträge zum Buch- und Bibliothekswesen 12), 2. verb. u. erg. Aufl., Wiesbaden 1982, S. 2–4.

[2] Ebd., S. 9–10; Rudolf Merkel, Buchdruck und Buchhandel in Ansbach. Diss. Erlangen 1949. Abgedruckt in: Archiv für Geschichte des Buchwesens 5, 1965, S. 958–1186. Privatdruck u. d. T.: Buchdruck und Buchhandel in Ansbach von den Anfängen bis zum Ende des 18. Jahrhunderts, Erlangen 1965.

[3] Christoph Friederich / Bertold Frhr. v. Haller / Andreas Jakob (Hg), Erlanger Stadtlexikon, Nürnberg 2002, S. 177.

[4] Benzing (wie Anm. 1), S. 152–153; David L. Paisey, Deutsche Buchdrucker, Buchhändler und Verleger 1701–1750 (Beiträge zum Buch- und Bibliothekswesen 26), Wiesbaden 1988; Adolf Schwammberger, Fürth von A bis Z. Ein Geschichtslexikon, Fürth 1968, Repr. Neustadt a. d. Aisch 1984, S. 75–76.

[5] Hans-Otto Keunecke, Der Buchdrucker Georg Huthoffer in Roth und die Ansbacher Ausgaben von Fénelons „Les Aventures de Télémaque", in: Aus dem Antiquariat 2006, Nr. 4, S. 255–269.

[6] Maria Hahn, Schweinfurts Drucker, Buchbinder und Buchhändler, in: Archiv für Geschichte des Buchwesens 10, 1970, Sp. 461–644.

[7] Benzing (wie Anm. 1), S. 397–398; Lexikon des gesamten Buchwesens, Bd. 6, 2. Aufl., Stuttgart 2003, S. 383–384.

überschaubaren Niveau.⁸ Dieselbe Feststellung muss man für Windsheim treffen, wo sich der erste Typograph 1680 niederlässt.⁹ In Dinkelsbühl, das zwar nicht zum Fränkischen, sondern zum Schwäbischen Reichskreis gehörte, seiner relativen Nähe zu Nürnberg aber an dieser Stelle mit erwähnt sei, gibt es im 17. und 18. Jahrhundert lediglich drei Drucker, die dort nur für wenige Jahre arbeiten und deren Produktion kaum beachtenswert ist.¹⁰

Die oben knapp skizzierte Lage eines nur wenig entwickelten Buchgewerbes im regionalen Umgriff der Reichsstadt war aber nicht nur die Folge der massiven ökonomischen Überlegenheit Nürnbergs. Diese hatte zwar im 15. und 16. Jahrhundert den Grund gelegt für die beschriebenen Verhältnisse. Ein zweiter gewichtiger Faktor aber kam im 17. Jahrhundert hinzu. Hier war es neben diesen gewachsenen Strukturen der Dreißigjährige Krieg mit seinen Folgen, der ein Aufblühen des Buchgewerbes im Allgemeinen beeinträchtigte. Zwar sind die statistischen Grundlagen für Aussagen über die Höhe der Buchproduktion während des Dreißigjährigen Kriegs und danach unsicher,¹¹ doch muss man wohl von einem deutlichen Rückgang der Bucherzeugung ab der Mitte des Krieges ausgehen.¹² Da andererseits die Zahl der Druckereien zunahm, ist es einsichtig, dass diese Unternehmungen es gerade im Einflussbereich Nürnbergs schwer hatten, sich erfolgreich zu entwickeln und ihren Fortbestand auf Dauer zu sichern.

Dass die im Folgenden aufgeführten Drucker Neustadt als Niederlassungsort auswählten, ist zunächst leicht erklärlich. Hier war der Sitz einer Amtshauptmannschaft des Fürstentums Bayreuth, und von Neustadt aus wurde ein besonders großes Dekanat (seit 1679 mit der Bezeichnung Superintendentur) mit 36 Pfarreien verwaltet. Zeitweilig, von 1679 bis 1683, war Neustadt sogar geistlicher Vorort für das gesamte Bayreuther Unterland, da Heinrich Arnold Stockfleth in diesen Jahren die Ämter des Baiersdorfer und des Neustädter Superintendenten in seiner Person vereinigte. Neustadt verfügte also über zentrale Funktionen im Fürstentum Bayreuth und war von daher attraktiv für jemanden, der wirtschaftliche Entwicklungsmöglichkeiten suchte.

Allerdings erfüllten sich die Hoffnungen der Druckereiunternehmer nicht. Alle Betriebe in Neustadt hatten mit wirtschaftlichen Problemen zu kämpfen und keinem gelang es, sich eine sichere Existenz für längere Zeit aufzubauen. Die Folge dieser wirtschaftlichen Schwierigkeiten waren häufige Ortswechsel der Betriebe. Es ist geradezu mit Händen zu greifen, wie einige Drucker von Stadt zu Stadt ziehen in der Hoffnung, doch wenigstens an dem jeweils neuen Standort genügend Aufträge zu erhalten. Man wird zwei Hauptgründe für das wirtschaftliche Scheitern der kleinen Firmen verantwortlich machen wollen. Zum einen konnte die Stadt als solche trotz ihrer zentralen

---

⁸ Paisey (wie Anm. 4). Julius Schmuck, Die Schwarze Kunst in Weißenburg i. B, in: Weißenburger Heimatblatt 7, 1940, S. 69–71, 81–83, 87–95, 145–147, 149–159; Otto Rieder, Geschichte der ehemaligen Reichsstadt und Reichspflege Weißenburg am Nordgau. Bearb. v. Reiner Kammerl, Bd. 2, Weißenburg 2002, S. 1015–1016.

⁹ Benzing (wie Anm. 1), S. 495; Paisey (wie Anm. 4).

¹⁰ Benzing (wie Anm. 1), S. 86; Paisey (wie Anm. 4).

¹¹ Horst Meyer, Buchhandel, in: Werner Arnold / Wolfgang Dittrich / Bernhard Zeller (Hg.), Die Erforschung der Buch- und Bibliotheksgeschichte in Deutschland. Paul Raabe zum 60. Geburtstag gewidmet, Wiesbaden 1987, S. 188–260, hier S. 206–214.

¹² Reinhard Wittmann, Geschichte des deutschen Buchhandels, München 1991, S. 76–78.

Funktionen offensichtlich keine ausreichende wirtschaftliche Basis für eine Druckerei bieten und zum anderen waren die etablierten Betriebe des Buchgewerbes in der nahen Reichsstadt Nürnberg übermächtig; gegen sie war nicht anzukommen. Immer dort, wo die Produktion der einzelnen Betriebe in Neustadt über den Umfang von Gelegenheitsschriften hinausging, standen Nürnberger Verleger hinter den Projekten. Trotz der politischen Zugehörigkeit zu einem anderen Staat, dem Fürstentum Bayreuth, stand die kleine Stadt an der Aisch, was das Buchwesen angeht, wirtschaftlich unter dem Einfluss der Reichsstadt Nürnberg.

So kann es nicht erstaunen, dass der erste Anstoß zur Gründung einer Druckerei in Neustadt von Nürnberg ausging. Der dort ansässige Verleger Johann Hoffmann versuchte im Jahr 1677, eine Offizin in Neustadt einzurichten, doch wurde ihm das Vorhaben vom Nürnberger Stadtrat untersagt.[13] Zwar wird Johann Hoffmann in den folgenden Jahrzehnten als Verleger zum bedeutendsten Auftraggeber für die sich langsam entwickelnden Neustädter Druckereien, doch als Drucker erhielt in diesem Jahr ein anderer Gewerbekollege in Neustadt eine Chance; und daher beginnt die Geschichte Neustadts als Druckerstadt 1677 nicht mit Johann Hoffmann, sondern mit Christoph Redelhamer.

Christoph Redelhamer (1677–1683)

Über Herkunft und Ausbildung des Neustädter Prototypographen Christoph Redelhamer ist nichts weiter bekannt als sein Geburtsjahr 1644, das sich aus seinem Sterbeeintrag errechnen lässt, der sein Alter 1688, zum Zeitpunkt seines Ablebens, mit 44 Jahren angibt.[14] Sein frühester bislang bekannt gewordener Druck ist eine Widmungsschrift für den Markgrafen Christian Ernst von 1677.[15] Aber schon die ersten Gehversuche wurden von den Nürnberger Druckern sogleich argwöhnisch verfolgt und sie versuchten, den missliebigen Mitbewerber auszuschalten, doch blieb dieses Störmanöver ohne Ergebnis.[16] Dass die Nürnberger Drucker den neuen Kollegen in Neustadt an der Aisch zu recht als Konkurrenten ansahen, zeigen die folgenden Jahre, in denen Redelhamer wie auch seine Nachfolger immer wieder als Auftragnehmer gerade Nürnberger Verlagshäuser begegnen.

---

[13] Klaus Matthäus, Zur Geschichte des Nürnberger Kalenderwesens. Die Entwicklung der in Nürnberg gedruckten Jahreskalender in Buchform, Diss. Erlangen 1968. Druck in: Archiv für Geschichte des Buchwesens 9, 1969, Sp. 965–1396, hier Sp. 1308. Zu Hoffmann vgl. Michael Diefenbacher / Rudolf Endres (Hg.), Stadtlexikon Nürnberg, Nürnberg 1999, S. 455; Lexikon des gesamten Buchwesens, Bd. 3, 2. Aufl., Stuttgart 1991, S. 504.
[14] Benzing (wie Anm. 1), S. 345. Die Mitteilung des Sterbeeintrages im Kirchenbuch der Reichsstadt Windsheim verdanke ich einer freundlichen Auskunft von Herrn Stadtarchivar Schlosser. Vgl. auch weiter unten Anm. 28.
[15] Universitätsbibliothek Erlangen-Nürnberg (künftig: UBE) Programme Neustadt a. d. Aisch I, 2.
[16] Am 27.6.1677 beschließt der Nürnberger Rat, es den eigenen Buchdruckern anheim zu stellen, „ob sie, mit zuziehung des kaiserl. reichshofrats fiscal die zur Neustatt und Fürth neuerlich wider die polizeiordnungen eingeschlichenen druckereien abtreiben können." Vgl. Michael Diefenbacher / Wiltrud Fischer-Pache (Hg.), Das Nürnberger Buchgewerbe. Buch- und Zeitungsdrucker, Verleger und Druckhändler vom 16. bis zum 18. Jahrhundert (Quellen und Forschungen zur Geschichte und Kultur der Stadt Nürnberg 31), Nürnberg 2003, S. 42–43, Nr. 213.

So arbeitet Redelhamer häufig für den Verlag von Johann Hoffmann als Lohndrucker. In den deutschen Verbundkatalogen und sonstigen Nachschlagewerken lassen sich derzeit drei Kalender für das Jahr 1679 und einer für das Jahr 1682 nachweisen, die Redelhamer im Auftrag Hoffmanns herstellte.[17] Ferner produzierte Redelhamer für ihn auch umfangreichere Monographien. So 1677 den 582 Seiten umfassenden „Historischen Kinder- und Jugendspiegel" des sächsischen Theologen und produktiven Schriftstellers Johann Feinler[18], 1679 den „Schauplatz der ganzen Welt" von Franz Nigrinus[19] und um das Jahr 1680 „Der von Christi Geburt an bis auf diese unsere Zeit regierenden Könige in Schweden Leben, Regierung und Absterben" des Nürnberger Autors, Übersetzers und berüchtigten Kompilators Johann Christoph Beer.[20] Der Nürnberger Rat versuchte in protektionistischer Manier, diese Zusammenarbeit zwischen Johann Hoffmann und Redelhamer (und anderen Lohndruckern außerhalb Nürnbergs) zu untersagen und Redelhamer wandte sich mit einer Beschwerde an die Regierung in Bayreuth, die deswegen in Nürnberg intervenierte.[21] Die amtlichen Quellen sagen nichts darüber aus, ob der Rat der Reichsstadt daraufhin weiter versuchte, seine Drucker vor der Konkurrenz aus Neustadt zu schützen. In der Praxis jedenfalls bestanden die eingefahrenen Geschäftsbeziehungen fort und Neustädter Drucker werden auch in der Folgezeit weiterhin als Lohndrucker für Nürnberger Verleger tätig.

Neben dem erwähnten Enkomion auf den Landesherrn von 1677 stellte Redelhamer noch andere Personal- und Gelegenheitsdrucke her. Eine Verstärkung seiner Tätigkeit auf diesem Gebiet steht in direktem Zusammenhang mit der Person des Pfarrers und zunächst Baiersdorfer und ab 1679 auch Neustädter Superintendenten Heinrich Arnold Stockfleth (1643–1708).[22]

Stockfleth gehörte zu den bedeutenderen unter den evangelischen Geistlichen Frankens. Er wurde schon mit 24 Jahren gemeinsam mit seiner Frau in den Pegnesischen Blumenorden aufgenommen und nach einer Zeit von nur einem Jahr als Gemeindepfarrer in Equarhofen (jetzt Ortsteil von Simmershofen bei Uffenheim, Landkreis Neustadt a. d. Aisch – Bad Windsheim) 1669 mit der Leitung des Dekanats Baiersdorf betraut, zu dessen sieben Pfarrgemeinden damals auch noch die Gemeinde Erlangen (-Altstadt) gehörte. Den Markgrafen Christian Ernst begleitete er 1674 auf einem Feldzug nach Frankreich als Hof- und Feldprediger, und die sich in dieser Berufung ausdrückende und durch die Ausübung des Amtes sicher noch bestärkte Nähe zu sei-

---

[17] Die Kataloge sind leicht erreichbar über einen entsprechenden Service der Universitätsbibliothek Karlsruhe: http://www.ubka.uni-karlsruhe.de/kvk.html. Unter den verschiedenen Nachweisen ist besonders aussagekräftig das „Verzeichnis deutschsprachiger Drucke des 17. Jahrhunderts" (künftig: VD 17). Vgl. auch Matthäus (wie Anm. 13), Sp. 1308, dem damals nur ein Kalender bekannt geworden war.
[18] Ein Ex. in der Landesbibliothek Stuttgart.
[19] Ein Ex. in der Universitätsbibliothek Augsburg.
[20] Ein Ex. in der Staatsbibliothek Bamberg.
[21] Diefenbacher / Fischer-Pache (wie Anm. 16), S. 382, Nr. 2419.
[22] Hans-Michael Körner (Hg.), Grosse bayerische biographische Enzyklopädie, Bd. 3, München 2005, S. 1903–1904; Erlanger Stadtlexikon (wie Anm. 3), S. 674–675; Deutsches Literaturlexikon, Bd. 20, 3. Aufl., Bern / München 2000, S. 233–236; Hans Kreßel, Heinrich Arnold Stockfleth (1643–1708). Ein fränkischer Kirchenmann und Liederdichter im Fürstentum Brandenburg-Culmbach, in: Erlanger Bausteine zur fränkischen Heimatforschung 26, 1979, S. 9–17; Matthias Simon, Bayreuthisches Pfarrerbuch (Einzelarbeiten aus der Kirchengeschichte Bayerns 12), München 1930, S. 323–324, 387–388 u. 446–448.

nem Landesherren dürfte es auch bewirkt haben, dass ihm 1679 zusätzlich das Dekanat Neustadt a. d. Aisch mit 36 Pfarrstellen und die damit verbundenen Mehreinkünfte übertragen wurden, wobei die Bezeichnung des Dekanats bei dieser Gelegenheit in Superintendentur umgewandelt wurde. Hier in Neustadt blieb Stockfleth, bis er nach Differenzen innerhalb des Pfarrkapitels im Jahr 1683 die Superintendentur in Münchberg erhielt, von wo aus er 1696 nach Ablehnung ehrenvoller Rufe ins Ausland auch noch das Amt eines Generalsuperintendenten in Bayreuth übernahm und damit zum höchsten kirchlichen Würdenträger im Fürstentum Bayreuth aufstieg. Stockfleth starb 1708 und wurde in Münchberg beigesetzt.

Seine Amtsübernahme in Neustadt war Veranlassung für eine Reihe von Gelegenheitsschriften. So wurden in Baiersdorf eine Abschiedspredigt und in Neustadt eine Antrittspredigt gehalten und anschließend gedruckt, und mehrere Geistliche ließen ihre Grußadressen veröffentlichen. Bei etlichen dieser Stücke ist Christoph Redelhamer als Drucker genannt.[23] Zur Erlangung des Licentiats an der Universität Tübingen am 30. August 1678 wurde Stockfleth mit zahlreichen gedruckten Glückwünschen gratuliert, die im folgenden Jahr herauskamen und von denen einige ebenfalls bei Redelhamer hergestellt wurden.[24] Bei diesen Stücken ist bemerkenswert, dass einige in Lateinisch abgefasst waren, so dass man entsprechende Sprachkenntnisse Redelhamers vermuten kann. An einer Stelle finden sich auch eingestreute hebräische Zeichen, es sind jedoch zu wenige, als dass sie den Schluss auf entsprechende philologische Kompetenz des Setzers / Druckers zwingend nahe legen würden.

Stockfleth hat in Neustadt – wie zu seiner Zeit üblich – auch einige von ihm selber gehaltene Gelegenheitspredigten drucken lassen, von denen bislang fünf Leichenpredigten aus den Jahren 1680, 1681 und 1683[25] und die Predigt anlässlich einer Glockenweihe in Gerhardshofen[26] im Jahr 1681 nachweisbar sind. Für das Jahr 1682 konnten Drucke von Christoph Redelhamer aus Neustadt bislang nicht aufgefunden werden.[27]

Seit 1682 war Redelhamer in Johann Christoph Drechsler ein Konkurrent am Ort erwachsen, der wohl Grund dafür war, dass er seine Offizin im September 1684 in die Reichsstadt Windsheim verlegte. Dort starb er am 3. Januar 1688, und der Betrieb wurde anschließend von seinem Sohn Adam Christian übernommen und noch kurze Zeit in Windsheim weitergeführt.[28]

---

[23] UBE 4°Thl. XIX, 135.
[24] UBE 4°Thl. XIX, 202; 4°Thl. XIX, 157, 2.3.
[25] UBE 2°Rar. A 43 [4.34.35.102.133].
[26] UBE 4°Misc. A 796.
[27] Das für 1682 bei Benzing (wie Anm. 1), S. 345, genannte Buch des Windsheimer Schulmannes Tobias Schumberg konnte auch in der historischen Stadtbibliothek der ehemaligen Reichsstadt nicht aufgefunden werden. Dem Betreuer der dortigen Bestände, Herrn Stadtarchivar Schlosser, danke ich für seine freundliche Unterstützung und Auskünfte.
[28] Michael Schlosser, Geschichte der Buchdrucker der Reichsstadt Windsheim, in: Windsheimer Zeitung Nr. 230 v. 5.10.1990; Michael Schlosser, Die Arbeiten des Rothenburger Buchdruckers Hieronymus Körnlein und seiner Nachfolger für die Reichsstadt Windsheim, in: Städte, Regionen, Vergangenheiten. Beiträge für Ludwig Schnurrer zum 75. Geburtstag (Quellen und Forschungen zur Geschichte des Bistums und Hochstifts Würzburg 49), Würzburg 2003, S. 339–343, hier S. 339.

Johann Christoph Drechsler (1682–1691)

Johann Christoph Drechsler nahm seine Tätigkeit in Neustadt 1682 auf, und aus diesem und aus dem folgenden Jahr kennen wir von ihm zwei Gelegenheitsschriften anlässlich von Hochzeiten.[29] Zuvor war er in Altdorf als Drucker beschäftigt, wie aus der dortigen Universitätsmatrikel hervorgeht, in die er am 28. Juni 1662 als „Typographus" eingetragen wurde.[30] Er war Sohn eines Kriegsmannes aus Nürnberg und heiratete 1672 Anna Sabina Miltenberger, Tochter des Kaufmanns Balthasar Miltenberger, in Schweinfurt.[31] In Neustadt ist er bis 1691 nachgewiesen.[32]

Ab 1683 produzierte Drechsler zahlreiche Kalender für den bereits erwähnten Nürnberger Verleger Johannes Hoffmann.[33] Für ihn stellte er aber nicht nur Kleindrucke her, sondern auch eine Reihe von Büchern. Derzeit lassen sich im „Verzeichnis der im deutschen Sprachraum erschienenen Drucke des 17. Jahrhunderts" elf Kalender und immerhin zehn Monographien belegen, die Drechsler in Neustadt für seinen Nürnberger Verleger unter die Presse nahm.[34] Darunter, um nur drei Beispiele zu nennen, im Jahr 1683 die „Betrachtungen zum Leiden und Sterben Jesu Christi" der Barockdichterin Catharina Regina v. Greiffenberg, ein Werk von immerhin 950 Seiten mit 12 Kupferstichen[35], den „Chur- und Fürstlichen Sächsischen Heldensaal" des Nürnberger Pegnitzschäfers Sigmund von Birken, ebenfalls ein umfangreiches Buch von fast 700 Seiten im Jahr 1687 und weiterhin im selben Jahr das „Haus-Artzney-Buch" von Johann Christoph Thieme. Aus dem Jahr 1688 kennen wir von ihm eine Leichenpredigt[36] und ein Hochzeitscarmen.[37]

Erwähnenswert ist vor allem Drechslers Beteiligung an einer deutschen Bibel des Jahres 1683, die der bereits genannte Heinrich Arnold Stockfleth herausgegeben hatte und die wie fast alle von Drechsler hergestellten Drucke – sofern es sich nicht um Gelegenheits- und Personalschriften handelt – von Johann Hoffmann in Nürnberg verlegt wurde. Dabei hatte der Verleger die Arbeit aufgeteilt. Drechsler stellte das Alte Testament bis zu den Propheten her und der Rest des Alten Testamentes und das Neue Testament wurden von Andreas Knorz in Nürnberg gedruckt.[38]

---

[29] UBE 2°Rar. A 43 [88.90].

[30] Elias von Steinmeyer (Hg.), Die Matrikel der Universität Altdorf, 1.Teil. Text (Veröffentlichungen der Gesellschaft für fränkische Geschichte, Vierte Reihe. Matrikeln fränkischer Schulen. Bd. 1, T. 1), Würzburg 1912, Nr. 10.460.

[31] Zu den biographischen Angaben vgl. Maria Hahn, Schweinfurts Drucker, Buchbinder und Buchhändler, Diss. Würzburg 1968. Druck in: Archiv für Geschichte des Buchwesens 10, 1970, Sp. 461–644, hier Sp. 506.

[32] Benzing (wie Anm. 1), S. 345. Die dortige Mitteilung, wonach Drechsler zuvor in Nürnberg tätig war, hat sich nicht verifizieren lassen. Benzing dürfte sie übernommen haben von Thomas Welzenbach, Geschichte der Buchdruckerkunst im ehemaligen Herzogthume Franken und in benachbarten Städten, in: Archiv des historischen Vereins von Unterfranken und Aschaffenburg 14, 1857, H. 2, S. 117–258, hier S. 239.

[33] Matthäus (wie Anm. 13), Sp. 1308. Zahlreiche weitere Nachweise im VD 17.

[34] http://www.vd17.de/. Dort mit Angaben über die besitzenden Bibliotheken.

[35] Ein Ex. in der Staats- und Stadtbibliothek Augsburg.

[36] UBE 4°Thl. XIX, 201/356.

[37] UBE 2°Rar. A 200/590.

[38] Die Bibelsammlung der Württembergischen Landesbibliothek Stuttgart Abt. 2, Bd. 2, Deutsche Bibeldrucke 1601–1800. Teil 1. 1601–1700, beschrieben von Stefan Strohm unter Mitarbeit v. Peter Amelung / Irmgard Schauffler / Eberhard Zwink, Stuttgart-Bad Cannstatt 1993, Nr. E 894. Zu Andreas Knorz vgl. Benzing (wie Anm. 1), S. 368; Deutsche Drucke des Barock 1600–1720. Katalog der Herzog August Bibliothek Wol-

Von dieser Stockfleth-Bibel sind insgesamt fünf Gesamt- und drei Teilausgaben bekannt, die sämtlich von Johann Hoffmann in Nürnberg verlegt wurden. Neben der vorerwähnten von 1683 eine weitere des Jahres 1688, deren Druck auf Heinrich Mayer in Altdorf und auf Christian Sigmund Froberger in Nürnberg aufgeteilt wurde,[39] eine des Jahres 1691, die wieder Heinrich Mayer in Altdorf produzierte[40] und eine von 1693, die der bereits genannte Christian Sigmund Froberger in Nürnberg herstellte.[41] Sodann erschien von dieser Ausgabe im selben Jahr noch eine Separatausgabe des Neuen Testamentes.[42] Eine weitere vollständige Ausgabe erschien 1695; sie entstand in der Offizin von Jobst Wilhelm Kohles in Altdorf und in der Werkstatt der Witwe von Andreas Knorz in Nürnberg.[43] Im selben Jahr kam davon auch noch ein Sonderabdruck des bei Kohles in Altdorf gedruckten Neuen Testamentes heraus.[44] Bei demselben Altdorfer Drucker ließ der Verleger 1698 dann noch eine Ausgabe der Propheten mit den apokryphen Teilen des Alten Testamentes herstellen.[45]

Trotz dieser Beteiligung eines Nürnberger Druckers an der Bibel von 1683 und ungeachtet der Tatsache, dass die Reichsstadt Nürnberg der Verlagsort dieser Ausgabe der Heiligen Schrift war, darf man sie mit vollem Recht als Neustädter Bibel bezeichnen; denn der Herausgeber Stockfleth war Superintendent in Neustadt und der weitaus größte Teil des Textes wurde in Neustadt hergestellt. Diese Drechsler-Bibel war die erste im Fürstentum Bayreuth gedruckte Ausgabe der Heiligen Schrift.[46] Hieran zeigt sich deutlich die dominierende Rolle der Verlags- und Druckstadt Nürnberg, die selbstverständlich auch die benachbarten protestantischen Territorien schon seit der Reformationszeit mit deutschen Bibeldrucken intensiv versorgte, so dass es bis zum Jahr 1683 dauern musste, dass ein Bibeldruck im Fürstentum Bayreuth herauskam, das doch in Hof und in der Residenzstadt Bayreuth selber schon seit 1559 beziehungsweise seit 1659 über leistungsfähige Druckereibetriebe verfügte.[47]

Von dieser ersten Bibelausgabe des Fürstentums Bayreuth ließe sich – bei sehr großzügiger Interpretation der gegebenen Fakten – sagen, sie sei einige Jahre später auch noch zum ersten Bibeldruck im benachbarten Fürstentum Ansbach geworden. Denn im Jahr 1700 erschien beim selben Nürnberger Verlag Hoffmann, der mittlerweile allerdings von Hoffmanns Witwe und seinem Schwiegersohn Engelbert Streck geführt wurde, eine Bibel, die laut Impressum bei Moritz Hagen in Schwabach und

---

fenbüttel. Begründet v. Martin Bircher, Abt. D, Bd. 1, bearb. v. Thomas Bürger, München u.a. 1993, S. 85–86, Nr. D 252–255 mit Reproduktionen des Titelkupfers (Fluch des Gesetzes, Gnade und Gerechtigkeit), der Haupttitelseite und der separaten Titelseiten für die Propheten und für das Neue Testament.

[39] Bibelsammlung Stuttgart (wie Anm. 38), S. 255–256, Nr. E 913.
[40] Ebd., S. 273–274, Nr. E 933.
[41] Ebd., S. 285–286, Nr. E 946.
[42] Ebd., S. 286–287, Nr. E 947.
[43] Ebd., S. 294–295, Nr. E 955.
[44] VD 17 3:320930P.
[45] VD 17 3:320928T.
[46] Vgl. den knappen, in Einzelheiten überholten, aber immer noch nicht ersetzten Überblick bei Matthias Simon, Evangelische Kirchengeschichte Bayerns, 2. Aufl., Nürnberg 1952, S. 494.
[47] Zu Hof vgl. Benzing (wie Anm. 1), S. 209 und zu Bayreuth ebd., S. 48. Die bescheidenen Versuche, in Kulmbach Buchdruckereien zu fundieren (ebd., S. 270), können in diesem Zusammenhang gänzlich übergangen werden.

damit im Fürstentum Ansbach gedruckt worden war.[48] Bei diesem Druck handelte es sich jedoch um eine bloße Titelauflage eben der Neustädter Bibel von 1683, von der noch Restbestände vorhanden waren, die der Verlag mit wenigen Ergänzungen, vor allem aber mit einem anderen Titelblatt, als scheinbar neues Produkt auf den Markt brachte. Man wird dieses Stück daher kaum als eigenständige Schwabacher Publikation und damit auch nicht als ersten Bibeldruck im Fürstentum Ansbach bezeichnen können. Als Erstdruck einer Bibel im Fürstentum Ansbach ist die gänzlich neue Ausgabe des Jahres 1702 anzusprechen,[49] die Moritz Hagen in Schwabach für den Nürnberger Verleger Johann Leonhard Buggel produzierte.[50] Für den Text verantwortlich zeichnete der Schwabacher Dekan Johann Christoph Meelführer[51] und so kann dieses Werk trotz des Verlagsortes Nürnberg als Schwabacher Bibel und damit als – erster – Bibeldruck des Fürstentums Ansbach bezeichnet werden.

Von Johann Christoph Drechsler lässt sich anhand des vorliegenden Quellenmaterials als das Bild eines ausgesprochen produktiven Typographen zeichnen, der allerdings praktisch nie als Verleger der eigenen Stücke hervortrat, sondern stets im Auftrag druckte. Nach derzeitigem Kenntnisstand war er ausschließlich für den Nürnberger Verleger Johann Hoffmann tätig. Gegen Ende seiner Neustädter Zeit gingen seine Geschäfte nicht mehr besonders gut, so dass er im Mai 1690 beim Rat der Reichsstadt Schweinfurt darum einkam, sowohl sein „domicilium alß seine buchdruckerey" von Neustadt an der Aisch dorthin verlegen zu dürfen. Diese Übersiedlung wurde ihm – zunächst auf Probe – gestattet und er nahm seine Tätigkeit in Schweinfurt auf, wo sein erster Druck 1691 herauskam. Diesen Betrieb übergab er allerdings bald seinem Faktor Hieronymus Morich, und Drechsler starb in Schweinfurt 1704 im Alter von 62 Jahren.[52]

Johann Burchard Mylius (1682–1686)

Obwohl man kaum annehmen kann, dass Neustadt damals einer zweiten Druckerei eine hinreichend sichere Existenzgrundlage bieten konnte, etablierte sich zusätzlich zu Drechsler mit Johann Burchard Mylius ein weiterer Typograph. Bevor er sich in Neustadt niederließ, hatte er in Altdorf als Buchdrucker gearbeitet, wie aus der dorti-

---

[48] Bibelsammlung Stuttgart (wie Anm. 38), Nr. E 1011; Hans-Otto Keunecke, Das Buchgewerbe in Schwabach 1603 bis 1800, in: Jahrbuch des Historischen Vereins für Mittelfranken Bd. 99 (erscheint voraussichtlich 2007).

[49] Hans-Otto Keunecke, Bibelverlag und Bibeldruck im Fürstentum Ansbach, in: Archiv für Geschichte des Buchwesens 59, 2005, S. 114–128, hier S. 115–116.

[50] Buggel findet sich als Buchhändler im entsprechenden reichsstädtischen Verzeichnis, dem Ämterbüchlein, zum ersten Mal 1674 und dann wieder von 1685 bis 1720, allerdings mit Unterbrechungen. Vgl. Diefenbacher / Fischer-Pache (wie Anm. 16), S. 711. Verlagswerke von ihm sind nachgewiesen von 1683 bis 1726. Vgl. Josef Benzing, Die deutschen Verleger des 16. und 17. Jahrhunderts. Eine Neubearbeitung, in: Archiv für Geschichte des Buchwesens 18, 1977, Sp. 1077–1322, hier Sp. 1110–1111. Paisey (wie Anm. 4), S. 32, nennt als Tätigkeitszeitraum 1674 bis 1720.

[51] Matthias Simon, Ansbachisches Pfarrerbuch (Einzelarbeiten aus der Kirchengeschichte Bayerns 28), Nürnberg 1957, S. 314–315.

[52] Zu Drechslers Übersiedlung nach Schweinfurt und zu seiner dortigen Tätigkeit vgl. Hahn (wie Anm. 31), Sp. 506.

gen Universitätsmatrikel hervorgeht, in die er sich am 5. Dezember 1681 als „typograph[iae] cultor" mit dem Herkunftsort Alfeld einschreiben ließ.[53] Für seine Übersiedlung nach Neustadt an der Aisch kann man das Jahr 1682 ansetzen, denn am 7. November dieses Jahres heiratet er in Neustadt Eva Regine Gerhard, eine nachgelassene Tochter des 1681 verstorbenen Nürnberger Druckers Christoph Gerhard.[54] Neustädter Veröffentlichungen von Mylius sind allerdings erst ab 1686 nachgewiesen. In diesem Jahr druckte er für den Nürnberger Verlag von Johann Hoffmann „Der Könige in Italien Leben, Regierung, Thaten und Absterben" des italienischen Priesters und Historikers Emanuele Tesauro in der Übersetzung von Johann Christoph Beer, ein Werk zwar im Duodezformat, aber mit über 700 Seiten.[55] Weitere Druckwerke vergleichbaren Umfangs sind bisher nicht bekannt geworden, doch Mylius hat seine Offizin auch nur kurze Zeit in Neustadt betrieben und dementsprechend ist seine für diese Stadt belegbare Produktion gering geblieben.

Noch verhältnismäßig häufig finden wir Gelegenheitsschriften in aller Regel bescheidenen Umfangs aus seiner Werkstatt. Neben einer Leichenpredigt von Georg Wilhelm Dörffling, der die Pfarrstelle im einige Kilometer entfernt gelegenen Gerhardshofen bekleidete, aus dem Jahr 1686[56] haben sämtliche bisher bekannten Drucke dieser Art den bereits erwähnten Superintendent Stockfleth zum Autor. Für das Jahr 1685 kennen wir eine etwas umfangreichere panegyrische Publikation auf den Kaiser mit 182 Seiten[57], eine Leichenpredigt auf das Ableben zweier Schwestern der Familie von Beylwitz[58] und eine Hochzeitspredigt auf den Kantor der Münchberger Kirche.[59] Im folgenden Jahr erscheinen zwei Predigten anlässlich von Beerdigungen[60] und eine zur Hochzeitsfeier des Münchberger Bürgermeisters.[61]

Diese Zusammenarbeit von Mylius und Stockfleth scheint zunächst ungewöhnlich, denn Stockfleth hatte Neustadt schon 1683 verlassen, um die Stelle als Superintendent in Münchberg anzutreten. Dass er trotzdem bei Mylius drucken ließ, lässt sich hingegen leicht erklären; denn zum einen existierte damals in Münchberg kein Druckereibetrieb und zum anderen gab es eine engere persönliche Beziehung zwischen dem Theologen Stockfleth und dem Drucker Mylius. Sie kamen – wie erwähnt – beide aus der Stadt Alfeld und dort hatte Achatius Mylius (1608–1664),[62] der Vater des Druckers, das Amt des Superintendenten inne, als Stockfleth dort seine Schuljahre durchlebte, und Stockfleth hatte von ihm die ersten geistlichen Unterweisungen erhalten. In

---

[53] Matrikel Altdorf (wie Anm. 30), Nr. 12.032. Es handelt sich bei dem Heimatort von Mylius nicht um Alfeld im Kreis Nürnberger Land sondern um Alfeld an der Leine im Landkreis Hildesheim (Niedersachsen), wie weiter unten dargelegt wird.

[54] Archiv des ev.-luth. Pfarramtes Neustadt a. d. Aisch, K 35, Trauungen 1663–1767, S. 41, Nr. 13. Zum Nürnberger Drucker Gerhard vgl. Benzing (wie Anm. 1), S. 367, Nr. 74.

[55] UBE Hist. 1233ᵇ.

[56] UBE 4°Thl. XIX, 201/52.

[57] VD 17 23:667370G; ein Ex. In der Herzog-August-Bibliothek in Wolfenbüttel.

[58] VD 17 39:108994G; Exemplare in der Herzog-August-Bibliothek in Wolfenbüttel, in der Forschungsbibliothek Gotha und in der Landes- und Universitätsbibliothek Göttingen.

[59] UBE 2°Rar. A 43 [96].

[60] UBE 2°Rar. A 43 [69.132].

[61] UBE 2°Rar. A 43 [151].

[62] Vgl. Christian Gottlieb Jöcher, Allgemeines Gelehrtenlexikon. Fortsetzungen und Ergänzungen, angefangen v. Johann Christoph Adelung u. fortgesetzt v. Heinrich Wilhelm Rotermund, Bd. 5, Bremen 1816, Sp. 293.

der Hochzeitspredigt, die Stockfleth für Johann Burchard Mylius hielt,[63] berichtet er davon, und wir erfahren weiter, dass eine Schwester des Druckers Johann Burchard Mylius mit einem Juristen verheiratet war, der wiederum das Amt des Vaters von Heinrich Arnold Stockfleth, der seinerzeit in Alfeld die Funktion eines städtischen Syndicus ausgeübt hatte, als übernächster Nachfolger übernommen hatte. Als dieser 1683 starb, ließ Stockfleth für die Witwe in Neustadt eine Trostschrift drucken.[64] Es gab also dichte Beziehungen zwischen den beiden Familien Stockfleth und Mylius und es ist daher die Vermutung nicht ferne liegend, dass Stockfleth den Sohn seines Alfelder geistlichen Mentors von Münchberg aus gezielt mit Aufträgen versorgte. Dieses enge Verhältnis zwischen Stockfleth und Mylius hat es sicher auch bewirkt, dass Mylius seinem Auftraggeber drei Jahre nach dessen Wechsel von Neustadt nach Münchberg folgte und dort 1686 eine Druckerei eröffnete.[65]

Hier ließe sich die Vermutung anschließen, dass Mylius überhaupt nur nach Franken gekommen ist, weil er aus den familiären Bindungen heraus in einer engen Beziehung zu Stockfleth stand; denn nach Neustadt an der Aisch zu gehen, um sich dort als Drucker selbständig zu machen, war für einen Sohn der Stadt Alfeld an der Leine ebenso wenig nahe liegend wie die Wahl des Hochschulstandortes Altdorf. Hier hätte sich weit eher das günstiger gelegene Helmstedt angeboten. Doch müssen solche Überlegungen mangels entsprechender Quellenzeugnisse vorerst mit Fragezeichen versehen bleiben.

Johann Christoph Frisch (1696–1698)

Die Tätigkeit von Mylius in Neustadt war Episode geblieben, und nach seinem Weggang blieb das Drechslersche Unternehmen weiterhin die einzige Druckerei am Ort und – wie beschrieben – noch bis 1691 in Betrieb. Danach hat es offensichtlich für etliche Jahre keine Offizin in Neustadt gegeben. Erst für die Jahre 1696 bis 1698 ist mit Johann Christoph Frisch wieder ein Drucker in Neustadt belegt.[66] Über die Person Frisch wissen wir nur, was seinen Werken zu entnehmen ist. Auch er hat mit dem Nürnberger Verleger Hoffmann zusammengearbeitet; 1697 nimmt er für ihn den „Chirurgischen Wegweiser" von Erhard Norr unter die Presse.[67] Im selben Jahr druckt er ein Geburtstagscarmen auf Herzog Wilhelm Ernst von Sachsen aus der Feder des Neustädter Superintendenten Johann Georg Layritz[68] und im nächsten Jahr eine Leichenpredigt von dessen Nachfolger im Amt Matthias Salomon Schnitzer.[69]

---

[63] UBE 2°Rar. A 43 [90]; publiziert 1683 bei Drechsler in Neustadt. Beigedruckt auch ein Glückwunschgedicht von Stockfleths Ehefrau Maria Katharina unter deren Dichternamen Dorilis, den sie beim Pegnesischen Blumenorden führte.

[64] UBE 4° Thl. XIX, 201 [400].

[65] Benzing (wie Anm. 1), S. 334.

[66] Vgl. Benzing (wie Anm. 1), S. 346 mit falschem Vornamen Johann *Kaspar* Frisch. Zwei Drucke von Frisch in der UBE: Eine Leichenpredigt von 1696 (4°Thl. XIX, 201/302) und ein Schulprogramm von 1698 (Programme Neustadt a. d. Aisch I,2m).

[67] Zwei Ex. in der UBE: Trew X* 330 u. Med II, 874.

[68] Ein Ex. im Stadtarchiv Hof (Ratsbibliothek); ein Ex. auch in der Anna-Amalia-Bibliothek in Weimar, dort aber vermutlich 2004 beim Bibliotheksbrand untergegangen.

[69] UBE 4°Thl. XIX, 201/362; ein Ex. auch im Stadtarchiv Hof (Ratsbibliothek).

Von Frisch stammt auch der erste bislang bekannt gewordene gedruckte Stadtplan von Neustadt an der Aisch. Er hat diesen Grundriss in Holz geschnitten, und danach hat ein sonst nicht näher bekannter Philipp Jacob Frisch, vermutlich doch wohl ein Verwandter des Buchdruckers, einen Kupferstich angefertigt: „Eigentliche Vorstellung der [...] Stadt Neustadt an der Aisch. Wie dieselbe [...] Anno 1698 den 24. des Brachmonats [...] anzusehen gewesen."[70] Es existieren davon zwei Varianten.[71] Nach dem Jahr 1698 verschwindet Johann Christoph Frisch vollkommen von der Bildfläche; er lässt sich als Drucker weiter nicht nachweisen.[72]

Nikolaus Weidemann (1699–1700)

Sein Nachfolger in Neustadt war Nikolaus Weidemann, ein sonst nicht näher bekannter Typograph. Warum und von woher er nach Neustadt kam liegt ebenso im Dunkeln wie sein weiterer Weg, nachdem er Neustadt nach nur zwei Jahren wieder verließ. Von ihm konnten bislang nur vier Drucke aufgefunden werden: die Einladungsschriften des Superintendenten Wolfgang Christoph Räthel zu den Versammlungen des Dekanatskapitels von 1699 und von 1700[73] und zwei Hochzeitscarmina aus dem Jahr 1700.[74]

Erasmus und Lorenz Helmhack (1701–1712: teilweise gemeinsam, 1716: Erasmus Helmhack allein)

In der Folgezeit sind in Neustadt von 1701 bis 1716 verschiedene Drucker abwechselnd aber auch teilweise gleichzeitig tätig, von denen die wichtigsten zunächst die Brüder Erasmus und Lorenz Helmhack sind. Erasmus Helmhack und sein Bruder Lorenz waren Pfarrerssöhne. Ihr Vater war der ev.-luth. Geistliche Friedrich Helmhack. Er stammte aus Regensburg, war von 1667 bis 1670 Geistlicher in Rosenberg und anschließend in Illschwang, einem Pfarrdorf im jetzigen Landkreis Amberg-Sulzbach-Rosenberg, wo er am 23. April 1700 verstarb.[75] Die Identifizierung der beiden Dru-

---

[70] Neustadt an der Aisch und sein Umland in alten Karten, Ansichten und Porträts, hg. v. Gertraud Geissendörfer in Zusammenarbeit mit August Wolfschmidt / Wolfgang Mück (Beiträge zur Heimatgeschichte 1), Neustadt a. d. Aisch 1983, S. 22 (Abb.).

[71] Wolfgang Mück, Mitten in Franken. Neustadt an der Aisch. Politisches, wirtschaftliches und kulturelles Zentrum im Aischgrund (Veröffentlichungen der Gesellschaft für fränkische Geschichte, Reihe 12, Neujahrsblätter 42), Neustadt a. d. Aisch 1999, S. 101.

[72] Benzing (wie Anm. 1) und Paisey (wie Anm. 4) kennen ihn weiter nicht und auch in den gängigen Verbundkatalogen ließ er sich nicht auffinden.

[73] UBE Programme Neustadt a. d. Aisch I,4 und I,5. Vgl. auch Benzing (wie Anm. 1), S. 346 mit verfälschter Namenswiedergabe Weide*n*mann und der Zeitangabe 1698–1700. Für das Druckjahr 1698 konnte bisher kein Beleg beigebracht werden.

[74] UBE 2°Rar. A 200/1089.1090.

[75] Vgl. Eisenerz und Morgenglanz. Geschichte der Stadt Sulzbach-Rosenberg (Schriftenreihe des Stadtmuseums und Stadtarchivs Sulzbach-Rosenberg 12), Bd. 2, Amberg 1999, S. 566, u. Franz Wehrl, „Confessio catholica". Glaube, Recht und Territorialhoheit. Illschwang, eine Propstei des Klosters Reichenbach, Eichstätt 1989, S. 209.

cker-Brüder als Söhne dieses Pfarrers gelang über die Altdorfer Universitätsmatrikel, in die Lorenz Helmhack am 30. Dezember 1697 als „Typographus" eingeschrieben und bei dieser Gelegenheit als Sohn des sulzbachischen Pfarrers zu Illschwang bezeichnet wird.[76] Lorenz Helmhack hat also in Altdorf als Buchdrucker gearbeitet und unterstand als Universitätsbürger der akademischen Gerichtsbarkeit. Der Bearbeiter der Matrikel hat darüber hinaus aus Altdorfer Archivalien ermittelt, dass Lorenz Helmhack 1698 – eigenartigerweise – als Buch*binder*geselle und dann 1702 – da aber wieder als Buch*drucker*geselle – begegnet, wobei er im Jahr 1702 bereits verheiratet ist und eine Schwester bei sich aufgenommen hat.[77] Außer diesen Angaben ist nichts über die Zeit von Lorenz Helmhack in Altdorf bekannt.

Er hat dann offensichtlich auch in den nächsten Jahren in unselbständiger Position weiter gearbeitet; denn erst ab 1709 taucht sein Name in Drucken auf. Er ließ sich in der Reichsstadt Weißenburg nieder, wo für 1709 bis 1714 vier Drucke nachgewiesen sind, darunter 1713 eine Bibel.[78] Im Jahr 1717 verkaufte er seine Druckerei in Weißenburg an Karl Meyer.[79] Offensichtlich hat er bis zum Jahr 1717 parallel zu seinem Betrieb in Weißenburg eine zweite Druckerei in Wilhermsdorf geführt; denn aus Wilhermsdorf sind Veröffentlichungen aus den Jahren von 1713 bis 1717 bekannt.[80] So druckte er dort unter anderem 1716 die „Kurze doch eigentliche Beschreibung des neuen Uhrwerks auf dem Rathaus [...] Neustadt an der Aisch" von Johann Michael Vogler[81] und 1717 eine „Kurtze Abhandlung von des Kupfferzeller Heyl- und Gesund-Brunnens lieblichen und accomodirlichen Situation" von Johann Matthias Müller.[82]

Über den Werdegang von Erasmus Helmhack sind wir nicht so genau unterrichtet wie über den Lebensweg seines Bruders. Er begegnet erstmals 1701 mit zwei Drucken in Neustadt, einer Einladung zur Versammlung des Pfarrkapitels[83] und einer Leichenpredigt.[84] Im folgenden Jahr 1702 verlegt er seinen Wohnsitz in die Reichsstadt Windsheim, wo er am 20. März das Bürgerrecht erhält.[85] Dort ist er bis 1708 tätig, um dann wieder nach Neustadt zu ziehen, wo sein erster Druck in dieser zweiten Neustädter Schaffensperiode in diesem selben Jahr 1708 erscheint.[86] Es ist aber auffällig,

---

[76] Matrikel Altdorf (wie Anm. 30), Nr. 14173.

[77] Elias von Steinmeyer (Hg.), Die Matrikel der Universität Altdorf, 2. Teil. Register (Veröffentlichungen der Gesellschaft für fränkische Geschichte, Vierte Reihe. Matrikeln fränkischer Schulen. Bd. 1, T. 2), Würzburg 1912, S. 280, Anm. 12.

[78] Drei eher kleinere Titel mit den Erscheinungsjahren 1709, 1712 und 1714 finden sich im Bayerischen Verbundkatalog, erreichbar über das Portal „Gateway Bayern" (http://bvba2.bib-bvb.de/V?RN=243034601). Zur Bibel von 1713 vgl. Keunecke, Bibelverlag und Bibeldruck im Fürstentum Ansbach (wie Anm. 49), S. 116–119.

[79] Otto Rieder, Geschichte der ehemaligen Reichsstadt und Reichspflege Weißenburg am Nordgau. Bearb. v. Reiner Kammerl, Bd. 2, Weißenburg 2002, S. 1015–1016. Danach stammt auch der erste Druck von Karl Meyer bereits aus diesem Jahr. Die Firma bestand bis in das 19. Jahrhundert hinein. In der Literatur ist Karl Meyer bislang nur für die Zeit von 1729 bis 1740 nachgewiesen. Vgl. Paisey (wie Anm. 4), S. 175.

[80] Paisey (wie Anm. 4), S. 103 und die beiden im Folgenden genannten Drucke.

[81] Ein Ex. in der Staatlichen Bibliothek (Schlossbibliothek) Ansbach.

[82] UBE Trew G*117–120. Kupferzell im Hohenlohekreis (Baden-Württemberg).

[83] UBE Programme Neustadt a. d. Aisch I,6.

[84] UBE 2° Rar. A 43 [39]. Vgl. auch Michael Schlosser, Erasmus Helmhack. Ein Neustädter Drucker in Windsheim, in: Streiflichter aus der Heimatgeschichte 1988, S. 9–13, hier S. 9.

[85] Schlosser (wie Anm. 84), S. 9.

[86] Einladung zur Synode des Pfarrkapitels von 1708 in der UBE: Programme Neustadt a. d. Aisch I,14.

dass einige Neustädter Gelegenheitspublikationen ohne Druckerbezeichnung aus den Jahren 1704, 1706 und 1707[87] dieselben Initialen für die großen Zierbuchstaben C und E sowie teilweise dieselbe Vignette, einen gefüllten Blumenkorb, verwenden. Das legt den Schluss nahe, dass Erasmus Helmhack auch diese Stücke hergestellt hat. Da er sein Typenmaterial sicher mit nach Windsheim genommen hat, wird er diese Kleinschriften vermutlich dort produziert und aus Gründen, die wir nicht kennen, darauf verzichtet haben, seinen Namen und seinen (neuen) Geschäftsort zu nennen.

Für kurze Zeit, in den Jahren von 1708 bis 1711, arbeitet er mit seinem Bruder Lorenz zusammen. Aus dieser Schaffensperiode stammen vier Kleindrucke aus dem Jahr 1708, drei davon im bescheidenen Umfang von jeweils zwei Blatt[88] und eine Publikation von 113 Seiten anläßlich des Todes von Isaac Buirette von Oehlefeld.[89] Im Jahr 1709 erscheinen dann eine Einladung zur Synode des Pfarrkapitels[90] und ein Büchlein zur Bienenzucht von 88 Seiten,[91] ein Hochzeitsgedicht folgt 1710.[92] In diesem und im folgenden Jahr drucken Erasmus und Lorenz Helmhack gemeinsam eine deutsche Bibel, von der bislang nur das Exemplar in der Neustädter Kirchenbibliothek bekannt geworden ist.[93] Die Ausgabe ist in schmalem Oktav-Format gedruckt, wie man es sonst nur bei Gesangbüchern findet, und erschien in zwei Teilen, das Neue Testament 1710 und das Alte Testament im folgenden Jahr 1711. Das Titelkupfer zeigt eine Vedute von Neustadt an der Aisch.[94]

Der Druck wurde veranlasst vom damaligen Neustädter Superintendenten Wolfgang Christoph Räthel, der damit die Erwartung verband, der 1708 errichteten Witwen-Sozietät aus den Verkaufseinnahmen Mittel zuführen zu können.[95] Diese Hoffnung jedoch zerschlug sich, und man verteilte die unverkäuflich gebliebene Auflage nach und nach unter Bedürftige, die sich eine Anschaffung aus eigener Kraft nicht leisten konnten. So berichtet es der Neustädter Superintendent Georg Matthäus Schnizer[96] im Jahr 1783.[97] Angesichts dieser Umstände kann es nicht verwundern, dass von

---

[87] UBE Programme Neustadt a. d. Aisch I,9, I,11 u. I, 13.
[88] UBE 2°Rar. A 200/139.1340.1341.
[89] UBE 2°Rar. A 200/108.
[90] UBE Programme Neustadt a. d. Aisch I,15
[91] UBE Trew E*857.
[92] UBE 2°Rar. A 200/325.
[93] Signatur 191ᵃ und 191ᵇ. Herr Reinhold Ohlmann, der Betreuer der Bibliothek, machte mir das rare Stück in liberaler Weise zugänglich.
[94] Abbildung bei Mück, Mitten in Franken (wie Anm. 71), S. 101, leider mit der falschen Angabe, dass dieses Titelkupfer der 1683 von Christoph Drechsler gedruckten Bibel entstamme.
[95] Das ist dem Vorwort zu entnehmen. Vgl. auch Paul Schaudig, Der Pietismus und Separatismus im Aischgrund, Schwäbisch Gmünd 1925, S. 61.
[96] Zur Person vgl. Simon (wie Anm. 22), S. 297, Nr. 2251. Von Schnizer stammt ein gedruckter Bibliothekskatalog: Die Kirchenbibliothek zu Neustadt a. d. Aisch. Anzeige von den darin befindlichen Handschriften und Büchern, mit vorausgeschickter Geschichte ihrer ersten Entstehung, 6 Hefte, Nürnberg 1782–1787.
[97] „Durch die Auflage dieser Bibel auf Kosten der Vidual-Societaet wurde der ganze Fond gesprengt und dieser löblichen Anstalt auf einmal und immer der Garaus gemacht […]. Um von dieser Bibel ein Exemplar auf unserer Kirchenbibliothek zu asserviren, nachdem die übrigen von Zeit zu Zeit unter die Armen verteilt worden, so habe diese auf meine Kosten in 2 Bänden binden lassen und beigeleget. Neustadt an der Aisch, den 30. Dec. Ao. 1783. Georg Matthäus Schnizer, Superintendens." Diese Nachricht notierte Schnizer auf dem Vorsatz des Exemplars der Neustädter Kirchenbibliothek. Ich verdanke die Kenntnis von dieser Notiz einem freundlichen Hinweis von Herrn Reinhold Ohlmann, dem Betreuer der dortigen Bestände.

der Bibel des Jahres 1711 keine oder nur sehr wenige Stücke in den Handel gelangten, und diese Tatsache erklärt, warum von dieser Bibelausgabe außer dem Neustädter Exemplar bislang kein weiteres bekannt geworden ist.

Von Lorenz Helmhack als alleinigem Drucker ist dann aus Neustadt nur noch eine Gelegenheitsschrift aus dem Jahr 1710 bekannt. Die reichsritterschaftliche Familie der Truchsesse von Pommersfelden war in diesem Jahr ausgestorben und wurde von den Grafen Schönborn beerbt, die mit Pommersfelden, wozu auch das Patronatsrecht über die seit der Mitte des 16. Jahrhunderts evangelische Kirche gehörte, belehnt wurden. An den konfessionellen Verhältnissen änderte sich dadurch nichts; denn Friedrich Ernst, der letzte Truchsess von Pommersfelden, hatte eine die evangelische Konfession seiner Untertanen sichernde Klausel in sein Testament aufgenommen.[98] Anlässlich der Erbhuldigung am 10. Januar 1710 verfasste der Pfarrer von Pommersfelden ein Glückwunschgedicht auf den neuen Patronats- und Lehensherrn (und Erzbischof von Mainz und Bischof von Bamberg) Lothar Franz von Schönborn. Als Drucker dafür wählte Johann Michael Frank,[99] der evangelische Pfarrer von Pommersfelden, Lorenz Helmhack, den Pfarrerssohn im evangelischen Neustadt an der Aisch.[100] Zu diesem Zeitpunkt hatte Lorenz seinen Sitz vielleicht schon nach Weißenburg verlegt, wo – wie weiter oben bereits erwähnt – sein erster Druck schon 1709 herausgekommen war. Trotz des Erscheinungsvermerkes „Neustadt" in dem genannten Huldigungsgedicht könnte es sein, dass es in der Reichsstadt Weißenburg hergestellt und dort mit der Neustädter Ortsangabe versehen wurde.

Erasmus Helmhack arbeitete in Neustadt ohne seinen Bruder weiter. Für die folgenden Jahre 1710 bis 1712 sind bislang ausschließlich Gelegenheitsschriften von Erasmus Helmhack bekannt.[101] Dann folgt eine Lücke und es ist wahrscheinlich, dass Erasmus Helmhack Neustadt verließ, denn in diesen Jahren von 1713 bis 1715 sind Neustädter Gelegenheitsschriften ausschließlich von dem gleich anschließend zu behandelnden Christian Siegmund Froberg(er) und – in bislang einem bekannten Falle – auch von dem Erlanger Daniel Philipp Schmatz nachweisbar;[102] erst 1716 begegnen wir wieder drei (Klein-)Drucken von Erasmus Helmhack mit dem Herstellungsort Neustadt.[103] Er stellt seine Druckertätigkeit in diesem Jahr allerdings auch sogleich wieder ein, womit sich gut erklären läßt, dass die Beschreibung der Neustädter Rathausuhr, die 1716 herauskommt und natürlicherweise doch bei ihm hätte erscheinen sollen, von seinem Bruder Lorenz in Wilhermsdorf hergestellt wird.[104]

---

[98] Martin Becher, Evang.-Luth. Pfarrkirche St. Maria und Johannes Pommersfelden, in: Heimatbote aus dem Reichen Ebrachgrund 11, 1998, S. 85–91, hier S. 86.

[99] Vgl. Ritterschaftliches Pfarrerbuch Franken, bearb. v. Georg Kuhr (Einzelarbeiten aus der Kirchengeschichte Bayerns 58), Neustadt a. d. Aisch 1979, S. 84, Nr. 660.

[100] UBE 2°Rar. A 201/299.

[101] 13 Beispiele in der UBE: Programme Neustadt a. d. Aisch I,17–25; 4°Thl. XIX,288.363; 2°Rar. A 200/1342; 2°Rar. A 201/183.

[102] UBE Programme Neustadt a. d. Aisch I,26–29. Zu Schmatz vgl. Erlanger Stadtlexikon (wie Anm. 3), S. 177.

[103] UBE Programme Neustadt a. d. Aisch I,30–32.

[104] Vgl. weiter oben bei Anm. 81.

Christian Siegmund Froberg(er) (1713–1717)

Von dem eben erwähnten Christian Siegmund Froberg(er) kennt man bislang drei Kleindrucke der Jahre 1713–1715 und einen aus dem Jahr 1717.[105] In diesen Stücken nennt er sich nur mit seinem Nachnamen, es ist aber nahe liegend, ihn als den in Nürnberg ansässigen Christian Siegmund Froberger zu identifizieren, der in der Reichsstadt von 1679 bis 1722 im einschlägigen offiziellen Verzeichnis, dem Ämterbüchlein, als Buchdrucker eingetragen ist und von 1678 bis 1723 häufig in Beschlüssen des Stadtrates auftaucht.[106] Dass er in den Jahren 1713 bis 1715 und dann wieder 1717 wirklich eine selbständige Druckerei in Neustadt betrieben hat, muss bezweifelt werden, da er auch in diesen Jahren in Nürnberg in der maßgeblichen amtlichen Aufzeichnung durchgängig als Drucker genannt wird und darüber hinaus in den Jahren 1714 und 1715 sogar das Amt des Vorgehers unter den Druckern ausübte.[107] Es ist eher wahrscheinlich, dass er die jeweils für Neustadt anfallenden Drucke in Nürnberg produziert hat, und dass der Erscheinungsvermerk Neustadt den Herstellungsort folglich nicht korrekt wiedergibt. Dieses könnte auch erklären, warum er in Neustadt nicht kontinuierlich über eine bestimmte Zeit hinweg tätig ist, sondern nach drei Drucken der Jahre 1713 bis 1715 erst 1717 wieder mit einem Stück begegnet. Denkbar – wenngleich nicht so wahrscheinlich – wäre auch, dass er in Neustadt einen kleineren Ableger seines Nürnberger Betriebes unterhielt. Eine gänzlich zufrieden stellende Antwort auf diese Frage muss so lange unterbleiben, wie nicht neue Quellen nutzbar gemacht werden können. Ergänzend sei bemerkt, dass Froberger in den Jahren nach 1717 in Nürnberg keinen großen wirtschaftlichen Erfolg mehr erzielen konnte. Sein Betrieb und sein Haus wurden 1723 wegen übermäßiger Schulden zwangsversteigert, und sein Sohn konnte das Geschäft nicht weiterführen.[108]

Johann Christoph Leonhard Hornung (1718–1722)

Im Anschluss an die Wirkungszeit des Nürnbergers Christian Siegmund Froberger bleibt Neustadt nur ein Jahr ohne eine Druckerei. Denn schon 1718 begegnet der erste Druck von Christoph Leonhard Hornung in Neustadt an der Aisch, bei dem bemerkenswerterweise als Verleger Christoph Philipp Wolffhardt mit der Berufsbezeichnung Buchbinder angegeben ist.[109] Dieser Wolffhardt wird in der Literatur für eben dieses Jahr 1718 als Neustädter Drucker genannt,[110] es konnte aber bislang kein entsprechendes Stück ermittelt werden. Der Anschein spricht sehr dafür, dass eine Verwechslung mit dem Buch*binder* Wolffhardt vorliegt.

---

[105] UBE Programme Neustadt a. d. Aisch I,26–28 u. I,34.
[106] Vgl. Diefenbacher / Fischer-Pache (wie Anm. 16), Nachweise über das Register S. 510 mit dem unrichtigen Vornamen Christian *Friedrich* u. S. 714 mit der richtigen Wiedergabe des Vornamens; Benzing (wie Anm. 1), S. 368 mit der Angabe des Tätigkeitszeitraum 1678–1723 für Nürnberg; Paisey (wie Anm. 4), S. 69 entsprechend.
[107] Diefenbacher / Fischer-Pache (wie Anm. 16), S. 662 u. 663.
[108] Vgl. Diefenbacher / Fischer-Pache (wie Anm. 16), S. 314–316.
[109] UBE 4°Thl. XIX, 202/140.
[110] Paisey (wie Anm. 4), S. 291

Über die Herkunft von Christoph Leonhard Hornung sind wir einigermaßen gut unterrichtet. Er wird am 5. Mai 1714 mit der Herkunftsangabe „von Gerenbrunn" als Buchdruckergeselle in die Matrikel der Universität Altdorf eingetragen.[111] Am 27. Mai 1718 erhält er das Bürgerrecht der Reichsstadt Windsheim und bei dieser Gelegenheit gibt er an, dass er aus dem kleinen Dorf Kloster Sulz stammt.[112] Damit ist klar, dass es sich bei diesem Buchdrucker um den 1686 geborenen Sohn des Pfarrers Johann Georg Hornung handelt, der die Gerabronner Gemeinde von 1677 bis 1693 leitete und in diesem Jahr auf die Pfarrstelle nach Kloster Sulz wechselte.[113] Der Versuch von Johann Christoph Leonhard Hornung, in der Reichsstadt Windsheim Fuß zu fassen, blieb offensichtlich ohne Erfolg; denn aus Windsheim ist kein Druck von ihm bekannt und er muss diesen Ort sehr bald wieder verlassen haben.

Sehr umfangreich ist seine Produktion auch in Neustadt nicht, bisher kennen wir sechs Programmschriften aus den Jahren bis 1722,[114] zwei Gelegenheitsdrucke des Jahres 1720[115] und zwei schmale Personalschriften aus dem Jahr 1722.[116] Ob der Neustädter Drucker Hornung identisch ist mit dem 1730–1731 in Heidelberg auftauchenden Hof- und Universitätsdrucker Johann Christoph Leonhard Hornung, muss nach derzeitigem Kenntnisstand offen bleiben. In die Heidelberger Universitätsmatrikel ist ein Buchdrucker mit diesem Namen jedenfalls nicht eingetragen worden, so dass dieses Verzeichnis als weiteres Auskunftsmittel zur Identifizierung, etwa über die Nennung des Herkunftsortes, entfällt.[117]

Johann Georg Lauer (1721) und Adam Jonathan Felsecker (1722)

Gegen Ende des Bestehens der Druckerei Hornung begegnen noch drei Stücke aus anderen Werkstätten. Im Jahr 1721 erscheinen zwei Leichenpredigten bei Johann Georg Lauer.[118] Von ihm ließen sich bislang keine anderen Drucke aus anderen Orten auffinden und diesen Namen treffen wir auch sonst nicht weiter an. So bleibt seine Herkunft ebenso im Dunkeln wie sein weiterer Weg nach 1721.

Im folgenden Jahr kommt dann noch ein letzter Druck in Neustadt heraus, eine Einladung zur jährlichen Dekanatssynode, hergestellt von Adam Jonathan Felsecker.[119] In diesem Druck nennt er sich nur mit dem Vornamen Jonathan; es kommt aber nur Adam Jonathan Felsecker (1683–1729) aus der bekannten Nürnberger Dru-

---

[111] Matrikel Altdorf (wie Anm. 30), Nr. 15.371. Die Herkunftsangabe ist als Gerabronn b. Schwäbisch Hall aufzulösen.
[112] Schlosser, Geschichte der Buchdrucker Windsheim (wie Anm. 28). Kloster Sulz jetzt Ortsteil von Dombühl b. Schillingsfürst, Kreis Ansbach.
[113] Matthias Simon, Ansbachisches Pfarrerbuch (Einzelarbeiten aus der Kirchengeschichte Bayerns 28), Nürnberg 1957, S. 214. Vgl. auch Pfarrerbuch Württembergisch Franken T. 2. Stuttgart 1981, S. 194, Nr. 1141.
[114] UBE Programme Neustadt a. d. Aisch I,37- 41 u. 43.
[115] UBE 4°Thl. XIX, 201/154 u. 2°Rar. A 200/414.
[116] UBE 2°Rar. A 200/106.807.
[117] Die Matrikel der Universität Heidelberg, T. 7, enthaltend die Register zu Teil 4–6, 1704–1870 bearb. v. Paul Hintzelmann, Heidelberg 1916.
[118] UBE Programme Neustadt a. d. Aisch I,45 u. 2°Rar. A 200/1205.
[119] UBE Programme Neustadt a. d. Aisch I,46.

cker- und Verlegerfamilie in Frage.[120] Ob er wirklich den Versuch unternommen hat, eine selbständige Druckerei in Neustadt zu etablieren, kann zumindest als fraglich erscheinen; denn andere Stücke neben dieser schmalen Einladungsschrift sind bisher nicht aufgetaucht. Vielleicht hat er diese kleine Publikation in Nürnberg hergestellt und ihr nur den Erscheinungsvermerk Neustadt beigegeben. Jedenfalls ist er im einschlägigen Nürnberger Ämterbüchlein für die Jahre von 1713 bis 1729 ohne Unterbrechung als Buchdrucker nachgewiesen.[121]

Der Druckereiplan von Paul Eugen Layritz (ca. 1740/42)

Von 1722 bis 1828 bestand keine Druckerei in Neustadt an der Aisch. Die in dieser Zeit anfallenden üblichen Programmschriften für das Gymnasium ließ man in Nürnberg oder in Erlangen bei eingeführten Betrieben herstellen. Auch eine prominente lokale Veröffentlichung aus dem Bereich des Buchwesens, die Beschreibung der Neustädter Kirchenbibliothek durch den Superintendenten Georg Matthäus Schnizer, musste auswärts gedruckt werden; sie kam von 1782 bis 1787 in sechs Lieferungen in Nürnberg heraus.

Allerdings hat es im 18. Jahrhundert noch einmal den Versuch gegeben, eine Druckerei zu gründen, doch führte dieses Vorhaben nicht zum Erfolg. Urheber des damaligen Buchdruckereiplanes war der Rektor des Neustädter Gymnasiums, Paul Eugen Layritz, der 1731 als Konrektor nach Neustadt gekommen war und das Amt des Leiters der Anstalt 1736 übernommen hatte.[122] Er veranlasste eine Reihe von Reformmaßnamen und organisierte unter anderem einen Neubau für die Schule.[123] Zu seinen Plänen zählte auch die Absicht, bereits vorliegende Editionen von klassischen Autoren für den Schulgebrauch unter Verzicht auf die Anmerkungsapparate neu herauszubringen und dafür eine Druckerei einzurichten, worüber eine Generation später Georg Christoph Oertel in seiner Gedächtnisrede „De vita, fatis ac meritis Paulli Eugenii Layrizii" berichtet.[124] Vielleicht hat Layritz bei seinem Druckereiplan und der Wahl des Fundierungsdatums auch das Jubiläumsjahr 1740 in den Blick genommen; denn in diesem Jahr wurde in über 80 deutschen Städten der Erfindung Gutenbergs, für die

---

[120] Jakob Konrad, 333 Jahre Felsecker-Sebald. Geschichte einer Nürnberger Druckerei, Nürnberg 1990, S. 46–47.

[121] Diefenbacher / Fischer-Pache (wie Anm. 16), S. 713

[122] Zur Person vgl. [N.N.], Lebenslauf, in: Nachrichten aus der Brüdergemeine 1838, S. 109–120; ADB, Bd. 18. Berlin 1883, S. 88–89; Schaudig (wie Anm. 95), S. 131–132 u. 155–170 passim.

[123] Vgl. Marianne Doerfel, Ein zweites Halle in Neustadt/Aisch? Zur Geschichte des Neustädter Gymnasiums unter Pietisten und Herrnhutern im 18. Jahrhundert, in: Zeitschrift für bayerische Kirchengeschichte 58 (1989), S. 141–177, hier S. 150–154 u. 162–169; dies., Das Gymnasium Neustadt / Aisch. Pietismus und Aufklärung, in: Max Liedtke (Hg.), Handbuch der Geschichte des bayerischen Bildungswesens, Bd. 1, Bad Heilbrunn 1991, S. 405–424, hier S. 411–416. Gerhard Müller / Horst Weigelt / Wolfgang Zorn (Hg.), Handbuch der Geschichte der evangelischen Kirche in Bayern, Bd. 1, St. Ottilien 2002, S. 527–528.

[124] Schulprogramm des Gymnasiums Neustadt a. d. Aisch anlässlich des Geburtstags von Markgraf Alexander am 24. Februar 1777, Nürnberg 1777, S. 19 (ein Ex. in der UBE: Progr. F., Neustadt II, 3). Auf diese Quelle gehen die Angaben zurück bei Georg Ludwig Lehnes, Geschichte der Stadt Neustadt a. d. Aisch, Neustadt a. d. Aisch 1834, S. 264–265; Max Doellner, Entwicklungsgeschichte der Stadt Neustadt an der Aisch bis 1933, Neustadt a. d. Aisch 1950, S. 364–365 und bei Mück (wie Anm. 71), S. 101.

man damals noch das Jahr 1440 ansetzte, gedacht. Hingegen muss dieses Vermutung bleiben, da die einzige Quelle für den Druckereiplan, Oertels Gedächtnisrede, darüber nichts weiter mitteilt.[125]

Wie Oertel berichtet, hatte Layritz in der Person des bayreuthischen Geheimen Rates und Neustädter Amtshauptmannes Johann Adolf von Berghofer auch einen Geldgeber gefunden, und für den ins Auge gefassten Drucker, über dessen Identität wir leider nichts erfahren, war bereits ein Gebäude ausgesucht worden und man hatte Getreide und Holz als Naturalleistungen bereitgestellt. Zur Ausführung des Vorhabens kam es jedoch nicht. Oertel führt als Grund den Tod Berghofers an, worin ihm die Literatur ausnahmslos gefolgt ist.[126] Diese Angabe kann aber nicht gut stimmen; denn Layritz verließ Neustadt im Dezember 1742,[127] um sich der Herrnhuter Brüdergemeine anzuschließen, bei der ihm in der Folge führende Positionen übertragen wurden. Berghofer hingegen wird noch 1743 in den Hofkalendern als Amtshauptmann in Neustadt aufgeführt, und für 1744 wird ein vorläufiger Verwalter dieses Amtes und 1745 ein definitiver Nachfolger genannt;[128] gestorben ist Berghofer im Jahr 1748.[129] Da nicht angenommen werden kann, dass der Amtshauptmann nach Weggang des Rektors Layriz den Druckereiplan noch weiter verfolgt hat und da Berghofer außerdem sein Neustädter Amt und damit eine denkbare Zuständigkeit für eine dort zu etablierende Offizin schon vier Jahre vor seinem Tod abgab, ist eher anzunehmen, dass es nicht das Ableben Berghofers, sondern der Weggang von Layritz war, der den Druckereiplan scheitern ließ.

Jacob Samuel Friedrich Riedel (1780–1792)

Jacob Samuel Friedrich Riedel, der zuvor in Hof und Bayreuth als Handlungsgehilfe tätig war, ließ sich 1780 in Neustadt nieder.[130] Am 19. Februar 1787 heiratete er hier Catharina Barbara Düll, Tochter des Johan Thomas Düll, Ratsmitglied und Gotteshauspfleger in Neustadt.[131] Riedel war Verleger und Buchhändler; eine Druckwerkstatt hat er nicht unterhalten. Eine Angabe in der neueren Literatur, wonach sich Riedel in Neustadt auch als Buchdrucker betätigte oder zumindest entsprechende Versu-

---

[125] Auch die Selbstbiographie von Layritz erwähnt den Druckereiplan nicht: Lebenslauf des Bruders Paul Eugenius Layritz, Bischofs der Brüder-Kirche, heimgegangen zu Herrnhut den 31. Juli 1788, in: Nachrichten aus der Brüder-Gemeine 1838, S. 96–120.

[126] So z.B. Georg Wolfgang Augustin Fikenscher, Geschichte des Buchdruckerwesens in dem Burggrafthum Nürnberg oberhalb Gebürgs, Bayreuth 1802 (Programmschriften Lyceum Kulmbach), Vorerinnerung, S. VII und noch neuestens Mück (wie Anm. 71), S. 101.

[127] Schaudig (wie Anm. 95), S. 169.

[128] Hochfürstlich-Brandenburgisch-Culmbachischer Address- und Schreibkalender auf das Jahr […], Bayreuth o. J. Die auf den einzelnen Bibliotheken und Archiven oft nur lückenhaft vorhandenen Hofkalender sind seit einiger Zeit leicht in einer Microfiche-Ausgabe zugänglich: Die Amtskalender der fränkischen Fürstentümer Ansbach und Bayreuth (1737–1801), zusammengestellt v. Rainer-Maria Kiel, Mikrofiche-Ausg., Erlangen 2000.

[129] Fikenscher (wie Anm. 126), S. VII.

[130] Welzenbach (wie Anm. 32), S. 241.

[131] Archiv des ev.-luth. Pfarramtes Neustadt a. d. Aisch, Namensregister zum (verlorenen) Band Trauungen.

che unternommen hat, ließ sich nicht verifizieren.[132] Der Autor dürfte die von ihm herangezogene Stelle in der Neustädter Stadtgeschichte von Georg Ludwig Lehnes missverstanden haben.[133]

Als Erscheinungsort gibt Riedel in seinen Büchern sehr häufig neben Neustadt auch Leipzig an. Daraus darf nicht auf einen zweiten dauerhaften Firmensitz von Riedel in der sächsischen Handelsstadt geschlossen werden. Die Ortsangabe ist so zu verstehen, dass Riedel regelmäßig an den Leipziger Messen im Frühjahr und im Herbst teilnahm und auf diese Weise seine Geschäfte zeitweise von Leipzig aus betrieb und vielleicht auch ein Auslieferungslager bei einem Beauftragten unterhielt.

Wo Riedel seine Verlagsprodukte herstellen ließ, bleibt weitgehend im Dunkeln, denn der Drucker wird in solchen Fällen fast nie genannt. Eine der seltenen Ausnahmen findet sich im ersten Teil des vierten Bandes von Falckensteins „Antiquitates et memorabilia Nordgaviae veteris", der ein Verlagsobjekt von Riedel war und 1788 bei Mizler in Schwabach gedruckt wurde. Neben diesem Geschichtswerk lassen sich derzeit im Bayerischen Verbundkatalog sechs weitere Veröffentlichungen von Riedel in Neustadt aus den Jahren von 1783 bis 1790 nachweisen, dazu kommt noch eine nicht im Verbundkatalog verzeichnete Gedächtnisschrift für den Neustädter Rektor Georg Christoph Oertel aus dem Jahr 1790.[134] Eine Durchsicht der in Erlangen vorhandenen Programmschriften des Neustädter Gymnasiums ergab keine weitere Beteiligung Riedels am Zustandekommen dieser Publikationen. Sie wurden in den Jahren 1783 bis 1790 sämtlich bei Bieling in Nürnberg gedruckt, der schon seit 1776 alle Neustädter Gymnasialschriften produzierte.[135] Erst 1792 lösten ihn dann Junge in Erlangen und später andere Firmen ab.[136]

Riedel wird in der Literatur auch als Autor in Anspruch genommen; er soll Verfasser des 1790 anonym erschienenen Werkes sein: „Die Aufklärung nach der Mode oder eine komisch tragische Geschichte, wie sie die Welt aufstellet." Die Urheberschaft Riedels ist aber zumindest zweifelhaft und wird in den gängigen Standardwerken nicht vertreten.[137] Schon das maßgebliche zeitgenössische Nachschlagewerk schrieb die Veröffentlichung einem Coburger Schulmann zu,[138] und es scheint, als hätte man sich zu Jacob Samuel Friedrich Riedel als Verfasser überredet, weil er ausweislich des Impressums der Verleger war. Seinen Sortimentsbuchhandel und seinen Verlag betrieb Riedel in Neustadt bis 1792;[139] im Juni dieses Jahres ließ er sich als Buchhändler in Schweinfurt nieder, wo er nicht zuletzt durch die Produktion pornographischer Schriften unangenehm auffiel und seinen Buchhandel und Verlag noch bis 1806 führte.[140]

---

[132] Mück (wie Anm. 71), S. 101.
[133] Lehnes (wie Anm. 124), S. 265.
[134] UBE Progr. F. Neustadt II, 3; 1" „sumptibus Riedelii, commerc. commiss. et bibliopolae".
[135] Zur Fa. Bieling vgl. Stadtlexikon Nürnberg (wie Anm. 13), S. 143.
[136] Zur Fa. Junge vgl. Erlanger Stadtlexikon (wie Anm. 3), S. 399.
[137] Deutsches Literatur-Lexikon, Bd. 12, Bern u. Stuttgart 1990, Sp. 1192; Karl Goedeke, Grundriss zur Geschichte der deutschen Dichtung, Bd. 4, Abt. 1, Dresden 1926, S. 626.
[138] Georg Christoph Hamberger / Johann Georg Meusel, Das gelehrte Deutschland, Bd. 6, Lemgo 1798, S. 357 u. Bd. 10, Lemgo 1803, S. 480.
[139] Friedrich Kapp / Johann Goldfriedrich, Geschichte des deutschen Buchhandels, Bd. 3, Leipzig 1909, S. 508.
[140] Hahn (wie Anm. 31), Sp. 606–608. Bei Kapp / Goldfriedrich (wie Anm. 139), S. 310, wird er nach einer Quelle aus dem Jahr 1800 „Zotenhändler" genannt.

Ein Nachfolger für Riedel fand sich in Neustadt zunächst nicht, und erst im Jahr 1828 treffen wir mit Georg Friedrich Daniel Heydner aus Königsberg wieder einen im Buchgewerbe Tätigen in Neustadt an. Er begründete eine Druckerei, die nach seinem Tod im Jahr 1837 von dem heute noch bestehenden Familienunternehmen Ph. C. W. Schmidt fortgeführt wurde.[141] Dieser Abschnitt in der Geschichte des Neustädter Buchgewerbes aber führt in eine andere Zeit und muss einer eigenen Darstellung vorbehalten bleiben.

---

[141] 150 Jahre Verlagsdruckerei Ph. C. W. Schmidt Neustadt / Aisch, Neustadt a. d. Aisch 1978. Zu Heydner vgl. dort S. 7.

Heike Petermann

„Die Sorge um das Wohl der Menschen". Gesundheitsfürsorge in Franken Ende des 18. Jahrhunderts im Kontext

So vielfältig und bunt wie die Territorienwelt Frankens war die Gesellschaft in der letzten Epoche des Alten Reiches, dem Ancien régime, in der zweiten Hälfte des 18. Jahrhunderts. In einem Spannungsfeld zwischen Tradition und Moderne vollzog sich ein Umbruch, der dieser Zeit auch einen Übergangscharakter verlieh, wenn die Entwicklungen im 19. Jahrhundert mit einbezogen werden.

Ein Teil des gesellschaftlichen Lebens ist die Sorge um das Wohl, um die Gesundheit der Menschen. Die zugrunde liegenden Fragen der Hygiene sind so alt wie die Menschheit und fanden bereits in den ersten Medizinalordnungen des (Spät-)Mittelalters[1] und der Frühen Neuzeit Berücksichtigung.[2] In den freien Reichsstädten und den Ländern im deutschsprachigen Raum enthielten die Polizeiordnungen, die das öffentliche Leben betrafen, und die Medizinalordnungen die hygienischen Vorschriften. Zu dieser Zeit waren von den Berufen einer Stadt die medizinischen Berufe (Ärzte, Wundärzte, Hebammen, Apotheker) diejenigen, denen die Einhaltung der Hygiene-Vorschriften oblag. Damit nahmen die Mediziner, deren Stellung in der Gesellschaft klar geregelt und fest verankert war, auch Einfluss auf die Gestaltung der einzelnen Ordnungen.

Mit der Aufklärung gewannen die individuelle Gesundheitsfürsorge und die Fragen der persönlichen Hygiene an Bedeutung. Dadurch verringerte sich die Zahl der seuchenartigen Erkrankungen, wie zum Beispiel der Pest, und dieser Umstand veränderte die Anforderungen an das medizinische Personal. In der Medizin entwickelten sich verschiedene Vorstellungen und Behandlungskonzepte, praxisorientierte wie spekulative. Die Strukturen im Handeln und Denken mit ihren alten (tradierten) und neuen (modernen) Elementen veränderten sich. Im Vordergrund stand das gesundheitliche Wohl aller Menschen als Aufgabe des Gesundheitswesens und der medizinischen Berufe, nicht mehr nur für die gehobenen Schichten.

Einleitung

„Die Philosophie [der Aufklärung] verlegte den Mittelpunkt des Interesses von der Beschäftigung mit dem Schicksal der Seele in einer anderen Welt auf die Verbesserung der Bedingungen in dieser Welt", wie Ackerknecht in seiner Geschichte der Medizin bemerkte.[3] In den Mittelpunkt des Interesses rückten deshalb die angewandten Wissenschaften und an der Praxis orientierte Regelungen, da der Glaube an Besessenheit und andere Ursachen für Krankheiten, wie Sünde, Verbrechen oder Verderbtheit,

---

[1] Die Medizinalordnung Friedrichs II. ist in den „Constitutiones" (zwischen 1231 und 1250) enthalten und regelt Angelegenheiten des Gesundheitswesens. Die „Reformation des Kaisers Sigmund" (1439/40) enthält bei den Regelungen des öffentlichen Lebens auch solche, die die medizinische Versorgung betreffen.

[2] Eine umfassende Darstellung bietet Alfons Fischer, Die Geschichte des deutschen Gesundheitswesens, Bd. 1 u. 2, Berlin 1933.

[3] Erwin H. Ackerknecht, Geschichte der Medizin, Stuttgart ⁴1979, S. 122.

verschwand. In der Medizin trat die Vorbeugung in den Vordergrund und damit der Gedanke, die katastrophalen hygienischen Verhältnisse wie zum Beispiel beim Militär, in Gefängnissen oder in Krankenhäusern, zu verbessern. Eine zusammenfassende Beschreibung der Situation um 1750 fand sich in der sechsbändigen „Medicinischen Polizei" von Johann Peter Frank (1745–1821), der als „Mutter der Krankheit" darin die Not bezeichnete, als Auslöser oder Ursache für viele Erkrankungen. Die umfassenden Regelungen im Gesundheitswesen seit dem 16. Jahrhundert sollten dem Kurpfuschertum und unerlaubten Handlungen, wie Abtreibungen im Verborgenen, Einhalt gebieten. Für die einzelnen Berufsgruppen wie Ärzte, Wundärzte (Chirurgen), Barbiere, Bader, Apotheker sowie Hebammen und ehrbaren Frauen wurden diese Ordnungen erlassen, die nicht nur die Voraussetzungen, um einen bestimmten Beruf ausüben zu können, sondern auch die einzelnen Aufgaben, die von den jeweiligen Berufsgruppen ausgeführt werden durften, bestimmten. Die Zeit zwischen 1600 und 1800 ist eine Übergangsphase für die Medizin: Während im 16. Jahrhundert die Grundlagen für das Gesundheitswesen gelegt wurden, so stand im 17. Jahrhundert die Überarbeitung dieser Regelungen im Vordergrund. Im 18. Jahrhundert rückte durch die Aufklärung die individuelle Gesundheitsfürsorge in den Vordergrund und die öffentliche Gesundheitspflege gewann an Bedeutung, da durch die Verbesserung der Volksgesundheit auch die Wirtschafts- und Staatskraft gestärkt werden sollte. Die „neuen" Ordnungen regelten jetzt auch Fragen der sozialen Hygiene.

Gelehrter Doctor, Wundarzt und Assistent (Liber quod libetarius, Nürnberg 1547, fol. 72v).

Die Medizin in der zweiten Hälfte des 18. Jahrhunderts

Die Strömungen in der Medizin

„Die ärztliche Kunst ist keineswegs so einheitlich festgelegt, dass wir nicht für alles, was wir tun, irgendeine Autorität fänden. Sie wechseln je nach Himmelstrich und Mondphase, nach Doktor Farnel und doktro Scaliger. Wenn dein Arzt es nicht für gut hält, dass du schläfst, dass du Wein trinkst, dass du dies oder jenes ißt – sei unbesorgt: Ich werde dir einen anderen ausfindig machen, der andrer Meinung ist. Die Mannigfaltigkeit ärztlicher Auffassungen und Argumente erstreckt sich auf alle erdenkliche Krankheitsformen."[4] Diese Ansicht des Michel de Montaigne (1533–1592) in seinen „Essais", die im Jahr 1580 veröffentlicht worden waren, verlieren Ende des 18. Jahrhunderts zunehmend an Bedeutung. Vielfältige Ansätze in Diagnose und Therapie, naturwissenschaftliche wie spekulative, standen für das Bestreben, die Medizin auf einheitliche Grundlagen zu stellen. Den Ausgangspunkt bildeten dabei unterschiedliche Gesundheits- und Krankheitsauffassungen, wie die „Iatrochemie", die alle physiologischen und pathophysiologischen Vorgänge als körperchemische Vorgänge deutete, die „Iatrophysik", die Gesundheit und Krankheit als abhängig von der inneren physikalischen Struktur, der äußeren Form sowie der mechanischen Veränderlichkeit verstand. Andere Gesundheits- und Krankheitskonzepte waren der „Animismus", der die empfindende, erkennende, wollende und handelnde Seele als verursachendes Prinzip definierte, und der „Vitalismus", der das Lebensprinzip (principum vitalis) als ursächlich betrachtete. Daneben gab es noch die Vorstellung, dass Irritabilität und Sensibilität ausschlaggebend für das Wohlbefinden sind, der Reiz als lebenserhaltend und lebensfördernd wie beispielsweise im „Brownianismus". Eine besondere Ausprägung war die Vorstellung des „Mesmerismus", der die Existenz eines „tierischen Magnetismus" voraussetzte.[5] Diese Vorstellungen versuchten, auf Basis des vorhandenen Wissens Gesundheit und Krankheit zu erklären und zu bestimmen. Die diagnostischen Möglichkeiten waren zu dieser Zeit kaum entwickelt: das Zeitalter der Elektrizität wurde erst um 1780 begründet und das Stethoskop 1826 entwickelt.[6]

In der Klinik standen Beobachtungen am Krankenbett im Vordergrund und wurden ergänzt durch systematische Experimente in Anatomie, Mikroskopie und Physiologie, bei denen die tieferen Strukturen von Vorgängen im Körper freigelegt werden sollten. Der erfolgreichste Kliniker und medizinische Lehrer war der Holländer Hermann Boerhaave (1688–1738), der sich als Eklektiker keinem Einzelsystem unterordnete. Er versuchte alle Elemente, auch die der Mechanik oder der Chemie, mit der unmittelbaren klinischen Beobachtung in Zusammenhang zu bringen. Sein Einfluss beruhte vor allem auf der großen Zahl seiner Schüler und der dadurch bedingten weiten Verbreitung seiner Ideen. Für eine erfolgreiche Heilung forderte Friedrich Hoffmann

---

[4] Michel de Montaigne, Essais. Übersetzt von Hans Stilett, Frankfurt a. M. 1998, S. 549.

[5] Zu der Entwicklung der Medizin siehe Wolfgang Eckart, Geschichte der Medizin, Berlin ⁴2000.

[6] Die beiden Italiener, der Arzt Luigi Galvani (1737–1798) und der Physiker Alessandro Volta (1745–1827), entdeckten in Elektrizität: Volta entwickelte den Plattenkondensator (1783) und die Batterie (1800), Galvani entdeckte bei physiologischen Experimenten an Fröschen den Einfluss von Elektrizität auf Muskeln. René T.H. Laënnec (1781–1826) entwickelte die Grundlagen der Auskultation mit einem von ihm erfundenen Hörrohr (1819).

(1660–1742): „1. Kenntnis der Krankheitsursachen, des Befindens und der Verfassung des Kranken, 2. der Eigenschaften und der Wirkungsweise der Medikamente und 3. Kenntnis der Gründe für die therapeutischen Indikationen."[7] Der behandelnde Arzt sollte eine genaue Vorstellung der Krankheitsbilder wie auch der Hintergründe der Erkrankungen haben. Ausgangspunkt hierfür war, dass das Handeln des Arztes nicht durch ausreichende Erfahrung (Empirie) bestimmt werden kann. Dennoch blieb Empirismus bis Ende des 18. Jahrhunderts die vorherrschende Einstellung wie im Vorwort des „Journals für praktische Arzneykunde und Wundarzneykunst" durch Christoph Wilhelm Hufeland (1762–1836) im Jahr 1795 angeführt wurde. Darin betonte er ausdrücklich die Beobachtung und Praxis, doch Hufeland strebte Anfang des 19. Jahrhunderts auch eine Systematisierung der Wissenschaften in seinem System der praktischen Heilkunde (1800/1802) an. Neben diesen Überlegungen gab es noch den Versuch von Carl von Linné (1707–1778), die Krankheiten wie die Pflanzen zu klassifizieren. Dieses scheiterte jedoch gründlich, da Erkrankungen anhand von Erscheinungsform und Verlauf nicht so einfach wie Pflanzen oder Tiere zu beschreiben und einzuordnen sind. Daneben gab es eine Blütezeit für die Quacksalberei und die Paramedizin, da die Sorge um die eigene Gesundheit nicht immer in Einklang gebracht werden konnte mit den Ansichten der Ärzte, die konsultiert werden konnten und bezahlbar waren.

Im Zeitalter des aufgeklärten Absolutismus mit dem Herrscher als erstem Diener seines Staates, der diesen zu wirtschaftlicher Prosperität nach innen und zu Macht und Stärke nach außen führen sollte, erwies sich die Medizin als die Dienerin des Staates. Die Sorge um das Wohl der Untertanen, die Verbesserung und Wiederherstellung der Gesundheit und damit die Gesunderhaltung der Arbeitskräfte und Soldaten, war Anliegen des Staates. Für die öffentliche Gesundheitspflege sind die „Staatsarzneykunde" und die „Medicinische Policey"[8] die beiden zentralen Begriffe.

Die hygienischen Verhältnisse

Die Situation war für die Mehrheit der Bevölkerung, besonders für die Stadtbevölkerung, am Anfang des 18. Jahrhunderts miserabel. In den Straßen lag der Unrat aufgetürmt, schädliches Ungeziefer konnte sich in dieser Situation ungehindert vermehren und eine Kanalisation zur Abwasserbeseitigung war selten gebrauchsfähig verfügbar. Obwohl die Obrigkeit in sich wiederholenden Erlassen zum Beispiel das freie Herumlaufen von Schweinen verbot, wurden diese Regelungen wenig beachtet. Die einzige Möglichkeit diese Erlasse „durchzusetzen" bestand im Wiederholen und der Hoffnung auf Beachtung, da es vollziehbare Gesetze im Verständnis des 20. Jahrhunderts zu diesen Fragen nicht gab. Den allgemeinen hygienischen Verhältnissen entsprechend traten Epidemien und Seuchen immer wieder auf; so konnte erst Mitte des 18. Jahrhunderts die Pest zurückgedrängt werden, da die Sauberkeit in den Siedlun-

---

[7] Karl E. Rothschuh, Konzepte der Medizin in Vergangenheit und Gegenwart, Stuttgart 1978, S. 167.

[8] Der Begriff „Medicinische Policey" wurde wahrscheinlich 1764 zuerst von dem Ulmer Stadtphysikus Wolfgang Thomas Rau (1721–1772) benutzt. Wenige Jahre später (1771) taucht er bei Christian Rickmann (1741–1772) auf. Bekannt wurde er jedoch durch die theoretische Grundlegung des Johann Peter Frank (1745–1821).

gen verbessert und die Rattenplage eingedämmt worden war: sie spielte nun fast keine Rolle mehr.[9] Zu den epidemisch auftretenden Krankheiten gehörten nach wie vor die Pocken, die erst durch die Einführung der allgemeinen Pockenimpfung (1795) abgeschwächt werden konnten.[10] Die weiteren häufigen Todesursachen waren fiebrige Lungenerkrankungen und Fleckfieber sowie die Schwindsucht (Tuberkulose); darüber hinaus war die Säuglingssterblichkeit sehr hoch.

Durch die besseren hygienischen Bedingungen und die bessere Versorgung mit Nahrungsmitteln kommt es zu einem Rückgang der Säuglings- und Kindersterblichkeit sowie zu einem Anstieg der durchschnittlichen Lebenserwartung um zehn Jahre von 1700 bis 1800. Im Laufe des 18. Jahrhunderts nahm die Bevölkerungszahl außerdem durch das zunehmende Wegfallen der Standesschranken als Heiratshemmnisse wieder zu.

Die medizinischen Berufe

Bis Ende des 18. Jahrhunderts waren die wesentlichen Ziele, die bei den Regelungen für die medizinischen Berufe verfolgt wurden, die Professionalisierung der Ärzteschaft, die Verbesserung der Versorgung durch die Apotheken sowie die Institutionalisierung der Hebammen. Die akademisch gebildeten Ärzte, die als „gelehrte Doctores" bezeichnet werden, hatten die „Oberaufsicht" im Gesundheitswesen. Diese behandelten die inneren Krankheiten und hatten von der Chirurgie nur theoretische Kenntnisse: Sie fühlten bei den Patienten vor allem den Puls und besahen den Urin. Die „eigentliche" Behandlung, soweit diese als notwendig erachtet wurde, führten die Wundärzte durch wie das Entfernen von Geschwüren und das Versorgen von Wunden und Brüchen. Die Aufgaben in der Geburtshilfe oblagen den Hebammen, die teilweise von so genannten „ehrbaren Frauen" beaufsichtigt wurden.

Die Aufsichtsfunktion der Mediziner bezog sich ausschließlich auf medizinische Fragen, denn die Regelung des Gesundheitswesens behielt sich die staatliche Obrigkeit im Rahmen ihres „Verwaltungsmonopols", wie Dülmen es ausdrückt, vor.[11] Einzelnen Berufsgruppen wurde in einem genau beschriebenen Umfang eine Selbstverwaltung zugestanden, wie den Wundärzten, Hebammen, auch den Ärzten und Apothekern. Diese band die Obrigkeit durch „Amtseide", wie zum Beispiel in den fränkischen Reichstädten wie Nürnberg, und verpflichtete sie so zu einer ordnungsgemäßen Ausübung der Aufgaben, die ihnen übertragen worden waren. Darüber hinaus waren sie in so genannten „Ämterbüchlein" verzeichnet, und so konnte eine unbotmäßige Berufsausübung leicht überprüft werden.

Mit dem Geist der Aufklärung, in Bayern mit dem neuen Landesherrn Maximilian III. Joseph, begann sich im Jahr 1745 die akademische Ausbildung der Ärzte, der „gelehrten Doktores", zu ändern. Bis zum Erlass eines Dekretes im Jahr 1752 war ein philosophisches Magisterium erforderlich, das danach zum Erwerb des medizinischen

---

[9] Diese Maßnahmen erfolgten empirisch, da der Erreger der Pest erst 1894 entdeckt wurde.
[10] Edward Jenner (1749–1823) führte 1798 die erste Kuhpockenimpfung durch und veröffentlichte die Schrift „Inquiry into the Causes and Effects of Variolae Vaccinae", in der er nachwies, dass die Impfung des Menschen mit Kuhpocken Schutz vor der Pockenkrankheit gewährt.
[11] Richard van Dülmen, Kultur und Alltag in der Frühen Neuzeit, Bd. 2, Dorf und Stadt, München 1992.

Doktorgrads nicht mehr erforderlich war. In den 1770er Jahren wurde zur Ausbildung der Mediziner ein chemisches Laboratorium eingerichtet und das Boerhaavesche System mit seiner klinischen Methode trat an die Stelle des rein theoretischen Unterrichts. Die philosophischen Kurse wurden ersetzt durch solche der Experimentalphysik, der Chemie und Botanik. Mit dem „organischen Edikt" vom 18. September 1808 wurde das Medizinalwesen durch Maximilian J. Montgelas (1759–1838) verstaatlicht. Die medizinische Ausbildung an den Universitäten beschränkte sich zur damaligen Zeit darauf, Vermittlerin des vorgeschriebenen Wissens zu sein. Dort war nicht der Mittelpunkt selbständiger wissenschaftlicher Forschung; dies wurde erst in Folge der Universitätsreform des Wilhelm von Humboldt (1767–1835) in Preußen mit der Forderung nach ganzheitlicher Ausbildung geändert.

Der Berufsstand der Wundärzte ist traditionell ein Handwerksberuf gewesen, und der Weg zur Gleichstellung mit der akademischen Medizin vollzog sich zögernd und schrittweise. Der Kampf um die Anerkennung als selbständige Wissenschaft war erst Mitte des 19. Jahrhunderts mit der Auflösung der letzten „Chirurgenschulen" abgeschlossen. Aus dem Sanitätswesen der Armee erwuchs der Chirurgie eine wirksame Förderung. In Bayern wurde 1774 am Militärspital ein chirurgischer Operationskurs für Militär- und Landärzte abgehalten und 1798 ernannte der Kurfürst Carl Theodor (1777–1799) seinen Leibarzt, den Militär-Chirurgen Loys Winter, zum Ordinarius für Chirurgie an der Universität Ingolstadt. Um zu verhindern, dass die militärischen Feldscherer und Wundärzte betrügen und sich Positionen mit falschen Angaben erschleichen, wurde in der Ansbachischen Medizinalordnung geregelt: „[...] setzen Wir hiermit vest, dass von nun an, keiner dergleichen angenommen werden solle, er sey denn vorhero bey Unserm Collegio medico examinirt, und tüchtig befunden worden [...]".[12]

In Erlangen wurden seit 1743 durch die ersten Wundärzte nur theoretische Vorlesungen gehalten. Seit 1770 war Johann Philipp Rudolph (1729–1797) als ordentlicher Professor der Medizin, insbesondere auch der Chirurgie, in Erlangen tätig, da die Interessen der Chirurgie unter der Regierung des Markgrafen Friedrich Karl Alexander (1736–1806) sehr gefördert wurden.[13] In Nürnberg praktizierten bis 1806 Wundärzte, die sich um die Versorgung der Verwundungen kümmerten und bei „fragwürdigen" Fällen einen „gelehrten Doktor" mit hinzuziehen mussten.[14]

Um die Gesundheit der Menschen kümmerten sich außerdem noch die Hebammen. Bei allen Fragen in Zusammenhang mit der Schwangerschaft und der Entbindung waren sie zuständig und wurden von den so genannten „ehrbaren Frauen" unterstützt. Seit dem 18. Jahrhundert mussten sie sich einer offiziellen Prüfung durch ein Ärztegremium unterziehen, da bei Entbindungen ihre Ungeschicklichkeit als ein Grund für die hohe Mütter- und Kindersterblichkeit angenommen wurde. Ein besonderes Augenmerk lag auf ihrer moralischen Eignung, denn die bewusste Herbeiführung von

---

[12] Brandenburg-Onolzbachische Medicinalordnung nebst denen dazugehörigen Instruktionen. 8. April 1780, Onolzbach 1780, S. 9.

[13] Georg Maurer und Hannelore Hartl, Die Geschichte der Chirurgie in Bayern, München 1960, S. 31.

[14] Im Laufe des 18. Jahrhunderts kam es zu Unterscheidungen zwischen den Wundärzten, das heißt, die erlaubten Aufgaben wurden beschränkt (Wundärzte erster, zweiter oder auch dritter Klasse). Die Prüfung wurde vor geschworenen Meistern durchgeführt, in einzelnen Städten auch unter Hinzuziehung der Ärzte. Für die Ausbildung der Chirurgen gab es auch Chirurgenschulen.

Fehl- oder Frühgeburten, das heißt versteckte Abtreibungen, war ihnen ausdrücklich untersagt. So hatten die „ehrbaren Frauen" auch eine Art Kontrollfunktion, um verbotene Handlungen zu unterbinden.

Den Apothekern oblag die Zubereitung der Arzneien und sie unterstanden der Aufsicht der Ärzte. Neben der Abgabe von Wirkstoffen auf Rezept verkauften sie auch besonders kostbare Zubereitungen wie beispielsweise Marzipan. Sie wurden angewiesen, nur gute und frische Materialien sowie wissentlich keine verbotenen oder gefährlichen Substanzen zu verkaufen und diese Tätigkeit auch eigenhändig auszuführen.

Im 18. Jahrhundert fanden weiterhin öffentliche Leichenzerlegungen statt. Diese dienten zum einen der Fortbildung der Gesellen der Wundärzte sowie der Hebammen und männlichen Geburtshelfer (Accoucheure), zum anderen waren sie öffentliche Veranstaltungen, bei denen das Rangvorrecht beachtet werden musste: „Deshalb nehmen den nächsten Raum um den Seziertisch die vornehmen Nürnberger und Fremden ein, während hinter ihnen die Meister der beiden genannten Innungen sitzen oder stehen. Die oberste Reihe gebührt den Gesellen, hinter ihnen dürfen die Lehrjungen hervorgucken. Von allen Anwesenden werden 6 Kreuzer erhoben, so dass das Theatrum anatomicum beinahe in dem Gegenwartssinn den Namen Schaubühne verdient."[15] Wie aus einem Reiseführer Ende des 18. Jahrhunderts zu entnehmen ist, waren öffentliche Darstellungen der Zergliederungskunst Sehenswürdigkeiten einer Stadt.

Das Gesundheitswesen

Die Aufklärung als Emanzipationsbewegung des Bürgertums hatte Auswirkungen auf die Entwicklung der Medizin: Das Ziel wurde die Verbesserung der Lebensbedingungen und die praktische Nutzanwendung (Utilia) der Wissenschaften; die Fragen der individuellen Gesundheitsfürsorge und der allgemeinen Hygiene gewannen an Bedeutung. Außerdem rüttelte diese auch am herkömmlichen beruflichen Selbstverständnis der Ärzte, denn die philanthropisch gesinnten Praktiker streiften die Vorurteile ab und brachten die Heilkunde – Therapie und Prophylaxe – zu den bisher vernachlässigten Gruppen und Schichten.[16] Mit diesem „sozialen Gedanken" verabschiedet sich die Medizin aus dem Bannkreis des Ancien regime[17] – ein bis heute moderner Gedanke. Diese Vorstellungen hatte vor allem Gottfried Wilhelm Leibniz (1646–1716) vertreten, der den Staat für das gesundheitliche Wohl eines Bürgers verantwortlich machte: aus diesem Geist entstanden die Medizinalordnungen zwischen 1750 und 1800.

Medizinalgesetzgebung

Eine neue Epoche der Medizinalordnungen wird mit dem „Brandenburgischen Medizinaledikt von 1685" eingeleitet. Dieses wurde 1693 ergänzt und bereitete das Me-

---

[15] August Jegel, Zergliederungskunst an Toten und Lebendigen während des 16. bis 18. Jahrhunderts vor allem in Nürnberg, in: Die medizinische Welt 7, 1933, S. 1121–1124, hier S. 1124.
[16] Ackerknecht, Geschichte der Medizin (wie Anm. 3), S. 122 ff.
[17] Charles Lichtenthaeler, Geschichte der Medizin, Köln 41987, S. 475.

dizinaledikt von 1725 vor, das das obrigkeitliche Prinzip der Gesundheitsverwaltung sowohl theoretisch wie auch praktisch etablierte und zum Vorbild der Gesetzgebung in anderen Territorialstaaten wurde.

Auf Anregung von Kurfürst Maximilian III. Joseph (1745–1777), dem das Wohlergehen seiner Untertanen ein großes Anliegen war, verfasste Freiherr von Kreitmayer im Jahr 1756 einen Code civilis, das „Neue Kurbayerische Landrecht". Dieses enthielt Vorschriften über Prüfungen und Geschäftsbetrieb der Apotheker, Ärzte und Landbader, Verordnungen für das Hebammenwesen und die Unterdrückung des Kurpfuschertums. Es war dies die erste einheitliche Medizinalgesetzgebung für das Land Bayern. Das Mandat duldete grundsätzlich die in Bayern und der Oberpfalz ansässigen fahrenden Ärzte, Zahnbrecher, Waldmänner und Marktschreier. Es gestattete ihnen, ihr Gewerbe auszuüben und ihre Heilmittel auf öffentlichen Märkten feilzubieten. Es verpflichtete sie jedoch dazu, ihre Kenntnisse und Waren von dem im jeweiligen Rentamt zuständigen Landschafts- oder Regierungsphysicus prüfen und attestieren zu lassen. Ausländische fahrende Heilpersonen, zum Beispiel aus Regensburg oder Augsburg, waren verboten. In den Jahren 1778 und 1779 wurden die fahrenden Heiler in Bayern verboten und 1782 eine neue Medizinalordnung erlassen, die dem Collegium medicum die Oberaufsicht über alle medizinisch tätigen Personen übertrug und 1785 novelliert wurde.[18]

In Franken galten in diesem Zeitraum noch andere Regelungen. In Nürnberg war das „Collegium medicum", das im Jahr 1592 gegründet worden war, bis zum Anschluss der Reichsstadt an Bayern (1806) das entscheidende Gremium. Die Medizinalordnung von 1592 sowie die ergänzenden Ratsverlässe bildeten den Rahmen, innerhalb dessen die Heilkundigen agieren konnten und mussten. Diese Regelungen betrafen nicht nur die ärztlichen Tätigkeiten, sondern auch das Recht der Berufsausübung. Mediziner durften, ohne Mitglied des Collegium medicums zu sein, in Nürnberg die ärztliche Praxis nicht ausüben. Am Ende des 18. Jahrhunderts (1792) feierte das Collegium medicum sein 200jähriges Jubiläum und wurde vom Rat der Stadt wie auch den Wundärzten, neben vielen anderen, geehrt. Mit dem Anschluss an das Königreich Bayern wurde das Collegium medicum aufgelöst.[19]

Die „Brandenburgisch-Onolzbachische Medizinalordnung" regelte 1780 das Gesundheitswesen neu. Das schon bestehende Collegium medicum wurde bestätigt und erhielt ein Vorschlagsrecht für landesgesetzliche Verordnungen in „Sanitätssachen": In Punkt 9 wurde darin festgelegt: „Alle zum Sanitätswesen gehörige Personen, in denen Städten und auf dem Lande, als Physici, Apotheker, Chirurgi, Bader und Hebammen, stehen in rebus artis ohnmittelbar unter dem Collegio medico, jedoch dergestalten, dass die Physici, wie bishero, die Aufsicht über die Apotheker, Chirurgo, Bader und Hebammen, in ihrem Amtsbezirk zwar ferner beybehalten, jedoch von dem Betragen dieser, ihnen subordinirten Personen, dem Collegio medico Rechenschaft zu geben haben, und sollen insbesondere die Physici darauf sehen, dass jede unter ihnen

---

[18] Christian Probst, Fahrend Heiler und Heilmittelhändler. Medizin von Marktplatz und Landstraße, Rosenheim 1992.

[19] Gesetz, ordnung und tax von einem e. Rat der Statt Nürnberg [...], Nürnberg 1592 (Stadtbibliothek Nürnberg Med. 88 4°); Egon Philipp, Das Medizinal- und Apothekenrecht in Nürnberg. Zu seiner Kenntnis von den Anfängen bis zur Gründung des Collegium pharmazeuticum (1632), Frankfurt a. M. 1962.

[20] Brandenburg-Onolzbachische Medicinalordnung (wie Anm. 12), S. 6.

stehende Personen, denen ihnen zu ertheilenden, gegenwärtiger Hauptverordnung angehängten specialen Instruktionen, pflichtmäßig und gewissenhaft nachleben, auch wenn sich mit einer oder der andern entweder durch Todesfälle, Wegziehen oder Verkauf der Officinen und Badstuben, Veränderungen eräugnen sollten, hievon sogleich dem Collegio medico Bericht erstatten."[20]

In Würzburg wurde 1727 durch eine Verordnung festgeschrieben, dass fremden Okulisten, Bruchschneidern und Kurpfuschern wie auch ausländischen Ärzten im Hochstift und Herzogtum Franken verboten war zu praktizieren.[21]

Die Medizinalgesetzgebung regelte ausschließlich die medizinische Versorgung, vor allem die Bestimmung der Zuständigkeiten, die sich bis auf einzelne Behandlungsverfahren erstreckte. Daneben standen die Bestrebungen um die Gesundheitsfürsorge. 1800 schrieb der Heidelberger Professor Franz Anton Mai (1742–1814) einen umfassenden Entwurf zur Gesundheitsgesetzgebung, der von Kurfürst Max Josef von Bayern wohlwollend beurteilt wurde und ausführbare Vorschriften und Bemerkungen enthielt. Doch sein Wunsch, dass sein Entwurf vom Gesetzgeber veröffentlicht wurde, erfüllte sich nicht. So erschien der Entwurf zur „Gesetzgebung über die wichtigsten Gegenstände der medizinischen Polizei" anonym als vierter Teil seines Werkes „Stolpertus, ein junger Arzt am Krankenbett" (1802).

Gesundheitserziehung und Hygiene

Bereits im 16. Jahrhundert wurden zahlreiche Schriften veröffentlicht, die das Verhalten bei Seuchen wie der Pest behandelten. Im Jahr 1610 erschien in Ingolstadt das Werk „Die Greuel der Verwüstung menschlichen Geschlechts" von Hippolyt Guarinonius. Darin wurden bereits Forderungen an die Hygiene aufgestellt, für die Allgemeinheit und das Individuum, die nicht nur beim Auftreten von Krankheiten eingehalten werden sollten. Diese Arbeit ist eines der ersten Lehrbücher zur Hygiene, das sich durch moralische Belehrungen bemühte, die Zustände zu verbessern, wie auch durch gesundheitspolitische Ansätze. Es reihte sich damit ein unter die Bücher, die im 16. und 17. Jahrhundert mit sozial- und moralhygienischen Lehren erschienen waren. Die Vertreter des aufgeklärten Absolutismus und der Aufklärung forderten Gesundheitspflege und Gesundheitserziehung für die breite Bevölkerung. Die Grundlage bildeten die wissenschaftliche Heilkunde, die Neuordnung des gesamten Medizinalwesens und die Ausmerzung all dessen, was sie für medizinischen Obskurantismus hielten.

Die Fragen der Hygiene unter sozialen Gesichtspunkten betrafen dabei die Bevölkerungszusammensetzung und -bewegung ebenso wie Arbeitsbedingungen, Ernährung und Wohnungswesen, Bekleidung, Badewesen (Hautpflege), Freizeitgestaltung (Erholung) und auch Fortpflanzung (Sozialhygiene). Darunter fielen Aspekte wie die Marktordnungen, die Wasserversorgung, die Stadtreinigung, das Begräbniswesen und die Seuchenabwehr. Betroffen waren davon alle Bevölkerungsschichten von den Müttern und Kindern bis zu den Soldaten, Arbeitern und Dienstboten.

Der Zusammenhang von Hygiene sowie von Armut und Krankheit war den „medizinischen" Aufklärern bekannt. Die Lage der ländlichen Bevölkerung vor der Industrialisierung bot hier reichhaltiges Anschauungsmaterial: das Bauernelend, die Fol-

---

[21] Fischer, Gesundheitswesen (wie Anm. 2), Bd. 2, S. 143.

Johann Peter Frank (Universitätsbibliothek Erlangen-Nürnberg: Portraitsammlung).

gen der Leibeigenschaft, Hunger, Arbeitsüberlastung – die sozialen Verhältnisse, das „Volkselend", als Ursache für Krankheiten, aber auch als Einfluss auf den Verlauf.

Viele Ärzte des 18. Jahrhunderts veröffentlichten Schriften zum öffentlichen Gesundheitswesen, durch die der Begriff der „medizinischen Polizei" eingeführt wurde. Weit verbreitet war das Werk „System einer vollständigen medicinischen Polizey" von Johann Peter Frank, über dessen Entstehungsgeschichte er das Gespräch zwischen ihm und dem Dekan der Heidelberger medizinischen Fakultät überlieferte:

„Ein Gedanke hat sich mir inzwischen vorzüglich aufgedrungen. Ich sehe, dass Ärzte solche Krankheitsursachen, welche entweder ins Große auf die Völker wirken oder von der Willkür einzelner, noch so sorgfältiger Menschen nicht abhängen, selten zu heben im Stande sind. Viele davon könnten aber doch durch obrigkeitliche Vorsorge beseitigt werden. Gibt es wohl schon eine systematisch bearbeitete Wissenschaft, welche die Regeln enthält nach welchen solch ein Endzweck erzielt werden möge?" Der Dekan: „Wir haben mancherlei einzelne Verordnungen, welche hierher gehören, aber ein zusammenhängendes wissenschaftliche Gebäude ist noch nicht aufgeführt worden. Ihr Gedanke ist daher glücklich. Wie würden Sie das Kind taufen?" Frank: „Medizinisch wäre einmal der Gegenstadt meiner Untersuchung, gewiß, und da doch die Ausführung gemeinnütziger Gesundheitsanstalten größtenteils der Polizei [Polizeiwissenschaft war der Begriff für Staatswissenschaft] des Landes überlassen werden müßte, so schien mir der Name Medizinische Polizei der Sache sehr angemessen [...]."[22]

In seinem sechsbändigen Werk beschäftigte sich Frank mit dem Leben des Menschen von der Empfängnis bis zum Tod. Die Fakten, die die Gesundheit bedrohten, wurden erforscht und staatliche Gegenmaßnahmen mit rechtlichen Verordnungen empfohlen. Er schlug Regelungen für Fragen der sozialen Hygiene wie auch für die Erziehung vor, sowie für die außereheliche Zeugung und für uneheliche Kinder. Da der Staat Bürger brauche zur Stärkung der wirtschaftlichen und staatlichen Macht, kümmere er sich auch um Findelkinder wie uneheliche Kinder und sorge für ihre Aufnahme und Pflege in Findelhäusern.

Franks „Medizinische Polizei", deren Publikation als Geburtsstunde der öffentlich-systematischen Hygiene und der Sozialhygiene bezeichnet werden kann, hatte großen Einfluss auf die Gesundheitswissenschaft Ende des 18. Jahrhunderts. Durch ihre Veröffentlichung verbreitete sich der Gedanke der medizinischen Polizei in den Kreisen der Ärzte und Gelehrten, da er sich auch mit den Einwirkungen des physischen und kulturellen Umfeldes auf die Gesundheit der Menschen und die der Gesellschaft beschäftigte. Frank schrieb im Vorwort zu seiner Abhandlung: „[...] ich bildete mir ein, daß zwar das Interesse der Staaten, von Jahrhundert zu Jahrhundert, nach dem verschiedenen Verhältnisse ihrer Nachbaren und der Zeitläuften, wechselte; daß aber nie jenes einer Veränderung unterworfen seyn würde, welches sich auf die gesunde und dauerhafte Beschaffenheit ihrer Bürger und auf ihre gesunde Vermehrung gründete."[23]

---

[22] Gunter Mann, Die populärmedizinische Volksbelehrung und Gesundheitserziehung im 18. und 19. Jahrhundert, in: K. Klein / J. Zepp (Hg.), 2000 Jahre Gesundheitssicherung, Mainz 1984, S. 377–388, hier S. 383.

[23] Johann Peter Frank, System einer vollständigen medicinischen Polizey, 12 Bände, Wien ³1786, S. VI; siehe auch Alfred Ploetz, Bisherige private und staatliche Förderung der Rassenhygiene und Eugenik und ihre nächste Weiterentwicklung, in: Zeitschrift für induktive Abstammungs- und Vererbungslehre, 1928, Suppl. Bd. 2, S. 310–331, hier S. 315.

So finden sich darin auch Ausführungen zu Vererbung, Fortpflanzung, Mutterschutz und optimale Wahl des Gatten, wie auch Vorschläge zur Bevölkerungspolitik. An diesem wegweisenden Werk orientierten sich die Vorschriften, die in den folgenden Jahren erlassen wurden und deren aufeinander aufbauende Entwicklung sich bis zur Gründung des Reichsgesundheitsamtes (1876) fortführen lässt. So gehörten zu den Aufgaben des Gesundheitswesens das Ärztewesen, die Krankenanstalten, das Kurpfuschertum, das Armenwesen, die hygienische Volksbelehrung, die Gesundheitsstatistik, die Gesundheitswissenschaft und Gesundheitspolitik. Das bedeutet, dass auch Fragen der Bevölkerungszusammensetzung und -bewegung, der Arbeits- und Wohnverhältnisse, der Ernährung, der Prävention von Krankheiten und der Fortpflanzung Einzelgebiete in diesem weiten Aufgabenfeld waren. Alle diese Gebiete beschäftigen sich mit der Gesundheitserhaltung der Bevölkerung und beeinflussen – direkt oder indirekt – auch die Eigenschaften der kommenden Generation(en).

Frank selbst schrieb über die Wirkung seiner Bücher 1817: „Manche heilsame Gesundheitsordnung ist inzwischen in Europa, wenn auch mein Name darin nicht vorkam, auf meine mittelbare Veranlassung erschienen."[24] In den folgenden Jahren erschienen viele Werke, die sich mit medizinischer Polizei, gerichtlicher Medizin und zusammenfassend mit Staatsarzneikunde beschäftigten.[25] Die gesundheitspolitischen Schriften beschäftigten sich mit der Vergrößerung der Bevölkerungszahl, der ausreichenden Versorgung der Einwohner mit Ärzten, Wundärzten und Hebammen sowie der gesetzlichen Regelung des Gesundheitswesen in allen Bereichen. Ein wichtiger Aspekt war die Frage, wie das Kurpfuschertum erfolgreich beseitigt werden könne. Im Jahr 1790 wird in einem Almanach der Unterschied zwischen Franks „Medicinischer Polizey" und den tatsächlichen Zuständen beschrieben: auf der einen Seite verschiedene Muster von Verordnungen und auf der anderen Seite Unwissenheit, Nachlässigkeit und Nichtbefolgung.[26]

Die hygienische Volksbelehrung und die Unterrichtung breiterer Massen in hygienischen Fragen blieben eigenen Schriften und vor allem der Mitwirkung der Pfarrer vorbehalten. In Würzburg sollten seit 1786 die Pfarrer die zu ihrer Gemeinde gehörenden Männer über ihre Pflichten hinsichtlich der Erhaltung der Gesundheit ihrer Frauen und Nachkommen sorgfältig unterrichten, was in erster Linie zur Verhütung „unglücklicher Geburten" gedacht war. Ein Hilfsmittel hierfür waren die Volkskalender, die im 18. Jahrhundert von Irrlehren gereinigt wurden und die in Würzburg seit 1768 keine Aderlasskalender und astrologischen Angaben mehr enthalten durften.[27] Weder die Geistlichen noch die weltlichen „Volkslehrer", die ähnlich wie diese wirken wollten, waren genügend vorgebildet, um nutzbringenden Hygieneunterricht zu erteilen. So wurden um 1800 an den Universitäten Vorlesungen zur Diätetik, medizinischen Polizei und Krankenpflege eingerichtet, um diesen Missstand zu beheben. Im Jahr 1793 steht in einem Circulare der „Hochfürstlich gnädigste angeordneten Schu-

---

[24] Fischer, Gesundheitswesen (wie Anm. 2), Bd. 2, S. 129.

[25] Eine Übersicht findet sich bei Chr. Fr. Daniel, Entwurf einer Bibliothek der Staatsarzneikunde oder der gerichtlichen Arzneikunde und medicinischen Polizey von ihrem Anfang bis auf das Jahr 1784, Halle 1784. Siehe hierzu auch: Manfred Stürzbecher, Zur Geschichte des öffentlichen Gesundheitswesens in Deutschland, in: Das öffentliche Gesundheitswesen 1, 1966, S. 1–46.

[26] Fischer, Gesundheitswesen (wie Anm. 2), Bd. 2, S. 148.

[27] Ebd., S. 156.

len-Kommission" an die bayerischen Beamten, die Verteilung des Gesundheitskatechismus betreffend:

„Die Sorge für die Gesundheit der Unterthanen zählten Seine hochfürstlichen Gnaden von jeher zu ihren edelsten landesväterlichen Pflichten […] Gleichwie es aber nicht genügt, nur geschickte Ärzte und Wundärzte anzustellen, sondern zur Bildung einer guten Gesundheitspflege notwendig ist, Leute, welcher der Ärzte und Wundärzte bedürftig sind, für ihre Heilung empfänglich und Gesunde vorzüglich mit den Mitteln bekanntzumachen, ihre Gesundheit zu erhalten, so gehörte es lange schon zu den vorzüglichsten Wünschen seiner Hochfürstlichen Gnaden, eine Volksgesundheitslehre in den Unterricht zu verflechten. Höchstdieselben haben hierbey die Absicht nicht, Ihre Schullehrer in Aerzte und Wundärzte und die Schulkinder in Arzneyverständige umzuschaffen. Ihr Wünsche schränken sich vielmehr darauf ein, Ihr Volks aufmerksamer auf die Gesundheit zu machen, dasselbe die Gesundheit schätzen und erhalten zu lehren und mit den gewöhnlichsten Volkskrankheiten bekannt zu machen."[28]

Zur Unterrichtung der Bevölkerung wurden Gesundheitskatechismen gedruckt, Flugblätter und Plakate verteilt sowie zahlreiche populärmedizinische Zeitschriften gedruckt. Inwieweit diese alle gesellschaftlichen Schichten, vor allem die ärmeren erreichten, ist fraglich, da Analphabetentum noch weit verbreitet war und die Schulpflicht in Bayern erst 1802 eingeführt wurde. Ende des 18. Jahrhunderts war Gesundheit bereits eine Frage der Bildung.

Die Kurpfuscher

Die Mehrzahl der Personen, die für die Gesundheit der Menschen zuständig waren, hatte sich in der Stadt oder auf dem Land niedergelassen. Daneben gab es eine Vielzahl von fahrenden Heilern und Heilmittelhändlern. Eingriffe wie der Starstich, die Steinoperationen und das Ziehen von Zähnen wurden von diesen durchgeführt. Um ihre Tätigkeit ausführen zu können, benötigten sie eine Genehmigung der Verwaltung – eigentlich. Vielfach schlugen sie ihre Zelte aber auch einfach so auf und gingen ihren Geschäften nach, bis sie vertrieben wurden. „Es werden dahero von Uns, in Kraft dieß, alle Winkelofficinen, Theriakkrämer und Materialisten ernstlich verboten, und befehlen Wir unsern Ober- und Aemtern, darauf sorgfältig zu sehen, dass dergleichen Haußirer fortgeschaft, und bey Wiederbetreten mit Hinwegnahm ihres Krams, oder mit einer empfindlichen Leibestrafe [bestraft würden]",[29] so wie dies in der Brandenburg-Onolzbachischen Medizinalordnung geregelt wurde.

Diese wie die Wurzel- oder Kräuterweiber und (Theriak-)Krämer sowie Materialisten und ähnliche Händler wurden als Kurpfuscher bezeichnet. Sie sollten keine treibenden Stücke wie zum Beispiel Nießwurz oder Treibwurz, Segelbaum und Seidelbast verkaufen, da sie unter anderem auch zur Abtreibung verwendet werden konnten. Aus dem gleichen Grund sollten auch Abführmittel nicht hergegeben werden. Ebenso untersagt war der Handel mit starken mineralischen Stoffen wie Antimon, Laudanum, Quecksilber und Turbit, was auch den Wundärzten, Barbierern und Badern untersagt war. Diese waren ausschließlich auf ärztliche Verordnung bei den Apothekern zu be-

---

[28] Mann, Volksbelehrung (wie Anm. 22), S. 379.
[29] Brandenburg-Onolzbachische Medizinalordnung (wie Anm. 12), S. 8 f.

kommen, wie es in verschiedenen Medizinalordnungen in Franken wie in Nürnberg geregelt war. Umherziehend übten jedoch nicht nur Heiler mit handwerklicher oder gar keiner regelrechten Ausbildung ihr Gewerbe aus, sondern auch promovierte Ärzte taten dies: „1749 ließ sich Dr. Johann Georg Dobler, Landschaftsphysicus des Rentamts Burghausen, im Markt Frontenhausen an der Vils für drei Monate nieder, mietete sich in einem Bürgerhaus ein, stand öffentlich aus, pries also öffentlich werbend seine Künste an, und behandelte vielerlei Patienten. Da er ein Arzt in gehobener öffentlicher Position war, hat er wohl keine Schwierigkeiten mit der Ordnungsbehörde gehabt. Noch vor Ablauf der drei Monate raffte ihn jedoch eine ansteckende Krankheit dahin."[30] Botanicus Franz Antoni Vogel, Bürger der Reichstadt Augsburg, offerierte am 6. April 1791 seine Dienste im Ansbachischen Sickershausen. In dem von ihm verteilten Flugblatt wies er sich als heilkundig für verschiedene Erkrankungen aus und bot seine Dienste an, die den Ärzten, Wundärzten und Apothekern vorbehalten waren. So lassen sich die Konflikte mit den ortsansässigen Heilkundigen erahnen.[31] Ähnliche Dienste bot auch 1792 der Botanicus und Medicinae practica Johann Konrad Hofmann aus Marktschorgast (Bamberg) in Theilheim (Hochstift Würzburg) an.[32] In Erlangen bot 1805 ein Dentist Schlapp seine Dienste an, die sich auf die Zähne und den Hals-Nasen-Ohren-Bereich bezogen. Im Angebot hatte er außerdem verschiedene Pflaster, Tinkturen und Bruchbänder. Da die Zahnoperationen zu den Aufgaben gehörten, die von niedergelassenen Ärzten und Wundärzten nicht immer durchgeführt wurden, so war seine Tätigkeit weniger problematisch.[33] Die Tätigkeit der Kurpfuscher versuchte man seit Jahrhunderten, verstärkt seit dem 16. Jahrhundert, durch die verschiedenen Ordnungen zu unterbinden. Der Kampf gegen das Kurpfuschertum wurde dadurch erschwert, dass die kaiserliche Kanzlei Männern erlaubt hatte, Heilmittel zu verkaufen, wie Flugblätter dies belegen. Die Untertanen sollten eine Verdienstmöglichkeit haben, um möglichst steuerkräftige, zufriedene Bürger zu haben – ungeachtet der Regelungen in den einzelnen Ländern und Städten. Im Jahr 1792 schrieb das Collegium medicum der Stadt Nürnberg: „Aber dem ohngeachtet (nämlich trotz seiner hervorragenden Leistungen auf jeglichem Gebiet der Medizin) hat dasselbe (das Kollegium) stets gegen Eingriffe aller Art in seine Recht, und gegen den daraus erwachsenden Nachteil des Staats, durch einheimische und fremde, männliche und weibliche Empiriker, von aller Art und Farbe, seit seiner Entstehung zu kämpfen, wogegen es zwar öfters seine Obern, mit aller Strenge, schützten, welche vielköpfige Hyder aber erst in dem Maass tötlichere Streiche empfangen wird, in welchem Volksaufklärung auch hierüber zunehmen wird."[34]

Diskriminierung, Abwehr und offensive Bekämpfung der Kurpfuscherei sind durch die staatlichen Verordnungen und Regelungen gut fassbar. Die Definition von Kur- oder Medizinalpfuscherei ist hingegen schwer zu greifen. Sie reicht von der „Anwendung

---

[30] Probst, Fahrende Heiler (wie Anm.18), S. 58.
[31] Ebd., S. 157 ff.
[32] Ebd., S. 162.
[33] Ebd., S. 170.
[34] Entwurf einer Geschichte des Kollegius der Aerzte in der Reichstadt Nürnberg. Eine Einladungsschrift zu der öffentlichen Jubelfeyer der vor zweyhundert Jahren geschehenen Errichtung desselben, Nürnberg 1792, zitiert nach Hermann Schöppler, Die Ärzte der freien Reichsstadt Nürnberg und ihr Kampf gegen das Kurpfuschertum, in: Ärztliche Rundschau, 1906, S. 579–580.

von unkonventionellen Heilmethoden" bis hin zu Behandlungsformen, die auf magischen Vorstellungen und Zauberpraktiken gründen, sowie von demjenigen, der schlechte Arbeit leistet, bis zur gewerbsmäßigen Tätigkeit eines Laien im Bereich der Heilberufe. Eine einheitliche „griffige" Definition ist für die Region Franken nicht zu geben, denn die Aussagen dazu variieren zum Teil sehr stark und bleiben daher meist unklar sowie vieldeutig.[35] Eindeutiger ist der Begriff des Scharlatans, der im 18. Jahrhundert den Arzt bezeichnete, der sich unerlaubter Mittel bediente.[36] Dies umfasste zum Beispiel Prahlerei, Verachtung wie auch öffentliche Anpreisung der eigenen Leistung.

Ende des 18. Jahrhunderts lag die Bekämpfung der Kurpfuscherei vor allem im hoheitlichen Interesse im Rahmen der Medizinischen Polizei, um das Bevölkerungswachstum zu fördern und die Volksgesundheit zu verbessern. Die Ärzte hatten nur im Rahmen der Sicherung ihres eigenen Auskommens Interesse daran, denn sie selbst versorgten den „lesekundigen" Bürger mit Anleitungen zur Selbstmedikation.

Titelblatt der „Medizinischen Polizei" von Johann Peter Frank.

---

[35] siehe hierzu Reinhard Spree, Kurpfuscherei – Bekämpfung und ihre sozialen Funktionen während des 19. und zu Beginn des 20. Jahrhunderts, in: A. Labisch / R. Spree (Hg.), Medizinische Deutungsmacht im sozialen Wandel, Mainz 1984, S. 103–121.

Die Rezeption der Regelungen in der ersten Hälfte des 20. Jahrhunderts

Die Sorge um das Wohl der Menschen Ende des 18. Jahrhunderts steht in der Tradition der Sozialhygiene. Zu diesen Vorstellungen gesellte sich Ende des 19. Jahrhunderts unter dem Einfluss der Theorien von Auslese und Selektion der Gedanke der Rassenhygiene.[37] Deren Bestrebungen, die auf „bewusste, auf Hebung der Rassetüchtigkeit gerichteten Bestrebungen", sahen sich auch in der Tradition der „Medizinischen Polizei" von Johann Peter Frank. Deutlich wird dies in dem Aufsatz „Die rassenhygienischen Anschauungen Johann Peter Franks" des Jahres 1922.[38] In einem Beitrag für das Archiv für Rassen- und Gesellschaftsbiologie endet Walther Wiegand mit der Feststellung, dass auch Alfred Grotjahn bereits hervorgehoben habe, das Werk von Frank sei auf dem Gebiet der Rassenhygiene den modernen Lehrbüchern der Hygiene weit voraus, allerdings mit der Einschränkung, „von Publikationen der allerjüngsten Zeit abgesehen".

In diesem Aufsatz wurde betont, dass Franks Werk in seinen Gedanken seiner Zeit weit voraus sei. Allerdings sei der Arbeit die Anerkennung versagt geblieben und diese für über hundert Jahre in einen Dornröschenschlaf gefallen. Für die Rassenhygieniker war das Werk die historische Legitimation ihrer eigenen Vorstellungen, vor allem in den Fragen der Sozialhygiene, der Sexualität und Fortpflanzung. Besondere Erwähnung fand in dem Artikel ein Zitat Franks, das im Text deutlich hervorgehoben ist: „Das schöne blaue Auge, und das goldfarbe Haar des Deutschen, machte ihn solange unter allen Völkern kennbar, als bloß deutsches Vaterblut, aus deutschen Müttern Kinder zeugte."[39] Dadurch wurden die Gedanken über Vererbung hervorgehoben und das Werk aus seinem Kontext gelöst.

Frank hatte mit der „Medizinischen Polizei" ein Werk verfasst, das in seiner Ausführlichkeit weit über die Polizeiordnungen der einzelnen Staaten wie in Franken hinausging und ergänzende Fragen beleuchtete. Dieses in die Tradition der Rassenhygiene zu stellen, wird der Intention des Frankschen Werkes nicht gerecht.[40]

Otmar von Verschuer (1896–1969) schrieb dazu, dass sich die „Rassenhygiene" aus der Auslese- oder Selektionstheorie entwickelt habe.[41] Diese sei mit dem Namen Charles R. Darwin (1809–1882) verbunden, der mit seinen umfassenden Beobachtungen in seinem Werk „On the Origin of Species" im Jahr 1858 die Grundlage dazu veröffentlichte.[42] Erste Vorschläge für die Auslese im Sinne einer Höherentwicklung des Menschengeschlechts wurden von Darwins Vetter Francis Galton in seinen eugeni-

---

[36] Claudia Huerkamp, Der Aufstieg der Ärzte im 19. Jahrhundert, Göttingen 1985, S. 102ff.

[37] Zum Begriff der Rassenhygiene siehe Heike Petermann, „Diese Bezeichnung kann nicht als glücklich bezeichnet werden." Ein Beitrag zum Verständnis von „Eugenik" und „Rassenhygiene" bei Biologen und Medizinern Anfang des 20. Jahrhunderts, in: R. Mackensen / J. Reulecke (Hg.), Das Konstrukt „Bevölkerung" vor, im und nach dem „Dritten Reich", Wiesbaden 2005, S. 433–475.

[38] Walter Wiegand, Die rassenhygienischen Anschauungen Johann Peter Franks, in: Archiv für Rassen und Gesellschaftsbiologie, 14, 1922, S. 295–415.

[39] Ebd., S. 401.

[40] Als Begründer der „Rassenhygiene" gilt Alfred Ploetz (1860–1940) mit seiner Arbeit „Grundlinien einer Rassen-Hygiene", Berlin 1895.

[41] Otmar von Verschuer, Leitfaden der Rassenhygiene, Leipzig ²1944 S. 10f.

[42] Neben Darwin haben auch Alfred R. Wallace (1823–1913), Jean-Baptiste P. A. de Monet de Lamarck (1744–1829) und Herbert Spencer (1820–1903) die Idee des Auslesegedankens in ihren Werken behandelt.

schen Schriften gemacht.⁴³ Die Grundgesetze der Vererbung veröffentlichte Gregor J. Mendel (1822–1884) im Jahr 1885 in der Arbeit „Versuche über Pflanzenhybride", die bis zu ihrer Wiederentdeckung 1900 unbeachtet blieben.⁴⁴ Die entscheidenden Arbeiten erschienen ungefähr 100 Jahre nach der Veröffentlichung von Franks „Medizinischer Polizey".

Für die Bevölkerungspolitik des „Dritten Reichs" wurden die Erkenntnisse der Erbbiologie und Rassenhygiene instrumentalisiert, auch um für diese eine historische Tradition zu konstruieren.⁴⁵ Dazu wurde auch auf die Erkenntnisse in dem Werk Franks zurückgegriffen, wie unter anderem die Arbeit von Hellmut Haubold „Johann Peter Frank, der Gesundheits- und Rassenpolitiker des 18. Jahrhunderts" aus dem Jahr 1939 belegt.⁴⁶

Eine andere Schlussfolgerung aus der Arbeit Franks zieht Jean Sabine, der in einer Arbeit über Frank 1944 feststellte, dass bei dessen Vorstellungen über die Gesundheitsfürsorge die Verwaltungsbeamten wohl mehr Macht und Einfluss hätten als die Ärzte.⁴⁷ Diese Feststellung traf auch zu für die staatlichen Regelungen, da dem Staat darin das Entscheidungsmonopol für Fragen der Gesundheit festgeschrieben wurde. Das Wohl und die Gesundheit der Bürger waren aus ökonomischen und militärischen Gesichtspunkten schon immer ein Interesse des Staates.⁴⁸ Vor allem nach dem Dreißigjährigen Krieg bestimmten Bemühungen um Bevölkerungszuwachs die Politik und führten insbesondere zu einer Ausweitung des administrativen Apparates, um alle Bereiche der öffentlichen und privaten Gesundheitsfürsorge zu bestimmen, wie dies auch in den verschiedenen Regelungen in Franken sichtbar wird. Unterstützt wurden diese Bestrebungen von einem Diskurs im Bildungsbürgertum, der Gesundheit als Voraussetzung und Ergebnis einer Lebensführung als gesellschaftliche Verbindlichkeit postulierte.⁴⁹ In diesem Punkt gibt es eine Parallele zwischen der Bevölkerungspolitik Ende des 18. Jahrhunderts und in der ersten Hälfte des 20. Jahrhunderts: es sollte nicht mehr nur die Quantität erhöht, sondern vor allem die Qualität der arbeitenden Bevölkerung verbessert werden, um die Steuereinnahmen und die Zahl der Wehrfähigen zu erhöhen.

---

⁴³ Der Engländer Francis Galton (1822–1911) gilt als Begründer der Eugenik mit seinen Arbeiten über die Vererbung von intellektuellen Eigenschaften, wie „Hereditary Genius, an inquiry into its laws and consequences", London 1869.

⁴⁴ Unabhängig voneinander entdeckten die Deutschen Carl Correns (1864–1933) und Erich von Tschermak-Seysenegg (1871–1962) sowie der Holländer Hugo de Vries (1848–1935) diese Arbeit wieder.

⁴⁵ Siehe hierzu auch: Heike Petermann, Die Vorstellungen der Rassenhygieniker und das Bevölkerungsprogramm im „Dritten Reich", in: R. Mackensen (Hg.), Bevölkerungslehre und Bevölkerungspolitik im „Dritten Reich", Opladen 2004, S. 125–140.

⁴⁶ Hellmut Haubold verfasste diese Arbeit, die ein Geleitwort des Gauleiters Bürckel enthält. Das Werk Franks wurde im Sinne der nationalsozialistischen Bevölkerungspolitik bearbeitet und dargestellt. Das Buch erschien 1939 im J. F. Lehmanns Verlag in München und Berlin.

⁴⁷ Jean C. Sabine, The Civil Administrator – most successful Physician, in: Bulletin of the History of Medicine 16, 1944, S. 289–318.

⁴⁸ Erste Hinweise auf solche Vorstellungen finden sich in den Arbeiten Platons (4. Jh. v. Chr.) über den Idealstaat („Politeia", 370 v. Chr.) wie auch über den utopischen Staat bei Thomas Morus (1477–1535, „Utopia", 1517) sowie bei Tommaso Campanella (1568–1639, „Der Sonnenstaat", 1623) und Francis Bacon („Neu-Atlantis", 1638).

⁴⁹ Markus Pieper, Der Körper des Volkes und der gesunde Volkskörper. Johann Peter Franks „System einer vollständigen medicinischen Polizey!, in: Zeitschrift für Geschichtswissenschaft 46, 1998, H. 2, S. 101–119, hier S. 104.

Es gibt eine genuin medizinische Tradition der Auseinandersetzung mit Bevölkerungsfragen, die in der Gesundheitspolitik seit dem Mittelalter und der „medizinischen Polizey" des 18. Jahrhunderts wurzelt und die sich mit dem Aufstieg der Epidemiologie ihr eigenes methodisches Instrumentarium geschaffen hat. Die Eugenik ist ein Kind des demographischen oder epidemiologischen[50] Übergangs. Wenn Eugenik definiert wird als die Wissenschaft, die sich mit den natürlichen und sozialen Bedingungen beschäftigt, welche die Eigenschaften kommender Generationen einer Rasse geistig oder körperlich beeinflussen, dann gehen eugenische Vorstellungen auch in die Gesundheitswissenschaft ein.

Abschließende Bemerkungen

Die Kriterien für Gesundheit und Krankheit wurden Ende des 18. Jahrhunderts neu definiert: Gesundheit bedeutete Leistungsfähigkeit und gesellschaftliche Verantwortung, besonders hinsichtlich Produktivität und Fortpflanzung, Krankheit hingegen Schwäche und (erzwungene) Unfruchtbarkeit. Frank leitete aus diesen Vorstellungen ein biologistisches Modell für die politische Gemeinschaft, den Staat, ab, in dem der Staat als „Körper des Volkes" gesehen wird und in dem der Theorie der Degeneration der Gesellschaft eine Forderung nach Verbesserung folgen muss: ein Gedanke, der von den Sozial- und Rassenhygienikern über hundert Jahre später wieder aufgegriffen wurde. Die Sorge um das Wohl der Menschen wurde zur Sorge um den Staat.

„Aufklärung ist der Ausgang des Menschen aus seiner selbst verschuldeten Unmündigkeit. Unmündigkeit ist das Unvermögen, sich seines Verstandes ohne Leitung eines anderen zu bedienen. Selbstverschuldet ist diese Unmündigkeit, wenn die Ursache derselben nicht am Mangel des Verstandes, sondern der Entschließung und des Muthes liegt, sich seiner ohne Leitung eines andern zu bedienen. Sapere aude! Habe Muth, dich deines eigenen Verstandes zu bedienen! es ist also der Wahlspruch der Aufklärung!"[51] Diese Aufforderung in Kants Definition der Aufklärung aus dem Jahr 1783 galt auch für das Gesundheitswesen.

In der zweiten Hälfte des 18. Jahrhunderts hat die staatliche Sorge um das Wohl der Bürger zugenommen, um die staatliche (militärische) und wirtschaftliche Kraft zu erhalten. Medizin ist nicht mehr das Monopol der Oberschicht, sondern stand allen Bevölkerungsgruppen offen, auch wenn die finanziellen Möglichkeiten dies nach wie vor einschränkten und erste Lösungsansätze erst im 19. Jahrhundert entwickelt wurden. Heute ist dieser Gesichtspunkt wieder aktuell.

Die Gesundheitsfürsorge, die Sorge um das Wohl der Menschen, spiegelte Ende des 18. Jahrhunderts die Bedürfnisse und Erwartungen der Menschen wider. Doch galt der Satz von Hermann Boerhaave auch noch Ende des 18. Jahrhunderts: „Halte den Kopf kalt, den Leib offen, die Füße warm, so kannst du aller Ärzte spotten."[52]

---

[50] Epidemiologie ist die Wissenschaft von der Entstehung, Verbreitung, Bekämpfung und den sozialen Folgen von Epidemien, zeittypischen Massenerkrankungen und Zivilisationsschäden.

[51] Berlinische Monatsschrift 4, 1784, S. 481

[52] Mann, Volksbelehrung (wie Anm. 22), S. 377. – Im Nachlass von Hermann Boerhaave fand sich 1738 ein Manuskript mit der Aufschrift: Die einzigen und tiefsten Geheimnisse der Arzneikunst. Es war dies ein Buch mit leeren Blättern und mit diesem einzigen Satz auf der letzten Seite.

Rudolf Endres

Die Handlungsdienerhilfskasse (Hülfskassa) in Nürnberg (1742–1944)

Im Verlauf des Dreißigjährigen Krieges breitete sich in Europa die protektionistische Wirtschaftspolitik aus. Sie erfasste zuerst Italien, dann Frankreich und schließlich auch die deutschen Territorien. Nürnberg wurde von dieser Politik erstmals unmittelbar betroffen, als 1642 Frankreich sich weigerte, die Handelsprivilegien der oberdeutschen Städte zu erneuern. Auf die Expansionskriege Ludwigs XIV. von Frankreich antwortete das Reich handelspolitisch mit rigorosem Protektionismus, dem sog. Reichsmerkantilismus, der die Jahrzehnte von 1676 bis 1715 prägte. Seit dem Spanischen Erbfolgekrieg war Antwerpen, wo der „Nürnberger Tand" nach Übersee eingeschifft wurde, zu „einem öden Ort" geworden und die Folge für Nürnberg war: „Manches Handelshaus steht bar und ledig". Diese protektionistische Handelspolitik übernahmen bald auch die großen deutschen Territorien, voran die Kaiserlichen Erblande, Brandenburg-Preußen, Bayern und auch Polen und Russland, die der Nürnberger Wirtschaft schwere Schäden zufügten. Österreichs Zollerhöhungen und Einfuhrverbote von 1728 trafen alle Branchen Nürnbergs, die Edelmetall-, Nicht-Edelmetall- und die Textilgewerbe.[1] Mit dem Ausbruch des österreichischen Erbfolgekrieges 1741 wurden von den beiden Großmächten Österreich und Brandenburg-Preußen neue Handelssperren verhängt, unter denen der Nürnberger Export schwer zu leiden hatte.[2]

In dieser schwierigen Situation entschlossen sich am 1. April 1742 acht Nürnberger Handlungsdiener, eine Handlungsdienerhilfskasse zu gründen.[3] Es waren dies Conrad Hausser, Melchior Haas, Caspar Gottlieb Merkel, Paulus Förch, Johann Tobias Länglein, Christoph Wilhelm Lindstatt, Johann Martin Egkert und Johann Friedrich Steger.[4] Zweck dieser Handlungsdienerhilfskasse sollte sein, denjenigen Handlungsdienern, die wirklich bedürftig und einer Unterstützung würdig seien, in allen Unglücksfällen und Notlagen zu helfen. Weiterhin sollte die Bettelei von durchreisenden arbeitslosen Handlungsdienern abgeschafft werden.[5]

Um dieses Vorhaben in die Tat umzusetzen, brauchten die acht Handlungsdiener die Unterstützung ihrer Standesgenossen. Deshalb versandten sie ein Rundschreiben an alle Nürnberger Handlungsdiener. Mehr als 80 Standesgenossen folgten diesem Aufruf zu einer gemeinsamen Beratung. Auf dieser Versammlung wurde einstimmig die Gründung einer Hilfskasse beschlossen. Schon am 31. Dezember 1742 wurde das Grundreglement mit 13 Statuten verabschiedet, das von 145 Handlungsgehilfen unter-

---

[1] Vgl. Ingomar Bog, Wirtschaft und Gesellschaft Nürnbergs im Zeitalter des Merkantilismus (VSWG 57), Stuttgart 1970.
[2] Ders., Wirtschaft und Gesellschaft im Zeitalter des Merkantilismus, in: Gerhard Pfeiffer (Hg.), Nürnberg – Geschichte einer europäischen Stadt, München 1982, S. 315–324, bes. S. 316.
[3] Heinrich Enslin, Chronik der Handlungsdiener-Hülfskassa, gegründet 1742 in Nürnberg, Nürnberg 1913, S. 1.
[4] Stadtarchiv Nürnberg (künftig: StadtAN) E6/662 Nr. 69, Satzung der Handlungsdiener Hülfskasse, S. 3.
[5] Ebd., Jahresbericht für 1907.

zeichnet wurde. In diesen Grundregeln wurden vor allem die Organisation und die Verwaltung der Handlungsdienerhilfskasse festgeschrieben.[6]

An der Spitze der Kasse standen 12 Direktoren, die von den Mitgliedern gewählt wurden und bevollmächtigt waren, die Kasse zu führen. Eine festgeschriebene Funktion übten aber nur die ersten fünf Direktoren aus. Der erste Direktor war der Vorstand der Kasse. Er leitete die Zusammenkünfte der Direktoren und die Generalversammlungen, bei denen alle Mitglieder anwesend sein sollten. Er führte außerdem die Verhandlungen mit Behörden und vertrat die Kasse bei Feierlichkeiten und offiziellen Anlässen. Der zweite Direktor übte die Funktion des Buchhalters aus und der dritte die des Kassiers. Der vierte Direktor war der Gehilfe des Buchhalters, der fünfte der des Kassiers. Die übrigen sieben führten lediglich den Titel „Direktor", ohne dass damit eine bestimmte Aufgabe verbunden war. Die Stimmen der Direktoren hatten alle das gleiche Gewicht, nur der Vorstand besaß doppeltes Stimmrecht, damit er bei Stimmengleichheit eine Entscheidung herbeiführen konnte. Das Direktorenamt war unentgeltlich. Wenn einer aus dem Direktorium ausschied, musste sogleich von den verbliebenen elf Direktoren ein Ersatz aus den Mitgliedern der Hilfskasse gewählt werden.[7]

Im Grundreglement wurden auch die Beitragshöhe und der Zahlungsmodus festgelegt. Jedes Mitglied hatte den gleichen Beitrag zu leisten. Kassiert wurde vierteljährlich, und zwar jeweils am letzten Tag der Monate März, Juni, September und Dezember. Der Beitrag betrug jeweils 30 Kreuzer.[8]

Die Kasse sollte, wenn möglich, immer über ein Barvermögen von ungefähr 100 Gulden verfügen. Was darüber hinausging, sollte an einen sicheren Ort gebracht beziehungsweise angelegt werden. Das Direktorium musste jährlich eine Abrechnung vorlegen. Auf der Generalversammlung am 31. Dezember 1742 wurden auch gleich die ersten 12 Direktoren gewählt.[9]

Durch Spenden, die auf der Gründungsversammlung eingesammelt wurden, kam ein Betrag von 258 Gulden zustande. Dieser ansehnliche Fonds erlaubte es der Hilfskasse, ihre Unterstützungstätigkeit sogleich und ohne finanzielle Sorgen aufzunehmen. Da sich unter den Gründern viele Söhne und Angestellte der bekannten Nürnberger Handelshäuser befanden, wurde eine finanzielle Unterstützung von den Mitgliedern nur selten in Anspruch genommen, weshalb die Hilfen sich hauptsächlich auf durchreisende und bettelnde Handlungsdiener konzentrierten. Die Verteilung der Unterstützungszahlungen lag beim Kassier, eine Aufgabe, die sich bald als sehr zeitraubend erweisen sollte.[10]

Schon in der dritten Sitzung der Direktoren konnte einem Nürnberger Handlungsdiener, der in Not geraten und zudem erblindet war, eine dauernde Unterstützung gewährt werden. Dass zum Teil hohe Beträge gerade an Durchreisende gewährt wurden, zeigen einige Beispiele aus den ersten 50 Jahren des Bestehens der Kasse. Am 16. November 1746 wurden einem Handlungsdiener, der auf dem Weg von Köln nach

---

[6] Enslin, Chronik (wie Anm. 3), S. 1.
[7] Ebd., S. 2.
[8] StadtAN E6/662 Nr. 69, Grundreglement, Blatt 2–4.
[9] Enslin, Chronik (wie Anm. 3), S. 2.
[10] StadtAN E6/662 Nr. 69, Jahresbericht für 1909.

Nürnberg ausgeraubt worden war, 10 Gulden ausbezahlt, damit er seine Reise nach Wien fortsetzen konnte. Am 22. Februar 1749 bekam ein Handlungsdiener aus Danzig 25 Gulden, damit er nach Frankfurt reisen konnte. Am 14. Januar 1753 erhielt ein Handlungsdiener aus Breslau, der auf seinem Weg nach Leipzig überfallen und ausgeraubt worden war, vier Gulden um nach Frankfurt weiterreisen zu können. Am 6. September 1761 meldete sich bei der Kasse ein Mann, dem es nach 10 Jahren und 10 Monaten in türkischer Gefangenschaft gelungen war, sich freizukaufen. Er war auf einer Schiffsreise von Danzig nach Marseille in die Sklaverei geraten. Die Hilfskasse gab ihm vier Gulden, damit er seine Reise nach Berlin fortsetzen konnte.[11]

Die Handlungsdienerhilfskasse beschränkte sich in ihrer Fürsorge aber nicht nur auf ihre Mitglieder und durchreisende Handlungsdiener. Auf der Versammlung am 9. November 1780 wurde der Beschluss gefasst, die notleidenden Standesgenossen in Gera zu unterstützen, die durch einen verheerenden Stadtbrand in große Not geraten waren. Eine spontane Sammlung ergab den hohen Betrag von fast 280 Gulden, die nach Gera überwiesen wurden.[12]

Die Hilfskasse erachtete es von Anfang an als eine ihrer wichtigsten Aufgaben, ihren verstorbenen Mitgliedern ein standesgemäßes Begräbnis zukommen zu lassen, denn eine nichtstandesgemäße Beerdigung hätte sie als Schande für die gesamte Nürnberger Handlungsdienerschaft angesehen, wie es im Jahresbericht für 1907 heißt.[13] Deshalb wurde bereits am 13. Oktober 1743 beschlossen, eine Grabstätte für verstorbene Mitglieder zu erwerben und am 4. Dezember des gleichen Jahres wurde eine Gruft auf dem Johannisfriedhof gekauft. Schon 1755 musste eine weitere Gruft erworben werden, die mit einem Messingepitaph versehen wurde.

Die Hinterbliebenen und auch das Handelshaus, bei dem der Verstorbene angestellt gewesen war, betrachteten es als hohe Ehre, wenn eine Abordnung der Handlungsdienerhilfskasse an der Beerdigung teilnahm, die in Dreierreihen hinter dem Sarg hermarschierte. Die Kleidung, die die Abordnung bei der Beerdigung tragen sollte, war genau vorgeschrieben. In einer Verordnung von 1758 hieß es: „Die mitgehenden Herren bei der Leiche erscheinen in langen Mänteln, einer Florbinde, in Manchets, weißen Schnallen und Handschuhen". Bis 1814 trugen sie sogar einen Degen.[14] Eine besondere Rolle kam bei den Beerdigungen den sog. Zahlmännern zu. Da keiner der Teilnehmer an dem Beerdigungszug den Schluss machen wollte, hatten die Zahlmänner, die Lohndiener waren und für ihre Dienste bezahlt wurden, die Aufgabe, den Schluss zu bilden. Die Fürsorge der Kasse für ihre Mitglieder, die sich bis zum Grab erstreckte, trug zum Ansehen der Kasse und des gesamten Standes in der Öffentlichkeit unverkennbar bei.

Da die Handlungsdienerhilfskasse von ihren eigenen Mitgliedern sehr selten und nur in äußersten Notfällen in Anspruch genommen wurde, konnte schon in den ersten Jahrzehnten ihres Bestehens durch Mitgliederbeiträge, aber auch durch Hinterlassenschaften verstorbener Mitglieder ein beträchtliches Vermögen angesammelt werden, das angelegt wurde. So wurden 1700 fl beim Landalmosenamt hinterlegt und mit 4 %

---

[11] Enslin, Chronik (wie Anm. 3), S. 2–5.
[12] Ebd., S. 5.
[13] StadtAN E6/662 Nr. 69, Jahresbericht 1907.
[14] Ebd.

verzinst.[15] Im Jahr 1819 betrug das in Aktien angelegte Kapital des Fonds 125.000 fl und im darauffolgenden Jahr wurden für weitere 50.000 fl Aktien gekauft.[16]

Die Geldgeschäfte erstreckten sich nicht nur auf den Ankauf relativ sicherer staatlicher oder städtischer Obligationen, die Kasse verlieh auch Geld an Privatpersonen, wobei sich Verluste nicht immer vermeiden ließen. Durch die ständige Ausweitung der Aufgaben hatte sich auch das Direktorium verändert. Nach Ausweis des Neudrucks der Statuten im Jahr 1830 waren nun das Amt eines Sekretärs und eines Sekretariatsgehilfen hinzugekommen, so dass nun nur noch fünf Direktoren ohne eine bestimmte Aufgabe oder Funktion waren.[17]

Schon 1744 war das Grundreglement um eine Regel erweitert worden. Diese besagte, dass nur ledige Handlungsdiener in die Kasse aufgenommen werden durften. Sie durften auch nicht verheiratet gewesen, also Witwer sein. Eine Ausnahme gestand die Regel jedoch zu: Wenn sich ein Mitglied der Kasse verheiratete oder selbstständig machte, musste es zwar aus der Kasse austreten, konnte aber später die Hilfe der Kasse in Anspruch nehmen, wenn es unverschuldet in Not geraten war. Ihm wurde dann die Summe seiner eingezahlten Beträge als Unterstützung gewährt. Weiterhin wurde festgelegt, dass einem ledigen Handlungsdiener, der ohne eigenes Verschulden in Not geraten war, je nach der Finanzlage der Kasse, geholfen werden sollte. Grundsätzlich aber hatten Handlungsdiener keinen Anspruch auf Versorgung durch die Hilfskasse, sondern nur auf zeitlich begrenzte Hilfe.[18]

Wie schon das fünfzigjährige Jubiläum, das verspätet am 1. April 1793 im Gasthof zum „Goldenen Reichsadler" gefeiert worden war, wurde auch das hundertjährige Jubiläum feierlich begangen. Die für den 26. Dezember 1842 geplante Feier musste jedoch verschoben werden, da der königlichen Münze in München ein Fehler unterlaufen war. Die Gedenkmedaillen, die an frühere und jetzige Mitglieder verteilt werden sollten, konnten nicht vor Ende Januar 1843 geliefert werden. Deshalb fand die Feier erst am 12. März 1843 im „Roten Roß" statt. In der Festrede des 1. Direktors Schwarz wurde die große Hoffnung und Erwartung zum Ausdruck gebracht, dass durch die neuen Verkehrsmittel, gemeint ist die Eisenbahn, Nürnberg als Handelsstadt wieder zu früherer Bedeutung gelangen werde.[19]

Dass auch die Handlungsgehilfenhilfskasse auf die wirtschaftlichen und sozialen Veränderungen reagieren musste, zeigt sich in einer einschneidenden Satzungsänderung. Im Jahr 1861 wurde beschlossen, dass Mitglieder, die heirateten, in der Kasse bleiben durften.[20] Damit beschränkte sich die Unterstützung der Kasse nicht nur auf ledige Mitglieder, sondern es wurden indirekt auch die Familien der Mitglieder unterstützt, und zwar mit höheren Hilfsgeldern. Eine wichtige Änderung der Satzung betraf auch den Wiedereintritt in die Kasse. Noch immer mussten Mitglieder, die von Nürnberg wegzogen, aus der Kasse ausscheiden. Infolge der zunehmenden Mobilität häuften sich diese Fälle, aber auch die Zahl derer, die nach einiger Zeit wieder nach Nürnberg zurückkehrten. Da seit 1861 Mitglieder, die sich verheirateten, in der Kasse blei-

---

[15] Enslin, Chronik (wie Anm. 3), S. 5.
[16] Ebd., S. 5–11.
[17] StadtAN E6/662 Nr. 69, Satzung 1830.
[18] Ebd.
[19] StadtAN E6/662 Nr. 86.
[20] Enslin, Chronik (wie Anm. 3), S. 13.

ben durften und sich zudem das Vermögen der Kasse ständig vermehrt hatte, wurde 1885 beschlossen, ehemalige Mitglieder, die nach Nürnberg zurückkamen und sich inzwischen verheiratet hatten, ebenfalls wieder aufzunehmen. Wer erst nach seiner Heirat Mitglied der Kasse werden wollte, musste weiterhin entsprechend den Statuten abgewiesen werden.[21]

Die Kasse musste aber auch auf die Stadterweiterung reagieren und sich ihr anpassen. Bisher konnten der Kasse nur Handlungsdiener beitreten, die im Stadtgebiet von Nürnberg in Stellung waren. Da aber immer mehr kaufmännische Niederlassungen in die Vororte verlegt oder außerhalb der Stadtmauern neu gegründet wurden, beschloss die Handlungsdienerhilfskasse am 1. Februar 1897, auch Handlungsdiener aufzunehmen, die in Geschäften in Stellung waren, die nicht weiter als einen Umkreis von zehn Kilometern von der Stadt entfernt angesiedelt waren.[22]

Bereits 1846 hatte Theodor Wagler bei seinem Austritt aus dem Direktorium angeregt, die sich ergebenden Überschüsse aus dem Vermögen für eine Rente für alte und erwerbsunfähige Mitglieder zu verwenden. Diese Anregung wurde jedoch damals nicht weiter verfolgt. Erst 1884 wurde sie wieder aufgegriffen und am 20. Dezember in einem Entwurf vorgelegt, der die Einrichtung eines Altersrentenfonds vorsah. Für diesen Fonds sollten die Überschüsse verwendet werden, die sich aus dem Anwachsen des Vermögens ergaben, das damals rund 110.000 Mark betrug. Da es sich um eine Satzungsänderung handelte, musste eine Mitgliederversammlung einberufen werden, die am 12. März 1895 der Fondsgründung zustimmte. Wenige Wochen später bestätigte die Landesregierung, die seit 1866 die Oberaufsicht der Lokalstiftung führte, die Satzungsänderung. Voraussetzung für eine Rente war eine 25jährige Mitgliedschaft bei der Kasse, die Vollendung des 65. Lebensjahres und der Nachweis der Bedürftigkeit.[23] Am 21. Oktober 1907 beschloss das Direktorium der Kasse, auch Witwen und Waisen von Mitgliedern finanziell zu unterstützen, denn das Geld hierfür war vorhanden.[24] Weiterhin übernahm die Kasse, wenn die eigenen Mittel der Mitglieder nicht ausreichten, bei Krankheit die Kosten für einen Arzt und für die Medikamente. Musste sich ein Mitglied in das städtische Krankenhaus begeben, so übernahm die Kasse die Kosten für ein Separatzimmer. Dies alles galt jedoch nicht, wenn Mitglieder durch eigene Schuld einen Unfall erlitten hatten. Dagegen konnten die Mitglieder mit Unterstützung rechnen, wenn sie durch längere Arbeitslosigkeit in Not geraten waren und ihren Lebensunterhalt nicht mehr selbst verdienen konnten. Bevor die Kasse aber Unterstützungsgelder zahlte, stellte sie genaue Recherchen darüber an, ob die Gesuchsteller auch wirklich bedürftig waren. Auch lehnte die Kasse es ab, die Krankenkosten für Familienmitglieder zu übernehmen. Wie unklar die Unterstützungsregelungen für die Mitglieder waren, trotz der Ausführungen im Jahresbericht 1884, soll ein späteres Vorkommnis verdeutlichen. Ein Mitglied der Kasse wurde ins Krankenhaus eingeliefert und wollte auf Kosten der Kasse sogar eine Separatverpflegung haben. Der Patient glaubte, dass es genüge, wenn er seine Aufnahmekarte der Kasse oder die letzte Quartalsquittung vorlege. Doch das wurde von dem Krankenhaus nicht akzeptiert.[25]

---

[21] StadtAN E6/662 Nr. 69, Jahresbericht für 1885.
[22] Enslin, Chronik (wie Anm. 3), S. 18.
[23] StadtAN E6/662 Nr. 69, Satzung S. 21.
[24] Enslin, Chronik (wie Anm. 3), S. 19.
[25] StadtAN E6/662 Nr. 69, Jahresbericht für 1884.

Anfang des Jahres 1892 wurde die staatliche Krankenversicherungspflicht auch auf die Handlungsdiener ausgedehnt. Es stellte sich nun für die Kasse die Frage, ob sie sich einem kaufmännischen Verein anschließen sollte, der seinerseits mit einer Krankenkasse verbunden war, um ihren Mitgliedern eine Alternative zur Gemeindekrankenkasse zu bieten. Es stellte sich aber heraus, dass die meisten Mitglieder der Kasse auch dem Nürnberger „Merkur" angehörten, der seinerseits einen Vertrag mit dem Hamburger „Verein für Handlungscommis" hatte, der den Eintritt und die Aufnahme in dessen Krankenkasse ermöglichte. Damit sah das Direktorium der Handlungsgehilfenkasse keine Notwendigkeit, weitere Schritte zu unternehmen.[26]

Der nun bestehende Versicherungszwang für Krankheitsfälle wirkte sich zunächst kaum auf die Unterstützungstätigkeit der Hilfskasse aus, obwohl nun die Kosten bei Krankheit von den Krankenkassen übernommen werden mussten. Für die Hilfskasse bedeutete sogar das Jahr 1893 ein Rekordjahr an Hilfeleistungen. Schwere und vor allem langwierige Krankheiten von Mitgliedern, Todesfälle, Arbeitslosigkeit, Gebrechlichkeit und vor allem eine immer größer werdende Zahl fremder Handlungsdiener mussten unterstützt werden, so dass die Ausgaben die Einnahmen aus den Mitgliedsbeiträgen um das Fünffache übertrafen. Das Finanzverhalten war nur möglich, weil auf die hohen Zinserträge des Vermögens der Kasse zurückgegriffen werden konnte. Der Jahresbericht für 1893 weist auf:

Es wurden an Unterstützungen gewährt:

a) wegen hohen Alters und Krankheit, wodurch Arbeitsunfähigkeit bedingt
   ist, an 2 Mitglieder die Beträge von 600 M und 448 M   M 1048
b) in Krankheitsfällen an 5 Mitglieder die Beträge von M 14,–, 31,–, 255,75,
   300,–, 400,–   1000,75
c) für Verpflegung im städtischen Krankenhaus, ärztliche Behandlung und
   Beerdigungskosten eines Mitglieds   348,23
d) für Beerdigungskosten für 2 Mitglieder M 177,10 und 162,25   339,35
e) wegen Stellenlosigkeit und Krankheit an 2 Mitglieder M 101,–, 139,70   240,70
f) für durchreisende Handlungsdiener   637,–
   zusammen   M 3614,03

Die Einnahmen aus Mitgliedsbeiträgen betrugen dagegen nur: M 765,50.[27]

Die Unterstützungsgesuche durchreisender Handlungsdiener hatten seit der Mitte des 19. Jahrhunderts eine so hohe Zahl erreicht, dass der damalige Kassier der Hilfskasse am 30. März 1876 erklärte, er müsse von seinem Posten zurücktreten, weil er durch die Verhandlungen mit den durchreisenden Handlungsdienern so sehr in Anspruch genommen werde, dass ihm keine Zeit mehr für seine eigentlichen Aufgaben in der Kasse blieben. Da sich kein anderes Mitglied bereit erklärte, den Posten des Kassiers zu übernehmen, konnte der bisherige Kassier nur dadurch zum Verbleib bewegt werden, dass man die Unterstützung durchreisender Handlungsdiener gänzlich einstellte. Diese Maßnahmen waren durch die Statuten gedeckt. 1878 nahm man ein Gesuch des Nürnberger Wanderunterstützungsvereins auf und kam mit ihm überein, dass der Wanderverein die Unterstützung durchreisender Handlungsgehilfen über-

---

[26] Ebd., Jahresbericht für 1892.
[27] Ebd., Jahresbericht für 1893.

nahm, wofür ihm die Kasse zunächst 150 Mark und später 200 Mark jährlich überwies.[28]

Ein besonderes Problem für die finanzielle Ausstattung der Hilfskasse stellte die Anlage des Vermögens dar. Durch den allgemeinen Wirtschaftsaufschwung und der damit verbundenen rückläufigen Arbeitslosigkeit in den letzten Jahren des 19. Jahrhunderts konnten nun wieder Überschüsse erzielt werden, die dem Altersrentenfonds gutgeschrieben wurden. Das Gesamtvermögen der Kasse belief sich im Jahr 1900 auf 120.974,54 Mark und der Altersrentenfonds hatte die Höhe von 18.513,19 Mark erreicht, was die Versammlung zu dem Beschluss veranlasste, dass Mitglieder, die das 65. Lebensjahr vollendet und mindestens 25 Jahre Mitglied der Kasse waren, eine jährliche Rente von 100 Mark erhalten sollten, wobei eine spätere Erhöhung auf 200 Mark vorgesehen war. Da der Rentenaltersfonds 1906 bereits auf 34.923,58 Mark angestiegen war, wurde die Altersrente auf Witwen und Waisen ausgedehnt. So konnte schon zwei Jahre später die erste Witwe die Hilfe der Kasse in Anspruch nehmen, und 1909 wurden drei Witwen von ehemaligen Mitgliedern unterstützt mit einem Gesamtbetrag von 800 Mark. Da 1911 bei den Staatspapieren erhebliche Kursverluste eingetreten waren, mussten Abschreibungen in Höhe von 3.549 Mark vorgenommen werden. Trotzdem wurden an Mitglieder 1.853,50 Mark und an Witwen 875,40 Mark ausbezahlt. Die Kursverluste der Wertpapiere, die ursprünglich für sicher gehalten worden waren, setzten sich in den nächsten Jahren fort.[29]

Der Jahresbericht für 1899 enthält einen Bericht über die Arbeit der „Schreibstube", die von dem Nürnberger Herbergeverein „Zur Heimat" für durchreisende, aber arbeitslose Handlungsdiener eingerichtet worden war und von der Kasse finanziell unterstützt wurde. Die Handlungsdiener wurden in der Schreibstube solange beschäftigt, bis sie das Geld zur Weiterreise verdient hatten oder in Nürnberg eine Stellung gefunden hatten.[30]

Bei der Stellenvermittlung, die die Schreibstube leistete, aber war die Kasse auf die Mithilfe ihrer Mitglieder angewiesen, deren Zahl rückläufig war. So wurde im Jahresbericht für 1889 darüber geklagt, dass vor allem junge Standesgenossen der Kasse mit Gleichgültigkeit gegenüberstanden, obwohl mehrfach für einen Eintritt in die Kasse geworben worden war. Im Jahr 1890 betrug die Zahl der Mitglieder nur 125.[31]

Selbstverständlich war die Handlungsdienerhilfskasse auch vom Ausbruch des Ersten Weltkrieges betroffen. So heißt es im Jahresbericht für 1914: „Die ungeheure Widerstandskraft unserer Gegner hat es zur unbedingten Notwendigkeit gemacht, dass Heeresmassen aufgestellt werden mussten, von denen wir selbst vor Kriegsbeginn noch keine Ahnung hatten. Dadurch wurden überall in den Familien, in den Geschäftsbetrieben, Ämtern usw. Lücken gerissen, von denen wohl viele nicht mehr ausgefüllt werden können, weil die Hinausgezogenen zur Ruhe in fremde Erde kamen". Von den Mitgliedern der Kasse waren 17 eingezogen worden. Ihre Angehörigen wurden von der Kasse mit 3.275,70 Mark im Jahr 1914 unterstützt. Die Hilfen wurden bis

---

[28] Enslin, Chronik (wie Anm. 3), S. 15.
[29] StadtAN E6/662 Nr. 69, Jahresbericht für 1900–1913.
[30] Ebd., Jahresbericht für 1899.
[31] Ebd., Jahresbericht für 1889 und 1890.

Kriegsende beibehalten. Die letzte Kriegsunterstützung in Höhe von 525 Mark wurde 1919 ausbezahlt.[32]

Um nicht die Reserven angreifen zu müssen, wurde am 7. Januar 1923 von der Versammlung beschlossen, die Mitgliedsbeiträge zu erhöhen. Unverheiratete mussten nun 60 RM und Verheiratete 100 RM jährlich bezahlen. Wegen der fortwährenden Entwertung der Reichsmark wurde außerdem beschlossen, die laufenden Unterstützungen zu verdoppeln.[33] Seit 1928 wurden keine Mitgliedsbeiträge kassiert und keine neuen Mitglieder mehr aufgenommen.

Am 9. November 1933 fand in der Gaststätte Kreuzlein in der St. Johannisstraße eine außerordentliche Generalversammlung statt wegen der Gleichschaltung der Vereine durch die Nationalsozialisten. Das bisherige Direktorium trat zurück, und Franz Josef Müller führte nun den Titel „Führer" und nicht mehr 1. Direktor. Außerdem wurde der Beitritt der Kasse zum „Kampfbund für Deutsche Kultur" bekannt gegeben und den Richtlinien der Reichsregierung und der obersten Parteileitung zur Gleichschaltung der Vereine widerspruchslos zugestimmt. Darin hieß es: „In den Verein kann nur aufgenommen werden, wer arischer Abstammung und nicht mit Angehörigen der jüdischen Rasse verheiratet ist". Weiterhin wurde bestimmt: „Der Führer des Vereins hat das Recht, Vereinsmitglieder, die sich der Ausrichtung des Vereins auf das neue Deutschland widersetzen, aus dem Verein auszuschließen".[34]

Seit 1940 musste die Kasse Gewerbesteuer bezahlen und im folgenden Jahr auch 24 RM jährlich Körperschaftssteuer, weshalb die Mitglieder beschlossen, die aus der Inflationszeit geretteten wenigen Pfandbriefe zu verkaufen und die erzielten Gewinne an die Mitglieder zu verteilen.[35] Am 26. Januar 1944 wurde die Kasse von der Gauwirtschaftskammer Nürnberg aufgefordert, aufgrund der gezahlten Gewerbesteuer RM 5 und 80 Pfennig an die Wirtschaftskammer zu zahlen. Das Schreiben wurde sofort zurückgeschickt mit dem Vermerk, dass die Handlungsdienerhilfskasse sich in Liquidation befinde.[36] Tatsächlich wurden zunächst 2.662 RM an 35 Mitglieder ausbezahlt, und zwar gestaffelt nach Länge der Mitgliedschaft. Dann erhielten die 33 Mitglieder 100 RM und 2 Mitglieder je 200 RM. Schließlich konnten nochmals 75 RM jedem Mitglied überwiesen werden. Im November 1944 schließlich zahlte der „Führer" die letzten 4.950 RM an die noch verbliebenen 30 Mitglieder aus, 20,80 RM wurden für Porto verrechnet und 72 RM an die Ortsgruppe Nordostbahnhof der NS-Wohlfahrt überwiesen.[37]

Am 22. November 1944 erstattete „Führer" Müller der zuständigen Stelle im Polizeipräsidium Nürnberg die vorgeschriebene Meldung über die Auflösung der Handlungsdienerhilfskasse oder Hülfskassa,[38] die mehr als 200 Jahre mit durchaus beachtlichem Erfolg gewirkt hatte.

---

[32] Ebd., Jahresbericht für 1914 und 1919.
[33] Ebd., 4. Protokollbuch.
[34] Ebd., 4. Protokollbuch, Ver. 9. 11. 1933.
[35] Ebd., 4. Protokollbuch, Eintrag November 1940.
[36] Ebd., 4. Protokollbuch, Januar 1944.
[37] Ebd., 4. Protokollbuch, November 1944.
[38] Ebd.

Anne von Kamp

Amalie von Baumbach geb. von Hendrich

Ein adeliges Frauenleben zwischen Wunsch und Wirklichkeit

Amalie[1] von Baumbach wurde am 4. September 1779 in Meiningen als Kind von Franz Josias von Hendrich und seiner ersten Ehefrau Maria Amalie von Leutsch geboren. Von den insgesamt sieben Kindern aus dieser Ehe erreichte sie als Einzige das Erwachsenenalter.

Die Familie von Hendrich ist seit etwa 1500 in Thüringen nachweisbar und hatte in allen sächsischen Herzogtümern wichtige städtische oder staatliche Positionen inne. Der Aufstieg des Geschlechts vollzog sich über einen Zeitraum von zwei Jahrhunderten. Zunehmend wählten Familienmitglieder Ehepartner aus einflussreichen Beamten- und Gelehrtenfamilien. 1696 wurde die Familie dann in den erblichen Reichsadel aufgenommen. In dem folgenden Jahrhundert etablierte sich das Geschlecht innerhalb des lokalen Adels und konnte mehrere vorteilhafte eheliche Verbindungen mit alteingesessenen adeligen Familien schließen.[2]

Zur Zeit von Amalies Geburt war die Familie vollkommen in die höhere Gesellschaft integriert. Getauft wurde das Kind am 6. September 1779 auf die Namen Amalie Eleonore Juliane Auguste.[3] Den Rang und die weit reichenden Verbindungen dokumentierten auch die ausgewählten Paten, an deren erster Stelle Prinzessin Amalie von Sachsen-Meiningen stand. Insgesamt 10 der 25 Paten waren bei der Taufzeremonie anwesend.

Über Kindheit und Jugend von Amalie ist wenig bekannt. Sie wuchs wohl überwiegend in Meiningen auf. Ihre Erziehung muss sehr sorgfältig und umfassend gewesen sein, da ihr – auch von ihren späteren Kritikern – eine umfassende Bildung und eine große geistige Beweglichkeit bescheinigt wurden. Da ihr Vater Franz Josias zudem einen nicht unerheblichen Grundbesitz in seiner Hand vereinigte, galt Amalie als gute Partie, obgleich sie, auch nach ihrer eigenen Einschätzung, physisch nicht attraktiv war.

Ihre Vorzüge blieben auch Karl Ludwig Friedrich August von Baumbach (1772–1844) nicht verborgen, der seit 1792 im Altenburgischen Staatsdienst tätig war. Ein Freund Baumbachs und zugleich ein guter Bekannter der Familie von Hendrich, von Wangenheim, nahm bei dem Zustandekommen der Verbindung eine Vermittlerrolle ein: „Dieses Mädchen, das sich durch ihre Eigenschaften und ihre Talente von hunderten ihres Geschlechts rühmlich unterscheidet, ist ein Mädchen, das Du Deiner Aufmerksamkeit wert gefunden hast, es ist keine andere als Amalie von Hendrich. – Bei-

---

[1] Sie selbst nannte sich in ihren Briefen oft Amelie.
[2] Vgl. Hans Martin Frhr. von Erffa, Zur Geschichte der Familie von Hendrich, in: Jahrbuch der Coburger Landesstiftung 3, 1958, S. 211–252.
[3] Nachricht über die Geburt der Frau Amalie von Baumbach geb. von Hendrich, Schlossarchiv Ahorn, Persönliche Verhältnisse, V.A.1 No. 6.

de habt Ihr nur einen Fehler! Ihr würdet so lange wählen, bis Ihr Euch verwählet, wenn man Euch nicht hülfe."[4]

Amalie war jedoch nicht nur eine sowohl wohlhabende als auch gebildete junge Adelige; sie zeichnete sich schon in jungen Jahren durch einen starken eigenen Willen aus. Ihr Vater, der an seiner Tochter mit großer Liebe hing, mahnte den Bewerber daher zur Vorsicht: „Ich weiß, sie [Amalie] hat ein Herz, das einen vernünftigen Mann glücklich machen kann, und Fähigkeiten, die ihm Unterhaltung gewähren können; aber sie gehört, ob zu ihrem Glück oder Unglück […] nicht zu den Mädchen, von welchen zu hoffen ist, daß sie mit jedem vernünftigen Mann glücklich leben werden. […] Lassen Sie sich in dieser wichtigen Angelegenheit Ihres Lebens, durch nichts, was einer Leidenschaft ähnlich sein könnte, irre führen."[5]

Das gegenseitige nähere Kennenlernen muss allerdings für beide Seiten so positiv verlaufen sein, dass sie den Beschluss fassten, sich zu vermählen. Als Heiratsgut brachte die Braut die Summe von 10.000 Gulden (5.555 Taler) mit in die Ehe, von denen allerdings nur der kleinere Teil (2.000 Taler beziehungsweise 3.600 Gulden) bar ausgezahlt wurde und den Baumbachschen Besitzungen in Hessen zufloss.

Die Trauung fand im Januar 1799 in Meiningen statt, und das Paar übersiedelte daraufhin nach Altenburg. Dort wurden ihre drei Kinder geboren, von denen jedoch nur die 1801 geborene Tochter Emmy das Kleinkindalter überlebte. Die ersten Ehejahre gestalteten sich überwiegend harmonisch, wie Baumbach in dem am 24. Februar 1807 datierten offiziellen Scheidungsgesuch an den Herzog darlegte: „Lange galt diese Ehe für eine der wenigen glücklichen, und ich glaube, sie war es. Gegenseitige Achtung und Freundschaft, erprobt in frohen und trüben Tagen, waren die Hauptfäden des unsere Herzen vereinigenden Bundes; Offenheit und Zutrauen das bewährte Mittel, deßen Festigkeit zu sichern."[6]

Um das Jahr 1805 trat eine langsame Entfremdung zwischen den beiden Eheleuten ein. In dem oben zitierten Scheidungsantrag nannte der Ehemann den Drang seiner Frau nach gesellschaftlicher Anerkennung und Bewunderung, gerade durch die Männer in ihrer Umgebung, als Grund für die entstandenen Differenzen. Dies wird sicher zumindest teilweise der Wirklichkeit entsprochen haben, einen echten Grund, die Ehe aufzulösen, bildete er jedoch nicht. Die wirkliche Ursache nannte von Baumbach aus Rücksichtnahme auf seine Frau und auf seine eigene berufliche Stellung jedoch nicht.

Ehekrise und Scheidung – die Jahre zwischen 1805 und 1808

Amalie hatte nämlich eine Liebesbeziehung mit Hans Carl Leopold von der Gabelentz[7] (1778–1831) begonnen, die zu der anhaltenden Krise mit nachfolgender Scheidung führte.

---

[4] Zit. nach Reinhold von Baumbach (Hg.), Carl Ludwig Friedrich von Baumbach. Ein Lebensbild. Von seinem Sohne Reinhold von Baumbach nach alten Schriften und eigenen Erlebnissen zusammengestellt, hg. durch seine Enkel von Baumbach-Nassenerfurt, Rudolstadt 1910, S. 22.

[5] Ebd., S. 24–25.

[6] Acta die verfügten oder abgeschlagenen Ehescheidungen im H. Altenburg betr. 1805 Seqq., Geheimes Archiv, Loc 110 Nr. 29, Sächsisches Landesarchiv Altenburg.

[7] Die Familie benutzte damals auch die Schreibung Gabelenz.

Johann Heinrich Schröder: Amalie von Baumbach, geb. von Hendrich (Privatbesitz).

Die Familie von der Gabelentz, aus dem sächsischen Uradel stammend, stellte eine Reihe namhafter Politiker und Gelehrter. Leopold von der Gabelentz, seit 1798 im Altenburgischen Staatsdienst und ein Kollege Baumbachs, war ein ausgesprochen intelligenter, lebenshungriger, energischer und – zumindest was sein Privatleben betraf – wenig skrupelhafter und rücksichtsloser Mann. Er verheiratete sich bereits 1798 mit Henriette Johanne Friederike Philippine von Baumbach, einer Schwester Karl von Baumbachs. Kurz vor deren Tod 1802 begann er ein Verhältnis mit Marianne von

Seebach, die er ein Jahr später heiraten sollte. In einem Brief hatte Amalie von Baumbach deswegen ihren Schwager kritisiert, ihn ermahnt und zur ehelichen Treue aufgerufen. Dieser Brief bildete den Auslöser für die Affäre, die das bisherige Leben der Amalie von Baumbach grundlegend verändern sollte.

In seiner Selbstbiographie charakterisierte Karl von Baumbach – außerordentlich treffend – die Beziehung der beiden: „Dieser Brief hatte Gabelentz getroffen und verletzt und aus Depit hatte er beschlossen, die Tugendpredigerin zu versuchen. Aus Schein wurde Ernst. Ihrer Eitelkeit wurde geschmeichelt. Geistreich, gebildet waren sie beide und achteten einander schon länger. Dazu Leidenschaft, mit der sie sich selbst auf dem erkannten Irrweg entschuldigten."[8]

Nur in einem Punkt irrte sich Baumbach; die große Liebe und Leidenschaft fühlte lediglich Amalie. Für Gabelentz lag der Impetus seines Handelns primär in seinem gekränkten Stolz, in dem Genießen der Macht, die er über einen anderen Menschen ausüben konnte und im Reiz des Spiels. Außerdem mag er sich zumindest zeitweise Hoffnungen auf das Hendrichsche Vermögen gemacht haben, da er beträchtliche Schulden, unter anderem durch Glücksspiel, angehäuft hatte.[9]

Zahlreiche Briefe von Amalie an Gabelentz sind erhalten geblieben, während die Antwortbriefe als verschollen gelten.[10] Diese Briefe zeichnen das Bild einer leidenschaftlich liebenden Frau, die erst sehr langsam bemerkte, dass ihre Gefühle nicht erwidert wurden.

Bei aller Leidenschaft achtete Amalie von Baumbach auf ihre Ehre und dachte zunächst weder an eine sexuelle Beziehung zu Gabelentz noch an die Scheidung von ihrem Mann. Sie glaubte an eine Art Seelenverwandtschaft zwischen ihr und ihrem Geliebten, die, wenn es ihnen vom Schicksal so bestimmt sei, in eine legitime eheliche Verbindung münden würde: „[...] ich werde nie nie aufhören Dich zu lieben, so lange ich mit reinem schuldlosem Herzen, Dir Geliebter, in's offne Auge sehen kann; und nur dann wenn ich eine Sünde mit Dir theilen müßte, würde ich aufhören ganz Dein zu seyn."[11]

Weitere Briefe des Jahres 1805 fehlen. Es ist nur zu erahnen, was in der jungen Frau vorging. Da Amalie eine gradlinige Natur war und sie sich ihrem Mann gegenüber schwer verstellen konnte, wuchs die Entfremdung zwischen den Eheleuten stetig.

Baumbach versuchte trotz der vorhandenen Probleme, die Ehe noch zu retten. Er schickte seine Ehefrau im Mai 1806 von Altenburg zu ihrem Vater nach Meiningen, wo sie, wie er hoffte, zur Vernunft kommen und zu ihren häuslichen Pflichten zurückkehren werde. Wie schon erwähnt, wahrte Karl von Baumbach so weit als möglich Diskretion, einmal aus Schonung seiner Frau gegenüber, zum anderen auch in Rücksicht auf seine berufliche Position. Auch von Gabelentz forderte er – was durchaus

---

[8] Baumbach, Carl von Baumbach (wie Anm. 4), S. 26.

[9] Diese Hoffnungen zerschlugen sich spätestens durch die zweite Eheschließung Franz Josias von Hendrichs mit Dauphine Fabre, der Schweizer Erzieherin seiner Tochter, im Jahr 1806. Eine entsprechende Andeutung findet sich in einem undatierten und unvollständigen Brief von Amalie. Zudem hätte Hendrich in jedem Fall sein Vermögen vor dem Zugriff von Gabelentz geschützt.

[10] Briefe von seiner Schwägerin Amalie von Baumbach an Leopold von der Gabelentz 1806–1808, Familienarchiv v. d. Gabelentz Nr. 561, Sächsisches Landesarchiv Altenburg.

[11] Brief von Amalie von Baumbach an Leopold von der Gabelentz, dat. Ahorn 12.7.1805, in: Briefe von seiner Schwägerin Amalie von Baumbach (wie Anm. 10).

dem zeitüblichen Verhaltenskodex entsprochen hätte – keine Satisfaktion. In dieser Zurückhaltung wurde er von seinem Freund Wangenheim – dem einstigen Stifter seiner Ehe – bestärkt: „Wie natürlich das Gefühl der Rache dem gekränkten Mann sein mag gegen die Verführer, wie verzeihlich der Wunsch sein mag, dem Buben, der schon die Schwester unglücklich machte, eine Kugel durch die verräterische, treulose und herzlose Brust zu jagen, so gewiß ich den Rat, den ich Dir gebe schwerlich selbst zu befolgen imstande wäre, so beschwöre ich Dich doch, ihn der rächenden Hand der Nemesis zu überlassen, ohne ihr in ihr Richter-Amt einzugreifen [...]."[12]

Das gemeinsame Kind Emmy wurde bei Verwandten untergebracht. Amalie fügte sich ohne Aufbegehren den Bestimmungen, die ihr Mann über ihren Kopf hinweg getroffen hatte.

Trotz der Kenntnis der Umstände nahm ihr eigener Vater sie in seinem Haus auf; Hendrich versuchte jedoch nicht, sie von ihrem Scheidungsvorhaben abzubringen. Nur die Aufrechterhaltung des Kontakts zu Gabelentz durch Briefe untersagte er ihr, ein Verbot, welches Amalie jedoch zu umgehen wusste. Über Mittelspersonen konnten sie weiterhin Briefe austauschen.

Gabelentz war bestrebt, durch gezielte, Misstrauen erweckende Bemerkungen die Kluft zwischen Amalie und ihrem Mann weiter zu vertiefen. In diesem Punkt ließ sie sich jedoch nicht von ihrem Geliebten beeinflussen: „Etwas in Deinem Brief hat mich geschmerzt aber Du hast es selbst gefühlt darum thust Du es auch gewiß nicht wieder. Bb. [Karl von Baumbach] verdient Dein Urtheil nicht."[13]

Sie zollte ihrem Ehemann weiterhin Achtung, verhielt sich ihm gegenüber jedoch äußerst distanziert. Dieses Verhalten war, wie aus den Briefen an Gabelentz eindeutig hervorgeht, Mittel zum Zweck. Sie forcierte die Scheidung, um ihrem Mann eine neue Lebensperspektive zu ermöglichen und ihn freizugeben. Deswegen trat sie hart und unversöhnlich ihm gegenüber auf. An ihrer Liebe zu Gabelentz hielt Amalie unbeirrt fest, obgleich sich zu den überschwänglichen Gefühlen der Anfangszeit inzwischen bittere Töne gesellten: „[...] ich muß Dich wohl so lieben wie ich Dich liebe, daß ich so um Deinetwillen den bittern Kelch bis auf den letzten Tropfen ohne Widerwillen leeren konnte; ich kann es Dir nicht verhehlen wie schwer es ist einem Mann den man beleidigt hat statt Demuth und Reue nur wiederhohlte Kränkungen und wenigstens scheinbaren Undank bieten zu können; wie unendlich bitterer aber noch, sich von einem einzigen geliebten Kind, vielleicht auf immer zu trennen, allen Mutterrechten und Mutterfreuden zu entsagen."[14]

Inzwischen hatte auch Karl von Baumbach die Hoffnung auf eine freiwillige Rückkehr seiner Ehefrau aufgegeben und reichte am 24. Februar 1807 sein Scheidungsgesuch bei Herzog August von Sachsen-Gotha-Altenburg ein. In diesem Gesuch bat er darum, dass der Prozessweg umgangen und die Scheidung auch ohne gerichtliche Anhörung ausgesprochen werde.[15] Amalie bekräftigte in einem Schreiben an den Herzog

---

[12] Brief von Wangenheim an Baumbach, dat. 29.5.1806, zit. nach Baumbach, Carl von Baumbach (wie Anm. 4), S. 28f.

[13] Brief von Amalie von Baumbach an Leopold von der Gabelentz, dat. Meiningen 9.1.1807, in: Briefe von seiner Schwägerin Amalie von Baumbach (wie Anm. 10).

[14] Brief von Amalie von Baumbach an Leopold von der Gabelentz, dat. Ahorn 28.5.1806, in: Briefe von seiner Schwägerin Amalie von Baumbach (wie Anm. 10).

[15] Der Vorgang findet sich in den amtlichen Akten dokumentiert (s. Anm. 6).

ihren Wunsch, die Ehe aufzulösen. In einem Vertrag, datiert Altenburg den 14. März 1807, regelten beide Ehepartner die finanziellen Fragen, und sie legten Eckpunkte für die Erziehung und die finanzielle Absicherung der Tochter fest.[16] Emmy von Baumbach sollte ganz der Obhut des Vaters unterstellt werden, die Mutter erhielt lediglich das Recht, über künftig zu treffende Entscheidungen bezüglich des Kindes informiert zu werden. Außerdem verpflichtete sie sich, ihren Teil an den Kosten der Erziehung beizusteuern. Amalie von Baumbach erhielt im Gegenzug ihre Ausstattung und ihr Heiratsgut in Höhe von 5.555 Talern zurück. Die Scheidung wurde am 23. Juni 1807 ohne vorheriges juristisches Verfahren rechtskräftig.

Amalie hielt zunächst weiterhin an der Beziehung zu Gabelentz fest; den Wunsch, dass auch ihr Geliebter die Scheidung einreichen solle, äußerte sie zunächst nicht. Ihr starkes Ehr- und Pflichtempfinden hielten sie von diesem Schritt zurück: „Du der meine ganze Seele ausfüllt, deßen Glück ich um jeden erlaubten Preis erkaufen möchte, deßen Liebe mich über alle Freuden und Widerwärtigkeiten des Lebens hinweg hebt, kannst unmöglich ein schuldloses Wesen, das nur in Deinem Besitz Zufriedenheit findet, dem Unglück, und mich den nie schweigenden Vorwürfen eines befleckten Gewißens Preis geben wollen, oder Du wärst bey Gott meiner reinen innigen Liebe nie werth, und jeder Schmerz, den ich gegeben und erlitten habe wäre fruchtlos gewesen."[17]

Nach der Scheidung trat eine zunehmende Entfremdung zwischen Gabelentz und Amalie ein. Sie fühlte sich in gewisser Weise betrogen, da sie den wahren Charakter ihres Geliebten zu spüren begann: „Schon früher hatten Deine Briefe mir nicht ganz gefallen, ich kann Dir das Gefühl nicht beschreiben aber ich versichere Dir, Gabelenz, ohne alle Ziererey, ich erröthete wenn ich sie las, und ärgerte mich, daß der Mann um deßen Willen ich das war was ich bin, einer solchen, alles übrige vergeßenden Liebe, in meinen Augen nicht immer werth sey."[18]

Auch quälte sie immer häufiger der Verlust ihres Kindes. Ihre Beziehung zu Gabelentz empfand sie als zunehmend perspektivlos und die leidenschaftlichen Gefühle, die sie zunächst noch über diese Perspektivlosigkeit hatten hinwegtragen können, begannen zu verblassen. In dieser Situation bat sie – indirekt – Gabelentz darum, sich doch öffentlich zu ihrer Liebe zu bekennen. Dieser lehnte dieses Ansinnen jedoch ab und warf Amalie vor, ihren eigenen moralischen Grundsätzen zu widersprechen und inkonsequent zu handeln. Sie verteidigte sich und zeichnete unbeabsichtigt ein lebendiges Bild ihrer Persönlichkeit: „Wohl hast Du recht, daß ich inconsequent bin, aber wahrlich ich bin es nicht aus zu strenger Moral, sondern weil ich ein Weib, weil ich ein sehr schwaches Wesen bin; höchst reitzbar, empfänglich für Freude und Schmerz, mächtig hingerißen vom Eindruck des Augenblicks, jedem Gefühle (selbst den wider-

---

[16] Acta des Ritterguts Ahorn betreffend die Ehescheidung des Herrn Cammerherrn und Regierungs-Rath Carl Ludwig Friedrich August von Baumbach und dessen Frau Amalie Eleonora Juliane Auguste geborne von Hendrich ao 1807, Schlossarchiv Ahorn, Persönliche Verhältnisse, V A 2 Nr. 5.

[17] Brief von Amalie von Baumbach an Leopold von der Gabelentz, dat. Ahorn 28.5.1806, in: Briefe von seiner Schwägerin Amalie von Baumbach (wie Anm. 10).

[18] Brief von Amalie von Baumbach an Leopold von der Gabelentz, dat. Meiningen 6.1.1808, in: ebd.

sprechendsten) mit Leidenschaft anhängend, eben so fähig durch eine Kleinigkeit beglückt, als tief gebeugt zu werden."[19]

Was genau das auslösende Moment war, das Gabelentz schließlich bewog, ihr die Wahrheit über seine vorgetäuschten Gefühle und die Motive seines unehrenhaften Handelns zu schreiben, ist nicht deutlich ersichtlich. Jedenfalls kam Amalie von Baumbach im Februar 1808 zu folgendem bitteren Resümee: „Hätte ich damals, wie Du mir Liebe logst (verzeyhe mir, Du Geliebter, diese Erinnerung; es ist auch nicht eine Spur von Bitterkeit darin) nicht wie ein eitliches thörichtes Weib an Deine Neigung geglaubt, hätte es nicht meinem Stolz, meiner Eigenliebe geschmeichelt, mich von dem Manne ausgezeichnet zu sehen, den mein Herz schon früher als ich selbst ahnte, liebenswerth nannte, so hätte ich Deiner damals geheuchelten Leidenschaft kein Gehör gegeben. […] Wer hätte es damals gedacht, daß es so weit kommen würde! Aber das Große steht ja nur selten gleich vollendet da, meist aus dem Kleinen entsteht es; und wächst unsichtbar doch mit furchtbarer Schnelle heran. So baut der schwache Mensch Schuld auf Schuld, bis das Gebäude von schwindelnder Höhe herab stürzt und ihn unter den Trümmern begräbt."[20]

Auch jetzt noch nahm sie sämtliche Schuld auf sich und sprach den Mann, der sie jahrelang belogen hatte, von jeglicher Verantwortung frei. Mit ihrer Enttäuschung und der Erkenntnis, dass diese Liebe, die sie mit großer Entsagungsbereitschaft und Beharrlichkeit gesucht hatte, lediglich ein Trugbild gewesen war, blieb sie nun alleine.

Dies könnte einer der letzten Briefe an Gabelentz gewesen sein. Die überlieferte Korrespondenz zwischen den beiden bricht mit dem Februar 1808 ab. Ob sie sich später noch einmal begegneten, ist fraglich. Kontakt hielt Amalie dagegen mit Gabelentz' Tochter aus erster Ehe, Dorothea Augusta („Doska"), die später im Baumbachschen Haus in Meiningen lebte und den Pfarrer Justus Jakob Balthasar Hoppé heiratete.

Karl von Baumbach verließ Altenburg und ging in Dienst nach Hildburghausen. Leopold von der Gabelentz blieb mit Marianne von Seebach vermählt und wirkte bis zu seinem Tod 1831 in Altenburg. Er reformierte die lokale Armenversorgung und wirkte an der kurz vor seinem Tod erlassenen Verfassung für das Herzogtum Sachsen-Altenburg entscheidend mit. Sein Sohn aus der Ehe mit Marianne von Seebach, Hans Canon von der Gabelentz (1807–1874), wurde ebenfalls Staatsbeamter, zeichnete sich jedoch durch eine umfassende Sprachbegabung aus und bleibt als wichtiger deutscher Sinologe bis heute in Erinnerung.

Amalie von Baumbach beschritt bewusst Wege außerhalb der Konventionen, innerhalb derer sich ein adeliges Frauenleben zu bewegen hatte. Ihr romantisches Liebesideal war allerdings auch aus den Zeitumständen geboren. Andere Frauen waren – wie Caroline Schlegel Schelling – wenige Jahre zuvor aus der traditionellen Frauenrolle ausgebrochen. Auch die gleichaltrige Standesgenossin Karoline von Günderrode suchte genau zu derselben Zeit wie Amalie von Baumbach ihr persönliches Liebes- und Lebensglück zu verwirklichen, allerdings weit radikaler und mit tödlichem Ausgang. Als gebildete und belesene Adelige wird Amalie diese Schicksale gekannt haben, namentliche Erwähnung finden sie nicht. Ausdrücklich Bezug nahm Amalie allerdings auf die Romanfigur Corinne aus dem gleichnamigen, 1807 erschienenen

---

[19] Brief von Amalie von Baumbach an Leopold von der Gabelentz, dat. Meiningen 21.1.1808, in: ebd.
[20] Brief von Amalie von Baumbach an Leopold von der Gabelentz, dat. Meiningen 18.2.1808, in: ebd.

Roman der Madame de Staël, den die Familie von Hendrich gemeinsam im französischen Original las. Die Leidenschaft, mit der die Protagonistin Corinne ihrer Passion für Lord Nelvil folgte und die Bereitschaft, mit der diese ihr bisheriges persönliches Leben hinter sich ließ, wirkten allerdings wie ein Spiegel, in dem sie auch die bitteren Konsequenzen ihrer Liebe zu Gabelentz sehen konnte.[21] Zu diesem Zeitpunkt hatte die Realität sie allerdings bereits eingeholt.

Dennoch hatte sie insofern Glück im Unglück, dass ihr Vater bereit gewesen war, sie wieder in sein Haus aufzunehmen. Auch ihre Tochter Emmy kehrte schließlich zu ihr zurück.

Im Rahmen der Scheidungsvereinbarungen hatten Karl von Baumbach und Amalie die informelle Abrede getroffen, dass die geschiedene Ehefrau dann wieder ihr Kind in ihre Obhut erhalten könnte, wenn sie öffentlich erklärte, dass sie jegliche Beziehung zu Gabelentz gelöst habe. Dies dürfte realiter geschehen sein, da Emmy von Baumbach zu ihrer Mutter zurückkehrte und die folgenden Jahre bis zu ihrer Verheiratung zumeist bei ihr lebte. Ihrer Erziehung widmete Amalie sich nun mit großer Energie.

Ihr Leben als geschiedene Frau und spätere Gutsbesitzerin

Amalie von Baumbach verbrachte die folgenden Jahre überwiegend in Meiningen, im Sommer auch auf einem der Hendrichschen Güter, bevorzugt in dem bei Coburg gelegenen Ahorn. Aus dieser Zeit haben sich keine persönlichen Briefe erhalten.

Ein besonders enger Kontakt entwickelte sich zu der Meininger Prinzessin Adelheid, der späteren Gemahlin Williams IV. und englischen Königin Adelaide. Lediglich indirekte Zeugnisse weisen auf diese enge freundschaftliche Beziehung hin. Als Adelheid als Herzogin von Clarence 1819 erstmals in ihre Heimatstadt Meiningen zurückkehrte, erhielt Amalie von Baumbach von ihr ein Bild zum Andenken.[22] Diese Freundschaft sollte die Jahrzehnte überdauern. Als Amalie 1843 starb, sandten ihre Hinterbliebenen einen persönlich gehaltenen Brief an die englische Königin mit einer Beschreibung der letzten Lebensmonate der Verstorbenen.[23]

Eine enge Freundschaft verband sie auch bald wiederum mit ihrem geschiedenen Ehemann, so dass Gerüchte in Umlauf kamen, beide planten eine erneute Eheschließung. Von Amalie selbst gibt es keine Äußerung, ob sie diesen Plan jemals ernstlich in Erwägung gezogen hätte. Baumbach dagegen nahm ausführlich Stellung, als er sich zehn Jahre nach der Scheidung mit einer jungen Verwandten aus dem Hause Nentershausen, Louise von Baumbach, verlobte. Seine Braut hatte ihn um eine entsprechende Erklärung gebeten: „[Ich habe nie ernstlich an eine Wiederverheiratung gedacht] und zwar deswegen nicht, weil sich meine Grundsätze dagegen sträubten, weil mich ein mir gegebenes Wort, von jenem nicht abzuweichen, band und mehr als dies, weil ich

---

[21] Brief von Amalie von Baumbach an Leopold von der Gabelentz, dat. Meiningen 21.1.1808, in: ebd.

[22] Tagebucheintrag vom 27.5.1819, in: Tagebuch von Emmy von Erffa, Geheimes Archiv XV. F. F. Nr. 22, Staatsarchiv Meiningen.

[23] Ein entsprechendes Briefkonzept findet sich in folgendem Akt: Acta die Beerdigung der Frau von Baumbach geb. v. Hendrich zu Ahorn im Januar 1843, Schlossarchiv Ahorn, Älteres Guts-Archiv, II 1 e Nr. 16.

überzeugt war, wie ich es noch bin, daß dauernde ungetrübte Zufriedenheit durch einen solchen gewagten Schritt, nie zwischen uns zurückzuführen gewesen sein würde."[24]

Baumbach dürfte hier seine Gefühle wahrheitsgetreu wiedergegeben haben. Die Nachricht der erneuten Eheschließung ihres geschiedenen Mannes bedeutete für Amalie, unabhängig davon, ob sie je Wünsche nach einer Wiedervereinigung gehegt hatte, einen Schlag. Besonders quälte sie die Befürchtung, dass die neue Frau zu einer Entfremdung zwischen Emmy und ihrem Vater führen werde. Diese Befürchtungen erfüllten sich jedoch nicht. Als Louise und Amalie sich das erste Mal begegneten, bewahrten beide, wie Baumbach ausdrücklich bemerkte, Würde und Contenance.[25] Obgleich Karl und Louise von Baumbach in der Folgezeit sieben Kinder bekamen, riss der Kontakt zu seiner Tochter aus erster Ehe nie ab.[26] Emmy von Baumbach notierte in ihrem Tagebuch ausführliche Beschreibungen der Tage, an denen ihr „geliebter Vater" sie in Meiningen besuchte.[27]

Franz Josias von Hendrich starb am 8. Oktober 1819. Er hinterließ seinen einzigen Erben, seinen zwei Töchtern Amalie sowie Sophie aus seiner zweiten Ehe mit Dauphine Fabre, mit den Rittergütern Ahorn und Heldritt sowie einiger kleinerer Besitzungen einen großen Güterkomplex.

Als Kurator für die Witwe und Tochter Amalie von Baumbach war bis zu seinem Tod 1821 der Geheime Rat und sachsen-meiningsche Kanzler Carl Constantin Freiherr von Künsberg eingesetzt. Als Nachfolger war Karl Friedrich Wilhelm Gottlob Freiherr von Bibra bestimmt, ebenfalls ein Mann aus dem engeren Umfeld der Familie. Der Kurator nahm aktiv Einfluss auf die Entscheidungen der Gutsbesitzerinnen. Als Amalie von Baumbach 1828 plante, ihren Grundbesitz zu vergrößern und das Gut Finkenau zu erwerben, riet Bibra aus verschiedenen Gründen ab. Die Kaufverhandlungen wurden somit für den Moment aufgegeben.[28]

Neben den Kuratoren, die ihr beigeordnet waren, zog Amalie weitere Hilfe von außen hinzu. Sie beauftragte den Coburger Justizrat Albrecht Gottlieb Andreas Bergner, ihr bei der Gutsverwaltung beratend zur Seite zu stehen und sie nach Kräften zu unterstützen. Bergner fungierte hierbei nicht nur als juristischer Ratgeber und Beistand, sondern blieb auch über viele Jahrzehnte der Familie freundschaftlich verbunden. 1826 wurde er offiziell als Geschlechtsvormund, sogenannter curator sexus, für Amalie von Baumbach vom Herzoglichen Obergericht zu Meiningen bestätigt.[29]

---

[24] Baumbach, Carl von Baumbach (wie Anm. 4), S. 108.

[25] Ebd., S. 115.

[26] In seinem 1834 verfassten Testament setzte Karl von Baumbach zwar alle Kinder als Erben ein, verfügte allerdings, dass seine Tochter aus erster Ehe erst dann in der Erbfolge berücksichtigt werde, wenn alle Kinder aus zweiter Ehe ohne Nachkommen verstürben. Er begründete dies mit der Tatsache, dass der Himmel sie als Erbin des Hendrichschen Vermögens „mit irdischer Habe reichlich gesegnet habe". Testament des geheimen Rathes von Baumbach zu Rippertshausen, Schlossarchiv Ahorn, Guts-Archiv, I E Nr. 20.

[27] Tagebucheintrag vom 31.3.1819, in: Tagebuch von Emmy von Erffa, Geheimes Archiv XV. F. F. Nr. 22, Staatsarchiv Meiningen.

[28] Acta Kaufverhandlungen über das Rittergut Finkenau betr. der Frau von Baumbach allein zuständig, Schlossarchiv Ahorn, Guts-Archiv II. 5 Nr. 22.

[29] Curatorium für die Frau Geheime Räthin Amalie von Baumbach, geb. von Hendrich als Besitzerin des Rittergutes Ahorn, Schlossarchiv Ahorn, Persönliche Verhältnisse, I A Nr. 8.

Der Ton der Korrespondenz zwischen Amalie von Baumbach und Bergner war besonders freundschaftlich geprägt. Dabei stand der Frau jederzeit die Möglichkeit offen, ihre Bedürfnisse und Wünsche zu artikulieren, bisweilen scheint dies auch von ihr erwartet worden zu sein. Verhalten optimistisch beschreibt Amalie von Baumbach ihre Fähigkeit, eigenverantwortlich wirtschaftliche Entscheidungen zu treffen: „Ich soll eine entschiedene Meinung haben wollen Sie! Das will ich ja auch recht gerne sobald ich nur von der Sache in der ich urtheilen soll klare Begriffe habe; aber ich gestehe, daß mir alle diese ökonomischen Verhältniße bis jetzt noch gar zu fremd sind und wohl noch einige Zeit hingehen wird ehe sie mir geläufig werden; doch verspreche ich Ihnen mir rechte Mühe zu geben um mich bald gehörig darauf einzuschustern, und verstehe ich die Sachen nur einmal dann soll es auch an einem Willen von meiner Seite nicht fehlen."[30]

Wenn es dagegen um das Anlegen ihres Vermögens ging, erwies sich Amalie von Baumbach als klug agierende und rationell wirtschaftende Frau.[31]

Ebenso beobachtete sie ihr politisches Umfeld mit offenen Augen. Im Jahr 1821 hatte sie darum gekämpft, bei den Landtagswahlen in Sachsen-Coburg-Saalfeld entgegen der Rechtslage als Rittergutsbesitzerin ihre Stimme abgeben zu dürfen. Amalie von Baumbach dachte augenscheinlich sogar daran, das Gesetz, welches die weibliche Gutsherrschaft von den Wahlen ausschloss, gerichtlich anzufechten. Einige der männlichen Familienmitglieder gaben diesem Vorhaben sogar Erfolgschancen, während andere ihr offen davon abrieten. Amalie von Baumbach und eine weitere Gutsbesitzerin beschränkten sich dann lediglich darauf, ihre Stimmzettel abzugeben, die jedoch nicht gezählt wurden.[32]

Auch in anderen Bereichen verteidigte sie ihre Interessen souverän, selbst auf die Gefahr hin, in Konflikt mit dem Coburger Herzog zu geraten. So geschehen bei einer strittigen Auseinandersetzung in Bezug auf ihr Jagdrecht. Neben der eigenen Jagd waren viele Adelige daran interessiert, ihr Jagdgebiet durch Pacht zusätzlicher Flächen zu erweitern. Amalie von Baumbach zeigte jedoch ein ausgesprochenes Desinteresse daran, dem Ersuchen des Coburger Herzogs Ernst I. nachzukommen und ihre Jagd aufzugeben und ihm zu überlassen. Sie artikulierte dies freimütig und dezidiert in einem Brief an ihren Vormund Bergner: „Daß Sie dem Durchl Herrn [dem Coburger Herzog] die Hoffnung zur Jagd wenigstens zu benehmen gesucht haben, danke ich Ihnen herzlich, denn so lange wir frey handeln dürfen, bekommt er sie wohl schwerlich; er kommt mir vor wie die unartigen Kinder, die selbst von Spielwerk umgeben, dennoch nicht ruhen können so lange sie noch eins, sey es auch noch so unbedeutend in fremder Hand sehen. Mir ruht noch in frischem Andenken wie sich die Herrn im letzten Herbst in meinem Beyseyn über Müdigkeit beklagt haben, weil sie mehrere Stun-

---

[30] Brief von Amalie von Baumbach an Justizrat Bergner, dat. Meiningen 21.1.1820, in: Correspondenzen meiner Frau Schwiegermutter von Baumbach, Schlossarchiv Ahorn, Persönliche Verhältnisse, V C 2 b II Nr. 1.

[31] Anne von Kamp, Adeliger Lebensunterhalt und adelige Lebensweise: Die Geschichte des Gutes Ahorn in der ersten Hälfte des 19. Jahrhunderts, in: Jahrbuch für Fränkische Landesforschung 63, 2003, S. 133.

[32] Brief von Ferdinand von Erffa an seinen Vater, dat. Coburg 6. 1. 1821, Schlossarchiv Ahorn, Persönliche Verhältnisse, Briefe von Ferdinand von Erffa aus Coburg 1820–1821,V C 2 a Nr. 10 c.

den in einem Erbsenfeld herum gegangen wären. Wie wird sich der gute Besitzer gefreut haben, er konnte wenigstens den Drescherlohn ersparen."[33]

Aus diesen Äußerungen sprach zum einen das Selbstbewusstsein dieser Gutsbesitzerin, die ihre Interessen gegenüber dem Landesherrn sehr wohl zu wahren wusste. Zum anderen wurde hier eine zwar subtile, aber dennoch pointierte Kritik an der adeligen Jagdpraxis laut, die die Rechte Dritter missachtete und deren Eigentum, hier das Erbsenfeld, schädigte. Es ist sicherlich kein Zufall, dass diese Äußerungen von einer Frau stammten, die zu diesem Zeitpunkt, im Gegensatz zu der Praxis früherer Jahrhunderte, nur noch selten aktiv an den Jagden beteiligt war.

Amalie von Baumbach stellte ihren wachen Verstand und ihre Fähigkeit, sich in Bereiche einzuarbeiten, für die sie ihre Bildung, ihr Stand und ihr Geschlecht in keiner Weise vorbereitet hatten, mehrfach unter Beweis. Sie besaß jedoch sicher nicht die notwendige Vorbildung, einer Gutswirtschaft vorzustehen. In einem weiteren Brief an Bergner teilte sie mit, dass sie ein Journal angelegt habe, in dem sie genau Buch über Einnahmen und Ausgaben zu führen gedenke. Dennoch konnte von einer eigenständigen Leitung der Gutsherrschaft oder gar von der Durchführung unerlässlicher Reformen unter diesen Umständen nicht die Rede sein. Ahorn wurde, wie bisher gehandhabt, weiterhin einem Pächter überlassen.[34]

Dieser Weg wäre wohl auch in Zukunft beschritten worden, wenn Emmy von Baumbach nicht ihrem zukünftigen Ehemann begegnet wäre, der in der Folgezeit ein lebhaftes Interesse an der wirtschaftlichen Weiterentwicklung des Hendrichschen Besitzes, besonders des Gutes Ahorn, zeigte.

Emmy kannte ihren Vetter dritten Grades, Ferdinand von Erffa, bereits seit Kindertagen. Während sie mit ihrer Mutter in Meiningen lebte, gehörte Ferdinands Schwester, Jenny, zu ihrem engeren Freundeskreis. Zu einer engeren Bindung kam es, als Amalie von Baumbach mit ihrer Tochter die Sommersaison 1820 auf dem Gut Ahorn zubrachte. Ferdinand von Erffa war zu dieser Zeit im Staatsdienst in Coburg angestellt.

Die Mutter Amalie stand dieser Verbindung positiv gegenüber, wie Ferdinands Schwester Jenny, die als Mittlerin fungierte, ihrem Bruder mitteilen konnte. Sie sei allerdings eine „viel zu gewißenhafte Freundin ihrer Tochter, als daß sie ihre Gesinnungen anderen verrathen möchte"[35], warnte die Schwester. Die endgültige Entscheidung wolle Amalie, vielleicht auch aufgrund ihrer eigenen Erfahrungen, ganz ihrer Tochter überlassen. Diese freilich entschied sich für eine Verbindung mit Ferdinand von Erffa. Auch die Meinung des Vaters Karl von Baumbach wurde nicht übergangen. Emmy legte nach Aussage ihrer Mutter viel Wert auf die Zustimmung beider Elternteile.[36] Der Vater Karl von Baumbach gab schließlich ebenso seine Zustimmung und am 8. August 1821 fand die Trauung in Ahorn statt.

---

[33] Brief von Amalie von Baumbach an ihren Kurator Bergner, dat. Meiningen 16.1.1821, in: Correspondenzen meiner Frau Schwiegermutter von Baumbach, Schlossarchiv Ahorn, Persönliche Verhältnisse, V C 2 b II Nr. 1.
[34] Verpachtungen waren oft problematisch. Vgl. Kamp, Lebensunterhalt (wie Anm. 31), S. 131.
[35] Brief von Jenny von Künsberg an ihren Bruder Ferdinand von Erffa, o.O. [Meiningen] 9.2.1821, in: Briefe meiner Frau Schwester von Künsberg, Schlossarchiv Ahorn, Persönliche Verhältnisse, V C 2 b. II Nr. 5.
[36] Brief von Jenny von Künsberg an ihren Bruder Ferdinand von Erffa, dat. Meiningen 27.11.1820, in: ebd.

Bereits etwas über ein Jahr nach der Eheschließung finden sich in den Quellen erste Belege für das Engagement des neuen Schwiegersohns. In einem Brief des Coburger Magistrats, in dem er um einen Beitrag zum Bau einer nach Ahorn führenden Straße gebeten wurde, bezeichnete man ihn sogar bereits als „Mitbesitzer des Gutes Ahorn."[37]

In seiner Antwort korrigierte er diese Annahme und erklärte, dass er „mit den Besitzerinnen des Rittergutes Ahorn, meiner Schwiegermutter und der Frau Geh. Räthin von Hendrich in Nahmen ihrer unmündigen Kinder Rücksprache genommen, und hierauf zur Resolution erhalten habe, das geplante Bauprojekt nach Kräften zu unterstützen."[38] Augenscheinlich wollte er nicht, dass Gerüchte in Umlauf kamen, er zeige ein allzu lebhaftes Interesse an dem Besitz seiner Schwiegermutter. Diese hatte zu dem damaligen Zeitpunkt keineswegs vor, sämtliche ihrer Rechte an den Schwiegersohn abzutreten.

In einem Brief an ihn aus dem Jahr 1824 legte Amalie von Baumbach deutlich ihre Ansichten dar, die einige wirtschaftliche Entscheidungen auf Ahorn betrafen: „Nun der Ankauf des Wirthshauses. Wir wollen zwar demselben, wenn er unter vortheilhaften Bedingungen geschehen kann, nicht entgegen seyn, doch bitten wir vorher wohl zu erwägen ob auch der zu hoffende Gewinn im Vergleich mit den offenbaren Nachtheilen würklich überwiegend ist [...]. Endlich u. dieß scheint mir der wichtigste Umstand, ist schon jedes Gebäude an sich, ein zehrendes Capital, dieses aber insbesondere in einem nicht sonderlich wohl erhaltenen Zustand, u. daher einem übertünchten Grab ziemlich vergleichbar, u. überdieß würden künftig die aus dieser Besitzung herrührenden Lehngelder aus der Einnahme zu streichen seyn. Dieß lieber Ferdinand, die Gegengründe, die ich Ihnen zu näherer Beleuchtung vorlege, u. die Sie, wie ich glaube, zu Ihrer eigenen Sicherstellung gern einem erfahrenen, sachverständigen Freund zur Prüfung vorlegen werden, alsdann aber dürfen Sie bey allem was Sie deßhalb beschließen werden, auf unsere Zustimmung rechnen."[39]

Amalie von Baumbach hatte sich inzwischen offensichtlich in die Verhältnisse vor Ort so gut eingearbeitet, dass sie sicher und sachkundig zu urteilen im Stande war. Die endgültigen Entscheidungen überließ sie dagegen oft dem Schwiegersohn, der ja letztlich auch die Prosperität und Rentabilität der Besitzungen im Auge hatte. Die Mehrzahl der von ihm durchgeführten Reformen war sicherlich sinnvoll. Seinem Bruder teilte er beispielsweise mit, dass er es „dahin gebracht habe daß die Hendrichschen Damens ihre Güter Rechnungen jezt auch Monatweis abschließen laßen wollen."[40]

Auch nach außen vertrat er die Rechte der Gutsbesitzerinnen, achtete allerdings immer darauf, nicht im eigenen Namen sondern in ihrem Auftrag das Wort zu erheben. In das Coburger Intelligenzblatt ließ er im Juli 1828 eine Mitteilung einrücken, in

---

[37] Brief des Coburger Magistrats an Regierungsassessor von Erffa, dat. Coburg 28.9.1822, in: Weichengereuth, A 15831/2, Stadtarchiv Coburg.
[38] Brief von Ferdinand von Erffa an den Coburger Magistrat, dat. Coburg 5.10.1822, in: ebd.
[39] Brief von Amalie von Baumbach an ihren Schwiegersohn Ferdinand, dat. Meiningen 12.11.1824, in: Correspondenzen meiner Frau Schwiegermutter von Baumbach, Schlossarchiv Ahorn, Persönliche Verhältnisse, V C 2 b II Nr. 1.
[40] Brief von Ferdinand von Erffa, dat. Coburg 6.2.1828, in: Briefe von Ferdinand an Eduard von Erffa, Schlossarchiv Ahorn, Persönliche Verhältnisse, V C 2 a Nr. 11 c.

der er den Personen, die die Geländer am neu angelegten Fußweg nach Ahorn beschädigten, mit einer Anzeige drohte.[41]

Dabei ist es wichtig, zu berücksichtigen, dass Amalie nicht die einzige Gutsbesitzerin war, sondern der gesamte Hendrichsche Besitz ihr und ihrer Halbschwester Sophie gehörte. Diese war zu jener Zeit noch minderjährig; als sie jedoch volljährig wurde und sich zu verheiraten gedachte, musste eine Lösung geschaffen werden. Diese Lösung bestand in einer Taxierung des gesamten Besitzes und einer anschließenden Teilung sämtlicher Werte.[42]

Auch in dieser Angelegenheit verhandelte Ferdinand von Erffa wieder im Auftrag seiner Schwiegermutter, wobei das erzielte Ergebnis ihn allerdings nicht befriedigen konnte und er Zeit seines Lebens das Gefühl hatte, dass Amalie von Baumbach in diesem Vergleich mit ihrer Schwester nicht alles, was ihr zugestanden hätte, erhalten habe.

Im Jahr 1835 übergab Amalie von Baumbach dann auch formell die Bewirtschaftung des Gutes an ihren Schwiegersohn. Ferdinand von Erffa trat in alle Rechte und Pflichten eines Gutsherrn ein, Amalie von Baumbach erhielt als Gegenleistung laut Vertrag vom 23. Januar 1835 2.500 Gulden rh. ohne jeglichen Abzug als Abstandsgeld.[43] Dabei schien sie anfangs noch eine weit höhere Summe, nämlich 6.400 Gulden gefordert zu haben, was allerdings eine allzu große Belastung für die Gutswirtschaft bedeutet hätte. Andererseits hatte auch die Schwiegermutter ein berechtigtes Interesse daran, wenigstens indirekt die Kontrolle über ihre finanziellen Verhältnisse zu bewahren. Durch die ihr weiterhin zustehenden Kapitalien war es ihr möglich, ihren Lebensstandard aufrecht zu erhalten und ihr Geld dort anzulegen, wo es ihr gewinnbringend oder angebracht erschien.[44]

Auch in ihren Testamentsverfügungen zeigte sie sich als eigenständig denkende Frau, die ganz bewusst Anweisungen gab, die nicht zeittypisch waren. Sie vererbte das von ihr 1831 erworbene Rittergut Finkenau ausdrücklich den weiblichen Nachkommen ihrer Tochter, eine Klausel, die insofern ungewöhnlich war, da die Töchter adeliger Familien in der Regel nur auf eine Barabfindung aus den Gütern hoffen konnten. Amalie von Baumbach wollte dieser Benachteiligung entgegenwirken, ein Ansinnen, das allerdings von Tochter und Schwiegersohn nicht in dieser Form in die Tat umgesetzt wurde.[45] In ihrem Testament findet sich eine weitere aufschlussreiche Klausel. Falls ihre Tochter kinderlos verstürbe, sollte ein Teil ihres Besitzes an die Nachkommen ihres geschiedenen Mannes aus seiner zweiten Ehe gehen: „Das letzte Drittheil des Gutes Finkenau sollen die Kinder oder Nachkommen des Herrn Geheimen Rath von Baumbach und wiederum zunächst die weiblichen erhalten, theils als die nächsten Angehörigen meiner geliebten Tochter Emmy, theils weil ich durch diese

---

[41] Herzogl. Sachsen-Coburgisches Intelligenzblatt, Jg. 1928, Sp. 476.
[42] Vgl. die ausführliche Darstellung in: Kamp, Lebensunterhalt (wie Anm. 31), S. 131 f.
[43] Acta, die Abtretung der Bewirtschaftung von Ahorn und Finkenau von meiner Frau Schwiegermutter, von Baumbach, an den Unterzeichneten 1835, Schlossarchiv Ahorn, Guts-Archiv, II. 2. F. Nr. 5.
[44] Kamp, Lebensunterhalt (wie Anm. 31), S. 133.
[45] Ebd., S. 134–135.

Verfügung Herrn von Baumbach einen schwachen Beweiß inniger Dankbarkeit für die mir so vielfach erwiesene Freundschaft zu geben wünsche."[46]

In ihrem Testament hinterließ sie weiterhin einige Legate für langjähriges Dienstpersonal, für ihr Patenkind, die Pflegerin ihrer kranken und früh verstorbenen Enkeltochter Louise sowie für einige persönliche Vertraute. Außerdem verfügte sie, dass insgesamt 100 Gulden an Arme verteilt werden sollten: 60 Gulden bestimmte sie für Bedürftige in Ahorn und Finkenau, weitere 40 Gulden für acht ausgewählte mittellose Familien in Coburg. Diese Wünsche wurden von ihren Nachkommen in die Tat umgesetzt.[47]

Wohltätigkeit war ein wichtiger Bestandteil eines adeligen Frauenlebens. Amalie von Baumbach sah sich, wie allgemein üblich, in der Verpflichtung, für Notleidende zu sorgen. Sie tat dies oft sehr diskret und ohne Aufsehen erregen zu wollen. Allerdings verließ sie auch in diesem Bereich nicht ihr klarer Verstand, wie der in Erffaschen Diensten stehende Förster Menzel in seinem Kondolenzschreiben nach ihrem Tod sehr treffend bemerkte: „Sie war – obgleich auf mein Urtheil gar nichts ankömmt, so kann ich doch nicht unterlaßen es auszusprechen – eine Frau von seltenem Verstande verbunden mit weiblicher Zartheit und Gutherzigkeit, kluger [Hervorhebung im Original] Freygebigkeit und wahres Muster aller Ordnung und wird stets in guten Andenken aller die sie kannten fortleben u. dabei sanft ruhen."[48]

Amalie von Baumbach verbrachte die letzten Jahre ihres Lebens sehr zurückgezogen. Seit Frühjahr 1842 war sie schwer erkrankt und erholte sich trotz sorgsamer Pflege und der Hinzuziehung der besten Ärzte vor Ort nicht mehr. Sie verstarb am 20. Januar 1843 in Coburg. Insgesamt 83 Trauerkarten wurden gedruckt und an ihr nahestehende Personen, in der Mehrzahl Bekannte und Angehörige aus dem Adel, verschickt.

In einem Zusatz zu ihrem Testament aus dem Jahr 1839 hatte sie unter § 5 verfügt: „Meine Beerdigung soll so still und einfach geschehen als nur möglich und niemand durch Convenienz zur Begleitung meiner irdischen Hülle veranlaßt werden, die, wie ich sehr wünsche in Ahorn in der Nähe meiner theuren Enkel ruhen wird."[49]

Auch dieser Wunsch sollte sich nur teilweise erfüllen, da Ferdinand von Erffa verfügte, die Beerdigung solle dem Stand einer Rittergutsbesitzerin entsprechen. In den Akten findet sich der von ihm genau ausgearbeitete Beisetzungsritus.[50] Alle wichtigen Personen, die mit dem Rittergut verbunden waren, nahmen an den Feierlichkeiten teil und demonstrierten so den Rang und die Stellung der Verstorbenen. Zunächst wurde die Leiche in Begleitung mehrerer Diener von Coburg nach Ahorn gefahren. Dort angekommen, formierte sich ein Zug, der den Sarg bis vor die Kirche begleitete. Exponierte Stellungen wurden den führenden Angestellten des Gutes zugewiesen. Es ist si-

---

[46] Testament der Frau Amalie von Baumbach geb. von Hendrich zu Ahorn 1843, Schlossarchiv Ahorn, Guts-Archiv, I E. Nr. 19, Artikel 11.

[47] Nachlass Amalie v. Baumbach, AG Cbg. 370, Staatsarchiv Coburg.

[48] Brief von F. Menzel an Ferdinand von Erffa, dat. Niederlind 23.1.1843, in: Acta die Beerdigung der Frau von Baumbach geb. v. Hendrich zu Ahorn im Januar 1843, Schlossarchiv Ahorn, Älteres Guts-Archiv, II 1 e Nr. 16.

[49] Testament Amalie, Testament der Frau Amalie von Baumbach geb. von Hendrich zu Ahorn 1843, Schlossarchiv Ahorn, Guts-Archiv, I E. Nr. 19.

[50] Acta die Beerdigung der Frau von Baumbach geb. v. Hendrich zu Ahorn im Januar 1843, Schlossarchiv Ahorn, Älteres Guts-Archiv, II 1 e Nr. 16.

cherlich kein Zufall, dass gerade Patrimonialrichter und Förster den Geistlichen einrahmen sollten: 1. der Kreuzträger, 2. der Schullehrer mit der Schuljugend, 3. der Marschall, 4. der Leichenwagen umgeben auf jeder Seite von sechs Trägern, 5. die vier Dienstmädchen, 6. der Gerichtsdirector und der Förster, welche den Ehren-Geistlichen in ihre Mitte nehmen, 7. der Oekonomieverwalter, Gärtner, Kreiser, 8. die Trauerwägen, umgeben und gefolgt, von 9. den beiden Gemeinden [Ahorn und Finkenau], an ihrer Spitze die beiden Schultheiße. Selbst den Ablauf der eigentlichen Bestattungszeremonie hatte Ferdinand von Erffa mit wachem Sinn für Ritus und Symbolik festgelegt.

Amalie von Baumbach geriet in ihrem Leben mehrfach an die Grenzen dessen, was ihr Rang, ihr Stand und ihre Lebenssituation ihr vorschrieben. Obgleich sie sich sicher keineswegs als Rebellin verstand, die gegen die herrschenden Verhältnisse kämpfen wollte, so führte ihr Verstand und ihr wacher Sinn für Gerechtigkeit sie immer wieder in Bereiche, in denen sich durchschnittliche Adelige ihrer Generation nicht bewegten.

Ihr Lebensschicksal zeigte außerdem sehr deutlich, innerhalb welcher Grenzen eine adelige Frau selbstbestimmt handeln konnte. Und doch war es gerade der Moment, als sie am freiesten handelte, nämlich als sie gegen ihre Umwelt und gegen die Konvention ihre Scheidung durchsetzte, der in der Folge ihr persönliches Unglück bedeutete. Darin liegt die Tragik dieses Lebens einer weit überdurchschnittlich begabten Frau begründet.

Wolf D. Gruner

Immanuel Kant (1724–1804) – Friedrich Gentz (1764–1832) – Karl Christian Friedrich Krause (1781–1832) und die Deutschland- und Europavorstellungen ihrer Zeit

Vom ausgehenden 18. Jahrhundert bis zur Julirevolution[1]

1. Vorüberlegungen

Eine europäische Identität, ein europäisches Selbstverständnis können nicht entwickelt werden, wenn die nationale und die regionale Identität verleugnet oder aufgegeben wird. Es ist daher zwingend erforderlich, nationales und regionales Denken durch europäisches zu ergänzen. Wir müssen versuchen, die Geschichte unseres Kontinents aus einem europäischen, nicht allein aus einem nationalen oder regionalen Blickwinkel zu betrachten.[2] Wir müssen die Ursachen und Entwicklungslinien des im 19. Jahrhundert zur Reife gelangten politischen europäischen Nationalismus kennenlernen, Kenntnisse über die Geschichte der europäischen Idee seit dem Mittelalter besitzen und den Europagedanken, die Europabilder und die Pläne für ein zu vereinendes Europa in den Gang der europäischen Geschichte einordnen können. Wir sollten auch über die Ursachen und Zusammenhänge Bescheid wissen, die Verfechter und Anhänger der europäischen Einigungsidee in verschiedenen Zeitaltern in das Reich der Phantasten und Utopisten abdrängten. Für den Bau eines gemeinsamen Gebäudes für das zukünftige Europa ist es auch wichtig, zahlreiche Gestaltungselemente der europäischen Geschichte, die im Zeitalter einer hauptsächlich am Nationalstaat und

---

[1] Erste Überlegungen zu diesem Thema habe ich in einem Vortrag auf einer Europatagung der Bundeszentrale für politische Bildung 1994 in der Europäischen Akademie Otzenhausen gehalten. Bei der schriftlichen Ausarbeitung hat mir Werner K. Blessing manche Hinweise und Anregungen gegeben: Wolf D. Gruner, Europäische Geschichte und Kultur: Kontinuitäten und Brüche, Grundprobleme, Modelle und Perspektiven, in: Bundeszentrale für politische Bildung (Hg.), Lernen für Europa, Bonn 1994, S. 13–38. Einige der Überlegungen zu Europa in der Sattelzeit zwischen dem 18. und 19. Jahrhundert sind auf französisch erschienen: Wolf D. Gruner, Les idées de l'Europe politique au XVIIIe siècle, in: Klaus Malettke (Hg.), Imaginer l'Europe, Brüssel / Paris 1998, S. 145–162.

[2] Vgl. hierzu u.a. Gruner, Europäische Geschichte und Kultur (wie Anm. 1) mit weiterführender Literatur zum Thema und zur Forschungsdiskussion. Werner Blessing hat mir durch seine Überlegungen zur Rolle der Konfession und Religion dabei zahlreiche wichtige Einsichten vermitteln können. Dies gilt insbesondere auch für die „napoleonische Flurbereinigung": Werner K. Blessing, Gedrängte Evolution: Bemerkungen zum Erfahrungs- und Verhaltenswandel in Deutschland um 1800, in: Helmut Berding / François Etienne / Hans-Peter Ullmann (Hg.), Deutschland und Frankreich im Zeitalter der Französischen Revolution. Frankfurt a.M. 1989, S. 426–451 sowie ders., Umbruchkrise und Verstörung. Die napoleonische Erschütterung und ihre sozialpsychologische Bedeutung, in: ZBLG 42, 1979, S. 75–106. Vgl. auch: René Girault (Hg.), Les Europes des Européens, Paris 1993; Matthias Schulz, Regionalismus und die Gestaltung Europas. Die konstitutionelle Bedeutung der Region im europäischen Drama zwischen Integration und Desintegration, Hamburg 1993; Denis de Rougemont, Vingt-Huit siècles de l'Europe, Paris (1961) 1990 (deutsch: Europa. Vom Mythos zur Wirklichkeit, München 1962); Serge Berstein / Pierre Milza, Histoire de l'Europe. 5 Bde. Paris 1992–1994; Derek Heater, The Idea of European Unity. Leicester / London 1992; noch immer interessant und wichtig: Werner Weidenfeld (Hg.), Die Identität Europas. Fragen, Positionen, Perspektiven, München 1985.

der eigenen Nation orientierten Geschichtswissenschaft national vereinnahmt, verfremdet, verbannt oder verschüttet wurden, wieder auszugraben, in ihrer europäischen Dimension und Qualität neu zu entdecken und zu untersuchen. Dies gilt beispielsweise für die Frage, wie und in welcher Weise bündische, föderative Formen von Staatlichkeit aus der Geschichte Anregungen für die Überlegungen und Diskussionen der Gegenwart anbieten können, vor allem auch deswegen, weil sich die europäischen Nationalbewegungen in der Tradition der Französischen Revolution von 1789 an der einen und unteilbaren Nation und damit am unitarischen Einheitsstaat orientierten und wir daher in Europa bis in die aktuelle Diskussion über die künftige Struktur der Europäischen Union, den Grad der politischen, wirtschaftlichen, währungspolitischen und sicherheitspolitischen Integration und den zu entwickelnden Europäischen Handlungsrahmen immer wieder mit einer Fehlperzeption föderativer Organisationsformen von Staatlichkeit konfrontiert werden.[3] Ursache für diese Unsicherheiten sind vor allem mangelnde historische Erfahrungen mit dem Föderalismus als Organisationsform des Zusammenlebens von Staaten und Völkern und die daraus resultierenden psychologischen Sperren und Ängste sowie fehlende historische Grundinformationen über die Entwicklungsprozesse der gesamten europäischen Geschichte.

Der Traum von der Einigung Europas lässt sich bis weit in das Mittelalter zurück verfolgen. Er besitzt ebenso wie die Völkerbundsidee eine lange historische Tradition. Vor allem im 14. und 15. Jahrhundert wurde die europäische Idee angesichts der sich verschärfenden Konflikte zwischen Kaiser und Papst um die Vorherrschaft unter dem Banner der Idee der Christenheit und angesichts des Aufkommens der Nation als der dritten Kraft emotional mit neuem Inhalt gefüllt. Als Ergebnis war die Einheit und Universalität des christlichen Abendlandes zerbrochen. Sie hatte alle Länder Europas gleichermaßen erfasst. Ersetzt wurde sie durch territoriale, dynastische und landsmannschaftliche Einzelinteressen, das heißt die dynastische Nationalstaatsidee trat als zusätzliches disintegratives Moment einer gesamteuropäischen Geschichte hinzu. An der Schwelle zur Moderne löste das Europa des Staatenpluralismus das des christlichen Universalismus ab. Zahlreiche Aspekte aus der mittelalterlichen und frühneuzeitlichen Diskussion, zum Beispiel auch der Wunsch nach Wiederherstellung der ‚res publica Christiana', nach Schaffung Vereinigter Staaten von Europa auf christlicher Grundlage, um nur einige zu erwähnen, kehren in den Diskussionen und Plänen des 18. und 19. Jahrhunderts unter anderen historischen Rahmenbedingungen mit unterschiedlicher Akzentuierung wieder. Denis de Rougemont, der große europäische politische Philosoph, hat bei seinem Versuch, den Weg nach Europa vom Mythos zur Wirklichkeit zu analysieren, auf einige dieser Entwicklungen hingewiesen: „Jusqu'ici les tensions qui animaient le corps chrétien étaient de nature ‚universelle' ou pouvaient apparaître telles. Elles concernaient tout homme et tout état social. Elles vont devenir, d'une manière avouée, particulières, nationales, donc séparatistes. A la mesure

---

[3] Vgl. hierzu in größerem Zusammenhang Ernst Deuerlein, Föderalismus. Die historischen und philosophischen Grundlagen des föderativen Prinzips, Bonn / München 1972, sowie Daniel J. Elazar, Exploring Federalism, Tuscaloosa / London 1991 (1987); Jacques Maritain, L'Europe et l'idée fédérale. Textes publié par le cercle d'études Jacques et Raïsa Maritain, o. O. 1993.

des prétentions dynastiques, régionales et bientôt étatiques, va donc se développer comme par compensation, la nostalgie de l'unité".[4]

Die Sehnsucht nach der Wiederherstellung der Einheit Europas kam vor allem in politischen, sozialen und wirtschaftlichen Krisensituationen hoch, oftmals vor dem Hintergrund der äußeren Bedrohung Europas. Sei es die Türkengefahr seit dem 16. Jahrhundert, die – trotz vielfältiger informeller Bündnisse und intensiver Wirtschaftsbeziehungen beispielsweise der Venezianer, Franzosen oder Holländer mit dem Osmanischen Reich – bis in das 18. Jahrhundert hinein als europäisches Einigungsargument beschworen wurde oder der Europas globale politische und wirtschaftliche Vorrangstellung gefährdende Aufstieg außereuropäischer Mächte wie der USA oder Japans seit dem ausgehenden 19. Jahrhundert. Die damit verbundene Europaidee erhielt dadurch mit bedingt zunächst vielfach eine von der politischen Realität der sich ausbildenden dynastischen und dann politischen Nationalstaaten abgehobene utopisch-idealistische und idealtypische Dimension.

Die Idee von der Einheit Europas konnte aber auch politisch instrumentalisiert werden. Sie wurde erst seit dem ausgehenden 17. und beginnenden 18. Jahrhundert konkreter. Somit können wir feststellen, dass einer der Auslöser, die verbindende Klammer, für eine Häufung von Europa- und Völkerbundsplänen und Lösungsvorschlägen für die „Wiederherstellung der Einheit Europas" normalerweise ein Krisenempfinden war und ist. Zur Überwindung der Krise werden Konzepte vorgelegt und diskutiert, deren Ziel es war, die Völker- und Staatenbeziehungen auf neue, dauerhafte und friedliche Grundlagen zu stellen. Vor allem für die hier zu behandelnde Periode europäischer Geschichte lassen sich verschiedene Faktoren herausarbeiten, die von den Zeitgenossen als Ursache für eine Krisenstimmung angesehen und in unterschiedlicher Gewichtung wirksam wurden. Hierzu gehörten unter anderem das politisch-kulturelle Klima einer Zeit, das Bedürfnis der Menschen nach Frieden, Sicherheit und Wohlergehen. Die offensichtliche Unfähigkeit der Regierungen und Machteliten, die Probleme der Zeit zu lösen und auf tiefgreifende Veränderungsprozesse angemessen zu reagieren, brachte immer wieder Pläne hervor, die eine Ablösung der absoluten Fürstenherrschaft – später auch in ihrer konstitutionellen Form – durch eine Republik und demokratische Institutionen und eine stärkere Partizipation des Individuums am Staat und am politischen Entscheidungsprozeß forderten. Ursache waren häufig auch Agrar- und Wirtschaftskrisen, Strukturveränderungen, Modernisierungsprozesse, die entstehenden sozialen Spannungslagen aufgrund politisch-sozialer und wirtschaftlicher Veränderungsprozesse sowie vermehrt Versorgungs- und Arbeitsmarktprobleme, die neue, europäische Lösungen für das Wirtschaftsleben und die internationalen Beziehungen hervorbrachten. In der zweiten Hälfte des 19. Jahrhunderts trat dann zunehmend der Wunsch hinzu, das aus den Fugen geratende europäische politische Gleichgewichtssystem, gekennzeichnet durch die Unfähigkeit oder Unwilligkeit des Europäischen Konzertes der Großmächte zum Krisenmanagement, in eine neue europäische Ordnung ohne Krieg überzuführen. Hierzu gehörten auch Aktivitäten wie das gefährliche Wettrüsten, das einzelstaatliche Prestigedenken – es fand seinen Niederschlag unter anderem in den Prachtbauten –, der Imperialismus und der überschäumende Chauvinismus. Sie galt es zu überwinden und neue Formen für die internatio-

---

[4] Rougemont, Vingt-huit siècles (wie Anm. 2), S. 55.

nalen Beziehungen zu finden, um einen militärischer Konfliktausgleich unter den europäischen Staaten zu verhindern. Die Jahrhundertwende um 1900 erhielt daher für die europäische und internationale Europaföderations-, Völkerbunds- und Schiedsgerichtsdiskussion zentrale Bedeutung.[5]

In dem hier vorgegebenen Rahmen ist es nicht annähernd möglich, auf die frühen Europavorstellungen und Planungen im Jahrhundert der Aufklärung und der „Doppelrevolution" beziehungsweise an der Schwelle der europäischen politischen Nationalstaatsbildung und im Prozess der Ausbildung des Dogmas der uneingeschränkten staatlichen Souveränität einzugehen. An anderer Stelle habe ich mich ausführlicher mit diesen Aspekten, Plänen, Konzeptionen, Perzeptionen und Wirkungen sowie auch der Rolle der europäischen Friedensbewegungen bis in das 19. und 20. Jahrhundert beschäftigt.[6]

Ein weiterer Aspekt, der für das Verständnis und die Analyse der Europadiskussion wichtig ist, muss hier noch erwähnt werden. Die Personen und Gruppen, die seit dem 18. Jahrhundert Ideen und Pläne zur Einheit/Einigkeit Europas entwickelten, taten dies aus höchst unterschiedlichen Motiven mit höchst divergierenden Zielen. Wenn wir uns mit Europaplänen in diesen Schlüsseljahrhunderten europäischer Geschichte befassen, müssen wir zwischen Vorschlägen und Konzepten unterscheiden, die von der Idee her ansprechend wirkten, aber wenig konkret waren und solchen, die ausgearbeitete Entwürfe vorlegten, die auch eingehend Organisations- und Kompetenzfragen erörterten. Ein wichtiges Analyseelement bei der Bewertung und Einordnung von Europakonzepten ist auch die Frage, aus welchen nationalen Denktraditionen und Berufsfeldern die Verfasser der jeweiligen Pläne kamen. Zu unterscheiden ist in der historischen Analyse auch zwischen Ländern, in denen Überlegungen dominierten, die stärker verfassungsrechtliche und strukturelle Elemente in einem „gemeinsamen europäischen Haus" gewichteten, und solchen, in denen politische, ideologische, moralisch-humanitäre und kulturelle Momente stärker in der Vordergrund traten. Vielfach wurden auch nationale, konfessionelle und machtpolitische Bestrebungen, mehr oder minder geschickt europäisch verpackt, mit einem Vorstoß für eine Europäische Föderation verknüpft.

Ein letztes Moment schließlich ist für die Europaforschung von grundlegender Bedeutung und muss bei der Behandlung von Europaideen und Völkerbundsplänen stets berücksichtigt werden. Die Begrifflichkeit hat sich in den einzelnen europäischen Sprachen, mit bedingt durch eigene Traditionen, Einflüsse und Perzeptionen, unterschiedlich entwickelt. Das Wortfeld für einzelne Begriffe – zum Beispiel für „Republik", „Föderalismus", „Liga", „Föderation" oder „Union" – ist daher in verschiedenen Sprachen unterschiedlich besetzt. Es führt zu einer oftmals von anderen Sprachen abweichenden nationalen Interpretation der Termini. Hinzu kommt, dass sich die Wortinhalte im Sprachgebrauch über die Zeit wandeln können. Dies bedeutet beispielsweise, dass die Begriffe „Europäische Föderation" und „Völkerbund" unter ei-

---

[5] Vgl. hierzu u.a. Wolf D. Gruner, Europäischer Völkerbund, weltweiter Völkerbund und die Frage der Neuordnung des internationalen Systems 1880–1930, in: Gabriele Clemens (Hg.), Nation und Europa. Studien zum internationalen Staatensystem im 19. und 20. Jahrhundert. Festschrift für Peter Krüger zum 65. Geburtstag, Stuttgart 2001, S. 307–329.

[6] Vgl. Gruner, Europäische Geschichte und Kultur (wie Anm. 1), S. 13 ff.

ner im 19. Jahrhundert noch weitgehend eurozentrischen Betrachtungsweise gleichwertig und gleichgewichtig nebeneinander benutzt wurden, dass aber um 1900, mit bedingt durch die Globalisierung des internationalen Systems, eine Verschiebung eintrat, dass der Begriff „Republik" im 18. Jahrhundert und darüber hinaus vielfach im Sinne von „res publica" als Gemeinwesen verstanden wurde und erst seit der Gründung der USA als Republik und der ersten Französischen Republik seit 1792 im heutigen Verständnis.

Ziel der nachfolgenden Überlegungen soll es sein, das *woher* und das *wohin* von Europaplänen und Europaideen, die im 18. und 19. Jahrhundert von unterschiedlichen Gruppen und Personen diskutiert und vorgelegt wurden, zu erläutern, sie in den historischen Gesamtzusammenhang ihrer Zeit zu stellen und sie dort, wo es sich anbietet, exemplarisch zu behandeln. Dabei wird an einigen institutionellen Elementen die Langzeitwirkung bis in die Gegenwart deutlich werden. Hierzu gehört beispielsweise, dass sich über die Jahrhunderte eine institutionelle Grundstruktur für die Friedenssicherung auf föderativer Grundlage herausgebildet hatte, die dann wegen ihrer Kompetenzverteilung untereinander den Charakter des zu schaffenden institutionellen Rahmens bestimmte. Sie kehrt in unterschiedlicher Gewichtung immer wieder und beeinflusst bis in die Gegenwart die oftmals emotional geführte Europadiskussion. Diese Grundbausteine zu kennen bedeutet eine enorme Hilfestellung für das Verständnis der institutionellen Rahmen, über die heute in Europa diskutiert wird. Hierzu gehören vor allem vier Institutionen: ein Zentralorgan, ein Rat, eine Versammlung sowie ein gemeinsames Gericht für die zu bildende Institution.

Einige wichtige Diskussionsbeiträge zu den Europavorstellungen seit dem ausgehenden 17. Jahrhundert werden auch, gerade wegen ihrer vielfach übersehenen oder in Vergessenheit geratenen Wirkung, kurz zu behandeln sein.

2. Die Ideen und Vorstellungen zum politischen Europa im 18. Jahrhundert

Der ‚konfessionelle Faktor' kann seit der Reformationszeit als eine die europäische Geschichte nachhaltig bestimmende und prägende Einflussgröße bezeichnet werden. In der Intensität unterschiedlich und variierend beeinflusste er bis in das 20. Jahrhundert hinein die Geschichte der europäischen Nationen und der Staatengesellschaft. In der „europäischen Sattelzeit" an der Wende vom 18. zum 19. Jahrhundert mit ihren tiefgreifenden und strukturverändernden, politischen, territorialen, wirtschaftlichen, gesellschaftlichen und mentalen Wandlungsprozessen als Ergebnis der Wirkungen von Aufklärung, Industrieller Revolution, Staatsgründung der Vereinigten Staaten von Amerika, Französischer Revolution von 1789 sowie der Kriege der Revolution und Napoleons ersetzte die politische Nation zunehmend die Konfession als politisches Integrationsmoment von Großgruppen.

Die seit dem 16. Jahrhundert entstandene Struktur einer politischen Organisation von Glaubensgemeinschaften hatte unübersehbare Aktiva. Eine negative Wirkung der in Europa entstandenen politischen Konfessionsräume waren die Religionskriege. Sie wurden, vor allem auch im 17. Jahrhundert, zu einem Ventil für politische, gesellschaftliche und wirtschaftliche Konflikte. Europa konzentrierte sich nun stärker auf sich selbst. Mit dem Niedergang des Osmanischen Reiches als Großmacht trat der

Kreuzzugsgedanke als europäisches Bindemittel und christliches Mobilisierungsmoment in den Hintergrund, auch wenn er noch nicht vollständig verschwand. Immer stärker schieben sich machtpolitische Motive in den Vordergrund. Die religiösen Momente lassen sich dabei nur schwer von politischen Zielen und Interessen trennen. Es kommt zu einer Akzentverlagerung von einer ideologischen zu einer machtpolitischen Dominanz im politischen Denken. Politische Ziele werden nun mit militärischen Mitteln durchgesetzt.

Vor diesem Hintergrund bildete sich eine tiefe Friedenssehnsucht aus. Sie ließ dann den *Faktor Frieden* und *dauerhafte Friedenssicherung* zu einem *Leitmotiv* der Friedenspläne im 17. und 18. Jahrhundert werden. Hinzu trat – mit bedingt durch die Entwicklungen in der Waffentechnik, die die Staaten zunehmend verwundbarer machte – der Faktor *Sicherheit*.[7] Vor diesem Hintergrund gewann der Begriff „Gleichgewicht" als politisches Strukturprinzip und Einigungsfaktor für das europäische Staatensystem eine neue Bedeutung. Mit Recht formulierte Leibniz daher, die geistigen, technologischen und politischen Veränderungsprozesse am Ende des 17. Jahrhunderts in seinem Fragment „Lage der Dinge in Europa zu Beginn des neuen Jahrhunderts" aufgreifend: „Finis saeculi novam rerum faciem aperuit" (Am Ende dieses Jahrhunderts werden die Dinge ein neues Gesicht zeigen)![8]

Zu den neuen Ideen, die das kommende Jahrhundert mit prägen sollten, gehörte das Konzept des Gleichgewichtes.[9] Es trat seit dem Anfang des 18. Jahrhunderts, das auch als das der „Blütezeit des Gleichgewichtes" bezeichnet wird, als Machtfaktor aber auch als europäisches Einigungskonzept konzeptionell wieder stärker in den Vordergrund. Es erhält über den diplomatisch-taktischen Bereich hinaus an Bedeutung und wird durch die dezidierte Aufnahme in die Friedensverträge so zu einem „grundlegenden Satz des völkerrechtlichen Vertragsrechts". Der Gedanke des Gleichgewichtes als politisch-organisatorisches Prinzip gewinnt seinen Stellenwert als europäisches Strukturprinzip der Friedenserhaltung und als politischer Kampfbegriff bis hin zur Periode der europäischen Neuordnung von 1814/15 als Antibegriff zur *Universalmonarchie*. Einer Hegemonialordnung stellt das Gleichgewichtsprinzip eine kollektive, multilaterale Organisationsform für die europäischen Staatengesellschaften entgegen. Im Prozess der Ausbildung des Europas der dynastischen nationalen Staaten seit dem 14. Jahrhundert und des parallel verlaufenden Machtverfalls von Kaiser und Heiligem Römischen Reich Deutscher Nation verlor der Terminus Universalmonarchie seine ursprünglich positive Bedeutung und wurde nun mit dem Streben eines Staates, die europäische Vormachtrolle zu gewinnen, verbunden. So sprachen im 16. und 17. Jahrhundert zeitgenössische Beobachter von der „Spanischen Universalmonarchie"; auch

---

[7] Vgl. hierzu William McNeill, The Pursuit of Power. Technology, Armed Force and Society since A.D. 1000, Oxford 1983, S. 117 ff.

[8] Zit. nach Rougemont, Vingt-huit siècle (wie Anm. 2), S. 121.

[9] Vgl. hierzu mit weiterführender Literatur Wolf D. Gruner, Deutschland und das europäische Gleichgewicht seit dem 18. Jahrhundert, in: ders. (Hg.), Gleichgewicht in Geschichte und Gegenwart, Hamburg 1989, S. 60–131, sowie Wolfgang Uwe Friedrich, Gleichgewichtsdenken und Gleichgewichtspolitik zur Zeit des Teutschen Krieges, in: ebd., S. 18–59. Wichtig für die zeitgenössische Diskussion: Ernst Kaeber, Die Idee des europäischen Gleichgewichts in der publizistischen Literatur vom 16. bis zur Mitte des 18. Jahrhunderts, Berlin 1907 (Nachdruck: Hildesheim 1971) sowie Francis H. Hinsley, Power and the Pursuit of Peace. Theory and Practice in the History of Relations between States, Cambridge 1967 (1963), S. 27 ff.

die, gelegentlich europäisch verbrämten, machtpolitischen Bestrebungen der Habsburger Monarchie oder die Ludwigs XIV. und Napoleons wurden so interpretiert. Mit der wachsenden Verrechtlichung von Staatenbeziehungen und dem Wunsch der Mitglieder der Staatengesellschaft nach politischer und territorialer Existenzsicherheit entwickelte sich das Gleichgewicht zu einer Theorie gegen den Universalanspruch eines Staates. Wichtig waren in diesem Zusammenhang unter anderem die Philosophie der Aufklärung, die Entwicklung der Wissenschaften sowie die Waffentechnik. Das Bedürfnis nach Sicherheit und friedlicher Fortentwicklung führte zu einer unauflöslichen Verknüpfung von politischer Gleichgewichtsidee, Souveränitätsdenken, nationalstaatlicher beziehungsweise territorialer (zum Beispiel von Territorien des Heiligen Reiches) Entfaltung und Sicherheitsbedürfnis. Zusätzlich kommt als wesentliches, meist übersehenes und oft ausgeblendetes konstitutives Element der Politik die europäische Einigungsidee hinzu. Auf den ersten Blick scheint diese nichts mit dem europäischen Staatensystem der Frühen Neuzeit oder mit einer „Balance of Power" zu tun zu haben. Die Europaidee – bis in das frühe 18. Jahrhundert werden „Christenheit" und „Europa" synonym verwandt – bildete, und das ist für das Selbstverständnis Europas wichtig, für die sich aus der Einheit des christlichen Abendlandes ausformende dynastisch-territoriale und nationalstaatlich orientierte Staatengesellschaft Europas eine wesentliche und wichtige Klammer. Sprachlich fand dieses Zusammengehörigkeitsgefühl der europäischen Staatengesellschaft seinen Ausdruck im Begriff des *europäischen* Gleichgewichtes. Lösungsmodelle für die „Wiedervereinigung Europas" auf der Grundlage eines europäischen Gleichgewichtes, wie sie vor allem seit dem ausgehenden 17. Jahrhundert immer wieder in politischen, religiösen und wissenschaftlichen Traktaten publiziert werden und im politischen Denken auftauchen, schwanken oft zwischen Utopie und Realität. Sehr oft sind sie wegen ihrer Präsentation auch schwer verständlich und bedürfen der „Übersetzung" und „Interpretation", um rezipiert und weiterentwickelt zu werden.

Alle Vorschläge für ein völkerrechtlich abgesichertes und funktionsfähiges Gleichgewichtssystem als auch die Vereinigungspläne für Europa in der Form einer *Europäischen Föderation* oder eines *europäischen Völkerbundes* haben gemeinsam, dass der Wunsch nach einer dauerhaften Sicherung des Friedens in Europa als das Hauptmotiv für diese Überlegungen angesehen werden muss.

Die Französische Revolution von 1789 und die von ihr ausgehenden Impulse für ganz Europa schienen nun die von Rousseau als Voraussetzung für eine Europäische Republik der Völker angesehenen Rahmenbedingungen zu schaffen. Die Umwälzungen in Frankreich, der Export der Revolution, die neuen Formen der Kriegführung, die französische Expansion und die Furcht vor einer neuen Hegemonie ließen Überlegungen für einen friedenerhaltenden Europäischen Völkerbund, der den Krieg auf das Altenteil verbannen würde, erneut hochkommen. Sie kamen, oft in den vorangehenden Traditionen für eine institutionelle Absicherung der „paix perpétuelle" stehend, aus einer sich neu ausbildenden europäischen Friedensbewegung.

Der Eindruck der Französischen Revolution, der Revolutionskriege, des Ausscheidens Preußens und Norddeutschlands aus dem Reichskrieg gegen das revolutionäre Frankreich im Basler Frieden von 1795 regten Immanuel Kant, Professor an der Universität Königsberg, zu seinem philosophischen Entwurf „Zum Ewigen Frieden" an. Sein Traktat sollte nachhaltige Wirkung auf das zeitgenössische politische Denken und das des 19. und 20. Jahrhunderts in Europa haben. Kants Europa- und Völkerbundsvorstellungen holten diese aus dem Reiche der idealistischen, hoffnungslosen Utopie auf die Ebene des seriösen, wissenschaftlichen Diskurses und brachten ihnen die Anerkennung durch die Wissenschaft. Bereits in früheren Schriften hatte sich Kant über die Notwendigkeiten für eine internationale Organisation geäußert. Voraussetzung für eine allgemeine, rechtsichernde Völkergemeinschaft sei, dass die Staaten aus ihrem „Naturzustand" herausträten, denn, so schrieb er bereits in seiner „Idee zu einer allgemeinen Geschichte in weltbürgerlicher Absicht", das Problem „der Errichtung einer vollkommenen bürgerlichen Verfassung [sei] von dem Problem eines gesetzmäßigen äußeren Staatenverhältnisses abhängig und [könne] ohne das letztere nicht aufgelöst werden".[10]

Wie die Menschen aus dem gesetzlosen Zustand der Wilden herausgetreten seien, müssten dies auch die Staaten tun und in einen Völkerbund treten, „wo jeder auch der kleinste Staat seine Sicherheit und Rechte nicht von eigener Macht oder eigener rechterlicher Beurteilung, sondern allein von diesem grossen Völkerbunde (Foedus Amphictyonum), von einer vereinigten Macht und von der Entscheidung nach Gesetzen des vereinigten Willens erwarten [könne]".[11]

In seinem Entwurf zum Ewigen Frieden von 1795[12] forderte Kant in seinem zweiten Definitivartikel, dass das „Völkerrecht auf einem *Föderalism[us]* freier Staaten gegründet" sein solle. Voraussetzung hierfür müsste allerdings sein, wie er bereits im ersten Definitivartikel formulierte, dass die „bürgerliche Verfassung in jedem Staate […] republikanisch sein" solle. Für die weitere Entwicklung von Europa- und Völkerbundsideen als eigener Tradition neben der Idee des Gleichgewichtes sollten vor allem zwei Überlegungen aus Kants „Ewigem Frieden" bedeutsam und einflussreich werden:

1. Ein (europäischer) Völkerbund sollte auf der Grundlage des Rechtes gegründet werden und

2. eine funktionsfähige Föderativordnung musste als Grundvoraussetzung ein hohes Maß an Homogenität im politisch-sozialen System seiner Mitglieder besitzen.

Ein Indiz für die Wirkung der Schrift Kants ist insbesondere darin zu sehen, dass in den Entwürfen für eine Europäische Föderation oder für einen Völkerbund als Alternative zu einer sich auf Staaten und Herrscher stützenden Gleichgewichtsordnung immer wieder die als bahnbrechend anzusehende Idee des Zusammenschlusses der europäischen Völker in Republiken auftaucht. Ihr Zusammenschluss würde entscheidend zur dauerhaften Sicherung von Stabilität und Frieden in Europa beitragen. Zur Verwirklichung einer Föderativordnung europäischer Republiken schrieb Kant in seinem Traktat, dass der Zustand des Friedens „ohne einen Vertrag der Völker unter sich nicht gestiftet oder gesichert werden [könne]".[13] Der von Kant angestrebte „Friedensbund" müsse sich von einem „Friedensvertrag" deutlich unterscheiden. Der Unterschied

---

[10] Immanuel Kant, Idee zu einer allgemeinen Geschichte in weltbürgerlicher Absicht, in: ders., Werke in sechs Bänden, hg. von Rolf Toman, 6: Der Streit der Facultäten und kleinere Abhandlungen, Köln 1995, S. 143–161, S. 152.

[11] Ebd.

[12] Immanuel Kant, Zum Ewigen Frieden. Ein Philosophischer Entwurf, in: ders., Zum Ewigen Frieden. Ein Philosophischer Entwurf, hg. von Rolf Malter, Stuttgart 1984.

[13] Ebd., S. 18.

könne nicht allein darin bestehen, dass er wie der Friedensvertrag „bloß einen Krieg, jener aber alle Kriege auf immer zu endigen [suche]". Ziel des Friedensbundes sei die Sicherung und Erhaltung der Freiheit des Staates und aller mit ihm durch eine Föderativordnung verbundenen Staaten: „Die Ausführbarkeit (objektiver Realität) dieser Idee der Föderalität, die sich allmählich über alle Staaten erstrecken soll und so zum ewigen Frieden hinführt, läßt sich darstellen. Denn wenn es das Glück so fügt: dass ein mächtiges und aufgeklärtes Volk sich zu einer Republik (die ihrer Natur nach zum ewigen Frieden geneigt sein muß) bilden kann, so gibt diese einen Mittelpunkt der föderativen Vereinigung für andere Staaten ab, um sich an sie anzuschließen und so den Freiheitszustand der Staaten gemäß der Idee des Völkerrechts zu sichern und sich durch mehrere Verbindungen dieser Art nach und nach immer weiter auszubreiten."[14]

In der konstitutionellen Phase der Französischen Revolution bis 1791/92 lässt sich bei den Führern der Revolution durchaus die Auffassung nachweisen, dass durch das französische Beispiel nun der Weg zu einer Weltbrüderschaft, zu einer menschlichen Gesellschaft geöffnet werde. So sprach Graf Honoré de Mirabeau am 23. August 1790 von der durch die Revolution eröffneten Hoffnung, dass die Ideale der Philosophen nun eingelöst werden würden. Die Menschheit, von den Verbrechen des Krieges erlöst, werde den Weltfrieden proklamieren. Das Wohl des Volkes werde das einzige Ziel der Gesetzgeber sein, der einzige Beweggrund der Gesetze, der einzige Ruhm der Nation. Die Brüderlichkeit werde schließlich Regierungen und Menschen vereinen und es werde zu einem Bundespakt der Menschheit kommen („pacte de fédération du genre humain").

In Mirabeaus Erklärung findet sich aber auch bereits eine Formulierung, die, zusammen mit ähnlichen Äußerungen in der Französischen Nationalversammlung, aber auch zunehmend verbreiteter in der zeitgenössischen Publizistik, auf mögliche kriegerische Aktionen zur Herstellung des Weltfriedens im Interesse der französischen Nation hinweist.

Wie die Tradition der Friedenssicherung durch Gründung einer Europäischen Föderation oder eines europäischen Völkerbundes wurde unter den Einwirkungen der Französischen Revolution auf Europa, sei es durch die Erfahrung des „Königmords" und der Terrorherrschaft, auch erneut die Idee einer Europäischen Friedenssicherung durch Gleichgewicht in einer den neuen politischen, mentalen, sozialen und territorialen Gegebenheiten angepassten, verfeinerten Form aufgegriffen und beeinflusste nicht nur über Kant und Gentz das politische Denken des 19. Jahrhunderts und ihre Sicht und Wahrnehmung von *Europa* nachhaltig.

3. Europaperzeptionen und Europapläne des ‚langen' 19. Jahrhunderts zwischen Utopie, Pragmatismus, Realismus und Machtinteressen

Charakteristisch für die europäischen und außereuropäischen Kriege seit der Epoche der Französischen Revolution von 1789 sollte *ein* Merkmal werden: Sie wurden immer aufwendiger, grausamer, totaler und zerstörerischer. Sie verschlangen immer mehr materielle und personelle Ressourcen. Die Gesamtnation wurde in immer höhe-

[14] Ebd., S. 19.

rem Maße in das Kriegsgeschehen mittel- und unmittelbar einbezogen. Ursache für diese Entwicklung war unter anderem die Tatsache, dass mit dem Industrialisierungsprozess und der damit unmittelbar verknüpften Entwicklung von Technologie und Wissenschaft sowie der industriellen und landwirtschaftlichen Produktion sich neue Dimensionen menschlichen Zusammenlebens eröffneten. Es wurden aber auch durch den Übergang von der Handarbeit zur Maschinenarbeit, vom alten Europa zum Europa der Moderne, neue Abhängigkeiten geschaffen, da die sich ausbildende industrielle Fabrikation für den Absatz ihrer Produkte über den eigenen, regionalen, einzelstaatlichen sowie nationalen Markt hinausstrebte und europäisch-international in den Wettbewerb mit anderen Erzeugern trat. Zu den technologischen Folgen der Industriellen Revolution gehörte es unter anderem auch, dass die Präzision und Wirkung von Waffensystemen ständig verbessert wurde. Damit erhöhte sich auch das Zerstörungspotential. Die von Großbritannien seit der Mitte des 18. Jahrhunderts ausgehende Industrielle Revolution und der damit verbundene Prozess der Industrialisierung bot den sich unter verbesserten Hygiene- und Ernährungsbedingungen rasch ausbildenden Massengesellschaften Möglichkeiten für Fortschritt und Zufriedenheit in anderer Form als durch Krieg. Gleichzeitig aber vergrößerten sich mit dem wachsenden Kriegsrisiko auch die militärischen Vernichtungspotentiale. Im Laufe des 19. Jahrhunderts wurde es, angesichts der rasch entstehenden Industriegesellschaften mit ihren nachhaltigen Wirkungen auf die politisch-sozialen und ökonomischen Systeme und einer sich zunehmend politisierenden Öffentlichkeit, für die Regierungen immer schwieriger, das „ius ad bellum" für sich uneingeschränkt in Anspruch zu nehmen. Auf Regierungsebene wurden daher vor allem in der zweiten Hälfte des 19. Jahrhunderts verstärkt Überlegungen für eine wirkungsvolle und friedenssichernde Gestaltung der europäischen Staatengesellschaft und der sich globalisierenden internationalen Ordnung angestellt, auf die hier nur hingewiesen werden kann.[15]

Mit der Wiener Ordnung von 1815 wurde nach dem napoleonischen Versuch mit einer Universalmonarchie und seinem gescheiterten Griff nach der europäischen Hegemonie eine reformierte, multipolare europäische Gleichgewichtsordnung installiert, die sich bemühte, den politisch-sozialen, ökonomischen und mentalen Wandel sowie die territoriale Flurbereinigung angemessen zu berücksichtigen. Das multipolare, weitgehend noch eurozentrische internationale System von 1815 band auf der Grundlage einer neuen, völkerrechtsetzenden Ordnung Großmächte, große, mittlere und kleine Staaten in die geschaffene Nachkriegsordnung ein. Diese sollte im Wesentlichen bis zum Ersten Weltkrieg Bestand haben. Im Laufe des 19. Jahrhunderts entwickelte das multipolare System von 1815 im Spannungsfeld von Legitimität und nationalem Interesse Mechanismen und Elemente für ein Krisenmanagement und für eine friedliche Konfliktregulierung. Diese waren jedoch nicht weitgehend genug, denn es gelang immer weniger, die Mitglieder der europäischen Staatengesellschaft durch völkerrechtlich verbindliche Schiedsmaßnahmen und durch die Schaffung transnationaler Institutionen davon abzuhalten, bilaterale oder multilaterale Krisen

---

[15] Vgl. hierzu u.a. Jacob Ter Meulen, Der Gedanke der internationalen Organisation in seiner Entwicklung. 1789–1889: 2.1, 2.2, Den Haag 1929 / 1940; August Schou, Histoire de l'internationalisme III: Du Congrès de Vienne jusqu'à la première guerre mondiale (1914), Paris / Wiesbaden / Den Haag / Kopenhagen 1963; Gruner, Europäischer Völkerbund (wie Anm. 5), S. 307–329.

und Konflikte mit militärischen Mitteln zu regulieren. Verantwortlich hierfür waren vor allem die zunehmende Fixierung der nationalen Machteliten auf den eigenen Nationalstaat, die nationale Existenzsicherung, die eigenstaatliche Souveränitätserhaltung und die wachsende Bedeutung von nationaler Ehre und nationalem Prestige für die innere und äußere Politik. Das gemeinsame kulturelle Erbe Europas wurde national vereinnahmt und emotional überhöht. Anschaulich unterstreicht dies ein Blick in nationale Konversationslexika und Darstellungen zu Kunst, Musik, Literatur und Malerei in Europa im Verlaufe des 19. Jahrhunderts. Die gemeinsame europäische Geschichte wurde in eine Summe von Nationalgeschichten aufgegliedert, als nationale Geschichte überhöht und ideologisiert und vielfach zur Rechtfertigung nationaler Ziele und Interessen missbraucht. Verdrängt wurde das Wissen, auf das uns Ortega y Gasset aufmerksam gemacht hat, nämlich, dass alle Nationen des Kontinents eine „europäische Grundierung" besitzen und dass trotz aller Verschiedenheit der europäischen Geschichtslandschaften die Gleichartigkeit größer sei: „Machten wir heute eine Bilanz unseres geistigen Besitzes" so meinte Ortega y Gasset, „so würde sich herausstellen, daß das meiste davon nicht unserem jeweiligem Vaterland, sondern dem gemeinsamen europäischen Fundus entstammt [...] vier Fünftel unserer inneren Habe sind europäisches Gemeingut".[16]

Bereits am Ende der napoleonischen Kriege hatten sich in den USA, Großbritannien und in wachsendem Maße auch in anderen europäischen Staaten Friedensgesellschaften und intellektuelle Zirkel gebildet, die einen Bund der Völker als Weg zum ewigen Frieden propagierten, die eine Demokratisierung von Staat und Gesellschaft forderten und der von Fürsten geschaffenen europäischen Neuordnung von 1815, die viel besser war als ihr Ruf, zutiefst misstrauten. Diese Perzeptionen, Ängste und Befürchtungen fanden ihren Niederschlag in einer bislang kaum ausgewerteten reichen Pamphletenliteratur. An dieser Diskussion, die neben dem europäischen Rahmen auch stets den je nationalen einbezog, beteiligten sich Personen mit unterschiedlicher Sozialisation. Im Mittelpunkt standen dabei Völkerbundsideen, Konzepte für ein neues europäisches Gleichgewichtssystem und Vorschläge für ein engeres Band der europäischen Staaten und Völker. Durch sie sollte Sicherheit nach außen und Rechtssicherheit nach innen verbürgt werden. Der Rechtsgedanke war von zentraler Bedeutung. Für diese Diskussion wie für die Entwicklung der Europadiskussion im 19. Jahrhundert und ihre teilweise spezifische Ausprägung sollte es bedeutsam werden, dass Immanuel Kant von der Schrift Saint Pierres über den ‚Katalysator' Rousseau Kenntnis erhielt. Beide, Saint Pierres Schrift und Rousseaus Bewertung, hatten großen Einfluss auf Kants philosophischen Entwurf „Zum Ewigen Frieden" von 1795. Kants Traktat seinerseits beeinflusste zahlreiche Europapläne und das Europabild des 19. Jahrhunderts und darüber hinaus nachhaltig. Rousseau steuerte als wichtiges, die Zukunft prägendes Element die Forderung bei, die Kant aufgriff und vertiefte, dass ein europäischer Friedensbund als Träger der Völker bedürfe und nicht nur der Fürsten. Er lenkte damit den Blick auf die innenpolitische Dimension eines europäischen Bundes, den Kant in seinem Traktat dann ausbauen sollte. Kant holte die Europa- und Völkerbundsideen aus dem Reich der Utopie auf die Ebene des wissenschaftlich aner-

---

[16] José Ortega y Gasset, Der Aufstand der Massen. Wesentlich erweiterte und aus dem Nachlass ergänzte Neuausgabe, Stuttgart 1965, S. 248 f.

kannten Diskurses. Er ließ sie im innerstaatlichen Bereich (bürgerliche republikanische Verfassung) wie in den äußeren Beziehungen (föderativer Bund freier Republiken) auch institutionell konkreter werden. Kant war davon überzeugt, dass die Idee der Föderalität schließlich zum ewigen Frieden führen werde. Dies war eine bahnbrechende Idee, die in den europäischen Entwürfen des 19. Jahrhunderts teilweise fast wortwörtlich von Kant übernommen wurde. Diese Tatsache bleibt aufgrund des aus der aktuellen Politik verdrängten historischen Denkens unberücksichtigt oder wird verdrängt. Zwei Gesichtspunkte aus Kants „ewigem Frieden" werden charakteristische Elemente für die weitere Entwicklung der Europa- und Völkerbundsideen bis in die Gegenwart:

1. Die Grundlage für einen (europäischen) Völkerbund bildet das Recht, das heißt die Beziehungen zwischen den Mitgliedern der Föderativordnung müssen verrechtlicht werden.

2. Die Grundvoraussetzung für eine funktionsfähige Föderativordnung ist in einem hohen Maß an einer gewissen Homogenität im politisch-sozialen System der Mitglieder zu sehen.

Gerade das Prinzip der Homogenität im politisch-sozialen System der Mitglieder eines europäischen Völkerbundes, einer überstaatlichen europäischen Organisation, war neu. Für Podiebrad, Crucé, Sully oder Saint-Pierre spielte die Staatsform der Mitglieder ihres europäischen Bundes eine untergeordnete Rolle. Seit Kant kam der Staatsform der Mitglieder einer europäischen Föderativformation und einer größtmöglichen Homogenität im politisch-sozialen System entscheidende Bedeutung zu. Dies gilt bis heute uneingeschränkt jenseits ideologischer Prägungen. Diese gemeinsame Basis der europäischen Demokratien für die Bildung europäischer Institutionen fand in den Beitrittsbedingungen zur Europäischen Gemeinschaft für Kohle und Stahl, zur Europäischen Wirtschaftsgemeinschaft und zu den Europäischen Gemeinschaften beziehungsweise zur Europäischen Union als Eintrittskarte zur Gemeinschaft ihre Ausprägung und wurde zu einem konstitutiven Element im Verfassungsentwurf des Europäischen Parlamentes von 1984, in den Verträgen von Maastricht 1992, Amsterdam 1997 und Nizza 2000 sowie im Entwurf eines europäischen Verfassungsvertrages im Jahre 2003.

Der deutsche Völkerrechtler und Pazifist Hans Wehberg hatte sich 1941 mit den Projekten für Vereinigte Staaten von Europa seit dem 19. Jahrhundert befasst. Er betonte die Langzeitwirkung der Kantschen Schrift. Diese sei so antreibend und stark aufmunternd gewesen, dass durch den Einfluss Kants viele Persönlichkeiten aus dem 19. und 20. Jahrhundert auf die Ideen und Möglichkeiten eines europäischen Zusammenschlusses aufmerksam geworden seien.[17]

Auch im zeitgenössischen Schrifttum ließ sich sein Einfluss ebenso wie der der Französischen Revolutionsideen von 1789 feststellen. Gerade in den Krisenjahren um die Wende vom 18. zum 19. Jahrhundert, der „europäischen Sattelzeit" (Eberhard Weis), finden sich zahlreiche Schriften und Traktate, die sich im Vorfeld von Friedensverhandlungen beziehungsweise Friedensschlüssen mit Neuordnungsplänen für die europäische Staatenwelt befassen, die zu einem dauerhaften Weltfrieden führen

---

[17] Hans Wehberg, Ideen und Projekte betr. Die Vereinigten Staaten von Europa in den letzten 100 Jahren, Bremen 1984 (Nachdruck aus der Zeitschrift „Friedenswarte" von 1941).

sollten. Die Mittel auf diesem Weg waren unterschiedlich. Vielfach stand bei den Verfassern auch das Motiv dahinter, sich bei den Mächtigen einzuschmeicheln oder eine Anstellung zu finden. Die Europapläne waren höchst unterschiedlich. Sie reichten von Konzepten der Anhänger der Ideen der „Großen Revolution" – sie wollten diese weltweit verwirklicht sehen und erblickten in Frankreich das Herzstück für ein künftiges Weltreich des Friedens (zu dieser Gruppe gehörte beispielsweise Jean Baptiste Cloots) – über Vorstellungen, die Napoleon zum Protektor über ein unter seiner Herrschaft vereintes Europa machen wollten (zu ihnen zählten J. J. B. Gondon, Delisle de Sales und August E. Zinserling), Verfasser, die in Napoleon oder Zar Alexander I. einen neuen Heinrich IV. erblickten, Napoleon und Alexander zu Protektoren eines Europäischen Bundes machen wollten, bis hin zu Überlegungen, die als Voraussetzung für Frieden, Sicherheit und Wohlstandsentwicklung für ein vereintes Europa eine europäische Föderativordnung anstrebten. Bei der Mehrzahl dieser Entwürfe werden Forderungen Kants und seiner geistigen Vorväter aufgegriffen, um die zur dauerhaften Sicherung des Friedens als europäisches Ordnungsprinzip scheinbar überholte Form des europäischen Gleichgewichtes der Fürsten und Staaten durch den Bund der Völker zu ersetzen. Ein gutes Beispiel hierfür ist Karl Salomon Zachariä, der als Nachfolger Immanuel Kants im Bereich der Rechtsphilosophie und der Friedensidee galt. Zum Zeitpunkt der Friedensverträge von Luneville und Amiens 1801/02 legte er seine Schrift „Janus" vor, in der er die Meinung vertrat, dass allein ein Völkerstaat auf demokratischer Grundlage das Friedensproblem werde lösen können. Der Völkerstaat müsse als internationale Organisation begründet werden. Voraussetzung seien aber einige Bedingungen, vor allem im Bereich des Bundesrechtes und des einzelstaatlichen Rechtes, die schwierig zu erfüllen seien und deren Realisierung erst schrittweise möglich sein werde. Zachariä schlug daher einen Weg für diesen allmählich durchzuführenden Prozess vor. So sollten zunächst alle bilateralen Verträge so formuliert werden, dass sie auch von anderen Mitgliedern als gesetzliche Grundlage anerkannt werden konnten. Das Recht zum Krieg sollte den Mitgliedern verwehrt werden. Allerdings sah Zachariä einen lockeren Zusammenschluss vor, denn er dachte in der Startphase an einen Gesandtenkongress, der später zu einem gemeinsamen Gerichtshof ausgebaut werden könnte.[18]

Zu den Bewunderern Napoleons zählte zeitweilig auch der Philosoph, Mathematiker und Sprachwissenschaftler Karl Christian Friedrich Krause, der in Jena bei Fichte und Schelling studiert hatte und aufgrund seiner Zugehörigkeit zu den Freimaurern ein akademisches Wanderleben erfahren musste, das ihn zeitlebens abhängig von der Finanzierung durch seinen Vater, seine wohlhabende Frau und andere Gönner machte. Krauses gesamtes philosophisches System, auch beeinflusst durch das Freimaurertum, orientierte sich an der „Idee des Menschheitbundes" (Ter Meulen). Für ihn war das ganze Weltall eine organische Einheit. Krause glaubte „an eine harmonische Entwicklung der Gesellschaft, die von Familie, Stamm, Volk, Völkervereinigung bis zu einer Organisation der Menschheit [führe]".[19] Er glaubte, den Keim für diese Entwicklung im Freimaurertum zu finden und erhoffte sich die praktische Umsetzung durch Napo-

---

[18] Karl Salomo Zachariae, Janus, Leipzig 1802.
[19] Jacob Ter Meulen, Der Gedanke der internationalen Organisation in seiner Entwicklung, 2.1.1789–1870, Den Haag 1929, S.110.

leon beziehungsweise nach dessen Niederlage durch Preußen und die verbündeten Mächte. Am ausführlichsten hat Krause seine Einheitsideen 1811 in seiner Schrift „Das Urbild der Menschheit" niedergelegt.[20] Krause hoffte, dass Napoleon und Frankreich sein Menschheitsideal würden verwirklichen können. Dies verdeutlichten auch frühere Schriften aus den Jahren 1801 und 1807.[21] Nach dem Frieden von Luneville schrieb er in seinem „Menschheitsbund" zur leitenden Funktion Frankreichs: „Durch die Höherausbildung und Umbildung des französischen Staates wird die Wiedergeburt des ganzen bürgerlichen und öffentlichen, inneren und äusseren Rechtszustandes und Rechtslebens von ganz Europa angeregt und eingeleitet; dazu, von Seiten der wiedergeborenen Staaten, Wissenschaft und Kunst gefördert. Die wiedergeborenen europäischen Völker werden sich alsdann alle in Einen europäischen Staat vereinen, hierauf rückkehrend an Asien sich anschliessen, Afrika ausbilden und ausbauen, Amerika, welches in dem nordamerikanischen Staatenverein allen Völkern der Erde auf der Bahn des Rechtes vorausgegangen, mit sich verbinden, und in den glückseligen Eilanden des stillen Erdenmeeres wird endlich die Menschheit nach Jahrtausenden, in harmonischer allseitiger Kultur, – auch in Einen Staat vereinigt, in sich selbst zurückkehren und in vollendeter Gottinnigkeit in Gott selig sein".[22]

Es finden sich durchaus aber auch Überlegungen, die durch eine reformierte Gleichgewichtsordnung einen dauerhaften Frieden herzustellen hofften.[23] Hierbei wird häufig das Argument ins Feld geführt, dass das seit 1648 immer mehr ausgehöhlte Staatensystem auf einem europäischen Kongress durch ein neues Friedenssystem und eine Revision der europäischen Landkarte zu einem Zustand wie zur Zeit des Westfälischen Friedens zurückgeführt werden solle. Im Jahre 1800 veröffentlichte Jean Baptiste Claude Isoard, ein Bewunderer Napoleons und ein scharfer Kritiker der Folgen der Revolution, unter dem Namen Delisle de Sales eine Schrift über den europäischen Frieden und seine Grundlagen.[24] Er plädierte für eine Wiederherstellung der Rechtssituation, die der Westfälische Friede festgesetzt hatte. Ein allgemeiner und dauerhafter Friede könne nicht erreicht werden „sans un respect religieux tant pour les Propriétés publiques que pour toutes les Propriétés individuelles".[25]

De Sales sprach sich für ein neues System des Gleichgewichtes aus. Das Gleichgewicht der Staaten, die durch Konföderationen verbunden sein sollten, müsste durch ein „Tribunal de paix universelle" kontrolliert und gesichert werden. Die Mitglieder des Gerichtshofes sollten durch die Staaten benannt werden: „Ce Tribunal doit être essentiellement composée des Représentans, ou fixes, ou amovibles, de tous les États indépendans qui constituent la composition politique de l'Europe".[26]

---

[20] Karl Christian Friedrich Krause, Das Urbild der Menschheit. Ein Versuch, Dresden 1811.

[21] Vgl. hierzu Karl Christian Friedrich Krause, Der Erdrechtsbund an sich selbst und in seinen Verhältnissen zum Ganzen und zu allen Einzeltheilen des Menschheitslebens, hg. von Dr. G. Mollat, Weimar 1893 (1807) sowie ders., Der Menschheitsbund. Nebst Anhang und Nachträgen aus dem handschriftlichen Nachlasse von Karl C. F. Krause, hg. von Richard Vetter, Berlin 1900.

[22] Krause, Menschheitsbund (wie Anm. 21), S. 436.

[23] Vgl. hierzu u. a. Wolf D. Gruner, Deutschland und das europäische Gleichgewicht seit dem 18. Jahrhundert, in: ders. (Hg.), Gleichgewicht in Geschichte und Gegenwart, Hamburg 1989, S. 60–133.

[24] Delisle de Sales [i. e. Jean Baptiste Claude Isoard], De la paix de l'Europe et de ses bases, Paris 1800.

[25] Ebd., S. 360.

[26] Ebd., S. 365.

Der Sitz des Gerichtes sollte in einer Stadt mitten in Europa sein. Diese sollte dann zum Bundesgebiet erklärt werden. Im Vergleich zu anderen frühen Vorschlägen schlug de Sales Kompetenzen für den Gerichtshof vor, die es ihm ermöglichen würden, gegen Rechtsbrecher und Friedensstörer mit der Gesamtmacht des Bundes vorzugehen. Die Sanktionsmöglichkeiten von Gerichten von übernationalen Institutionen gegenüber ihren Mitgliedsstaaten ist ein Komplex, der sich bis in die Gegenwart durch die Diskussionen um internationale Organisationen und die ihnen zuzugestehenden Kompetenzen zieht. Vor allem das Thema einer gemeinsamen Armee, die de Sales für die Handlungsfähigkeit seines Bundes und für die Erfüllung der Aufgaben des Bundes vorschlug, ist ein Bereich, der als eines der Probleme internationaler Organisationen bis in die Gegenwart immer wiederkehrt. Nur ein gemeinsames Gericht mit Handlungskompetenzen kann die Glaubwürdigkeit einer übernationalen Organisation bewahren. De Sales forderte daher, „que le Tribunal suprême montrera toute son énergie; il mettra l'État désorganisateur au ban de l'Europe, et appellera, par un Manifeste, toutes les Puissances confédérées au secours de la Confédération; alors le grand étandard de la République générale, comme celui de Mahomet, dans les dangers éminans de l'Empire Ottoman, sera déployé, et l'État proscrit se trouvera en état de siège, au milieu de l'Europe".[27]

Elemente aus diesem Plan – und auch der Bezug auf den Plan Heinrichs IV. – kehren im Verlauf des 19. Jahrhunderts in unterschiedlichen Varianten, auch als Zeichen der Gelehrsamkeit, immer wieder. Sie werden mit föderativen Vorstellungen, Schiedsgerichtsmodellen aber auch mit einem neuen Gleichgewicht als Grundlage für eine „paix perpétuelle" verknüpft. Zwar war die Skepsis über die menschliche Friedensfähigkeit unter dem Eindruck der Kriege seit 1792 weit verbreitet, doch könnte nach der Überzeugung der meisten Protagonisten für ein neues Gleichgewicht ein neues, völkerrechtlich fixiertes politisches Gleichgewicht Europas durch ein Föderativsystem abgesichert werden. Zwischen 1800 und 1805 sah Friedrich von Gentz in einem derartigen Gleichgewicht den richtigen Weg zur europäischen Friedenssicherung. „Das Gleichnis vom Gleichgewicht", wie es Heinz Gollwitzer nannte, wurde für Friedrich von Gentz zum Leitstern seines Europadenkens. Die Idee des Ewigen Friedens war für ihn eine Chimäre. Einen Völkerbund hielt er für nicht realisierbar. Den Schlüssel zu einer praktikablen europäischen Föderation schien ihm ein funktionierendes und somit positives Gleichgewichtsmodell zu weisen. Dieses sei zudem realistischer. Das „wahre Föderativsystem von Europa" sollte also durch ein reformiertes Gleichgewichtssystem geschaffen werden.[28] Die Gleichgewichtsidee, die überall in Europa, vor allem in den Kanzleien der Kabinette und unter den Staatsrechtlern, wieder Anhänger fand, wurde vielfach als Ausweg, als wirksames Mittel gegen „Vergrößerungssucht", angesehen. Über den Umweg, ein reformiertes, verrechtlichtes europäisches Gleichgewichtssystem für eine „Europäische Republik" zu schaffen, sollte als Endstadium doch der ewige Friede in der europäischen Staatengesellschaft verwirklicht werden.

---

[27] Ebd., S. 368 f.
[28] Friedrich Gentz, Über den Ewigen Frieden, in: Historisches Journal 2/3, Dezember 1800, S. 709–790 sowie ders., Fragmente aus der neuesten Geschichte des Gleichgewichtes in Europa, St. Petersburg ²1806.

Eine Vermischung von europäischer Föderationsidee und Gleichgewichtsgedanken, die sich in den Diskursen seit dem ausgehenden 17. Jahrhundert immer wieder findet, steht auch im Mittelpunkt einer 1814 in Leipzig anonym erschienenen Schrift zur Wiederherstellung des politischen Gleichgewichtes in Europa.[29] Der Verfasser bezweifelt darin, ob der Friedensgedanke sich in absehbarer Zeit gegen den nationalen Machtgedanken werde durchsetzen können. Der Verfasser war aber davon überzeugt, dass im rechtlichen Miteinander von Staaten Formen entwickelt werden könnten, die eine aggressive Machtpolitik verhindern und den europäischen Staaten Rechtssicherheit gewähren würden. Unter dieser Perspektive untersuchte der Autor die Grundsätze des politischen Gleichgewichtssystems und setzte bei seinen Betrachtungen mit dem Vorschlag einer allgemeinen christlichen Republik ein, den – nach dem damaligem Kenntnisstand – Heinrich IV. von Frankreich verfasst hatte und der Europa den ewigen Frieden hätte bringen sollen. Heinrichs Plan sei ein Traum geblieben. Unabhängig davon werde aber „das christliche Europa als eine europäische Republik, als ein Staatenverein, als ein Bundesstaat, als ein Staatensystem betrachtet: die Gesammtheit der Bewohner Europa's heißt das große europäische Staatenvolk; man spricht von einem europäischen Gemeinwesen: man hat ein europäisches Völkerrecht".[30]

Dies alles könne in Frage gestellt werden. Ohne Zweifel gebe es jedoch „völkerrechtliche Grundsätze, welche von den europäischen Staaten als allgemein gültig anerkannt [seien], und unter diese [gehöre] vorzüglich auch der Grundsatz der Erhaltung des politischen Gleichgewichtes. Gestützt auf die Erfahrung, daß große Macht nur allzuleicht zu rechtlosen Anmaßungen und gewaltsamer Unterdrückung der Schwächeren verleitet, haben die Glieder des europäischen Völkervereins einer freiwilligen Beschränkung des natürlichen Rechts der Staaten, ihr Gebiet und ihre Macht auf rechtmäßigen Wegen zu vergrößern, sich unterworfen und die Erhaltung eines gewissen Gleichgewichts der Macht als eine wesentliche Bedingung ihrer gemeinschaftlichen Sicherheit und der Freiheit und Unabhängigkeit jedes Einzelnen anerkannt".[31]

Der anonyme Verfasser war davon überzeugt, dass der komplizierte europäische Mechanismus nur dann funktionieren könne, wenn ein stabiles inneres Gleichgewicht geschaffen werde. Europa sei wie eine große Maschine. Diese werde zerstört, wenn das Hauptantriebsrad verstärkt werde, ohne dass ein entsprechendes Widerlager vorhanden sei. Ein funktionsfähiges europäisches System könne nur durch eine Föderativordnung erreicht werden, in der weder ein zu schwaches noch ein zu starkes Deutschland das Gleichgewicht Europas destabilisiere. Ein Föderativsystem würde zur Friedenssicherung und Kriegsverhütung beitragen. Als entscheidend sah der Schreiber es an, *wie* die Föderativordnung in den Rahmen der Gleichgewichtsordnung eingebaut sei, denn „je vollständiger, je harmonischer, geschlossener das Föderativ-System der europäischen Staaten, je empfindlicher jeder einzelne Theil für jede Verletzung des Ganzen, je treuer und je fester das Band, welches einen mit allen verknüpft, desto weniger [würden] der Kriege seyn".[32]

---

[29] [Anonym], Betrachtungen über die Wiederherstellung des politischen Gleichgewichtes von Europa, Leipzig 1814.
[30] Ebd., S. 108 f.
[31] Ebd., S. 109 f.
[32] Ebd., S. 207.

Der Autor greift das Problem der rechtlichen Gestaltung der europäischen Staatenfamilie auf. Sie ist eine Kernfrage für die Geschichte der europäischen Einheitsidee. Sie spielt in der zeitgenössischen wie in der späteren sowie auch aktuellen Diskussion über die Integration Europas und die Herstellung seiner Einheit eine grundlegende Rolle. Dabei kommt die Stellung des europäischen Zentralstaates zu diesen Prozessen und seine Rolle in der zu schaffenden Ordnung in den Blick. Ein europäisches Föderativsystem im Rahmen der reformierten europäischen Gleichgewichtsordnung bedurfte, um zu funktionieren, einer föderativ organisierten mitteleuropäischen Struktur, das heißt: „Die Sicherheit von ganz Europa scheint zu fordern, daß die Sicherheit der einzelnen deutschen Staaten nicht dem Glücke und dem Zufall überlassen werde. Das vereinigte Teutschland kann eine starke Vormauer werden für die mächtigen Staaten, die es voneinander trennt: das vereinzelte Teutschland hat nur die Aussicht zu bleiben, was es bisher war: das große Schlachtfeld von Europa, eine reiche Fundgrube für den Gewaltigen, der stark und kühn genug ist, zuerst zuzugreifen".[33]

Neben einem europäischen Zentralstaat als Vermittler oder als gefährliches europäisches Machtvakuum sah der Verfasser auch die Gefahren, die ein übermächtiger deutscher Zentralstaat für Europa bedeuten könnte, denn auch „das wiedergeborene, zu neuer Kraft gediehene Teutschland könnte leicht einen Zuwachs an Macht geben, der nicht überall ohne Besorgniß oder Eifersucht betrachtet werden möchte".[34]

Auch beim Göttinger Historiker Arnold Hermann Ludwig Heeren, der als erster eine für die Zeit moderne historische Darstellung des europäischen Staatensystems vorgelegt hatte, in der er „die Geschichte ihrer Verhältnisse gegeneinander" darstellte, finden sich immer wieder Hinweise auf den „Centralstaat" von Europa als europäischen Stabilisator aber auch als mögliches Sicherheitsrisiko. Für ihn war ein „deutsches Gleichgewicht" Voraussetzung für ein stabiles und funktionierendes europäisches, denn „der Deutsche Bundesstaat [stehe] nur in so fern in Uebereinstimmung mit dem Wesen des allgemeinen Staatensystems von Europa, als er die Freyheit desselben aufrechterhalten [helfe]".[35] Heeren plädierte dafür, dass der Deutsche Bund sich auch aus seinen in der Präambel formulierten europäischen Aufgaben – die Unabhängigkeit, Existenz und Sicherheit seiner Mitglieder zu wahren und die „Ruhe und das Gleichgewicht Europas" zu bewahren – zu einem Bundesstaat fortentwickele: „Ein Bund oder Bundesstaat [...] bildet also wieder den Mittelpunct des Europäischen Staatensystems; und damit ist seine Freyheit [...] nicht bloß ausgesprochen, sondern auch begründet".[36] Allerdings sah er auch die möglichen Gefahren eines deutschen Zentralstaates für Europa: „Wäre dieser Staat eine große Monarchie mit strenger politischer Einheit; ausgerüstet mit allen den materiellen Staatskräften, die Deutschland besitzt – welcher sichere Ruhestand wäre für sie möglich? [...] Die Entstehung einer einzigen und unumschränkten Monarchie in Deutschland würde binnen kurzem das Grab der Freiheit von Europa".[37]

---

[33] Ebd., S. 235.
[34] Ebd., S. 236.
[35] Arnold Hermann Ludwig Heeren, Der Deutsche Bund in seinen Verhältnissen zu dem Europäischen Staatensystem, bey Eröffnung des Bundestags dargestellt, Göttingen 1816, S. 11.
[36] Ebd., S. 13.
[37] Ebd., S. 11 f.

Nach Vorstellungen Heerens ist die für Deutschlands und Europas Interessen sinnvollste Organisationsform des Zentralstaates von Europa die des Bundesstaates: „Der Deutsche Bundesstaat ist ein Friedensstaat in einem viel höhern Sinne. *Sein* Frieden ist der Frieden, der aus dem Rechtszustande hervorgeht; er dauert mit diesem und er hört auf mit diesem".[38] Wichtig ist in diesem Zusammenhang aus Sicht Heerens nicht allein, dass die Deutschen selbstbewusster würden, sondern auch „daß Europa Vertrauen zu uns [das heißt den Deutschen, WDG] [fasse]". Die Überlegungen Heerens und anderer zeitgenössischer Autoren machen auf einen historischen Komplex der europäischen Geschichte aufmerksam, der unter veränderten Rahmenbedingungen und nach tief verwurzelten Erfahrungen der europäischen Völker nach wie vor seine Aktualität nicht verloren hat. Jedes Konzept für eine europäische Ordnung, sei es nun für ein nationalstaatlich gegliedertes europäisches Staatensystem oder für ein föderativ zu vereinigendes Europa, muss den Zentralstaat von Europa als potentielles Sicherheitsrisiko beziehungsweise als Stabilisator und Integrator angemessen in die Betrachtung einbeziehen.

Die Idee eines Schiedsgerichtes oder eines Europäischen Gerichtshofes findet sich in den Plänen seit dem ausgehenden 18. Jahrhundert. Diese Institution – sie ist ein Grundpfeiler aller konkreteren Europaföderationspläne – sollte nach Auffassung von Europaprotagonisten unterschiedlichster Provenienz mit klaren, eigenen Kompetenzen ausgestattet werden, um die Umsetzung der Entscheidungen des Gerichtshofes sicherzustellen. Seit der Mitte des 19. Jahrhunderts trat die Schiedsidee im Zeichen des politischen Nationalstaatsgedankens und der damit einhergehenden Nationalisierung der Politik aus pragmatischen Überlegungen zunehmend in den Vordergrund. Trotz der zunehmenden Europäisierung und auch teilweise bereits der Globalisierung von Handel und Wirtschaft, politisch-sozialen, ideologischen und kulturellen Prozessen hatten gesamteuropäische Einigungsmodelle, die eine Abtretung von Souveränitätsrechten mit sich bringen würden, keine Realisierungschance.

Doch kehren wir zur Ausgangslage für das 19. Jahrhundert zurück. Angesichts der Kriege zwischen dem revolutionären und napoleonischen Frankreich und Großbritannien, der Habsburger Monarchie, dem Zarenreich, dem Heiligen Römischen Reich Deutscher Nation, Preußen und anderen europäischen Mächten – immer wieder von kurzfristigen Friedensschlüssen unterbrochen und mit wechselnden Allianzen geführt – wuchs der Wunsch in den politischen und geistigen Eliten, Frieden, Freiheit und Sicherheit langfristig durch dauerhafte Einrichtungen zu bewahren. Dieses Bedürfnis fand in zahlreichen Pamphleten und Schriften seinen Niederschlag. Es finden sich utopische Entwürfe, pragmatisch-realistische Überlegungen und europäisch verbrämte nationale Machtziele. Die meisten Beiträge enthalten die Forderung, zur dauerhaften Bewahrung des Friedens eine (europäische) internationale Organisation zu gründen. Diese sollte eine Kontroll- und Steuerfunktion für die Friedensbewahrung übernehmen. In diesem Zusammenhang wird immer wieder eine Föderativordnung im Sinne eines Staatenbundes als Lösungsmodell erörtert. In einer 1796 vorgelegten Schrift „Über die Europäische Republik" plädierte Justus Sincerus Veridicus alias

---

[38] Ebd., S. 14 f.

Carl Joseph August Hofheim[39] für eine staatenbündische internationale Organisation, einen Völkerbund, in der alle Staaten gleichberechtigt sein sollten. Voraussetzung für das Funktionieren dieses Bundes war aus seiner Sicht die Garantie des Rechtes sowie eine ausreichende Autorität für die zu schaffenden Organe der Legislative, Exekutive und Judikative. Zur Herstellung einer tatkräftigen Autorität gehöre auch die „Aufstellung eines allgemeinen Gerichts, mit der geeigneten Garantie". Ebenso wie jede politische Gemeinschaft müsse auch eine internationale Organisation „auf verschiedene Organe für Gesetzgebung, Rechtssprechung und Exekution" verteilt werden. „Es sind demnach auch hier, so wie bey jedem politischen Verbunde drei von einander geschiedene und doch zugleich innigst zusammen verkettete Gegenstände zu berücksichtigen: Legislation, Judicatur und Execution".[40] Als ersten Schritt für die Gründung einer Europäischen Republik sieht Hofheim die Einberufung eines europäischen Kongresses. Dieser sollte die Aufgabe einer Konstituante übernehmen und auch ein europäisches Völkergesetzbuch ausarbeiten.[41] Um einen derartigen Bund zu ermöglichen, sollte zunächst die Freiheit des Handels und der Meere hergestellt werden. Gebe man jeder Nation die Freiheit, nach Belieben „Waaren ab- und zuzuführen", dann entstehen Abhängigkeiten, denn die „Nationen sind im Verhältnis zum Allgemeinen das, was die Individuen in einem Staate sind, das Bedürfniss macht sie wechselseitig von einander abhängig, und knüpft sie ebenso fest an einander; und je genauer diese Verknüpfung des Interesses ist, um desto glücklicher sind die Resultate, welche dasselbe zur Folge hat".[42] Bedingt durch die enge wirtschaftliche Verknüpfung von Staaten, Menschen und Wirtschaften werde der Krieg verschwinden und unmöglich gemacht werden. Ein europäischer Bund habe für die Völker und Fürsten große wirtschaftliche und finanzielle Vorteile. Dieser Gedanke, erweitert durch die Forderung nach gemeinsamen Maßen, Gewichten und Währungen („Münzfuß"), kehrt in den ersten Dekaden des 19. Jahrhunderts verschiedentlich wieder, beispielsweise bei Mallinckrodt, und wurde im Vorfeld des Ersten Weltkrieges ebenfalls diskutiert. Er nährte die Hoffnung, dass ein Krieg zwischen europäischen Großmächten und Staaten wegen der sich entwickelnden arbeitsteiligen Weltwirtschaft unmöglich sein werde.

Von den zahlreichen Plänen, die in der Endphase der napoleonischen Kriege entstanden, fanden viele aus den unterschiedlichsten Gründen bei den Zeitgenossen nur wenig oder kaum Resonanz – dies, obwohl die dort niedergelegten Überlegungen wichtige Gesichtspunkte für die weitere, langfristige Diskussion enthielten. Hierzu gehörten unter anderem der 1814 dem Wiener Kongress von Saint Simon über die Reorganisation der europäischen Gesellschaft vorgelegte Plan oder der etwa gleichzeitig verfasste „Entwurf eines europäischen Staatenbundes" des Rechtsphilosophen

---

[39] Justus Sincerus Veridicus J.C. [i.e. Karl August Joseph Hofheim], Von der Europäischen Republik. Plan zu einem ewigen Frieden nebst einem Abriß der Rechte der Völker und Staaten und einer Erklärung derselben, Altona 1796. Vgl. zu Hofheim auch Ter Meulen, Internationale Organisation (wie Anm. 15), 2.1, S. 52 ff. sowie in Auszügen abgedruckt bei: Anita und Walter Dietze (Hg.), Ewiger Friede? Dokumente einer deutschen Diskussion um 1800, Leipzig 1989, S. 237–245.
[40] Ebd., S. 275.
[41] Vgl. ebd., S. 287 f. sowie S. 335 f.
[42] Ebd., S. 270.

Karl Christian Friedrich Krause.[43] Dies lag unter anderem daran, dass die Vorschläge nicht in die politische Landschaft am Ende der napoleonischen Kriege passten, dass sie, wie beispielsweise der Freimaurer Krause, aus einer anderen philosophischen Schule kamen und Krauses Berufung von seinen Gegnern immer wieder hintertrieben wurde[44] und vor allem, dass die Mehrheit der europäischen politischen Eliten der Zeit an nationalen und dynamischen Organisationsformen und nicht an europäischen interessiert waren. Im Falle Krause kam noch hinzu, dass er ein hohes Maß an nationalem, deutschem Pathos in seine Schrift hineinbrachte, das weder auf europäischer Ebene noch auf der der deutschen Einzelstaaten, die gerade ihre Eigenstaatlichkeit und Souveränität erreicht hatten, akzeptabel war.

Sicherlich besitzen wir ähnliche auf die eigene Nation bezogene Lobgesänge auch in französischen, englischen und italienischen Schriften der Zeit. So formulierte Antoine Rivarol 1805 in einer Schrift über die Universalität der französischen Sprache, dass diese das Ende Europas als „Republique fédérative" überleben werde. Dennoch kam und kommt dem „Centralstaat von Europa" (Heeren) für die Struktur und Gestaltung der europäischen Ordnung stets eine wichtige Rolle zu. Vom Deutschen Bund zum preußisch-kleindeutschen Kaiserreich von 1871 wuchs Deutschland in eine Rolle, die im Verlaufe des 19. Jahrhunderts – auch angesichts der Dynamik des europäischen Nationalismus – zur deutschen Frage in der europäischen Geschichte mit seinen positiven wie negativen Bezügen werden sollte. In seinem Entwurf für einen europäischen Staatenbund hatte Krause im Frühjahr 1814 nicht ohne Opportunismus über die Rolle der Deutschen bei der Schöpfung dieses Staatenbundes, der dereinst das „Erdganze" umfassen sollte, formuliert: „Groß wird die Mitwirkung des deutschen Volks an diesem wesentlichen Werke der Menschheit seyn! Deutschland ist im Entwicklungsplane der Menschheit offenbar als die Kraftmitte des ersten Staatenbundes, so wie überhaupt des ganzen Lebens der Menschheit, ausgesprochen. Deutschland, nicht Frankreich, ist, geognostisch betrachtet, das Herz von Europa; das deutsche Volk ist das Blut, das darin schlägt".[45]

Aus Krauses Sicht sind wesentliche Entwicklungen und Errungenschaften der Kultur Europas „deutschem Geiste entkeimt, und haben in Deutschlands Boden die ersten Wurzeln getrieben". Daher schlägt er unter anderem für den zu schaffenden europäischen Staatenbund deutsch als erste Amtssprache und Berlin als Sitz des Bundes vor. Auch wenn Krauses „Europäischer Staatenbund" nicht die gebührende Beachtung fand, enthielt er doch Elemente und Institutionen, die uns mit unterschiedlicher Akzentuierung in Überlegungen zur europäischen Einigung regelmäßig begegnen und die in gewisser Weise als Kontinuitätsbausteine angesehen werden können. Es sind dies unter anderem das Element der Rechtsgleichheit aller Mitglieder in einem europäischen Zusammenschluss, die Existenz- und Besitzstandsgarantie für die Bundesstaaten, die Beistandspflicht der Mitglieder, der Schutz der Verfassungen, die Unverletzbarkeit des einzelstaatlichen Territoriums, die Freiheit von Handel und Verkehr,

---

[43] Karl Christian Friedrich Krause, Entwurf eines europäischen Staatenbundes als Basis des allgemeinen Friedens und als rechtliches Mittel gegen jeden Angriff wider die innere und äußere Freiheit Europas, Erlangen 1814, neu herausgegeben von Hans Reichel, Leipzig 1920.

[44] Vgl. hierzu Klaus-M. Kodalle, Karl Christian Friedrich Krause, in: Biographisch-Bibliographisches Kirchenlexikon, IV, 1992, Sp. 624–631. Artikel auch zugänglich über http://www.bautz.de/bbkl (20.10.2006).

[45] Krause, Europäischer Staatenbund (wie Anm. 43), Ausgabe 1920, S. 20.

ein von den Mitgliedsstaaten beschickter und eingesetzter Bundesrat, ein „Völkergericht" sowie das Recht über Krieg und Frieden, das allein beim Gesamtbund liegen solle. Aufgrund der staatenbündischen Struktur, die Europa als Rechtsgemeinschaft erhalten sollte, sah Krause zwei Hauptinstitutionen vor, einen Bundesrat und ein Bundesgericht. Im Bundesrat, in dem jeder Staat eine Stimme haben sollte, durften Entscheidungen nur nach dem Einstimmigkeitsprinzip gefällt werden, ein Zugeständnis an die neu erworbene oder wiederhergestellte Souveränität der großen, mittleren und kleinen europäischen Staaten. Wegen seiner Erfahrung mit föderativen Formen von Staatlichkeit sollte Deutschland vorangehen und einen als Trias organisierten Bund bilden. Das östliche Teilreich sollte unter der Führung des Kaisers von Österreich stehen. Der König von Preußen sollte den nördlichen Teil führen. Das südliche Teilreich sollte durch die Vereinigung der übrigen deutschen Fürsten gebildet werden: „Wenn diese drei deutschen Staaten", so Krause, „nach denselben Grundsätzen, welche hier für den europäischen Staatenbund aufgestellt werden sollen, sich in Einen freien deutschen Staatenbund vereinen, und so vereint dem europäischen Staatenbunde anschließen, so wäre dem deutschen Volk seine Selbständigkeit als Eines Ganzen, und zugleich die Eigenthümlichkeit aller seiner Stämme und Theilstaaten in Glauben, Leben und bürgerlichen Gesetzen, durch innere Krafteinheit gesichert".[46]

Deutschland sollte also Vorbild für Europa werden. Ein europäischer Staatenbund könne sich später zu einem Weltbund, einem „Weltrechtsbund", fortentwickeln: „Sollte auch ein asiatischer, afrikanischer, amerikanischer Staatenbund, und noch mehr der Erdstaat der ganzen Menschheit ein unausführbarer Traum seyn, so wären deshalb die europäischen Staaten um desto mehr verpflichtet, unter sich einen Staatenbund zu schliessen, um wenigstens unter sich selbst einen sichern Rechtszustand zu haben, und allen andern Völkern der Erde in dieser Vereinigung kraftvoll zu widerstehen, – Die Verpflichtung zu einem europäischen Staatenbunde und die Ausführbarkeit desselben beruht nicht auf höheren Verhältnissen zu aussereuropäischen Völkern, nicht auf der Ausführbarkeit eines allgemeinen Erdstaats, sondern auf dem eigenen Rechte der europäischen Völker selbst und auf der Cultur, die sie sich errungen haben".[47]

4. Schlussbetrachtung

Mit gewissem Recht ist rückblickend kommentierend mit Blick auf Kant und dem in seiner Tradition stehenden Krause festgestellt worden, dass sich am Ende der Kriege der Revolution und Napoleons nicht der Idealismus eines Immanuel Kant, eines Jakob Friedrich Fries oder eines Karl Christian Krause durchgesetzt habe, sondern die Staatsraison eines Castelereagh, Metternich und Talleyrand. Allerdings war die Ordnung von 1815 für Europa und Deutschland aus einer europäischen Perspektive betrachtet besser und differenzierter als sie die am Ideal des Nationalstaates orientierte Geschichtsschreibung gemacht hat.[48] So wurde der 1815 auf dem Wiener Kongress geschaffene Deutsche Bund als Band für die deutsche Nation zum „Schlussstein" für

---

[46] Ebd., S. 10.
[47] Ebd., S. 11 f.
[48] Vgl. hierzu Wolf D. Gruner, Die deutsche Frage in Europa 1800–1990, München / Zürich 1993, S. 103 ff.

Europa. Auch von den Zeitgenossen wurde der Deutsche Bund als „Friedensstaat" von Europa gesehen und bewertet. Aufgrund seiner bündischen Struktur erlaubte er die Verbindung von in ihren Modernisierungsstadien höchst unterschiedlichen Staaten, die sich auch in Größe und historischen Traditionen unterschieden, in einem Staatenbund mit bundesstaatlichen Elementen. Er vermochte den deutschen Staaten und den Bürgern dieser Staaten Sicherheit nach innen und außen zu geben. Gleichzeitig war ihm in der Wiener Ordnung, wie dies in der Präambel zur Bundesakte von 1815 ausgedrückt ist, als einer europäischen Institution die Aufgabe der Sicherung und Bewahrung des europäischen Gleichgewichtes zugewiesen. Aufgrund seiner weitgehend staatenbündischen Tradition wurde er in den Diskussionen über eine europäische Einigung auf föderativer Grundlage neben den USA immer wieder als nachahmenswertes Modell für eine Europäische Föderation angesehen.

So legte im Jahre 1821 der in Deutschland geborene Staatsrat und Direktor der dänischen Reichsbank, Conrad Friedrich von Schmidt-Phiseldek, eine Schrift „Der Europäische Bund" vor, in der er anregte, zur Verbesserung des allgemeinen Zustandes in Europa nach den verheerenden Kriegen seit 1792 einen europäischen Staatenbund zu gründen.[49] Die europäischen Staaten hätten die gleichen Interessen und eine gemeinsame Kultur, die geschützt werden müsse. Schmidt-Phiseldek schlug daher vor, dass die europäischen Staaten sich nach dem Vorbild des Deutschen Bundes oder der Nordamerikanischen Freistaaten (USA) zusammenschließen sollten. Mitglieder des Bundes konnten nur souveräne Staaten werden. Die Organe des Bundes sollten mit ähnlichen Kompetenzen wie die des Deutschen Bundes ausgestattet werden. Allerdings sah Schmidt-Phiseldek auch ein Bundesgericht vor, das von den Mitgliedsstaaten und den Bürgern angerufen werden konnte und dessen Entscheidungen absolut zu befolgen sein würden. Durch den vorgeschlagenen Zusammenschluss könnten die europäischen Staaten auch mit geeigneten gemeinsamen Mitteln gegen Gefahren vorgehen, die sich aus dem Aufstieg der Staaten in der neuen Welt ergeben könnten. Europa müsse als „Welttheil" auf föderativer Grundlage vereint werden. Europa würde dann als Gesamtmacht auftreten können „und nicht mehr getheilt Britannien oder Spanien und Frankreich und Niederland". In seiner bereits 1820 erschienenen Schrift „Europa und Amerika" plädierte er noch nicht für eine gemeinsame Institution für Europa, sondern forderte, dass Europa „sich endlich als ein Staten-Ganzes begreife, welches, wenn auch nicht faktisch unter einer Centralregierung verbunden, dennoch nach der Idee eines, durch Rechtsbegriffe, und gemeinschaftliches Interesse nach aussen hin, constituirten Gemeinwesens sich selbst regierend, den natürlichen Grundgesetzen jedes organischen Vereines durch die Macht aller Uebrigen gegen jede Verletzung abseiten Einzelner Kraft und Nachdruck gebe".[50]

Eine europäische Vereinigung, einen Staatenbund oder eine Europäische Föderation zu schaffen, um vereint und gestärkt gegen außereuropäische Mächte auftreten zu können, kehrt im Verlauf des 19. Jahrhunderts und verstärkt im Vorfeld des Ersten Weltkrieges als Motiv für eine europäische Einigung immer wieder und reicht über

---

[49] Conrad Friedrich von Schmidt-Phiseldek, Der Europäische Bund, Kopenhagen 1821.
[50] Conrad Friedrich von Schmidt-Phiseldek, Europa und Amerika oder die zukünftigen Verhältnisse der civilisirten Welt, Kopenhagen 1820, S. 125.

die Forderung, Europa als „dritte Kraft" zu etablieren, bis in die Diskussionen der ersten Jahre nach dem Zweiten Weltkrieg und in die unmittelbare Gegenwart hinein.

Kant, Gentz und Krause haben unterschiedliche Langzeitwirkung für unsere Gegenwart besessen. Während die Überlegungen Kants zu einem Völkerbund und einer Föderation der Völker nachhaltigen Einfluss auf das kritische Europadenken des 19. Jahrhunderts hatten und das Prinzip der Verfasstheit, der Rechtsstaatlichkeit und der Partizipation des Einzelnen am politischen Prozess zu Grundelementen für die Mitgliedschaft in europäischen übernationalen Organisationen wurde, sind die Ideen des Exponenten des deutschen Idealismus, Krause, erst Ende des 19. Jahrhunderts wiederentdeckt worden – dies zeigt auch die Tatsache, dass seine philosophischen Schriften neu und ergänzt herausgegeben wurden – und wurden vor allem im spanischen Sprachraum in der Form des „Krausismo" rezipiert. Seine Schriften über den Europäischen Bund oder über den Menschheitsbund wurden lange Zeit vergessen und in ihrer Bedeutung nicht erkannt. Sie müssen erst wieder „ausgegraben" und in den gesamteuropäischen Kontext eingebunden werden. Die multipolaren Gleichgewichtsideen des Mitarbeiters Metternichs und britischen Spions Friedrich von Gentz werden erst heute wieder durch ein neues Verständnis von internationalen Beziehungen gewürdigt. Das 1814/15 geschaffene multipolare internationale System war durch einen „systemic change" gekennzeichnet und nicht statisch.

Gerhard Rechter

Das Rittergut Rügland und die Einquartierung
französischer Truppen 1806

Das Jahr 1806 begann mit der radikalen Umgestaltung der politischen Landkarte Frankens, als nämlich zum 1. Februar das im Reichsdeputationshauptschluss des Jahres 1803 Kurpfalzbayern zugesprochene Hochstift Würzburg dem österreichischen Baron von Hügel für Erzherzog Ferdinand von Toskana als neuem Landesherrn übergeben wurde.[1] Zugleich aber wurde das seit dem 1. Januar 1792 unter preußischer Oberhoheit stehende alte Stammland der Zollern, das Fürstentum Brandenburg-Ansbach, mehr und mehr aus seinem alten Herrschaftsverbund herausgelöst und zu den sich neu formierenden bayerischen Landen geschlagen. Die Ratifizierung des Pariser Vertrags am 25. Februar durch König Friedrich Wilhelm wie am 6. März 1806 durch Napoleon zurrte die Verhältnisse fest und brachte ersterem Hannover, dem Königreich Bayern aber das Fürstentum Ansbach. Dagegen konnte das Fürstentum Bayreuth noch bei Preußen erhalten werden.

Der französische Kommandeur Marschall Bernadotte hatte schon am 23. Februar 1806 mit drei Korps in einer Stärke von 42.000 Mann von Oettingen her die Grenze überschritten und war einen Tag später in Ansbach eingezogen. Dort ging nach der Erinnerung des preußischen Kriegskommissärs Karl Heinrich Lang „die Ueberraschung und Verwirrung im ersten Augenblicke, wo alles den Kopf verloren zu haben schien, […] in das Unbeschreibliche. Man mußte in den ersten Tagen das Einquartierungs- und Verpflegungsgeschäft erst von den Franzosen selber lernen. Um die Wirthschaft noch toller zu machen, wurden von Seiten der preußischen Regierung alle Diener zur Erklärung aufgefordert, ob sie in baierische Dienste übergehen oder mit nach Preußen gehen wollten."[2] Die geordnete und disziplinierte Übernahme durch das französische Militär war noch vor der endgültigen Ratifizierung des Schönbrunner Vertrags erfolgt und hatte allen den Erfolg bayerischer Politik vor Augen geführt. Dies galt gleichermaßen für die reichsrechtlich kaum haltbare Okkupation der im Ansbachischen angesiedelten Rittergüter oder gar die als glatten Rechtsbruch anzusehende Besetzung von Deutschordensgebiet wie der Kommende Virnsberg;[3] es machte den Zeitgenossen deutlich, dass Franken erst am Anfang der Veränderungen seiner politischen Landkarte stand. München drängte darauf, die dringend benötigten Ressourcen in die Hand zu

---

[1] Dazu auch jüngst Gerhard Rechter / Andreas Jakob, Der Übergang der Fürstentümer Brandenburg-Ansbach und Brandenburg-Bayreuth an das Königreich Bayern, in: Vom Adler zum Löwen. Die Region Nürnberg wird bayerisch 1775–1835 (Ausstellungskatalog des Stadtarchivs Nürnberg 17), Nürnberg 2006, S. 261–279.

[2] Memoiren des Karl Heinrich Ritter von Lang, Skizzen aus meinem Leben und Wirken, meinen Reisen und meiner Zeit, Braunschweig 1842, unveränderter Nachdruck Bibliotheca Franconica 10, Erlangen 1984, S. 67. Die (wenigen) Beamten, die sich für Preußen entschieden, sollten auf Grund der preußischen Neutralität von den Quartierlasten ausgenommen werden; eine Idee, die Lang den ihm missliebigen preußischen Geheimen Legationsrat Karl Ferdinand Friedrich Nagler in die Schuhe schob.

[3] Dazu auch Hanns Hubert Hofmann (Bearb.), Franken seit dem Ende des Alten Reiches (Historischer Atlas von Bayern, Teil Franken, Reihe II, Heft 2), München 1955, passim; zum Adel s. ders., Adelige Herrschaft und souveräner Staat. Studien über Staat und Gesellschaft in Franken und Bayern im 18. und 19. Jahrhundert (Studien zur bayerischen Verfassungs- und Sozialgeschichte II), München 1962, S. 187–209 (zur preußischen Revindikation) und S. 211–256 (Übergang an Bayern).

bekommen und das ehemalige Fürstentum vertragsgemäß aus der Hand eines französischen Kommissars zu empfangen. Seit dem 20. März 1806 weilte der Chef der bayerischen Verwaltung in Franken, der Generallandeskommissär Graf Friedrich von Thürheim,[4] in Ansbach, um die bereits formal am 11. des Monats vollzogene Übergabe voranzubringen.

Am 24. Mai 1806 überwies Nagler dann das Fürstentum Ansbach an Bayern und Thürheim nahm es am 27. Mai in Besitz. Zu dieser Zeit lagen freilich immer noch mehr als 40.000 Mann französisches Militär im Land, deren Unterhalt täglich 47.000 fl. beanspruchte. Ein kleiner Teil dieser Truppen war dabei in die nur wenige Wegstunden nördlich von Ansbach gelegenen Orte Rügland und Rosenberg gelegt worden, was für deren Einwohner eine neue Erfahrung sein musste. Zwar hatten die beiden Dörfer bereits in der Vergangenheit ihren Beitrag zu den von Fränkischem Kreis und Reichsritterschaft ausgeschriebenen „Marschquartieren" zu leisten, doch länger dauernde Kantonements waren seit dem Dreißigjährigen Krieg nicht mehr vorgekommen.[5]

Die Siedlung Rosenberg war durch Herausziehung ökonomisch kaum stabiler kleinstbäuerlicher und -gewerblicher Betriebe aus dem herrschaftlichen Gutshof entstanden. Meier- und Schafhof waren nichts anderes als der alte Bauhof der wohl noch der staufischen Epoche entstammenden Höhenburg Rosenberg, die vielleicht in Zusammenhang mit dem Ersten Städtekrieg 1388/90 wüst gefallen und durch die 1298 erstmals belegte Wasserburg in Rügland quasi ersetzt worden ist.[6] Am 20. April 1584 veräußerte Hans von Vestenberg das Gut Rügland mit 86 Untertanen um 28.000 fl. und 300 fl. Leihkauf an Friedrich und Ernst von Crailsheim, deren aus hohenlohischer Ministerialität stammende Familie sich seit Beginn des 16. Jahrhunderts von ihren Sitzen Hornberg und Morstein aus mit Käufen in Stübach und Walsdorf sich im heutigen bayerischen Franken niederzulassen begann.[7]

Seit Beginn des 18. Jahrhunderts war mit den Stiftungen des Kraft Hannibal von Crailsheim, der Neuhaus-Walsdorfischen Stiftungen (1702) und dem Kraft Hannibal-von-Crailsheimischen Familienfideikommiss (1705) innerhalb der Familie der Individualbesitz freilich weitgehend zugunsten der Familiengemeinschaft zurückgedrängt und somit von der persönlichen Tüchtigkeit eines jeweiligen Gutseignes unabhängig

---

[4] Walter Schärl, Die Zusammensetzung der bayerischen Beamtenschaft von 1806 bis 1918 (Münchener Historische Studien. Abt. Bayerische Geschichte 1), Kallmünz/Opf. 1955, S. 115.

[5] Eva Wedel, Das Rittergut Rügland – Der Dreißigjährige Krieg und seine Folgen, in: Jahrbuch des Historischen Vereins für Mittelfranken 94, 1988/89, S. 1–40; Gerhard Rechter, Das Land zwischen Aisch und Rezat. Die Kommende Virnsberg Deutschen Ordens und die Rittergüter im oberen Zenngrund (Schriften des Zentralinstituts für fränkische Landeskunde und allgemeine Regionalforschung an der Universität Erlangen-Nürnberg 20), Neustadt a.d. Aisch 1981, passim.

[6] Die entwicklungsgeschichtliche Trennung von Ort und Wasserburg Rügland wird nicht zuletzt daran deutlich, dass für letztere durch Georg Friedrich v. Crailsheim erst 1666 mit dem Tausch des ehemals aus zwei Anwesen bestehenden heilsbronnischen Hofes vom Amt Neuhof gegen Güter in Hainklingen und Andorf ein Wirtschaftshof gewonnen werden konnte (Staatsarchiv Nürnberg (künftig: StAN), Fürstentum Ansbach, Kloster Heilsbronn, Tit. XIX Nr. 40). Möglicherweise ist die Entstehung der Tal- und Wasserburg Rügland aber auch ein Ergebnis interner Vorgänge in der Familie Vestenberg; vgl. Rechter, Land (wie Anm. 5), S. 168–171.

[7] Vgl. dazu ders., Die Freiherrlich von Crailsheimischen Archive im Staatsarchiv Nürnberg, in: Mitteilungen für die Archivpflege in Bayern 31, 1989, S. 9–24, ders., Zur Familie und ihren Besitzungen, in: ders. (Bearb.), Die Archive der Familienstiftung von Crailsheim. Familienkonsulentie und Zentralarchiv Rügland. Aktenbände und Akten (Bayerische Archivinventare 55), München 2007 (im Druck).

gemacht worden.⁸ Vor allem wohl deshalb kann das Gut Rügland mit seinen, freilich als Kleinstgütler und Gewerbetreibende selbst zumeist in prekärer ökonomischer Situation stehenden 187 Holden und seinen jährlich mehr als 10.000 fl. an (Brutto-)Einnahmen als durchaus florierender Wirtschaftsbetrieb gesehen werden.⁹ Besitzschwerpunkte waren dabei Lindach mit 14 Anwesen, Rosenberg mit 13 aus dem Bauhof gezogenen Anwesen, dem Hirtenhaus sowie herrschaftlicher Meierei und Schäferei, und der Pfarrort Rügland mit fast sechzig, zum Teil erst seit den 1790er Jahren errichteten Anwesen.¹⁰

In den „Zentralorten" Rügland und Rosenberg kamen große Höfe nicht vor. Die Holden ernährten sich als Schmied (Hausnr. 49), Beck (Hausnr. 52 und 54), Schreiner, Zimmerleute, Maurer, Büttner, Färber¹¹, Gerber¹², Weber, Schuster, Taglöhner etc. in Zuerwerb von wenigen Tagwerk Land. Zwei Wirte (Hausnr. 31 und 51), davon einer mit Braurecht, in Rügland¹³ sowie zwei Müller, auf der Oberen und auf der Pils- oder Pelzmühle, gehören neben dem Besitzer der 1776 privatisierten, ehemals herrschaftlichen Ziegelhütte (Hausnr. 28), drei Gutsinhabern (Hausnr. 10: Adam Gruber, Hausnr. 53: Joh. Georg Ruffershöfer, Hausnr. 55: Georg Leonh. Popp, Hausnr. 56: Georg Adam Madinger) zur wirtschaftlich besser situierten Schicht. Hinzu traten herrschaftliche Bedienstete wie der Lohnkutscher Peter Preiß, der 1790 auf einen überlassenen Bauplatz Hausnr. 27 errichtete, oder sein Nachfolger Joh. Georg Bayerlein (erbaute 1805 Hausnr. 60) sowie der Amtsbote Joh. Jakob Blank, der 1799 Hausnr. 59 errichtete. Hier gilt es abschließend anzumerken, dass die 1761 erfolgte Verlegung der in Rügland verbliebenen Registratur des Kantons Altmühl nach Wilhermsdorf sowie die Konzentration der crailsheimischen Zentralverwaltung auf den Residenz- beziehungsweise dann Regierungsort Ansbach mit dem Wegzug der Konsulenten einen Abzug von Kaufkraft gebracht hat.

Die wirtschaftliche Situation verschlechterte sich seit 1795 durch das Vorgehen Hardenbergs gegen die Reichsritterschaft, weil mit der Okkupation landeshoheitlicher Rechte im Steuer- und Abgabebereich Einnahmen, wie etwa bei den Gerichtsgeldern, wegfielen. Andererseits brachten die Schwingen des preußischen Adlers in ihrem Schatten mit dem Frieden von Basel auch wohltuende Neutralität.¹⁴ Aber obwohl in den Rügländer Gutsrechnungen¹⁵ von Kontributionen und Kriegskosten (noch) nicht die Rede war – ohne Opfer ging es auch schon 1795 nicht. Hierher gehörten auch die kaiserlichen Ansprüche, dabei aber weniger die Karitativsteuern als vielmehr die der

---

⁸ Vgl. ebd., S. XVI.

⁹ Vgl. StAN, Archive der Familienstiftung von Crailsheim (Depot), Familienkonsulentie und Zentralarchiv Rügland (künftig: StAN, Archiv Rügland), Rechnungen, Amtsrechnungen Rügland, Nr. 121 (1790/91), wobei die Einnahmen im Wesentlichen aus dem Getreideverkauf, verpachteten Gütern und Handlohn stammten.

¹⁰ Angaben nach der in Arbeit befindlichen Häusergeschichte des Gutes Rügland des Verf., wobei die Vorarbeiten beim Ort Rügland selbst von Herrn Fritz Prägert, Rügland, weitergeführt werden. Rosenberg 1564 sechs Anwesen (vgl. Rechter, Land (wie Anm. 5), S. 243*). Rügland, Schloss: Hausnr. 39–42, hier auch der zum herrschaftlichen Bauhof umfunktionierte ehemals heilsbronnische Hof.

¹¹ Färberei Hausnr. 43; Einrichtung 1783.

¹² Hausnr. 35; 1795 von Joh. Friedrich Remshard eingerichtet.

¹³ Dazu Wirtsgut in Rosenberg, Hausnr. 2.

¹⁴ Rechter / Jakob (wie Anm.1), S. 266.

¹⁵ Ausgewertet wurden die Rechnungen von 1790/91 bis 1816/17; StAN, Archiv Rügland, Amtsrechnungen, Rügland, Nr. 121–147.

Reichsritterschaft auferlegten *Rekrutenlieferungen*. So hatten die fränkischen Kantone mit Ausschreiben vom 6. Juli 1795 Wien innerhalb von drei Monaten die Stellung von 503 Rekruten, allerdings ohne Montur und Gewehre, zugesichert, wovon der Kanton Altmühl 53 Mann zu übernehmen hatte.[16] Die an das Nationalgefühl der Untertanen appellierende Werbung versprach Freiwilligen ein Handgeld von einhundert und auch mehr Gulden; waren nach zwei Monaten nicht genügend Kandidaten vorhanden, so sollte unter den Untertanen gelost werden. Einzige Söhne mussten sich nicht an der Werbung beteiligen. „Denjenigen, welchen das Loos trifft, Soldat werden zu müssen, mögte alsdann zur Linderung des Zwangs gleichwohl ein Handgeld von funfzig Gulden zu verwilligen sein." Rügland hatte dabei vier Mann zu stellen, von denen einer *beweibt* sein durfte, und zur k.k. Werbestation Ellingen zu bringen.[17] Werbung war ein schwieriges Unterfangen und manches Gut wie das eybsche Eyerlohe oder das leonrodische Neudorf konnten trotz aller Bemühungen nur Fehlanzeige melden[18] und musste auf das Losverfahren zurückgreifen.

Belastend wirkten sich aber auch bloße Truppendurchmärsche aus, wie derjenige des preußischen Infanterie-Regiments von Graevenitz im Februar 1795, das „mit Inbegriff der Weiber und Kinder in 189 Köpfe" zählte und auf seinen Weg von Crailsheim nach Wunsiedel in der Marschstation Dietenhofen vom 28. Februar bis 2. März Nachtquartier bezog.[19] Hier musste die Station Haasgang, zu der auch Rügland und Rosenberg gehörten, hilfreich einspringen. Freilich blieb das Land am Oberlauf der Bibert in der Folgezeit von weiteren Belastungen, wie sie dem Gebiet „hinter der Feuchtlach" mit den Stationen Brodswinden, Burgoberbach, Steinbach und Weidenbach durch das *Hannoverische Armee Corps Bernadotte* im Oktober 1805 widerfuhren, erspart.[20]

Dies änderte sich am 25. Februar 1806, als ein Regimentsstab mit einer Kompanie, bestehend aus fünf Offizieren und 71 Mann, in Rügland Quartier nahm. Laut Tagesbefehl des Generalstabschefs Maison vom 26. des Monats aus dem Hauptquartier zu Ansbach standen jedem Gemeinen täglich 1 ½ lb gutes Brot, ½ lb Fleisch und Zugemüse sowie eine Flasche Bier oder eine halbe Flasche Wein zu – was als Entgegenkommen angesehen wurde, um die „Hülfsquellen des Landes" zu schonen –, wobei die Verpflegungskosten täglich mit einen Gulden rheinisch angesetzt wurden.[21] Die Reglements folgten dabei übrigens der von Graf Thürheim im Oktober 1805 für die Provinz Würzburg veröffentlichten „Instruction für UnterMarschCommissariate und

---

[16] StAN, Archiv Rügland, Akten, Neues Archiv (künftig: StAN, Archiv Rügland, N) 5007; die Bedingungen wurden mit Circular bekannt gemacht. So sollten die Rekruten gesund sein und kein Gebrechen haben, wenigstens fünf Schuh Kaiserliches Werbmaß messen, nicht unter sechzehn und nicht über vierzig Jahre alt und unverheiratet sein. Ebenso wenig durften preußische Deserteure noch welche der Reichsarmee geworben werden. Die Verpflichtung lief auf sechs Jahre.

[17] Sommersdorf und Thann hatten drei Mann, davon einen beweibten, zu stellen, wovon das Gut Obermögersheim zwei Neuntel der Kosten für einen zu tragen hatte; Neuhaus musste einen Soldaten bringen (ebd.).

[18] So schrieb der Neudorfer Amtmann Karl Sigmund Wilhelm Abt unterm 30.9.1795, er wolle einen verabschiedeten holländischen Jäger namens Frank, der sich in Neuhof aufhalte, stellen. Dies blieb ebenso erfolglos wie der Versuch des Guts Trautskirchen, den Adam Sekl aus Straubing freiwillig zur Waffe zu bringen.

[19] StAN, Archiv Rügland, N 5004.

[20] Gesamtkosten in Höhe von 16.439 fl. 24 kr 3 d, von denen der Staat bis Ende 1811 6.290 fl. 57 kr entschädigt hatte (StAN, Regierung von Mittelfranken, Kammer des Innern, Abg. 1900, Nr. 303d).

[21] StAN, Archiv Rügland, N 5017.

OrtsVorsteher",²² die bei der Kriegslasten-Verteilung unter anderem festlegte, dass die „Beyträge der Gemeindsmitglieder zu den Kriegslasten der Gemeinde [...] sich nach den jeden Orts eingeführten Concurrenzen zu den Gemeindslasten überhaupt [regulieren]" und ausdrücklich in § 29 die Heranziehung bislang befreiter Grundbesitzer oder nicht Gemeindeberechtigter nach ihren Möglichkeiten forderte.²³ Grundsätzlich richtete sich die Belastung nach den landwirtschaftlichen Flächen sowie nach den ausgeübten Gewerben, wobei verschiedene Schlüsselzahlen galten.²⁴ Daraus ergaben sich allein für Rügland bei einer möglichen Quartierlast von 35 ½ Mann (oder 35 ½ fl.) je Morgen bei 242? Morgen eine rechnerische Belastung von 8.617 Mann (beziehungsweise fl.),²⁵ für die gesamte Marschstation Haasgang immerhin von 46.817 fl. 2 d.

Am 1. März schrieb Franz von Crailsheim²⁶ nach Rügland: „Morgens wird der Herr Obrist mit seiner Gemahlin und, wie ich höre, einem ziemlichen Gefolge von Domestiquen ankommen."²⁷ Für die Offiziere galten natürlich andere Sätze als für die Gemeinen – wie die Abrechnung für die Zeit vom 1. bis 24. März zeigt, die an Ausgaben nennt für Spezerei-Waren 138 fl. 47 kr., für Eier, Butter, Schmalz 63 fl. 16 kr., für Wein, Bier und Branntwein 184 fl. 24 kr., für Fleisch und Geflügel 106 fl. 9 kr. und für Sonstiges 351 fl. 41 kr.²⁸

Allein in einem Monat fielen also 842 fl. 17 kr. allein an Verpflegung an – was verständlich wird, wenn wir einen Blick auf die Speisekarte vom Samstag, den 22. März werfen, wo am Mittag aufgetragen wurde: (1.) Nudelsuppe mit Kalbsbriesen, (2.) Rindfleisch mit Senf, (3.) Ochsenzunge mit einer süßen Weinsauce, (4.) Kalbsfüße mit einer Buttersauce, (5.) Kalbskarminate mit Eiern gebacken, (6.) ein Kalbskopf, (7.) Blauer Kohl mit kleinen Erdbirnen, (8.) zwei Fische, mit Eiern gebacken, (9.) zwei Rehschlegel, (10.) Drei Tauben, ein Ragout mit Butter und Zwiebel, (11.) einen abgerührten Kugelhupf, (12.) Gekochte Zwetschgen mit Zucker und Wein und (13.) Salat. Da half es auch nicht, wenn Montags (24. März) der Mittagstisch etwas einfacher ausfiel: (1.) Eine Specksuppe mit Erbsen, (2.) 4½ lb Rindfleisch mit Senf, (3.) Sechs Kalbsfüße mit Buttersauce, (4.) Zwei gebratene Fische mit Zwiebelsauce, (5.) Kalbskarminate mit Eier gebacken, (6.) Sauerkraut mit 1 Pfund *dürren* Fleisch, (7.) Ein Rehbraten vom Sonntag und (8.) eine *Coffeecreme* von 5 Eiern. Montagabends wurden noch gereicht: (1.) Milchsuppe mit Zucker, (2.) eingemachtes Wildpret, (3.)

---

²² Regierungsblatt für die Churpfalzbayerischen Fürstenthümer in Franken 47–49, Würzburg 1805, S. 329 f., 341–344 und 350–359.
²³ Ebd., S. 351 (§ 28).
²⁴ Haus mit Gemeinderecht (ebenso mit Gewerbe Wirt, Brauer, Müller oder Gerber) steht für 4 Morgen (Mg), mit halbem Gemeinderecht für 2 Mg, ohne Gemeinderecht für ½–1 Mg, Haus mit Färberecht steht für 3 Mg, Beck, Metzger und Handelsmann stehen für 2 Mg (StAN, Archiv Rügland, N 5030). Über die Kriegslasten war im übrigen eine Spezialrechnung anzulegen.
²⁵ Ebd. Die Marschstation wurde mit 31½ Kriegshöfen angeschlagen, wobei auf Rügland und Lindach (incl. der gutsherrschaftlichen Besitzungen) 6 5/6 Kriegshöfe, auf die Pachthöfe Rosenberg und Ebenhof vier und auf den Ort Rosenberg 2 Drittel eines Kriegshofes entfielen. Ein Kriegshof entsprach also einem „Wert" von 1.486 fl. 15 kr 1 d (ebd., N 5030).
²⁶ Sigmund v. Crailsheim, Die Reichsfreiherren v. Crailsheim, 2 Bde., München 1905, hier Bd. II, S. 301 f.; zur von ihm 1804 begründeten Arbeits- und Industrieschule in Rügland s. StAN, Archiv Rügland, N 2707.
²⁷ Ebd., N 5029.
²⁸ Ebd., N 5018 und 5020.

ein *Allatri* von 12 Eiern mit Butter, (4.) roh geröstete Erdbirn und (5.) 1½ Maß Zwetschgen mit Zucker und Wein.[29]

Der Unterhalt für den Obristen Audier, dem Nachfolger Marcoux', wurde mit 15 fl. je Tag, derjenige seiner Frau und Tochter mit 10 fl. pro Tag angeschlagen, derjenige des *Grosmajors* Pineaud ebenfalls mit 10 fl. pro Tag, der des Offizieres Desplanques mit 4 fl. pro Tag und derjenige zweier Bediensteter mit zusammen 2 fl. pro Tag, was immerhin Kosten in Höhe von 41 fl. für einen Tag ausmachte.[30]

Am 21. März meldete der Amtmann Johann Georg Vetter dem Gutsherrn Franz von Crailsheim, dass an Fourage nichts mehr zu haben sei und er sich an den Distriktsvorsteher gewandt habe; dieser schrieb, dass die Versorgung der Pferde mit Hafer und Heu nur noch aus größeren Magazinen erfolgen könne.[31] Seit dem 25. März waren in Rügland einquartiert der *Obrist Lieutenant* Marcoux, sechs Offiziere, 71 Unteroffiziere und Gemeine, 9 Pferde. Am folgenden Tag zogen etliche Offiziere ab und es rückte der Stab des 8. Grenadier-Regiments ein unter dem Obristen Audier (mit Ehefrau, einem Koch und zwei *Domestiquen*), sechs Offizieren, davon einer mit Ehefrau und einer Tochter, 80 Unteroffizieren und Gemeinen sowie 17 Pferden. In Rosenberg lagen 45 Gemeine und zwei Pferde, in Lindach ein Offizier, 46 Mann, Unteroffiziere und Gemeine mit einem Pferd. Damit waren die Bitten der Gutsverwaltung beim Kriegsdirektorium in Ansbach um Minderung der Quartierlast erfolglos geblieben. Zwar war der Obrist *menschenfreundlich* und die Bediensteten bescheiden, doch waren bei einer Tafel von sechs bis acht Personen, die alle ausreichend Wein haben wollten, die Vorräte schnell zu Ende – und die ständige Sorge des Amtmanns um den herrschaftlichen Weinkeller durchaus verständlich. Da war es auch wenig tröstlich, dass das Kammeramt Ansbach nach längerem Hin und Her am 12. Oktober 1807 für den verbrauchten Wein 32 fl. 39 kr. 1 d an Umgeldnachlass als Entschädigung bewilligte.[32]

Im April hatte sich die Versorgungslage weiter verschlechtert, und am 6. Mai 1806 berichtete Vetter, in ganz Rügland gebe es nur noch 60 Zentner Heu und 4.000 lb oder 4½ Schober Stroh, was schon nicht mehr zur Versorgung von 64 Stück in der Gemeinde vorhandenen Viehs, 13 herrschaftlichen *Rindvichern* und 13 Pferden ausreichte. Das Getreidemagazin in Ansbach musste einspringen.[33] Im Juli hatte das Gut Rügland wöchentlich 22 Metzen Hafer, 44 Bund Heu á 15 lb, 44 Bund Stroh á 6 lb zu liefern, was bis zur Einstellung am 24. November 8 Sümmer 9½ Metzen Hafer im Wert von 300 fl. 46 kr. 3 d sowie von Heu im Wert von 171 fl. 30 kr. und Stroh für 72 fl. 30 kr., mithin also allein an Fourage 554 fl. 46 kr. 3 d ausmachte. Rosenberg hatte in dieser Zeit, nach Aufstellung vom 29. November 1808, Fourage für 506 fl. 42 kr. 2 d und für Unterhalt von Mannschaft 2.342 fl. 58 kr. zu erbringen. Dabei war man noch besser weggekommen als das Gut Poppenbach, das neben den üblichen Kontributionsleistungen 1808 zur vom besetzten Fürstentum Bayreuth geforderten französischen

---

[29] Ebd.
[30] Ebd., N 5038; die Gesamtausgaben für den einquartierten Stab beliefen sich nach ebd., N 5030, auf 2.563 fl.
[31] Ebd., N 5017.
[32] Ebd., N 5020.
[33] Ebd., N 5017.

Kontribution in Höhe von 91.164 fl. noch 1.367 fl. 24 kr., das Zwölffache des Steueranschlags von 113 fl. 57 kr., zu leisten hatte.[34]

Hinzu kam eine gesteigerte Anspruchshaltung der Besatzer, so forderte ein neu ankommender Offizier von Ringer mit „Peitschenhieben" und „mit den größten Brutalitäten" für sich das „Staatszimer" im Rügländer Schloss und Räumlichkeiten für seine Bediensteten. Dies hätte bedeutet, dass für die Herrschaft überhaupt kein Wohnraum mehr geblieben wäre. Belastet wurden auch die herrschaftlichen Bediensteten, so kam die Köchin Christiane nur selten aus der Küche, musste sie doch bis 11 Uhr abends in Bereitschaft stehen. Zwar konnte auch die Viehmagd Dorothea kochen, doch war diese mit der Versorgung ihrer Tiere mehr als ausgelastet.[35]

Der Obrist war mit unbekanntem Ziel am 5. April 1806 abgereist. Endlich, am 29. September, nach 216 Tagen, hatten wohl alle Truppen auf Grund der sich wandelnden Ereignisse mit dem Kriegseintritt Preußens, der für dieses in die Katastrophe der Doppelschlacht bei Jena und Auerstädt im Oktober 1806 mündete, das von Bayern übernommene Fürstentum Ansbach und damit auch Rügland verlassen. Damit konnte – auch in Hinblick auf die zu erwartende staatliche Entschädigung – Bilanz gezogen werden.

Schnell wurde deutlich, dass die Herrn Offiziers wesentlich zu den Kosten der Herrschaft in Höhe von 8.549 fl. beigetragen haben. Insgesamt beliefen sich die Kosten für oft nur wenige Tage, im Falle Audiers aber 41 Tage dauernde Einquartierung in Rügland auf 3.903 fl. 24 kr. an Verpflegung, zu denen noch Fuhrkosten in Höhe von 83 fl. 57 kr. traten.[36] Eingerechnet muss noch der Wert der nach Haasgang gelieferten beziehungsweise der von den Magazinen bezogenen Fourage von 247 fl. 30 kr. beziehungsweise 217 fl. 28 kr. 2 d werden, was Gesamtkosten für die Rügländer „Stationshöfe" in Höhe von 4.452 fl. 19 kr. 2 d ergab.[37] Persönlich trugen dabei der Ritterhauptmann Ernst Ludwig[38] und Franz von Crailsheim 557 fl. beziehungsweise 500 fl.[39]

Rosenberg musste mit 1.398 fl. 56 kr. 2 d und der Ebenhof mit 912 fl. 47 kr. 2 d bluten, was eine Gesamtsumme von März bis Juli 1806 von 6.734 fl. 3 kr. 2 d ergab.[40] Von Juli bis Ende November 1806 hatte Rosenberg dann Fourage im Wert von 506 fl. 42 kr. 2 d zu liefern und, nach genauer Aufstellung vom 29. November 1808, allein für die *Mannschaft* 2.342 fl. 58 kr. aufgebracht, wobei alle, wie nachstehende Aufstellung zeigt, deutlich mehr als ihr „Soll" geleistet hatten.[41] Damit beliefen sich die Gesamtkosten allein für Rosenberg auf 4.248 fl. 38 kr. Auch wenn diese Quartierkosten in den nächsten Jahren den Einwohnern vom Staat erstattet würden, so mussten sie zunächst geleistet und vorfinanziert werden. Dazu galt es zunächst einen innerörtlichen „Lastenausgleich" zu finden, da die meisten Gemeindeglieder weitaus mehr geleistet hatten, als es der Anschlag für sie vorgesehen hatte. So war der mit der Herrschaft wegen der Quartierkosten streitende Meiereipächter Johann Georg Reichel eben-

[34] Ebd., N 5027.
[35] Ebd., N 5029.
[36] Ebd., N 5038.
[37] Ebd.
[38] v. Crailsheim II (wie Anm. 26), S. 329.
[39] Ebd. und StAN, Archiv Rügland, N 5020.
[40] StAN, Archiv Rügland, N 5038.
[41] Ebd., N 5028. Für Rügland gestattet die Quellenlage allein eine Angabe zur Fourage, deren Wert mit 554 fl. 46 kr 3 d angeschlagen wurde. Zur besonderen Problematik beim crailsheimischen Pachthof in Rügland s. unten.

so noch im Rückstand wie die Häusler Fischer und Weißkopf und die in Rügland wohnenden Inhaber von Feldlehen, die mit ihren Anwesen dort veranlagt worden waren.

Anschlag der durch die Kaiserlich-Französische Standquartiere im Jahre 1806 durch Mannschaftshaltung im Orte Rosenberg erwachsenen Kosten:[42]

Besitzer	Morgen (Anschlag)	Trifft den Besitzer an Mannschaften		Hat gehalten		Bekommt heraus		Hat heraus zu zahlen	
		fl.	kr.	fl.	kr.	fl.	kr.	fl.	kr.
Joh. Michael Maidinger Haus, Hausnr. 1	1¼	11	7½	55	46	44	38½	–	–
Joh. Jakob Wünnerlein Wirtsgut, Hausnr. 2	12	106	48	244	14½	137	26½	–	–
Michael Körner Gütlein, Hausnr. 3	11¾	104	34½	172	14½	67	40	–	–
Joh. Seeger Haus, Hausnr. 4	1¹/₁₆	9	27?	56	46	47	18?	–	–
Joh. Enser Gütlein, Hausnr. 5	1¹/₁₆	9	27?	68	46	59	18?	–	–
Vitus Schramm Haus, Hausnr. 6ab	7	62	18	133	14½	70	56½	–	–
Adam Konrad Hahn Haus, Hausnr. 7	6½	57	51	179	14½	121	23½	–	–
Simon Dürr Haus, Hausnr. 8	1?	10	¾	75	46	65	45¼	–	–
Joh. Michael Röthlingshöfer Haus, Hausnr. 10	2?	18	54¾	63	46	44	51¼	–	–
Pachthof Hausnr. 11 und 14	195¼	1.737	43½	926	41½	–	–	811	2
Joh. Förster Köblergut, Hausnr. 12	6½	57	51	164	14½	106	23	–	–
Joh. Gottlieb Preiß Haus, Hausnr. 13	10½	93	27	196	14½	102	47½	–	–
Benedikt Fischer Haus, Hausnr. 15	1¼	11	7½	6	–	–	–	5	7½
Georg Weißkopf Haus, Hausnr. 16	1¼	11	7½	–	–	–	–	11	7½
Feldbesitzer	5¾	51	10½	–	–	–	–	51	10½
Summe	**264?**	**2.352**	**56¼**	**2.342**	**58½**	**868**	**29¾**	**878**	**27¾**

[42] Ebd. Angaben zu den Besitzern auch nach Häusergeschichte des Guts Rügland (vgl. Anm. 10).

Ein großes Problem in diesen „bargeldlosen Zeiten", so der Neudorfer Amtsvogt Hussel,[43] war die Beschaffung des ohnehin bei den Landleuten knappen Geldes, denn das notwendigerweise Zugekaufte konnte ebenso wie die Forderungen der Marschkommissäre kaum nur durch Naturalien abgedeckt, sondern musste in bar bezahlt werden. Hier war die Gutsherrschaft in Vorteil, konnte Rügland zur Deckung der französischen Quartierkosten vom 1. März bis zum 30. September 1806 doch 2.200 fl. in Wilhermsdorf angelegtes Kapital der Kraft-von-Crailsheimschen Stiftung aufkündigen respektive bei der Stiftung einen günstigen Kredit, was aber immer noch 60 fl. 20 kr. an Zins kostete, aufnehmen. So konnten dem Sekretär vom 28. Februar bis 13 Oktober an Quartierkosten 1.658 fl. vorgeschossen werden.[44]

Natürlich versuchte die Herrschaft, ihre Belastung zu mindern, wo sie nur konnte. Eine Möglichkeit bot hierzu der im November 1806 festgelegte Wertanschlag für die Güter Rügland und Rosenberg, nach dem sich der Kriegskostenbeitrag berechnete.[45] Von der bayerischen Verwaltung wurden die Güter mit 200.000 fl. veranschlagt, was eine Steuermasse von 4.000 fl. bedeutete und bei einem Kriegskostenanschlag von 12 Prozent einen Beitrag von 480 fl. ergab, wozu noch einmal 6 Prozent auf den demnächst zu erwartenden *Provinzial-Militär-Kosten-Anschlag* kamen, mithin 720 fl. Ernst Ludwig von Crailsheim berechnete den Wert auf nur 140.450 fl. beziehungsweise 124.275 fl., was die Kriegs- und Domänenkammer in Ansbach wiederum auf 125.070 fl. erhöhte. Dadurch minderte sich die Steuerlast auf 450 fl., wovon zum 1. Juni 1807 bereits 447 fl. 23 kr. getilgt waren. Ebenso verwehrte man sich gegen die Gleichstellung von Domänengütern mit Bauerngütern, maß bei diesen ein Morgen Land doch 480 Quadratruten, bei den Domänen aber nur 300 Quadratruten.[46]

Zu klagen hatten natürlich auch die Untertanen, wobei die Quellenlage freilich nur Einblicke und kein durchgängiges Bild gestattet, vor allem auch deswegen, weil im Gemeindearchiv keine einschlägigen Akten mehr vorhanden sind.[47] Ersatzweise können hier freilich die Beschwerden der Gutspächter auf den Ebenhof und auf dem Rosenberg herangezogen werden. So klagte Johann Simon Beyerlein (oder Bäuerlein) bereits 1806 auf Entschädigung für die ihm durch die Einquartierungen vom 27. Februar bis 29. September entstandenen Kosten, hatte er doch fast durchgängig vier Mann und vier Pferde zu unterhalten, wobei er selbst Stroh, Heu und Hafer zukaufen musste.[48] Dabei führte er „Freiheiten", „Bedrückungen" und selbst „Misshandlungen" an, die sich die Soldaten wegen der Abgelegtheit des Ebenhofs erlaubt hätten. Seinen Schaden vom 27. Februar bis 29. September bezifferte er (18. April 1807) auf 857 fl. 3 kr. rh, wovon ihm von Seiten der Herrschaft (22. Mai 1807) 806 fl. 3 kr anerkannt wurden.

Der Rosenberger Meiereipächter Johann Georg Reichel gab seine wirklichen Einquartierungskosten für den 26. Februar bis zum 28. September mit 1.357 fl. 47 kr. 2 d

---

[43] StAN, Archiv Rügland, N 5030.
[44] Ebd., N 5021.
[45] Ebd., N 5022.
[46] Ebd., N 5033.
[47] StAN, Karl Hannakam, Archiv-Verzeichnis der Gemeinde Rügland, Landkreis Ansbach, 1964. Ebensowenig konnte ein Hinweis auf die nach der Thürheimschen Verordnung von 1805 zu führenden Spezial-Kriegsrechnungen gefunden werden.
[48] StAN, Archiv Rügland, N 5023.

an, wobei die Herrschaft beim Nachrechnen auf „nur" 937 fl. 47 kr. 2 d kam, vor allem deshalb, weil Reichel für einen *Gemeinen* 1 fl. 30 kr. statt des üblichen Gulden angesetzt hatte. Allerdings durfte der Pächter die Entschädigungssumme von 468 fl. 53 kr. 3 d von seiner jährlichen Pacht in Höhe von 1.350 fl. abziehen.[49] Dabei machte sie deutlich, dass die Herrschaft zwei, ein Pächter aber ein Drittel der Quartierlasten zu tragen hätte.

Aber auch die Gemeinden versuchten, die Quartierkosten an andere weiterzuschieben. So prozessierten Rügland und Rosenberg gegen die Gemeinden Haasgang, Adelmannsdorf, Höfen, Warzfelden und Neubronn wegen der Berichtigung von Rechnungsirrtümern bei der Quartierkostenrechnung, wurden aber vom Landgericht (ä.O.) Ansbach abgewiesen.[50]

Die Gutsrechnungen melden die Belastungen erst mit Verspätung; 1806/07, dem Jahr der Einquartierung, sind nur 808 fl. an direkten Kontributionskosten notiert, 1807/08 ganze 187 fl. Allerdings steigen sie in der Folgezeit an:[51]

1808/09:	2.180 fl. + 31 fl. für die Pachthöfe
1809/10:	1.371 fl. + 1544 fl. desgl.
1810/11:	3.436 fl. + 181 fl. desgl.
1811/12:	1.912 fl. + 17 fl. desgl.
Summe:	11.667 fl.

Insgesamt kann die genaue finanzielle Belastung mit letzter Sicherheit wohl nie mehr ermittelt werden. So wurden die Orte Rügland und Rosenberg nach Protokoll vom 25. Oktober 1809 mit 10.370 fl. veranschlagt – wobei 162 fl. *Napoleonshilfsgelder* abzuziehen waren –, Lindach mit 3.597 fl., der Pachthof Ebenhof mit 4.393 fl. Dies ergab eine Summe von 18.360 fl., wovon die 261 fl. erhaltener Hilfsgelder und 499 fl. für vom Magazin erhaltene Naturalien abgezogen wurden. Da allerdings die Napoleonhilfsgelder als angeblich doppelt abgezogen wieder dazu gezählt werden mussten, bleiben statt 17.438 fl. an Belastung 17.600 fl. Legt man für die Belastung einen in die Akten gelangten Anschlag für *Mannschaftshaltung* vom selben Jahr allein zu Grunde, ergibt sich mit 18.104 fl. eine um 504 fl. oder 2,8 Prozent höhere Belastung.[52]

Zusammenfassend bleibt festzuhalten, dass alle Berechnungsarten – in denen es sich teils um Kostenanschläge handelt und sich in den Abrechnungen natürlich die Interessen der jeweils Beteiligten widerspiegeln – zwar keine exakte Bezifferung der Kosten für die Einquartierungen vom 25./26. Februar bis zum 29. September 1806, aber mit 18.000 fl. die Nennung einer Größenordnung zulassen, wobei fast die Hälfte dieser Summe, circa 8.600 fl., auf die Herrschaft entfielen.[53] Dies war mehr als der den Familienmitgliedern Crailsheim zukommende Jahresertrag des Gutes von durch-

---

[49] Ebd., N 5034; zur Pacht Archiv Rügland, Gutsrechnungen Rügland, Nr. 137 (1806/07).

[50] StAN, Archiv Rügland, N 5031.

[51] StAN, Archiv Rügland, Amtsrechnungen Rügland, Nr. 137–141, bis 1815 wurden dann weitere 4.437 fl. an *Militärkosten* notiert.

[52] Rügland: 8.988 fl., Lindach: 3.401 fl., Ebenhof: 3.851 fl., Rosenberg: 1.864 fl.; StAN, Archiv Rügland, N 5038. Hinzu kam dann noch die Belastung für den als eigenen Besitzkomplex geführten Weiler Poppenbach (s. oben S. 6f.).

[53] Ebd., N 5030.

schnittlich 6.000–8.000 fl., der bis 1809/10 kontinuierlich auf 4.500 fl. zurückging,[54] die Summe lag auch um circa 3.400 fl. höher als die Belastung der circa 1.660 Einwohner zählenden Stadt Langenzenn in jener Zeit.[55]

Freilich war die Herrschaft durchaus in der Lage, diese Last zu tragen und auf die zugesagte staatliche Entschädigung zu warten. Eine Gemeinde wie Rügland konnte sich helfen, indem sie Allmendwald rodete und das Holz verkaufte. Dabei traten die Gegensätze der einzelnen dörflichen Gruppen zu Tage: „Wegen der Geldlosen Zeiten und in Hinblick auf die geringen Vermögens-Umstände der Kleinhäusler, wäre es ungerecht gewesen das geschlagene Holz nach den Gemeinderechten zu verteilen und von den Häuslern 25 fl. zur Tilgung der Gemeindeschulden zu verlangen […] wo hätten diese für ihre 8 Gemeinderechte, denn 200 fl. hernehmen sollen" fragt der Amtmann Hussel von Neudorf unter dem 6. April 1807.[56] So war es vernünftig, von den Erlösen in Höhe von 521 fl. 45 kr. einen Fonds zu bilden, um die Armen zu entlasten. Dagegen blieb den Kleingütlern und Gewerbetreibenden kaum eine andere Möglichkeit als der Versuch, die zu leistenden Quartier- und Kontributionslasten möglichst zögerlich zu bedienen beziehungsweise an Gemeinde und/oder Herrschaft weiterzuleiten oder dort Kredite aufzunehmen, bis der staatliche Ausgleich griff.[57] Dabei war es für die Menschen in Rügland und Rosenberg zweifellos ein glücklicher Umstand, dass sie in den Folgejahren von direkten Einquartierungen verschont wurden, allerdings hatten sie über das Stationssystem ihren Beitrag zum Unterhalt der in den umliegenden Orten liegenden Truppen zu leisten.[58]

Die Entschädigungsregelung für die Einquartierung 1806 zog sich über ein Vierteljahrhundert hin, wobei die in die Pflicht genommenen Gemeinden direkter betroffen waren als der Staat, der entstandene Kosten zuweilen mit der Überlassung von Lotterielosen vergütete.[59] Noch 1831 prozessierte die Gutsherrschaft Rügland gegen die Gemeinde Markt Bergel wegen verweigerter Quartierkostenbeiträge von 1806, wobei die Gemeinde eigenmächtig 112 Malter Zehnthafer zu je 9 ½ fl. verkauft und den Erlös zu ihren Kosten gezogen hatte.[60] Und auch in Rügland selbst war bis Anfang 1835 noch kein Frieden eingekehrt – vor allem deshalb, weil die Gewerbesteuerzahler ihren

[54] Nach ebd., Amtsrechnungen Rügland, Nr. 121–140 (1790/91 bis 1810/11). Dagegen stiegen die Ausgaben für Schuldentilgung auf 3289 fl. 1807/08 an (ebd., Nr. 138).

[55] Michael Kroner, Langenzenn. Vom Königshof zur Gewerbe- und Industriestadt, Langenzenn 1988, S. 93 f.; Gesamtbelastung der Stadt 14.605 fl. bei einem Einnahmeetat von 2.562 fl. Auch hier hatte die „Subsistenz" für den kommandierenden General Dumoulin, der in Langenzenn untergebracht war, mit 2.816 fl. einen beträchtlichen Anteil. Einwohnerzahl nach Wilhelm Funk, Langenzenn, in: Bayerisches Städtebuch, Teil 1 (Deutsches Städtebuch, Bd. V), Stuttgart / Berlin / Köln / Mainz 1971, S. 323–325.

[56] StAN, Archiv Rügland, N 5030.

[57] Dieser Verzögerungstaktik stand natürlich der Zwang der Behörden entgegen, die auferlegten Verpflichtungen um nahezu jeden Preis erfüllen zu müssen, was mitunter – wie die Nachricht nahelegt, erst im Juni 1809 seien den Rosenbergern die letzten Quartiers- und Lieferungskosten-Anschläge „mit Gewalt abgepresst" worden – zu Pressionen gegen die Bevölkerung führte (StAN, Regierung von Mittelfranken, Kammer des Innern, Abg. 1900, Nr. 303b).

[58] Ebd., Nr. 303a, fol. 18½: Im Oktober 1808 requirierten französische Soldaten bei ehemaligen Deutschordensuntertanen in Daubersbach Vieh. Im August 1809 lag ein französischer Truppenstab in Schloss Virnsberg (ebd., Nr. 303b) und 1810 wurde Unteraltenbernheim „bequartiert" (ebd., Nr. 303d).

[59] Archiv Rügland, N 5043. Im November 1813 erhielt das Amt Rügland für nach Memmingen und Lindau geführte Fourage und Lebensmittel 216 fl. 37 kr mit Lotterielosen zu 4 % Zins vergütet.

[60] Ebd., N 5045.

Anteil an den Quartier- und Kriegskosten gegenüber den Grundsteuerzahlern hatten niedrig halten können. Gemeinsam berief man sich gegenüber der Obrigkeit darauf, dass Warzfelden trotz einer vierwöchigen Nichtbelegung und einen Anschlag von sechs Kriegshöfen und 6.976 fl. an Quartierlast (gegenüber 5 ½ beziehungsweise 6.564 fl. in Rügland) mit 1.891 fl. zu leistender Entschädigungszahlung gegenüber Rügland mit 2.152 fl. um 261 fl. günstiger davon kommen sollte.[61]

Die Napoleonischen Kriege reduzieren sich in Franken heute im Gedächtnis der Menschen weitgehend auf die großen Schlachten, die Siege und Niederlagen des Korsen, kulminierend im Untergang auch der alten bayerischen Armee in den Weiten Russlands 1812, und vielleicht noch auf einzelne Durchmärsche und Biwaks.[62] Dabei sollte aber, trotz der nicht üppigen Quellenlage, der zuweilen zwischen den Zeilen durchschimmernde schwierige Alltag der (wenn auch „freundlichen"[63]) Einquartierung französischer Truppen 1806 im Fürstentum Brandenburg-Ansbach nicht vergessen werden.[64] Bereits das hier nur skizzenhaft gezeichnete Bild verdeutlicht zudem, dass auch am Beginn des 19. Jahrhunderts der militärisch bedingte Ressourcenverbrauch die ohnehin prekäre ökonomische und soziale Lage der Landleute trotz aller staatlicher, durch die immense bayerische Schuldenlast freilich limitierter Anstrengungen zur Schadensregulierung drastisch erschwert hat. Zugleich offenbarten sich unter der im Einklang mit den Thürheimschen Instruktionen von 1805 stehenden Haltung der numehr bayerischen Verwaltung, eine Einquartierung sei nach Leistungsfähigkeit eine Angelegenheit des ganzen Ortes, die Interessensgegensätze sowohl zwischen den Gemeinden und adeligen Gutsinhabern, als auch innerhalb der Gemeinde zwischen den Inhabern von Gemeinderechten und den „Habenichtsen". Besitz- und Sozialstrukturen ritterschaftlicher Herrschaftssitze begünstigten dies. So konnte die wirtschaftlich besser fundierte Gutsherrschaft mit ihren Möglichkeiten, auch über Kredit zu Bargeld zu gelangen, die Krise besser meistern und sich vor Staat und Gemeinde als Helfer der bedrängten Grunduntertanen profilieren – was zweifellos bei Herrschaft und Holden die Neigung wie die Fähigkeit zur im Einzelfall nicht unbedingt billigen Ablösung der Grundlasten, wie sie dann 1848 erfolgt ist, vermindert hat. So trug der Freiheitsgedanke der Französischen Revolution letztendlich indirekt mit dazu bei, dass es eines erneuten Bruches bedurfte, um zur Ablösung der adeligen Grundherrschaft auch in Franken zu kommen.

---

[61] Ebd., N 5042.
[62] Vgl. etwa Heinrich Schultheiß, Die Fingalshöhle im Sontheimer Holz, in: Heimat- und Verkehrsverein Obernzenn und Umgebung e.V. (Hg.), Markt Obernzenn, Obernzenn 1995, S. 82–84.
[63] Die Einquartierung geschah ja im Rahmen der vertragsmäßigen Übernahme des Fürstentums Brandenburg-Ansbach durch Frankreich bzw. Bayern.
[64] So gesteht das Landgericht Ansbach dem Rosenberger Meiereipächter einen Teil seiner aus Sicht der rein nach den Vorgaben argumentierenden Gutsherrschaft überhöht in Anspruch genommenen Forderungen zu, da es „weder erwiesen, noch wahrscheinlich ist, daß Wimmerlein dergleichen Gewalttätigkeiten habe abwänden können" (StAN, Regierung von Mittelfranken, Kammer des Innern, Abg. 1900, Nr. 303a, fol. 87–91). Zu den Preissteigerungen bei Lebensmitteln 1806 sei hier im übrigen nur verwiesen auf die in der Ansbacher Intelligenz-Zeitung (Nr. 1 vom 3.1.1806 bis Nr. 53 vom 31.12.1806) veröffentlichen „Preiß-Tabelle[n]".

Dieter J. Weiß

Krone ohne Krönung.
Symbole und Repräsentation der bayerischen Monarchie

Das bedeutendste Symbol des Königreichs Bayern bildet die Königskrone, die in der Schatzkammer der Münchner Residenz verwahrt wird.[1] Die goldene Bügelkrone besteht aus einem mit Edelsteinen besetzten und von Perlen eingefaßten Reifen und acht Spangen. Über dem Reifen verläuft ein Volutenband mit diamantbesetzten Silberstegen, aus denen im Wechsel Diamant-Blätter und goldene, mit Smaragden geschmückte Weinblätter ragen. Am Scheitel- und Kreuzungspunkt der dahinter ansetzenden Spangen werden diese von einem Ring umfangen, der die Basis für einen Globus bildet, der von einem Kreuz aus sieben Diamanten gekrönt wird.[2] Ursprünglich war diese Sphaira mit einem Brillanten, dem „Blauen Wittelsbacher" aus Hausbesitz, geschmückt, heute findet sich dort ein großer Saphir. Bei der Proklamation des Königreichs aber gab es diese Krone noch nicht.

In der Nacht des 30. auf den 31. Dezember 1805 war Kaiser Napoleon von Frankreich in München eingezogen. Am Neujahrstag 1806 nahm der bisherige Kurfürst Max IV. Joseph von Pfalz-Bayern mit einer in der Residenz vor den versammelten Würdenträgern verlesenen Erklärung den Titel eines Königs von Bayern an.[3] Im Anschluß fand die Gratulationscour durch die Anwesenden statt, eine Huldigung durch die Landstände unterblieb. Öffentlich wurde dieser Akt mit der Verkündigung durch den Landesherold Joseph von Stürzer.[4] In Begleitung von 30 Mann der bürgerlichen Kavallerie ritt er auf die Plätze Münchens und verlas unter Trompeten- und Paukenschall folgende Proklamation: „Da durch die Vorsehung Gottes es dahin gediehen ist, daß das Ansehen und die Würde des Herrschers in Baiern seinen alten Glanz und seine vorige Höhe zur Wohlfahrt des Volkes, und zum Flor des Landes wieder erreicht, so wird der Allerdurchlauchtigste und Großmächtigste Fürst und Herr, Herr Maximilian Joseph, als König von Baiern, und allen dazu gehörigen Ländern hiemit feyerlich ausgerufen, und dieses seinen Völkern allenthalben kund und zu wissen gemacht. /

---

[1] Hans Ottomeyer, Die Kroninsignien des Königreiches Bayern (Aus bayerischen Schlössern), München 1979; Sabine Heym, Prachtvolle Kroninsignien für Bayern – aber keine Krönung, in: Johannes Erichsen / Katharina Heinemann (Hg.), Bayerns Krone 1806. 200 Jahre Königreich Bayern, München 2006, S. 37–49.

[2] Alle Angaben nach Ottomeyer, Kroninsignien (wie Anm. 1), S. 8–10; Erichsen / Heinemann (Hg.), Bayerns Krone 1806 (wie Anm. 1), Nr. 233, S. 248; zum Großen Blauen Diamanten: K. de Smet, Der Große Blaue Diamant. Der Wittelsbacher. Kronzeuge dreihundertjähriger europäischer Geschichte, Antwerpen / Amsterdam 1963.

[3] Original Protokoll welches über die von Seiner Kurfürstlichen Durchlaucht angenommene Würde eines Königs von Baiern abgehalten worden den ersten Tag des Jahres 1806: Ferdinand Kramer, Bayerns Erhebung zum Königreich. Das offizielle Protokoll zur Annahme der Königswürde am 1. Januar 1806 (mit Edition), in: Konrad Ackermann / Hermann Rumschöttel (Hg.), Bayerische Geschichte. Landesgeschichte in Bayern. Festgabe für Alois Schmid zum 60. Geburtstag (Zeitschrift für bayerische Landesgeschichte 68, 2000), München 2005, Teil 2, S. 815–834, hier Anhang, Dokument 1, S. 829–832; Ferdinand Kramer, Der Weg zur Königswürde, in: Erichsen / Heinemann (Hg.), Bayerns Krone 1806 (wie Anm. 1), S. 17–23.

[4] Christian Meyer, Die Erhebung Bayerns zum Königreich, München 1906; Carl Oskar Renner, 1. Januar 1806. Als Bayern Königreich wurde, Rosenheim 1975, S. 6; Ottomeyer, Kroninsignien (wie Anm. 1), S. 6.

Lange und glücklich lebe Maximilian Joseph, unser allergnädigster König, lange und glücklich lebe Karoline, unsere allergnädigste Königin."[5]

Auch wenn die Zeitgenossen überzeugt waren, daß der Wille und der zeitgleiche Aufenthalt Kaiser Napoleons in München maßgeblich für die Proklamation Bayerns zum Königreich waren, so betont dieser Text, daß der Herrscher in „Baiern seinen alten Glanz und seine vorige Höhe wieder erreicht" habe. Und nun gibt es ja tatsächlich viele Zeugnisse, die Bayern im Frühmittelalter den Rang eines *regnum* beilegen. Dies gilt auch für die Zeit nach dem 788 erzwungenen Ende der Agilolfingerherrschaft. 825 trat der Karolinger Ludwig der Deutsche seine Herrschaft als *Hludouuicus divina largiente gratia rex Baioariorum*[6] an. Und unter dem Luitpoldinger Herzog Arnulf scheint 918/19 zeitweilig ein bayerisches Sonderkönigtum bestanden zu haben.[7] Solche historischen Zeugnisse für das hohe Alter der bayerischen Königswürde wurden 1806 von eifrigen Zeitgenossen zusammengetragen. Der Oberpfälzer Felix Adam Freiherr von Löwenthal[8] (1743–1816) fabulierte von der Erneuerung eines Königtums der Boier, die nach Trithemius vor dem trojanischen Krieg von einem Bojarius nach Deutschland geführt worden seien.[9] Allerdings nimmt er dazu keine Stellung, sondern trägt die Belege für die bayerischen Königstitel der Karolinger und Luitpoldinger zusammen. Der Augsburger Spätaufklärer Georg Wilhelm Zapf (1747–1810), erst 1806 mit dem Übergang der Reichsstadt zum Bayern geworden, stellte in seiner „Geschichte Baierns bis zur wiederhergestellten Königwürde" Belege für den königlichen Rang Bayerns seit dem Frühmittelalter zusammen.[10] Ähnliche Überlegungen hatten auch schon bayerische Historiographen der Frühen Neuzeit vertreten.[11] Die Königsträume der Wittelsbacher des ausgehenden 17. und 18. Jahrhunderts, besonders der Kurfürsten Max Emanuel und Karl Theodor, eigneten sich dagegen weniger für die historische Rechtfertigung der neuen Würde.[12] Sie zielten auf ferne Länder, auf Spanien oder die Niederlande, nicht auf Bayern, das sie abtauschen wollten.

Vor Ausbruch des dritten Koalitionskrieges gegen Frankreich bot der Kaiser des Heiligen Römischen Reiches deutscher Nation, Franz II., im Sommer 1805 dem Kur-

---

[5] Proklamation der Annahme der Königswürde und Anzeige der Proklamation Max Josephs als König von Baiern: Kramer, Bayerns Erhebung (wie Anm. 3), Anhang, Dokument 1a und 3, S. 832–834; Königlich baierische Staats-Zeitung von München, Nr. 1, 1. Jänner 1806, S. 1 (Faksimile: Renner, 1. Januar 1806 (wie Anm. 4), S. 7); Erichsen / Heinemann (Hg.), Bayerns Krone 1806 (wie Anm. 1), Nr. 187, S. 226 f.

[6] 830 Oktober 6: Monumenta Germaniae Historica, Diplomata Ludowici Germanici. Die Urkunden der deutschen Karolinger 1/1, bearb. v. Paul Kehr, Berlin 1932, Nr. 2, S. 2 f.

[7] Kurt Reindel, Herzog Arnulf und das Regnum Bavariae, in: Zeitschrift für bayerische Landesgeschichte 17, 1954, S. 187–252.

[8] Gerhart Nebinger, Die oberpfälzischen Freiherrn von Löwenthal, in: Blätter des Bayerischen Landesvereins für Familienkunde 53, 1990, S. 79–90, hier S. 87 f.

[9] [Felix A.] Freiherr von Löwenthal, Das erneuerte Königthum Baiern als Denkmahl dem allgeliebten Maximilian Joseph König in Baiern dem Retter seiner Nation aufgestellt, München 1806; Hubert Glaser (Hg.), Krone und Verfassung. König Max I. Joseph und der neue Staat (Wittelsbach und Bayern III/2), München / Zürich 1980, Nr. 410, S. 209.

[10] [Georg Wilhelm] Zapf, Kurzgefaste Geschichte Baierns bis zur wiederhergestellten Königwürde, Augsburg 1806; Glaser (Hg.), Krone und Verfassung (wie Anm. 9), Nr. 411, S. 209.

[11] Kramer, Bayerns Erhebung (wie Anm. 3), S. 816 f.

[12] Ebd., S. 817 f.

fürsten von Bayern die Rangerhöhung zum König an,[13] der sich dann aber für die französische Option entschied. Im Frieden von Preßburg vom 26. Dezember 1805 mußte Österreich nun auf Druck Napoleons Bayern die Königswürde und die Souveränität unter Verzicht auf alle Lehensrechte[14] zugestehen.[15] Da in Wien immer wieder Pläne zur Annexion Bayerns erwogen worden waren, war man in München bereit, mit französischer Unterstützung die volle Souveränität zu erringen und mit der Königswürde zu bekrönen.

König Max I. Joseph selbst hielt sich nicht mit historischen Beweisführungen auf. Bei der Proklamation des Königreiches sprach er zwar davon, daß er „den dem vormaligen Beherrscher derselben angestammten Titel eines Königs von Baiern" angenommen habe, als Begründung führte er aber den Konsens der bayerischen Untertanen an: „Durch die unerschütterliche Treue Unserer Unterthanen, und die vorzüglich bewiesene Anhänglichkeit der Baiern an Fürst und Vaterland, hat der baierische Staat sich zu seiner ursprünglichen Würde emporgehoben."[16] Die Legitimität der Königswürde gründet in der Zustimmung und Wohlfahrt des Volkes und seiner Treue zum Fürsten.[17] Das Gottesgnadentum wurde nicht zur Legitimation herangezogen, nur indirekt mit der „Uns von der Vorsehung anvertrauten Nation" angesprochen. Im offiziellen Protokoll der Königsproklamation steht zudem noch, daß Max I. Joseph selbst den Entschluß gefaßt habe, „den dem Regenten Baierns angestammten Titel eines Königs von Baiern anzunehmen".[18] Die Souveränität und die Königswürde Bayerns beruhen nach den offiziellen Dokumenten ausschließlich auf eigener Tradition und auf eigenem Recht.[19]

Diese Interpretation fand später eine bildliche Umsetzung, welche zwar faktisch falsch ist, aber doch eine höhere historische Wahrheit ausdrückt. Ein Stich von Wolfgang Flachenecker (1792–1847) nach Peter von Heß (1792–1871) zeigt Max I. Joseph, wie er sich die Krone selbst auf das Haupt setzt.[20] Die Vorlage entstand anläßlich des 25-jährigen Regierungsjubiläums Max I. Josephs im Jahr 1824 als eines von 25 Transparentbildern in Grisaillemalerei, die in einer eigens geschaffenen Festarchitektur am Abend des 16. Februar zur Illumination des Maximiliansplatzes aufgestellt

---

[13] Eberhard Weis, Die Begründung des modernen bayerischen Staates unter König Max I. (1799–1825), in: Handbuch der bayerischen Geschichte IV/1: Das neue Bayern. Von 1800 bis zur Gegenwart, begründet v. Max Spindler, 2. Auflage hg. v. Alois Schmid, München 2003, S. 3–126, hier S. 24; Kramer, Bayerns Erhebung (wie Anm. 3), S. 818.

[14] Zur bis ins 18. Jahrhundert andauernden Bedeutung der Lehensrechte vgl. Matthias Schnettger, Rang, Zeremoniell, Lehnssysteme. Hierarchische Elemente im europäischen Staatensystem der Frühen Neuzeit, in: Ronald G. Asch u.a. (Hg.), Die frühneuzeitliche Monarchie und ihr Erbe. Festschrift für Heinz Duchardt zum 60. Geburtstag, Münster 2003, S. 179–195, hier v.a. S. 188–194.

[15] 26.12.1805 (Auszug): Die Bayerische Staatlichkeit, unter Mitwirkung v. Werner K. Blessing bearb. v. Rolf Kießling / Anton Schmid (Dokumente zur Geschichte von Staat und Gesellschaft III/2), München 1976, Nr. 7, S. 36f.; Kramer, Bayerns Erhebung (wie Anm. 3), S. 819.

[16] Königlich-Baierisches Regierungsblatt 1806. 1. Stück, München, Mittwoch den 1. Jänner 1806, S. 3; Glaser (Hg.), Krone und Verfassung (wie Anm. 9), Nr. 403, S. 208; Kramer, Bayerns Erhebung (wie Anm. 3), Anhang, Dokument 2, S. 832f.

[17] Kramer, Bayerns Erhebung (wie Anm. 3), S. 824.

[18] Proklamation der Annahme der Königswürde: ebd., Anhang, Dokument 1a, S. 830.

[19] Ebd., S. 824.

[20] Ottomeyer, Kroninsignien (wie Anm. 1), S. 33 und Abb. 35.

wurden.[21] In einem erklärenden Begleittext wurde das Alter der bayerischen Königswürde zum Ausdruck gebracht: „Die ersten Beherrscher Baierns waren Koenige. Diese hohe Würde ging in der Bildung des allgemeinen Reiches der Deutschen verloren. [...] So wurde Baiern durch Unseren Allergnaedigsten Koenig zu seiner alten, erhabenen Würde wieder erhoben [...] Um diese erhabene Handlung zu bezeichnen, stellten uns die Künstler das Bild unseres Allergnaedigsten Koeniges in dem Kroenungskleide dar, wie sich Allerhoechstderselbe mit allen Zeichen der hoechsten Würde bekleidet, die Koenigskrone selbst auf das geweihte Haupt setzt."[22] Den Gedanken einer Selbstkrönung griff später Ludwig von Schwanthaler (1802–1848) in seinen Entwürfen der Historienmedaillons für den Festsaalbau der Münchner Residenz auf.[23]

Eine Krönung fand am 1. Januar 1806 nicht statt, obwohl Napoleon sie gewünscht hatte. Der bayerische Gesandte am Wiener Hof Karl Ernst Freiherr von Gravenreuth (1771–1826) hatte seinen Kurfürsten aus Schönbrunn darüber unterrichtet.[24] Die Proklamation des Königreichs vollzog sich in denkbar nüchternen Formen. Kaiser Napoleon, der sich bis zum 17. Januar in München aufhielt,[25] wurde damit keine Chance gegeben, eine zeremonielle Rolle bei der bayerischen Rangerhöhung auszuüben. Den Höhepunkt seines Münchner Aufenthaltes bildete die Vermählung der Tochter Max I. Joseph, Prinzessin Auguste Amalie von Bayern, mit Napoleons Stiefsohn Eugène de Beauharnais am 14. Januar in der Hofkapelle der Residenz. Ferdinand Kramer vermutet sicher zu Recht, daß man sich am Münchner Hof der etwas prekären Umstände der Rangerhöhung bewußt war und sie gerade deshalb nicht mit einer feierlichen Zeremonie überhöhen wollte.[26]

Die unterlassene Krönung hatte aber zunächst einen ganz profanen Grund, Bayern verfügte über keine Königskrone. Erst am 3. März 1806 erteilte Max I. Joseph seinem Mannheimer Hofjuwelier, der Firma Frères Borgnis, den Auftrag, die Kroninsignien in Paris in Auftrag zu geben.[27] München stellte dazu einen Teil der ungefaßten Edelsteine und Perlen zur Verfügung, nur zum geringen Teil aus Säkularisationsgütern.[28] Die Entwürfe für die Kroninsignien fertigte nach Hans Ottomeyer der Architekt Napoleons Charles Percier (1764–1838).[29] Die Ausführung von Krone und Szepter entstand in der Pariser Werkstatt des Goldschmieds Jean-Baptist Leblond, die von Szep-

---

[21] Feier des fünf und zwanzigjährigen Regierungs Jubiläums seiner Majestaet Maximilian Joseph I. Königes von Baiern in Allerhöchstdesselben Residenzstadt München (ohne Autor, Jahr, Ort), Nachdruck: Erichsen / Heinemann (Hg.), Bayerns Krone 1806 (wie Anm. 1), S. 73–144; ebd., Nr. 40, S. 164 f.; Katharina Heinemann, Illuminationen in München in der Regierungszeit König Max I. Josephs, in: Erichsen / Heinemann (Hg.), Bayerns Krone 1806 (wie Anm. 1), S. 63–72, hier S. 69 f.

[22] Zitiert nach Erichsen / Heinemann (Hg.), Bayerns Krone 1806 (wie Anm. 1), S. 108 (mit Abb. S. 109).

[23] Johannes Erichsen / Michael Henker (Hg.), „Vorwärts, vorwärts sollst du schauen ...". Geschichte, Politik und Kunst unter Ludwig I. Katalog zur Ausstellung (Veröffentlichungen zur Bayerischen Geschichte und Kultur 8/86), München 1986, Nr. 149, S. 115–119 (mit Abb.).

[24] 23.12.1805 Gravenreuth an Kurfürst Max Joseph, Schönbrunn: Hans Karl von Zwehl, Die bayerische Politik im Jahre 1805. Urkunden (Schriftenreihe zur bayerischen Landesgeschichte 64), München 1964, S. 260–262; Kramer, Bayerns Erhebung (wie Anm. 3), S. 822.

[25] Adalbert Prinz von Bayern, Max IV. Joseph von Bayern. Pfalzgraf, Kurfürst und König, München 1957, S. 505–513; Glaser (Hg.), Krone und Verfassung (wie Anm. 9), Nr. 411, S. 214–224.

[26] Kramer, Bayerns Erhebung (wie Anm. 3), S. 822.

[27] Ottomeyer, Kroninsignien (wie Anm. 1), S. 7 f.; Heym, Kroninsignien (wie Anm. 1), S. 39 f.

[28] Heym, Kroninsignien (wie Anm. 1), S. 40 f.

[29] Ottomeyer, Kroninsignien (wie Anm. 1), S. 19–22.

ter, Schwert und Siegelkasten bei Martin-Guillaume Biennais (um 1764–1843).[30] Sabine Heym geht davon aus, daß ein Großteil der Juwelierarbeit an den Insignien auf Marie-Étienne Nitots (1750–1809) zurückgeht.[31] Ein unmittelbares Vorbild bildete die 1722 angefertigte Bügelkrone König Ludwigs XV. von Frankreich. Starke Ähnlichkeiten, besonders das Weinblattmotiv, verbinden die bayerische Krone mit der von Nitots geschaffenen Tiara, die Napoleon 1805 Papst Pius VII. (1800–1823) zur Erinnerung an seine Kaiserkrönung schenkte.[32]

Die Krone wird auf einem eigenen Präsentationskissen aufbewahrt und wird stets nur mit diesem dargestellt.[33] Zu den bayerischen Kroninsignien gehören noch das Szepter,[34] das Schwert und der Reichsapfel, für die ebenfalls Präsentationskissen gefertigt wurden, sowie der Siegelkasten.[35] Das Szepter, das in einer Miniaturkrone mit einer Spitze ausläuft, weist auf einem Band die Devise auf: CUI NON CIVIUM SERVITUS TRADITA, SED TUTELA (Dem nicht die Knechtung der Bürger übertragen ist, sondern ihr Schutz).[36] Das Schwert zeigt auf der Klinge neben einem bayerischen Löwen und Wappen die Aufschrift: NEC TEMERE, NEC TIMIDE (weder verwegen, noch furchtsam).[37] Der Reichsapfel besteht aus einem Globus und einem bekrönenden Kreuz aus elf Diamanten, die Kreuzenden werden von Rubinen gebildet. Um den Globus schlingt sich ein schmales Band mit dem Motto: IN SIGNUM CONCORDIAE PATRIS AC PATRIAE. ANNO DOM. MDCCCVI (zum Zeichen der Einheit zwischen dem Vater und dem Vaterland. Im Jahre des Herrn 1806).[38] Inschriften auf Kroninsignien begegnen nur selten, der König hatte die Bayerische Akademie der Wissenschaften mit ihrem Entwurf beauftragt.[39] Sie betonen, daß die Königsherrschaft keine Unterdrückung, sondern Fürsorge für den Staat bedeutet. Für die Königin waren eine Krone und ein ursprünglich zugehöriges Diadem, das später verändert und veräußert wurde, vorgesehen.[40] Erst im März 1807 sind die fertigen Kroninsignien in der Münchner Residenz nachweisbar. Sie wurden als Bestandteil des Haus-Fideikommisses in der Schatzkammer aufbewahrt, seit 1923 gehören sie der Wittelsbacher Landesstiftung.

---

[30] Heym, Kroninsignien (wie Anm. 1), S. 42.

[31] Ebd., S. 42 f.

[32] Ottomeyer, Kroninsignien (wie Anm. 1), S. 25; Luciano Orsini, Sacrarium Apostolicum. Sacra Suppellettile ed Insegne Pontificali della Sacrestia Papale, Turin 1998, S. 143–145 (Abb. Taf. I).

[33] Glaser (Hg.), Krone und Verfassung (wie Anm. 9), Nr. 417, S. 211. – Zu den erhaltenen sechs Präsentationskissen Ottomeyer, Kroninsignien (wie Anm. 1), S. 17; Erichsen / Heinemann (Hg.), Bayerns Krone 1806 (wie Anm. 1), Nr. 239, S. 249.

[34] Entwurf zum Szepter von Charles Percier: Glaser (Hg.), Krone und Verfassung (wie Anm. 9), Nr. 416, S. 210 f.

[35] Ottomeyer, Kroninsignien (wie Anm. 1), S. 13 f.; Erichsen / Heinemann (Hg.), Bayerns Krone 1806 (wie Anm. 1), Nr. 237, S. 249.

[36] Ottomeyer, Kroninsignien (wie Anm. 1), S. 10 f.; Erichsen / Heinemann (Hg.), Bayerns Krone 1806 (wie Anm. 1), Nr. 235, S. 249.

[37] Ottomeyer, Kroninsignien (wie Anm. 1), S. 11 f.; Erichsen / Heinemann (Hg.), Bayerns Krone 1806 (wie Anm. 1), Nr. 236, S. 248 f.

[38] Ottomeyer, Kroninsignien (wie Anm. 1), S. 13; Erichsen / Heinemann (Hg.), Bayerns Krone 1806 (wie Anm. 1), Nr. 234, S. 248.

[39] Ottomeyer, Kroninsignien (wie Anm. 1), S. 25–27.

[40] Ebd., S. 15–17; Erichsen / Heinemann (Hg.), Bayerns Krone 1806 (wie Anm. 1), Nr. 238, S. 249.

Der Königstitel war im Januar 1806 nur proklamiert worden, Krönung und Salbung waren nach der Auffassung Max I. Josephs nur verschoben worden: „Unsere feyerliche Krönung und Salbung haben wir auf eine günstigere Zeit vorbehalten, welche Wir in Zeiten öffentlich bekannt machen werden."[41] Die Krönung wurde zunächst für den 12. Oktober 1806 in der St. Michaels-Hofkirche vorgesehen, wofür der Staatsarchivar Vinzenz Pall von Pallhausen (1759–1817) Planungen entwarf.[42] Der Tag sollte mit einer Aufführung der Oper Numa Pompilio des italienischen Komponisten Ferdinand Paër (1771–1839) ausklingen. Königin Karoline schrieb im Februar 1806 ihrer Mutter, ihr Mann habe die Krönung für diesen Zeitraum geplant, um einer von Napoleon gewünschten Reise nach Paris zu entgehen.[43] Allerdings waren die Kroninsignien im Oktober 1806 noch nicht fertig.

Nicht nur die Kroninsignien, sondern auch ein eigener Krönungsornat für den König wie die Königin wurden 1806 in Frankreich in Auftrag gegeben.[44] Das erste Bildzeugnis für den von Blanchon Cortet in Lyon gefertigten Ornat ist ein wohl noch 1807 im Auftrag der Universität Landshut geschaffenes Portrait von Moritz Kellerhoven (1758–1830).[45] Der König in einer weißen, goldbestickten Tunika trägt den roten Samtmantel mit Hermelinbesatz und Hermelinkragen, der mit Kronen, Rautenwappen und Lorbeerkränzen reich bestickt ist. Über dem Kragen hat er die Collane des vornehmsten bayerischen Hausordens, des Ritterordens vom Hl. Hubertus, mit Stern angelegt. Das Gewand wird durch eine weißseidene Schärpe mit goldenen Fransen gegürtet, daran das Schwert. Das unmittelbare Vorbild war der Krönungsornat Napoleons von 1804.[46] Mit der rechten Hand stützt Max I. Joseph sich leicht auf einen Tisch, auf dem Königskrone und Szepter auf dem Repräsentationskissen liegen.

Neben den fehlenden Insignien stand noch ein weiteres Hindernis einer Krönung 1806 und in den folgenden Jahren im Wege. Wollte man nicht in preußisch-protestantischer Tradition eine Selbstkrönung des Königs durchführen,[47] brauchte es zur Spendung der Salbung und Krönung einen ranghohen Geistlichen, möglichst einen Erzbischof. Die Säkularisation von 1803 aber hatte nicht nur das Ende der alten Reichskirche gebracht, sondern sie hatte auch die bestehende Diözesanverfassung zusammen-

---

[41] Königlich-Baierisches Regierungsblatt (wie Anm. 16). 25.3.1806 Max I. Joseph beauftragt Montgelas, Vorschläge für die Zeremonien und Feierlichkeiten seiner Krönung vorzulegen: Geheimes Hausarchiv München, Hofstäbe – Oberstfhofmarschall Nr. 1016.

[42] Otto Riedner, Die Namen Ludwig und Rupprecht bei den Wittelsbachern, in: Bayerland 25/8, 1913/1914, S. 148–153, hier S. 152 f.

[43] 5.2.1806 Königin Karoline an Amalie von Baden: Adalbert von Bayern, Max I. Joseph (wie Anm. 25), S. 510.

[44] Ottomeyer, Kroninsignien (wie Anm. 1), S. 14 f.; Erichsen / Heinemann (Hg.), Bayerns Krone 1806 (wie Anm. 1), Nr. 228/229, S. 228 f.

[45] Bayerische Staatsgemäldesammlungen Neue Pinakothek München, Gemäldekataloge 3. Nach-Barock und Klassizismus, bearb. v. Barbara Hardtwig, München 1978, Nr. 10375, S. 157–160 (mit Abb.); Steffi Röttgen, Max I. Joseph, König von Bayern, im Krönungsornat, in: Glaser (Hg.), Krone und Verfassung (wie Anm. 9), Nr. 401, S. 207, Abb. Tafel 5 nach S. 192; Abb.: Erichsen / Heinemann (Hg.), Bayerns Krone 1806 (wie Anm. 1), S. 27.

[46] Ottomeyer, Kroninsignien (wie Anm. 1), S. 14 f.; Heym, Kroninsignien (wie Anm. 1), S. 44 f.

[47] Heide Barmeyer (Hg.), Die preußische Rangerhöhung und Königskrönung von 1701 in deutscher und europäischer Sicht, Frankfurt am Main u. a. 2002.

brechen lassen.⁴⁸ Es gab im neuen Königreich – mit Ausnahme Augsburgs und Eichstätts – keine residierenden Bischöfe mehr, auch Neuwahlen konnten bis zur Regelung des Verhältnisses zwischen Staat und Kirche nicht stattfinden. Zeitweilig war der letzte Kurfürst von Trier und Fürstbischof von Augsburg, Clemens Wenzeslaus von Sachsen,⁴⁹ für die Funktion eines Krönungsbischofs vorgesehen.⁵⁰ Im Zusammenhang mit den schon 1806 angelaufenen Konkordatsverhandlungen mit Rom versuchte der König darauf hinzuwirken, daß Papst Pius VII. Clemens Wenzeslaus zum ersten Erzbischof von München-Freising und Kardinal erheben sollte.⁵¹ Ein Kardinalerzbischof aus dem Hause Sachsen hätte nicht nur den Glanz der Krönungszeremonie erhöht, sondern auch den Rang einer bayerischen Reichskirche demonstriert. Infolge der Verzögerung der Konkordatsverhandlungen wurde die Krönung dann für Ostern 1807 vorgesehen. Dazu paßt, daß zu diesem Zeitpunkt die Krönungsinsignien fertiggestellt und nach München gebracht worden waren. Da aber die Konkordatsverhandlungen scheiterten, war diese Voraussetzung für eine feierliche Krönung hinfällig.

Die 1806 unterlassene Krönung wurde auch später nicht nachgeholt, obwohl es weitere Planungen dazu gab.⁵² Für Bayern hätte die Durchführung einer Salbung und Krönung auf jeden Fall eine Neuerung bedeutet, denn es hätte erst eine Tradition begründet werden müssen. Beim Regierungsantritt des Herzogs und Kurfürsten, der auf die Reichsbelehnung durch den Kaiser angewiesen blieb, hatte es keine Krönung gegeben. Im römisch-deutschen Reich der Frühen Neuzeit gab es nur die mit der Salbung verbundene Krönung des Königs und Kaisers, die meist in Frankfurt zelebriert wurde.⁵³ Nach dem Traditionsbruch der französischen Revolution fand in Frankreich nur noch der Bourbone König Karl X. (1824–1830, †1836) die Kraft, sich im Jahr 1825 in Reims in der traditionellen Form mit dem Öl des Hl. Remigius zum König salben und krönen zu lassen.⁵⁴ Er war der letzte Herrscher, der von der traditionellen Fähigkeit der französischen Könige zur Heilung von Skrofelkranken (Lymphknotenerkrankung) durch Handauflegung Gebrauch machte, wenn auch nur zögernd und nur ein einziges Mal.⁵⁵ Ein solcher sakraler Charakter des Königtums konnte im 19. Jahrhundert nicht neu begründet werden und war für das moderne Montgelas-Bayern nicht denkbar. Als Vorbild für Bayern konnte nur die Selbstkrönung Napoleons 1804 dienen,⁵⁶ von der man die Formen der Insignien übernahm, aber nicht den Krönungs-

---

⁴⁸ Winfried Müller, Die Säkularisation von 1803, in: Walter Brandmüller (Hg.), Handbuch der bayerischen Kirchengeschichte 3. Von der Säkularisation bis zur Gegenwart, St. Ottilien 1991, S. 1–84.

⁴⁹ Erwin Gatz, Klemens Wenzeslaus, Herzog von Sachsen, in: Erwin Gatz (Hg.), Die Bischöfe der deutschsprachigen Länder 1785/1803 bis 1945. Ein biographisches Lexikon, Berlin 1983, S. 388–391.

⁵⁰ P. Beda Bastgen, Bayern und der Heilige Stuhl in der ersten Hälfte des 19. Jahrhunderts (Beiträge zur altbayerischen Kirchengeschichte III/17, N.F. 4), München 1940, 2 Teile, hier Teil 1, S. 142.

⁵¹ Ebd., Teil 1, S. 149–162.

⁵² Vgl. auch zum folgenden Ottomeyer, Kroninsignien (wie Anm. 1), S. 27–32.

⁵³ Über die Anfänge der Königssalbung und der Königsweihe: Marc Bloch, Die wundertätigen Könige. Mit einem Vorwort von Jacques Le Goff. Aus dem Französischen übersetzt von Claudia Märtl, München 1998, S. 485–501. – Zum mittelalterlichen Ritus im Reich: Mario Kramp (Hg.), Krönungen. Könige in Aachen – Geschichte und Mythos, Katalog der Ausstellung in zwei Bänden, Mainz 2000.

⁵⁴ Anton Haueter, Die Krönungen der französischen Könige im Zeitalter des Absolutismus und in der Restauration, Diss. phil. Zürich 1975, v.a. S. 116–119, 138–146, 211–213.

⁵⁵ Zum Ende dieser Heilungszeremonie Bloch, Könige (wie Anm. 53), S. 421–429.

⁵⁶ Vgl. Thomas R. Kraus, Napoleon – Aachen – Karl der Große. Betrachtungen zur napoleonischen Herrschaftslegitimation, in: Kramp (Hg.), Krönungen (wie Anm. 53), Bd. 2, S. 699–707.

akt selbst. Ab 1813, mit dem Wechsel auf die Seite der Gegner Napoleons, war jeder Bezug auf Napoleon zu vermeiden. Auch in den anderen Monarchien, die zu Anfang des 19. Jahrhunderts eine Rangerhöhung erfahren hatten, fanden keine Krönungen statt. So gab es auch im Kaiserreich Österreich keine Krönung, Kaiser Franz II., als Kaiser von Österreich Franz I., hatte ja 1792 in Frankfurt noch die Salbung zum römisch-deutschen Kaiser erfahren. Nur im Königreich Ungarn ließen sich Kaiser Franz Joseph I. und Kaiser Karl I., als König Karl IV., mit der Sankt Stephanskrone zum Apostolischen König krönen und salben.[57]

Ganz gab aber König Max I. Joseph den Gedanken an eine Krönung nie auf. Sein andauerndes Interesse verdeutlicht das Bemühen um die Vollendung der Krönungsmäntel durch die Ausfütterung mit teuren Hermelinpelzen.[58] Ein Indiz scheint auf eine für 1814 doch noch geplante Krönung hinzudeuten. Im Dezember 1813 wurde der „Erste Münchner Krönungswagen" vollendet.[59] Der Wagenkasten der Berline ist mit 56 Medaillons mit Portraits von Regenten Bayerns und der Pfalz, einem Wittelsbacher Stammbaum, die Decke im Inneren mit einer Königskrone in einer Gloriole in Goldstickerei geschmückt. Die Kutsche zeigt ihre Zweckbestimmung durch den „Imperiale", eine über dem bronzenen Rankendekor auf dem Dach angebrachte vergoldete Nachbildung von Krone, Schwert und Szepter auf einem Präsentationskissen.[60] Nach dem Entwurf des „Königlich Baierischen Wagenbau-Inspectors" Johann Christian Ginzrot (1764–1831) wurde sie in München gebaut. Als Vorbild diente das Projekt für den Pariser Krönungswagen Napoleons von 1804 von Charles Percier. Die Bezeichnung als „Krönungswagen" ist durch einen Tagebucheintrag Kronprinz Ludwigs anläßlich der Brautwerbung Kaiser Franz I. um Prinzessin Charlotte von Bayern gesichert.[61]

Nach dem erfolgreichen Abschluß der Konkordatsverhandlungen mit Rom wurde 1817 ein weiterer Krönungswagen in Auftrag gegeben. Michael Petzet vermutet, daß dies anläßlich der Verkündigung der Konstitution von 1818 geschah.[62] Hofwagner Georg Lankensperger (1779–1847) fertigte den „Zweiten Münchner Krönungswagen" ebenfalls nach Entwurf von Ginzrot.[63] Als Modell diente der in der Revolution zerstörte Krönungswagen König Ludwigs XVI. von Frankreich.[64] Dieser Prachtwagen

---

[57] Magda von Bárány-Oberschall, Die Sankt Stephans-Krone und die Insignien des Königreiches Ungarn, Wien / München ²1974, S. 17.

[58] Heym, Kroninsignien (wie Anm. 1), S. 45.

[59] Münchner Neuer oder Erster Krönungswagen König Max I. Josephs: Michael Petzet / Rudolf Wackernagel, Bayerische Krönungswagen im Marstallmuseum München, München / Zürich 1967, S. 13, 19–21; Rudolf H. Wackernagel (Hg.), Staats- und Galawagen der Wittelsbacher. Kutschen, Schlitten und Sänften aus dem Marstallmuseum Schloß Nymphenburg, 2 Bde., Stuttgart 2002, Bd. 1, Nr. 18, S. 130–133 und Bd. 2, Nr. 18, S. 142–145.

[60] Erichsen / Heinemann (Hg.), Bayerns Krone 1806 (wie Anm. 1), Nr. 195, S. 229 (mit Abb.).

[61] Angabe nach Adalbert von Bayern, Max I. Joseph (wie Anm. 25), S. 738 f.

[62] Petzet / Wackernagel, Krönungswagen (wie Anm. 59), S. 13.

[63] „Zweiter Krönungswagen König Max I. Josephs": ebd., S. 22–25; Wackernagel (Hg.), Staats- und Galawagen (wie Anm. 59), Bd. 1, Nr. 20, S. 138–143 und Bd. 2, Nr. 20, S. 149–155.

[64] Rudolf H. Wackernagel, Der französische Krönungswagen von 1696–1825. Ein Beitrag zur Geschichte des repräsentativen Zeremonienwagens (Neue Münchner Beiträge zur Kunstgeschichte 7), Berlin 1966, zum „Carrosse du Sacre" Ludwigs XVI. von 1775, S. 227–252.

wurde von acht Pferden aus den königlichen Gestüten gezogen. Aber auch in ihm fuhr der König nicht zur Krönung, sondern zur Landtagseröffnung.

Das moderne Königreich Bayern war ein Verfassungsstaat, wohl auch deshalb war die Notwendigkeit einer Krönung nicht so groß. Die erste Konstitution vom 25. Mai 1808 bildete die Zusammenfassung der bisher durchgeführten Reformen.[65] Am 26. Mai 1818 erließ König Max I. Joseph eine weitere Konstitution, mit der die Umwälzungen seit seinem Regierungsantritt ihr Ende fanden.[66] Die Souveränität des Königs war vor der Konstitution gegeben, wurde durch sie nur beschränkt, nicht aber begründet. In der Präambel wurden die Grundrechte der Staatsbürger formuliert. Max I. Joseph und sein Minister Montgelas gestalteten Bayern als Königreich mit einer Staatsnation, wie der König bereits am 22. Januar 1806 proklamierte: „Seit dem Antritte Unserer Regierung waren Wir unablässig beschäftigt, bey der baierischen Nation den für das Vaterland so wohltätigen Gemeinsinn anzufachen, und ihr den eigenthümlichen National-Charakter wiederzugeben, durch welchen sie sich immer ausgezeichnet hat."[67] Die Vertretung der Nation war in der Konstitution von 1818 in zwei Kammern organisiert. Und genau hier, bei der Eröffnung der Ständeversammlung respective des Landtages und eben nicht bei einer Krönung, war nun die Gelegenheit, bei der sich monarchisches Zeremoniell entfaltete. Und nur hier kamen Krone, Kroninsignien und Krönungswagen zum Einsatz. König Max I. Joseph fuhr im jüngeren Zweiten Krönungswagen am 4. Februar 1819 zur feierlichen Eröffnung der Ständeversammlung von der Münchner Residenz zum Landtagsgebäude in der Prannerstraße. Zu diesem Anlaß wurden die nachgebildeten Kroninsignien des ersten Krönungswagens auf diesen übertragen.[68] Im älteren Ersten Krönungswagen folgte die Krone, die der Kron-Oberst-Postmeister Karl Alexander Fürst von Thurn und Taxis gemeinsam mit den übrigen Insignien und der Verfassungsurkunde hielt.[69]

Die bayerischen Krönungsinsignien fanden nur bei einzelnen Akten des Staatszeremoniells Verwendung.[70] Sie wurden dabei auf Präsentationskissen dem König vorangetragen oder in seiner Nähe aufgestellt. Dazu gehörten der Krönungseid und die feierliche Eröffnung des ersten Landtages in Form einer Erbhuldigung. Der Zweite Krönungswagen blieb bis 1913 ausschließlich dem Gebrauch des Monarchen bei der Thronbesteigung, bei Landtagseröffnungen und den damit verbundenen Auffahrten zum Hochamt in der St. Michaels-Hofkirche oder der Frauenkirche reserviert. Die

---

[65] Peter Wegelin, Die Bayerische Konstitution von 1808, in: Schweizer Beiträge zur Allgemeinen Geschichte 16, 1958, S. 142–206; Die bayerische Staatlichkeit, bearb. v. Kießling / Schmid (wie Anm. 15), Nr. 24, S. 73–79; Helmut Neuhaus, Auf dem Wege von „Unsern gesamten Staaten" zu „Unserm Reiche". Zur staatlichen Integration des Königreiches Bayern zu Beginn des 19. Jahrhunderts, in: Wilhelm Brauneder (Hg.), Staatliche Vereinigung: Fördernde und hemmende Elemente in der deutschen Geschichte („Der Staat", Beiheft 12), Berlin 1998, S. 107–135.

[66] Die bayerische Staatlichkeit, bearb. v. Kießling / Schmid (wie Anm. 15), Nr. 26, S. 80–94; Karl Möckl, Der moderne bayerische Staat. Eine Verfassungsgeschichte vom aufgeklärten Absolutismus bis zum Ende der Reformepoche (Dokumente zur Geschichte von Staat und Gesellschaft in Bayern III/1), München 1979.

[67] Königlich-Baierisches Regierungsblatt 1806, 4. Stück, München, Mittwoch, 22. Jänner 1806, S. 25.

[68] Dieser Vorgang wurde 1923 rückgängig gemacht: Wackernagel (Hg.), Staats- und Galawagen (wie Anm. 59), Bd. 1, S. 140.

[69] Petzet / Wackernagel, Krönungswagen (wie Anm. 59), S. 13 f.

[70] Ottomeyer, Kroninsignien (wie Anm. 1), S. 31. – Darstellung des Aktes vom 4. Februar 1819: Erichsen / Heinemann (Hg.), Bayerns Krone 1806 (wie Anm. 1), S. 135.

symbolische Bedeutung des Wagens war so hoch, daß König Maximilian II. ihn anläßlich seiner Thronbesteigung am 22. März 1848 als modernen Thron bezeichnen konnte: „Der Glaswagen, allen Blicken durchsichtig, ist das Bild des modernen Thrones, keine Purpurdecken verhüllen ihn mehr der argwöhnisch forschenden Menge; mögen die ihn inne haben, dieß nie vergessen, so handeln, daß sie diesen Blick nicht zu scheuen brauchen."[71]

Zu den Symbolen der Monarchie sind weiterhin die Herrscherportraits zu rechnen,[72] die in Kopien in den Amtsstuben im ganzen Land präsent waren. Ihnen kam nicht nur die Funktion einer Abbildung des Königs zu, sondern sie repräsentierten den Monarchen, fungierten als sein Stellvertreter bis zum absoluten Identitätsanspruch.[73] In Bayern überdauerte die „Übertragung monarchischer Rechtsfunktionen auf das Herrscherporträt" das Ancien Régime.[74] Noch das Strafgesetzbuch von 1813 kannte für das Delikt der Majestätsbeleidigung zweiten Grades als Strafe die „öffentliche Abbitte vor dem Bildnisse des Souverains".[75]

Die prominenteste Stellung unter den Herrscherportraits nehmen die Bilder der Monarchen im Krönungsornat ein. Diese Gemälde folgen weitgehend einem einheitlichen Schema, der Monarch im Krönungsornat steht vor einem Thronsessel neben einem Tisch, auf dem die Krone und das Szepter auf dem Repräsentationskissen liegen. Diesem Typ entspricht das erwähnte Portrait von Moritz Kellerhoven, und auch Joseph Stieler (1781–1858) folgt in seinem Staatsportrait (1822) König Max I. Joseph diesem Schema.[76] Er läßt den König einen Hut mit einem mächtigen Federbusch und Handschuhe halten. Vorbild für die Krönungsbilder Max Josephs waren die Staatsportraits Napoleons etwa von François Gérard (1770–1837) oder Louis André Gabriel Bouchet (1759–1842).[77] Eine bedeutende Änderung trat auf dem zweiten Krönungsbild Kellerhovens von 1818 ein. Auf dem Tisch neben dem König liegen nun, jeweils auf Repräsentationskissen, die Verfassungsurkunde des Königreichs Bayern und, durch diese in den Hintergrund gerückt, die Krone.[78] Das offizielle Staatsportrait König Ludwigs I. hat Joseph Stieler – im Jahr 1826 – geschaffen.[79] Es zeigt Ludwig I.

---

[71] Achim Sing, Die Memoiren König Maximilians II. von Bayern 1848–1864 (Schriftenreihe zur bayerischen Landesgeschichte 112), München 1997, S. 155.

[72] Rainer Schoch, Das Herrscherbild in der Malerei des 19. Jahrhunderts, Diss. phil. Karlsruhe 1972.

[73] Vgl. Wolfgang Brückner, Bildnis und Brauch. Studien zur Bildfunktion der Effigies, Berlin 1966.

[74] Schoch, Herrscherbild (wie Anm. 72), S. 12.

[75] Strafgesetzbuch für das Königreich Baiern, München 1813, Art. 311, S. 122. – Vgl. zu den rechtlichen Voraussetzungen Elisabeth Droß, Vom Spottgedicht zum Attentat. Angriffe auf König Ludwig I. von Bayern (1825–1848) (Münchner Studien zur neueren und neuesten Geschichte 11), Frankfurt am Main u. a. 1994, v. a. S. 56–65.

[76] Bayerische Staatsgemäldesammlungen (1021): Bayerische Staatsgemäldesammlungen Neue Pinakothek München, Gemäldekataloge 4. Spätklassizismus und Romantik, bearb. v. Thea Vignau-Wilberg, München 2003, Nr. 1021, S. 502–505 (mit Abb.); Ulrike von Hase, Joseph Stieler 1781–1858. Sein Leben und sein Werk. Kritisches Verzeichnis der Werke, München 1971, Nr. 88 (mit Abb.), S. 127; Abb.: Erichsen / Heinemann (Hg.), Bayerns Krone 1806 (wie Anm. 1), Nr. 227, Abb. 1, S. 36.

[77] Schoch, Herrscherbild (wie Anm. 72), S. 60–65.

[78] Bayerische Schlösserverwaltung: Erichsen / Heinemann (Hg.), Bayerns Krone 1806 (wie Anm. 1), Nr. 301, S. 279, Abb. S. 272.

[79] Bayerische Staatsgemäldesammlungen (1062): Bayerische Staatsgemäldesammlungen Neue Pinakothek 4, bearb. v. Vignau-Wilberg (wie Anm. 76), Nr. 1062, S. 505–511 (mit Abb.); Hase, Stieler (wie Anm. 76), Nr.

im Krönungsornat, neben ihm befindet sich auf einem Tisch die Krone auf dem Repräsentationskissen. Dazwischen ist die Verfassungsurkunde mit einer mächtigen Siegelkapsel geschoben, die Krone ruht also auf der Konstitution. Zudem wird sie durch die rechte Hand des Königs in den Hintergrund gerückt, die sich auf die Verfassung stützt und zugleich in etwas nonchalanter Weise das Szepter hält. Auch von König Max II. existiert ein Staatsportrait im Krönungsornat, das durch Säulen und Statuen im Thronsaal der Münchner Residenz lokalisiert ist.[80] Der König weist mit seiner rechten Hand, welche einen Teil der Krone verdeckt, nachdrücklich auf die Verfassung. König Max II. hat sich dann von Joseph Bernhardt (1805–1885) nicht mehr im empirezeitlichen Krönungsornat, sondern in Uniform mit einem Hermelinmantel abbilden lassen.[81] Auch der junge König Ludwig II. ließ sich von Ferdinand Piloty (1828–1895) in Generaluniform mit Krönungsmantel darstellen.[82] Während die Krone auf dem Repräsentationskissen neben ihm auf einem Tisch liegt, fehlt allerdings die Verfassungsurkunde. Einer anderen Traditionslinie entstammen die neobarocken Repräsentationsportraits Ludwigs II. Wegen seiner Verehrung des „Sonnenkönigs" Ludwigs XIV. ließ er sich in der Pose des absoluten Monarchen darstellen.[83] Allerdings handelt es sich bei dem bekannten Portrait Gabriel Schachingers (1850–1912) nicht um eine Darstellung im Krönungsornat, sondern als Großmeister des Georgi-Ritterordens.[84] Freilich trägt er den blauen, hermelinbesetzten Großmeistermantel wie einen Herrscherornat. König Ludwig III. ließ sich in dem traditionellen Krönungsornat mit Krone und Verfassungsurkunde auf einem Tisch portraitieren.[85]

Unter König Max I. Joseph war das monarchische Zeremoniell nur schwach ausgeprägt. Einen eigenen Thronsaal gab es am Beginn des Königreiches nicht. Max I. Joseph ließ sich einen Thronsessel im Staatsratzimmer aufstellen.[86] Erst König Ludwig I. sorgte für eine beeindruckende Inszenierung der Monarchie. Im 1842 vollendeten Festsaalbau[87] an der Hofgartenseite der Münchner Residenz wurde eine gewaltige Halle errichtet, als deren einziges Möbelstück als Abschluß der großen Enfilade an der Stirnseite unter einem Baldachin sein Thron Aufstellung fand.[88] Zwischen den Säulen an den Längsseiten wurden zwölf überlebensgroße, feuervergoldete Statuen

---

123 und 124 (mit Abb.), S. 131; Johannes Erichsen, Das Staatsporträt Ludwigs I. ..., in: Erichsen / Henker (Hg.), „Vorwärts, vorwärts ..." (wie Anm. 23), Nr. 4, S. 26 und Abb. S. 82.

[80] Abb.: Haus der Bayerischen Geschichte (Hg.), König Maximilian II. von Bayern 1848–1864, Rosenheim 1988, Vorsatzblatt.

[81] Hase, Stieler (wie Anm. 76), Nr. A 31, S. 153 (mit Abb.).

[82] König Ludwig II. und die Kunst (Ausstellung im Festsaalbau der Münchner Residenz vom 20. Juni bis 15. Oktober 1968), Redaktion Michael Petzet, München 1968, Nr. 1, S. 145 (Abb. Umschlagbild); Gerhard Hojer (Hg.), König Ludwig II.-Museum Herrenchiemsee. Katalog, München 1986, Nr. 1, S. 147, Abb. S. 13.

[83] Schoch, Herrscherbild (wie Anm. 72), S. 197 f.

[84] Abb.: Hojer (Hg.), König Ludwig II.-Museum (wie Anm. 82), Nr. 164, S. 263 f., Abb. S. 254.

[85] Abb.: de Smet, Der Große Blaue Diamant (wie Anm. 2), vor S. 33.

[86] Erichsen / Heinemann (Hg.), Bayerns Krone 1806 (wie Anm. 1), S. 281–285; Ein erhaltener Thronsessel: ebd., Nr. 185, S. 226.

[87] Die königliche Residenz. Dritte Abtheilung. Der Neu- oder Festsaalbau, München [1841]; Eva-Maria Wasem, Die Münchener Residenz unter Ludwig I. Bildprogramme und Bildausstattungen in den Neubauten (Miscellanea Bavarica Monacensia 101), München 1981, S. 164–220; Winfried Nerdinger (Hg.), Leo von Klenze. Architekt zwischen Kunst und Hof 1784–1864, München 2000, Nr. 47, S. 290–297.

[88] Wasem, Münchener Residenz (wie Anm. 87), S. 198–205; Hans Ottomeyer (Hg.), Das Wittelsbacher Album. Interieurs königlicher Wohn- und Feberäume 1799–1848, München 1979, Nr. 27, S. 115 f.

bedeutender Wittelsbacher Herrscher aus der bayerischen und pfälzischen Linie von Ludwig von Schwanthaler aufgestellt.[89] Ganz bewußt inszenierte Ludwig I. sich als Herrscher „umgeben von den Standbildern ruhmvoller Fürsten, die mir Vorfahrer waren und Muster sein sollen in allem Guten, was sie getan."

Zu den traditionellen Formen monarchischer Repräsentation, die in die Zeit vor der Proklamation des Königreiches und dem Erlaß der Verfassung zurückreichten, gehörten die Hausritterorden und ihre Feste. Die Ritterorden vom Heiligen Hubertus und vom Heiligen Georg, beide im 18. Jahrhundert wieder- oder neubegründet, blieben dem Hochadel und Adel vorbehalten, sichtbar wurden sie bei den prunkvoll in der Residenz zelebrierten Ordensfesten. Der Ritterorden vom Hl. Hubertus, der 1444 von Herzog Gerhard V. von Jülich-Berg gestiftet und verschiedentlich erneuert worden war, bildete nach einer Verordnung vom 19. Mai 1808 den höchsten des Königreiches.[90] Ludwig I., Ludwig II. und Prinzregent Luitpold ließen sich verschiedentlich im Streitkleide mit Ordensmantel oder in altspanischer Hoftracht als Großmeister darstellen. Die Stiftung des Ritterordens vom Hl. Georg erfolgte am 28. März 1729.[91] König Ludwig II. erneuerte die Statuten und betonte die caritative Aufgabenstellung.[92]

Mit den konkreten Symbolen der Monarchie in Bayern hatte nur ein ausgewählter Kreis tatsächlichen Kontakt. Allerdings waren sie in Amtsstuben, an staatlichen Gebäuden und bei Festdekorationen, aber auch durch den Gebrauch von Wappen im täglichen Leben schier allgegenwärtig. Die Königswürde erforderte ein neues Wappen, dessen Notwendigkeit durch die Erweiterung Bayerns um die fränkischen und schwäbischen Gebiete noch dringlicher wurde. Nach verschiedenen Versuchen fand auch hier Ludwig I. eine überzeugende Lösung.[93] Er führte 1835 in historisierendem Rückgriff ein neues Wappen ein, welches mit seinen vier Bildern dem vom König postulierten Charakter Bayerns als Stämmestaat aus Bayern, Franken, Schwaben und Pfälzern entsprach.[94] Als Symbol für Gesamtbayern fand weiter der Rautenschild als Herzschild Verwendung.

Zum monarchischen Kult gehörten das Kirchengebet[95] wie die Feier der Allerhöchsten Geburts- und Namenstage im ganzen Land.[96] Die Abhaltung von Volks- und Na-

---

[89] Wasem, Münchener Residenz (wie Anm. 87), S. 338 f.; Erichsen / Henker (Hg.) „Vorwärts, vorwärts …" (wie Anm. 23), Nr. 250, S. 174–176 (hier folgendes Zitat).

[90] Friedrich Leist, Der Königlich Bayerische Hausritterorden vom Heiligen Hubertus, Bamberg 1892, hier Anlage III, S. 83.

[91] Ernst von Destouches, Geschichte des Königlich Bayerischen Haus-Ritter-Ordens vom heiligen Georg (Bayerische Bibliothek 2), Bamberg 1890; Ausstellungskatalog: „Der Bayerische Hausritterorden vom Heiligen Georg 1729–1979", München 1979.

[92] 4.7.1871: Statuten des königlich bayerischen Haus-Ritter-Ordens vom Heiligen Georg (ein Exemplar: Geheimes Hausarchiv München, Hausritterorden vom Hl. Georg, Sekretariat 131).

[93] Paul Ernst Rattelmüller, Das Wappen von Bayern, München 1969, S. 63–79 (Farbtafel S. 69); Wilhelm Volkert, Die Bilder in den Wappen der Wittelsbacher, in: Hubert Glaser (Hg.), Die Zeit der frühen Herzöge. Von Otto I. zu Ludwig dem Bayern. Beiträge zur Bayerischen Geschichte und Kunst 1180–1350 (Wittelsbach und Bayern I/1), München / Zürich 1980, S. 13–28, hier S. 21 f. (Abb. Tafel 3/24).

[94] Regierungsblatt für das Königreich Bayern 1835, S. 889.

[95] Einführung des Kirchengebets für den König und seine Familie: Königlich-Baierisches Regierungsblatt 1806. 12. Stück, München, Mittwoch, 19.3.1806, S. 109 f.

[96] Zum monarchischen Kult in Bayern bis 1918 zusammenfassend: Werner K. Blessing, Der monarchische Kult, politische Loyalität und die Arbeiterbewegung im deutschen Kaiserreich, in: Gerhard A. Ritter (Hg.),

tionalfesten sowie von Festumzügen wie ab 1826 in Nürnberg am Geburts- und Namenstag des Königs und nach diesem Vorbild in Ansbach und Bamberg bildete ein Element der Bürgerschaft, ihrer Loyalität zum König Ausdruck zu verleihen.[97] Zu den Formen herrscherlicher Repräsentation gehörten Reisen des Königs oder Regenten durch das ganze Land, bei denen auf jeweils moderne Verkehrsmittel zurückgegriffen wurde.[98] König Ludwig II. erreichte dadurch etwa nach der Niederlage von 1866 in Franken große Popularität.[99] Die Besuche in den Städten und Märkten, die Durchfahrten durch kleinere Orte folgten einem strengen Ritual. Die inszenierte Selbstdarstellung der Herrscher ermöglichte gleichzeitig die Huldigung durch die Untertanen.

In dieses Umfeld gehört das Absingen von Hymnen und Liedern. Nationalhymnen kamen erst im Gefolge der Französischen Revolution auf. Bis über die Mitte des 19. Jahrhunderts wurde in Bayern die Komposition „Heil unserm König, Heil / Lang Leben sei sein Teil" als einzige Königshymne auf die Melodie „God save the king" gesungen.[100] Im Laufe des 19. Jahrhunderts kam es zu zahlreichen Versuchen, eine eigene bayerische Hymne zu schaffen.[101] Im Zuge eines Wettbewerbs entstand 1859 das Lied „Gott mit dir, du Land der Bayern", dessen Text Michael Öchsner (1816–1893) dichtete.[102] Die zugehörige Melodie komponierte Konrad Michael Kunz (1812–1875). Die dritte Strophe, die in verschiedenen Fassungen vorliegt, wurde bald alternativ auch als Königshymne verwendet: Gott mit Ihm, dem Bayernkönig! / Segen über Sein Geschlecht! / Denn mit Seinem Volk in Frieden / Wahrt er dessen heilig Recht. / Gott mit Ihm, dem Landesvater! / Gott mit uns in jedem Gau! / Gott mit dir, du Land der Bayern, / Deutsche Heimath – Weiß und Blau![103]

Auch ohne Krönung fanden im Königreich Bayern die vielfältigen Formen des monarchischen Kultes des 19. Jahrhunderts Verwendung.[104] Bei der Aufbahrung eines

---

Arbeiterkultur (Neue wissenschaftliche Bibliothek 104), Königstein im Taunus 1979, S. 185–208, hier S. 186–189.

[97] Michael Henker, „Auf daß die Baiern recht oft an ihr Vaterland denken". Historische Elemente in Festzügen im Bayern König Ludwigs I., in: Johannes Erichsen / Uwe Puschner (Hg.), „Vorwärts, vorwärts sollst du schauen …". Geschichte, Politik und Kunst unter Ludwig I. Aufsätze (Veröffentlichungen zur Bayerischen Geschichte und Kultur 9/86), München 1986, S. 497–519.

[98] Werner K. Blessing, Der König kommt. Die offiziellen Reisen der Monarchen im Königreich Bayern (Bayern – Land und Leute, Sendung 30.3.1975) (Manuskript, ein Exemplar: Bayerische Staatsbibliothek München, 4 Rem. V 381).

[99] Hans-Max von Aufseß, Ludwig II. Triumphzug durch Franken, Nürnberg 1980.

[100] Hermann Heimpel, Für Bayern. Schicksale der „Bayernhymne", in: Zeitschrift für bayerische Landesgeschichte 36, 1973, S. 680–718, hier S. 682 f.

[101] Robert Münster, Bayerische National- und Königshymnen von 1800 bis 1901, in: Rudolf Elvers / Ernst Vögel (Hg.), Festschrift Hans Schneider zum 60. Geburtstag, München 1981, S. 173–189.

[102] Heimpel, Für Bayern (wie Anm. 100), S. 708–712 (Öchsners Lied-Text Anhang, S. 714 f., Neufassung von Josef Maira Lutz, Anhang, S. 715 f.); Johannes Timmermann, „Gott mit dir, du Land der Bayern …" Wie das Lied „Für Bayern" von Öchsner und Kunz zur Bayernhymne wurde, in: Schönere Heimat 85, 1996, S. 201–208.

[103] Text nach Programm zur Verfassungsfeier am 26.5.1862 in München, Faksimile: Timmermann, „Gott mit dir, du Land der Bayern …" (wie Anm. 102), S. 205.

[104] Vgl. auch Simone Mergen, Monarchiejubiläen im 19. Jahrhundert. Die Entdeckung des historischen Jubiläums für den monarchischen Kult in Sachsen und Bayern (Schriften zur sächsischen Geschichte und Volkskunde 13), Leipzig 2005; Hubertus Büschel, Untertanenliebe. Der Kult um deutsche Monarchen 1770–1830 (Veröffentlichungen des Max-Planck-Instituts für Geschichte 220), Göttingen 2006.

verstorbenen Königs wurden die Kroninsignien beim Katafalk aufgestellt. Letztmals geschah dies mit der bayerischen Königskrone am 7. August 1955 auf Anordnung des sozialdemokratischen Ministerpräsidenten Dr. Wilhelm Hoegner bei der Aufbahrung Kronprinz Rupprechts von Bayern in der Münchner Ludwigskirche.[105]

---

[105] [Andreas von Majewski,] 125. Geburtstag Kronprinz Rupprecht von Bayern. Exponatenliste von der Kronprinz Rupprecht-Ausstellung in Berchtesgaden, 19.5.–31.7.1994, [München 1994], S. 33.

Karl Möckl

Die bayerischen Bezirke. Historische Grundlagen und Perspektiven*

Der ehemalige schwäbische Bezirkstagspräsident und Präsident des Verbandes der bayerischen Bezirke Dr. Georg Simnacher ließ sich gerne als „Schwabenherzog" feiern. Gewiss war es Selbststilisierung. Dahinter stand nach einer 25- beziehungsweise 30-jährigen Amtszeit in beiden Funktionen aber vor allem das politische Bemühen, die Demokratie auf der Grundlage regionaler Repräsentation auszubauen. Im Kern ging es bei allen Bezirksreformbemühungen um das Anliegen, die Bezirke als historisch gewachsene Regionen schärfer zu profilieren.[1] Die Bezirke sollten nicht Instrumente der Regierung sein, sondern über eine eigenständige Finanzgestaltung hoheitliche Aufgaben erfüllen und in repräsentativer Funktion den regionalen Gesamtwillen auf Landes- und europäischer Ebene zur Geltung bringen.[2] Hier wird ein Grundkonflikt sichtbar, wie er schon in der Entstehungszeit der Bezirksvertretungen, damals Landräte als Kreisversammlungen, in der Reformepoche zu Beginn des 19. Jahrhunderts vorhanden war.

Die Bezirke, früher Kreise, hatten ihren Weg zwischen regionaler Vertretungskörperschaft und staatlicher Verwaltungseinrichtung zu suchen. Eine eindeutige Identität konnten sie bisher nicht entwickeln. Dies erscheint für die Zukunft aber unabdingbar zu sein, um die für die demokratische Legitimation nötige öffentliche und politische Akzeptanz zu gewinnen.

* * *

Die Idee der regionalen politischen Repräsentation in Bayern im modernen Sinn geht zurück auf die Anfänge der Verfassungsbewegung um die Wende zum 19. Jahrhundert. Zwei Reformströme befruchteten sich hier gegenseitig. Der des Aufgeklärten Absolutismus seit Kurfürst Max III. Joseph und der des französischen Einflusses. Letzterer geschah zweifach, einmal durch die napoleonische Herrschaft und die Rheinbundzugehörigkeit Bayerns und zum anderen durch die politische Funktion des rheinischen Rechts in der Pfalz. Von hier aus lassen sich Auswirkungen auf das rechtsrheinische Bayern feststellen. Insbesondere galt dies für die Institution des Landrates.[3] Die revolutionäre Tradition allein war nicht maßgeblich. Schon der Fi-

---

* Der Beitrag ist die überarbeitete Fassung eines Vortrages, den der Verfasser anlässlich eines Festaktes „170 Jahre Bayerische Bezirke" am 15. Dezember 1998 im Landrätesaal der Regierung von Oberfranken in Bayreuth gehalten hat. Die Forschung zur Region in den unterschiedlichen Bezügen gehört zu den bevorzugten Anliegen des Jubilars. Insofern freut es mich besonders, ihm diese Studie dedizieren zu können.

[1] Vgl. u.a. Süddeutsche Zeitung vom 5.2.1999 und 22.9.2003; Bayernkurier vom 5.2.1999; Bayerische Staatszeitung vom 5.2.1999; Reinhold Haggenmüller, Der Bezirkstag Schwaben 1954–1978 (Materialien zur Geschichte des Bayerischen Schwaben 4, Geschichte des Bezirkstages Schwaben IV), Augsburg 1978, S. 109; Dieter Draf / Konrad Ackermann u.a. (Hg.), Schwaben – Bayern – Europa. Zukunftsperspektiven der bayerischen Bezirke (Festschrift für Dr. Georg Simnacher), St. Ottilien 1992, S. 582 Abb.

[2] U.a. Bayerische Staatszeitung vom 17.12.1999, vom 9.2.2001, vom 8.6.2001 und vom 6.7.2001.

[3] Max von Seydel, Bayerisches Staatsrecht, 3. Bd., München 1887; Peter Pierer von Esch, Der bayerische Landrat 1829–1848 (Diss. Erlangen), Neustadt a. d. Aisch 1960; Karl-Georg Faber, Die Rheinlande zwischen Restauration und Revolution. Probleme der rheinischen Geschichte von 1814 bis 1848 im Spiegel der zeitge-

nanzminister Ludwigs XVI. Jacques Necker versuchte mit Hilfe von administrations provinciales, Provinzversammlungen, der Finanzkrise als dem Kern der Staatskrise beizukommen. Aus ihnen entwickelte sich infolge der Neueinteilung der Revolution die Institution des Conseils générales du département, der Departementalrat, der beim Anschluss des Rheinkreises, der Pfalz, an Bayern 1816 seine Bezeichnung durch Verordnung vom 16. Oktober desselben Jahres in Landrat änderte. Nach der französisch-revolutionären Tradition war der Departementalrat eine Einrichtung der Staatsverwaltung, aber nicht nur. Der Staatswille sollte von oben nach unten vermittelt werden. Abbé Sieyes formulierte: „La confiance vient d'en bas, l'autorité d'en haut".[4] Diese Auffassung teilt Maximilian von Montgelas, wenn er für die Stabilität eines Staates die aktive Mitarbeit der Bürger und „die Bejahung des Staates durch das Volk" für nötig hielt.[5]

Nach dem Übergang der rheinischen Gebiete an Bayern gewährte die bayerische Regierung weitgehende Selbstverwaltungsrechte. So heißt es in der königlichen Entschließung vom 27. August 1816, dass „dieser Conseil général – Landesdeputation – ein vollkommenes Surrogat der Landstände oder einer Landesrepräsentation, nach welcher dermal das Verlangen so allgemein ist, sein würde [...]".[6] Die Verfassungsurkunde von 1818 erwähnt die Kreisvertretungen nicht, dennoch werden sie sowohl in der Verordnung vom 2. Februar 1817 als auch in der Staatsratsinstruktion vom 3. Mai 1817 gefordert. Die Verordnung legt fest, dass „zur Begründung einer Repräsentation, welche das Vertrauen des Volkes und die Kraft der Regierung in sich zu vereinigen geeignet sei, alljährlich in den Kreisen ein Landrat zusammengerufen und über die durch den Staatsrat ihm vorzulegenden Gegenstände der Gesetzgebung und Belegung (Besteuerung) mit seinem Gutachten vernommen werden" solle.[7] In einem von Montgelas angeforderten Gutachten teilte die Pfälzer Regierung am 24. Februar 1816 als „Zwecke und Verrichtungen" mit: „a) Untersuchungen der Bedürfnisse des Regenten und des Staates; Bewilligung, Abänderung und Bestimmung der Auflagen; b) Wachsamkeit über deren richtige Anwendung zu den bestimmten Zwecken; c) Wachsamkeit über die Erhaltung der Verfassung und gesetzlicher Widerstand gegen Eingriffe in

---

nössischen Publizistik, Wiesbaden 1966; ders., Die rheinischen Institutionen, in: Johannes Bärmann / Alois Gerlich, u.a. (Hg.), Hambacher Gespräche 1962, Bd. 1, Wiesbaden 1964, S. 20–40; Heiner Haan (Bearb.), Hauptstaat – Nebenstaat. Briefe und Akten zum Anschluß der Pfalz an Bayern 1815/17 (Veröffentlichungen der Landesarchivverwaltung Rheinland-Pfalz 29), Koblenz 1977; Fritz Dereser, Der Landrat der Pfalz im Vormärz. Ein Beitrag zur Geschichte der Entwicklung der deutschen Selbstverwaltung im 19. Jahrhundert (Diss. Mainz), Winnweiler (Pfalz) 1954; Werner K. Blessing, Bayerns Verwaltung im 20. Jahrhundert, in: Zeitschrift für bayerische Landesgeschichte (künftig: ZBLG) 61, 1998, S. 59–95; ders., Franken im Bayern des 19. Jahrhunderts. Bemerkungen zu einem labilen Horizont, in: ders. / Dieter J. Weiss (Hg.), Franken. Vorstellung und Wirklichkeit in der Geschichte, Neustadt a. d. Aisch 2003, S. 339–363; ders., Staatsintegration als soziale Integration. Zur Entstehung einer bayerischen Gesellschaft im frühen 19. Jahrhundert, in: ZBLG 41, 1978, S. 633–700.

[4] Zit. nach André Hauriou / Jean Gicquel / Patrice Gélard, Droit constitutionnel et institutions politiques, 6e éd., Paris 1975, p. 801.

[5] Eberhard Weis, Montgelas 1759–1799. Zwischen Revolution und Reform, München 1971, S. 344.

[6] Haan, Hauptstaat (wie Anm. 3), S. 253.

[7] Seydel, Bayerisches Staatsrecht (wie Anm. 3), S. 280; Dereser, Der Landrat der Pfalz (wie Anm. 3), S. 29 f.

dieselbe; d) Anzeige durch Erfahrung erlangter Überzeugung von der Notwendigkeit einzelner Verbesserungen in der Gesetzgebung und Staatsverwaltung".[8]

Auch wenn die Zugeständnisse der bayerischen Regierung keineswegs voll umfänglich gesichert waren, einer Los-von-Bayern-Bewegung vorgebeugt werden sollte, wirkte das Fortbestehen der rheinischen Institutionen, die schließlich mit Reskript vom 5. Oktober 1818 weitgehend garantiert wurden, und die Kreation des neuen Landrates durch Verordnung vom 16. Oktober 1816 für die Bevölkerung wie eine Initialzündung zur Wahrnehmung der verbrieften Rechte der Selbstverwaltung.[9] Begünstigt wurde die Entwicklung durch die gesellschaftliche Nivellierung in der napoleonischen Ära. So fehlte der Adel als Stand. Der gewählte Landrat hatte trotz indirekter Wahl einen ausgesprochen bürgerlichen Charakter.[10] Die personelle Kontinuität zur napoleonischen Ära ist unverkennbar. Ein nicht unerheblicher Teil der Mitglieder, die vorher im Departementalrat saßen, waren nun Mitglieder des Landrates. Es überrascht nicht, dass der Landrat des Rheinkreises die Forderung auf Einführung dieser Institution in den rechtsrheinischen Kreisen forderte.

Die Diskussion um die Errichtung von Kreis- beziehungsweise Provinzialversammlungen währte seit Erlass der Konstitution von 1808. Es war der Wille König Max I. Joseph, die Institution des Landrates auch in den rechtsrheinischen Kreisen einzuführen. Auch Kronprinz Ludwig, der spätere König, schloss sich euphorisch dieser Auffassung an. 1821 schrieb er an Finanzminister Freiherrn von Lerchenfeld: „Bereits vor einigen Tagen hatte ich, angenehm mich überraschend, erfahren, dass wir bloß zu vernehmende Landräte bekommen würden; solche wünsche ich nicht, sondern die des Rheinkreises […] In der von mir gelesen werdenden, Teilnahme erregenden Bayerischen Wochenschrift sah ich des rheinischen Landrates Äußerung beim Schluß seiner jüngsten Sitzung. Küssen hätte ich die Männer mögen, so gefiel mir fast alles, was sie sprachen".[11]

Es war ein langwieriger Prozess.[12] Die Kammer der Abgeordneten des Landtages forderte bereits am 24. April 1819 einstimmig die Einführung des Landrates nach pfälzischem Muster in ganz Bayern. Mit dem Einwand, dass damit die Einheit der

---

[8] Haan, Hauptstaat (wie Anm. 3), S. 71.

[9] Dereser, Der Landrat der Pfalz (wie Anm. 3), S. 33 ff.; Faber, Rheinlande (wie Anm. 3), S. 305 ff.

[10] Vgl. die Liste der Mitglieder des ersten Landrates und der Wahlmänner für die erste Landratswahl 1816. Dereser, Der Landrat der Pfalz (wie Anm. 3), S. 39, 218 ff.

[11] Zit. nach Michael Doeberl, Entwicklungsgeschichte Bayerns, 3. Bd., München 1931, S. 9.

[12] Zum Folgenden: Stenographische Berichte der Verhandlungen der Kammer der Abgeordneten und der Kammer der Reichsräte; Seydel, Bayerisches Staatsrecht (wie Anm. 3), S. 279 ff.; Dereser, Der Landrat der Pfalz (wie Anm. 3); Pierer von Esch, Der bayerische Landrat (wie Anm. 3); Gustav Freiherr von Lerchenfeld, Geschichte Bayerns unter König Maximilian Joseph I. mit besonderer Beziehung auf die Entstehung der Verfassungsurkunde, Berlin 1854; Franz Dobmann, Georg Friedrich Freiherr von Zentner als bayerischer Staatsmann in den Jahren 1799 bis 1821 (Münchner Historische Studien, Abt. Bayerische Geschichte VI), Kallmünz 1962; Hubert Ostadal, Die Kammer der Reichsräte in Bayern von 1819 bis 1848. Ein Beitrag zur Geschichte des Frühparlamentarismus (Miscellanea Bavarica Monacensia 12), München 1968; Karl-Heinz Zuber, Der „Fürstproletarier" Ludwig von Oettingen-Wallerstein 1791–1870 (ZBLG, Beiheft 10), München 1978; Wilhelm Volkert (Hg.), Handbuch der bayerischen Ämter, Gemeinden und Gerichte 1899–1980, München 1983; ders., Die bayerischen Kreise. Namen und Einteilung 1808 und 1838, in: Ferdinand Seibt (Hg.), Gesellschaftsgeschichte. Festschrift für Karl Bosl zum 80. Geburtstag, Bd. II, München 1988, S. 308–323; Dirk Götschmann, Bayerischer Parlamentarismus im Vormärz. Die Ständevertretung des Königreichs Bayern 1819–1848, Düsseldorf 2002.

Landesrepräsentation und die Einheit der Regierungsgewalt, wie in der Verfassung von 1818 vorgesehen, beeinträchtigt würde, lehnte die Kammer der Reichsräte den Beschluss ab. Im Grunde war sie generell gegen die Einführung der Landräte. Dennoch beauftragte der König Staatsminister Freiherrn von Zentner am 20. Januar 1821 mit der Ausarbeitung einer entsprechenden Vorlage. Das Ergebnis war eine Weichenstellung. Der Pfälzer Landrat sollte zwar bestehen bleiben, aber die rechtsrheinischen Landräte sollten weniger als eine repräsentative Einrichtung, sondern „als eine Regierungsanstalt und als eine Ergänzung der Gemeindeverfassung erscheinen". Dass die Neuordnung auf dem Verordnungswege mit dem 1. Januar 1822 geschah, verdeutlicht die politische Neuorientierung. Dieser Landrat sollte nur „eine die Regierung aufklärende und beratende Anstalt" sein. Nicht nur die Kammer der Abgeordneten übte scharfe Kritik und hielt am Pfälzer Modell fest, sondern auch die Kammer der Reichsräte verweigerte sich, hier besonders die adeligen Grundbesitzer. Die Regierung verzichtete daraufhin auf den Vollzug der Verordnung.

Nach den Neuwahlen zum Landtag 1825 legte die Regierung einen neuen Landratsgesetzentwurf vor. Auch er ließ das Pfälzer Recht unberührt, bot aber doch im Bereich des Steuerwesens, der Rechnungsprüfung, des Beschwerderechts und der Zusammensetzung befriedigende Lösungen an. Gestärkt wurde das Wahlrecht der adeligen Grundbesitzer und der Standesherrn. Die Vorschläge gingen ihnen aber dennoch nicht weit genug. Außerdem lehnten sie die Beteiligung des Landrates am Steuerwesen ab und verweigerten auch die zu weit gehenden Entscheidungsbefugnisse. So folgte der Zustimmung der Kammer der Abgeordneten die Ablehnung der Kammer der Reichsräte.

Man konnte sich nicht einigen, wie die Doppeleigenschaft des Landrates, an dem man festhalten wollte, nämlich Organ der Verwaltung einerseits und Repräsentation andererseits zu sein, geregelt werden sollte. Dahinter standen unterschiedliche Interessen. Man muss beim Sturz Maximilian von Montgelas' 1817 nicht an eine „Adelsverschwörung" und „Beamtenrevolte" glauben, um zu erkennen, dass davon in der Folgezeit die Regierungs- und Gesetzgebungspolitik nachhaltig geprägt werden würde.[13] Regierung, Abgeordnetenkammer und Kammer der Reichsräte konnten sich in der Landratsgesetzgebung auf keine gemeinsame Linie einigen.

* * *

Nach dem Tod Max I. Joseph 1825 wurde sein Sohn Ludwig (I.) König. In seiner Thronrede zur Eröffnung des Landtages 1827 kündigte er den Ausbau der Verfassung an. Dabei lag ihm auch die Einführung der Landräte in ganz Bayern besonders am Herzen. Den Gesetzentwurf legte Innenminister Graf Armansperg bereits im November 1827 vor. Die Aussprache zeigt, dass die reformerischen Kräfte im neuen Plenum schwächer geworden waren. Eine gute Zusammenarbeit mit der Regierung stand au-

---

[13] Karl Otmar von Aretin, Der Sturz des Grafen Montgelas. Ursachen und Wirkungen auf die Außenpolitik und den inneren Staatsaufbau Bayerns, in: ZBLG 20, 1957, S. 83–135; Hanns Helmut Böck, Karl Philipp Fürst von Wrede als politischer Berater König Ludwigs I. von Bayern (1825–1838). Ein Beitrag zur Geschichte der Regierung König Ludwigs I. (Miscellanea Bavarica Monacensia 8), München 1968; Haan, Hauptstaat (wie Anm. 2), S. 36 ff., 263; Eberhard Weis, Montgelas. 2. Bd. Der Architekt des modernen bayerischen Staates 1799–1838, München 2005, S. 796 ff.

ßer Zweifel, so dass die Zustimmung zum Gesetzentwurf feststand. Die Kammer der Reichsräte blieb zunächst bei ihrer grundsätzlich ablehnenden Haltung, musste aber letztlich einlenken, da weitere Zugeständnisse an den Adel gemacht wurden und Finanz- und Innenminister Graf Armansperg mit großer Konsequenz die Position der Regierung vertrat. Die Abstimmung in der Kammer der Reichsräte fiel knapp aus, aber der Gesamtbeschluss beider Kammern kam zustande. Das Gesetz, die Einführung der Landräte betreffend, erlangte am 15. August 1828 Wirksamkeit. Es galt für alle bayerischen Kreise (Bezirke). Der Tag des Inkrafttretens kann als der Geburtstag der bayerischen Bezirke angesehen werden.[14]

Die Präambel gibt als Zweck „die Vereinfachung der inneren Verwaltung" und die „größere Befestigung eines geordneten Staatshaushaltes" an. Die Kreation und die Befugnisse weisen aber über das hinaus, was als Instrument der Staatsverwaltung zu bezeichnen wäre. Die Wahl des 24-köpfigen Landrates je Kreis (Regierungsbezirk) erfolgte indirekt im wesentlichen nach dem Wahlmodus der Landtagsabgeordneten. Bevorzugt waren die begüterten Standesherrn, die erblichen Reichsräte und die Universitäten. An Aufgaben wurden dem Landrat zugewiesen: Die Verteilung der zugeordneten Steuern, die Prüfung der Ausgaben und der Verwaltung sonstiger Fonds sowie die Feststellung der Umlagen. Wichtig war das Recht zur „Äußerung über den Zustand des Regierungsbezirks und über die etwa wahrgenommenen Gebrechen der Verwaltung sowie die Stellung hierauf bezüglicher Anträge zur Abhilfe und Verbesserung", ebenso das Recht zur Abgabe von Gutachten auf königliche Anforderung. Die Mitgliedschaft im Landrat war nicht kompatibel mit einem Abgeordnetenmandat. Außerdem mussten die Mitglieder des Landrates neben dem Verfassungseid einen strengen Wählereid leisten.[15]

Das Pfälzer Vorbild wurde nicht erreicht. Aber die Praxis zeigt, dass sich in allen bayerischen Kreisen (Regierungsbezirken) die Landräte als politische Institution begriffen. Regierungspräsident von Stichamer bringt dies 1832 in seiner Eröffnungsansprache anlässlich der Versammlung des Rezatkreises (Mittelfranken) vorsichtig zum Ausdruck: „Zwischen Kräften von so divergierenden Richtungen wird der Landrat sich wie ein Pendel bewegen und nie still stehen. Rechte Mittel, das Nützliche, Gute, Notwendige zu tun, müssen von ihm gesucht werden, dabei sind die Kräfte des Landes möglichst zu schonen".[16] Die Regierung war von Anfang an geneigt, den Aufgabenbereich der Landräte eher einzuschränken, wie Innenminister Eduard von Schenk König Ludwig 1828 riet. Der Landrat begriff sich nicht nur im Rheinkreis als regionale Repräsentation der Bevölkerung. Der streitbare Reformer Heinrich Ritter von Lang

---

[14] Gesetzblatt 1839, S. 49; Rolf Kiessling / Anton Schmid / Werner K. Blessing (Bearb.), Regierungssystem und Finanzverfassung (Dokumente zur Geschichte von Staat und Gesellschaft in Bayern, Abt. III, Bayern im 19. und 20. Jahrhundert, Bd. 3), München 1977, S. 178 ff.

[15] Der dem Gesetz beigefügte Text lautet: „Ich schwöre, dass ich meine Wahlstimme nach freier innerer Überzeugung, wie ich solches zum allgemeinen Besten des Landes für dienlich erachte, ohne fremde Einwirkung abgebe und dies falls von niemand, unter was für immer einem Vorwand, weder mittelbar noch unmittelbar irgend eine Gabe oder Geschenk angenommen habe noch annehmen werde; ich schwöre, daß ich ebenfalls, um zum Mitglied des Landrates erwählt zu werden, niemand weder mittel- noch unmittelbar eine Gabe oder ein Geschenk versprochen oder gegeben habe noch geben oder versprechen werde. So wahr mir Gott helfe und sein heiliges Evangelium".

[16] Pierer von Esch, Der bayerische Landrat (wie Anm. 3), S. 77.

geriet 1829/30 als Präsident des Landrates von Mittelfranken in der Steuererhebungsfrage mit der Regierung in nachhaltige Konflikte.[17]

Die Wende in der Politik Ludwigs I. vollzog sich nach der Julirevolution von 1830 in Frankreich und dem Hambacher Fest von 1832, dem Höhepunkt der deutschen Freiheitsbewegung, deutlich. Der Landrat spielte eine wichtige Rolle im Protest gegen die Unterdrückungsmaßnahmen der Regierungsbehörden.[18] Im Abschied vom 19. Oktober 1832 weist Ludwig I. den Landrat zurecht: „Das Gesetz vom 15. August 1828 räumt dem Landrat [...] lediglich eine begutachtende Wirkung, nämlich das Recht der Prüfung, der Antragstellung und der Beschwerde ein, und wir dürfen nicht zugeben, daß dem Gesetze in irgendeiner Weise, wenn auch nur formell nahe getreten werde."[19] Auf dem Landratsabschied des Regenkreises (Oberpfalz) 1834 signierte der König: „Es gibt nicht mehrere gesetzgebende Gewalten, sondern nur eine, diese ist der König unter Beirat der Stände".[20] Die Befürchtung, die Einheit des neuen Bayern zu gefährden, verband sich bei Ludwig mit der Enttäuschung, seinen Traum von einem „Volkskönig" nicht verwirklichen zu können: „Ich gestehe offen, dass ich mich in meinen früheren Bestrebungen vollkommen geirrt hatte [...] Ich hielt die Menschen für würdiger, gewisse Institutionen zu genießen, die ich als Wohltaten für sie erachte [...] Ich sah meinen Irrtum noch zur rechten Zeit ein".[21]

* * *

Erst nach langem politischen Ringen kam es mit der Novelle vom 17. November 1837 zum Ausscheiden der Kreislasten für das Gerichts-, das Schul-, das Gesundheits-, das Pflegewesen, die Landwirtschafts- und Gewerbeschulen sowie die Bautätigkeit.[22] Es kann nicht bezweifelt werden, dass eine weitere Maßnahme des Königs das regionale Bewusstsein stärkte. Mit Verordnung vom 29. November 1837 verloren die Kreise, die heutigen Regierungsbezirke, ihre nach dem Vorbild der Französischen Revolution gegebenen Flussnamen und erhielten Benennungen nach geschichtlichen Stammesbezeichnungen, wie sie mit gewissen Veränderungen bis heute Bestand haben.[23] Ludwig I. ging es bei der Erinnerung an historische Metaphern zwar in erster

[17] Wilhelm Lempfrid, Die Anfänge des parteipolitischen Lebens und der politischen Presse in Bayern unter Ludwig I. 1819–1831, Strassburg 1912, S. 2 ff.

[18] Wilhelm Herzberg, Das Hambacher Fest. Geschichte der revolutionären Bestrebungen in Rheinbayern um das Jahr 1832, Ludwigshafen 1908; Cornelia Foerster, Der Press- und Vaterlandsverein von 1832/33. Sozialstruktur und Organisationsformen der bürgerlichen Bewegung in der Zeit des Hambacher Festes (Trierer Historische Forschungen 3), Trier 1982.

[19] Haan, Hauptstaat (wie Anm. 3), S. 35; Herzberg, Hambacher Fest (wie Anm. 18), S. 35.

[20] Michael Doeberl, Ein Jahrhundert bayerischen Verfassungslebens, München 1918, S. 89; Klaus Kiesl, Der Landrat der Oberpfalz 1828–1852. Ein Vorläufer des Bezirkstages, in: Verhandlungen des Historischen Vereins für Oberpfalz und Regensburg 125, 1985, S. 161–238.

[21] Ludwig Zimmermann, Die Einheits- und Freiheitsbewegung und die Revolution von 1848 in Franken (Veröffentlichungen der Gesellschaft für Fränkische Geschichte IX, 9), Würzburg 1951, S. 146; Karl Möckl, Der moderne bayerische Staat. Eine Verfassungsgeschichte vom Aufgeklärten Absolutismus bis zum Ende der Reformepoche, München 1979, S. 150, 255, 258 ff.

[22] Gesetzblatt 1837, S. 165.

[23] Regierungsblatt 1837, S. 793; Karl Bosl, König Ludwig I. und die Stämme. Bayern ein Stämmestaat?, in: Johannes Erichsen / Uwe Puschner (Hg.), „Vorwärts, vorwärts sollst du schauen...". Geschichte, Politik und Kunst unter Ludwig I., München 1986, S. 219–234.

Linie um die Förderung des dynastischen Bewusstseins im Volk, aber die landsmannschaftliche Zugehörigkeit der Franken, Altbayern, Oberpfälzer, Schwaben und Pfälzer überdauerte das Ende der Monarchie. Die institutionellen Bande der Kreise beziehungsweise Regierungsbezirke spielten eine wichtiger werdende Rolle. Das Gesetz über die Landräte vom 28. Mai 1852 trug den Veränderungen der 1840er Jahre Rechnung und brachte zusammen mit dem gleichzeitig erlassenen Gesetz über die Distrikträte vor allem durch das verbesserte Wahlverfahren, erweiterte Kompetenzen und die Errichtung eines Landratsausschusses einen weiteren Ausbau der regionalen Selbstverwaltung und erfuhr bis 1919 nur geringfügige Änderungen.[24]

Die Einrichtung der Landräte bedeutete trotz der Einschränkungen einen Fortschritt in der demokratischen Entwicklung des Landes. Sie behaupteten sich gegenüber den Mittelbehörden der Verwaltung und ergänzten die Institutionen der politischen Repräsentation, Landtag und Gemeinden. Der Verwaltungszentralismus erfuhr eine Korrektur. Schon Montesquieu hielt die pouvoirs intermédiaires deshalb für erforderlich, um das Umschlagen der Monarchie in eine Despotie zu verhindern. In diesem Sinne milderten die Landräte als moderne Mittelgewalten subsidiär die Allmacht der Bürokratie. Der Innenminister Ludwigs I. Fürst Oettingen-Wallerstein sah in der Form der Selbstverwaltung eine „Abkehr vom modernen Vielregieren", den „sichersten Damm gegen die Revolution" und Möglichkeiten staatsbürgerlicher Emanzipation.[25]

In der zweiten Hälfte des 19. Jahrhunderts, vor allem in der Zeit des Deutschen Kaiserreichs, erfüllten die Landräte ihre Aufgabe als regionale politische Repräsentation nur unzureichend, so hinsichtlich des Wahlmodus, der Kompetenzen und der institutionellen Absicherung durch ein eigenes Exekutivorgan. Das lag weniger an Mängeln der früheren Gesetzgebung, vielmehr daran, dass deren Fortschreibung und Anpassung an die veränderten Erfordernisse der Zeit unterblieb. In der politischen Praxis und in der bayerischen Staatsrechtslehre wurde der Charakter der Landräte als Administrativorgan und als „Regierungsanstalt" betont. Noch Max von Seydel, dem offiziösen Interpreten der bayerischen Verfassung und Gutachter der Regierung, sind die Landräte als höhere Gemeindeverbände „willkürliche Schöpfungen des Staates, welche Zweckmäßigkeitserwägungen der Verwaltung ihren Ursprung verdanken. So schließen sie sich dann auch in ihrem Umfange nicht an irgendeine natürliche Gliederung des Volkes, sondern an die staatliche Verwaltungseinteilung an und ändern sich sogar mit dieser. Die Aufgaben, welche ihnen zugewiesen sind, sind aus verschiedenartigen Gründen der Nützlichkeit dem Gebiete der Staatsverwaltung entnommen und bleiben mit diesem im inneren Zusammenhange, während sie unter sich selbst kein für sich abgeschlossenes Ganzes bilden. Der Wirkungskreis der höheren Gemeindeverbände ist räumlich ein ausgedehnterer, als der der Ortsgemeinden, sachlich ist er in engere Grenzen gebannt".[26] Dahinter stand die Sorge um die Einheit Bayerns, auch noch im Deutschen Kaiserreich von 1870/71. Die Ausprägung regionaler politischer Identitäten hielt sich auch deshalb in Grenzen, da Pfälzer, Franken und Schwaben sich

---

[24] Gesetzblatt 1852, S. 269, 245.
[25] Zuber, Fürst Oettingen-Wallerstein (wie Anm. 12), S. 168 ff.
[26] Seydel, Bayerisches Staatsrecht (wie Anm. 3), S. 5 f.; Gernot Lissack, Das kommunale Selbstverwaltungsrecht nach bayerischem Verfassungs- und Verfassungsprozeßrecht (Schriftenreihe des kommunalwissenschaftlichen Instituts der Universität Potsdam 7), Berlin 2000, S. 163 ff.; Karl Möckl, Die Prinzregentenzeit, München 1972, S. 30 f.

lieber in München als in der „Provinz" politisch betätigten. Sie prägten von der Hauptstadt aus vielfach sehr zentralistisch Epochen der bayerischen Regierungspolitik.

* * *

Die Weimarer Verfassung von 1919 legte in Artikel 127 für die Gemeindeverbände im Rahmen der Gesetze das Recht der Selbstverwaltung fest. Vorher hatte die Bayerische Verfassung vom nämlichen Jahr in den Paragraphen 22 und 23 der Selbstverwaltung einen entsprechenden Verfassungsrang gegeben. Nach Artikel 12 des bayerischen Gesetzes über die Selbstverwaltung vom 22. Mai 1919 wurden die Kreise, späteren Bezirke, zu Körperschaften des Öffentlichen Rechtes, „zu Selbstverwaltungskörpern höchster Ordnung erhoben".[27] Die Selbstverwaltung wurde den neuen Verhältnissen angepasst, erscheint in einem systematisch vereinheitlichten Zusammenhang und erfreute sich einer größeren Unabhängigkeit von der Staatsaufsicht. Darüber hinaus blieb das bisherige Recht in Kraft. Erst die Kreisordnung vom 17. Oktober 1927 hob das Landratsgesetz von 1852 auf.[28] Sie schrieb das Gesetz von 1919 fort und gab den Kreisen (Bezirken) den Status einer Körperschaft des öffentlichen Rechts mit dem Recht der Selbstverwaltung nach Maßgabe der Gesetze. Im Rahmen der Aufgaben wurden Einrichtung und Betrieb von Heil- und Pflegeanstalten, Blinden- und Taubstummenanstalten hervorgehoben sowie der Unterhalt von Unterrichtsanstalten. Die Haushaltsautonomie fand im Aufsichtsrecht der staatlichen Verwaltungsbehörden Grenzen. Kreistag und Kreisausschuss erledigten die politische Arbeit; die Geschäftsführung lag bei der Kreisregierung. Die Wahl der Mitglieder des Kreistages war allgemein, gleich, unmittelbar und geheim nach den Grundsätzen des Verhältniswahlrechts für fünf Jahre.

Trotz der finanziellen Bedrückungen in der Weimarer Zeit zeigt die neue Gesetzgebung eine Stärkung der Idee der Selbstverwaltung ganz im Sinne des Freiherrn vom Stein. Der Abbau der auf die Kreise übertragenen Staatsaufgaben und die Stärkung der Selbstverwaltungstätigkeit beseitigten nicht, betonten sogar die Janusköpfigkeit dieser Institution.

Im Dritten Reich kam es durch die beiden Gleichschaltungsgesetze 1933 und die Deutsche Gemeindeordnung von 1935 zur Entleerung demokratischer Institutionen, damit zur Beseitigung der Selbstverwaltung. Bemerkenswert ist, dass die Kreise Niederbayern und Oberpfalz sowie Oberfranken und Mittelfranken zusammengelegt, außerdem die bisherigen Kreise 1938 in „Bezirksverbände" umbenannt wurden.[29]

* * *

Nach dem Ende des Zweiten Weltkrieges äußerte sich das Bayerische Staatsministerium des Innern gutachtlich zur Frage der Wiedereinführung der Kreise (Regie-

---

[27] Gesetz- und Verordnungsblatt 1919, S. 239; Robert Piloty, Franz Schneider, Grundriss des Verwaltungsrechtes in Bayern und dem deutschen Reiche, Leipzig / Erlangen ²1922, S. 102 f.

[28] Gesetz- und Verordnungsblatt 1927, S. 335.

[29] Gesetz- und Verordnungsblatt 1933, S. 105, 127; Reichsgesetzblatt 1935, I, S. 49; 1938, I, S. 1675.

rungsbezirke).³⁰ Kritisch wurde hervorgehoben, dass es zu keiner eigenen Identität der Kreise gekommen war und dass selbst eine funktionierende Selbstverwaltung auf dieser Ebene in der Konkurrenzlage auf Kosten der mittleren staatlichen Verwaltung gehen müsse. Trotz der ablehnenden Stimmen errichteten die Väter der Bayerischen Verfassung 1946 in den Artikeln 9, 10 und 185 die Kreise (Bezirke) wieder. Die Argumente der Dezentralisierung und des demokratischen Aufbaus von unten nach oben setzten sich durch.³¹ Bei den Kreisen (Bezirken) als Gemeindeverbände unterscheidet die Verfassung zwischen eigenen, gesetzlich zu regelnden und einen durch Weisung von Staatsbehörden oder durch besondere Bestimmungen übertragenen Wirkungskreis. Diese Trennung gilt auch für die Gemeinden. Aber der Bayerische Verfassungsgerichtshof unterschied 1946 ganz im Sinne der Auffassung Max von Seydels das Selbstverwaltungsrecht der Gemeinden als „ursprüngliches", „vorstaatliches" Recht, wohingegen die Gemeindeverbände „keinen durch die Natur zugewachsenen Aufgabenkreis" haben, deren Selbstverwaltungsrecht im Sinne der Bayerischen Verfassung demzufolge nicht grundrechtlich gewährleistet ist.³² Ohne die rechtlichen Einlassungen zu vertiefen, wird deutlich, dass durch diese Gewichtung und die Doppelfunktion der Kreise (Bezirke) nicht nur eine andauernde Reformdiskussion einsetzte, sondern eine regionale Identitätsbildung erschwert oder verhindert wurde. Die praktische Zweckorientierung trat in den Vordergrund.

Wirkte zunächst das Recht der Kreisordnung von 1927 fort, so strebte die Bezirksordnung vom 27. Juli 1953 eine gesetzliche Neuregelung des Selbstverwaltungsrechts der Regierungsbezirke an.³³ Der Begriff „Bezirk" hatte damit endgültig den noch in der Verfassung verwendeten Begriff „Kreis" ersetzt. Die Neuregelung sah eigene und übertragene Aufgaben vor. Der eigene Wirkungsbereich ist nach Artikel 10 der Bayerischen Verfassung gesetzlich zu schützen und setzt besondere Akzente im wirtschaftlichen und kulturellen Eigenleben der Gemeindeverbände. Die Bezirksordnung sah den eigenen Wirkungsbereich der Bezirke im wirtschaftlichen, sozialen und kulturellen Bereich in der Errichtung und im Betrieb von Anstalten im Gesundheits- und Pflegewesen sowie im Unterrichtswesen. Später kamen Heimat- und Denkmalpflege sowie Aufgaben im museumspädagogischen Bereich hinzu. Organe sind der Bezirkstag, der mit den Landtagswahlen nach dem gleichen Prinzip gewählt wird, der Bezirksausschuss und der Bezirkstagspräsident. Die Bezirke besaßen keine eigene Verwaltung. Die Bezirksregierung besorgte die Geschäfte und vertrat den Bezirk nach außen. Nachteil dieser Konstruktion ist, dass der Bürger in der Regel nur die Vollzugsbehörde und nicht die Selbstverwaltungskörperschaft wahrnimmt. Die zeitgleiche Koppelung der Bezirkstags- an die Landtagswahlen stärkte keineswegs die Legitimationsbasis der Bezirke. Die Wirkung des Bezirkstages wird durch eine weitreichende Rechts- und Fachaufsicht seitens des Innenministeriums oder anderer zuständiger Behörden

---

³⁰ Eberhard Reichert, Regierung und Bezirk in Bayern. Entwicklung, Erscheinung und Reform, Diss. Würzburg 1971, S. 58 f.; Haggenmüller, Der Bezirkstag Schwaben (wie Anm. 1), S. 5 ff.

³¹ Hans Nawiasky / Claus Leusser, Die Verfassung des Freistaates Bayern vom 2. Dezember 1946, München / Berlin 1948, S. 83 f., 263 f.; dies., Die Verfassung des Freistaates Bayern vom 2. Dezember 1946, Ergänzungsband, München 1953, S. 35 ff.

³² Urteile des Bayerischen Verfassungsgerichtshofes, Bd. 2, S. 143 ff.; Lissack, Das kommunale Selbstverwaltungsrecht (wie Anm. 26), S. 151 ff.; Seydel, Bayerisches Staatsrecht (wie Anm. 3), S. 4 ff.

³³ Gesetz- und Verordnungsblatt 1953, S. 107.

begrenzt. Für politischen Sprengstoff sorgte immer wieder die Erhebung der sogenannten Bezirksumlagen, die von den Landkreisen und kreisfreien Städten des Regierungsbezirks zwar aufzubringen sind, über die sie aber nicht bestimmen können, auch wenn sie ihnen letztlich zugute kommen. Die Struktur verdeutlicht, warum die Bezirke als regionale Repräsentation an Profilschwächen leiden. Die Leistungen der politischen Institution können nicht in emotionale Bindungen der Bewohner an den Bezirk, die Bedingung für ein Bezirksbürgerbewusstsein, umgesetzt werden. Von Bedeutung ist auch, dass mit der Landkreisordnung von 1952 neben den Kreistag der direkt gewählte Landrat, der bisher ernannter Staatsbeamter war, trat. Die „Politisierung" der Position des Landrates bedeutete in der Tat eine stärkere Orientierung der Bürger auf die überschaubaren Lebensverhältnisse des Kreises.[34]

Die Bezirksreformdiskussion ist so alt wie die Bezirksordnung selbst. Dies zeigen auch die Gutachten, die von Zeit zu Zeit zu dieser Problematik eingeholt wurden. Im Rahmen einer umfassenden Staats- und Verwaltungsreform „gab es schon seit der Mitte der 50er Jahre zwischen allen politischen Kräften eigentlich keinen ernst zu nehmenden Dissens mehr", wie der ehemalige bayerische Innenminister Bruno Merk betont.[35] Der Verfassungsrechtler und Gutachter der bayerischen Staatsregierung Peter Lerche betonte 1971, „dass von einer optimalen Bezirksstruktur gegenwärtig tatsächlich nicht gesprochen werden kann".[36] Hervorgehoben wurden organisationsrechtliche Mängel, Defizite im Aufgabenbereich und in der Finanzausstattung. Die Gebietsreform von 1972 berührte dennoch die Bezirke nur am Rande. Eine Novellierung der Bezirksordnung kam erst zum 1. Oktober 1978 zustande.[37] Kern der Reform war die Stärkung der Stellung des Bezirkstagspräsidenten durch das selbständige Vertretungsrecht nach außen und durch den förmlichen Aufbau einer eigenen Verwaltung. Die Bezirke gründeten 1979 einen eigenen kommunalen Spitzenverband, zunächst als eingetragenen Verein und 1990 als Körperschaft des öffentlichen Rechts. Aufgehoben wurde durch die Novellierung Artikel 51 der Fassung von 1953. Den Bezirken wurde die Möglichkeit genommen, ihr Aufgabengebiet offen zu halten oder wenigstens zu vervollständigen.

Die organisationsrechtlichen Maßnahmen konnten die Reformdiskussion nicht beenden.[38] Für die Bezirke und den Bezirksverband geht es bei der regionalen Selbstverwaltung letztlich um die Form der politischen Repräsentation eines historisch-kulturellen Raumes. Zweckorientierte Nivellierung reicht nicht zur Identitätsstiftung. Unabdingbar ist die oft beschworene Bürgernähe, die aber erst demokratisch-legitimierend wirksam wird, wenn der Bewohner ein politisch-emotionales Verhältnis zur Selbstverwaltungskörperschaft entwickelt und damit „Bezirksbürger" im eigentlichen

---

[34] Volkert, Handbuch (wie Anm. 12), S. 46.

[35] Bruno Merk, Sinn und Ziel der Gebietsreform in Bayern, in: Draf / Ackermann, Schwaben – Bayern – Europa (wie Anm. 1), S. 521–526.

[36] Peter Lerche, Grundsätzliche Erwägungen zur bezirklichen Selbstverwaltung als Komponente der Gebiets- und Verwaltungsreform in Bayern. Stellungnahme auf Anregung der Arbeitsgemeinschaft der bayerischen Bezirkstagspräsidenten, München 1972.

[37] Georg Simnacher, Der normierte kommunale Verwaltungsverbund, in: Bayerische Verwaltungsblätter, H. 13, 1981, S. 385 ff.

[38] U. a. Beiträge in Bayerische Staatszeitung vom 10.11.2000, vom 6.10.2000, vom 9.2.2001, vom 8.6.2001; Süddeutsche Zeitung vom 17.4.2004, vom 22./23.1.2005, vom 24.2.2005.

Sinne wird.[39] Der Bezirk ist mehr als eine Versorgungskörperschaft, vielmehr sucht der Bezirkstag als „Sozialparlament" die Interessen bei der Wahrnehmung der Aufgaben in Pflege, Wohlfahrt, Jugendarbeit und im Krankenhauswesen konsensgetragen zu harmonisieren.[40] Die Verbindung von Kultur, Brauchtum, Denkmalpflege mit Regionalplanung, Umweltschutz und Agrarpolitik integrieren und stabilisieren die Lebenswelt der Bezirksbürger. Es gehört zu der durch das Subsidiaritätsprinzip bedingten Gesetzmäßigkeit, dass die politische Willensbildung in den Bezirken ihre Bedingungen nicht nur im bayerischen und deutschen, sondern auch, etwa durch die schon bestehenden regionalen Partnerschaften, im europäischen Rahmen hat.[41] Die regionale Repräsentation der Bezirke kann dazu beitragen, im Bewusstsein der Menschen die politische Balance zwischen Heimat, Land, Staat und europäischen Institutionen herzustellen und zu erhalten.

---

[39] U.a. Beiträge in Bayerische Staatszeitung vom 5.2.1999, vom 3.12.1999, vom 12.1.2001, vom 16.11.2001, vom 31.1.2003; Bayernkurier vom 24.7.1999.

[40] U.a. Beiträge in Bayerische Staatszeitung vom 6.10.2000, vom 6.3.2001, vom 13.7.2001, vom 31.8.2001, vom 28.11.2001, vom 30.4.2004.

[41] U.a. Beiträge in Bayerische Staatszeitung vom 16.3.2001 und vom 8.6.2001.

Andreas Otto Weber

Strukturwandel am Rand einer entstehenden Großstadt: Bogenhausen vom herzoglich-bayerischen Grenzdorf zum Nobelviertel im Münchner Osten

Von den frühmittelalterlichen Anfängen in die Frühe Neuzeit

Das alte Bogenhausen zählt zu den zahlreichen frühmittelalterlichen Dörfern auf der Schotterebene an der Isar im Umgriff der späteren Stadt München und gehört zum Umfeld der agilulfingischen Herzogspfalz von Aschheim.[1] Im nördlichen Nachbarort Oberföhring überquerte, bis zu deren Zerstörung durch Herzog Heinrich den Löwen 1158, die auf die Römerzeit zurückgehende Fernstraße Salzburg-Augsburg (Salzstraße) die Isar. Außerdem bestand in Oberföhring 807 ein Gerichtssitz und ein 903 bezeugter Königshof.[2] Bogenhausen wird in der Vita Corbiniani des Arbeo von Freising als Grabesstätte eines durch den Heiligen bekehrten Räubers erwähnt.[3] 776/779 treten in den Schäftlarner Traditionen die Huosi hier als Grundherren und Schenker an das kurz zuvor gegründete Kloster auf.[4] Da die Schenkung an Schäftlarn mit dem Konsens Herzog Tassilos III. erfolgte, ist hier „zumindest eine lehensrechtliche Abhängigkeit dieser Güter vom Herzog zu erschließen".[5]

Schon 808 sind in Bogenhausen unter Bischof Atto auch Rechte der Freisinger Bischofskirche belegt.[6] Freising ist für Bogenhausen über die nächsten Jahrhunderte der wichtigste Bezugspunkt. Seit 1096 bis in die zweite Hälfte des 12. Jahrhunderts nennt sich eine Freisinger Ministerialenfamilie nach diesem Ort. Sie war umfangreich begütert und gelangte teilweise in hohe Ämter.[7] Wo diese offenbar nicht unbedeutende Familie ihren Sitz hatte, ist bislang in der Literatur nicht diskutiert worden. Die spornartige Geländenase nördlich der Bogenhauser Georgskirche (Ritterpatrozinium) könnte aber durchaus die Stelle einer hochmittelalterlichen Burganlage verbergen.

Die herrschaftlich enge Verbindung Bogenhausens zu Freising endet wenige Jahrzehnte nach dem Aussetzen der Erwähnung des Ministerialengeschlechts: 1309 wird

---

[1] Ludwig Holzfurtner, Das Landgericht Wolfratshausen (Historischer Atlas von Bayern, Teil Altbayern 13), München 1993, S. 17.

[2] Fritz Lutz, Oberföhring. Zur 75-Jahrfeier der Eingemeindung Oberföhrings, Buchendorf 1988, S. 17–20.

[3] MGH SS Merov. 6, S. 570. Die ältere ortsgeschichtliche Literatur: Michael Lampart, Einige Beiträge zur Geschichte des Pfarrdorfes Bogenhausen bei München, in: Oberbayerisches Archiv 26, 1865/1866, S. 159–187; Theodor Wilmersdoerffer, Beiträge zur Geschichte der Vorstädte Münchens. I. Neuberghausen (Oberbayerisches Archiv 58, 1913, 1. u. 2. Heft), zugl. Univ. Diss. München 1912. Aktueller Sammelband zur Ortsgeschichte: Willibald Karl (Hg.), Bogenhausen. Vom bäuerlichen Pfarrdorf zum noblen Stadtteil, München 1992.

[4] Alois Weissthanner, Die Traditionen des Klosters Schäftlarn 760–1305 (Quellen und Erörterungen zur Bayerischen Geschichte, NF X/1), München 1953, Nr. 3

[5] Holzfurtner (wie Anm. 1), S. 17.

[6] Theodor Bitterauf, Die Traditionen des Hochstifts Freising (Quellen und Erörterungen zur Bayerischen Geschichte, NF 4/1), München 1905, Nr. 284.

[7] Günther Flohrschütz, Die Freisinger Dienstmannen im 12. Jahrhundert, in: Oberbayerisches Archiv 97, 1973, S. 32–339, hier S. 101f.; Holzfurtner (wie Anm. 1), S. 46.

Der alte Kern des Dorfes: Die ehem. Pfarrkirche St. Georg mit dem Pfarrhaus (Photo: Andreas Otto Weber).

in der Urkunde über den Verkauf der Grafschaft Ismaning durch Herzog Ludwig IV. von Bayern an Bischof Konrad III. von Freising die Hochgerichtsgrenze zwischen dem Hochstift und dem herzoglichen Landgericht an den Rand der Bogenhauser Flur, südlich des freisingischen Prielwaldes, gelegt.[8] Seither war Bogenhausen bis zur Säkularisation ein Grenzort zwischen dem Herzogtum Bayern und dem, auf dem rechten Isarufer sich nach Norden ausbreitenden, Freisinger Hochstiftsgebiet. 1315/16 wird sichtbar, daß Bogenhausen der bedeutendste Pfarrsitz im rechts der Isar gelegenen Umland Münchens war. Acht Filialkirchen zählten zur Pfarrei Bogenhausen: Giesing, Harthausen (Menterschwaige), Haidhausen, St. Nikolaus am Gasteig (beim Leprosenhaus am Aufstieg der Fernstraßen von München in Richtung Osten), Trudering, Riem, Gronsdorf und Haar.[9] Seit Mitte des 14. Jahrhunderts war die Pfarrei dem Freisinger Kollegiatsstift St. Veit inkorporiert.[10] Im Gegensatz zur weitreichenden Bedeutung der Pfarrei blieb der Ort jedoch bis in das 19. Jahrhundert in seiner Größe begrenzt und gehörte in der Frühen Neuzeit zu den mittelgroßen Dörfern im Münchner Um-

---

[8] Willibald Karl, Frühe Geschichte Bogenhausens, in: Karl, Bogenhausen (wie Anm. 3), S. 17–25, hier S. 20.
[9] Ebd., S. 21.
[10] Ebd.

Das ehemalige Zollhaus im Priel an der alten Grenze zwischen dem Kurfürstentum Bayern und dem Hochstift Freising (Photo: Andreas Otto Weber).

land.[11] Gerichtlich unterstand Bogenhausen dem bayerischen Landgericht Wolfratshausen in dessen nördlichstem Bereich.[12]

Innere Struktur und äußere Besitzverhältnisse im 16. Jahrhundert

1575 können wir in der Beschreibung dieses Landgerichts erstmals einen strukturellen Einblick in die Größe des Ortes und die grundherrliche Zugehörigkeit seiner

[11] Im Landgericht Perlach gab es 14 Weiler mit bis zu 9 Anwesen: Potting: 2, Lanzenhaar: 2, Erharding: 3, Eglfing: 3, Ottendichl: 5, Holzham: 7, Erlach: 7, Potzham: 7, Ödenstockach: 8, Pallnkam: 9, Ramersorf: 9, Otterloh: 9, Riem: 9, Heimstetten: 9 und 13 kleine Dörfer mit bis zu 20 Anwesen: Baumkirchen: 10, Winning: 10, Dornach: 12, Gronsdorf: 12, Bergham: 13, Unterbiberg: 13, Deisenhofen: 13, Putzbrunn: 13, Salmdorf: 13, Stockach und Höhenkirchen: 14, Pullach: 15, Feldkirchen: 17, Thalkirchen: 19. Als mittelgroß kann man fünf Dörfer von 21 bis 30 Anwesen bezeichnen: Bergham: 22, Kirchheim: 22, Bogenhausen: 23, Brunnthal: 27, Furth: 28. Zu den großen Dörfern sind folgende acht Siedlungen zu zählen: Oberhaching: 34, Aschheim: 39, Otterfing: 42, Obergiesing: 44, Trudering: 47, Haidhausen: 49, Perlach: 51, Unterhaching: 58, Au/Untergiesing: 88. Alle Angaben aus: Holzfurtner (wie Anm. 1), S. 75–79.
[12] Vgl. Holzfurtner (wie Anm. 1), Kartenbeilage.

Anwesen gewinnen.[13] Zu diesem Zeitpunkt verfügte Bogenhausen über 22 Anwesen unterschiedlicher Größe, die unter zwölf Grundherren sowie fünf freieigenen Besitzern aufgeteilt waren. Dabei ergibt sich mit neun Anwesen ein hoher Anteil der großen landwirtschaftlichen Betriebe, also der ganzen Höfe (Hoffuß 1/1) zu denen noch drei Halbhöfe (Hoffuß 1/2) sowie ein Viertelhof (mit Mühle) kommen.[14] Mit neun 1/16 Anwesen gibt es genauso viele Kleinanwesen wie Vollhöfe. Insgesamt können demnach 59 Prozent der Anwesen der bäuerlichen Sphäre zugerechnet werden, während 41 Prozent zur Schicht der unterbäuerlichen Dorfbevölkerung gehörten (Söldner, Häusler).[15]

Von den Kleinanwesen gehörte der größte Teil ortsansässigen Personen oder Institutionen.[16] Die Nähe der herzoglichen Residenzstadt München macht sich bei den Grundherren Bogenhausens bemerkbar: Zwei geistliche Institutionen aus München, das Angerkloster (besitzt 2 1/1 Höfe, dazu 1/4 Hof mit Mühle) und das Heiliggeistspital (besitzt einen 1/1 Hof und 1/16 Anwesen) und zwei Bürgerfamilien, nämlich die Gehrbinger (1/1, 1/16) und die Kempffler (1/1) sind hier begütert. Im Gegensatz zu den benachbarten und näher an der Stadt liegenden Dörfern Haidhausen und Au/Untergiesing hatte die Stadtnähe in Bogenhausen also noch keine Dominanz der Kleinstanwesen erzeugt.[17] Die alten Freisinger Bindungen verdeutlichen der Besitz des Hochstifts Freising (1/2), eines Kaplans aus Freising (1/1) sowie des Stifts St. Veit in Freising (1/1). Daneben treten als geistliche Grundherren das Stift Ebersberg (1/1) und die Kirche Ramersdorf (1/2 und 1/16) auf.

Entstehung von Edelsitzen im 17. und 18. Jahrhundert

Nachdem seit dem späteren 12. Jahrhundert kein herrschaftlicher Ansitz mehr vorhanden war, ändert sich dies im 17. und 18. Jahrhundert mit der Entstehung barocker Adelssitze.[18] Der erste ist der 1640 aus dem ehemaligen Zaichingerhof entstandene Edelsitz Stepperg (auch Stepenberg, Steckberg, Stettberg, Stöttberg).[19] Der Name des Schlosses ist ortsfremd und stammt vom Edelsitz Steppberg bei Pfaffenhofen an der Ilm. Der Inhaber dieses Sitzes, der Münchner Ratsherr und Bürgermeister Georg von Schobinger, ließ die Gerechtigkeit von Steppberg nach Bogenhausen übertragen.[20]

---

[13] Alle Angaben zu 1575 nach Holzfurtner (wie Anm. 1), S. 77.

[14] Zur Praxis des Hoffußes im 15.–16. Jahrhundert: Helmut Rankl, Landvolk und frühmoderner Staat in Bayern 1400–1800 (Studien zur bayerischen Verfassungs- und Sozialgeschichte XVII), München 1999, Band I, S. 132–145.

[15] Vgl. zur Einordnung: Rankl (wie Anm. 14), Kapitel II, 2.

[16] Hieronimus Ecker: 2 je 1/16, Eigen: 1/2, 4 je 1/16, Kirche Bogenhausen: 1/16, vgl. Holzfurtner (wie Anm. 1), S. 77.

[17] Von den 49 Anwesen in Haidhausen hatten 39 das kleinste Hoffuß von 1/32, in der Au bzw. in Untergiesing hatten 83 von 88 Anwesen diesen kleinen Zuschnitt, der demnach schon im 16. Jahrhundert die Suburbanisierung dieser außerhalb der Stadtmauern und jenseits der Isar gelegenen „Pfuscherviertel" (zunftlose Handwerkerviertel) zeigt.

[18] Willibald Karl, Barocke Adelssitze in Bogenhausen, in: Karl, Bogenhausen (wie Anm. 3), S. 26–37.

[19] Ebd., S. 27.

[20] Holzfurtner (wie Anm. 1), S. 145; vgl. dazu umfangreich: Willibald Karl, Barocke Adelssitze in Bogenhausen, in: Karl, Bogenhausen (wie Anm. 3), S. 27.

Dabei handelt es sich um ein typisches Phänomen im Umkreis der Residenzstadt, in dem sich die Entwicklung sowohl des Hofstaates wie der Münchner Bürgergesellschaft widerspiegelt: Die Entstehung von Hofmarken und Edelsitzen, deren „jurisdiktionelle Kompetenzen selten einmal sich über wenige Anwesen unmittelbar rund um den Sitz selbst hinaus erstreckten, sofern sich die Freiung nicht überhaupt auf den Sitz selbst allein beschränkt, sind dabei deutlich im Übergewicht".[21] Der Sitz Steppberg war demnach ein typisches „Prestigeobjekt des Bürgertums"[22], das sich nicht nur in Reichsstädten repräsentative Landsitze und Schlösser auf dem stadtnahen Land zulegte. Nach Georg Schobinger waren seit 1683 vor allem kurfürstliche Hofbeamte und Offiziere Inhaber des Sitzes, bis er 1802/03 von Maximilian Freiherr von Montgelas erworben wurde.[23]

1716 begann mit dem Bau der kurfürstlichen Ziegelei am nördlichen Rand der Bogenhauser Gemarkung, also direkt an der Grenze zum Hochstift Freising, der Abbau der die Münchner Schotterebene überziehenden Lehmschicht. Während die späteren Ziegeleien im Münchner Osten vorwiegend dem städtischen Hausbau dienten, sollte diese erste Abbau- und Produktionsstätte den Ziegelbedarf beim Bau des kurfürstlichen Schlosses Schleißheim decken.[24]

Ebenfalls zu Beginn des 18. Jahrhunderts kann man Veränderungen im Besitzgefüge beobachten, die 1740 zum Bau eines zweiten Edelsitzes in Bogenhausen führten. 1697 verkaufte das Münchner Angerkloster eine Hofstatt mit einem darauf stehenden stattlichen Gebäude südlich der Georgskirche an den kurfürstlichen Hofmaler Johann Anton Gumpp, der das kleine Anwesen 1704 mit hohem Gewinn an Adelheid Gräfin von Törring zu Seefeld weiterverkaufte. Die Törring konnten den Bogenhauser Besitz durch Zukauf einer weiteren Hube von der Ramersdorfer Kirchenstiftung vergrößern. 1740 verkaufte der Sohn der Gräfin den Besitz an den kurfürstlichen Finanzbeamten Caspar von Lachenmayr, der bald darauf einen Schloßneubau errichten ließ.[25] Aus dessen Besitz kam der Neuberghausen genannte gefreite Edelsitz mit eigener Niedergerichtsbarkeit durch Verkauf 1751 an den kurfürstlichen General Hieronimus Graf von Spreti, 1760 erneut an die Grafen Törring-Jettenbach.[26] Unter der Egide des Grafen August Joseph von Törring-Jettenbach wurde 1766–68 auch die örtliche Pfarrkirche St. Georg erneuert, wobei einer der schönsten Kirchenräume im Stil des Übergangs vom Rokoko zum Klassizismus im Münchner Raum entstand.[27]

---

[21] Holzfurtner (wie Anm. 1), S. 117.
[22] Ebd.
[23] Liste bei Holzfurtner (wie Anm. 1), S. 145; vgl. auch Willibald Karl, Barocke Adelssitze in Bogenhausen, in: Karl, Bogenhausen (wie Anm. 3), S. 27.
[24] Fritz Lutz, Aus der Vergangenheit des Priel bei München-Bogenhausen. Eine Dokumentation zur Geschichte des Münchner Nordostens, Krailling 1991, S. 57–63.
[25] Willibald Karl, Barocke Adelssitze in Bogenhausen, in: Karl, Bogenhausen (wie Anm. 3), S. 34.
[26] Ebd., S. 35.
[27] Norbert Lieb, St. Georg in München-Bogenhausen. Eine Dorfkirche hoch über dem Isarufer als bedeutendes Kunstwerk und ihr Friedhof als letzte Ruhestätte berühmter Münchner, München 1987.

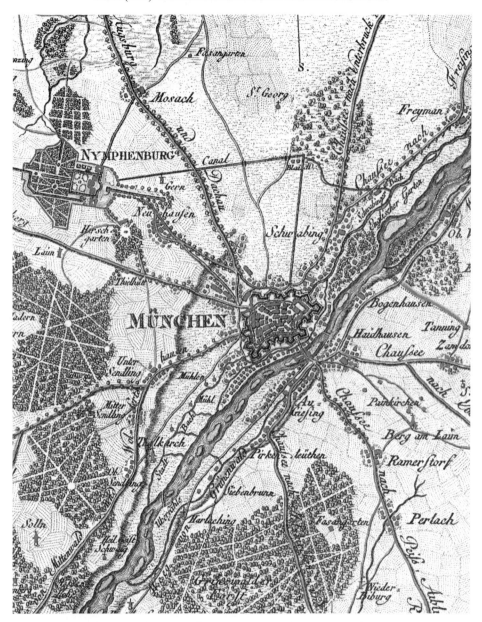

Plan der Gegend um München. Östlich der Residenzstadt das Dorf Bogenhausen, im Norden davon die Grenzlinie zum Hochstift Freising und der Prielwald (aus: Adrian von Riedl, Reise-Atlas von Baiern, Erste Lieferung, München 1796).

Bogenhausens Ortsstruktur 1760

In dieser Zeit gibt die kurfürstliche Hofanlagsbuchhaltung für das Stichjahr 1760 erneut die Möglichkeit, die innere Struktur Bogenhausens zu ermitteln.[28] Der erste Befund ist: nur eine geringe Veränderung der Anzahl der Anwesen seit 1575. Bogenhausen besteht aus 26 Anwesen.[29] Dies ist im Vergleich zum benachbarten, aber zu Fuß etwa eine Viertelstunde stadtnäheren Haidhausen durchaus überraschend: Hier hatte sich die Zahl der Anwesen von 49 auf 279 vergrößert.[30] Das Wachstum der Vorstädte Au und Haidhausen hatte Bogenhausen also noch nicht erreicht. Betrachtet man die Struktur der Größenklassen der Bogenhauser Güter im Jahr 1760, so zeigt sich, daß durch das gänzliche Wegfallen der halben Höfe sowohl die Möglichkeit zur Schaffung des Edelsitzes, eines vergrößerten Pfarrhofes, wie weiterer Kleinstanwesen geschaffen wurde, ohne daß die genauen Maßnahmen dazu bislang erforscht wären[31]: Es gibt weiterhin neun ¹/₁-Höfe, die Halbhöfe (1575: 3) werden gänzlich in kleinere Einheiten aufgeteilt beziehungsweise in den Edelsitz Steppberg umgewandelt. Es gibt nun zwei ¼ Anwesen (1575: 1), erstmals ein ⅛ Anwesen und 13 ¹/₁₆ Anwesen (1575: 9). Hinzu kommt der im Hoffuß nicht beschriebene Pfarrhof sowie der Edelsitz Stepperg.[32] Insgesamt ist also eine Stabilität bei den großen Vollbauernhöfen (46 Prozent) und eine Zunahme der Kleinanwesen (Lehen, Sölden – 53 Prozent) zu beobachten. Landwirtschaft im Nebenerwerb, Handwerk und Dienstleistung erhalten demnach eine größere Bedeutung in der Ortsstruktur, was durch die zwei Edelsitze und die Ansiedlung des Ziegelstadels leicht erklärt werden kann. Damit liegt die Entwicklung der Klein- und Kleinstanwesen im Durchschnitt der Dörfer im Landgericht Wolfratshausen, jedoch deutlich unter den Verhältnissen im links der Isar liegenden Umland Münchens.[33]

Die Zahl der Grundherren aus der kurfürstlichen Residenzstadt München hat sich seit 1575 vergrößert. Waren es damals noch zwei geistliche Institutionen aus München, verfügen nun doppelt soviele über Anwesen in Bogenhausen: Zu Angerkloster und Heiliggeistspital kommen das Frauenkloster an der Steige und das Benefizium St. Andreas an der Pfarrkirche St. Peter hinzu.[34] Ob die zwei neuen geistlichen Grundherren aus München die zwei noch im 16. Jahrhundert in der Hand von Münchner Bürgerfamilien befindlichen ganzen Höfe erhalten haben, muß einer eingehenden häusergeschichtlichen Analyse vorbehalten bleiben. Jedenfalls findet sich 1760 kein Bogenhauser Anwesen mehr in bürgerlicher Hand aus München. Die größte Veränderung in der grundherrlichen Situation kann in der nun faßbaren Begüterung des kurfürstlichen Hofkammeramts gesehen werden, welches nun sechs Anwesen (allerdings nur vom

---

[28] Als Grundlage für die statistische Beschreibung für das Stichjahr 1760 dient Holzfurtner (wie Anm. 1): Bayerisches Hauptstaatsarchiv München, Kurbayern, Hofanlagsbuchhaltung 143 und 556.
[29] Vgl. Holzfurtner (wie Anm. 1), S. 91 f.
[30] Ebd., S. 159.
[31] Die Entstehung des Ansitzes Steppberg wird detailliert und quellenbezogen beschrieben bei: Willibald Karl, Barocke Adelssitze in Bogenhausen, in: Karl, Bogenhausen (wie Anm. 3), S. 26–37, hier S. 26 f.
[32] Holzfurtner (wie Anm. 1), S. 91 f und 145.
[33] Vgl. Rankl (wie Anm. 14), S. 1086. Demnach lag der Durchschnitt des Anteils der Klein- und Kleinstanwesen im Landgericht Wolfratshausen in der Größenklasse 50–59%.
[34] Angerkloster: 2 je ¹/₁, ¹/₆ (1575: 2 ¹/₁, ¼ Hof mit Mühle); Frauenkloster auf der Steigen: ¹/₁, Hl. Geistspital: ¹/₁ (1575: ¹/₁ Hof und ¹/₁₆), Beneficium St. Andreas: ¹/₁; vgl. Holzfurtner (wie Anm. 1), S. 91 f.

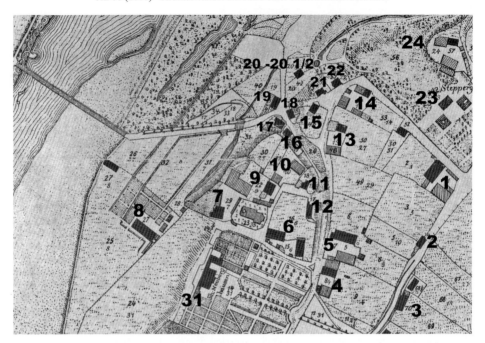

Katasterplan des Ortskerns von Bogenhausen 1812 mit Angabe der Hausnummern (Bearbeitung: Andreas Otto Weber, Kartengrundlage: Karl, Bogenhausen (wie Anm. 3), S. 42).

Hoffuß ¹⁄₁₆) in Bogenhausen besitzt.[35] Der Anteil der Freisinger Institutionen an der Bogenhauser Grundherrschaft hat sich bis 1760 hingegen halbiert, während es in der Struktur der vor Ort ansässigen Grundherren (Pfarrei, Kirche, Eigenbesitz, Gmain) nur unwesentliche Veränderungen gibt.[36] Die Zahl der auswärtigen Grundherren aus dem Umland Münchens hat sich verdoppelt.[37]

Am Ende des alten Reiches stellt sich Bogenhausen als immer noch stark großbäuerlich geprägte Gemeinde mit zwei adeligen Sitzen dar, um die herum sich eine wachsende Handwerker- und Dienstleistungsbevölkerung ansiedelte. Auch der kurfürstliche Ziegelstadel brachte Arbeitsplätze in den Ort. Mit den Ziegeleien hat auch der spätere Wandel Bogenhausens im 19. Jahrhundert zu tun.

---

[35] Ebd., S. 91.

[36] Institutionen aus Freising: Domkapitel Freising: ¼; Einschichtig: Freisinger Beutellehen: ¹⁄₁. Institutionen/Personen aus Bogenhausen: Kirche Bogenhausen: ⅛ (1575: ¹⁄₁); Eigen: ¹⁄₁ (Bierzäpfer), 3 je ¹⁄₁₆ (Faistbauer, Steckschuster) (1575: ½, 4x ¹⁄₁₆); Gmein: ¹⁄₁₆ (Hüterhaus); Einschichtig: Pfarrkirche St. Georg: Pfarrhof (wohl ¹⁄₁) (vgl. ebd., S. 91).

[37] Bereits 1575 als Grundherr in Bogenhausen nachweisbar: Kirche Ramersdorf (2 je ¹⁄₁₆ – 1575: ½ u. ¹⁄₁₆); Großpriorat Ebersberg (¹⁄₁ – wie 1575). Neue Grundherren 1760: Haager Lehen (¼), Hofmark Planegg (¹⁄₁) (vgl. ebd., S. 91).

Bogenhausen im frühen 19. Jahrhundert

Durch die Säkularisation des Hochstifts Freising verändert sich für die Bogenhauser Einwohner die politische Landkarte. Zum einen fiel die Grenzlage zum Hochstift weg, zum anderen konnte Bogenhausen auch einen erheblichen Gebietsgewinn erreichen. Am 1. August 1803 wurde der Prielwald, das direkt an der Grenze liegende alte fürstbischöfliche Jagdgebiet, durch das kurfürstliche Generalkommissariat Freising unter der Führung des Freiherrn Johann Adam von Aretin versteigert.[38] Das ursprüngliche Ziel, hier „Kaufs- und Kulturlustigen" aus der Residenzstadt eine Möglichkeit zur Landwirtschaft zu verschaffen, wurde dabei nicht erreicht. Vielmehr kamen fast ausschließlich Anwohner der anliegenden Ortschaften Bogenhausen, Oberföhring und Haidhausen zum Zuschlag. Durch die Versteigerung des Prielwaldes erweiterten sich also die Wirtschaftsflächen der Bogenhauser Anwesen deutlich. Der Wald wurde gerodet, das Land wurde auch für „andere als landwirtschaftliche Zwecke verwendbar, wie die baldige Anknüpfung an den Lehmabbau und die Ziegelherstellung im ehemals kurfürstlichen Ziegelstadel zeigte. So brachte der Zuwachs zugleich eine wirtschaftliche Dynamik in die neue Steuergemeinde, die in den folgenden Jahrzehnten eine erhöhte Fluktuation in den Eigentums- und Besitzverhältnissen, großen Kapitalzufluß und eine Veränderung der sozialen Zusammensetzung und Schichtung der Gemeindebevölkerung und ihrer Mentalität zu verzeichnen hatte".[39] Die wachsende Bedeutung des Ziegeleigewerbes für Bogenhausen kommt auch im Bau einer hölzernen Isarbrücke zum Ausdruck, der 1804 auf Veranlassung des seit 1802 in Bogenhausen ansässigen Ministers Montgelas für eine bessere Verkehrsanbindung des kurfürstlichen Ziegelstadels nach München ausgeführt wurde.[40] Ob über diese Brücke im August 1805 auch der französische Gesandte zum im Krankenbett liegenden Minister Montgelas fuhr, um hier im „Bogenhausener Vertrag" den Bündniswechsel Bayerns zu Frankreich hin abzuschließen, ist aber nicht überliefert.[41] Mit diesem Vertrag war der Weg zum Königreich Bayern geebnet worden, in dessen frühen Jahren durch das Urkataster wieder ein umfassender Einblick in die Bevölkerungs- und Besitzstruktur des Dorfes möglich ist. Für Bogenhausen ist der Kataster aus dem Jahr 1812 überliefert.[42] In dem halben Jahrhundert seit 1760 war das Dorf von 26 auf 35 Anwesen im Kernort gewachsen, wozu noch vier Anwesen im neu entstandenen, hauptsächlich dem Lehmabbau und der Ziegelherstellung dienende Weiler Priel sowie die ebenfalls einen Ziegelstadel beherbergende Einöde Prichensau (Steinhausen) kommen.

Betrachten wir die Größenklassen und die Besitzstruktur Bogenhausens im Jahr 1812, so zeigt sich zunächst ein Anwachsen der Zahl der großen landwirtschaftlichen Anwesen: 1760 gab es neun $^1/_1$ Höfe und den Pfarrhof, bis 1812 kamen zwei Anwesen

---

[38] Lutz (wie Anm. 24), S. 80–91.
[39] Willibald Karl, Wandel des Bauerndorfs im 19. Jahrhundert, in: Karl, Bogenhausen (wie Anm. 3), S. 38–60, hier S. 41 f.
[40] Walter Kuhn, München Bogenhausen. Stadterweiterungskonzeptionen von der späteren Gründerzeit bis zur Gegenwart, in: Robert Geipel / Günter Heinritz (Hg.), München. Ein sozialgeographischer Exkursionsführer (Münchner Geographische Hefte 55/56), Kallmünz 1987, S. 351–376, hier S. 354.
[41] Zu den Umständen: Willibald Karl, Barocke Adelssitze in Bogenhausen, in: Karl, Bogenhausen (wie Anm. 3), S. 28.
[42] Staatsarchiv München (künftig: StA), Kataster 11626.

hinzu, die dieser Größenklasse zugeordnet werden können. Diese Zunahme kann auf die Versteigerung des Prielwaldes zurückgeführt werden, durch die einzelne Bogenhauser Höfe ihre Flächen vergrößert hatten. Diese ganzen Höfe verfügten über Nutzflächen (Acker, Wiesen, Wald) zwischen 52 und 140 Tagwerk, wobei oft ein Teil der Flächen außerhalb der Bogenhauser Gemarkung lag.[43] Meist handelte es sich bei dem auswärtigen Besitz um Wiesen in der westlich jenseits der Isar gelegenen Gemeinde Schwabing, um Äcker in den angrenzenden Fluren der Dörfer Oberföhring, Ismaning und Haidhausen oder um Wald im Perlacher Forst. Dies gilt beispielsweise für die drei bei weitem flächenreichsten einzelnen Anwesen: das Zingerlgut (Haus Nr. 29) des Mathias Höxner (140,68 Tagwerk, davon 95,91 in Bogenhausen), den Mayerhof (Haus Nr. 27) des Michel Zehntmayr (135,18 Tagwerk, davon 80,04 in Bogenhausen) und Frengners Hofgut (Haus Nr. 24) des Joseph Eckert (134,90 Tagwerk, davon 67,29 in Bogenhausen).

Der größte Ökonom Bogenhausens um 1812 ist Kaspar Sedlmayr, der zwei ganze Höfe besitzt: Den Hanslmarter-Hof (Haus Nr. 5) mit 100,04 Tagwerk in der Gemarkung Bogenhausen und den Poppenhof (Haus Nr. 10), der als Zubau zum Hanslmarter bezeichnet wird und über weitere 64,98 Tagwerk ebenfalls ausschließlich in Bogenhausen verfügt. Fast nur auswärtigen Besitz hat im Gegensatz dazu der Besitzer des ehemaligen Zollhauses an der Grenze zum Hochstift Freising am Prielwald, Freiherr von Ertl, dessen 76,43 Tagwerk Nutzflächen ganz in anderen Gemarkungen liegen. Bemerkenswert ist auch die Größe der landwirtschaftlichen Flächen des Wirtshofs (Haus Nr.1) des Anton Grünwald von 67,43 Tagwerk, die ganz in der Bogenhauser Gemarkung liegen. Zur Gruppe der großbäuerlichen und bäuerlichen Anwesen kann man noch den mittleren Bereich der ½ und ¼ Höfe hinzurechnen. Dieser ist 1812 in Bogenhausen weiterhin sehr klein, nur drei bäuerliche Anwesen verfügen über Flä-

---

[43] Übersicht über die großen landwirtschaftlichen Anwesen in Bogenhausen im Jahr 1812 (StA München, Kataster 11626):

Hs. Nr.	Bez.	Besitzer	Fläche in Tagwerk
29	Komplex des Zingerlguts	Mathias Höxner	95,91 i. Bgh., 140,68 ges.
27	Mayerhof	Michel Zehntmayr	80,04 i. Bgh., 135,18 ges.
24	Frengners Hofgut	Joseph Eckert	67,29 i. Bgh., 134,90 ges.
5	Hanslmarter	Kaspar Sedlmayr	100,04
28	Komplex des Prielmayerhofgutes	Barth. Hubmayr	94,54
14	Prielbauernhofgut	Prielmayr	52,07 i. Bgh., 91,67 ges.
6	Zaggelhof	Lorenz Hutbringer	67,73 i. Bgh., 82,66 ges.
34	Zollhaus	Freiherr M. von Ertl	0,17 i. Bgh., 76,43 ges.
1	Wirtshof	Anton Grünwald	67,43
7	Pfarrwidum	Pfarrei Bogenhausen	65,90
10	Poppenhof	Kaspar Sedlmayer	64,98
4	Schwabelhub	Joseph Priesbuber	37,91 i. Bgh., 52,41 ges.

chen zwischen 10 und 27 Tagwerk.⁴⁴ Von diesen sind zwei im Kataster als Handwerker angegeben. Es wird also deutlich, daß hier bereits eine Vermischung handwerklicher und bäuerlicher Sphäre vorliegt. Zur Größenklasse zwischen 10 und 30 Tagwerk gehören auch die zwei Edelsitze Neuberghausen (Freiherr von Hompesch, 17,24 Tagwerk) und Steppberg (Graf Montgelas, 16,20 Tagwerk). Diese können aber bei einer Analyse der sozialen Stellung der bäuerlichen Anwesen nicht mitgerechnet werden. Insgesamt läßt sich festhalten, daß sich das Zahlenverhältnis der bäuerlichen Anwesen Bogenhausens (45 Prozent) zu den unterbäuerlichen Klein- und Kleinstanwesen (55 Prozent) seit 1760 kaum verändert hat. Unter letzteren sind eine ganze Reihe von Handwerkern zu finden (zwei Schuster, je ein Zimmerer, Schuster, Weber, Pfister, Schlosser, Nagelschmied und Wagner), aber auch der Hirte und mindestens ein Taglöhner.⁴⁵ Über die Inwohner, also die nicht über eigenen Hausbesitz verfügenden Personen, gibt das Kataster keinen Aufschluß.

⁴⁴ Übersicht über die mittelgroßen bäuerlichen Anwesen in Bogenhausen im Jahr 1812 (StA München, Kataster 11626):

Hs. Nr.	Bez.	Besitzer	Fläche in Tagwerk
15	–	Matthias Lechner	4,0 i. Bgh., 27,6 ges.
3	–	Dietmar Lutz (Metzger)	23,57
9	¼ Schmiedgütl	Joseph Mayr (Schmied)	10,42

⁴⁵ Übersicht über die Klein- und Kleinstanwesen in Bogenhausen im Jahr 1812 (StA München, Kataster 11626):

Hs. Nr.	Bez.	Inhaber	Beruf	Fläche
8		Dominik Traiteur		6,29
11		Franz Baur	Schuster	2,74
22	Walber	Georg Mayr		0,20 i. Bgh., 2,05 ges.
16		Andreas Mehl	Zimmerer	2,02
20 ½		Michel Lucker		1,19
21 ½		Franz Zimmerer		0,28 i. Bgh., 1,61 ges.
17	Unterschuster	Joseph Mayr	Schuster	1,13
19		Michel Prißner	Weber	1,06
4 ½		Lorenz Doll	Pfister	0,6
5 ½		Gottfried Percht	Schlosser	0,08
2	Gemeindehirtenhaus	Gemeinde	Hirte	0,06
12		Georg Sall	Taglöhner	0,06
13		Mathäus Höschl		0,24
18	Augwinkl	Johann Müller		0,45
20	Ulz	Martin Deimer		0,26
30		Jörg Segerer	Nagelschmied	2,05
32		Lorenz Friedauer	Wagner	0,29

Verfallende Ziegeleigebäude vor dem Ortskern von Oberföhring. Das Bild gibt einen Eindruck vom Aussehen Bogenhausens während des Lehmabbaus und der Ziegelproduktion im 19. Jahrhundert (Photo: Andreas Otto Weber).

Die Entstehung weiterer Ziegeleien am Priel

Die größte Veränderung Bogenhausens von der Mitte des 18. Jahrhunderts zum frühen 19. Jahrhundert stellt ohne Zweifel die Entstehung eines neuen Ortsbereiches im Weiler Priel an der alten Grenze im Norden der Gemarkung dar. Den Beginn dieser Entwicklung markierte der oben schon erwähnte kurfürstliche Ziegelstadel.[46] Dieser war 1803 vom kurfürstlichen Finanzsekretär Hubert von Steiner ersteigert worden, der ihn 1808 an den Münchner Stadtmaurermeister Joseph Höchl veräußerte. 1809 gab es zwei weitere Ziegeleien im Priel, 1812 waren es insgesamt vier. Über die größte Abbaufläche verfügte der königliche Kämmerer Freiherr von Gumppenberg (77,91 Tagwerk), gefolgt von Joseph Höchl (21,35 Tagwerk), Lorenz Schmidt (11,52 Tagwerk) und Georg Heitmeier (6,4 Tagwerk).[47] Besonders Joseph Höchl konnte in den folgenden 30 Jahren bis zu seinem Tod 1838 seinen Ziegeleibesitz durch Zukauf und Tausch vervierfachen. Er war gemeinsam mit seinem Schwiegervater Stadtmaurermeister Matthias Widmann als maßgeblicher Bauunternehmer an den Stadterweiterungen unter den Königen Maximilian I. und Ludwig I. beteiligt.[48] In den Bauten des

---

[46] StA München, Kataster 11626. Eine auf genauen Archivstudien beruhende Darstellung der Siedlungsentwicklung des Priel im 19. und 20. Jahrhundert bietet: Lutz (wie Anm. 24), S. 95–134.
[47] StA München, Kataster 11626.
[48] Willibald Karl, Wandel des Bauerndorfs im 19. Jahrhundert, in: Karl, Bogenhausen (wie Anm. 3), S. 38–60, hier S. 45.

Leo von Klenze und des Friedrich von Gärtner, die bis heute das Bild des „königlichen München" prägen, stecken die Ziegel aus der Höchl'schen Ziegelei im Priel. Das Höchlschlösschen im Priel (Odinstraße), bis heute umgeben von einem verwunschenen Garten- und Waldareal, erinnert noch an die ursprünglich isoliert gelegenen herrschaftlichen Zentren der Ziegelbarone im Münchner Osten.

Ziegeleien entstanden vor 1812 nicht nur im Priel, sondern auch in dem am Südrand der Bogenhauser Gemarkung gelegenen späteren Ortsteil Steinhausen. 1812 wird im Kataster hier unter der Bezeichnung „Einöde Prichensau" die Ziegelei des Maurer- und Ziegelmeisters Deiglmayr genannt. Diese verfügte über insgesamt 244 Tagwerk Abbaufläche, die sich aber fast gänzlich in den südlich gelegenen Nachbargemeinden Haidhausen und Berg am Laim befand.[49] Bis 1860 gab es hier in Steinhausen zwei Ziegeleien, im Priel weiterhin vier, im Ortskern des alten Bogenhausens wurden drei alte Anwesen neben der Georgskirche in Sitze von Ziegeleien umgewandelt.[50] Das Kerndorf hatte sich bis dahin seit 1812 in der Zahl seiner Anwesen mehr als verdoppelt und umfaßte 76 Häuser, wozu noch die inzwischen sechs Anwesen im Priel kamen.

Bis zur Eingemeindung 1892: Die Stadt rückt an Bogenhausen heran

Das Gesicht des Dorfes hatte sich seit 1812 nicht nur durch die Ziegeleien, die mehr und mehr die über zwei Meter hohe Lehmschicht dezimierten, gewandelt. Drei weitere Faktoren brachten eine stärkere Anbindung an die nahe Hauptstadt: Erholung, Vergnügen und Wissenschaft. Letzterer Aspekt kam in den Jahren 1816 durch die Gründung der königlichen Sternwarte nach Bogenhausen.[51] Die Betz'sche Gastwirtschaft in der Ismaningerstraße (an der Stelle des heutigen Togalwerkes) und das unterhalb des Hochufers der Isar gelegene Bad Brunnthal dienten den zwei anderen Zwecken. Seit der Biedermeierzeit entwickelte sich das Bogenhauser Wirtshaus zu einem beliebten Ausflugsziel für die Münchner, welches 1829 schon Heinrich Heine in seinen Reisebildern beschrieb.[52] Ein weitläufiger Wirtsgarten mit Karussell und der weite Fernblick bis auf die Berge sowie der anfangs günstige Bierpreis trugen zur Popularität während des 19. Jahrhunderts bei.[53]

In der Gründerzeit dehnte sich der bebaute Grund und Boden der Stadt München durch die ständig zunehmende Bevölkerung in alle Himmelsrichtungen aus. Dabei entstanden neue Stadtviertel, die sich in ihrem sozialen Gefüge zum Teil von Anfang an deutlich unterschiedlich entwickelten. Das südlich der Bahnanlagen entstandene

---

[49] StA München, Kataster 11626.; vgl. auch: Willibald Karl, Wandel des Bauerndorfs im 19. Jahrhundert, in: Karl, Bogenhausen (wie Anm. 3), S. 38–60, hier S. 46 f.
[50] Willibald Karl, Wandel des Bauerndorfs im 19. Jahrhundert, in: Karl, Bogenhausen (wie Anm. 3), S. 38–60, hier S. 46 f.
[51] Reinhold Häfner, Die Sternwarte in Bogenhausen im Wandel ihrer Geschichte, in: Karl, Bogenhausen (wie Anm. 3), S. 61–71.
[52] Vgl. Franz Weber, Bogenhausen – Das Werden eines Stadtbezirkes, in: Bogenhausen. 100 Jahre Eingemeindung 1892–1992, München 1992, S. 11–19, hier S. 11.
[53] Willibald Karl / Walter Kuhn, Altbogenhausen, in: Karl, Bogenhausen (wie Anm. 3), S. 94–108, hier S. 102 ff.

Westend wurde zu einem Industrie- und Arbeiterwohnviertel. Im 1854 eingemeindeten Haidhausen, wie Bogenhausen rechts der Isar gelegen, jedoch näher an der Altstadt, ging der Plan eines zwischen der Isar und dem 1872 fertiggestellten Ostbahnhof planmäßig angelegten bürgerlichen Wohnviertels („Franzosenviertel") mit großzügigen Wohnungen nicht auf. Neben den zum Teil bis heute bestehenden Herbergssiedlungen kam es bald zur Aufteilung der zu großen Wohnungen auf mehrere Arbeiterfamilien.[54] Haidhausen wurde so zum Arbeiterviertel, später zu einem Hauptzuzugsgebiet für Gastarbeiter, und erlebt seit den 1980er Jahren einen Strukturwandel mit steigenden Mietpreisen, hochwertiger Sanierung und einem großen Anteil von Single- und Zwei-Personenhaushalten.[55] Weitere Arbeiterviertel entstanden um die alten Dorfkerne von Sendling, Thalkirchen und Laim. Die bürgerlichen Schichten der expandierenden Stadt fanden in den 1890er Jahren Wohnraum nahe der Altstadt im Lehel, das bis heute als Beamtenviertel gilt, während in Schwabing die Nähe der Hochschulen vor allem Leute aus der Wissenschaft, Kunst und Literatur anzog. Im Umfeld von Schloß Nymphenburg entstand eine Villensiedlung für vornehmere bürgerliche Schichten, die das vom Arbeitertum geprägte Neuhausen zum Nachbarn hatte.[56]

Die Ausdehnung der Stadt ging seit Mitte des 19. Jahrhunderts mit Eingemeindungen einher. Die ersten betrafen 1854 Haidhausen, die Au und Giesing, also die schon seit der Frühen Neuzeit als Ergänzungsgebiet der Stadt zu bezeichnenden Bereiche.[57] 1877 kam im Westen Sendling hinzu, 1890 Schwabing und Neuhausen. Bereits seit 1865 versuchte die Gemeinde Bogenhausen, Teil der königlichen Residenzstadt München zu werden. Der Münchner Stadtmagistrat hatte den Antrag jedoch wegen der zu geringen Beziehung des Pfarrdorfes zu der Hauptstadt abgelehnt.[58] Erst im Dezember 1891 erreichte der Bogenhauser Bürgermeister Joseph Selmayr in Übereinstimmung mit der Mehrheit der Gemeindebürger einen Eingemeindungsbeschluß und dessen Genehmigung durch den Prinzregenten Luitpold.[59] Am Rand des Dorfes, das sich während des 19. Jahrhunderts bis auf weitere Ziegeleigründungen im Osten in seinem Kern kaum verändert hatte, war zwischen 1856 und 1861 durch den königlichen Hofgartendirektor Carl von Effner entlang des Isarhochufers ein Grüngürtel im Stil des englischen Landschaftsgartens entstanden, der vom Maximilianeum bis zum Schloß Neuberghausen reichte.[60] Dieser elegante Rahmen bestimmte schnell die Planungen für die Ausweitung der Stadt in den werdenden neuen Stadtteil. Es kam schon bald zu Planungen für ein gänzlich dem Bau von großbürgerlichen und aristokratischen Vil-

---

[54] Elisabeth Angermair, München als süddeutsche Metropole, in: Richard Bauer (Hg.), Geschichte der Stadt München, München 1992, S. 319 f.

[55] Sabine Tzschaschel, Haidhausen. Ein Arbeiterviertel wandelt sein Gesicht, in: Geipel / Heinritz (wie Anm. 40), S. 377–421, hier S. 378 f.

[56] Vgl. Angermair, Metropole (wie Anm. 54), S. 310 f.

[57] Einen Überblick über die Eingemeindungen bietet die Karte: Alte Dorfkerne in München, in: Geipel / Heinritz (wie Anm. 40), nach S. 136.

[58] Fritz Lutz, Die Eingemeindung Bogenhausens in die kgl. Haupt- und Residenzstadt München, in: Karl, Bogenhausen (wie Anm. 3), S. 72–89, hier S. 82.

[59] Ebd., S. 86.

[60] Ebd., S. 88.

Kreuzung Ismaningerstraße/Sternwartstraße: Links das Gasthaus „Bogenhauser Hof", ein Relikt des alten Bogenhausen, rechts bürgerliche Wohnhäuser aus der Zeit um 1900 (Photo: Andreas Otto Weber).

lenanlagen vorbehaltenes Areal zwischen der Sternwarte und der Prinzregentenstraße.[61]

Das vornehme Stadtviertel entsteht

Bis zum Ersten Weltkrieg wurde entlang der Erschließungsachsen Ismaningerstraße und Prinzregentenstraße auf dem Isarhochufer und darunter, im tiefer gelegenen Uferbereich, der nördliche Teil des Herzogparks mit großbürgerlichen Mietshäusern, Reihenhäusern und Einzelvillen bebaut. Am Rande der zwischen 1856 und 1864 entstandenen Maximiliansanlagen wurde 1897/98 – noch vor der Enthüllung des Friedensengels 1899 – mit der Villa Bechtolsheim das erste Jugendstilgebäude Deutschlands errichtet.[62] Fast gleichzeitig entstand an der Prinzregentenstraße das „Haupt-

---

[61] Angermair (wie Anm. 54), S. 311.
[62] Walter Kuhn, München Bogenhausen. Stadterweiterungskonzeptionen von der späteren Gründerzeit bis zu Gegenwart, in: Geipel / Heinritz (wie Anm. 40), S. 351–376, hier S. 357.

Die Hauptachse des neuen Stadtviertels: Die Prinzregentenstraße mit der Villa Stuck und dem Friedensengel (Photo: Andreas Otto Weber).

werk des sezessionistisch-neoklassizistischen Jugendstils in Deutschland, die Villa Stuck, nach eigenen Entwürfen von Franz von Stuck.[63] 1901 bezog Rudolf Diesel eine Villa in der Höchlstraße, wo 1904 der Bauunternehmer Max Littmann sein Nachbar wurde.[64] Littmann gehörte zu einer Reihe jüdischer Familien innerhalb der Gründergeneration des neuen Stadtviertels. Auch der maßgebende Unternehmer in der Erschließung von Villenkolonien rund um München, Jakob Heilmann und dessen Schwiegersohn Theodor Littmann, wohnten hier. Mit dem Akademieprofessor Benno Becker war ein prominenter Künstler aus der Bewegung der Münchner Secession Bogenhauser geworden, für die Musik stand die Familie des Generalmusikdirektors Bruno Walter.[65]

---

[63] Ebd., S. 359.
[64] Ebd., S. 357.
[65] Willibald Karl, Jüdisches Leben in Bogenhausen, in: Wolfram P. Kastner (Hg.), Auf einmal waren sie weg. Zur Erinnerung an Münchner Juden – ein Beispiel, das zur Nachahmung anregen könnte, Stamsried 2004, S. 16–21, hier S. 16.

Villa Bechtolsheim in der Maria-Theresia-Straße, das erste Jugendstilgebäude Deutschlands (erbaut 1897/98) (Photo: Andreas Otto Weber).

Innerhalb kurzer Zeit entwickelte sich Bogenhausen so von einem Dorf zu einem vornehmen Stadtteil, das auch im ortsansässigen Gasthaus eine Entsprechung fand: Die alte Betzsche Gartenwirtschaft wurde um 1900 in eine repräsentative Großgaststätte umgewandelt, in der die „Millionärs-Trinkstube", ausgestattet durch einen Genrezyklus des Malers Franz Ringer, Treffpunkt der neuen reichen Einwohner wurde. Das neue Stadtviertel, das heute Alt-Bogenhausen genannt wird, hatte bald seine noch in den Jahren kurz vor der Eingemeindung dominante großbäuerliche Prägung verloren. Die weitere Siedlungsentwicklung verlief in zwei großen Phasen: In der Zeit zwischen den Weltkriegen und seit 1955 bis heute. Beide Phasen haben die Ausdehnung des Stadtviertels in Richtung Norden und Osten stark vergrößert. Die alten Lehmabbauareale wurden peu à peu in Wohnland umgewandelt. Dabei veränderte sich die Struktur des wachsenden Stadtviertels erneut entscheidend. Neben dem weiter ausgreifenden Villenviertel (Priel, nördlicher Herzogpark, Altbogenhausen) wurden in der 1956 fertiggestellten Parkstadt Bogenhausen erstmals auch Hochhäuser und Massenwohnblöcke in den Stadtbezirk gebaut. Der seit 1965 entstandene Arabellapark sowie der für die Wohnexpansion der 1970er Jahre stehende Pharao (1974 „größte

Die 1914 eröffnete Grundschule an der Gebelestraße, Dokument des raschen städtischen Wachstums Bogenhausens vor dem Ersten Weltkrieg (Photo: Andreas Otto Weber).

Wohnpyramide Europas"[66]) gingen weiter in die Richtung des Hochhausbaus und der Verdichtung großer Teile der Neubauareale, die bis heute anhält. Besonders da, wo heute noch die Reste der verfallenden Ziegeleien auf dem Areal des Freisinger Prielwaldes stehen, ist der aktuelle Strukturwandel deutlich zu sehen. Neben den verfallenden Ziegelstadeln entsteht extrem verdichteter Wohnraum. Die Großstadt erobert die letzten freien Flächen der alten Gemarkungen im Osten von München.

[66] Fritz Lutz, Oberföhring. Zur 75-Jahrfeier der Eingemeindung Oberföhrings, Buchendorf 1988, S. 92.

Strukturwandel Bogenhausens in den 1970er Jahren: Die Villenkolonie Priel und die nördlich anschließende Hochhausbebauung (Photo: Andreas Otto Weber).

Strukturwandel Bogenhausens 2007: Alte Ziegelstadel und verdichtete Blockbebauung am Rand des Ortsteils Priel (Photo: Andreas Otto Weber).

Wolfgang Wüst

Gerichts- und Gutsadel 1806–1848/49. Regionaler Hoffnungsträger oder Hemmschuh für die Integration in Süddeutschland?

Adelsforschung[1] hat Konjunktur und sie etablierte sich neuerdings verstärkt als integrativer Bestandteil einer Kultur- und Gesellschaftsgeschichte des 19. und 20. Jahrhunderts. Die veränderte Sicht des aristokratischen „Obenbleibens", trotz der schmerzlichen Souveränitätsverluste zu Beginn der Epoche und weiterer Herrschaftseinschränkungen zur Mitte des 19. Jahrhunderts, gewährt uns die Möglichkeit, neue Fragestellungen an eine altehrwürdige Schicht heranzutragen. Nicht Niedergang und Dekadenz, sondern Standessicherung, bisweilen sogar Aufstieg und Verantwortungsbewusstsein sollen im Vordergrund stehen. Diese Fragen betreffen eine Zeit, für die sich der Jubilar wie kein anderer Landeshistoriker in Deutschland eine Exzellenz erarbeitete, die nicht nur regionale Forschungsrichtungen zur Moderne nachhaltig beeinflusste. Wir kreisen demnach um Brennpunkte breit angelegter Forschungsfelder eines Werner K. Blessing[2], um sie mit neuen Quellen aus Privatarchi-

---

[1] Eckhart Conze, Deutscher Adel im 20. Jahrhundert. Forschungsperspektiven eines zeithistorischen Feldes, in: Günther Schulz / Markus A. Denzel (Hg.), Deutscher Adel im 19. und 20. Jahrhundert (Deutsche Führungsschichten in der Neuzeit 26. Büdinger Forschungen zur Sozialgeschichte 2002 und 2003), St. Katharinen 2004, S. 17–34; Eckhart Conze / Monika Wienfort, Einleitung. Themen und Perspektiven historischer Adelsforschung zum 19. und 20. Jahrhundert, in: dies. (Hg.), Adel und Moderne. Deutschland im europäischen Vergleich im 19. und 20. Jahrhundert, Köln 2004, S. 1–16; Rudolf Braun, Konzeptionelle Bemerkungen zum Obenbleiben: Adel im 19. Jahrhundert und Walter Demel, der bayerische Adel von 1750 bis 1871, in: Hans-Ulrich Wehler (Hg.), Europäischer Adel 1750–1950 (Geschichte und Gesellschaft, Sonderheft 13), Göttingen 1990, S. 87–95 und S. 213–228; Werner Paravicini, Interesse am Adel. Eine Einleitung, in: Otto Gerhard Oexle / Werner Paravicini (Hg.), Nobilitas: Funktion und Repräsentation des Adels in Alteuropa (Veröffentlichungen des Max-Planck-Instituts für Geschichte 133), Göttingen 1997, S. 9–25. Als Ausstellungskatalog (hg. v. Casimir Bumiller) und zweibändiges Begleitwerk (hg. v. Mark Hengerer / Elmar L. Kuhn / Peter Blickle) mit Ausrichtung auf Südwestdeutschland jetzt auch: Adel im Wandel. Oberschwaben von der Frühen Neuzeit bis zur Gegenwart, Ostfildern 2006.

[2] Eine kleine Auswahl jüngster Ergebnisse: Werner K. Blessing, Verödung oder Fortschritt? Zu den gesellschaftlichen Folgen der Säkularisation, in: Alois Schmid (Hg.), Die Säkularisation in Bayern 1803. Kulturbruch oder Modernisierung? (Zeitschrift für bayerische Landesgeschichte (künftig: ZBLG), Beiheft 23), München 2003, S. 335–366; ders., Allmähliche Restauration: Zum Wandel der Kirchenreligion im lutherischen Bayern des 19. Jahrhunderts, in: Mecklenburgia sacra 5, 2003, S. 217–235; ders., Franken im Bayern des 19. Jahrhunderts. Bemerkungen zu einem labilen Horizont, in: ders. / Dieter J. Weiß (Hg.), Franken: Vorstellung und Wirklichkeit in der Geschichte (Franconia 1, Beihefte zum Jahrbuch für fränkische Landesforschung), Neustadt/Aisch 2003, S. 339–363; ders. (mit Steven M. Zahlaus), Der Schein der Provinzialität: Nürnberg im 19. Jahrhundert, in: Helmut Neuhaus (Hg.), Nürnberg: Eine europäische Stadt in Mittelalter und Neuzeit, Nürnberg 2000, S. 69–103; ders. / Steven M. Zahlaus, Bürgervernunft, „deutsche Art", industrieller Fortschritt: Zum Nürnberger Selbstbild von der Aufklärung bis zum Ersten Weltkrieg, in: Mitteilungen des Vereins für Geschichte der Stadt Nürnberg 87, 2000, S. 59–97, ders., 1848/49: Revolution in Franken (Hefte zur Bayerischen Kultur und Geschichte 22), Augsburg 1999; ders., Gesichter einer Revolution – 1848/49 in Franken, in: Günter Dippold (Hg.), Die Revolution von 1848/49 in Franken, Bayreuth 1999, S. 55–75; ders., Disziplinierung und Qualifizierung. Zur kulturellen Bedeutung des Militärs im Bayern des 19. Jahrhunderts, in: Geschichte und Gesellschaft 17/4, 1991, S. 459–479 und ders., Gottesdienst als Säkularisierung? Zu Krieg, Nation und Politik im bayerischen Protestantismus des 19. Jahrhunderts, in: Wolfgang Schieder (Hg.), Religion und Gesellschaft im 19. Jahrhundert (Industrielle Welt 54), Stuttgart 1993, S. 216–253.

ven³ da und dort fortzuschreiben, vielleicht aber auch anders zu akzentuieren. Welcher Stellenwert kam den Landadeligen als neuen wie alten Standesherren im Fortschritt staatlicher Integration zu? Welchen Anteil hatte ihre Bürokratie (Domänen- und Rentämter) und Justiz (Patrimonialgerichte) daran? Welche Rolle spielten althergebrachte Lebenswelten und patriarchalisches Regieren? Wie fiel die Identifizierung der alten Adelsfamilien und der neuen Säkularisationsgewinner mit Region und Land aus? Welchen Spielraum ließ das Gestaltungsmonopol der neuen süddeutschen Staaten überhaupt noch für Machtreminiszenzen aus dem Ancien Régime zu? Einige dieser Fragen wollen wir primär an staatsbayerischen Beispielen aufgreifen.

Für die mediatisierten Adelshäuser und die Standesherren des alten wie des neuen Reiches – auf die politisch-programmatische Wirkung der bayerischen Verfassungs- und Reformkategorie „in Unserm Reiche" verwies bereits Helmut Neuhaus[4] – war der Anpassungsprozess nach 1806 nicht nur eine Frage des Generationenwechsels.[5] Sehr viel wahrscheinlicher war die angekündigte Staatsintegration ein längerer historischer Prozess als vielfach angenommen. Mitunter war die „longue durée" integrativer Vorgänge eine Folge hergebrachter Kontinuitäten in den Herrschafts- und Patrimonialgerichten bis zum Grundlastenablösungsgesetz vom 4. Juni des Unruhejahres 1848 und einer nicht nur in der Oberschicht feststellbaren dynastischen Orientierung bis zur Novemberrevolution am Ende des Ersten Weltkriegs. Gerade in Franken und Schwaben, wo der Reichsadel in weltlichen wie geistlichen Territorien über Jahrhunderte Schlüsselstellungen einnahm, bot die gutsherrliche Gerichtsbarkeit der ersten Hälfte des 19. Jahrhunderts ein Ventil für aufgestaute Frustrationen. Letztere waren Resultat der Mediatisierung gewesen, die zwar noch keinen Vermögensverlust nach sich zog, die aber dem Reichsadel den Regierungsstab und die korporativen Rechte[6] auf

---

[3] An dieser Stelle danke ich der gräflich- und freiherrlich von und zu Egloffstein'schen Gesamtfamilie zu Kunreuth (Lkr. Forchheim) sowie der freiherrlich v. Freyberg'schen und der freiherrlich v. Riedheim'schen Gutsverwaltung, Haldenwang und Harthausen (beide Lkr. Günzburg) für die gewährte Akteneinsicht.

[4] Helmut Neuhaus, Auf dem Weg von „Unseren gesamten Staaten" zu „Unsern Reiche". Zur staatlichen Integration des Königreiches Bayern zu Beginn des 19. Jahrhunderts, in: Wilhelm Brauneder (Hg.), Staatliche Vereinigung: Fördernde und hemmende Elemente in der deutschen Geschichte (Der Staat, Beihefte 12), Berlin 1998, S. 107–136.

[5] Werner K. Blessing, Staatsintegration als soziale Integration. Zur Entstehung einer bayerischen Gesellschaft im frühen 19. Jahrhundert, in: ZBLG 41, 1978, S. 633–700, hier S. 666; ders., Franken in Staatsbayern: Integration und Identität, in: Erich Schneider (Hg.), Nachdenken über fränkische Geschichte. Vorträge aus Anlass des 100. Gründungsjubiläums der Gesellschaft für Fränkische Geschichte vom 16.–19. September 2004 (Veröffentlichungen der GffG IX/50), Neustadt/Aisch 2005, S. 279–312, hier S. 288 f.; ders., Ständische Lebenswelten. Frankens Gesellschaft in der Mitte des 18. Jahrhunderts, in: Helmut Neuhaus (Hg.), Aufbruch aus dem Ancien régime. Beiträge zur Geschichte des 18. Jahrhunderts, Köln / Weimar 1993, S. 21–56; ders., Gedrängte Evolution. Bemerkungen zum Erfahrungs- und Verhaltenswandel in Deutschland um 1800, in: Helmut Berding (Hg.), Deutschland und Frankreich im Zeitalter der Französischen Revolution (Edition Suhrkamp 1521, NF 521), Frankfurt/Main 1989, S. 426–451. Allgemein zur Rolle des Adels: Heinz Gollwitzer, Die Standesherren. Die politische und gesellschaftliche Stellung der Mediatisierten 1815–1918. Ein Beitrag zur deutschen Sozialgeschichte, Göttingen ²1964.

[6] In Auswahl für Franken: Hanns Hubert Hofmann, Adelige Herrschaft und souveräner Staat, Studien über Staat und Gesellschaft in Franken und Bayern im 18. und 19. Jahrhundert (Studien zur Bayerischen Verfassungs- und Sozialgeschichte 2), München 1962; Ernst Böhme, Das fränkische Reichsgrafenkollegium im 16. und 17. Jahrhundert. Untersuchungen zu den Möglichkeiten und Grenzen der korporativen Politik mindermächtiger Reichsstände (Veröffentlichungen des Instituts für Europäische Geschichte Mainz, Universalgeschichte 132; Beiträge zur Sozial- und Verfassungsgeschichte des Alten Reiches 8), Stuttgart 1989; Gerhard

Reichs- und Kreistagen aus der Hand nahm. Hinzukamen die für die Aristokratie in Bayern im Vergleich zu Württemberg und Baden günstigen politisch-gesellschaftlichen Optionen, die auch in der Verfassung von 1818 festgeschrieben wurden. Sie führten in Folge zu zahlreichen Grenzüberschreitungen und weitreichenden Familienbeziehungen über die sich 1806–1810 zunächst verhärtenden Trennlinien zwischen den neugeschaffenen Königreichen Bayern und Württemberg und dem Großherzogtum Baden. Von längerer Dauer stellten sich da und dort überregionale Ambitionen wie bei der mit der Grafschaft Isny[7] – sie war 1803 aus der Reichsabtei[8] und der gleichnamigen Reichsstadt geformt worden – entschädigten jülich-geldern'schen Familie Quadt zu Wykradt und Isny ein. Mit Isny war man in erster Linie württembergischer Standesherr geworden, doch ließ die Randlage zu Bayern, wo man auch nach dem Grenzvertrag von 1810 noch kleinere Landparzellen besaß, immer eine zweite Option offen. Die Quadts strebten nicht zuletzt wegen der bekannt schwierigen Situation für den mediatisierten Standesadel im Königreich Württemberg immer eine doppelte Landtagsvertretung an. In München wurde sie mit Blick auf die fehlende Landmasse diesseits der Grenze zwar zunächst 1847 abgelehnt, doch verlieh König Maximilian II. ungeachtet eines negativen Exposés aus dem Staatsrat schließlich die erbliche Würde eines Reichsrats an Graf Otto aus dem Hause Quadt.[9]

Aus der adelsfreundlichen Politik bayerischer Ministerien leitete auch so mancher Standesherr in Franken nach dem traumatischen Souveränitätsverlust zu Beginn des Jahrhunderts nochmals landeshoheitliche Befugnisse ab, um wieder „im eigenen Namen [zu] regieren".[10] Allein in Unterfranken gab es nach 1817 noch zehn adelige Herrschaftsgerichte I. Klasse, die den 46 bayerischen Landgerichten gleichgestellt waren, und drei weitere Herrschaftsgerichte II. Klasse mit abgestuften strafrechtlichen Kompetenzen.[11] Und die in den Kreisen als kontrollierende Instanzen neu eingerichteten königlichen Appellationsgerichte konnten ihre Aufsichtsrechte im Alltag nur teil-

---

Pfeiffer, Studien zur Geschichte der fränkischen Reichsritterschaft, in: Jahrbuch für fränkische Landesforschung (künftig: JFL) 22, 1962, S. 173–280; Klaus Rupprecht, Ritterschaftliche Herrschaftswahrung in Franken. Die Geschichte der von Guttenberg im Spätmittelalter und zu Beginn der Frühen Neuzeit (Veröffentlichungen der Gesellschaft für Fränkische Geschichte IX/42), Neustadt a.d Aisch 1994. Daneben immer noch heranzuziehen: Karl Heinrich Roth von Schreckenstein, Geschichte der ehemaligen freien Reichsritterschaft in Schwaben, Franken und am Rheinstrome, nach Quellen bearbeitet, Bd 1: Die Entstehung der freien Reichsritterschaft bis zum Jahre 1437, Bd 2: Vom Jahre 1437 bis zur Aufhebung der Reichsritterschaft, Freiburg i. Br. 1859/1871.

[7] Karl Friedrich Eisele, Stadt- und Stiftsgebiet Isny in den Jahren 1803–1810, in: Mitteilungen des Vereins für Kunst und Altertum in Ulm und Oberschwaben 38, 1967, S. 185–221; Sylvia Greiffenhagen / Gesa Ingendahl, Isny im 19. und 20. Jahrhundert, Isny 2003.

[8] Rudolf Reinhardt (Hg.), Reichsabtei St. Georg in Isny: 1096–1802. Beiträge zu Geschichte und Kunst des 900jährigen Benediktinerklosters, Weißenhorn 1996.

[9] Gerhart Nebinger, Die Standesherren in Bayerisch-Schwaben, in: Pankraz Fried (Hg.), Probleme der Integration Ostschwabens in den bayerischen Staat. Bayern und Wittelsbach in Ostschwaben, Sigmaringen 1982, S. 154–216, hier S. 187 f.

[10] Walter Demel, Struktur und Entwicklung des bayerischen Adels von der Mitte des 18. Jahrhunderts bis zur Reichsgründung, in: ZBLG 61, 1998, S. 295–345, hier S. 310.

[11] Dies waren die Herrschaftsgerichte in Amorbach, Eschau, Kleinheubach, Marktbreit, Miltenberg, Rothenfels, Sommerhausen, Triefenstein, Wiesentheid und Sulzbach (I. Klasse) bzw. in Gersfeld, Stadtprozelten und Thann (II. Klasse). Vgl. Dirk Götschmann, Das Jahrhundert unter den Wittelsbachern, in: Peter Kolb / Ernst-Günter Krenig (Hg.), Unterfränkische Geschichte. Von der Eingliederung in das Königreich Bayern bis zum beginnenden 21. Jahrhundert, Bd. 5/1, Würzburg 2002, S. 259–309.

weise oder gar nicht durchsetzen. Patriarchalische Herrschaftsformen blieben trotz nicht unerheblicher Untertanenkonflikte[12], einzelner Amtsvergehen[13] und den permanent wiederkehrenden Vorwürfen überhöhter Besteuerung – auf „Querulanten" aus den Patrimonialgerichten wird noch einzugehen sein – gerade unter der bayerischen Krone fortbestehen. Sie sorgten für ein Stück Kontinuität zwischen dem Alten Reich und dem sich ankündigenden Nationalstaat; sie verbanden den Absolutismus barocker Provenienz mit dem neuen rationalen Staatsabsolutismus. Freilich musste parallel dazu der Einfluss standesherrlicher Domänenkanzleien nach und nach auf private Geschäfte zurückgedrängt werden. Franz Erwein Graf von Schönborn-Wiesentheid bezog hierzu 1819 in einem Schreiben an die Regierung des Untermainkreises klar Stellung: „Da mir gute Polizeyverwaltung in das bürgerliche Leben so sehr eingreifend ist, zur Zeit der vormaligen Reichsunmittelbarkeit von meiner gräflichen Familie notorisch auf meinen Besitzungen immer die besten Polizeyanstalten mit bedeutendem Geldaufwande sind getroffen und gehandhabet worden, so würde es mir sehr schmerzlich sein, daß dadurch, daß ich blos allein meinen Gerichtsbeamten, deren Tendenz als Staatsdiener auf eine völlige Unabhängigkeit von mir und meiner bevollmächtigten Domanialkanzlei gerichtet ist, das ganze polizeyliche administrative Fach ohne irgend einer Aufsicht von meiner Seite überlassen müßte, dieses müßte mich zugleich veranlassen, zum Wohle meiner Unterthanen, die mir ganz entfremdet würden, und lediglich von meinen Gerichtsbeamten abhängig wären, jenes nicht mehr zu thun, was meine Vorfahren, die selbst durch ihre niedergesetzte Kanzlei wirken konnten, zum augenfälligen Besten ihrer Unterthanen gethan haben."[14] Ähnliche Überlegungen trieben im Jahr der französischen Julirevolution Hans Freiherrn von Aufseß zu einer Verwaltungsreform, die den Wirkungskreis der Rentenverwaltung stärken sollte. Er sprach sich für die Lösung aller gutsherrlicher Kompetenzen aus der Zuständigkeit der Patrimonialrichter aus. Die Adelsdomänen sollten wieder Rentenverwaltern als „Privatdienern" der Familien übertragen werden. Nur so würden die „entgegengesetzten Geschäfte" wieder überschaubar, „die Eintreibung der Gutrenten und die strenge Ordnung der Gutsadministration unendlich" genauer und auch die „Geschäftsführung des Patrimonialgerichts besser besorgt".[15]

Herrschafts- und Patrimonialgerichte

Trotz Souveränitätsverlustes arrangierte sich der Adel mit Staat, Politik und Gesellschaft nach Napoleon. Die Bundesakte vom 8. Juni 1815 (Art. 14) hatte unterschiedliche Entwicklungen in Baden, Württemberg und Bayern, wo man schon 1812 drei

---

[12] Ute Feuerbach, Konflikt und Prozess. Bäuerliche Interessenpolitik für Freiheit und Eigentum in Mainfranken 1802–1848 (Veröffentlichungen der Gesellschaft für Fränkische Geschichte IX/46), Neustadt/Aisch 2003.
[13] Gräflich und freiherrlich von und zu Egloffstein'sches Archiv Kunreuth (künftig: SchlossA Kunreuth), Verwaltung, Akt 4475: Unregelmäßigkeiten in der Amtsführung des Amtsvogts Dr. Kunze in Mühlhausen, dessen Kautionsleistung, Abrechnung und Entlassung, 1788–1807.
[14] Zitat nach Feuerbach, Konflikt und Prozess (wie Anm. 12), S. 508f.
[15] SchlossA Kunreuth, Verwaltung, Akt 4405: Bewerbungen um die Gerichtsstellen zu Plankenfels und Burglesau 1830, Einschätzung vom 26.2.1830.

Klassen von Adelsgerichten spezifizierte, einigermaßen nivelliert. Fortan verblieben beim mediatisierten Adel unter anderem sein privilegierter Gerichtsstand, die patrimoniale Gerichtsbarkeit inklusive aller Zuständigkeiten im Jagd- und Forstwesen, die Gutsherrschaft mit Ökonomie, alten und neuen Policeyrechten[16], das an die nun verblasste Kirchenhoheit des späten 16. Jahrhunderts erinnernde Kirchenpatronat und die Familienautonomie in Haus- und Erbangelegenheiten inklusive aller Fideikommisse. Und die genannten Policeyrechte in Adelshand gaben Freiraum für regional durchaus unterschiedliche Entwicklungen. Sie reichten im ökonomischen Bereich neben Industrie-, Ziegelei-, Gewerbe-, Mühlen-, Brauererei[17]-, Handwerks-, Handels- und Agrar-, Vieh- und Waldaufsicht über die Lizenzvergabe für Maße und Gewichte bis hin zu Pachtverträgen für das Einsammeln von Hausasche[18] für die Felddüngung in der Fränkischen Schweiz oder zur Aufsicht über den im Akkord betriebenen Torfstich[19], wie er in den Patrimonialgerichten des mittleren Iller-, Mindel- und Wertachtales verbreitet war. Und die Verantwortlichen knüpften dabei an die lange Verwaltungs- und Gerichtstradition in Adelshand an.

Patrimonial- und Herrschaftsgerichte standen mit oder ohne Dynastiewechsel in den Zäsurjahren um 1800 in einer Tradition, wie sie sich last but not least auch in homogen gewachsenen, seriellen Überlieferungen niederschlug. In der Adelsherrschaft Harthausen knüpften die Amts-, Gerichts- und Protokollbücher des 19. Jahrhunderts incl. einer komplexen Rechnungsführung unmittelbar an die Strukturen des Ancien Régime an. Die 88 Bände der Hauptrechnungen aus dieser schwäbischen Herrschaft liefen kontinuierlich von 1758 bis 1876, die elf Bände der Rechnungsmanuale von 1781 bis 1845, die 38 Fruchtrechnungen von 1778 bis 1843 und die 43 gebundenen Herbstrechnungen mit den Gültabgaben der Untertanen zum Erntejahr von 1750 bis 1824. Herrschaftliche Gültverzeichnisse gibt es für den Zeitraum zwischen 1528 und der Mitte des 19. Jahrhunderts.[20] Im fränkischen Kunreuth, dessen Wasserschloss Sitz eines Kastenamts der Grafen und Freiherren von und zu Egloffstein war, zeichneten sich nicht nur die gutsherrliche Rechnungsführung durch lange Kontinuitäten aus.[21] Das Egloffstein'sche Lehenbuch führte man von 1698 bis 1820, das Kunreuther Mannlehenbuch von 1655 bis 1803 und ein Hypothekenbuch zu den Egloffstein'schen

---

[16] Für Süddeutschland vor 1800 vgl. Wolfgang Wüst, Die „gute" Policey im Reichskreis. Zur frühmodernen Normensetzung in den Kernregionen des Alten Reiches, Bd. 1: Der Schwäbische Reichskreis, unter besonderer Berücksichtigung Bayerisch-Schwabens, Berlin 2001; Bd. 2: Der Fränkische Reichskreis, Berlin 2003; Bd. 3: Der Bayerische Reichskreis und die Oberpfalz, Berlin 2004.

[17] SchlossA Kunreuth, Familie und Adel, Akt 3788: Errichtung einer Brauerei zu Altendorf, 1791–1796.

[18] Ebd., Akt 3752: Verpachtung des Aschensammelns 1798–1807.

[19] Ludwig Schnurrer, Schloßarchiv Harthausen, München 1957, S. 92; SchlossA Harthausen, Akten, Fasz. 52: Verschiedene kleinere Wirtschaftszweige, Nr. 983–990. Für Süddeutschland ist die Bedeutung noch kaum untersucht; dagegen: Beate Borkowski, Torf für Bremerhaven: Moorkolonisation und Torfabbau im Unterwesergebiet, in: Jahrbuch der Männer vom Morgenstern, Heimatbund an der Elb- und Wesermündung 77/78 (1998/99), S. 211–244.

[20] Schnurrer, Schloßarchiv Harthausen (wie Anm. 19), S. 58f.

[21] Die Rechnungsbücher des Kastenamts Kunreuth reichen vom späten 16. Jahrhundert bis in das 20. Jahrhundert. Zur Herrschafts- und Ortsentwicklung Kunreuths in der Perspektive der „longue durée" vgl.: Andreas Otto Weber, Reichsritterschaftliche Dorfentwicklung in der Frühen Neuzeit am Beispiel von Kunreuth, in: JFL 63, 2003, S. 301–323.

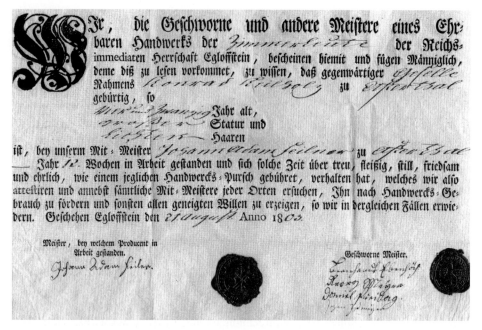

Ein Beispiel für Amtskompetenzen im Handwerk: Gesellenbrief der reichsritterschaftlichen Verwaltung zu Egloffstein für den Zimmermann Konrad Keilholz aus Affalterthal, 21. August 1803. An diese Tradition knüpfte die Gerichtsverwaltung bis 1848 an (Gräflich und freiherrlich von und zu Egloffstein'sches Archiv Kunreuth: Familie und Adel, Akt 3751).

Gütern behielt zwischen 1766 und 1821 seine Gültigkeit.[22] Auch der unmittelbare Wirkungsbereich der herrschaftlichen Patrimonialgerichte war von einer verblüffenden Stabilität der Registraturen gekennzeichnet. Unveränderte Serien an Handwerkslehrbriefen und gerichtlichen Zeugnissen in Handwerkssachen erstreckten sich von 1775 bis 1848, einzelne Gemarkungsbücher für gutsherrliche Orte von Affalterthal bis Wolfsberg reichten von 1722 bis 1812 und in den Steuerbüchern des Vormärzes konnte man gelegentlich bis ins 17. Jahrhundert zurückblättern.[23]

Unter all diesen Vorzugsrechten kam den Herrschafts- und Patrimonialgerichten sicher besondere Bedeutung zu. Im Königreich Bayern unterstanden im Jahre 1817 noch immerhin fast 16 Prozent der rechtsrheinischen Bevölkerung einem dieser Patrimonialgerichte.[24] Dort lag im Unterschied zum Militär- und Hofdienst der Gestaltungsrahmen primär nicht beim Souverän, sondern beim Landadel. Aus ihnen resul-

---

[22] SchlossA Kunreuth, Sal-, Kopial-, Gerichts-, Lehen-, Hypothekenbücher, Zinsregister, Sammelbände, Gerichtsprotokolle, Literalien B 46, B 51, B 55.

[23] Ebd., Familie und Adel, Akten 3751, 3755, 3769, 3770.

[24] Walter Demel, Adelsstruktur und Adelspolitik in der ersten Phase des Königreichs Bayern, in: Eberhard Weis (Hg.), Reformen im rheinbündischen Deutschland, München 1984, S. 213–228, 222.

tierten insbesondere bis 1848/49 die engen, öffentlich rechtlich gesicherten Verbindungen der Mediatisierten, ihrer Diener- und Beamtenschaft und der zum großen Teil zunächst noch grunduntertänigen Bevölkerung. Dort konnte adeliger Führungsstil, patrimonialer wie patriarchalischer Herrschaftsanspruch in Koordination, bisweilen auch in Konkurrenz zu den staatlichen Landgerichten umgesetzt werden. Patrimonialgerichte hatten auch einen oft zu gering eingeschätzten Anteil an der Modernisierung des Landes. Dieser schlug sich infrastrukturell im Vermessungswesen, in der Flur-, Haus- und Gewerbeaufnahme oder im Wasser- und Wegeausbau nieder. Die Staatsplanung des frühen 19. Jahrhunderts ruhte auf einem unglaublichen Daten- und Regelwerk. Und die Grundlagenarbeit lastete dabei sicher nicht nur auf den neu eingerichteten staatlichen Steuerbemessungskommissionen, Katasterbüros, Rentämtern und Landgerichten, sondern auch auf zahlreichen Gerichten und Ämtern in Adelshand. Statistik, Grundablösung, Landesvermessung[25], Berg-, Kanal- und Straßenbauten oder die Katasteraufnahme[26] waren in Patrimonialgerichten keine Fremdwörter. Bei ihrer Bedeutung für die Landesentwicklung mussten die Richter nicht nur ausreichend qualifiziert, sondern auch hinreichend besoldet sein. Innerhalb gutsherrlicher Haushaltsführung fielen deshalb erhebliche Kosten an. Meist überstieg das richterliche Jahresgehalt auch die gesetzlich vorgeschriebenen 600 Gulden. Für das v. Egloffstein'sche Patrimonialgericht Plankenfels sah ein Dienstvertrag im Jahr 1830 um ein Drittel höhere Bezüge vor. Der Richter bezog die üblichen 600 fl. als „fixen" Standesgehalt und 200 fl. als Funktionsgehalt. Die zusätzlichen Bezüge fielen „hauptsächlich um deßwillen" an, „weil er für Wohnung und Holz in dem Orte Sachsendorf selbst sorgen muß, während sonst der Beamte zu Planckenfels Wohnung und Holz freÿ hatte." Hinzu kamen Kosten für den Gerichtsschreiber, da der „beÿgegebene Scribent Münch" ebenfalls weiterhin aus der Gutskasse alimentiert werden musste.[27] Nur fünfzehn Jahre später wies das Kastenamt Kunreuth bereits für Patrimonialrichter Geiger, der allerdings auch als Kastner fungierte, 946 Gulden Jahresbezüge aus. Hinzukamen die gerade in Adelslandschaften üblichen Naturalbezüge, darunter auch 22 fl. in bar, weil für Geiger „bis Petri Cathedra 1845/46 nicht alles Besoldungsholz gehauen und in natura abgegeben" wurde.[28]

Das Verhältnis zwischen Land- und Patrimonialgerichten war nicht spannungsfrei. Erstere nutzten dann auch Unregelmäßigkeiten und Unerfahrenheit in der patrimonialen Gerichtspraxis, um über die vorgesetzten Kreisregierungen staatliche Aufsichtsrechte im Adelsland geltend zu machen. Als in den 1820er Jahren in mehreren oberfränkischen patrimonialen Gerichten Klagen wegen hoher Gebührensätze geführt wurden, wandten sich Untertanen auch aus Aufseß, Burggrub und Plankenfels an diese in ihren lokalen Augen „höchste Behörde". Sie appellierten an die Regierung des Obermainkreises. Und die Gutsherrschaften mussten sich rechtfertigen: „Nie war es unser Wille, daß unsere Grundholden gegen Gesetz und Herkommen etwas abgefordert oder abgenommen werde. Und die Beschwerden des [Plankensteiner Bauern Jo-

---

[25] SchlossA Kunreuth, Verwaltung, Akt 4605: Landesvermessung des Königreiches Bayern, 1821–1843.
[26] Ebd., Akt 4964: Katastrierung des Rittergutes Mausgesees, 1836.
[27] Ebd., Akt 4405: Konferenzprotokoll der Rentenverwaltung vom 6.5.1830.
[28] SchlossA Kunreuth, Rechnungen, Rechnungsband mit Beilagen des Kunreuther Kastenamts 1845/46, S. 88–91.

hann] Krug und [des Bäckermeisters Andreas] Rausch sind uns um so mehr befremdend als unsere Plankenfelser Grundholden stets mit Milde und Nachsicht behandelt wurden. Alle billigen Anträge auf Nachlaß und Fristen wurden immer berücksichtigt, unsern Grundholden Unterstützung und Aufhülfe durch Naturalien- und Geldvorle[i]hen zu aller Zeit gewährt, und es schmerzt uns daher sehr, wann auch aus der Mitte solcher Grundholden, die stets mit Milde behandelt und mit Wohlthaten überhäuft wurden, Querulanten auftreten und das Land gewaltsam zerreißen, welches unsere Grundholden mit uns bisher und zum Vortheile der Erstern vereiniget hat."[29]

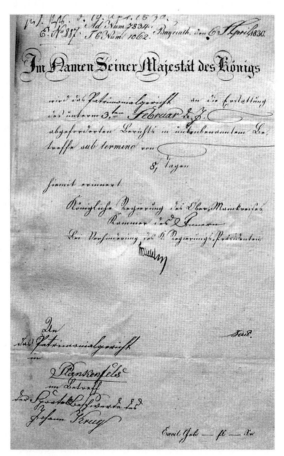

Aufforderung der Regierung an das Patrimonialgericht Plankenfels, in der Sache „Johann Krug" Stellung zum Vorwurf überhöhter Gebühren zu nehmen, 6. April 1830 (Gräflich und freiherrlich von und zu Egloffstein'sches Archiv Kunreuth: Familie und Adel, Akt 3944).

[29] SchlossA Kunreuth, Familie und Adel, Akt 3944: Beschwerde einiger Untertanen der Patrimonialgerichte Plankenfels und Burglesau wegen widerrechtlich erhobener Gebühren, 1829–1838, hier: Konzept vom Mai 1830.

Patrimonialgerichte bildeten, formal gesehen, eine für den modernen Zentralstaat sperrige, herrschaftliche Zwischenebene im langen Institutionsgang zwischen Souverän und Untertan. Und so kam es, dass für die in der Fläche vorherrschenden, annähernd auch gleich groß geschnittenen neuen bayerischen Landgerichte von der Bürokratie enge Standards für Ausstattung, Größe und Organisation ausgelegt wurden. Diese benachteiligten die weit weniger deutlich arrondierten Adelsgerichte, wo nachbarschaftliche Kooperationen, familienübergreifende Interessen und die Homogenisierung der oft künstlich getrennten Bereiche Gut und Gericht viel stärker gefragt waren als planerische Einheitlichkeit. 1806 gab es beispielsweise bei der Bildung des Gerichts Edelstetten[30] deswegen Probleme. König Maximilian wies 1808 persönlich den dort seit der Säkularisation des adeligen Damenstifts begüterten Fürsten Esterházy von Galántha zurecht: „Da aber die Vorschrift unsers organischen Edicts in Betref der Gerichtsverfassung vom 24. Julÿ laufenden Jahres im 8. §., wornach dergleichen Untergerichte gleiche Verfassung wie Unsere Landgerichte annehmen, folglich nebst dem richter noch mit wenigstens zween der Rechte kundigen und geprüften beisitzern bestellt seÿn sollen, auf die zugleich gesetzlich vorgeschriebene Justizverwaltung berechnet ist, auch die Unserer Souverainität unterworfenen Fürsten und Grafen bei der Versicherung ihres Rechts der Gerichtsbarkeit von den in Unserm Reiche gesetzlichen Sermon der Justitzverwaltung nicht ausgenommen würden, so können wir dem Gesuche des benannten Fürsten nicht statt geben."[31] Als Alternativen boten sich die Rückstufung zu einem Patrimonialgericht oder die Kompetenzabtretung an das benachbarte Landgericht an. 1809 schließlich präsentierten die Esterházy eine Lösung, die zwar die Kooperation des Gutadels unter Beweis stellte, die aber wiederum nicht mit den Normen bayerischer Gesetzgebung in Einklang stand. Edelstetten hatte sich nach den Bestimmungen des königlichen Edikts „über die Gerichts-Verfassung vom 24.ten Juli 1808 zu constituiren, in [ge]wiesen Gemäsheit [wurde] das Oberamt Edelstetten nebst dem Justiz Beamten, in der Person des Oberamtmans [Leonhard] Steinle mit 2 Assessoren, wovon der letztere die Stelle des Actuars oder Protokollisten zu versehen habe, besetzt. Und sonach zum 1.ten Assessor der benachbarte, nur eine Stunde von Edelstetten entlegene gräflich Stadionsche Oberamtmann Oberst zu Thannhausen, vnd zum 2.ten Assessor der Edelstettische Oberamts Actuar [Kaspar] Boek als von S.r hochfürstlichen Durchlaucht aufzustellende Individuen aller unterthänigst in Vorschlag gebracht werden sollen."[32] Wegen der geringen Zahl an Gerichtsuntertanen zu Edelstetten wären alternierende Gerichtstage zwischen den Gutsherrschaften des Grafen Johann Philipp von Stadion und Thannhausen (1780–1839) – die Familie wurde 1813 auch in den bayerischen Grafenstand erhoben – und des Fürsten Nikolaus Esterházy von Galántha durchaus vorstellbar gewesen. Gerichtsübergreifende Personalstrukturen, die gerade kleinere Adelsgerichte belebt und professionalisiert hätten, waren aber unzulässig. Im Prinzip waren die Adelsgerichte als Hoheitsinseln innerhalb der neuen Landgerichte bei ihren Arrondierungsbemühungen benachteiligt. Das betraf auch ihre Kostenseite. So schlugen mitten in der Fränkischen Schweiz die von Aufseß und die

---

[30] Joseph Hahn, Krumbach (Historischer Atlas von Bayern, Teil Schwaben I/12), München 1982, S. 179 f.
[31] StaatsA Augsburg, Appellationsgericht von Schwaben und Neuburg, Akt 729, Schreiben vom 24.12.1808.
[32] Ebd., Schreiben vom 6.4.1809.

von Egloffstein noch Jahrzehnte später wechselseitig die Zusammenlegung ihrer kleineren Gerichte in Aufseß, Plankenfels[33] und Burglesau[34] vor. Im Februar 1830 unterbreitete Hans Freiherr v. Aufseß seinem Nachbarn den Vorschlag: „Auf den etwa einmal eintretenden Fall, daß das Patrimonialgericht Plankenfels erledigt würde, erlaube ich mir Euer Hoch- und Hochwohlgeboren einen ganz ergebensten Vorschlag zu machen; nemlich unsere Patrimonialgerichte 1.ten Classe Plankenfels, Burglesau und Aufseß, welches jetzt mit Mengersdorf vereinigt, einem einzigen Gerichtsbeamten zu übertragen, der in dem Amthause dahier als dem Mittelpunkte zwischen Plankenfels und Burglesau wohnte, und zur Hälfte mit 300 fl. von Euer Hoch- und Hochwohlgeboren, zur Hälfte mit 300 fl. aber von mir besoldet würde."[35] Mit einer paritätischen Kostenaufteilung war man in Kunreuth freilich nicht einverstanden. Christian Dietrich August Freiherr v. Egloffstein (1764–1834)[36] setzte als Majoratsherr dagegen: „Hinsichtlich eines beytrags zu dem fixen Gehalt für den gemeinschafftlichen Patrimonial Richter [werde es] wohl das Gemäseste seyn, wenn [...] von Aufsees daran ⅔, von uns ⅓ drittel übernommen würden, da meines erachtens das Aufseesische Amt von mit grösern Umfang seyn wird als Plankenfels-Burglesau. Welch leztere wohl auch ganz wegfält, wenn der Plan mit verkauf desselben nach glüklich ausgeführt werden könnte."[37] Motive für die in Aussicht gestellte Trennung der Gerichts- und Gutsgeschäfte lagen vor allem in der Entfremdung zwischen Adelsherrschaft und Patrimonialrichtern, wenn letztere zunehmend in den Wirkungskreis der Kreisregierungen und Appellationsgerichte eingebunden wurden. Benachteiligungen stellten sich für die Gutsherrschaften auch ein, wenn Familien- und Gerichtssitz räumlich getrennt wurden. Wegen der Standortfrage des Gerichts kam es da und dort zu einem längeren Schriftwechsel mit den Regierungen. Die ehemals reichsritterschaftliche v. Riedheim'sche Gutsverwaltung zu Harthausen bei Günzburg fand sich beispielsweise nicht mit der Verlegung des Gerichtssitzes in das frühere Pflegamt Rettenbach ab. Es „ist die Gerichtsbarkeit eigentlich ein Apertinents der Herrschaft Harthausen, es führt auch das Patrimonial Gericht daher seinen Namen, und heißt [...] Gericht Harthausen und nicht Rettenbach. Es besteht auch in Harthausen für den Gutsherren zur Wohnung ein grosses weit umfaßendes Schloß und bedarf wohl keines Beweises, daß es für den [...] Gutsherrn in administrativer Hinsicht wegen [...] nothwendiger Rücksprache mit dem Beamten wohl wünschenswerth erscheint, denselben an dem nämlichen Wohnorte situirt zu wissen."[38] Und 1819 musste auch der Hauptsitz der von Freyberg'schen Patrimonialgerichte I. Klasse vom Stammsitz der Familie auf Haldenwang in das größere Unterknöringen bei Burgau verlegt werden, während im Haldenwanger Rentamt und in Waldkirch unter Franz Ignaz Freiherr von Freyberg nur noch Außenstellen verblieben.[39] Grund für die Provinzialisierung ehemaliger Herrschaftszentren war die

---

[33] Beide im Lkr. Bayreuth.
[34] Lkr. Bamberg.
[35] SchlossA Kunreuth, Verwaltung, Akt 4405, Schreiben vom 26.2.1830.
[36] Zu seiner Biographie ausführlicher: Gustav Freiherr von und zu Egloffstein, Chronik der vormaligen Reichsherrn, jetzt Grafen und Freiherrn von und zu Egloffstein, Aschaffenburg 1894, Stammbaumübersicht, S. 349.
[37] SchlossA Kunreuth, Antragsentwurf vom 11.3.1830.
[38] SchlossA Harthausen, Akten, Fasz. 26, Nr. 350; Wolfgang Wüst, Günzburg (Historischer Atlas von Bayern, Teil Schwaben I/13), München 1983, S. 236.
[39] Wüst, Günzburg (wie Anm. 38), S. 238 f.

bayerische Forderung von 1808/09 nach mindestens 50 Anwesen in allen neuen Gerichtssitzen gewesen. Jetzt wurde so manche traditionsreiche Siedlungsstruktur auf den Kopf gestellt. Alte Oberämter wurden zu Außenstellen und ehemalige Unter- oder Landämter zu patrimonialen Gerichtszentren. Verkehrte Welten konnten auch dann entstehen, wenn sich Patrimonialgerichte allzusehr an die Personalstrukturen der Landgerichte banden. Patriarchalisches Gestalten wurde dann zur Utopie. Hier half in den kleinräumigen Landschaften Frankens und Schwabens auch der Grundsatz nicht, dass kein Untertan über vier Wegstunden vom Gerichtssitz entfernt wohnen dürfe. Für das Patrimonialgericht II. Klasse im oberfränkischen Mühlhausen schlug im Herbst 1832 die v. Egloffstein'sche Herrschaft der Kreisregierung den auch am Landgericht zu Höchstadt tätigen Candidus Geiger vor. Dieser erklärte „fuer den Fall der höchsten Bestaettigung dieser Praesentation [weiterhin] bey dem königlichen Land Gericht Hoechstadt in Praxis zu treten, an diesem letzteren Orte meine Wohnung zu nehmen und an zwey zu Mühlhausen allwoechentlich abzuhaltenden Gerichtstagen das Patrimonial-Gericht zu verwalten." Der patrimoniale Gerichtssitz wurde so peripher, und Geigers Absicht war gesetzeskonform. Jeder der Mühlhausener Gerichtsuntertanen konnte auch das nächste bayerische Landgericht in der vorgegebenen Zeit erreichen. In Höchstadt bestätigte man seitens des Landgerichts dies auch auf Verlangen „des gräflich und adelig von Eglofstein: Kastenamts". In Mühlhausen, Decheldorf, Warnersdorf, Etzelskirchen, Schirnsdorf, Dechseldorf, Stolzenroth, Hanbach, Simmersdorf, Weigartsgreuth, Aschbach und an welchen Orten auch immer „das Geschlecht der Herren Grafen von Egloffstein [...] theils Gerichtsholden theils einzelne Jurisdiktionsobjecte" hatte, war man vom Wohnort des Richters „nirgends über vier Stunden entfernt".[40]

Als Folge dieser oft zunächst nur als Provisorien eingerichteten Verbindungen zwischen Landadel und Regierungsstellen verwundert es kaum, dass der neue Zentralstaat Informationen über die Adelsgerichte sammelte. Interna zur Lebens- und Amtsführung patrimonialer Fürstendiener ließen sich jedenfalls zuhauf in bayerischen Institutionen abrufen. Auch Friedrich Graf von Thürheim (1763–1832) ließ in Bayreuth als Generalkommissär des Mainkreises für das zuständige Appellationsgericht 1812/13 systematische Bestandstabellen[41] zu allen Patrimonialgerichten anlegen. Neben dem Gericht und den Gerichtshalter speicherte man dort auch Informationen zu „Character" der adeligen Jurisdiktionsberechtigten und zu Personalien wie Qualifikationen der jeweiligen Patrimonialrichter. So erfahren wir aus bayerischen Akten beispielsweise über das Adelsgericht Buttenheim – es lag im Landgericht Bamberg I – und über den damaligen Richter Johann Carl Wilhelm Rösling: Er war 28 Jahre alt und verheiratet, hatte zwei Kinder und besaß die „erforderliche Gewandheit, ist sehr thätig und vorzüglich in Rechnungssachen". Insgesamt war er auch nach Meinung staatlicher Stellen „sehr brauchbar".[42] Und über den bereits seit 1771 in den Adelsgerichten Hagenbach und Wolkenstein der Landgerichte Ebermannstadt und Pottenstein tätigen Johann Georg Arnold lesen wir, dass er bereits 79 Jahre alt war, sechs Kinder

---

[40] StaatsA Bamberg, Regierung von Oberfranken – Inneres Staatsrecht (K 3/A II), Nr. 773: Patrimonialgericht Mühlhausen (Egloffstein), 1829/34, Gutachten vom 24.9.1832.
[41] StaatsA Bamberg, Oberlandesgericht Bamberg (K100/2), Nr. 6035.
[42] Ebd., Tabelle von 1812, S. 4.

hatte und „bei seiner so langjährigen Praxis stets mit Ordnung und Pünktlichkeit u. Thätigkeit den ihm angewiesenen, übrigens beschränkten Wirkungskreis versehen" hatte. Selbstverständlich notierte man auch Negatives. So musste das Adelsgericht zu Sassanfahrt[43] der Grafen von Soden 1807 der Gutsherrschaft wegen Missbrauchs für zwölf Jahre entzogen und dem Landgericht Bamberg II „zur Administration übertragen" werden.[44] Auch die bayerischen Quellen bestätigten, dass den Patrimonialgerichten – ähnlich wie den früheren Niedergerichten – im Alltag der Regionen zweifelsohne eine wichtige Stellung zukam. Und die Instanzenzüge zu vorgesetzten Appellationsbehörden waren trotz staatlicher Datenfülle keine Alltäglichkeit, ebenso wie man im Alten Reich die niedergerichtlichen Privilegien („jurisdictio bassa") gegenüber den fiskalisch meist weniger interessanten landesherrlichen Malefiz-, Fraisch- oder Blutgerichtsbarkeiten in Süddeutschland auszubauen wusste.[45]

Forschungsdesiderate, Personalprofile und Qualifikationen

Die Gerichts- und Gutsverwaltung des süddeutschen Adels kann sich bis 1848/49 auf eine sehr breite archivalische Überlieferung stützen, die von der Forschung nicht annähernd aufgearbeitet wurde. Bekannt sind die legislativen Rahmenbedingungen des Souveräns für den Standes-, Hof- und Landadel, doch fehlen vielerorts Studien[46] über das Regieren, Gestalten, Wirtschaften und Haushalten im Adelsland selbst und über die Personalprofile ihrer Patrimonialrichter und Domänenverwalter. Sie waren als Rechts- und Ökonomieverständige, gemeinhin als Bildungsbürger auf dem Lande entscheidend an der regionalen Entwicklung im Vormärz beteiligt.[47] Und sie waren vielfach bodenständiger als ihre Kollegen in den größeren Landgerichten. Der Plankenfelser Patrimonialrichter Falco/Falko musste jedenfalls 1830 Teile der veruntreuten Gerichtsregistratur „in dem Wirthshause des G. Ernst Maisel zu Plankenfels" wieder einsammeln. Recherchen gegen einen entlassenen betrügerischen Gerichtsaktuar hatten ihn auch dorthin geführt.[48] Von Vorteil gereichte den Adelsrichtern für die tägliche Arbeit und die Akzeptanz in der Bevölkerung die überschaubare Nähe ihres Wirkungskreises. Sie waren so über lokales Geschehen häufig auch besser informiert. So war es 1820 das Patrimonialgericht I. Klasse zu Egloffstein, das der bayerischen Gendarmerie und den Landgerichten wiederholt zu Aufklärungserfolgen verhalf. Auch im Februar 1820 erging – wohl als Folge vorangegangener Zunft-, Nachbarschafts- und Dorffehden – aus Egloffstein Anzeige. Vor Ort wurden Zeugenprotokolle aufgenom-

---

[43] Lkr. Bamberg.
[44] StaatsA Bamberg, Oberlandesgericht Bamberg (K100/2), Tabelle von 1812, S. 6, 9.
[45] Wolfgang Wüst, Das inszenierte Hochgericht. Staatsführung, Repräsentation und blutiges Herrschaftszeremoniell in Bayern, Franken und Schwaben, in: Konrad Ackermann / Alois Schmid / Wilhelm Volkert (Hg.), Bayern. Vom Stamm zum Staat. Festschrift für Andreas Kraus zum 80. Geburtstag, München 2002, S. 273–300.
[46] Beispielsweise mit deutlicher Präferenz für die staatlichen Strukturen: Maria Carola Schimke, Die Herrschaften Hohenaschau-Wildenwart und Tutzing-Pähl 1808–1818, München 1995.
[47] Monika Wienfort, Preußische Patrimonialrichter im Vormärz: Bildungsbürgertum auf dem Lande zwischen staatlichem Einfluß und gutsherrlichen Interessen, in: Klaus Tenfelde (Hg), Wege zur Geschichte des Bürgertums: Vierzehn Beiträge, Göttingen 1994, S. 57–77.
[48] SchlossA Kunreuth, Familie und Adel, Akt 3944.

men. Danach hielt sich der zugezogene „Pensionist" Friedrich Seipold „nun schon beinahe 1 ½ Jahr jedoch mit Beschäftigung, namlich mit Büttnersdaubenmachen hir auf, ohne weder beim Ortsvorstand oder sonst jemand etwas davon zu sagen oder um Erlaubtniß anzuhalten. Auch soll er sich mehrerer unanständigen Austrüken bedient haben, nämlich in den Haußee des Konrat Dennerlein dahir, sagt er, es habe ihm kein Gendarm nichts zu sagen. Er könne machen, was er wolle, indem wir nicht leiden wollten wegen den häufigen Zusammenkünften in den Rokenstuben. Er würde sich solches nicht wehren lassen. Auch sagte er am 19.ten d. M., als Unterzeichneter mit meinem Pferde nach Hause geritten binn, er wollte wünschen, daß wenn ich hinausreiten würde, daß mein Pferd alle vir Bein brechen thäte."[49] Veritable Gewerbeverstöße waren hier mit Marktgeschwätz verbunden worden, die aber doch zu einem Strafverfahren durch das Pottensteiner Landgericht führten.

Das Forschungsdesiderat Personalprofile im Adelsdienst liegt zum Teil auch darin begründet, dass Teile der Überlieferung des bis 1806 reichsunmittelbaren wie des landsässigen Adels bis heute in privater Hand blieben. Ferner sind die meisten Adelsnachlässe in öffentlichen Archiven nicht annähernd so gut erschlossen wie das Schriftgut der staatlichen oder kommunalen Behörden. Auch für Franken und Schwaben ist die gutsherrliche Gerichtsbarkeit des 19. Jahrhunderts im Gegensatz zu anderen europäischen Regionen wie etwa Preußen[50], Pommern[51], Mecklenburg[52] oder Westfalen[53] keineswegs ausreichend bewertet.[54] Wir wollen deshalb mit Blick auf die bayerischen Appellationsgerichte des Obermain- und Oberdonaukreises, die in Streitfällen zwischen Standes- und Landesherr zu schlichten hatten, und die gutsherrliche Überlieferung in Franken – exemplarisch ausgerichtet auf die gräflich und freiherrlich von Egloffstein'schen Gerichts- und Domänenverwaltung – und Schwaben – beschränkt auf die Überlieferung[55] der Freiherren von Freyberg, von Ponickau und von Riedheim – weitere Schlaglichter auf den Alltag der Patrimonialgerichte werfen.

Einschränkungen adelsrichterlicher Gestaltungsbedingungen hatte man über die Qualifikation der Herrschaftsrichter selbst hinzunehmen, die über Prüfungen, Leistungs- und Gesundheitszeugnisse auch vor landesherrlichen Institutionen bestehen mussten. Wiederholt griffen dabei benachbarte Landgerichte und Appellationsbehörden in die inneren Angelegenheiten adeliger Guts- und Gerichtsverwaltung ein. Auf

---

[49] Ebd., Akt 3751: Handwerkslehrbriefe und gerichtliche Zeugnisse in Handwerkssachen, 1775–1848, Protokoll vom 7. Februar 1820.

[50] Monika Wienfort, Patrimonialgerichte in Preußen: Ländliche Gesellschaft und bürgerliches Recht 1770–1848/49, Göttingen 2001.

[51] Paweł Gut, Stand der Patrimonialgerichtsbarkeit in der preußischen Provinz Pommern und Schwedisch-Pommern am Anfang des 19. Jahrhunderts, in: Dirk Alvermann (Hg.), Justitia in Pommern, Münster 2004, S. 133–142.

[52] Carl Meltz, Patrimonialgerichtsbarkeit und Stadtgerichte in Mecklenburg, in: Wolfgang Dietz (Hg.), Festschrift für Hildebert Kirchner zum 65. Geburtstag, München 1985, S. 241–248; Katrin Moeller, Nichts als nur der lieben hohen Obrigkeit wegen? Rechtssetzung und Gerichtspraxis mecklenburgischer Adelsgerichte in Hexenprozessen, in: Harriet Rudolph (Hg.), Justiz = Justice = Justicia? Rahmenbedingungen von Strafjustiz im frühneuzeitlichen Europa, Trier 2003, S. 329–352.

[53] Hermann Frhr. v. Wolff Metternich, Gutsherrliche Rechtsprechung im kurkölnischen Herzogtum Westfalen: Ideengeschichte, Lebenswirklichkeit, Münster 2001.

[54] Sabine Werthmann, Vom Ende der Patrimonialgerichtsbarkeit: Ein Beitrag zur deutschen Justizgeschichte des 19. Jahrhunderts, Frankfurt/Main 1995.

[55] Vergleichsbeispiele stammen aus den Archiven Füssen, Haldenwang und Harthausen.

die natürlich auch von den Gutsherrschaften eingeforderten Ausbildungsbelege verwiesen deshalb so gut wie alle Bewerber um freie Stellen. Dieser Nachweispflicht war sich im Frühjahr 1830 auch ein Interessent für die offene Richterstelle I. Klasse zu Plankenfels bewusst, doch stellte er zunächst im Vertrauen auf traditionsreiche familiare Netzwerke in den Adelsdomänen auch im 19. Jahrhundert noch ganz andere Kriterien in den Vordergrund. Er baute auf Freunde: „Von theilnehmenden Freunden erhielt ich kürzlich die Nachricht, daß die Amtsstelle zu Blankenfels durch ein für Ew[er] Hochwohlgeborene unangenehmes Ereigniß sich erlediget habe." Und im Vertrauen auf „menschenfreundliche Nachsicht" offenbarte sich der Rechtspraktikant gegenüber der v. Egloffstein'schen Herrschaft freimütig: „Ich bin nämlich bereits seit der langen Zeit von 10 Jahren mit einem Mädchen versprochen, das ich ohne Anstellung zu Heirathen nicht im Stande bin. [...] Die Lust zum Heirathen, könnte ein Anderer erwiedern, ist aber ein gar geringe Empfehlung für den Amtsbewerber; – allein Ew[er] Hochwohlgeboren, dessen bin ich fest von dero Edelsinne überzeugt, stellen mir diese Einwendung schon an und für sich, und umso weniger deßhalb nicht entgegen, als ich durch die gleichzeitig gehorsamst vorgelegten Zeugnisse meine Bitte erfolgreich unterstützt zu haben mir schmeicheln darf."[56] Systemkonformer präsentierte sich für das Richteramt zu Plankenfels da schon der zwei Jahre später in Mühlhausen berücksichtigte Candidus Geiger. Er betonte zwar eingangs auch den „freundschaftliche[n] Umgang mit den Beamten zu Kunreuth" und lobte ausdrücklich die „hohen und fürnemen Gesinnungen der herren Grafen und Freyherrn von Egloffstein". Doch nach diesem Fürsten- und Ämterlob präsentierte er in beglaubigter Abschrift zahlreiche Zeugnisse, auch das des Appellationsgerichts und der Kreisregierung, wonach er die Concoursprüfung zum Staatsdienst mit Auszeichnung – „den ersten Platz errungen" – bestanden hatte. Und das Landgericht im mittelfränkischen Höchstadt bestätigte, dass Geiger „während einer vierthalbjährigen Praxis zur Verwaltung eines Patrimonialgerichts I. Classe befähigt und ein untadelhaftes Betragen gepflogen habe."[57]

Andernorts wurden wie im Herrschaftgericht Edelstetten der Fürsten Esterházy von Galántha bei der Ausschreibung offener Richterstellen bereits 1806 Personaltabellen angelegt, in die neben Herkunft, Geburtsjahr, Familienstand, Beförderungen, Fleiß, Gesundheit, „Patriotismus" und Studienfortgang der Bewerber auch die Frage zu beantworten war, „wo einer Konkursprüfung unterworfen und mit welcher Klassifikation." Interessant sind die Antworten des örtlichen Gerichts zu Edelstetten, die Bildungsbrüche zwischen dem Alten Reich und den Staaten des 19. Jahrhunderts sicher überzeichneten.[58] Der 1762 geborene, leitende Herrschaftsrichter hätte bisher keine Concours-Prüfung abgelegt, „da selber Zeit [vor 1806] keine Konkurse verordnet waren, sondern das Zeugnis einer kaiserl. oestreichischen Universität über alle gehörte Rechtsgegenstände mit der Note I. Klasse hinlänglich war, das Breve Eligibilitatis zu begründen." Und der Eintrag für seinen 1783 geborenen, ledigen und katholischen

---

[56] SchlossA Kunreuth, Verwaltung, Akt 4405: Bewerbungen um die Gerichtsstellen zu Plankenfels und Burglesau 1830, Supplik vom 23.4.1830.

[57] Ebd., Akt 4405, Bewerbung des Candidus Geiger aus Höchstadt vom 3.5.1830.

[58] Im mittelschwäbischen Pflegamt Zusmarshausen waren Concoursverfahren im 18. Jahrhundert jedenfalls üblich. Vgl. Wolfgang Wüst, Zusmarshausen. Die Entwicklung eines bischöflichen Amtsortes, in: Walter Pötzl (Hg.), Zusmarshausen: Markt, Pflegamt, Landgericht und Bezirksamt, Augsburg 1992, S. 91–155.

Zeugnis für Candidus Geiger zum Nachweis seiner Rechts- und Verwaltungsprüfungen, Frühjahr 1829 (Gräflich und freiherrlich von und zu Egloffstein'sches Archiv Kunreuth: Verwaltung, Akt 4405).

Attest über Dienstverhalten und Arbeitserfolge für Candidus Geiger, 4. Mai 1830 (Gräflich und freiherrlich von und zu Egloffstein'sches Archiv Kunreuth: Verwaltung, Akt 4405).

Stellvertreter, den Gerichtsassessor, lautete ganz ähnlich: „Nirgends, weil zur Zeit der vollendeten Studien noch keine Konkursprüfungen stattfanden."[59]

Das Bild der Richter und Verwalter auf den Herrschaftsdomänen war in Ahnengalerien, in der memorierenden Ikonographie der prunkvollen Treppenhäuser und Festsäle und in den für das adelige Selbstbewusstsein stilisierten Bildersammlungen der Landschlösser – repräsentativen Zuschnitt für Franken hat der Bildersaal im Blauen Schloss zu Obernzenn[60] – nicht zu sehen. Auch blieb den tüchtigen Beamten und Fürstendienern mit ihren Familien meist die kulturelle Welt der Salons, das Ambiente der „Lustschlösser"[61] und die Leidenschaft aristokratischer Jagdgesellschaften[62] verschlossen. Doch schärft sich unser Blick und das Bild der Betroffenen, wenn wir

---

[59] StaatsA Augsburg, Appellationsgericht Schwaben und Neuburg, Akt 729, Leistungstabelle vom 24.11.1806.

[60] Edith Schoeneck, Der Bildersaal im Blauen Schloß zu Obernzenn. Ein Spiegel adeligen Selbstbewußtseins im 18. Jahrhundert (Mittelfränkische Studien 12), Ansbach 1997.

[61] Heiko Laß, Jagd- und Lustschlösser: Kunst und Kultur zweier landesherrlicher Bauaufgaben. Dargestellt an thüringischen Bauten des 17. und 18. Jahrhunderts, Petersberg 2006.

[62] Werner Rösener, Die Geschichte der Jagd: Kultur, Gesellschaft und Jagdwesen im Wandel der Zeit, Düsseldorf [u.a.] 2004.

Zeugnisse und Leistungsbewertung zum Gerichtspersonal in der Adelsherrschaft Edelstetten, 24. Oktober 1818 (Staatsarchiv Augsburg: Appellationsgericht Neuburg, Akt 729).

Dienstakten studieren. Urlaubsgesuche, Be- und Versetzungen und ihr Verhältnis zu den Repräsentanten der Dörfer und Märkte – Bürgermeister, Schultheißen und Hauptleute – vermitteln neben Zeugnissen und Leistungsbilanzen Profile. Das eigenständige Besoldungssystem ließ den Gutsherren Freiräume für Zuzahlungen über das gesetzliche Maß hinaus. Das schuf wie in Kunreuth vor allem in der Verbindung mit Kasten- und Rentamtsfunktionen ökonomische Anreize für Patrimonialrichter, da die „angefallenen Taxen und Sporteln nach Abzug der Strafen, welche der hohen Gutsherrschaft allein zu stehen," nach einem variierenden Schlüssel aufgeteilt wurden.[63] Und natürlich schuf das System auch Abhängigkeiten, die im Netz der Patrimonialgerichte bis 1848 auch zu Versetzungen und Beförderungen führen konnten. Letztere konnten in Adelsgerichten nicht den Stellenwert erreichen, der ihnen in staatlichen Gerichten zukam. Dafür war die patrimoniale Guts- und Gerichtsverwaltung zu isoliert und zu inselförmig angelegt. Aber bescheidene Karrieren waren möglich; so auch unter dem schwäbischen Gutsherrn Christoph Friedrich Freiherrn von Ponickau. Der kgl. bayerische Kammerherr und Dienstherr über mehrere Gerichte zeigte für seine Verwaltung 1839 die Beförderung des Osterberger Patrimonialrichters Joseph Riedele nach Füssen-St. Mang an. Riedele, der bis dato offenbar zur „vollkommensten Zufriedenheit" gedient hatte, stieg vom Richter II. Klasse zur Gerichtsstelle I. Klasse mit einem respektablen Grundgehalt von 600 Gulden auf.[64] Sanktion und Belobigung waren also als zarte Steuerungsinstrumente des Adels nach der Mediatisierung geblieben.

Verantwortung in einer schwierigen Reform- und Übergangszeit zu tragen und zugleich eine Doppelaufgabe als Patrimonialrichter und Gutsverwalter zu stemmen – der Kunreuther Patrimonialrichter Wulfert war beispielsweise auch als Amtskastner tätig –, zehrte offenbar an der physischen Konstitution. Auch gab es vereinzelt noch Amts- und Registraturräume, die auch in der Winterzeit unbeheizt bleiben mussten. Der Plankenfelser Richter Falko beschwerte sich jedenfalls 1830 über solche Arbeitsbedingungen: „Übrigens arbeite ich blos seit meinem letzten 16tägigen Krankendarniederliegen in einem andern als dem Gerichtszimmer, welches überdieß der großen Kälte wegen nicht mehr zu heizen geweßen und lagen in selbigem nur die acten, in welchen zu arbeiten war."[65] Vermehrte Gesuche um Kuraufenthalte waren eine unmittelbare Folge. Im Juni 1829 gab Richter Wülfert bei der Herrschaft um eine 14tägige Reisebewilligung „nach Carlsbad" ein. Gleichzeitig versicherte er: „Meine Gerichtsgeschäfte habe ich so geordnet, daß durch die Reise nirgends eine Störung eintritt, und für unvorhergesehene dringende Fälle habe ich die Aushülfe des k. Landgerichts Forchheim mir erbeten."[66] Nur ein Jahr später konfrontierte derselbe Richter die Kunreuther Gutsverwaltung mit einem dieses Mal verlängerten Kurantrag. „Nach ärztlichem Rathe soll ich auch in diesem Jahre zur Wiederbefestigung meiner durch Hirnnervosität und Unterleibbeschwerden gestörten Gesundheit die Kissinger Heilquellen gebrauchen. Ich erbitte mir deshalb unterthänigst einen 4 bis fünf wöchent-

---

[63] SchlossA Kunreuth, Rechnungen, Kunreuther Kastenamt 1845/46, S. 89.

[64] Wolfgang Wüst, Adliges Gestalten in schwieriger Zeit. Patrimoniale Guts- und Gerichtsherrschaften 1806–1848 in Süddeutschland, in: Hengerer / Kuhn / Blickle (Hg.), Adel im Wandel (wie Anm. 1), S. 153–168, hier S. 160 f.

[65] SchlossA Kunreuth, Verwaltung, Akt 4441: Urlaubsgesuch der Beamten in Kunreuth und Egloffstein, gegenseitige Vertretung, 1827–1833, Bericht vom 15.2.1830.

[66] Ebd., Antrag vom 27.6.1829.

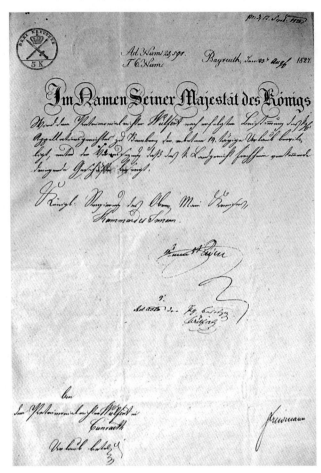

Urlaubsbewilligung für den Kunreuther Patrimonialrichter Wülfert durch das königliche Appellationsgericht in Bamberg, 23. August 1827 (Gräflich und freiherrlich von und zu Egloffstein'sches Archiv Kunreuth: Verwaltung, Akt 4441).

lichen Urlaub."[67] Vier Wochen wurden schließlich durch die Gutsherrschaft und die Regierung bewilligt. Und auch für den Frühsommer des Folgejahres erbat sich der Patrimonialrichter erneut Genesungsurlaub. „Nach dem Rathe meines Arztes soll ich wegen Hämorrhoidial-Uebel zu Marienbad eine Badkur gebrauchen. Hierzu erbitte ich mir unterthänig einen vierwöchenlichen Urlaub. Die gutsherrschaftliche Bewilligung füge ich hier [für die Regierung] bei."[68]

[67] Ebd., Antrag vom 14.6.1830.
[68] Ebd., Antrag vom 15.5.1831.

Die Patrimonialrichter mussten sich, anders als ihre Kollegen in den Landgerichten, mit den Gegebenheiten doppelter Aufsichtsorgane auseinandersetzen. Kreisregierung und Appellationsinstanzen hatten hierbei zusammen mit der Gutsherrschaft Kontrollrechte, die den Alltag der Gerichtsleute zusätzlich beschwerten. Das traf im Frühjahr 1830 auch den v. Egloffstein'schen Patrimonialrichter Falko, der sich einem unangenehmen Disziplinarverfahren wegen unerlaubten Entfernens aus dem Amtsort stellen musste, nachdem er sich bereits vor Bewilligung seines Urlaubs durch drei Instanzen auf die Reise begeben hatte. Rechtzeitig bewilligt wurde sein Eilantrag nur durch den Patrimonialherrn selbst, wo er ihn zunächst mündlich vorgetragen hatte. „Eine Reise nach München habe ich [Falko] zu unternehmen, die so wenig Aufschub leidet, als eine für mich und meine Familie wichtige Angelegenheit betrifft. Hieran, hoffe ich, wird so wenig gezweiffelt werden als der Versicherung, daß jedes Gerichtsgeschaefft bearbeitet ist. Es mag dringend gewesen seÿn oder nicht. Dem ohngeachtet werde ich hoechstens 8 Tage zu jener Reiße verwenden und bitte nun vorschrifftsmaeßig unter dem Bemerken, wie waehrend meines Wegseÿns der verpflichtete Protokollführer Münch, gehoerig instruirt, bestaendig im Gerichte gegenwaertig ist, unterthaenig aeregte Reiße mir gnaedig zu bewilligen."[69] Eilige Patrimonialrichter hatten, so gesehen, gegenüber gleichgestellten Landrichtern strukturelle Nachteile hinzunehmen. Weiterer Forschungen bedarf es zu den Fragen politischer wie administrativer Subsidiarität. War die enge Anbindung der Dorfschultheißen und Dorfhauptleute an die Adelsherrschaft von Vorteil oder von Nachteil für die Patrimonialgerichte? Wurden die Bürgermeister zum verlängerten Arm patriarchalischer Ordnungsmacht? Dienstverträge mit dem Hause Egloffstein schnürten kommunale Selbstverwaltung zwar zu Affalterthal, Bieberbach und Leupoldstein[70] ein, doch schufen sie aus der Sicht der Standesherrschaft auch neue Loyalitäten. Man könnte dies auch als Herrschaftsverdichtung interpretieren. So wurde dem Schultheißen Conrad Schmidt zu Bieberbach noch in bayerischer Zeit in den Vertrag geschrieben, „sich getreulich und fleißig [zu] erzeigen, was von gnädiger Herrschafft oder dem Amte [auch dem Herrschaftsgericht] ihm mündlich oder schrifftlich befohlen und aufgetragen wird, jedesmal ungesäumt bestellen, dann was ihm von den Unterthanen [!] an herrschaftl. Geldern zu Handen kommt, jederzeit ohnverzüglich in das Amt liefern. Und so er sehen, hören und erfahren würde, daß der Herrschafft an deroselben Gütern und Lehen Schaden und Nachtheil erfolgen und zugezogen, so wie auch ein Todesfall sich ereignen würde, wo das Gut oder Lehen auf einen andern Besizer zu schreiben war, er solches also bald beÿ amte anmelden."[71] Von Freiheitsidealen und Selbständigkeit war hier noch wenig zu spüren. Und doch brachte das 19. Jahrhundert bald Veränderungen, die auch das Verhältnis der Gemeinden zur Herrschaft noch vor 1818 betrafen. Im Jahr der Bayerischen Konstitution, des Organischen Edikts zur Gerichtsverfassung und des Edikts zur Gemeindebildung[72] von 1808 musste man im Amt zu Egloffstein folgende Notiz zur Kenntnis nehmen. „Der bißherige dorfshauptmann und

---

[69] Ebd., Gesuch vom 20.2.1830.

[70] Gemeinde Betzenstein, Lkr. Bayreuth.

[71] SchlossA Kunreuth, Verwaltung, Akt 4401: Aufstellung der Dorfschultheißen und Dorfhauptleute zu Bieberbach, Affalterthal und Leupoldstein, 1773–1808, Dienstvertrag vom 21.1.1807.

[72] Maria Schimke (Bearb.), Regierungsakten des Kurfürstentums und Königreichs Bayern 1799–1815 (Quellen zu den Reformen in den Rheinbundstaaten 4), München 1996, Nr. 88, 89.

Schmidtmeister Johann Andreas Leimberger von Leupoldstein bringt zur Anzeige: Seit 1797 wäre er als dorfshauptmann zu Leupoldstein angestellt und werde seine Funktion zur Zufriedenheit hießigen Amtes und gnädiger Herrschafft vorgefunden haben. Da aber seit der eingetrettenen königl. bayer. Landeshoheit die Verrichtungen eines Ortsvorstehers sich gehäufet und insbesonders öffter Gänge zum k. landgericht Pottenstein nöthig wurden, welche [Amtsgeschäfte] er bey seinem handwerk, was sich bey der nun nach Leupoldstein verlegten Poststation ausgebreitet und ihm alle Zeit wegnehme, nicht mehr besorgen könne."[73] Auch hier mussten sich patriarchalische Lebenswelten zwischen Land- und Patrimonialgerichten neu justieren. Die Selbstverständlichkeit mit der man noch 1797 bei Gemeindewahlen sieben Bürger zu Leupoldstein abstrafte, die sich gegen den von der Herrschaft nominierten Dorfshauptmann aussprachen, gehörten jetzt der Vergangenheit an. Sie waren ins Egloffsteiner Amt bestellt worden und mussten pro Person 2 Gulden 20 Kreuzer Strafe bezahlen. Man warf ihnen vor, „sich sehr ungeberdig, renitent und respectswidrig gegen die Herrschafft und das hiesige Amt damit aufgeführet [zu haben], indeme sie ohne die behörige Vorstellung des Hauptmanns anzunehmen und abzuwarten mit dem Verlaß aus der Wirthsstube [Gemeindeversammlung] fort gegangen, daß sie [den] bereyten neuen Hauptmann nicht annehmen wollten und konnten, ohne jedoch dieserwegen eine relevante Einrede vorzubringen."[74] Bäuerliche und bürgerliche Freiheitsideale deckten sich hier keineswegs mit den Interessen der Guts- und Patrimonialherren.

Insgesamt ließ sich feststellen, dass der Blick auf neubayerische Adelsherrschaften keinesweges nur überkommene und modernitätshemmende Lebenswelten in der ersten Hälfte des 19. Jahrhunderts freilegte. Für die Funktionalität dieser für die Integration zunächst etwas sperrigen politischen Ebene war zugleich das Engagement und die Kompetenz der Fürstendiener und der zahlreichen patrimonialen Amts- und Gerichtspersonen ausschlaggebend. Sie waren Entscheidungs- und Identifikationsträger vor Ort. Trotz struktureller Nachteile hatten sie maßgeblichen Anteil an der Landesentwicklung. Sie und ihre Familien waren keine Repräsentanten einer „verlorenen" Welt, sondern sie qualifizierten sich für künftige Aufgaben. Ein Beispiel für weitreichende Karrierewege, die sich aus der Patronage ehemals reichsritterschaftlicher Adelsfamilien noch immer ergeben konnten, stellte der Weimarer Kanzler Friedrich von Müller (1779–1849) dar. Er zählte zu den engsten Vertrauten Goethes und war Sohn eines Kunreuther Amtskastners.[75]

[73] SchlossA Kunreuth, Verwaltung, Akt 4401, Protokoll vom 11.9.1808.
[74] Ebd., Protokoll vom 25.9.1797.
[75] Barbara Sevin, Kanzler Friedrich von Müller. Seine Bedeutung für Gemeinschaft und Staat (Jenaer Germanistische Forschungen 29), Jena 1936. Frdl. Hinweis von Herrn Dr. Andreas Otto Weber (Kunreuth / Erlangen).

Peter Mast

Der Regierungsbezirk Erfurt

Zur Stellung Preußens in Mitteldeutschland zwischen dem Wiener Kongreß und der Reichsgründung 1815–1871

Erfurt liegt im Zentrum des Thüringer Beckens, in der Mitte Thüringens, dort wo die von Süden herankommende Gera die dem Thüringer Wald nördlich vorgelagerte Höhenkette hinter sich gelassen hat und in einem sich verbreiternden Tal der Unstrut zustrebt. Der Fluß wird hier von alters her von bedeutenden Verkehrswegen in ost-westlicher und in nordsüdlicher Richtung überwunden, im Mittelalter von nicht weniger als neun Handelsstraßen. Das 742 entstandene Bistum Erfurt (Erphesfurt) ging nach dem Tode seines Gründers, des Apostels Bonifatius, im Erzbistum Mainz auf. „Dadurch, daß das Erzstift an diesem entfernten Platz unerschütterlich festhielt, war durch Jahrhunderte eine über eine weite Entfernung wirkende Spannung in die Geschichte des mitteldeutschen Raumes getragen."[1]

Erfurt entwickelte sich zu einer der bedeutendsten Städte des Deutschen Reiches, einer Handelsstadt, die gegen Ende des 15. Jahrhunderts ein Gebiet besaß, das annähernd 100 Ortschaften und die benachbarte Stadt Sömmerda umfaßte. Nachdem es im Jahre 1664 vom Landesherrn militärisch bezwungen worden war und ein Jahr später mit der „Erfurter Reduktion" sein gesamtes Gebiet an den Kurfürsten verloren hatte, sank es zu einer kurmainzischen Landstadt ab. Der kurmainzische Territorialbesitz in Thüringen, zu dem auch das Eichsfeld gehörte, überdauerte bis zum Ende des Kurstaates, wurde 1802 preußisch und fiel 1806 in die Hand Napoleons, Erfurt und sein Gebiet als eine „Domaine reservée à l'empereur".[2]

Nach dem Abgang Napoleons war es Preußen, das nach grundstürzenden, freilich unvollendeten Reformen von Staat und Gesellschaft die nun notwendige Neugestaltung des europäischen Gleichgewichts im eigenen Interesse wie im Sinne des soeben erwachten deutschen Nationalgedankens zu nutzen suchte. Barthold Georg Niebuhr sprach 1814 von einem Beruf Preußens, „sich und Deutschland zu verteidigen", auf den es stolz sei; es müsse aber „zu diesem Beruf gestärkt werden, damit es sich nicht erschöpfe und verblute."[3] Diese Stärkung versprachen sich der Freiherr vom Stein sowie die preußischen Staatsmänner Freiherr von Hardenberg und Wilhelm von Humboldt von einer Erwerbung der deutschen Mitte, der es eine größere politische Geschlossenheit zu verleihen gelte. „Die aus tiefem Fall wiedererstandene norddeutsche Großmacht war nach ihrer Lage und ihren inneren Tendenzen geradezu darauf angewiesen, sich zum Träger dieses Gedankens zu machen; sie war mehr als jede andere

---

[1] Hans Patze, Erfurt, in: ders. in Verbindung mit Peter Aufgebauer (Hg.), Thüringen (Handbuch der historischen Stätten Deutschlands 9), 2. verbesserte und ergänzte Auflage Stuttgart 1989, S. 102.

[2] Erich Keyser (Hg.), Deutsches Städtebuch. Handbuch städtischer Geschichte, Bd. 2, Stuttgart / Berlin 1941, S. 478 ff. (Art. W. Schnellenkamp); Thesen zur gesamten Geschichte Erfurts bietet Jürgen John, Erfurt als Zentralort, Residenz und Hauptstadt, in: Zeitschrift des Vereins für Thüringische Geschichte 46, 1993, S. 65–94 (mit Literatur).

[3] Barthold Georg Niebuhr, Preußens Recht gegen den sächsischen Hof, in: Georg Küntzel (Hg.), Barthold Georg Niebuhr, Politische Schriften, Frankfurt a. M. 1923, S. 56 f.

in der Lage, dem mächtig erwachten Wunsch nach einer neuen und besseren deutschen Einheit, dem durch die staatlichen Konzentrationen, die Säkularisationen und Mediatisierungen der napoleonischen Zeit in gewisser Richtung vorgearbeitet war, weitgehend Rechnung zu tragen und selbst eine führende Rolle darin zu übernehmen."[4] Preußen sollte und mußte nach Deutschland hineinwachsen und sich so auf unauflösliche Weise mit dessen Schicksal verbinden. Es wollte, wie der österreichische Staatskanzler Fürst Metternich im Herbst 1815 in einem Vortrag ausführte, „keine nordöstliche Macht jenseits der Weichsel mehr sein, aber dafür eine ganz deutsche Macht werden. Hierzu war die Eroberung Sachsens notwendig".[5]

Die Erwerbung Sachsens, dessen König Friedrich August I. in der Völkerschlacht von Leipzig im Oktober 1813 als Verbündeter Frankreichs in preußische Gefangenschaft geraten war, schien für Preußen möglich zu werden, als sich der russische Kaiser Alexander I. entschlossen zeigte, das bisherige Großherzogtum Warschau nicht aus den Händen zu geben. Denn als Ersatz für die in dieser napoleonischen Schöpfung enthaltenen preußischen Gewinne aus der zweiten und der dritten Teilung Polens (1793 und 1795) verwies er König Friedrich Wilhelm III. eben auf Sachsen. Das wurde zu einem der Gegenstände, mit denen sich der Wiener Kongreß zu beschäftigen hatte. Metternich fürchtete vor allem die Absicht Alexanders, den Titel eines Königs von Polen anzunehmen und den Polen eine Verfassung zu gewähren, da das nach seiner Erkenntnis die Sprengkraft des Konstitutionalismus und des Nationalgedankens entbinden und dem russischen Expansionismus damit eine besondere Schärfe geben mußte. Daher war er bereit, das gewerblich hochentwickelte Sachsen, einst das von Friedrich dem Großen nur insgeheim im Traume verfolgte Ziel, zu opfern, wenn Preußen seinen zusammen mit England betriebenen Versuch, gegen das nach Mitteleuropa drängende Rußland eine Abwehrfront zur Wahrung des europäischen Gleichgewichts aufzubauen, nachhaltig unterstützte und sich fest an Österreich anschloß.

Da aber König Friedrich Wilhelm III. dieser von seinen Staatsmännern Hardenberg und Wilhelm von Humboldt übernommenen politischen Zielsetzung in seiner Dankbarkeit gegenüber seinem russischen Waffenbruder im Ringen gegen das napoleonische Frankreich nicht folgen wollte, nahm Metternich von seinem Anerbieten wieder Abstand; zumindest vollständig sollte Sachsen nicht in Preußen aufgehen. Ohnehin war selbst in der nächsten Umgebung des Staatskanzlers Widerwillen, wenn nicht Widerstand gegen eine Preisgabe Sachsens aufgekommen. Erst recht galt das von dem in den Kreis der europäischen Mächte freilich noch nicht wieder aufgenommenen Frankreich, mit dem Österreich nun zusammenging. England vermittelte zwischen Rußland, Preußen und Österreich und sorgte dafür, daß Preußen im Februar 1815 etwa die Hälfte Sachsens mit rund zwei Fünfteln seiner Bewohner zugesprochen bekam, ohne die bedeutende Handelsstadt Leipzig, die mit so viel preußischem Blut Napoleon entrissen worden war. Es gewann aber die Niederlausitz, den Nordostteil der Oberlausitz mit Görlitz, die Elbefestungen Wittenberg und Torgau, Merseburg mit etwa drei Vierteln des ehemaligen Stiftsgebietes, Naumburg und Zeitz sowie Säch-

---

[4] Karl Griewank, Preußen und die Neuordnung Deutschlands 1813–1815, in: Forschungen zur Brandenburgischen und Preußischen Geschichte 52, 1940, S. 234.

[5] Bei Karl Griewank, Der Wiener Kongreß und die europäische Restauration 1814/15, 2. völlig neubearbeitete Auflage Leipzig 1954, S. 195.

sisch Thüringen. Hinzu traten die dortigen ehemals mainzischen Lande, also Festung und Stadt Erfurt, ihr Umland sowie das Eichsfeld, dieses vermindert um den nördlichen Teil des Untereichsfeldes mit Duderstadt, der an Hannover fiel, sowie die ehemaligen Reichsstädte Mühlhausen und Nordhausen.[6]

Spätestens seit entschieden war, daß sich Preußen nur mit einem Teil Sachsens würde begnügen müssen, konnte man ihm schwerlich Erfurt versagen. Damit aber bestand für einen anderen, der diesen Platz mit der unvergleichlichen Lage zu gewinnen hoffte, keine reale Chance mehr: Herzog Carl August von Sachsen-Weimar-Eisenach. Hatte dieser sich zunächst sogar geschmeichelt, nach dem Debakel des sächsischen Königtums alle wettinischen Territorien in seiner Hand vereinigen zu können, so mußte er nun auch Erfurt, das seine herzoglichen Lande nennenswert vergrößert und vorzüglich arrondiert hätte, verloren geben. Dabei schienen dem Erwerb Erfurts zeitweilig auch das verwandte Kaiserhaus Rußland und selbst Preußen nicht im Wege zu stehen. Nachdem Carl August auf dem Wiener Kongreß die Würde eines Großherzogs zugesprochen worden war, fielen als preußische Abtretungen nur einige Splitter des Erfurter Gebietes an ihn: die Ämter Arzmannsdorf und Tonndorf sowie Schloßvippach, Stotternheim und Schwerborn. Weiter trat ihm Preußen aus dem ihm zugefallenen Sächsisch Thüringen mit kleinen Abstrichen den Kreis Neustadt (Orla) mit Weida ab, der freilich in keinem territorialen Zusammenhang mit dem Großherzogtum stand. Auch das 1741 erworbene Amt Allstedt in der Goldenen Aue blieb ohne die erhoffte Landverbindung, da König Friedrich Wilhelm III. das Gebiet, das dafür abzutreten gewesen wäre, vor allem das Amt Eckartsberga mit Kölleda, wichtig für eine ungestörte Verbindung nach Erfurt ansah.[7] Im selben Zusammenhang ist die Tatsache zu sehen, daß der preußische König das noch aus den Zeiten der thüringischen Landgrafen herrührende Geleitsrecht nicht mehr dulden wollte.[8] Es ging dabei um ein ernestinisches Hoheitsrecht, demzufolge die Herzöge von Weimar und Gotha die Sicherheit der Wege von und nach Erfurt garantierten und dafür ein Geleitgeld erhoben, das nunmehr aber, da eine allgemeine Unsicherheit auf den Wegen nicht mehr bestand, ohne jede Gegenleistung gezahlt werden mußte.

Die sächsischen Abtretungen an Preußen sowie dessen alter Säkularisationsgewinn mainzischen Ursprungs gingen mit einigen Ausnahmen (darunter vor allem die Lausitzen) in der 1815 neugegründeten Provinz Sachsen auf.[9] Deren Hauptstadt war Magdeburg. Die Provinz setzte sich aus den Regierungsbezirken Magdeburg, Merseburg und Erfurt zusammen. Der Regierungsbezirk Erfurt war der südlichste, der tief in die thüringische Staatenwelt einschnitt. Die Provinz Sachsen umfaßte eine Fläche von 25.258 Quadratkilometern, der Regierungsbezirk Erfurt 3.530, während die Regie-

---

[6] Ebd., S. 193 ff. und S. 254 ff.

[7] Grundlegend für diesen Zusammenhang ist noch immer Hermann Freiherr von Egloffstein, Carl August auf dem Wiener Kongreß. Festschrift zur Jahrhundertfeier des Bestehens des Großherzogtums Sachsen-Weimar-Eisenach (Beiträge zur neueren Geschichte Thüringens 3), Jena 1915. Siehe auch Hans Tümmler, Carl August von Weimar, Goethes Freund. Eine vorwiegend politische Biographie, Stuttgart 1978, S. 230–257.

[8] Vertrag zwischen Preußen und Sachsen-Weimar-Eisenach vom 22. 9. 1815, Artikel V, bei Egloffstein, Carl August (wie Anm. 7), S. 180.

[9] Siehe dazu neuerdings Frank Boblenz, Abriß der Territorialgeschichte des preußischen Thüringen, in: Das preußische Thüringen. Abhandlungen zur Geschichte seiner Volksvertretungen (Schriften zur Geschichte des Parlamentarismus in Thüringen 17), Rudolstadt / Jena 2001, S. 9–45.

rungsbezirke Magdeburg und Merseburg 11.512 und 10.211 Quadratkilometer groß waren. Demgegenüber nahmen die thüringischen Staaten 12.287 Quadratkilometer ein. Erfurt war also der weitaus kleinste unter den Regierungsbezirken der Provinz Sachsen, auch nach seiner Bevölkerung. Denn er zählte 1816, im Jahre seiner Gründung, 238.717 Einwohner, während es im selben Jahr im Regierungsbezirk Magdeburg 467.219 und im Regierungsbezirk Merseburg 491.117 waren.

Das Gebiet des Regierungsbezirks Erfurt umschloß im südlichen Vorfeld des Harzes mit den Landkreisen Nordhausen (genannt Grafschaft Hohnstein), den eichsfeldischen Kreisen Heiligenstadt und Worbis im Norden, den Kreisen Mühlhausen im Westen, Langensalza und Weißensee im Süden zusammen mit dem Westteil des Kreises Sangerhausen (Regierungsbezirk Merseburg) im Osten schwarzburgisches Territorium mit Sondershausen und Frankenhausen. Ab etwa der Höhe, auf der die Gera in die Unstrut einmündet, reichte das Gebiet des Regierungsbezirks in Gestalt des Kreises Erfurt trichterartig nach Süden, sich zwischen die Territorien von Sachsen-Weimar im Osten und Sachsen-Gotha im Westen drängend, im Süden an schwarzburgisches Territorium mit Arnstadt und Stadtilm sowie meiningisches (bis 1826 noch gothaisches) Staatsgebiet mit Oberkranichfeld anstoßend. Zudem gehörten zum Regierungsbezirk Erfurt noch zwei Exklaven. Die größere war der Kreis Schleusingen mit Suhl am Südabhang des Thüringer Waldes, umgeben vor allem von meiningischem, etwas weimarischem und gothaischem Gebiet sowie dem Kreis Schmalkalden, der zu Kurhessen gehörte. Der Ostteil des an den Kreis Schleusingen angrenzenden meiningischen Gebietes mit Hildburghausen und Eisfeld gehörte bis 1826, als die ernestinische Teilungsgeschichte nach dem Aussterben des Gothaer Herzogshauses in ihr letztes Kapitel eintrat, noch zu dem in diesem Jahr aufgelösten Herzogtum Sachsen-Hildburghausen. Die kleinere Exklave des Regierungsbezirks Erfurt war der Kreis Ziegenrück, der von dem im alten Orlagau gelegenen Ranis aus regiert wurde. Es handelte sich um den Teil des Neustädter Kreises, der von Preußen nicht an Sachsen-Weimar abgetreten worden war. Er war umgeben von weimarischem, reußischem, schwarzburgischem und meiningischem Gebiet. Letzteres gehörte mit Saalfeld und Pößneck bis 1826 zum bis dahin bestehenden Herzogtum Sachsen-Coburg und Saalfeld. Der Kreis Ziegenrück zerfiel seinerseits in sechs voneinander getrennte Gebietsteile, davon vier abgelegene Exklaven, eingeschlossen in reußischem Gebiet, in der Nähe der bayerischen und der sächsischen Grenze.

Der Regierungsbezirk Erfurt reichte also vom Südrand des Harzes im Norden über den Thüringer Wald hinweg fast bis an die Werra im Süden und bis zur oberen Saale im Südosten. Die größten Landkreise waren Nordhausen mit 498 und Schleusingen mit 458 Quadratkilometern Fläche. Demgegenüber brachte es der Kreis Ziegenrück als der kleinste nur auf 200 Quadratkilometer. Sitz der Königlichen Regierung war Erfurt. Die Stadt zählte im Jahre 1816 15.104 Einwohner. Die benachbarten Residenzstädte Weimar und Gotha hatten Einwohnerzahlen von 6.265 (1801) und 10.604 (1816). Der Regierungspräsident bezog die ehemalige mainzische Statthalterei, die ihm und seinen Nachfolgern bis 1945 als Dienst- und Wohnsitz dienen sollte. Die Militärkommandantur wurde wie früher die kurmainzische auf dem Petersberg eingerichtet. Erfurt war nun ungeachtet seiner glorreichen Vergangenheit nicht mehr als eine preußische Festungs- und Provinzstadt, zumal noch 1816 die schon des längerem in einem starken Rückgang befindliche Universität aufgehoben wurde. Immerhin nahmen sich der König und die leitenden Beamten der 1754 gegründeten „Akademie gemeinnütziger Wissenschaften zu Erfurt" an, die sich bald „Königliche Akademie der Wissenschaften" nennen durfte. Es war von tieferer Bedeutung, wenn der Regierungspräsident stets das Amt des Vizepräsidenten der Akademie innehatte, während der Titel des Präsidenten dem König vorbehalten war. Des weiteren förderte die Ehrenmitgliedschaft nahezu aller preußischen Staatsmänner und Feldherren der Reform- und Erhebungszeit ihr Ansehen. An einem Ort, wie er mitteldeutscher nicht zu denken war, sollte der Geist der preußischen Reform im Sinne hoher Professionalität eines modernen Berufsbeamtentums und des deutschen Nationalgedankens wirkungsmächtig und fruchtbar werden.[10]

*

Eine der drängendsten Fragen des auf dem Wiener Kongreß geschaffenen Deutschen Bundes war die des Handels und des Verkehrs zwischen den Bundesstaaten. Die Bundesakte von 1815 bestimmte hierzu im Artikel 19 lediglich, daß sich die Bundesglieder vorbehielten, bei der ersten Zusammenkunft der Bundesversammlung darüber „nach Anleitung der auf dem Kongreß zu Wien angenommenen Grundsätze in Beratung zu treten."[11] Nachdem das folgenlos geblieben war, verlangte der im April 1819 auf der Frankfurter Ostermesse von Friedrich List mitbegründete Deutsche Handels- und Gewerbeverein, noch im selben Jahr in Verein deutscher Kaufleute und Fabrikanten umbenannt, vom Deutschen Bund, dieser möge ein Zollgesetz erlassen, demzufolge alle binnendeutschen Zölle aufzuheben und durch an den Bundesgrenzen zu erhebende Außenzölle zu ersetzen seien. Da dem Verein, der in der Öffentlichkeit schnell Beachtung fand, vom Bundestag in Frankfurt die Legitimation bestritten wurde, die Anliegen eines Standes in dessen Namen vor den Bund zu bringen, wendete er sich in derselben Sache durch Deputationen und die Übersendung von Denkschriften an die Höfe und Regierungen von Bayern, Württemberg, Hessen-Darmstadt, Kurhessen und der thüringischen Staaten und stieß damit, da hier ein starkes Interesse an der Sache bestand, durchaus auf Resonanz.

Inzwischen war Preußen unabhängig vom Bund, eigenen Notwendigkeiten und Interessen folgend, tätig geworden. Es hatte am 26. Mai 1818 ein von Karl Georg Maaßen, dem in Kleve geborenen späteren Finanzminister, erarbeitetes Zollgesetz erlassen. Mit diesem wurden alle im Inneren des preußischen Staatsgebietes bestehenden Zollgrenzen aufgehoben. Staats- und Zollgrenzen fielen nunmehr zusammen, wo-

---

[10] Hans Tümmler, Die Zeit Carl Augusts von Weimar 1775–1828, in: Hans Patze / Walter Schlesinger (Hg.), Geschichte Thüringens V,1,2 (Mitteldeutsche Forschungen, 48/V/1/2), Köln / Wien 1984, S. 775 f. Zum sozial- und wirtschaftsgeschichtlichen Zusammenhang siehe die Skizze von Hans-Werner Hahn, „Die Spinne im Kleinstaatennetz". Preußische Herrschaft in Thüringen im 19. Jahrhundert, in: Das preußische Thüringen (wie Anm. 9), S. 47–76.

[11] Günther Franz (Hg.), Staatsverfassungen, 2. erweiterte und ergänzte Auflage München 1964, S. 127. Zum Folgenden: Tümmler, Die Zeit Carl Augusts von Weimar (wie Anm. 10), S. 664–667; Friedrich Facius, Politische Geschichte von 1828–1945, in: Hans Patze / Walter Schlesinger (Hg.), Geschichte Thüringens, V,2 (Mitteldeutsche Forschungen 48/V/2), Köln / Wien 1978, S. 17–30; Ernst Rudolf Huber, Deutsche Verfassungsgeschichte seit 1789, Bd. 1, 2. verbesserte Auflage Stuttgart u. a. 1967, S. 787–820, und Bd. 2, Nachdruck der 2. verbesserten Auflage Stuttgart u. a. 1975, S. 282–292; Hans-Werner Hahn, Geschichte des Deutschen Zollvereins, Göttingen 1984.

durch das preußische Staatsgebiet wirtschaftlich auch von den angrenzenden deutschen Territorien abgeschlossen wurde. Infolge der Gemengelage des Regierungsbezirks Erfurt mit den thüringischen Staaten hatte Preußen den Landkreis Erfurt sowie die Kreise Schleusingen und Ziegenrück von dem Gesetz ausnehmen müssen. Dagegen trat Schwarzburg-Sondershausen aufgrund eines Vertrages vom 25. Oktober 1819 für seine Unterherrschaft mit der Residenzstadt Sondershausen, die von preußischem Staatsgebiet gänzlich umschlossen war, dem preußischen Zollgebiet bei. Damit wurden bei Einfuhren in die Enklave anstelle des Durchgangszolls der höhere preußische Einfuhrzoll erhoben. Denn die preußischen Zollkassen hatten bisher durch den Verkauf von für Sondershausen bestimmten Waren in Preußen erhebliche Einbußen zu verzeichnen gehabt. Preußen beteiligte Sondershausen an den Zolleinnahmen, gemessen an den beiderseitigen Bevölkerungszahlen. 1822 unterwarf sich dem preußischen Zollgesetz auch Schwarzburg-Rudolstadt für seine östlich an Sondershausen unmittelbar anschließende Unterherrschaft Frankenhausen, nachdem Preußen die Mehrzahl der Straßen nach der Frankenhäuser Saline gesperrt hatte, um Salzschmuggel zu unterbinden.[12] Das weimarische Allstedt und Oldisleben, letzteres seit 1821 zu Sachsen-Weimar gehörig, ebenfalls Inseln im preußischen Meer, wurden gleich ohne Vertragsschluß zollpolitisch preußisch.

Durch den Abschluß des Vertrages mit Schwarzburg-Sondershausen legte Friedrich von Motz den Grund zu seiner glänzenden Laufbahn. Geboren 1775 in Kassel, aus hessischem Beamtenadel stammend, wirkte er seit 1795 als Jurist im preußischen Staatsdienst, seit 1816 als Regierungsvizepräsident in Erfurt und 1818 als Regierungspräsident ebendort. Motz blieb in diesem Amt bis 1824, obwohl er schon 1821 mit der Stellvertretung des Oberpräsidenten der Provinz Sachsen in Magdeburg betraut worden war, ehe ihn der König im Herbst 1824 zum Oberpräsidenten dort ernannte. So wurde Erfurt der Ort, wo Motz nach dem Vorgang des preußischen Zollgesetzes von 1818 einen deutschen Zollverein mit Schutzzöllen nach außen konzipierte, dem er seit Sommer 1825 als preußischer Finanzminister den Weg bereiten sollte. „Wo sonst auch hätte dem weitblickenden Manne das ganze Elend des gesamten deutschen Handels- und Wirtschaftswesens deutlicher vor Augen treten können als gerade hier in dem vorgeschobenen preußischen Außenposten angesichts der ihn umgebenden territorialen Kleinwelt Thüringens?"[13]

Den Weg zu einem deutschen Zollverein gedachte man durch handelspolitischen Druck auf die deutschen Nachbarländer und durch gegebenenfalls damit verbundene Lockungen zu ebnen, indem deren Regierungen dazu veranlaßt werden sollten, mit Preußen unter seiner Führung eine Zollunion zu schließen, unabhängig vom Bund, notfalls auch gegen ihn. Der Vater dieses Gedankens war Johann Albrecht Friedrich Eichhorn, der aus Wertheim am Main stammende spätere preußische Kultusminister, damals Leiter der deutschen Angelegenheiten im Auswärtigen Amt in Berlin. So sehr es dabei um die Gewinnung der Mittelstaaten gehen mußte, so wichtig war für Preu-

---

[12] Hans Patze, Die Zollpolitik der thüringischen Staaten von 1815–1833, in: Vierteljahrschrift für Sozial- und Wirtschaftsgeschichte 40, 1953, S. 33 f.
[13] Tümmler, Die Zeit Carl Augusts von Weimar (wie Anm. 10), S. 776 f. Zu Friedrich von Motz: Herman von Petersdorff, Friedrich von Motz. Eine Biographie, 2 Bde., Berlin 1913; Neue Deutsche Biographie 18, Berlin 1997, S. 228–230 (Art. St. Hartmann).

ßen doch der Zugriff auf Thüringen. „Durch die Lage im Herzen des Bundes und des Kontinents und ihren Anteil an verkehrspolitisch wichtigen Straßen gewannen die thüringischen Staaten ein ganz besonderes Gewicht und waren dadurch unausweichlich mit dem Getriebe deutschen und weltweiten Handels verzahnt. Deutscher Norden und Süden waren einmal durch die Verkehrsadern des Rheintales, zum andern aber vornehmlich durch Straßen, die Thüringen durchzogen, verbunden."[14]

Indessen waren die Thüringer Kleinstaaten schon von dem preußischen Zollgesetz selbst und den ihm folgenden ersten Schritten über die Staatsgrenze hinweg beunruhigt. Mochte Großherzog Carl August von Sachsen-Weimar-Eisenach noch so sehr davon überzeugt sein, daß im Deutschen Bund eine größtmögliche Freiheit des Handelsverkehrs herrschen müsse, so sah er sich und seine Standesgenossen von Preußen doch in ihrer landesherrlichen Souveränität bedroht und fühlte sich, zumal Berlin nicht eben rücksichtsvoll verfuhr, in seinem fürstlichen Stolz gekränkt. Im übrigen empfanden die kleinstaatlichen Fürsten und ihre Regierungen sowie ihre gewerbetreibenden Untertanen die nach dem Zollgesetz in Preußen geltenden Einfuhrzölle als zu hoch, obwohl diese in der Regel mäßig und mit dem Freihandel durchaus vereinbar sein mochten. Doch mangelte es den kleineren deutschen Nachbarstaaten, die auf den Absatz ihrer Waren in dem weiträumigen und bevölkerungsreichen Preußen angewiesen waren, an Wirtschaftskraft. Die Klagen, die sich in ihnen erhoben, waren auch darin begründet, daß sich der Handel über die preußischen Grenzen hinweg bisher kaum behindert gesehen hatte, die Kontrolle nun weitaus strikter gehandhabt wurde als zu Zeiten des absolutistischen Preußens und seines streng protektionistischen Systems. Zudem wurden Waren, die das preußische Gebiet passierten, mit nicht geringen Transitzöllen belegt. Erst recht war man in den kleinen Staaten nicht zu einem Beitritt zum preußischen Zollgebiet geneigt, schon des dort herrschenden Fiskalismus wegen, der sich zu einem Gutteil durch die Verschuldung des Staates in der Napoleonzeit und in der Zeit der Befreiungskriege erklärte. Mit vergleichsweise hohen Zöllen auf Kaffee, Tabak, Zucker und alkoholische Getränke, die 1819 etwa 70 Prozent aller Einnahmen aus Einfuhrzöllen ausmachten[15], suchte der preußische Staat seinen Haushalt zu sanieren und damit seine Macht wiederherzustellen. Somit von kalter Staatsräson geleitet, stieß er im mitteldeutschen Raum auf Fürsten und Regierungen, deren Vorgänger wie sie selbst einen Staatsgedanken kaum ausgebildet hatten und, wenn sie ihr Amt recht verstanden, nur dem Wohlergehen ihrer Untertanen zu dienen trachteten.[16]

Nachdem Österreich auf den Wiener Konferenzen zur Ausgestaltung der Bundesverfassung im Jahre 1820 an der handelspolitischen Souveränität der Einzelstaaten festgehalten und damit eine gesamtdeutsche Handelspolitik unmöglich gemacht hatte, mit der, wie Metternich fürchtete, liberale und nationale Bestrebungen ermuntert worden wären, formierte sich handels- und zollpolitisch das „Dritte Deutschland". Bayern, Württemberg, Baden, Kurhessen, Hessen-Darmstadt und Nassau sowie die thü-

---

[14] Patze, Die Zollpolitik der thüringischen Staaten (wie Anm. 12), S. 31.
[15] Hahn, Geschichte des Deutschen Zollvereins (wie Anm. 11), S. 22.
[16] Siehe Fritz Hartung, Das Großherzogtum Sachsen unter der Regierung Carl Augusts 1775–1828 (Carl August. Darstellungen und Briefe zur Geschichte des Weimarischen Fürstenhauses II. Abt.), Weimar 1923, S. 93 f. Facius, Politische Geschichte (wie Anm. 11) erhebt demgegenüber in seiner Entstehungsgeschichte des Zollvereins und auch anderswo in seinem im übrigen unentbehrlichen Werk Anklagen gegen Preußen, spricht gewissermaßen als ein Defensor Thuringiae und fällt damit aus seiner Rolle als Historiker heraus.

ringischen Staaten suchten sich in größeren und kleineren Verbindungen zusammenzutun. Aber sie scheiterten damit sämtlich an den zwischen ihnen herrschenden Interessensunterschieden auf politischem, wirtschaftlichem und finanziellem, auch verwaltungstechnischem Gebiet. Dabei ist wohl Großherzog Carl August, in dessen Ministerium seit 1820 die Zoll- und Handelspolitik Vorrang genoß, einem Zusammenwirken mit Preußen nicht grundsätzlich abgeneigt gewesen. In der Frage des Einschlusses von Allstedt und Oldisleben in das preußische Zollgebiet hatte man sich 1823 wohl oder übel geeinigt.[17] Doch verschärfte sich der preußische Druck, als Motz, der Klewitz 1825 als Finanzminister gefolgt war, 1826 das Herzogtum Anhalt-Bernburg sowie 1828 Anhalt-Köthen und Anhalt-Dessau nach einem zehnjährigen Zollkrieg dem Zollgesetz unterworfen hatte. Als dieses 1827 auch im Landkreis Erfurt in Kraft trat, war das zur großen Empörung des Großherzogs ohne Rücksicht auf das weimarische Geleitsrecht geschehen, auf dessen entschädigungsloser Enteignung Preußen schließlich bestand. Der Angriff auf dieses alte ernestinische Hoheitsrecht betraf neben Carl August auch Herzog Ernst I. von Sachsen-Coburg und Gotha; zumal das Weimarer Hauptgeleit war mit beträchtlichen Einnahmen verbunden. Weimar und Gotha vereinbarten den Bau einer Straße, die Erfurt und das preußische Gebiet umgehen, von Gotha über Ichtershausen, Arnstadt, Kranichfeld, Tannroda nach Jena reichen und von dort nach Leipzig oder Dresden weiterführen sollte. Auf der Grundlage dieses Planes kamen sich die beiden thüringischen Staaten und Sachsen bis zur Jahreswende 1827/28 politisch näher. Der Straßenbau blieb freilich unausgeführt.

Da schloß Preußen im Februar 1828 einen Zollverein mit Hessen-Darmstadt ab, nachdem einen Monat früher ein solcher zwischen Bayern und Württemberg zustandegekommen war. Der Zollverein mit Hessen-Darmstadt, in dem das Großherzogtum als politisch wie wirtschaftlich ungleich schwächerer Partner im großen und ganzen gleichberechtigt war, sollte neben Kurhessen und Nassau die thüringischen Staaten unter Druck setzen, auf diese zugleich aber auch werbend wirken und so die zollpolitische Ausbreitung Preußens voranbringen. Er ließ indessen Kurhessen, Hannover und sogar das Herzogtum Nassau, das von ihm ganz umschlossen war, unbeeindruckt. Der Weimarer Großherzog, „in seinen letzten Lebensmonaten geradezu hektisch aktiv", so Hans Tümmler[18], betrieb als Gegengewicht das Vorhaben eines mitteldeutschen Handelsvereins, ohne daß er auch jetzt die preußische Karte aus der Hand gelegt hätte. Nach wie vor bestand bei ihm wie in anderen Kleinstaaten im Verhältnis zu Preußen die Furcht, um Hoheitsrechte gebracht oder gar mediatisiert zu werden. Zunächst fanden sich mit Weimar das Königreich Sachsen und das Herzogtum Sachsen-Coburg und Gotha zusammen. Endlich am 24. September 1828 – Großherzog Carl August war inzwischen gestorben – kam es unter dem Beistand des Fürsten Metternich in Kassel zur Gründung eines Mitteldeutschen Handelsvereins. Das Gründungsdokument unterzeichneten 17 Bevollmächtigte, darunter die von Sachsen, allen thüringischen Staaten, von Kurhessen, Hessen-Homburg, Frankfurt am Main, Nassau, Braunschweig, Hannover, Bremen und Oldenburg. Es war ein Erfolg der sächsischen Diplomatie. Das Ziel war die Sicherung zollfreier Wege zu den Handelsmetropolen Leipzig und Frankfurt, dem Umschlagplatz englischer Waren. So standen dem auch Neutra-

---

[17] Siehe zum Folgenden auch Tümmler, Carl August von Weimar (wie Anm. 7), S. 339–344.
[18] Ebd., S. 342.

litätsverein genannten Zusammenschluß neben Österreich England sowie Frankreich und Holland fördernd zur Seite.

Die Bildung des Mitteldeutschen Handelsvereins führte vor allem dazu, daß der preußische und der bayerisch-württembergische Zollverein, gegen die er gerichtet war, am 27. Mai 1829 miteinander einen umfangreichen Handelsvertrag abschlossen, in dem bereits die Vorform einer späteren Verschmelzung beider Vereine vorlag. In einer Denkschrift „über die hohe Wichtigkeit der von Preußen mit Bayern, Württemberg und dem Großherzogtum Hessen abgeschlossenen Zoll- und Handelsverträge in kommerzieller, finanzieller, politischer und militärisch-strategischer Beziehung zur Motivierung der allerhöchsten Ratifikation unterlegt" vom Juni 1829 resümierte Friedrich von Motz: „[…] In dieser auf gleichem Interesse und natürlicher Grundlage beruhenden (und sich notwendig noch in der Mitte von Deutschland erweiternden) Verbindung wird erst wieder ein real verbündetes, von innen und von außen wahrhaft freies Deutschland (unter dem Schutz und Schirm von Preußen) erstehen und glücklich sein."[19]

Wenn sich mit der neuen Nord-Süd-Verbindung auch Druck auf den zwischen Preußen und Bayern gelegenen Mitteldeutschen Handelsverein ausüben ließ, so bewirkte es dieselbe geographische Lage jedoch, daß Sachsen und die thüringischen Staaten mit ihren Durchgangszöllen das Bündnis des preußisch-hessen-darmstädtischen mit dem bayerisch-württembergischen Zollverein an seiner Entfaltung zu hindern vermochten. Abhilfe konnte da nur eine zollfreie Straße schaffen. Dabei kam Preußen der Umstand gelegen, daß Sachsen-Meiningen und Sachsen-Coburg und Gotha, die dem Mitteldeutschen Handelsverein nur mit Vorbehalt beigetreten waren, dringliche Straßenbauvorhaben vor allem aufgrund des Fehlens der dazu nötigen Mittel hatten zurückstellen müssen. Preußen schlug nun beiden Staaten vor, gemeinsam mit ihnen eine Straße über den westlichen Thüringer Wald hinweg zu bauen, mit der es auch die Isolierung seiner Kreise Schleusingen und Ziegenrück, die ja außerhalb seines Zollgebietes geblieben waren, zu mildern gedachte. Anfang Juli 1829 gelang es tatsächlich nach geheimen Verhandlungen mit den beiden Herzogtümern Verträge abzuschließen, die den Bau einer Straße von Langensalza über Gotha und Ohrdruf nach Zella St. Blasii (1918 mit Mehlis zu Zella-Mehlis vereinigt) und von dort einerseits über Suhl und Schleusingen nach Coburg und Lichtenfels (Richtung Bamberg) und andererseits über Meiningen nach Mellrichstadt (Richtung Würzburg) vorsahen. Preußen machte sich mit finanziellem Engagement den Weg nach Süden frei, während den beiden Kleinstaaten ihr „Verrat" am Mitteldeutschen Handelsverein eine moderne überregionale Straße eintrug. Die Herzogtümer Gotha und Coburg, die seit 1826 durch eine Personalunion miteinander verbunden waren, kamen dadurch erst zu einer brauchbaren Verkehrsverbindung.

Der Anfang vom Ende des Mitteldeutschen Handelsvereins kam durch das Überwechseln Kurhessens in den preußisch-darmstädtischen Zollverein nach den revolutionären Ereignissen in Kassel im Jahre 1830 und dem Rückzug Kurfürst Wilhelms II.

---

[19] Hermann Oncken / Friedrich Ernst Moritz Saemisch (Hg.), Vorgeschichte und Begründung des Deutschen Zollvereins 1815–1834. Akten der Staaten des Deutschen Bundes und der europäischen Mächte, bearb. von W. v. Eisenhart Rothe / A. Ritthaler, Bd. 3, Berlin 1934, S. 525 und S. 541. In den Klammern finden sich eigenhändige Zusätze von Motz.

von der Regierung im Folgejahr. Sachsen und die thüringischen Staaten traten mit Berlin in ein engeres Benehmen. Im Jahre 1833 erlosch der Mitteldeutsche Handelsverein. In einem Vereinsgebiet von respektabler Größe war es nicht gelungen, einen freien Handel und Verkehr zu organisieren sowie die Gewerbetätigkeit merklich anzuregen. Österreich, fernerhin auch England und Frankreich hatten dem Verein wohl politische Unterstützung angedeihen lassen, waren ihm aber die wirtschaftliche schuldig geblieben, nicht ohne Grund. Denn während Preußen mit seiner Zollpolitik ein eigenes vitales handels- und wirtschaftspolitisches Interesse verfolgte, waren die wirtschaftlichen Beziehungen Österreichs zu den übrigen Staaten des Deutschen Bundes vergleichsweise unerheblich. Ihm erschien daher eine deutsche Zolleinheit nicht als dringlich, ja als unerwünscht, weil eine solche die österreichische Wirtschaft etwa der rheinischen oder der sächsischen Konkurrenz aussetzen mußte. So konnte die Konstituierung eines deutschen Zollvereins weder von einem von England genährten hannoverschen Störfeuer, nämlich einer bundesrechtlichen Klage gegen Kurhessen wegen Vertragsbruchs, begangen durch sein Ausscheiden aus dem Mitteldeutschen Handelsverein, aufgehalten werden, noch von zwei in letzter Stunde gestellten Anträgen des hannoverschen Bundestagsgesandten, denenzufolge auf der Grundlage des Artikels 19 der Bundesakte beschlossene Gesetze eine Erleichterung des deutschen Binnenhandels bewirken sollten.

Am 22. März 1833 kam es nach diversen Schwierigkeiten durch die Vereinigung des preußisch-hessischen mit dem bayerisch-württembergischen Zollverein zur Bildung des Deutschen Zollvereins, dem sich am 30. März Sachsen anschloß. Sodann entstand nach langen mühevollen Verhandlungen am 10. Mai 1833 ein Zoll- und Handelsverein der Thüringischen Staaten, dem lediglich diejenigen Gebiete Thüringens nicht angehörten, in denen das preußische Zollgesetz galt. So umfaßte er auch die preußischen Kreise Schleusingen und Ziegenrück, den hessischen Kreis Schmalkalden und die bayerische Exklave Kaulsdorf. Vereinssitz war Erfurt mit einem von Preußen berufenen Generalinspektor. Dieser Regionalverein war geschaffen worden, um einem Staat wie Sachsen-Weimar-Eisenach nicht zumuten zu müssen, sich der Zollverwaltung eines größeren zu unterstellen und damit Teile seiner Souveränität aufzugeben. Denn die thüringischen Staaten waren für sich genommen zu klein, um gleichberechtigt neben den Mittelstaaten dem Deutschen Zollverein angehören zu können. Diesem schloß sich dann auch der thüringische Regionalverein einen Tag nach seiner Gründung an und machte ihn dadurch erst zu einem Ganzen. Denn nun erst mußte der Handelsverkehr auf den kürzesten Verbindungen zwischen Preußen und Bayern keine Zollgrenzen mehr überwinden.[20] Im Deutschen Zollverein führten die Thüringer eine gemeinsame Stimme. Sachsen-Weimar-Eisenach mußte auf sein Geleitsrecht verzichten, freilich gegen eine – wenn auch geringfügige – Entschädigung. Nach dem gleichzeitig mit dem Zoll- und Handelsverein der Thüringischen Staaten begründeten Thüringischen Steuerverein hatten alle Mitgliedsstaaten ab dem 1. Januar 1834 die preußischen Verbrauchssteuern zu übernehmen. Zum selben Zeitpunkt trat der Deutsche Zollverein in Kraft. Erst 1835 sollten Baden und Nassau, 1836 Frankfurt am Main, 1841/42 Braunschweig und Luxemburg sowie 1854 Hanno-

---

[20] Patze, Die Zollpolitik der thüringischen Staaten (wie Anm. 12), S. 58.

ver und Oldenburg in ihn eintreten. Friedrich von Motz erlebte die Vollendung seines Werkes nicht mehr. Er war am 30. Juli 1830 in Berlin gestorben.

Preußen obsiegte durch die Stärke seines Marktes und die Verlockung, die in seiner profitablen Zollpolitik lag. Denn beides versprach den Mittel- und Kleinstaaten die Lösung ihrer wirtschaftlichen Probleme. Zudem beherrschte Preußen die wichtigsten deutschen Handelswege, die sich in Erfurt bündelten. Das alles wog schwerer als die Loyalität der deutschen Bundesstaaten gegenüber Österreich wie dem Bund und die politische Abneigung gegen das noch unkonstitutionelle Preußen namentlich im Westen und Südwesten, auch schwerer als die Sorge um die Erhaltung der staatlichen Selbständigkeit, insbesondere bei den Kleinstaaten. Die Elemente des Zollvereinsvertrages mit dem Großherzogtum Hessen, Einstimmigkeit bei allen wichtigen Entscheidungen, getrennte, wenn auch gegenseitig kontrollierte Zollverwaltungen und die Verteilung der Zolleinnahmen nach Maßgabe der Bevölkerungszahlen hatten Maßstäbe gesetzt und Vertrauen geschaffen. Wien hatte demgegenüber, wie berührt, bereits 1820 den auf die Herstellung einer deutschen Handelseinheit gerichteten Bundesbestrebungen ein Ende bereitet und damit auf die Möglichkeit, Einfluß zu nehmen, verzichtet.

*

Doch die angestoßene Dynamik, von der Motz geglaubt hatte, daß sie wie von selbst von der Zolleinheit zur politischen Einheit Deutschlands führen werde, verebbte wieder. Die ohnehin starke Anlehnung der preußischen Außenpolitik an Metternich im Unterschied zu der Hardenbergs und Humboldts hatte sich noch verstärkt, als 1832 das Auswärtige Amt von Christian Günther Graf von Bernstorff auf Johann Peter Ancillon übergegangen war. Was das Deutschtum König Friedrich Wilhelms IV. anbetraf, so war es nicht das der preußischen Reformer von 1807 bis 1815. Die Revolution von 1848 ließ nicht mehr an Preußens deutschen Beruf glauben, spätestens nachdem der König die ihm angetragene Kaiserkrone zurückgewiesen hatte, und erst recht, als die Aufstände in Sachsen, der Pfalz und in Baden im Frühjahr 1849 im Feuer preußischer Truppen, in der Pfalz und in Baden unter dem Befehl des Prinzen von Preußen, zusammengebrochen waren. Die auf das Dreikönigsbündnis mit Sachsen und Hannover von Ende Mai 1849 begründeten Unionsbestrebungen Preußens ließen zwar eine deutsche Orientierung Berlins erkennen. Doch wurden sie fast allein von Joseph Maria von Radowitz, dem Vertrauten des Königs und späteren Außenminister, sowie durch das erbkaiserliche Gothaer Nachparlament getragen, das Ende Juni dessen Politik zu unterstützen beschloß. Diese fand ein ruhmloses Ende, als der König, nachdem sich Sachsen und Hannover zurückgezogen hatten, im Herbst 1850 vor Drohgebärden Österreichs und Rußlands zurückwich. Der Unionsreichstag hatte zwischen dem 20. März und dem 29. April 1850 in der Augustinerkirche zu Erfurt getagt. Daß diese Stadt dazu ausersehen worden war, diese parlamentarische Versammlung in seinen Mauern zu beherbergen, deutete nicht auf eine besondere Resonanz der preußischen Politik in Thüringen hin, sondern verdankte sich dem Bestreben eines Vereins, der seit Mai 1848 für die Verlegung der Nationalversammlung von Frankfurt in die „Mitte Deutschlands" nach Erfurt eingetreten war.[21]

---

[21] Facius, Politische Geschichte (wie 11), S. 115.

Seit Ende 1850 versank Preußen in eine neue Reaktionszeit. Aber zugleich entwickelte es sich zu einem Industriestaat, während die „Bundesreformfrage", das Problem der deutschen Einheit mehr und mehr dringlich wurde. Und als der Prinz von Preußen, Wilhelm, der „Kartätschenprinz" von 1849, im Herbst 1858 als Prinzregent an die Stelle seines erkrankten königlichen Bruders getreten war, eröffnete er seine als „Neue Ära" empfundene Regierung in einer Ansprache an das von ihm neugebildete Staatsministerium mit der Feststellung, daß es in Deutschland „moralische Eroberungen" zu machen gelte.

Die thüringischen Staaten, in denen der nationale Gedanke wie anderswo schließlich trotz Restauration, Reaktion und der damit verbundenen Depression weiter gewachsen war, hatten sich inzwischen an die Mittelstaaten angelehnt, das von Bayern und Sachsen angeführte Dritte Deutschland, das ihnen ein Garant der Fortdauer ihrer kleinstaatlichen Existenz zu sein schien. Das liberale Publikum wie weite Teile des konservativen Lagers sahen sich auch hier von der Neuen Ära bald enttäuscht, ja von der Politik Otto von Bismarcks schockiert, der in der ersten Hälfte der sechziger Jahre den preußischen Heeres- und Verfassungskonflikt durchkämpfte sowie in den Auseinandersetzungen mit Dänemark um Schleswig-Holstein statt auf die nationale Volksbewegung auf die Kabinettspolitik setzte und sich die Ansprüche des Erbprinzen Friedrich von Schleswig-Holstein-Sonderburg-Augustenburg nicht zu eigen machte.[22] Gerade in den Mittel- und den thüringischen Kleinstaaten fand der Kampf um Schleswig-Holstein einen enormen Widerhall. Der Erbprinz, der bis zu seiner Übersiedlung nach Kiel und der Übernahme der Regierung der Herzogtümer Ende 1863 nach einem Treueschwur einer großen Landesversammlung auf dem Propstenfelde bei Elmshorn in Gotha sein Hauptquartier aufgeschlagen hatte, erfreute sich weitgehender politischer, personeller und materieller Unterstützung durch Herzog Ernst II. von Sachsen-Coburg und Gotha und sein Ministerium sowie durch einen Gothaer Freundeskreis. In zahlreichen Thüringer Städten hatten sich Vereine, Komitees oder Hilfsausschüsse für Schleswig-Holstein gebildet, zumeist im Gothaer und im Coburger Land. Geldsammlungen ergaben hohe Summen. Viele Thüringer meldeten sich als Kämpfer für eine geplante Freiwilligenarmee. Damit war die Hoffnung auf eine Stärkung des Dritten Deutschlands durch einen neuen Mittelstaat unter dem Augustenburger verbunden, der Volksrechte wie fürstliche Legitimität verbürgen sollte. Das aber suchte Bismarck gerade zu verhindern und betrieb die Annexion der beiden Herzogtümer, die Friedrich von Augustenburg schließlich zu einem Rückzug in das Privatleben nötigte.

Der Konflikt um Schleswig-Holstein, zuletzt zwischen Preußen und Österreich, führte an die Lösung der deutschen Frage heran, von der die Fürsten und Minister der Kleinstaaten hofften, daß sie zwischen Österreich und Preußen einvernehmlich erfolgen, in einer Reform des nach den Stürmen der Revolution von 1848/49 von Österreich restaurierten Deutschen Bundes bestehen könne, auf daß sie keine Einbuße ihrer staatlichen Souveränität zu befürchten hätten. Denn wenn Preußen ohne Österreich Deutschland einigte, konnte es, wie sie in ihrem Erschrecken über Bismarcks Macht-

---

[22] Zum Folgenden ebd., S. 166–192, und Ulrich Heß, Geschichte Thüringens 1866 bis 1914. Aus dem Nachlaß herausgegeben von Volker Wahl, Weimar 1991, S. 11–44, sowie Ernst Truss, Die Politik des Großherzogtums Sachsen-Weimar 1862–1867 (Zeitschrift des Vereins für Thüringische Geschichte und Altertumskunde. Neue Folge, 22. Beiheft), Jena 1940.

politik mit einigem Recht fürchteten, nicht ohne Verluste abgehen. Der Weimarer Großherzog Carl Alexander stellte dem preußischen König Wilhelm I., seinem Schwager und Freund, am 21. März 1866 im Hinblick auf Schleswig-Holstein brieflich die Frage, ob er nicht der Befürchtung habe Raum geben müssen, „daß, wenn jener Schritt der Annexion getan wäre, Du nicht unaufhaltsam gegen Deinen Willen genötigt würdest, weiterzugehen und die Existenz anderer Staaten zu gefährden?"[23]

Deshalb hielten die thüringischen Staaten demonstrativ am Bund sowie am Bundesrecht fest und befleißigten sich einer vermittelnden, neutralen Stellung zwischen den beiden deutschen Vormächten, wobei der Coburger Herzog Ernst II. nicht vor Versuchen zurückschreckte, im Verdeckten die Politik Bismarcks zu vereiteln. Andererseits wußten diejenigen unter den kleinstaatlichen Monarchen und Staatsmännern, die von der Unausweichlichkeit der deutschen Einigung überzeugt waren, daß „eine heilsame Umgestaltung der deutschen Bundesverfassung ohne Preußen unausführbar" sei. So schrieb der Weimarer Leitende Minister Bernhard von Watzdorf, der einst Mitglied des Erfurter Unionsparlaments und Verteidiger der preußischen Unionspolitik gewesen war, in einer Denkschrift vom 15. Mai 1866 für den Großherzog.[24]

Nachdem es dann Mitte Juni 1866 zum Kriege zwischen Österreich und Preußen gekommen und darüber der Deutsche Bund zerbrochen war, stellte sich für die thüringischen Staaten vor allem die Existenzfrage. Minister von Watzdorf erwog nun kühl, daß, wenn Weimar auf die Seite Preußens trete und Österreich siege, es angesichts der „Kanonen von Erfurt" entschuldigt sei, während, stünde es auf der Seite Österreichs, im Falle eines preußischen Sieges die „Beseitigung des eigenen Regimentes" die „unausbleibliche und unmittelbare Folge" sein werde.[25] Das galt erst recht für Coburg-Gotha, dessen Herzog erst 1861 (wie der Altenburger Herzog Ernst I.) eine Militärkonvention mit Preußen eingegangen und selbst preußischer General geworden war, dann aber in der Schleswig-Holstein-Frage sich heftig gegen Preußen betätigt und dadurch Bismarck auf das äußerste erzürnt hatte.[26] Dieser hegte, wie er später bekannte, „damals allen Ernstes die Absicht, ihn durch ein Husarenregiment aufheben und nach Magdeburg bringen zu lassen". Er habe das auch dem König vorgeschlagen.[27]

Letztlich blieb nichts anderes als das Bündnis mit Preußen übrig, zu dessen Abschluß Berlin die thüringischen Staaten in einem Ultimatum vom 16. Juni aufgefordert hatte. Zur Begründung eines entsprechenden Vertragsentwurfs führte Minister von Watzdorf am 15. Juli 1866 vor dem Weimarer Landtag aus, daß nicht allein die verwandtschaftlichen Bande des großherzoglichen Hauses zu den Hohenzollern das Bündnis als notwendig erscheinen ließen, sondern vor allem auch „die geographische

---

[23] Wolfgang Steglich (Hg.), Quellen zur Geschichte des Weimarer und Berliner Hofes in der Krisen- und Kriegszeit 1865/67, Bd. 1, Frankfurt a. M. u. a. 1996, S. 490.

[24] Nach Truss, Die Politik des Großherzogtums Sachsen-Weimar (wie Anm. 22), S. 77.

[25] Nach einem Bericht des coburgischen Ministers von Seebach bei Eduard Tempeltey (Hg.), Gustav Freytag und Herzog Ernst von Coburg im Briefwechsel 1853–1893, Leipzig 1904, S. 46 f.

[26] Fritz Mager, Herzog Ernst II. und die schleswig-holsteinische Frage, Greifswald 1910, S. 52.

[27] Am 20.10.1870 in Versailles gegenüber Moritz Busch, in: Bismarck, Die gesammelten Werke, Bd. 7, Berlin 1924, S. 377.

Lage des Großherzogtums und die innigsten und vielfachsten Beziehungen und Verbindungen auf den verschiedensten Gebieten des materiellen und geistigen Lebens".[28]

All das, was von Preußen in Mitteldeutschland bewirkt worden war, seit es in Erfurt Stellung bezogen hatte, entschied jetzt die Lage. Nur die auch nach Weimarer Ansicht rechtbrecherische Gewaltpolitik Bismarcks hatte den Großherzog auf den Rat seines Ministers hin über Gebühr lange am Bundesrecht festhalten und auf einer Position der Neutralität im deutschen Bruderkampf verharren lassen. Am 20. Juni war von Bismarck durch den preußischen Gesandten in Weimar klargestellt worden, daß er den Fortbestand auch der neutralen Staaten nicht garantieren könne.[29] Erst am 5. Juli, zwei Tage nach der Entscheidungsschlacht von Königgrätz, hatte die großherzogliche Regierung den Austritt aus dem Bund erklärt und wenig später ihre Absicht bekundet, mit Preußen ein Bündnis zu schließen.

Die anderen thüringischen Staaten verhielten sich ähnlich, außer Reuß älterer Linie, das als einziger thüringischer Staat Österreich die Treue bewahrte. Dieses genoß in der Bevölkerung Thüringens verbreitet Sympathien, wenn auch das gewerbetreibende Bürgertum zu Preußen hinneigte, gerade in Greiz, der Haupt- und Residenzstadt von Reuß älterer Linie. Das hochkonservativ regierte Herzogtum Sachsen-Meiningen hatte sich 1861 den Berliner Bemühungen, mit den thüringischen Staaten Militärkonventionen abzuschließen, versagt, sich von Bismarck wegen dessen Vorgehens in der Augustenburger Frage abgewendet und nach Kriegsbeginn Anlehnung an Bayern gesucht. Es zögerte jetzt seinen Übertritt zu Preußen so lange hinaus, bis König Wilhelm I. Anfang August ein Bündnis nur noch unter der Bedingung für möglich erklärte, daß Herzog Bernhard II. zugunsten des preußenfreundlichen Erbprinzen abdanke. Der Herzog, der mit dem Erbprinzen Georg und zuletzt auch mit seinem Staatsministerium über den durch das Staatsschiff zu steuernden Kurs uneins war, versuchte daraufhin auf Zeit zu spielen, anfänglich in der Hoffnung, seine Abdankung noch abwenden zu können, und mußte schließlich erleben, daß am 19. September preußische Truppen in Meiningen einmarschierten und seinen Rückzug erzwangen. Die „Kanonen von Erfurt" stellten also keine leere Drohung dar.

Durch den Ausgang des Deutschen Krieges von 1866 wurde die Stellung Preußens in Thüringen weiter gestärkt. Infolge der Annexion Kurhessens war zum einen der nordwestlich an den Kreis Schleusingen anschließende Kreis Schmalkalden mit Brotterode nun gleichfalls preußisch, und zum anderen bekam der weimarische Landesteil Eisenach im Westen eine preußische Nachbarschaft, beides der neugebildeten Provinz Hessen-Nassau, Regierungsbezirk Kassel zugehörig. Außerdem gehörten im Norden nach der Aufhebung des Königreichs Hannover dessen Anteil am Untereichsfeld sowie Ilfeld zu Preußen, nunmehr Provinz Hannover, wie überhaupt jetzt der Regierungsbezirk Erfurt mit dieser auch im Nordwesten ein preußisches Hinterland hatte. Fernerhin mußte Bayern an Preußen das einst bayreuthische Dorf Kaulsdorf an der Saale abtreten, das freilich lediglich die Exklave Kamsdorf des Kreises Ziegenrück vergrößerte, sowie außerdem den Kreis Gersfeld mit Tann in der Hohen Rhön an der Südwestgrenze des Großherzogtums Sachsen-Weimar-Eisenach, nunmehr Regierungsbezirk Kassel. All das war freilich kaum noch von Bedeutung, da ja nun die Ent-

---

[28] Nach Truss, Die Politik des Großherzogtums Sachsen-Weimar (wie Anm. 22), S. 87.
[29] Heß, Geschichte Thüringens (wie Anm. 22), S. 29.

scheidung in der deutschen Frage gefallen war. Mit der Begründung des Norddeutschen Bundes um den Jahreswechsel 1866/67, in dem sämtliche thüringischen Staaten Aufnahme fanden, und der des daraus hervorgegangenen Deutschen Reiches im Jahre 1871 hatte Preußen seine sich selbst zugeschriebene deutsche Mission erfüllt.

*

In der Einleitung zu dem dreibändigen Quellenwerk zur Entstehung des Deutschen Zollvereins aus dem Jubiläumsjahr 1934 hat Hermann Oncken die Vermutung geäußert, daß Preußen vielleicht, wenn es „sich im Jahre 1814 wesentlich durch die Erwerbung Sachsens (statt der Rheinprovinz) abgerundet hätte, nicht so leicht ein dynamisches Schwergewicht in der gesamtdeutschen Welt zur Geltung gebracht haben würde."[30] An anderer Stelle sprach er von dem Rheinland als dem „Kernstück seiner deutschen Sendung".[31] In der Tat war das Rheinland für Preußen ein überaus kostbarer Gewinn. Von der Bedeutung seiner Naturreichtümer für die Entwicklung der preußischen Wirtschaftskraft ahnte man 1815 freilich noch nichts. Gleichwohl verbanden die Provinzen Rheinland und Westfalen den preußischen Staat auf das engste mit dem deutschen Leben, seinen Aufgaben und Problemen, während Österreich nach dem Abgang Napoleons in Kerndeutschland nicht wieder Stellung bezog. Infolge des Fehlens einer Landbrücke zwischen seinen alten und den neuen Provinzen mußte für Preußen im besonderen die Aufgabe der wirtschaftlichen und der politischen Einheit Deutschlands zu der seinen werden.

Aber dieses Ziel konnte nicht mit einem Sprung über eine Distanz von 100 bis 150 Kilometern nach Westen erreicht werden. Der Weg dorthin begann gewissermaßen im Alltäglichen, ohne daß man sich der großen Perspektive immer bewußt gewesen wäre. Die Verwirklichung des preußischen Zollgesetzes von 1818, dem freilich schon ein kleineres Abbild des großen Wirtschaftsraumes zugrunde lag, führte in die Gemengelage der Regierungsbezirke Erfurt und Merseburg mit den thüringischen Staaten hinein, die es zolltechnisch zu bereinigen galt. Damit kam Preußen mit den Interessen der Kleinstaaten in Berührung, mit ihnen in Konflikt, bald auch mit denen der Mittelstaaten, die sich allesamt aus eigenen wirtschaftlichen Notständen heraus eine deutsche Handelseinheit wünschten. Hessen-Darmstadt und, nach dem Rückzug des trotzigen Kurfürsten Wilhelm aus der Politik im Jahre 1831, auch Kurhessen schlossen sich zollpolitisch Preußen an. Die thüringischen Staaten verbanden sich demgegenüber mit Sachsen, Hannover und anderen zum Mitteldeutschen Handelsverein. Die Potenz des preußischen Staates und die exzeptionelle verkehrsgeographische Lage Thüringens – Hans Patze nennt es das „Straßenkreuz des deutschen Bundes"[32] – ließen diese Entwicklung zu einem deutschland- und europaweit wirkenden Politikum werden. Bayern und Württemberg, bald miteinander durch ein Zollbündnis verbunden, näherten sich Preußen an; Österreich, England und Frankreich suchten den Mitteldeutschen Handelsverein politisch zu stützen. Aus preußischer Politik war deut-

---

[30] Oncken / Saemisch, Vorgeschichte und Begründung des Deutschen Zollvereins (wie Anm. 19), Bd. 1, S. XXIV.
[31] Hermann Oncken, Jahrtausendfeier der Rheinlande, in: ders., Nation und Geschichte. Reden und Aufsätze 1919–1935, Berlin 1935, S. 211.
[32] Patze, Die Zollpolitik der thüringischen Staaten (wie Anm. 12), S. 31.

sche Politik geworden, zumal Preußen seine aus den Jahren der napoleonischen Okkupation und der Kriegszeit herrührende Erschöpfung überwunden hatte und den deutschen Staaten damit wirtschaftliche Möglichkeiten bieten konnte, die nirgends sonst zu haben waren. Der preußische Finanzminister Friedrich von Motz sah demgemäß hinter dem zum Greifen nahen deutschen Zollverein das Bild eines durch Preußen geeinigten Deutschlands aufleuchten.

Der Kampf um die politische Einigung Deutschlands durch Preußen, die nicht ohne weiteres aus der wirtschaftlichen folgen sollte, ist nicht in Thüringen entschieden worden. Wohl aber hätte hier aufgrund seiner geographischen Lage im Deutschen Krieg von 1866 das mit Österreich verbündete Dritte Deutschland seine militärischen Kräfte sammeln können – wenn nicht Sachsen 1815 des westlichen Teiles seines Territorialbestandes verlustig gegangen und nicht Preußen in seine Stellung eingerückt wäre. Neben der ehemaligen mainzischen Festung Erfurt waren auch die beiden bisher sächsischen Festungen Torgau und Wittenberg preußisch geworden. So marschierten 1866 die hannoversche Armee von Norden und die bayerischen Truppen von Süden auf ein vom Gegner beherrschtes Gebiet zu, in dem sie sich den Raum, in dem ihre Vereinigung vorgesehen war, erst erkämpfen mußten. Ohne die Entscheidungen von 1815 hätte in Thüringen eine mittelstaatlich-antipreußische Schwerpunktbildung um so mehr eine Chance gehabt, als es hier Mitte der sechziger Jahre nennenswerte liberale wie auch legitimistische Kräfte gab, die sich in ihrer Gegnerschaft zur Politik Bismarcks, wie sie im Kampf um Schleswig-Holstein zutage getreten war, einig waren. Vielleicht hätte Herzog Ernst II. von Sachsen-Coburg und Gotha Preußen gefährlich werden können, wenn nicht die „Kanonen von Erfurt" zu fürchten gewesen wären. Angesichts der wohlbefestigten preußischen Stellung im Lande mußte eine jede offene Gegnerschaft als aussichtslos erscheinen. So blieben die thüringischen Staaten im Krieg neutral und gingen schließlich mit Preußen Bündnisse ein. Damit blieben sie sämtlich (einschließlich des einzig widerständigen Fürstentums Reuß älterer Linie) erhalten – und für Preußen bot sich keine Gelegenheit, dem eng mit den Kleinstaaten verschachtelten, in sich zerrissenen Gebiet seines Regierungsbezirks Erfurt eine glücklichere Gestalt zu geben. Seine Stellung in Mitteldeutschland hatte Preußen die Wege seiner deutschen Politik ebnen und sichern helfen. Wenn es 1815 auch nur der halbe sächsische Gewinn gewesen war, so erwies sich dieser doch dank der zentralen Lage Thüringens in Deutschland als wertvoll genug.

Alfred Kröner

Ludwig Feuerbach an der Universität Erlangen – Chronik eines Scheiterns

Vorzeitiges Ende oder Neubeginn?

In einem Brief an seinen Bruder Friedrich vom 12. März 1832 aus Frankfurt am Main schrieb Ludwig Feuerbach, dass er endlich, da er „keine Aussicht zu einer Anstellung [habe], da sich im Gegenteil alle Verhältnisse bei uns [gemeint ist wohl Bayern] nur noch verschlimmerten, [seinen] früher gefassten Entschluss, in Paris [sein] Glück zu versuchen, bald zu realisieren gesonnen sei."[1] An derselben Stelle spricht er sogar von „Desperation", die ihn dazu geführt habe; er wolle, selbst wenn er die Einwilligung des Vaters nicht erhalten hätte, die jedoch zu diesem Zeitpunkt vorlag, im Juni 1832 aber widerrufen wurde[2], seinen Entschluss ausführen. Im Übrigen kennzeichnete er in diesem Zusammenhang seine beruflichen Aussichten auf eine besoldete Professur in Erlangen wie folgt: „Denn ich habe keine Existenz und auch nicht die Hoffnung, eine zu bekommen, bei uns wenigstens erst dann, wenn die besten Kräfte und Jahre nutzlos abgenutzt sind, mich daher keiner mehr bedarf. […] In Deutsch[-]land kann ich bei meiner Freimütigkeit und meiner Philosophie nicht nur nie auf einen Dienst im Staate Anspruch machen, sondern ich kann nicht einmal das, was in mir, herausbringen und öffentlich machen. Meine besten Gedanken muss [ich] in mich hinunterschlucken, wo Rücksicht und Schranken, ist kein Leben, kein Geist. Und welche elende Rücksichten habe ich hier [gemeint ist die Friedrich-Alexander-Universität in Erlangen] zu nehmen." Wie er weiter ausführte, wolle er *„ganz bestimmt"* nach Paris gehen, da er glaubte, dort freier seine Gedanken äußern zu können und auch seine *„Subsistenzmittel"* zu finden. Daneben hatte er nun für mehr als zwei Jahre jegliche Vorlesungstätigkeit eingestellt.

Warum wollte Ludwig Feuerbach, der seit Februar 1829 auf der genannten Universität im Fache Philosophie als Privatdozent lehrte, diese verlassen? Wie kam es zu diesem radikalen Entschluss? Weshalb hatte er ihn schließlich doch nicht in die Tat umgesetzt und 1835/36 erneut versucht, in Erlangen oder an einer anderen Universität zu reüssieren? Die folgenden Ausführungen wollen diesen Fragen nachgehen und den Weg darstellen, der zum Scheitern Feuerbachs an der Alma Mater geführt hatte. Dabei sollen auch die persönlichen Umstände seines Lebens berücksichtigt werden. Die Darlegungen werden mit Feuerbachs letztem Vorlesungssemester (Wintersemester 1835/36) enden.

---

[1] Ludwig Feuerbach, Gesammelte Werke, hg. von der Berlin-Brandenburgischen Akademie der Wissenschaften durch Werner Schuffenhauer, Berlin 1967 ff., hier: Bd. 17, Briefwechsel (1817–1839), Berlin 1984, S. 133. Künftig wird aus den „Gesammelten Werken" unter GW mit Band- und Seitenzahl zitiert. Sofern eine zweite Auflage zugrunde liegt, ist dies vermerkt.

[2] GW 17, S. 139.

Ludwig Andreas Feuerbachs Weg von der Theologie zur Hegelschen Philosophie

Um Feuerbachs Wirken in Erlangen zu verstehen, ist auch auf seinen persönlichen und geistigen Lebensweg einzugehen. Der am 28. Juli 1804 in Landshut geborene vierte Sohn des protestantischen Juristen Paul Johann Anselm (ab 1808 Ritter von) Feuerbach (1775–1833), des vielleicht bedeutendsten Juristen, den Bayern je besaß[3], wurde nach katholischen Ritus auf den Namen Ludwig Andreas getauft. Der kleine Ludwig kam im Januar 1806 mit der Familie nach München und verbrachte dort die Zeit bis zur Übersiedlung nach Bamberg im August 1814. Seine erste Ausbildung erhielt er wohl in der Trivialschule zu München, die mit dem sechsten Lebensjahr einsetzte.[4] Weitere schulische Stationen waren das Alte Gymnasium zu Bamberg und das Carolinum zu Ansbach, wo er 1822 das Abitur ablegte.[5] Ein aus dieser Zeit stammendes Testat beleuchtet sein damaliges geistiges Streben wie folgt: „Hat sehr gute Naturgaben, die er durch einen lobenswürdigen Fleiß immer mehr auszubilden und durch ein rein sittliches Leben zu ehren strebte. In den alten Sprachen hat er sich über mehrere seiner Mitschüler emporgehoben, nur in der Kosmographie und der französischen Sprache hat er keine bedeutenden Fortschritte gemacht. Er brachte einige Abhandlungen über N.T. Sprüche und religiöse Gegenstände, welche es nötig machten, ihn vor dem groben Mystizismus zu warnen. Durch das fleißige Lesen der Bibel hat er es zu einer großen Fertigkeit in der Bibelsprache gebracht und dürfte es darin mit vielen Geistlichen aufnehmen."[6]

Unverkennbar sind darin die religiösen Neigungen des achtzehnjährigen Feuerbach geschildert, die sich auch aus einem Brief an die Mutter von Anfang August 1821[7] erkennen lassen, wo er im Hinblick auf die Erziehung der drei mit der Mutter in Bamberg lebenden Schwestern ausführte: „Halte sie ja recht, gute Mutter, an, dass sie fleißig in den ‚Stunden der Andacht' und in der heiligen Bibel lesen! Denn wahrlich, die Bibel ist das Buch aller Bücher und unser kostbarstes Gut, denn nur sie kann uns glücklich, selig und zufrieden machen. […] Oh, möge der gütige Menschenvater im Himmel stets mit Euch sein und Euch seinen sanften Frieden stets geben, der höher ist als alles Erdenglück." Das genannte Andachtsbuch hatte den evangelischen Schriftsteller Heinrich Zschokke (1771–1848) zum Verfasser; es war 1816 als achtbändiges Werk erschienen und in 36 Auflagen über ganz Europa verbreitet. Wie Nipperdey hervorhebt, gehörte Zschokke der „aufgeklärten Frömmigkeit" an, welche die christliche Religion aus der moralischen Natur des Menschen vernunftgemäß interpretierte.[8]

---

[3] Walter Demel, Der Bayerische Staatsabsolutismus 1806/08–1817 (Schriftenreihe zur Bayerischen Landesgeschichte 17), München 1983, S. 15.

[4] Bayern hatte mit den Vorschriften vom 23.12.1802 eine „Allgemeine Schulpflicht" eingeführt, die nach sechs Jahren endete.

[5] Der Vater war seit 18.3.1817 Präsident des Appellationsgerichts für den Rezatkreis mit Sitz in Ansbach. Er hatte unter dem 30.8.1818 ein sehr geräumiges Haus in der heutigen Karolinenstr. 21 gekauft (Staatsarchiv Nürnberg, Bestand Amtsgericht Ansbach, Grundakten Nr. 2376). Die Söhne Eduard, Ludwig und Friedrich wohnten seit 1817/18 beim Vater in Ansbach, die Töchter – nach der Trennung der Eheleute 1816 – mit der Mutter weiterhin in Bamberg.

[6] Gymnasium Carolinum Ansbach. Festschrift als Jahresbericht über das Schuljahr 1977/78, S. 28.

[7] GW 17, S. 14–15.

[8] Thomas Nipperdey, Deutsche Geschichte 1800–1866. Bürgerwelt und starker Staat, München 1998, S. 424. Weitere Einzelheiten zur Charakterisierung des Erbauungsbuches bei Uwe Schott, Die Jugendentwick-

Aus einem einer weit späteren Zeit entstammenden Briefentwurf respektive Brief Feuerbachs vom 23. Juni 1846 an den Herausgeber der „Jahrbücher für spekulative Philosophie" geht hervor, dass die religiösen Neigungen bereits im 15. oder 16. Lebensjahr eingetreten waren. Sie gingen jedoch nicht von der Orthodoxie aus. Er verneinte ausdrücklich, dass ihn der Religions- oder Konfirmationsunterricht beeinflusst habe, vielmehr sei das religiöse Streben „rein aus mir selbst, aus Bedürfnis nach einem Etwas, das mir weder meine Umgebung noch der Gymnasialunterricht gab", entstanden.[9] Der mit Feuerbach persönlich bekannte C. Beyer hatte diesen in einer Rede vom 11. November 1872 – also kurz nach dem Tode des Philosophen – wie folgt charakterisiert: „Als Gymnasiast, wie als angehender Student war er außerordentlich fromm."[10] Aufgrund dieser Umstände war es nicht verwunderlich, dass er sich zum Studium der Theologie entschlossen hatte. Im Einverständnis mit der Mutter und dem Vater, der ihm die Universität Heidelberg nahe gelegt hatte, weil dort sein Freund Heinrich Eberhard Paulus Theologie lehrte, immatrikulierte er sich am 17. April 1823 an der dortigen Alma Mater für das Fach Theologie.[11] Schon im Herbst 1823 berichtete er dem Vater in einem Brief[12], dass er bei Paulus nichts mehr höre, da er ihm nicht „eine gehaltvolle und gediegene Seite abgewinnen könne." Er bezeichnete sein Kollegium als ein „Spinngewebe von Sophismen" und fällte über den Inhalt seiner Vorlesungen ein äußerst negatives Urteil, das er zudem satirisch verbrämte. Er wechselte im zweiten Semester seiner Studien zu dem Theologen Carl Daub, den er als „herrlich" und „geistreich" charakterisierte.[13] Daub galt auf der Universität als ein Hauptvertreter der spekulativen Theologie, der sich von Kant und Schelling abgewandt hatte und mit Hilfe der Denkfiguren der Hegelschen Philosophie eine Rückkehr zum orthodoxen Dogma und eine Versöhnung der Theologie mit der Philosophie ermöglichen wollte. Unter Daubs Einfluss setzte der *Transformationsprozess* von der Theologie zur Philosophie ein, auf den hier jedoch nicht weiter einzugehen ist. Fakt ist, dass in dem Theologiestudenten der heftige Wunsch geweckt wurde, bei Hegel in Berlin zu studieren, was er dem Vater, der das Studium mitfinanzierte, wenngleich Ludwig auch ein Stipendium vom König erhalten hatte, dadurch schmackhaft machte, dass er im Brief vom 8. Januar 1824 – Feuerbach war noch nicht einmal ein Jahr in Heidelberg gewesen – die Universität Berlin als den „zweckmäßigeren und geeignete-

---

lung Ludwig Feuerbachs bis zum Fakultätswechsel 1825, Göttingen 1973, S. 26. E. Beyreuther bezeichnet das Werk in: Religion in Geschichte und Gegenwart (künftig: RGG), 3. Aufl., Tübingen 1962, Stichwort „Zschokke", „als Abgesang eines sentimentalen Rationalismus".

[9] GW 19, S. 68 bzw. 71.

[10] C. Beyer, Leben und Geist Ludwig Feuerbach's. Festrede, am 11. November 1872 auf Veranlassung des Freien Deutschen Hochstifts für Wissenschaften, Künste und allgemeine Bildung in Goethe's Vaterhaus zu Frankfurt a. M. gehalten, Frankfurt a. M. 1873, S. 7.

[11] Zu Paulus siehe RGG, 3. Aufl., Bd. 3, Stichwort „Paulus", S. 191, sowie: Neue Deutsche Biographie (künftig: NDB), Bd. 20, Berlin 2001, S. 135. Paulus war seit 1790 Professor in Jena, woraus wohl erste Verbindungen zu dem seit 1792 in Jena studierenden Paul J. A. Feuerbach erwuchsen. Paulus gehörte zu den mitteldeutschen Protestanten, die im Rahmen von Montgelas' Reformprogramm 1803 nach Bayern berufen worden waren. Er wurde später in den Schuldienst als Kreisschulrat übernommen. Er galt seit 1790 als theologischer Rationalist und übte großen Einfluss auf die frühliberale Öffentlichkeit aus.

[12] GW 17, S. 33–38; die nachfolgenden Zitate stammen daraus.

[13] Zu Carl Daub siehe NDB, Bd. 3, Berlin 1957, S. 522 und RGG, 3. Aufl., Tübingen 1958, Stichwort „Daub", S. 47f.

ren Ort für meine weitere theologische und allgemeine Geistesbildung" bezeichnete.[14] Er glaubte dort auch die besseren Theologen hören zu können; zudem sei die Philosophie „in Berlin wahrhaft auch in anderen Händen als hier". Im Übrigen sei „es ja auch von der Regierung vorgeschrieben, philos[ophische] Kollegien zu besuchen".[15] Nachdem der Vater dem Ortswechsel zugestimmt hatte, schrieb der Sohn bereits ab April 1824 eine Reihe von Briefen an jenen, in denen er unter anderem auf Hegel einging, der ihm vieles, was bei Daub noch dunkel und unverständlich war, bereits nach wenigen Vorlesungen habe durchschauen lassen. Was den Studienzweck betraf, ließ er den Vater weiterhin im Glauben, er studiere Theologie. Erst aus einem Brief an Karl Daub vom September 1824[16] ergibt sich, dass Feuerbach gänzlich auf Hegel umschwenken und *Philosophie als Hauptfach* studieren wird.

Wenngleich Feuerbach den Wechsel zum Studienfach Philosophie mit dem Wechsel nach Berlin de facto vollzogen hatte, die Zustimmung des Vater stand noch aus. Der darüber veröffentlichte Briefwechsel[17] ist voller Dramatik und bissiger Ironie, wobei der Sohn bekannte, er könne die Theologie nicht mehr studieren. „Vater, laß Deinen Sohn gewähren; wo die innre Möglichkeit gebricht, diese Elastizität die Mauern springen macht, halten nicht mehr die Baustützen und Balken anderer Rücksichten, Reflexionen und äußerlichen Gründe; Speisen, die das zartere Alter nähren, sind den gereifteren Naturen unverdaulich."[18] Des Vaters Enttäuschung über des Sohnes Entschluss war groß. Da er selbst Philosophie studiert hatte, jedoch diese brotlose Wissenschaft für einen Sophismus hielt[19] und sie grundsätzlich ablehnte, wollte er den Sohn unbedingt von seinem Entschluss abbringen. Nachdem er aber die Unmöglichkeit seiner Bestrebungen erkannt hatte, gab er resignierend seine Zustimmung. Er prophezeite dem Sohn jedoch eine „bevorstehende, kummervolle Existenz ohne Brot und Ehre"[20], was sich teilweise bewahrheiten sollte.

Feuerbach studierte zwei Jahre auf der Berliner Universität, wobei er sich „vorzüglich an Hegel" anschloss, unter „dessen Leitung er das Studium der Philosophie fortsetzte, welche von nun an der Hauptgegenstand seiner wissenschaftlichen Bestrebungen wurde".[21] Es bleibt anzumerken, dass er neben philosophischen Vorlesungen auch theologische, physikalische, mathematische und historische besucht hatte. Der Umfang dieser Hörerschaft dürfte sich in Grenzen gehalten haben, während er in seiner Berliner Zeit sämtliche Vorlesungen Hegels hörte, die „Logik" sogar zweimal.[22] Von Hegel erhielt er auch beste Zeugnisse ausgestellt, was sich in den Prädikaten „unausgesetzt fleißig", „mit rühmlichem Fleiß", „mit bewiesenem ausgezeichneten Interesse für die Wissenschaft" niederschlug.[23]

---

[14] GW 17, S. 39.
[15] GW 17, S. 41.
[16] GW 17, S. 52–56.
[17] GW 17, S. 68–85.
[18] GW 17, S. 70.
[19] GW 17, S. 82.
[20] GW 17, S. 83.
[21] GW 17, S. 101: Text aus einem Gesuch an König Ludwig I. von Bayern um Erlaubnis, Vorlesungen auf der Universität Erlangen halten zu dürfen.
[22] GW 10, S. 155.
[23] GW 1, 2. Aufl., S. XII.

Fasst man die innere Entwicklung Ludwig Feuerbachs und die Ergebnisse der Studienzeit von 1823 bis Anfang 1826 zusammen, so bleibt festzuhalten, dass ein *Transformationsprozess* von der Theologie zu einer bestimmten Richtung der Philosophie eingetreten war. Feuerbach hatte sich *bedingungslos* an Hegel, den er auch persönlich kennen gelernt hatte, angeschlossen. Später schrieb er darüber: „Mein Lehrer also war Hegel, ich sein Schüler; ich leugne es nicht; ich anerkenne es vielmehr noch heute mit Dank und Freude."[24] Die Frage, warum er die Theologie so schnell verlassen hatte, muss in diesem Zusammenhang offen bleiben. Ebenso konnte Uwe Schott, der die Jugendentwicklung Ludwig Feuerbachs bis zum Fakultätswechsel 1825 untersucht hat[25], dies nicht eindeutig beantworten. Es bleibt jedoch die Vermutung, dass tief empfundene persönliche Verletzungen oder das bedrohliche Beispiel der religiösen Verirrungen seines Bruders Joseph Anselm[26] den Wechsel wesentlich beeinflussten. Ob Hegels Philosophie eine weitere Ursache dafür gewesen ist, kann der Verfasser nicht beurteilen.[27]

Die Friedrich-Alexander-Universität Erlangen um 1827/28 und das Studienfach Philosophie

Die weitere akademische Lebensgeschichte Ludwig Feuerbachs wird nur dadurch verständlich, dass man sich den Charakter und die innere Struktur der Erlanger Universität sowie des Fachbereichs „Philosophie" vergegenwärtigt. Ohne auf Einzelheiten der wechselvollen Universitätsgeschichte eingehen zu können, die schon vielfältig dargestellt wurde:[28] die 1743 feierlich vorgenommene Inauguration der Universität in Erlangen ist der Anfang einer aufs Ganze gesehen erfolgreichen Entwicklung einer deutschen Universität. Sie bildete, wie H. Liermann treffend ausführte, „die Universität der altevangelischen Lande im bayerischen Franken".[29] Der Charakter dieser Hochschule als einer dem Protestantismus besonders verbundenen Einrichtung ist unbestreitbar, wenngleich sie auch ein Kind der Aufklärung gewesen ist. Bezogen auf ihre Entstehungsgeschichte bildete die Theologenausbildung im lutherischen Bekenntnis ein *Herzstück* der Friedrich-Alexander-Universität. So konnte Kolde schreiben: „Obenan, nicht bloß dem Range sondern dem Ansehen nach, stand die *theologi-*

---

[24] GW 1, 2. Aufl., S. XIV.

[25] Siehe Schott, Jugendentwicklung (wie Anm. 8), S. 230–233.

[26] Siehe dazu Alfred Kröner, Bildungsbürgertum im 19. Jahrhundert. Die Familie Feuerbach in Franken, in: Aufklärung und Kritik, Sonderheft 6/2002, S. 36.

[27] So hatte Bruno Bauer in der 1841 erschienenen Schrift „Die Posaune des jüngsten Gerichts über Hegel, den Atheisten und Antichristen" den Versuch unternommen, Hegel als den *gekommenen Antichristen* darzustellen.

[28] Es sollen hier nur einige Standardwerke genannt werden. Zuerst die immer noch aktuelle Darstellung von Theodor Kolde, Die Universität Erlangen unter dem Hause Wittelsbach 1810–1910. Festschrift zur Hundertjahrfeier der Verbindung der Friderico-Alexandrina mit der Krone Bayern, Erlangen / Leipzig 1910, Nachdruck Erlangen 1991; dann: Henning Kößler (Hg.), 250 Jahre Friedrich-Alexander-Universität Erlangen-Nürnberg. Festschrift, Erlangen 1993; schließlich Alfred Wendehorst, Geschichte der Friedrich-Alexander-Universität Erlangen-Nürnberg 1743–1993, München 1993; Erlangen. Geschichte der Stadt in Darstellung und Bilddokumenten, unter Mitwirkung von Gerhard Pfeiffer hg. von Alfred Wendehorst, München 1984, mit wichtigen Beiträgen zur Universitätsgeschichte.

[29] Hans Liermann, in: RGG, 3. Aufl., Bd. 2, Stichwort Erlangen, Universität, S. 563.

sche Fakultät. An besonderen Vorrechten besaß sie das ‚jus ordinandi auf die Pastorate der Neu- und Altstadt und dann derjenigen, welche sonsten impositionem manum an einem selbstbeliebigen Ort nehmen können'."[30] Sie war gemäß den Statuten eine rein lutherische Fakultät, die durch die Verflechtung mit der Kirche vor Ort – der erste Professor der Fakultät war zugleich Superintendent in der Neustadt, der zweite erster Pfarrer in der Altstadt und der dritte Universitätsprediger[31] – in die Probleme und Diskussionen des religiösen Lebens der Erlanger Bürger einbezogen wurde.

Mit diesen Gegebenheiten hatte Feuerbach zu rechnen, als er 1827 sein Studium in Erlangen zum Abschluss bringen wollte. Er wurde durch dieses Studium mit den vielfältigen theologischen Auseinandersetzungen der Jahre um 1830 vertraut, die Kolde wie folgt charakterisierte: „Nach alledem sah es in der theologischen Fakultät ziemlich bunt aus."[32] An dieser Buntheit waren eine Reihe lutherischer Theologen schuld, wie sich aus dem Beitrag von Karlmann Beyschlag in der bereits zitierten Festschrift zum 250jährigen Jubiläum der Friedrich-Alexander-Universität ergibt, auf den hier verwiesen werden darf.[33] Für Feuerbachs Denken, wie es vor allem in dem 1830 erschienen Buch „Gedanken über Tod und Unsterblichkeit" und dem Anhang theologisch-satirischer Xenien zum Ausdruck kommt, waren es vor allem der Pietismus – wie er ihn verstand – und die ihn vertretenden Theologen, die ihm ein Stein des Anstoßes wurden. Der junge Feuerbach musste mit den theologischen Strömungen Erlangens vertraut gewesen sein, denn sein Bruder Joseph Anselm (1798–1851) geriet – wie schon erwähnt – während seines Studiums in Erlangen 1818 unter den unglückseligen Einfluss des Orientalisten und Schwarmgeistes Johann Arnold Kanne, der sich rühmte, sogar persönliche Erscheinungen des Heilands gehabt zu haben.[34] Kolde charakterisierte ihn als einen ausgesprochenen Pietisten, der mit keinem Menschen zusammenkommen konnte, ohne Bekehrungsversuche zu machen. „Sein Mund floss über von religiösen Redensarten, ja er schrieb und sprach fast nur in der ‚Sprache Kanaans', und sammelte Bekehrungs- und Wundergeschichten, die er in einer ganzen Reihe von Bänden veröffentlichte."[35] Diese Bekanntschaft führte bei Joseph Anselm zu einer schweren Lebenskrise, die ihn ein Jahr seines Studiums kostete. Ludwig hatte diese durch religiöse Wahnvorstellungen verursachte Krise seines Bruders miterlebt.

Bemerkenswert ist in diesem Zusammenhang, dass Feuerbach mit Adolf Harleß, der seit 1829 Privatdozent der Theologie in Erlangen war und mit dessen Wirken die „Erlanger Theologie" begann, mehrmals auf akademischer Ebene zusammengetroffen war. So war Harleß Opponent bei Feuerbachs Habilitation und dieser wiederum opponierte bei der von Harleß. Feuerbach lässt in einem Brief vom Sommer 1837 erkennen, dass er eine abgrundtiefe Abneigung gegenüber Harleß hatte, denn er schrieb dazu: „mich ekelt's, s[einen] Namen nur auszuschreiben."[36]

Nicht unerwähnt darf bleiben, dass beim Übergang der Universität an Bayern – 1810/11 – ihr gefährdeter Fortbestand durch die Berufung auf den dezidiert protestan-

---

[30] Kolde, Universität (wie Anm. 28), S. 57.
[31] Pfeiffer / Wendehorst, Erlangen (wie Anm. 28), S.119.
[32] Kolde, Universität (wie Anm. 28), S. 331.
[33] Karlmann Beyschlag, Die Erlanger Theologie, in: Kößler, Festschrift (wie Anm. 28), S. 205–269.
[34] Kröner, Bildungsbürgertum (wie Anm. 26), S. 36.
[35] Kolde, Universität (wie Anm. 28), S. 289.
[36] GW 17, S. 296.

tischen Charakter dieser Einrichtung, gesichert wurde.[37] Im Übrigen wurden an ihr die evangelischen Pfarrer für das knappe Drittel der lutherischen Bevölkerung Bayerns ausgebildet, welche vor allem mit fränkischen aber auch schwäbischen Gebieten in das rechtsrheinische Staatsbayern gekommen war.

Die Friedrich-Alexander-Universität besaß 1827 vier Fakultäten, einmal die theologische, dann die juristische, die medizinische und schließlich die philosophische. Um die Bedeutung der Fakultäten im Gesamtzusammenhang darzustellen, wurden die jeweils eingeschriebenen Studenten für die Jahre 1828/29 bis 1836 aufgrund der von der Universität erstellten (amtlichen) Jahresberichte zusammengestellt; die Übersicht ist als Anlage beigefügt. Daraus ergibt sich, dass die Zahl der für die lutherische Theologie eingeschriebenen Studenten fast immer über 50 von Hundert betrug, während die philosophische Disziplin, zu der auch Philologen, Kameralisten, Pharmazeuten und Philosophen gehörten, meist nur 15 von Hundert der Studierenden umfasste. Dabei ist zu beachten, dass bei der Immatrikulation äußerst selten als Studienziel die Philosophie angegeben wurde. Obwohl es das Fach „Philosophie" als eigene Disziplin seit Gründung der Universität gab, wurde es häufig auch von Theologen oder Juristen mitversehen, ohne dass es einen wirklich bedeutenden Gelehrten in Erlangen gab. „Die Professoren der markgräflichen und preußischen Zeit, die von ihrem Amte her faktisch mit Philosophie zu tun hatten, finden in keiner Philosophiegeschichte mehr Erwähnung und sind wohl nicht ganz zu Unrecht in Vergessenheit geraten. Sie waren in der Regel auch keine Fachphilosophen im engeren Sinne."[38] 1769 wurde jedoch ein Versuch unternommen, ein Ordinariat für theoretische Philosophie (Logik und Metaphysik) zu errichten, wozu man Immanuel Kant gewinnen wollte, was jedoch scheiterte. Der erste Fachphilosoph war Johann Heinrich Abicht, der von 1790 bis 1804 in Erlangen lehrte. Ihm zur Seite trat 1792 der Extraordinarius Gottlieb Ernst August Mehmel, der seit 1799 als ordentlicher Professor der Philosophie und der Schönen Künste bis 1840 wirkte. Er hatte, wie Kolde ausführt, weder einen akademischen Abschluss (er war nicht einmal Magister) noch ein philosophisches Studium absolviert. Seinen Ruf verdankte er der Eigenschaft als Erzieher der Söhne Hardenbergs.[39] Bleibende Verdienste hat er sich weniger als Fachphilosoph denn als Direktor und Organisator der Universitätsbibliothek erworben.[40] Nachdem Johann Gottlieb Fichte nur im Jahre 1805 in Erlangen gelesen hatte, eine Berufung Georg Wilhelm Friedrich Hegels scheiterte und auch Friedrich Wilhelm Joseph Schelling nur ein kurzes Gastspiel (1820–1822) in Erlangen gab, war die philosophische Disziplin wieder *bedeutungslos* geworden. Der 1827 von der ein Jahr vorher nach München translozierten Universität Landshut nach Erlangen berufene Jacobi-Schüler Karl-Friedrich

---

[37] Dieter J. Weiss, Das Problem des Fortbestandes der Universität beim Übergang an die Krone Bayern, in: Kößler, Festschrift (wie Anm. 28), S. 19–43.
[38] Maximilian Forschner / Manfred Riedel / Christian Thiel, Philosophie in Erlangen, in: Kößler, Festschrift (wie Anm. 28), S. 421–446, hier S. 421–429.
[39] Kolde, Universität (wie Anm. 28), S. 75f. In der Allgemeinen Deutschen Biographie (künftig: ADB), Bd. 21, Berlin 1970, S. 186 wird für den 1761 geborenen Mehmel ein Theologie- und Philosophiestudium in Halle angegeben; ein Abschluss wird nicht erwähnt. Angeblich hatte er 1795 eine Dissertation geschrieben. Eine Reihe von Veröffentlichungen Mehmels werden als teilweise „dilettantisch" beziehungsweise „von geringem Belange" eingestuft.
[40] Forschner / Riedel / Thiel, Philosophie (wie Anm. 38), S. 429.

Köppen lehrte eine theistische Philosophie; er war der Sohn eines Pfarrers und hatte Theologie studiert, Philosophie wohl nur im „Nebenfach" betrieben. Kolde meint, seine Wirksamkeit, die erst 1845 durch seine Pensionierung endete, „dürfte keine große gewesen sein."[41] Dies dürfte auch für den Feuerbachfreund Christian Kapp, der seit 1823 in Erlangen wirkte und seit 1829 außerordentlicher Professor der Philosophie war, zutreffen. Im Übrigen wechselte Kapp 1832 nach Heidelberg, wo er später ordentlicher Professor wurde.

Fragt man schließlich, weshalb dennoch in Erlangen in *beträchtlichem Umfang* philosophische Vorlesungen angeboten und gehalten wurden, ist auf einen Sachverhalt hinzuweisen, der uns heute fremd geworden ist: die Philosophie als eine *generelle Bildungsaufgabe*, die primär zu den „allgemeinen Wissenschaften" gerechnet wurde. Im Archiv der Friedrich-Alexander-Universität befindet sich eine umfangreiche Akte „Generalia in Bezug auf Studierende. 1810. 1821–1848"[42], die eine Reihe von „Gesetzen für Studierende" enthalten, also behördliche Anordnungen, die das Studium auf allen Landesuniversitäten regelten. Ein Teil dieser Vorschriften ist noch von Montgelas geprägt und entspringt seinem „staatsabsolutistischen" Denken und Handeln. Dabei befinden sich „Rescripte", die speziell auf der Universität Erlangen anzuwenden waren und die öffentlich verlesen werden mussten. „Auch sollen diese Gesetze jedes Jahr im Monate November in dem akademischen Saale öffentlich verlesen und den Studierenden durch eine passende Rede des Rectors in Gegenwart aller Professoren erklärt und zur willigen Befolgung nachdrücklichst empfohlen werden." Ohne auf die Einzelheiten dieser Regelungen einzugehen, ist für die vorliegenden Ausführungen wichtig, dass eine Verordnung vom 10. April 1814 im II. Titel § 1 Folgendes verlangte: „Der Inländer, welcher dereinst in den Staatsdienst, für welchen ein vollständiges Universitäts-Studium erfordert wird, eintreten will, muß durch Zeugnis beweisen, daß er a) die allgemeinen Wissenschaften vorschriftsmäßig gehört, b) dem Studium seiner Spezialdisziplin die festgesetzte Zeit gewidmet hat." § 3 führte dazu aus, dass „zu dem vollständigen Cursus der allgemeinen Wissenschaften [...] vorzüglich folgende Lehrgegenstände" gehören: 1. Philosophie, 2. Elementar-Mathematik, 3. Philologie, 4. allgemeine Weltgeschichte, 5. Physik, 6. Naturgeschichte. Dabei wurde das Hören von Vorlesungen über „Geschichte der Philosophie" empfohlen, da dies für die Aufnahmeprüfung in den Staatsdienst *besonders berücksichtigt* werde. Im Übrigen war gemäß § 4 der erfolgreich abgelegte Kursus in den „allgemeinen Wissenschaften" Grundvoraussetzung für das Spezialstudium. Alternativ war es möglich, anstelle des Jahreskursus für die „allgemeinen Wissenschaften", der auf der Universität selbst gehalten wurde, das Zeugnis eines zweijährigen „Lyceal-Cursus" vorzulegen. Weitere Regelungen betrafen die speziellen Wissenschaften, also beispielsweise das Studium der Theologie oder den juristischen Lehrkurs. Beachtenswert ist, dass es für das Fach „Philosophie" keine Regelungen eines Kursus gab, was darauf schließen lässt, dass es dieses Fach als Berufsziel (Spezialstudium) nicht gab. Wichtig ist hier anzufügen, dass das Amt des Pfarrers als Staatsdienst galt. Abgesehen von einigen Erweiterun-

---

[41] Kolde, Universität (wie Anm. 28), S. 313. In der ADB, Bd. 16, Berlin 1882, wird zu Köppen ausgeführt, dass er nach seiner Versetzung nach Erlangen „litterarisch schweigsam blieb".

[42] Archiv der Friedrich-Alexander-Universität Erlangen-Nürnberg (künftig: UAE) A3/1 Nr. 3. Die nachfolgenden Zitate stammen ausnahmslos aus diesem Archivale.

gen, die jedoch mit dem Thema dieser Abhandlung nicht in Zusammenhang stehen, waren die genannten Vorschriften bis 1848 in Kraft.[43]

Ludwig Feuerbachs Weg zum Privatdozenten an der Friedrich-Alexander-Universität Erlangen

Im April 1826 kehrte Feuerbach in das Elternhaus nach Ansbach zurück, wo er ein Jahr verbrachte, um die Lücken seines Philosophiestudiums im Selbstunterricht zu schließen; er widmete sich dabei vor allem der Geschichte der Philosophie und dem Studium der älteren Philosophen, besonders den Werken des Aristoteles.[44] Aufgrund des gewährten Stipendiums und der daraus sich ergebenden Verpflichtung, das letzte Studienjahr auf einer Landesuniversität zu absolvieren, immatrikulierte er sich am 16. Mai 1827 an der Universität Erlangen für Philosophie.[45] Aus einem Brief seines Freundes Georg Friedrich Daumer vom 12. Februar 1828 geht hervor, dass Feuerbach sich zum akademischen Lehrer bestimmt hatte;[46] dies bestätigte sich aus dessen weiterem Verhalten auf der Universität. Wenngleich Feuerbach in dem Bewerbungsschreiben vom 5. August 1828 an König Ludwig I. um die Erlaubnis, auf der Universität Vorlesungen halten zu dürfen[47], behauptete, dass er seit Ostern 1827 die Universität Erlangen besucht habe, so stimmt dies nicht mit der Immatrikulation überein; es ist hier vielmehr an den Pfingsttermin zu denken. Wir wissen aus dem genannten Bewerbungsschreiben, dass er, „um noch einige ihm sehr fühlbar gewordene Lücken seiner Naturkenntnis auszufüllen", bei den Dozenten Wilhelm Daniel Joseph Koch Botanik und bei Gottfried Fleischmann Anatomie und Physiologie gehört hatte. Dieses etwa einjährige Studium schloss er mit einer Promotion ab. Wie aus der noch vorhandenen Promotionsakte[48] hervorgeht, legte Feuerbach im Juni 1828 eine handgeschriebene lateinische Dissertation mit dem Titel „De infinitate, unitate atque communitate rationis. Disputatio inauguralis scripsit Ludwig Feuerbach"[49] vor. Die vom Dissertanten selbst geschriebene Abhandlung umfasste mit Anmerkungen 85 Seiten. Unter dem 14. Juni 1828 gab der damalige Dekan der Philosophischen Fakultät, Johann Paul Harl, der seit 1816 ordentlicher Professor für Philosophie und Kameralwissenschaften in Erlangen war[50], im Einverständnis mit den Dozenten Mehmel, Köppen, Kraft, Böttiger und Pfaff zur vorgelegten Dissertation das Urteil ab, dass sie „nach [seiner] Meinung in Ansehung der Sprache (Schreibfehler abgerechnet) und auch des Inhalts Lob

---

[43] Zu diesen Regelungen ist auch auf Harald Dickerhof, Dokumente zur Studiengesetzgebung in Bayern in der ersten Hälfte des 19. Jahrhunderts, Berlin 1975, hinzuweisen.
[44] GW 17, S. 101.
[45] Register zur Matrikel der Universität Erlangen 1743–1843, bearb. von Karl Wagner, München / Leipzig 1918, S. 159.
[46] GW 17, S. 99.
[47] GW 17, S. 101.
[48] UAE C4/3b Nr. 60. Die folgenden Zitate stammen, soweit nichts anderes vermerkt ist, aus dieser Promotionsakte. Grundsätzlich ist zu bemerken, dass die meisten der im Folgenden zitierten Aktenstücke – teilweise schwer lesbare – Entwürfe oder Vermerke sind.
[49] Nach der Übersetzung in GW 1, 2. Aufl., S. 2f.: Über die Unendlichkeit, Einheit und Allgemeinheit der Vernunft. Streitschrift zur Erlangung der Doktorwürde von Ludwig Feuerbach.
[50] Kolde, Universität (wie Anm. 28), S. 524.

verdien[e]." Damit dürfte die Schrift angenommen worden sein. Harl schlug zudem vor, der Kandidat möge zu dem „examen rigorosum" nach Erlangen kommen. Nach erlangter Doktorwürde müsste er dann, entsprechend seinem Wunsch und um Vorlesungen halten zu dürfen, „bei der allerhöchsten Stelle [gemeint ist der König] die Erlaubnis, Vorlesungen zu halten, nachsuchen" und seine Dissertation öffentlich verteidigen. Wie sich aus der Akte weiterhin ergibt, wurde für das Rigorosum Freitag, der 25. Juli 1828 nachmittags 4 Uhr, festgelegt. Dabei ist vermerkt, dass der Kandidat erklärt hatte, „dass es ihm erwünscht sei, deutsch examiniert zu werden, was keinen Anstand ha[be]." Gemäß dem erhaltenen Protokoll über die mündliche Prüfung bestand Feuerbach „das examen rigorosum zur Erlangung der philosophischen Doktorwürde. Der Hr. Kandidat wurde aus der Staatswissenschaft, theoretischen und praktischen Philosophie, Physik, Naturgeschichte, allgemeinen Geschichte, Philologie und Mathematik geprüft. Demselben wurde nach dem einstimmigen Beschluß die philosophische Doktorwürde in obiger Sitzung erteilt."

Ludwig Feuerbach hatte damit sein *erstes Ziel* erreicht. Um den akademischen Weg fortzusetzen, musste er sich habilitieren. Wie sich aus den Akten der Philosophischen Fakultät[51] ergibt, hatte diese gutachtlich dem akademischen Senat unter dem 27. August 1828 geschrieben: „Der Doktor Ludwig Feuerbach kann hier als Privatdocent der Philosophie auftreten, wenn er dazu die allerhöchste Erlaubniß erhalten, […] eine Dissertation der philosophischen Fakultät überreicht und solche öffentlich vertheidigt haben wird." Diesem Beschluss vorausgegangen war die erforderliche Bewerbung Feuerbachs an den König um Anstellung als Privatdozent unter dem 5. August 1828.[52] Das Gesuch fasste den Studiengang ab 1823 bis zum examen rigorosum zusammen und verdeutlichte seine ausschließliche Hinwendung zur Philosophie. Es endete mit der Bitte, „ihn – nachdem er zuvor seine, der philosophischen Fakultät bereits vorgelegte und von derselben gebilligte Inaugural=Dissertation wird verteidigt haben – mit der Erlaubnis zu begnadigen, in nächstkommendem Semester auf der Universität Erlangen als Privatdozent der Philosophie auftreten zu dürfen." Daraufhin hatte das Staatsministerium des Inneren, Sektion für die Angelegenheiten der Kirche und des Unterrichts, unter dem 13. August 1828 an den akademischen Senat geschrieben, Dr. Ludwig Feuerbach habe sich als Privatdozent beworben und es wurde um Stellungnahme zu dem Gesuch gebeten. Da sich die Erledigung des Ministerialschreibens offensichtlich verzögerte, mahnte das Ministerium beim Senat eine Beschleunigung der Bearbeitung unter dem 20. September 1828 an, damit Feuerbach „im Falle günstigen Ergebnisses noch im nächsten Studien-Semester als Privatdozent auftreten [könne]. Zugleich ist ihm jedoch aufzutragen, die fragliche Abhandlung in den Druck zu bringen."

Bereits am 28. Juli 1828 ist in der Promotionsakte vermerkt, dass Herr Dr. Feuerbach angezeigt habe, er beabsichtige, seine „Dissertation mit Zusätzen drucken zu lassen, um sie – nach erlangter allerhöchster Erlaubniß Vorlesungen halten zu dürfen –

---

[51] UAE C4/1 Nr. 123. Die folgenden Zitate stammen, soweit nichts anderes vermerkt, aus dieser Fakultätsakte.

[52] Der Wortlaut dieses Gesuchs ergibt sich aus der noch vorhandenen Personalakte UAE A2/1 Nr. F 10, er ist zudem abgedruckt in GW 17, S. 100–101. Die folgenden Zitate stammen, soweit nichts anderes vermerkt, aus dieser Personalakte.

öffentlich zu vertheidigen." Die Umarbeitung der Dissertation ist dann in den Monaten August bis Oktober 1828 erfolgt, denn unter dem 15. November 1828 konnte Feuerbach die bei J. A. Brügel in Ansbach gedruckte erweiterte lateinische Fassung seiner Dissertation als Habilitationsschrift dem Dekan der Philosophischen Fakultät vorlegen. Sie hat einen Umfang von 42 Seiten und trägt den Titel „De Ratione, una, universali, infinita. Dissertatio inauguralis philosophica auctore Ludovico Andrea Feuerbach, Phil. Doct.".[53] In dem Vorlagebericht[54] bemerkte der Habilitant dazu: „Denn die Dissertation, die ich gegenwärtig zu überreichen die Ehre habe, ist nicht unterschieden von derjenigen, welche bereits die Censur der hochverehrten philosophischen Facultät bestanden hat, indem ich die gegenwärtige durch die hinzugefügten Bemerkungen, weiteren Ausführungen und Erläuterungen der in der früheren Dissertation ausgesprochenen Gedanken nur dem Umfang und der Größe nach, nicht aber dem Inhalt nach von der früheren verschieden ist." Die Weiterführung des Habilitationsverfahrens ist aus der Promotionsakte zu entnehmen, wo der Dekan Dr. Harl vermerkte, Feuerbach wünsche die Verteidigung der Dissertation am Samstag, den 6. Dezember 1828 durchzuführen. Über die Durchführung des Verfahrens sind wir im Einzelnen nicht unterrichtet. Aus einem Rundschreiben an die Mitglieder der Philosophischen Fakultät vom 30. Dezember 1828 ergibt sich, dass der Dekan keine Hinderungsgründe sah, dass Feuerbach – seinem Wunsche entsprechend – „in nächster Woche" seine Vorlesungen eröffne, wofür jedoch noch die ministerielle Erlaubnis fehlte. Aus einem Bericht an den akademischen Senat vom 22. Januar 1829[55] ist zu ersehen, dass Feuerbach „seine gedruckte Dissertation De Ratione öffentlich Vor- und Nachmittag wohl vertheidigt hat, und wie derselbe, einer dem unterzeichneten Decan so eben gemachten mündlichen Anzeige zufolge, mit seinen Vorbereitungen zum künftigen Lehrvortrage jetzt so weit vorgerückt ist, um noch im laufenden Studienhalbjahr lesen zu können." Damit war das Habilitationsverfahren abgeschlossen. Die ministerielle Erlaubnis, mit den Vorlesungen beginnen zu dürfen, wurde mit Reskript vom 7. Februar 1829[56] erteilt, wobei ausdrücklich vermerkt wurde, dass dem Privatdozenten Ludwig Feuerbach die Erlaubnis erteilt werde, „Vorlesungen halten zu dürfen, *ohne jedoch damit einen Anspruch auf Anstellung an der königlichen Universität Erlangen oder auf Unterstützung aus dem Fonds derselben einzuräumen*". Die Erlaubnis erstreckte sich darauf, „über Gegenstände der Philosophie" zu lesen; damit hatte der vierundzwanzigjährige Feuerbach das gewünschte Ziel erreicht.

Zur Abrundung dieses Kapitels ist noch kurz auf die Dissertation und ihre Druckfassung einzugehen. Feuerbach versandte die gedruckte Fassung an verschiedene Personen, von denen vor allem Georg W. F. Hegel zu erwähnen ist. Ein ausführlicher Brief vom 22. November 1828[57], ganz im Stile Hegels gehalten, begleitete den Versand. Aufschlussreicher ist ein Brief von Anfang Dezember 1828, der vor der Dispu-

---

[53] Der Text ist in lateinischer Sprache mit gegenüberstehender deutscher Übersetzung in GW 1, 2. Aufl., S. 1–173 veröffentlicht. Der Titel lautet in Übersetzung: „Über die eine, allgemeine, unendliche Vernunft. Philosophische Inaugural-Dissertation von Ludwig Andreas Feuerbach, Doktor der Philosophie."
[54] GW 17, S. 101 f.; er befindet sich auch in UAE C4/1 Nr. 123.
[55] UAE C4/1 Nr. 123.
[56] Bayerisches Hauptstaatsarchiv München MInn Nr. 23212 (Kursivsetzung vom Verfasser). Der Text ist auch in der Fakultätsakte UAE C4/1 Nr. 123 enthalten.
[57] GW 17, S. 103–108.

tation an den Dekan der Philosophischen Fakultät, Johann Paul Harl, geschrieben wurde. Darin legte Feuerbach dar, dass er wohl die Schwächen seiner Dissertation erkannt habe und diese, wohl auf Wunsch der Fakultät, überarbeitete. So wies der Druck eine Reihe wesentlicher textlicher Erweiterungen auf, ohne den gedanklichen Inhalt zu verändern. Darauf ist hier jedoch nicht weiter einzugehen. Feuerbach hatte seine Dissertation weder gesondert herausgegeben, noch in die „Gesammelten Werke" aufgenommen.[58]

Ludwig Feuerbach als Privatdozent an der Universität Erlangen

Das oben angeführte ministerielle Schreiben vom 7. Februar 1829 wurde Ludwig Feuerbach am 13. Februar 1829 schriftlich mitgeteilt;[59] somit konnte der Privatdozent mit den philosophischen Vorlesungen beginnen. Über Feuerbachs Leben als Privatdozent der Jahre 1829 bis 1832 sind nur wenige Einzelheiten bekannt. Ebenso ist der aus dieser Zeit erhaltene Briefwechsel sehr gering. Da in der Stadt Erlangen Einwohnerlisten aus diesen Jahren fehlen, können seine Aufenthaltsorte während der Vorlesungszeit nur vermutet werden. Aus einem Brief vom August 1829 an die Schwester Helene von Dobenek[60] erfährt man nur, dass auch seine Brüder Eduard (Jurist, seit 1829 außerordentlicher Professor an der Universität) und Karl (Mathematiklehrer am Friedericianum) sich in Erlangen aufhielten. Von sich selbst berichtet er, dass er wochenlang nicht „aus [seinem] Garten und Gartenhaus" herauskomme. „Eine so ruhige, von der Natur umgebne Wohnung wie meine jetzige, vormittags ein Glas Wasser, mittags ein mäßiges Essen, abends einen Krug Bier nebst Brot und höchstens noch einen Rettich, wenn ich dies immer so beisammen hätte, so wünschte ich mir nie mehr von und auf der Erde!"[61]

Über Feuerbachs Vorlesungstätigkeit selbst sind wir nur sehr unzureichend unterrichtet; es liegen weder Hörerzahlen vor, noch ist eine Resonanz über die Art seines Vortrags überliefert. Wenn man seinem ersten Biografen Bolin glauben darf, war sein Vortrag eher stockend und schwerfällig:[62] „Gewandtheit des mündlichen Vortrags hat ihm nie zu Gebote gestanden." Er begann die akademische Tätigkeit mit „Vorlesungen über die Philosophie des Cartesius, Malebranche und Spinoza", wie sich aus einem Testat für den Studenten Georg Weber ergibt.[63] Ob man von einem „glanzvollen

---

[58] Einige Gedanken zur Dissertation, jedoch auf dem Standpunkt der 1846 erschienenen „Fragmente zur Charakteristik meines philosophischen curriculum vitae" (GW 10, S. 156–158), hatte er später veröffentlicht.
[59] UAE A2/1 Nr. F 10.
[60] GW 17, S. 117–118.
[61] Der angegebene Ort konnte bisher nicht lokalisiert werden. Nach einer Mitteilung von Dr. Jakob, Stadtarchiv Erlangen, darf als Wohnort ein Gartenhaus am Burgberg in Norden Erlangens angesehen werden, an dessen Fuß jährlich die weithin bekannte Bergkirchweih stattfindet. Die dortigen Gartenwohnungen waren einfachster Art und nur für den sommerlichen Aufenthalt geeignet.
[62] Wilhelm Bolin (Hg.), Ausgewählte Briefe von und an Ludwig Feuerbach. Zum Säkulargedächtnis seiner Geburt, 2 Bde., Leipzig 1904. Hierbei sind die den jeweiligen Lebensabschnitten vorangestellten biografischen Bemerkungen von größtem Wert, da Bolin seit Frühherbst 1857 mit der Familie Feuerbach befreundet war. Das angeführte Zitat stammt aus Bd. 1, S. 24.
[63] Universitätsbibliothek Erlangen MS 3000/180.

Start seiner akademischen Laufbahn in Erlangen" sprechen kann[64], erscheint eher fraglich, da zudem sichere Zeugnisse fehlen. In den Folgesemestern hatte er sich in Vorlesungszyklen mit „Logik und Metaphysik", mit „Geschichte der Philosophie" und „Rationaler Psychologie" beschäftigt, wie die erhaltenen Vorlesungsverzeichnisse erweisen. Eine erstmalige Ankündigung enthielt das Vorlesungsverzeichnis – auch Lektionskatalog genannt – für das Sommersemester 1829 mit dem Thema „Logicam et Metaphysicam", das viermal die Woche gelesen wurde. Mehrmals hielt er gleichzeitig Vorlesungen über Geschichte der Philosophie (sechsmal die Woche) und Logik und Metaphysik (viermal die Woche). Nachdem Feuerbach, wohl auf Veranlassung seines Bruders Eduard, auch in den Jahren 1833 und 1834 Vorlesungen ankündigte[65], bestieg er letztmals das Katheder im Wintersemester 1835/36, wo er fünfmal wöchentlich „Geschichte der Philosophie" las.

Ein Teil der Vorlesungsmanuskripte, so die „Einleitung in die Logik und Metaphysik", dann die „Geschichte der Philosophie in bezug auf Logik und Metaphysik" (Sommersemester 1829) und „Vorlesungen über Logik und Metaphysik" (Wintersemester 1829/30) wurden in den Gesammelten Werken, Bände 13 und 14, veröffentlicht. Im Band 15 soll die im Wintersemester 1835/36 gehaltene, groß angelegte „Geschichte der neueren Philosophie" abgedruckt werden. Band 13 enthält zudem Aufzeichnungen Feuerbachs aus dem Jahre 1829[66] anlässlich seiner Opponentenrede bei der Habilitation von Adolph Harleß; dieser hatte – wie dargestellt – Feuerbach 1828 bei dessen Habilitation opponiert. Wenn später von Harleß behauptet wurde, Feuerbach habe ihn bei dieser Gelegenheit, in der es sich um die Frage des Ursprungs und Wesen des Bösen ging, mit den Worten angeredet: „Tu ipse diabolus es (du selbst bist der Teufel)"[67], bestätigt sich dies nicht aus den handschriftlichen Aufzeichnungen.

Im Übrigen zeigen die genannten Veröffentlichungen, dass Feuerbach einen klar gegliederten, gut fasslichen Text vorgetragen haben musste. Er selbst hatte diese Texte weder veröffentlicht noch in die Gesamtausgabe seiner Werke aufgenommen.

Was den Inhalt der Vorlesungen betrifft, so stand Feuerbachs gesamte Vorlesungstätigkeit unter dem entscheidenden Einfluss Hegels.[68] Er selbst hatte in den 1846 erschienen „Fragmente[n] zur Charakteristik meines philosophischen curriculum vitae [Lebenslaufs]" geschrieben, er trage „die Denklehre als Erkenntnislehre, als Metaphysik vor; ich trage sie also so vor, wie sie Hegel erfasst und dargestellt hat; ich trage sie jedoch nicht in seinen Worten, sondern nur in seinem Geiste, nicht als Philolog, sondern als Philosoph vor."[69] So ist Feuerbachs geistige Entfaltung dieser Jahre von Hegels Denken geprägt, bis es im Jahre 1839 zum Bruch kam durch die Schrift „Zur Kritik der Hegelschen Philosophie".[70] Bis dahin muss man ihn einen Schüler Hegels nennen und zu den „Linkshegelianern" rechnen.

---

[64] So Schuffenhauer in GW 13, S. XIV.

[65] Dies ergibt sich aus einem Brief von Anfang 1837, wo Ludwig seinen Bruder bittet, ihn „ja nicht mehr in den Lektionskatalog zu setzen" (GW 17, S. 285).

[66] GW 13, S. 305–321.

[67] GW 13, S. XXVIII.

[68] Simon Rawidowicz, Ludwig Feuerbachs Philosophie. Ursprung und Schicksal, 2. Aufl., Berlin 1964, passim.

[69] GW 10, S. 158.

[70] GW 9, S. 16–62.

Ordnet man Feuerbach in die in Erlangen herrschenden philosophischen Strömungen ein, so wird man Koldes Aussage[71] beherzigen müssen, dass der Hegelianismus in Erlangen *niemals* sehr geschätzt wurde. Die an der Friedrich-Alexander-Universität vorhandenen Lehrstühle waren – wie bereits ausgeführt – von den ordentlichen Professoren Gottlieb Ernst August Mehmel und Karl-Friedrich Köppen besetzt; diese lehrten *nicht* im Sinne Hegels, sondern trugen eher eine *theistische* Philosophie vor, wie sie an einer lutherisch ausgerichteten Universität gewünscht wurde. So war Hegels Denken, das nur noch von einem Freunde Feuerbachs, dem außerordentlichen Professor Christian Kapp, vertreten wurde, ohne Einfluss geblieben.

Fragt man nach der Einschätzung des Wirkens des jungen Privatdozenten aus der Sicht der Friedrich-Alexander-Universität, lassen sich aus den seit 1820 abzugebenden Jahresberichten einige Schlaglichter aufzeigen.[72] So wird im Jahresbericht vom 24. November 1830, der die Studienjahre 1828/29 umfasste, Folgendes gesagt: „Der sechste Privatdozent Dr. Ludwig Feuerbach welcher als Respontant bey seiner Habilitation und noch mehr als Opponent bey einer späteren Disputation eines anderen Clienten [?] als ein höchst geistreicher junger Mann sich zeigte, widmet sich der Philosophie, hat aber ohngeachtet jenes günstigen ersten Auftretens, *bis jetzt noch wenig Eingang mit seinen Vorlesungen gefunden.*" Und für die Zeit von 1830 bis 1832 sagte der Jahresbericht vom 5. März 1832 sehr kennzeichnend: „Dr. Ludwig Andreas Feuerbach ist ohne Zweifel ein talentvoller junger Mann, der sich mit Feuereifer der Philosophie im engeren Sinn hingibt. Allein noch fehlt ihm allem Anschein nach diejenige Ruhe und Klarheit sehr, durch welche er als Lehrer und Schriftsteller erst wohltätig wirken könnte. *Auch scheint er namentlich nicht in denjenigen Verhältnisse zur Sache des Christenthums zu stehen, dessen die Philosophie der nächsten Zukunft nicht entbehren zu können scheint.*" Daraus ergibt sich, dass die Fakultät beziehungsweise der Senat der Friedrich-Alexander-Universität der Vorlesungstätigkeit Feuerbachs nur geringe Bedeutung beimaß und seine aus den Vorlesungen oder sonstigen Schriften erkennbare kritische Haltung zum Christentum wohl als Hinderungsgrund einer positiveren Bewertung ansah. Darauf ist noch kurz einzugehen.

Feuerbachs erste umfangreiche kritische Äußerung zu verschiedenen Dogmen des Christentums stellte das Ende Juli / Anfang August 1830 im Verlag Adam Stein in Nürnberg anonym erschienene Buch „Gedanken über Tod und Unsterblichkeit aus den Papieren eines Denkers nebst einem Anhang theologisch-satyrischer Xenien" dar. Seine Veröffentlichung fiel in die Zeit der französischen Julirevolution von 1830, die auch die „Dinge in Deutschland in Bewegung gebracht" und „sofort exemplarischen Charakter und gesamteuropäische Resonanz"[73] gefunden hatte. Die politische Landschaft Deutschlands war, vor allem im Bereich der studentischen Jugend und im Bildungsbürgertum, von einer beträchtlichen Unruhe erfasst worden. Die Auswirkungen auf den bayerisch-fränkischen Raum sind von Eva A. Mayring eingehend dargestellt worden.[74] Zudem setzte seit 1831 eine heftige Bevormundung der Universitäten in

---

[71] Kolde, Universität (wie Anm. 28), S. 329.

[72] UAE A1/3a Nr. 320 (Kursivsetzung vom Verfasser). In späteren Jahresberichten, ab 1834 (UAE A1/3a Nr. 391), sind Bemerkungen über Feuerbach nur aufzählende Marginalien.

[73] Nipperdey, Geschichte (wie Anm. 8), S. 366.

[74] Eva Alexandra Mayring, Bayern nach der französischen Julirevolution, München 1990, passim.

Bayern ein. In diesem Zusammenhang ist auch Feuerbachs erste Buchveröffentlichung zu sehen, deren Verfasserschaft bald mit ihm identifiziert wurde. Sie musste als eine Bedrohung der öffentlichen Ordnung verstanden worden sein, denn das Buch wurde noch im August 1830 beschlagnahmt und erst wieder am 19. April 1831 zum Vertrieb freigegeben. In dem Buch, das vermutlich von einem ehemaligen Freund, dessen Person bisher nicht exakt ermittelt werden konnte, lanciert wurde und zu dem dieser auch Beiträge geliefert hatte, wird vor allem der Glaube an die persönliche Unsterblichkeit bekämpft, dafür umso mehr der Unsterblichkeitswert der Vernunft, des objektiven Geistes, proklamiert.[75] Die Xenien sind teilweise in heftiger, verletzender Polemik gegen Theologie und Pietismus gerichtet, was Kolde zur Bemerkung veranlasste, es handle sich um einen bis zur „Gemeinheit" sich steigernden Angriff gegen Christentum, Pietismus und Rationalismus.[76] Feuerbach hatte dazu in einem Brief vom 12. Februar 1835 seiner Braut, Bertha Löw, sehr selbstkritisch mitgeteilt, dass diese seine erste Schrift „eine Jugendschrift voll Unvollkommenheit und Mängel" gewesen sei. Und weiter führte er aus: "Es ist vieles in ihr dunkel, unrichtig, einseitig, hart, krass ausgedrückt. Sie ist das Produkt der Leidenschaft; sie hat daher, wie jedes Werk der Leidenschaft, die Tugenden, aber auch die Mängel der Leidenschaften. Viele Gedanken beziehen sich auf Erscheinungen der Geschichte der Philosophie; um sie also zu verstehen, muss man diese kennen."[77] So ist es nicht verwunderlich, dass der Autor das Buch bei der Bearbeitung für den dritten Band der „Sämtlichen Werke" um mehr als ein Drittel gekürzt und die Xenien überarbeitet hatte. Ob das Buch beachtenswerte Wirkungen erzielt hatte, kann dahingestellt bleiben. Nach Mitteilung des Verlegers waren bis 1832 nur 50 Exemplare abgesetzt worden.[78]

Während seiner Dozententätigkeit bis 1832 hatte Feuerbach vor allem an einer umfangreichen „Geschichte der neueren Philosophie von Bacon von Verulam bis Benedikt Spinoza" (erst 1833 bei C. Brügel in Ansbach erschienen)[79] gearbeitet, die wohl aus der Vorlesungstätigkeit entstanden war. Als Vorabdruck daraus veröffentlichte er in der Zeitschrift „Athene" 1832 das Kapitel „Der Ursprung des Bösen nach Jacob Böhme".[80] Nach der vorläufigen Beendigung der Dozententätigkeit im Frühjahr 1832 beginnt für Feuerbach eine *neue Phase beruflicher Tätigkeit*, er wird *philosophischer Schriftsteller*; dies wurde für sein weiteres Leben entscheidend und bestimmte sein Arbeiten bis zu seinem Tode. Sie beginnt mit dem 1834 in Ansbach erschienen Buch „Abälard und Héloise oder der Schriftsteller und der Mensch. Eine Reihe humoristisch-philosophischer Abhandlungen", einem Buch, das kein fachphilosophisches Thema zum Gegenstand hat. Es ist vielmehr Ausdruck von Feuerbachs Vereinsamung und Verbitterung darüber, dass er bereits im Frühjahr 1832 seine akademische Laufbahn für beendet betrachtete. Es ist auch eine „Apologie seines Misserfolgs, als Anklageschrift gegen die Außenwelt, als Kampfschrift im eminenten Sinne des Wortes gegen das Gewöhnliche, Orthodoxe, Mittelmäßige, dem er seiner Überzeugung nach

---

[75] Rawidowicz, Philosophie (wie Anm. 68), S. 26–28.
[76] Kolde, Universität (wie Anm. 28), S. 329f.
[77] GW 17, S. 228.
[78] GW 17, S. 129.
[79] Siehe GW 2.
[80] Eine Zeitschrift für die philosophischen und historischen Wissenschaften, hg. von einem Verein von Gelehrten, redig. von Ch. Kapp, Bd. 1, H. 3, Kempten 1832, S. 180–190.

zum Opfer gefallen war".[81] Daneben beginnt Feuerbach ab 1835 sowohl eine Reihe von Kritiken auf dem Gebiet der Philosophie als auch verschiedene Rezensionen über philosophische Neuerscheinungen zu veröffentlichen. Vor allem die Rezensionen, die in den in Berlin erscheinenden renommierten „Jahrbüchern für wissenschaftliche Kritik" erschienen, haben ihn als einen im Geiste Hegels schreibenden Schriftsteller ausgewiesen; sie machten auch seinen Namen in der bildungsbürgerlichen Fachwelt deutschlandweit bekannt.

In dieser Zeit fruchtbaren Arbeitens fasste Feuerbach den Entschluss, noch einmal das Katheder zu besteigen. Veranlasst war dies vor allem dadurch, dass durch den Tod des Vaters am 29. Mai 1833 die geldlichen Zuschüsse des Elternhauses versiegten. Zudem hatte er sich in einem Alimentationsvergleich vom 3. April 1835 vor dem kgl. Landgericht Neustadt/Aisch als Vater des außerehelich geborenen Kindes Johann Karl Boß bekannt und zur Zahlung einer Alimente verpflichtet.[82] Mutter war das Dienstmädchen Anna Eleonore Boß, die das Kind am 17. März 1835 in Neustadt/Aisch zur Welt gebracht hatte.[83] Schließlich hatte sich die seit 1834 bestehende Bekanntschaft mit Fräulein Bertha Löw, einer Mitbesitzerin des Schlosses Bruckberg (bei Ansbach) und seiner Porzellanfabrik, so gefestigt, dass man an eine Eheschließung dachte. Die Notwendigkeit einer materiellen Absicherung seiner Lage war unabdingbar geworden. So kündigte er für das Wintersemester 1835/36 eine Vorlesung über „Geschichte der Philosophie" an, die fünfmal wöchentlich gehalten wurde. Die Vorlesungen scheinen durch die Studentenschaft günstig aufgenommen worden zu sein, denn angeblich hatte das theologische Ephorat ihren Besuch streng untersagt.[84] Da jedoch eine weitere Bewerbung um eine Professur scheiterte, worüber im letzten Abschnitt zu berichten ist, entschloss sich Feuerbach, *jegliche Vorlesungstätigkeit aufzugeben*. Er ließ sich deswegen, wie aus den Fakultätsakten hervorgeht, durch den Dekan Harl folgendes Zeugnis (als Entwurf überliefert) ausstellen: „Dem Herrn Privatdocenten Dr. Ludwig Feuerbach wird andurch bezeugt, daß er dahier die philosophische Doktorwürde erhielt, ihm durch Reskript vom 1. [recte 7.] Februar 1829 die Erlaubniß, auf hiesiger Universität Vorlesungen halten, erteilt wurde und daß er seitdem, mit Ausnahme der Jahre 1833/34, wo er sich in dem Hause seiner Frau Mutter in Nürnberg befand, philosophische Vorlesungen 'mit Beifall' [von fremder Hand eingefügt, vermutlich Mehmels] gehalten hatte. Erlangen am 6. Oktober 1837". Förmlich wurde sein Name, wie aus der Personalakte hervorgeht, durch einen Erlass des Ministeriums des Inneren vom 30. März 1841, da er seit langer Zeit keine Vorlesungen gehalten habe und mit der Hochschule in keiner Verbindung mehr stehe, *aus dem Verzeichnis des Lehrpersonals gestrichen*.

---

[81] Rawidowicz, Philosophie (wie Anm. 68), S. 37.

[82] Bestätigung des Staatsarchivs Nürnberg vom 2.10.1947 Nr. 2776 als Schriftwechsel mit Rudolf Boß, einem angeblichen Enkel des außerehelichen Kindes Johann Karl Ludwig Boß. Die Vormundschaftsrestakte B 71 des Amtsgerichts Neustadt/Aisch ist heute nicht mehr auffindbar. Die Familie Feuerbach hatte diese Vaterschaft geheim gehalten; sie ist erst 1989 durch Hans-Martin Sass – einem Feuerbach-Biografen – mitgeteilt worden.

[83] Geburts- und Taufregister der protestantischen Pfarrei Neustadt/Aisch von 1831 bis 1848.

[84] GW 13, S. XVII/XVIII. Die Durchsicht der Ephoratsakten für die fragliche Zeit (UAE A6/1 Nr. 65) ergab jedoch keine Hinweise auf ein förmliches Verbot. Dies schließt nicht aus, dass ein mündliches erteilt wurde.

Ludwig Feuerbachs Bemühungen um eine Anstellung an der Universität

Wie bereits im ersten Abschnitt dargestellt, war Feuerbachs erklärtes Berufsziel, eine philosophische Professur zu erlangen. Dies entsprach nicht nur seiner akademischen Ausbildung, sondern es sollte auch seiner materiellen Absicherung dienen. Hatten doch bereits seine Brüder Joseph Anselm (1825 Anstellung am Gymnasium in Speyer), Karl Wilhelm (1823 Anstellung am Erlanger Gymnasium Friedericianum) und Eduard August (1829 außerordentlicher Professor der Rechte in Erlangen) beamtenrechtlich abgesicherte Karrieren gemacht, während Ludwig der erhoffte Erfolg leider versagt blieb. Ohne die Einzelheiten darstellen zu können, sind einige Eckpunkte dieser für ihn deprimierenden Vorgänge aufzuzeigen.

Bereits am 24. Oktober 1829, also im dritten Semester seiner Lehrtätigkeit, hatte er ein Gesuch an den König gestellt, Vorlesungen an der Ludwig-Maximilians-Universität in München halten zu dürfen[85], was abgelehnt wurde. Anfang des Jahres 1832, also kurz bevor er die Lehrtätigkeit in Erlangen abbrach, stellte er erneut ein Gesuch um Verleihung einer außerordentlichen Professur, das ohne Antwort blieb, also wohl vergeblich war.[86] Wenn Feuerbach bereits, wie eingangs angeführt, am 12. März 1832 behaupten konnte, dass er keine Aussicht auf eine Anstellung habe – gemeint ist wohl an der Universität Erlangen – so dürfte er wohl Kenntnis von der Vergeblichkeit seines Gesuchs gehabt haben. Nur so wird sein angeblich unumstößlicher Entschluss, nach Paris zu gehen, verständlich. Bemerkenswert ist in diesem Zusammenhang, dass er nach Aufgabe der Vorlesungstätigkeit nicht ins Elternhaus nach Ansbach zurückkehrte, sondern zur Tante nach Frankfurt/M. „flüchtete". Ursache dafür dürfte eine Verschlechterung im Verhältnis zum Vater gewesen sein, der sich nun weigerte, dem Sohn die Mittel für eine Reise nach Paris zu geben und ihn auf eine Berufssuche im Inland hinwies.[87] Noch im August 1833 konnte er seinem Bruder Eduard gegenüber schreiben[88], dass er nicht die Absicht habe, „nach Ansb[ach] zurückzukehren in die alte Schmach und das alte Elend." Ebenso äußerte er sich gegenüber dem Bruder, der ihn mehrmals aufforderte, wieder in Erlangen zu lehren und sich in alles zu fügen, worin sich jetzt jeder fügen müsse[89], er wolle lieber in die Welt hinausgehen, was ihn „den Verlust einer Bettelexistenz in Erlangen nicht [werde] bereuen lassen".[90] Nachdem im Sommer 1832 mehrere Versuche Feuerbachs um eine Anstellung als Hofmeister oder als Gymnasiallehrer gescheitert waren, bewarb er sich unter dem 15. September 1833 von Ansbach aus beim König um die Verleihung einer außerordentlichen Professur.[91] Das Gesuch, in dem vor allem auf die inzwischen erschienene „Geschichte der neuern Philosophie" hingewiesen wurde, legte der Senat dem Ministerium unter dem 14. Oktober 1833 aufgrund einer äußerst zurückhaltenden Stellungnahme der

---

[85] Wortlaut des Gesuchs in GW 17, S. 118f. und 409, wo weitere Einzelheiten im Hinblick auf die Ablehnung dargestellt sind.

[86] Leider sind darüber keine archivalischen Unterlagen vorhanden. Es erschließt sich nur aus einer Bemerkung Feuerbachs in der Bewerbung vom 15.9.1833, wo darauf Bezug genommen wird.

[87] Brief vom 21.6.1832, GW 17, S. 63.

[88] GW 17, S. 166.

[89] GW 17, S. 145, 148.

[90] GW 17, S. 147.

[91] Original in der Personalakte UAE A2/1 Nr. F 10, Abdruck in GW 17, S. 169f.

Philosophischen Fakultät vom 5. Oktober 1833 im Sinne dieser Ausführungen vor. Die Fakultätsstellungnahme bezeugte „dem Privatdocenten Dr. Feuerbach dahier nicht gewöhnliche philosophische Talente und Kenntnisse, die er durch seine Dissertation – de ratione una, universali et infinita – und vorzügliche durch seine [eingefügt von fremder Hand „zurückfolgende"] Geschichte der neueren Philosophie [eingefügt von fremder Hand „Von Bacon von Verulon bis Spinoza"] bewiesen ha[be]. Die Fakultät muß jedoch die Würdigung seines Gesuches in allen übrigen Beziehungen ganz dem Ermessen des königlichen Senats anheim stellen." Im Übrigen bemerkte die Fakultät, dass durch die temporäre Quieszierung des außerordentlichen Professors Dr. Kapp keine Stelle frei geworden sei, ferner sei das Fach Philosophie (durch die Professoren Mehmel und Köppen) doppelt besetzt. Das Staatsministerium des Inneren antwortete am 6. Januar 1834, dass das Gesuch „zur Zeit um so weniger genehmigt werden könne, als durch die temporäre Quieszierung des außerordentlichen Professors Dr. Kapp eine Lehrstelle in der philosophischen Fakultät der Universität Erlangen nicht erledigt geworden [sei]". Am 11. Januar 1834 wurde Feuerbach von der Entscheidung in Kenntnis gesetzt. Dies dürfte eine der Ursachen gewesen sein, dass er weiterhin nicht zur Aufnahme von Vorlesungen bereit war.

Bevor auf die letztmaligen Bemühungen um eine Professur berichtet wird, soll kurz auf die von allen bayerischen Privatdozenten aufgrund eines Ministerial-Reskripts vom 21. August 1832 geforderte Eidesleistung hingewiesen werden. Nachdem Feuerbach am 16. Juli 1833 einen Eid auf die Verfassungsurkunde geschworen und den „Revers wegen Nichtteilnahme an unerlaubten und geheimen Gesellschaften und Verbindungen" vollzogen hatte, musste er folgenden Diensteid schwören: „Ich, Ludwig Andreas Feuerbach, Privatdozent an der königlichen Universität dahier, schwöre Beobachtung der Gesetze dieser Universität, Gehorsam gegen die akademischen Behörden, möglichste Wahrung des Vortheils der königlichen Universität, und treue Erfüllung derjenigen besonderen Pflichten, welche die Stelle eines Privatdozenten mir auferlegen, namentlich keine Lehre vorzutragen oder zu verbreiten, welche gegen den Staat, die Religion oder die guten Sitten anstoßen, oder denselben nachtheilig seyn könnten. So wahr mir Gott helfe und sein heiliges Evangelium."[92] Wie musste dieser Eid der inzwischen gewonnenen kritischen Überzeugung über die Religion entgegenstehen und damit Feuerbach zutiefst verunsichern?

Wie bereits oben angeführt, kehrte Feuerbach vor allem auf Drängen seiner Familie und auf Wunsch seiner Braut im Wintersemester 1835/36 auf das Katheder zurück und hielt eine breit angelegte Vorlesung über „Geschichte der Philosophie". Noch im Frühjahr hatte er gegenüber seinem Freund Christian Kapp die Universität Erlangen eine „pietistische Mistpfütze" genannt[93], wo ein „sauberer Patron", gemeint ist Friedrich Julius Stahl, „sein Unwesen treib[e]"; ebenso erklärte er gegenüber dem Freund, dass er Studenten, die ihn aufgefordert hätten, wieder zu lesen, geantwortet habe, an einer Universität, wo nicht einmal das wissenschaftliche Wort freigegeben sei, er als Privatdozent nichts zu suchen habe.[94] Dennoch hatte ihn der Zwang zum Brotberuf gebeugt.

---

[92] Text aus der Personalakte UAE A2/1 Nr. F 10.
[93] GW 17, S. 219.
[94] GW 17, S. 225.

Aufgrund der guten Resonanz seiner Vorlesungen und der inzwischen umfangreicheren Fachveröffentlichungen glaubte er, unter Mithilfe seines Bruders Eduard[95], ein neuerliches Gesuch um eine außerordentliche Professur an den König richten zu dürfen.[96] Feuerbach hebt darin hervor, dass er nun sieben Jahre Privatdozent gewesen sei und „alle gleichzeitig und selbst später aufgetretenen Dozenten schon längst zu ordentlichen oder außerordentlichen Professoren vorgerückt [seien]." Ihm allein sei das Glück einer Anstellung noch nicht zuteil geworden. Im Übrigen würde die wirtschaftliche Beschränktheit seiner Lage ihn in seiner wissenschaftlichen Tätigkeit und Berufsarbeit vielfach hemmen. Dabei wies er auf seine erfolgreichen fachphilosophischen Veröffentlichungen hin und zitierte die Fundstellen. Die Philosophische Fakultät gab unter dem 30. August 1836[97] zum Gesuch eine sehr positive Stellungnahme ab, soweit es Feuerbachs *fachphilosophische Kompetenz* betraf. Er wurde zu den „vorzüglichen jungen Männern, welche in der neusten Zeit auf dem Gebiete der speculativen Philosophie aufgetreten [seien]", gezählt, und es wurde ihm „tiefe Vertraulichkeit mit dem historischen Geist der philosophischen Entwicklung bis auf unsere Tage und nicht weniger durch dialektische Geschicklichkeit verbunden mit Sicherheit und Klarheit im Denken" bescheinigt. Man erklärte ihn der angelegentlichen „Fürsprache für sehr würdig", wobei jedoch die „allerhöchste Gnade der Anstellung" auf einer Landesuniversität geschehen möge, „welche die Mittel besitzt, mit einer außerordentlichen Professur der Philosophie auch einen angemessenen Gehalt zu verbinden." Das Gesuch wurde nun zusammen mit der Stellungnahme der Fakultät in einer Reihe von Senatssitzungen behandelt.[98] Unter dem 5. Oktober 1836 findet sich ein von Dekan Engelhardt unterzeichneter Vermerk folgenden Inhalts: „In der Senatssitzung vom 14. Sept. 1836 wurde unter Nr. 4 beschlossen, daß ich bei dem Herrn D. Ludwig Feuerbach privatim anfragen solle, wie es sich mit dem ihm durch das Gerücht zugeschriebenen Buche über die Unsterblichkeit verhalte. Diesen Beschluß des k. Senats habe ich durch Absendung des Berichts, dessen Abschrift anliegt, an hch. Doctor Feuerbach vollzogen. Hierauf erhielt ich nun gestern, die in Original anliegende Antwort des H. Doctors, und bitte nun den kgl. Senat gefälligst bestimmen zu wollen, was in dieser Sache weiter geschehen soll."[99] Feuerbachs Antwort umgeht eine klare Aussage, ob er nun der Verfasser sei oder nicht und schließt mit dem sibyllinischen Satz: „Ich sehe mich daher durchaus nicht veranlasst, auf die geäußerte, sei es nun begründete od[er] unbegründete Vermut[ung] mich einzulassen."

Aus mehreren Vermerken in den Senatsakten ergibt sich, dass man seine ausweichende Antwort verwundert zur Kenntnis nahm und man „die in dieser Sache gepflogenen Verhandlungen ohne weiteren gutachtlichen Bericht der Allerhöchsten Stelle vorzulegen" beabsichtigte. Eine andere Stimme sagte, dass man Schriften gegen die Religion nicht dulden solle. So enthielt denn der Bericht an den König schließlich die Argumente, die bereits im Bericht vom 14. Oktober 1833 enthalten waren: Man habe

---

[95] GW 17, S. 274.
[96] Der Wortlaut des Gesuchs ergibt sich aus der Personalakte und ist in GW 17, S. 274–276 veröffentlicht.
[97] Enthalten in der Fakultätsakte UAE C4/1 Nr. 123.
[98] UAE A1/3 Nr. 156, Jahre 1835/36.
[99] Das Schreiben Engelhardts vom 22.9.1836 und die Antwort Feuerbachs vom 2.10.1836 sind in GW 17, S. 276 und 281 f. dargestellt.

weder eine freie Stelle noch die nötigen Mittel, um einen weiteren Dozenten für Philosophie anzustellen.

Obwohl Feuerbach im April 1837 noch keine Antwort auf sein Gesuch hatte, wie sich aus einem Brief an den Senior der Philosophischen Fakultät Mehmel ergibt[100], teilte er diesem mit, dass er sich „nicht mehr als ein Mitglied der Universität betrachte." Damit war von Feuerbachs Seite ein Schlusspunkt gesetzt, der, von tiefer Enttäuschung getragen, dennoch ein mutiges Festhalten an dem nun gewonnenen philosophischen Standpunkt verkörperte.[101]

Ludwig Feuerbachs Scheitern – eine Zusammenfassung

Würdigt man den akademischen Lebensweg Feuerbachs, der von der lutherischen Theologie ausging, zur idealistischen Philosophie im Sinne Hegels wechselte und bald zu einer weit über seinen Lehrmeister hinausgehenden kritischen Haltung gegenüber den christlichen Dogmen gelangte, so lässt sich zusammenfassend feststellen:

1. Der notwendige Wechsel von der Berliner Universität zur Erlanger Friedrich-Alexander-Universität war für einen dem Idealismus verpflichteten Fachphilosophen ein schwieriges Unterfangen, da diese Hochschule vornehmlich zur Ausbildung evangelischer Theologen in Franken bestimmt war.

2. Die Philosophie wurde in Erlangen hauptsächlich deshalb gelehrt, weil sie als eine generelle Bildungsaufgabe im Rahmen der „allgemeinen Wissenschaften" für alle diejenigen war, die später in den Staatsdienst – wie eben lutherische Pfarrer – eintreten wollten. Dabei ist es verständlich, dass Theologen eine theistische Philosophie geboten werden sollte. Ebenso ist davon auszugehen, dass das schwer verständliche Denken Hegels für Juristen oder Mediziner, die in den Staatsdienst treten wollten, wenig Anreiz hatte.

3. Das Fach „Philosophie" im engeren Sinne wurde in Erlangen zur damaligen Zeit nicht gelehrt. Wegen der zur Philosophischen Fakultät gehörenden weiteren Fächer wie Philologie, Kameralistik und Pharmazie sowie der genannten Bildungsaufgabe hatte diese jedoch 1830/31 ein umfangreiches Lehrpersonal, so zwölf ordentliche und außerordentliche Professoren und neun Privatdozenten. Das Fach war, wie in den Berichten immer wieder zu lesen ist, *überbesetzt*; für die Einrichtung einer neuen Professur bestand keine Notwendigkeit und es waren zudem *keine Mittel* vorhanden.

4. Es kann keinen Zweifel geben, dass Feuerbachs letzte Bewerbung vom 23. Juli 1836 auch aufgrund seiner als unglücklich zu bezeichnenden Stellungnahme zur Verfasserschaft des Buches „Gedanken über Tod und Unsterblichkeit" scheiterte sowie seiner in den Vorlesungen und den seit 1835 vermehrt einsetzenden Schriften zum Ausdruck kommenden kritischen Haltung gegenüber Christentum und Theologie. Zudem war Feuerbach aus sicherer Quelle zu Ohren gekommen, dass den Studenten „der Besuch seiner unchristlich-philosophischen Vorlesungen" verboten worden war.[102]

---

[100] GW 17, S. 286.
[101] Nach einer Mitteilung Bolins, Briefe (wie Anm. 62), S. 50, wurde im Sommer 1837 vom Ministerium ein abschlägiger Bescheid erteilt.
[102] Brief an Mehmel vom Juli 1837, GW 17, S. 293.

Man darf davon ausgehen, dass er zu diesem Zeitpunkt nicht mehr ernsthaft an eine Fortsetzung seiner Dozententätigkeit glaubte, sie wahrscheinlich gar nicht wollte.

5. Zu berücksichtigen ist ferner, dass in den 1830er Jahren auf der Universität ein folgenschwerer Umschwung einsetzte, der sich als orthodox-lutherisch gerichtete religiöse Erneuerung (Erlanger Theologie) kundtat, die sich vielfältig als Erweckungsbewegung artikulierte.[103] Der von Feuerbach als „Pietismus" charakterisierte Umschwung war zum weiteren Stolperstein geworden.

6. Schließlich war in der gegenständlichen Periode die Berufungspolitik des Königs und seines Beraters Eduard von Schenk nicht nur von wissenschaftlichen Erwägungen bestimmt, „sie zielte [vielmehr] auf die Gewährleistung eines christlich-konservativen Grundcharakters der Universität, vor allem auf die Abwehr des Geistes der Aufklärung."[104]

So war denn kein Platz für den „Freigeist" Feuerbach, und es endete seine akademische Laufbahn in Erlangen endgültig im Sommer 1837, ohne dass sie wirklich begonnen hatte. Ebenso scheiterte eine Bewerbung auf eine preußische Universität.[105] Wirkungen seines Denkens auf das Erlanger geistige oder religiöse Leben der damaligen Zeit sind nicht feststellbar; seine akademische Tätigkeit ist Episode geblieben.

Anhang

Zusammenstellung der sich aus den jeweiligen Jahresberichten[106] sowie den gedruckten Übersichten des Personalstandes bei der königlich-bayerischen Friedrich-Alexander-Universität Erlangen nebst dem Verzeichnis der Studierenden ergebenden Studentenzahlen; in Klammern die jeweiligen Prozentzahlen:

Für 1828/1829: 251 (58,1) Theologen, 67 (15,5) Juristen, 42 (9,7) Mediziner, 72 (16,7) Philologen, Cammeralisten, Pharmaceuten (Philosophische Fakultät). Gesamtzahl 432.

Für 1829/1830: 247 (59,4) Theologen, 60 (14,4) Juristen, 44 (10,6) Mediziner, 65 (15,6) andere (Philosophische Fakultät). Gesamtzahl 416.

Für 1830/1831: 240 (56,6) Theologen, 85 (20) Juristen, 51 (12) Mediziner, 48 (11,4) andere (Philosophische Fakultät). Gesamtzahl 424.

Für 1832: 151 (50,3) Theologen, 55 (18,3) Juristen, 43 (14,3) Mediziner, 51 (17,1) andere (Philosophische Fakultät). Gesamtzahl 300.

Für 1833/1834: 132 (50,5) Theologen, 46 (17,5) Juristen, 62 (23,6) Mediziner und Pharmaceuten, 22 (8,4) andere (Philosophische Fakultät). Gesamtzahl 262.

Für 1834/1835: 126 (48) Theologen, 48 (18,3) Juristen, 66 (25) Mediziner, 23 (8,7) andere (Philosophische Fakultät). Gesamtzahl 263.

---

[103] Werner K. Blessing, Erlangen als protestantische Universität, in: Henning Kößler (Hg.), Geschichte und Herausforderung (Erlanger Forschungen Sonderreihe, Bd. 8), Erlangen 1994, S. 66 f.

[104] Andreas Kraus, in: Spindler, Handbuch der bayerischen Geschichte, Bd. IV.1, Das Neue Bayern von 1800 bis zur Gegenwart, 2. Aufl., München 2003, S. 158.

[105] GW 17, S. 233–235.

[106] UAE A1/3a Nr. 320, Jahresberichte von 1820 bis 1833 und UAE A1/3a Nr. 391, Jahresberichte von 1834 bis 1904/05. Teilweise überschneiden sich die Semesterangaben.

Für 1835/1836: 100 (40,2) Theologen, 55 (22,1) Juristen, 62 (24,9) Mediziner, 16 (6,4) Pharmaceuten, 16 (6,4) andere (Philosophische Fakultät). Gesamtzahl 249.

Für 1836/1837: 127 (48) Theologen, 62 (23,4) Juristen, 61 (23) Mediziner, Pharmaceuten, 15 (5,6) andere (Philosophische Fakultät). Gesamtzahl 265.

Pascal Metzger

Die ersten Nürnberger Fabrikarbeiter

Die Lebenswelt der Arbeiterschaft der Maschinenbauanstalt Johann Wilhelm Spaeth im Spiegel der Fabrikordnung von 1838

Unter welchen Rahmenbedingungen arbeiteten, lebten, handelten die ersten Fabrikarbeiter, deren Schicht zum Arbeiterproletariat, der Stütze der industriellen Gesellschaft, anwachsen sollte? Die Analyse der Fabrikordnung, der Arbeitsvorschriften, ermöglicht einen Zugang zur Umwelt der neuen Industriearbeiter und bietet zugleich Einsicht in die innerbetrieblichen Herrschaftsverhältnisse.

Die Begriffe „Industrie" und „Fabrik" weisen im ausgehenden 18. und beginnenden 19. Jahrhundert eine weitergehende Bedeutung als in der heutigen Zeit auf. Fast die Gesamtheit des Gewerbetreibens, auch Handwerk und Landwirtschaft, konnten zur Industrie gezählt werden, wie es beispielsweise die im Jahr 1792 in Nürnberg gegründete „Gesellschaft zur Beförderung vaterländischer Industrie" in ihren Statuten darlegt.[1] Das heute vorherrschende Begriffsverständnis von „Industrie" beschränkt sich auf einen bestimmten Teil der gewerblichen Produktion, auf den großgewerblich organisierten Fabrikbetrieb. Das „Handwerk" hingegen wird als typische Form des Kleingewerbes angesehen.[2] Die Industrialisierung, der Strukturwandel des gewerblichen Sektors, brachte diese Begriffsverengung erst allmählich mit sich.

Die Bezeichnung „Fabrik" führten in der ersten Hälfte des 19. Jahrhunderts durchaus auch Handwerksbetriebe, die keine Arbeitsmaschinen verwendeten und nur drei bis vier Beschäftigte hatten. Er bedeutete im rechtlichen Sinne die Erlaubnis, alle Arbeitsschritte, die zur Herstellung einer Ware nötig waren, geschlossen in einem Betrieb durchführen zu dürfen.[3] Hierzu mußte eine Konzession von der Königlichen Regierung erteilt werden.

Im Folgenden wird eine Darstellung der Arbeiterschaft der ersten „Maschinenbauanstalt" Bayerns – deren Grundstein Johann Wilhelm Spaeth bereits im Jahr 1821 legte – in der Frühphase der Industrialisierung anhand der greifbaren Quellen aus dem Firmenarchiv[4] gegeben. Der Untersuchungszeitraum umfaßt mit der ersten Werkstattordnung Spaeths die Jahre 1838/39, geht aber auch darüber hinaus in die Übergangsphase der „Mechanischen Werkstätte" zur „Maschinenfabrik, Eisengießerei und Brückenbauanstalt" von Johann Wilhelm Spaeth. Die Werkstattordnung stellt die Grundlage der (Zusammen-)Arbeit in der Firma dar.

---

[1] Rudolf Endres, Die Gesellschaft zur Beförderung vaterländischer Industrie in Nürnberg von 1792, in: Erich Braun u. a. (Hg.), Zwangsläufig oder abwendbar? 200 Jahre Hamburgische Allgemeine Armenanstalt, Hamburg 1990, S. 188–202, hier S. 195.
[2] Vgl.: Toni Pierenkemper, Gewerbe und Industrie im 19. und 20. Jahrhundert (Enzyklopädie Deutscher Geschichte 29), München 1994, S. 3–26.
[3] Vgl.: Paul Wiessner, Die Anfänge der Nürnberger Fabrikindustrie, Frankfurt 1929, S. 247.
[4] Im Jahr 2002 wurde das Firmenarchiv Spaeth von Uta-Elisabeth und Klaus-Rüdiger Trott an das Nürnberger Stadtarchiv übergeben. Diese Akten werden im Rahmen der Spaeth-Falk-Hammerbacher-Stiftung zur Zeit vom Verfasser verzeichnet und aufgearbeitet. Voraussichtlich im Jahr 2008 wird als Dissertationsprojekt eine umfassende Darstellung der Firmengeschichte erscheinen.

Neben der Herkunft und Ausbildung der Arbeiter wird ihr Beschäftigungsverhältnis in bezug auf Arbeitszeit, Arbeitslohn und Arbeitsorganisation betrachtet. Spareinrichtungen, Unterstützungswesen, Wohnungsfürsorge, Gesundheitspflege, Unterrichts- und Ausbildungsanstalten, die Spaeth und andere Fabrikbesitzer um die Jahrhundertmitte von sich aus einrichteten, sind nicht Thema der vorliegenden Untersuchung. Vergleiche oder zumindest Hinweise auf die Situation der Arbeiterschaft der Nürnberger Maschinenfabrik Klett sowie der Beschäftigten in den traditionell geprägten Handwerksbetrieben werden an einigen Stellen vorgenommen. Es ergeben sich daraus Erkenntnisse, die Strukturen von Kontinuität und Diskontinuität im produzierenden Sektor und im Leben der davon abhängigen Personen sichtbar machen.

Zur Industrialisierung im Nürnberger Raum sind fundierte und grundlegende Werke erschienen.[5] Die hiesige Arbeiterschaft zur Zeit der Frühindustrialisierung ist in vieler Hinsicht untersucht worden.[6] Im Gegensatz zu Handwerksordnungen sind Nürnberger Fabrikordnungen zwar oftmals erwähnt, aber nie ins Zentrum der Untersuchung gestellt worden.[7] Die umfassendste Studie zu den ersten Jahrzehnten der Firma Spaeth stammt aus dem Jahr 1898 von L. C. Beck.[8]

Die Maschinenbauanstalt Johann Wilhelm Spaeth

Johann Wilhelm Spaeth wurde am 14. Juni 1786 in Issmansdorf im Fürstentum Ansbach, wenige Kilometer östlich des heutigen Wolframs-Eschenbach, als Sohn eines Müllers geboren.[9] Er erlernte vom Vater das Müllergewerbe, arbeitete als Müllerbursche in Nürnberg und Schwabach und ging einige Jahre auf Wanderschaft.[10] Vermutlich in Belgien lernte er die fortschrittliche, an England orientierte Maschinenin-

---

[5] Eine Auswahl: Georg Eibert, Unternehmenspolitik Nürnberger Maschinenbauer (1835–1914) (Beiträge zur Wirtschaftsgeschichte 3), Stuttgart 1979; Rainer Gömmel, Wachstum und Konjunktur der Nürnberger Wirtschaft (1815–1914) (Beiträge zur Wirtschaftsgeschichte 1), Stuttgart 1978; August Jegel, Die wirtschaftliche Entwicklung von Nürnberg-Fürth, Stein und des Nürnberger Raumes seit 1806, Nürnberg [1952]; Hans Lotter, Großindustrie und Großhandel von Nürnberg-Fürth und Umgebung, Nürnberg 1894; Peter Schröder, Die Entwicklung des Nürnberger Großgewerbes 1806–1870. Studien zur Frühindustrialisierung (Nürnberger Werkstücke zur Stadt- und Landesgeschichte 8), Nürnberg 1971; Wiessner, Fabrikindustrie (wie Anm. 3).

[6] Max Held, Das Arbeitsverhältnis im Nürnberger Handwerk von der Einverleibung der Stadt in Bayern bis zur Einführung der Gewerbefreiheit (Münchener Volkswirtschaftliche Studien 97), Stuttgart / Berlin 1909; Dieter Rossmeissl, Arbeiterschaft und Sozialdemokratie in Nürnberg 1890–1914 (Nürnberger Werkstücke zur Stadt- und Landesgeschichte 22), Nürnberg 1977; Hermann-Josef Rupieper, Arbeiter und Angestellte im Zeitalter der Industrialisierung. Eine sozialgeschichtliche Studie am Beispiel der Maschinenfabriken Augsburg und Nürnberg (M.A.N.) 1837–1914, Frankfurt a. M. u. a. 1982; Leben und Arbeiten im Industriezeitalter, eine Ausstellung zur Wirtschafts- und Sozialgeschichte Bayerns seit 1850, Germanisches Nationalmuseum und Centrum Industriekultur der Stadt Nürnberg (Hg.), Stuttgart 1985.

[7] Allgemein zu Arbeitsordnungen empfiehlt sich: Bernd Flohr, Arbeiter nach Maß. Die Disziplinierung der Fabrikarbeiterschaft während der Industrialisierung Deutschlands im Spiegel von Arbeitsordnungen (Campus-Forschung 221), Frankfurt a. M. u. a. 1981.

[8] L[ouis] C[onstantin] Beck, Der Dutzendteich in Natur-, Orts- und Industriegeschichtlicher Beziehung, Nürnberg 1898.

[9] Stadtarchiv Nürnberg (künftig: StadtAN) C 7/II Niederlassungsakten Nr. 1183.

[10] Beck, Dutzendteich (wie Anm. 8), S. 12–16.

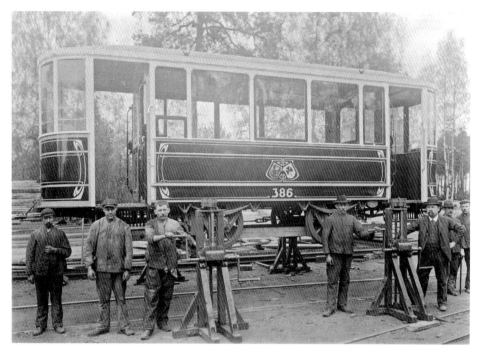

Fabrikbeamter und Arbeiter aus der Abteilung Hebezeuge (Stadtarchiv Nürnberg: E 9/379 Spaeth Nr. 382, ohne Datierung).

dustrie kennen.[11] Im Jahr 1815 kehrte Spaeth in den Nürnberger Raum zurück und arbeitete als Mühlarzt und Geschäftsführer in mehreren Betrieben.[12]

Eine bedeutende Aufgabe fand Johann Wilhelm Spaeth in der Übernahme der mechanischen Werkstätte der ab 1820 neu errichteten Tuchfabrik von Johann Philipp Lobenhofer in Wöhrd.[13] Die Tuchfabrik war die erste in Bayern, in der alle Arbeitsschritte geschlossen ausgeführt wurden.[14] Spaeth richtete sie ein, stellte die ersten Maschinen auf – die in den Niederlanden gekauft wurden –, übernahm die Wartung und Reparatur, baute sie um und konstruierte bald eigene zweckdienlichere Maschinen.[15]

Als Betriebsleiter der 1821 eröffneten Werkstätte war Spaeth kein Angestellter von Lobenhofer, sondern selbständiger Unternehmer, der die Räumlichkeiten und Maschinen zur Miete übernahm. Spaeth erhielt zunehmend Aufträge von außerhalb und gründete daraufhin im Juni 1827 die Firma „Spaeth & Companie"; das Bankhaus Lödel &

---

[11] Deutsche Industrie – Deutsche Kultur, Jg. 7, „Spaeth-Nummer", Berlin o. J., S. 4.
[12] Eibert, Unternehmenspolitik (wie Anm. 5), S. 40.
[13] Beck, Dutzendteich (wie Anm. 8), S. 22.
[14] Schröder, Großgewerbe (wie Anm. 5), S. 99.
[15] StadtAN E 9/379 Spaeth Nr. 433: Werkstattbuch 1824–1833.

Merkel sowie Lobenhofer traten in einen Societätsvertrag ein.[16] Den ersten großen ‚Fremdauftrag' stellte im Jahr 1827 die Errichtung einer Kunstmühle nach englischamerikanischem System für Johann Caspar Cramer in Schweinfurt dar.[17] Der Aufbau der Mahlmühle dauerte über ein Jahr, Spaeth erhielt dafür 6.348,17 fl. Lobenhofers Tuchfabrik diente als Musterbeispiel und Vorbild für andere Fabrikanten, auf maschinellen Betrieb überzugehen.[18]

Nachdem die Auftragslage in der Werkstätte in Wöhrd kaum noch zu bewältigen war und auch Lobenhofer seine Produktionsanlagen ausdehnen wollte, begann Spaeth 1833 damit, seinen Betrieb an einen neuen Standort zu verlegen.[19] Bereits im Jahr 1825 hatte er ein Grundstück mit einem Hammerwerk, einer Mahlmühle und weiteren Gebäuden am Ausfluß des Fischbachs in den Dutzendteich gekauft. Bis 1835 baute er dort eine neue Werkstatt auf.[20] Mitte der 1830er Jahre, mit dem „take-off" der Industrialisierung im deutschen Raum, legte Johann Wilhelm Spaeth den Grundstein einer Firma, die bis zum Jahr 1968 existieren sollte, und konnte dabei auf einen Kundenstamm, (bescheidene) finanzielle Mittel und einen sehr guten Ruf zurückgreifen, vor allem aber auf selbst erarbeiteten Kenntnissen und Fähigkeiten aufbauen.

Die mechanische Werkstatt stand am Übergang vom Handwerksbetrieb zum Industriebetrieb, stellte in den ersten Jahren mehr eine Vereinigung von Sonderwerkstätten als ein geschlossenes Unternehmen dar,[21] mehr eine Verbindung des vorindustriellen Verlagssystems mit modernem Maschinenbetrieb. Spaeth arbeitete, wie zuvor in Wöhrd, mit selbständigen Handwerksmeistern: Schlosser, Schreiner, Zimmerer und Dreher. Ihm gehörten das Grundstück, die Gebäude und Werkzeuge. Er bestimmte die Produktion, verteilte die Aufträge und am Ende berechnete er seinen Anteil und die Meister ihren, nach einem abgemachten Satz.[22] Trotz dieser Form der Arbeitsorganisation und obwohl Spaeth in den 1830er Jahren noch keine Fabrikkonzession besaß, kann man ihn de facto als Fabrikherren bezeichnen, sowohl als Unternehmer als auch als Kapitalbesitzer. Anfang der 1830er Jahre war Spaeth in Nürnberg der einzige, der Maschinen konstruierte; erst fünf Prozent der 302 Betriebe, welche damals als Fabriken bezeichnet wurden, arbeiteten mit Maschinen.[23]

Die genossenschaftliche Zusammenarbeit mit Meistern brachte wohl auch ihre Nachteile mit sich. Spaeth beantragte am 3. Januar 1842 beim Nürnberger Landgericht die Konzession für eine Maschinenfabrik, welche ihm nach einigen Wochen erteilt wurde.[24] Der Wert des Anwesens und der Einrichtung wurde dabei auf circa 45.000 fl. geschätzt. Die Gründe für den organisatorischen Umbau mögen vielschichtig gewesen sein und lassen sich heute nicht mit Sicherheit nachvollziehen. Möglicherweise war das Werkstättensystem zu unflexibel und im Kampf um den niedrig-

---

[16] Beck, Dutzendteich (wie Anm. 8), S. 24; Schröder, Großgewerbe (wie Anm. 5), S. 115.
[17] Fabrikate der Maschinenfabrik, Eisengießerei und Brückenbauanstalt Joh. Wilh. Spaeth, o.O. 1902, S. 2f.
[18] Wiessner, Fabrikindustrie (wie Anm. 3), S. 87.
[19] Eibert, Unternehmenspolitik (wie Anm. 5), S. 41.
[20] Beck, Dutzendteich (wie Anm. 8), S. 18, 26; Schröder, Großgewerbe (wie Anm. 5), S. 116.
[21] Jegel, Entwicklung (wie Anm. 5), S. 68.
[22] Wiessner, Fabrikindustrie (wie Anm. 3), S. 89–91.
[23] Eibert, Unternehmenspolitik (wie Anm. 5), S. 19.
[24] Ebd., S. 43.

sten Preis anderen gegenüber unterlegen. In Nürnberg war nun auch eine bedeutende Konkurrenz mit der Maschinenfabrik und Eisengießerei Klett & Comp. entstanden. Der Kaufmann Johann Friedrich Klett hatte im Jahr 1838 auf seinem Grundstück in Wöhrd eine mechanische Werkstätte errichtet. Die Konzession zum Betrieb einer Maschinenfabrik erhielt er am 4. Januar 1842[25] – einen Tag, nachdem Spaeth für sich um eine Konzession nachgesucht hatte.

Zwei Projekte machten die Firma Spaeth über den süddeutschen Raum hinaus bekannt. Das erste war in wirtschaftlicher Hinsicht unbedeutend, brachte aber um so mehr Prestige: Johann Wilhelm Spaeth führte im November 1835 den Zusammenbau der Lokomotive „Adler", der ersten Eisenbahn auf deutschem Boden, auf seinem Werksgelände aus. Sie wurde in England gefertigt und in Einzelteilen nach Nürnberg gebracht. Um Zollschwierigkeiten zu umgehen und die Transportkosten zu drücken, war die Lokomotive an Spaeth adressiert und nicht an den eigentlichen Besteller, die Ludwigs-Eisenbahn-Gesellschaft. Laut bayerischer Verordnung konnten Privatleute Gegenstände, die im Land neu waren, als Muster zollfrei einführen.[26] Des weiteren lieferte Spaeth die ersten Drehscheiben an die Ludwigseisenbahn, sowie Gestelle für die ersten Eisenbahnwägen.[27] Lokomotiven oder Eisenbahnwaggons stellte die Maschinenfabrik zukünftig nicht her, jedoch wurde die Fertigung von Drehscheiben, Weichen- und Signalanlagen zu einem Standbein der Firma.

Das zweite Großprojekt nahm für einige Jahre fast die volle Kapazität der Firma in Anspruch: die Arbeiten am Ludwig-Donau-Main-Kanal. Zunächst lieferte man ab 1836 Schöpfräder und Arbeitsgleise, dann von 1838 an Schleusen, Stauwehre und Hafenkräne und übernahm ab 1839 auch die Erdaushubarbeiten auf einigen Kanalabschnitten mit eigens konstruierten Baggermaschinen und Förderbändern.[28] Auch nach der Fertigstellung des Kanals 1846 war die Firma noch Jahre mit Nacharbeiten und Reparaturaufträgen beschäftigt.[29]

Das Tätigkeitsfeld der Maschinenfabrik Spaeth umfaßte in den 1830er und 40er Jahren alle bekannten technisch-mechanischen Maschinen; in der Fertigung ging man auf individuelle Bestellungen ein. Bedeutend war die Herstellung von Ziehtischen, Plätt- und Spinnmühlen für die Leonische Drahtindustrie, vor allem für die Firma Johann Balthasar Stieber in Neumühl an der Rednitz. Für Kunstmühlen lagen, nachdem Spaeth im Jahr 1831 einen Staatspreis für seine am Dutzendteich errichtete Mühle erhalten hatte, so viele Aufträge vor, daß mit einem Jahr Wartezeit gerechnet werden mußte.[30] Arbeits- und Werkzeugmaschinen, Hopfenpressen, Wasserrad- und Wehranlagen, Transmissionsanlagen, Kräne und Aufzüge waren weitere Schwerpunkte der Produktion. Ebenso wie Klett errichtete man im Jahr 1842 eine Gießerei und lieferte

---

[25] Fritz Büchner, Hundert Jahre Geschichte der Maschinenfabrik Augsburg-Nürnberg, Frankfurt a. M. 1940, S. 62–66; Wiessner, Fabrikindustrie (wie Anm. 3), S. 140.
[26] Rudolf Hagen, Die erste deutsche Eisenbahn mit Dampfbetrieb zwischen Nürnberg und Fürth, Nürnberg 1885, S. 160–163.
[27] Der Dutzendteich und die Spaeth'sche Maschinenfabrik, Eisengießerei und Brückenbauanstalt. Den Besuchern der III. Bayerischen Jubiläums-Landesausstellung gewidmet, o. O. 1906, S. 6.
[28] Friedrich Schultheis, Der Ludwig-Kanal. Seine Entstehung und Bedeutung als Handelsstraße, Nürnberg 1847, S. 65 f.
[29] Eibert, Unternehmenspolitik (wie Anm. 5), S. 21.
[30] Beck, Dutzendteich (wie Anm. 8), S. 35.

dann auch Gußwaren wie Treppengeländer, Säulen, Kandelaber, Balkonverzierungen und Beschläge aller Art. Spaeth hatte einen großen Kundenkreis und eine führende Marktposition in Nordbayern. Die breite Diversifizierung der Produktpalette – die unternehmenspolitisch verschiedenartig bewertet werden kann – war insofern von Vorteil, daß sie auch in Krisenzeiten volle Auftragsbücher garantierte.

Bis zum Tode Johann Wilhelm Spaeths im August 1854 wuchs die Firma kontinuierlich, und auch die Zahl der Beschäftigten stieg stetig an. Das Wachstum ist auf den zunehmenden Bedarf an Maschinen und Eisenkonstruktionen in den 1840er Jahren zurückzuführen. Johann Wilhelm Spaeth setzte auf die Innenfinanzierung, investierte hauptsächlich selbst erwirtschaftete Gewinne. Kredite nahm er selten auf, wenn, dann bei Privatpersonen. Die Massenproduktion wurde nicht eingeführt, Mitte des 19. Jahrhunderts waren die Fabriken Spaeth und Klett noch auf vergleichbarem Niveau.

Die Spaeth'sche Fabrikordnung vom 9. Oktober 1838

Werkstatt-Ordnung und Namens-Verzeichnis sämmtlicher Fabrickarbeiter Reglement fuer die Arbeiter der Maschienenbau Anstalt von Johann Wilhelm Spaeth Jeder Arbeiter der in der obigen Maschienenbau Anstalt Beschäftigung findet, hat zugleich die Verpflichtungen auf sich zu nehmen, alle nachfolgend' aufgeführten Verordnungen pünktlich sich zu fügen und dieselben einzuhalten. 1. Ist jeder angenommene Arbeiter gehalten seine Legitimations=Papiere auf der Schreibstube abzugeben. 2. Hat derselbe für das, ihm bei dem Eintritt im guten Stand übergebene Werkzeug, welches in einem Buche noch besonders eingezeignet ist, zu halten und werden allenfalls fehlende oder muthwillig verdorb'ne Werkzeuge jeder Zeit bei dem Reviedieren in Abrechnung gebracht.	3. Muß jeder Arbeiter die, ihm zugetheilte Arbeit ohne Widerrede leisten, und ist dabei die Angabe des Vorgesetzten pünktlich zu vollziehen. Eigenmächtige Abänderungen oder fehlerhafte Bearbeitungen des Arbeitsstückes werden bis zum Betrag für Anschaffung eines neuen Stückes bestraft. 4. Darf sich keiner erlauben, den Werkzeugkasten eines Andern zu öffnen, der Thäter zahlt eine Strafe von 3 Thalern, und ist gehalten, das im Kasten fehlende zu ersetzen. 5. Muß sich Jeder zur bestimmten Arbeitszeit auf seinem Platz einfinden, daselbst fleißig arbeiten und nicht unterhaltungsweise durch Plaudern seinen Nachbarn mit zum Unfleiß verleiten. [Folgender Satz gestrichen:] Wer ¼ Stunde zu späth kommt verliert den ½ Viertel Tag; wer mehrere Stunden oder 1 Tag versäumt, ohne rechtmäßige Entschuldigung vorbringen zu können, verliert den Betrag der doppelten Zeit des Ausbleibens. [Nachträglicher Zusatz:] die Controlle, daß Jeder zur rechten

Zeit in Arbeit kommt, wird durch Marken hergestellt.

6. Ist der gegenseitige Besuch der Arbeiter aus den verschied'nen Werkstätten durchaus untersagt und wird im Falle dergleichen Zusammenkünfte nicht aus Geschäfts Veranlassung statt finden, bei mehrmaligen Vorkommen mit Entlassung aus der Anstalt bestraft.

7. Ist jeder Arbeiter verpflichtet beim Fortgehen aus der Fabrik /: verstehtlich außer den gewöhnlichen Ruhestunden :/ auf der Schreibstube davon Anzeige zu machen; es sei nun in Geschäften der Fabrik oder in seinen Privatgeschäften, auch seine Rückkehr anzumelden; in Ermangelung dessen wird ihm ein Tag Strafe an dem Wochenlohn abgezogen.

8. Ist es keinem Arbeiter erlaubt, Besuche von Bekannten in den Werkstätten anzunehmen, und dieselben herumzuführen.

9. Darf keiner die Anstalt verlassen, ohne 14 Tage vorher (nehmlich an einem Sonnabend) auf der Schreibstube die geeignete Anzeige davon gemacht zu haben. Dasselbe Recht bleibt jedem Arbeiter nach ertheilter Entlassung von Seite des Fabrikinhabers noch 14 Tage in den Werkstätten arbeiten zu dürfen; es sei denn daß sich derselbe eines Vergehens schuldig gemacht, welches dessen Entlassung sogleich fordert.
[Nachträglicher Zusatz:] Wer ohne vorherige Aufkündigung die Anstalt verläßt, wird beym Kgl. Landgericht verklagt & hat Policeyarrest zu erwarten.

10. Ist das Rauchen in den verschiedenen Werkstätten untersagt.

11. Sind alle Streitigkeiten und Zänkereien zwischen Arbeitern strenge verboten, und hat irgend einer Klage zu führen, so soll diese auf der Schreibstube zur Entscheidung kommen; wird dagegen gehandelt, so erhält der schuldige Theil seine Geschäfts=Entlassung.

12. Hat jeder Arbeiter nach Beendigung seiner Arbeitszeit das ihm anvertraute Werkzeug so wie sein eigenes gehörig aufzuräumen, und selbst die Arbeit wenn sie kleiner Gattung ist auf einen Platz zusammenzulegen, hauptsächlich müssen kleine Maschinentheile, welche im Hofraume zur Bearbeitung vorliegen, durch den, damit Beschäftigten in den Werkstätten und Magazinnen untergebracht werden.
Wer dagegen fehlt, unterzieht sich einer dem Werth der Sache angemessnen Strafe.
Ingleichen verhält es sich wenn ein Arbeiter die, den Tag über geleisteten Arbeiten nicht gehörig notiert, und nach Feierabend nicht auf der Schreibstube einliefert.
Ebenso müssen bei Arbeitsverrichtungen wo 2 Arbeiter zusammen arbeiten, z.B. bei Hobelmaschiene, Schmiede pp, die Arbeitszeit vergütet werden, welche einer derselben ohne vorherige Anzeige versäumt.

Dutzendteich den 9ten October 1838

Diese erste Werkstattordnung der Firma wurde von Johann Wilhelm Spaeth am 9. Oktober 1838 handschriftlich verfaßt.[31] Das Königliche Landgericht, welchem das Regelwerk vorgelegt werden mußte, genehmigte es am 4. April 1839 mit der knappen Bemerkung: „durchaus zweckmäßig und sachgemäß". Die Arbeitsordnung stellt überwiegend einen Strafenkatalog bei Verspätungen, Streitigkeiten, Unordnung und fehlender Sauberkeit sowie Disziplinlosigkeit gegenüber Vorgesetzten dar. Wenn ein Arbeiter ein Werkstück beschädigte oder fehlerhaft bearbeitete, konnte das eine drastische Geldstrafe nach sich ziehen. Die Gegenüberstellung der Werkstattordnung Spaeths mit den Regelwerken anderer Fabriken erlaubt weitere Einblicke in den Arbeitsalltag und die Beziehungen zwischen dem Fabrikherrn und seinen Arbeitern. Der Vergleich mit der ersten überlieferten Fabrikordnung der Maschinenfabrik Klett liegt dabei am nächsten.

Im Gegensatz zu Spaeth, der zwar Produktschwerpunkte setzte, aber doch in Einzelfertigung die ganze Breite des Maschinenbausektors abdeckte, spezialisierte sich Klett weitgehend auf das Eisenbahnwesen, vor allem auf Waggons, die in Massenproduktion hergestellt wurden.[32] Eine Fabrikordnung wurde am 14. Oktober 1844 herausgegeben[33] und blieb bis in die 1870er Jahre in Anwendung.[34] Gleich wie bei Spaeth wurden Fehlzeiten, vor allem der Blaue Montag, scharf bestraft und Ersatz für aus Nachlässigkeit zerstörte Waren und Werkzeuge verlangt. Die Kündigungsfrist betrug acht Tage, der Lohn wurde vierzehntägig ausgezahlt. Das Tabakrauchen innerhalb der Fabrik war bei Abzug eines vollen Tageslohns verboten. Die Arbeitszeit – die bei Spaeth nicht erwähnt wird – ging bei Klett von 6 bis 12 Uhr und von 13 bis 18.30 Uhr mit einer Pause von 8 Uhr bis 8.30 Uhr. Der Hausmeister wird in vielen Paragraphen als Kontrolleur erwähnt, die eingehenden Strafgelder sollten der Arbeiterschaft zu einem wohltätigen Zweck zukommen.

Die Arbeitsordnung der Augsburger Kammgarnspinnerei vom 14. Juli 1846[35] schlägt, im Vergleich zu den beiden Nürnberger Ordnungen, einen entschieden härteren Ton gegenüber den Arbeitern an. Die Formulierungen sowie die Strafen bei Spaeth und Klett sind weniger scharf, doch der Zweck, die Arbeitsabläufe so reibungslos wie möglich zu gestalten, mit wenig Rücksicht auf den Arbeiter, war wohl derselbe. Der Fabrikherr der Kammgarnspinnerei konnte seine Beschäftigten an jedem Tag entlassen. Ein Arbeiter konnte nur innerhalb der ersten 14 Tage jederzeit kündigen, danach mußte er sechs Monate bleiben. Im Sommer ging die Arbeitszeit von 5 bis 19 Uhr, im Winter von 6 bis 20 Uhr, wenn nötig auch länger. Pausen werden nicht explizit erwähnt. Abwesende Zeit wurde mit doppeltem Lohnabzug bestraft. Ersatz mußte für den Verlust oder die Beschädigung von anvertrauten Gegenständen geleistet werden, „schlechte Arbeit" wurde generell bestraft. Die Arbeiter erhielten ihren Lohn alle 14 Tage, er wurde jedoch erst dann ausbezahlt, wenn ein neuer Wochenlohn

---

[31] StadtAN E 9/379 Spaeth Nr. 413: Werkstattordnung und Namensverzeichnis.

[32] Eibert, Unternehmenspolitik (wie Anm. 5), S. 26.

[33] Abgedruckt bei: Wolfgang Ruppert, Die Fabrik. Geschichte von Arbeit und Industrialisierung in Deutschland, München 1993, S. 54–56.

[34] Johannes Biensfeld, Freiherr Dr. Th. von Cramer-Klett (Wirtschafts- und Verwaltungsstudien mit besonderer Berücksichtigung Bayerns 58), Leipzig u.a. 1922, S. 24.

[35] Abgedruckt bei: Wolfgang Ruppert (Hg.), Die Arbeiter. Lebensformen, Alltag und Kultur von der Frühindustrialisierung bis zum „Wirtschaftswunder", München 1986, S. 35–38.

bereits verdient worden war. Durch die Festlegung, daß eingehende Strafgelder an denjenigen Arbeiter ausgezahlt werden sollten, welcher die Fehltat eines Anderen auf der Schreibstube angezeigt hatte, wobei der Name des ‚Denunzianten' nicht bekannt gegeben wurde, baute man eine Selbstkontrolle innerhalb der Belegschaft ein, deren mißbräuchliche Anwendung durch den gegebenen finanziellen Anreiz sehr wahrscheinlich erscheint.

In Nürnberg war seit 1818 der Polizeisenat des Magistrats für die Angelegenheiten des Handwerks zuständig. Von kommunaler Seite gab es in der ersten Hälfte des 19. Jahrhunderts keine Regelungen zu den Arbeitsverhältnissen in den Fabriken. Auch von staatlicher Seite gab es in Bayern keine diesbezüglichen Vorschriften. Im Gesetz „Die Grundbestimmungen für das Gewerbswesen betreffend" vom 11. September 1825 sowie in den nachfolgenden Vollzugs- und Gewerbeverordnungen aus den Jahren 1834, 1853 und 1862 finden Arbeitsordnungen keine Erwähnung. Das Hauptaugenmerk war auf die Gewerbekonzessionierung gerichtet.[36] Erst die Reichsgewerbeordnung vom 1. Juni 1891 schränkte die Befugnisse der Fabrikherren ein und regelte die Arbeitsverhältnisse der Fabrikarbeiter.[37] Bis dahin hatten die Unternehmer weitreichende Gestaltungsfreiheit und weder gesetzliche Normen, noch die Interessen des Personals zu berücksichtigen.[38] Die Mitbestimmung der Arbeiter über das innerbetriebliche Regelsystem schien lange Zeit undenkbar.[39]

Die neu entstandenen Großbetriebe machten die Festlegung von Arbeitsordnungen notwendig – auch wegen der Komplexität der Betriebe und der Unternehmensverwaltung, vielmehr aber, da der maschinenbestimmte Arbeitsrhythmus Probleme mit den handwerklich oder ländlich geprägten Beschäftigten mit sich brachte. Eine Koordinierung der Arbeitsvorgänge und Kontrollmechanismen mußten entwickelt werden.[40] Interpretations- und Handlungsspielraum bei der Formulierung der Regeln erhöhte die Herrschaftsposition gegenüber den Arbeitern.[41] Die Auswertung von Arbeitsordnungen liefert den normativen Verhaltensrahmen innerhalb des sozialen Zusammenhangs der Fabrik, der jedoch nicht immer mit der Realität identisch sein mußte.[42]

---

[36] Vgl. Bernhard Bonfigt, Kollektives Konfliktverhalten Nürnberger Handwerksgesellen 1806–1848? Erklärungsversuche für das Ausbleiben kollektiver Arbeitskämpfe in der Nürnberger Wirtschaft während der ersten Jahrzehnte nach der bayerischen Eingliederung 1806, Mag. Arb. Konstanz 1989, S. 7–31; Inez Florschütz, Architektur und Arbeit. Die Fabrik in der bayerischen Frühindustrialisierung 1840–1860 (Europäische Hochschulschriften III/868), Frankfurt a.M. u.a. 2000, S. 44–49; Wiessner, Fabrikindustrie (wie Anm. 3), S. 247.
[37] Ludwig Köhler, Arbeiterwohlfahrtseinrichtungen in Nürnberger industriellen Unternehmungen, Diss. phil. Erlangen 1919, S. 4–7.
[38] Vgl. Flohr, Arbeitsordnungen (wie Anm. 7), S. 9f., 17, 25.
[39] Vgl. Ruppert, Arbeiter (wie Anm. 35), S. 35.
[40] Cornelia Foerster, Die bayerischen Unternehmer im Industriezeitalter, in: Leben und Arbeiten im Industriezeitalter, eine Ausstellung zur Wirtschafts- und Sozialgeschichte Bayerns seit 1850, Germanisches Nationalmuseum und Centrum Industriekultur der Stadt Nürnberg (Hg.), Stuttgart 1985, S. 337–342, hier S. 338.
[41] Vgl. Flohr, Arbeitsordnungen (wie Anm. 7), S. 14.
[42] Ruppert, Fabrik (wie Anm. 33), S. 56.

Arbeiter aus der Abteilung Hochbau/Brückenbau (Stadtarchiv Nürnberg: E 9/379 Spaeth Nr. 371, ohne Datierung).

Die Arbeiterschaft der Firma Spaeth

Die Werkstattordnung wurde den Arbeitern bekannt gegeben, jeder war verpflichtet sich daran zu halten und hatte dies mit seiner Unterschrift zu bestätigen; eigene Arbeitsverträge gab es damals nicht. 39 Personen unterzeichneten sie am 20. April 1839.

Spaeth arbeitete zu der Zeit mit vier selbständigen Meistern zusammen: dem Schmiedemeister Thorsen, dem Schlossermeister Engelhardt, dem Schreinermeister Macher und dem Drehermeister Burkhardt.[43] Man möchte annehmen, daß diese ein deutliches Mitspracherecht bei Einstellungen und anderen innerbetrieblichen Vorgängen gehabt hatten, was in der Fabrikordnung jedoch nicht zum Ausdruck kommt. Vielmehr entsteht der Eindruck, daß schon Jahre bevor Spaeth ab 1842 offiziell eine Fabrik als Fabrikbesitzer leitete, sich diese Unternehmensstruktur de facto herausgebildet hatte – und die Meister eine Zwischenebene als Vorgesetzte darstellten. In § 9 der Arbeitsordnung ist von Johann Wilhelm Spaeth als „Fabrikinhaber" die Rede. Die Erteilung der Fabrikkonzession durch die staatlichen Behörden im Januar 1842, die nominelle Umwandlung der mechanischen Werkstätte in die Maschinenfabrik, fand

---

[43] Beck, Dutzendteich (wie Anm. 8), S. 26.

wohl nur ‚auf dem Papier' statt und lediglich in der (Rechnungs-)Buchführung ihren Niederschlag. Die assoziierten Meister verblieben 1842 als angestellte Werkstattleiter in der Fabrik.

Die Themen Arbeitssicherheit und Unfallschutz finden in der Fabrikordnung keine Erwähnung, ebensowenig die genaue tägliche oder wöchentliche Arbeitszeit, Ruhepausen sowie der Arbeitslohn. Für die Arbeiter ist die Festlegung einer beidseitigen Kündigungsfrist von 14 Tagen, wenn es nicht schwerwiegende Gründe gab, die eine sofortige Entlassung notwendig machten, beachtenswert. In welchen Fällen eine fristlose Kündigung ausgesprochen werden konnte, ist nicht explizit aufgeführt. Man erfährt die Gründe jedoch aus den weiteren Eintragungen in dem Schriftstück. Neben der Unterschrift der Beschäftigten wurde meist vermerkt, wann derjenige die Firma wieder verlassen hatte, aus welchem Grund dies geschehen und wie dessen Betragen gewesen war. Der Wahrheitsgehalt dieser Eintragungen ist als hoch zu bewerten, immerhin handelt es sich um ein internes Dokument der Firmenleitung, in dem man keine Rechtfertigung liefern mußte. Das Arbeitsverhältnis endete oftmals mit dem Tod oder der Erkrankung einer Person. Als Entlassungsgründe werden Diebstähle, Trunkenheit, Streitigkeiten und Raufereien, Unpünktlichkeit und Fernbleiben der Arbeit („Blaumontagmachen") sowie Nichteigung und Faulheit genannt. Oftmals wurde vermerkt, daß jemand die Fabrik auf eigenen Wunsch ohne weitere Angabe von Gründen verlassen hatte.

Bei den eingeschriebenen Berufsbezeichnungen ist nicht zu klären, ob eine Person diesen Beruf gelernt hatte oder ob er in dieser Tätigkeit eingesetzt wurde; Mehrfachnennungen, wie „Zimmerer und Mühlarzt", kommen vor:

9 Schlosser
7 Zimmermänner
4 Mühlärzte
5 Schreiner
3 Schmiede
3 Mechaniker
1 Müller
1 Drechsler
1 Dreher
1 (Gastwirt und Müller als) Hausmeister
3 Lehrlinge
5 ohne Angaben

Das Personal der Firma Spaeth in den 1830er Jahren kam fast ausschließlich aus dem alteingesessenen Handwerk. Diese Handwerker brachten die Bereitschaft zur Mobilität mit und hatten auch die Möglichkeit dazu. Eigene Lehrlinge, die nach altem Handwerksbrauch gegen die Zahlung einer jährlichen „Recognition" bei Meister Spaeth privat wohnten,[44] wurden aufgenommen und wohl ähnlich eines Ingenieurs als ‚Mechanikus' ausgebildet. Ungelernte oder fachfremde Hilfskräfte – die erst in der Fabrik geschult oder am Arbeitsplatz eingewiesen wurden – oder auch Tagelöhner kamen erst nach 1840 vermehrt hinzu, wie sich in weiteren Personalunterlagen des Fir-

---

[44] Beck, Dutzendteich (wie Anm. 8), S. 24.

menarchivs nachweisen läßt.[45] Bei fünf der oben genannten 39 Beschäftigten fehlt in der Personalliste eine Berufsangabe, was bedeuten könnte, daß es sich um ungelernte Handlanger handelte. Über Einstellungskriterien ließe sich nur mutmaßen; Kinder waren zu keinem Zeitpunkt in der Firma beschäftigt, Frauen erst im 20. Jahrhundert.

In die hier untersuchte Personalliste ist bei 33 der 39 Arbeiter eine Ortsangabe eingetragen: die Herkunft der Arbeiter, in Einzelfällen aber wohl auch der damals aktuelle Wohnort. Es zeigt sich, daß ein Großteil nicht aus der näheren Umgebung der Fabrik am Dutzendteich stammte.

14: bis 10 km	6: bis 50 km	8: 100–150 km	4: über 200 km	1: unklar
1: Dutzendteich 1: Fürth 3: Nürnberg (Altstadt) 1: Schoppershof 1: Steinbühl 1: Tafelhof 6: Wöhrd	1: Ansbach 1: Dachsbach (b. Herrieden) 1: Gotzenmühle (b. Lichtenau) 1: Neustadt/ Aisch 1: Spalt 1: Wald (b. Gunzenhausen)	1: Bräumühl (b. Eichstätt) 2: Hesberg (b. Hildburghausen) 1: Nördlingen 1: Schonungen (b. Schweinfurt) 1: Schweinfurt 1: Sugendorf (b. Gerolzhofen) 1: Wunsiedel	1: Aschaffenburg 1: Altona 1: Lindau 1: Mannheim	1: Neuhausen

Ein Vergleich mit der Firma Klett wäre auch an dieser Stelle wünschenswert, muß aber entfallen. Hermann-Josef Rupieper untersuchte die Arbeiterschaft der Maschinenfabrik Augsburg-Nürnberg und der beiden Vorgängerfirmen umfassend. Zur Herkunft der Fabrikarbeiter liefert er fast ausschließlich Ergebnisse zum Augsburger Firmenteil, da zum Nürnberger, der Firma Klett, kein auswertbares Aktenmaterial in den entsprechenden Archiven zu finden gewesen sei.[46]

Für die Augsburger Maschinenfabrik stellte Rupieper im Zeitraum von 1844 bis 1859 vergleichbare Prozentzahlen fest. Im Gesamtdurchschnitt kam etwa die Hälfte der Arbeiter aus der Stadt Augsburg oder dem direkten Umfeld, wobei er zwischen verschiedenen Berufsgruppen innerhalb der Firma differenziert. Ungelernte Arbeiter kamen zu über 60 Prozent aus der unmittelbaren Umgebung.[47]

---

[45] StadtAN E 9/379 Spaeth Nr. 478: Löhnungsbuch für die Fabrikarbeiter 1841–1844.
[46] Hermann-Josef Rupieper, Regionale Herkunft, Fluktuation und innerbetriebliche Mobilität der Arbeiterschaft der Maschinenfabrik Augsburg-Nürnberg (M.A.N.) 1844–1914, in: Werner Conze / Ulrich Engelhardt (Hg.), Arbeiter im Industrialisierungsprozeß. Herkunft, Lage und Verhalten (Industrielle Welt 28), Stuttgart 1979, S. 94–112, hier S. 96.
[47] Ebd., S. 98–100.

Die weitere Auswertung der Personallisten Spaeths ab 1839 zeigt, daß die Verweildauer der einzelnen Arbeiter in der Firma oft nur wenige Tage betrug. Die genauen Beschäftigungszahlen schwanken somit von Woche zu Woche, wobei in etwa ein Stand gehalten wurde. Die Identifikation mit der Firma dürfte allgemein recht gering ausgeprägt gewesen sein. In den Jahren 1839 bis 1841 waren durchschnittlich 40 Personen in den Werkstätten angestellt, mit den Werkstattleitern sowie den Schreibkräften und Zeichnern wird sich diese Zahl auf circa 50 Personen erhöhen. Langjährige Mitarbeiter nahmen in der Hierarchie einen höheren Rang ein, was sich an der Höhe des individuell ausgehandelten Lohnes ablesen läßt.

Ein Einschreibebuch aus dem Jahr 1859 führt 223 Personen auf, die in diesem Jahr neu in die Fabrik eintraten.[48] Es waren weiterhin überwiegend Schlosser, Schmiede, Dreher und Zimmerer, aber auch Former und Gießer, die in der 1842 errichteten Gießereiabteilung eine Beschäftigung fanden. Als Tagelöhner wurden 85 Personen aufgenommen, in wenigen Fällen sind auch die Bezeichnungen Arbeiter oder Hilfsarbeiter eingetragen worden, welche möglicherweise synonym zum Begriff Tagelöhner verwendet wurden. Die Herkunftsverhältnisse der Arbeiterschaft blieben im Vergleich zum Jahr 1839 ungefähr gleich. Etwa die Hälfte kam aus dem direkten Nürnberger Umland, die anderen stammten oftmals aus über hundert Kilometer entfernten Orten, darunter vermehrt Württemberger. Die durchschnittliche Verweildauer in der Fabrik betrug nur wenige Wochen, kaum einer blieb länger als ein halbes Jahr. Zwischen Handwerksgesellen und Tagelöhnern ist dabei kein merklicher Unterschied festzustellen.

Ein gelernter Arbeiter verdiente in den 1840er Jahren bei Spaeth 4½ bis 6 fl. in der Woche bei sechs Arbeitstagen und einer wöchentlichen Arbeitszeit von 72 Stunden. Akkordzuschläge konnten den Betrag um bis zu 4 fl. erhöhen.[49] Bei Klett lag der Verdienst eines ausgebildeten Arbeiters zu dieser Zeit etwas höher, im Durchschnitt bei 6½ fl. in der Woche.[50] Neben den Fabrikgebäuden am Dutzendteich befanden sich zwei Arbeiterwohnhäuser in Spaeths Besitz, ein Teil der Fabrikangehörigen konnte dort kostengünstig unterkommen. In den Pausen wurden die Arbeiter Spaeths seit Februar 1841 durch den Wirt des benachbarten Gasthauses der Dutzendteich-Park Aktiengesellschaft verpflegt, was die meisten in Anspruch nahmen.[51] Mit ihm hatte Spaeth günstige Preise für Essen und Getränke vertraglich vereinbart.[52] In einem Nürnberger Handwerksbetrieb verdiente ein Geselle damals 3 bis 4 fl. in der Woche, wobei er zusätzlich Kost und Logis bei seinem Meister frei hatte.[53] Nürnberger Handwerksgesellen und Fabrikarbeiter hatten also um das Jahr 1840 ungefähr das gleiche Auskommen.[54]

---

[48] StadtAN E 9/379 Spaeth Nr. 416: Einschreibebuch für die aufgenommenen Fabrikarbeiter vom 7.7.1858 bis 5.1.1861.

[49] StadtAN E 9/379 Spaeth Nr. 478: Löhnungsbuch für die Fabrikarbeiter 1841–1844.

[50] Wiessner, Fabrikindustrie (wie Anm. 3), S. 248.

[51] StadtAN E 9/614 Dutzendteich-Park AG Nr. 45: Vorstandsinterne Schreiben vom 28.7.1840 und 15.2.1842.

[52] Dazu ausführlich: Pascal Metzger, Die Dutzendteich-Park Aktiengesellschaft (1823–1940). Ein ‚patriotischer' Verein zwischen Gewinnstreben und Wohltätigkeit, in: Mitteilungen des Vereins für Geschichte der Stadt Nürnberg 92, 2005, S. 249–309.

[53] Bonfigt, Handwerksgesellen (wie Anm. 36), S. 114; Held, Arbeitsverhältnis (wie Anm. 6), S. 59.

[54] Vgl.: Gömmel, Wachstum (wie Anm. 5), S. 126.

Die Kosten für den damaligen Lebensunterhalt lassen sich bei der Betrachtung folgender Preise erahnen: Um das Jahr 1840 zahlte man in Nürnberg für 1 kg Brot 4 bis 5 kr., für 1 kg Rindfleisch 15 bis 19 kr. und für 1 kg Schweinefleisch 18 bis 21 kr.[55] Ein Maß Milch erhielt man für 4 bis 6 kr., der Eintritt in ein öffentliches Flußbad kostete 3 bis 6 kr.[56] Im Jahr 1839 kostete eine Fahrt mit der Ludwigseisenbahn von Nürnberg nach Fürth 6 kr. in der III. Klasse und 12 kr. in der I. Klasse.[57] Einkommen und Preise seien hier gegenübergestellt und Konsummöglichkeiten angedeutet. Tiefergehende Aussagen über die Höhe der Lebenshaltungskosten und den Lebensstandard in Arbeiterhaushalten ließen sich durch weitere Untersuchungen der Wohnverhältnisse, des Konsum- und Freizeitverhaltens und des Privatlebens der Arbeiterfamilien treffen.

Schlußbemerkung

Im Nürnberger Raum wandelten sich in der Übergangsphase der 1830/40er Jahre vereinzelte Handwerksbetriebe oder Werkstätten zu Großbetrieben, wobei jede Firma ihre Eigenheiten und Zwischenstufen aufweist, bis sich um die Jahrhundertmitte endgültig Industrieunternehmen nach heutigem Verständnis herausbildeten. Diese entstanden trotz des teilweise erbitterten Widerstands sowohl des alteingesessenen Handwerks, das seinen Besitzstand wahren wollte, als auch vieler Kommunalbehörden, die im Hinblick auf eine eventuelle Überbelastung des Sozialsystems darauf bedacht waren, nicht zu viele Ansässigmachungen von Fabrikarbeitern zu genehmigen. Konkurrenz- und Preisdruck aus dem (deutschsprachigen) Ausland, vereinfachte Produktionsabläufe durch neue Erfindungen sowie die steigende Nachfrage, vor allem durch den Ausbau der Verkehrswege, bedingten eine leistungsfähige Fabrikindustrie. Der Bayerische Staat bevormundete die Unternehmen, besonders in den ersten Jahrzehnten, förderte sie aber weitgehend.[58]

Johann Wilhelm Spaeth setzte unternehmenspolitisch gezielt auf eine enge Zusammenarbeit mit Handwerksmeistern, um Konflikte mit dem traditionellen Handwerk zu vermeiden. Spaeth und andere Maschinenbauer stellten zunächst Handwerksgesellen als Arbeiter ein; Landarbeiter folgten vermehrt erst in späteren Jahren. Diese ersten Fabrikarbeiter hatten sich in einer völlig neuen Arbeitswelt zurechtzufinden. Nicht nur im Umgang mit dem Arbeitsgerät, dem Maschinentakt, mußten sie sich umgewöhnen, der tiefgreifendste Wandel betraf wohl die Arbeitszeit.

Während sich die Arbeitsstunden bisher am Tageslicht, der Auftragslage, dem Materialfluß oder an Vorgaben des Nürnberger Rugamts orientierten, hatte man nun eine minutengenaue Zeitabrechnung zu befolgen. Der Blaue Montag war bis dahin mehr oder weniger geduldet, viele Gesellen nutzten ihn als Badetag und Flicktag. Manche

---

[55] StadtAN E 9/017 Maschinenfabrik Augsburg-Nürnberg AG Nr. 33: Statistiken und Zusammenstellungen zur Arbeiterschaft der M.A.N. und deren Vorgängerfirmen aus dem Nachlaß von Georg Eibert, Anlage 11.

[56] Jutta Seitz / Gerhard Hirschmann (Hg.), Nürnberg vor 125 Jahren. Die Medizinal-Topographie von 1861 (Nürnberger Forschungen 24), Nürnberg 1987, S. 67, 84.

[57] Georg Platner, Die erste Eisenbahn Deutschlands zwischen Nürnberg und Fürth 1835, Nürnberg 1839, S. 16.

[58] Vgl.: Wiessner, Fabrikindustrie (wie Anm. 3), S. 255.

konnten an dem Tag die Werkstatt des Meisters für sich privat nutzen, es war der Versammlungstag der Gesellenorganisationen. Obwohl schon im 17. und 18. Jahrhundert Meister und städtische Obrigkeit – letztere aus Sorge um das moralische Wohlergehen und als Reaktion auf (Alkohol-)Exzesse des Blaumachens – gegen diesen freien Tag vorgingen, war er zu Beginn des 19. Jahrhunderts noch weit verbreitete Gewohnheit. Für die synchronisierten Arbeitsprozesse der Fabrikindustrie war er untragbar, wurde verboten und bei Zuwiderhandlung sogar bei den Polizeibehörden angezeigt.

Manche Strukturen der Arbeitswelt verschwanden nun komplett, manche wandelten sich langsam. Die Fabrikarbeiter waren in ihrer Lage zunächst alleine gelassen. Im Gegensatz zu traditionellen Handwerkern mit Gesellenverbänden oder zünftischen Organisationen, hatten sie keine Organisationen oder Interessenvertretungen, wie sie später Betriebsräte und Gewerkschaften darstellten. Fabrikarbeiter befanden sich zunächst in weitgehend rechtsfreiem Raum, dem Gutdünken der Fabrikherren ausgeliefert. Der Umgang mit den Beschäftigten und die normative Festlegung der Arbeitsordnungen erfolgte in den einzelnen Firmen sehr unterschiedlich. Im Maschinenbau und anderen Industriezweigen, in denen vielfach Spezialisten zum Einsatz kamen, brauchte man einen zuverlässigen soliden Arbeiterstamm. Es war also betriebswirtschaftliches Interesse, die Arbeiter ‚angemessen' zu behandeln. In Bereichen mit wenigen Facharbeitern und einfacheren Tätigkeiten, beispielsweise in der Textilindustrie, mag dies anders gewesen sein.

Die Fabrikgründer, die erste Generation der Unternehmer, hatte oftmals eine sehr enge Verbundenheit mit ihren Arbeitern. Man hatte mit einer überschaubaren Arbeiterschaft begonnen, die dann mit dem Betrieb angewachsen war. Die nachfolgende Generation war dann meist distanzierter und hegte kaum noch patriarchalische Motive gegenüber der Masse der Arbeiter.[59] Johann Wilhelm Spaeth kam selbst aus dem Handwerkerstand. Der gelernte Müller wurde zu einem erfolgreichen Mechaniker, Techniker, Erfinder und schließlich Unternehmer. Betrachtet man die vorliegende Fabrikordnung und weitere Firmenakten dieser Zeit, so läßt sich, ohne die Quellen zu überstrapazieren, zu dem Schluß kommen, daß Spaeth gegenüber seinen Beschäftigten mit Strenge, aber auch mit Gerechtigkeit herrschte und sich um sie sorgte.

Ein erster Einblick in das Firmenarchiv Spaeth, das sich im Nürnberger Stadtarchiv derzeit noch in der Erfassung befindet und kurzfristig nicht zur Benutzung zugänglich ist, sei hier gegeben. Beantwortet wurden die Fragen, wer woher kam und wie das Arbeitsverhältnis aussah und geregelt war; erkennbar werden die alltäglichen Lebensbedingungen und Handlungsspielräume der Arbeiterschaft in der Frühphase der Firma Spaeth.

---

[59] Vgl.: Eibert, Unternehmenspolitik (wie Anm. 5), S. 285.

Matthias Honold

Wilhelm Löhe und die Diakonissenanstalt Neuendettelsau 1854–1872

Entwicklung und Wahrnehmung sozialer Arbeit einer diakonischen Einrichtung in der Mitte des 19. Jahrhunderts

„Was ist Neuendettelsau! Ein unbedeutendes Dorf, von dem noch vor kurzer Zeit in der ganzen Welt niemand geredet hat als die wenigen Menschen, die ein persönliches Interesse daran hatten"[1], so beginnt Pfarrer Wilhelm Löhe in dem Kalender der Diakonissenanstalt Neuendettelsau für das Jahr 1864 seinen Bericht über das Dorf Neuendettelsau, in dem er seit dem 1. August 1837 als Dorfpfarrer tätig war. Der Kalender war erstmalig im Jahr zuvor erschienen, um neben den gedruckten Jahresberichten[2] und dem „Correspondenzblatt der Diaconissen von Neuendettelsau"[3] ein weiteres Medium zu besitzen, um über den Fortgang und die Fortschritte der am 9. Mai 1854 ins Leben gerufenen ersten bayerischen Diakonissenanstalt zu informieren. Wilhelm Löhe skizziert sehr deutlich den Sinn und Zweck eines solchen Kalenders: „Die Bekanntmachung [Anm.: des Kalenders im Correspondenzblatt der Diaconissen von Neuendettelsau] hat einen anderen Zweck. Neuendettelsau selbst und seine Wohltätigkeitsanstalten, von denen man alle sagen kann und muß, daß sie durch Gottes Barmherzigkeit in einer gewissen Blüte stehen, sind doch auswärts nur wenig bekannt, wo sie aber bekannt sind, stehen sie vielfach durch den Haß derjenigen, die an der geistlichen und kirchlichen Richtung Neuendettelsaus keine Freude haben, in schlechtem Licht. Es ist daher schon lange ein Bedürfnis, irgendetwas Schriftliches zu haben, geben und verbreiten zu können, aus dem man sichere Nachricht entnehmen und sich orientieren könne."[4] Löhe stellt hier sehr deutlich die schwierigen Anfangsbedingungen der Diakonissenanstalt in Neuendettelsau heraus, die auch mit der kirchlichen Ausrichtung seiner Person, seinem strengen konfessionellen Luthertum, verbunden waren. In diesem Kalender für das Jahr 1864 findet sich auch der berühmte Ausspruch, den Wilhelm Löhe bei seinem ersten Besuch in Neuendettelsau getan haben soll. „Nicht tot möchte ich in diesem Neste sein!", allerdings folgt diesem Zitat eine sehr positive Beschreibung der Entwicklung und Bedeutung des Ortes: „Und nun habe ich bereits über ein Vierteljahrhundert hier gelebt und habe das arme Dorf so hoch schätzenlernen, daß ich einen Aufsatz über Neuendettelsau in diesem Kalender liefere", und weiter berichtet er: „Es ist neulich eine Missionsweltkarte erschienen […] auf der sich in der Mitte von Europa Neuendettelsau verzeichnet findet. Es ist mir schier ein Spaß und Spott, aber wohlan es ist so, und der Grund warum es so ist, sind die Anstalten, die auf der Flurmarkung ihre Herberge gefunden haben."[5] Auch an

---

[1] Wilhelm Löhe, Der Kalender der Diakonissenanstalt Neuendettelsau auf das Jahr des Heils 1864, in: Wilhelm Löhe, Gesammelte Werke Bd. 4, hg. v. Klaus Ganzert, Neuendettelsau 1962, S. 403.
[2] Der erste gedruckte Jahresbericht wurde 1855 veröffentlicht.
[3] Der erste Jahrgang des Correspondenzblattes der Diaconissen von Neuendettelsau erschien 1858.
[4] Löhe, Kalender (wie Anm. 1), S. 398 f.
[5] Ebd., S. 403 f. Dass Löhe bei seinem ersten Besuch in Neuendettelsau Ähnliches empfunden haben wird, kann man annehmen. In diesem Kontext erscheint der Ausspruch aber sehr konstruiert, um auf die positive Entwicklung Neuendettelsaus, die der Ort durch sein Engagement genommen hat, einzugehen. Ähnlich ver-

anderer Stelle berichtet Löhe über das Entstandene. Konrektor Ernst Lotze[6] hält in seinen Lebenserinnerungen fest: „Als die ersten 10 Jahre vorüber waren, wurde ein Festgottesdienst gehalten [...] Zuletzt redete Löhe selbst unter großer Spannung der zahlreichen Versammlung. Wie staunten wir, als er in ruhig nüchterner Weise darlegte, wie er sich freue, daß seine Bauern jetzt einen viel besseren Absatz hätten für Milch, Butter und andere Erzeugnisse, daß ein eigener Arzt und Hebamme im Orte seien, daß für Kinder, Kranke, Hilfsbedürftige aller Art ausreichend gesorgt wäre und daß vor allem das gemeindliche Leben, vornehmlich gottesdienstliche Leben einen neuen kräftigen Anstoß empfangen habe."[7]

In diesem ersten Jahrzehnt hatte sich die Arbeit der Diakonissenanstalt stetig weiterentwickelt und ausgedehnt, was vor allem das Verdienst von Pfarrer Wilhelm Löhe gewesen war.

Wilhelm Löhes Arbeit bis zur Gründung der Diakonissenanstalt Neuendettelsau

Pfarrer Wilhelm Löhe wurde am 8. Februar 1808 in Fürth geboren. Nach dem Besuch des Gymnasiums in Nürnberg folgte das Studium der Theologie in Erlangen und für ein Semester auch in Berlin. Seine Ordination erfolgte 1830 in Ansbach. Im Anschluss daran begannen Jahre der Wanderschaft von einer Vikariats- und Verweserstelle zur nächsten, so dass Löhe an insgesamt zwölf verschiedenen Orten tätig gewesen war, ehe er am 1. August 1837 seine erste Pfarrstelle in Neuendettelsau antrat.[8]

Bereits in den ersten Jahren begann Wilhelm Löhe in Neuendettelsau diakonische Projekte zu planen beziehungsweise zu verwirklichen.[9] So entstanden die „Freyherrlich von Eyb'sche Industrieschule für Mädchen und Knaben", eine Kleinkinderschule und eine Lehrerfortbildungsanstalt in Neuendettelsau. Geplant war zudem die Errichtung einer Blindenanstalt, einer Zuflucht- und Beschäftigungsanstalt für „gefallene Mädchen" oder auch die Errichtung eines Krankenhauses. Viele dieser Ziele verwirklichte Löhe allerdings erst nach der Gründung der Diakonissenanstalt im Jahre 1854. Bis dahin hatte er sich, seit dem Beginn der 40er Jahre, mit dem Aufbau der Nord-

---

fährt Löhe auch in seiner Schrift „Etwas aus der Geschichte der Diakonissenanstalt", welche 1870 als Jahresbericht erschienen ist. Dort schreibt er über die Gründung der Diakonissenanstalt Neuendettelsau, dass er kaum einen Bericht über die Arbeit Theodor Fliedners in Kaiserswerth gelesen habe. Allerdings befinden sich im Archiv der Diakonissenanstalt Neuendettelsau ab 1851 die Ausgaben des „Armen- und Krankenfreundes", der Informationsschrift der Diakonissenanstalt Kaiserswerth. Ebenso findet sich im Akt der Diakonissenanstalt „Verein für weibliche Diakonie" (1853–1857) direkt neben dem handschriftlichen Manuskript seiner Programmschrift „Bedenken über weibliche Diakonie in Bayern, insonderheit zu gründender Diakonissenanstalten" zum Beispiel eine Druckschrift des Kaiserswerther Mutterhauses (Aufruf der Diakonissenanstalt zu Kaiserswerth). Zentralarchiv Diakonie Neuendettelsau (künftig: ZADN), Bestand A Mutterhausregistratur, Akt „Verein für weibliche Diakonie" (1853–1857). Zu diesem Thema auch: Anne Stempel de Fallois, Das diakonische Wirken Wilhelm Löhes. Von den Anfängen bis zur Gründung des Diakonissenmutterhauses Neuendettelsau (1826–1854), Stuttgart / Berlin / Köln 2001, S. 318.

[6] Ernst Lotze (1827–1909) war von 1857 bis 1866 Konrektor der Diakonissenanstalt Neuendettelsau.

[7] Ernst Lotze, Erinnerungen an Wilhelm Löhe, hg. v. d. Diakonissenanstalt Neuendettelsau, Neuendettelsau 1956, S. 34.

[8] Zur Biografie Löhes zuletzt: Erika Geiger, Wilhelm Löhe. Leben – Werk – Wirkung, Neuendettelsau 2003.

[9] Vgl.: Fallois, Wirken (wie Anm. 5), S. 124–226.

amerika-Missionsarbeit beschäftigt und auch 1853, zusammen mit seinem Freund Friedrich Bauer,[10] die in Nürnberg im Jahre 1846 gegründete „Vorbereitungsanstalt für Nordamerika" nach Neuendettelsau verlegt. Seit 1842 waren erste sogenannte „Nothelfer" nach Nordamerika entsandt worden, um dort die ausgewanderten Siedler lutherischen Bekenntnisses zu unterstützen. Im Jahr 1849 gründete Löhe zusammen mit seinem Freundeskreis die „Gesellschaft für Innere Mission im Sinne der lutherischen Kirche", die ebenfalls diese Arbeit unterstützte.[11]

Die Gründung der „Gesellschaft für Innere Mission" erfolgte allerdings als Reaktion auf die Aktivitäten Johann Hinrich Wicherns in Bayern. Johann Hinrich Wichern hatte auf dem Wittenberger Kirchentag im September 1848 in einer Stegreifrede das Programm der Inneren Mission und Diakonie zugrunde gelegt und die Gründung des „Centralausschusses für Innere Mission" angeregt und in die Wege geleitet. Der „Centralausschuß" solle als übergeordnete Institution die verschiedenen diakonischen Aktivitäten koordinieren. Ermutigt von diesem Erfolg unternahm Wichern 1849 auch eine Reise durch Bayern, um für seine Ziele zu werben. Sein Konzept sah vor, dass Vereine die diakonische Arbeit übernehmen sollten, um sozialen Missständen abzuhelfen und in diesem Zuge auch zu einer Erneuerung der Kirche beizutragen.[12] Diese Konzeption stand im Widerspruch zu Löhes Vorstellung von diakonischer Arbeit. In einem Schreiben an den Erlanger Mineralogen Karl von Raumer legte er seine Bedenken gegenüber Wichern dar: „Je mehr der Herr dem deutschen Volk beweist, daß ER im Bunde sein muß, oder es wird nichts drauß […] Ich ziele auf Wichern. Du traust mir vielleicht einigen Sinn für die Not zu, welche uns allenthalben umgibt, und daß ich nicht fehlen mag, wo es etwas zur Minderung der Not zu thun gibt, glaubst Du vielleicht auch. Dennoch ist der Wichernsche Plan, wie er in seinem Buche vorliegt, ein verfänglicher und gefährlicher. Nicht die Werke sollen unterbleiben, aber der Plan ist falsch."[13] Löhe wollte die diakonische Arbeit nicht Vereinen überlassen, die aus seiner Sicht außerhalb der Kirche standen. Die Reise Wicherns durch Bayern scheint für Löhe ein Zeichen gewesen zu sein, sich wieder intensiv dem Gebiet der Inneren Mission und der diakonischen Arbeit zu widmen. Bereits 1853 veröffentlichte er die Schrift „Von der weiblichen Einfalt", in der er seine Vorstellung von der diakonischen Arbeit der Frau niederlegte. In diesem Jahr wurde auch die Entscheidung getroffen, den „Lutherischen Verein für weibliche Diakonie in Bayern" zu gründen. Dieser sollte die organisatorische Basis für die zukünftige diakonische Arbeit bilden.[14] Unterstützt wurde der Verein durch Zweigvereine, die wiederum vor Ort die diakonische Arbeit koordinieren und durchführen sollten. Nachdem es von Seiten des bayerischen Innen-

---

[10] Friedrich Bauer (1812–1874) leitete von 1846 bis 1874 die Ausbildungsstätte in Nürnberg und später in Neuendettelsau.

[11] Zur Geschichte der Missionsarbeit u.a.: Werner Ost, „Brüder, steht auf in Gottes Namen!" Löhe und die Neuendettelsauer Missionsarbeit, in: Hans Rößler (Hg.), Unter Stroh- und Ziegeldächern. Aus der Neuendettelsauer Geschichte, Neuendettelsau 1982, S. 161–171. Vor allem: Christian Weber, Missionstheologie bei Wilhelm Löhe: Aufbruch zur Kirche der Zukunft, Gütersloh 1996.

[12] Matthias Honold, Der unbekannte Riese. Geschichte der Diakonie in Bayern (Hefte zur Bayerischen Geschichte und Kultur 31), Augsburg 2004, S. 17f.

[13] Brief Wilhelm Löhes an Karl von Raumer vom 8.7.1849, in: Wilhelm Löhe, Gesammelte Werke Bd. 2, hg. v. Klaus Ganzert, Neuendettelsau 1985, S. 78f.

[14] Honold, Diakonie in Bayern (wie Anm. 12), S. 21f.

ministeriums keine Einwände gegen die Vereinsgründung [sic!] gab, konstituierte sich am 13. März 1854 der „Lutherische Verein für weibliche Diakonie in Bayern". Die Ausbildung der Diakonissen sollte in der Diakonissenanstalt Neuendettelsau stattfinden, welche im gleichen Jahr am 9. Mai 1854 eröffnet wurde.

Die Zielsetzungen Löhes mit der Diakonissenanstalt Neuendettelsau

In seiner Programmschrift „Bedenken über weibliche Diakonie innerhalb der protestantischen Kirche Bayerns, insonderheit über zu errichtende Diakonissenanstalten" legte Wilhelm Löhe im Dezember 1853 seine Zielsetzungen in der Öffentlichkeit vor.[15] Löhe war ein genauer Beobachter seiner Zeit, und so waren ihm auch die sozialen Probleme nicht verborgen geblieben.[16] Auch die gesellschaftliche Stellung der Frau, gerade die fehlenden beruflichen Perspektiven für Frauen und junge Mädchen aus den gehobenen Ständen im ländlichen Milieu, beschäftigten ihn. Diese Zielgruppe hatte Löhe im Hinblick auf die Errichtung der Diakonissenanstalt im Sinn und sprach dies auch deutlich aus: „Auf dem Lande gibt es viele Familien, die nicht Landleute und ebenso wenig Leute von städtischer Bildung genannt werden können: sie stehen mitten inne. Man denke z. B. an Schullehrersfamilien. Die Söhne gehen den allgemeinen Gang der männlichen Berufsbildung; die Töchter aber können keine solche bereitet Bahn betreten. Da sich nun in diesem ‚Mittelstand' der Bevölkerung des platten Landes viele leiblich und geistig begabte Frauenspersonen finden, so werden sie aus Mangel an Bildung häufig mißgebildet an Geist und Gemüth [...]."[17] Der Bildungsaspekt wird von Löhe auch dann ganz deutlich in den Satzungen der Diakonissenanstalt Neuendettelsau genannt. Unter Paragraph 1 hält er fest: „Zweck der Anstalt ist die Bildung des weiblichen Geschlechts zum Dienste der Unmündigen und der leidenden Menschheit, insbesondere Ausbildung von Lehrerinnen für Kleinkinderschulen und von Krankenpflegerinnen in Familien und Spitälern."[18]

Löhes Ziel war es, durch eine grundlegende Ausbildung den jungen Mädchen und Frauen eine Basis für eine spätere berufliche Arbeit zu geben. Dabei hatte er nicht nur die Frauen und Mädchen im Blick, die den Berufswunsch der Diakonisse anstrebten, sondern er öffnete die Ausbildung auch für diejenigen, welche nicht Diakonisse werden wollten. Durch diesen Schritt unterschied sich Löhes Konzeption von den bereits existierenden Mutterhäusern und Diakonissenanstalten in Deutschland, die sich an der ersten deutschen Diakonissenanstalt in Kaiserswerth bei Düsseldorf, welche dort

---

[15] Correspondenzblatt der Gesellschaft für innere Mission, 4. Jg., Nr. 12, Dezember 1853, S. 121–124.

[16] Correspondenzblatt (wie Anm. 15), 5. Jg., Nr. 3, März 1854, S. 11–14. So wurden zum Beispiel vor der Gründung einer Anstalt für Menschen mit einer geistigen Behinderung die Pfarrer auf einer in Fürth stattgefundenen Pastoralkonferenz gebeten, über diese Gruppe in ihren Pfarreien zu berichten.

[17] Ebd., Nr. 12, Dezember 1853, S. 121.

[18] Erster Jahresbericht der Diakonissenanstalt Neuendettelsau, Neuendettelsau 1855, S. 18. Der gedruckte Satzungstext folgt hier Löhes handschriftlichen Aufzeichnungen und Konzepten. Auch das Programm der Diakonissenanstalt beginnt mit diesen Worten (ZADN, Bestand A Mutterhausregistratur, Verein für weibliche Diakonie 1853–1857).

Wilhelm Löhe (Zentralarchiv Diakonie Neuendettelsau: Bildarchiv).

durch Pastor Theodor Fliedner im Jahre 1836 eröffnet worden war, anlehnten. Fliedner stellte die Krankenpflege in den Vordergrund seiner Ausbildung.[19]

In der Diakonissenanstalt Neuendettelsau, der ersten Einrichtung dieser Art in Deutschland, die nicht in einer Stadt eröffnete wurde, setzte Löhe auf ein Konzept, dass die theoretische Ausbildung mit der praktischen Anleitung verband. Nachdem der erste Ausbildungskurs noch im Gasthaus zur Sonne abgehalten wurde, konnte man im Oktober 1854 bereits das außerhalb des eigentlichen Ortes liegende, neu erbaute Diakonissenhaus beziehen. Nachdem sich Löhe im Frühjahr 1854 zu Neuendettelsau als Standort ausgesprochen hatte und auch für seinen Verbleib in der bayerischen Landskirche[20], wagte man den Bau des Diakonissenhauses, nachdem zuvor der Ankauf des von Eyb'schen Schlosses in Neuendettelsau gescheitert war. Mit dem Beginn des zweiten Ausbildungskurses im November 1854 standen nun der Diakonissenanstalt die entsprechenden Räumlichkeiten zur Verfügung, um Löhes Ausbildungskonzept umzusetzen. Im Diakonissenhaus wurden entsprechende Krankenzimmer eingerichtet, in denen akut kranke Menschen gepflegt und versorgt werden konnten, auch Menschen mit Behinderung fanden anfänglich noch Aufnahme im Haus, ehe zu Jahresbeginn 1855 im Dorf Neuendettelsau eine eigene sogenannte „Blödenanstalt" eröffnet wurde. Auch alte Menschen wurden entsprechend aufgenommen und betreut. Nun konnten die angehenden Diakonissen den theoretischen Unterricht mit praktischen Anleitungen verbinden. Daneben erhielten sie noch die entsprechende theologische und auch seelsorgerische Zurüstung für ihren zukünftigen Beruf.

Ein weiteres Ziel der Diakonissenanstalt Neuendettelsau war die Ausbildung von Kleinkinderlehrerinnen und Lehrerinnen für die Deutsche Schule. Um auch in dieser Ausbildung Theorie und Praxis zu verknüpfen, wurde 1856 eine Kleinkinderschule eröffnet und im Diakonissenhaus selbst wurden Schülerinnen im Vorkonfirmationsalter aufgenommen und unterrichtet.

Die ursprüngliche Konzeption des „Lutherischen Vereins für weibliche Diakonie" und der Diakonissenanstalt hatte vorgesehen, dass die jungen Mädchen und Frauen – aufgenommen wurden Frauen bis zum 35. Lebensjahr – nach ihrer Ausbildung wieder in die Familie zurückkehren sollten, um in den Heimatgemeinden diakonisch tätig zu werden. Dort sollten entsprechende Hilfsvereine entstehen, die die Arbeit in Kleinkinderschulen, Hospitälern oder in der Gemeindepflege finanziell und organisatorisch unterstützen sollten. Die Diakonissen wurden aber auch in Ortschaften und Einrichtungen entsandt, welche entsprechende Hilfe von der Diakonissenanstalt angefordert hatten. Dieses Konzept scheiterte allerdings. Entstanden in der Frühphase der Diakonissenanstalt Neuendettelsau noch einige Zweigvereine, unter anderem in Heidenheim, Nürnberg, Hersbruck, Altdorf, Gunzenhausen, Fürth und Nördlingen, kamen

---

[19] Theodor Fliedner (1800–1864) ist der Begründer der weiblichen Diakonie in Deutschland. 1833 hatte Fliedner in Kaiserswerth ein Asyl für entlassene Strafgefangene gegründet und 1836 ein Krankenhaus eröffnet, dem ein Ausbildungskurs für evangelische Pflegerinnen angeschlossen war, die erste Diakonissenausbildung in Deutschland. In der Folgezeit entstanden in weiteren deutschen Städten Diakonissenanstalten.

[20] Brief Löhes vom 24.3.1854 an Dekan Bachmann. „Ihr habt ja gewaltig lang verhandelt. Wegen des Platzes referiert der Arzt. Er erkennt den Platz für den geeignetsten gesündesten. Meinetwegen habe keine Sorge. Entweder es wird in Bayern besser od. nicht: in beiden Fällen ist mir Dettelsau der liebste Ort. Ich bleibe bei meinen Gräbern [...]" (ZADN, Bestand A Mutterhausregistratur, Verein für weibliche Diakonie 1853–1858).

später nur noch in Neuendettelsau (1858) und Wendelstein (1861) entsprechende Vereine hinzu.[21]

Dazu kam, dass sich ebenso die Diakonissen eine engere Verbindung zur Diakonissenanstalt wünschten, auch wegen der entsprechenden sozialen Absicherung. Im vierten Jahresbericht 1857 erläutert Löhe den Schritt hin zur Mutterhausdiakonie: „Es ist unseren Freunden bekannt, daß wir im Anfang des hiesigen Diakonissenwerkes der Ansicht völlig abhold waren, als sollten unsere Schülerinnen eine Art geschlossener Schwesternschaft oder Orden sein."[22] Durch die Erfahrungen der ersten Jahre hatte man sich seitens der Leitung der Diakonissenanstalt und der Muttergesellschaft des „Lutherischen Vereins für weibliche Diakonie in Bayern" entschlossen, nun doch dem Mutterhausgedanken Theodor Fliedners zu folgen. Das Mutterhaus war zuständig für die soziale Absicherung der Schwestern im Krankheitsfalle oder im Alter. Über den Einsatzort der Diakonisse entschied die Leitung der Diakonissenanstalt. Per Gestellungsvertrag arbeiteten die Diakonissen in Krankenhäusern, Kinderbewahranstalten oder Rettungshäusern, hinzu kam der Einsatz in den eigenen Einrichtungen. Die gezahlten Gehälter gingen an das Mutterhaus.[23]

Wachstum der Diakonissenanstalt Neuendettelsau

Die Diakonissenanstalt entwickelte sich stetig, so dass im ersten Jahrzehnt ihres Bestehens ein diakonisches Zentrum in Neuendettelsau entstanden war.[24] Vom Diakonissenhaus als Zentrum ausgehend hatten sich die verschiedenen Arbeitsgebiete der Diakonissenanstalt ausgebildet. So wurde bereits 1855 die Behindertenarbeit intensiviert und 1864 die sogenannte Blödenanstalt erbaut. Auch die Magdalenenarbeit erhielt 1862 ein eigenes Gebäude, 1861 wurde ein Rettungshaus erbaut und 1867 und 1869 erfolgte der Bau eines Männer- und Frauenspitals, so dass eine „Anstaltskolonie" in Neuendettelsau entstanden war.

Darüber hinaus arbeiteten Neuendettelsauer Diakonissen in bayerischen Städten und Dörfern, aber auch in anderen deutschen Staaten und im Ausland. Löhe selbst bezeichnete 1859 das Einsatzgebiet der Schwestern aus Neuendettelsau als ein „Terrain vom Mississippi bis zum Dnjpr".[25]

Diese Entwicklung war in diesem Maße nicht vorhersehbar gewesen. Durch die Person Wilhelm Löhes bedingt, standen weite Teile der verfassten Kirche nicht hinter dem Werk in Neuendettelsau. Durch seine strikte theologische Position eines lutherischen Bekenntnisses war Wilhelm Löhe nicht in allen kirchlichen Kreisen auf Gegen-

---

[21] Honold, Diakonie (wie Anm. 12), S. 22.
[22] Vierter Bericht über den Bestand und Fortgang der Diakonissenanstalt zu Neuendettelsau, Nördlingen 1857, S. 26 f.
[23] Ebd., S. 27 f.: „Alle Diakonissen sollen ihr Mutterhaus als Heimath erkennen, von der sie ausgehen und zu der sie in Tagen der Krankheit und Schwachheit zurückkehren dürfen, von welcher sie alle Bedürfnisse beziehen, wie Kinder von Vater und Mutter […]."
[24] Über die Entwicklung der Arbeitsgebiete vor allem: Harald Jenner, Von Neuendettelsau in alle Welt. Bedeutung und Entwicklung der Diakonissenanstalt Neuendettelsau / Diakonie Neuendettelsau 1854–1891/1900, Neuendettelsau [2004].
[25] Schreiben Wilhelm Löhes an Georg Müller vom 9.2.1859, in: Löhe, GW Bd. 2 (wie Anm. 13), S. 319.

liebe gestoßen. Im fünften Jahresbericht berichtete er deshalb von der Unterstützung, die die Diakonissenanstalt erhielt, aber auch von den Anfeindungen: „Auch von Privaten wird die Diaconissenanstalt, wie alles was von Neuendettelsau ausgeht, nicht in weiten und vielen Kreisen unterstützt, sondern alle unsere Anstalten und Unternehmungen mit ihrem keineswegs geringen Bedarf werden nur von solchen Personen gedeckt, die an unserer vielfach bemistrauten Richtung kein Grauen haben und allmählich durch den unser Thun gelegten göttlichen Segen Muth und Freudigkeit gewinnen, uns trotz der Schmach, die unverdienter Maßen auf uns liegt, unter die Arme zu greifen und unsere Hände zu stärken. Viele Menschen in unserer nächsten Nähe tragen sich mit Lügen und Verleumdungen gegen uns, ohne es für Mühe werth zu halten, sich an Ort und Stelle aufzuklären."[26]

Das stetige Anwachsen der diakonischen Arbeit wäre aber ohne die Hilfe befreundeter Kreise nicht möglich gewesen. Neben den Unterstützern aus dem Dekanat Windsbach, welche auch in der Leitung des Lutherischen Vereins für weibliche Diakonie tätig waren[27], gab es befreundete Familien aus Adelskreisen. Besonders das freiherrliche Geschlecht der Tucher und der von Meyer aus Nürnberg oder der Hochadel des Hauses Hohenlohe-Schillingsfürst unterstützten die Arbeit Wilhelm Löhes in Neuendettelsau.[28] Sie trugen einen wichtigen Beitrag zum Gedeihen der Diakonissenanstalt bei, so wurde etwa Helene von Meyer in die Hausleitung des Diakonissenhauses als dritte Vorsteherin berufen. Gottlieb von Tucher wurde von Löhe auch in finanziellen Fragen regelmäßig konsultiert. So bemühte sich von Tucher bereits im Winter 1853, noch vor der Gründung des „Lutherischen Vereins für weibliche Diakonie" und der Eröffnung der Diakonissenanstalt, um entsprechend günstige Kredite, um beim Beginn der Arbeit eine entsprechende finanzielle Grundlage zu haben.[29]

Aber auch andere Personenkreise unterstützten Wilhelm Löhe in seinen diakonischen Bemühungen. Bereits 1855 berichtete er an Adolf von Harleß, der 1852 als erster Theologe das Amt des Oberkonsistorialpräsidenten in München übernommen hatte, von den ehrenamtlichen Helfern: „In den letzten Wochen hilft mir ein Haufen Leute, die Armen (wir haben viele, obschon in den Listen der staatlichen Armenpflege fast keiner einzuzeichnen ist) besuchen und sie an Leib und Seele zu versorgen. Diese Leute ‚haben sich selbst verordnet' zur Diakonie. Ich habe meine große Freude an dem Ernst und Eifer und an der neuen reichen Gnade, die auf diesem Wege meiner Gemeinde zuteil sein wird."[30] Eine erste Form ehrenamtlicher Arbeit.

Neben der diakonischen Arbeit, welche von Neuendettelsau, das sich immer weiter zu einem Zentrum diakonischer Arbeit entwickelte, ausging, gab es weitere Initiativen auf dem Gebiet der Inneren Mission in Bayern. Wilhelm Löhe, angefragt aus Eng-

---

[26] Fünfter Bericht über den Bestand und Fortgang der Diakonissenanstalt zu Neuendettelsau, Nördlingen [1858], S. 8f.

[27] Vorsitzender des Vereins war Dekan Bachmann/Windsbach, Rechnungsführer Pfarrer Müller/Immeldorf und Sekretär des Vereins Inspektor Hensolt/Windsbach (ZADN, Bestand A Mutterhausregistratur, Verein für freiwillige Krankenpflege 1853–1857).

[28] Vgl.: Fallois, Wirken (wie Anm. 5), S. 296ff.

[29] ZADN, Bestand A Mutterhausregistratur, Verein für weibliche Diakonie 1853–1857. Schreiben Tuchers an Wilhelm Löhe v. 26.12.1853.

[30] Schreiben Wilhelm Löhes an Adolf v. Harleß vom 21.12.1855, in: Löhe, GW Bd. 2 (wie Anm. 13), S. 253.

land, gab Auskunft über die Lage der diakonischen Arbeit in Bayern im Jahre 1859. Berichteten im Jahre 1849 noch die „Fliegenden Blätter" des Rauhen Hauses, das publizistische Organ Johann Hinrich Wicherns, davon, dass Bayern für die Innere Mission noch fast eine „terra incognita"[31] sei, so spricht Wilhelm Löhe eine Dekade später von einem erfolgreichen Anwachsen auf dem Gebiet der Inneren Mission und Diakonie: „Die Anregung, welche durch Wichern und dessen Tätigkeit auch nach Bayern kam, hat besonders dadurch Früchte getragen, daß an nicht wenigen Orten Rettungshäuser und Kleinkinderschulen entstanden sind, welche je nach Umständen in mehreren oder minderen Flor stehen. Auch gibt es andere Vereine und Anstalten, zum Beispiel einen Verein für entlassene Sträflinge […] Unser König Max hat in der besten Meinung einen St. Johannis-Verein gestiftet, der nicht blos eine Anzahl von Zweigvereinen im Lande hat, sondern dem sich auch die meisten schon länger bestehenden Vereine wie einem Mittelpunkt angeschlossen haben."[32] Anschließend berichtet Löhe sehr ausführlich von der Arbeit in Neuendettelsau und dem expansiven Wachstum.

So war die diakonische Arbeit in Bayern in der Mitte des 19. Jahrhunderts zweigeteilt. In Neuendettelsau hatte sich um Wilhelm Löhe ein Zentrum diakonischer Arbeit in verschiedensten Arbeitszweigen ausgebildet, zudem versahen Neuendettelsauer Diakonissen an verschiedenen Einrichtungen – in der Regel in evangelischen Gebieten – ihren Dienst. Daneben existierten diakonische Einrichtungen, welche der Wichern'schen Richtung folgten. Beide Entwicklungsstränge entwickelten sich parallel zueinander.

Der Ausbau der Arbeitsfelder in Neuendettelsau durch Wilhelm Löhe – Methodik und Vorgehensweise

Wilhelm Löhe ging in der Ausweitung der verschiedenen Arbeitsfelder der Diakonissenanstalt Neuendettelsau sehr pragmatisch vor. An erster Stelle stand die Informationsbeschaffung über die bereits existierenden Anstalten oder Einrichtungen zu dem jeweiligen Arbeitsgebiet. In der Regel kamen auch dabei Theorie und Praxis zum Einsatz. Wilhelm Löhe war sehr daran interessiert, aktuelle Publikationen über die Entwicklung der verschiedenen diakonischen Arbeitsfelder zu erhalten, gleichzeitig war es ihm wichtig, die konkreten Arbeitsweisen selbst vor Ort zu kennen zu lernen. So unternahm er unter anderem 1848 einen Besuch im Rauhen Haus, welches 1833 in Hamburg durch Johann Hinrich Wichern gegründet worden war, ohne allerdings auf Wichern zu treffen.[33]

Als Beispiel für die Löhe'sche Informationsbeschaffung kann der Ausbau der Arbeit mit Menschen mit geistiger Behinderung herangezogen werden. Noch ehe er 1854 die Arbeit mit Menschen mit Behinderung in Neuendettelsau begann, hatte er sich 1853 über diesen Arbeitsbereich informiert. Von seinem Verleger in Stuttgart,

---

[31] Kunde aus Bayern, in: Die Fliegenden Blätter aus dem Rauhen Hause zu Horn bei Hamburg, VI. Serie, Nr. 3, 1849, S. 42.
[32] Schreiben von Wilhelm Löhe an Georg Müller vom 9. 2. 1859, in: Löhe, GW Bd. 2 (wie Anm. 13), 317 ff.
[33] Ebd., S. 44, Schreiben Wilhelm Löhes an Friedrich Hommel vom 12. 10. 1848.

Theodor Liesching, hatte er sich entsprechende schriftliche Informationen über ‚schwachsinnige' Kinder übermitteln lassen.[34] Neben der theoretischen Informationsbeschaffung war Wilhelm Löhe das Kennenlernen vor Ort sehr wichtig. So unternahm er 1853 eine Reise nach Winterbach und Stetten, um dort die Arbeit mit Menschen mit Behinderung vor Ort kennen zu lernen. In diesen Zusammenhang muss ebenso die entsprechende Umfrage über die Lage der ‚Cretinen' in den mittelfränkischen Pfarreien eingeordnet werden.[35]

Auch im Vorfeld der Gründung der Diakonissenanstalt informiert sich Löhe selbst über bereits bestehende Diakonissenanstalten, um Erfahrungen zu sammeln und das Arbeitsgebiet kennen zu lernen.[36]

Im Diakonissenhaus wurde nicht nur eine Bibliothek eingerichtet, welche den Schülerinnen zur Verfügung stand und den Ausbildungscharakter Neuendettelsaus unterstreicht, sondern diese wurde gezielt von Wilhelm Löhe auch genutzt und ausgebaut. Im Jahre 1862 wurde eigens ein Bibliothekar angestellt. Dr. Johann Laurent betreute von 1862 bis 1872 die Bibliothek und pflegte und erweiterte den Literaturbestand. Die Kataloge von 1862 und 1868 geben Auskunft über den Umfang der verschiedenen Sammelgebiete. Neben theologischen Werken wurden vor allem auch Schriften über Kleinkindererziehung, Magdalenenwesen, Krankenpflege und vor allem über die weibliche Diakonie gesammelt. Auch die beiden wichtigsten publizistischen Organe, der „Armen- und Krankenfreund" der Diakonissenanstalt Kaiserswerth und die „Fliegenden Blätter" des Rauhen Hauses, waren im Bestand aufgenommen.[37]

Löhe gab die so gewonnenen Informationen über das „Correspondenzblatt der Diaconissen von Neuendettelsau" an Dritte weiter. Auf diesem Wege leitete er unter anderem die Vergrößerung des Arbeitsfeldes mit den sogenannten gefallenen Mädchen ein.[38] Bereits 1854 waren junge Frauen im Diakonissenhaus aufgenommen worden, welche zusammen mit der Hausgemeinde lebten. Im Jahre 1861 standen der Magdalenenarbeit bereits fünf Räume zur Verfügung, doch der Bedarf an Betreuungsplätzen stieg stetig an. Deshalb entschloss sich Wilhelm Löhe, diesem Arbeitsgebiet ein eigenes Gebäude zu errichten. Gerade die Resozialisierungsarbeit mit Mädchen, welche in der Regel der Prostitution nachgegangen waren, war im ländlichen Milieu Neuendettelsaus schwierig zu begründen. Um diesen Arbeitszweig entsprechend zu initiieren, wurde im „Correspondenzblatt" eine Artikelserie über die Magdalenenarbeit in anderen Städten und Staaten gestartet. Nicht weniger als acht Artikel berichten vom September 1860 bis zum Oktober 1862 darüber. Entsprechend vorbereitet, konnte das Magdalenium im Jahre 1865 eröffnet und bezogen werden.[39]

---

[34] Fallois, Wirken (wie Anm. 5), S. 288 ff.

[35] Vgl. Anm. 16.

[36] „Ich stünde gern in Verbindung mit Ihnen und Frau Pastorin Hofmann. Wir müssen notgedrungen, damit nicht die barmherzigen Schwestern unsere Spitäler überschwemmen, zur Ausbildung von Krankenpflegerinnen usw. greifen und wollen es auch. Unsere Sachen werden sich nach unseren Verhältnissen gestalten [...] Es liegt aber ganz in unserem Interesse, andere Anstalten kennenzulernen. Vielleicht wird deshalb Frau Pfarrerin Hofmann demnächst Besuch von ein paar edlen Damen aus unserer Mitte bekommen." Schreiben Löhes an Prediger Vogel, Dresden, v. 13.9.1853, in: Löhe, GW Bd. 2 (wie Anm. 13), S. 209 f.

[37] ZADN, Bestand B Mutterhausarchiv, GIIa 1,21.

[38] Vgl. Jenner, Neuendettelsau (wie Anm. 24), S. 161–176.

[39] 1930 wurde dieses Arbeitsfeld durch die Diakonissenanstalt Neuendettelsau eingestellt.

Ähnlich ging Wilhelm Löhe auch bei der Errichtung des Neuendettelsauer Rettungshauses vor. Im Jahr 1861 berichtete Diakonisse Doris Braun über den Stand des Rettungshauswesens in Neuendettelsau. Dort waren in einem Bauernhaus entsprechende Räumlichkeiten bereits angemietet worden, doch man strebte den Bau eines eigenen Hauses an, um mit einem kleinen Garten und Stall zur Selbstversorgung einen Beitrag leisten zu können.[40] Löhe hatte diese Aufgabe – Bau und Unterhalt des Rettungshauses – den Diakonissen überantwortet. Bei der Finanzierung schlugen die Diakonissen neue Wege ein. Über eine Verlosung wurden die entsprechenden Finanzmittel für den Bau des Hauses beschafft, was zu einigen Anfeindungen führte. Gegen einen Preis von sechs Kreuzern konnten entsprechende Lose erworben werden, von denen wiederum einige Preise auch im Gegenwert von etwa sechs Kreuzern gezogen wurden. Der Preis war etwa ein Traktatbüchlein. Die Lotterie-Aktion verlief sehr erfolgreich; initiiert von Diakonissen und von Löhe unterstützt, kamen entsprechende Geldmittel zusammen, um sukzessive die Handwerker- und Materialrechnungen zu begleichen. In einem im „Correspondenzblatt" abgedruckten fiktiven Briefwechsel wurde die Lotterie gerechtfertigt.[41] Ähnliches Vorgehen Löhes ist auch beim Bau der sogenannten Blödenanstalt oder der Errichtung der beiden Spitäler in Neuendettelsau zu beobachten.

Neben der Ausweitung der Arbeit in Neuendettelsau stand eine parallele Entwicklung bei der Entsendung der Diakonissen in auswärtige Arbeitsgebiete. Dort waren die Schwestern in Krankenhäusern, Kleinkinderbewahranstalten, Suppenküchen oder in Privatpflegen tätig. Der Jahresbericht 1856, nur zwei Jahre nach der Gründung der Diakonissenanstalt, zählt bereits insgesamt 34 Diakonissen auf, welche in einem entsprechenden Arbeitsverhältnis standen. Nicht nur in bayerischen Städten waren Neuendettelsauer Diakonissen tätig, sondern auch in anderen deutschen Staaten und Regionen, so etwa in Sachsen oder Mecklenburg.[42]

Ein gutes Jahrzehnt später verzeichnet der Jahresbericht 1867/68 nicht weniger als neunzehn bayerische Städte und Ortschaften sowie neun außerbayerische Einsatzorte Neuendettelsauer Diakonissen.[43] Diese Auflistung zeigt deutlich das stetige Anwachsen der Diakonissenanstalt Neuendettelsau auf. Interessant sind dabei auch die Kontakte in das Baltikum, nach Bessarabien und Südfrankreich. Die Entsendung von Diakonissen in das Ausland hatte bereits in den Jahren 1857/58 begonnen.[44] Gingen die ersten Schwestern noch nach Nordamerika, um dort die fränkischen Emigranten und deren im Entstehen begriffenen sozialen Einrichtungen zu unterstützen, trat bald das östliche Europa in den Blick Löhes. Persönliche Kontakte zu ausgewanderten Luthe-

---

[40] Correspondenzblatt der Diaconissen von Neuendettelsau, 4. Jg., Nr. 9, 1861, S. 33 ff.

[41] Ebd., 6. Jg., Nr. 1, 1863, S. 1 ff.

[42] Dritter Bericht über den Bestand und Fortgang der Diakonissenanstalt zu Neuendettelsau, Nürnberg 1856, Anhang.

[43] Fünfzehnter Jahresbericht über den Bestand und Fortgang der Diakonissenanstalt zu Neuendettelsau 1867/68, Ansbach 1869, S. 7–10. Neben Neuendettelsau waren Diakonissen in Altdorf, Egloffstein, Fürth, Heidenheim, Hof, Kempten, Kitzingen, Lindau, Memmingen, München, Nördlingen, Nürnberg, Oettingen, Polsingen, Regensburg, Schillingsfürst, Thurnau, Wendelstein und Würzburg eingesetzt, außerhalb Bayerns in Bernburg, Dessau, Eisenberg, Hannover, Hildesheim, Lüneburg, Nizza, Reval und Sarata/Bessarabien.

[44] U. a. Walter Gebhardt / Matthias Honold, Die internationalen Beziehungen der Diakonie Neuendettelsau im historischen und aktuellen Kontext I., in: Hermann Schoenauer (Hg.), Tradition und Innovation. Diakonische Entwicklungen am Beispiel der Diakonie Neuendettelsau, Stuttgart / Köln / Berlin 2004, S. 47–57.

ranern standen am Anfang der Beziehungen zu den genannten Regionen. Hier unterscheidet sich Löhes Vorgehen von seiner Vorgehensweise bei der Etablierung der Arbeitsgebiete in Neuendettelsau. Ohne die entsprechenden persönlichen Kontakte zwischen Löhe und den dort tätigen Pastoren und sozial engagierten Personenkreisen hätte es diese Arbeitszweige der Diakonissenanstalt Neuendettelsau nicht gegeben. Als Beispiel sei die Station in Nizza genannt. Während eines Kuraufenthaltes in Bad Kissingen im Jahr 1868 hatte Elisabeth de George aus Nizza das Werk und Wirken Wilhelm Löhes kennen gelernt. Sie trat daraufhin mit Wilhelm Löhe in Kontakt, um über die Entsendung von Diakonissen nach Nizza zur dortigen Krankenpflege zu verhandeln. Neu war in diesem Fall, dass die Neuendettelsauer Schwestern sich nicht den sozial Schwachen annehmen sollten, sondern den reichen, evangelischen Touristen, welche den Winter in Südfrankreich verbrachten. Für diese gab es in der katholischen Gegend keine Möglichkeit einer entsprechenden konfessionellen Krankenpflege. Trotz vieler Anfragen mit der Bitte um Entsendung von Diakonissen von anderer Seite, entschloss sich Wilhelm Löhe, sich diesem neuen Arbeitsgebiet anzunehmen und entsandte im Winter 1868/69 drei Schwestern in die südfranzösische Stadt. Aufgrund der hohen Ansprüche an die Diakonissen, welche französisch und englisch sprechen und im Umgang mit den zumeist adeligen Kreisen entsprechende Kenntnisse aufweisen mussten, blieb das Engagement nur eine kurze, aber erfolgreiche Episode. Aufgrund persönlicher Veränderungen der drei Diakonissen standen keine entsprechenden Pflegekräfte mit den geforderten Fähigkeiten mehr zur Verfügung.[45]

Wilhelm Löhe wog aber auch bei der Besetzung ausländischer Stationen genau ab, ob ein Engagement entsprechend erfolgreich werden würde. Eine Konzeption musste vorliegen und schlüssig sein. Dass er dabei auch bereit war, neue Wege zu gehen, zeigte das Beispiel Nizza. Ein großer Traum von Löhe blieb die Errichtung einer Diakonissenanstalt in Nordamerika. So freute er sich, als im Frühjahr 1868 eine entsprechende Anfrage aus Toledo/Ohio an ihn gerichtet wurde.[46] Wegen der fehlenden Konzeptionen seitens der nordamerikanischen Verhandlungspartner zögerte Löhe lange Zeit mit der Überweisung entsprechender finanzieller Mittel, ehe das Projekt ganz aufgegeben wurde.[47]

Aufgrund des Wirkens Wilhelm Löhe war das mittelfränkische Dorf weit über die Grenzen der Region hinaus bekannt geworden. Neben dem Ort war eine „Anstaltskolonie" mit über 15 Gebäuden entstanden, welche die sozialen Bedürfnisse weit über das normale Maß in der Mitte des 19. Jahrhunderts abdeckte. Neuendettelsauer Diakonissen arbeiteten in vielen bayerischen Städten und Ortschaften, und die Haube der Diakonisse wurde allmählich zum Zeichen evangelischer Liebestätigkeit.

---

[45] Matthias Honold, Diakonissen unter französischer Sonne, in: Jenner, Neuendettelsau (wie Anm. 24), S. 253–256.

[46] „Heute am 15. Mai [1868] erhielt ich Ihren an mich adressierten Brief der zugleich an Herrn Inspektor Bauer wegen Errichtung eines Diakonissenhauses für die Lutheraner in Amerika geschrieben ist. Ich las ihn und es schien mir daß noch einmal eine Zeit gekommen sein könnte meine Hand Ihnen zur Hilfe zu bieten; der Herr hat seine Zeiten […] Ich habe Lust anzupacken." Schreiben Löhes an Pastor Dörfler v. 15.5.1868 (ZADN, Bestand A Mutterhausregistratur, Stationen, Nordamerika 1868–1881).

[47] Ebd.

Die Wahrnehmung der diakonischen Arbeit Löhes

Von Anfang an versuchte Wilhelm Löhe die Arbeit der Diakonissenanstalt bei den weltlichen Behörden bekannt zu machen. So sicherte er die Vereinsgründung des „Lutherischen Vereins für weibliche Diakonie in Bayern" noch beim bayerischen Innenministerium ab, was ihm und seinen Helferkreis die Belehrung brachte, dass eine Genehmigung des Vereins nicht notwendig sei, da es sich nicht um einen politischen Verein handle.[48] Von großer Bedeutung war die Verleihung der Rechte einer Körperschaft des Öffentlichen Rechts an die Diakonissenanstalt Neuendettelsau am 7. August 1855. Diese Forderung war bereits im Jahr zuvor an die Regierung ergangen. Mit der Verleihung der Rechte trat die Diakonissenanstalt aus dem Vereinskonstrukt des „Lutherischen Vereins" heraus und besaß fortan mehr Eigenständigkeit. Löhe selbst hielt dies im zweiten Jahresbericht fest: „Einem jeglichen von Ihnen ist es selbstverständlich, welch eine große Wohlthat diesem Hause ertheilt worden ist. Auf Grund der ertheilten Rechte können wir doch für die Anstalt selber von nun an ruhig kaufen und erwerben, was zum Zwecke des Hauses dienlich ist, und wer demselben, sei es im Leben oder Sterben, eine Wohlthat zuwenden will, der weiß, daß er sich von nun an nicht blos der Willkür oder dem Ermessen einiger unverantwortlicher Männer überliefert."[49]

Bereits im April 1855 hatte sich Löhe erstmals mit der Bitte um Unterstützung an den Landrat von Mittelfranken gewandt. In einem ausführlichen Schreiben, dem der erste Jahresbericht der Diakonissenanstalt beigelegt war, geht Löhe auf die Ziele und Zielsetzungen ein. Am Ende des Schreibens bittet Löhe als Vorstand der Diakonissenanstalt Neuendettelsau direkt um finanzielle Unterstützung.[50] Der Landrat von Mittelfranken genehmigt noch im gleichen Jahr die Zuwendung einer Summe von 150 fl. an die Diakonissenanstalt. In den folgenden Jahren werden seitens Löhe weitere Anträge mit entsprechendem Erfolg an die Regierung in Ansbach gestellt. Für Löhe ist es ein gutes Zeichen, er sieht in „Gewährung selber das Wohlwollen der hohen Versammlung und die Anerkennung, welchen sie unseren Zwecken zu schenken geneigt ist [...] Wir stellen die Anerkennung des hohen Landrathes, die in seiner Unterstützung liegt, unter dem, was wir von dem äußeren Gedeihen unserer Anstalt zu rühmen haben, getrost mit ein."[51] Dass Löhe nicht nur positive Erfahrungen mit Behörden hatte, zeigt seine Stellungnahme aus dem Jahr 1859. Auf die schriftliche Anfrage von Georg Müller/Clayton House in England, ob die Regierung Widerstand gegen die Bestrebungen der Inneren Mission leiste, erwidert Löhe: „Man kann nicht sagen, daß sie Widerstand leiste, im Gegenteil sind die Grundsätze unseres Königs von der Art, daß man

---

[48] Wilhelm Löhe, Etwas aus der Geschichte der Diakonissenanstalt Neuendettelsau, in: Löhe, GW Bd. 4 (wie Anm. 1), S. 268.
[49] Zweiter Bericht über den Bestand und Fortgang des Diakonissenhauses zu Neuendettelsau, Nördlingen 1855, S. 4.
[50] „Da nun unsere Anstalt ihre Wirksamkeit zwar allerdings weit über die bayerischen Grenzen hinaus ausdehnt, aber der Natur der Sache nach zunächst in Mittelfranken hat u. ihr von da viele unbemittelte Schülerinnen u. Kranke zugehen, so wagt dieselbe hiemit eine doppelte Bitte an den hohen Landrath von Mittelfranken, nemlich ihr huldvoll zuzuwenden: 1. einen Beitrag zur Tilgung der Bauschuld, 2. einen jährlichen Beitrag für mittelfränkische arme Schülerinnen und Kranke." (Schreiben Löhes an den Landrat von Mittelfranken v. 30.4.1855. ZADN, Bestand A Mutterhausregistratur, Eingaben an den Landrat, 1855–1873).
[51] Zweiter Bericht über den Bestand und Fortgang der Diakonissenanstalt zu Neuendettelsau, Nördlingen 1855, S. 4f. Siehe auch dazu: Freimund. Kirchlich-politisches Wochenblatt, Nr. 37, 11.9.1856.

alles, was innere Misssion heißt, versteht sich, soweit es nicht protestantisch ist und sein muß, unterstützt und unterstützt haben will. Doch sind allerdings die Formalien, welche zur Aufrichtung von Werken der inneren Mission eingehalten werden müssen, oft sehr beschwerlich und hinderlich; auch haben die Unterbeamten Macht genug, ihrer persönlichen Überzeugung zur Förderung und Hinderung des Guten Nachdruck zu verschaffen. Dies ist namentlich sehr empfindlich, wenn irgendwo ein Beamter sitzt, welcher Regungen des geistlichen Lebens glaubt bemißtrauen zu müssen; da fehlt es an Plackerei nicht."[52]

Diese Aussage trifft sicherlich auch auf die kirchlichen Behörden in München zu. Seitdem Löhe ab 1848 seine Bestrebungen um eine Erneuerung der bayerischen Landeskirche intensiviert hatte, um eine staatsfreie, dem lutherischen Bekenntnis verpflichtete Kirche zu verwirklichen, sah man von München aus mit Sorge und Skepsis auf die Entwicklungen des Kreises um Wilhelm Löhe. Oft wurde Löhe der Vorwurf des Separatismus gemacht, und er selbst sprach ebenfalls von Scheidung mit der Landeskirche.[53] Wie genau Löhe und sein Freundeskreis von München aus beobachtet worden waren, zeigen entsprechende Aktenüberlieferungen.[54]

Die kritische Haltung des Oberkonsistoriums erweist sich auch in einem Schreiben an das bayerische Innenministerium aus dem Jahre 1858. Dort berichtet das Oberkonsistorium über die neuen Statuten des Diakonissenhauses, welche im Zuge der Umstrukturierung hin zu einem Diakonissenmutterhaus eingeführt beziehungsweise abgeändert worden waren: „Wir wissen nicht, ob diese Einrichtungen und Feststellungen im Organismus der Anstalt u. des Diaconissendienstes irgendwie zur Anzeige gebracht und genehmigt worden sind […] wie dem auch sey, uns scheinen diese Maßnahmen […] so tief in das Wesen und Aufgabe der Anstalt einzugreifen, u. von so folgenreicher Wirkung sey[n], daß wir ein solches Vorschreiten nicht ohne höhere Genehmigung für berechtigt halten können."[55] Über das Königliche Amtsgericht Heilsbronn wurde Wilhelm Löhe um eine entsprechende Stellungnahme bezüglich der Arbeit der Diakonissenanstalt und der Statutenänderung gebeten, welcher Löhe am 19. April 1858 nachkam.[56]

Allerdings schien man im Oberkonsistorium in München die Vernetzung beziehungsweise die Eigenständigkeit der einzelnen Vereine und Anstalten nicht genau wahr genommen zu haben, obwohl die kirchlichen Kreise seit 1855 regelmäßig Berichte über die Arbeit in Neuendettelsau erhielten. So übersandte Löhe, der die leitenden Ämter der Vereine in der Regel selbst inne hatte und damit vielleicht auch zu ei-

---

[52] Schreiben Wilhelm Löhes an Georg Müller v. 9.2.1859, in: Löhe, GW Bd. 2 (wie Anm. 13), S. 319.

[53] Einen Überblick über Löhes Bemühungen um eine lutherische Bekenntniskirche bei Friedrich Wilhelm Kantzenbach, Wilhelm Löhe, Frankens großer Lutheraner, in: Friedrich Wilhelm Kantzenbach, Evangelischer Geist und Glaube im neuzeitlichen Bayern, München 1980, S. 157–198, vor allem S. 168 ff.

[54] Landeskirchliches Archiv der ELKB Nürnberg (künftig: LAELKB), OKM 1652 Pfarrer Wilhelm Löhe und andere Pfarrer betreffend. Untertitel: Das Verhalten des Pfarrer Wilhelm Löhe zu Neuendettelsau, Dekanat Windsbach, und Consorten betreffend.

[55] LAELKB, OKM 1679 Die innere Mission und die Diaconissen-, Kranken und Kleinkinderbewahranstalt in Neuendettelsau betreffend 1858–1862. Schreiben vom 5.3.1858.

[56] Anfrage vom 4.4.1858. „2. Ferner ist zu berichten über die Einrichtung und die Leistungen der Diakonissenanstalt Neuendettelsau im allgemeinen, sodann auch insbesondere 3. über die Vereinigung der Diaconissen zu einer Art geschlossener Schwesternschaft […]" (Staatsarchiv Nürnberg (künftig: StAN), Landratsamt Ansbach, Abgabe 1950, 1059 Diakonissenanstalt Neuendettelsau 1853–1904).

ner gewissen Verwirrung beitrug, persönlich an Oberkonsistorialpräsident Adolf von Harleß die Jahresberichte. In seinem Schreiben an Harleß vom 21. Dezember 1855 berichtet Löhe, „Dekan Bachmann [habe] es übernommen, an die kirchlichen Stellen Berichte zu schicken."[57] Das Dekanat Windsbach hatte durch eine Entschließung vom 17. Dezember 1855 um eine entsprechende Berichterstattung gebeten. In einem langen Schreiben unterrichtete Wilhelm Löhe im Jahre 1861 über die Konstruktion der verschiedenen Vereine und Anstalten das Oberkonsistorium in München über das Dekanat Windsbach. „Um Licht in das Ganze zu bringen, sei es vor allen Dingen erlaubt, die Scheidung vorzulegen, welche rücksichtlich der verschiedenen Zweige unsere hier gipfelnden Liebesthätigkeit besteht. Es muß namentlich die ‚Gesellschaft für innere Mission im Sinne der lutherischen Kirche' unterschieden werden von dem ‚Verein für weibliche Diakonie in Bayern': Beide aber sind wieder zu unterscheiden von der Diaconissenanstalt hieselbst […] Bei dieser Unterscheidung haben sich aber dennoch auch die Vereine für innere Mission u. weibl. Diakonie nie den Augen der kirchlichen Behörden entziehen wollen, da sie ja nach der wohlwollenden Theilnahme sehnten."[58]

Die Wahrnehmung der Arbeit der Diakonissenanstalt Neuendettelsau durch die kirchlichen Behörden erfolgte mit einer kritischen Distanz. Die erste größere Unterstützung der Arbeit in Neuendettelsau seitens der bayerischen Landeskirche erfolgte im Jahre 1864. Zum Bau der sogenannten Blödenanstalt wurde eine Kollekte genehmigt, um zur Tilgung eines Teiles der Bausumme beitragen zu können.

Von der Bevölkerung der umgebenden Ortschaften wurde die Arbeit der Diakonissenanstalt in Neuendettelsau zwar wahrgenommen, aber die mögliche soziale Unterstützung, welche diese bot, nicht im entscheidenden Maße genützt. Dr. Ebersberger, der Verfasser des Physikatsberichts für das Bezirksamt Heilsbronn – die Physikatsberichte waren durch eine Verfügung des Staatsministeriums des Innern aus dem Jahre 1858 von dem jeweiligen Bezirksamtsarzt zu erstellen –, berichtet: „Jedoch ist in letzter Zeit in dem Pfarrdorfe Neuendettelsau eine Missions- und Diakonissenanstalt errichtet worden, woselbst auch psychisch und somatisch Kranke aufgenommen werden, soweit es die Räumlichkeiten und sonstige Verhältnisse der Anstalt gestatten. Diese Anstalt ist blos Privatunternehmen, weshalb eine obligatorische Aufnahme der Hilfsbedürftigen mit derselben nicht verbunden ist. Indessen hat man seit ihrem Bestehen viele Beweise von Uneigennützigkeit bei Versorgung von armen Kranken erhoben, und ist dieser Anstalt günstiger Fortgang und weitere Entwicklung zu gemeinnütziger Wirksamkeit zu wünschen."[59] Seit dem Jahr 1852 war der Distrikt für die Krankenversorgung zuständig; da es in Heilsbronn kein Krankenhaus gab, kam es ab den 1860er Jahren dem Distrikt entgegen, dass in Neuendettelsau eine Krankenanstalt existierte. 1869 wurde endgültig zwischen der Diakonissenanstalt Neuendettelsau und

---

[57] Schreiben Wilhelm Löhes an Adolf von Harleß v. 21.12.1855, in: Löhe, GW Bd. 2 (wie Anm. 13), S. 253.
[58] Schreiben Wilhelm Löhes an das Kgl. Dekanat Windsbach v. 27.2.1861 (ZADN, Bestand A Mutterhausregistratur, Jahresberichte des Vereins für weibliche Diakonie und der Diakonissenanstalt Neuendettelsau an die kirchlichen Behörden 1861).
[59] Zit. nach Edeltraud Loos, „Behufs der Bestimmung des im Bezirk herrschenden Kulturgrades ..." Die Physikatsberichte in der Mitte des 19. Jahrhunderts als Beitrag zur Sozial- und Kulturgeschichte Mittelfrankens (Mittelfränkische Studien 13), Ansbach 1999, S. 621.

dem Amtsbezirk Heilsbronn vertraglich festgelegt, dass das Spital in Neuendettelsau als Distriktshospital diene. Von der Bevölkerung wurde es mehr und mehr angenommen, was die Zunahme der Patienten und Pflegetage in den Hospitälern zeigt.[60]

Die Arbeit Löhes wurde auch von Theodor Fliedner und Johann Hinrich Wichern rezipiert; Wichern nahm erst im Jahre 1860 „offiziell" das diakonische Wirken Löhes in Neuendettelsau wahr. Erstmals wurden Auszüge aus dem sechsten Jahresbericht in den „Fliegenden Blättern" des Rauhen Hauses veröffentlicht. Auch im „Armen- und Krankenfreund" Fliedners wurden ab den 60er Jahren regelmäßig Berichte über den Fortgang der Neuendettelsauer Diakonissenanstalt abgedruckt.[61] Trotz der verschiedenen Positionen bezüglich dem Wesen der Inneren Mission respektierte man sich im Laufe der Zeit, was zum Beispiel bei der Gründung der „Conferenz für Innere Mission" in Bayern im Jahre 1866 deutlich wurde. Löhe selbst antwortete Wichern über die Haltung Neuendettelsaus zu der geplanten Vereinigung, wobei er zwar die Beteiligung Neuendettelsaus ausschloss, gleichzeitig aber die Wichtigkeit eines derartigen Zusammenschlusses sah.[62] Auch die Beziehung zu Kaiserswerth verbesserte sich. Gerade mit dem Nachfolger Fliedners, Julius Disselhoff, verstand sich Löhe wohl sehr gut. Zum einen kam es zu einem fachlichen Austausch im Bereich der Behindertenarbeit, welche auch Disselhoff sehr am Herzen lag und die er in Kaiserswerth ausbaute, und zum anderen nahmen 1865 erstmals Neuendettelsauer Diakonissen an der im Jahre 1861 ins Leben gerufenen Kaiserswerther Generalkonferenz teil. So ist es nicht verwunderlich, dass im „Armen- und Krankenfreund" 1866 ausführlich über die Errichtung der ersten Filiale Neuendettelsaus in Polsingen berichtet wird. Am Schluss fügte Disselhoff noch hinzu: „So erzählen die Neuendettelsauer, wir aber setzen hinzu: Gott gebe seinen Segen in diesen schönen Entschluß, und lasse die Dettelsauer Diakonissen-Anstalt grünen und blühen, wachsen und viel Frucht bringen."[63]

Wilhelm Löhe hatte in den knapp 18 Jahren, in denen er der Diakonissenanstalt Neuendettelsau vorstand, ein kleines Sozialunternehmen in Neuendettelsau und darüber hinaus etabliert. Nach Kaiserswerth, Berlin-Bethanien, Stuttgart oder Dresden zählte Neuendettelsau zu den größten Diakonissenanstalten im Deutschen Reich. Diakonissen waren national und international tätig, in Neuendettelsau war ein diakonisches Zentrum entstanden. Theodor Schäfer urteilt über Löhe und die Diakonissenanstalt: „Für sie war er der Gründer und blieb der Leiter bis zum Tage seines Todes. So

---

[60] Vgl. Jenner, Neuendettelsau (wie Anm. 24), S. 113–130.

[61] So berichtet die Mai/Juni-Ausgabe des „Armen- und Krankenfreundes" auf zehn Seiten ausführlich von den einzelnen Arbeitsgebieten der Diakonissenanstalt Neuendettelsau: Aus dem Diakonissenhause Neuendettelsau bei Nürnberg, in: Der Armen- und Krankenfreund, Mai/Juni 1863, S. 91–100.

[62] Vgl. Honold, Diakonie (wie Anm. 12), S. 28 f.

[63] Der Armen- und Krankenfreund, Mai/Juni 1866, S. 95 f. Ergänzend dazu auch Löhes Haltung 1868. Nachdem Löhe in diesem Jahr einen Aufruf (Herzliche Bitte sämmtlicher Diakonissen-Mutterhäuser der evangelischen Kirche an ihre Glaubensgenossen), welcher von Pastor Julius Disselhof initiiert worden war, mitunterzeichnet hatte, wurden „brüderliche Klagen" laut. In einem Artikel im Correspondenzblatt geht Löhe auf die Vorwürfe (Zusammenarbeit mit unierten und reformierten Diakonissenhäusern) ein. Klar legt er sein lutherisches Bekenntnis dar, aber auch seine Haltung zur diakonischen Arbeit. „Was Disselhof klagt und ersehnt, haben wir unsererseits mitgeklagt und mitgewünscht. [...] Dem Pastor Disselhof aber und seiner Einladung folgten wir, denn es besteht eben dennoch ein Unterschied, für den wir deshalb das Auge nicht verlieren, weil wir rechts und links uns zum Eifern reizen lassen und jede gute Erfahrung uns aneignen möchten", in: Correspondenzblatt der Diaconissen von Neuendettelsau, Nr. 12, December 1868, S. 46 ff.

ist auch keinem seiner Werke so ganz der Stempel seines Geistes aufgeprägt wie dem Diakonissenhaus, und wie wohl hat es sich dabei befunden."[64]

Um dies leisten zu können, musste Löhe auch flexibel in seinen Haltungen und Entscheidungen sein. Christoph Luthardt, der Herausgeber der Allgemeinen Evangelisch-Lutherischen Kirchenzeitung, hielt dies bereits im Jahre 1869 fest: „Löhe hat offenbar in seiner Entwicklung manche Phasen durchgemacht, jedoch nicht zur Unehre soll ihm dies nachgesagt werden, denn starres Festhalten des einmal gesagten und Gelehrten ist sicher nicht immer die höchste Tugend."[65] Und auch Löhe selbst berichtete: „Die Diakonissenanstalt Neuendettelsau, nunmehr ein in die Augen fallendes und großes Ganze[s], das seinen eigenen Anfängen verloren und in die Vergessenheit gesenkt hat: zwar will ich nicht sagen, daß man hohes Bedauern deshalb fassen müßte. Manche Dinge haben Anfänge gehabt, an denen nichts gelegen ist, und so mag es auch mit unserer Diakonissenanstalt gewesen sein. Die Anfänge mancher Sache sind an sich dunkel und unklar, und manchen Menschen und Dingen ist es wie angethan, mit allen ihren Sachen erst allmählich sich selber und anderen klar zu werden."[66] Diese Flexibilität betonte Löhe bereits 1859. Seine Ausführungen an das Königliche Landgericht in Heilsbronn bezüglich der Statutenänderung der Diakonissenanstalt schließt er mit dem Satz: „[…] so würde er [Löhe] zur Begründung dieser seiner Bitte (Umstrukturierung der Diakonissenanstalt) eine Darlegung abschriftlich beigelegt haben, in welcher ein großer Anstaltsgründer, Graf Zinzendorf, am Ende seines Lebens die auf reiche Erfahrung gegründete Überzeugung ausspricht, daß kein Institut wohl gedeihen und bleiben kann, das sich nicht innerhalb seiner ganzen immer ändern, vorwärts bewegen und zeitgemäß verbessern darf."[67]

Löhe ist sich über seine Leistung, die er in dem kleinen unbedeutenden fränkischen Neuendettelsau vollbrachte, bewusst. In der Mitte der 60er Jahre wurden Fotoaufnahmen von den Einrichtungen der Diakonissenanstalt angefertigt, und es zeigt sich der Stolz in Löhes Aussage: „Es ist ein köstliches Bild [Foto] da, welches alle Anstalten in einer Reihe enthält. Von der Ökonomie bis zum Leichenhaus. Desgleichen vergnügliche Sachen sind wie Augen auf der sauren Wassersuppe meines Lebens."[68] Wilhelm Löhe starb am 2. Januar 1872 als Dorfpfarrer und Rektor der Diakonissenanstalt in Neuendettelsau.

---

[64] Theodor Schäfer, Wilhelm Löhe. Vier Vorträge über ihn nebst Lichtstrahlen aus seinen Werken, Gütersloh 1909, S. 62.

[65] Allgemeine Evangelisch-Lutherische Kirchenzeitung, Nr. 21 v. 21. 5. 1869, Sp. 348.

[66] Löhe, Geschichte (wie Anm. 48), S. 259.

[67] StAN, Regierung von Mittelfranken, Abgabe 1932, Titel XIV, 616 Die Missions- und Diaconissenanstalt Neuendettelsau betreffend, Bd. 1: 1853–1870, Schreiben Löhes an das Kgl. Landgericht Heilsbronn vom 14. 9. 1859.

[68] Schreiben Wilhelm Löhes an Marianne Löhe v. 12. 9. 1865, in: Löhe, GW Bd. 2 (wie Anm. 13), S. 432 f.

Helmut Neuhaus

Gräfenberg im preußisch-bayerischen Krieg von 1866

Zur historischen Einordnung einer kleinen Episode*

I.

„Bayreuth war unser. Noch hatten wir drei Tage vor dem Waffenstillstande Zeit genug, um Erlangen und Nürnberg zu erreichen. Der Besitz der letztern Stadt, und zwar aus den mannigfachsten Gründen, hatte eine Bedeutung. So wurde Nürnberg die Loosung der nächsten Tage."[1] – Mit diesen Sätzen leitete Theodor Fontane (1819–1898), der große deutsche Balladendichter und Romanschriftsteller, der Autor so vieler bekannter Gedichte wie „Archibald Douglas", „John Maynard" oder „Herr von Ribbeck auf Ribbeck im Havelland", der Autor von „Frau Jenny Treibel" und vor allem von „Effi Briest", in seinem zweibändigen journalistisch-historischen Werk „Der deutsche Krieg von 1866" das kleine Kapitel „Von Bayreuth bis Nürnberg" ein. „Ich wünsche das Kriegsbuch zu schreiben" – ließ er am 11. August 1866 aus Berlin seinen Verleger Wilhelm Hertz (1822–1901) wissen –, einmal weil ich das Schleswigholstein Buch dadurch erst zu einem rechten Abschluß bringe, zweitens weil ich eine Lust und ein gewisses Talent für solche Arbeiten, drittens weil ich einen erheblichen pekuniären Vortheil davon habe, aber die Sache *ist mir keine Herzenssache.*"[2] Wie er als privater Kriegsberichterstatter den preußischen Heeren in den Kriegen von 1864 und 1870 gefolgt, im Jahre 1870 gar in französische Kriegsgefangenschaft geraten war[3], so war er im August und September 1866 auch auf den Schauplätzen jenes Krieges gewesen, dessen interpretierende zeitgenössische Bezeichnung als „Deutscher Krieg" viele Einzelheiten überdeckt.

„Am 30. [Juli]" – fuhr Fontane an der zitierten Stelle fort –, „Am 30. brachen die Truppen auf. Die Jäger gingen mit ½ Escadron Dragoner auf Erlangen; eine zweite

---

* Die Form des Vortrages wurde weitgehend beibehalten, den ich am 28. Juli 2006 im Rahmen der Feiern der Stadt Gräfenberg und der „Altstadtfreunde Gräfenberg e.V." anläßlich des Jubiläums „140 Jahre Waffenstillstand" im Gräfenberger Rathaus gehalten habe. Ergänzt wurden die notwendigen Quellen- und Literaturhinweise.

[1] Theodor Fontane, Der Feldzug in West- und Mitteldeutschland, mit Illustrationen von Ludwig Burger (Theodor Fontane, Der deutsche Krieg von 1866, Bd. 2), Berlin 2. Auflage 1871, S. 280. Gerade neu erschienen: Theodor Fontane, Der deutsche Krieg von 1866, 2 Bde., Berlin 2006.

[2] Otto Drude / Gerhard Krause / Helmuth Nürnberger (Hg.), Theodor Fontane. Briefe, Bd. 2: 1860–1878 (Theodor Fontane, Werke, Schriften und Briefe, Abt. IV), Darmstadt 1979, Nr. 142, S. 168 f., hier S. 169.

[3] Vgl. dazu Theodor Fontane, Kriegsgefangen. Erlebtes 1870, in: Walter Keitel (Hg.), Theodor Fontane. Sämtliche Werke: Aufsätze, Kritiken, Erinnerungen, Bd. 4: Autobiographisches, Darmstadt 1973, S. 541–689; siehe ferner Helmuth Nürnberger / Heide Streiter-Buscher / Christian Andree (Hg.), Theodor Fontane. Erinnerungen, ausgewählte Schriften und Kritiken, Bd. 5: Zur deutschen Geschichte, Kunst und Kunstgeschichte (Theodor Fontane, Werke, Schriften und Briefe, Abt. III), Darmstadt 1986, S. 9–115 („Der Schleswig-Holsteinische Krieg im Jahre 1864"), S. 117–325 („Der Deutsche Krieg von 1866"), S. 327–384 („Reisebriefe vom Kriegsschauplatz [1866]", S. 385–454 („Der Krieg gegen Frankreich 1870–1871"). Siehe insgesamt Dietmar Storch, Theodor Fontane – Zeuge seines Jahrhunderts, in: Christian Grawe / Helmuth Nürnberger (Hg.), Fontane-Handbuch, Stuttgart 2000, S. 103–191.

mecklenburgische Colonne unter Oberstlieutenant v. Lützow, bestehend aus dem Garde-Grenadier-Bataillon Major v. Amsberg, dem 2. Bataillon Major v. Pressentin, einer Schwadron und 4 Geschützen, ging über Pottenstein und Eschenau eine dritte Colonne, die Altenburger, 1 Escadron und 2 Geschütze unter Oberst v. Wartenberg ging über Pegnitz und Lauf auf Nürnberg. [...] Am 31. Nachmittags hielt Oberstlieutenant v. Lützow vor dem Laufer Thore; vor ihm und seinen Bataillonen lag die alte Reichsstadt mit ihren Mauern und Thürmen, mit hochragender Burg und den stattlichen Kirchen. Es war für Herz und Auge ein schöner Anblick. Die Dragoner mit aufgesetztem Carabiner passirten das Thor und sprengten in Nürnberg hinein. Auf allen Straßen Menschen, Menschen an allen Fenstern, hie und da auch Hurrahrufen, Tücherwehen; man hatte nicht den Eindruck als Feind in eine gewonnene Stadt einzureiten, sondern als Sieger festlich empfangen zu werden. So ging's vorüber an der Hauptwache, über den großen Markt, dann an der Lorenzkirche vorbei und hinaus zum Frauenthor auf den Bahnhof. Wenige Minuten zuvor hatte alles, was von bairischem Militair in Nürnberg lag, die Stadt verlassen; unsere Truppen fanden nur Landwehr vor, die selbstverständlich entwaffnet werden mußte. [...] Am folgenden Tage (1. August) hielt der Großherzog an der Spitze der noch zurückbefindlichen Truppen seinen Einzug. Er nahm seine Aufstellung an dem schönen Brunnen am Markt und ließ die Bataillone defilieren. An demselben Tage wurde auf der alten Hohenzollern-Burg die preußische Fahne aufgezogen."[4] Das im Nürnberger Stadtmuseum aufbewahrte Ölgemälde des Kriegsteilnehmers und Militärmalers Louis (Ludwig) Braun (1836–1916) – von dem auch großformatige Schlachtenbilder wie „Preußische Landwehrgarde und große Artillerie bei Nürnberg" von 1866 (München, Neue Pinakothek) erhalten sind – zeigt die Parade preußischer Truppen vor dem 43jährigen Großherzog Friedrich Franz II. von Mecklenburg-Schwerin (1823–1883) vor dem Schönen Brunnen.[5]

Von wo der Großherzog nach Nürnberg aufgebrochen war – darüber findet sich bei Theodor Fontane keine Information, obwohl der Autor sonst breit über die Geschichte der preußischen „Main-Armee" bis Ende Juli 1866 berichtet und sogar dem preußi-

---

[4] Fontane, Der Feldzug (wie Anm. 1), S. 281f. – Zu Nürnberg im 19. Jahrhundert siehe Werner K. Blessing, Der Schein der Provinzialität: Nürnberg im 19. Jahrhundert, in: Helmut Neuhaus (Hg.), Nürnberg. Eine europäische Stadt in Mittelalter und Neuzeit (Nürnberger Forschungen 29), Nürnberg 2000, S. 69–103; von der älteren Literatur: Ernst Mummenhoff, Die Bürgermeister Nürnbergs seit dem Übergang der Stadt an Bayern (1818–1927), in: Stadtrat (Hg.), Nürnberg (Erwin Stein [Hg.], Monographien deutscher Städte 23), Berlin-Friedenau 1927, S. 237–253; Werner Schultheiss, Von der Märzrevolution bis zur Reichsgründung, in: Gerhard Pfeiffer (Hg.), Nürnberg – Geschichte einer europäischen Stadt, München 1971, S. 382–390, insbesondere S. 388f.

[5] Eine farbige Abbildung des Gemäldes findet sich bei Theodor Schieder, Staatensystem als Vormacht der Welt 1848–1918 (Propyläen Geschichte Europas 5), Frankfurt am Main [u.a.] 1977, nach S. 104; eine Schwarz-Weiß-Abbildung in der „Festschrift" der Altstadtfreunde Gräfenberg e.V.: 140 Jahre Waffenstillstand zwischen Bayern und dem Norddeutschen Bund geschlossen in Gräfenberg in der Nacht vom 30. zum 31. Juli 1866, Gräfenberg 2006, S. 10; siehe auch Gerhard Pfeiffer (Hg. unter Mitarbeit von Wilhelm Schwemmer), Geschichte Nürnbergs in Bilddokumenten, München 1977, Nr. 334. Zu dem Maler Louis (Ludwig) Braun siehe Ulrich Thieme / Felix Becker (Hg.), Allgemeines Lexikon der bildenden Künstler von der Antike bis zur Gegenwart, Bd. 4, Leipzig 1910, S. 549; Saur Allgemeines Künstler-Lexikon. Die Bildenden Künstler aller Zeiten und Völker, Bd. 14, München, Leipzig 1996, S. 6. – Zu Großherzog Friedrich Franz II. siehe Ludwig von Hirschfeld, Friedrich Franz II., Großherzog von Mecklenburg-Schwerin, und seine Vorgänger, nach Staatsakten, Tagebüchern und Korrespondenzen, Leipzig 1891.

schen „II. Reserve-Corps in Baiern" ein eigenes Kapitel widmet[6], dessen Kommandeur der Mecklenburger Friedrich Franz II. war. Kein Wort von Gräfenberg, der über drei Jahrhunderte hinweg bis 1806 – bis vor 200 Jahren – nürnbergischen Stadt, wo in der Nacht vom 30. zum 31. Juli 1866 der preußische General aus Mecklenburg mit dem bayerischen Obersten Roth in der „Alten Post" eine Waffenruhe für den fränkischen Kriegsschauplatz ausgehandelt hatte.[7]

Aber auch im Tagebuch des damaligen Ersten Bürgermeisters der Stadt Nürnberg, Maximilian Ritter von Wächter (1811–1884), der in seiner dreizehnjährigen Amtszeit die Grundlagen für die Modernisierung der alten Reichsstadt im 19. Jahrhundert legte[8], findet das Gräfenberger Ereignis keine Erwähnung. Er übte sein Amt während der „Occupation der Stadt Nürnberg durch das II. königl. preußische Reserve-Armeecorps im Jahre 1866" aus und war in erster Linie um das Schicksal seiner Stadt besorgt, wenn er am 30. Juli 1866 auf der Grundlage eines „Telegramm[s] des kgl. Bezirksamts Forchheim" notierte, „daß ein preußisches Corps in namhafter Stärke von Betzenstein und Hilpoltstein nach Gräfenberg vorrücke und aller Wahrscheinlichkeit nach gegen Nürnberg marschire."[9] Obwohl der seit 1864 regierende bayerische König Ludwig II. (1845–1886) Nürnberg schon am 12. Juli zur „offenen Stadt" erklärt hatte und am 28. Juli in Nikolsburg ein Waffenstillstand zwischen Preußen und Bayern abgeschlossen worden war[10], schwanden des Bürgermeisters Befürchtungen nicht, und er begann seine Tagebucheintragungen zum 31. Juli 1866 mit der Feststellung: „Heute traf der Postomnibus, welcher täglich von hier nach Gräfenberg und zurückfährt, Morgens 5 Uhr, also um zwei Stunden früher als gewöhnlich hier ein und der Postillon meldete, daß die Preußen in bedeutender Stärke bereits in Gräfenberg eingerückt seien."[11] Auch hier kein Wort über das nächtliche Gräfenberger Ereignis. – In welchen Zusammenhängen ist dieses Geschehen zu sehen, wo einzuordnen? – Ich suche diese Frage in drei Schritten zu beantworten, indem ich den Rahmen des preußisch-österreichischen Krieges skizziere (II.), den in seinem Schatten stattfindenden preußisch-bayerischen Krieg in den Blick nehme (III.) und auf die Situation der möglichen Tren-

---

[6] Fontane, Der Feldzug (wie Anm. 1), S. 41–283, 261–283.

[7] Siehe dazu Ernst Deuerlein, Die Waffenruhe von Gräfenberg 1866. Eine Gedenkansprache, in: Mitteilungen des Vereins für Geschichte der Stadt Nürnberg 55, 1967/68, S. 373–383.

[8] Vgl. zu ihm Christoph von Imhoff (Hg.), Berühmte Nürnberger aus neun Jahrhunderten, Nürnberg 2. Auflage 1989, S. 278 f.; Michael Diefenbacher / Rudolf Endres (Hg.), Stadtlexikon Nürnberg, Nürnberg 1999, S. 1151.

[9] Blätter aus dem Tagebuch des I. Bürgermeisters der Stadt Nürnberg Maximilian von Waechter, die Occupation der Stadt Nürnberg durch das II. königl. preußische Reserve-Armeecorps im Jahre 1866 betreffend, Augsburg 1870, S. 5; siehe auch Johann Paul Priem / Christian Braunstein, Die Besetzung Nürnbergs durch die Preußen. Zur Erinnerung an die Tage vom 31. Juli bis 16. September 1866, Nürnberg 1866.

[10] Friedrich Wilhelm Ghillany, Europäische Chronik vom 1. Mai 1865 bis Ende April 1867. Mit besonderer Berücksichtigung der Friedensverträge. Ein Handbuch für Freunde der Politik und Geschichte (Friedrich Wilhelm Ghillany, Europäische Chronik von 1492 bis Ende April 1867, Bd. 3), Leipzig 1867, S. 315. – Friedrich Wilhelm Ghillany (1807–1876) stammte aus Erlangen, hatte dort Theologie studiert und war schließlich in Nürnberg hauptamtlicher Stadtbibliothekar geworden, bevor er sich ins Privatleben zurückzog und historische Werke und Chroniken verfaßte; vgl. zu ihm [Franz Xaver] Wegele, Ghillany, in: Allgemeine Deutsche Biographie, Bd. 9, Leipzig 1879, S. 143 f.; Gerhard Pfeiffer / Friedrich Wilhelm Ghillany. Ein Typus aus dem deutschen Bürgertum von 1848, in: Mitteilungen des Vereins für Geschichte der Stadt Nürnberg 41, 1950, S. 155–255; Diefenbacher / Endres (Hg.), Stadtlexikon Nürnberg (wie Anm. 8), S. 360.

[11] Blätter aus dem Tagebuch (wie Anm. 9), S. 6.

nung Frankens vom Königreich Bayern im Sommer 1866 – vor 140 Jahren – zu sprechen komme (IV.).

II.

Mit der Gründung des Deutschen Bundes[12] während des Wiener Kongresses am 8. Juni 1815 war eine Antwort auf die seit einem Jahrzehnt offene „deutsche Frage", der staatlichen Gestaltung des Raumes des ehemaligen Heiligen Römischen Reiches, gefunden, das mit der Niederlegung der viele hundert Jahre alten Krone durch Kaiser Franz II. zu Ende gegangen war.[13] An die Stelle von circa 350 reichsständischen Herrschaften traten 38 souveräne Staaten und Freie Städte und bildeten einen – wie die Zielsetzung lautete – „beständigen", einen „festen und dauerhaften", einen „unauflöslichen" Staatenbund zum Zweck der „Erhaltung der äusseren und inneren Sicherheit Deutschlands und der Unabhängigkeit und Unverletzbarkeit der einzelnen deutschen Staaten", wie es in Artikel II der Deutschen Bundesakte hieß.[14]

Es war fraglos nicht wenig, daß der in das europäische Mächtesystem eingebundene Deutsche Bund für ein halbes Jahrhundert den Frieden in Mitteleuropa sicherte. Aber der Gegensatz der beiden größten und mächtigsten Bundesmitglieder – der Kaiser von Österreich und der König von Preußen – wuchs seit der Mitte des 19. Jahrhunderts, nachdem der Deutsche Zollverein unter Führung Preußens seit 1833 zwar die meisten süddeutschen Staaten zu Mitgliedern hatte, Österreich aber ausschloß. Die Frankfurter Nationalversammlung, das 1848 in der Paulskirche der Main-Metropole zusammengetretene erste gesamtdeutsche Parlament, scheiterte letztlich an der Streitfrage, ob der zukünftige deutsche Staat mit dem oder ohne das Kaiserreich Österreich gebildet werden sollte. Sie spitzte sich in den kommenden Jahren auf die Alternative „großdeutsche" oder „kleindeutsche" Staatsbildung zu und führte zu einer den Deutschen Bund sprengenden Rivalität, in der Preußen aufgrund seiner wirtschaftlichen Kraft und Leistungsfähigkeit mehr und mehr die Oberhand gewann.[15]

Zwar setzten Österreich und Preußen in der Schleswig-Holstein-Frage 1864 noch einmal gemeinsam eine Exekution des Deutschen Bundes gegen Dänemark durch und erreichten im Wiener Frieden vom 30. Oktober 1864, daß der Dänenkönig allen seinen Rechten auf die Herzogtümer Schleswig – das nicht zum Deutschen Bund gehörte – und Holstein zugunsten Österreichs und Preußens entsagte, aber beider Streit um die

---

[12] Dazu jetzt der zusammenfassende Überblick von Jürgen Müller, Der Deutsche Bund 1815–1866 (Enzyklopädie deutscher Geschichte 78), München 2006.

[13] Hans-Christof Kraus, Das Ende des alten Deutschland. Krise und Auflösung des Heiligen Römischen Reiches Deutscher Nation 1806 (Wissenschaftliche Abhandlungen und Reden zur Philosophie, Politik und Geistesgeschichte 37), Berlin 2006; Wolfgang Burgdorf, Ein Weltbild verliert seine Welt. Der Untergang des Alten Reiches und die Generation 1806 (Bibliothek Altes Reich 2), München 2006.

[14] Der Text der Deutschen Bundesakte jetzt in: Eckhardt Treichel (Bearb.), Die Entstehung des Deutschen Bundes 1813–1815 (Quellen zur Geschichte des Deutschen Bundes, Abt. I: Quellen zur Entstehung und Frühgeschichte des Deutschen Bundes 1813–1830, Bd. 1), 1. Halbbd., München 2000, Nr. 250, S. 1503–1518, hier S. 1508 (Art. II) sowie die Präambel ebd., S. 1504–1508.

[15] Zur Geschichte des 19. Jahrhunderts insgesamt Thomas Nipperdey, Deutsche Geschichte 1800–1866. Bürgerwelt und starker Staat, München 1983; Wolfram Siemann, Vom Staatenbund zum Nationalstaat. Deutschland 1806–1871 (Neue Deutsche Geschichte 7), München 1995.

Erwerbungen beendete sehr bald die kurzzeitige Kooperation. Das grundlegendere Problem der Vorherrschaft innerhalb des Deutschen Bundes war nicht gelöst. Unter dem Vorwand, Österreich habe bestehende Verträge – vor allem die Gasteiner Konvention vom 14. August 1865 – verletzt, marschierten preußische Truppen am 7. Juni 1866 in das von Österreich verwaltete Holstein ein. Eine Woche später beschloß der Deutsche Bund auf Antrag Österreichs die Mobilmachung der nichtösterreichischen und nichtpreußischen Teile des Bundesheeres, was Preußen als unzulässige Kriegserklärung verstand und zum Austritt aus dem Deutschen Bund veranlaßte. Namens König Wilhelms I. (1797–1888) erklärte der preußische Bundestagsgesandte Karl Friedrich von Savigny (1814–1875), der Sohn des berühmten Begründers der historischen Schule der Rechtswissenschaft Friedrich Carl von Savigny (1779–1861), am 14. Juni 1866 in Frankfurt am Main gemäß Protokoll der Bundesversammlung, „daß Preußen den bisherigen Bundesvertrag für gebrochen und deßhalb nicht mehr verbindlich ansieht, denselben vielmehr als erloschen betrachten und behandeln wird".[16] Allerdings bekräftigte er zugleich, daß Preußen inhaltlich am Ziel der „Einheit der deutschen Nation" in der Form „einer neuen, den Zeitverhältnissen entsprechenden Einigung" festhalte und beabsichtige, auf einer „modificirten Grundlage einen neuen Bund mit denjenigen deutschen Regierungen zu schließen, welche ihr dazu die Hand reichen wollen."[17] Von Ferne wurden schon die Umrisse des Norddeutschen Bundes von 1867 angedeutet, auch wenn neben kleineren nördlichen Bundesmitgliedern die großen – Hannover, beide Hessen, Nassau und Sachsen – auf österreichischer Seite standen.

Auch wenn die preußische Kriegserklärung an Österreich erst am 21. Juni 1866 übergeben wurde, der Krieg um die Vorherrschaft in Deutschland hatte längst begonnen, nicht nur gegen Österreich, sondern auch gegen Sachsen, Hannover und Kurhessen, gegen Baden, Württemberg und andere Bundesglieder – und gegen Bayern, das am 14. Juni im Bundestag ebenfalls auf österreichischer Seite gestanden hatte.[18] „Deutschland geht dem inneren Kriege nicht blos entgegen" – erklärte am selben 21. Juni 1866 der bayerische Ministerpräsident und Außenminister Ludwig Karl Heinrich Freiherr von der Pfordten (1811–1880) in der bayerischen Kammer –, „es befindet sich bereits in ihm." Er sprach vom „ernteste[n] Moment seit Bestehen der bayerischen Verfassung von 1818 und sah als Folgen des Kriegs, „daß die ganze Zukunft unseres Vaterlandes, der deutschen Nation, in Frage gestellt ist."[19]

Gedauert hat der preußisch-österreichische Krieg im Grunde nur bis zum 3. Juli 1866, als die preußischen Truppen unter Helmut von Moltke (1800–1891) als Chef des Generalstabs die Österreicher in der Schlacht von Königgrätz in Nordostböhmen besiegten und ihnen nur deshalb keine vernichtende militärische Niederlage beibrach-

---

[16] Ernst Rudolf Huber (Hg.), Dokumente zur deutschen Verfassungsgeschichte, Bd. 2: Deutsche Verfassungsdokumente 1851–1918, Stuttgart 1964, Nr. 170, S. 206 f., hier S. 207.

[17] Ebd. Zu den Ereignissen insgesamt Ernst Rudolf Huber, Deutsche Verfassungsgeschichte seit 1789, Bd. III: Bismarck und das Reich, Stuttgart u. a. 3. wesentlich überarbeitete Auflage 1988, S. 555–604; die Verfassung des Norddeutschen Bundes bei Huber (Hg.), Dokumente (wie Anm. 16), Nr. 187, S. 227–240; siehe auch Huber, Deutsche Verfassungsgeschichte (wie oben), S. 643–701.

[18] Zu den ereignisgeschichtlichen Zusammenhängen Ghillany, Europäische Chronik (wie Anm. 10), S. 241–259.

[19] Ebd., S. 256. Siehe insgesamt Wilhelm Volkert, Die politische Entwicklung von 1848 bis zur Reichsgründung 1871, in: Alois Schmid (Hg.), Handbuch der bayerischen Geschichte, Bd. 4: Das neue Bayern. Von 1800 bis zur Gegenwart, Teilbd. 1: Staat und Politik, München 2003, S. 235–317, hier S. 294–301.

ten, weil sie sie bei ihrer Flucht nicht verfolgten.[20] Mit dem Waffenstillstand beziehungsweise Vorfrieden von Nikolsburg in Südmähren endete das militärische Geschehen am 26. Juli 1866[21], und Preußen erreichte seine wichtigsten politischen Ziele – fünf Tage, bevor es im oberfränkischen Gräfenberg zu einer Waffenruhe kam.

III.

Das Königreich Bayern – so haben wir gehört – stimmte am 14. Juni 1866 in der Frankfurter Bundesversammlung für Österreichs Antrag auf Mobilmachung des Bundesheeres. Damit hatten sich König Ludwigs II. Hoffnungen zerschlagen, „daß das Verderben eines Bürgerkriegs von Deutschland abgewendet werde", wie er in seiner Thronrede bei der Eröffnung des bayerischen Landtages am 27. Mai 1866 erklärt hatte.[22] Und er hatte ergänzt: „Für alle Fälle" – und darin schloß er auch eine militärische Lösung der Schleswig-Holstein-Frage ein – „muß Bayern in der Lage sein, treu dem Gebote der Pflicht und der Ehre einzustehen für das Recht des Bundes, für die Interessen der deutschen Nation und für seine eigene Selbständigkeit."[23] In diesem Sinne verhielt sich der bayerische Gesandte beim Deutschen Bund, und in diesem Sinne wurde am selben 14. Juni 1866 in Olmütz eine Militärkonvention zwischen Bayern und Österreich ausgehandelt, die aber erst am 30. Juni unterschrieben wurde.[24]

Danach sollte bei einem Angriff Preußens gemäß den Bestimmungen des Artikels XI der Deutschen Bundesakte nur gemeinschaftlich militärisch gehandelt werden[25], was sich auch in der Vereinbarung niederschlug, daß „ein österreichischer General oder Oberst das bayrische Hauptquartier stets begleiten, sowie zu demselben Zwecke ein bayrischer General oder Oberst dem österreichischen Hauptquartier beigegeben" werden sollte.[26] Die bayerische Armee in einer Stärke von 40.000 bis 50.000 Mann stand unter dem selbständigen Oberbefehl Prinz Karls von Bayern (1795–1875), des Bruders des noch lebenden, aber 1848 abgedankten Königs Ludwig I. (1786–1868) und Großonkels des regierenden Königs Ludwig II. Zugleich war Prinz Karl Oberbefehlshaber der Bundestruppen. Bis Mitte Juni 1866 sollte die bayerische Armee in Franken in der Nähe von Eisenbahnlinien aufgestellt sein, und sie bezog am 1. Juli mit 44.000 Mann und 144 Geschützen Stellung in der Rhön, um ein Vordringen der preußischen Main-Armee mit 70.000 Mann nach Bayern zu verhindern.[27]

---

[20] Vgl. Ghillany, Europäische Chronik (wie Anm. 10), S. 274–276.

[21] Huber (Hg.), Dokumente (wie Anm. 16), Nr. 177, S. 212–214.

[22] Vgl. Ghillany, Europäische Chronik (wie Anm. 10), S. 231; vgl. Ludwig Hüttl, Ludwig II. König von Bayern. Eine Biographie, München 1986, S. 80.

[23] Ghillany, Europäische Chronik (wie Anm. 10), S. 231.

[24] Ebd., S. 243, 270 f. – Zum Zusammenhang Andreas Kraus, Geschichte Bayerns. Von den Anfängen bis zur Gegenwart, München 1983, S. 518–532.

[25] Treichel (Bearb.), Die Entstehung des Deutschen Bundes (wie Anm. 14), S. 1512.

[26] Der Text der „Convention zwischen Bayern und Oesterreich in Betreff des gemeinsamen Krieges gegen Preußen" bei Ghillany, Europäische Chronik (wie Anm. 10), S. 270 f., hier S. 271.

[27] Ebd., S. 273 f.; siehe ferner die bei Volkert, Die politische Entwicklung (wie Anm. 19), S. 297, genannte Literatur.

Den ganzen Juli hindurch konzentrierte sich das militärische Geschehen des preußisch-bayerischen Krieges vorwiegend auf den nordwestlichen Teil des Königreichs Bayern, auf das Gebiet um Kissingen, Schweinfurt und Würzburg – um nur die größeren Orte zu nennen –, ohne daß es neben zahlreichen einzelnen Gefechten von eher lokalgeschichtlicher Bedeutung zu einer größeren Schlacht kam.[28] Die bayerischen Truppen wurden allerdings immer weiter ins Königreich zurückgedrängt, wie an der ständigen Verlagerung des Hauptquartiers des Prinzen Karl ablesbar ist. Die dort gebundenen preußischen Truppen waren zugleich für die Auseinandersetzungen mit Hessen, Baden und Württemberg von Bedeutung und stellten für Frankfurt am Main als Sitz der Bundesversammlung des Deutschen Bundes eine ständige Bedrohung dar, bis diese am 11. Juli 1866 – eine Woche nach Königgrätz – beschloß, ihren Sitz nach Augsburg zu verlegen. Am 18. Juli nahm sie dort ihre Beratungen bereits wieder auf, aber gut einen Monat später – am 24. August 1866 – löste sich der Deutsche Bund im Hotel „Drei Mohren" auf, zog seine Flagge ein und signalisierte damit sein Ende auf bayerischem Boden, das für Preußen schon längst eingetreten war.[29]

Am 28. Juli 1866 wurde im preußischen Hauptquartier zu Nikolsburg ein Waffenstillstand zwischen Preußen und Bayern auf drei Wochen geschlossen, der am 2. August beginnen und den preußisch-bayerischen Krieg beenden sollte.[30] Mit jedem Staat des ehemaligen Deutschen Bundes, mit dem Preußen Krieg führte, schloß es eigene Waffenstillstände – und später Friedensverträge – ab, weil es die Kriegführung seiner Gegner nicht als eine geschlossene bündische ansah.[31]

Daß zur selben Zeit Truppen eines seit Anfang Juli aufgestellten preußischen Reservecorps über Hof ins Königreich Bayern einmarschierten, am 27. Juli Kulmbach und einen Tag später Bayreuth besetzten, bedeutete nicht nur, daß sich der Gegner im Rücken der bayerischen Armee unter Prinz Karl von Bayern festsetzte, sondern hatte auch politische Bedeutung, denn im Nikolsburger Waffenstillstand war vereinbart worden, daß mit Blick auf Landgewinne die Demarkationslinie von den Oberbefehlshabern beider Seiten nach dem Besitzstand am 2. August festgesetzt werden sollte.[32] Deshalb der Zug des preußischen Reservecorps von Hof über Bayreuth nach Nürnberg, wie ihn Theodor Fontane beschrieben hat: Es mußten Fakten geschaffen werden!

---

[28] Fontane, Der Feldzug (wie Anm. 1), S. 41–265; Ghillany, Europäische Chronik (wie Anm. 10), S. 284–286, 291 f. und öfter. Siehe auch Johannes Erichsen / Evamaria Brockhoff (Hg.), Bayern & Preußen & Bayerns Preußen. Schlaglichter auf eine historische Beziehung (Veröffentlichungen zur Bayerischen Geschichte und Kultur 41), Augsburg 1999, S. 419–427.

[29] Huber, Deutsche Verfassungsgeschichte (wie Anm. 17), S. 567 f.; Ernst Deuerlein, Augsburg 1866. Die Auflösung der Bundesversammlung des Deutschen Bundes, Augsburg 1967; ebd., S. 9–42, Deuerleins Gedenkrede „Die Auflösung der Bundesversammlung des Deutschen Bundes in Augsburg"; ebd., S. 43–98, die Protokolle der fünf Augsburger Sitzungen der Bundesversammlung des Deutschen Bundes vom 18.7. bis 24.8.1866. Siehe auch Wolfgang Zorn, Augsburg. Geschichte einer europäischen Stadt. Von den Anfängen bis zur Gegenwart, Augsburg 4. Auflage 2001, S. 341; Bernd Roeck, Geschichte Augsburgs, München 2005, S. 167, der von einer „Fußnote zur Vorgeschichte der Reichsgründung von 1871" spricht.

[30] Ghillany, Europäische Chronik (wie Anm. 10), S. 315; siehe auch Volkert, Die politische Entwicklung (wie Anm. 19), S. 298.

[31] Huber, Deutsche Verfassungsgeschichte (wie Anm. 17), S. 598–600, 603 f.

[32] Ghillany, Europäische Chronik (wie Anm. 10), S. 315.

In den Zusammenhang dieses Vormarsches, der nach Unterfranken auch Ober- und Mittelfranken zum Schauplatz des preußisch-bayerischen Krieges machte, ohne daß es zu mehr als einzelnen Gefechten – wie dem bei Seybothenreuth am 29. Juli 1866 – oder noch kleineren militärischen Aktionen kam – wie denen bei Eschenau –, in diesen Zusammenhang gehört das Gräfenberger Ereignis von vor 140 Jahren.[33] Vor dem Hintergrund des Nikolsburger Waffenstillstands vom 28. Juli 1866 galt es für den oberfränkischen Kriegsschauplatz eine Waffenruhe zu vereinbaren, die freilich die für die Zivilbevölkerung äußerst belastenden Einquartierungen und Durchmärsche feindlicher Soldaten und andere Unannehmlichkeiten nicht sofort beendeten. Gleichwohl sorgte die ausgezeichnete Versorgungslage dafür, daß sich das Zusammenleben mit den Soldaten – den Mecklenburgern wie den Braunschweigern – weitgehend friedlich gestalten ließ, wie überhaupt die Kriegsbegeisterung im Königreich Bayern nicht sehr groß war: Die Mobilmachung der Landwehr am 9. Juli 1866 hatte erhebliche Proteste ausgelöst; bereits am 22. Juli hatten die Kaufmannsstädte Nürnberg und Augsburg an König Ludwig II. appelliert, den Krieg mit Preußen zu beenden, weil er für Bayern keinerlei Vorteil brächte, sondern die Selbständigkeit des Königreiches gefährde; und beim Einmarsch der preußischen Truppen am 28. Juli in Bayreuth wurden sie mit viel Jubel begrüßt, was die These stützt, daß die Franken Bayerns Preußen waren.[34]

Freilich, nicht überall kam eine pro-preußische Haltung gut an: Der in Nürnberg geborene, später an der Universität Rostock wirkende, von 1856 an an der Erlanger Universität lehrende und forschende Historiker Karl Hegel (1813–1901) – der Sohn des berühmten Philosophen Georg Wilhelm Friedrich Hegel (1770–1831) – erinnerte sich in seinen Memoiren zum Krieg von 1866 unter anderem: „Ich gehörte zu denen, die als Preußenfreunde galten und die man mit Vertreibung aus dem Lande bedrohte, denn ich hatte bei Gelegenheit der Schleswig-Holsteinschen Bewegung allerdings meine politische Ansicht in Privatkreisen dahin geäußert, daß die Kraft und die Hoffnung Deutschlands allein auf Preußen beruhe. Ich mußte einer Preußenhetze gewärtig sein", schrieb er, der im Erfurter Unionsparlament, das im März/April 1850 tagte[35], ein Bismarck-Gegner gewesen war, und er war froh, „nur mit bubenhaftem Fenstereinwerfen in der Nacht davon zu kommen".[36] „Ich mußte einer Preußenhetze gewärtig sein und konnte auf Schutz der Stadtbehörde nur wenig rechnen, da der Bürgermeister Papellier, ein junger leidenschaftlicher und unbesonnener Mann, durch seine aufreizenden Reden gegen die preußenfreundlichen Professoren nicht am wenigsten dazu beigetragen hatte, die Gemüter zu erhitzen"[37], fuhr Hegel fort und erinnert sich weiter: „Doch noch eine andere Auszeichnung erfuhr ich in diesen Tagen. Bei der

---

[33] Wilhelm Gollwitzer, Das Gefecht bei Seybothenreuth am 29. Juli 1866 mit Allem, was ihm vorausging und nachfolgte, Bayreuth 1932; Fontane, Der Feldzug (wie Anm. 1), S. 273–279. Siehe auch die Aufzeichnungen Maximilians von Waechter: Blätter aus dem Tagebuch (wie Anm. 9), S. 25 f.

[34] Vgl. Ghillany, Europäische Chronik (wie Anm. 10), S. 284, 304, 316; Erichsen / Brockhoff (Hg.), Bayern & Preußen (wie Anm. 28), S. 419–427.

[35] Gunther Mai (Hg.), Die Erfurter Union und das Erfurter Unionsparlament 1850, Köln [u. a.] 2000.

[36] Karl Hegel, Leben und Erinnerungen, Leipzig 1900, S. 190; das ganze Kapitel „Krieg von 1866" ebd., S. 189–192; zu ihm insgesamt Helmut Neuhaus (Hg.), Karl Hegel – Historiker im 19. Jahrhundert (Erlanger Studien zur Geschichte 7), Erlangen / Jena 2001.

[37] Hegel, Leben (wie Anm. 36), S. 190. – Heinrich August Papellier (1834–1894) war am 6. 2. 1866 zum Ersten Bürgermeister Erlangens gewählt worden und übte das Amt bis März 1872 aus: Christoph Friederich / Bertold Frhr. von Haller / Andreas Jakob (Hg.), Erlanger Stadtlexikon, Nürnberg 2002, S. 541.

Prorektoratswahl für das folgende Jahr wurde ich übergangen, weil meine Wahl als eine politische Demonstration gegen die bayerische Regierung hätte aufgefaßt werden können."[38]

Dies geschah am 14. Juli 1866 mitten im preußisch-bayerischen Krieg, als der in Breslau geborene Germanist Rudolf von Raumer (1815–1876), der als politisch neutral galt, zum Prorektor der Friedrich-Alexander-Universität gewählt wurde.[39] Und wenige Wochen später, nachdem Hegels früherer Rostocker Landesherr, Großherzog Friedrich Franz II. von Mecklenburg-Schwerin, als Oberbefehlshaber des II. preußischen Reservecorps Nürnberg besetzt und dort am 31. Juli 1866 sein Hauptquartier eingerichtet hatte, kam es zu einer Begegnung des nunmehr königlich-bayerischen Professors der Geschichte mit dem Anführer der gegen Bayern in Franken Krieg führenden Truppen in Erlangen. Friedrich Franz II. hatte die ehemaligen Rostocker Professoren an der evangelischen fränkischen Landesuniversität – neben Hegel die Theologen Franz Delitzsch (1813–1890) und Johannes Hofmann (1810–1877) – sehen wollen. „Der Großherzog" – erinnerte sich Hegel – „kam von Nürnberg herüber, um seine Truppen zu besichtigen; das Bataillon Mecklenburger war in einer Allee des Schloßgartens aufgestellt. Ich eilte mich meinem früheren gütigen Landesherrn vorzustellen, und traf ihn im Krankenhause; er begrüßte mich aufs freundlichste. Der Prorektor Gerlach und ich führten ihn in den Universitätsanstalten, für die er sich von Rostock her lebhaft interessierte."[40]

Prorektor der Friedrich-Alexander-Universität, also Vertreter König Ludwigs II. als Rektor, wurde Karl Hegel, der inzwischen zu den geachteten „Nordlichtern" an den bayerischen Universitäten gehörte[41], am 16. Juli 1870, als er mit überwältigender Mehrheit gewählt wurde.[42] Drei Tage vor dem Ausbruch des Deutsch-Französischen Krieges von 1870/71 schrieb der Mediziner Hugo W. Ziemssen (1829–1902) auf seinen Wahlzettel für Hegel: „Der Wind bläht die Segel / Am Steuer steht Hegel / So kommen wir jetzund / In den norddeutschen Bund".[43] Und Karl Hegel hielt am 4. November [1870], dem Gründungstag der Erlanger Universität, seine Prorektoratsrede mit dem dem Zeitgeist verpflichteten Titel „Die deutsche Sache und die deutschen Hochschulen", noch 1870 in dritter Auflage publiziert.[44]

---

[38] Hegel, Leben (wie Anm. 36), S. 190 f.; Neuhaus (Hg.), Karl Hegel (wie Anm. 36), S. 148 f.

[39] Alfred Wendehorst, Geschichte der Friedrich-Alexander-Universität Erlangen-Nürnberg 1743–1993, München 1993, S. 109.

[40] Hegel, Leben (wie Anm. 36), S. 191. – Der Mediziner Joseph Gerlach (1820–1896) war als Prorektor Vorgänger Rudolf von Raumers und amtierte noch bis zum Beginn des Wintersemesters 1866/67.

[41] Vgl. dazu Achim Sing, Die Wissenschaftspolitik Maximilians II. von Bayern (1848–1864). Nordlichterstreit und gelehrtes Leben in München (Ludovico Maximilianea, Forschungen 17), Berlin 1996; Erichsen / Brockhoff (Hg.), Bayern & Preußen (wie Anm. 28), S. 411–419.

[42] Hegel, Leben (wie Anm. 36), S. 199 f.; Wendehorst, Geschichte (wie Anm. 39), S. 110 f.

[43] Hier zitiert nach Helmut Neuhaus, Karl Hegel und Erlangen, in: Jahrbuch für fränkische Landesforschung 62, 2002, S. 259–277, hier S. 275 mit Anm. 126.

[44] Vgl. dazu Wendehorst, Geschichte (wie Anm. 39), S. 110 f.; Neuhaus (Hg.), Karl Hegel (wie Anm. 36), S. 150 f.

IV.

Beendet wurde der preußisch-bayerische Krieg im Frieden von Berlin vom 22. August 1866, unterzeichnet unter anderen von den Ministerpräsidenten der Königreiche Preußen und Bayern, Otto von Bismarck (1815–1898) und Ludwig von der Pfordten.[45] In Artikel V erkannte König Ludwig II. die Bestimmungen des zwischen Österreich und Preußen am 26. Juli geschlossenen Waffenstillstands von Nikolsburg an, wozu gehörte, daß er – wie Kaiser Franz Josef I. von Österreich (1830–1916) – die Auflösung des Deutschen Bundes akzeptierte und einer neuen politischen Gestaltung Deutschlands ohne Beteiligung Österreichs zustimmte.[46] Dem Berliner Vertrag vorausgegangen war ein – schon erwähnter – ebenfalls in Nikolsburg am 28. Juli geschlossener preußisch-bayerischer Waffenstillstand.[47] Der Krieg zwischen Preußen und Österreich fand am 23. August im Frieden von Prag seinen Abschluß und beendete den Streit um die Vorherrschaft in Deutschland zugunsten Preußens.[48]

Angesichts der Tatsache, daß Preußen sich schon Mitte August 1866 mit Hannover, Kurhessen, Nassau, Schleswig-Holstein und Frankfurt am Main ehemals souveräne Glieder des Deutschen Bundes gewaltsam einverleibt hatte[49], verdient der Friedensschluß mit Bayern – neben anderen – eine besondere Beachtung, denn das Königreich blieb souverän und territorial weitgehend unangetastet, hatte freilich 30 Millionen Gulden in Silber zur teilweisen Deckung der preußischen Kriegskosten zu zahlen und verschiedene wirtschaftliche Einbußen hinzunehmen. Das ist deshalb bemerkenswert, weil es preußischerseits auch ganz andere Vorstellungen über die Zukunft des Königreichs Bayern gegeben hatte.

Ihr Hauptvertreter war kein Geringerer als der Preußenkönig Wilhelm I. selbst, der aus der ehemals dynastischen Verbindung der Hohenzollern in Berlin mit den Hohenzollern in Ansbach und Bayreuth sowie aus der staatlichen Verbindung der fränkischen Markgraftümer mit Kurbrandenburg-Preußen zwischen 1791/92 und 1805/06 territoriale Ansprüche für sein Königreich herleitete.[50] Sein im dynastischen Denken verankertes Begehren war so stark, daß Otto von Bismarck in seinem Memoirenwerk „Erinnerung und Gedanke" festhielt, „daß 1866 der König auf Ansbach und Bayreuth noch schwerer verzichtete als auf Oestreichisch-Schlesien, Deutsch-Böhmen und

---

[45] Huber (Hg.), Dokumente (wie Anm. 16), Nr. 178, S. 214; Volkert, Die politische Entwicklung (wie Anm. 19), S. 298 f.

[46] Huber (Hg.), Dokumente (wie Anm. 16), Nr. 178, S. 214.

[47] Siehe oben zu Anm. 30.

[48] Huber (Hg.), Dokumente (wie Anm. 16), Nr. 182, S. 217–220.

[49] Huber, Deutsche Verfassungsgeschichte (wie Anm. 17), S. 577–596.

[50] Johannes Erichsen, Preußen in Franken: Hardenberg und seine Reformen, in: Erichsen / Brockhoff (Hg.), Bayern & Preußen (wie Anm. 28), S. 346–348; siehe auch ebd., S. 348–367; ferner mit einem besonderen Aspekt: Werner K. Blessing, Intervention für die Konfession. Zum religiösen Aspekt des politischen Verhältnisses von Preußen und Bayern im Vormärz, in: ebd., S. 89–99. Siehe außerdem Rudolf Endres, Die Erbabreden zwischen Preußen und den fränkischen Markgrafen im 18. Jahrhundert, in: Jahrbuch für fränkische Landesforschung 25, 1965, S. 43–87; Rudolf Endres, Die Eingliederung Frankens in den neuen bayerischen Staat, in: Hubert Glaser (Hg.), Krone und Verfassung. König Max I. Joseph und der neue Staat. Beiträge zur Bayerischen Geschichte und Kunst 1799–1825 (Wittelsbach und Bayern III/1), München 1980, S. 83–94; Rudolf Endres, Die preußische Ära (1791–1806) in Franken, in: Peter Baumgart (Hg.), Expansion und Integration. Zur Eingliederung neugewonnener Gebiete in den preußischen Staat (Neue Forschungen zur brandenburg-preußischen Geschichte 5), Köln / Wien 1984, S. 169–194.

Theile von Sachsen."⁵¹ Der preußische Ministerpräsident aber war entschieden anderer Auffassung und sah entlang des Maines die Südgrenze des Herrschaftsbereichs seines Königs. „Das alte Stammland der Brandenburger im Süden und Osten von Nürnberg etwa zu einer preußischen Provinz mit Nürnberg als Hauptstadt gemacht" – schrieb er in „Erinnerung und Gedanke" –, „wäre kaum ein Landestheil gewesen, welchen Preußen in Kriegsfällen von Streitkräften entblößen und unter den Schutz seiner dynastischen Anhänglichkeit hätte stellen können."⁵² Das war wohl weniger Mißtrauen gegenüber den Franken als Ausdruck der Vorsicht, sein politisches Konzept nicht in Frage stellen zu lassen.⁵³

Der Gegensatz zwischen Wilhelm I. und Bismarck spitzte sich vor dem Nikolsburger Waffenstillstand am 23. und 24. Juli 1866 so zu, daß der Ministerpräsident für den Fall, daß der König seinen „verantwortlichen Rath nicht annehmen wolle", seinen Rücktritt ankündigte⁵⁴, denn er wollte eine Fortsetzung des Krieges nicht verantworten, ja er hegte sogar Selbstmordgedanken. „In mein Zimmer zurückgekehrt" – erinnerte er sich im Anschluß an eine lange Unterredung mit seinem König –, „war ich in der Stimmung, daß mir der Gedanke nahe trat, ob es nicht besser sei, aus dem offenstehenden, vier Stock hohen Fenster zu fallen".⁵⁵ Es war wohl die mühsame Intervention des Kronprinzen Friedrich (1831–1888), des nachmaligen kurzzeitigen Deutschen Kaisers Friedrich III. (1888), die seinen Vater einen anderen Entschluß fassen ließ, den der König voller Bitterkeit auf eines der Schriftstücke Bismarcks schrieb: „Nachdem mein Ministerpräsident mich vor dem Feinde im Stiche läßt und ich hier außer Stande bin, ihn zu ersetzen, habe ich die Frage mit meinem Sohne erörtert, und da sich derselbe der Auffassung des Ministerpräsidenten angeschlossen hat, sehe ich mich zu meinem Schmerze gezwungen, nach so glänzenden Siegen der Armee in diesen sauren Apfel zu beißen und einen so schmachvollen Frieden anzunehmen."⁵⁶ 60 Jahre nach dem Anfall an Bayern blieb Franken im Königreich. Nach Friedrich II. (1712–1786), dem Großen, der einst Bayern im Bayerischen Erbfolgekrieg gegen Österreich gerettet hatte, rettete es diesmal mit Bismarck ein Preuße gegen Preußen. Neben dem Berliner Friedensvertrag schlossen Preußen und Bayern am 22. August 1866 noch ein Schutz- und Trutzbündnis ab, in dem sich beide Seiten die Integrität ihrer Territorien versicherten, im Falle eines Krieges gegenseitige Unterstützung zusagten und vereinbarten, daß im Konflikt der König von Preußen den Oberbefehl auch über die bayerische Armee haben solle.⁵⁷ Als der bayerische Ministerpräsident bei den

---

⁵¹ [Otto von Bismarck,] Erinnerung und Gedanke. Kritische Neuausgabe auf Grund des gesamten schriftlichen Nachlasses von Gerhard Ritter und Rudolf Stadelmann (Bismarck, Die gesammelten Werke 15), Berlin 1932, S. 274.

⁵² Ebd.

⁵³ Siehe insgesamt Lothar Gall, Bismarck. Der weiße Revolutionär, Frankfurt am Main [u. a.] 1980; zu 1866 ebd., S. 340–385, zur Situation in Nikolsburg ebd., S. 374.

⁵⁴ [Bismarck,] Erinnerung und Gedanke (wie Anm. 51), S. 277.

⁵⁵ Ebd., S. 279.

⁵⁶ Ebd. Siehe dazu auch Heinrich Otto Meisner (Hg.), Kaiser Friedrich III. Tagebücher von 1848–1866, Leipzig 1929, S. 472.

⁵⁷ Huber (Hg.), Dokumente (wie Anm. 16), Nr. 179, S. 214 f.; gleichlautende Verträge wurden zwischen Preußen und – jeweils gesondert – Württemberg, Baden und Hessen abgeschlossen; siehe auch Huber, Deutsche Verfassungsgeschichte (wie Anm. 17), S. 600–603.

Friedensverhandlungen einmal mit Zusagen zögerte, soll ihm ein Zettel mit den Worten „ein Freund" zugesteckt worden sein. Von Bismarck?

V.

Im oberfränkischen Gräfenberg wurde in der Nacht vom 30. zum 31. Juli 1866 nicht Weltgeschichte, keine europäische oder deutsche Geschichte, kaum bayerische Geschichte geschrieben, aber wohl ein wenig fränkische und vor allem Lokalgeschichte. Deshalb erinnert man sich auch hier – und wohl nur hier – eines 140 Jahre zurückliegenden, in den überlieferten Akten kaum noch sichtbaren Ereignisses, zumal es ein positives ist, ein mehr der Friedens- als der Kriegsgeschichte zuzuordnendes, zum Wohle, nicht zum Wehe der Menschen. Eine Waffenruhe für den fränkischen Kriegsschauplatz wurde in jener Sommernacht zwischen dem Großherzog Friedrich Franz II. von Mecklenburg-Schwerin als Kommandeur des II. preußischen Reservekorps und dem bayerischen Oberst Roth ausgehandelt, kein Waffenstillstand und schon gar kein Friedensvertrag. Übrigens auch keine Waffenruhe „zwischen Bayern und dem Nordd[eutschen] Bund", wie es im Fassadengemälde Georg Prells von 1927 am Giebel des vormaligen Gasthauses „Zum Weißen Roß" heißt[58], denn selbst das sogenannte „August-Bündnis" als Vorgänger des Norddeutschen Bundes wurde erst am 18. August 1866 geschlossen.[59]

Wie Gräfenberg im Schatten Nürnbergs und dann Berlins lag, so lag sein wichtigstes neuzeitliches Ereignis vom 30./31. Juli 1866 im Schatten des am 2. August von Nürnberg aus wirksam werdenden Waffenstillstandes und dann des Friedens von Berlin. Dieser beendete den preußisch-bayerischen Krieg, der neben dem preußisch-österreichischen fast in Vergessenheit geraten ist, ebenso wie die gleichzeitigen Kriege Preußens mit Württemberg, Baden, Hessen, Reuß, Sachsen-Meiningen und Sachsen. Sie alle – und eben auch der preußisch-bayerische Krieg – machen den Deutschen Krieg aus. Mit ihm wie mit dem Ende des Deutschen Bundes ging eine fast tausendjährige gemeinsame Geschichte mit Österreich zu Ende, die das Ende des Heiligen Römischen Reiches von vor 200 Jahren – am 6. August 1806 mit der Niederlegung der Krone des Heiligen Römischen Reiches durch Kaiser Franz II. (1768–1835) – noch um sechs Jahrzehnte überdauerte.

---

[58] Siehe die Abbildung des Fassadengemäldes in: 140 Jahre Waffenstillstand (wie Anm. 5), S. 7.
[59] Huber (Hg.), Dokumente (wie Anm. 16), Nr. 185, S. 224 f.; siehe auch Huber, Deutsche Verfassungsgeschichte (wie Anm. 17), S. 644 f.

Daniela Stadler

Die Beteiligung Nürnbergs an den Weltausstellungen des 19. Jahrhunderts

Weltausstellungen im 19. Jahrhundert

Vorläufer der Weltausstellungen des 19. Jahrhunderts waren regional oder national abgehaltene Industrie- und Gewerbeschauen, wie sie seit etwa 1750 aufgrund privater Initiative oder durch patriotische Gesellschaften initiiert worden waren. Der verkaufsfördernde Aspekt rückte erstmals bei der Pariser Nationalausstellung 1798 in den Vordergrund. Für Deutschland erlangte besonders die ‚Allgemeine Ausstellung deutscher Gewerbeerzeugnisse' von 1844 in Berlin Bedeutung.[1] In Bayern veranstaltete man überörtliche Ausstellungen in eher bescheidenem Umfang 1834/35 in München sowie 1840 und 1845 in Nürnberg.[2]

Der Ort der Weltausstellungen war zunächst „nach dem Motto ‚Wer zuerst kommt, mahlt zuerst!'"[3] bestimmt worden. Eine übergeordnete Instanz zur Vergabe der Weltausstellungen wurde erst 1928 mit dem ‚Bureau international de l'Exposition' (BIE) ins Leben gerufen. Das BIE hat folgende Ausstellungen des 19. Jahrhunderts rückwirkend als Weltausstellungen registriert: London 1851, Paris 1855, London 1862, Paris 1867, Wien 1873, Philadelphia 1876, Paris 1878, Melbourne 1880/81, Barcelona 1888, Paris 1889, Chicago 1893, Brüssel 1897 und Paris 1900.[4] Die Ausstellungen von Melbourne, Barcelona und Brüssel werden in der Literatur nicht unbedingt zu den Weltausstellungen gezählt, andererseits finden sich unter den so genannten Weltausstellungen auch weitere Ausstellungen wie Sydney 1879/80, Amsterdam 1883 oder Antwerpen 1894.[5] Die Weltausstellungen des 19. Jahrhunderts sind deshalb so interessant, weil hier „entscheidende Entwicklungslinien ihren Ursprung haben, die bis in unsere Gegenwart führen."[6] Sie erscheinen in der Rückschau als ‚Feste des Fort-

---

[1] Vgl. hierzu Petra Krutisch, Aus aller Herren Länder. Weltausstellungen seit 1851 (Kulturgeschichtliche Spaziergänge im Germanischen Nationalmuseum 4), Nürnberg 2001, S. 9 f.

[2] August Jegel, Die wirtschaftliche Entwicklung von Nürnberg-Fürth, Stein und des Nürnberger Raums seit 1806. Mit Berücksichtigung des allgemeinen Geschehens, Nürnberg [1952], S. 58.

[3] Krutisch, Aus aller Herren Länder (wie Anm. 1), S. 102.

[4] Hierzu vgl. http://www.bie-paris.org/main (Letzter Zugriff: 29.9.2006). Kriterien für die Anerkennung und Aufnahme in das Verzeichnis des BIE als Weltausstellung sind die Dauer der Ausstellung von mindestens sechs Monaten, ein Abstand von etwa fünf Jahren zur letzten Weltausstellung, die Größe des Ausstellungsgeländes sowie ein übergreifendes Thema.

[5] Beides hat seine Berechtigung, die Außerachtlassung der Ausstellungen von Melbourne, Barcelona und Brüssel kann auf die überragende Bedeutung der Ausstellungen von London, Paris, Wien, Philadelphia und Chicago zurückgeführt werden. Die Aufnahme weiterer Ausstellungen lässt sich mit der ihnen zuteil gewordenen Resonanz begründen, auch wenn es sich um Spezialausstellungen handelte. So wurden in dem Katalog ‚Weltausstellungen im 19. Jahrhundert', herausgegeben vom Staatlichen Museum für angewandte Kunst München, München 1973, die Ausstellungen in Melbourne, Barcelona und Brüssel nicht berücksichtigt. Krutisch, Aus aller Herren Länder (wie Anm. 1), dagegen bezieht auch die oben genannten Ausstellungen von Sydney, Amsterdam und Antwerpen ein.

[6] Weltausstellungen im 19. Jahrhundert (wie Anm. 5), S. III. Viele Erfindungen wie das Telefon (Philadelphia 1876), der Reißverschluss (Chicago 1893) oder das Schmerzmittel Aspirin (Paris 1900) wurden zu alltäg-

schritts' und ‚Selbstdarstellungen im großen Format', die entstanden waren aus „wirtschaftlichem Interesse und nationalem Geltungsbedürfnis [...]".[7] Zu den Zielsetzungen der Weltausstellungen gehörten: „Gewerbeförderung, Stimulierung des Binnen- und Außenhandels, Volksbildung und Industriepropaganda, Infrastrukturentwicklung und Vollbeschäftigung, soziale Integration im Innern und internationale Anerkennung nach außen."[8] Die Präsentation neuer Erfindungen und der direkte Vergleich sollten sich positiv auf die industrielle Entwicklung auswirken und den friedlichen Wettstreit der Nationen fördern. Die Firmen lernten, auch wenn dies zunächst verpönt war, Eigenwerbung zu betreiben. Dagegen trat der anlässlich der ersten Weltausstellung propagierte Gedanke der Völkerverständigung im Laufe der Zeit immer mehr in den Hintergrund, tragendes Motiv wurde die wirtschaftliche Konkurrenz.[9] Mit der zusätzlichen Abhaltung von Kongressen und Einrichtung von Vergnügungsparks setzte ein weiterer Bedeutungswandel ein. Die Industrie suchte zum Ende des Jahrhunderts daher zunehmend die zahlreichen Fachmessen auf. Dennoch stellten die Weltausstellungen „im 19. Jahrhundert die einzig wirklichen internationalen Institutionen"[10] dar und erfüllten damit als internationale Treffpunkte in einer Zeit ohne Massenkommunikationsmittel eine nicht nur wirtschaftlich wichtige, sondern auch politische und soziale Funktion.[11]

Der deutsche Beitrag zu den Weltausstellungen lässt sich in drei Abschnitte unterteilen[12]: Zunächst die Phase der uneinheitlichen Repräsentation des Deutschen Reiches bis zur Ausstellung von Paris 1867, in der sich die politische Zersplitterung in der Präsentation negativ widerspiegelte. Darauf folgte die mittlere Phase ab 1873 (Wien) bis zu den Ausstellungen in Paris 1878 und 1889, an denen das Deutsche Reich nicht teilnahm. Dieser Abschnitt war zum einen gekennzeichnet durch den staatlich gelenkten Versuch einer einheitlichen Darstellung der deutschen Beteiligung, die aber noch an der „Kontinuität der einzelstaatlichen ‚Stammesrivalitäten'"[13] scheiterte, zum anderen durch die Probleme der deutschen Wirtschaft, die 1876 in Philadelphia am augenfälligsten hervortraten – das spätere Gütezeichen ‚Made in Germany' stand zu diesem Zeitpunkt für ‚billig und schlecht'. Geprägt wurde dieser Ausspruch durch den deutschen Ingenieur Franz Reuleaux, der als Preisrichter und Organisator

---

lichen Gegenständen und finden heute noch Verwendung, andere Entwicklungen sind vergessen oder nur noch von historischem Wert wie ein in Paris 1900 gezeigter Rettungsapparat für Schiffbrüchige oder der in einen vier Meter großen Parabolspiegel eingebaute Solarkocher von 1878 (Paris).

[7] Vgl. hierzu Weltausstellungen im 19. Jahrhundert (wie Anm. 5), S. IV und XI.

[8] Brigitte Schroeder-Gudehus, Schaufenster der Nationen. Leistungsschauen – nicht frei von Politik, in: Kultur & Technik 3, 2000, S. 10–17, hier S. 11.

[9] Das 1851 ausgerufene ‚Fest des Friedens' galt an erster Stelle den westlichen Industrienationen, es schloss „selbstredend nur die zivilisierten Völker ein – und die ‚halbzivilisierten' soweit sie sich auf den Pfad der Kultur zu begeben bereit waren." (vgl. Winfried Kretschmer, Geschichte der Weltausstellungen, Frankfurt/Main 1990, S. 47). Ausgenommen war auch weitgehend die Arbeiterschaft, die Realität der industriellen Arbeitswelt hatte auf den Ausstellungen keinen Platz (vgl. hierzu Werner Plum, Weltausstellungen im 19. Jahrhundert: Schauspiele des sozio-kulturellen Wandels, Bonn 1975, S. 12).

[10] Schroeder-Gudehus, Schaufenster der Nationen (wie Anm. 8), S. 13.

[11] Vgl. hierzu Kretschmer, Geschichte der Weltausstellungen (wie Anm. 9), S. 46.

[12] Vgl. hierzu Christoph Cornelißen, Die politische und kulturelle Repräsentation des Deutschen Reiches auf den Weltausstellungen des 19. Jahrhunderts, in: Geschichte in Wissenschaft und Unterricht 3, 2001, S. 148–161, hier S. 151.

[13] Cornelißen, Die politische und kulturelle Repräsentation (wie Anm. 12), S. 155.

an den Weltausstellungen von 1862 bis 1900 teilnahm.[14] In der dritten Phase ab 1893 (Chicago) engagierte sich der deutsche Staat daher verstärkt in der Organisation der Ausstellungsbeschickung; auch eine Nicht-Beteiligung des Deutschen Reiches war für die staatlichen Stellen nicht mehr diskutabel.[15]

Nürnbergs Teilnahme an den Weltausstellungen des 19. Jahrhunderts

Für die Beteiligung Nürnbergs an den Weltausstellungen können zwei Phasen unterschieden werden, die zeitlich mit dem oben beschriebenen mittleren Abschnitt ab 1873 zusammentreffen, also kurz gesagt ‚vor und nach Wien'. Seit der Wiener Weltausstellung wurde die Beteiligung der Nürnberger Aussteller durch das 1869 gegründete Bayerische Gewerbemuseum Nürnberg organisiert. Zuvor hatten sich der Gewerbeverein und Johann Caspar Beeg um die Betreuung bemüht, doch standen ihnen nicht die Mittel des Gewerbemuseums zur Verfügung. Die Beschickung der Weltausstellungen aus Nürnberg ab 1873 verzeichnete durch dessen Einsatz einen deutlichen Professionalisierungsschub.

Im Folgenden soll die Beteiligung Nürnbergs an den Weltausstellungen des 19. Jahrhunderts im Wesentlichen in chronologischer Reihenfolge dargestellt werden. In die Betrachtung einbezogen werden die Präsentation der Teilnehmer aus Nürnberg sowie die Resonanz auf die Weltausstellungen aus Sicht der an der Organisation Beteiligten und unter Berücksichtigung der Ausstellerzahlen. Auch wenn diese nicht lückenlos zu ermitteln waren, so lässt sich doch eine Entwicklung ausmachen. Weiterhin gilt es festzustellen, welche Branchen zu den Hauptbeschickern gehörten und welche Veränderungen sich hier im Verlauf der industriellen Entwicklung ergaben. Außerdem ist die Bedeutung der Weltausstellungen für die Gründung des Bayerischen Gewerbemuseums zu berücksichtigen. Die Quellenlage stellt sich unterschiedlich dar, worin sich bereits ablesen lässt, welche Bedeutung man den einzelnen Ausstellungen beimaß. Zu Barcelona und Brüssel fanden sich keine Hinweise, weshalb diese Ausstellungen hier nicht berücksichtigt werden.[16] Bei den Ausstellungen in Paris 1878 und 1889 kam der Umstand, dass das Deutsche Reich offiziell nicht daran teilnahm, erschwerend hinzu.

---

[14] In seinen in der Nationalzeitung veröffentlichten ‚Briefen aus Philadelphia' kritisierte Reuleaux die deutsche Industrie, die nur billig produzieren wolle, worunter die Qualität deutlich leide. Auch das 1887 in England eingeführte ‚Made in Germany' diente zunächst zur Unterscheidung englischer Qualitätsprodukte von Billigimitaten aus Deutschland. Der Bedeutungswandel zum Qualitätssiegel wird letztendlich auch der durch Reuleaux entfachten Debatte zugeschrieben. Vgl. hierzu Sebastian Remberger, ‚Billig und schlecht'. Franz Reuleaux zu den Weltausstellungen in Philadelphia und Chicago, in: Kultur & Technik 3, 2000, S. 42–45.

[15] Aus Platzgründen wird im Folgenden nicht näher auf den allgemeinen Verlauf der einzelnen Weltausstellungen eingegangen. Zur Geschichte der Weltausstellungen sind zahlreiche Publikationen erschienen, verwiesen sei an dieser Stelle auf: Weltausstellungen im 19. Jahrhundert (wie Anm. 5) und Kretschmer, Geschichte der Weltausstellungen (wie Anm. 9) sowie Martin Wörner, Die Welt an einem Ort. Illustrierte Geschichte der Weltausstellungen, Berlin 2000.

[16] Die einschlägigen Quellen geben keine Auskunft über eine Teilnahme aus Nürnberg an den Weltausstellungen in Barcelona und Brüssel, auch wenn zu vermuten ist, dass die größeren Firmen wie Schuckert, die MAN oder Faber die Ausstellungen beschickten. Es lässt sich zunächst festhalten, dass diese Ausstellungen vom Bayerischen Gewerbemuseum selbst nicht zu dessen ‚Ausstellungsunternehmungen' gerechnet wurden.

London 1851

Die erste Weltausstellung, die ‚Great Exhibition of the Works of Industry of All Nations', wurde 1851 in London veranstaltet.[17] Mit der Londoner Schau wurde erstmals der sonst übliche lokale oder nationale Bezugsrahmen verlassen und eine internationale Gewerbeausstellung veranstaltet. England als Vorreiter der Industrialisierung nutzte die Ausstellung als Möglichkeit, seine Vormachtstellung zu demonstrieren und gleichzeitig für den ökonomisch vorteilhaften Freihandel einzutreten. Industriell noch nicht so weit entwickelte Staaten wie das Königreich Bayern sahen in der Ausstellung insbesondere die Chance, Ideen für den Aufschwung der eigenen Wirtschaft zu gewinnen.[18] Der Deutsche Zollverein nahm mit 1.563 Ausstellern an der Schau teil, darunter 104 aus Bayern, die sich zwar an der Ausstellung in der Maschinenhalle nicht beteiligten, aber in den anderen drei Sektionen (Rohstoffe, Manufakturwaren, Kunst) mit einigen Stücken vertreten waren.[19] Das Königreich Bayern richtete für die Beschickung der Londoner Ausstellung eine technische Kommission unter Leitung von Prof. Dr. Carl Emil Schafhäutl aus München ein, in die auch der Bleistiftfabrikant Johann Lothar von Faber aus Stein und der Nürnberger Johann Caspar Beeg berufen wurden. Aufgabe der Kommission war es, die bayerische Ausstellung mitzuorganisieren und den bayerischen Ausstellern als Ansprechpartner zur Verfügung zu stehen. Beeg, zu diesem Zeitpunkt Rektor der Gewerbeschule in Fürth, hatte sich als engagierter Technologe einen Namen gemacht.[20] Sein Wirken prägte die Ausstellungsbeteiligung bis 1867 maßgeblich. Zu Beegs Aufgaben in London gehörte es auch, Bericht zu erstatten, vor allem in Hinblick auf die Verwertbarkeit der ausgestellten Gegenstände für die bayerische Industrie. Er tat dies in der Fürther Gewerbezeitung und in Briefen an seine Frau Mathilde, geborene Aufseß, wo er seine persönlichen Eindrücke wiedergab. Beegs Interesse beschränkte sich nicht nur auf die Ausstellungsgegenstände, ihm lag auch daran, die Stadt und ihre Bewohner kennen zu lernen. In London beeindruckten ihn die Sehenswürdigkeiten wie Westminster Abbey besonders, die vielen Menschen und Fahrzeuge in den Straßen behagten ihm jedoch nicht und zerrten an seinen Nerven.

Vgl. hierzu: Die Bayerische Landes-Gewerbeanstalt – Bayer. Gewerbemuseum – Nürnberg 1869–1919, Nürnberg [1919], S. 51.

[17] Die Darstellung der Beteiligung an der Londoner Ausstellung nimmt im Gegensatz zu den folgenden Ausstellungen breiteren Raum ein, eben weil es sich um die erste aller Weltausstellungen handelte.

[18] Vgl. hierzu: Franz Sonnenberger / Helmut Schwarz, Johann Caspar Beeg. 1809–1867. Lebenslinien eines Technologen, Nürnberg 1989, S. 115.

[19] Amtlicher Bericht über die Industrie-Ausstellung aller Völker zu London im Jahr 1851, hg. von der Berichterstattungs-Kommission der Deutschen Zollvereinsregierungen, 3 Bde., Berlin 1852–1853. Aus Norddeutschland kamen weitere 157 Aussteller hinzu, die Gesamtzahl der Aussteller betrug 13.750. Die Zahlen sind allerdings nicht ganz zuverlässig, so gibt der amtliche Bericht in Bd. 1 die Zahl der Aussteller aus Bayern mit 104 an, in Bd. 3 mit 99. Krutisch, Aus aller Herren Länder (wie Anm. 1), beziffert die Zahl der bayerischen Aussteller mit 102. Die Stadtchronik des Stadtarchivs Nürnberg (Stadtarchiv Nürnberg (künftig: StadtAN) F 2, Bd. 9, S. 87) nennt ebenfalls die Zahl von 104 aus Bayern angemeldeten Ausstellern.

[20] Vgl. zu Beeg auch: Michael Diefenbacher / Rudolf Endres (Hg.), Stadtlexikon Nürnberg, Nürnberg ²2000, S. 130 (oder unter www.stadtarchiv.nuernberg.de).

Neben Beeg reisten auch einige Handwerker, Fabrikanten und Kaufleute zur Ausstellung nach London.[21] Die Königliche Regierung von Mittelfranken schrieb zu diesem Zweck Reisestipendien für Handwerker aus, deren Vergabe unter den Nürnberger Handwerksmeistern für Diskussionen sorgte.[22] Der Verein der Gewerbsvorgeher[23] konnte in dem Ansinnen der Königlichen Regierung von Mittelfranken, vier Gesellen finanziell bei ihrer Fahrt nach London zu unterstützen, keinerlei Nutzen für den Handwerkerstand erkennen. Es sei seiner Meinung nach besser, sechs beziehungsweise acht erfahrene Meister nach London zu schicken, wofür die Königliche Regierung von Mittelfranken dem Verein schließlich 400 fl. gewährte.[24] Die Mitglieder des Vorgehervereins hatten hohe Erwartungen an die Londoner Ausstellung sowie an ihre ausgewählten acht Vertreter: „Es gilt hier so viel als möglich die auswärtige Industrie auf hiesigen Platze zu verpflanzen. Sämtliche Abgeordnete müssen speziell für die Nürnberger Manufacturgewerbe einzeln als Alle zusammen wirken [...] mit dem, dem Vorgeher Verein eigenen Grundsatze ‚Alle für Einen und Einer für Alle'."[25] Sie erhofften sich die „möglichste Ausbeutung der in London ausgestellten Gegenstände" und die „Anpassung der dort gefundenen neuen Artikel für die Merkantilgewerbe Nürnbergs". Die auswärtige Industrie sollte mit der heimischen in Hinblick auf die Vorzüge des Auslands verglichen werden. Der Vorgeherverein erwartete von seinen Abgeordneten kaum Mögliches, sie sollten die Produktion der neuen Artikel in allen Details (benötigte Rohstoffe, Werkzeuge, Herstellung, Absatzmärkte etc.) ergründen und den „eigenthümlichen Geschmack" Englands sowie der anderen Nationen beleuchten.[26] Auch der Gewerbeverein bemühte sich um die Beschaffung finanzieller Mittel zur Beschickung der Londoner Industrieausstellung durch einen Abgesandten sowie für den Ankauf von Mustern der ausgestellten Gegenstände. Aus diesem Grund wandte sich der Vereinsvorstand an den Handelsvorstand und bat um einen Zuschuss. Der Verein versuchte den Handelsvorstand für sein Anliegen zu gewinnen, indem er ihm die Vorteile, die aus dem Besuch der Ausstellung zu ziehen wären, erläuterte.[27] So habe bereits die vergangene Industrie-Ausstellung in Leipzig gezeigt, wie informativ eine solche Ausstellung für die Gewerbetreibenden und Fabrikanten sei und wie gut geeignet, um den Geschmack der Arbeiter zu bilden. Die Ausstellung in London, die von aller Welt beschickt werde, erfülle die genannten Bedingungen erst recht, weshalb es angezeigt sei, wenigstens einen, besser zwei, Abgesandte nach England zu entsenden. Die Anforderungen des Gewerbevereins an seine Abgeordneten ähnelten

---

[21] Sonnenberger / Schwarz, Beeg (wie Anm. 18), S. 116–120.

[22] Hierzu und zum Folgenden vgl. StadtAN C 7/I Nr. 12615.

[23] Der Vorgeherverein repräsentierte die konservativere Handwerkerschaft. Er war als Gegenorganisation zum Gewerbeverein gegründet worden. Vgl. hierzu Charlotte Bühl-Gramer, Nürnberg 1850 bis 1892. Stadtentwicklung, Kommunalpolitik und Stadtverwaltung im Zeichen von Industrialisierung und Urbanisierung (Nürnberger Werkstücke zur Stadt- und Landesgeschichte 62), Nürnberg 2003, S. 450.

[24] Dem Magistrat wurden 600 fl. zur Verwendung für die Londoner Ausstellung zur Verfügung gestellt. Weiterhin erhielt der Nürnberger Doublé-Fabrikant Johann Andreas Wellhöfer ein Reisestipendium von 200 fl. Vgl. hierzu StadtAN C 7/I Nr. 12615.

[25] StadtAN C 7/I Nr. 12615, Blatt 24.

[26] Nach ihrer Rückkehr hatten die Meister ihr in London erworbenes Wissen der Öffentlichkeit, insbesondere verwandten Gewerben, zur Verfügung zu stellen. In den durchgesehenen Quellen fanden sich leider keine entsprechenden Berichte der Handwerksmeister über London.

[27] Hierzu und zum Folgenden vgl. StadtAN E 8 Nr. 3502.

denen des Vereins der Gewerbsvorgeher, auch diese sollten mehr oder minder Industriespionage betreiben. Der Handelsvorstand gab die Anfrage mit der Anmerkung, dass eine Beschickung der Londoner Ausstellung für die Industrie Nürnbergs wichtig wäre, und dem Vorschlag, dem Gewerbeverein hierfür 500 fl. zu gewähren, an seine Verwaltung, die Marktadjunkten, weiter. Die Herren des Kollegiums standen dem Anliegen eher skeptisch gegenüber, der Nutzen für die örtliche Industrie wollte ihnen nicht so recht einleuchten. Sie bezweifelten ganz besonders, dass es möglich sei, Abgesandte zu finden, welche die gestellten Anforderungen erfüllen könnten. Marktadjunkt Julius Kirchdorffer stellte mit durchaus ironischem Unterton in Frage, ob es diese besonders Befähigten überhaupt geben könne. Allein das Ansinnen, neue Industriezweige für die heimische Industrie entdecken zu wollen und zu beurteilen, ob diese für die hiesige ‚Handarbeiter-Industrie' geeignet seien, hielt er für nicht umsetzbar. Hinzu komme, dass diese Person in der Lage sein müsse, durch die bloße Anschauung die Herstellungs- und Vertriebsweise der Waren zu erkennen. Dennoch sprachen sich auch einige der Marktadjunkten für den Besuch der Ausstellung aus, da man sich einem solchen Unternehmen letztendlich nicht verschließen könne. Der Handelsvorstand gewährte dem Gewerbeverein, unter Mitteilung seiner Bedenken, schließlich 250 fl. zum Ankauf von Mustern in London.[28] Man einigte sich darauf, dass dies der Kaufmann Friedrich Neuwirth, der ohnehin nach London reisen wollte, übernehmen sollte.[29] Der Gewerbeverein entsandte eine eigene Abordnung nach London.[30]

Entsprechend ihrem damaligen Entwicklungsstand war Nürnbergs Industrie – es überwogen die kleineren Gewerbebetriebe mit zwei bis drei Beschäftigten[31] – in eher bescheidenem Umfang auf der Weltausstellung präsent. In dem offiziellen englischen Bericht lassen sich zwölf Aussteller aus Nürnberg nachweisen.[32] Dennoch gehörte Nürnberg damit nach München und Fürth zu den am stärksten vertretenen Städten Bayerns. Die ersten Weltausstellungsteilnehmer aus Nürnberg, die alle zur Kategorie der ‚Producer' gehörten[33], waren: Joh. Paul Ammon (Ausstellungsgegenstand: Proben von Gold- und Silberdraht), Matth. Birkmann (Graphitbleistifte in verschiedenen Här-

---

[28] Die Darstellung der Verhandlungen zwischen den beteiligten Institutionen und Personen um die Bereitstellung finanzieller Mittel für den Besuch der Weltausstellungen und den Ankauf von Mustern erfolgte hier exemplarisch am Beispiel der ersten Weltausstellung in London und daher ausführlicher als im Folgenden. Die Diskussionen, das Für und Wider der Beteiligung an den Ausstellungen und insbesondere die Bitte um finanzielle Unterstützung wiederholten sich aus Anlass jeder weiteren Weltausstellung stets aufs Neue, fast schon ritualartig: Der Gewerbeverein resp. das Gewerbemuseum baten um Geld, Handelsvorstand und Magistrat zeigten sich zunächst zögerlich, gewährten die entsprechenden Mittel dann aber meist doch. Dies im Einzelnen und in allen Details für jede Schau gesondert darzulegen, würde den Rahmen dieses Beitrags sprengen.

[29] Neuwirth erwarb als Musterstücke in London u.a. eine Suppenschüssel, einen Rohrstuhl, sechs Rouleauxhalter sowie auf der Reise in Paris ein Dutzend vergoldeter Uhrenketten. Die Summe der Ankäufe betrug insgesamt 344,43 Gulden. Der Handelsvorstand erklärte sich bereit, die Restsumme zu begleichen. Vgl. hierzu StadtAN E 8 Nr. 3502 (nicht paginiert, datiert mit dem 5.2.1852).

[30] Jahresbericht des Gewerb-Vereins in Nürnberg 1851, S. 3.

[31] Hierzu vgl. Gerhard Pfeiffer (Hg.), Nürnberg – Geschichte einer europäischen Stadt, München 1971, S. 401.

[32] Great Exhibition 1851. Official descriptive and illustrated catalogue. Part IV. Colonies and foreign states; Division I, London 1851, S. 1098–1103 (Beschreibung der Aussteller aus ‚Bavaria'). Aus Fürth sind 16 Aussteller, überwiegend der Spiegelglasfabrikation, Bronzefarbenherstellung sowie Gold- und Silberdrahtproduktion, verzeichnet, aus München kamen 22 Aussteller.

[33] Weitere Kategorien waren die der Manufakturwarenhersteller und Künstler.

ten), Birkner & Hartmann (Proben von Bronzefarben und Blattgold), Georg Leonhard Eichner (lackiertes Zinnspielzeug), Chr. Wilh. Fleischmann (anatomische Modelle), Heinrich Marcus Fuchs (Metalldrähte in verschiedenen Längen), Cassian Held (verschiedene Tabakspfeifen), Joh. Stephan Kellner (Kopie des Volckamer-Fensters aus der Lorenzkirche), Johann Michael Ißmeyer (magnetische Artikel und Spielzeuge), Carl Casimir Abel-Klinger (Erd- und Himmelsgloben mit Halterungen sowie Kompasse), Ernst Kuhn (Muster von Gold-, Silber- und Kupferdraht, Flitter etc.) und A. Reinisch (Kunstobjekte aus Glas).[34] Außerdem war A. W. Faber aus Stein mit seinen Bleistiften auf der Ausstellung vertreten; er erhielt eine Preismedaille.[35] Eine weitere Auszeichnung[36] ging an G. L. Eichner, der eine Preismedaille für 20 mechanische Spielzeuge erhielt. Hervorgehoben wurde die ‚nette Ausführung'. Eichner zeigte überwiegend Pferdewagen, darunter ein Gespann mit vier Pferden und Figuren Ihrer Majestät und Prinz Albert, was der Jury ganz besonders gefiel.[37] Ein kluger Schachzug Eichners, der so publikumswirksam für sich werben und vor allem englische Käufer ansprechen konnte. Stephan Kellner erhielt für die Farbwahl und die originalgetreue Detailgenauigkeit seines Volckamer-Fensters eine lobende Erwähnung.[38] Die 1851 in London anwesenden Nürnberger Aussteller stellten sicherlich keinen repräsentativen Querschnitt der Nürnberger Firmen dar, auch wenn wichtige und international bekannte Branchen wie die Bleistift- und Spielwarenherstellung sowie die leonische Industrie vertreten waren. Bei dieser ersten Weltausstellung hing die Teilnahme ganz besonders vom Willen und Engagement der Aussteller ab; noch scheuten, auch aus Kostengründen, einige unter ihnen die Teilnahme oder konnten den Nutzen einer solchen Schau nicht erkennen. Wie der Stadtchronist schrieb, standen die Händler der Ausstellung eher ablehnend gegenüber: „Die Kaufleute waren größtentheils dagegen, da sie fürchteten, man möchte in England künftig die Waaren, mit Umgehung der Kaufleute, direkt von den Nürnberger Gewerbetreibenden beziehen."[39] Bereits im Zu-

---

[34] Great Exhibition 1851 (wie Anm. 32), S. 1098–1103. Unter der Beschreibung der Ausstellungsstücke von G. L. Eichner erfolgt eine Erläuterung zur Tradition der Nürnberger Spielwarenherstellung. Qualität und Preis der in alle Welt exportierten Nürnberger Spielwaren werden hervorgehoben.
[35] Amtlicher Bericht über die Industrie-Ausstellung aller Völker zu London im Jahr 1851 (wie Anm. 19), Bd. 2, S. 384. Für die Qualität der Bleistifte von Faber spräche laut dem Bericht die Tatsache, dass diese im Ausland und sogar in England verkauft würden.
[36] Vgl. hierzu Exhibition of the Works of Industry of All Nations, 1851. Reports by the Juries on the subjects in the thirty classes into wich the exhibition was divided, London 1852. Insgesamt verzeichneten die bayerischen Aussteller drei große Verdienstmedaillen, 16 Preismedaillen und 21 ehrenvolle Erwähnungen, vgl. hierzu Amtlicher Bericht über die Industrie-Ausstellung aller Völker zu London im Jahr 1851 (wie Anm. 19), Bd. 3, S. 718.
[37] Exhibition of the Works of Industry of All Nations, 1851 (wie Anm. 36), S. 681.
[38] Ebd., 1851 (wie Anm. 36), S. 686 und 699. Noch zu erwähnen ist ein über Nürnbergs Grenzen hinaus bekanntes Kunstwerk, mit dem Julius Leemann aus Bern und J. C. Boesche aus Magdeburg Auszeichnungen erringen konnten. Beide zeigten Modelle des Schönen Brunnens, die offensichtlich bei den Preisrichtern Anklang fanden (Exhibition of the Works of Industry of All Nations, 1851 (wie Anm. 36), S. 208, 689, 698 und 705. Leemann erhielt eine ehrenvolle Erwähnung, Boesche eine Preismedaille).
[39] StadtAN F 2, Bd. 10, S. 17. Der Chronist berichtete an anderer Stelle, dass er die Ausstellung selbst besucht habe. Sein Fazit: „Im Allgemeinen sind die Deutschen, die in der Regel über Paris zurückgingen, mit größerer Zufriedenheit bezüglich ihrer Verhältnisse zurückgekehrt. Sie haben die Erfahrung gemacht, daß man in Deutschland weit angenehmer, gemüthlicher und billiger lebe, als in England und Frankreich, und daß unsere socialen Zustände noch immer viel besser seyen, als dort." Vgl. StadtAN F 2, Bd. 10, S. 19 f.

sammenhang mit der Gewährung finanzieller Mittel für die Ausstellungsvorhaben des Gewerbevereins hatten die Marktadjunkten argumentiert, dass die Muster ausländischer Produkte doch viel einfacher über die zahlreichen ‚Muster-Reisenden' zu beziehen seien. Auch der Vertrieb der heimischen Produkte erfolge doch vermittels der Handelshäuser bereits jetzt in alle Welt.[40] Einige der Kaufleute fürchteten wohl um ihre Pfründe und sahen die Institution Weltausstellung noch nicht als Chance zur möglichen Erweiterung ihres Vertriebsnetzes.

Johann Georg Kugler, langjähriger Direktor des Gewerbevereins, bezeichnete in der Rückschau die Weltausstellung von London sowie die folgenden bis 1867 als „mächtigen Faktor des Fortschrittes"[41], besonders die Londoner Schau habe mit dem dort augenfällig gewordenen Abfallen der deutschen Industrie gegenüber England und Frankreich „viel zum Aufschwung der diesbezüglichen deutschen Zustände beigetragen".[42] Die uneinheitliche Präsentation der deutschen Ausstellungsgegenstände wurde durch die ausländischen Beobachter besonders kritisiert, Jegel folgert, dass die Beteiligung „kein großes Ruhmesblatt für unsere Industrie" gewesen sein könne.[43]

Die Berichterstatter in Nürnberg, der Stadtchronist und die Journalisten des Fränkischen Kuriers, waren wie viele andere von dem von Joseph Paxton errichteten Kristallpalast besonders fasziniert. So findet sich in der Stadtchronik eine genaue Beschreibung von dessen Bauweise und Konstruktion.[44] Auch der Fränkische Kurier berichtete ausführlich über das beeindruckende Ausstellungsgebäude, das dort auch als ‚Zauberpalast' betitelt wurde.[45] Theodor von Cramer-Klett errichtete nach diesem Vorbild für die Industrieausstellung in München 1854 als erste große Eisenkonstruktion in Deutschland ebenfalls einen Glaspalast, wofür ihm der mit dem persönlichen Adel verbundene Zivildienstorden der bayerischen Krone verliehen wurde.[46]

Unmittelbare Wirkung für Nürnberg hatte die Weltausstellung von 1851 zunächst auf die Kunstgewerbeschule; die Ausstellung hatte gezeigt, dass nicht nur die Quantität der Produkte, sondern auch die Qualität eine wichtige Rolle spielte. Staatliche Maßnahmen zur Hebung der Produktionsstandards wurden daraufhin ausgebaut, die „Vermittlung von technischem Wissen und von gestalterischen Qualitätsmerkmalen fand nun Aufnahme in den Lehrplan der Kunstgewerbeschule, die dafür erweitert wurde und neue Fächer einführte."[47]

---

[40] Vgl. hierzu StadtAN C 7/I Nr. 12615 sowie die zuvor beschriebene Diskussion unter den Marktadjunkten bezüglich der Bitte des Gewerbevereins um finanzielle Unterstützung zur Beschickung der Londoner Ausstellung und zum Ankauf von Mustern.

[41] Bericht des Gewerbevereins in Nürnberg 1876, S. 19. Dem entspricht im Wesentlichen die 1892 erschienene ‚Geschichte des Gewerbevereins in Nürnberg. Nach dem im Jahre 1876 vom ersten Direktor, Herrn Kommerzienrath J.G. Kugler erstatteten Berichte, mit Ergänzungen bis 1892, veröffentlicht gelegentlich der hundertjährigen Jubiläumsfeier des Vereins, Nürnberg 1892'.

[42] Bericht des Gewerbevereins in Nürnberg 1876, S. 19.

[43] Jegel, Die wirtschaftliche Entwicklung von Nürnberg-Fürth (wie Anm. 2), S. 59.

[44] StadtAN F 2, Bd. 9, S. 91 f.

[45] Fränkischer Kurier vom 6.5.1851.

[46] Brigitte Kaltenhäuser, Die Maschinenfabrik Klett & Co. unter Leitung von Johann Friedrich Klett und Theodor von Cramer-Klett, Diplom-Arbeit Univ. Erlangen-Nürnberg 1971/72, S. 36 (dort auch Abbildung des Münchener Glaspalastes).

[47] Andrea M. Kluxen, „In Nürnberg Industrie, in München Kunst" – Zur Industrialisierung Mittelfrankens, in: 200 Jahre Franken in Bayern. 1806–2006, Aufsätze zur Landesausstellung 2006 im Museum Industriekultur Nürnberg, Augsburg 2006, S. 111 f., hier S. 112.

Paris 1855

Bereits ein Jahr nach der Londoner Ausstellung verfügte Napoleon III., dass in einem eigens zu errichtenden ‚Palais de l'Industrie' eine internationale Ausstellung stattfinden sollte. Für die 1855 in Paris veranstaltete ‚Exposition universelle des produits de l'agriculture, de l'industrie et des beaux-arts' richtete man zusätzlich eine eigene Abteilung für bildende Kunst ein. Beeg wurde wiederum in die bayerische Ausstellungskommission berufen.[48] Wie bereits bei der Ausstellung in London trat der Gewerbeverein in Verhandlungen um finanzielle Zuschüsse zum Ankauf von Mustern und Werkzeugen ein, wofür der Handelsvorstand 200 fl. bewilligte.[49] Ein Komitee, gebildet aus den Kaufleuten und Fabrikanten Theodor von Cramer-Klett, Karl Puscher, Johannes Zeltner, Friedrich Wilhelm Heyne, Johann Georg Kugler sowie dem Arzt und Rektor der Kreisgewerbeschule Heinrich Rose und anderen, beantragte 500 fl. aus der Stadtkasse zur Verfügung zu stellen, was durch den Magistrat zunächst befürwortet wurde.[50] Das Kollegium der Gemeindebevollmächtigten lehnte aufgrund der Haushaltslage jedoch ab.[51] Dennoch erhielt das Komitee finanzielle Unterstützung von Handelsvorstand und Gewerbeverein sowie durch von Cramer-Klett, Zeltner und Heyne. Das Engagement der wichtigen Nürnberger Industriellen dieser Zeit, von Cramer-Klett und Zeltner, zeigt, wie sich unter diesen das Bewusstsein über die Bedeutung der Weltausstellungen für Industrie und Gewerbe gewandelt hatte. Von Cramer-Klett, der an der Londoner Schau nicht als Aussteller teilgenommen hatte, engagierte sich nun nicht nur für den Musterankauf, sondern stellte auch erfolgreich in Paris aus. Klett & Co. wurde für die gezeigten Nägel und Drahtstifte mit einer Bronzemedaille geehrt.[52] In der gleichen Klasse (Metallwaren, Eisen, Kupfer, Messing etc.) erhielten jeweils eine silberne Medaille Birkner & Hartmann, die schon in London ausgestellt hatten, für ihre Bronzefarben und Goldschlägerarbeiten sowie G. E. Schätzler für geschlagenes Feingold und Feinsilber. Bronzemedaillen bekamen die ebenfalls schon an der ersten Weltausstellung beteiligten Firmen J. P. Ammon für Gold- und Silberdraht und E. Kuhn, der leonische Waren ausstellte.[53] Besondere Erwähnung fand Nürnberg

---

[48] Weiterhin nahm er als Jurymitglied an der Bewertung der Gruppe der ‚Möbel, Dekorationen, Gewebemuster, Buchdruck, Musikinstrumente' teil und verfasste darüber auch den Beitrag für den amtlichen Bericht des Zollvereins. Vgl. hierzu Sonnenberger / Schwarz, Beeg (wie Anm. 18), S. 137–140.

[49] Vgl. hierzu StadtAN E 8 Nr. 3501, Blatt 22–25. Der Handelsvorstand machte allerdings zur Auflage, dass die Ankäufe von Sachverständigen vorgenommen werden sollten, die ohnehin nach Paris reisten, und dass das Geld nur für Gegenstände ausgegeben werden dürfe, die der Nürnberger Industrie von Nutzen seien.

[50] Vgl. hierzu StadtAN C 7/I Nr. 12619.

[51] Die Stadtkämmerei stellte in ihrem hierfür von den Gemeindebevollmächtigten angeforderten Gutachten fest, dass es nicht Aufgabe der Stadtkasse sein könne, für industrielle Zwecke Mittel bereit zu stellen; besonders in Hinblick auf das Defizit in der städtischen Kasse sei eine solche Ausgabe der Bürgerschaft gegenüber kaum zu rechtfertigen, sie verwies auf den Gewerbeverein, der aufgrund seiner finanziellen Ausstattung wohl eher der richtige Ansprechpartner sei. Vgl. hierzu StadtAN C 11/I Nr. 242 und Bühl-Gramer, Nürnberg 1850–1892 (wie Anm. 23), S. 451.

[52] Amtlicher Bericht über die Allgemeine Pariser Ausstellung von Erzeugnissen der Landwirtschaft, des Gewerbefleißes und der schönen Kunst im Jahr 1855. Erstattet unter Mitwirkung der Herren Preisrichter und Berichterstatter der Deutschen Staatsregierungen durch Dr. G. von Viebahn und Dr. Schubarth, Berlin 1856, S. 368. Zeltner nahm allerdings nicht an der Ausstellung teil, zumindest fand er unter den bayerischen Ausstellern der Ultramarinerzeugung im amtlichen Bericht keine Erwähnung.

[53] Amtlicher Bericht über die Allgemeine Pariser Ausstellung (wie Anm. 52), S. 365–368.

im amtlichen Bericht bezüglich der Kinderspielsachen.[54] Die von Beeg betreuten 172 Gewerbetreibenden und 38 Künstler aus Bayern konnten 50 Medaillen, darunter zwei goldene, und 43 ehrenvolle Erwähnungen erringen.[55]

Beeg nutzte, wie bereits in London, die Zeit, sich auch in der Stadt umzusehen. Der Gegensatz zwischen reich und arm bewegte ihn besonders: „Es ist ein merkwürdiger Contrast zwischen diesen Boulevards und den westlichen; in der Nähe des Bastilleplatzes, rue St. Antoine, Faubourg St. Antoine etc., ist das eigentliche Arbeiterquartier; enge Straßen, schlechte Häuser, schmierige Blousenmänner mit verdrießlichen, kränklichen Gesichtern, roh und gemein aussehend, hässliche Weiber, krummbeinige, rhachitische Kinder in Hülle und Fülle, und ½ Stunde weiter davon, in der Fortsetzung derselben Straßen, die elegante Welt vor spiegelprangenden, vergoldeten Cafés und glänzenden Kaufläden; es könnte einem ordentlich unheimlich werden, hier wie dort, der Contrast ist zu schreiend."[56] Der Prunk der Weltausstellung, der ihn zwar beeindruckte, konnte Beeg nicht blenden. Ihn, der selbst armen Verhältnissen entstammte, ließ die soziale Verelendung, die ihm in der Großstadt Paris begegnete, nicht unberührt.

London 1862

Die dritte Weltausstellung, die ‚International Exhibition on Industry and Art', fand 1862 wieder in London statt. Beeg, der zum dritten Mal als bayerischer ‚Commissär' an einer Weltausstellung teilnahm, konnte mit dem Abschneiden der von ihm betreuten 128 bayerischen Aussteller mehr als zufrieden sein. 67 erhielten Medaillen und knapp 40 ehrenvolle Erwähnungen.[57] Stolz berichtete er, dass ein solch günstiges Verhältnis zwischen Teilnehmern und Prämierungen, welches er auch seinem Einsatz als Kommissar zuschrieb, wohl von keinem anderen Land erreicht worden war.[58] Da auch dem englischen Vorbereitungskomitee Beegs Erfahrung mit Ausstellungen und sein Fachwissen bekannt war, berief man ihn mit etwa drei Dutzend anderer Persönlichkeiten in die Jury.[59]

---

[54] Ebd., S. 662.
[55] Ebd., S. 777.
[56] Beeg in einem Brief vom 6.8.1855 an einen Freund, vgl. Skizzen aus dem Entwicklungsgang und den Erlebnissen Dr. Johann Caspar Beeg's, königlicher Gewerbs-Commissär in Nürnberg, Nürnberg 1867, S. 42 f.
[57] Krutisch, Aus aller Herren Länder (wie Anm. 1), S. 33 f.
[58] Vgl. hierzu Skizzen aus dem Entwicklungsgang und den Erlebnissen Dr. Johann Caspar Beeg's (wie Anm. 56), S. 48 f.
[59] Er wurde außerdem zum Präsidenten des Preisgerichts der Klasse XXX ‚Hausgeräth und Tapezier-Arbeiten, einschließlich Papier-Tapeten und Papiermaché' ernannt. Beeg verfasste auch den Abschlussbericht über diese Klasse. Vgl. hierzu Amtlicher Bericht über die Industrie- und Kunstausstellung zu London 1862, erstattet nach dem Beschluß der Kommissarien der Deutschen Zollvereins-Regierungen, 3 Bde., Berlin 1863–1865. Beegs Bericht findet sich in Bd. 2, S. 3–50.

Im amtlichen Bericht fanden wieder die Nürnberger Spielwarenproduktion[60], die Bleistiftherstellung und die leonische Industrie[61] sowie die Ausstellungsschränke besondere Erwähnung. Die bayerische Bleistiftindustrie, der ‚Glanzpunkt' der Zollvereinsausstellung in diesem Bereich, war durch fünf fränkische Aussteller vertreten, die allesamt eine Preismedaille bekamen. Neben A. W. Faber aus Stein, der hier erstmals Bleistifte aus sibirischem Graphit zeigte, wurden aus Nürnberg ausgezeichnet Großberger & Kurz für ihre Pastell-Aquarell-Farbstifte, J. G. Staedtler für die gesamte Präsentation, G. W. Sußner für seine mechanischen Bleistifte und Ölkreidestifte sowie die Firma Berolzheimer & Illfelder aus Fürth für ihre Blei- und Farbstifte.[62] Da Bayern keine Zimmermöbel ausstellte, war es in dieser Klasse durch Schaukästen vertreten, die Nürnberger Aussteller zur Präsentation ihrer Waren nutzten. Die Kunstgewerbeschule erhielt für die Ausführung dieser Ausstellungsschränke eine Medaille.[63] Beeg hob in seinem Bericht besonders den von August von Kreling für A. W. Faber entworfenen Schaukasten im Renaissancestil hervor, der – werbewirksam – an den Seiten mit Bleistiftzeichnungen der Königin Viktoria und des Prinzen von Wales verziert war: „Das Ganze ist so in einem Guß gehalten, so kunstverständig komponiert und so trefflich ausgeführt, daß es die Jury unbedenklich als das bedeutendste Werk der Zollvereinsausstellung im Dekorationsmöbelfache erklären konnte."[64] Die Gestaltung der Ausstellungsschränke nahm auch im Rahmen der folgenden Weltausstellungen einen wichtigen Platz ein. Die Schränke wurden vorab in Nürnberg stolz präsentiert, ausführlich beschrieben und der Öffentlichkeit vorgeführt. Sie dienten nicht nur zur Aufnahme der gezeigten Waren, sondern wurden zu eigenen Ausstellungsstücken. Zu den 24 hiesigen Ausstellern[65] gehörte auch die Maschinenfabrik Klett & Co., die das Modell einer im Bau befindlichen Brücke über den Rhein zeigte, und J. von Schwarz, der für seine Gasbrenner aus Speckstein mit einer Medaille ausgezeichnet wurde.[66]

---

[60] Amtlicher Bericht über die Industrie- und Kunstausstellung zu London 1862 (wie Anm. 59), Bd. 1, S. 401 f. Jeweils eine lobende Erwähnung erhielten Joh. Müller für seine Schablonen-Malspiele und L. Neußner für eine Laterna Magica, die Schillers Glocke in 49 Bildern zeigte. Betont wurde die solide Ausführung, außerdem sei die Laterna Magica nicht nur unterhaltend, sie wirke „auch belebend und bildend auf die Jugend" (Amtlicher Bericht, Bd. 1, S. 404 f.).

[61] Adolph Bauer und J. C. Biberach wurden für ihre ‚allerfeinsten Messingdrähte und Bleche' mit einer Preismedaille ausgezeichnet. Vgl. Amtlicher Bericht über die Industrie- und Kunstausstellung zu London 1862 (wie Anm. 59), Bd. 3, S. 369.

[62] Vgl. hierzu Amtlicher Bericht über die Industrie- und Kunstausstellung zu London 1862 (wie Anm. 59), Bd. 1, S. 412, 415 f. und 509.

[63] Durch die Einbeziehung der Schüler der Kunstgewerbeschule in die Ausstellungsvorbereitung sparte man einerseits Kosten, andererseits dienten die Arbeiten den Schülern als praktische Übung. Die Entwürfe für die Schaukästen stammten von Prof. August von Kreling (Schränke für Faber und Utendörffers Kupferzündhütchen für Feuerwaffen aller Art), Prof. Georg Eberlein (Schrank für Großberger & Kurz), Prof. F. K. Mayer (Schrank für Sußner) und Ritter (vermutlich Johann Paul d. Ä.; Schrank für Staedtler). Die Schnitzereien besorgten die Schüler der Kunstgewerbeschule, die Schreinerarbeiten führten die Schreinermeister J. Erh. Baldauf und J. Ad. Adelhard aus. Vgl. hierzu Amtlicher Bericht über die Industrie- und Kunstausstellung zu London 1862 (wie Anm. 59), Bd. 2, S. 41 f.

[64] Amtlicher Bericht über die Industrie- und Kunstausstellung zu London 1862 (wie Anm. 59), Bd. 2, S. 41.

[65] Die Zahl ergibt sich aus den im amtlichen Bericht (wie Anm. 59) verzeichneten Ausstellern. Aus Fürth nahmen elf Aussteller teil, aus München 36.

[66] Amtlicher Bericht über die Industrie- und Kunstausstellung zu London 1862 (wie Anm. 59), Bd. 1, S. 142–144 und Bd. 3, S. 374.

Beeg erwarb auf der Ausstellung im Auftrag des Gewerbevereins Musterstücke.[67] Die von ihm ausgewählten Gegenstände sollten nach seiner Aussage als Vorlagen zur Nachahmung dienen, teils als Anschauungsmaterial für den ausländischen Geschmack und teils als Hilfsmittel oder Werkzeuge. Er kaufte bereits in Hinblick auf die ihm vorschwebende Einrichtung einer Mustersammlung in Nürnberg. Noch während seines Aufenthalts in London schrieb er an den Magistrat, um den hohen Stand der englischen Industrie, besonders die ‚Geschmacksentfaltung', anzupreisen: „Seit 1851 hat, wie ich mich überzeugte, die Englische Industrie in manchen Zweigen ganz ungewöhnliche Fortschritte gemacht, ohne Zweifel in Folge der Impulse und Belehrung, welche die damalige Ausstellung gegeben."[68] Eine solche Anregung fehle der bayerischen Industrie nach Beegs Ansicht noch. Durch die Einrichtung eines Musterlagers in Nürnberg sollte hier Abhilfe geschaffen werden, dies wurde jedoch nicht unmittelbar weiterverfolgt; die erworbenen Gegenstände gingen an den Gewerbeverein. Dieser setzte sich nach der Weltausstellung von 1862, die gezeigt hatte, dass die Mittel des Vereins nicht ausreichten, um Handwerk und Industrie wirksam zu fördern, für die Einrichtung eines hauptamtlich bestellten ‚Gewerbe-Commissariats' ein.[69] Die Stelle des Gewerbekommissars wurde 1864 mit Beeg besetzt.

Paris 1867

Zusätzlich zu seinen Vorarbeiten für die Einrichtung eines Gewerbemuseums wurde Beeg wieder in die bayerische Organisation bezüglich der Beschickung der nächsten Weltausstellung in Paris im Jahr 1867 eingebunden, an der er auf Einladung der französischen Regierung auch als Preisrichter teilnehmen sollte. Die bayerische Kommission erteilte ihm diverse Aufgaben, die ihn offenbar stark in Anspruch nahmen.[70] Beeg konnte an der Ausstellung in Paris nicht mehr teilnehmen, er verstarb am 26. Januar 1867 im Alter von 58 Jahren an den Folgen eines schweren Herzleidens. Sein Engagement, insbesondere für die Ausstellungen, soll seiner Gesundheit nachhaltig geschadet haben: „Ob dem Seligen gleich die hervorragende Stellung, welche er bei den erwähnten Ausstellungen einnahm, manchfache Ehren, hohe Orden und Auszeichnungen in jeder Weise brachte, so litt doch unter der gewaltigen Anstrengung, die mit diesen Ämtern verknüpft war, seine Gesundheit in bedenklicher Weise."[71]

---

[67] Vgl. hierzu Bericht des Gewerb-Vereins in Nürnberg 1864, S. 7 und StadtAN C 7/I Nr. 12615, C 11/I Nr. 242 sowie E 8 Nr. 3052. Der Magistrat, der sich entschlossen hatte, keinen eigenen Abgeordneten nach London zu schicken, stellte dem Gewerbeverein 500 fl. zur Verfügung, der Handelsvorstand 300 fl., der Gewerbeverein selbst steuerte 500 fl. bei. Muster im Wert von 487 fl. 28 kr. konnten an örtliche Industrielle weiterverkauft werden. Beeg überschritt die Summe von 1.300 fl. um ca. 360 fl., was er mit der Nützlichkeit der erworbenen Gegenstände begründete.

[68] Vgl. hierzu StadtAN C 7/I Nr. 12615, S. 68 (Schreiben Beegs an den Magistrat vom 26.6.1862).

[69] Vgl. hierzu Geschichte des Gewerbevereins in Nürnberg (wie Anm. 41), S. 10 und Bühl-Gramer, Nürnberg 1850–1892 (wie Anm. 23), S. 457.

[70] Vgl. hierzu ‚Zweiter Jahresbericht des Gewerbskommissariats der Stadt Nürnberg' (StadtAN C 11/I Nr. 259). Dem Bericht zufolge (Berichtszeitraum 9.3.1865–8.3.1866) hatten sich 88 Aussteller aus Nürnberg angemeldet, aus Fürth 19 und aus „weiter entlegenen Orten" 5. Ein weiterer Bericht war nicht erschienen.

[71] Skizzen aus dem Entwicklungsgang und den Erlebnissen Dr. Johann Caspar Beeg's (wie Anm. 56), S. 51 (s. dort auch S. 41).

Nach dem Tod Beegs fehlte den Nürnberger Ausstellern bis zur Einrichtung des Gewerbemuseums der wichtige direkt verfügbare Ansprechpartner und Organisator.

Die Kunstgewerbeschule präsentierte in Paris die für Faber, Berolzheimer & Illfelder, Froscheis, Nopitsch, Utendörffer und Henninger gefertigten Ausstellungsschränke sowie Zeichnungen und Modelle.[72] Der Schreinermeister E. Baldauf, der bereits 1862 an der Herstellung der Ausstellungsschränke beteiligt gewesen war, erhielt in der Klasse der Luxusmöbel eine ehrenvolle Erwähnung, was umso bemerkenswerter ist, da Frankreich und Italien in dieser Rubrik eigentlich konkurrenzlos waren.[73] Mit einer goldenen Medaille geehrt wurden Lothar von Faber und Johannes Zeltner, zu den sechs Nürnbergern, die mit silbernen Medaillen ausgezeichnet wurden, gehörten Johann Georg Kugler, der Direktor des Gewerbevereins[74] und Portefeuillefabrikant, sowie der Direktor der Kunstgewerbeschule August von Kreling.[75] Die bayerische Bleistift- und Spielwarenindustrie wurde wieder überwiegend durch Nürnberger Aussteller repräsentiert. Das Jahr 1867 stellte insofern eine Premiere dar, da erstmals auch eine Frau aus Nürnberg an der Ausstellung teilnahm, Babette Beck zeigte in der Klasse XXXIII ‚Schnur, Garn, Stickerei, Kurzwaren' ihre Spitzen und Garnituren.[76]

Einrichtung des Bayerischen Gewerbemuseums infolge der Weltausstellungen

Theodor von Kramer, 1888–1919 Direktor des Bayerischen Gewerbemuseums[77], schrieb in der Rückschau, dass die Weltausstellung von 1867 der letztendliche Impuls zur Errichtung des Gewerbemuseums im Jahr 1869 gewesen sei: „Die Leistungen der Kunstindustrie und des Kunsthandwerks, mit denen Deutschland auf der damaligen Pariser Weltausstellung vertreten war, wurden von den Preisrichtern und vom Laienpublikum als ‚uninteressant und langweilig' bewertet. Der Mangel jeglicher Zusammenarbeit von Technik und Kunst zeigte sich hier in grellstem Lichte."[78] Nachdem in Deutschland einige Gewerbemuseen nach dem Vorbild des in Folge der Weltausstellung von 1851 errichteten South Kensington Museums in London eröffnet wor-

---

[72] Laut Stadtchronik (StadtAN F 2, Bd. 9, S. 434) soll die Kunstgewerbeschule mit einer goldenen Medaille ausgezeichnet worden sein, allerdings wird dort nicht näher erläutert, wofür sie diese Auszeichnung erhielt. Die Kunstgewerbeschule legte zur Weltausstellung ein eigenes Faltblatt auf: Prospect über den Bestand und die Wirksamkeit der königlichen Kunstgewerbeschule in Nürnberg. Zur Erläuterung der für die Pariser Ausstellung bestimmten Arbeiten dieser Anstalt. 1867 (s. StadtAN A 25 Nr. 334).

[73] Vgl. hierzu Exposition Universelle de 1867 a Paris. Catalogue officiel des Exposants Récompensés par le Jury International, Paris [1867], s. dort Gruppe III. Aus Bayern waren in der Luxusmöbelklasse insgesamt nur fünf Aussteller vertreten. Vgl. hierzu Paris Universal Exhibition 1867. Complete official catalogue, London 1867, s. dort Gruppe III.

[74] Dem Gewerbeverein standen für diese Ausstellung insgesamt 1.200 fl. (500 fl. von der königlichen Regierung von Mittelfranken, 400 fl. vom Handelsvorstand und 300 fl. aus eigenen Mitteln) zur Verfügung, die nicht nur zum Ankauf von Mustern, sondern auch für Reisestipendien verwendet werden sollten. Vgl. hierzu StadtAN E 8 Nr. 3503.

[75] Die Medaillen wurden den Teilnehmern der Weltausstellung am 1.5.1868 in München durch Handelsminister Gustav von Schlör feierlich überreicht. Die Nürnberger Aussteller verzeichneten außerdem 14 bronzene Medaillen und 15 ehrenvolle Erwähnungen. Vgl. StadtAN F 2, Bd. 9, S. 434.

[76] Paris Universal Exhibition 1867 (wie Anm. 73), s. dort Gruppe IV.

[77] Vgl. zur Person von Kramers: Diefenbacher / Endres, Stadtlexikon (wie Anm. 20), S. 562.

[78] Die Bayerische Landes-Gewerbeanstalt (wie Anm. 16), S. 6.

den waren, sollte nun auch in Bayern eine solche Anstalt ins Leben gerufen werden. Beegs Pläne wurden wieder aufgegriffen.[79] Die beiden Industriellen Johann Lothar von Faber und Theodor von Cramer-Klett wurden zu den entscheidenden Beförderern der Museumsidee, sie unterstützten das Vorhaben nicht nur ideell, sondern auch durch erhebliche finanzielle Beiträge. Der Tätigkeitsbereich des Museums umfasste fünf größere Felder: Fachkurse, Ausstellungen, Vorträge, das Auskunftsbüro und das so genannte Prüflabor. „Für alle Bereiche war die Arbeit an und mit den neuen Objekten der Mustersammlung – also nach heutigem Verständnis der Museumssammlung – das Wesentliche."[80] Hinzu kamen eine eigene Bibliothek sowie die Vorbildersammlung. Beide Sammlungen, Muster- und Vorbildersammlung, dienten als Anschauungsmaterial sowohl für Unterrichtszwecke als auch für Handwerker und Arbeiter. Zusätzlich richtete man eine galvanoplastische Lehrwerkstätte und eine Gipsgießerei ein, die Nachbildungen von Objekten der Mustersammlung fertigte. In den Statuten hieß es zur Zweckbestimmung des Bayerischen Gewerbemuseums: „Das bayerische Gewerbemuseum zu Nürnberg ist ein auf freier gesellschaftlicher anerkannter Vereinigung beruhendes Institut, welches den Zweck hat, technische Fertigkeit und Kunstgeschmack unter dem Arbeiterstande und den Gewerbetreibenden des Landes zu fördern."[81] Der Schwerpunkt der Sammlungen lag daher im kunstgewerblichen Bereich.[82] Den Grundstock bildete die vom Gewerbeverein dem Gewerbemuseum überlassene Bibliothek und dessen Mustersammlung, die zum Teil durch Ankäufe auf den Weltausstellungen entstanden war und auch technische Muster umfasste. In der Folge nutzte man die Weltausstellungen, auch wenn die Mittel begrenzt waren, um die Sammlungen aufzustocken, hinzu kamen Spenden und Schenkungen. Ein wichtiges Arbeitsfeld des Bayerischen Gewerbemuseums wurde die Übernahme organisatorischer Aufgaben für Industrieausstellungen: „In der Organisation der großen Gewerbeausstellungen trifft man das Museum auf seinem ureigensten Betätigungsfeld an. Sind die Gewerbemuseen einerseits unmittelbar aus der Weltausstellungsbewegung hervorgegangen, so sind sie nun ihrerseits die am besten geeigneten Institutionen für die Organisierung von Gewerbeausstellungen wegen ihrer allseitigen Kompetenz für die künstlerische, die organisations-technische und die kommerzielle Seite dieser Unternehmungen."[83]

---

[79] Vgl. hierzu und zum Folgenden Julia Lehner, Die Nürnberger Akademie – Tradition und Innovation, Nürnberg 2000, S. 62–70 und Silvia Glaser, Kunstgewerbe und Industrie. Die Gründung des Bayerischen Gewerbemuseums in Nürnberg, in: Frankenland 57, 2005, S. 267–278, hier S. 271 f.

[80] Silvia Glaser, Das Bayerische Gewerbemuseum in Nürnberg – Seine Rolle im Rahmen der Industrialisierung in Franken, in: 200 Jahre Franken in Bayern. 1806–2006, Aufsätze zur Landesausstellung 2006 im Museum Industriekultur Nürnberg, Augsburg 2006, S. 113–115, hier S. 114.

[81] Die Bayerische Landes-Gewerbeanstalt (wie Anm. 16), S. 17.

[82] Vgl. hierzu und zum Folgenden Lehner, Die Nürnberger Akademie (wie Anm. 79), S. 72 f. und Glaser, Kunstgewerbe und Industrie (wie Anm. 79), S. 272 f. Den Focus legte man auf historische Stücke; zum einen sollten diese durch die Transformation alter Muster in die Gegenwart die Ausbildung eines neuen, eigenen Designs bewirken, zum anderen wollte man die inzwischen nicht mehr zeitgemäße reine Nachahmung von Waren, der später durch den gesetzlichen Musterschutz entgegengewirkt wurde, vermeiden. Zusätzlich erwarb man zeitgenössische und außereuropäische Stücke, um auch in diesem Bereich Anregungen gewinnen zu können.

[83] Ulrich Jahr, Das Bayerische Gewerbemuseum in Nürnberg von den Anfängen bis 1897, Ludwigs-Maximilians-Universität München 1978, S. 116.

Urkunde über die Zuerkennung der Verdienstmedaille an die Firma H. P. Volkhammer's Witwe & Forster 1873 in Wien, die in der Kollektivausstellung bayerischer Blattmetalle und leonischer Drähte „schöne polirte Bleche" (vgl. Anm. 85, S. 121) ausstellte (Stadtarchiv Nürnberg: E 46 Nr. 60).

Wien 1873

War das Gewerbemuseum mit der Vorbereitung einer wichtigen Ausstellung befasst, so mussten alle anderen Aufgaben zurückstehen. Die ‚Feuerprobe', die es erfolgreich meisterte, hatte es bald zu bestehen anlässlich der in Wien 1873 stattfindenden Weltausstellung.[84] Das Gewerbemuseum verfasste einen umfassenden ‚Bericht über die Betheiligung Bayerns an der Wiener Weltausstellung 1873'.[85] Diese Abhandlung blieb eine einmalige Episode, die vermutlich der Aufbruchstimmung und dem Stolz auf die noch junge Einrichtung, die aus dem Bericht sprechen, geschuldet war.

---

[84] Wien war der Ausrichtung einer Weltausstellung allerdings nicht gewachsen, der Umbau zur modernen Stadt noch nicht abgeschlossen und die hygienischen Zustände so katastrophal, dass während der Ausstellung die Cholera ausbrach. Zu den Opfern gehörte der Nürnberger Rechenpfennigmachermeister und Graveur Ludwig Christian Lauer, der auf der Rückreise von Wien in Salzburg an der Cholera verstarb. Vgl. hierzu Nürnberger Künstlerlexikon, hg. v. Manfred H. Grieb, erscheint voraussichtlich im Herbst 2007 im K. G. Saur Verlag.

[85] Bericht über die Betheiligung Bayerns an der Wiener Weltausstellung 1873. Mit Benutzung amtlicher Quellen, hg. vom Bayerischen Gewerbemuseum in Nürnberg, Nürnberg 1874.

In die königliche Landeskommission wurden aus Nürnberg der Fabrikbesitzer Wilhelm Lambrecht und der Kaufmann Puscher bestellt. Das Bayerische Gewerbemuseum war durch den ersten Direktor des Museums Carl von Stegmann[86] vertreten. Auf Empfehlung der Landeskommission wurde er als ‚königlich bayerischer Kommissär' in die deutsche Ausstellungskommission in Wien berufen.[87] Das Gewerbemuseum übernahm die Einrichtung der Kollektivausstellungen von Nürnberg und Fürth in den Sparten der Metall-[88] und Holzindustrie sowie der Kurzwaren.[89] Mit der Präsentation in der Gruppe der Metallindustrie, hierzu gehörten die leonische Industrie mit der Blattgold- und Bronzefarbenherstellung sowie die Metallschlägerei, zeigte sich das Gewerbemuseum zufrieden. Die Nürnberger Möbel und Spielwaren sahen sich dagegen deutlicher Kritik ausgesetzt, in ihrer Verarbeitung taugten sie nach Meinung des Gewerbemuseums nur als amerikanische Exportartikel.[90] Diese Art der als konstruktiv zu verstehenden Kritik gehörte zum Konzept des Museums; Mitarbeiter der Institution hatten die Ausstellung besucht, um die Produkte der bayerischen Industrie, aber auch der anderen Länder zu studieren und zu vergleichen, um für den Bericht ihr Urteil abgeben zu können. Das Museum selbst beteiligte sich an der Ausstellung in Gruppe XXII ‚Darstellung der Wirksamkeit der Museen für Kunstgewerbe'; es zeigte einen Teil seiner Vorbildersammlung sowie galvanoplastische Reproduktionen und Gipsabgüsse, von denen einige Stücke verkauft werden konnten. Die Vorbildersammlung fand dem Bericht zufolge viel Anklang; die Idee wurde von verschiedenen Städten Deutschlands und Österreichs übernommen.[91] Das Gewerbemuseum erhielt für seine Präsentation eine Verdienstmedaille, das Germanische Nationalmuseum Nürnberg, das in der gleichen Gruppe antrat, für seine Publikationen ebenfalls.[92] Die Bleistiftfabrik A. W. Faber, die neben Bleistiften auch Schiefertafeln und andere Schreibutensilien ausstellte, wurde mit einem der wenigen Ehrendiplome ausgezeichnet.[93] Der Ultramarinfabrikant Johannes Zeltner, der neben zahlreichen Sorten von blauem und grünem Ultramarin als Neuheit violettes Ultramarin zeigte, erhielt hierfür eine

---

[86] Zur Person von Stegmanns vgl. Diefenbacher / Endres, Stadtlexikon (wie Anm. 20), S. 1036.

[87] Vgl. hierzu Bericht über die Beteiligung Bayerns (wie Anm. 85), S. 38 f.

[88] Die Klett'sche Maschinenfabrik zog wegen Differenzen bezüglich der Raumzuteilung ihre Teilnahme an der Ausstellungsgruppe der Metallindustrie zurück. Vgl. hierzu Bericht über die Beteiligung Bayerns (wie Anm. 85), S. 29 und S. 137.

[89] Vgl. Die Bayerische Landes-Gewerbeanstalt (wie Anm. 16), S. 30 und 51. Der Bibliothekar und Sekretär des Gewerbemuseums Georg Seelhorst, 1872–1879 dort beschäftigt, war für die Einrichtung der Kollektivausstellungen zuständig. Die Gruppe der Kurzwaren umfasste auch die Spielwaren- und Pinselindustrie. Finanziell getragen wurde die Durchführung der Sammelausstellungen, da dies von den beteiligten, meist kleineren Firmen nicht zu leisten war, durch Zuschüsse der Regierung von Mittelfranken (6.000 fl.), des Handelsvorstands (6.000 fl.) und des Gewerbevereins (3.000 fl.). Vgl. hierzu Geschichte des Gewerbevereins in Nürnberg (wie Anm. 41), S. 16 f.

[90] Vgl. Bericht über die Beteiligung Bayerns (wie Anm. 85), S. 21 f., 124 und 129 f.

[91] Ebd., S. 149 f. Hierzu erschien 1873 eine Schrift mit dem Titel ‚Die Vorbildersammlung des Bayerischen Gewerbemuseums zu Nürnberg auf der Weltausstellung in Wien. In einem Theil ihres Bestandes ausgestellt von Dr. C. Stegmann, Director des Museums' (s. StadtAN Archivbibliothek Av 2150.8).

[92] Vgl. Bericht über die Beteiligung Bayern (wie Anm. 85), S. 149 und 183 sowie Krutisch, Aus aller Herren Länder (wie Anm. 1), S. 54.

[93] Vgl. Bericht über die Beteiligung Bayerns (wie Anm. 85), S. 134 und 164.

Fortschrittsmedaille.⁹⁴ Insgesamt konnten die 1.293 bayerischen Aussteller 733 Auszeichnungen erringen⁹⁵, wovon 110 auf die Nürnberger Teilnehmer entfielen.⁹⁶

Das Gewerbemuseum nutzte die Ausstellung, um seine Sammlung zu erweitern. In den Bestand konnten circa 1.500 Objekte aufgenommen werden, so viele wie bei keiner weiteren Ausstellung.⁹⁷ Zu den Ankäufen, die mit Unterstützung des Gewerbevereins getätigt werden konnten, kamen zahlreiche Geschenke hinzu.⁹⁸ Die Gegenstände stellte man zunächst in Nürnberg und dann im Sommer 1874 erfolgreich in München aus.⁹⁹ Das Präsentieren der auf Ausstellungen erworbenen Sammlungsstücke wurde auch künftig beibehalten. Man zeigte diese nicht nur in Nürnberg, sondern führte auch, manchmal zwar nur mit einigen wenigen Stücken, Wanderausstellungen in ganz Bayern durch.

Das Gewerbemuseum übernahm von Wien als konzeptionelle Idee für die folgenden Weltausstellungen die Durchführung von Kollektivausstellungen, mit denen es auch kleineren und mittleren Betrieben ermöglichte, sich an den Ausstellungen zu beteiligen. Es wurde hier zum Logistikunternehmen, das nicht nur das künstlerische Arrangement besorgte, sondern auch für die Korrespondenz, die Verpackung und den Transport der Ausstellungsgegenstände sowie die Beschaffung finanzieller Mittel verantwortlich zeichnete.

Philadelphia 1876

Für die folgende Weltausstellung in Philadelphia im Jahr 1876, der ersten außerhalb Europas, übertrug die dafür eingesetzte Reichskommission dem Gewerbemuseum sogar die Organisation der gesamten bayerischen Ausstellung. Das Museum betreute außerdem fünf bayerische Kollektivausstellungen: 1. Blattmetalle, Bronzen

---

⁹⁴ Ebd., S. 106 und 165.

⁹⁵ Vgl. hierzu und zum Folgenden ebd., S. 162.

⁹⁶ Vgl. hierzu StadtAN F 2, Bd. 9, S. 843. Die Auszeichnungen verteilten sich wie folgt: 1 Diplom (für Faber), 45 Verdienstmedaillen, 15 Fortschrittsmedaillen und 49 Anerkennungsdiplome. Gemessen an der Gesamtteilnehmerzahl von 149 schnitten die Nürnberger Aussteller damit gut ab; aus Fürth nahmen 82 Firmen teil, aus München kamen 524 Aussteller. Die Zahlen ergeben sich aus dem Bericht über die Beteiligung Bayerns (wie Anm. 85), S. 57 ff.

⁹⁷ Vgl. hierzu Silvia Glaser, Tendenzen der europäischen Porzellanproduktion um 1870 – Porzellanmanufakturen auf der Wiener Weltausstellung und ihr Produktspektrum, in: Wilhelm Siemen (Hg.), All nations are welcome. Porzellan der Weltausstellungen 1851–1900 (Schriften und Kataloge des Deutschen Porzellanmuseums 78), Hohenberg/Eger 2002, S. 40–71, hier S. 70 Anm. 81. Die Abbildungen zu diesem Beitrag zeigen einige Stücke aus der Sammlung des Gewerbemuseums, die anlässlich der Weltausstellungen 1873 und 1878 in die Bestände Eingang fanden.

⁹⁸ Der Gewerbeverein beauftragte Seelhorst mit den Ankäufen, der u. a. eine Handbohrmaschine, Vorhangrollen und eine Revolverdrehbank erwarb. Die Gesamtsumme von 1.507 fl. 33 kr. trug der Gewerbeverein. Vgl. hierzu Geschichte des Gewerbevereins in Nürnberg (wie Anm. 41), S. 17. Die Geschenke sind im ersten Jahrgang der ‚Mittheilungen des Bayrischen Gewerbemuseums zu Nürnberg. Beiblatt zur Wochenschrift Kunst und Gewerbe' von 1874 auf den Seiten 2, 7, 11, 14, 19, 27, 31, 35, 43, 59 und 74 verzeichnet.

⁹⁹ Vgl. hierzu Mittheilungen des Bayrischen Gewerbemuseums zu Nürnberg 6/1874, S. 21, 16/1874, S. 62 und 18/1874, S. 70. Zur Präsentation in Nürnberg erschien ein eigener Katalog: Ausstellung der Ankäufe und Geschenke von der Wiener Weltausstellung im Bayrischen Gewerbemuseum zu Nürnberg, März 1874 (s. StadtAN A 25 Nr. 334).

etc., 2. Spiegel, 3. Spiel- und Kurzwaren, 4. Nürnberger Reißzeuge, 5. Bayerischer Hopfen, Biere etc.[100] Alle 13 Teilnehmer der bayerischen Sammelausstellung der Blattmetalle und Bronzefarben erhielten eine Auszeichnung, darunter sechs Firmen aus Nürnberg.[101] Auch A. W. Faber und die Nürnberger Ultramarinfabrik konnten wieder Ehrungen entgegennehmen.[102] Das Gewerbemuseum selbst bekam zwei Medaillen, eine für seine eigene Ausstellung, insbesondere für die galvanoplastischen Reproduktionen, und eine für die vom Museum getroffene Anordnung der Kollektivausstellung bayerischer Hopfen und Biere sowie der diesbezüglichen Literatur.[103]

Letztere Auszeichnung fügte sich in das Bild der deutschen Ausstellung in Philadelphia passend ein, da die deutschen Teilnehmer qualitativ vor allem ‚in Form von leiblichen Genüssen' beeindrucken konnten.[104] Die Präsentation der deutschen Aussteller, die insgesamt nur wenige Auszeichnungen erhielten, stand in der Kritik, von Reuleaux in dem viel zitierten Ausspruch ‚billig und schlecht' zusammengefasst.[105] Der Sekretär des Gewerbemuseums, Georg Seelhorst, der im Auftrag des Museums an der Ausstellung teilnahm[106], griff in seinem 1876 und 1877 in 43 bayerischen Städten gehaltenen Wandervortrag unter dem Titel ‚Die Philadelphia-Ausstellung und was sie uns lehrt' die Worte Reuleaux', denen er nur zustimmen könne, auf.[107] Das Problem der Gegner von Reuleaux war seiner Meinung nach, dass diese fast ausnahmslos die Ausstellung nicht selbst besucht hätten und man die amerikanische Industrie aufgrund der Wiener Weltausstellung völlig unterschätzt habe. Den Kritikern, die das schlechte Abschneiden Deutschlands vor allem mit der allgemeinen wirtschaftlichen Lage und der weiten Entfernung des Ausstellungsorts begründeten, hielt er entgegen, dass die

---

[100] Mittheilungen des Bayrischen Gewerbemuseums zu Nürnberg 7/1876, S. 27. Die Ausstellungsmöbel für diese fünf Ausstellungen wurden in Nürnberg nach Zeichnungen von Kustos Hammer vom Gewerbemusem angefertigt. Vgl. hierzu Mittheilungen des Bayrischen Gewerbemuseums zu Nürnberg 3/1876, S. 11.

[101] Vgl. hierzu Welt-Ausstellung in Philadelphia 1876. Gutachten der internationalen Preisrichter über die Ausstellungs-Gegenstände der preisgekrönten deutschen Aussteller. Zusammengestellt seitens der Reichskommission, Berlin 1877, S. 15 f., und Welt-Ausstellung in Philadelphia 1876. Deutsche Abteilung, Amtlicher Katalog, Berlin 1876, S. 26 f. E. Kuhn's Drahtfabrik, die schon an der ersten Weltausstellung teilgenommen hatte, wurde für ihre ‚exzellenten Produkte' prämiert. Die Königliche Regierung von Mittelfranken übermittelte dem Magistrat mit Schreiben vom 7.1.1877 eine Liste der Nürnberger Aussteller, die in Philadelphia eine Auszeichnung erhalten hatten. Vgl. StadtAN C 7/I Nr. 12626. Insgesamt beteiligten sich aus Nürnberg 35 Firmen, aus Fürth 2 und aus München 19. Die Zahlen ergeben sich aus: Schelia's Führer zur Weltausstellung in Philadelphia im Jahre 1876. Unter spezieller Berücksichtigung des Aufenthalts in New York, Philadelphia, Long Branch, Saratoga und Niagara Falls. Nebst Verzeichnis sämtlicher Aussteller des Deutschen Reichs sowie Österreichs, New York 1876.

[102] Vgl. Welt-Ausstellung in Philadelphia 1876. Gutachten der internationalen Preisrichter (wie Anm. 101), S. 14 und 46. Die Nürnberger Ultramarinfabrik wurde für die Leuchtkraft ihres Blaus und nochmals für die Neuheit, das Violett, ausgezeichnet.

[103] Vgl. hierzu Mittheilungen des Bayrischen Gewerbemuseums zu Nürnberg 13/1877, S. 50 und 24/1877, S. 95.

[104] Vgl. Krutisch, Aus aller Herren Länder (wie Anm. 1), S. 67.

[105] Vgl. hierzu Anm. 14.

[106] Seelhorst gehörte zu den Preisrichtern der Gruppe II ‚Thon- und Glaswaaren, künstliche Steine etc.'. Vgl. hierzu Welt-Ausstellung in Philadelphia 1876. Gutachten der internationalen Preisrichter (wie Anm. 101). Außerdem erwarb Seelhorst im Auftrag und auf Kosten des Gewerbevereins mehrere amerikanische Werkzeuge und einige kleinere Maschinen. Vgl. hierzu Geschichte des Gewerbevereins in Nürnberg (wie Anm. 41), S. 18.

[107] Die Vorträge wurden später in einem Buch zusammengefasst: Georg Seelhorst, Die Philadelphia-Ausstellung und was sie uns lehrt. Ein Weck- und Mahnruf für den deutschen Gewerbsmann, Nördlingen 1878.

Gründung von Vereinen zur Pflege des Kunstgewerbes, von Gewerbemuseen und von Fachschulen nicht von ungefähr kommen könne: „Soll das wohl Alles Folge von Reuleaux' Briefen sein? Würde man das thun, wenn Alles nicht wahr wäre, wenn uns nur das Neue, Ueberraschende der amerikanischen Ausstellung geblendet hätte?"[108] Wie Reuleaux so wollte auch Seelhorst mit seinen Ausführungen Anstoß zur qualitativen Aufwertung der deutschen Erzeugnisse geben. In Bildung und Weiterbildung, sowohl der Produzenten als auch der Konsumenten, lag für ihn die Lösung des Problems.

Paris 1878 und 1889

Die ‚Niederlage von Philadelphia', die Befürchtungen der deutschen Industrie, nicht bestehen zu können, und das Drängen Bismarcks führten dazu, dass das Deutsche Reich an der ‚Exposition universelle' 1878 in Paris offiziell nicht teilnahm.[109] Nachdem sich die diplomatischen Beziehungen etwas entspannt hatten, erklärte sich die deutsche Seite kurzfristig bereit, wenigstens in der Kunstabteilung auszustellen. Als Paris 1889 abermals zur Weltausstellung einlud, war nicht mehr die Schwäche der deutschen Industrie das Problem: Die Absagen des Deutschen Reiches, das eben die Sozialistengesetze erlassen hatte, und einiger anderer europäischer Monarchien hatten rein politische Motive. Mit der ‚Exposition universelle de 1889' feierte man, auch wenn es offiziell nicht bekundet wurde, den 100. Jahrestag der Französischen Revolution. Die meisten deutschen Firmen betrachteten es als eine Frage der nationalen Ehre, sich nicht zu beteiligen, dennoch fanden 71 inoffizielle deutsche Teilnehmer den Weg nach Paris.

Das Gewerbemuseum bemühte sich, trotz der offiziellen Absage, bei beiden Ausstellungen in Paris vertreten zu sein und hob dies auch als besondere Leistung hervor: „Während der Pariser Ausstellung des Jahres 1878, welcher das deutsche Reich als Aussteller fern blieb, hatte das Bayrische Gewerbemuseum daselbst ein ständiges Bureau etablirt und es war Bayern der einzige Staat, der in dieser Weise vertreten war."[110] Direktor Carl von Stegmann und Mitarbeiter des Gewerbemuseums besuchten die Ausstellung, um sie zu studieren und Ankäufe für die Sammlung zu tätigen.[111] Der Bericht eines nicht namentlich genannten Ausstellungsbesuchers im Fränkischen Kurier könnte durchaus aus der Feder eines Mitarbeiters des Gewerbemuseums stammen. Dort heißt es, die Lehre, die aus der Pariser Ausstellung von 1878 gezogen wer-

---

[108] Ebd., S. 5 und 160 f.

[109] Vgl. zur Diskussion um die Teilnahme Deutschlands an der Pariser Ausstellung von 1878 Jegel, Die wirtschaftliche Entwicklung von Nürnberg-Fürth (wie Anm. 2), S. 62 f.

[110] Jahresbericht des Bayrischen Gewerbemuseums zu Nürnberg 1882, S. 15. Vgl. hierzu auch Mittheilungen des Bayrischen Gewerbemuseums zu Nürnberg 14/1878, S. 53.

[111] Dem Museum standen für die Ankäufe 3.000 Mk., bewilligt vom Innenministerium, 3.000 Mk. vom Handelsvorstand, 2.000 Mk. vom Gewerbeverein und 5.000 Mk. von Theodor von Cramer-Klett zur Verfügung. Von Cramer-Klett steuerte außerdem 1.500 Mk. zu den Reisekosten der Einkäufer bei. Vgl. hierzu Johannes Biensfeldt, Freiherr Dr. Th. von Cramer-Klett erblicher Reichsrat der Krone Bayern. Sein Leben und sein Werk, ein Beitrag zur bayrischen Wirtschaftsgeschichte des 19. Jahrhunderts (Wirtschafts- und Verwaltungsstudien mit besonderer Berücksichtigung Bayerns 58), Leipzig [1922], S. 217. Die Erwerbungen sind verzeichnet im Jahrgang 1879 der Mittheilungen des Bayrischen Gewerbemuseums auf den Seiten 7, 10, 14, 18, 22, 26, 30, 35, 38 und 42.

den könne, sei weniger zu reden und mehr und gründlicher zu arbeiten. Die Arbeitsmoral müsse sich ändern, der Arbeiter solle stolz auf seine Arbeit sein, die sich durch gute und solide Verarbeitung und nicht mehr durch die Worte ‚billig und stümperhaft' auszuzeichnen habe. Hierzu gehöre allerdings auch, dass der Fabrikant stets auf dem Laufenden sei, was neue Werkzeuge und Maschinen anbelange. Der Berichterstatter schließt mit der Hoffnung: „Und gerade in Nürnberg, wo im Bayrischen Gewerbemuseum dem Fabrikanten und Arbeiter ein Bildungs- und Anschauungsmaterial wie nirgends anderswo geboten ist, wäre es geradezu wunderbar, wenn der beste Erfolg jedes ernste Streben krönte."[112] Erfolgreich präsentieren konnten sich die bayerischen Firmen dann sozusagen ersatzweise während der vom Gewerbemuseum organisierten Bayerischen Landesausstellung 1882 in Nürnberg, für welche die Pariser Ausstellung zum Impulsgeber geworden war.[113] Mit der zwar noch jungen, aber ausstellungserfahrenen Institution des Gewerbemuseums verfügte man über einen kompetenten Veranstalter.

Auch anlässlich der nächsten Pariser Weltausstellung im Jahr 1889 reisten wieder der Direktor des Gewerbemuseums, inzwischen Theodor von Kramer, und einige Mitarbeiter „zu Studiumszwecken und behufs Vornahme von Ankäufen für die Sammlungen des Museums"[114] in die französische Hauptstadt. Das Museum veranstaltete 1889 erstmals eine Fotoschau über die laufende Weltausstellung. Es zeigte in seinen Räumen Abbildungen der einzelnen Abteilungen und ermöglichte so allen, die nicht selbst nach Paris fahren konnten, im wahrsten Sinne einen Einblick in die Ausstellung.[115] Ingenieur Erhard vom Museum hielt im Anschluss an die Ausstellung einen Wandervortrag unter dem Titel ‚Das Eisen auf der Pariser Weltausstellung', der sich den beeindruckenden Eisenkonstruktionen der Ausstellung, dem Eiffelturm und der Maschinenhalle, widmete.[116] Theodor von Kramer fand den Eiffelturm selbst sehr gelungen und in sich stimmig, auch wenn er nicht zum Gesamteindruck von Paris passe, der Schöne Brunnen sei ihm da lieber, da er das Stadtbild nicht störe. Er sah im Eiffelturm vor allem eine ‚Ausstellungsmonstrosität' und einen ‚Börsenerleichterer', überhaupt seien Ausstellungstürme seiner Ansicht nach in erster Linie dazu gedacht, den Besuchern

---

[112] Fränkischer Kurier vom 15.11.1878 (Morgenblatt).

[113] Nachdem man an der Weltausstellung nicht hatte teilnehmen können und auch seit 40 Jahren keine Gewerbeschau in Bayern mehr stattgefunden hatte, setzten sich einige Fabrikanten für die Abhaltung einer allgemeinen Landesausstellung ein. Vgl. hierzu Hermann Glaser (Hg.), Industriekultur in Nürnberg, München 1980, S. 91.

[114] Jahresbericht des Bayerischen Gewerbemuseums zu Nürnberg 1889, S. 3. Für die Ankäufe auf den Ausstellungen des Jahres 1889 in Paris, Berlin und Hamburg erhielt das Gewerbemuseum 2.000 Mk. vom Innenministerium sowie 1.000 Mk. vom Maschinenfabrikanten R. Braß. Die in Paris erworbenen Gegenstände kosteten allerdings alleine schon 2.527 Mk. Ergänzt werden konnte die Sammlung auch durch Geschenke, hier französische Papiertapeten. In Paris erwarb das Museum u.a. zwölf französische Gläser, ein französisches Zigarettenetui in Silber, eine norwegische Holzkassette und einen mechanischen Kranken- und Gartenstuhl sowie zwölf Wandtafeln mit Abbildungen und Proben von Naturprodukten und deren technischer Weiterverarbeitung, wie sie in Frankreich in Schulen Anwendung fanden. Vgl. hierzu Jahresbericht des Bayerischen Gewerbemuseums zu Nürnberg 1889, S. 3–6 sowie Bayerische Gewerbe-Zeitung 20/1889, S. 464 und 3/1890, S. 62–64.

[115] Vgl. hierzu StadtAN F 2, Bd. 13, S. 251.

[116] Vgl. hierzu Bayerische Gewerbe-Zeitung 16/1889, S. 368 und 24/1889, S. 561.

für langes Anstehen das Geld sinnlos aus der Tasche zu ziehen.[117] Insgesamt zeigte sich von Kramer von der Weltausstellung überwältig; die Kritik, es sei zu wenig Neues geboten worden, konnte er nicht nachvollziehen.

Melbourne 1880/81

Zwischen den beiden Pariser Ausstellungen lag die Schau von Melbourne 1880/81. Unmittelbar vor letzterer fand 1878/79 eine konkurrierende internationale Ausstellung in Sydney statt. Da die Vorbereitung und Teilnahme an der Ausstellung in Sydney unter der Kürze der Zeit sehr gelitten hatte, gewann die Weltausstellung von Melbourne für die deutschen Aussteller umso mehr an Bedeutung zur Erschließung neuer Absatzmärkte auf dem fünften Kontinent. Das Gewerbemuseum übernahm wieder die Organisation der Ausstellungsbeschickung.[118] Firmen, die bereits in Sydney ausgestellt hatten, wie A. W. Faber und die Nürnberger Ultramarinfabrik, sandten ihre Ausstellungsgegenstände der Einfachheit halber nach Melbourne weiter. Erfahrungen aus Sydney flossen in die Ausstellung in Melbourne ein, insbesondere versuchte man, die Produkte äußerlich dem australischen Geschmack anzugleichen. Aus Bayern waren 85 Aussteller in Melbourne vertreten, davon sieben aus Nürnberg, zwei aus Stein und einer aus Fürth.[119] Die deutsche Ausstellung hinterließ einen überwiegend positiven Eindruck. Sogar Reuleaux lobte die deutschen Teilnehmer, die deutsche Spielwarenausstellung bezeichnete er als ‚Kinderparadies'.[120] Dort fanden sich allerdings keine Aussteller aus Nürnberg, die in dieser Sparte traditionell sonst immer vertreten waren. Das Gewerbemuseum verzeichnete in seinen Mitteilungen keine in Melbourne getätigten Ankäufe, auch scheinen die Museumsmitarbeiter selbst nicht nach Australien gereist zu sein.[121]

---

[117] An dieser Stelle konnte sich von Kramer in Hinblick auf den Ausstellungsturm der Kunstgewerbeausstellung in München im Jahr 1888 einen Seitenhieb nicht verkneifen: „[...] aber es ging kein Geschäft, denn es fehlte am ‚rummeligen' Grundgedanken. Hätte dieser Thurm etwa die Gestalt eines Masskrugs gehabt, ebenfalls mit einem Aufzug, vielleicht in Form eines Rettigs, und wäre mit dem Aufzugsmechanismus eine Vorrichtung verbunden gewesen, mittels welcher sich der mit Weisswurstgirlanden verzierte Deckel des Masskrugs langsam gehoben hätte, worauf dann die Bockmusikkapelle aufgetaucht wäre, um das Lied ‚Gut'n Morgen, Herr Fischer' zu intonieren, wer weiss, ob das Defizit der Ausstellung nicht ganz wesentlich geringer ausgefallen wäre?" Vgl. hierzu Bayerische Gewerbe-Zeitung 3/1890, S. 62.

[118] Vgl. hierzu Mitteilungen des Bayrischen Gewerbemuseums 20/1879, S. 77–79.

[119] Vgl. hierzu Mitteilungen des Bayrischen Gewerbemuseums 1/1881, S. 5 f. Zitiert wird dort der ‚Spezialkatalog für die deutsche Ausstellung unter Mitwirkung des Reichskommissariats', die Zahl der Aussteller aus Deutschland betrug demnach insgesamt 1.120. Die Stadtchronik (StadtAN F 2, Bd. 10, S. 615) verzeichnete neun aus Nürnberg zur Ausstellung angemeldete Teilnehmer plus Johann Lothar von Faber aus Stein.

[120] Vgl. hierzu Mitteilungen des Bayrischen Gewerbemuseums 11/1881, S. 84–86 und 21/1881, S. 179–181.

[121] In den Mitteilungen des Gewerbemuseum fanden sich keine eigenen Berichte über die Weltausstellung in Melbourne, diese wurden ausschließlich von anderen Organen beziehungsweise auswärtigen Korrespondenten übernommen. Vgl. hierzu Mitteilungen des Bayrischen Gewerbemuseums der Jahrgänge 1879–1881.

Uhrmachermeister Gustav Speckhart und Bildhauer Heinrich Blab flanieren durch die Weltausstellung in Chicago. Die beiden wurden nachträglich in das aus einem Album mit Ansichten von der Weltausstellung entnommenen Blatt, das im Hintergrund das Deutsche Haus zeigt, eingezeichnet (Stadtarchiv Nürnberg: E 1/1729 Nr. 1).

Chicago 1893

Da man an der Pariser Ausstellung des Jahres 1889 nicht teilgenommen hatte, wollte die deutsche Industrie die Chance nutzen und sich 1893 in Chicago – man feierte mit einem Jahr Verspätung den 400. Jahrestag der Entdeckung Amerikas durch Christoph Kolumbus – entsprechend präsentieren. Das Deutsche Reich stellte die größte Zahl der internationalen Aussteller und erntete im Gegensatz zur Schau von Philadelphia viel Lob.[122]

Das Gewerbemuseum richtete mit 63 Firmen aus Nürnberg und Fürth die größte Sammelgruppe unter den vom Museum von 1873 (Wien) bis 1914 (Lyon) betreuten internationalen Ausstellungen aus.[123] Wie sich aus dem amtlichen Bericht erschließt, müssen insgesamt noch einige Aussteller mehr aus Nürnberg und Fürth vor Ort gewesen sein, alleine unter den prämierten Ausstellern fanden sich 58 aus Nürnberg, ein-

---

[122] Vgl. hierzu Krutisch, Aus aller Herren Länder (wie Anm. 1), S. 87 und 92.
[123] Vgl. hierzu Die Bayerische Landes-Gewerbeanstalt (wie Anm. 16), S. 51 und Jahresbericht des Bayerischen Gewerbemuseums zu Nürnberg 1893, S. 14.

schließlich A. W. Faber, und 23 aus Fürth.[124] Die Nürnberg-Fürther Kollektivausstellung konnte dabei den größten Erfolg verbuchen, 97 Prozent der Beteiligten erhielten eine Auszeichnung, darunter auch Theodor von Kramer und der Bildhauer Leonhard Hasenstab für das künstlerische Arrangement der Ausstellungsgruppe.[125] Die Sammelausstellung teilte sich in drei Räume.[126] Durch eine originalgetreue Kopie des Wolffschen Rathausportals erhielt man Zutritt zum ersten Raum, wo zunächst die Ausstellung der Victoria-Fahrradwerke ins Auge fiel, die gesamte Längsseite wurde von einem 18 m langen Schrank der Metallwarenfabrik Gebr. Bing eingenommen.[127] In die erste Abteilung gehörte auch die Bleistiftindustrie, vertreten durch Faber, Schwanhäußer, die Nürnberger Bleistiftfabrik Dünkelsbühler & Co. sowie Nopitsch & Sußner. Im zweiten Raum wurde die Ausstellung der Blattmetalle und Folien durch zwei Spiegelwände eingerahmt. Die eigens für diesen Saal eingerichtete elektrische Beleuchtung mit Bogenlampen ließ die Gegenstände in einem besonderen Glanz erscheinen. Unter den Ausstellern befanden sich die Blattsilberfabrik J. C. Rhau, die E. Kuhn'sche Drahtfabrik und die Münzprägeanstalt L. Chr. Lauer.[128] Im dritten Raum stellten die Spiel- und Galanteriewarenhersteller aus, darunter Johann Adelhard, dessen Holzmosaike mit malerischen Ansichten Nürnbergs sich bei den Besuchern großer Beliebtheit erfreuten, Georg Carette & Co. mit mechanischen Spielwaren, Ernst Plank und Max Dannhorn mit Zauberlaternen und Musikkreiseln. Alle hier genannten Firmen erhielten Auszeichnungen. Abgeschlossen wurde der letzte Raum durch ein

---

[124] Die genaue Teilnehmerzahl der Nürnberger Aussteller ließ sich leider nicht ermitteln. Vgl. hierzu Amtlicher Bericht über die Weltausstellung in Chicago 1893, erstattet vom Reichskommissar, 2 Bde., Berlin 1894, hier Bd. 1, S. 51–76. Von München erhielten 182 Aussteller Auszeichnungen. Der größte Teil der aus Deutschland prämierten Aussteller kam wie die überwiegende Zahl der deutschen Jurymitglieder aus Berlin. Nürnberg war in der Jury durch die Herren des Gewerbemuseums Ingenieur Erhard (Maschinenbau und Industrieerzeugnisse) und Prof. Jakob Stockbauer (Kunstgewerbe) sowie Prof. Franz Brochier von der Kunstgewerbeschule (Kunstgewerbe) vertreten. Vgl. hierzu Amtlicher Bericht über die Weltausstellung in Chicago 1893, Bd. 1, S. 47–50.

[125] Vgl. hierzu StadtAN F 2, Bd. 15, S. 400–402, und Jahresbericht des Bayerischen Gewerbemuseums zu Nürnberg 1893, S. 14.

[126] Vgl. hierzu und zum Folgenden Amtlicher Bericht über die Weltausstellung in Chicago 1893 (wie Anm. 124), Bd. 1, S. 51–76, Bd. 2, S. 880–888, und Bayerische Gewerbe-Zeitung 18/1893, S. 399 f. und 22/1893, S. 463 f.

[127] Der Schrank für die Firma Gebr. Bing war gefertigt worden nach einem Plan des Gewerbemuseums. Das Zeichenbüro des Museums entwarf für die Weltausstellung in Chicago insgesamt 34 Schränke. Das Gewerbemuseum stellte eigens einen Mitarbeiter zum Aufbau und Abbau der Ausstellungsschränke der Kollektivausstellung ab. Die Schränke wurden wie bei den vorhergehenden Ausstellungen vor ihrem Abtransport in den Räumen des Gewerbemuseums öffentlich ausgestellt. Sie nahmen die Form kleiner Kunstwerke an, so zeigte der für die Blechspielwarenfabrik Jean Scheonner gefertigte Glasschrank in seiner Mitte ein Bild der Altstadt von der Freiung aus gesehen, im Vordergrund erhob sich der Vestnertorturm und zu Füßen der Freiung lag die Verwirklichung einer Zukunftsvision, des Burgbergtunnels, den eine elektrische Bahn passierte. Das Mittelbild des Ausstellungsschranks für Johann Lothar von Faber stammte gar von Wilhelm Ritter. Die Reißzeugfabrik Georg Schoenner ließ vom Gewerbemuseum gleich einen ganzen Ausstellungspavillon fertigen. Der Pavillon im Stil des Rokoko war entworfen worden vom Architekten und Lehrer an der Baugewerkschule Peter Rückert. Vgl. hierzu Jahresbericht des Bayerischen Gewerbemuseums zu Nürnberg 1893, S. 8, und StadtAN F 2, Bd. 15, S. 391–394.

[128] Die in Chicago ausgestellten Medaillen widmeten sich dem Thema der Entdeckung Amerikas. Lauer zeigte eine eigens entworfene allegorische Figur, die ‚Hispania', die von der New York Times als die beste zu Ehren von Kolumbus angefertigte Medaille bezeichnet wurde. Der Entwurf stammte vom Professor der Kunstgewerbeschule Heinrich Schwabe. Vgl. hierzu StadtAN F 2, Bd. 15, S. 402 f.

Kolossalgemälde von Wilhelm Ritter, einem Spross der berühmten Malerfamilie. Das 15 m lange und 10 m hohe Bild mit dem Titel ‚Marktplatz in Nürnberg' zeigte „mit stark übertreibenden perspektivischen und Lichteffekten [...] das von der Burg bekrönte Altstadtpanorama als eine Art Weltwunder – so wie es in Wirklichkeit von keinem Standpunkt aus zu betrachten war."[129] Die Idealansicht Nürnbergs begeisterte sowohl die Besucher als auch die ausländische Presse.[130] Wilhelm Ritter, der einzige Maler aus Nürnberg in Chicago, erhielt für sein Werk einen Preis in der Abteilung der bildenden Kunst.[131] Großes Aufsehen erregte auch die Passionsuhr von Hofuhrmacher Gustav Speckhart, die im Deutschen Haus ausgestellt war. Die Uhr galt „als eine der Hauptanziehungspunkte der hier untergebrachten Ausstellungsobjekte [...], bei welcher aber auch die Zweckmäßigkeit der inneren Konstruktion mit der künstlerischen Durchbildung des Kastens auf das Beste harmonierte."[132] Die Uhr zeigte in acht Bildern den Oberammergauer Passionsspielen nachempfundene Szenen. Ihre mechanischen Figuren, die Choräle und amerikanischen Melodien sowie die gotischen Schnitzereien beeindruckten die Jury offenbar. Die Passionsuhr erzielte fünf Preise.[133] Das Gewerbemuseum erhielt für sein Engagement ebenfalls eine Auszeichnung. Die Nürnberg-Fürther Kollektivausstellung „wurde in einem offiziellen Schreiben des Reichs-Kommissars als eine der bestarrangierten und inhaltlich bedeutendsten Gruppen der deutschen Abteilung benannt [...]".[134]

Die Weltausstellung in Chicago war nicht nur für die beteiligten Firmen rundum ein Erfolg, das professionelle Vorgehen des Gewerbemuseums fand allgemeine Anerkennung, die sich in Preisen, Belobigungen und der Verpflichtung von Museumsmitarbeitern zu offiziellen Ämtern im Rahmen der Weltausstellung, sei es als Preisrichter, als Autoren für den amtlichen Bericht oder als bayerischer Kommissar, ausdrückte.

---

[129] Michael Brix, Nürnberg und Lübeck im 19. Jahrhundert. Denkmalpflege – Stadtbildpflege – Stadtumbau, München 1981, S. 43. Vgl. hierzu auch Norbert Götz, Um Neugotik und Nürnberger Stil. Studien zum Problem der künstlerischen Vergangenheitsrezeption im Nürnberg des 19. Jahrhunderts (Nürnberger Forschungen 23), Nürnberg 1981, S. 161 f.

[130] Das Bild fand schon bei seiner Vorabausstellung in der Katharinenkirche so großen Anklang, dass durch den Vater Wilhelm Ritters, Lorenz Ritter, eine bei J.L. Schrag verlegte Radierung angefertigt wurde. Der Transport des Kolossalgemäldes nach Chicago zog sich über vier Monate hin. Aufgrund seiner Größe passte es nicht durch die Schiffsluke des ursprünglich vorgesehenen Dampfschiffs, so dass es auf ein anderes Schiff verladen werden musste. Vgl. hierzu StadtAN F 2, Bd. 15, S. 397 f. Das Werk ist im Amtlichen Bericht über die Weltausstellung in Chicago 1893 (wie Anm. 124) in Bd. 2 auf S. 887 abgebildet.

[131] Ritter schuf mehrere Aquarelle seiner Amerikareise, darunter ‚Apachen-Indianer in Chicago', ‚Auf der Fahrt nach Amerika' und ‚Wolkenkratzer in Chicago'. Vgl. hierzu Ausstellung von Werken des Kunstmalers Wilhelm Ritter in der Fränkischen Galerie am Marientor. August/September 1940, Nürnberg 1940. Die Aquarelle sind dort allerdings leider nicht abgebildet, sondern lediglich aufgelistet. In der Ausstellung wurde auch der ‚Entwurf zu dem Ölgemälde Alt-Nürnberg im 17. Jahrhundert' gezeigt.

[132] Amtlicher Bericht über die Weltausstellung in Chicago 1893 (wie Anm. 124), Bd. 2, S. 855.

[133] Vgl. hierzu Ursula Dittrich-Wagner, Die Arthur Junghans'sche Kunstuhr im Stadtmuseum Schramberg, Schriften des Stadtmuseums Schramberg 2, Schramberg 1990. Ein Foto der Passionsuhr von 1893 findet sich dort auf S. 28. Die populäre Passionsuhr stellte man 1896 in Berlin und 1897 in Arnheim in Holland nochmals aus, wo sie einem Feuer zum Opfer fiel. Für die Weltausstellung 1900 in Paris ließ Arthur Junghans, Inhaber der weltweit bekannten Uhrenfabrik, die Uhr leicht verändert nachbauen, wofür Gustav Speckhart nochmals eine Auszeichnung, eine silberne Mitarbeitermedaille, verliehen bekam.

[134] Jahresbericht des Bayerischen Gewerbemuseums zu Nürnberg 1893, S. 14. Auch die ausländische Presse erachtete die Sammelausstellung als besonders bedeutend. Vgl. hierzu StadtAN F 2, Bd. 15, S. 397 f., S. 402 f., und Bayerische Gewerbe-Zeitung 13/1893, S. 288 f.

Die Sammlungen des Gewerbemuseums konnten auch in Chicago um einige Stücke ergänzt werden, darunter waren amerikanische Werkzeuge, Musterbücher sowie als Geschenk der russischen Reichskommission eine größere Anzahl wertvoller Gläser.[135]

An der Präsentation im erstmals im Rahmen einer Weltausstellung eingerichteten ‚Women's Building' scheinen keine Frauen beziehungsweise Frauenvereine aus Nürnberg beteiligt gewesen zu sein, sie fanden zumindest in den durchgesehenen Quellen keine entsprechende Erwähnung.[136]

Die Medaillen zeigen die an Gustav Speckhart 1893 und 1900 für seine Kunstuhr verliehenen Auszeichnungen (Stadtarchiv Nürnberg: E 10/77 Nr. 11).

---

[135] Der Assistent der Vorbildersammlung Höllfritsch tätigte die Einkäufe für das Museum. Insgesamt standen dem Gewerbemuseum für die Ausstellung ein Zuschuss des Reichs von 22.500 Mk. und der bayerischen Staatsregierung von 1.000 Mk. zur Verfügung. Der Handelsvorstand steuerte 1.000 Mk. und der Gewerbeverein 500 Mk. bei. Der größte Teil der Mittel dürfte in die Organisation der Sammelausstellung geflossen sein. Vgl. hierzu Jahresbericht des Bayerischen Gewerbemuseums zu Nürnberg 1892, S. 4, und Jahresbericht des Bayerischen Gewerbemuseums zu Nürnberg 1893, S. 6, sowie Bayerische Gewerbe-Zeitung 1894, S. 180.

[136] Im amtlichen Bericht sind keine Frauen oder Frauenvereine aus Nürnberg verzeichnet; Stockbauer erwähnt in seinem Bericht über die Weltausstellung zwar den Frauenpalast, gibt aber keinen Hinweis auf eine Beteiligung Nürnberger Frauen (vgl. hierzu Bayerische Gewerbe-Zeitung 21/1893, S. 463–473). Das ‚Comité für die Deutsche Frauenabtheilung bei der Weltausstellung in Chicago 1893' hatte mit Schreiben vom 7.10.1892 zwar zwecks der Beteiligung von Frauen aus Nürnberg beim Magistrat angefragt, dieser sah sich jedoch nicht zuständig und leitete die Anfrage mit Schreiben vom 15.10.1892 an ‚den verehrlichen Frauenverein dahier' weiter, wobei daraus nicht hervorgeht, welcher Verein genau gemeint war. Das Berliner Komitee wandte sich am 2.11.1892 erneut an den Magistrat, um zur Veröffentlichung im ‚Allgemeinen Frauenkalender', der zur Weltausstellung erscheinen sollte, abzufragen, welche Frauenvereine es in Nürnberg gebe. Der Magistrat listete 15 Vereine auf, darunter den Frauen- und Mädchenbildungsverein für Nürnberg und Umgebung, den Hebammenverein Nürnberg, den Steinbühler weibl. Krankenunterstützungsverein und auch die Frauensterbekasse der Mitglieder der Centralkranken- und Sterbekasse der Tischler und anderer gewerbl. Arbeiter. Vgl. hierzu StadtAN C 7/I Nr. 12604.

Paris 1900

Mit der ‚Exposition universelle et internationale de Paris 1900', die in ihren Ausmaßen alle bisherigen Ausstellungen in den Schatten stellte, fanden die Weltausstellungen des 19. Jahrhunderts in der neben London wichtigsten Weltausstellungsstadt ihren Abschluss. Vielfach wurde anlässlich der Ausstellung im Jahr 1900 kritisiert, dass die ursprüngliche Idee der Weltausstellungen überholt sei. Die Industrie wandte sich immer mehr den Fachmessen zu und nutzte neue Wege der Kommunikation, während die Weltausstellungen das Vergnügen in den Vordergrund stellten.[137]

Das Bayerische Gewerbemuseum beteiligte sich in bewährter Weise an der Weltausstellung.[138] Es richtete wieder eine Kollektivausstellung, die der Nürnberg-Fürther Spielwarenindustrie unter Leitung von Theodor von Kramer, aus. Vertreten waren 13 Spielwarenhersteller aus Nürnberg und Fürth, von denen alle, bis auf Jean Schoenner, der wegen seiner Teilnahme am Preisgericht von der Bewertung ausgeschlossen war, eine Auszeichnung erhielten. Theodor von Kramer verlieh die Jury für das Arrangement der Sammelausstellung eine goldene Medaille.[139] Neun Firmen wurden ebenfalls mit einer goldenen Medaille ausgezeichnet[140], darunter die Elektrizitäts-Aktiengesellschaft vorm. Schuckert & Co. für die Ausstellungsgegenstände zur elektrischen Beleuchtung[141] und die Tucherbrauerei. Selbstverständlich gehörte auch die Bleistiftfabrik Faber aus Stein, inzwischen Faber-Castell, zu den Firmen, die eine goldene Medaille erhielten. Diese stellte nicht nur Bleistifte, Lineale und Schiefertafeln aus, sondern beteiligte sich ebenso wie der Bauverein Schuckert'scher Arbeiter an der Ausstellung für soziale Wohlfahrtspflege.[142] Die eigentliche Ausstellungspremiere war hierbei die erstmalige Teilnahme der Stadtverwaltung an einer Weltausstellung. Die Stadt Nürnberg beschickte die Sammelausstellung für Hygiene mit zwei Modellen des neuen Krankenhauses, die einen zweistöckigen Krankenpavillon sowie das Operationshaus im Maßstab 1:20 abbildeten.[143] Die Beteiligung an den Ausstellungen

---

[137] Vgl. hierzu Krutisch, Aus aller Herren Länder (wie Anm. 1), S. 102.

[138] Zu Erwerbungen auf der Pariser Weltausstellung geben die Jahresberichte des Gewerbemuseums keine Auskunft. Die Mustersammlung vermehrte sich 1900 um 61 Inventarnummern, darunter auch Arbeiten aus Frankreich, zu deren Herkunft sich der Jahresbericht nicht äußert. Aufgewendet wurden für Ankäufe der Mustersammlung im Jahr 1900 4.089,24 Mk. Im Jahr 1901 wuchs die Mustersammlung um 91 Nummern an, darunter waren auch moderne französische Stoffe und Spitzen sowie ein modernes französisches Essbesteck. Vgl. hierzu Bayerisches Gewerbemuseum in Nürnberg. Jahresbericht 1900, S. 19 und 35, sowie Jahresbericht 1901, S. 22.

[139] Vgl. hierzu StadtAN F 2, Bd. 16, S. 97 f. Er verfasste auch die einleitenden Berichte über die Metallkurzwaren und die Spielwarenindustrie für den amtlichen Katalog. Vgl. hierzu Weltausstellung in Paris. Amtlicher Katalog der Ausstellung des Deutschen Reiches, Berlin [1900], S. 351–358 und 376–382.

[140] Vgl. hierzu StadtAN F 2, Bd. 16, S. 97 f., und Die Pariser Weltausstellung in Wort und Bild, redigiert von Georg Malkowsky, Berlin 1900, S. 511 f. Von den Fürther Firmen wurde nur eine, Eiermann & Tabor, ausgezeichnet, von den Firmen aus München, die Künstler sind hier nicht eingerechnet, 24.

[141] Vgl. hierzu Weltausstellung in Paris. Amtlicher Katalog (wie Anm. 139), S. 176 f., 178 f., 196, 214 und 417. Die Firma gab zur Weltausstellung einen eigenen, recht hübsch aufgemachten Begleitkatalog mit Abbildungen heraus, der nicht nur die ausgestellten Gegenstände beschrieb, sondern auch die Firmengeschichte beleuchtete: Elektrizitäts-Aktien-Gesellschaft vormals Schuckert & Co., Nürnberg, auf der Pariser Weltausstellung, Würzburg [1900].

[142] Vgl. hierzu Weltausstellung in Paris. Amtlicher Katalog (wie Anm. 139), S. 116 und 119.

[143] Ebd., S. 121 und 397 sowie Verwaltungsbericht der Stadt Nürnberg für das Jahr 1900, S. 5 und 481 f. Die Modelle fertigte Jean Schoenner. Die Gesamtkosten der städtischen Ausstellungsbeteiligung betrugen

zur Sozial-, Wohlfahrts- und Gesundheitspflege stellte für die Nürnberger Teilnehmer ein Novum dar. Insgesamt nahmen aus Nürnberg 33 Aussteller an der Schau teil.[144]

Fazit

Die Organisation der Beschickung der letzten Weltausstellung des 19. Jahrhunderts stellte für das Gewerbemuseum nach mehr als 25-jähriger Erfahrung eine Routineaufgabe dar, die es problemlos meisterte. Aus den Jahresberichten des Gewerbemuseums, in denen die Weltausstellung von 1900 im Vergleich zu den vorangegangenen Weltausstellungen keinen solch hohen Rang mehr einnahm, ist allerdings auch von dieser Seite ein nachlassendes Interesse abzulesen, wenngleich die organisatorische Betreuung der Ausstellung und der Besuch durch Mitarbeiter des Museums selbstverständlich beibehalten wurden.

Der Sekretär und Bibliothekar am Gewerbemuseum Paul Johannes Rée zog in seinem Vortrag unter dem Titel ‚Künstlerische Eindrücke von der Pariser Weltausstellung' ein Fazit des 19. Jahrhunderts, das, ersetzt man Jahrhundert durch Weltausstellungen, auch als – zugegebenermaßen überbordende – Bilanz der Weltausstellungen 1851–1900 gelten kann und die Faszination, die diese auf die Zeitgenossen ausübten, wiederzugeben vermag: „In vielen glänzenden Reden hat man das abgelaufene Jahrhundert gefeiert und es gepriesen als das Jahrhundert der praktischen That. Von den idealen Höhen der Dichter und Denker hat es die Menschheit in die blühende Wirklichkeit geführt und hat sie gelehrt, die ihr von dieser gestellten Aufgaben zu lösen. Seine höchsten Triumphe feierte es da, wo es galt den praktischen Forderungen des Lebens zu dienen. Es führte die Völker zusammen und schuf alle jene Bedingungen, die einen schnellen Verkehr und einen leichten Austausch der Güter ermöglichten, es wandelte die Begriffe von Raum und Zeit, indem es spielend die größten Entfernungen überwand und von der Sekunde erzwang wozu es sonst vieler Stunden ja Tage bedurfte. Es offenbarte tausend Dinge in der Natur die bisher verborgen waren und hat uns gelehrt, sie nutzbringend zu verwerten. Aber auch das Ideale ohne das kein Volk und keine Zeit zu bestehen vermag, hat es gepflegt, und viele Geister und Meister nennt es sein, deren Werke es der Zukunft sagen werden, daß das neunzehnte Jahrhundert nicht nur ein Zeitalter der Naturwissenschaften und der Technik war, sondern auch seine Kunst gehabt hat."[145] Jegel betrachtet dies etwas nüchterner, für ihn waren die Gewerbeschauen ein Gradmesser der wirtschaftlichen Entwicklung: „Das Emporblühen der Industrien gestattet eine erfolgreiche Beschickung der oft rasch aufeinanderfolgenden Ausstellungen. Auch ihre Geschichte spiegelt das allmähliche Werden

---

24.407,26 Mk. 1893 hatte die Stadt noch von einer Ausstellungsbeteiligung abgesehen, da man befürchtete im Rahmen einer solch großen Ausstellung nicht genügend Beachtung zu finden. Vgl. hierzu StadtAN C 7/I Nr. 12604 (nicht paginiert, Notiz v. 16.11.1891).

[144] Die Zahl ergibt sich aus dem amtlichen Katalog; aus Fürth waren es fünf, aus Stein einer, aus Erlangen zwei und aus München 224 Aussteller. Vgl. Weltausstellung in Paris. Amtlicher Katalog (wie Anm. 139), S. 421–440.

[145] Paul Johannes Rée, Künstlerische Eindrücke von der Pariser Weltausstellung. Vortrag gehalten am 8. November 1900, abgedruckt in: Bayerisches Gewerbemuseum in Nürnberg. Jahresbericht 1900, S. 46–62, hier S. 61 f.

unserer Fabriken."[146] Einschränkend muss angefügt werden, dass die Geschichte der Weltausstellungsteilnahme nur den Entwicklungsgang einzelner Firmen beziehungsweise Produktionszweige in Ausschnitten wiedergeben kann. Aussagen über die gesamtwirtschaftliche Bedeutung dieser Ausstellungen für Nürnbergs Industrie lassen sich nicht treffen.

Nachstehende Übersicht soll die Entwicklung der Ausstellungsbeteiligung in Bezug auf die Ausstellerzahlen, die vergebenen Preise und die wichtigsten Branchen verdeutlichen:[147]

Ort und Jahr der Weltausstellung	Zahl der Aussteller	Zahl der Auszeichnungen	Die wichtigsten vertretenen Branchen
London 1851	12	2	Leonische Industrie, Spielwarenherstellung, Bleistiftindustrie
Paris 1855	min. 6	6	Leonische Industrie, Spielwarenherstellung
London 1862	24	10	Leonische Industrie, Spielwarenherstellung, Bleistiftindustrie, Specksteinfabrikation, Metallindustrie
Paris 1867	88	50	Spielwarenherstellung, Bleistiftindustrie, Specksteinfabrikation, Ultramarinerzeugung
Wien 1873	149	109	Leonische Industrie, Spielwarenherstellung, Bleistiftindustrie, Specksteinfabrikation, Pinselherstellung, Ultramarinerzeugung, Kurzwarenindustrie
Philadelphia 1876	35	22	Leonische Industrie, Spielwarenherstellung, Bleistiftindustrie, Specksteinfabrikation, Reißzeugherstellung, Ultramarinerzeugung
Paris 1878	?	?	?
Melbourne 1880/81	7	?	Leonische Industrie, Bleistiftindustrie, Ultramarinerzeugung
Paris 1889	?	?	?

---

[146] Jegel, Die wirtschaftliche Entwicklung von Nürnberg-Fürth (wie Anm. 2), S. 58.

[147] Die Bleistiftfabrik von A. W. Faber aus Stein wurde nicht eingerechnet, auf sie wurde im Text jeweils verwiesen. Mit den Zahlen lässt sich letztendlich nur eine Tendenz ausmachen, da sich in den Quellen oft unterschiedliche oder lückenhafte Angaben fanden. Teilweise stellte sich auch heraus, dass Firmen in den amtlichen Katalogen zwar aufgeführt waren, die Ausstellungen dann aber nicht beschickt hatten. Andererseits waren nicht immer alle beteiligten Aussteller verzeichnet.

Chicago 1893	min. 58	58	Spielwarenherstellung, Bleistiftindustrie, Ultramarinerzeugung, Metallindustrie, Pinselherstellung, Specksteinfabrikation, Nachtlichterindustrie, Fahrradproduktion, Elektroindustrie
Paris 1900	33	min. 9	Leonische Industrie, Spielwarenherstellung, Bleistiftindustrie, Metallindustrie, Pinselherstellung, Elektroindustrie

Den Höhepunkt erreichte die Ausstellungsbeteiligung aus Nürnberg wohl 1893 in Chicago, was sich auch an der Vielfalt der vertretenen Industriezweige ablesen lässt. Die Wiener Weltausstellung konnte sich mit 149 Teilnehmern und fast ebenso vielen vertretenen Branchen sicherlich mit Chicago messen.[148] Die starke Beteiligung an der Wiener Schau war nicht nur dem Umstand geschuldet, dass sie im deutschsprachigen Raum stattfand und Wien gut zu erreichen war, sondern gründete hauptsächlich auf dem Engagement des Gewerbemuseums, das anlässlich ‚seiner ersten Weltausstellung' besonderen Eifer in der Organisation an den Tag legte. Die Ausstellerzahlen 1851–1873 belegen weiterhin, dass nach anfänglicher Skepsis über den Nutzen einer Teilnahme das Interesse an der Beschickung der Weltausstellungen stetig zunahm. Während der für Deutschland so verheerenden Philadelphia-Ausstellung schnitten die Nürnberger sogar verhältnismäßig gut ab, wenn man bedenkt, dass circa zwei Drittel der – zwar wenigen – Aussteller eine Auszeichnung mit nach Hause nehmen konnten. Nach der erfolgreichen Präsentation in Chicago machte sich offensichtlich auch unter den Nürnbergern die so genannte Ausstellungsmüdigkeit breit. An der Pariser Schau von 1900 nahmen nur noch wenige Aussteller aus Nürnberg teil, was an der Hinwendung der Firmen zu den Fachmessen und der Vielzahl an Ausstellungen gelegen haben dürfte. Im Vergleich zu München blieb die Zahl der Aussteller, trotz der herausragenden Stellung, die Nürnberg im Industrialisierungsprozess einnahm, durchschnittlich geringer, wobei sich allerdings stets zahlreiche Künstler unter den Münchner Teilnehmern befanden. Nürnberger Künstler waren im Rahmen der Weltausstellungen unterrepräsentiert. Von hier nahmen überwiegend Vertreter der Kunstgewerbe teil, deren Aufgabe es war, das Schöne mit dem Nützlichen zu verbinden, wie dies insbesondere bei den Ausstellungsschränken zu Tage trat.

Zu den fast ausnahmslos auf den Weltausstellungen vertretenen Branchen gehörten die Bleistift- und Spielwarenhersteller, die zwei der traditionell bedeutendsten Produktionszweige der Stadt repräsentierten. Hinzu kam die leonische Industrie, für die, als besonders exportorientierte Branche, die internationalen Ausstellungen ein wichtiges Präsentationsmedium darstellten. Mit dem Fortschreiten der Industrialisierung

---

[148] Laut Jegel hatte die Weltausstellung in Wien in Hinblick auf Nürnbergs Industrie die größte Bedeutung im Vergleich aller Weltausstellungen. Vgl. hierzu Jegel, Die wirtschaftliche Entwicklung von Nürnberg-Fürth (wie Anm. 2), S. 61.

fanden sich neue Industriezweige wie die Fahrrad- oder Elektroindustrie auf den Weltausstellungen ein; auch die präsentierten Gegenstände hielten mit der technischen Entwicklung Schritt.[149] Zu den ebenfalls für die Stadt wichtigen Produktionszweigen des Eisenbahnbaus und der Lebkuchenindustrie fanden sich keine Hinweise auf eine Ausstellungsbeteiligung.

Vertreten waren auf den Weltausstellungen überwiegend Firmen, die bereits gute Erfahrungen mit Ausstellungsbesuchen gemacht hatten oder die großen Betriebe wie die von Faber oder Schuckert, die die Weltausstellungen gezielt nutzten und schon aus Prestigegründen nicht fern bleiben konnten. Faber beteiligte sich an allen großen Ausstellungen, und seine Produkte erhielten zahlreiche Auszeichnungen. Er knüpfte systematisch Auslandskontakte und baute sein Filialnetz aus; so gründete er Zweigstellen in zeitlicher Nähe zu den Weltausstellungen 1851 in London, 1854 in Paris und 1872 in Wien.[150] Sigmund Schuckert empfing, gerade aus Amerika zurückgekehrt, durch den Besuch der Weltausstellung in Wien wichtige Anregungen für seine künftige Tätigkeit in Nürnberg, die er kurz darauf in der Schwabenmühle aufnahm. Auch er nutzte die Schauen, um Geschäftsverbindungen aufzunehmen, wobei er sich bemühte, selbst vor Ort zu sein – zum einen als Ansprechpartner, zum anderen, um sich über die neuesten Entwicklungen zu informieren.[151] Den kleineren Betrieben und Kunsthandwerkern eröffnete sich durch die vom Gewerbemuseum betreuten Sammelausstellungen die Chance, am ausländischen Markt zu partizipieren und internationale Ausstellungserfahrung zu sammeln, von der sie im Rahmen anderer großer Industrieschauen, wie den Landesausstellungen in Nürnberg, profitieren konnten.[152]

Die Weltausstellungen führten auch zur Verbesserung von Herstellungsverfahren und zur Aufnahme neuer Artikel in die Produktion. Insbesondere in Zusammenhang mit den ersten Weltausstellungen war häufig von der Nutzbarmachung ausländischer Gegenstände für die örtliche Industrie die Rede gewesen.[153] Die Industrieschauen boten den Firmen die Möglichkeit, international für sich zu werben. Wichtig war hierbei auch die Präsentation der Gegenstände, die durch den Einsatz des Gewerbemuseums in professioneller Art und Weise geschah. Durch Vorabausstellungen in Nürnberg konnten die Beteiligten den doppelten Reklameeffekt erzielen. Hinzu kamen die Medaillen und Anerkennungen, mit denen in Annoncen oder auf Briefköpfen geworben

---

[149] Angeführt sei hier als Beispiel die EAG – Elektrizitätsaktiengesellschaft, vormals Schuckert & Co., die zur Weltausstellung in Chicago einen viel bestaunten Riesenscheinwerfer von 1,50 m Durchmesser präsentierte, dessen Weiterentwicklung die EAG dann bereits 1900 in Paris mit dem damals größten Scheinwerfer überhaupt, der einen Durchmesser von 2 m aufwies, vorstellte. Vgl. hierzu Elektrizitäts-Aktien-Gesellschaft, Weltausstellung (wie Anm. 141), S. 19.

[150] Vgl. hierzu Dieter Eich, Lothar von Faber – ein Nürnberger Unternehmer des 19. Jahrhunderts, Diplomarbeit Universität Erlangen-Nürnberg 1969, S. 12–16.

[151] Vgl. hierzu Jegel, Die wirtschaftliche Entwicklung von Nürnberg-Fürth (wie Anm. 2), S. 205, und Evelyn Lacina, Johann Sigmund Schuckert. Leben und Werk eines Nürnberger Handwerkers, Erfinders und Unternehmers (1846–1895), Diplomarbeit Univ. Erlangen-Nürnberg 1973.

[152] Nicht zu vergessen sind hierbei die persönlichen Eindrücke, die die Ausstellungsbesucher in einer Zeit, da Reisen ins Ausland noch keine Selbstverständlichkeit darstellten, gewinnen konnten.

[153] Zu den neu in Nürnberg eingeführten Artikeln gehörten beispielsweise „die Firmenschreiberei in Gold auf Spiegelglas, welche seitdem in vorzüglicher Weise hier ausgeübt wird, Glasdekoration mit Lasurfarben, Imitationen von Perlmutter, welche bei einer grossen Zahl hiesiger Erzeugnisse, insonderheit bei der Schatullenfabrikation Verwendung fand [...]". Vgl. hierzu Geschichte des Gewerbevereins in Nürnberg (wie Anm. 41), S. 10.

wurde. Sie stellten einen hohen Anreiz für die Ausstellungsteilnahme dar, da sie das internationale Prestige der Unternehmer hoben und absatz- und expansionsfördernd wirkten.[154]

Die Gewerbeförderung, der Werbeeffekt und der Vergleich – drei der Zielvorgaben der Weltausstellungen – stellten auch für die Nürnberger den vorrangigen Nutzen dar. Theodor von Kramer, über 30 Jahre Direktor des Gewerbemuseums, fasste in diesem Zusammenhang die Wirkung der Weltausstellungen auf Nürnbergs Industrie wie folgt zusammen: „Die internationalen Ausstellungen vollziehen sich unter den Augen der ganzen Welt und zum großen Vorteil Derjenigen, die mit richtigem Verständnis ihre Fabrikate zur Ausstellung bringen; sie bieten unzählige und wertvolle Anhaltspunkte zur Vergleichung, zum Studium und zum Fortschritt; sie lassen erkennen, wie weit ein Land auf dem Gebiete der Industrie fortgeschritten ist, und was es noch zu erringen hat; sie erwecken einen fruchtbringenden Wetteifer und bieten Allen das mächtigste Mittel für das Bekanntwerden und die Verbreitung eines jeden Fabrikates."[155] Hier wäre einzuwenden, dass diese Feststellungen auch auf andere überregionale oder internationale Industrieausstellungen zutrafen, doch ging von den Weltausstellungen, auch angesichts der eingeschränkten Möglichkeiten der internationalen Kommunikation, ein besonderer Reiz aus. Sie hoben sich in ihren räumlichen Ausmaßen, den vorgestellten Innovationen sowie den Besucher- und Ausstellerzahlen von anderen internationalen Industrieschauen ab.

Untrennbar mit der Weltausstellungsbewegung verbunden war die Einrichtung des Bayerischen Gewerbemuseums in Nürnberg. Das Museum selbst wiederum konnte die im Rahmen der Weltausstellungen gemachten Erfahrungen in die Ausrichtung der 1882, 1896 und 1906 in Nürnberg stattgefundenen Landesausstellungen einfließen lassen. In ihren Zielsetzungen (Präsentation der Fortschritte von Industrie und Gewerbe), der Organisation (Bildung von Komitees), der baulichen Gestaltung (Übernahme des Pavillonsystems), der Anordnung der Waren (gegliedert nach Stoffgruppen), dem Ausstellungsarrangement (nach künstlerischen Gesichtspunkten, wobei die Ausstellungsschränke wieder eine wichtige Rolle spielten) sowie der Einbeziehung von Unterhaltung und Verköstigung in das Ausstellungsgelände lehnte sich das Gewerbemuseum in der Gestaltung der Landesausstellungen stark an die Konzepte der Weltausstellungen, insbesondere der des letzten Drittels des 19. Jahrhunderts, an.[156]

Die vom Gewerbemuseum während der Ausstellungen getätigten Ankäufe gingen 1987 mit dem gesamten Bestand des Museums als Leihgabe an das Germanische Nationalmuseum Nürnberg über, wo seit 1989 etwa 800 Objekte aus der Mustersamm-

---

[154] Vgl. hierzu Plum, Weltausstellungen im 19. Jahrhundert (wie Anm. 9), S. 104, und Ines Augustin, Die Medaillen und Plaketten der großen Weltausstellungen 1851–1904, Diss. Karlsruhe 1985, S. 24–27. Die Feuerlöschgeräte- und Maschinenfabrik von Justus Christian Braun warb beispielsweise mit ihrer in Wien erlittenen goldenen Medaille (vgl. Bayerische Landes-Industrie-, Gewerbe- und Kunst-Ausstellung, Offizieller Katalog. Gruppe XIV–XVII, Nürnberg 1882, Anzeigen S. 45) und die Firmen Jean Schoenner sowie die Victoria-Fahrradwerke verwiesen in ihren Anzeigen auf ihre in Chicago errungenen Auszeichnungen (vgl. Bayerische Landes-Industrie-, Gewerbe- und Kunst-Ausstellung, Offizieller Katalog, Nürnberg ²1896, Inseraten-Anhang S. 43 und 238).

[155] Die Bayerische Landes-Gewerbeanstalt (wie Anm. 16), S. 10.

[156] Vgl. zu den Zielsetzungen, der Organisation usw. der Landesausstellungen: Susanne Kühhorn, Die Industrieausstellungen in Nürnberg in den Jahren 1882, 1896 und 1906, Magisterarbeit Erlangen-Nürnberg [1984], S. 36–39, 42–45, 57 f., 66, 68 und 80 f.

lung ständig in einem eigenen Raum zu sehen sind.[157] In den Sammlungen des Bayerischen Gewerbemuseums findet sich damit das bis heute erhaltene, historisch bedeutende Nürnberger Erbe der Weltausstellungen.

---

[157] Ungefähr zehn Prozent der ausgestellten Stücke gehen auf Erwerbungen oder Schenkungen im Rahmen der Weltausstellungen zurück. Vgl. hierzu Das Gewerbemuseum der LGA im Germanischen Nationalmuseum, hg. von der Landesgewerbeanstalt Bayern – LGA, Nürnberg 1989, und Germanisches Nationalmuseum Nürnberg. Führer durch die Sammlungen, Nürnberg 2001, sowie freundliche Auskunft von Frau Dr. Silvia Glaser vom Germanischen Nationalmuseum Nürnberg (GNM). Hinzu kommt die Bibliothek der LGA, die von der Bibliothek des GNM verwaltet wird. Dort finden sich auf den Weltausstellungen erworbene Bücher.

Edeltraud Loos

„Die gute Erziehung der kleinen Kinder der Armen ... ist für den Staat von größter Wichtigkeit."[1]
Von der Kinderbewahranstalt im 19. Jahrhundert zur Kindertageseinrichtung (Kita) im 21. Jahrhundert am Beispiel Erlangen

In ihrer Sorge um die „kleinen Kinder der Armen, welche öfters schon früher als sie in die Volksschule aufgenommen werden, ganz verdorben sind", wandte sich die Kammer des Innern in Ansbach im Amtsblatt vom Oktober 1828 an alle Lokalschulkommissionen des Rezatkreises und empfahl speziell den Seminar- und Fortbildungsanstalten für Schullehrer die im gleichen Jahr erschienene Lektüre einer kleinen Druckschrift von Josef Wertheimer über die „Londoner Central-Kinderschulen".[2]

Wirtschaftliche, politische und gesellschaftliche Änderungsprozesse (Aufkommen der Protoindustrialisierung und des Manufakturwesens, die Aufhebung der Erbuntertänigkeit und der ständischen Gliederung, die allmähliche Zunftauflösung und die Neuordnung der städtischen Selbstverwaltung) zwangen seit Beginn des 19. Jahrhunderts zu einer Neuorientierung in vielen Lebensbereichen, zu verstärkter beruflicher Mobilität und wachsender Massenarmut.[3] Kleinkinder wirkten nicht selten als zusätzlicher Verarmungsfaktor für ihre Familien, wurden unbeaufsichtigt in den Wohnungen eingesperrt oder auf die Straßen geschickt, um dort die Rückkehr ihrer berufstätigen Eltern zu erwarten, „so daß sie in einen an Wildheit gränzenden Zustand übertreten, der sich nur zu deutlich nach ihrem Eintritt in die Schule offenbart und durch seine verschiedenen Äußerungen als Diebstahl, Verfehlung, Unverträglichkeit, Verstocktheit, Rachsucht, Menschenscheu usw. den Lehrer überzeugt, wie viel Unkraut in dem Kinde schon gekeimt".[4] Oft haben auch reguläre Schulen die jüngeren Geschwister mit betreut, was zwar unter Umständen einen Einkommenszuwachs des Schulmeisters bedeutete, in jedem Fall aber den Unterricht störte. So mussten zum Ausgleich der defizitären Sozialisationsleistungen der Familien kleiner Leute aus prophylaktischen Erwägungen Stätten öffentlicher Kleinkinderbeaufsichtigung (Kinderbewahranstalten und -schulen) geschaffen werden, die helfen sollten, dass Mütter der unteren Schichten eine Erwerbstätigkeit aufnehmen konnten, um ihre finanzielle Not zu entschärfen und die Armenkassen zu entlasten. Zur Vorbeugung des Pauperismus und der Entstehung eines Proletariats sollten die Kinder nach den Erziehungsvorstellungen der bür-

---

[1] Staatsarchiv Nürnberg (künftig: StAN) Reg.v.Mfr. K.d.I. Abg. 1932 Tit. XIII Nr. 968 (Kleinkinderschulen betr. 1828–1839).

[2] Ebd. Vgl. Samuel Wilderspin, Über die frühzeitige Erziehung der Kinder und die englischen Klein-Kinder-Schulen oder Bemerkungen über die Wichtigkeit, die kleinen Kinder der Armen von anderthalb bis sieben Jahren zu erziehen. Übersetzt von J. Wertheimer, Wien 1928. Die Darlegung der sozialpolitischen Idee der Kleinkinderschule („Infant School") von Samuel Wilderspin (1792–1866) in England mit den pädagogischen Kommentaren des Wieners Joseph Wertheimer galt auf dem Kontinent quasi als Lehrbuch frühkindlicher proletarischer Erziehung.

[3] Hans Medick, Zur strukturellen Funktion von Haushalt und Familie im Übergang von der traditionellen Agrargesellschaft zum industriellen Kapitalismus: Die protoindustrielle Familienwirtschaft, in: Werner Conze (Hg.), Sozialgeschichte der Familie in der Neuzeit Europas, Stuttgart 1976, S. 265.

[4] StAN Reg.v.Mfr. K.d.I. Abg. 1932 Tit.XIII Nr. 968 (Kleinkinderschulen betr. 1828–1839).

gerlichen Familie auf eine geordnete und stabilisierte Existenz in der Unterschicht vorbereitet und auch zu den Tugenden der „proletarischen Sittlichkeit" wie Arbeitsamkeit, Dankbarkeit, Bedürfnislosigkeit, Ordnungsliebe und einer gegen Revolutionsgedanken immunisierenden Religiosität erzogen werden.[5] Die Furcht vor gewaltsamem Umsturz der gesellschaftlichen Ordnung durch eine verelendete Arbeiterschaft war tief verwurzelt und nährte die staatlichen Empfehlungen. Die meisten Einrichtungen entstanden aus privatem Engagement oder Vereinswohltätigkeit, waren jedoch kommunal oder staatlich kontrolliert. Dies verlieh ihnen den Anschein der Öffentlichkeit und sparte dem Staat Geld, das dem Ausbau des Volksschulwesens zugedacht war.

Am 12. Januar 1829 beantragte der Strumpfwirkermeister Heinrich Ludwig Uebel beim Erlanger Magistrat die Einrichtung einer so genannten „Aufsichtsschule" für noch nicht schulpflichtige Kinder, wenn ihm und seiner Familie die derzeit noch „bewohnte Logis im Waisenhause [heute Eggloffsteinsches Palais] links vom Eingange bestehend in 2 Stuben, 1 Kammer und 1 Küche unentgeltlich überlassen und noch jährlich 50 fl. für die Aufsicht auf diese Kinder und 25 fl. für Holz" gegeben würden.[6] Der Magistrat fand die „arme bürgerliche, aber redliche Familie" des Strumpfwirkers „bestens geeignet" und befürwortete den Plan und die Bezahlung, denn „die Armuth ist bekanntlich in hiesiger Stadt sehr groß und viele Aeltern sind gezwungen, ihre Kinder zu Hause einzusperren und auswärts ihrem Verdienst nachzugehen".[7] Die Kinder sollten im Winter von 8.00 bis 12.00 Uhr und im Sommer von 6.00 bis 12.00 Uhr, nachmittags jeweils von 14.00 bis 18.00 Uhr beschäftigt werden und bereits Buchstaben und Zahlen lernen. Doch interessierte Eltern blieben aus.[8] Auch auf die am 21. Juni 1833 erfolgte Anfrage der Ansbacher Regierung an alle Magistrate des Rezatkreises über die Anzahl der Kinder in Kleinkinderbewahranstalten, die betreuenden Personen und die Herkunft der finanziellen Mittel meldeten die Stadt Erlangen ebenso wie der Landkreis Fehlanzeige.[9]

„Um einem besonderen Bedürfnis abzuhelfen" eröffneten im November 1838 „Frau Professorin" Auguste Leupoldt und deren Gatte, Medizinalprofessor Johann Michael Leupoldt, zusammen mit dem reformierten Pfarrer Dr. Renaud als Vorstand eine Kleinkinderbewahranstalt für 52 Mädchen.[10] Die Einrichtungskosten von 44 fl. 24 xr und die Kosten für die Beschaffung einer Violine übernahm der Magistrat, die Auslagen für zehn Schober Wolle zu begleichen, weigerte er sich.[11] Ab 1839 wurde allerdings „die Nothwendigkeit und Nützlichkeit einer Kleinkinderbewahranstalt" besonders in Fürth und Erlangen wegen der „vielen Fabrikarbeiter" und der „großen Armut" von der Regierung bekräftigt und ein jährlicher Beitrag von 50 fl. aus dem Kreisfond zugesichert. Die tägliche Beaufsichtigung und Beschäftigung der Mädchen wurde unter Anleitung der Vorsteherin im siebentägigen Wechsel von „12 Jungfrauen

---

[5] Günter Erning / Karl Neumann / Jürgen Reyer (Hg.), Geschichte des Kindergartens, 2 Bde., Freiburg 1987, S. 15.
[6] Stadtarchiv Erlangen (künftig: StadtAE) R.c.5.2.3/4 bzw. 7.B.17.
[7] StadtAE R.c.5.2.3/4.
[8] StadtAE Fach 128/14 (Die Errichtung einer Aufsichtsschule, Kleinkinderbewahranstalt ab 1829).
[9] StAN Reg.v.Mfr. K.d.I. Abg. 1932 Tit. XIII Nr. 968 (Kleinkinderschulen betr. 1828–1839).
[10] Ebd.
[11] StadtAE Fach 128/14 (Die Errichtung einer Aufsichtsschule, Kleinkinderbewahranstalt ab 1829).

der achtbarsten Familien besorgt", die auch monatlich jeweils 1 fl. zum Unterhalt der Anstalt spendeten. Die finanzielle Basis war dennoch zunächst relativ ungesichert, da jährliche Ausgaben in Höhe von 400–500 fl. (Miete, Reinigungslohn, Heizungsholz, Kosten für Licht, Brot, Mittagessen und Spielsachen) dagegen standen. Die Reparaturen und der Ersatz von Spielgeräten, Nadeln und Wolle zum Sticken, Schiefertafeln und Abbildungen etc. sowie eine Gratifikation für Schullehrer Pfeiffer, der den Kindern täglich ein bis zwei Stunden „widmete" waren noch nicht eingerechnet. Die Eltern zahlten wöchentlich 3–6 xr, wohlhabende Bürger gaben Spenden und freiwillige Geschenke. Von vielen Eltern, besonders der Kinder armer Leute, blieb der Beitrag aus. Im ersten Jahr waren die Kinder im Winter in der Nachbarschaft der Anstalt zum Mittagessen verteilt. Über die anfänglich 52 Mädchen hinaus war eine „nicht ganz unbeträchtliche Zahl angemeldet und vorgemerkt", auch Knaben, die man wegen fehlender Mittel noch nicht aufzunehmen wagte. Nach einem Kgl. Regierungsschreiben vom 15. November 1839 waren in ganz Bayern die sogenannten Kleinkinderschulen als Privatanstalten mit erforderlicher obrigkeitlicher Bewilligung zu betrachten.[12] Da die Schulpflicht bereits gesetzlich verankert war, sollten offiziell die Bezeichnung Schulen vermieden und auch keine schulischen Inhalte wie Lesen, Schreiben und Rechnen vermittelt werden. Dem schulischen Unterricht sollte nicht vorgegriffen werden (in der Erlanger Ausfertigung durchgestrichen), Spiele durften aber auch kein bloßes Tändeln darstellen. Körperkräftigung an frischer Luft und Behördenkontrolle durch wiederholte Besuche waren zu gewährleisten. Schullehrer oder -gehilfen mit abgelegter Prüfung durften in Bewahranstalten helfen und sollten dies als Dienstzeit angerechnet bekommen. „Öffentliche Prüfungen, feierliche Aufzüge, Preisvertheilungen sowie überhaupt alles, was Ehrgeiz, Eitelkeit und falsche Selbstliebe erzeugen könnte oder sich sonst nicht mit diesem Kindesalter verträgt, bleibt untersagt".[13]

Die Erziehung sollte dem künftigen Stand des Zöglings angemessen sein und ihn auf spezifische Weise für eine Existenz in der entstehenden Industriegesellschaft vorbereiten. Spiel und Arbeit in der „Kinderschule" hatten somit je nach sozialer Schicht differenzierte Bedeutung. „Der eine soll zu Überfluß und Hoheit, der andere zu Armut und Niedrigkeit erzogen werden. Und doch haben alle von Natur einerlei Anlage, dieselben Neigungen, dieselben Fähigkeiten [...] Daher muß die Erziehung so oft der natürlichen Bestimmung der Kinder entgegenarbeiten, und das ist kein leichtes Geschäft."[14]

Die Kinder der Leupoldtschen Anstalt mussten drei Jahre alt und gesund sein. Auch Kinder ganz armer Eltern und auch unter drei Jahren konnten aufgenommen

---

[12] Die am 15.11.1839 auf Befehl Ludwigs I. durch die Kammer des Innern erlassenen "Allgemeine[n] Bestimmungen die Errichtung und Beaufsichtigung der Kleinkinderbewahranstalten betreffend" sind als erste deutsche gesetzliche Bestimmung zu werten, die jedoch ohne Nachfolge in den übrigen deutschen Bundesstaaten blieb, vgl. Günter Erning, Zur Geschichte des Kindergartenwesens in Bayern – Anfänge öffentlicher Kleinkindererziehung und grundlegende konzeptionelle Debatten, in: 150 Jahre Kindergartenwesen in Bayern. Festschrift anlässlich der 150-Jahrfeier der von König Ludwig I. genehmigten „Bestimmungen, die die Einrichtung von Kinderbewahranstalten betreffen", hg. vom Bayerischen Staatsministerium für Unterricht und Kultus, München 1989, S. 15–29, hier S. 17. Kleinkinderbewahranstalt wurde als Name vorgeschrieben, den Privatinstituten zugeordnet, Bezeichnung „Kleinkinderschule" untersagt.
[13] StadtAE Fach 128/14 (Die Errichtung einer Aufsichtsschule, Kleinkinderbewahranstalt ab 1829).
[14] Ernst Christian Trapp, Versuch einer Pädagogik, Berlin 1780, Nachdruck Paderborn 1978, S. 23, zitiert in: Erning / Neumann / Reyer, Geschichte (wie Anm. 5), Bd. 2, S. 138.

werden, wenn ihr Lebensalter vom Pfarramt, jedoch nicht in Form eines „wirklichen Taufscheines", schriftlich bestätigt wurde; bei Eintritt waren 6 xr Taxe zu entrichten, die ärmeren Leuten erlassen wurden. Jedes Kind hatte einen 6 xr Laib Brot zu Beginn der Woche abzugeben, um sein „10- und 3-Uhr-Brot zu bestreiten". In diesem Fall waren die Eltern nicht mehr gehalten, einen wöchentlichen Beitrag zu entrichten. „Ganz Bedürftige" waren kostenfrei. Als Vorbereitung auf die Elementarschule, vor allem aber auf das spätere Leben, sollten die Kinder so früh wie möglich an „Tugenden wie Pünktlichkeit, Reinlichkeit, Ordnung, Arbeitsamkeit, Gehorsam, Sittsamkeit, Höflichkeit, Aufmerksamkeit etc." gewöhnt werden. Die Kinder waren gewaschen, sauber gekleidet, gekämmt und mit Taschentuch versehen, im Sommer um 7.00 Uhr, im Winter um 8.00 Uhr, außer sonntags, pünktlich zu bringen und vor Einbruch der Nacht wieder abzuholen. Mittagspause war von 12.00 bis 13.00 Uhr. Nur bei Krankheit war ein Fehlen erlaubt, eine Entschuldigung musste am nächsten Tag gebracht werden.

Der Tagesplan in der Leupoldtschen Kleinkinderbewahranstalt begann mit Spielen. Um 9.00 Uhr folgten eine Stunde Gesang, Gebet, Erzählungen aus der biblischen Geschichte oder religiöse Gedächtnisübungen. Die Stunde vor 11.00 Uhr war mit Stricken, „Fleckleinzupfen" oder Einfädeln bunter Leder- oder Zeugstückchen gefüllt und endete mit dem „Vormittagsbrot". Bis 12.00 Uhr spielten die Kleinen im Freien oder im Zimmer, verrichteten abschließend ein Gebet und erhielten ihr Mittagessen. Bis 14.00 Uhr durften sie wieder spielen. Die folgenden zwei Stunden waren abwechselnd je nach Wochentag mit Gesang und Gebet, Wiederholung der Sprüchlein, Lautieren, Zählen, Sprech- und Denkübungen, Naturgeschichte, Erzählen eines Märchens oder Zeichen auf Schiefertafeln gefüllt und endeten mit einer „Brotreichung". Nach 16.00 Uhr vergnügten sich die Kinder im Winter bis 17.00 Uhr im Freien, im Sommer bis 18.00 Uhr, bei schlechtem Wetter mit getrennten Spielsachen für Knaben und Mädchen im Zimmer.[15]

Im Jahre 1846, als erstmals in den „Im Namen seiner Majestät des Königs Ludwig I." eingeforderten Jahresberichten auch nach den Konfessionen der aufgenommenen Kinder gefragt wurde, besuchten 130 Kinder die Anstalt, davon zwei katholische. Die Erziehung sei religiös, schrieb Pfarrer Renaud, jedoch mit „allgemein christlichen Inhalten", auch die Lieder zu Unterrichtsbeginn wie das Gebet, meist der 23. Psalm („Der Herr ist mein Hirte"), erzögen allgemein zur Ehrfurcht vor Gott, darauf könne jeder weitere Religionsunterricht aufbauen.[16] Die Organisation hatte inzwischen der Frauenverein übernommen, der zum größten Teil aus Professorengattinnen bestand. Ausdrücklich wurde in verschiedenen Schreiben nach 1848 auf die schulvorbereitende Aufgabe der Bewahranstalt hingewiesen.

Ab 1851 überwies die Regierung keine Mittel mehr aus dem Kreisfond. Sie forderte sogar den seit mehr als zehn Jahren aus der Schulkasse gezahlten jährlichen Betrag von 50 fl. zurück. Nach anfänglichem Widerspruch und einigen Bittbriefen übernahm der Magistrat der Stadt Erlangen den jährlichen Zuschuss von 50 fl. und erhöhte ihn ab dem Etatsjahr 1863/64 sogar auf 150 fl., weil die „Kleinkinderbewahranstalt der

---

[15] StadtAE Fach 128/14 (Die Errichtung einer Aufsichtsschule, Kleinkinderbewahranstalt ab 1829): Lehrplan für den Bericht an die Regierung v. Mfr. 1846.
[16] StadtAE Fach 128/14 (Die Errichtung einer Aufsichtsschule, Kleinkinderbewahranstalt ab 1829).

Alt- und Neustadt und der Vorstädte" wegen der gestiegenen Armut kaum mehr Geld von den Eltern der circa 150 Kinder erhielt und die Existenz der „Kinderschule" gefährdet gewesen wäre. Auch der Johanniszweigverein gab nun jährlich 100 fl. „in Würdigung des segensreichen Wirkens der Anstalt". Jährlich wurden die Spendernamen und Spenden für die Kinder zu Weihnachten detailliert in den Jahresberichten aufgeführt: Schlüpfer, vier Dutzend Blechtrompeten, Knabenröckchen, Strümpfchen, Knabenschürzchen, Kappen, Taschentücher, Schürzen und Schürzenstoff, Gummiband, Bücher, Bilder, Bilderbogen, Lebkuchen etc.

In mehreren Schreiben warnte die Regierung in Ansbach 1851, dass die in „neuerer Zeit hervorgerufenen Kindergärten vielfach als Pflanzschulen der Demokratie" benutzt würden und dazu dienten, demokratische Ansichten und Ideen dem empfänglichen Gemüte der Jugend einzuimpfen.[17] Dennoch werde weiter empfohlen die Einrichtung herkömmlicher Kinderschulen, besonders auch auf dem platten Lande voranzutreiben. Speziell hinsichtlich der Fröbelkindergärten wurde darauf verwiesen, dass „das Gemeinschädliche solcher Anstalten bekannt" und insbesondere „der Gründung dergleichen Anstalten entgegenzuwirken" sei.[18]

Die evangelische Kirche sah in der beginnenden Industrialisierung Deutschlands um 1850 ihre Kindergärten als Hilfe bei sozialer Not, als Instrument der Inneren Mission, und leitete oft unter Ausklammerung gesellschaftskritischer Momente System stabilisierend und sozialistische Bestrebungen abwehrend zu staatsloyalem Verhalten und zur Anpassung an gegebene Umstände an. Die Fröbelbewegung dagegen favorisierte im Allgemeinen die bürgerliche Frauenbewegung und die sozialdemokratische Arbeiterbewegung.

Als 1891 die zwei verdienten Kinderpflegerinnen und Stricklehrerinnen der Leupoldtschen Kinderschule im hohen Alter von 70 und 79 Jahren mit einer kleinen Altersrente in den Ruhestand gingen, wurden sie von Diakonissen des Augsburger Mutterhauses ersetzt: Damit begann die Arbeit von Diakonissen in Erlanger Kindergärten. Das Domizil in der Oberen Karlstraße 20 war inzwischen für 150 Kinder zu klein geworden; am 20. Juni 1897 wurde das neue Haus in der Raumerstraße 9 eingeweiht. Besonders während des Ersten Weltkrieges war die Zahl der Kinder beträchtlich zurückgegangen, da die Diakonissin zur Verwundetenpflege nach Cambrai abberufen wurde und die bislang ehrenamtlichen Helferinnen wegen bezahlter Tätigkeit in Kriegslazaretten ihren Dienst quittierten. So ließen die Eltern ihre Kinder lieber zu Hause: „Wegen zu wenig Aufsicht wollen wir das Kinderschulgeld sparen".[19] 1917 waren nur noch circa 30 Kinder angemeldet. Arbeiterkinder besuchten die neu eröffnete Spinnereikinderschule in der Äußeren Brucker Straße. 1923 beendeten Prof. D. K. Müller und das Frauenkomitee die Vorstandschaft, die Einrichtung wurde formell

---

[17] In Gleichsetzung Friedrich Fröbels mit dem „sozialistischen" Gedankengut seines Neffen Karl Fröbels hatte die preußische Regierung zwischen 1851 und 1860 Fröbelkindergärten als „Teil des Fröbelschen sozialistischen Systems, das auf Heranbildung der Jugend zum Atheismus berechnet ist" eingestuft und daher verboten. Die evangelische Kirche schloss sich dieser Ansicht im Allgemeinen an, da die ihrer Meinung nach vorhandene Erlösungsbedürftigkeit der verderbten menschlichen Natur in Fröbels freireligiösem Konzept nicht berücksichtigt wurde.
[18] StAN Reg.v.Mfr. K.d.I. Abg. 1932 Tit. XIII Nr. 1760 (Privatanstalten 1879 betr.), Schreiben vom 26.9.1851 und 16.12.1851.
[19] StadtAE Fach 128/14 „Die Errichtung einer Aufsichtsschule, Kleinkinderbewahranstalt ab 1829).

aufgelöst und „das Haus einschließlich Hofraum mit Bäumen, Spielplatz, drei Abtritten und Pissoir für die Knaben an die Kirchengemeinde Erlangen-Neustadt gegen die Verpflichtung abgetreten, die Anstalt so lange wie möglich mitzuführen".[20]

Nach 1918 wurde die Einrichtung weiterhin von einer Diakonissin mit freiwilligen Helferinnen geleitet, Vorstand war der jeweilige Dekan. Von den circa 80 Kindern im Alter von zweieinhalb bis sechs Jahren, die 33 Wochenstunden im Winter (Montag bis Freitag sechs Stunden und Samstag drei Stunden) und 38 Wochenstunden im Sommer die Anstalt besuchten, waren zwei Drittel evangelisch, ein Drittel katholisch. Die Eltern zahlten je nach ihren Verhältnissen pro Kind und Woche zwischen 10 und 20 Pfennige. Zu Weihnachten wurde eine Kleinigkeit beschert, Verköstigung erhielten die Kinder nicht. Die täglichen Anfangszeiten fielen mit denen der Volksschule zusammen, auch die Ferien waren gleich.[21] Regelmäßig fanden Elternabende statt, Höhepunkt war im Juli ein kleines Sommerfest.[22]

Bis sich ab den 60er Jahren des 20. Jahrhundert die gesetzlichen Auflagen mehr und mehr verschärften, verdienten sich unverheiratete Frauen oder „höhere Töchter" mit entsprechender Ausbildung ihren Lebensunterhalt gerne mit privaten Kleinkinderschulen. Am 5. November 1866 erhielt die protestantische Schriftsetzerswitwe Ernestine Fuchs die Erlaubnis des Magistrats, in einem 17 qm großen Zimmer ihrer Wohnung in der Altstadt, Pfarrgasse 12, eine Kleinkinderbewahranstalt, die zweite Erlangens auf Privatinitiative hin, zu eröffnen und die angemeldeten 43 protestantischen und zwei katholischen nichtschulpflichtigen Kinder „in den Elementargegenständen und im Stricken zu unterrichten".[23] Da ein Spielplatz im Freien fehlte, machte sie mit den Kindern bei „hübscher Witterung Spaziergänge zwei und zwei an der Leine, wobei sie im Zug zum Thor hinauswallen". Als sie 1879 die Auflage erhielt, einen größeren Raum zu suchen, wollte sie sich zunächst der Altenpflege widmen, erhielt aber im Juni des gleichen Jahres für ihre Anstalt ein helles geräumiges Zimmer im Erdgeschoß des Redoutenhauses am Geißmarkt (Theaterplatz 1) vom Magistrat zugewiesen, da sie selbst inzwischen einen vierjährigen Sohn und eine elfjährige Tochter besaß. Obwohl ihr Zimmer selbst keinen Wasseranschluss erhalten hatte, waren bei der Verlegung der Wasserleitung im Redoutenhaus ihre „Wände streichwürdig" geworden und ihr drohten 1883 wegen der unhygienischen Verhältnisse ein Ausbruch von Krankheiten und die Schließung der Einrichtung durch die Stadtverwaltung. Da ihr dadurch das Schulgeld von wöchentlich 20 Pfennig je Kind entginge, das sie für ihre zwei eigenen unversorgten Kinder und ihre 83jährige Schwiegermutter dringend benötigte, bat sie als Vorsteherin der Kleinkinderschule für die Altstadt den Stadtrat in Bittbriefen immer wieder um Geld aus der Volksschulkasse zum Streichen der Wände.[24] Die „Schule" war von Montag bis Freitag von 9.00 Uhr bis 11.30 Uhr und von 14.00 Uhr bis 16.00 Uhr mit den Zielen: „theils Beschäftigung, theils Unterrichtsan-

---

[20] Ebd. Vgl. StAN LRA Erlangen Abg. 1956 Nr. 1571 (Kinderbewahranstalten 1846).
[21] StadtAE 563.A.1008.T. I. (Schulwesen Generalia 1815–1905).
[22] StadtAE 563.A.1005 (Gründung, Leitung und Beaufsichtigung von Erziehungs- und Unterrichtsanstalten 1905–1933). Vgl. auch: StadtAE Fach 421/7,10 (Schenksche Stiftung an die Kinderschule in der Raumerstraße).
[23] StAN Reg.v.Mfr. K.d.I. Abg. 1932 Tit. XIII Nr. 1760 (Privatanstalten 1879 betr.).
[24] StadtAE R.121.e.3/5 (Privatinstitute 1873 und 1876, 1877, 1884, 1891).

fänge" geöffnet. Die größeren Knaben übten sich im Lesen von Buchstaben und Zahlen, die Mädchen wurden mit Stricken und Sticken auf grobfädigem Stramin mit bunter Wolle „ohne jede Anstrengung unterhalten".[25] Das Material beschaffte Frau Fuchs selbst. Im Sommer spielten die Kinder auf dem in der Nähe gelegenen Hof des alten Gymnasiums oder sie gingen in den Schlossgarten. Polizeiliche Kontrollen im Auftrage des Stadtrates bemängelten die schlechte Lüftung in den Räumen. Der Obstfrau, die ihren Stand im Durchgang des Redoutenhauses hatte, wurde 1903 untersagt, wie üblich ihr Obst über Nacht im Schulraum zu lagern, da dort Masern ausgebrochen seien. In diesem Jahr hatte die Tochter von Frau Fuchs, Johanna Betz, als Witwe mit achtjährigem Kind die Anstalt übernommen. Die Zahl der Kinder, die 1909 auf 65 gestiegen war, fiel mit Eröffnung des Altstädter Kindergartens 1913 auf 40. Nach Kriegsende 1918 suchte Frau Betz ein neues Gebäude für ihre Kinderschule, doch die Zahl der Kinder sank trotz des Angebotes der unentgeltlichen Quäkerspeisung weiter, so dass die „Fuchs'sche Kinderschule" mit 21 Kindern 1925 aufgelöst werden musste.[26]

Weitere Privatkindergärten für jeweils 20 bis 25 Kinder unterhielten die frühere Lehrerin der Bildungsanstalt für Kleinkinderschulen in Halberstadt, Maria Bickerich, die in der Diakonissenanstalt Dresden geprüfte 24jährige französisch-reformierte Kleinkinderlehrerin Elisabeth Mengin und Irmgard Geißelbrecht, die ebenfalls bei Diakonissen ihre Kindergärtnerinnenausbildung genossen hatte. Ersterer bestand nur zwei Jahre in der Unteren Karlstraße 9, bevor er 1889 aus unbekannten Gründen schloss.[27] Der zweite wurde 1924 im ersten Stock des Hauses von Familie Mengin, Goethestraße 44, eröffnet. Ein dazugehöriger Garten für Spiele im Freien wurde in der Nähe der Gerberei gepachtet. Mit Unterbrechung in den Kriegsjahren bestand der Kindergarten bis 1950.[28] Frau Geißelbrecht unterhielt ihre Einrichtung in ihrer Wohnung, Burgbergstraße 22, ab 1936, bis das Erziehungs- und Unterrichtsgesetz vom 1. April 1960 ein Ende setzte.[29]

Das Anwachsen der katholischen Gemeinde im letzten Viertel des 19. Jahrhunderts durch Zuzug von Neubürgern aus Oberfranken im Zuge der Industrialisierung führte 1888 zur Niederlassung von katholischen Niederbronner Schwestern.[30] 1895 eröffneten sie in der Harfenstraße 21 eine Kinderschule für 50 katholische und 52 protestantische Kinder im Alter zwischen eineinhalb und sechs Jahren.[31] 1908 besuchten bereits 130 meist sehr bedürftige Kinder die Anstalt, deren Zahl zur Weihnachtszeit „hauptsächlich wegen der Weihnachtsbescherung" auf etwa 150 Kinder stieg. Davon blieb die Hälfte aus Armut den Beitrag von 20 Pf. wöchentlich schuldig, nur 20 Kinder erhielten für 70 Pf. in der Woche ein Mittagessen, die anderen wurden nach Hause entlassen.[32] Mit der Eröffnung des Altstädter Kindergartens 1913 verminderte sich die

---

[25] StadtAE 128/14 (Die Errichtung einer Aufsichtsschule, Kleinkinderbewahranstalt ab 1829).
[26] StadtAE 563.A.1005 (Gründung, Leitung und Beaufsichtigung von Erziehungs- und Unterrichtsanstalten) und speziell zur Fuchs'schen Kinderschule: StadtAE 128/15.
[27] StadtAE Fach 128/16 (Errichtung einer Kleinkinderschule durch Maria Bickerich 1887).
[28] StadtAE Fach 128/45k. Als Grund für die Zulassung 1946 ist der vormalige Kindergartenbesuch jüdischer Kinder Erlangens genannt.
[29] StadtAE Fach 128/45w.
[30] Alfred Wendehorst, Erlangen. Geschichte der Stadt, München 1984, S. 158.
[31] StadtAE Fach 421/7,10 (Löwenichsche Stiftung an die Kinderschule der Niederbronner Schwestern).
[32] StadtAE 563.A.1008.T. I (Schulwesen Generalia 1815–1905).

Besucherzahl hauptsächlich um die Protestanten auf circa 70, die Zahl der Kinder, die wegen des angemessenen Preises wegen der Berufstätigkeit ihrer Mütter zu Mittag verköstigt wurden, erhöhte sich in den Kriegsjahren jedoch auf über 50. Da die Kinderschule ohne Ferien täglich von 6.00 Uhr vormittags, samstags ab 5.30 Uhr, bis abends 19.00 Uhr geöffnet war, wurde sie besonders von berufstätigen Eltern beansprucht. Aus Mangel an Mitteln fehlten über die Grundausstattung hinausgehendes Spielzeug und die Einrichtung eines Spielplatzes.[33] Erst 1930 wurde der neu strukturierte „Volkskindergarten"[34] durch den Ankauf des Nachbargrundstückes erweitert, seit 1969 untersteht die Einrichtung, heute Kindergarten mit Kinderhort, der Kirchenstiftung Herz-Jesu.

Mit der Berufstätigkeit beider Elternteile war Ende des 19. Jahrhunderts auch der Bedarf an Betreuungsmöglichkeiten für Säuglinge und Kleinstkinder gestiegen. 1908 richtete der Vorstand eines eigens gegründeten Krippenvereins, Kaufmann Konrad Gebhard, Nürnbergerstraße 26, zusätzlich zu der bereits am 18. Juni 1884 vom Frauenverein ins Leben gerufenen Krippe im Hinterhaus der Loschgestraße 9 eine Krippenanstalt mit Kost und Pflege für circa 40 Kleinkinder ein, die bis 1937 bestand.[35] 1913 hatte sich die Zahl der Säuglinge, die von zwei Diakonissen mit Helferinnen gepflegt wurden, schon nahezu verdoppelt. Die ärztliche Betreuung übernahm die nahe Kinderklinik. Bezuschusst wurde die Einrichtung aus Einnahmen des Krippenvereins, aus Erlösen des Glückshafens der Kirchweih und während der Kriegszeit vom Kriegsfürsorgekomiteé und aus Stiftungsgeldern.

1898 eröffnete die Pfarrfrau Lydia Preu in einem umgebauten Zimmer im ersten Stock des neu erbauten zweiten Pfarrhauses der Altstadt, Harfenstraße 18, für 30 Kinder einen Fröbelkindergarten[36], in welchem für einen monatlichen Beitrag von drei Mark die Kinder von 9.00 Uhr bis 12.00 Uhr und von 14.00 Uhr bis 16.00 Uhr mit Tafeln, Papier und durch Spielen mit Kugeln, Walzen, Würfeln, Bausteinen und Stäbchen der Sinn für Farbenzusammenstellung und das Anschauungsvermögen der Kinder gefördert werden sollten. Frau Preu griff neben der Idee Fröbels noch den Ansatz der Spiel- und Warteschulen um 1800 auf, die auch Kinder des gehobenen Bürgertums stundenweise beanspruchten, damit die Mütter ihren Aufgaben als Gattin und Hausfrau nachkommen konnten.[37] Für Arbeiterkinder war die nur stundenweise Betreuung wenig hilfreich und zu teuer. 1908 wurde wegen Erkrankung von Frau Preu die Weiterführung des Kindergartens durch den Verein Frauenwohl, maßgeblich durch die Gattinnen der Universitätsprofessoren Kiesselbach und Varnhagen, organisiert, bis

---

[33] StadtAE Fach 421/7,7. Nach der Regierungs-Verordnung vom 10.5.1905 über „Gründung, Leitung und Beaufsichtigung von Erziehungs- und Unterrichtsanstalten" musste jährlich ein Bericht über Lehrpersonal und dessen Qualifikation, Zahl, Alter und Konfession der Schüler, Art der Beschäftigung, Ferien, Gesundheitszustand, Schulfeierlichkeiten und Verbesserung der Einrichtung vorgelegt werden.

[34] Volkskindergarten bezeichnete man die Vereinigung des Fröbelschen Kindergartens mit der herkömmlichen Bewahranstalt. Volkskindergärten mussten von 7.00 Uhr bis 19.00 Uhr geöffnet sein, d. h. an die Arbeitszeiten und Bedürfnisse der unteren Volksschichten angepasst, und befanden sich meist in Stadtteilen mit zahlreicher Arbeiterbevölkerung. Vgl. Alois Fellner, Der Kindergarten, Wien 1906, S. 158.

[35] StadtAE Fach 128/21 und StadtAE Fach 421, 7.

[36] Siehe Anm. 16 und 17 (Fröbelkindergarten).

[37] StadtAE Fach 128/18 (Fröbelkindergarten).

am 25. Februar 1913 auf Betreiben von Kommerzienrat Zucker[38] und Kirchenrat Sperl im Rahmen der Inneren Mission und aus Zuschüssen der „Luitpold-Jubiläumsspende für Jugendfürsorge" eine Kinderschule mit dazugehörigem Garten für Spiele an der Bayreuther Str. 11 eröffnet wurde.[39] Nun übernahmen die Leitung und die Betreuung von circa 100 evangelischen, katholischen und jüdischen Kindern mit möglicher Tagesverpflegung zwei Diakonissen aus Neuendettelsau.

Ebenfalls auf Betreiben eines industriellen Unternehmens entstand 1911 der Betriebskindergarten der Baumwollspinnerei an der Äußeren Brucker Straße 144. Sechs katholische Niederbronner Ordensschwestern betreuten in einer Art Tageskinderheim circa 20 Säuglinge, 100 Kleinkinder und auch Schulkinder von Spinnereiarbeiterinnen. Durch bauliche Erweiterung bot das Heim, das 1981 als Kindergarten mit Hort von der Stadt übernommen wurde, schließlich circa 230 Kindern Platz.

1928 erwarb der Gemeinschaftsverband Hensolthöher Diakonissen, Luitpoldstraße 7/II, das Anwesen Bismarckstr. 19, um dort befindliche leere Fabrikräume für einen Kindergarten umzubauen. Nach Fertigstellung war er vormittags ab 9.00 Uhr für drei Stunden und nachmittags ab 14.00 Uhr für zwei Stunden geöffnet und Samstagnachmittag geschlossen. Der anfängliche Beitrag von fünf Mark wöchentlich wurde später auf vier Mark gesenkt. Mittagessen wurde nur in Ausnahmefällen gereicht. Weil der Kindergarten nur „von 30–40 Kindern aus gut und bestsituierten Familien besucht" war, zählte ihn die Stadt nicht zu den „sozialen Einrichtungen mit finanziellem Förderbedarf". Die Kinder wurden im Fröbelschen Sinne beschäftigt: Freispiel, Rhythmik, Kreis-, Bewegungs- und Fingerspiele, Singen, Erzählen und andere schulische Grundfertigkeiten. Schwergewicht wurde auf die Förderung sozialen Denkens gelegt. Nach dem Krieg besuchten 70 bis 80 Kinder die heute noch bestehende Einrichtung.[40]

Als sich die Stadt Erlangen ab 1918 nach Süden ausdehnte, wo besonders kinderreiche Familien Wohnungen fanden, war auch dort der Bedarf von außerfamiliärer Kinderbetreuung gegeben. Aus „finanziellem Interesse der Stadtverwaltung" erhielten 1928 die Niederbronner Schwestern den Auftrag, eine „neuzeitliche, nicht eng konfessionell geführte Kinderschule" als Filiale ihrer Einrichtung Harfenstraße in einem stadteigenen neu errichteten Gebäude mit Spielplatz in der Franckestraße 4 ½ zu führen. Nach dem Modell eines modernen „Volkskindergartens" für 40–50 Kinder wurden die Elternhäuser in den Erziehungsauftrag einbezogen. Pro Jahr fanden fünf „Mütterabende" statt: „Es ließ sich dabei gar zwanglos und gemütlich über unsere Kinder plaudern und mancher gute Rat wurde erteilt und mancher Weg zum Herzen der Mütter unserer Kinder gebahnt und somit auch zum Herzen des Volkes".[41]

Um konfessionelle Gleichheit im Stadtsüden zu wahren, bot die Kommune der evangelischen Kirche der Erlanger Neustadt an, in der Rathenaustraße 15 eine Kinderschule und -krippe mit angeschlossenem Waisenhaus 1931 einzurichten, die bis 1972 Neuendettelsauer Diakonissen leiteten. Circa 40 Kinder besuchten das Kinderheim und knapp 90 die Kinderschule. Da nach 1945 vornehmlich „Siemenskinder"

---

[38] Zucker & Co AG. Portefeuillefabrik, Schreibwaren und Kartonagen an der Bayreuther Straße 1907 mit ca. 500 Beschäftigten.
[39] StadtAE Fach 421/7,7 und StadtAE 128/14 (Die Errichtung einer Aufsichtsschule, Kleinkinderbewahranstalt ab 1829).
[40] StadtAE Fach 128/45s.
[41] StadtAE Fach 128/45qu (Kindergarten Franckestraße).

Aufnahme fanden, gaben die Siemens-Schuckert-Werke 1955 beträchtliche Zuschüsse zum Erweiterungsbau.[42]

Für 250 neu entstandene Wohnungen der Buckenhofer Siedlung im Stadtosten wurde 1942 von der NS-Volkswohlfahrt (NSV) eine Baracke für einen Kindergarten auf dem Gelände der Siemens-Reiniger-Werke zur Verfügung gestellt, die 1947 durch einen festen Bau ersetzt wurde.[43]

1939 war per Regierungsschreiben mit dem Zwangsabtretungsgesetz vom 16. März der Abbau klösterlicher und bekenntnismäßig geführter Einrichtungen, auch Kinderbewahranstalten, gefordert worden. Kinder sollten nicht durch Einrichtungen beeinflusst werden, die der Einheit von Klassen, Parteien und Konfessionen als tragender Kraft des nationalsozialistischen Staates entgegenstünden, bereits im Kindergarten sollte „in der Staatjugend die Bereitschaft für das nationalsozialistische Reich geweckt" werden.[44] Daher sollten sie sukzessive vom Staat übernommen und ihre Räume der NSV zur Verfügung gestellt werden. Gegen die Schließung des Kindergartens Raumerstraße am 15. September 1941 legte das Evangelische Pfarramt Neustadt in einer Unterschriftenaktion erfolgreich Widerspruch ein, die Bearbeitung der Beschwerde wurde laut Schreiben des Regierungspräsidenten von Mittelfranken bis „nach dem Krieg" zurückgestellt, „von der Übernahme der konfessionellen Kindergärten [ist] Abstand zu nehmen".[45] Bis auf den katholischen Kindergarten in der Franckestraße, der bereits 1935 von der NSDAP für Zwecke der Hitler-Jugend als BDM-Heim für Mädchen beschlagnahmt und an dessen Stelle 1936 der katholische Kindergarten in der Luitpoldstraße 9 (heute St. Martin) eingerichtet wurde, betrieben alle Kirchengemeinden ihre Kindergärten ohne Unterbrechung über die NS-Zeit hinweg.[46] Dem Führerkult des Nationalsozialismus huldigten sie mehr oder weniger begeistert. Die Weihnachtsfeier, bis 1933 oft die einzige Festlichkeit im Kindergartenjahreslauf, wurde durch weitere Höhepunkte ergänzt. Am Sonntag um den Frühlingsanfang fand in der Jahn-Turnhalle für die beiden Kindergärten Harfen- und Franckestraße ein Frühlingsfest statt. „Als ganz besonderer Freudentag für die Kinder galt doch die Vorfeier zum Führergeburtstag und des Nationalfeiertags, der im Kindergarten abgehalten wurde und zu dem verschiedene Knaben als Pimpfe in Uniform erschienen und Gedichte auf unseren Führer vorgetragen haben."[47] 1942 wurde diese Feier sogar von vaterländischen Liedern umrahmt. Als soziale Geste besonderer Art besuchten während der Kriegsjahre die Kindergartenkinder aus der Bismarckstraße Verwundete im Prinzregenten-, Kollegien- und Germanenhause.

---

[42] StadtAE Fach 128/45r.

[43] StadtAE Fach 128/53.

[44] In Erlangen waren davon das ev. Kinderheim mit Kindergarten in der Horst-Wessel-Str. 15 (heute Rathenaustr.), die ev. Kleinkinderschule Erlangen Altstadt, Bayreutherstr. 11, die ev. Kleinkinderschule Raumerstr. 9, der ev. Kindergarten des Hensolthöher Gemeinschaftsverbandes, Bismarckstr. 19, der kath. Kindergarten mit Kinderheim der Niederbronner Schwestern, Harfenstr. 21 und der kath. Kindergarten der Niederbronner Schwestern, Luitpoldstr. 9, betroffen.

[45] StadtAE 563.A.1005 (Gründung, Leitung und Beaufsichtigung von Erziehungs- und Unterrichtsanstalten). Auch: StadtAE Fach 128/14 und 14a.

[46] 1969 ging der Kindergarten in die Kirchenstiftung St. Bonifaz über.

[47] StadtAE 563.A.1005 (Gründung, Leitung und Beaufsichtigung von Erziehungs- und Unterrichtsanstalten). Auch: StadtAE Fach 128/20.

Der einzige im Dritten Reich eingerichtete NSV-Kindergarten befand sich an den Werkern im ehemaligen Gasthaus, an der Windmühle 1. Wegen der dortigen großen Kinderzahl und der kriegsbedingten Berufstätigkeit der Mütter war er 1941 ganztägig für 30 Kinder eröffnet, dann aber 1945 vom evangelischen Kinderschulverein Altstadt übernommen und unter der Leitung einer Diakonisse bis zum Herbst 1951 weitergeführt worden.[48] Das Mobiliar erhielten als Spende der Stadt die 130 Kinder im 1951 neu erbauten Kindergarten Löhehaus an der Drausnickstraße.

Mit der Ausweitung der Stadt in der zweiten Hälfte des 20. Jahrhunderts und der Eingliederung von sechs Nachbargemeinden im Zuge der Gebietsreform 1972 erhöhte sich die Zahl der Kindergärten besonders unter kommunaler Trägerschaft.[49] Heute stehen den Erlanger Familien knapp 50 Kindergärten (Kindertagesstätten), davon circa 25 Prozent unter kommunaler und 75 Prozent unter freier, kirchlicher und anderer Trägerschaft zur Verfügung.

Die Kindergartenpädagogik nach dem Zweiten Weltkrieg knüpfte an altbewährte pädagogische Konzepte aus der Weimarer Zeit an und war durch das Spannungsverhältnis zwischen sozialpolitisch motivierter Fürsorge und sozialpädagogisch motivierter Förderung geprägt.[50] In ihrer Funktion waren die Einrichtungen wie in der ersten Hälfte des 19. Jahrhunderts gegen drohende Verwahrlosung der Kinder gerichtet, wenn Mütter aus ökonomischer Not erwerbstätig sein mussten und weil man durch außerfamiliäre Erziehungsangebote die öffentlichen Ausgaben für Armen- und Kinderfürsorge begrenzen wollte. Mit Art. 6 (2) des Grundgesetzes war der Kindergarten allerdings nur ein die Familie ergänzendes, freiwillig anzunehmendes Erziehungsangebot der öffentlichen Hand. Bildungspolitische Aufgaben, wie sie die Schule hatte, wurden nicht angestrebt. Ein hohes Maß an Lenkung und Steuerung durch die Erzieherinnen und weitgehende Einheitlichkeit im organisatorischen Ablauf des Kindergartenalltages dominierten, während Sprach- und Denkübungen, Gespräche, Rollenspiele, rhythmische Bewegungsübungen und auch Lehrwanderungen oder Betriebsbesichtigungen die Ausnahme bildeten. Außer dem Fröbelschen Lernspiel-Ansatz und der Bildung von Vorschulgruppen, in denen die Kinder von der Spiel- zur Arbeitshaltung gebracht werden sollten, führten viele Kindergärten noch bis in die 90er Jahre des 20. Jahrhundert die Tradition der Bewahranstalten fort und bewiesen sich auch unter dem Aspekt der Eindrucksarmut in der Familie als kindgemäßer Lebensraum. Dazu gehörte, weder der Schule vor-, noch ihr zuarbeiten zu wollen.

Für einen Teil der Eltern hatte indessen ab den 60er Jahren des 20. Jahrhunderts die Suche nach alternativen Bildungseinrichtungen begonnen. In ihren Augen hielten die hergebrachten Formen frühkindlicher Erziehung der Forderung nach Chancengleichheit und Demokratisierung nicht mehr stand. Mit dem Anspruch der Überwindung autoritärer Strukturen fokussierte die Studentenbewegung die Reform des gesamten Erziehungswesens. Wohngemeinschaften und Kinderläden übernahmen den Erziehungsauftrag autonomer Eltern. In die Konzepte antiautoritärer Pädagogik mit der Forderung nach freier Entscheidungsmöglichkeit der Kinder flossen auch psychoanalytische und gesellschaftskritische Pläne des beginnenden 20. Jahrhunderts ein (Vera

---

[48] StadtAE Fach 128/26 und 128/45sp; Erlanger Tagblatt v. 16.10.1941.
[49] StadtAE Fach 128/65.
[50] Erning / Neumann / Reyer, Geschichte (wie Anm. 5), Bd. 1, S. 94.

Schmidt, Siegfried Bernfeld, Wilhelm Reich, Edwin Hörnle, Alexander Neill).[51] Dieser Versuch, die Trennung privat-familiärer und öffentlich angebotener Kindererziehung zu überwinden, stieß zwar in der breiten Öffentlichkeit auf Ablehnung, bewirkte aber eine Sensibilisierung für das Problem autoritärer Strukturen. In modernen Kommunal- und Stadtteilprojekten (Kindersprechstunden, Kinderbeauftragte, Kinderparlamenten) mit dem Ziel einer Umwelt- und Friedenserziehung zur Humanisierung der Kinderwelt und in Konzeptionen wie Waldkindergärten, Elterninitiativen, Waldorf- oder Montessori- Kindergärten lebten und leben Formen alternativer Pädagogik auf und fort. Die Eltern werden nicht mehr wie beim Volkskindergarten alter Prägung ausschließlich als Adressaten professioneller Erziehungsmuster, sondern in ihrer praktischen Mitarbeit als Partner und Mitwirkende bei den Aktivitäten des Kindergartens gesehen.[52] So empfiehlt auch der Bayerische Bildungs- und Erziehungsplan 2005 (BEP) den Aufbau einer Erziehungspartnerschaft mit den Eltern unter verstärkter Einbeziehung der Väter.[53] Kindertageseinrichtungen sollen zu Familien- und Kommunikationszentren ausgebaut werden, in denen bürgerschaftliches Engagement, Erfahrungsaustausch, wechselseitige Unterstützung, besonders unter Einbindung von Migranten- und sozial benachteiligten Familien, gepflegt werden.[54]

Die über 100 Jahre lang immer wieder geforderte Zuordnung des Kindergartens als Elementarstufe des Bildungssystems – von Diesterweg in der ersten Hälfte des 19. Jahrhunderts bis zur Reformpädagogik der Weimarer Zeit – hatte sich nicht durchsetzen können. Das Reichsjugendwohlfahrtsgesetz (RJWG) vom 9. Juli 1922 beendete die in der Reichsschulkonferenz 1920 neu entbrannte Debatte um ein obligatorisches Vorschuljahr als unterste Stufe der Volksschule, beziehungsweise um Schulkindergärten für noch nicht schulfähige Kinder.[55] Es stellte sicher, dass die Jugendämter, beziehungsweise die Kommunen nach dem Subsidiaritätsprinzip Einrichtungen für die „Wohlfahrt der Kleinkinder" bereitstellen mussten, wenn private Träger wie Kirchen etc. dazu nicht in der Lage waren. Kindergärten sind ebenso wie ihre modernen Nachfolgeinstitutionen, die Kindertageseinrichtungen, ein für Eltern freiwilliges, mit Elternbeiträgen finanziertes Angebot.[56] Kostenfreiheit sei wünschenswert, aber illusorisch, erklärte Gerd Landsberg, Geschäftsführendes Präsidialmitglied des Deutschen Städte- und Gemeindebundes (DStGB), auf die Forderung von Familienministerin von der Leyen am 16. Januar 2006. Angesichts der dramatischen Finanzsituation der Kommunen gebe es keinen Spielraum für eine Abschaffung oder Senkung der Gebühren.

Seit 1996 haben alle Eltern für ihre Kinder ab drei Jahren einen Rechtsanspruch auf einen Kindergartenplatz, der Preis dafür waren oft genug große Gruppen, gesenkte Qualitätsstandards und geringer qualifizierte Mitarbeiter. Die Ausbildung der Kinder-

---

[51] Ebd.
[52] Bayerisches Kinderbildungs- und -betreuungsgesetz (künftig: BayKiBiG) v. 15.7.2005, Art. 14.
[53] Bayerischer Bildungs- und Erziehungsplan (künftig: BEP), November 2005, S. 93 und S. 440.
[54] BEP 2005, S. 441.
[55] Zwischen 1964 und 2006 waren einzelnen Erlanger Grundschulen Schulkindergärten angegliedert, um schulpflichtigen Kindern Ruhe zum Ausreifen verzögerter Entwicklung zu bieten, nicht um fünfjährigen Kindern generell den Übergang in die Grundschule zu gestalten.
[56] Sozialgesetzbuch, Achtes Buch, Kinder- und Jugendhilfe (SGB VIII) v. 26.6.1990, §22 (2); Bayerisches Kinderbildungs- und -betreuungsgesetz (BayKiBiG) v. 15.7.2005, Art. 4 (1) und Art. 14..

gärtnerinnen als Allround- Expertinnen für Sozialarbeit, die in Bayern zu 75 Prozent in konfessionellen, zu 25 Prozent in kommunalen Fachakademien für Sozialpädagogik mit hauswirtschaftlich-pflegerischem Charakter stattfindet, erschwert die in der Berufspraxis geforderte Vermittlung von Bildungszielen. So ist ausdrückliches Ziel des fast 500 Seiten starken, mit sehr viel Aufwand erstellten Bayerischen Bildungs- und Erziehungsplanes 2005, den Trägern und dem pädagogischen Personal einen nicht verpflichtenden Orientierungsrahmen und Anregungen in der Hoffnung auf Umsetzung zu geben:[57] „Er wirkt so gut, wie er umgesetzt wird."[58] Das gemeinsame Studium von Erzieherinnen und Lehrern würde den Graben zwischen Kindergarten und Schule schließen. Reformen könnten so weitgehend über die an Modellversuchen beteiligten Einrichtungen hinausgehen. Kindertageseinrichtungen haben nach wie vor zwar einen von den Eltern übertragenen Erziehungs- und Bildungsauftrag, die Eltern können sich zusammen mit dem pädagogischen Personal an der konzeptionellen Ausrichtung der pädagogischen Arbeit beteiligen. Die Verabschiedung der gemeinsam erarbeiteten Konzeption liegt jedoch in der Hand des Trägers.[59]

Mit Beginn einer restaurativen Phase ab 1980 waren auf kognitive Frühförderung ausgerichtete Konzepte hinter die Vermittlung sozialer Kompetenz zurückgetreten, der Staat hatte sich in der Folgezeit noch mehr aus der Reformpolitik zurückgezogen und den freien Trägern weitere Entscheidungsgewalt im Bereich der Frühpädagogik überlassen. Erst der Pisa-Schock zu Beginn des 21. Jahrhunderts hatte gezeigt, in welch hohem Maße die Bedeutung der Zeit vor Schuleintritt unterschätzt wurde.[60] So fordert heute die Unternehmensberatung McKinsey Kindergartenpflicht für alle Kleinkinder, und die Bertelsmann Stiftung empfiehlt Zweisprachigkeit, mathematische und naturwissenschaftliche Grunderfahrungen und Medienkompetenz für unter Dreijährige.[61]

Wegen des eingetretenen Geburtenrückgangs sind Kinder vor allem auch dem Staat kostbar geworden: „Bildung von Anfang an ist im Interesse der Kinder, aber auch der Gesellschaft. Bildung ist der Schlüssel zum Lebenserfolg. Von ihr hängen die Zukunftschancen des Landes ab".[62] Bundesregierung und Länder sehen in Kindertagesstätten Bildungsinstitutionen für pflichtmäßige Sprachförderung. Bei allen Kindern, mit und ohne Migrationshintergrund, soll mit Hilfe kompensatorischer Erziehungsmodelle, lebensweltorientierter Arbeitskonzepte und Werteerziehung späterer Arbeitslosigkeit und Kriminalisierung vorgebeugt werden, wie Familienministerin von der Leyen am 24. April 2006 äußerte: „Wenn wir nicht anfangen, unseren Kindern bestimmte Werte in der Erziehung mitzugeben, dann nehmen wir ihnen später große Chancen. Denn wer innerlich gefestigt ist, hat es leichter im Leben; Werte geben auch

---

[57] BEP 2005 (wie Anm. 53), S. 37.
[58] Ebd., Vorwort der Bayerischen Sozialministerin für Arbeit und Sozialordnung, Familie und Frauen, Christa Stewens, S. 9.
[59] Ebd., S. 446.
[60] Presse- und Informationsamt der Bundesregierung, Pisa-Bericht zur Lage von Migrantenkindern, v. 9.5.2006.
[61] klein&groß H 10 (2002), Beltz-Verlag Weinheim, „Früh investieren statt reparieren. Wie McKinsey unser Bildungssystem retten will". Auch: Projekt der Bertelsmannstiftung, Gütersloh, 6.4.2006: „Kinder früher fördern. Integration fängt spätestens im Kindergarten an".
[62] BEP 2005 (wie Anm. 53), S. 28.

in schweren Zeiten Orientierung. […] Wir alle beklagen doch in regelmäßigen Abständen die Orientierungslosigkeit bei Jugendlichen. Wir sehen Kinder, die nicht wissen, wohin mit innerer Leere und Wut, und die gewalttätig werden. Wir beklagen dann den Werteverfall, aber irgendwann muss man die Frage stellen, wo die Wurzeln liegen."[63]

---

[63] Interview mit „Spiegel" am 24.4.2006.

Claudia Thoben

„Notorische Straßendirnen" im Visier der Polizei. Bruchstücke weiblicher Lebensläufe im Nürnberg des ausgehenden 19. Jahrhunderts

Ein polizeilicher Bericht aus dem Jahr 1888 beschreibt eine Gruppe von nicht in Nürnberg beheimateten Frauen, die sich „aller Mittel entblößt" beschäftigungslos „herumtreiben" und der Gewerbsunzucht nachgingen, weshalb sie wiederholt ins Visier der Polizei geraten waren.[1] Bei seinen Befragungen gewann der zuständige Polizeiinstruent Braun Einblick in individuelle Schicksale. „Geringe Fehltritte", „rohe Behandlung" oder „Abneigung" hätten diese Frauen häufig aus dem Elternhaus, Not und Müßiggang sie dann in die Prostitution getrieben. Zu den Aufgaben Brauns zählte, die Frauen entweder auf ihr eigenes Verlangen oder auf behördlichen Beschluss hin unter sittenpolizeiliche Aufsicht zu stellen und in die „Prostitutionsliste" einzuschreiben. Daraufhin waren die Frauen verpflichtet, rigide Verhaltensvorschriften einzuhalten, um der Strafverfolgung zu entgehen.

Indem Braun die Motivation der Frauen hinterfragte und Gemeinsamkeiten in den Lebensschicksalen aufspürte, unterschied sich seine Perspektive deutlich von der seiner Vorgesetzten. In der Regel war bis zur Jahrhundertwende bei den kommunalen Entscheidungsträgern weder ein tiefer gehendes Interesse an der Frage nach dem individuellen „Warum" der Prostitutionsausübung vorhanden, noch wurde gar über amtliche Hilfestellung nachgedacht, die die Beseitigung der Ursachen für die Prostitution eingeschlossen hätte.

Dass die Prostitution eine Konsequenz niedriger Frauenlöhne und mangelnden Einkommens war, stand allerdings für den Nürnberger Polizeisenat bei seinen Entscheidungen in Bezug auf die Verhängung der sittenpolizeilichen Aufsicht außer Frage. Die finanzielle Situation der betroffenen Frauen wurde vielmehr in der Regel geprüft, weil die Höhe des Verdienstes als Indikator dafür galt, ob das augenblickliche Überleben ohne Ausübung der Prostitution überhaupt gesichert war. Als eine Frau im Juni 1899 um Aufhebung der über sie verhängten sittenpolizeilichen Kontrolle bat und dies vom Polizeisenat abgelehnt wurde[2], nahm die sozialdemokratische Presse dies zum Anlass, die „göttliche" und „freisinnige" Weltordnung dieses städtischen Organs kritisch zu hinterfragen: „Ein grelles Schlaglicht auf die Grundursache der sittlichen Verkommenheit mancher gefallenen Frau warf ein kleiner Vorgang in der gestrigen Polizeisenatssitzung. Ein unter sittenpolizeilicher Kontrolle stehendes Mädchen bittet um Aufhebung der Maßregel, da sie Arbeit gefunden habe und sich bessern wolle. Herr Bürgermeister Jäger fragt: Wo arbeitet das Mädchen? Der Referent nennt die Fabrik. Herr Bürgermeister Jäger: Da werden so miserable Löhne gezahlt, daß ein Mädchen schon einen festen Charakter haben muß, um nicht zu fallen. Deshalb empfiehlt sich die Aufhebung der Kontrolle nicht u.s.w. – Stimmt auffallend, Herr Bürgermeister. Noth und Hunger treiben meistens diese Mädchen den zahlungsfähigen Lüstlingen in die

---
[1] Vgl. Bericht Brauns vom 15.6.1888, in: Stadtarchiv Nürnberg (künftig: StadtAN) C7/I Nr. 11296, fol.321.
[2] Vgl. Sitzungsprotokoll vom 28.6.1899, in: StadtAN C7/IX Nr. 847.

Arme, dem Laster in den Rachen."³ Deutlich wird an diesem Beispiel, dass die überwiegende Mehrheit der Quellen über Prostituierte keine Selbst-, sondern Fremdzeugnisse darstellen, die Ergebnis gefilterter Wahrnehmung sind. Während die sozialdemokratische Presse das Thema aufgriff, um die von liberalen Kräften dominierten städtischen Gremien anzugreifen, weil sie der sozialen Problematik in der nordbayerischen Industriemetropole tatenlos auswichen, verfolgte die Polizeibehörde sicherheits-, gesundheits- und ordnungspolizeiliche Motive bei der Überwachung mitteloser Frauen, die in Verdacht standen, der Gewerbsunzucht nachzugehen.

Hunderte von Dossiers entstanden im ausgehenden 19. und frühen 20. Jahrhundert über Männer und Frauen, die sich der Bettelei, Landstreicherei, Unterkommenslosigkeit, Gewerbsunzucht, weiterer Übertretungsdelikte und meist kleinkrimineller Handlungen verdächtig beziehungsweise schuldig gemacht hatten.⁴ Diese archivalisch erhaltenen Dossiers sind stark von der polizeilichen Ermittlungsrationalität geprägt. Nur wenn die Betroffenen durch ihr Verhalten auffielen und deshalb mit Behörden und bürokratisch organisierten Institutionen in Berührung kamen und ein Vorfall, ein Ermittlungsergebnis oder eine Aussage schriftlich zu fixieren war, wurde die Fallakte weitergeführt. Aus der Lebensrealität der Betroffenen wurde extrahiert, was aus der obrigkeitlichen Perspektive und für die Begründung von Zwangseingriffen bedeutsam erschien. Indem die archivalischen Quellen über die „notorischen Straßendirnen" sich folglich vorwiegend aus Sequenzen behördlicher Maßregelung zusammensetzen, ist ein Lebenslauf überliefert, der sich zwangsläufig als delinquent darstellt – als Abfolge von Polizeiverhören und -ermittlungen, Unterkommensaufträgen, Strafanzeigen, Ausweisungen, Verurteilungen, Aufenthalten im Gefängnis, Arbeitshaus und Krankenhaus. Die Versuchung ist groß, Phänomene als exemplarisch für Prostituierte zu bewerten, die wiederholt Anlass zu Akteneinträgen gaben, und einen typischen Lebensweg und Kreislauf von Erwerbslosigkeit, Straffälligkeit, Obdachlosigkeit und Krankheit zu formulieren. Doch zwischen den Akteneinträgen bleiben Monate, selbst Jahre im Dunkeln, die nur durch Interpolationen und Mutmaßungen gefüllt werden könnten. Vielleicht hatten die Frauen einen festen Arbeitsplatz mit ausreichendem Verdienst? Vielleicht wurden sie von ihrer Familie oder einem festen Lebenspartner unterstützt? Vielleicht hatten sie durch zunehmende Erfahrung einen Weg gefunden, für längere Zeit polizeilich unentdeckt zu bleiben?

Die Sichtweise der Frauen ist in den Dossiers nachgeordnet. Festgehalten wurde, wenn Frauen „bei Amt" erschienen, um eine Aussage zu machen, sich zu rechtfertigen oder behördliche Maßnahmen abzustreifen oder abzuwenden. In den Akten ist die Mehrzahl dieser Aussagen, Gesuche und Beschwerden nur indirekt mit den einleitenden Worten: „es erscheint die [...] bei Amt und erklärt, daß [...]" protokolliert. Aussagen sind in eine Schriftsprache der Verwaltung übersetzt und dadurch überformt und auch zensiert. Umso wertvoller für die historische Analyse sind die wenigen überlieferten schriftlichen Eingaben. Die hier vorzustellenden, aus den Akten geborgenen Bruchstücke von Erklärungen und Rechtfertigungen der betroffenen Frauen gestatten

---

³ Fränkische Tagespost vom 29.6.1899, Nr.149. Jäger war zu diesem Zeitpunkt dritter Bürgermeister.

⁴ Diese Dossiers finden sich im Nürnberger Stadtarchiv unter den Titeln „Aufsicht auf Bettler, Landstreicher und Diebe" und „Aufsicht auf liederliche und unter Polizeiaufsicht gestellte Personen": StadtAN C7/I Nr. 3152–4102 und 11337–11979a.

einen seltenen Einblick in weibliche Lebensläufe, die sonst „stumm" bleiben. In Ansätzen erfahren wir etwas über Lebenserfahrungen und -entwürfe, über Motive für die Prostitutionsausübung und Handlungsspielräume von Frauen vorwiegend der unteren sozialen Schichten. Diese Zeugnisse sollen als aussagekräftige Schnittpunkte struktureller und vor allem materieller Zwänge und Möglichkeiten weiblicher Lebensentwürfe mit dem Einzelschicksal verstanden werden. Wie nahmen die Frauen ihre Lebenssituation und ihr Verhalten wahr? Wie beurteilten sie selbst ihr sexuelles Verhalten? Die vorgebrachten Argumente waren wohl abgewogen und in der Absicht vorgetragen, sich möglichst positiv darzustellen und unangenehme Sachverhalte zu kaschieren. Ergiebiger ist in diesen Fällen weniger die Frage danach, wie es tatsächlich gewesen ist, sondern nach der subjektiven Wahrheit der Behörden einerseits und der Betroffenen andererseits.

Babetta Reinhardt wurde 1884 polizeilich überwacht, weil man ihren Lohn bei einem Schuhmacher als zu gering für einen „soliden" Lebenswandel einschätzte. Bei ihrer polizeilichen Vernehmung gab sie folgende Erklärung ab: „Ich bin seit 3 Wochen für Schuhmacher Kaeferlein beschäftigt und verdiene dort per Woche 4 M 60 dl; Für 24 Stück Holzsocken bekomme ich 1 M. 60 dl. bezahlt. Gegenwärtig stockt das Geschäft, so daß ich in voriger Woche keine Arbeit hatte. Bei meiner Mutter würde ich mich gerne aufhalten, wenn sie mich nicht fortwährend beschimpfen u. meine begangenen Fehltritte vorwerfen thäte."[5] Der Schuhmacher sagte am nächsten Tag aus, dass er die Arbeiterin nicht in größerem Umgang beschäftigen könne, auch deshalb, weil sie keine feinere Arbeit zu fertigen verstehe.[6] Als Babetta Reinhardt im Mai 1885 unter sittenpolizeiliche Aufsicht gestellt wurde, protestierte sie vergeblich. Im November gab sie an, nicht zur obligatorischen ärztlichen Untersuchung erscheinen zu können, weil sie seit 14 Tagen bei einem Spiel- und Kartonagewarenfabrikanten tätig sei und dort wöchentlich acht Mark verdiene. Die Aufsicht über die wieder bei ihrer Mutter wohnende Frau wurde daraufhin aufgehoben. Eineinhalb Jahre später erhielt sie bei einem Buchbinder wöchentlich sieben Mark und bekräftigte bei einer abermaligen polizeilichen Befragung: „und habe sohin nicht nöthig, mir meinen Lebensunterhalt auf unsittliche Weise zu verschaffen."[7] Als sie später mehrmals ohne Arbeit aufgegriffen wurde und eine Nachbarin zu Protokoll gab, dass Babetta in ihrer Wohnung häufig Herren empfinge, verhängte man im Januar 1889 erneut die sittenpolizeiliche Kontrolle über sie. Nach einem wechselvollen Leben im Gefängnis, im Arbeitshaus, in einer Anstalt, aber auch nach Phasen festen Erwerbs und einer festen Partnerschaft stellte sie im August 1906 ein nochmaliges Gesuch um Aufhebung der Kontrolle, das positiv beschieden wurde: „Möchte es dem hochlöbl. Polizei-Senat nicht gefallen, mich von der sittenpolizeilichen Kontrolle zu befreien? Ich bin dieses Lebenspfades herzlich müde, und suche mein Brot und Lebensunterhalt auf ehrliche Weise durch meiner Hände Werk zu verdienen." Seit einem Vierteljahr sei sie in einem Geschäft mit einem Wochenverdienst von 10,20 Mark beschäftigt „und habe nicht mehr nötig, diesen Weg des Lasters weiter fort zu führen, denn ich werde auch älter."[8]

[5] Protokoll vom 8.12.1884, in: StadtAN C7/I Nr. 11437. Sämtliche Namen von betroffenen Frauen sind pseudonymisiert.
[6] Protokoll vom 8.12.1884, in: StadtAN C7/I Nr. 11437.
[7] Protokoll vom 17.5.1886, in: StadtAN C7/I Nr. 11437.
[8] Gesuch vom 13.8.1906, in: StadtAN C7/I Nr. 11437.

Eine vergleichbare Argumentation findet sich in einem Protokoll vom 3. September 1895. Margaretha Möhrlein wandte sich im Alter von 44 Jahren an die Nürnberger Polizeibehörde mit der Bitte um Aufhebung der Sittenkontrolle. Sie habe sich seit eineinhalb Jahren nichts mehr zu Schulden kommen lassen und verdiene ihren Unterhalt durch Nähen, Stricken und die Beaufsichtigung eines Kindes, wofür sie wöchentlich drei Mark erhalte. Weiterhin werde sie von ihrem „Liebhaber" unterstützt, einem Maurer, der wöchentlich 25 Mark verdiene und sie heiraten wolle.[9] Auch die 39-jährige Katharina Michel bezog sich in ihrem Gesuch vom 6. November 1890 auf ihren „Liebhaber", mit dem sie seit einem Jahr zusammenlebe. Durch die Herstellung von Zahn- und Nagelreinigern verdienten sie 20 Mark wöchentlich. Deshalb „habe ich durchaus nicht nöthig, mir wie früher, meinen Unterhalt durch Unzucht zu verschaffen."[10] Seit über einem Jahr sei sie nicht mehr von der Polizei aufgegriffen worden, was wohl auch darin begründet sei, dass ihr Lebenspartner nicht dulde, dass sie abends ausgehe.

Die Beteuerung, eine Arbeitsstelle zu besitzen oder wieder von den Eltern aufgenommen zu sein, einen festen Partner und Heiratspläne zu haben oder einen Beruf zu erlernen, wurden gezielt als Argumente eingesetzt, um von der Sittenkontrolle befreit zu werden. Sie übe seit langer Zeit keine Gewerbsunzucht mehr aus und „habe ich dies auch nicht nötig, da ich zum Teil von meiner Mutter erhalten werde, zum Teil mich selbst durch Heimarbeiten ernähre"[11], schrieb eine Frau an die Regierung von Mittelfranken. Eine Mutter begleitete die Tochter zur Polizeibehörde, um deren Versprechen, nun einen „ordentlichen" Lebenswandel zu führen, mehr Gewicht zu verleihen. Diese Unterstützung und die Wiederaufnahme ins Elternhaus verschwieg die Tochter jedoch später, als sie, wieder die Prostitution ausübend, an den Bürgermeister schrieb und sich als „ein armes, gefallenes Mädchen" darstellte, das zwar noch Vater und Mutter habe, „doch diese haben mich meinem Elende preißgegeben, den[n] nach dem ersten Fehltritte haben Sie mich verstoßen, und so fiel ich der Sünde immer mehr in die Arme, bis ich schließlich dem Gesetze verfallen war. Ich kam unter Controle und von der Zeit an war mein Ruin vollendet. Ich sank von Stufe zu Stufe, bis ich endlich meine Lebenskräfte erlahmen fühlte und ich krank und siech darnieder lag."[12] In einer Beschwerde vom April 1904 äußerte eine andere Frau, dass die Aufrechterhaltung der Sittenkontrolle ihre Existenz vernichten könne, indem sie keine Arbeit mehr erhalte, jedermann sie verachte und sie gezwungen sei, „wenn ich nicht verhungern will, abermals mein Leben durch Sitten-Verderbung zu fristen." Sie habe nun Arbeit bei einer Blattgoldschlägerei gefunden, bei der sie zwölf Mark wöchentlich verdiene, „und habe nicht mehr nötig, diese schiefe Bahn zu betreten."[13]

---

[9] Vgl. Protokoll vom 3.9.1895, in: StadtAN C7/I Nr. 11363.

[10] Gesuch vom 6.11.1890, in: StadtAN C7/I Nr. 11357.

[11] Beschwerde gegen die Unterstellung unter sittenpolizeiliche Aufsicht durch Polizeisenatsbeschluss vom 21.9.1898, in: Staatsarchiv Nürnberg (künftig: StAN), Akten der Regierung von Mittelfranken, Kammer des Innern, Abgabe 1968, Tit. XII, Nr. 4. Weitere Beispiele solcher Argumentation finden sich in: StadtAN C7/I Nr. 11402 und 11414.

[12] Brief an Bürgermeister Stromer vom Oktober 1887, in: StadtAN C7/I Nr. 11433.

[13] Beschwerde vom 7.4.1904, in: StAN, Akten der Regierung von Mittelfranken, Kammer des Innern, Abgabe 1968, Tit. XII, Nr. 4.

Durch diese überlieferten Bruchstücke erhalten wir wertvolle Hinweise auf die prekäre finanzielle Situation lediger Arbeiterinnen, vor allem wenn ihnen der familiäre Rückhalt fehlte. Soweit die sehr mageren Quellen und statistisches Material über weibliche Erwerbstätigkeit im letzten Drittel des 19. Jahrhunderts Aussagen überhaupt zulassen, waren die von den sittenpolizeilich überwachten Frauen genannten Tätigkeiten damals typisch weibliche Erwerbsmöglichkeiten. In den Lebensläufen begegnen uns häufig Betriebe aus in Nürnberg weit verbreiteten Industriezweigen. Nürnbergs Wirtschaftsleben war durch die Metallverarbeitung (Spiel- und Metallwarenherstellung, Fabrikation von Drähten und Drahtgespinsten, Metallschlägerei), Herstellung von Kurzwaren (vor allem Spiel- und Holzwaren), die Nahrungs- und Genussmittelindustrie (vor allem Lebkuchen- und Süßwarenindustrie sowie Tabakfabrikation), das Baugewerbe, die chemische Industrie (vor allem Zündwarenherstellung) und später die Elektroindustrie geprägt.[14] Für rund die Hälfte der erwerbstätigen Nürnbergerinnen waren Industriebetriebe und davon wiederum fast die Hälfte die Fabriken für Kurz-, Knopf- und Spielwaren, für Stahlfedern, Näh- und Stecknadeln die Hauptarbeitgeber.[15] Dies zeigten auch die Ergebnisse der Reichs-Enquête von 1874/75, der ersten Zählung von Arbeiterinnen überhaupt.[16] An zweiter Stelle stand mit 20 Prozent der beschäftigten Frauen die Tabak-, Zigarren- und Zigarettenfabrikation, an dritter Stelle die Fabrikation von Kartonagen, Pappe und Papierprodukten mit 10 Prozent. Mit Nürnbergs Entwicklung zu einem Zentrum der Hochindustrialisierung in Bayern hatten sich die Erwerbsbedingungen für Frauen enorm verändert. War 1871 ein Viertel aller Frauen erwerbstätig, stieg diese Quote bis 1907 auf ein Drittel an. Nach den der Reichs-Enquête folgenden Berufszählungen, denen erstmalig einheitliche Erhebungs- und Gruppierungsmaßstäbe zugrunde lagen, waren in Nürnberg 1882 5.969 Frauen, 1895 10.738 und 1907 25.601 Frauen in der Industrie beschäftigt, was einem Anwachsen des weiblichen Anteils an den dort Beschäftigten von 22,1 auf 27,2 Prozent entsprach, der deutlich über dem bayerischen und dem deutschen Durchschnittswert lag und den Charakter Nürnbergs als Industriestadt unterstreicht.[17] Grundsätzlich galt für alle Mädchen aus der Arbeiterschaft, dass sie sich spätestens nach der Entlassung aus der Schule möglichst schnell einen Verdienst suchen mussten und nur eine geringe Chance auf eine Lehrstelle oder andere qualifizierende Berufsausbildung hatten. In nur 59 von 256 durch „Fabrikinspektoren" aufgesuchten Betrieben mit weiblichen Arbeitern waren Ende der 1880er Jahre die Frauen an Maschinen

---

[14] Vgl. zum Nürnberger Wirtschaftsleben mit weiterführender Literatur: Rudolf Endres / Martina Fleischmann, Nürnbergs Weg in die Moderne. Wirtschaft, Politik und Gesellschaft im 19. und 20. Jahrhundert, Nürnberg 1996.

[15] Vgl. zur beruflichen Gliederung: Karl Schwab, Verschiebungen der beruflichen Gliederung in der Bevölkerung Nürnbergs von 1852 bis 1907, Phil. Diss. Erlangen 1914.

[16] Vgl. StadtAN C7/I Nr. 12497, fol. 67 und Ergebnisse der über die Frauen- und Kinder-Arbeit in den Fabriken auf Beschluß des Bundesraths angestellten Erhebungen, zusammengestellt im Reichskanzler-Amt, Berlin 1877, Tabelle 1, S. 100.

[17] In Bayern waren 1882 102.017, 1895 156.267 und 1907 215.366 Frauen in der Industrie beschäftigt, was einem Anwachsen des weiblichen Anteils von 16,2 auf 19,1 und schließlich 21,1 % entsprach. Vgl. dazu Elisabeth Plössl, Weibliche Arbeit in Familie und Betrieb. Bayerische Arbeiterfrauen 1870–1914 (Miscellanea Bavarica Monacensia. Dissertationen zur Bayerischen Landes- und Münchner Stadtgeschichte 119), München 1983, S. 145.

eingesetzt, in den übrigen mit Handarbeit beschäftigt.[18] Frauen wurden dort bevorzugt, wo es auf Fingerfertigkeit und Geschicklichkeit ankam oder gleichförmige Tätigkeitsabläufe anfielen, die un- und angelernte Kräfte erledigen konnten, zum Beispiel Zählen, Wiegen, Säubern, Sortieren und Verpacken.[19] Die Arbeitszeit betrug in den meisten Betrieben 10 bis 12 Stunden bei einer Sechs-Tage-Woche.[20]

Neben der Kurzwarenfabrikation war die Spielwarenindustrie eine weibliche Domäne, in der etliche Frauen, die der Polizei als Gelegenheitsprostituierte bekannt waren, zum Beispiel als Zinnfigurenmalerin oder Lackiererin arbeiteten. Die zumeist in Heimarbeit von Frauen ausgeübten Tätigkeiten waren das Bemalen der Figuren und die Herstellung von Pappschachteln, während die Frauen in den Fabriken zum Gießen, Putzen, Zählen und Verpacken der Figuren eingesetzt wurden. Eine geübte Heimarbeiterin konnte mit dem Bemalen von Zinn- und Bleifiguren trotz bis zu 17-stündiger Tagesarbeit höchstens fünf bis sechs Mark in der Woche verdienen, wobei sie Farben, Öle, Lack, Spiritus und Pinsel aus eigener Tasche bezahlen musste. Dennoch bestand nach Auskunft eines zeitgenössischen Arbeitgebers kein Mangel an Arbeitskräften, höchstens an qualifiziertem Personal. In der Fabrik konnten Frauen auf einen Wochenlohn von sechs bis acht Mark kommen, eine geschickte Gießerin auf zehn bis zwölf Mark. Die schlechte Entlohnung der Frauenarbeit war bewusste Geschäftsstrategie, wie ein für den Nürnberger Magistrat Ende der 1880er Jahre verfasster Bericht eines Arbeitgebers unumwunden zugibt: „Beruht ja ein großer Teil unserer deutschen Spielwaren-Industrie lediglich auf der Billigkeit der weiblichen Arbeitskraft"[21]. Ein anderer zeitgenössischer Kenner dieser Branche unterstrich, dass das „Zinnmalen" als einzige Einnahmequelle kaum zum Leben ausreichen könne.[22] In der Bleistiftfabrikation wurde vorwiegend die Polierarbeit von Frauen in Heimarbeit, in der Schwanhäußerschen Fabrik auch an der Poliermaschine verrichtet. In der Fabrikation wurden Frauen außerdem zum Leimen, Stempeln mit Firmen- und Fabrikzeichen, Zusammenbinden und Verpacken der Bleistifte eingesetzt. Die Nürnberger Bleistiftfabriken beschäftigten 1895 etwa zu 40 Prozent Frauen, deren Lohn laut Eduard Schwanhäußer pro Tag 1,20 Mark durchschnittlich betrug.[23] Aus der oben beschriebenen Gruppe bezeichnete sich eine Straßenprostituierte als Poliererin, eine andere gab 1878 bei der Polizei an, das Bleistiftpolieren lernen zu wollen, zwei weitere waren in den Akten als Bleistiftarbeiterinnen bezeichnet.[24] Eine bedeutende Rolle spielte in Nürnberg die Pinsel- und Bürstenherstellung. Beim Pinselmacher Huttlinger in der

---

[18] Vgl. Bruno Schoenlank, Zur Lage der arbeitenden Klasse in Bayern. Eine volkswirthschaftliche Skizze, Nürnberg 1887, S. 37.

[19] Vgl. Plössl, Weibliche Arbeit (wie Anm.17), S. 152 ff.

[20] Vgl. StadtAN C7/I Nr. 12497, fol. 68; Schoenlank, Zur Lage der arbeitenden Klasse (wie Anm.18), S.45f.

[21] Schreiben vom 31.10.1889 von Wilh. Heinrichsen an den Magistrat Nürnberg, in: StadtAN C7/I Nr. 12806, fol. 108.

[22] Vgl. Wilhelm Uhlfelder, Die Zinnmalerinnen in Nürnberg und Fürth. Eine wirtschaftliche Studie über die Heimarbeit, in: Verein für Socialpolitik (Hg.), Hausindustrie und Heimarbeit in Deutschland und Österreich (1), Süddeutschland und Schlesien (Schriften des Vereins für Socialpolitik LXXXIV), Leipzig 1899, S. 155–189, hier S. 180 ff.

[23] Vgl. Eduard Schwanhäußer, Die Nürnberger Bleistiftindustrie von ihren ersten Anfängen bis zur Gegenwart, Diss. Greifswald 1893, S. 127 und S. 147 f.

[24] Vgl. StadtAN C7/I Nr. 4098, 11365, 11375 und 11400.

Langen Zeile war 1878 und 1879 eine der wegen Straßenprostitution polizeilich überwachten Frauen als Pinselmacherin eingestellt.[25] In Buchbindereien waren Frauen vor allem mit Heften und Falzen beschäftigt, in der Druck- und Papierindustrie auch mit dem körperlich sehr anstrengenden Einlegen der Bogen in die laufenden Druckmaschinen. Die Angabe „Papp- oder Kartonagearbeiterin" findet sich häufiger in den behördlichen Lebensläufen von Prostituierten. Nachweislich waren drei der Straßenprostituierten entweder zur selben Zeit oder zumindest zeitlich sehr dicht beieinander liegend bei derselben Arbeitgeberin tätig und eventuell miteinander befreundet.[26] Eine andere fand zunächst Unterkommen in einer Steindruckerei, die sich auf Abziehbilder und Luxuspapier spezialisiert hatte. Nachdem sie der Arbeit ferngeblieben war, weil sie eine gerichtliche Strafe zu verbüßen hatte, wurde sie nicht wieder beschäftigt.[27] Eine Domäne der Frauen war die Tabakindustrie. 1875 bestanden in Nürnberg 32 Tabakfabriken mit 422 Beschäftigten. Frauen entrippten den angefeuchteten Tabak, fertigten die so genannten Wickel an und verpackten die Zigarren. Zwei Straßenprostituierte waren Arbeiterinnen in der Schwarzschen Tabakfabrik, die 1812 gegründet worden war und überregionale Bedeutung besaß.[28] Die qualifizierten und gut bezahlten Tätigkeiten des Rollens und Sortierens blieben zunächst den Männern vorbehalten. Im allgemeinen waren die Löhne in der Tabakfabrikation sehr gut und erlaubten den Frauen ein besseres Leben, was oft mit Putz- und Vergnügungssucht gleichgesetzt wurde. Der Berichterstatter der Reichs-Enquête wusste: „Von einigen Seiten wird freilich auch betont, daß diese Mißstände weniger ihren Grund in der Art und Weise der Beschäftigung, als darin haben, daß die Theilnahme an diesem Industriezweige für nicht recht anständig gelte, und daß gefallene Mädchen, sittlich schon gesunkene Individuen, dieser jederzeit abzubrechenden und wieder aufzunehmenden Arbeit mit Vorliebe sich unterziehen".[29] Auch weil die Wickelmacherin vom männlichen Roller entlohnt und damit von ihm abhängig war, stand die Tabakindustrie in dem Ruf, die „Unsittlichkeit" zu fördern. Sexuellen Übergriffen von Kollegen, Vorgesetzten, Hausherren und deren Söhnen waren Frauen auch in anderen Betrieben und Haushalten ausgesetzt. In Nürnberg war 1899 bei Erhebungen des Arbeitersekretariats in Steindruckereien aufgedeckt worden, dass in einem Betrieb „Mädchen" zur Prostitution verleitet wurden.[30]

Auch dass in Nürnberg unterschiedlichste kleine Handwerksbetriebe und Händler die Wirtschaftsstruktur mit prägten, spiegelt sich in den Lebensläufen der hier vorgestellten Frauen wider, wobei aber die Art der ausgeübten Tätigkeit zumeist im Unklaren bleibt. Weitere Arbeitgeber der hier vorgestellten Frauen waren ein Schuhmacher, ein Laugenhändler, ein Kranzbinder, ein Portefeuiller, eine Goldengelmacherin, ein Knopffabrikant, ein Zinkgießer, ein Zigarren- und ein Specksteingeschäft.[31] Häufig genannt wurden diverse Näh- und Strickarbeiten, zum Beispiel das Nähen von Filz-

---

[25] Vgl. StadtAN C7/I Nr. 11365.
[26] Vgl. StadtAN C7/I Nr. 11357, 11362 und 11374. Beschäftigung bei Kartonagefabrikanten hatten noch drei weitere Straßenprostituierte (StadtAN C7/I Nr. 11400, 11414 und 11437).
[27] Vgl. StadtAN C7/I Nr. 11425.
[28] Vgl. StadtAN C7/I Nr. 11362, 11357 und auch 11363. Vgl. Endres, Nürnbergs Weg (wie Anm. 14), S. 39.
[29] Ergebnisse Frauen- und Kinderarbeit (wie Anm. 16), S. 46. Vgl. auch S. 65.
[30] Vgl. 5. Jahresbericht des Arbeiter-Sekretariates Nürnberg. Geschäftsjahr 1899, Nürnberg 1900, S. 39.
[31] Vgl. StadtAN C7/I Nr. 3303, 11357, 11363, 11365, 11414 und 11437.

socken, Säcken oder Kleidung, was auch in Heimarbeit geschah.[32] Saisonale Arbeit fand eine Frau bei der Hopfenlese in Hersbruck.[33] Weitere Tätigkeiten waren die einer Dienstmagd beziehungsweise eines Dienstmädchens, Haushälterin, Zuspringerin, Friseuse, Büglerin, Wäscherin und der Dienst in einer Gastwirtschaft.[34]

Eine 1897 unter Federführung des Arbeitersekretariats durchgeführte Untersuchung erfasste die Lohnverhältnisse von 585 Arbeiterinnen. Der Durchschnittslohn betrug für Pinselarbeiterinnen 9 Mark, Bleistiftarbeiterinnen 6,50 Mark, Lackiererinnen 7,50 Mark, Zigarrenmacherinnen 8,50 Mark und Papparbeiterinnen 6,50 Mark.[35] Helene Grünberg wies in einem Artikel in „Die Gleichheit" auf Nürnberger Wochenlöhne zwischen 6 und 9 Mark in der Mehrzahl hin, nur in wenigen Fällen liege er über 10 Mark. „Auf die Siegespalme der Hungerkünstlerinnen" hätten die Kartonagearbeiterinnen mit Wochenlöhnen von 3,50 bis 6 Mark Anspruch.[36] Auch in der Bürstenmacherei, in Buchbindereien, Wäschebetrieben, Reißzeug-, Zuckerwaren-, Oblaten- und Zelluloidfabriken sowie in der Damen- und Wäschekonfektion würden minimale Löhne bei langen Arbeitszeiten bezahlt und oft noch Strafabzüge vorgenommen. Vor allem bei Frauen, die Stücklohn erhielten, schwankte der Verdienst extrem. Kunigunde Hübner lieferte 1882 in der Woche nur für 1,50 Mark Arbeit ab. Einen ähnlich niedrigen Verdienst von 1,60 Mark hatte Babetta Reinhardt im Dezember 1884.[37] Wie mit solchen Wochenlöhnen die Existenz gesichert werden konnte, ist aus heutiger Perspektive kaum nachvollziehbar.

Tatsächlich urteilt die Nürnberger sozialdemokratische Presse: „Eine Arbeiterin mit 2, 4, 6 M Wochenlohn, was ist das, was bedeutet das? Das heißt in den meisten Fällen: Zwang zur Prostitution, denn selbst das niedrigste Maß der allernothwendigsten Bedürfnisse, des Vegetirens kargste Nothdurft kann doch ein solcher Verdienst nicht decken. Nach des Tages Last und Mühen, nach der aufreibenden Thätigkeit in der Fabrik, in der Werkstatt muß die fleißige, ehrliche Arbeiterin, sofern sie nicht Angehörige hat, bei denen sie Kost und Logis umsonst oder doch halb umsonst bekommt, wenn sie nicht dem Hunger preisgegeben sein will, auf andere Hilfsmittel sinnen. Und was bleibt ihr übrig? Unter 100 Fällen 99mal die Straße."[38] Bereits im Sommer 1875 hatte die damals noch unter dem Titel „Nürnberg-Fürther Social-Demokrat" erscheinende Zeitung die Ausbeutung von Arbeiterinnen thematisiert. Vorgesetzten und Fabrikbesitzern wurde vorgeworfen, ihre Arbeiterinnen zu zwingen, ihnen sexuell gefügig zu sein, oder wenn sie sich über den niedrigen Lohn beklagten, auf das so genannte Partiegeld, das heißt auf die finanzielle Unterstützung eines Mannes, zu verwei-

---

[32] Vgl. StadtAN C7/I Nr. 3252: Im Juli 1882 betrieb diese Frau ein Gewerbe als Weißnäherin und im März 1883 hatte sie nach eigenen Angaben einen Mindestverdienst von 7 Mark in der Woche durch das Nähen von Filzsocken. Vgl. weiterhin StadtAN C7/I Nr. 11363, 11365, 11375, 11414 und 11425.

[33] StadtAN C7/I Nr. 11375.

[34] Vgl. StadtAN C7/I Nr. 3271, 3298, 4089, 11362, 11365, 11375,11400 und 11437.

[35] Vgl. Arbeiter-Sekretariat, Lohn-, Arbeits- u. Wohnverhältnisse der Arbeiter Nürnbergs. Aufgenommen vom 15. Juni bis 10. Juli 1897, Nürnberg 1898, S. 31.

[36] Helene Grünberg, Lohn- und Arbeitsverhältnisse der Nürnberger Arbeiterinnen, in: Die Gleichheit. Zeitschrift für die Interessen der Arbeiterinnen 15, 1905, Nr. 23, S. 133–134, hier S. 134.

[37] Vgl. StadtAN C7/I Nr. 11362 und 11437.

[38] Fränkische Tagespost vom 21.6.1886.

sen.³⁹ „Müde an Körper und Geist schleppen sie ihre Tage dahin"⁴⁰, so beschrieb 1905 Helene Grünberg die 22.000 Nürnberger Arbeiterinnen. An der Grenze zur „Hungerskur" bewege sich vielfach deren Ernährung. Ein warmes Mittagessen würden viele trotz anstrengender Arbeit kaum kennen, Kaffee und Brot seien die Hauptnahrung. „Eine Arbeiterin, die sich besser nährt, kommt leicht in den Ruf, ihre paar Pfennige nicht zusammenzuhalten."⁴¹ Die im Jahr 1897 vom Arbeitersekretariat befragten ledigen Frauen zahlten zwischen 5,67 und 7,20 Mark Miete monatlich, was im Extremfall fast ein Drittel des Lohnes darstellte.⁴² Aufgrund der Wohnungsnot waren die vor allem von karitativen Vereinen angebotenen Unterkünfte trotz der damit verbundenen Auflagen sehr begehrt. Der Mietpreis im Hofgebäude des Marthahauses, das vom „Verein für Innere Mission" unterhalten wurde, betrug 1899 für ältere Dienstboten monatlich 5 bis 6 Mark.⁴³ Das vom „Marianischen Mädchenschutzverein" ab Mai 1910 unterhaltene Marienheim verlangte für den „Dritten Tisch", der für Dienstmädchen und Arbeiterinnen bei längerem Aufenthalt gedacht war, pro Woche für die Verpflegung 4,80 Mark und ein „Schlafgeld" von 2 Mark.⁴⁴ Dies zeigt, dass der geringe Wochenlohn vieler Arbeiterinnen, wenn überhaupt, nur für die grundlegenden Bedürfnisse ausreichte.

Auffallend bei allen hier vorgestellten Frauen ist, dass sie häufig den Arbeitsplatz und die Berufssparte wechselten. Neben der ungenügenden Bezahlung ist dies ein grundsätzliches Charakteristikum weiblicher Berufstätigkeit im 19. Jahrhundert. In vielen Industriezweigen mit hohem weiblichem Beschäftigungsanteil, wie zum Beispiel in der Spielwarenherstellung, Lebkuchenfabrikation oder Bekleidungsindustrie, war eine saisonale Arbeitslosigkeit Normalität und stellte das Hauptproblem dar.⁴⁵ Auch bestand in der Regel kein Kündigungsschutz, oder er wurde nicht eingehalten. Sabine Richebächer spricht aufgrund der Auswertung autobiographischer Zeugnisse von „ganzen Odysseen durch Fabrik- und Heimarbeit"⁴⁶, die bedingt waren durch Umzug der Eltern, Aussicht auf mehr Verdienst und vor allem Unzufriedenheit mit dem bestehenden Arbeitsverhältnis. Häufig blieb beim Wechsel des Arbeitsplatzes die Art der ja unspezifischen Tätigkeit, zum Beispiel Verpacken oder Polieren, die gleiche. Die Polizeibehörde interessierte sich bei der Prüfung des Verdienstes als Kriterium, ob die sittenpolizeiliche Aufsicht verhängt werden sollte, weder dafür, ob und welche Anstrengungen eine Frau unternommen hatte, eine Arbeitsstelle zu bekom-

---

³⁹ Vgl. Nürnberg-Fürther Social-Demokrat vom 19.8.1875 und vom 21.10.1875: „Die Frauenarbeit mit ihren heutigen Löhnen ist nur ein Deckmantel der Prostitution und sie muß nothwendig dazu führen, da der gesunde Menschenverstand sagt, daß keine Frau, kein Mädchen mit einem Lohne von 50 Pfennig – 1 M sich kleiden, sattessen und wohnen kann."
⁴⁰ Grünberg, Lohn- und Arbeitsverhältnisse (wie Anm. 36), S. 133.
⁴¹ Ebd., S. 134.
⁴² Vgl. Arbeiter-Sekretariat, Lohn-, Arbeits- u. Wohnverhältnisse (wie Anm. 35), S. 41. Nur eine Frau, die allerdings auch mehr als 15 Mark verdiente, bezahlte 13 Mark Miete.
⁴³ Vgl. (Heinrich) Scholler, Geschichte des Vereins für Innere Mission in Nürnberg 1885–1910, in: Der Verein für Innere Mission in Nürnberg e.V. in den ersten fünfundzwanzig Jahren seines Bestehens. 1885–1910, Nürnberg 1910, S. 2–21, hier S. 5.
⁴⁴ Vgl. Handzettel, in: StadtAN E6/302 Nr. 1.
⁴⁵ Vgl. Plössl, Weibliche Arbeit (wie Anm. 17), S. 182 f.
⁴⁶ Sabine Richebächer, Uns fehlt nur eine Kleinigkeit. Deutsche proletarische Frauenbewegung 1890–1914, Frankfurt a.M. 1982, S. 57.

men, noch dafür, warum sie diese verloren oder aufgegeben hatte. Der polizeiliche Vermerk in der Akte einer Metalleinlegerin, dass sie ihre Arbeit „ohne allen Grund" verlassen habe, stellt bereits eine Ausnahme dar.[47] Arbeitslosigkeit wurde nicht als strukturelles Problem, sondern individuelles Schicksal behandelt. Dementsprechend war auch ihre statistische Erfassung völlig ungenügend.[48]

Die Armenpflege blieb für in Not geratene Frauen neben der karitativen und privaten Hilfe eine der letzten Alternativen, war jedoch in Bayern an das Heimatrecht gekoppelt. Bevor unselbständige Personen, das heißt Dienstboten und andere Personen ohne eigenen Hausstand, Anspruch auf das Heimatrecht erwarben, mussten sie sich mindestens zehn Jahre ständig in der betreffenden Gemeinde aufgehalten und durften in dieser Zeit keinen Antrag auf Armenunterstützung gestellt haben.[49] Gerade an einer Geschlechtskrankheit leidende Personen wurden zur Mitte des Jahrhunderts erst dann behandelt, wenn sie nachweisen konnten, wer die Kosten übernahm. Im widrigen Fall wurden sie in ihren Heimatort „verschubt".[50] Während der Nürnberger Kranken-Sicherungsverband an der Deckung der Kosten interessiert war, wollten manche Heimatgemeinden diese Kosten gar nicht erst entstehen lassen. Die Gemeinde Wassertrüdingen forderte den Nürnberger Magistrat auf, eine wegen „Syphilis" ins Krankenhaus eingelieferte „vermögenslose äußerst liederliche Person so bald, als nur möglich, und wo es thunlich, sogleich per Schub, oder sonst geeignete Weise auf der Eisenbahn anher liefern lassen zu wollen."[51] Ob die junge Frau danach in Wassertrüdingen behandelt wurde, bleibt offen. In Nürnberg trug zum Beispiel die Armenpflege im Jahr 1900 für 14 Frauen die Kosten für eine Krankenhausbehandlung aufgrund von Geschlechtskrankheiten, 1904 für 11 und 1907 für 13 Frauen.[52] Nachweislich zwei Frauen aus der hier vorgestellten Gruppe erhielten vom Armenpflegschaftsrat, der für die offene Armenpflege zuständig war, Kleidung und Schuhe zugewiesen. So erhielt Maria Lehmann, bevor sie im Herbst 1876 ins Arbeitshaus St. Georgen bei Bayreuth eingeliefert wurde, Jacke, Oberrock, Hemd, Schuhe und Strümpfe.[53] Neben der Übernahme der Kosten für eine notwendige ärztliche Behandlung und Ausstattung mit Kleidung wurden Frauen auch mit Naturalien (unter anderem durch die Suppenanstalt) oder kleinen Barmitteln unterstützt oder es wurden Mietkosten übernommen. Die städtische Armenpflege war bis zu ihrer grundlegenden Neuorganisation nach dem Ersten Weltkrieg mit zwei Problemen konfrontiert: Einerseits hatte die Zahl der Armenpflegschaftsräte, die jeweils für die Bedürftigen eines bestimmten Bezirks zuständig waren, mit dem Bevölkerungswachstum nicht Schritt gehalten, andererseits waren

---

[47] Vgl. StadtAN C7/I Nr. 11357.

[48] Vgl. Gabriele Bussmann-Strelow, Kommunale Politik im Sozialstaat. Nürnberger Wohlfahrtspflege in der Weimarer Republik (Nürnberger Werkstücke zur Stadt- und Landesgeschichte 58), Nürnberg 1997, S. 43 ff.

[49] Vgl. zu diesem Gesetz und seinen Härten: Hugo Eckert, Liberal- oder Sozialdemokratie. Frühgeschichte der Nürnberger Arbeiterbewegung (Industrielle Welt. Schriftenreihe des Arbeitskreises für moderne Sozialgeschichte 9), Stuttgart 1968. Das in den anderen Ländern des Deutschen Reiches geltende Unterstützungswohnsitzgesetz trat in Bayern am 1.1.1916 in Kraft, wonach demjenigen Armenunterstützung gewährt werden konnte, der sich zwei Jahre in der entsprechenden Gemeinde aufgehalten hatte.

[50] Vgl. Beschluss vom 26.5.1864, in: StadtAN C23/I Kh Allg. Nr. 117.

[51] Schreiben vom 9.5.1864, in: StadtAN C23/I Kh Allg. Nr. 117.

[52] Vgl. Verwaltungsbericht der Stadt Nürnberg 1900, S. 469; Verwaltungsbericht der Stadt Nürnberg 1904, S. 434; Verwaltungsbericht der Stadt Nürnberg 1907, S. 442.

[53] Vgl. StadtAN C7/I Nr. 11375 und 11362.

die Zahl der Bedürftigen und damit die Kosten gestiegen. Die Zahlen der von der Armenpflege Unterstützten sind in den offiziellen Statistiken nicht nach Geschlechtern aufgeschlüsselt. Erst für die Anfangsjahre der Weimarer Republik lässt sich ausmachen, dass doppelt so viele Frauen wie Männer und dabei Frauen längere Zeit als Männer von der Armenfürsorge abhängig waren, wobei der Tod des Ehemanns und Ernährers der Familie die häufigste Ursache der Bedürftigkeit war. An zweiter Stelle waren es Krankheiten, die zu Arbeitsunfähigkeit und materieller Not führten.[54] Die geschlossene Armenpflege sorgte sich um die Unterbringung von Hilfsbedürftigen in besonderen Armenhäusern und Anstalten wie dem Heilig-Geist-Spital, dem Sebastianspital und dem Findelhaus oder in Anstalten für körperlich und geistig Behinderte. Für die befristete Aufnahme von Frauen stand ab Februar 1905 eine Unterkunftsstätte am Maximiliansplatz zur Verfügung.

Gängiges Verfahren war es, Frauen, die wegen Ausübung der Gewerbsunzucht polizeilich aufgefallen waren und nicht am Ort beheimatet waren, für eine bestimmte Zeitspanne aus dem Stadtgebiet auszuweisen. Das bayerische Gesetz über Heimat, Verehelichung und Aufenthalt vom 16. April 1868 bestimmte über die Zulässigkeit der Ausweisung folgendes: „Weibspersonen, welche offenkundig mit ihrem Körper ein unzüchtiges Gewerbe treiben und die Gelegenheit hiezu auf öffentlicher Straße aufsuchen, dann jene Personen, welche offenkundig an dem Erträgnisse des unzüchtigen Gewerbes Antheil haben, können für die Dauer von zwei Jahren aus der Gemeinde weggewiesen werden."[55] Bei arbeitslosen Frauen wurde diese Maßnahme seit Dezember 1888 auch präventiv verhängt, weil der Polizeisenat davon überzeugt war, „daß eine stellenlose Frauensperson, wenn sie nicht mindestens 3 M besitzt oder sie sichere Aussicht hat, sofort Stellung zu finden, demnächst auf öffentliche Unterstützung angewiesen ist, wenn sie nicht zu strafbaren Handlungen, insbesondere zur Unzucht ihre Zuflucht nimmt."[56] Daraufhin wurde der Lebenswandel stellenloser Frauen überwacht und ihnen die Auflage erteilt, sich Arbeit zu suchen und ein festes Einkommen nachzuweisen. Im Bewusstsein ihrer aussichtslosen Lage warteten viele Frauen den förmlichen Ausweisungsbeschluss nicht ab und verließen vorher die Stadt. In der Zeit von 1890 bis 1916 wurden jährlich durchschnittlich 155 Frauen aus Nürnberg ausgewiesen, wobei die Statistischen Jahrbücher keine Auskunft über die Gründe geben. Während eine aus einer kleinen Gemeinde in der Nähe von Bayreuth stammende Frau nach ihrer Ausweisung im August 1882 nicht mehr aktenkundig wurde[57], unternahm eine ebenfalls im Bezirksamt Bayreuth gebürtige Frau mehrere Versuche, in Nürnberg Fuß zu fassen.[58] Nach ihrer Entlassung aus der Haftanstalt Sulzbach, wo sie eine Strafe wegen Diebstahls verbüßt hatte, gab die damals 18-Jährige an, eine Dienststelle in Nürnberg gefunden zu haben, und suchte um eine Aufenthaltsgenehmi-

---

[54] Vgl. Otto Pleitz, Die Armen Nürnbergs (Eine soziologische Studie), Halle a.d.S.; zugleich Diss. Erlangen-Nürnberg 1922.

[55] Das Bayerische Gesetz über Heimat, Verehelichung und Aufenthalt vom 16. April 1868, 23. Februar 1872 und 21. April 1884. Handausgabe mit Erläuterungen unter besonderer Berücksichtigung der ergangenen Vollzugsvorschriften sowie der Erkenntnisse des Verwaltungsgerichtshofes und einschlägiger Reichsgesetze; erläutert von Ludwig August von Müller, Nördlingen 1884, Titel III „Zulässigkeit der Ausweisung", Art. 45.

[56] Polizeisenatsbeschluss vom 4.12.1888, in: StadtAN C7/I Nr. 11296, fol.327–328.

[57] Vgl. StadtAN C7/I Nr. 3303.

[58] Vgl. StadtAN C7/I Nr. 3271.

gung nach. Polizeiliche Ermittlungen ergaben, dass sie den Dienst bereits wieder verlassen hatte und beschäftigungslos war. Nach fast drei Jahren erfolgte der nächste Eintrag in ihre Akte, als sie sich als Friseuse anmeldete. Nach einer wegen Gewerbsunzucht im Juni 1882 verbüßten Haftstrafe wurde sie in ihre oberfränkische Heimat „verschubt". Ein halbes Jahr später meldete sie wiederum ihren Wohnsitz in Nürnberg an, wobei sie als Beruf Friseuse angab. Strengste Überwachung wurde über sie verhängt und die zwangsweise Sittenkontrolle angedroht. Als sie einen Monat später zugab, dass sie arbeitslos war und sich „geschlechtlich hatte benutzen lassen", wurde sie erneut für zwei Jahre ausgewiesen, womit ihre Akte schloss. Andere Betroffene fanden sich mit ihrer Ausweisung nicht ab, legten Widerspruch ein oder blieben widerrechtlich in Nürnberg, womit sie Gefahr liefen, wegen Bruchs des Aufenthaltsverbots angezeigt zu werden.[59] Manche Frauen aus Dörfern im näheren Umkreis und mit familiären oder freundschaftlichen Verbindungen nach Nürnberg baten mehrmals um Aufhebung des Ausweisungsbeschlusses und erreichten teilweise ein für die Dauer des Arbeitstages begrenztes Aufenthaltsrecht.[60] Eine aus Fürth stammende Dienstmagd wendete 1887 nichts gegen ihre Ausweisung ein, da sie momentan gar nicht in Nürnberg bleiben wolle. Erst im Juni 1891 meldete sie sich wieder im Nürnberger „Fremdenbureau" an.[61] Die Ausweisung konnte auch der Anstoß sein, in eine weiter entfernte Stadt zu ziehen und dort eine professionelle Laufbahn als Prostituierte einzuschlagen.

Der Erwerb des Heimatrechts war aufgrund der langen Wartezeiten und vor allem der in Nürnberg erhobenen hohen Gebühren für die hier vorgestellten Frauen illusorisch. Auch Nürnbergerinnen, die ihr Glück in anderen Städten versucht hatten und dort in Konflikt mit Behörden geraten waren, wurden „per Schub" zurück in ihre Heimatstadt gebracht. Die Ausweisung als Instrument der Sicherheitspolitik und der Kostenersparnis im Armen- und Krankenwesen verlagerte soziale Probleme lediglich.

Die Quellenlage erlaubt nur einen perspektivisch eingeengten Blick auf das Leben der hier exemplarisch vorgestellten Frauen, weil der Zweck der über sie angelegten Dossiers war, das deviante Verhalten zu erfassen. Warum gerade diese Frauen als Straßenprostituierte aktenkundig geworden waren und worin sie sich von anderen Frauen ihrer Generation und ihres täglichen Umfelds unterschieden, bleibt verschwommen. Neben finanzieller Notlage gerät eine Reihe von anderen Motiven für die Prostitutionsausübung ins Blickfeld. Auffallend bei den meisten Frauen ist der Kreislauf von Aufenthalten im Gefängnis, Arbeitshaus und Krankenhaus, woran sich fast unweigerlich Arbeits- und Obdachlosigkeit anschlossen, letztere vor allem, wenn familiäre Bindungen nicht vorhanden oder abgebrochen waren. Oft mussten die Frauen ihre gesamte Habe verpfänden oder verkaufen, um für die Kosten der Krankenhausbehandlung oder ausstehende Zimmermiete aufzukommen. (Geschlechts-)Krankheiten führten zu vorübergehender oder dauerhafter Arbeitsunfähigkeit, die nicht von einem sozialen Netz aufgefangen wurde. Die sittenpolizeiliche Aufsicht verlangte das Erscheinen zu periodischen Untersuchungen auf Geschlechtskrankheiten und ging mit

---

[59] Vgl. StadtAN C7/I Nr. 3203, 3218 und 11425.

[60] Vgl. StadtAN C7/I Nr. 11425 und 3203. Im letzteren Fall hatte sich sogar der Bürgermeister von Schoppershof für die Aufhebung des Ausweisungsbeschlusses eingesetzt.

[61] Vgl. StadtAN C7/I Nr. 3322.

polizeilichen Nachfragen bei Arbeit- und Mietgebern einher. Besonders für haftentlassene Frauen gilt, dass einmal auffällig gewordene Frauen gezielt ins polizeiliche Visier genommen wurden. Der Direktor des Arbeitshauses St. Georgen bei Bayreuth, in das Nürnberger Prostituierte zur „Besserung" eingewiesen wurden, vermutete sogar, dass sich die polizeilichen Nachforschungen „den Unglücklichen besonders oft hindernd in den Weg stellen und sie notgedrungen wieder auf schlechte Wege treiben"[62], während Hilfen zur Reintegration nur bedingt, zum Beispiel in Form von Übernachtungsplätzen, angeboten wurden. 26 der insgesamt 38 von 1872 bis 1879 und 1882 aus dem Arbeitshaus entlassenen Frauen wurden bereits im Laufe des ersten Jahres rückfällig, zwei waren nach Amerika ausgewandert und vier wurden nach ihrer Entlassung nicht wieder auffällig. Der Rückkehr zu einem „geordneten" Leben waren viele Steine in den Weg gelegt. Dies gilt auch für die Möglichkeit einer Eheschließung, da den unter Sittenaufsicht stehenden Frauen das Zusammenwohnen mit Männern verboten war und jene sich sofort als Zuhälter verdächtig machten, wenn sie länger zu einer solchen Frau Kontakt hatten. Finanzielle und psychische Abhängigkeiten von Zuhältern, Frauenhändlern und Kupplerinnen gab es ebenso wie die Beeinflussung durch Freundinnen, Nachbarinnen oder Arbeitskolleginnen. Trotzdem zeigen die Lebensläufe und protokollierten Aussagen der Frauen, dass die finanzielle Not als ausschlaggebender Grund für die Prostitutionsausübung angesehen werden kann. Die Gewerbsunzucht konnte bei Arbeitslosigkeit beziehungsweise für die Dauer der „stillen Zeit", die je nach Berufsgruppe variierte, eine mögliche oder die letzte Alternative darstellen. Bereits im August 1881 hatte Raschbacher vermerkt, dass die immer wieder aufgegriffenen Straßenprostituierten „zum Theil wenigstens, geordnetes Unterkommen und viele auch Verdienst als Fabrikarbeiterinnen, Zuspringerinnen und dgl. haben".[63] Die geringen Frauenlöhne reichten alleinstehenden Frauen kaum zur Deckung ihrer Lebenshaltungskosten, eine finanzielle Absicherung in Zeiten von Arbeitslosigkeit gab es nicht. Die Prostitution bot einen Ausweg aus akuter Not, musste vielleicht sogar als akzeptable Alternative zu der ständigen finanziellen Bedrängnis erscheinen: Eine Straßendirne konnte in den frühen 1880er Jahren 50 Pfennige bis zu 1 Mark für ihre Dienste verlangen[64], 1881 und 1883 sind Preise von 2 bis 4 Mark[65], 1894 und 1907 von 1 Mark überliefert.[66]

Die hier vorgestellten Frauen, so kann als Ergebnis festgehalten werden, hatten ihren Eintritt in die Welt der Prostitution nicht geplant, und dieser war auch keine zwangsläufige Konsequenz aus räumlicher und familiärer Herkunft oder der Ausübung bestimmter Tätigkeiten, wie zum Beispiel als Dienstmädchen. Als hauptursächlich müssen vielmehr die sozialen und ökonomischen Bedingungen weiblicher Tätigkeit, wie die schlechte Bezahlung und hohe saisonale Arbeitslosigkeit, betrachtet werden. Die Ausübung der Prostitution war in den meisten Fällen als Ausweg aus einer Zwangslage gewählt und deshalb auch reversibel, wenn sich die finanzielle Situation

---

[62] Gutachten vom 20.12.1897, in: Staatsarchiv München RA 60114, zitiert nach Sybille Krafft, Zucht und Unzucht. Prostitution und Sittenpolizei im München der Jahrhundertwende (Quellen und Forschungen zur Geschichte der Stadt München 2), München 1996, S. 230.
[63] Bericht Raschbachers vom 4.8.1881, in: StadtAN C7/I Nr. 11296, fol.170'.
[64] Vgl. Fränkische Tagespost vom 19.1.1882 und StadtAN C7/I Nr. 11437.
[65] Vgl. StadtAN C7/I Nr. 3271 und 11414.
[66] Vgl. StadtAN C7/I Nr. 3322 und Fränkische Tagespost vom 13.3.1907, in: StadtAN C7/I Nr. 412.

änderte. Aus den hier zitierten Stellungnahmen der Straßenprostituierten wird ersichtlich, dass die Prostitution auch von ihnen selbst nicht als normgerecht empfunden, jedoch als temporäre Lösung akzeptiert wurde. Bei der Quellenanalyse zeigt sich, dass die amtlichen Lebensläufe keine geschlossene Abfolge darstellen. Angesichts von nicht dokumentierten Jahren lässt sich vermuten, dass die Frauen nicht bloße Opfer staatlicher Kontrolle waren, sondern Handlungsspielräume nutzten. Allein die Dunkelziffer der „geheimen" Prostitution, von der vermutet wurde, dass sie die Zahl der „eingeschriebenen" Prostituierten um ein Vielfaches übertraf, und die große Zahl von Frauen, die nur einmal aktenkundig wurden, verweisen nicht nur auf vorhandene Möglichkeiten, sich dem Zugriff der Behörden zu entziehen, sondern auch in ein „ordentliches" Leben zurückzukehren.

Martina Bauernfeind

Nürnberg – eine Stadt in Bewegung.
Zu den Herkunftsgebieten der Erwerbsmigranten um 1900

Profile der Zuwanderung

„Willst Du immer weiter schweifen? Sieh, das Gute liegt so nah […]." Die bieder anmutende Lebensweisheit aus Johann Wolfgang von Goethes Gedicht „Erinnerung" mag für viele Lebenssituationen Gültigkeit haben, nicht aber für Innovation und Fortschritt. Das wusste nicht nur der weit gereiste Goethe, sondern die Menschen aller sozialen Schichten und zu jeder Zeit. Denn erst der Blick über den eigenen Horizont, verbunden mit der Bereitschaft zur Mobilität, haben Ideen- und Technologietransfer in Handwerk, Kunst und Wissenschaft möglich gemacht.[1] Ergebnisse der kulturellen Befruchtung und des intereuropäischen Austausches werden schon im mittelalterlichen Nürnberg als frühem Zentrum des Fernhandels und des Handwerks deutlich und führten zu einer „unerhört reichen Entfaltung […] der Künste überhaupt".[2] So stammte Veit Stoß, dessen Ruhm auch Nürnbergs Partnerstadt Krakau für sich reklamieren kann, ursprünglich aus Horb am Neckar, der Maler und Zeichner Hans Baldung Grien wanderte aus Schwäbisch Gmünd zu, der berühmte Goldschmied Wenzel Jamnitzer wurde in Wien geboren, Hans Beheim der Ältere, Baumeister der Mauthalle, der Kaiserstallung und des Peststadels stammte aus dem oberpfälzischen Sulzbach und der gebürtige Ungar Albrecht Dürer der Ältere – Vater des berühmten Malers – lernte Nürnberg auf seiner Gesellenwanderung kennen und ließ sich später dort nieder.[3] Gerade die Walz gehörte bis zum Ersten Weltkrieg zum Ausbildungskanon vieler Handwerker.[4] Daneben konnte aber auch die durch Not, Krieg oder Vertreibung erzwungene Mobilität vielfach zum wirtschaftlichen Impulsgeber werden. Als Paradebeispiele hierfür in Franken stehen die Hugenotten, von denen nach der Aufhebung des Toleranzedikts von Nantes 1685 rund 3.000 Refugiés in den Markgraftümern Ansbach und Bayreuth eine neue Heimat fanden.[5] Hier etablierten sie neue Gewerbe wie die Strumpfwirkerei, die Handschuhmacherei oder die Gobelinfabrikation, zu deren Zentrum Schwabach vorübergehend wurde, und führten moderne Produktionstechniken wie die erste Manufaktur in Erlangen ein.[6] Etwa zur selben Zeit und später

---

[1] Vgl. dazu allgemein Klaus J. Bade, Europa in Bewegung, München 2002.
[2] Karl Adolf Knappe, Nürnbergs Malerei von 1440 bis 1490, in: Gerhard Pfeiffer (Hg.), Nürnberg – Geschichte einer europäischen Stadt, München 1971, S. 242–250, hier S. 242.
[3] Zu diesen und im Text folgenden Lebensläufen vergleiche einschlägige Artikel in: Michael Diefenbacher / Rudolf Endres (Hg.), Stadtlexikon Nürnberg, Nürnberg 1999.
[4] Martina Bauernfeind, 100 Jahre Handwerkskammer für Mittelfranken, Nürnberg 2000, S. 41 f.
[5] Helmut Neuhaus, Die Hugenottenstadt, in: Christoph Friederich / Bertold Frhr. von Haller / Andreas Jakob (Hg.), Erlanger Stadtlexikon, Nürnberg 2002, S. 62–65.
[6] Martina Fleischmann, Auf der Flucht vor dem „Sonnenkönig". Die Hugenotten in Schwabach, in: Der Ein-Wander-Führer. Zu Zeugnissen von Einwanderern in Mittelfranken von der Steinzeit bis ins 18. Jahrhundert, Nürnberg 1996, S. 94–108, S. 95.

infolge der Vertreibung der österreichischen Protestanten aus Ober- und Niederösterreich, der Steiermark, Kärnten und dem Erzbistum Salzburg blieb wiederum eine Anzahl Glaubensflüchtlinge auf ihrem Treck in die ostpreußischen Siedlungsgebiete in Franken, übernahm verwaiste Höfe und hatte erheblichen Anteil am wirtschaftlichen Aufschwung des im Dreißigjährigen Krieg entvölkerten und ausgebluteten Landes.[7] Ebenfalls aus Glaubensgründen waren bereits im 16. Jahrhundert niederländische Protestanten vor den Repressalien der katholischen Habsburger Monarchie in das evangelische Nürnberg geflohen. Zu großem Ansehen gelangte vor allem der Kaufmann und Leinwandhändler Philipp von Oyrl aus Herzogenbosch, der das Fembohaus als einen der großen Bürgerpaläste in Nürnberg erbaute. Als Kaufmann ebenfalls ausgesprochen erfolgreich war der Venezianer Bartholomäus Viatis, dessen Schwiegersohn Martin Peller mit dem so genannten Pellerhaus eines der prächtigsten Renaissancehäuser überhaupt errichtete.[8]

Noch im kollektiven Gedächtnis der Region präsent ist der Anteil der Flüchtlinge und Heimatvertriebenen am wirtschaftlichen Wiederaufbau nach 1945. Gut ausgebildet und zum Teil hoch qualifiziert deckten sie nicht nur den vorhandenen Arbeitskräftebedarf mit ab, sondern bereicherten das heimische Branchenspektrum durch neue Gewerbe und Industrien. So zählt heute der Musikinstrumentenbau längst zum festen Bestandteil der fränkischen Gewerbelandschaft. Zu Orten des Neubeginns wurden Baiersdorf mit dem Blechblasinstrumentenbau, Tennenlohe mit der Saitenherstellung oder Neustadt an der Aisch mit Werkstätten für den Holz- und Blechblasinstrumentenbau sowie einschlägigen Zulieferfirmen. Rund um Erlangen siedelten Streich- und Zupfinstrumentenbauer mit der berühmten Geigenbauersiedlung Bubenreuth als Zentrum.[9]

Von je her prädestinierte die hohe Industriedichte den Ballungsraum Nürnberg mit Fürth, Erlangen und Schwabach als Zuwanderungsgebiet. Der Take-off der Industrialisierung im 19. Jahrhundert mit den neuen Leitsektoren des Maschinenbaus und der Elektrotechnik machte insbesondere Nürnberg zum Prototyp der Unternehmer- und Arbeiterstadt. Zunächst kamen die technischen Impulse noch vorwiegend aus dem Ausland, vor allem aus England, dem Mutterland der Industrialisierung, in die Noris. Aber schon ab Mitte des 19. Jahrhunderts setzte sich Nürnbergs Industrie mit verbesserten bestehenden Produkten und eigenen Innovationen auf dem Weltmarkt durch.[10] Die lange Riege der für Nürnbergs Aufschwung zur führenden Industriemetropole stehenden Unternehmer rekrutierte sich zum einen aus gebürtigen Nürnbergern wie Sigmund Schuckert. Als Geselle der Feinmechanik hatten ihn seine Wanderjahre unter anderem zu Siemens & Halske nach Berlin geführt und während seines vierjährigen Aufenthaltes in den Vereinigten Staaten hatte er sogar in der bekannten Telegrafenan-

---

[7] Georg Kuhr, Österreichische Exulanten: Gründe der Auswanderung, Orte der Zuwanderung und Bedeutung für Franken nach dem Dreißigjährigen Krieg, in: Hartmut Heller / Gerhard Schröttel (Hg.), Glaubensflüchtlinge und Glaubensfremde in Franken, Würzburg 1987, S. 161–180.

[8] Martina Mittenhuber, Von „Zug'reisten und Rei'schmeckten". Nürnberger Prominente mit fremden Wurzeln, in: Der Ein-Wander-Führer. Zu Zeugnissen von Einwanderern in Mittelfranken von der Steinzeit bis ins 18. Jahrhundert, Nürnberg 1996, S. 120–134.

[9] Bauernfeind, Handwerkskammer (wie Anm. 4), S. 184–189, 200 f.

[10] Werner K. Blessing, Der Schein der Provinzialität: Nürnberg im 19. Jahrhundert, in: Nürnberg – Europäische Stadt in Mittelalter und Neuzeit, Nürnberg 2000, S. 69–103 u. 98.

stalt von Thomas Alva Edison gearbeitet.[11] Zum andern hatten zugewanderte Unternehmensgründer und Fachleute entscheidenden Anteil an Nürnbergs wirtschaftlicher Spitzenposition, der nicht zuletzt die führende Rolle im Eisenbahnbau zugrunde lag. Als 1835 der „Adler" als erste deutsche Eisenbahn von Nürnberg nach Fürth fuhr, war dies nur mit dem Know-how des schottischen Ingenieurs William Wilson möglich. Er fuhr und wartete die Dampflok aus der Werkstatt des Lokomotivenbauers George Stephenson. Ursprünglich zeitlich befristet von der Ludwigseisenbahn-Gesellschaft eingestellt wurde sein Vertrag mehrfach verlängert, und Wilson blieb schließlich bis zu seinem Tod in Nürnberg, wo er am Johannisfriedhof begraben ist. Auch Johann Wilhelm Spaeth, in dessen Firma der „Adler" montiert wurde, war nach Nürnberg zugewandert, wenngleich auch sein Geburtsort Ismannsdorf im Landkreis Ansbach im Vergleich zu Wilsons Herkunft und aus heutiger Sicht weniger spektakulär erscheint. Nürnbergs Leitfunktion auf dem Sektor der neuen Massentransportmittel Eisenbahn und Kanal wurde zum wichtigen Standortfaktor für weitere Firmengründer. 1842 eröffnete der aus Zella-Mehlis in Thüringen stammende Johann Friedrich Klett in Wöhrd unter Anleitung der britischen Fachleute John Duncan, John Hooker, Wharton Rye und James Earnshaw einen Reparatur- und Zulieferbetrieb für den Eisenbahnbau. James Earnshaw wurde Nürnberg zur zweiten Heimat, wo er sich 1848 ebenfalls in Wöhrd mit einer eigenen Maschinenfabrik selbständig machte, die bis Mitte des 20. Jahrhunderts bestand.[12] Auch in anderen Branchen übernahmen zugewanderte Unternehmer die Initiative, so zum Beispiel der Bleistiftfabrikant Gustav Adam Schwanhäußer aus Schweinfurt.

Die großen Fabrikationsanlagen verursachten einen außerordentlichen Bedarf an qualifizierten und ungelernten Arbeitskräften, den die Nürnberger nicht abdecken konnten. Allein die spätere MAN beschäftigte unter Theodor Cramer-Klett 1897 kurz vor ihrer Verlegung von Wöhrd in die Südstadt 2.700 Menschen. Ohne die Erwerbsmigration, das heißt den Zuzug von Arbeitskräften nach Nürnberg, wäre der Wirtschaftsboom der Gründerjahre nicht denkbar gewesen. Neben den prominenten und weniger bekannten Unternehmern, Fabrikdirektoren, Ingenieuren und leitenden Angestellten bildeten sie das Rückrat der Industrialisierung. Die Arbeitswanderung der Jahrzehnte nach der Reichsgründung wurde zum „kollektiven Massenschicksal"[13] und vollzog sich als Binnenwanderung von den meist ländlichen Randlagen ohne ausreichende Lebensgrundlage in die neuen Industriezentren und boomenden Städte. Die dauerhafte Abwanderung beziehungsweise Einwanderung Einzelner oder Gruppen von beziehungsweise in andere geographische und soziale Räume hat mit dem Begriff der Migration ihren aktuellen Terminus bekommen.

Demographische Entwicklung

Seit der zweiten Hälfte des 19. Jahrhunderts wuchs Nürnbergs Bevölkerung rasant an. Betrug die Einwohnerzahl bei der Eingliederung der ehemaligen Reichsstadt in

---

[11] Rudolf Endres / Martina Fleischmann, Nürnbergs Weg in die Moderne, Nürnberg 1996, S. 124–126.
[12] Blessing, Provinzialität (wie Anm. 10), S. 92.
[13] Michael Stürmer, Das ruhelose Reich. Deutschland 1866–1918, Berlin 1983, S. 56.

das Königreich Bayern 25.176 Menschen, hatte sie sich 1849 mit 50.828 Einwohnern mehr als verdoppelt; 1885 zählte die Noris mit 114.891 Einwohnern längst zu den Großstädten im Deutschen Reich und 1913 am Vorabend des Ersten Weltkrieges lebten 358.164 Menschen auf Nürnberger Stadtgebiet.[14] Neben dem natürlichen Bevölkerungswachstum sowie dem Zuwachs durch Eingemeindungen vor allem 1825 und 1899 zeichneten insbesondere Zuwanderer für die außerordentliche demographische Entwicklung verantwortlich. Im Zeitraum von 1881 bis 1885 wuchs Nürnberg im Durchschnitt jährlich um 2.418 Personen allein durch Zuzug. Im gleichen Zeitraum vermehrte sich die Einwohnerzahl durch natürliche Bevölkerungszunahme nur um 850 Menschen im Jahr. Durch den Zuzug eines in der Regel arbeitsfähigen und flexiblen Menschentypus war Nürnberg eine ausgesprochen „junge Stadt". 1881 waren beispielsweise rund 64 Prozent von rund 101.370 Einwohnern im erwerbsfähigen Alter zwischen 16 und 50 Jahren. Die größte Gruppe hiervon stellten wiederum mit 20.407 Personen und rund 20 Prozent aller Einwohner die 21 bis 30jährigen.[15]

Die Bevölkerung Nürnbergs hatte sich in den Jahren 1849 mit 50.828 bis 1895 mit 162.386 Einwohnern etwa verdreifacht. In diesem Zeitfenster resultierten allein 64,4 Prozent beziehungsweise 77.421 Einwohner aus Wanderungsgewinnen. Nur 1.769 Einwohner kamen durch Eingemeindungen und 32.368 durch Geburtenüberschuss hinzu.[16] Einen ersten Höhepunkt des durch Zuwanderung bedingten Bevölkerungswachstums markiert dabei das Jahr 1865. Dabei hingen die Migrationsquoten stark von den jeweiligen Konjunkturschwankungen ab. Neben temporären Wachstumsrückgängen gaben saisonale Erscheinungen, wie etwa witterungsbedingte Auftragsflauten im Bauhandwerk, für eine stagnierende Zuwanderung den Ausschlag. 1901 zum Beispiel führte der städtische Referent Wilhelm Glauning den „erheblichen Rückgang in dem prozentualen Bevölkerungswachstum [...] auf die ungünstigen Geschäfts- und Arbeitsverhältnisse zurück [...], welche sich im Berichtsjahre im Gebiet der Stadt Nürnberg wie auch sonst überall fühlbar machten. Hierdurch wurde einerseits eine grosse Anzahl von Arbeitern veranlasst, das Weichbild der Stadt zu verlassen, um auswärts nach Arbeit zu suchen, andererseits blieb im Berichtsjahre der besonders in der günstigen Jahreszeit stattfindende Zuzug von Arbeitssuchenden vollkommen aus."[17]

Folgen der Zuwanderung

Als Folge der Zuwanderung veränderte sich die religiöse Zusammensetzung der Stadtbevölkerung nachhaltig. 1818 wurden 96,05 Prozent Protestanten und nur 3,73

---

[14] Statistisches Jahrbuch Nürnberg 1913, Tabellen 46 und 50.

[15] Martina Bauernfeind, Bürgermeister Georg Ritter von Schuh. Stadtentwicklung in Erlangen und Nürnberg im Zeichen der Hochindustrialisierung 1878–1913 (Nürnberger Werkstücke zur Stadt- und Landesgeschichte 60), Nürnberg 2000, S. 15 f., 226 f.

[16] Charlotte Bühl-Gramer, Nürnberg 1850 bis 1892. Stadtentwicklung, Kommunalpolitik und Stadtverwaltung im Zeichen von Industrialisierung und Urbanisierung (Nürnberger Werkstücke zur Stadt- und Landesgeschichte 62), Nürnberg 2003, S. 109–114.

[17] Bericht über die Gesundheitsverhältnisse und Gesundheitsanstalten in Nürnberg, hg. vom Verein für öffentliche Gesundheitspflege unter Mitwirkung des Stadtmagistrats, Jahrgang 1901, Nürnberg o. J. (1902), S. 34.

Prozent Katholiken, 1910 lediglich noch 65,48 Prozent Protestanten, 31,05 Prozent Katholiken sowie 2,35 Prozent Juden registriert, die seit 1850 wieder das Bürgerrecht in Nürnberg erwerben konnten. Zudem wirkte der massenhafte Zuzug in die Stadt als Motor der Urbanisierung. Der Aufbau der städtischen Leistungsverwaltung, die Erweiterung und technische Erschließung des Stadtraumes, die Bewältigung der sozialen und kulturellen Veränderungen sowie der Ausbau des städtischen Dienstleistungsangebots waren unmittelbare Folgen des rasanten Bevölkerungswachstums. Auch die Demonstration des Stadtcharakters änderte sich. Insbesondere der wachsende Anteil an nicht deutschen Zuwanderern konterkarierte zunehmend das Bild Nürnbergs als „deutscheste aller Städte", das ausgehend von Alt-Nürnbergs romantischer Entdeckung Ende des 18. Jahrhunderts zum deutschen Mythos stilisiert wurde. Ausgerechnet der ungarischstämmige Maler Albrecht Dürer avancierte „für das bürgerstolze deutsche Nürnberg" zum ersten „Bannerträger"[18] des neuen Leitbilds. Trotz Nürnbergs Aufstieg zum modernen und weltweit präsenten Industrieplatz und dem massenhaften Zuzug von auswärtigen Arbeitskräften ohne Heimatbindung gelang die Neuinterpretation des Nürnberg-Mythos als janusköpfige Symbiose aus „Traditionshege und Fortschrittsglaube."[19] Nürnbergs Position als eine Hochburg der deutschen Arbeiterbewegung leitete schließlich einen Paradigmenwechsel des Stadt-Images ein und setzte der nationalen Verklärung der Stadt ein proletarisches Idealbild entgegen.[20]

Herkunftsregionen der Zuwanderer

Eine Momentaufnahme aus dem Jahre 1871 gibt Aufschluss über die Rekrutierungsgebiete der Industriearbeiter und sonstigen Zuzügler. Nur 52,1 Prozent der Einwohnerschaft waren gebürtige Nürnberger, 43,3 Prozent stammten aus Bayern einschließlich der Pfalz, 3,6 Prozent aus anderen deutschen Ländern und 0,9 Prozent aus dem Ausland. 1890 hatte sich das Verhältnis zwischen Ortsgebürtigen und Zuwanderern auf 45,1 Prozent zu 54,9 Prozent verschoben. Mit der räumlichen Distanz nahm demnach die Zahl der Zuwanderer ab, stieg aber dem demographischen Wachstum entsprechend an. 1905 betrug der Anteil der Zuwanderer aus dem Ausland schon 2,3 Prozent. Von den insgesamt 6.678 in Nürnberg lebenden Ausländern kamen 5.075 aus Österreich, 370 aus Ungarn, 327 aus der Schweiz, 194 aus Italien, 175 aus den USA, 160 aus Russland, 104 aus Großbritannien, 68 aus Frankreich, 57 aus Dänemark, 37 aus den Niederlanden und 111 aus sonstigen Staaten oder konnten vom Statistischen Amt nicht ermittelt werden.[21] Am zweitstärksten vertreten war mit 15.975 bezie-

---

[18] Werner K. Blessing, Nürnberg – ein deutscher Mythos, in: Helmut Altrichter / Klaus Herbers / Helmut Neuhaus (Hg.), Mythen in der Geschichte, Freiburg im Breisgau 2004, S. 371–395, hier S. 379.
[19] Ebd., S. 383.
[20] Ebd., S. 386. Zum Nürnberg-Bild vgl. auch Werner K. Blessing / Steven M. Zahlaus: Bürgervernunft – „deutsche Art" – industrieller Fortschritt. Zum Nürnberger Selbstbild von der Aufklärung bis zum Ersten Weltkrieg, in: MVGN 87, 2000, S. 59–96.
[21] Statistisches Jahrbuch der Stadt Nürnberg, hg. vom Statistischen Amt, Jg. 1: 1909, Nürnberg 1910, S. 22. Differenziertere Daten liegen aus dem Jahre 1910 vor. Danach stammten 308.707 Einwohner aus Bayern, 16.562 aus den übrigen deutschen Staaten und 7.834 aus dem Ausland, nämlich: Belgien und Kongo 13, Bulgarien 5, Dänemark, Island nebst Kolonien 43, Frankreich mit Monaco, Algerien, Tunesien, Kolonien und

hungsweise 5,4 Prozent die Gruppe der Nichtbayern.[22] Die meisten Zuwanderer kamen jedoch aus dem ländlichen Einzugsgebiet um Nürnberg, etwa aus den stadtnahen Bezirksämtern Nürnberg, Hersbruck, Schwabach, Fürth und Erlangen. Außerdem zählten neben dem mittelfränkischen Umland die Oberpfalz und Oberfranken zu den Hauptzuzugsgebieten. Die Gruppe der in Bayern Geborenen war erwartungsgemäß am größten und stellte 1905 92,3 Prozent der Stadtbevölkerung. Über den Anteil der gebürtigen Nürnberger gibt die amtliche Statistik in diesem Fall jedoch ebenso wenig Auskunft wie über die mittelfränkische Binnenmigration. Während biographische Daten prominenter Industriekapitäne weitgehend bekannt sind, bleibt das Heer der zugewanderten Arbeiter im Dunkel der Anonymität. Dies hängt nicht zuletzt mit der großen Fluktuation der Arbeitssuchenden zusammen. Nicht jeder blieb in Nürnberg, viele machten nur Zwischenstation oder verließen die Stadt für Saisonarbeiten. So berichtete etwa Bürgermeister von Stromer, dass sich 1870 viele Arbeitslose von der Stadt zur Hopfenlese nach Hersbruck, Altdorf und Spalt begeben hätten.[23]

Einwohnerregister

Ein weitaus differenzierteres Bild über die Herkunftsorte insbesondere der innerbayerischen Zuwanderer gewähren die amtlichen Einwohnerregister der Stadt Nürnberg.[24] Die Auswertung eines Samples mit 598 Einträgen ergab, dass 295 registrierte Einwohner, also nahezu die Hälfte, nicht in Nürnberg geboren wurden.[25] Der Ausländeranteil der Gesamtbevölkerung von 1,3 Prozent beziehungsweise von 2,7 Prozent aller Zugewanderten mit drei Österreichern, zwei Böhmen sowie je einer Person aus Siebenbürgen, Mähren und der Schweiz, liegt im Trend der amtlichen Statistik. Ebenso korrespondiert mit 6,0 Prozent der Gesamtbevölkerung beziehungsweise 12,2 Prozent aller Zugewanderten der Anteil der 36 außerhalb Bayerns geborenen Einwohner dieser Stichprobe mit der amtlichen Statistik. Mit acht Personen kamen die meisten Neubürger aus Sachsen, sieben Zuwanderer stammten aus Baden und Württemberg,

---

Schutzstaaten 82, Großbritannien, Irland nebst Britisch-Indien, dem australischen Bund, Kolonien und Schutzstaaten 117, Italien mit St. Marino nebst Kolonien 242, Luxemburg 14, Niederlande nebst Kolonien 45, Norwegen 10, Österreich mit Liechtenstein, Bosnien und Herzegowina 6.055, Ungarn nebst Kroatien 375, Portugal nebst Kolonien 2, Rumänien 10, Russland nebst Finnland 189, Schweden 16, Schweiz 369, Serbien 5, Spanien mit Andorra nebst Kolonien 19, Türkei nebst Kreta, Vereinigte Staaten von Amerika nebst Alaska, Hawaii, Porto Rico und Philippinen 191, andere amerikanische Staaten 13; die Herkunft von 39 Einwohnern blieb unermittelt, in: Statistisches Jahrbuch der Stadt Nürnberg, hg. vom Statistischen Amt, Jg. 5: 1913, Nürnberg 1914, S. 31.

[22] Statistisches Jahrbuch der Stadt Nürnberg, hg. vom Statistischen Amt, Jg. 1: 1909, Nürnberg 1910, S. 22.
[23] Bühl-Gramer, Nürnberg 1850 bis 1892 (wie Anm. 16), S. 113.
[24] Die amtlichen Einwohnerregister liegen im Stadtarchiv Nürnberg (künftig: StadtAN) C21/III Nr. 63–300 für den Zeitraum 1810–1889 in rund 250 Bänden vor. Sie enthalten neben dem Namen des Einwohners Angaben zu dessen Heimat, Wohnadresse und Beruf.
[25] StadtAN C21/III Nr. 278 „Schn-Schoe" 1876–1889. Insgesamt 18 Herkunftsorte konnten aufgrund ungenügender Angaben nicht eindeutig geklärt werden.

sechs Personen wanderten aus Thüringen, drei aus Hessen und drei aus Preußen zu. Die weiteren verteilten sich auf andere deutsche Gebiete.[26]

Aufgrund der weiten Entfernung spielte die bayerische Pfalz mit nur sieben Zuzügen als Arbeitskräftelieferant eine untergeordnete Rolle. Je ein Zuwanderer kam hier aus Kaiserslautern, Germersheim und Steinweiler im Bezirksamt Germersheim sowie Edenkoben und Queichheim im Bezirksamt Landau, zwei stammten aus Landau direkt.[27]

Mit sieben Einträgen war der Zuzug aus Schwaben genauso gering. Neben je einem Neubürger aus Augsburg und Kaufbeuren kam je ein Zuwanderer aus Dinkelscherben im Bezirksamt Zusmarshausen, aus Ebratshofen und Heimenkirch im Bezirksamt Lindau sowie aus Öttingen und Rudelstetten im Bezirksamt Nördlingen. Ebenfalls kaum relevant war der Anteil der acht oberbayerischen Zuwanderer. Lediglich sechs Münchner, ein Zuwanderer aus Starnberg sowie aus dem Bezirksamt Friedberg wurden registriert. Mit nur einem Eintrag aus dem Bezirksamt Mallersdorf fällt der Anteil der Niederbayern noch geringer aus.

Weit höher, aber mit 23 Fällen und rund 7,8 Prozent aller Zugewanderten keinesfalls dominierend, rangieren im Rahmen vorliegender Stichprobe die Zuzüge aus der nahen Oberpfalz. Je ein Zuwanderer kam aus Beilngries, das 1880 von Mittelfranken zur Oberpfalz kam, Neumarkt, Oberviechtach und Vohenstrauß. Zwei Neubürger stammten aus Amberg. Erwartungsgemäß wanderten aus dem ländlichen Raum mehr Personen zu, nämlich eine aus Schnaittenbach im Bezirksamt Amberg, eine aus Altendorf und je zwei aus Neunaigen und Pfreimd im Bezirksamt Nabburg, je eine aus Eslarn und Waldthurn im Bezirksamt Vohenstrauß, je eine aus Floß, Kohlberg und Trausnitz im Bezirksamt Neustadt an der Waldnaab, je eine aus Haunritz und Weigendorf im Bezirksamt Sulzbach, eine aus Winklarn im Bezirksamt Oberviechtach, eine aus Rötz im Bezirksamt Waldmünchen, eine aus Dietfurt im Bezirksamt Beilngries sowie eine aus Bärnau im Bezirksamt Tirschenreuth.

Mit 46 Zuwanderern, immerhin 15,5 Prozent der Neunürnberger, stellte die Region Unterfranken ein vergleichsweise großes Kontingent an Arbeitskräften in Nürnberg. Je ein Abwanderer kam direkt aus Kissingen, Kitzingen, Ochsenfurt, Schweinfurt, Obernburg am Main und Bischofsheim sowie je zwei aus Hammelburg und Neustadt an der Saale. Aber auch hier stellte der ländliche Raum das Gros der Zuwanderer. Das Bezirksamt Würzburg war mit je einer Person aus Bergtheim, Kürnach, Unterleinach und Unterpleichfeld sowie zwei aus Rottendorf vertreten. Im Bezirksamt Aschaffenburg kamen zwei Zuwanderer aus Haibach. Im Bezirksamt Karlstadt verließ je einer die Orte Salzwiesen und Stetten. Vom Bezirksamt Kitzingen kamen je eine Person aus Arnshausen, Helmstadt, Mainsondheim sowie zwei aus Marktsteft. Vom Bezirksamt Königshofen stammte eine Person aus Ermershausen. Das Bezirksamt Gerolzhofen verlor je einen Einwohner aus Dingolshausen, Kreuth, und Rehweiler und das Bezirksamt Hammelburg einen aus Oberehrtal und zwei aus Schwärzelbach. Im Bezirks-

---

[26] Herkunftsorte und -regionen waren u. a. Berlin, Dresden, Frankfurt am Main, Gelnhausen, Grimma, Hannover, Heidelberg, Magdeburg, Mainz, Marbach am Neckar, Münster, Pforzheim, Sachsen-Meiningen, Schleusingen, Stuttgart, Ulm und Worms.
[27] Die bayerischen Ortschaften wurden ermittelt nach: Wilhelm Volkert (Hg.), Handbuch der bayerischen Ämter, Gemeinden und Gerichte 1799–1980, München 1983.

amt Haßfurt verließ je eine Person Augsfeld, Eltmann, Knetzgau und Zeil und im Bezirksamt Ebern stammte je ein Abwanderer aus Mürsbach, Pfarrweisbach und Rentweinsdorf sowie zwei aus Lußberg. Hinzu kam je eine Person aus Haßlach im Bezirksamt Marktheidenfeld, aus Schwanfeld im Bezirksamt Schweinfurt, aus Wörth am Main im Bezirksamt Obernburg am Main sowie aus Münnerstadt und Roth an der Saale im Bezirksamt Kissingen.

Mit 58 Personen beziehungsweise 19,6 Prozent der nicht in Nürnberg Geborenen bestätigen sich Oberfranken und das Fichtelgebirge als Kerngebiete der Zuwanderung, die selbst aus Städten und größeren Ortschaften erfolgte. Sieben Neubürger kamen aus Bayreuth, je drei aus Hof und Bamberg, je zwei aus Wunsiedel und Stadtsteinach und je einer aus Lichtenfels, Münchberg und Forchheim. Aber auch hier stand die Abwanderung aus dem ländlichen Raum im Vordergrund. Im Bezirksamt Kulmbach kam je einer aus Schmeilsdorf und Wernstein, je zwei stammten aus Wirsberg und Thurnau und drei kamen aus Trebgast. Im Bezirksamt Wunsiedel verließen eine Person Holenbrunn und zwei Thiersheim. Im Bezirksamt Staffelstein wanderte je eine Person aus Lahm, Rattelsdorf und Zapfendorf ab. In beiden Bezirksämtern Bamberg stammten je eine Person aus Kemmern, Kolmsdorf und Unterhaid sowie zwei Personen aus Straßgiech. Vom Bezirksamt Lichtenfels kam je ein Neubürger aus Altenkunstadt, Burgberg, Kirchlein und Strößendorf. Das Bezirksamt Berneck verließen drei Personen aus Gefrees und je eine aus Goldmühl, Höflas und Zettlitz. Aus dem Bezirksamt Bayreuth verließen zwei Personen Goldkronach und eine die Ortschaft Neubau. Das Bezirksamt Ebermannstadt stellte je einen Zuwanderer aus Heiligenstadt und Wüstenstein, das Bezirksamt Forchheim einen aus Kersbach und das Bezirksamt Münchberg je einen aus Sparneck und Stammbach.

Den Großteil ihres Arbeitskräftebedarfs deckte die Industriemetropole Nürnberg durch Zuzüge aus dem eigenen Hinterland ab. Dabei bleibt in Rechnung zu stellen, dass selbst geringe Distanzen, die für heutige Berufspendler zur Arbeitsnormalität zählen, vor Entfaltung des automobilgestützten Individualverkehrs und des öffentlichen Verkehrsnetzes nur durch Wohnortwechsel bewältigt werden konnten. Selbst von aus heutiger Sicht nahe gelegenen Orten zogen Erwerbstätige in die Noris. Je ein Zuwanderer kam aus Dinkelsbühl, Hersbruck, Lauf an der Pegnitz, Rothenburg ob der Tauber und Uffenheim, zwei stammten aus Eichstätt, Feuchtwangen und Weißenburg, drei aus Ansbach, vier aus Erlangen und fünf aus der Nachbarstadt Fürth. Die meisten Zuwanderer kamen auch hier vom Land. Im Bezirksamt Hersbruck stammte je eine Person aus Aspertshofen, Altensittenbach, Engelthal, Förrenbach und Wetzendorf. Im Bezirksamt Höchstadt an der Aisch verließen eine Person Unterwinterbach und Vestenbergsgreuth sowie zwei Personen Röttenbach. Aus dem Bezirksamt Ansbach kamen zwei Personen aus Windsbach sowie je eine aus Leutershausen und Petersaurach. Im Bezirksamt Neustadt an der Aisch verließen eine Person Dachsbach, und je zwei die Ortschaften Diespeck und Neuhof. Im Bezirksamt Uffenheim stammte je ein Zuwanderer aus Buchheim, Lenkersheim, Reusch, Schwebheim und Windsheim. Im Bezirksamt Schwabach kam je eine Person aus Georgensgmünd, Dietersdorf und Regelsbach. Das Bezirksamt Fürth verlor je einen Einwohner aus Cadolzburg und Zirndorf sowie zwei aus Poppenreuth. Das Bezirksamt Dinkelsbühl verließ je eine Person aus Greiselbach und Großlellenfeld. Im Bezirksamt Erlangen zog aus Heroldsberg und Marloffstein je eine Person fort. Im Bezirksamt Feuchtwangen verließen je ein

Einwohner Arberg und Oberschönbronn sowie zwei den Ort Herrieden. Das Bezirksamt Eichstätt verließ ein Einwohner aus Egweil und das Bezirksamt Gunzenhausen einer aus Schlungenhof. Im Bezirksamt Nürnberg zogen fünf Personen aus Altdorf, drei aus Feucht und eine aus Penzenhofen weg, im Bezirksamt Weißenburg je eine aus Pleinfeld und Ellingen. Das Bezirksamt Lauf an der Pegnitz verließ je ein Einwohner aus Simonshofen und Schnaittach und das Bezirksamt Scheinfeld verlor je einen Einwohner aus Burghaslach, Markt Taschendorf, Thierburg, sowie zwei aus Erlabrunn. Hinzu kam je ein Abwanderer aus Beerbach und Farrnbach.[28]

Mit 83 Personen beziehungsweise 28,1 Prozent – also fast einem Drittel – stellten die mittelfränkischen Erwerbsmigranten die größte Zuwanderungsgruppe. Die namhafte mittelfränkische Binnenmigration weist darüber hinaus auf die kontrastreiche Wirtschaftsstruktur der Region hin. Während das verkehrstechnisch gut erschlossene Ballungsgebiet Nürnberg, Fürth, Erlangen und Schwabach eine hohe Gewerbe- und Industriedichte aufwies, partizipierte das strukturarme Westmittelfranken weitab von den modernen Massentransportmitteln des Kanals und der Eisenbahn wenig am industriellen Aufschwung.

Vereine der Zuwanderer

Gaben die Einwohnerregister ein differenzierteres Bild von den Rekrutierungsgebieten der Nürnberger Industriearbeiter als bisher ab, werfen die Vereinsakten als weitere relevante Quellenkategorie ein Schlaglicht auf deren Lebenswelt in der neuen Heimat. Die Vereine als Zusammenschluss Gleichgesinnter vor allem im bürgerlichen Milieu erlebten im 19. Jahrhundert eine Blütezeit, ablesbar an ihrer wachsenden Zahl und dem breiten Spektrum. Sie spiegeln darüber hinaus die sozialen und kulturellen Bedürfnisse der Zeitgenossen wider. Vereinsziele und Vereinsmilieus veränderten sich dabei analog zur Dynamik des gesellschaftlichen Wandels. Die Palette der Vereine reichte von Bürger- und Vorstadtvereinen, Frauenvereinen, Wohltätigkeitsvereinen, Gesangs- und Musikvereinen, Geschichts- und Altertumsvereinen, Geselligkeitsvereinen, Berufsfachvereinen, Sport- und Turnvereinen, Kleingartenvereinen, Kunstvereinen, Soldaten- und Kriegervereinen bis hin zu Unterstützungs- und Hilfsvereinen.[29] Diesem Vereinstableau ist vor dem Hintergrund der Industrialisierung und Verstädterung der Zuwanderer- oder Migrantenverein als Typus hinzuzufügen. Landsmannschaftliche Zusammenschlüsse rangierten in der Regel unter anderen Ordnungsbegriffen etwa als Geselligkeits- oder Gesangsverein und wurden deshalb als eigene Sparte nicht zwingend wahrgenommen. Die Statuten einschlägiger Vereine geben sowohl Hinweise auf Herkunftsorte ihrer Mitglieder, als auch auf deren subjektives Empfinden des Fremdseins, des Heimwehs und deren Bewusstsein um die eigene Minderheitenposition. Wenn es sich hierbei auch nicht um messbare Größen handelt, so doku-

---

[28] Die Ortschaft Beerbach gibt es mehrmals in Mittelfranken und war wegen fehlender Angaben nicht zweifelsfrei zu ermitteln, mit Farrnbach ist wohl Burgfarrnbach bei Fürth gemeint.

[29] Vgl. dazu Wolfgang Meyer, Das Vereinswesen der Stadt Nürnberg im 19. Jahrhundert (Nürnberger Werkstücke zur Stadt- und Landesgeschichte 3), Nürnberg 1970, S. 45–250 und zur Vereinsgesetzgebung S. 27–32; Helmut Beer / Maximilian Rosner, Grüße aus Nürnberg 2. Nürnberg in Ansichtskarten um 1900. „Ereignisse, Feste, Freizeit", Nürnberg 1993, S. 154.

mentieren alle Vereine das seelische Bedürfnis der Gründer und Mitglieder, mit Landsleuten in Kontakt zu treten und den Umgang zu institutionalisieren. Dafür sprechen klare Aufnahmebedingungen, die mitunter einen entsprechenden Geburtsort oder bestimmte Sprach- und Dialektkenntnisse als Kriterien festlegen. Regelmäßige Treffen, Sprach- und Brauchtumspflege gehörten zu den Kernzielen der meisten Vereine und sollten dem subjektiven Gefühl des Entwurzeltseins entgegenwirken. Der Verein als neue Solidargemeinschaft trat auf diese Weise an die Stelle des aufgegebenen sozialen Netzes in der Heimat. Multifunktional ausgerichtet sahen zahlreiche Satzungen neben geselligen Zusammenkünften auch gegenseitige Unterstützungsmaßnahmen im Notfall vor sowie als Weg aus der großstädtischen Anonymität Teilnahme der Vereinsmitglieder bei Beerdigungen und Trauerfeiern. In diesem Kontext federten die Vereine die sozialen Härten der Erwerbsmigration ab. Darüber hinaus lassen Vereinsnamen, Vereinsadressen und Lokale mit langjähriger Stadtteilbindung in manchen Fällen Rückschlüsse auf potentielle Siedlungsschwerpunkte von Zuwanderergruppen innerhalb der Stadt zu.

Die Kurzlebigkeit zahlreicher Vereine, die auch nach mehrmaliger Neugründung nicht in Schwung kamen, muss nicht unbedingt nur als Indikator für mangelndes Interesse der Landsleute gewertet werden, sondern kann auch auf eine schnelle Integration hinweisen. Dies gilt vor allem dann, wenn junger Vereinsnachwuchs ausblieb oder aber aufgrund einer verbesserten Verkehrsanbindung die Distanz zum Heimatort leichter zu überwinden war. Nicht zuletzt aufgrund der kurzen Lebensdauer vieler Vereine fehlen in der Regel Mitgliederlisten und damit Informationen über deren Sozialstruktur. Prinzipiell repräsentierten die meisten landsmannschaftlich orientierten Vereine das gesamte soziale Spektrum vom einfachen Industriearbeiter bis hin zum angesehenen Kaufmann, denn in keinem Fall wurde die soziale oder berufliche Zugehörigkeit der Zielgruppe als Aufnahmekriterium definiert. Realiter blieb man in der Regel innerhalb des eigenen Milieus unter sich, worauf punktuell die homogene Berufsstruktur der Vorstände hindeutet. Der Großteil der meist mitgliederschwachen Vereine überdauerte den Ersten Weltkrieg nicht. Die neue Mobilität durch den wachsenden Individualverkehr und den Ausbau der öffentlichen Verkehrsnetze ließ Entfernungen schrumpfen und das Bedürfnis der Zuwanderer nach landsmannschaftlicher Organisation schwinden. Deren ehemalige Herkunftsorte wurden nun Ausflugsziele. Die ursprünglichen Stamm- und Heimatvereine wandelten sich zu Tourismusvereinen. Neugründungen zwischen den Weltkriegen schlugen meist sofort diesen Weg ein.

Der Blick auf das Vereinspanorama verdichtet und konkretisiert nun die Landkarte der Abwanderungsgebiete und macht schlaglichtartig die Schwerpunktregionen deutlich.

Vereine von Zuwanderern aus Mittelfranken

Im engeren Einzugsgebiet der Stadt Nürnberg hatten die Mitglieder des 1902 gegründeten Vereins „Wendelsteiner Nürnberg", der sich schon 1905 wieder auflöste, ihre Wurzeln.[30] Vor 1931 wurde der Verein „Altdorf und Umgebung" gegründet, der

---

[30] StadtAN C7/V 3214.

nach dem Zweiten Weltkrieg als Heimatverein weitergeführt wurde.[31] Etwa zur gleichen Zeit wurde der Heimatverein „Langenzenn und Umgebung in Nürnberg" ins Leben gerufen. Zweck war, die Erinnerung an die Heimat zu erhalten sowie die Geselligkeit unter den Landsleuten durch regelmäßigen Kontakt zu pflegen. 1933 wurde der Verein gleichgeschaltet und die Umwidmung zum Tourismusverein eingeleitet. So schrieb ein weiteres Vereinsziel nun die Werbung für Langenzenn als Ausflugsziel vor.[32] Ebenfalls 1931 wurde der Verein „Obernzenn und Umgebung" ins Leben gerufen und 1936 der „Verein Cadolzburg und Umgebung" als weitere Gruppe aus dem Fürther Raum gegründet.[33]

Zahlreiche Arbeitskräfte kamen außerdem aus den traditionellen Erholungs- und Ausflugsgebieten der Hersbrucker und Fränkischen Schweiz nach Nürnberg. Vergleichsweise erfolgreich arbeitete der 1899 gegründete Heimatverein „Hersbruck und Umgebung", dem nach dem Zweiten Weltkrieg eine Sängerabteilung angegliedert wurde. Kurzzeitig existierte 1931 bis 1934 der „Verein Offenhausen und Umgebung". Zwischen den Weltkriegen wurden darüber hinaus um 1932 der „Heimatverein Plech und Umgebung", der Veranstaltungen für Landsleute ab 18 Jahren organisierte, sowie 1936 der „Heimatverein Königstein" mit dem Vereinslokal in Gostenhof gegründet.[34] Zuwanderer aus dem Herzen der Fränkischen Schweiz hatten im Verein „Waischenfeld und Umgebung" eine Plattform. Anfang der 1930er Jahre trat überdies der nur für wenige Jahre aktive Verein „Heiligenstadt und Umgebung" ins Leben, dem eine Gesangsabteilung angegliedert und dessen Name mehrfach modifiziert wurde. Ab 1927 unterhielt der Männergesangsverein „Heroldia" als Ableger des Männergesangsvereins Heroldsberg eine Abteilung in Nürnberg. Dem Erlanger Einzugsgebiet ist auch die 1896 gegründete „Kameradschaft Eschenau" zuzuordnen, die rund zwei Jahre existierte.[35]

Die Region südlich von Nürnberg vertrat um 1909 der Vergnügungsverein „Spalt und Umgebung", der 1913 mit dem Verein „Spalt, Wernfels, Rezatgrund Sitz Nürnberg" Konkurrenz bekam. Anscheinend konnte der Verein über den Ersten Weltkrieg hinaus sein Mitgliedspotential halten, da er zum Zeitpunkt der Gleichschaltung 1933 insgesamt 48 Mitglieder zählte. Gleichzeitig trat der Verein dem Reichsverband der Heimat- und Trachtenvereine bei. Dies zeigt beispielhaft die typische Entwicklungslinie vieler Heimat- und Stammvereine, wonach die ursprünglich als Zuwanderervereine gegründeten Gruppen in der Zwischenkriegszeit zum Tourismusverein umgewidmet wurden und ihr ehemaliges Stammgebiet nun als Ausflugsziel pflegten.[36]

1898 trat der „Verein Gunzenhausen und Umgebung Nürnberg" ins Leben, der auf „den Zusammenschluß in Nürnberg und Umgegend wohnhafter, männlicher Personen aus Stadt und Bezirksamt Gunzenhausen zu geselliger Unterhaltung"[37] abzielte. Der Verein überdauerte den Ersten Weltkrieg, wurde 1933 gleichgeschaltet und auch nach dem Zweiten Weltkrieg wiederbelebt. 1936 kam der Verein „Weißenburg-Rennslin-

---

[31] StadtAN Adressbücher der Stadt Nürnberg (künftig: Adressbücher).
[32] StadtAN C7/V 6963.
[33] StadtAN Adressbücher.
[34] StadtAN C7/V 6693.
[35] StadtAN Adressbücher.
[36] StadtAN C7/V 4934; Adressbücher.
[37] StadtAN C7/V 2411.

gen" hinzu. 1901 wurde der „Verein Hesselberg und Umgebung" gegründet, der die Zusammenfassung aller in Nürnberg ansässigen Landsleute zur Pflege alten Heimatbrauches zum Ziel hatte. Als Mitglieder wurden geborene und heimatberechtigte Personen vom Hesselberg und dessen Umgebung zugelassen, die in und um Nürnberg wohnten. Die Bedingungen wurden 1933 etwas großzügiger ausgelegt. Nun konnten alle eintreten, die in einem Radius von sechs Stunden – gemeint sind wohl Fußstunden – vom Hesselberg geboren waren. Die äußerst großzügige Bemessung schloss auch Söhne, Schwiegersöhne und andere Verwandte ein und weist möglicherweise auf schwindende Mitgliederzahlen hin. 1933 erfolgte die Gleichschaltung und nach dem Zweiten Weltkrieg die Neugründung.[38] Um 1936 erfolgt die Gründung der Vereine „Greding" und „Allersberg" als Brückenkopf zur Oberpfalz, der nach dem Zweiten Weltkrieg als „Heimatverein Allersberg und Umgebung" neu belebt wurde.[39]

Geographisch ausgesprochen vielfältig präsentiert sich die Vereinspalette aus den industriearmen westmittelfränkischen Regionen. 1897 gründete sich der Verein „Ansbacher" zu „gemütliche[n] anständige[n] und sittliche[n] Unterhaltungen".[40] Schon ein Jahr nach der Gründung ging der Verein aufgrund Mitgliedermangels wieder ein. Schuld am fehlenden Interesse der Landsleute war möglicherweise die momentane Konkurrenzsituation. Denn ebenfalls 1897 trat der Verein „Ansbacher Freunde und Gönner derselben in Nürnberg" ins Leben, der gesellige Unterhaltungen als Vereinszweck auswies.[41] Er wurde 1898 aufgelöst genau wie der 1896 gegründete gesellige Verein „Ansbacher und Umgebung", der immerhin zunächst zwei Jahre existierte und dann nochmals wiederbelebt bis 1909 Bestand hatte.[42] Ab 1936 bestand nochmals kurzzeitig der Verein „Ansbacher Landsleute". Aus der Ansbacher Gegend schlossen sich weitere Landsmannschaften zusammen wie zum Beispiel 1902 der Verein „Leutershausen und Umgebung", der nach dem Ersten Weltkrieg wiederbelebt werden konnte. 1940 wurde im Auftrag des Windsbacher Bürgermeisters und des NSDAP-Ortsgruppenleiters die „Heimatvereinigung Windsbach und Umgebung Sitz Nürnberg" als Tourismusverein ins Leben gerufen. Als Vereinssitz wurde deshalb Nürnberg gewählt, weil „hier die meisten von Windsbach weggezogenen Landsleute wohn[t]en."[43]

1888 gründete sich der Verein „Rothenburg-Taubertal" unter wechselnden Vereinsadressen in Wöhrd als Geselligkeits- und Musikverein, benannte sich in „Gesangsverein Rothenburger" um und löste sich 1906 schließlich auf.[44] 1921 konnte die Landsmannschaft als Verein „Rothenburg o. T. und Umgebung" zur Geselligkeit und Förderung der Kollegialität wiederbelebt werden.[45] Kurzlebig war hingegen der um 1907 gegründete Verein „Schillingsfürst und Umgebung", der nur rund drei Jahre existierte.[46]

[38] StadtAN C7/V 2978; Adressbücher.
[39] StadtAN Adressbücher.
[40] StadtAN C7/V 2257.
[41] StadtAN C7/V 2167.
[42] StadtAN C7/V 2042; Adressbücher.
[43] StadtAN C7/V 7214.
[44] StadtAN C7/V 1267.
[45] StadtAN C7/V 5634.
[46] StadtAN Adressbücher.

1900 gründete sich der Verein „Ehemalige Uffenheimer und deren Umgebung Nürnberg" zur geselligen Unterhaltung, dessen Name um 1905 als Verein „Uffenheim und Umgebung" vereinfacht wurde. Aufgenommen wurde jeder unbescholtene Mann, der längere Zeit in Uffenheim oder Umgebung gewohnt hatte. 1933 erfolgte die Gleichschaltung.[47] Ebenfalls 1900 wurde mit gleichem Vereinszweck der Verein „Uffenheim, Windsheim und Umgebung" ins Leben gerufen. Ausdrücklich räumte der Verein auch Frauen, die längere Zeit im Einzugsgebiet gewohnt hatten, die Mitgliedschaft ein, allerdings ohne Wahl- und Stimmrecht. 1906 wurde der Verein aufgelöst.[48] Um 1902 trat der Verein „Burgbernheim, Windsheim und Umgebung" ins Leben, der in unterschiedlicher Form über den Zweiten Weltkrieg hinaus existierte.[49]

1905 wurde die „Privatgesellschaft Feuchtwanger" gegründet, um „alle in Nürnberg wohnenden Feuchtwanger zu vereinigen, heimatliche Sitten und Gebräuche zu pflegen, sowie durch regelmäßige Zusammenkünfte Liebe und Anhänglichkeit zur Heimat zu erhalten und einen möglichst familiären Zusammenschluß zu erzielen."[50] Aufgenommen wurden Personen beziehungsweise deren Eltern, die in Feuchtwangen geboren oder beheimatet waren oder die durch einen längeren Aufenthalt dort mehreren Angehörigen des Vereins bekannt waren. 1907/08 gehörten immerhin 38 Herren und acht Damen dem Verein an, was nicht zuletzt auf ein offenbar attraktives Veranstaltungsprogramm zurückgeführt werden kann. Auch hinsichtlich der Geschäftsadresse bewies der Verein Kontinuität und blieb mit der Sulzbacher Straße, der Fabrikstraße und der Mathildenstraße im Stadtteil Wöhrd beziehungsweise Gärten bei Wöhrd lange präsent. Zu Beginn des Ersten Weltkrieges kam die Vereinsarbeit jedoch zum Erliegen. Daneben bestand der um 1896 gegründete Verein „Feuchtwanger" mit wechselnden Vereinslokalitäten in Gostenhof und St. Johannis, der ebenfalls seine Arbeit im Krieg einstellte. Nach dem Ersten Weltkrieg fanden Feuchtwanger erneut einen Bezugsrahmen im Verein „Feuchtwangen und Umgebung".[51] 1912 wurde zudem der „Verein Schopfloch" gegründet, der – 1933 gleichgeschaltet – bis zum Zweiten Weltkrieg Leute aus der Ortschaft in Nürnberg zusammenführte.[52]

Um 1902 trat der Verein „Dinkelsbühl" ins Leben, dessen Arbeit zu Beginn des Ersten Weltkriegs zum Erliegen kam. Nach dem Ersten Weltkrieg gelang eine Neubelebung als Verein „Dinkelsbühl und Umgebung", der im Zweiten Weltkrieg einging.[53]

Gemessen an der geographischen Dichte der Stammvereine stellten auch der Aischgrund und der Rangau im oberen Aischgrund nordwestlich von Nürnberg ein bedeutendes Einzugsgebiet für Arbeitskräfte in Nürnberg dar. Um 1897 gründete sich der „Verein Neustadt an der Aisch" als gesellige Vereinigung, ging aber vermutlich schon im folgenden Jahr wieder ein. 1910 wurde der Verein „Neustadt und Umgebung" als Vergnügungsverein initiiert, der geborene oder heimatberechtigte Neustäd-

---

[47] StadtAN C7/V 2930.
[48] StadtAN C7/V 2958.
[49] StadtAN Adressbücher.
[50] StadtAN E6/220 Nr. 1.
[51] StadtAN Adressbücher.
[52] StadtAN C7/V 4808.
[53] StadtAN Adressbücher.

ter ab 18 Jahren als Mitglieder aufnahm. 1933 erfolgte die Gleichschaltung und nach 1945 die Reaktivierung als Heimatverein.[54]

Nach dem Ersten Weltkrieg wurde der Verein „Wilhermsdorf und Umgebung in Nürnberg" gegründet und 1937 als Heimatverein „Wilhermsdorf-Rangau" weitergeführt. Daneben bestand 1936 bis 1938 kurzfristig die „Vereinigung der Heimatfreunde Wilhermsdorf". Um 1936 wurden zudem der „Verein Markt Erlbach" mit Vereinslokalen in Gostenhof und der „Verein Herzogenaurach" ins Leben gerufen.

Seit 1934 repräsentierte der Verein „Burghaslach und Umgebung" das nordwestliche Mittelfranken, der als Heimatverein nach 1945 weiter existierte.[55] Um 1905 gründete sich der Verein „Steigerwälder", der ab 1933 als „Steigerwälder Stammverein" und ab 1942 als „Die Steigerwälder" weitergeführt wurde.

Vereine von Zuwanderern aus Oberfranken

Die zahlreichen und geographisch weit gestreuten Oberfrankenvereine untermauern die Rolle Oberfrankens als eines der Hauptrekrutierungsgebiete der Nürnberger Industriebeschäftigten. 1898 wurde der Verein „Markt Schorgast" zur geselligen Unterhaltung gegründet. Als Mitglieder wurden Ortsangehörige der Gemeinde Markt Schorgast und Umgebung akzeptiert. Offenbar erwies sich der Kreis der Aufnahmeberechtigten als zu speziell, denn 1903 erfolgte die Namenserweiterung um den Begriff Oberfranken sowie die Ausdehnung auf den Kreis Oberfranken. Nach dem Ersten Weltkrieg kam das Vereinsleben zunächst zum Erliegen, bis um 1931 die Aktivitäten unter dem Namen „Markt Schorgast und Umgebung" wieder aufgenommen wurden.[56] Offenbar bildete Doos in der Nähe der Bahnlinie nach Bamberg ein zentrales Wohnquartier der oberfränkischen Industriearbeiter. 1899 gründete sich dort der Vergnügungsverein „Oberfranken Schniegling Doos". 1904 fusionierte er mit dem 1901 gegründeten „Männerbund Oberfranken Schniegling-Doos und Umgebung", dessen Mitglieder gebürtige Oberfranken oder deren Nachfahren sein mussten, unter dem neuen Namen „Vereinigte Oberfranken Schniegling-Doos". Der Vergnügungsverein legte als Aufnahmekriterien fest, dass die Mitglieder in Oberfranken geboren oder von Oberfranken abstammen sollten. 1918 wurde der Verein aus dem Vereinsregister gestrichen.[57] 1929 kam es zu einer Wiederbelebung als „Stammverein Oberfranken Schniegling Doos und Umgebung". Dies war ganz wörtlich zu nehmen, da die Mitglieder nicht zwingend in Oberfranken geboren sein, aber von Oberfranken abstammen mussten. Die Liberalisierung der Aufnahmebedingungen ist ein Indikator dafür, dass der Zuzug an oberfränkischen Zuwanderern allmählich verebbte und die zweite Generation in Nürnberg nun bereits aufwuchs. 1934 kam das Vereinsleben – möglicherweise als Folge der Gleichschaltung – zum Erliegen.[58] Einen Hinweis auf einen weiteren Siedlungsschwerpunkt oberfränkischer Zuwanderer gibt der Oberfrankenverein Steinbühl, der 1900 von 30 Landsleuten zur Institutionalisierung monatlicher

---

[54] StadtAN C7/V 4663.
[55] StadtAN Adressbücher.
[56] StadtAN C7/V 2336; Adressbücher.
[57] StadtAN C7/V 2777, 1995, 3651; Adressbücher.
[58] StadtAN C7/V 6562.

Treffen gegründet wurde. Bereits 1901 löste sich der Verein jedoch wieder auf.[59] Eine Vielzahl weiterer zum Teil kurzlebiger Oberfrankenvereine illustriert die rege Zuwanderung aus dieser Region: 1896 wurde der „Oberfränkische Freßverein"[60] gegründet, 1902 bis 1914 gab es den Verein „Oberfranken Nürnberg. Gemütliche Vereinigung", 1899 bis 1901 konnten sich geborene oder heimatberechtigte Oberfranken dem Oberfrankenverein „Eintracht" zur geselligen Unterhaltung anschließen[61] und 1901 bis 1902 bot der „Gesangsverein Oberfranken Nürnberg" zur Förderung des deutschen Liedes und der Ausbildung in Gesang Musikfreunden ein Forum. Jeder unbescholtene Mann ab 18 Jahren und geboren oder heimatberechtigt in Oberfranken konnte dort nach einer Gesangsprüfung Mitglied werden.[62] 1886 bis 1938 gab es den „Oberfranken-Verein", nach dem Ersten Weltkrieg bis 1938 „Die gemütlichen Oberfranken" und ab 1891 den „Männerbund Oberfranken", der nach dem Ersten Weltkrieg reaktiviert wurde.[63] Gebunden an konkrete Herkunftsorte waren überdies die Vereine „Gefrees und Umgebung" ab 1905,[64] „Kulmbach und Umgebung" um 1930/31 und „Gerolzgrün und Umgebung" ab 1931 sowie ab 1909 der Verein „Sparneck und Umgebung", der bis zu Beginn des Ersten Weltkriegs bestanden hat.

Vereine von Zuwanderern aus Unterfranken

Die vergleichsweise schmale Palette der Unterfrankenvereine organisierte ihre Landsleute unter geographisch allgemein gefassten Vereinsnamen. Vermutlich waren einzelne Herkunftsorte nach der Zahl ihrer Abwanderer in Nürnberg nicht ausreichend repräsentiert. 1888 gründete sich der Unterfranken-Verein, um „seine Mitglieder als Landsleute gesellig zu vereinigen".[65] Aufnahmeberechtigt war jeder unbescholtene Unterfranke ab 18 Jahren. 1914 wurde der Verein, da er nur noch fünf Mitglieder zählte, aufgelöst. Ein Mitbewerber erwuchs ihm 1893 durch den „Unterfränkischen Männerbund Nürnberg" mit dem Zweck, „seine Mitglieder als Landsleute je nach Stand der Kasse […] zu unterhalten."[66] Offenbar war der Lebenskreis der zugewanderten Unterfranken in Nürnberg überschaubar, denn der Verein verstand sich als Konkurrenz zum Unterfranken-Verein. Eine Doppelmitgliedschaft für Mitglieder, Unterfranken ab 21 Jahren, wurde ausdrücklich ausgeschlossen. Offenbar gewann der Verein den internen Wettstreit, da er ab 1933 als „Unterfranken-Männerbund" bis in den Zweiten Weltkrieg hinein existierte.[67] 1899 trat der „Unterfränkische Verein" in den Wettbewerb um Mitglieder ein mit dem bestechend einfachen Vereinsziel der geselligen Unterhaltung „von unseren [sic!] schönen Unterfranken".[68] Offenbar reichte das inhaltliche Angebot nicht aus, um gegen die anderen Vereine zu bestehen. Bereits

---

[59] StadtAN C7/V 2850.
[60] StadtAN C7/V 2142, bestand vermutlich nicht über das Gründungsjahr hinaus.
[61] StadtAN C7/V 2603.
[62] StadtAN C7/V 3012.
[63] StadtAN Adressbücher.
[64] StadtAN Adressbücher.
[65] StadtAN C7/V 1281.
[66] StadtAN C7/V 1791.
[67] StadtAN Adressbücher.
[68] StadtAN C7/V 2682.

1900 kam es zur Auflösung, da die Versammlungen nicht mehr besucht wurden und Mitgliedsbeiträge ausblieben. Um 1930 setzte der Verein „Die gemütlichen Unterfranken" die Reihe der unterfränkischen Gruppierungen fort.

Vereine von Zuwanderern aus der Oberpfalz

Ausgesprochen differenziert präsentierte sich das Spektrum der Stamm- und Heimatvereine der Oberpfalz. 1896 trat der Verein „Oberpfälzer Eintracht Nürnberg" mit dem Ziel ins Leben, „den hiesigen Landsleuten Gelegenheit zu geselligen Zusammenkünften und Unterhaltungen zu geben und unschuldig in Not geratene Vereinsmitglieder zu unterstützen."[69] Aufgenommen wurden nur im Stadtgebiet Nürnberg wohnende, gebürtige Oberpfälzer. Zur Sicherung einer exklusiven Stellung schloss die Satzung Doppelmitgliedschaften in anderen Oberpfälzervereinen aus. Der Verein bestand immerhin bis 1906. Weniger langlebig war der 1899 gegründete Verein „Oberpfälzer Gemütlichkeit", der ebenfalls nur gebürtige Oberpfälzer oder Ehegatten von Oberpfälzerinnen aufnahm. Schon 1901 wurde dessen Auflösung gemeldet.[70] 1888 wurde der „Oberpfälzer Stammverein Nürnberg" gegründet. Neben Pflege der Geselligkeit stellte auch die Gewährung von Unterstützungen bei Krankheits- und Sterbefällen ein Satzungsziel dar. Durch die Festlegung des Höchstbeitrittsalters (ab 18 Jahren) für Männer von 55 Jahren und Frauen von 45 Jahren oberpfälzischer Abstammung wurde der Vergreisung vorgebeugt. Offenbar ging das Rezept auf, denn der Verein überdauerte im Gegensatz zu vielen anderen beide Weltkriege.[71] 1907 wurde der Verein „Oberpfalz Kallmünzia" gegründet, der zwar bald einging, aber offenbar um 1934 vom „Heimat-Verein Kallmünz und Umgebung" beerbt wurde, um „alle in Nürnberg wohnenden Landsleute zu vereinigen, heimatliche Sitten und Gebräuche zu pflegen, sowie durch regelmäßige Zusammenkünfte Liebe und Anhänglichkeit zur Heimat zu erhalten."[72] Mitglieder waren zumeist Industriearbeiter in Nürnbergs Metallwarenfabrikation. Um 1930 kam die „Landsmannschaft Nabburg und Umgebung" als Zusammenschluss aller in Nürnberg lebender aus dem Bezirksamt Nabburg stammender Landsleute und Ehegatten hinzu. Neben der Pflege des landsmännischen Gedankens und des kameradschaftlichen Miteinanders sowie Veranstaltungsangeboten beriet der Verein Neuankömmlinge aus Nabburg und unterstützte in Not geratene Landsleute. Auch die Begleitung der Hinterbliebenen bei Trauerfeiern gehörte zur Mitgliederbetreuung. 1933 erfolgte die Gleichschaltung des Vereins, der nach 1945 wiederbelebt werden konnte.[73] Offenbar deckte der Verein das Mitgliederpotential bereits ab, denn der „Heimatverein Nabburg", um 1936 gegründet, gab nach wenigen Jahren wieder auf. Unweit von Oberviechtach in der Oberpfalz lag der Heimatort des 1925 gegründeten Vereins „Schönsee und Umgebung". Neben der Pflege des landsmannschaftlichen Gedankens und geselligen Veranstaltungen bot der Verein seinen Mitgliedern auch Beratung und Unterstützung sowie Begleitung bei Beisetzungen. Aufgenommen

---

[69] StadtAN C7/V 2133.
[70] StadtAN C7/V 2577.
[71] StadtAN E6/905 Nr. 1, 2, 3, 4, 6, 7, 8, 9, 10, 11.
[72] StadtAN C7/V 7043.
[73] StadtAN C7/V 6946.

wurden Männer wie Frauen. Nach Gleichschaltung und Zweitem Weltkrieg konnte die Vereinsarbeit fortgesetzt werden.[74] Um 1936 sprach der „Verein Oberviechtach" mit Vereinsadresse in der Galgenhofstraße ebenfalls Landsleute dieser Region an. Weitere Orte waren vertreten im „Verein der Further Landsleute", der um 1930 gegründet, 1933 in „Further Landsmannschaft Nürnberg" umbenannt und nach 1945 wiederbelebt wurde.[75] Um 1932 erfolgte die Gründung der Heimatvereine „Vilseck und Umgebung" mit dem Vereinslokal in der Glockenhofstraße, und „Vilshofen" mit dem Vereinslokal in der Wiesenstraße, der allerdings nur ein Jahr existierte.[76] 1921 trat der Verein „Erbendorf und Umgebung" aus der Region Neustadt an der Waldnaab ins Leben. Die vergleichsweise späte Gründung des Heimatvereins wollte die „Heimatsliebe unter den in Nürnberg wohnenden Landsleuten"[77] pflegen. Neben gebürtigen Erbendorfern ab 18 Jahren wurden auch deren Ehegatten aufgenommen. Zuzügler aus dem Bezirksamt Vohenstrauß vertraten ab 1897 die „Gesellschaft Eslarner Eintracht", die über den Ersten Weltkrieg hinaus bestand, sowie nach dem Ersten Weltkrieg der Verein „Pleistein und Umgebung".[78] Um 1907 trat der Verein „Waldmünchen und Umgebung" ins Leben, und erst seit 1938 existierte der Verein „Winklarn und Umgebung". Daneben trug eine Reihe Oberpfälzer Männerbünde zur Vereinsvielfalt bei.

Vereine von Zuwanderern aus Oberbayern, Niederbayern und Schwaben

Entsprechend ihrem geringen Anteil am Gesamtvolumen der innerbayerischen Zuwanderer sind die Vereine aus Ober- und Niederbayern unterrepräsentiert und kaum nach Herkunftsregionen aufgefächert. Aus dem Regierungsbezirk Schwaben konnte gar kein Verein nachgewiesen werden. 1903 gründete sich der Verein „Die Schlierseer" zur Abhaltung kameradschaftlicher Zusammenkünfte. Zwar wurde die Herkunft als Mitgliedskriterium nicht definiert, aufgrund der Vornamen der Vorstandsmitglieder wie Josef, Karl oder Sebastian – im evangelischen Nürnberg vor 1900 eher unüblich – kann man aber davon ausgehen, dass die Initiatoren tatsächlich aus dem Raum Schliersee kamen. Offenbar handelte es sich nur um eine kleine landsmannschaftliche Gruppe, denn 1905 löste sich der Verein bereits wieder auf.[79] Nur wenige Jahre, nach dem Ersten Weltkrieg bis 1936, und ohne geographische Zuordnung existierte der Verein „Die lustigen Oberbayern" mit dem Vereinslokal in der Ottostraße. Um 1909 wurde die Privatgesellschaft „Gemütliche Niederbayern" gegründet und nach dem Ersten Weltkrieg als „Heimat-Verein gemütliche Niederbayern" zum Zweck der Geselligkeit wiederbelebt. Die Mitglieder mussten im Kreis Niederbayern geboren sein. 1933 wurde der Verein gleichgeschaltet und stellte mit Beginn des Zweiten Weltkriegs seine Arbeit ein.[80]

---

[74] StadtAN C7/V 6281.
[75] StadtAN Adressbücher.
[76] StadtAN C7/V 6917.
[77] StadtAN C7/V 5595.
[78] StadtAN Adressbücher.
[79] StadtAN C7/V 3379.
[80] StadtAN C7/V 6867.

Vereine von Zuwanderern aus der Pfalz

Aufgrund der weiten Entfernung zum bayerischen Kerngebiet zählte auch die bayerische beziehungsweise rheinische Pfalz nicht zu den Rekrutierungsgebieten für Nürnberger Industriearbeiter und war vom Vereinsspektrum her entsprechend schwach aufgestellt. 1903 wurde die „Vereinigung der Pfälzer" zur Hebung des feinen Tones und des Anstands gegründet. Bereits 1904 wurde der Verein, vermutlich aufgrund Mitgliedermangels nur noch als lose Stammtischgesellschaft fortgeführt.[81] 1893 trat der „Verein der Rheinpfälzer" ins Leben. Seine Mitglieder rekrutierten sich aus allen Schichten. Mit vereinseigener Bücherei, dem Stammlokal im Kulturverein und einem Bankdirektor als Vorstand war der Verein eher bildungsbürgerlich ausgerichtet. Als die Pfalz 1918 bis 1930 von den Franzosen besetzt wurde und zahlreiche Flüchtlinge und Ausgewiesene nach Nürnberg kamen, beteiligten sich die Mitglieder an deren Unterstützung. 1945 schlossen sich die Pfälzer Vereine in Nürnberg und Fürth zusammen. 1952 löste sich der Verein vor dem Hintergrund politisch aktiver Pfalzvereine, die die Wiedereingliederung nach Bayern forderten, vorübergehend auf, formierte sich aber schon 1954 als „Verein der Rheinpfälzer Nürnberg-Fürth e. V" neu.[82] 1909 konstituierte sich die Ortsgruppe Nürnberg des „Pfälzer-Wald-Vereins" zur Erhaltung und Förderung des Heimatsinns und der Pflege der Touristik. Der Dachverein war bereits 1902 in Ludwigshafen für touristische Zwecke gegründet worden. Offenbar kam das Veranstaltungsprogramm mit Mundartabenden und ähnlichem gut an, denn 1911 fasste der Verein rund 120 Mitglieder aus Nürnberg, Fürth, Erlangen und der Umgebung zusammen. 1928 stellte er seine Arbeit ein.[83]

Vereine von Zuwanderern aus nicht-bayerischen Gebieten

Aufgrund ihres überschaubaren Mitgliederpotentials rangierten auch die außerbayerischen Vereine unter geographisch weit gefassten Vereinstiteln. Über einen längeren Zeitraum hinweg bildeten Zuwanderer aus dem Badischen eine gesellschaftlich aktive Migrantengruppe in Nürnberg, denn bereits 1886 wurde die „Gesellschaft Badenia" als Verein der in Nürnberg wohnenden „Badenser" gegründet. Er diente der geselligen Unterhaltung und ließ als Mitglieder unbescholtene Badenser ab dem 18. Lebensjahr zu. Aufgrund des schrumpfenden Mitgliederstandes wurde 1889 der Verein zunächst aufgelöst, 1894 dann unter gleichem Namen neubelebt und kam im Zuge des Ersten Weltkriegs endgültig zum Erliegen.[84] 1909 trat als Absplitterung der Badenser-Verein ins Leben. Als Vereinsziel wurde „die Förderung der Geselligkeit und [...] der Heimatsliebe ihrer Mitglieder"[85] ausdrücklich festgeschrieben. Ordentliche Mitglieder konnten nur „geborene Badenser, männlichen und weiblichen Geschlechts, sowie deren Kinder sein".[86] 1919 löste sich der Verein auf. Beide Vereinigungen verstanden sich offenbar nicht als Konkurrenz, da der Kaufmann Thomas Diehm in beiden Vor-

---

[81] StadtAN C7/V 3425.
[82] StadtAN E6/849 Nr. 1, 2, 3.; Adressbücher.
[83] StadtAN C7/V 4535.
[84] StadtAN C7/V 1143.
[85] StadtAN C7/V 4531.
[86] Ebd.

ständen aktiv war. Von Bestand war der „Verein der Badener", der 1893 gegründet wurde und den Zweck hatte, die in Nürnberg und Umgebung ansässigen badischen Landsleute mit ihrer Heimat in Verbindung zu halten, ihre Heimatliebe zu stärken sowie heimatliche Geselligkeit, Kunst, Sitte und landsmannschaftliche Verbundenheit zu pflegen. Als Mitglieder wurden volljährige Badener, deren Kinder sowie interessierte Nicht-Badener – zum Beispiel nicht-badische Ehegatten – akzeptiert. Das Mitgliederprofil reichte von einfachen Industriearbeitern über Facharbeiter bis hin zu Kaufleuten. Im Gegensatz zu den anderen Vereinen existierte nach dem Ersten Weltkrieg der „Verein der Badener" fort, die Gesellschaft Badenia ging darin auf, und auch Mitglieder der anderen Vereine organisierten sich dort. Nach schwindenden Mitgliederzahlen sorgte der Vorstand etwa durch die Gründung eines Elferrates zur Faschingszeit wieder für neuen Schwung. Nicht zuletzt aufgrund dieses aktiven Vereinslebens knüpften die Badener nach dem Zweiten Weltkrieg an ihre Vereinstradition an und erhielten 1946 als erste die Wiederzulassungslizenz der US-Militärregierung. Während 1962 der Verein 125 Mitglieder zählte, verzeichnete er insbesondere aufgrund von Todesfällen 1978 nur noch 69 Mitglieder. Neuzugänge blieben offenbar aus.[87]

1887 gründete sich der „Verein der Württemberger", um „das gemüthliche Zusammenleben der in hiesiger Stadt sich aufhaltenden Württemberger zu fördern."[88] Mitglied durfte jeder Württemberger ab 17 Jahren werden, der sich vorübergehend oder für immer in Nürnberg angesiedelt hatte. Als Initiator trat der Reiserequisitenfabrikant Georg Stützel auf. Wahrscheinlich fehlte es dem Verein an aktiven Mitgliedern, denn bereits 1888 wurde er wieder aufgelöst.[89] 1894 kam es zu einer Neugründung von 33 Landsleuten unter gleichem Namen mit dem Zweck, „die landsmanischen [sic!] Bestrebungen unter den Mitgliedern zu fördern".[90] Mitglied konnte jeder unbescholtene Württemberger ab 18 Jahren werden. Der Verein hatte über beide Weltkriege hinaus Bestand. Weniger erfolgreich war der 1902 gegründete „Württemberger Bund" zum Zweck landsmannschaftlicher Gemütlichkeit. Mitglied durfte jeder Württemberger ab 17 Jahren werden. 1905 kam es schon wieder zur Auflösung.[91]

Der „Hessen-Darmstädter Landsmann-Verein" wurde schon 1885 mit dem Ziel gegründet, „unter seinen Mitgliedern die Liebe zum engeren Vaterlande wach zu halten."[92] Aufgenommen wurden nur gebürtige Hessen. Darüber hinaus gewährte der Verein Neuankömmlingen aus der Heimat und bedürftigen Landsleuten unabhängig von Stand und Konfession nach Kräften der Vereinskasse finanzielle Starthilfen und Unterstützungen. Nach 1892 existierte der Verein nicht mehr. Seine soziale Funktion übernahm 1894 der „Verein der Hessen", dessen Statuten die Pflege des „gesell. Verkehr zwischen den hier & in Fürth lebenden Landsleuten"[93] festschrieb. Nur gebürtige Hessen ab 17 Jahren durften Mitglied werden. 1897 löste sich der Verein wieder auf.

---

[87] StadtAN E6/1022 Nr. 1, 2, 3, 4.
[88] StadtAN C7/V 1179.
[89] Ebd.
[90] StadtAN C7/V 1858.
[91] StadtAN C7/V 3236.
[92] StadtAN C7/V 1044.
[93] StadtAN C7/V 1859.

1898 trat die „Sachsen-Vereinigung Eintracht" zum geselligen Beisammensein ins Leben.[94] Bereits 1891 war der Sachsenbund gegründet worden, um „den hier wohnenden Sachsen durch öftere Zusammenkünfte und Abhaltung von Vergnügungen gesellige Stunden zu bereiten".[95] Aufnahmeberechtigt waren nur Sachsen. In den modifizierten Statuten wurde der Personenkreis auf Personen sächsischer und thüringischer Herkunft ausgedehnt, und 1901 kam ein Unterstützungsfond hinzu. Darüber hinaus lassen ein eigener Briefbogen und alljährlich organisierte Gartenfeste in der Rosenau auf eine gut gefüllte Vereinskasse sowie auf ein reges Vereinsleben unter aktiver Beteiligung vieler Mitglieder schließen. Im Zuge der Neuformierung des gesamten Vereinswesens nach dem Ersten Weltkrieg fusionierte der Sachsenbund mit der Sachsenvereinigung Nürnberg zum Sachsenverein Nürnberg. Um 1884 wurde der Verein „Die Henneberger" von Auswanderern der gleichnamigen Region in Thüringen gegründet, dessen Arbeit im Zuge des Ersten Weltkriegs zum Erliegen kam.[96] Zwischen den beiden Weltkriegen wirkte, vermutlich touristisch orientiert, zudem die „Thüringer Vereinigung" als Ortsgruppe der „Thüringer Waldvereinigung".

Ausgesprochen früh, 1879, initiierte der Bildhauer Adolf Leopold von Pein aus Hamburg die Gründung des „Plattdeutschen Club", um „die plattdeutsche Sprache auch in hochdeutschen Ländern zu vertreten und die plattdeutsche Literatur zu fördern".[97] Zentrales Aufnahmekriterium war die Beherrschung der plattdeutschen Mundart. 1881 löste sich der Verein zunächst auf, wurde dann 1884 als „Plattdeutsche Gesellschaft Eichbaum" wiederbelebt. Da das weit entfernt gelegene Norddeutschland nicht zu den Rekrutierungsgebieten der Nürnberger Industrie zählte, waren die Mitglieder auch nicht in typischen Arbeiterberufen tätig. Bekannt sind ein Gärtner und zwei Maurer im Gründungsvorstand. Der Verein zeichnete sich offensichtlich durch ein aktives Vereinsleben aus, denn er löste sich trotz der speziellen Ausrichtung erst zum Ende des Ersten Weltkrieges 1918 auf.[98] Während hier die Sprachpflege im Vordergrund stand, bestand nach dem Ersten Weltkrieg bis 1938 der „Verein der Norddeutschen" als Anlauf- und Informationsstelle für Landsleute.

1881 wurde der „Rheinisch-Westphälische Club" mit dem Ziel gegründet, „die Landsleute in geselligen & gemüthlichen Abend-Unterhaltungen […] zusammenzuführen".[99] Mitglieder konnten alle unbescholtenen Landsleute und deren Familienangehörige ab 20 Jahren werden. Wahrscheinlich aufgrund der geringen Resonanz löste sich die Initiative schon 1882 wieder auf. 1925 bis 1932 institutionalisierte sich wieder ein landsmannschaftlicher Kreis als „Privatklub Aliwa", der ab 1930 als „Rheinischer Klub" firmierte, und über den Zweiten Weltkrieg hinaus hatte die 1927 gegründete Rheinländer-Vereinigung „Rheintreu" Bestand, die 1929 nur noch als „Rheinländer-Vereinigung" firmierte.

---

[94] StadtAN C7/V 2376.
[95] StadtAN C7/V 1645.
[96] Eher unwahrscheinlich ist, dass Abwanderer des Weilers Henneberg bei Hersbruck über mehrere Jahre hinweg eine ausreichende Anzahl an Mitgliedern stellen konnten.
[97] StadtAN C7/V 721.
[98] StadtAN C7/V 1004.
[99] StadtAN C7/V 805.

Vereine von Zuwanderern aus Gebieten außerhalb der deutschen Staatsgrenzen

Die Liste der ausländischen Vereine illustriert nicht nur eine Facette der Nürnberger Wirtschafts- und Sozialgeschichte, sondern spiegelt zum Teil spannungsreich die territorialen und gesellschaftlichen Verschiebungen infolge der internationalen politischen Ereignisse und des Ersten Weltkriegs wider. In etlichen Fällen wurde die Vereinsarbeit mit den örtlich ansässigen Konsulaten abgestimmt.

Ohne politische Brisanz war der 1896 gegründete „Verein Skandinavien" mit dem Hauptziel, „die zugereisten Landsleute zu stützen".[100] In wöchentlichen Zusammenkünften sollte der Zusammenhalt unter den Skandinaviern gestärkt werden. Offensichtlich kam es zu einer Neugründung. Denn 1898 nahm der „Skandinavische Verein für Nürnberg und Umgebung" seine Arbeit auf. Als Vereinszwecke wurden die Bildung eines Fonds zur Unterstützung reisender Skandinavier, gesellige Zusammenkünfte zur Stärkung des Zusammengehörigkeitsgefühls sowie das Andenken an das Vaterland festgeschrieben. Aufnahmekriterium war, in Dänemark, Norwegen, Schweden oder Finnland geboren zu sein oder eine skandinavische Sprache zu beherrschen. Das Vereinsvermögen wurde im Falle der Auflösung dem skandinavischen Konsul in Nürnberg oder dem Verein für reisende Handwerker in Kopenhagen oder Stockholm zugedacht. Einen vagen Hinweis auf das Sozialprofil der skandinavischen Gastarbeiter in Nürnberg gibt dabei der Vereinsvorstand, der sich aus Facharbeitern und Handwerkern zusammensetzte. 1910 wurde der Verein aufgelöst.[101]

Ebenfalls ohne politische Ambitionen waren die um 1900 gegründete „Luxemburger Kolonie" in Nürnberg, die nach 1907 nicht mehr existierte, und der um 1902 gegründete Schweizer Unterstützungsverein „Helvetia", der unter anderem die Unterstützung reisender und hier wohnhafter Landsleute zum Ziel hatte. Offenbar existierte der Verein bis Ende der 1920er Jahre.

1901 gründete sich die „Società Dante Aligheri" als Zweigverein der gleichnamigen Vereinigung in Rom. Ganz im Sinne der Muttergesellschaft wurde als Gründungsmotiv formuliert, die in den Ziegeleien in der Umgebung von Nürnberg beschäftigten italienischen Arbeiter an Sonntagen in ihrer Muttersprache zu unterrichten. Da es sich dabei meist um jüngere Männer handelte, war auch die moralisch-sittliche Erziehung ein Anliegen. Die Vereinsgründer kamen dabei aus unterschiedlichen Lagern. Neben Heinrich Schätzler zählten der Konsulatsbeamte Giovanni Zanin und Silvio Piana, Kaufmann bei der Firma Schuckert, zu den Initiatoren. Möglicherweise beschäftigte die Firma Schuckert eine Reihe Italiener, denn es wurden Sonntagsschulen in denjenigen Betrieben eingerichtet, wo eine größere Anzahl italienischer Arbeiter beschäftigt war. Auch außerhalb Nürnbergs wie in Hersbruck wurden vor allem für die während des Sommers beschäftigten Jugendlichen Schulen eingerichtet. In Hersbruck wurden beispielsweise von Mai bis Oktober 1904 durchschnittlich 16 Knaben in Geschichte, Geographie und Rechnen unterrichtet. Im Mai 1915 löste sich der Verein auf, stand aber noch unter Beobachtung und wurde vor dem Hintergrund der Kriegsereignisse

---

[100] StadtAN C7/V 2150.
[101] StadtAN C7/V 2413.

1917 als Spionageverein aufgelistet und nach dem Ersten Weltkrieg deshalb nicht wiederbelebt.[102]

In mehreren Gruppierungen waren Zuwanderer aus Österreich-Ungarn organisiert. 1889 wurde der Verein der Deutschösterreicher in Nürnberg „Austria" gegründet, der ab 1890 „Verein der Österreicher in Nürnberg" hieß. Er existierte bis etwa 1898.[103] Darüber hinaus bestanden um 1895 der Verein „Deutsch-Österreicher Mechaniker" sowie 1913/14 und 1940 jeweils Gesangsvereine der Deutsch-Österreicher.[104]

Daneben wurde um 1902 der „Verein Oesterreich-Ungarn Nürnberg" gegründet, der nach dem Ersten Weltkrieg und dem Ende der Donau-Monarchie in „Deutsch-Oesterreicher Nürnberg" und 1939 „Deutsch-Oesterreicher Nürnberg Heimatverein" umbenannt wurde. Bereits 1905 weist der „Selbstbildungsverein der Ungarischen Arbeiter" auf eine nennenswerte ungarische Migrantengruppe im Nürnberger Raum hin. Er existierte bis zum Ersten Weltkrieg. Einen Hinweis gibt darüber hinaus der 1909 begründete „Österreichisch-Ungarische Hilfsverein" mit dem Ziel, die rund 1.000 in Nürnberg und Fürth lebenden Landsleute ohne Unterschied der Konfession und der Nationalität zu unterstützen. Im Jahr gab der Verein durchschnittlich 2.000 Mark an über tausend Parteien aus, die etwa wegen Aussperrung aus dem Baugewerbe kein Einkommen bezogen. Bis in den Ersten Weltkrieg hinein ging der Verein seiner Aufgabe nach.[105] Die Auflösung des liquidierten österreich-ungarischen Konsulats in Nürnberg gab 1919 den Anstoß zur Gründung des ungarischen Vereins „Hungaria" zum Zweck der „Pflege des ungarischen Lebens zwischen den im Wirkungskreis des Vereins lebenden Ungarn."[106] Daneben bot der Verein den in Nürnberg lebenden Ungarn praktische Hilfe an, wie Unterstützung in Not geratener oder durchreisender Landsleute, Stellenvermittlung sowie Integrationshilfen etwa durch „Aufklärung der hier lebenden oder sich hier niederlassenden Landsleute über die hiesigen staatsrechtlichen und volkswirtschaftlichen Verhältnisse"[107] und füllte damit das Vakuum der fehlenden konsularischen Betreuung vor Ort aus. 1928 hatte der Verein etwa 25 bis 30 Mitglieder. 1932 konstituierte sich der Verein „Hungaria" als Geselligkeitsverein neu mit dem Zweck der Pflege des Ungarntums innerhalb der „ungarischen Kolonie" in Nürnberg und Umgebung. Nach dem Zweiten Weltkrieg führte die Deutsch-ungarische Kulturgesellschaft die Tradition fort.[108]

Das Auseinanderbrechen des österreich-ungarischen Vielvölkerstaates 1918 ordnete die europäische Landkarte staatsrechtlich neu. In diesem Zusammenhang wurde 1919 das deutschsprachige Siedlungsgebiet des Sudetenlandes in die neu gegründete Tschechoslowakei inkorporiert. Obwohl mehrheitlich von den neuen Staatsbürgern toleriert, konnten nicht alle Bevölkerungsteile integriert werden. Nach dem Ersten Weltkrieg lebten in und um Nürnberg rund 2.000 Sudetenländer – der Begriff der Sudetendeutschen setzte sich im öffentlichen Sprachgebrauch erst ab 1938 durch –, für die ab 1924 der „Hilfsverein für Deutschböhmen und der Sudetenländer", Ortsgruppe Nürn-

---

[102] StadtAN C7/V 3091.
[103] StadtAN Adressbücher.
[104] Ebd.
[105] StadtAN E6/412.
[106] StadtAN C7/V 5178.
[107] Ebd.
[108] StadtAN Adressbücher.

berg ab 1926 „Sudetendeutscher Heimatbund", zur Anlaufstelle wurde. Im Deutschen Reich bestanden bereits zahlreiche solcher Vereine. Die Nürnberger Ortsgruppe mit ganz Franken als Einzugsgebiet initiierten Justizrat Dr. Karl Stauder und eine kleine Anzahl sudetendeutscher Landsleute. Die Mitglieder rekrutierten sich zum großen Teil aus dem Arbeitermilieu, 1935 war sogar ein Drittel erwerbslos.[109] Daneben bestand etwa 1929 bis 1934 die „Tafelrunde der Heimatfreunde Deutschböhmens."[110] Bereits 1922 gründete sich der Verein „Eghalanda Gmoi",[111] der nach dem Zweiten Weltkrieg aufgrund von Flucht und Vertreibung der nahezu gänzlich deutschstämmigen Bevölkerung neue Impulse erhielt.

1884 konstituierte sich der „Tschechisch-Slavische Verein Palacky", der seine Interessenten über ein in verschiedenen Zeitungen in böhmischer Sprache abgefasstes Inserat zur Vereinsgründung einlud. Als Statuten wurden der Schutz der böhmisch-slawischen Nationalität, Fortbildung der Muttersprache, Ausbildung der Arbeit und des Wissens, gegenseitige Unterstützung sowie gesellige Zusammenkünfte formuliert.[112] Aufgrund seiner nationalistischen Ausrichtung stand der Verein von Beginn an unter besonders sorgfältiger Überwachung durch die Vereinspolizei, wie auch der 1893 gegründete „Böhmisch-slavische Turnverein Sokol für Nürnberg und Umgebung". Kernaufgabe war die Unterstützung ankommender Landsleute. Mitglied konnte jeder Slawe ab 17 Jahren werden. Die innere Struktur des Sokolvereins zeigte im Gegensatz zu den meisten landsmannschaftlichen Gruppierungen deutlich nationalistische Tendenzen mit paramilitärischen Attitüden: es wurde böhmisch gesprochen, mit dem Symbol des Falken ein eigenes Abzeichen und die Devise „Härten wir uns ab" geführt.[113] Offenbar konnte der Verein auf eine große Zielgruppe zurückgreifen, da 1899 in Erlangen ein Zweigverein ins Leben gerufen wurde. 1910 befanden sich nach Beobachtungen der Vereinspolizei immerhin rund 800 Tschechen in Nürnberg. 1914 wurden beide böhmisch-slawischen Vereine Sokol und Palacky unter dem Namen „Böhmisch-slavischer Turnverein Sokol-Palacky für Nürnberg und Umgebung" zusammengelegt. Noch im gleichen Jahr wurde der Name nochmals in „Tschechoslovakischer Turnverein Palacky, Nürnberg" umgeändert und als Vereinsziel die Hebung der körperlichen Kräfte und der moralischen Stärke des slawischen Elements in Nürnberg und Umgebung festgelegt. Trotz der Alarmbereitschaft der Vereinspolizei stellte der Verein aufgrund seiner Mitgliederschwäche zu keiner Zeit eine Gefahr für die öffentliche Ordnung dar. 1926 konnten beispielsweise nur 20 bis 25 Mitglieder mobilisiert werden. Allerdings unterstützte das tschechische Konsulat in Nürnberg die Vereinsarbeit etwa mit Sprachkursen und zum Teil gut besuchten Turnstunden. Als 1929 das Konsulat aufgelöst wurde, stellte auch der Verein „Sokol-Palacky" seine Arbeit ein.

Viele gebürtige Böhmen waren zudem in anderen Vereinen organisiert wie etwa im 1905 gegründeten „Böhmisch-slavischen Verein Svojan", der 1920 in „Tschechoslovakischer Verein Svojan für Nürnberg und Umgebung" umbenannt wurde und rund

---

[109] StadtAN C7/V 6085.
[110] StadtAN Adressbücher.
[111] StadtAN E6/864 Nr. 1, 2, 3.
[112] StadtAN C7/V 1041.
[113] StadtAN C7/V 2334.

40 Mitglieder zählte. In enger Verbindung zum Verein Sokol-Palacky war auch der Verein Svojan nationaltschechischen Interessen verpflichtet, blieb aber hinsichtlich der Mitgliederzahlen überschaubar. 1926 waren rund 30 Mitglieder, meist aus dem Arbeitermilieu, registriert.

Mehr Erfolg hatte der 1919 als reine Interessensgemeinschaft gegründete „Bund Kriegsgeschädigter, Kriegshinterbliebener der Tschecho-Slovakischen Republik in Nürnberg" mit rund 160 Mitgliedern. 1926 zählte der Bund schon 700 Mitglieder in Nürnberg, Fürth und Umgebung, die zum Großteil deutscher Abstammung und gleichzeitig im Sudetendeutschen Heimatbund organisiert waren. 1927 kam es aufgrund einer Veruntreuungsaffäre zum Massenaustritt, und nur noch 108 Mitglieder waren geblieben.

Ausgesprochen kurzlebig war demgegenüber der 1895 gegründete „Polnisch-Böhmisch-Slavische Verein". Darüber hinaus wurde Anfang der 1930er Jahre der „Verein Ost- und Westpreußen" gegründet, der 1933 in „Verein heimattreuer Ost- und Westpreußen" umbenannt wurde.

Nachdem der Versailler Vertrag zunächst die Abtretung Oberschlesiens an Polen avisiert hatte, wurde die Region zum Abstimmungsgebiet erklärt. 1919 gründete sich deshalb der „Verein heimatstreuer Oberschlesier in Nürnberg-Fürth" mit der Aufgabe, „an den Vorarbeiten teilzunehmen, um alle Oberschlesier zur Volksabstimmung in Oberschlesien heranzuführen."[114] Der Ortsverein war Teil eines Bezirksverbandes, der wiederum den "Vereinigten Verbänden heimatstreuer Oberschlesier" in Breslau unterstand. Mitglieder konnten alle gebürtigen Oberschlesier werden. Als Vorstand amtierte der praktische Arzt Dr. Ernst Bloch. 1921 fuhren tatsächlich rund 200 Nürnberger Oberschlesier zur Abstimmung nach Oberschlesien. Obwohl der Verein politisch ausgerichtet war, fanden seine Ziele Unterstützung in der Stadtverwaltung. So spendete der Stadtrat 1921 für Not leidende Deutsche in Oberschlesien 10.000 Mark. 1933 wurde entsprechend der nationalsozialistischen Raumpolitik als Vereinsziel die Wiedergewinnung der verlorenen Gebiete in Oberschlesien formuliert.

Im Vorfeld der Abstimmung über den Verbleib des Saargebiets, das seit 1920 unter der treuhänderischen Verwaltung des Völkerbundes stand, wurde 1934 der „Saar-Verein, Ortsgruppe Nürnberg und Umgebung" als Unterorganisation des Bundessaarvereins mit Sitz in Koblenz in enger Zusammenarbeit mit der Gauleitung der NSDAP ins Leben gerufen. Der Saarverein hatte sich eigentlich mit der Eingliederung des Saargebiets in das Deutsche Reich infolge des Votums der Bevölkerung 1935 erledigt. Jedoch bestand der Verein als landsmannschaftliche Vereinigung und mit dem Wirkungskreis Mittelfranken fort.[115]

Ohne Abstimmung fielen das seit 1871 als Reichsland verwaltete Elsass und Lothringen an Frankreich. Obwohl diese Rückkehr dem Wunsch des Großteils der Bevölkerung entsprach, verließen offenbar dennoch Einwohner aufgrund der neuen Staatszugehörigkeit die Regionen. 1922 wurde der Geselligkeitsverein „Jung-Elsaß-Lothringer Nürnberg" gegründet, der sich allerdings 1923 schon wieder auflöste. Zweck war, „die aus dem Elsaß-Lothringen Vertriebenen und Ausgewanderten zum gemütlichen Beisammensein zu vereinigen, um das Gefühl fern der Heimat zu sein zu ver-

---

[114] StadtAN C7/V 5257.
[115] StadtAN C7/V 7001.

ringern und um Sprache, Sitte und Gebräuche der Heimat zu pflegen und hoch zu halten".[116] Mitglied durften nur Herren und Damen aus Elsaß-Lothringen werden oder Mitglieder des Hilfsbundes Elsaß-Lothringen. 1933 wurde der Hilfsbund der Elsaß-Lothringer Ortsgruppe Nürnberg als Unterorganisation des Hauptvereins in Berlin gegründet. Ziele waren die Förderung des landsmannschaftlichen Zusammenlebens der im Deutschen Reich lebenden Elsässer und Lothringer sowie deren Liebe zur alten Heimat und Wahrung der Kultur. Außerdem übernahm der Verein die Vertretung der wirtschaftlichen Interessen der Vertriebenen und Ausgewanderten sowie die Wahrung der Ansprüche auf Entschädigung.[117]

Schluss

Die Liste der Zuwanderervereine ließe sich bis heute als Spiegel des sozialen, politischen und wirtschaftlichen Wandels fortschreiben. Kaleidoskopartig entfaltete sich jenseits der bloßen Zusammenschau das geographisch breit angelegte Vereinsspektrum, und Schwerpunktregionen der Abwanderung gewannen an Kontur. Analog zur Erwerbsmigration der 1960er und 1970er Jahre, als der Arbeitskräftemangel infolge des Wirtschaftsaufschwungs nur mit Hilfe von im Ausland angeworbenen „Gastarbeitern" bewältigt werden konnte, stellen sich jedoch weitere Fragen: Wurden die Arbeiter, etwa von den großen Nürnberger Firmen, gezielt angeworben? Kamen deren Familien sofort mit oder erst später nach? Welche Wege der Integration neben Arbeitsplatz und Schul- beziehungsweise Berufsausbildung der Kinder beschritten die Zuwanderer? Gibt es Merkmale im Stadtbild, die neben den vagen Quellenhinweisen auf Siedlungszentren die Migration im 19. und frühen 20. Jahrhundert dokumentieren? In diesem Kontext zeigt vor allem der katholische Kirchenbau den massenhaften Zuzug in die expandierenden Vorstädte auf. Als erster katholischer Sakralbau seit der Reformation in Nürnberg datiert 1902 die Herz-Jesu-Kirche in Lichtenhof, wo im Umfeld der MAN, der Elektrizitäts-Aktien-Gesellschaft, vormals Schuckert & Co., sowie den Staatsbahnanlagen besonders viele Arbeiter ihr Wohnquartier bezogen. Der gleiche Kirchenbauverein engagierte sich auch für den Bau der Kirche St. Willibald am Rangierbahnhof 1913. In den baugenossenschaftseigenen Wohnungen der Eisenbahnersiedlung wohnte eine hohe Anzahl von Bahnbediensteten, die zum Teil aus katholischen Gebieten nach Nürnberg versetzt worden waren. Die Kirchen St. Antonius in Gostenhof und St. Michael in St. Johannis markieren seit 1910 zwei weitere Kerngebiete der Zuwanderung. Allerdings haben sich vor dem Hintergrund des gesellschaftlichen Wandels auch die baulichen Signaturen der Migration um 1900 längst überlebt. Symptomatisch hierfür schloss 2006 das Franziskanerkloster St. Ludwig im ehemaligen Arbeiterstadtteil Gibitzenhof unter anderem aufgrund fehlenden Nachwuchses seine Pforten. 1913 war das Kloster gegen den erheblichen Widerstand konservativer Protestanten und von Teilen der Stadtverwaltung zur Behebung des Seelsorgenot-

---

[116] StadtAN C7/V 5701.
[117] StadtAN C7/V 6884.

stands vor Ort sowie der Engpässe im Schuldienst gegründet worden.[118] Während die Erwerbsmigration als dauerhafte stadtgeschichtliche Konstante den Wegmarken der Wirtschaftsentwicklung untergeordnet bleibt, erhielt die nach 1945 durch Flucht und Vertreibung ausgelöste Migration Denk- und Erinnerungswert in Langwasser. Auf dem Gelände des „Stadtteils im Grünen" befand sich ab 1946 das sogenannte Valka-Lager als zeitweise größtes Ausländerlager in Bayern mit Menschen aus bis zu 28 Nationen. Hier liegen die Wurzeln des Bundesamtes für Migration und Flüchtlinge in Nürnberg, und bis heute weisen die oberschlesischen Straßennamen auf eine bedeutende Flüchtlingsgruppe hin, denen der Stadtteil Langwasser zur neuen Heimat geworden ist.[119]

---

[118] Bauernfeind, Schuh (wie Anm. 15), S. 420–422; Clemens Wachter, Chronik der Pfarrei St. Ludwig in Nürnberg von Pater Gamelbert Maier (Quellen zur Geschichte und Kultur der Stadt Nürnberg 26), Nürnberg 1997.

[119] Martina Bauernfeind, Vom Gefechtsschießplatz zum „Stadtteil im Grünen". Die Entwicklung des Stadtteils Langwasser, in: MVGN 84, 1997, S. 225–243 u. 236–243.

Clemens Wachter

„Pflegestätte des deutschen Idealismus".
Die Konzeption einer „Freien Hochschule für Handel, Industrie und allgemeine Volksbildung" in Nürnberg am Beginn des 20. Jahrhunderts

In der universitätsgeschichtlichen Literatur ist die – in der Konzeption einer umfassenden „Freien Hochschule" erfolgte – Gründung der Nürnberger Handelshochschule,[1] ab 1961 Wirtschafts- und Sozialwissenschaftliche Fakultät der Universität Erlangen-Nürnberg, und der Städtischen Volkshochschule,[2] ab 1965 Bildungszentrum der Stadt Nürnberg, bereits vielfach erörtert worden. Jüngst im Zuge der Verzeichnung der Hochschulakten im Universitätsarchiv Erlangen-Nürnberg[3] aufgefundene Archivalien lassen nun jedoch – in Verbindung mit den Beständen im Stadtarchiv Nürnberg[4] und im Staatsarchiv Nürnberg[5] – eine vielfach detailliertere Sicht auf die Geschehnisse um die Gründung zu und verhelfen insbesondere zu einer differenzierten Betrachtung des Konzeptes einer „Freien Hochschule" als einem bildungspolitischen Reformgedanken.

---

[1] Vgl. zur Geschichte: Reinhard Wittenberg / Günter Büschges, Von der Handelshochschule zur Wirtschafts- und Sozialwissenschaftlichen Fakultät, in: Henning Kössler (Hg.), 250 Jahre Friedrich-Alexander-Universität Erlangen-Nürnberg. Festschrift (Erlanger Forschungen, Sonderreihe Bd. 4), Erlangen 1993, S. 699–735; Georg Bergler, Geschichte der Hochschule für Wirtschafts- und Sozialwissenschaften Nürnberg. 1919–1961, 2 Bände, Nürnberg 1963 / 1969 [man beachte die bei der Quellenedition des ersten Bandes mangelhafte Unterscheidung zwischen Ereignis- und Quellendatum]; Gesa Büchert / Harald Fuchs / Peter Löw (Hg.), Kleine Geschichte einer großen Fakultät. 75 Jahre Wirtschafts- und Sozialwissenschaften in Nürnberg, Nürnberg 1994; Otto Barthel, Die Schulen in Nürnberg. 1905–1960, Nürnberg [1960], S. 362–373; [Hermann Kellenbenz / Eugen Leitherer], Umriß einer Geschichte der Nürnberger Hochschule für Wirtschafts- und Sozialwissenschaften, in: dies. (Hg.), Hochschule für Wirtschafts- und Sozialwissenschaften Nürnberg. 40 Jahre. 1919–1959, Nürnberg 1960, S. 5–30; Hans Proesler, Die Geschichte der Hochschule für Wirtschafts- und Sozialwissenschaften Nürnberg und ihre Besonderheiten unter den deutschen Hochschulen, in: Fritz Voigt / Erich Schäfer (Hg.), Die Nürnberger Hochschule im Fränkischen Raum 1955, Nürnberg 1955, S. 35–48; Festschrift der Hochschule für Wirtschafts- und Sozialwissenschaften Nürnberg anlässlich der dreißigsten Wiederkehr des Gründungstages, Nürnberg 1949.

[2] Vgl. zur Geschichte: Alexander Schmidt, Kultur in Nürnberg 1918–1933. Die Weimarer Moderne in der Provinz, Nürnberg 2005, S. 255–301; Jörg Wollenberg, Erfahrung und konkrete Utopie. Positionen – Projekte – Perspektiven zur politischen Bildung und regionalen Kulturarbeit, Nürnberg 1992, S. 221–236; Geschichtswerkstatt des Bildungszentrums der Stadt Nürnberg (Hg.), Ein Tummelplatz abwegiger Gelehrsamkeit? 70 Jahre Volkshochschule, Nürnberg [1991].

[3] Der Nürnberger Sachaktenbestand im Universitätsarchiv Erlangen-Nürnberg (künftig: UAE) ist allerdings aufgrund von Kriegsverlusten dezimiert (UAE D2/2); überliefert sind des weiteren Personal-, Prüfungs-, Promotions- und Habilitationsakten sowie die vollständige Matrikelkartei und die Matrikelbücher.

[4] Da es sich bei der Freien Hochschule um eine städtische Gründung handelte, ist das diesbezügliche Aktenmaterial im Stadtarchiv Nürnberg (künftig: StadtAN) relativ umfangreich und detailgenau; vgl. insbesondere folgende Sachakten: StadtAN C 7/VIII Nr. 4867, 4868, 4872, 4878, 4879.

[5] Die Akten im Staatsarchiv Nürnberg (künftig: StAN) konzentrieren sich provenienzbegründet auf die Perspektive der Regierung; vgl. insbesondere: StAN Reg. K.d.I. Abg. 1968 Tit. XIII Nr. 2447, 2459, 2460, 3820.

Vorgeschichte

„Nürnberg hat keine Handelshochschule und wird eine solche in nächster Zeit auch nicht erhalten; Nürnberg hat auch keine Universität und – unbegreiflicherweise – auch keine technische Hochschule, die in den Kreis ihrer Vorlesungen Disziplinen aufnehmen könnte, die mit der kaufmännischen Bildung in Zusammenhang stehen."[6] Zu diesem etwas deprimierenden Resumée kam Konrad Weiß, seit 1903 Stadtschulinspektor und ab 1911 Stadtschulrat,[7] in einem Bericht über das kaufmännische Bildungswesen in Nürnberg, den er als Ergebnis einer Informationsreise zu verschiedenen höheren handelswissenschaftlichen Bildungseinrichtungen in der Sitzung des Nürnberger Handelsvorstandes am 8. März 1911 vortrug.

Tatsächlich war die Bildungspolitik der Stadt Nürnberg im Verlauf des 19. Jahrhunderts vom steten Bemühen gekennzeichnet, die neuen Wissenschaftsgebiete der Wirtschaft und Technik auf akademischer Basis zu institutionalisieren, nachdem die Stadt mit der Auflösung der ehemals reichsstädtischen Universität in Altdorf 1809 ihre universitäre Einrichtung verloren hatte.[8] Anfänge für die Neuausrichtung bestanden in der 1823 auf Initiative des Magistratsrats Johannes Scharrer als erste bayerische technische Lehranstalt in Nürnberg errichtete Polytechnische Schule, einer Feierabendinstitution zur Weiterbildung der Nürnberger Handwerkerschaft, sowie der 1834 ins Leben gerufenen Handelsgewerbeschule, die ab 1851 unter der Bezeichnung Städtische Handelsschule firmierte und der 1873 eine Parallelanstalt für Mädchen beigesellt wurde.[9]

Da das Selbstverständnis Nürnbergs als Industriestadt allenfalls Augsburg, nicht jedoch München als Konkurrenz zuließ, versuchte man, in der nordbayerischen Metropole die Situierung der für Bayern als notwendig erachteten Technischen Hochschule durchzusetzen, und 1866 errichtete Emilie von Cramer-Klett die „Johann Friedrich Klettsche Stiftung" zur Förderung eines Nürnberger Polytechnikums mit Hochschul-

---

[6] UAE D2/2 Nr. 4: Die Gestaltung des kaufmännischen Bildungswesens in Nürnberg. Bericht des Königl. Stadtschulinspektors Konrad Weiß an den Handelsvorstand Nürnberg, erstattet in dessen erweiterter Sitzung am 8.3.1911, Nürnberg [1911] (Druckschrift), S. 25. – Eine ähnliche Problemstellung wie in Nürnberg ergab sich beispielsweise bei der Hochschulpolitik der Stadt Köln mit ihrer durch die französische Regierung 1798 faktisch aufgehobenen Universität. Die neue Universität für die preußischen Westprovinzen wurde 1818 in Bonn lokalisiert und das durch Köln erhoffte Polytechnikum 1863 in Aachen eingerichtet. 1901 erfolgte schließlich in Köln die Einrichtung der ersten selbständigen Handelshochschule in Deutschland (die Leipziger Gründung 1898 war in Anbindung an eine Universität erfolgt), welche 1919 zu einer städtischen Universität ausgebaut wurde (vgl. Erich Meuthen, Kleine Kölner Universitätsgeschichte, Köln 1998, hier S. 27–32).

[7] Konrad Weiß (1863–1943) war die treibende Kraft bei der Hochschulgründung; vgl. Reinhard Jakob, Weiß, Konrad, in: Michael Diefenbacher / Rudolf Endres (Hg.), Stadtlexikon Nürnberg, Nürnberg ²2000, S. 1167–1168.

[8] Vgl. hierzu Clemens Wachter, Der Übergang der Universitäten Altdorf und Erlangen an Bayern, in: Michael Diefenbacher / Gerhard Rechter (Hg.), Vom Adler zum Löwen. Die Region Nürnberg wird bayerisch 1775–1835 (Ausstellungskatalog des Stadtarchivs Nürnberg 17), Nürnberg 2006, S. 301–318 u. 501–507.

[9] Rainer Mertens, Polytechnische Schule, in: Diefenbacher / Endres, Stadtlexikon (wie Anm. 7), S. 835. – Ausführlich zur Vorgeschichte in der ersten Hälfte des 19. Jahrhunderts vgl. Rainer Mertens, Johannes Scharrer. Profil eines Reformers in Nürnberg zwischen Aufklärung und Romantik (Nürnberger Werkstücke zur Stadt- und Landesgeschichte 57), Nürnberg 1996, S. 143–151, 199–213 u. 290–309.

charakter einschließlich einer Ausstattung von 100.000 Gulden.[10] Vielmehr wurde jedoch 1868 mit Gründung der „Polytechnischen Schule München" (die ab 1877 als „Technische Hochschule" und seit 1970 als „Technische Universität" firmiert) die Auflösung der Nürnberger Polytechnischen Schule verfügt – als Industrieschule schließlich neu gegründet, wurde diese 1907 unter der Bezeichnung „Kgl. Bayerisches Technikum" zur Ausbildung technischer Betriebsbeamter und Hilfskräfte für Konstruktionsbüros umorganisiert.[11]

In einem erneuten Vorstoß beschlossen die städtischen Kollegien am 7. und 11. Dezember 1900, der Staatsregierung zur Errichtung einer Technischen Hochschule in Nürnberg unentgeltlich einen Bauplatz zur Verfügung zu stellen. Der dem Vorhaben durchaus positiv gesinnte Staatsminister des Innern für Kirchen- und Schulangelegenheiten Robert von Landmann legte denn auch am 26. März 1902 der Kammer der Abgeordneten eine Denkschrift zur Errichtung einer zweiten Technischen Hochschule in Nürnberg vor; diese beschloss jedoch lediglich die Erweiterung der Münchener Technischen Hochschule. Die Nürnberger Bestrebungen waren letztendlich auch deshalb zum Scheitern verurteilt, da die – um ihren Einfluss auf die technisch-akademische Bildung fürchtenden – Universitäten in Erlangen[12] und Würzburg bei dieser Gelegenheit grundsätzlich die Stellung Technischer Hochschulen zu den Universitäten zur Erörterung brachten.[13]

Zeitgleich war auch das Bemühen um eine Verbesserung der handelswissenschaftlichen Bildung in Nürnberg nicht zum Erliegen gekommen. Die Handels- und Gewerbekammer für Mittelfranken veranstaltete ab 1898 zusammen mit dem kaufmännischen Verein „Merkur" gut besuchte handelswissenschaftliche Vorträge und richtete mehrfach Denkschriften an das Staatsministerium des Innern für Kirchen- und Schulangelegenheiten mit der Forderung der Errichtung einer Handelshochschule in Nürnberg als Teil einer zweiten bayerischen Technischen Hochschule. Da sich die Stadt jedoch zu sehr auf die Ankoppelung der Handelshochschule an eine zweite Technische Hochschule verlegt habe, sei Nürnberg 1907 mit „dem Technikum abgefunden" worden, wie Kommerzienrat Christoph Seiler vor der Handelskammer bemäkelte, da bei der Regierung eben keine zweite Technische Hochschule in Bayern durchzusetzen sei.[14]

---

[10] Zur Vorgeschichte in der zweiten Hälfte des 19. Jahrhunderts vgl. Gerhard Pfeiffer, Vier Jahrhunderte Nürnberger Hochschulbestrebungen, in: Voigt / Schäfer, Hochschule (wie Anm. 1), S. 11–34.

[11] Die Institution wurde 1971 zur Fachhochschule umgebildet und firmiert seit 1983 unter dem Namen „Georg-Simon-Ohm-Fachhochschule"; vgl. hierzu Charlotte Bühl / Maritta Hein-Kremer, Georg-Simon-Ohm-Fachhochschule, in: Diefenbacher / Endres, Stadtlexikon (wie Anm. 7), S. 331.

[12] Vgl. die „Denkschrift betreffend die Angliederung einer technischen Abteilung an die kgl. Universität Erlangen", Erlangen [1903] (Universitätsbibliothek Erlangen-Nürnberg (künftig: UBE) St.B.4.Aa.1410[21]).

[13] UAE D2/2 Nr. 14: Referat von Stadtschulrat Konrad Weiß in der gemeinschaftlichen Sitzung der städtischen Kollegien, 27.5.1918; Martina Bauernfeind, Bürgermeister Georg Ritter von Schuh. Stadtentwicklung in Erlangen und Nürnberg im Zeichen der Hochindustrialisierung 1878–1913 (Nürnberger Werkstücke zur Stadt- und Landesgeschichte 60), Nürnberg 2000, S. 386–388, hier S. 387.

[14] UAE D2/2 Nr. 13: Errichtung einer freien Hochschule für Handel, Industrie und allgemeine Volksbildung in Nürnberg. Berichterstattung des Herrn Kommerzienrat Christoph Seiler in der Handelskammersitzung vom 22. Mai 1918 (Veröffentlichungen der Handelskammer Nürnberg über wirtschaftliche Einzelfragen 3), Nürnberg 1918 (Druckschrift), S. 8–13, Zit. S. 12.

Laut einem Bericht des Stadtschulrates Konrad Weiß an die Regierung von Mittelfranken sei die hiesige Handelskammer die erste in Bayern gewesen, welche die Dringlichkeit der Errichtung einer bayerischen Handelshochschule angemahnt habe; Stadt und Handelsvorstand hätten die benötigten Kosten wohl aufbringen können trotz des Anstiegs des zu erwartenden Zuschusses von anfänglich 80.000 Mark auf 150.000 Mark.[15] Vereitelt sei dies letztendlich geworden durch die salomonische Entschließung des Staatsministeriums des Innern für Kirchen- und Schulangelegenheiten vom 13. Juli 1909, mit der die Eingaben des Stadtmagistrats München vom 30. Januar 1908 und des Stadtmagistrats Nürnberg vom 19. Juni und 17. August 1908 auf Errichtung je einer Handelshochschule dahingehend beantwortet worden waren, dass beiden Anträgen stattgegeben wurde. Damit sei das Nürnberger Projekt zum Scheitern verurteilt gewesen, da in Bayern nur das Bedürfnis für eine einzige Handelshochschule gegeben sei, und in München die Errichtung aufgrund der seit 1903 laufenden, weit gediehenen Vorarbeiten schnell vonstatten habe gehen können.[16]

„Städtische Handelsschule für Knaben"

Die Warnung von Stadtschulinspektor Konrad Weiß vor einem Überangebot an Handelshochschulen und sein Aufruf, vielmehr niedere und mittlere Handelsschulen zu fördern, mündeten darin, dass man sich zunächst auf die Errichtung einer neuen Handelsschule für Knaben verlegte.[17] Der Betrieb der bisherigen war 1910 eingestellt worden aufgrund der Auflösung der Vorschule einerseits und des Ausbaus der staatlichen Mittelschulen andererseits, welche, wie der Schulausschuss feststellte, „für den Fortbestand der Schule sehr hinderlich" gewesen seien, außerdem sei „ferner die Schule ihrer ganzen Einrichtung und ihrem ganzen Wesen nach nicht eine Handelsschule, sondern vielmehr eine Realschule gewesen".[18]

In einem Bericht an den Handelsvorstand Nürnberg vom 8. März 1911 forderte nun Stadtschulinspektor Konrad Weiß erstens eine dreikursige mittlere Handelsschule, zweitens eine einkursige höhere Handelsschule und drittens als Ausgleich für die fehlenden Hochschul- und Universitätseinrichtungen in Nürnberg die Errichtung von handelswissenschaftlichen Hochschulkursen in Angliederung an die höhere Handelsschule, wie sie bereits in vielen Städten, so in Essen und Königsberg, existierten.[19] Schließlich beschloss der Schulausschuss in seiner Sitzung vom 17. Februar 1913 die Errichtung einer dreikursigen mittleren Handelsschule, deren erster Kurs mit dem Schuljahr 1913/14 beginnen sollte, sowie diejenige von Handelshochschulkursen, deren Start jedoch frühestens mit Beginn des Schuljahres 1914/15 angesetzt wurde.[20]

Zielsetzung dieser im Herbst 1913 eröffneten Städtischen Handelsschule für Knaben war es, „eine höhere bürgerliche Bildung auf sprachlich-historischer und volks-

---

[15] StadtAN C7/VIII Nr. 4879: Bericht von Stadtschulrat Konrad Weiß an die Regierung von Mittelfranken, 13.9.1918.
[16] UAE D2/2 Nr. 4: Weiß, Bildungswesen (wie Anm. 6), S. 3–6.
[17] Ebd.
[18] StadtAN C7/VIII Nr. 4867: Niederschrift über die Sitzung des Schulausschusses, 17.2.1913.
[19] UAE D2/2 Nr. 4: Weiß, Bildungswesen (wie Anm. 6), S. 25–34.
[20] StadtAN C7/VIII Nr. 4867: Niederschrift über die Sitzung des Schulausschusses, 17.2.1913.

Das Gebäude Bauhof 2, in dem unter anderem die Industrieschule und später Teile der Handelshochschule eingerichtet wurden (Stadtarchiv Nürnberg: A72/IX, 31. Januar 1913).

wirtschaftlicher Grundlage und eine besondere Vorbildung für den kaufmännischen Beruf zu gewähren und zu religiös-sittlicher Tüchtigkeit zu erziehen". Voraussetzung für die Aufnahme war der erfolgreiche Besuch der drei ersten Realschul- oder Reformgymnasialklassen; Lehrgegenstände waren etwa Buchführung, Kaufmännische Korrespondenz und Handelskunde einschließlich Wechsellehre und Gesetzeskunde, aber auch Fächer wie Religion, Englische Sprache, Geschichte und Physik.[21]

Zur Leitung der Schule, die zusammen mit Volksschulklassen im Schulhaus Findelgasse 7 (Direktorat im Gebäude Bauhof 2) untergebracht wurde, konnte der Nationalökonom Hanns Dorn gewonnen werden, bislang mit Titel und Rang eines außerordentlichen Professors als Privatdozent an der Technischen Hochschule München und als Dozent an der Handelshochschule München tätig.[22]

Ein wichtiger Gesichtspunkt für die Akzeptanz einer solchen neuen Bildungseinrichtung war die Institution der „Einjährig-Freiwilligen". Bereits in seiner Denkschrift von 1911 hatte Stadtschulinspektor Konrad Weiß betont, während die städtische kaufmännische Fortbildungsschule gedacht sei zur Weiterbildung derjenigen Lehrlinge, die bereits kaufmännisch tätig seien, fehle es an einer mittleren Handelsschule, wel-

---

[21] UAE D2/2 Nr. 1: Informationsblatt der Städtischen Handelsschule für Knaben, Nürnberg 1915 (Zit.); StadtAN C7/VIII Nr. 4867: Lehrplan der Handelsschule mit Änderungen vom 2.3.1915. – Die Einrichtung firmierte ab 1918 als „Städtische Höhere Handelsschule für Knaben" und wurde in der Folgezeit zum heutigen „Johannes-Scharrer-Gymnasium" weiterentwickelt; vgl. hierzu Charlotte Bühl, Johannes-Scharrer-Gymnasium, in: Diefenbacher / Endres, Stadtlexikon (wie Anm. 7), S. 497–498.

[22] StadtAN C7/VIII Nr. 4867: Niederschrift über die Sitzung des erweiterten Schulausschusses, 21.4.1913.

che neben der fachlichen Bildung die allgemeine Bildung vermittele, die Voraussetzung war für den Einjährig-Freiwilligen-Dienst in der Armee.[23] Denn als im Zuge des neuen Wehrgesetzes vom 30. Januar 1868 die allgemeine Dienstpflicht eingeführt und die Ersatzmannstellung aufgehoben worden war, hatte man als Tribut an das vermögende Bürgertum, das sich bisher vom Militärdienst hatte freikaufen können, festgelegt, dass entsprechend Berechtigte anstatt der üblichen drei Jahre nur einen auf ein Jahr reduzierten Dienst ableisten mussten. Diese „Einjährig-Freiwilligen" hatten sich auf eigene Kosten zu verpflegen, zu bekleiden und auszurüsten, durften aber gleichzeitig während ihres Militärjahres an einer Universität immatrikuliert sein.[24] Voraussetzung für die Berechtigung zur Ableistung dieses nur einjährigen Dienstes war eine entsprechende allgemeine Vorbildung, wie sie in der Regel Abgänger höherer Schulen genossen. Die Möglichkeit zum Erwerb dieses „Zeugnis[ses] über die wissenschaftliche Befähigung zum Einjährig-Freiwilligen-Dienst" und die damit verbundenen Vorteile für Vermögende, welches die alte, 1910 aufgelöste Handelsschule ausstellen durfte,[25] war somit wesentlich für die Akzeptanz auch dieser neuen Bildungseinrichtung.

Gerade diese Angelegenheit entwickelte sich nun zum Hemmschuh. So konnte der Stadtmagistrat am 1. Juli 1913 zwar bekanntgeben, dass das Schuljahr der neuen Handelsschule am 16. September 1913 beginne, der Antrag auf Anerkennung der Entlassungsprüfung zur Berechtigung zum Einjährig-Freiwilligen Dienst werde jedoch erst gestellt, wenn die Schule „ins Leben getreten" sei – dessen „wohlwollende Würdigung" sei zwar bereits von der Staatsregierung zugesagt worden, für die außerbayerische Anerkennung musste jedoch die Reichs-Schulkommission entscheiden.[26] Noch in einem Informationsblatt von 1915 ist der entsprechende Passus als Optativ formuliert („Das Bestehen der Entlassungsprüfung soll für den ganzen Umfang des Deutschen Reiches gleich den entsprechenden Zeugnissen der staatlichen Mittelschulen die Berechtigung zum einjährig-freiwilligen Dienst gewähren"),[27] und Anfang 1916 versprach Direktor Hanns Dorn Stadtschulrat Konrad Weiß, ab nächstem Monat werde er es „dann nicht versäumen, auch in der Einjährig-Freiwilligen-Sache die erforderlichen Besuche, besonders in München, zu machen."[28] Schließlich konnte die An-

---

[23] UAE D2/2 Nr. 4: Weiß, Bildungswesen (wie Anm. 6), S. 6.

[24] Die Institution der „Einjährig-Freiwilligen" war bei ihrer Einrichtung 1868 im übrigen auch für die Erlanger Universität zu einem Problem geworden, sah man sich doch mit der Gefahr konfrontiert, dass Studenten an die Münchener oder Würzburger Universität abwandern könnten, wenn sie nicht auch in Erlangen während ihres Studiums gleichzeitig ihren Militärdienst abzuleisten vermochten. Um den Bestand der Erlanger Universität nicht zu gefährden, verfügte das bayerische Kriegsministerium schließlich die ständige Verlegung von Militäreinheiten nach Erlangen, und noch 1868, im Erlassjahr des neuen Wehrgesetzes, hielt das 6. Jägerbataillon als erster Militärverband seinen Einzug in die mittelfränkische Universitätsstadt (vgl. hierzu Monika Wahl, Erlangen als Garnison 1868–1914, in: Erlanger Bausteine zur fränkischen Heimatforschung 46, 1998, S. 9–100, hier S. 11–13).

[25] StadtAN C94 Nr. 25: Militärzeugnisse der Handelsschule, 1878–1885.

[26] StadtAN C7/VIII Nr. 4867: Bekanntmachung des Stadtmagistrats, 1.7.1913.

[27] UAE D2/2 Nr. 1: Informationsblatt der Städtischen Handelsschule für Knaben, Nürnberg 1915.

[28] StadtAN C7/VIII Nr. 4867: Hanns Dorn an Stadtschulrat Konrad Weiß, Brüssel, 5.1.1916.

erkennung der Entlassungsprüfung als Berechtigung zum Einjährig-Freiwilligen-Dienst dann doch erreicht werden.²⁹

Die Dringlichkeit dieses Problems legt auch ein Artikel in der Fränkischen Tagespost vom August 1913 nahe. Bislang war der Kaufleutenachwuchs – abgesehen von der städtischen kaufmännischen Fortbildungsschule – auf private Bildungsanstalten unterschiedlichster Qualität angewiesen; neben der durch städtische Subventionen unterstützten Einrichtung des Vereins Merkur fanden sich jedoch auch viele unzuverlässige Privatlehrer und zweifelhafte sogenannte Einjährigeninstitute zur Erlangung des begehrten Berechtigungszeugnisses. Daher wurde gefordert, es solle zusätzlich zur soeben neu gegründeten Handelsschule eine Abendschule eingerichtet werden, da jene nicht von Volksschulabsolventen, die als Kaufleute tätig seien und denen aufgrund ihrer Vermögensverhältnisse der Besuch einer Mittelschule unmöglich sei, besucht werden könne – ohne ein Einjährigenzeugnis sei einem aber ein „Vorwärtskommen nachgerade unmöglich geworden".³⁰

Das Volksschulhaus mit der Handelsschule für Knaben Findelgasse 7, in dem später auch die Handelshochschule untergebracht wurde (Stadtarchiv Nürnberg: C143/XIV, 25. Mai 1916).

---

²⁹ Konrad Weiß, Das höhere Schulwesen und die Handels- und Volkshochschule in Nürnberg, in: [Hermann] Luppe / [Maximilian] Meyer / [Ernst Heinrich] Zimmermann (Hg.), Jahresschau Nürnberg 1923/24, Nürnberg 1924, S. 144–156, hier S. 150.

³⁰ StadtAN C7/VIII Nr. 4867: Zeitungsausschnitt Fränkische Tagespost, 14. 8. 1913.

„Handelshochschulkurse der Stadt Nürnberg"

Wie bereits angeführt, hatte Stadtschulinspektor Konrad Weiß in seinem Bericht an den Nürnberger Handelsvorstand vom 8. März 1911 die Errichtung eines dreistufigen Handelsschul-Bildungssystems gefordert: erstens eine dreikursige mittlere Handelsschule zur Bildung bis zur Berechtigung zum Einjährig-Freiwilligen-Dienst, zweitens eine einkursige höhere Handelsschule für diejenigen, die bereits die Berechtigung zum Einjährig-Freiwilligen-Dienst besaßen, und drittens die Errichtung von handelswissenschaftlichen Hochschulkursen.[31] In einem weiteren, wenig später verfassten Bericht hatte Stadtschulrat Konrad Weiß gewisse Schwierigkeiten mit der gleichzeitigen Errichtung aller drei von ihm geforderten neuen Bildungseinrichtungen eingeräumt und vorrangig die Einrichtung der handelswissenschaftlichen Hochschulkurse gefordert, da die mittlere Handelsschule mit vollem Tagesbetrieb große finanzielle Aufwendungen und – in weiser Voraussicht – aufgrund der Lehrplaneigenschaften umfangreiche Verhandlungen mit der Staatsregierung hinsichtlich der Berechtigung zum Einjährig-Freiwilligen-Dienst erfordere, so dass hier eine Verzögerung einträte; es sei aber wenig sinnvoll, die höhere Handelsschule ohne die mittlere einzurichten, da ihr dann der Unterbau fehle und bei einem Misserfolg das öffentliche Interesse am kaufmännischen Bildungswesen abflauen könnte. Die handelswissenschaftlichen Hochschulkurse hingegen verlangten „keine eigenen Räumlichkeiten", boten „bedeutend geringere organisatorische Schwierigkeiten" und erforderten „keine langwierigen Verhandlungen mit den Schulaufsichtsbehörden".[32]

Vorbild für die Nürnberger wurden die Königsberger Hochschulkurse, wobei bedauert wurde, dass die „in Königsberg gegebene enge Anlehnung an die Universität trotz der Nähe Erlangens nicht durchführbar" sei.[33] Wohl dienten als Vorbild auch die Mannheimer Handelshochschulkurse, welche zu dieser Zeit in eine Handelshochschule umgewandelt wurden. Stadtschulrat Konrad Weiß forderte zwei hauptamtliche Dozenten für Nationalökonomie und Handelswissenschaft sowie zwölf bis 14 nebenamtliche Lehrkräfte (Richter, Rechtsanwälte, Kaufleute, Industrielle, Beamte sowie Professoren und Dozenten der Universität Erlangen). Für die Zulassung der – männlichen wie weiblichen – Hörer sollte kein Nachweis einer besonderen Vorbildung erbracht werden müssen; es genüge laut Weiß die Festsetzung einer Altersgrenze, da er auf das Prinzip der Selbstauslese setze, nur für die Übungen solle eine „nach Ansicht des wissenschaftlichen Leiters […] genügende Vorbildung" Voraussetzung sein.[34]

Damit konstituierte sich ein Problemfeld, welches noch in den nachfolgenden Jahren relevant bleiben sollte: das Thema der Zugangsvoraussetzungen und, damit verbunden, der Status der Nürnberger höheren Handels-Bildungseinrichtungen auf überregionaler Ebene. So formulierte der Magistratsrat und Landtagsabgeordnete der Liberalen Hans Häberlein vor dem Hintergrund, dass der Besuch von Handelshochschulen ein Privileg der wohlhabenden Kaufleute sei, es solle in Nürnberg „keine

---

[31] UAE D2/2 Nr. 4: Weiß, Bildungswesen (wie Anm. 6), S. 25–34.

[32] UAE D2/2 Nr. 5: Berichte über die Errichtung handelswissenschaftlicher Hochschulkurse in Nürnberg auf Grund eines Sachverständigengutachtens. Erstattet vom Stadtschulrat Konrad Weiß und Landtagsabg[eordneten] Magistratsrat [Hans] Häberlein, Nürnberg 1912 (Druckschrift), S. 4.

[33] Ebd., S. 5.

[34] Ebd., S. 12.

eigentliche Handelshochschule, dafür aber eine Handelsakademie auf breitester Grundlage" errichtet werden, die zwar „in Bezug auf den Lehrplan durchaus handelshochschulähnlichen Charakter [besäße], aber im Gegensatz zur Handelshochschule den Besuch nicht von einer besonders abgeschlossenen Vorbildung abhängig" mache.[35]

Die schließlich ins Leben gerufenen Handelshochschulkurse waren satzungsmäßig verfasst, da sie nicht, wie die Namensgebung bei oberflächlicher Betrachtung nahe legen könnte, Kurse im Rahmen einer (eben nicht existenten) Handelshochschule waren, sondern eine selbständige Einrichtung der Stadtgemeinde Nürnberg. Die durch Beschlüsse der städtischen Kollegien vom 27. und 31. März 1914 und durch Entschließung des Staatsministeriums des Innern für Kirchen- und Schulangelegenheiten vom 13. Mai 1914 genehmigte „Satzung der Handelshochschulkurse der Stadt Nürnberg" hielt als Zweckbestimmung fest, sie sollten „auf wirtschaftswissenschaftlicher Grundlage eine erweiterte und vertiefte Ausbildung [...] gewähren für die Erfüllung praktischer Berufsaufgaben in Handel und Industrie" – darin wird bereits die Doppelidee von Handelshochschule und Technischer Hochschule deutlich, die dann später in die Freie Hochschule münden sollte.[36] Kostenträger waren insbesondere die Stadtgemeinde Nürnberg und die örtliche Handelskammer, Organe der Verwaltungsrat (zusammengesetzt aus Vertretern der Kostenträger), der Sachverständigenbeirat[37] und der Direktor. Der Studienplan sah einen viersemestrigen Studiengang mit den Lehrfächern Volkswirtschaftslehre, Handelswissenschaften, Rechtslehre, Wirtschaftsgeschichte, Wirtschaftsgeographie, Warenkunde, Technologie und Fremde Sprachen vor, die in Vorlesungen, Vortragsreihen und Einzelvorträgen, vorzugsweise in den Abendstunden, vermittelt werden sollten. Als Zugangsvoraussetzungen wurde den Vorschlägen von Stadtschulrat Konrad Weiß folgend nur die Altersgrenze des vollendeten 18. Lebensjahres festgesetzt – mit Ausnahme der Übungen, deren Besuch vom Dozenten zu genehmigen war. Als Kostenbeteiligung erhob man eine Pauschalgebühr von 50 Mark (Wintersemester) beziehungsweise 30 Mark (Sommersemester) für das Gesamtangebot oder alternativ für eine Stunde Vorlesung (mit Nachlass für Vereine) eine Gebühr von sechs beziehungsweise vier Mark.[38] Möglicherweise gibt dieser eher ungewöhnliche Vorgang, dass die Gebührenhöhe nicht in einer eigenen Verordnung, sondern in der grundlegenden allgemeinen Satzung festgehalten wurde, einen Verweis auf eine von Anfang an geplante kurze Lebensdauer der Handelshochschulkurse.

Direktor der Handelshochschulkurse wurde Hanns Dorn, der auch – wie bereits angeführt – das Direktorat der neu gegründeten Städtischen Handelsschule für Knaben innehatte. Als Dozenten für das erste Wintersemester 1914/15 waren des weiteren vorgesehen dessen Lehrerkollege an der Handelsschule Hans Müller, der Rechtsrat

---

[35] Ebd., S. 14.

[36] UAE D2/2 Nr. 6: Satzung der Handelshochschulkurse der Stadt Nürnberg, undatiert [1914].

[37] Dem Sachverständigenbeirat gehörten unter anderem an der Präsident der Regierung von Mittelfranken Dr. Julius Ritter von Blaul, Universitätsprofessor Karl Theodor von Eheberg, der Präsident des Oberlandesgerichtes Nürnberg Georg Guggenberger, der Direktor der Ludwigs-Eisenbahn-Gesellschaft und Vorsitzende des Handelsgremiums Fürth Eduard Ley, der Fürther Magistratsrat Heinrich Mailänder, der Generaldirektor der Elektrizitäts-AG Oskar von Petri und der Generaldirektor der Maschinenfabrik Augsburg-Nürnberg Dr. Anton von Rieppel (UAE D2/2 Nr. 9: Mitgliederlisten des Sachverständigenbeirates, undatiert).

[38] UAE D2/2 Nr. 6: Satzung der Handelshochschulkurse der Stadt Nürnberg, undatiert [1914].

der Stadt Nürnberg Dr. Christian Weiss, der Syndikus der Handelskammer Nürnberg Dr. Joseph Gunz und die Bankiers Dr. Richard Kohn (Bankhaus Anton Kohn) und Dr. Hans Lessing (Bank für Handel und Industrie), ferner von der Erlanger Universität die Professoren Erwin Riezler (Deutsches Bürgerliches Recht und Römisches Recht) und Karl Theodor von Eheberg (Nationalökonomie) sowie die beiden Lektoren Dr. Georges Bodart (Französisch) und Dr. Thomas Smith (Englisch). Für eine Vorlesungstätigkeit erklärten sich des weiteren im folgenden Jahr bereit der Reallehrer an der Handelsschule Hans Raab, der Rechtsrat der Stadt Nürnberg Dr. Karl Fischer, der Direktor der Maschinenfabrik Augsburg-Nürnberg Dr. Otto Gertung, der Syndikus der Handelskammer Nürnberg Dr. Otto Heyn, der Direktor des Statistischen Amtes Nürnberg Dr. Maximilian Meyer und der Münchener Universitätsprofessor Aloys Fischer sowie die Erlanger Universitätsprofessoren Philipp Allfeld, Bernhard Kübler, Paul Oertmann, Karl Rieker und Emil Sehling (sämtlich Juristen) sowie Wilhelm Volz (Geographie).[39]

Das neue Projekt sah sich jedoch alsbald mit dem Ausbruch des Ersten Weltkriegs vor große Hürden gestellt. Am 25. Mai 1914 war der Verwaltungsrat zu seiner ersten Sitzung zusammengetreten und genehmigte das vom Direktor vorgelegte Studienprogramm für das erste Wintersemester 1914/15. Noch am 27. Juli 1914 suchte man beim Städtischen Nachrichtenamt um Publikation des für Oktober vorgesehenen Beginns des Vorlesungsbetriebs nach. Sowohl Dozenten als auch potentielle Hörer wurden dann aber zum Kriegsdienst eingezogen, was sich natürlich als äußerst ungünstig für die Etablierung einer neuen Institution erweisen sollte. Deshalb wurde beschlossen, vorerst außerhalb des regelmäßigen Studienprogramms eine „Anzahl wissenschaftlicher Vorträge abzuhalten, die die Bedeutung der gegenwärtigen Kriegsereignisse für unser Kultur- und Wirtschaftsleben darstell[en]" sollten.[40] Von Oktober bis Dezember 1914 fanden im Großen Rathaussaal sieben Vorträge – von denen drei aufgrund des großen Andranges zweimal abgehalten wurden – mit knapp 10.000 Besuchern statt; Referenten waren unter anderem der Jenaer Universitätsprofessor Rudolf Eucken („Die weltgeschichtliche Bedeutung des deutschen Geistes" mit circa 1.600 Besuchern in zwei Vorträgen), Direktor Hanns Dorn („England und der britische Imperialismus" mit circa 1.500 Besuchern in zwei Vorträgen) und der Erlanger Universitätsprofessor Karl Theodor von Eheberg („Das Finanzproblem des Krieges" mit circa 1.000 Besuchern). Vier weitere Vorträge schlossen sich von Februar bis April 1915 an. Im Aufbau begriffen war ferner das Wirtschaftsarchiv mit Statuten, Geschäftsberichten und sonstigen Drucksachen, welches inzwischen über etwa 10.000 Geschäftsberichte deutscher Aktiengesellschaften verfügte, und ein Archiv für Zeitungsausschnitte, das Artikel, „nach einzelnen wichtigen Fragen der Kriegswirtschaft geordnet", sammelte.[41]

---

[39] UAE D2/2 Nr. 7: Handelshochschulkurse der Stadt Nürnberg. Vorlesungen und Übungen. Wintersemester 1915/16.
[40] UAE D2/2 Nr. 6: Handelshochschulkurse der Stadt Nürnberg. Bericht über das Geschäftsjahr 1914, ohne Verfasserangabe und undatiert.
[41] Ebd.

HANDELSHOCHSCHUL KURSE DER STADT NÜRNBERG

WINTER-SEMESTER 1914/15

WISSENSCHAFTLICHE EINZEL-VORTRÄGE

IM GROSSEN RATHAUS-SAAL

BEGINN PÜNKTLICH 8½ UHR
EINTRITT FREI – FREIWILLIGE SPENDEN ZU GUNSTEN DER STÄDTISCHEN KRIEGSFÜRSORGE

Prospekt zu den Einzelvorträgen der Handelshochschulkurse, Wintersemester 1914/15 (Universitätsarchiv Erlangen-Nürnberg: D2/2 Nr. 7).

Aufgrund des großen Zuspruches wurde für das kommende Wintersemester 1915/16 nochmals versucht, die Handelshochschulkurse in ihrer vollständigen Anlage als viersemestrigen Studiengang beginnen zu lassen, und man druckte bereits das Vorlesungsverzeichnis.[42] Eine Umfrage bei den ortsansässigen kaufmännischen Organisationen im Oktober 1915 ergab jedoch, dass während des Krieges an eine genügende Beteiligung seitens deren Mitglieder nicht zu denken sei,[43] und Hanns Dorn telegrafierte an Stadtschulrat Konrad Weiß: „nach aeusserungen der vereine eroeffnung der handelshochschulkurse durchaus untunlich."[44] Von einem Beginn des regulären Betriebes wurde deshalb weiterhin abgesehen. Hanns Dorn war inzwischen als Referent für Versicherungswesen in die deutsche Zivilverwaltung nach Belgien einberufen und von der Verpflichtung zur Abhaltung von Vorlesungen und Übungen an den Handelshochschulkursen sowie von der unmittelbaren Leitung der Handelsschule entbunden worden,[45] was die Organisation der Kurse nicht eben vereinfachte. Als Vertreter fungierte Stadtschulrat Konrad Weiß.

Es blieb somit bei der Abhaltung von semesterweise abgeschlossenen Einzelvorträgen (während der Monate November bis April) und – neu ab Wintersemester 1916/17 – Vortragsreihen, die in der Aula und einem Zimmer des Schulhauses Findelgasse 7, bisweilen auch im Luitpoldhaus am Gewerbemuseumsplatz und im Rathaussaal stattfanden und im Wintersemester 1917/18 über 1.800 eingeschriebene Hörer verzeichnen konnten; im Wintersemester 1918/19 mit in beiden Hälften je 12 Vorträgen waren es sogar insgesamt 4.592 Hörer.

Bezüglich der Inhalte des Vermittelten ist ein Wandel feststellbar. Während das erste Wintersemester 1914/15 mit Vorträgen wie „Die Kriegsinvaliden und der Staat" oder „Belgien unter deutscher Verwaltung" noch vorrangig um die Kriegsthematik kreiste und die folgenden, quantitativ dezimierten Reihen sich auf handelswissenschaftliche Themen beschränkten („Grundzüge der Finanzwissenschaft", „Arbeitsrecht"), wird mit dem (letzten) Wintersemester 1918/19 zu Kriegsende eine Umorientierung deutlich: Nicht nur, dass nun auch erstmals spätere Professoren und Dozenten der Handelshochschule als Lehrpersonen tätig waren (Dr. Adolf Günther, Dr. Eberhard Freiherr von Scheurl und Leo Benario), auch das angesetzte Themenspektrum der 30 Vortragsreihen wies auf die nun folgende institutionelle Synthese von Handelshochschule und Volkshochschule hin: neben den handelswissenschaftlichen Themen referierte etwa der Erlanger Universitätsprofessor Enoch Zander über „Das Leben des Meeres mit besonderer Berücksichtigung der wirtschaftlich wichtigen Tierformen", der Reallehrer an der Städtischen Höheren Handelsschule Dr. Georg Hofmann wusste über „Persönlichkeiten und geistige Strömungen der Frühromantik" zu belehren, und der Professor an der Technischen Hochschule München Joseph Popp dozierte – mit Lichtbildern – über die Frage „Wie genießt man Malerei?".[46]

---

[42] UAE D2/2 Nr. 7: Handelshochschulkurse der Stadt Nürnberg. Vorlesungen und Übungen. Wintersemester 1915/16.

[43] UAE D2/2 Nr. 6: Bericht über die Umfrage, undatiert [Oktober 1915].

[44] StadtAN C7/VIII Nr. 4867: Telegramm Hanns Dorn an Stadtschulrat Konrad Weiß, Brüssel, 4.11.1915.

[45] StadtAN C7/VIII Nr. 4867: Verwaltungsratssitzung der Handelshochschulkurse, 4.10.1915.

[46] UAE D2/2 Nr. 7: Handelshochschulkurse der Stadt Nürnberg. Wissenschaftliche Einzel-Vorträge Wintersemester 1914/15, Vorlesungen und Übungen Wintersemester 1915/16, Vorträge Winter 1916/17, Vorträge Winter 1917/18, Vorträge Winter 1918/19; StadtAN C7/VIII Nr. 4868: Tabelle Besuch der Handelshochschul-

"Freie Hochschule für Handel, Industrie und allgemeine Volksbildung"

Der große Andrang zu den Vorträgen der Handelshochschulkurse ließ die Pläne zur Errichtung einer Hochschule, nun in Verbindung mit der Idee der Volksbildung, wieder auf die Tagesordnung kommen. Bereits in der Verwaltungsratssitzung vom 15. Juli 1916 war der Vorschlag von Hanns Dorn aufgetaucht, die – in ihrer ursprünglichen Konzeption als Vollinstitution ja noch nicht zur Umsetzung gekommenen – Handelshochschulkurse als Veranstalter von Volkshochschulvorträgen fungieren zu lassen. Unterstützung erfuhr er hierin durch Stadtschulrat Konrad Weiß, welcher die Ansicht vertrat, die Handelshochschulkurse müssten zu einem Mittelpunkt der Volksbildungsbestrebungen in Nürnberg gemacht werden. Auch Oberbürgermeister Dr. Otto Geßler[47] stimmte dieser pädagogischen Zielrichtung zu und war der Meinung, die Handelshochschulkurse müssten „ihre Tätigkeit auf weitere Kreise ausdehnen und Volkshochschulvorträge abhalten".[48]

Diese Ideen stießen auf fruchtbaren Boden, gab es doch hinsichtlich der Volksbildung in Nürnberg Initiativen seit dem 19. Jahrhundert im konfessionellen, parteipolitischen und bürgerlichen Bereich, so ab 1873 die Nürnberger Abteilung des Volksbildungsvereins und ab 1898 die Gesellschaft für öffentliche Lesehallen und Volksbibliotheken, welche sich 1905 zur Volksbildungsgesellschaft zusammenschlossen, seit 1911 mit dem Luitpoldhaus als Gesellschaftsgebäude.[49] Daneben existierten zur naturwissenschaftlich-technischen Weiterbildung vor dem Ersten Weltkrieg die Landesgewerbeanstalt, das frühere Gewerbemuseum, und die Kunstgewerbeschule.

Das Konzept der nun in der Diskussion stehenden „Freien Hochschule für Handel, Industrie und allgemeine Volksbildung" erwuchs aus dem lockeren Gefüge der thematisch immer breiter werdenden Handelshochschulkurse sowie weiteren, unabhängig davon existierenden städtischen Bildungseinrichtungen neueren Typs wie dem „Offenen Zeichen- und Arbeitssaal".[50] Dieser war 1910 institutionalisiert worden als Weiterbildungsangebot für Angehörige der handwerklichen und kunstgewerblichen sowie später auch der mechanisch-technischen Berufsgruppen. Die am 1. Oktober 1919 inkraftgetretene Satzung der nun „Städtische Volksbildungskurse mit Offenem Zeichen- und Arbeitssaal in Nürnberg" genannten und unter Leitung des Stadtschulrates stehenden Einrichtung hielt als Aufgabe fest, „männlichen und weiblichen Personen die Gelegenheit zu erweiterter und vertiefter allgemeiner und beruflicher Ausbildung zu geben", insbesondere sollten sie „auch zur Vorbereitung für erfolgreiche Teilnahme an den mit den Handelshochschulkursen verbundenen Vorlesungen und Übungen dienen"; sie gliederten sich in eine allgemeine, eine kunstgewerbliche, eine technische

---

kurse im Wintersemester 1918/19; UAE D2/2 Nr. 13: Seiler, Errichtung (wie Anm. 14), S. 14–15. – Vgl. auch die Sammlung von Plakaten und Programmen der Handelshochschulkurse und der Handelshochschule in: Stadtbibliothek Nürnberg (künftig: StadtBN) Nor.1142. 2°.

[47] Dr. Otto Geßler (1875–1955), Oberbürgermeister von Nürnberg 1914–1919; vgl. Martina Bauernfeind, Geßler, Otto, in: Diefenbacher / Endres, Stadtlexikon (wie Anm. 7), S. 355.

[48] StadtAN C7/VIII Nr. 4867: Verwaltungsratssitzung, 15.7.1916.

[49] Hans Schröck, Freie Volksbildung in Nürnberg (Pädagogisches Magazin 1120 / Philosophische und pädagogische Arbeiten 17), Langensalza 1928.

[50] UAE D2/2 Nr. 13: Seiler, Errichtung (wie Anm. 14), S. 15.

(Offener Zeichen- und Arbeitssaal) und eine kaufmännische Abteilung sowie in eine Abteilung für Flugzeugbau.[51]

Ein undatierter, wohl 1918 entstandener Satzungsentwurf für die zu gründende Freie Hochschule Nürnberg sah eine Gliederung in drei Abteilungen vor, nämlich eine „Allgemeine Abteilung einschließlich der Volkshochschule", eine „Handelshochschule" und eine „Technische Fachhochschule".[52] Die Schwierigkeiten zur Einrichtung letzterer waren Stadtschulrat Konrad Weiß wohl bewusst, wenn er einräumte, diese könne sich vorerst nur auf einige Abteilungen beschränken, und überdies war man sich ob der etwas vagen und sehr breit angelegten Konzeption der Freien Hochschule im Klaren darüber, „daß alles vermieden werden müsse, was dem Dilettantismus die Tore öffnen könnte".[53]

Zur Finanzierung der neuen Hochschule hatte Oberbürgermeister Dr. Otto Geßler die Gründung einer Stiftung angeregt, was vom Verwaltungs- und Finanzausschuss positiv beschieden wurde.[54] Am 24. Mai 1918 überbrachte eine Abordnung König Ludwig III. eine Spende von Nürnberger Bürgern in Höhe von 650.000 Mark „zum Ausdruck ihrer Dankbarkeit für die Segnungen der Verfassung", die ihm persönlich zur Verfügung gestellt wurde mit der Bitte, sie als „König-Ludwig-Spende" der neu zu gründenden Hochschule zuzuweisen.[55] Überdies offerierte die Handelskammer Nürnberg, jährlich einen Betrag von 25.000 Mark beizusteuern, und aus den Kreisen der Bürgerschaft entstand noch ein weiterer Sammelfonds.

Die Gründung der Freien Hochschule, mithin die Umwandlung der bisherigen Handelshochschulkurse, die nie in ihrer eigentlichen Konzeption, sondern nur als reduzierte Vortragsveranstaltungen abgehalten worden waren, fand am 27. Mai 1918 statt, dem 100. Gedenktag der bayerischen Verfassung – etwas übereilt, da eine ministeriell genehmigte Satzung noch nicht existierte. Den Rahmen bildete eine gemeinschaftliche Sitzung der beiden städtischen Kollegien, in der Stadtschulrat Konrad Weiß rechtfertigte, warum gerade jetzt, noch während des Krieges, die Gründung einer solchen Institution notwendig erscheine: „Die durch den Krieg geschaffene Lage, die Deutschland auch nach dem Frieden zunächst auf seine eigene Kraft und auf sein eigenes Können verweist, die Notwendigkeit, alle Vorbedingungen für Qualitätsarbeit zu schaffen, die Notwendigkeit, die Tausende und Abertausende, die draussen auf dem Schlachtfelde für Volk und Vaterland gefallen sind oder ganz oder teilweise erwerbsunfähig zurückkehren, zu ersetzen: All das drängte dazu, den Gedanken zu erwägen, wie die Handelshochschulkurse als freie Hochschule für Handel und Industrie und als Volkshochschule mit hauptamtlichen Dozenten gestaltet werden könnte[n]."[56]

---

[51] StadtAN E6/574 Nr. 1: Satzung der Städtischen Volksbildungskurse mit Offenem Zeichen- und Arbeitssaal in Nürnberg, Nürnberg 1919. – Vgl. auch den „Wegweiser in die Städtischen Volksbildungskurse mit Offenem Zeichen- und Arbeitssaal Nürnberg", Nürnberg [1921/22] (StadtBN Nor.2224. 8°) sowie Maritta Hein-Kremer, Offener Zeichensaal, in: Diefenbacher / Endres, Stadtlexikon (wie Anm. 7), S. 777.

[52] UAE D2/2 Nr. 17: Satzungsentwurf, undatiert [1918].

[53] StadtAN C7/VIII Nr. 4868: Niederschrift über eine Vorbesprechung bei Oberbürgermeister Dr. Otto Geßler, 16. 6. 1918.

[54] StadtAN C7/VIII Nr. 4879: Gutachten des Verwaltungs- und Finanzausschusses, beschlossen in der Sitzung vom 23. 4. 1918.

[55] StadtAN C7/VIII Nr. 4879: König Ludwig III. an Oberbürgermeister Dr. Otto Geßler, 24. 5. 1918.

[56] UAE D2/2 Nr. 14: Referat von Stadtschulrat Konrad Weiß in der gemeinschaftlichen Sitzung der städtischen Kollegien, 27. 5. 1918.

> **Einladung.**
>
> Der Stadtmagistrat beehrt sich, zu dem aus Anlaß der **Hundertjahrfeier der Verkündigung der Bayerischen Verfassung** stattfindenden
>
> **Festakt**
>
> am Montag, den 27. Mai 1918, vormittags ½11 Uhr, im großen Rathaussaale ergebenst einzuladen.
>
> Nürnberg, den 15. Mai 1918.
>
> Dr. Geßler
> Oberbürgermeister.

Einladung zur Verfassungsfeier mit dem Hochschulgründungsakt am 27. Mai 1918 (Universitätsarchiv Erlangen-Nürnberg: D2/2 Nr. 14).

Die beiden städtischen Kollegien, der Magistrat und das Kollegium der Gemeindebevollmächtigten, beschlossen nun einstimmig, „1 Million Mark als Grundstock einer selbständigen Stiftung zur Errichtung einer Freien Hochschule für Handel, Industrie und allgemeine Volksbildung zur Verfügung zu stellen und zwar in der Weise, daß 500.000 Mark der Kämmereireserve des Jahres 1918 entnommen und ferner vom Jahre 1919 an in den jeweiligen Haushaltsvoranschlag der Stadtgemeinde je 100.000 Mark für den gleichen Zweck eingesetzt [würden], bis der Stiftungsbeitrag von 1 Million Mark erreicht [werde]".[57]

Anschließend fand ein Festakt im Großen Rathaussaal statt. Während Oberbürgermeister Dr. Otto Geßler etwas allgemein formulierte, man wolle heute „an der Geburtsstunde des bayerischen Staatsbürgerrechtes […] aus der Kraft unseres Bürgertums heraus die Freie Nürnberger Hochschule gründen",[58] ging Stadtschulrat Konrad Weiß in seiner Festansprache näher auf den Bezug des – später noch zu diskutierenden – Attributes „frei" in der Namensgebung der Hochschule ein, indem er es (unter Rekurs auf ein Zitat von Reichskanzler Theobald von Bethmann Hollweg)[59] nicht als

---

[57] StadtAN C7/VIII Nr. 4879: Gesamtbeschluss in der gemeinsamen Sitzung der städtischen Kollegien am 27.5.1918.
[58] UAE D2/2 Nr. 14: Ansprache von Oberbürgermeister Dr. Otto Geßler, 27.5.1918.
[59] Auch beispielsweise der Vorsitzende der Handelskammer Eugen Mayer knüpfte in seiner Ansprache an dieses Zitat an (UAE D2/2 Nr. 14: Ansprache von Eugen Mayer, 27.5.1918).

bloßes schmückendes Beiwerk, sondern als bildungspolitische Aussage zum Hochschulzugang wertete: „Des Kanzlers Wort: ‚Freie Bahn dem Tüchtigen', das, um Worte der kaiserlichen Osterbotschaft zu gebrauchen, Raum schaffen wollte für die freie und freudige Mitarbeit aller Glieder unseres Volkes, hat deshalb den Anstoß gegeben zu all den Erörterungen, die sich mit der schwerwiegenden Frage befassten: ‚Was kann geschehen, um das gesamte öffentliche Bildungswesen allen Kindern zugänglich zu machen und zwar nicht entsprechend dem Besitz, dem Vermögen und der gesellschaftlichen Stellung der Eltern, sondern entsprechend der Begabung und Leistungsfähigkeit und dem Berufsinteresse der Kinder.' [...] So sei die neue Nürnberger Freie Hochschule allezeit getragen von dem freien selbstbewussten Geist unserer ehrwürdigen Stadt [...] Ihr Besuch setzt nicht den Nachweis bestimmter Schulzeugnisse, wohl aber Leistungsfähigkeit für wissenschaftliche Arbeit und ernsthaften Arbeitswillen voraus; sie sei eine freie Bildungsstätte, die den Mann nicht wertet nach Schulzeugnissen, sondern nach seinem Wissen und Können."[60] Kultusminister Dr. Eugen von Knilling hingegen erwähnte in seiner Ansprache als entscheidenden Gesichtspunkt für die Berechtigung der neuen Hochschule neben der Münchener, dass sie nicht nur die Berufsbildung, sondern auch die allgemeine Volksbildung fördern wolle, ohne auf die Weiß'sche Interpretation des Status der neuen Nürnberger Hochschule näher einzugehen.[61]

Während seitens der Erlanger Universität der Nationalökonom Karl Theodor von Eheberg eher die Auswirkungen der Hochschulgründung auf den im Vorjahr gegründeten Erlanger Universitätsbund problematisierte, da er fürchtete, nun würden die Nürnberger Mittel nicht mehr nach Erlangen fließen,[62] ist seitens dieser Institution besonders das Grußwort des Prorektors Bernhard Kübler von Interesse. Bereits im Vorfeld hatte sich Oberbürgermeister Dr. Otto Geßler bei ihm für seine Zusage, ein Grußwort zu sprechen, bedankt und dabei angeführt, es wäre ihm „dann eine besondere Genugtuung, in [seinem] Schlußwort darauf hinweisen zu können, daß die Freie Hochschule vor allem in engstem Anschluß an die Universität Erlangen, wie bisher, ihre Entwicklung nehmen" werde.[63] Kübler erwähnte denn auch in seinem Grußwort das Angebot der Zusammenarbeit seitens der Erlanger Universität, vergaß aber nicht, besonders auf die Unterschiede beider Institutionen hinzuweisen. Er wandte sich – konträr zur Ansicht von Stadtschulrat Konrad Weiß – gegen den zeitgenössischen Drang zur Einheitsschule und betonte die Verschiedenartigkeit der Wege auch bei den Universitäten und Hochschulen, wobei er insbesondere die Abgrenzung zur als Teil der Freien Hochschule geplanten Volkshochschule betonte, denn diese wende sich „an die weitesten Kreise; sie [wolle] die Resultate der Wissenschaft dem Volke übermitteln", die Universität hingegen habe vor allem die Aufgabe, „den künftigen Forscher heranzubilden und mit den wissenschaftlichen Methoden vertraut zu machen. Der Lehrer der Volkshochschule [werde] daher stets Fertiges geben, der Lehrer der Universität seinen Schüler an seiner Gedankenarbeit teilnehmen lassen". Und um jeglichen finanziellen Förderwünschen von vorneherein eine Absage zu erteilen, betonte

---

[60] UAE D2/2 Nr. 14: Ansprache von Stadtschulrat Konrad Weiß, 27.5.1918.
[61] UAE D2/2 Nr. 14: Ansprache von Kultusminister Dr. Eugen von Knilling, 27.5.1918.
[62] UAE D2/2 Nr. 14: Ansprache von Professor Karl Theodor von Eheberg, 27.5.1918.
[63] UAE D2/2 Nr. 12: Oberbürgermeister Dr. Otto Geßler an Prorektor Bernhard Kübler, 25.5.1918.

er: „Auch wir kommen nicht mit leeren Händen. Zwar Silber und Gold haben wir nicht. Wir bedürfen dessen selbst. Aber wir stellen unsere Geisteskräfte gern in den Dienst der neuen Hochschule."[64] In der Folgezeit kam es tatsächlich zu einer Kooperation mit dem Staatswissenschaftlichen Seminar der Philosophischen Fakultät der Universität Erlangen, wo sich das Lehrangebot mit der Einführung des Abschlusses eines Diplom-Volkswirts und der staatswissenschaftlichen Promotionsmöglichkeit zum Dr. rer. pol. 1920 wesentlich erweiterte.[65]

Der etwas ungelenke und überhastete erste Entwurf einer „Satzung der Freien Hochschule Nürnberg" mit einer Gliederung in drei Abteilungen („Allgemeine Abteilung einschließlich der Volkshochschule", „Handelshochschule" und „Technische Fachhochschule")[66] wurde im September 1918 dem Staatsministerium zur Genehmigung vorgelegt. Die Absicht, den Vorlesungsbetrieb an der Handelshochschule mit Beginn des Wintersemesters 1919/20 sowie den an der Technischen Fachhochschule mit Beginn des Wintersemesters 1920/21 zu eröffnen, stieß jedoch auf Schwierigkeiten. Die Kritik an der Satzung der Hochschule lautete seitens der Regierung dahingehend, sie sei „unbestimmter und dehnbarer [...], als es auch für eine _freie_ Hochschule nötig wäre"; ferner wurde bemängelt, dass kein Mitglied der Regierung von Mittelfranken im Verwaltungsrat vertreten sei sowie die Tatsache, dass ein erfolgreicher Besuch der Städtischen Volksbildungskurse Grundlage für den Hochschulbesuch sein könne – überhaupt sei alles zu unbestimmt und scheine mehr ein Programm mit allgemeinen Richtlinien denn eine Satzung zu sein, und es werde empfohlen, nicht gleich alle drei Abteilungen zu eröffnen.[67] Offensichtlich zogen sich die Beratungen in die Länge, denn noch am 22. März 1919 forderte das Staatsministerium grundlegend eine Aufspaltung des Satzungsentwurfs dahingehend, dass zunächst die Genehmigung für die Unterrichtsstiftung und erst danach die für die Errichtung der Hochschule einzuholen sei. Ersteres Gesuch wurde Anfang Juli 1919 eingereicht, und am 24. August 1919 erfolgte die betreffende Ministerialentschließung mit der Genehmigung der „Stiftung für Errichtung und Betrieb einer Handels- und Volkshochschule". Am 6. September konnte Stadtschulrat Konrad Weiß Bürgermeister Martin Treu telegraphisch aus München mitteilen, die „handelshochschulangelegenheit [dürfe] behandelt werden, wie wenn genehmigung bereits erteilt waere [...] gleiche berechtigungen wie muenchen, nichts in oeffentlichkeit wegen genehmigung bringen". Nachdem am 12. September offiziell die positive Nachricht über einen Beginn des Hochschulbetriebes bei der Nürnberger Stadtverwaltung eingelaufen war, konnte noch am gleichen Tag die Meldung von der für den 15. Oktober 1919 angesetzten Hochschuleröffnung über das städtische Nachrichtenamt verbreitet werden. Gleichzeitig wurde hektisch nach einer genügenden Anzahl an Lehrpersonen gesucht – für die Erstellung des Semesterprogramms und die Verpflichtung der Dozenten blieb gerade noch ein Monat Zeit.[68]

---

[64] UAE D2/2 Nr. 14: Ansprache von Prorektor Bernhard Kübler, 27.5.1918.

[65] Vgl. Helmut Winterstein, Die Wirtschaftswissenschaft an der Philosophischen Fakultät der Universität Erlangen bis zur Fusion im Jahr 1961, in: Kössler, Festschrift (wie Anm. 1), S. 447–473, hier S. 466.

[66] UAE D2/2 Nr. 17: Satzungsentwurf, undatiert [1918].

[67] StAN Reg. K.d.I. Abg. 1968 Tit. XIII Nr. 2459: Stellungnahme der Regierung, 3.10.1918 (Hervorhebung im Original).

[68] UAE D2/2 Nr. 18: Aktennotizen aus den Reihen des städtischen Magistrats, 29.8.1919 u. 13.9.1919, Telegramm Stadtschulrat Konrad Weiß an Bürgermeister Martin Treu, 6.9.1919; Verwaltungsbericht der Stadt

HANDELS: HOCHSCHULE NÜRNBERG

Verzeichnis der Vorlesungen und Übungen
im Wintersemester 1919/20
(Eröffnungssemester)

Beginn der Vorlesungen Mittwoch, 15. Oktober 1919.

Das erste Vorlesungsverzeichnis der Handelshochschule, Wintersemester 1919/20 (Universitätsarchiv Erlangen-Nürnberg: D2).

Die Eröffnung der Handelshochschule als eine Abteilung der Freien Hochschule fand schließlich am 15. Oktober 1919 statt, und die bisherigen Handelshochschulkurse wurden mit Beginn des Wintersemesters 1919/20 aufgelöst. Direktor der Hochschule wurde der (erste) hauptamtliche Dozent für Privatwirtschaftslehre Wilhelm Rieger; Hanns Dorn war durch Stadtschulrat Konrad Weiß die Übernahme der Leitung der Freien Hochschule angeboten worden, dieser hatte jedoch abgelehnt, da – verglichen mit den Handelshochschulkursen – „die Aufgabe und Stellung des Leiters eine wesentlich andere sein" würde.[69] Untergebracht wurde die Hochschule im Gebäude der Handelsschule für Knaben, Findelgasse 7, wobei Oberbürgermeister Dr. Otto Geßler davon ausging, dass nach Kriegsende ohnehin ein „größeres Zentral-Fortbildungs-Schulhaus" gebaut werden müsse, worin sich wohl auch Räume für die Handelshochschule einrichten lassen könnten.[70]

Heftige Diskussionen, welche die Ausrichtung der Freien Hochschule betrafen, entbrannten nun um die (recht komplexe) Satzungsfrage. Genau genommen war bislang nur die Unterrichtsstiftung genehmigt, nicht jedoch die Hochschulgründung. Nun wurden zur Genehmigung vorgelegt die „Stiftungsbestimmungen der Freien Hochschule Nürnberg" mit der – bereits genehmigten – „Stiftung für Errichtung und Betrieb einer Handels- und Volkshochschule" als deren Unternehmerin, sie beinhalteten als Gliederung der Freien Hochschule „eine Allgemeine Abteilung, genannt ‚Volkshochschule Nürnberg', mit der Hauptaufgabe der Hebung der Volksbildung und Volkswohlfahrt durch Forschung und Lehre der für das Verständnis von Wirtschaft, Staat und Gesellschaft, von Welt- und Lebensanschauungen bedeutsamen Geistes- und Kulturwissenschaften, eine Abteilung für Handelswissenschaften, genannt ‚Handelshochschule Nürnberg', mit der Aufgabe, den Kaufmannsstand durch Vermittlung vertiefter allgemeiner und kaufmännischer Bildung für die Erfüllung der neuzeitlichen Anforderungen zu befähigen [und] eine Abteilung für technische Wissenschaften, genannt ‚Technische Hochschule Nürnberg', zur Ausbildung von leistungsfähigen Kräften vorzugsweise für die mechanische, elektrotechnische und chemische Industrie durch Pflege reiner und angewandter Mathematik und reiner und angewandter Naturwissenschaften."[71] Am 30. Juni 1920, also bereits nach Eröffnung der Handelshochschule, monierte das Staatsministerium für Unterricht und Kultus bei der Regierung von Mittelfranken, die Bezeichnung einer dritten Abteilung „Technische Hochschule Nürnberg" könne „nicht genehmigt werden, da sie in weiten Kreisen zu einer sachlich nicht begründeten Gleichschätzung und allenfalls Verwechslung mit der technischen Hochschule München führen würde." Und um jegliche weitere Nürnberger Vorstöße in dieser Angelegenheit abzubiegen, wurde angefügt: „Überdies wird schon

---

Nürnberg für das Jahr 1920/21, Teil 1, Nürnberg 1921, S. 162. – Der Akt UAE D2/2 Nr. 18 enthält auch diverse Korrespondenz betreffend die Dozentensuche.

[69] StAN Reg. K.d.I. Abg. 1968 Tit. XIII Nr. 2459: Hanns Dorn an den Regierungspräsidenten von Mittelfranken, Brüssel, 6.7.1918.

[70] UAE D2/2 Nr. 12: Oberbürgermeister Dr. Otto Geßler an Reichsrat Dr. Anton von Rieppel, 23.5.1918. – Nach dem Auszug der Handelsschule für Knaben 1925 konnte die Hochschule das Gebäude ganz für ihren Betrieb nutzen und ist hier – mit einem 1955 eingeweihten Trakt auf dem Nachbargrundstück Findelgasse 9 sowie mit Neubauten 1977 und 2004 in der Langen Gasse – immer noch untergebracht.

[71] StadtAN C7/VIII Nr. 4868: „Stiftungsbestimmungen der Freien Hochschule Nürnberg", festgesetzt mit Beschlüssen der städtischen Kollegien vom 27.5.1918 und 13.6.1919 und mit Beschluss des Stadtrats vom 25.2.1920.

jetzt darauf hingewiesen, daß gegen diese Abteilung überhaupt gewichtige Bedenken bestehen; soweit nämlich aus § 4 der Stiftungsbestimmungen zu ersehen, soll diese Abteilung eine Ausbildung vermitteln, die bereits an der höheren technischen Staatslehranstalt in Nürnberg geboten wird."[72] Einen Monat später, am 27. Juli 1920, wurde schließlich die „Stiftungsordnung der Freien Hochschule Nürnberg" und die „Satzung der Handelshochschule Nürnberg"[73] ministeriell genehmigt: „Der Stiftung für Errichtung und Betrieb einer Handels- und Volkshochschule in Nürnberg wird [...] die Genehmigung zur Gründung und Leitung einer freien Hochschule für Handel, Industrie und allgemeine Volksbildung in Nürnberg [...] erteilt. Die Schule hat den Namen ‚Freie Hochschule Nürnberg', die z. Zt. vorhandene Abteilung für Handelswissenschaften den Namen ‚Handelshochschule Nürnberg' zu führen." Der umstrittene Passus in den „Stiftungsbestimmungen der Freien Hochschule Nürnberg", nun „Stiftungsordnung" genannt, wurde unverändert übernommen, nur die Passage „genannt ‚Technische Hochschule Nürnberg'," musste ersatzlos gestrichen werden, während bei den ersten beiden Abteilungen die Hochschulnamen „Volkshochschule Nürnberg" und „Handelshochschule Nürnberg" verblieben.[74]

Damit war das Ende der Nürnberger Bestrebungen um den Erhalt einer Technischen Hochschule besiegelt. Aus der Sicht der Zeitgenossen agierten die Verantwortlichen aber auch möglicherweise etwas zu offensiv angesichts der Sensibilität dieses Themas. So hatte Professor Otto Edelmann von der Bayerischen Landesgewerbeanstalt in einem Gutachten zu bedenken gegeben, er würde sich mit der Idee einer Technischen Hochschule eher bedeckt halten, da eine alleinstehende freie Volkshochschule als Novum breites Interesse finden würde, eine Technische Hochschule jedoch überdies von der Einrichtung her aufwändiger und nicht kurzfristig zu realisieren sei: „Sowie man aber die Karten aufdeckt, und die von jeher von nicht wenigen Seiten bekämpfte Idee einer Technischen Hochschule Nürnberg preisgibt, so hat man die allergrößten Widerstände zu erwarten. In erster Linie von den Technischen Hochschulen, die dies ja auch schon unverhohlen zu erkennen gegeben haben. Man darf deren Einfluss bei der Staatsregierung und Unterrichtsverwaltung keinesfalls unterschätzen."[75]

Das Konzept der Freien Hochschule (1918 kursierte noch ein von Oberbürgermeister Dr. Otto Geßler vorgeschlagener Name „Behaim Akademie"[76]) war ein Experiment. Für ihren Mentor, Stadtschulrat Konrad Weiß, sollte sie „eine Pflegestätte des deutschen Idealismus sein und die materielle Bewertung des Lebens durch eine ideelle vervollständigen" – so seine Formulierung im ersten Satzungsentwurf von 1918 so-

---

[72] StadtAN C7/VIII Nr. 4868: Bayerisches Staatsministerium für Unterricht und Kultus an die Regierung von Mittelfranken, Kammer des Innern, 30. 6. 1920.

[73] StadtAN C7/VIII Nr. 4868: „Satzung der Handelshochschule Nürnberg", errichtet mit Beschlüssen der städtischen Kollegien vom 16. 7. 1918 und 30. 7. 1918 und mit Beschluss des Stadtrats vom 25. 2. 1920.

[74] StadtAN C7/VIII Nr. 4868: Bayerisches Staatsministerium für Unterricht und Kultus an die Regierung von Mittelfranken, Kammer des Innern, 27. 7. 1920. – Die „Stiftungsordnung der Freien Hochschule Nürnberg" und die „Satzung der Handelshochschule Nürnberg" sind publiziert in: Verwaltungsbericht (wie Anm. 68), S. 162–166.

[75] UAE D2/2 Nr. 16: Gutachten „Die Bayerische Landesgewerbeanstalt und die künftigen Nürnberger Hochschulen" von Prof. Dr. Otto Edelmann, undatiert.

[76] UAE D2/2 Nr. 12: Kommerzienrat Friedrich Carl Zahn an Oberbürgermeister Dr. Otto Geßler, 2. 5. 1918.

wie in einem Rückblick im Jahr 1924.[77] Für ihn stand bei der Konzeption im Vordergrund, das von ihm favorisierte System der Einheitsschule auch hier hinsichtlich der Zugangsvoraussetzungen und des Prüfungswesens zu verwirklichen: „Man war kühn genug, dabei an ein Stück Hochschulreform und grundsätzliche Durchführung des Einheitsschulgedankens, soweit dieser den organischen Zusammenhang der gesamten Bildungsarbeit von der Volksschule bis zur Hochschule enthält, zu denken."[78] Ähnlich formulierte dies auch der spätere Ordinarius für Geschichte und Soziologie Hans Proesler: „Ohne Bindung an die akademisch herkömmlichen Zulassungsbedingungen und unter Verzicht auf die Erlangung von Prüfungsberechtigungen sollte sich hier die Qualitätsleistung als solche durchsetzen."[79] In dieser – etwas vagen und hinsichtlich der praktischen Durchführbarkeit wenig reflektierten – strukturellen Besonderheit hinsichtlich der Zugangsvoraussetzungen und des Prüfungswesens ist wohl die ausschließliche Erklärung für das Attribut „frei" in der Namensgebung zu suchen; weitere konkrete Anknüpfungen an bildungspolitische Diskussionen sind in den Unterlagen nicht nachweisbar.[80] Ob der Bezeichnung eine noch umfassendere Komponente innewohnte, und die Benennung der Nürnberger „Freien Hochschule" etwa als Gegenpol zur Befangenheit in bildungspolitischen Strukturen und ideellen Vorgaben des Kaiserreiches zu interpretieren ist, mag dahingestellt bleiben.[81] In Betracht zu ziehen wäre zumindest ein universitätsgeschichtlicher Rekurs auf das Projekt der „allgemeinen deutschen freien akademischen Universität" des Jahres 1848, das den Lehrbetrieb von der Zweckbestimmtheit als Staatsanstalt zur Bildung künftiger Staatsdiener befreien wollte und als dessen projektierte Situierung auch Nürnberg im Gespräch gewesen war.[82] Außerdem ist hinsichtlich der Namensgebung noch zu denken an das 1859 in Frankfurt am Main gegründete „Freie Deutsche Hochstift für Wissenschaften, Künste

---

[77] UAE D2/2 Nr. 17: Satzungsentwurf, undatiert [1918]; Weiß, Schulwesen (wie Anm. 29), hier S. 151. – In seiner Ansprache bei der Gründungsfeier am 27.5.1918 hatte Stadtschulrat Konrad Weiß dies etwas ungelenk folgendermaßen formuliert: „Sie werde eine Pflegestätte des deutschen Idealismus, der zur Lebenserhaltung, Lebenserhöhung und Lebensweihe gibt und die materielle Bewertung des Lebens durch ihre [sic!] Ideale vervollständigt." (UAE D2/2 Nr. 14: Ansprache von Stadtschulrat Konrad Weiß, 27.5.1918).

[78] Weiß, Schulwesen (wie Anm. 29), hier S. 151.

[79] Hans Proesler, Der Aufbau der deutschen Handelshochschulen und die Hochschule für Wirtschafts- und Sozialwissenschaften (Handelshochschule) Nürnberg 1919 bis 1929 (Nürnberger Beiträge zu den Wirtschaftswissenschaften 18), Nürnberg 1929, S. 16 (in dieser Publikation auch Ausführungen zur Geschichte des inhaltlichen Aufbaus der Lehrangebote). – Auszugsweise abgedruckt (unter dem Titel: Die Entwicklung der Hochschule für Wirtschafts- und Sozialwissenschaften (Handelshochschule) Nürnberg von 1919 bis 1930) in: Nürnberger Hochschulkalender 1930, S. 5–24.

[80] Zu denken wäre etwa an Immanuel Kants „Streit der Fakultäten", wo er die zweckfreie Forschung in der Philosophischen Fakultät von der an praktischen staatlichen und gesellschaftlichen Gegebenheiten orientierte der weiteren Fakultäten abgrenzt.

[81] Das Thema der Namensgebung ist selbstredend ein weites Feld. So war etwa in Berlin 1902 eine „Freie Hochschule" eröffnet worden mit dem Ziel, eine Volksuniversität zu etablieren, und 46 Jahre später bedeutete die Gründung der „Freien Universität Berlin" eine westliche Entgegnung auf die nun im Ostteil der Stadt liegende Friedrich-Wilhelms-Universität (Karlheinz Goldmann, Verzeichnis der Hochschulen und hochschulartigen Gebilde sowie ihrer Vorläufer und Planungen in deutsch- und gemischtsprachigen Gebieten unter besonderer Berücksichtigung ihrer (Haupt-)Matrikeln, Neustadt/Aisch 1967, S. 50 u. 53). Ebenfalls bedient sich des Attributes „frei" beispielsweise der Bereich der Waldorfpädagogik mit der 1928 entstandenen „Freien Hochschule Stuttgart".

[82] Karlheinz Goldmann, Hochschulstadt Nürnberg 1448–1968 (Ausstellungskatalog der Stadtbibliothek Nürnberg 61), Nürnberg 1968, Kat.-Nr. 17 (unpaginiert).

und allgemeine Bildung", einer Art Symbiose von Akademie und bürgerlicher Volkshochschule zur geistig-kulturellen Pflege der politischen Ideale der Revolution von 1848.

In der NS-Zeit sollte das Konzept der Nürnberger „Freien Hochschule" schließlich Häme und Spott von den neuen Machthabern ernten, etwa wenn es anlässlich der Einweihung des umgestalteten Kollegienhauses am 7. Mai 1940 Bürgermeister Walter Eickemeyer als „halbverschwommen[e] demokratische[e] Gedankengänge und Illusionen" und Rektor Georg Ritter von Ebert als „krausen und bunt verwirrten, revolutionären [...] Hochschulgedanken" bezeichneten.[83]

Trennung von Handelshochschule und Volkshochschule

Die Verbindung von Handels- und Volkshochschule unter einem Dach erwies sich bald als nicht recht tragfähig. So scheinen die ersten Studentenjahrgänge recht inhomogen und der anfängliche Studienbetrieb eher experimentell gewesen zu sein, wie sich der spätere Ordinarius für Betriebswirtschaftslehre Georg Bergler erinnert: „Der Abiturient ohne Wirtschaftspraxis war eine seltene Erscheinung. Auffällig waren dagegen die zahlreichen Lehrer, die der Hochschule zuströmten. Unter ihnen waren das weiße Haupt und der würdige lange Bart keine Seltenheit."[84] Überdies intendierten die Zeitumstände mancherlei Bestrebungen politischer Gruppierungen zur Einflussnahme auf den Lehrbetrieb wie etwa seitens der USP, die Sonderkurse zur Ausbildung von Betriebsräten forderte.[85]

Es waren jedoch in erster Linie die unbestreitbaren Unterschiede in der Lehr- und Forschungsaufgabe beider Institutionen, die dem gemeinsamen Konzept schließlich das Wasser abgruben. Insbesondere wurde befürchtet, die Handelshochschule könnte den Anschluss im überregionalen Wettbewerb verlieren, wenn sie sich nicht als den anderen deutschen Handelshochschulen ebenbürtig erweisen sollte.[86] Der neue Oberbürgermeister Dr. Hermann Luppe[87] erkannte dieses zeitlich drängende Problem und meinte, während mit der Handelshochschule „Prüfungen und Promotionen verbunden sein soll[t]en", müsse die Volkshochschule abgetrennt und reorganisiert werden.[88] In seinen Memoiren bilanzierte er, es sei „eine unklare Mischung verschiedener Gedanken von Volksbildung und fachlicher Fortbildung sowie von Hochschulreform" gewesen, und es hätten sich insbesondere die Dozenten der Handelshochschule als unge-

---

[83] Ansprachen von Bürgermeister Walter Eickemeyer und Rektor Georg Ritter von Ebert, in: Ansprachen und Festvortrag bei der feierlichen Einweihung des umgestalteten Kollegienhauses der Hindenburg-Hochschule, Nürnberg 1940, S. 5–19 u. 31–35, hier S. 7 u. 31.

[84] Georg Bergler, Student in Nürnberg, Nürnberg 1965, S. 13–14. – Zum Thema der Studenten vgl. auch Hans-Joachim Loose, Die Nürnberger Hochschullandschaft und ihre Korporationen. Eine durchaus fragmentarische Untersuchung, Sankt Augustin 1990 (UBE H00 / 92 A 12340).

[85] StadtAN C7/VIII Nr. 4878: Verwaltungsratssitzung, 1. 11. 1919.

[86] Weiß, Schulwesen (wie Anm. 29), hier S. 154.

[87] Dr. Hermann Luppe (1874–1945), Oberbürgermeister von Nürnberg 1920–1933; vgl. Siegfried Zelnhefer, Luppe, Hermann, in: Diefenbacher / Endres, Stadtlexikon (wie Anm. 7), S. 660–661.

[88] StadtAN C7/VIII Nr. 4878: Gutachten von Dr. Hermann Luppe zur Volkshochschulfrage, Februar 1921.

eignet für die Volkshochschule erwiesen.[89] Bereits der Titel des – getrennt vom Vorlesungsverzeichnis der Handelshochschule erscheinenden – Volkshochschul-Programmblattes vom Wintersemester 1920/21 zeigt in der Tat dieses recht ungeklärte Verhältnis beider Institutionen mit der Formulierung: „Handelshochschule Nürnberg. Allgemeine Vorlesungen (Volkshochschule)".[90]

Am 9. Oktober 1921 fand schließlich die Eröffnung der abgetrennten und direkt dem Stadtrat unterstellten Volkshochschule mit Max Hermann Baege als Leiter statt.[91] Nach Ansicht des Handelshochschulhistoriographen Hans Proesler war die Folgeerscheinung der Trennung, dass die „Mehrzahl der ursprünglichen Hörer an die Städt. Volkshochschule abwanderten".[92] Da die Anzahl der Studierenden an der Handelshochschule dabei weitgehend kontinuierlich von 180 im Wintersemester 1919/20 auf 562 im Wintersemester 1925/26 anstieg (nur im Sommersemester 1921 war ein kurzzeitiger Einbruch zu verzeichnen), erschloss sich also die Handelshochschule durch die Abtrennung tatsächlich neue Hörerkreise.[93]

Ein Relikt der Idee der „Freien Hochschule" blieb noch in den Aufnahmebedingungen der Handelshochschule erhalten. Ursprünglich war gerade diesen ein großes Gewicht innerhalb des Hochschulreform-Gedankens zugedacht, da sie denjenigen, die keine Hochschulreife vorweisen konnten, nach Absolvierung der Städtischen Volksbildungskurse ein Hochschulstudium gewähren sollten. So hieß es im ersten Satzungsentwurf von 1918 unter dem Punkt „Aufnahmebedingungen", dass Personen ohne Mittelschulbildung sich durch drei- bis vierjährigen Besuch der Städtischen Volksbildungskurse die fachliche Reife für die Teilnahme an den Vorlesungen und Übungen erwerben könnten; sie würden zunächst nur als außerordentliche Studierende aufgenommen, um zwei Semester später nach einer Prüfung zu ordentlichen Studierenden aufsteigen zu können.[94]

Dieser Passus in den Aufnahmebedingungen erwies sich schließlich als Hemmnis für den Aufstieg zu einer mit den anderen deutschen Handelshochschulen gleichberechtigten Institution. Obwohl es bei der Gründung der Freien Hochschule ein Hauptgesichtspunkt gewesen war, dass „durch die Städtischen Volksbildungskurse der Anschluss an die Freie Hochschule hergestellt" werde, beschloss der Verwaltungsrat in seiner Sitzung vom 11. Mai 1920, diesen – für die Volksbildungskurse positiven und

---

[89] Hermann Luppe, Mein Leben (Quellen zur Geschichte und Kultur der Stadt Nürnberg 10), Nürnberg 1977, S. 85–86.

[90] StAN Reg. K.d.I. Abg. 1968 Tit. XIII Nr. 2459: Programmblatt „Handelshochschule Nürnberg. Allgemeine Vorlesungen (Volkshochschule), Winter-Semester 1920/21".

[91] Vgl. M[ax] H[ermann] Baege, Die Aufgabe der Volkshochschule, in: Der Aufstieg. Monatsschrift zur Förderung der Volksbildung und der Volkshochschulbewegung, Jg. 1, 1921, H. 10, S. 296–299. – Vgl. auch an weiteren Beiträgen in diesem Heft Hermann Luppe, Die Volksbildung in Nürnberg, S. 289–290; W[alter] Möhring, Aus der Geschichte der Städtischen Volksbildungskurse mit Offenem Zeichensaal, S. 291–293; Karl Hunger, Zur Methodik der Städtischen Volksbildungskurse Nürnberg, S. 294–296.

[92] Proesler, Aufbau (wie Anm. 79), S. 16.

[93] Ebd., S. 30. – Vgl. als zeitgenössische Hochschulgeschichtsschreibung auch Wilhelm Vershofen, Die Nürnberger Hochschule, in: Nürnberger Hochschulkalender 1925/26, S. 1–7; Wilhelm Vershofen, Die Nürnberger Hochschule, in: Erwin Stein (Hg.), Nürnberg (Monographien deutscher Städte XXIII), Berlin-Friedenau 1927, S. 132–136.

[94] StadtAN C7/VIII Nr. 4868: Niederschrift über eine Besprechung, 30.6.1918. – Vgl. auch StadtAN C7/VIII Nr. 4878: Gutachten von Stadtschulrat Konrad Weiß zur Volkshochschulfrage, Anfang 1921.

für die Handelshochschule negativen – Passus aus dem Satzungsentwurf zu streichen.[95] Der Erfolg ließ nicht lange auf sich warten, und die Rektorenkonferenz der sechs Handelshochschulen sowie der beiden wirtschaftswissenschaftlichen Fakultäten beschloss auf ihrer Tagung vom 19. bis 21. Mai 1921 in Berlin einstimmig, die „Handelshochschule Nürnberg als vollwertige Handelshochschule anzuerkennen", ebenso wurde das Nürnberger Diplom vom Vorstand des Verbandes Deutscher Diplomkaufleute in seiner Sitzung vom 9. Juni 1921 anerkannt.[96]

Die Handelshochschule adaptierte somit nun doch das überkommene Hochschulsystem; ein völlig neuer Schultypus mit einer Zugangsberechtigung über die Städtischen Volksbildungskurse hätte mit sich gebracht, dass die Abschlüsse nicht überregional anerkannt gewesen wären und die Studierenden keinen Hochschulwechsel hätten durchführen können. Die Institution der außerordentlichen Studierenden blieb noch bis Ende des Wintersemesters 1926/27 bestehen – jedoch nicht mit der Absolvierung der Städtischen Volksbildungskurse als Zugangsweg, sondern nur nach Ableistung einer Prüfung durch den Aufnahmeausschuss.[97] Als weitere wesentliche Elemente der Gleichstellung im Rahmen der deutschen Hochschullandschaft führte die erste Hälfte der zwanziger Jahre[98] die Nürnberger Handelshochschule am 3. Januar 1925 zum Erhalt der Rektorats- und Senatsverfassung,[99] die zweite Hälfte zum Erhalt der Graduierungsrechte mit dem Habilitationsrecht für Betriebswirtschaftslehre (1927), dem Promotionsrecht zum Dr. oec. (1930) und dem Habilitationsrecht für Wirtschafts- und Sozialwissenschaften (1931). Damit war die Etablierung der Nürnberger Handelshochschule endgültig erreicht.

---

[95] StadtAN C7/VIII Nr. 4878: Verwaltungsratssitzung, 11.5.1920.

[96] StadtAN C7/VIII Nr. 4878: Verwaltungsratssitzung, 27.6.1921.

[97] Weiß, Schulwesen (wie Anm. 29), hier S. 151–152; Proesler, Aufbau (wie Anm. 79), S. 30. – In der Verwaltungsratssitzung vom 2.3.1922 ist noch ein Antrag Dr. Hermann Luppes verbürgt, es solle im Senat besprochen werden, inwieweit es möglich sei, „den Absolventen der Volksbildungskurse, welche die Prüfung daselbst mit Erfolg abgelegt haben, Erleichterungen inbezug auf die Aufnahmebedingungen zuzubilligen" (StadtAN C7/VIII Nr. 4878: Verwaltungsratssitzung, 2.3.1922).

[98] Auf die Auseinandersetzungen um die Handelshochschule in den zwanziger Jahren und die Rolle von Oberbürgermeister Dr. Hermann Luppe kann in diesem Zusammenhang nur verwiesen werden; vgl. hierzu Hermann Hanschel, Oberbürgermeister Hermann Luppe. Nürnberger Kommunalpolitik in der Weimarer Republik (Nürnberger Forschungen 21), Nürnberg 1977, S. 122–134, hier S. 130–131; Luppe, Leben (wie Anm. 89), S. 85 u. 163.

[99] UAE D2/2 Nr. 31: Verfassung der Handelshochschule, 3.1.1925.

Christoph Hübner

Ein bayerischer Vertreter des Weimarer „Rechtskatholizismus": Max Buchner als Historiker, Politiker und Publizist in München und Würzburg (1919–1933)

Die Geschichte des politischen Katholizismus in der Weimarer Republik wird bis heute gemeinhin weitgehend in der Perspektive von Zentrum und Bayerischer Volkspartei betrachtet. In der Tat besaßen diese beiden Volksparteien eine hohe Bindungskraft im katholischen Milieu, das heißt unter den deutschen Katholiken aller sozialen Schichten. Aus dem Blick gerät dabei jedoch häufig, dass sich auch andere katholische Stimmen politisch regten, die oftmals gerade unter Betonung ihrer Katholizität scharfe Kritik am Kurs der beiden Parteien vorbrachten. Ein nicht unbedeutender Teil dieser Kräfte fand sich in der Weimarer Zeit im national-konservativen Lager, das seinerseits – ein Erbe des Kaiserreiches – noch stark protestantisch geprägt war. Es handelte sich dabei zwar um eine numerisch relativ kleine Gruppe von Katholiken. Dieser Umstand der numerischen Schwäche tritt jedoch zurück hinter dem potentiellen Einfluss, der den betreffenden Personen zukam – waren sie doch zum allergrößten Teil Mitglieder der gesellschaftlichen Eliten.[1]

Eine besonders schillernde Figur dieser „rechtskatholischen" Gruppierungen war der Münchner beziehungsweise Würzburger Historiker Max Buchner, der insbesondere dadurch Aufsehen erregte, dass er als katholischer Altbayer nicht nur einen dezidiert kleindeutsch-preußischen Nationalismus, sondern auch einen Hohenzollern'schen Monarchismus vertrat und für die Rückkehr des Kaisers plädierte. Im Folgenden soll versucht werden, zu dieser auf den ersten Blick recht erstaunlich anmutenden politischen Biografie Zugänge aus Buchners spezifischer Herkunft und Karriere in Politik, Wissenschaft und Publizistik zu finden sowie eine grobe Einordnung in den Gesamtkontext des rechten politischen Spektrums der Weimarer Zeit vorzunehmen.[2]

---

[1] Eine übergreifende monographische Darstellung zum Phänomen des Weimarer „Rechtskatholizismus" fehlt bislang. Wichtige Hinweise finden sich bei: Gabriele Clemens, Martin Spahn und der Rechtskatholizismus in der Weimarer Republik (Veröffentlichungen der Kommission für Zeitgeschichte, Reihe B: Forschungen 37), Mainz 1983; dies., Rechtskatholizismus zwischen den Weltkriegen, in: Albrecht Langner (Hg.), Katholizismus, nationaler Gedanke und Europa seit 1800, Paderborn u.a. 1985, S. 111–178; Horst Gründer, Rechtskatholizismus im Kaiserreich und in der Weimarer Republik unter besonderer Berücksichtigung der Rheinlande und Westfalens, in: Westfälische Zeitschrift 134, 1984, S. 107–155. – Für vorliegende Darstellung nicht mehr berücksichtigt werden konnte: Larry Eugene Jones, Catholics on the Right. The Reich Catholic Committee of the German National People's Party, 1920–33, in: Historisches Jahrbuch 126, 2006, S. 221–267.

[2] Verschiedene wichtige Aspekte der schillernden Biographie Max Buchners haben bereits das Interesse der Forschung erregt. Zu nennen sind hier insbesondere: Jürgen Steinle, Max Buchner und die Gelben Hefte in der Weimarer Republik, in: Historisches Jahrbuch 113, 1993, S. 427–446; ders., Rechtskatholizismus und „Moderne". Dargestellt am Beispiel Fred Graf Frankenbergs, Max Buchners sowie Adam Stegerwalds, in: Dietmar K. Nix (Hg.), Nationalismus als Versuchung. Reaktionen auf ein modernes Weltanschauungsmodell (Zeitgeiststudien 2), Aachen 1992, S. 68–90; Peter Herde, Max Buchner (1881–1941) und die politische Stellung der Geschichtswissenschaft an der Universität Würzburg 1925–1945, in: Peter Baumgart (Hg.), Die Universität Würzburg in den Krisen der ersten Hälfte des 20. Jahrhunderts. Biographisch-systematische Studien zu ihrer Geschichte zwischen dem Ersten Weltkrieg und dem Neubeginn 1945 (Quellen und Forschungen zur Geschichte des Bistums und Hochstifts Würzburg 58), Würzburg 2002, S. 183–251; Christoph Weisz, Geschichtsauffassung und politisches Denken Münchener Historiker der Weimarer Zeit. Konrad Beyerle, Max

Die Lage des Katholizismus in Bayern vor 1914

Der deutsche Katholizismus stand auch im späten Kaiserreich noch unter dem vielfältigen Eindruck des traumatisierenden Erlebnisses des Kulturkampfes der Bismarckzeit. Die politische Vertretung des katholischen Volksteils, die Zentrumspartei, zeigte in ihrer Führung zwar durchaus Neigungen, sich mit dem kaiserlichen Regime zu versöhnen und sich an die politisch-gesellschaftlichen Eliten anzupassen. Andererseits jedoch regten sich in der Partei zunehmend Kräfte aus Mittelstand, kleiner Landwirtschaft und auch Arbeiterschaft, die nun vor allem eine materielle Besserstellung sowie einen gerechteren Anteil an der gesellschaftlich-politischen Machtverteilung einforderten und dafür nicht zuletzt die fortbestehende kirchen- und kulturpolitische Zurücksetzung des katholischen Volksteils als Mobilisierungsinstrument einzusetzen gewillt waren. Diese Bestrebungen übten beträchtlichen Druck auf die tendenziell konfessionell irenische und sozial anpassungsbereite Honoratiorenführung der Partei aus, der nicht selten in offene Drohungen und Konflikte umschlug.[3]

In Bayern war die Situation des politischen Katholizismus insofern eine besondere, als es sich hier um den einzigen Bundesstaat mit einer überwiegend katholischen Gesamtbevölkerung handelte – der daher auch eine starke traditionelle katholische Elite in Form des altbayerischen Adels sowie einen im Reichsvergleich wesentlich erhöhten Katholikenanteil an den sich bildenden modernen Wirtschafts- und Funktionseliten vor allem des städtischen Bürgertums und Beamtenadels aufweisen konnte. Deshalb war auch, anders als in Preußen und dem restlichen Deutschland, ein Großteil der bürokratischen Träger des Kulturkampfes in Bayern selbst katholisch gewesen – an erster Stelle freilich Kultusminister Johann von Lutz. Neben der eigentlichen Bürokratie hatten auch bedeutende katholische Kräfte am Hofe, vor allem natürlich die katholische Dynastie selbst, hinter den Maßnahmen der Regierung gestanden.[4] Seit Mitte der 1880er Jahre hatte sich so am Münchner Hof eine regelrechte Hofkamarilla aus altliberal-staatskonservativen, aber katholischen Aristokraten und oft nobilitierten Bürgern gebildet, zu der auch die Hofgeistlichen gehörten.[5]

Eine besonders interessante Rolle unter den erwähnten „staatskatholischen" Kräften in Bayern nahmen jene Männer ein, die selbst dem katholischen Bürgertum[6] ent-

---

Buchner, Michael Doeberl, Erich Marcks, Karl Alexander von Müller, Hermann Oncken (Beiträge zu einer historischen Strukturanalyse Bayerns im Industriezeitalter 5), Berlin 1970; Dieter J. Weiß, Katholischer Konservatismus am Scheideweg – Die „Historisch-politischen Blätter" und die „Gelben Hefte", in: Hans-Christof Kraus (Hg.), Konservative Zeitschriften zwischen Kaiserreich und Diktatur. Fünf Fallstudien (Studien und Texte zur Erforschung des Konservatismus 4), Berlin 2003, S. 97–114; Winfried Becker, Der Einbruch des Nationalsozialismus an der Universität München. Situationsberichte des Geschichtsstudenten Hans Rall an Professor Max Buchner, in: Konrad Ackermann / Alois Schmid / Wilhelm Volkert (Hg.), Bayern vom Stamm zum Staat. Festschrift für Andreas Kraus zum 80. Geburtstag, Bd. 2, München 2002, S. 513–546.

[3] Hierzu v. a.: Wilfried Loth, Katholiken im Kaiserreich. Der politische Katholizismus in der Krise des wilhelminischen Deutschlands (Beiträge zur Geschichte des Parlamentarismus und der politischen Parteien 75), Düsseldorf 1984, S. 38–80 und passim.

[4] Karl Möckl, Die Prinzregentenzeit. Gesellschaft und Politik während der Ära des Prinzregenten Luitpold in Bayern, München / Wien 1972, S. 108–121, S. 306–308 und passim.

[5] Ebd., S. 326–331, S. 346–348, S. 354–356 und passim.

[6] Zum spezifischen Verhältnis dieses katholischen Bürgertums zur Kirchenreligion siehe: Werner K. Blessing, Kirchenfromm – volksfromm – weltfromm: Religiosität im katholischen Bayern des späten 19. Jahrhun-

stammten und durch berufliche Karriere und gesellschaftlichen Aufstieg in das Machtzentrum am Hofe beziehungsweise dessen Umgebung gelangten. Gerade diese bürgerlichen Aufsteiger verschrieben sich ganz den – vermeintlichen oder realen – Interessen von Staat und Dynastie, die sie jedenfalls in Gegensatz zur sich zunehmend demokratisch gebärdenden Volksbewegung des politischen Katholizismus stehend sahen. Das prominenteste Beispiel einer derartigen Karriere stellt wohl der Münchner Polizeipräsident, Geheime Kabinettssekretär und Kultusminister Ludwig August von Müller dar, der nicht zuletzt durch die Memoiren seines Sohnes, des Historikers Karl Alexander von Müller, einige Bekanntheit auch unter den Nachgeborenen erlangte.[7] Die Karriere von Vater und Sohn ist trotz ihres offen katholischen Bekenntnisses in politischer Hinsicht geprägt von einer deutlichen Distanzierung, ja Ablehnung gegenüber den Kräften des politischen Katholizismus im engeren Sinne. Der Sohn, Karl Alexander von Müller, setzte die spezifisch „staatskatholische" Familientradition dann auch in der gesamten Weimarer Zeit fort, obwohl beziehungsweise gerade weil sich nun die staatlich-gesellschaftlichen Rahmenbedingungen selbst grundlegend änderten.[8]

Max Buchners Herkunft und Karriere bis 1919

Ein Freund Müllers bereits aus Kindheitstagen war der nur ein Jahr ältere Max Buchner.[9] Interessanterweise ähneln sich Müller und Buchner nicht nur in ihrer Herkunft, sondern auch in Berufswahl und Karriere sowie hinsichtlich ihrer politischen Ansichten. Max Buchner wurde am 14. September 1881 in München als Sohn des Bäckers und Kaufmanns Max Buchner senior geboren. Beide Eltern stammten aus dem mittelständischen Wirtschaftsbürgertum der Stadt und waren offenbar erst im Umfeld der „Gründerjahre" zu einigem Vermögen gekommen.[10] Max Buchner sollte das einzige Kind ihrer Ehe bleiben.[11]

Buchner besuchte die Volksschule am Salvatorplatz und das Münchner Ludwigsgymnasium, bevor er ein Studium der Geschichte und Kunstgeschichte an der Universität seiner Vaterstadt aufnahm. Dieses absolvierte er mit großem Erfolg, so dass er 1907 seine mediävistische Promotion bei Hermann von Grauert (1850–1924) mit „summa cum laude" abschließen konnte. Er entschied sich für eine Fortsetzung seiner wissenschaftlichen Karriere und habilitierte sich 1911 ebenfalls bei von Grauert.[12]

---

derts, in: Wilfried Loth (Hg.), Deutscher Katholizismus im Umbruch zur Moderne (Konfession und Gesellschaft 3), Stuttgart u. a. 1991, S. 95–123, hier S. 106 f.

[7] Karl Alexander von Müller, Aus Gärten der Vergangenheit, Stuttgart 1951, passim. – Möckl, Prinzregentenzeit (wie Anm. 4), S. 209, Anm. 140 und passim.

[8] Karl Alexander von Müller, Im Wandel einer Welt. Erinnerungen Band Drei 1919–1932, hg. von Otto Alexander von Müller, München 1966.

[9] Max Buchner, Jahre im Elternhaus, in: Gelbe Hefte 18, 1941, S. 64–77, hier S. 67.

[10] Max Buchner sen. hatte als Bäckermeister außergewöhnlichen Wohlstand erzielt, weil er sich die Herstellung einer von ihm erfundenen Gebäckart, der „Amerikanischen Brezeln", hatte privilegieren lassen: Max Buchner, Freunde und Freuden der Kindheit, in: Gelbe Hefte 17, 1940/41, S. 371–377, hier S. 371 f.

[11] Buchner, Elternhaus (wie Anm. 9), S. 67.

[12] Ebd. S. 71.

Die Studienzeit scheint Buchner jedoch auch in nicht-fachlicher Hinsicht entscheidend geprägt zu haben. So war sein Doktorvater von Grauert einer der prominenten Vertreter der sich gerade in dieser Zeit an den Universitäten erhebenden „liberalen" reformkatholischen Bewegung, die aus wissenschaftlichen wie aus politisch-gesellschaftlichen Gründen eine Öffnung des Katholizismus hin zur protestantischen Mehrheitsgesellschaft, eine Versöhnung von „Kirche und Welt", von Glaube und Wissenschaft forderte.[13] Zwar fehlen in dieser Zeit eindeutige Äußerungen Buchners zu diesem Themenkomplex. Es ist jedoch sehr wahrscheinlich, dass diese Bestrebungen seines langjährigen akademischen Betreuers auch ihn in hohem Maße prägten, zumal sie sich gut mit den „staatskatholischen" Auffassungen des gehobenen Münchner Bürgertums verbinden ließen, zu dem er sich ja inzwischen mit Fug und Recht zählen durfte.

Darüber hinaus aber kam er an der Universität offenbar erstmals in einen intensiveren Kontakt mit jenen historisch-politischen Anschauungen norddeutsch-protestantischer Provenienz, die als eine Art Staatsideologie des Wilhelminismus fungierten und die durch eine teleologische Mischung hegelianischer und anderweitiger historistischer Elemente im kleindeutschen Kaiserreich die Vollendung von Wesen und Ziel der deutschen Geschichte erblicken wollten. Die massive Beeinflussung Buchners durch diese politische Historiographie wird unter anderem daraus ersichtlich, dass er noch im Jahre 1932 an Erich Marcks, einen Hauptvertreter dieser Richtung, schrieb, dieser sei der akademische Lehrer gewesen, „der mir gerade auf dem Gebiet des vaterländischen Reifens grossenteils [sic!] Meister und Führer war". Er, Buchner, und sein Freund und Kommilitone Karl Alexander von Müller hätten in Marcks den „gemeinsam verehrten Meister im Norden" gesehen.[14]

Auch Buchners Engagement in der katholischen Studentenbewegung – er gehörte seit 1901 dem Münchner Farben tragenden Corps Aenania an[15] – bildete keinen Widerspruch zu der sich andeutenden kleindeutsch-national-staatskatholischen Ausrichtung des jungen Akademikers. Gerade die katholischen Studentenverbindungen wurden seit 1900 in besonderem Maße von der angesprochenen reformkatholischen Bewegung erfasst und strebten endlich eine Anerkennung als vollkommen gleichwertige Glieder der akademischen Landschaft an. Natürlich wurden sie von ihren protestanti-

---

[13] Diese Haltung Grauerts wird nicht zuletzt deutlich am Verdikt durch seinen Gegenspieler innerhalb der Görres-Gesellschaft zur Pflege der katholischen Wissenschaft, den berühmten Papsthistoriker Ludwig von Pastor. Dieser vertraute am 12.1.1895 seinem Tagebuch an: „Das Unglück der von Grauert und anderen katholischen Gelehrten vertretenen Richtung ist, daß diese in erster Linie nach der vollen Anerkennung bei den Gegnern [d.h. den nichtkatholischen Wissenschaftlern und Politikern, C.H.] streben und deshalb glauben, möglichst milde auftreten zu müssen. Diese volle Anerkennung wird uns Katholiken niemals zuteil werden, wenn wir nicht den katholischen Standpunkt völlig aufgeben.", in: Ludwig von Pastor (1854–1928), Tagebücher – Briefe – Erinnerungen, hg. von Wilhelm Wühr, Heidelberg 1950, S. 270. Eine befriedigende Biografie Grauerts ist nach wie vor ein Desiderat der Forschung – unverständlicherweise ist er nicht einmal in die Neue Deutsche Biographie aufgenommen. Zum „Reformkatholizismus" allgemein siehe: Roger Aubert, Die modernistische Krise, in: Hubert Jedin (Hg.), Handbuch der Kirchengeschichte, Bd. 6, 2, Freiburg u.a. 1973, S. 435–500.
[14] Buchner an Marcks 9.3.1932, in: Nachlass Buchner, BArch Koblenz N 1088, 19. Zu Marcks siehe u.a. Weisz, Historiker (wie Anm. 2), S. 33.
[15] Peter Stitz, Der CV 1919–1938. Der hochschulpolitische Weg des Cartellverbandes der katholischen deutschen Studentenverbindungen vom Ende des 1. Weltkrieges bis zur Vernichtung durch den Nationalsozialismus (Der Weiße Turm 4), München 1970, Verzeichnis S. 393 und 395.

schen Kommilitonen weiterhin in vielfacher Hinsicht der „Sonderbündelei" verdächtigt. Dies führte jedoch bei einem Teil von ihnen zu dem Bestreben, sich als national besonders „zuverlässig" zu beweisen.[16]

Bereits vor 1914 waren somit die Grundlagen für Buchners spätere dezidiert nationalistische Einstellung gelegt durch seine Herkunft aus dem der Zentrumspartei abgeneigten besser gestellten Bürgertum sowie durch seinen Kontakt mit modernistisch-reformkatholischen und national-kleindeutschen Kräften an der Universität München. Dabei ist anzunehmen, dass gerade Buchner als Sohn gesellschaftlicher Aufsteiger für diese verschiedenen Einflüsse besonders empfänglich war auf Grund eines bei ihm sicherlich gegebenen Willens, sich an die Anschauungen und Werthaltungen der herrschenden Eliten anzupassen.[17]

Der Erste Weltkrieg brachte eine weitere deutliche Schärfung seiner Werthorizonte. Was für die Staatskatholiken schon bisher gegolten hatte, erfasste nun auch die durch die Zentrumspartei vertretene Mehrheit der Katholiken. Sie versuchte in den ersten Kriegsjahren allenthalben, durch chauvinistischen Eifer ihre nationale Verlässlichkeit zu demonstrieren.[18] Mit der zunehmenden Dauer des Krieges jedoch setzten sich im Zentrum wieder die demokratischen Kräfte durch, die nun ihre alte Forderung nach einer Parlamentarisierung im Inneren mit jener eines Verständigungsfriedens nach außen verknüpften und sich darin mit Sozialdemokraten und Fortschrittspartei trafen. Als der Führer der „Zentrumsdemokraten", Matthias Erzberger, im Juli 1917 mit diesen beiden Parteien eine neue Reichstagsmehrheit zur Verfolgung der genannten Ziele bildete, waren viele konservative Katholiken innerhalb und außerhalb des Zentrums vor den Kopf gestoßen. Diese „Frontenbildung" der „katholischen Partei" mit den „revolutionär-atheistischen" Sozialisten und den „indifferenten" Linksliberalen unter den verschärften Bedingungen des Weltkriegs erschien ihnen als Verrat am Deutschen Reich wie auch am katholisch-christlichen Bekenntnis. Eine ganze Reihe von ihnen schloss sich daher der bald darauf gegründeten „Deutschen Vaterlandspartei" an. Unter ihnen war auch Max Buchner, wenn er sich auch dabei noch weitgehend passiv verhielt.[19] Immerhin lassen sich in der Kriegszeit insgesamt erste offen nationalistische Äußerungen in seiner Korrespondenz nachweisen.[20]

---

[16] Peter Stitz, Der akademische Kulturkampf um die Daseinsberechtigung der katholischen Studentenkorporationen in Deutschland und Österreich von 1903 bis 1908. Ein Beitrag zur Geschichte des CV (Der Weiße Turm 3), München 1960, S. 118. Siehe auch Stitz, CV (wie Anm. 15), S. 19.

[17] Es braucht nicht besonders hervorgehoben zu werden, dass diese biographischen Voraussetzungen zwar einerseits entscheidende Faktoren für eine hinreichende Erklärung von Buchners späterer politischer Ausrichtung bilden, dass diese Entwicklungslinien andererseits aber nicht im Sinne einer gewissermaßen deterministischen Notwendigkeit einfach verallgemeinert werden können.

[18] Hierzu u. a.: Werner K. Blessing, Staat und Kirche in der Gesellschaft. Institutionelle Autorität und mentaler Wandel in Bayern während des 19. Jahrhunderts (Kritische Studien zur Geschichtswissenschaft 51), Göttingen 1982, S. 250; Richard van Dülmen, Die Wirkung des Ersten Weltkrieges auf den deutschen Katholizismus, in: Zeitschrift für Bayerische Landesgeschichte (künftig: ZBLG) 38/3, 1975, S. 982–1001.

[19] Weisz, Historiker (wie Anm. 2), S. 46. Aus den Nachlasspapieren Buchners aus der Zeit vor 1919 lässt sich trotz seiner offenkundigen Mitgliedschaft in einer Gliederung der Vaterlandspartei keinerlei politische Aktivität im eigentlichen Sinne feststellen; siehe Nachlass Buchner (wie Anm. 14). – Buchner war 1914 für kriegsdienstuntauglich befunden worden, leistete aber einen freiwilligen Hilfsdienst in der Münchner Verwundetenbücherei des Roten Kreuzes. Siehe Herde, Buchner (wie Anm. 2), S. 192, Anm. 44.

[20] Vgl. etwa die Korrespondenz mit seinem Freund und Bundesbruder Max von Zynda 1917, in: Nachlass Buchner (wie Anm. 14), 98.

Buchners politische Grundentscheidungen im Jahre 1919 und seine Aktivität in der Bayerischen Mittelpartei bis 1923

Von der Revolution scheint Buchner zunächst, wie die meisten übrigen Vertreter der alten Eliten, geradezu gelähmt gewesen zu sein. Seine eigene Ex-post-Angabe, er habe in den „kritischen" Tagen wiederholt versucht, auf Menschenansammlungen am Münchner Karlsplatz einzuwirken, erscheint nicht unbedingt glaubhaft.[21] Immerhin ließen wohl die Erfahrungen dieser für Münchens Bürgertum schweren Wochen und Monate auch bei ihm endgültig den Entschluss zum offenen politischen Engagement reifen.

Dabei widersetzte er sich jedoch den Aufrufen der neu gegründeten Bayerischen Volkspartei zur Sammlung unter den katholischen Akademikern. Dies geht aus einem Brief Grauerts an ihn vom 3. April 1919 hervor: „[...] als ich gestern [...] auf dem Politischen Abend der Bayerischen Volkspartei im Hotel Union eintraf, wurde mir Ihr Schreiben vom 2. April übergeben. – Die Gründe, welche Sie zu Ihrer Entschließung, der Bayerischen Volkspartei fernerhin sich nicht zuzurechnen, geführt haben, vermag ich vollkommen zu würdigen. Die Lage, in welcher sich die Partei und das Land befinden, ist in der Tat keine zu grossen Hoffnungen berechtigende. Von dem Inhalte Ihres Briefes werde ich selbstverständlich auch Herrn Professor Otto [...] Kenntnis geben."[22]

Gerade der hier genannte Professor Walter Otto scheint für Buchners dann erfolgende weitere Hinwendung zu einem bewussten, offenen politischen Engagement auf der Seite der – auch in Bayern stark protestantisch geprägten – Nationalkonservativen die entscheidende Rolle gespielt zu haben. Otto selbst war erst zum Sommersemester 1918 als Ordinarius für Alte Geschichte in die bayerische Landeshauptstadt gekommen, aber er gehörte bereits im Winter 1918/19 zu den Mitbegründern der Deutschnationalen Volkspartei in München, die auf Landesebene den Namen „Bayerische Mittelpartei" (BMP) annahm.[23] Buchner schloss sich ihr im Laufe des Jahres 1919 an. Zwar schweigen die Quellen über den genauen Zeitpunkt des Beitritts, aber bereits im November 1919 beauftragte ihn Otto mit dem Aufbau einer deutschnationalen Studentengruppe an der Universität München, was auf einen Beitritt schon wesentlich früher schließen lässt.[24]

---

[21] Buchner, Elternhaus (wie Anm. 9), S. 74.

[22] Grauert an Buchner 3.4.1919, in: Nachlass Buchner (wie Anm. 14), 50. Die Abkürzungen in diesem Zitat wurden der besseren Lesbarkeit halber aufgelöst.

[23] Zu Walter Otto siehe: Jakob Seibert, Walter Otto, Professor in München 1.4.1918–1.11.1941, in: ders. (Hg.), 100 Jahre Alte Geschichte an der Ludwig-Maximilians-Universität München, Berlin 2002, S. 50–68. Zur Bayerischen Mittelpartei bzw. den Deutschnationalen in Bayern fehlt bislang eine monographische Darstellung – dies, obwohl diese Partei über weite Strecken in den 20er Jahren der Bayerischen Staatsregierung angehörte. Siehe: Dieter J. Weiß, Grundlinien des politischen Konservativismus in Bayern, in: ZBLG 62, 1999, S. 523–541, hier S. 536. Wichtige Vorarbeiten sind zu diesem Thema geleistet bei: Manfred Kittel, Zwischen völkischem Fundamentalismus und gouvernmentaler Taktik. DNVP-Vorsitzender Hans Hilpert und die bayerischen Deutschnationalen, in: ZBLG 59, 1996, S. 849–901, sowie bei Hans Fenske, Konservativismus und Rechtsradikalismus in Bayern nach 1918, Bad Homburg 1969, S. 68–73.

[24] Otto an Buchner 12.11.1919, in: Nachlass Buchner (wie Anm. 14), 76. Laut Otto hatte die Bayerische Mittelpartei unter der Münchner Studentenschaft zu diesem Zeitpunkt bereits ca. 200 Anhänger. Buchner schien sich für diese Aufgabe in der Tat zu empfehlen, da er – zumindest laut wiederholten eigenen Angaben –

Der eigentliche Hintergrund für diese gerade in Bayern doch recht ungewöhnliche persönliche politische Entscheidung eines Katholiken war zu dieser Zeit Buchners unbedingter Monarchismus, der sich natürlich nicht zuletzt aus seiner sozialen Herkunft aus einer Aufsteigerfamilie erklärt. Nicht weiter verwunderlich im bürgerlichen Umfeld Bayerns ist der Umstand, dass die Familie Buchner dem nach Wildenwart geflohenen König Ludwig III. von Bayern im Januar 1919, mitten in den revolutionären Wirren, zu seinem Geburtstag huldigte.[25] Bereits vom 1. September 1919 datiert jedoch Buchners erster Huldigungsbrief an Kaiser Wilhelm im niederländischen Exil, in welchem er diesem seine Treue versichert. Buchner zeigt sich in diesem Brief bereits ganz als klassischer Legitimist, für den jede Auflehnung gegen eine als letztlich gottgegeben verstandene Obrigkeit ein unsühnbares Verbrechen darstellt. Daneben wird bereits in diesem Brief das entscheidende inhaltliche Motiv Buchners deutlich, gerade auch aus süddeutsch-katholischer Perspektive dem Kaiser die Treue zu halten. Buchner sah nämlich in der betonten Christlichkeit Wilhelms, verbunden mit seinen vormaligen Machtmitteln, ex post ein entscheidendes Bollwerk gegen die geistigen, sozialen und politischen Gefahren der Zeit, von denen die deutsche Revolution und Republik nur als „Spitze des Eisbergs" angesehen wurden.[26] Diese von Buchner wahrgenommene beziehungsweise konstruierte Verbindung von Christentum und Deutschtum in der Person wie im Amt des Kaisers wird ab dem Jahre 1919 zur eigentlichen allgegenwärtigen Ursache und verborgenen Triebfeder seines politischen Denkens und Handelns. Von hier aus wird verständlich, dass sich Buchner keiner anderen Partei als den Deutschnationalen anschließen konnte, stellten diese doch die einzige Kraft im politischen Spektrum auch Bayerns dar, die – nach einer sehr kurzen Übergangszeit – wieder offen für die Wiederherstellung der Hohenzollernmonarchie wie auch des preußisch-deutschen Machtstaates eintrat. Hinzu kam, dass die Deutschnationalen, anders als Zentrum und später auch Bayerische Volkspartei, eine wie auch immer geartete Zusammenarbeit mit den Kräften des Umsturzes, als welche Sozialdemokraten, aber auch teilweise Linksliberale gesehen wurden, unbedingt ablehnten.

Der Beitritt des katholischen Münchner Kaufmannssohns und Bildungsbürgers zur bayerischen Gliederung der neuen Sammlungspartei der versprengten konservativen, nationalen und teils auch völkisch-alldeutschen Elemente, die immer noch stark vom protestantisch-preußischen Alt- und Freikonservatismus geprägt war, war indes nicht ganz so außergewöhnlich, wie es auf den ersten Blick erscheinen mag. Nachdem sich einige prominente Katholiken bereits an der Gründung der DNVP in Berlin Ende 1918 beteiligt hatten, hatte es seit dem Sommer 1919 immer wieder in der Reichsparteileitung Überlegungen zur verstärkten Werbung unter den deutschen Katholiken gegeben, eben mit der Zielrichtung, dass der dezidierte Oppositionskurs der Deutschnationalen auch für konservative Katholiken attraktiv sein könnte, die sich naturgemäß vom Bündnis des Zentrums mit der SPD auf Reichsebene und in Preußen abgestoßen

bei der Studentenschaft durchweg sehr beliebt war. Siehe z. B. Buchner, Elternhaus (wie Anm. 9), S. 71. Prinzipiell ergibt sich für alle Mitgliedschaften Buchners in Vereinen und politischen Organisationen die Problematik, dass in seinem umfangreichen Nachlass so gut wie keine Mitgliedskarten o. ä. erhalten sind, Mitgliedschaften also im wesentlichen aus der Korrespondenz erschlossen werden müssen.

[25] Frh. von Laßberg im Auftrag Ludwigs III. an August Buchner [den Onkel Max Buchners], 8. 1. 1919, in: Nachlass Buchner (wie Anm. 14), 19.

[26] Buchner an Kaiser Wilhelm, 1. 9. 1919, in: Nachlass Buchner (wie Anm. 14), 121.

fühlen mussten. Dies führte dazu, dass am 10. August 1920 in Berlin der „Reichsausschuss der Katholiken in der Deutschnationalen Volkspartei" ins Leben gerufen wurde, der die Aufgabe hatte, die in Aussicht genommenen Werbeaktivitäten der Partei im katholischen Volksteil zu koordinieren sowie die Berücksichtigung katholischer Interessen innerhalb der Partei zu gewährleisten.[27] Zu demselben Zwecke sollten auch bei den einzelnen Landes-Parteiorganisationen analoge Ausschüsse gebildet werden. So errichtete auch die Bayerische Mittelpartei im zweiten Halbjahr 1921 einen „Landeskatholikenausschuss" mit Sitz in München. Offenbar spielten bereits dabei Otto als Vorsitzender der Münchner Parteiorganisation und Buchner als prominenter Katholik eine treibende Rolle. Jedenfalls wurde Buchner zum Vorsitzenden des Ausschusses gewählt.[28]

Buchner kümmerte sich in der Folgezeit in dieser Funktion, seinen Präferenzen entsprechend, vor allem um die deutschnationale Agitation unter der katholischen Studentenschaft, zu der er in der Tat auf Grund seiner Arbeit an der Universität wie auch in seiner Funktion als Philister des Cartellverbandes der katholischen deutschen Studentenverbindungen ein besonders inniges Verhältnis hatte.[29] Erst in den Jahren 1924 und 1925 sollte er als Vorsitzender des Katholikenausschusses auch landespolitisch eine gewisse Bedeutung erlangen, wenn diese auch der Öffentlichkeit nicht bekannt wurde.

Immerhin wurde Buchner bereits in dieser Zeit in München zu einem Kristallisationspunkt für deutschnational empfindende Katholiken aus den alten „staatskatholischen" Kreisen wie auch aus der Studentenschaft und Akademikerschaft – aus Kreisen also, die zwar numerisch klar eine Minderheit bildeten, gesellschaftlich jedoch von beträchtlichem Gewicht sein mussten. So gehörten von Anfang an zu dem sich um Buchner scharenden rechtskatholischen Freundeskreis Vertreter des bayerischen Adels und Großbürgertums wie der in Augsburg wohnhafte General a. D. Ludwig

---

[27] Das Gründungsprotokoll findet sich im Nachlass des langjährigen Vorsitzenden des Reichskatholikenausschusses, Freiherrn Engelbert von Landsberg-Velens: „Sitzungsbericht über die konstituierende Versammlung des ‚Reichsausschusses der Katholiken in der Deutschnationalen Volkspartei' zu Berlin, Bernburgerstrasse 24 I, am 10. August 1920", in: Nachlass Engelbert von Landsberg-Velen, Archiv der Freiherren von Landsberg-Velen, Drensteinfurt/Westfalen, E 1. Für die Ermöglichung der Benutzung der Bestände dieses Nachlasses habe ich Freiherrn Ignaz Wessel von Landsberg-Velen, Drensteinfurt, zu danken.

[28] Die Errichtung des Bayerischen Landeskatholikenausschusses lässt sich auf Grund fehlender Quellen nicht genau datieren. Nach einem Bericht des Reichsausschusses der Katholiken in der Deutschnationalen Volkspartei existierte am 15. 3. 1921 noch kein solcher Ausschuss in München; siehe „Bericht am 15. 3. 1921", in: Nachlass Landsberg (wie Anm. 27), E 1. Auf dem Bamberger Parteitag der Bayerischen Mittelpartei im April 1922 jedoch bestand der Bayerische Landeskatholikenausschuss bereits als fest gefügte Organisation unter dem Vorsitz Buchners: Siehe Katholisches Korrespondenzblatt 19, 13. 5. 1922, Artikel „Tagung des Katholiken-Ausschusses der Bayerischen Mittelpartei in Bamberg". Die Gründung muss also in der Zwischenzeit erfolgt sein – vermutlich im Umfeld des Deutschnationalen Reichsparteitages Anfang September 1921 in München. Siehe auch die undatierte Antwort Ottos auf Buchners Mitteilung von der Gründung des Landeskatholikenausschusses im Nachlass Buchner (wie Anm. 14), 76.

[29] Siehe Buchners umfangreiche Korrespondenz mit katholischen Studentenverbindungen des C.V. in ganz Deutschland, in: Nachlass Buchner (wie Anm. 14), 102 und passim.

Frhr. von Gebsattel[30] und der Münchner Patrizier Frhr. von Moreau[31], daneben Geistliche wie die Patres Rupert Jud OSB und Ludger Rid OSB von der Münchner Abtei St. Bonifaz[32] und der aus Prag ausgewiesene Abt des dortigen Emaus-Klosters Alban Schachleiter OSB.[33] Zu den Vertretern der jungen Generation zählten Buchners Schüler Anton Ritthaler[34], Hans Rall[35] und Karl Ludwig Frhr. von Guttenberg.[36] Freundschaftlichen Kontakt hielt Buchner ferner zu den Katholiken in der Redaktion der nationalliberalen ‚Münchner Neuesten Nachrichten', Helene Raff und Erwein Frhr. von Aretin.[37] Über diesen südbayerischen Kreis hinaus trat er durch seine parteipolitischen Verbindungen und Vortragsreisen bereits in dieser Zeit auch in Kontakt mit Rechtskatholiken in ganz Deutschland, in erster Linie mit dem Vorsitzenden des Reichskatholikenausschusses der DNVP, Engelbert Frhr. von Landsberg-Velen.[38] Gerade zu diesem baute sich in der Folgezeit eine dauerhafte politische und persönliche Freundschaft auf, die nicht zuletzt zu einer Reihe von wirkungsvollen politischen Interventionen „hinter den Kulissen" führen sollte, deren wichtigste die Gründung der „Gelben Hefte" 1923/24 und die entscheidende Beeinflussung der Haltung der BMP bei der bayerischen Konkordatsabstimmung 1924/25 waren.

Max Buchner und die Gründung der „Gelben Hefte" 1923/24

Buchner hatte bereits seit 1908 gelegentlich Aufsätze in den ehrwürdigen, noch von Joseph von Görres 1838 mitbegründeten „Historisch-Politischen Blättern für das katholische Deutschland" veröffentlicht, die in München erschienen.[39] Auf diese Weise hatte er deren Herausgeber, den Bayerischen Reichsarchivdirektor Georg Maria

---

[30] Siehe die Korrespondenz im Nachlass Buchner (wie Anm. 14), 48 und 49. Zu Gebsattel siehe: Max Buchner, Gebsattel, Ludwig Freiherr von, bayrischer [sic!] General der Kavallerie, 1857–1930, in: Anton Chroust (Hg.), Lebensläufe aus Franken 5 (Veröffentlichungen der Gesellschaft für Fränkische Geschichte VII, 5), Erlangen 1936, S. 85–100.

[31] Siehe die Korrespondenz im Nachlass Buchner (wie Anm. 14), 73.

[32] Siehe die Korrespondenz im Nachlass Buchner (wie Anm. 14), 79 und 116. Die Buchner'sche Wohnung in der Münchner Karlstraße befand sich direkt gegenüber der Abtei.

[33] Siehe die Korrespondenz im Nachlass Buchner (wie Anm. 14), 100 und 119. Zur Person Schachleiters, der sich als einer der ganz wenigen Vertreter des höheren katholischen Klerus bereits Ende der 20er Jahre auf die Seite Hitlers stellte siehe: Roman Bleistein, Abt Alban Schachleiter OSB. Zwischen Kirchentreue und Hitlerkult, in: Historisches Jahrbuch 115, 1995, S. 170–187.

[34] Siehe die Korrespondenz im Nachlass Buchner (wie Anm. 14), 80. Zu Ritthaler siehe auch: Herde, Buchner (wie Anm. 2), S. 193.

[35] Siehe die Korrespondenz im Nachlass Buchner (wie Anm. 14), 88 und 118. Zum Verhältnis des späteren Landeshistorikers Rall zu Buchner siehe insbesondere: Becker, Einbruch des Nationalsozialismus (wie Anm. 2), wo auch die wichtigsten Briefe Ralls an Buchner aus den Jahren 1931–35 ediert sind: ebd., S. 527–546.

[36] Siehe die Korrespondenz im Nachlass Buchner (wie Anm. 14), 51. Zu Guttenberg siehe insbesondere: Maria Theodora von dem Bottlenberg-Landsberg, Karl Ludwig Freiherr von und zu Guttenberg 1902–1945. Ein Lebensbild, Berlin 2003.

[37] Siehe die Korrespondenz im Nachlass Buchner (wie Anm. 14), 79.

[38] Ein erster persönlicher Besuch Buchners bei Engelbert von Landsberg auf Drensteinfurt bei Münster fand im Oktober 1922 statt. Siehe Nachlass Buchner (wie Anm. 14), 66.

[39] Dieter Albrecht / Bernhard Weber (Bearb.), Die Mitarbeiter der Historisch-Politischen Blätter für das Katholische Deutschland 1838–1923 (Veröffentlichungen der Kommission für Zeitgeschichte, Reihe B, 52), Mainz 1990, S. 55f.

von Jochner, einen Urenkel Görres', kennen gelernt und war auch mit dessen Familie in freundschaftlichen Kontakt getreten. In dem Sohn Jochners, Dr. med. Guido Jochner, fand er nach dem Krieg einen Gesinnungsgenossen für seinen kleindeutschen Monarchismus.[40] Diese exzellente Verbindung Buchners zur Familie Jochner sollte sich als bedeutsam erweisen. Bevor Georg von Jochner am 3. Mai 1923 verstarb, verfügte er, der Tradition der „Historisch-Politischen Blätter" gemäß, dass diese entweder im Familienbetrieb weiter zu führen – oder jedoch einzustellen seien.[41] Der Erbe Guido Jochner sperrte sich aus persönlichen Gründen und finanziellen Überlegungen gegen eine Fortsetzung der „Blätter" im Familienbesitz. Buchner schaffte es nun, im Verein mit dem bereits erwähnten P. Ludger Rid, der ebenfalls ein treuer Mitarbeiter der „Blätter" gewesen war, und in ständigem Kontakt mit Baron Landsberg[42] die Familie Jochner zu überzeugen, ihm die Weiterführung der Zeitschrift anzuvertrauen, wenn auch unter veränderten Vorzeichen. Buchner und Guido von Jochner selbst waren sich einig, die politische Ausrichtung des neuen Organs deutlich nach der von ihnen beiden vertretenen kleindeutsch-nationalen Richtung hin zu verschieben. Außerdem kam man überein, dass zur finanziellen Absicherung eine GmbH gegründet werden sollte. Für die Zeichnung von Kapitalanteilen an derselben sollte unter rechts stehenden Katholiken in ganz Deutschland geworben werden. Auch in der Frage der Beibehaltung des guten und werbewirksamen Namens der Zeitschrift wurde eine Lösung gefunden. Jochner, der sich – auf Grund des letzen Willens seines Vaters – gegen eine einfache Übernahme des alten Namens sträubte, stimmte schließlich der Bezeichnung „Gelbe Hefte. Historische und Politische Zeitschrift für das Katholische Deutschland" zu.[43]

Bei der daraufhin von Buchner mit konservativen Katholiken in ganz Deutschland geführten Korrespondenz wurde jedoch bald deutlich, dass die von ihm forcierte Verschiebung der politischen Ausrichtung des alten-neuen Organs hin zum kleindeutschen Nationalismus vielerorts auf Ablehnung stoßen würde. Der engste ehemalige Mitarbeiter des verstorbenen Georg von Jochner, der Rosenheimer Gymnasialprofessor Franz Xaver Hoermann, verweigerte sich der angetragenen Mitarbeit und kündigte darüber hinaus bereits vorab seinen Widerstand gegen das neue Organ an.[44] Wichtiger aber war, dass sich auch bei den in Aussicht genommenen Geldgebern Abneigung gegen eine deutschnationale Ausrichtung spürbar machte.

Als wichtigste potentielle Geldgeber-Gruppe war von Anfang an der katholische Adel ins Visier genommen worden. Hierbei war es für Buchner ein Glücksfall gewesen, dass sich bereits kurz nach Jochners Tod der junge, energische und ebenfalls

---

[40] Siehe die Korrespondenz mit Georg Maria von Jochner und Familie ab Sommer 1908 im Nachlass Buchner (wie Anm. 14), 61/62.

[41] Guido Jochner an Buchner 21. 6. 1923, in: Nachlass Buchner (wie Anm. 14), 61.

[42] Siehe die Korrespondenz Buchner – Landsberg 16. 2. 1924 bis 4. 6. 1924, in: Nachlass Buchner (wie Anm. 14), 66.

[43] Siehe die Korrespondenz Buchners mit der Familie Jochner vom 21. 6. 1923 bis zum 26. 10. 1924, in: Nachlass Buchner (wie Anm. 14), 61. Das besondere taktische Moment bei dieser Namensgebung lag darin, dass auch die alten „Historisch-Politischen Blätter" wegen der gelben Farbe ihres Einbands landläufig als „Gelbe Hefte" bezeichnet worden waren. Zusammen mit dem Untertitel suggerierte die neue Zeitschrift so in der Tat eine sehr weitgehende Kontinuität zum alten Görres-Organ.

[44] Buchner an Landsberg 4. 6. 1924, in: Nachlass Buchner (wie Anm. 14), 66. Zu Hoermann siehe Dieter J. Weiß, Katholischer Konservatismus (wie Anm. 2), S. 99.

stark zu den Deutschnationalen tendierende Frhr. Hermann von Lüninck aus dem Sauerland an ihn gewandt hatte mit der Frage nach einer eventuellen Wiedererweckung der „Historisch-Politischen Blätter".⁴⁵ Lüninck besaß nun, anders als der ebenfalls in Westfalen ansässige von Landsberg, exzellente Verbindungen in die einflussreiche Rheinisch-Westfälische Vereinigung katholischer Edelleute. Er schaffte es gemeinsam mit dem von ihm und Buchner kurzfristig mobilisierten bayerischen Adelsführer Moritz Freiherr von Franckenstein, eine vom 13. bis 15. Mai 1924 im westfälischen Laer stattfindende Adelstagung zur Zeichnung von über 5.000 Mark zu bewegen, die diese einer Vierergruppe treuhänderisch anvertraute. Bereits damals betonte aber von Franckenstein zur Enttäuschung Buchners, von Landsbergs und von Lünincks in aller Deutlichkeit, „daß die ganze Sache nicht ‚deutsch-national' aufgezogen werden dürfe".⁴⁶

Von diesen für ihn ungünstigen Vorzeichen ungerührt hielt Buchner am 3. Juni 1924 schließlich in München die Gründungsversammlung der „Gelbe Hefte – G.m.b.H." ab. Neben ihm und den drei Münchner Mitstreitern von Moreau, Abt Schachleiter und P. Rupert Jud traten Guido Jochner, Hermann von Lüninck sowie als weitere Vertreter des rheinisch-westfälischen Adels Frhr. Friedrich von Schell und Graf Felix von Loe auf. Außerdem reiste der Zweite Vorsitzende des DNVP-Reichskatholikenausschusses, Paul Lejeune-Jung, aus Berlin an.⁴⁷ Landsberg dagegen hielt sich bedeckt, hatte aber die Zeichnung von 500 Mark zugesagt.

Die Münchner Versammlung beschloss in der Tat die Gründung einer GmbH und bestellte Buchner wunschgemäß zum Schriftleiter des neuen Organs „Gelbe Hefte". Allerdings bauten die Buchner-skeptischen Kräfte unter den Finanziers einige zusätzliche Sicherungen gegen ein allzu autokratisches Regiment Buchners ein, insbesondere setzten sie die Aufnahme Franckensteins in den als Aufsichtsrat fungierenden „Beirat" durch.⁴⁸ Andererseits schaffte es Buchner, sich als Schriftleiter eine sehr weitgehende inhaltliche Bewegungsfreiheit garantieren zu lassen.⁴⁹

Buchner war mit diesem Ergebnis sehr zufrieden. Gegenüber Baron Landsberg äußerte er sich geradezu euphorisch und drängte auf ein Erscheinen des neuen Organs

---

⁴⁵ Hermann von Lüninck an Buchner 22.7.1923, in: Nachlass Buchner (wie Anm. 14), 68. Hermann von Lüninck war spätestens seit seinen Artikeln in den „Historisch-Politischen Blättern" aus dem Jahre 1920, in denen er für die Aufspaltung des Zentrums in eine katholisch-konservative und eine soziale Arbeiterpartei plädiert hatte, im katholischen Deutschland kein Unbekannter mehr. Siehe: Hermann von Lüninck, Das Zentrum am Scheideweg, in: Historisch-Politische Blätter für das katholische Deutschland 165, 1920, S.53–68, S. 107–122; ders., Die politische Vertretung des deutschen Katholizismus, in: Historisch-Politische Blätter für das katholische Deutschland 165, 1920, S. 555–572. Lüninck wurde 1925 Präsident der Rheinischen Landwirtschaftkammer und 1933 Oberpräsident der Rheinprovinz, ohne jedoch der NSDAP beizutreten. Zur Person Hermann von Lüninck siehe u.a.: Heinz Hürten, Hermann Frhr. von Lüninck, in: NDB, Bd. 15, Berlin 1987, S. 470f; Friedrich Keinemann, Vom Krummstab zur Republik. Westfälischer Adel unter preußischer Herrschaft 1802 – 1945 (Dortmunder Historische Studien 18), Bochum 1997, S. 384–390.
⁴⁶ Buchner an Landsberg 4.6.1924, in: Nachlass Buchner (wie Anm. 14), 66.
⁴⁷ Ebd.
⁴⁸ Ein Auszug des am 6.6.1924 vom Münchner Notar Carl Schad ausgefertigten Gründungsvertrages der „Gelbe Hefte G.m.b.H." findet sich im Nachlass Landsberg (wie Anm. 27), E 13.
⁴⁹ Vertrag zwischen Prof. Buchner und den Geschäftsführern der GmbH „Gelbe Hefte" o. D. [6.6.1924], in: Nachlass Landsberg (wie Anm. 27), E 13. Siehe auch Buchner an Landsberg 4.6.1924, in: Nachlass Buchner (wie Anm. 14), 66.

bereits zum 1. Juli 1924.[50] Bereits hierüber entstanden jedoch die ersten Konflikte zwischen Buchner und dem als Geschäftsführer fungierenden Freiherrn von Lüninck, der jegliche Überstürzung mit dem Hinweis auf die schwache Finanzierung des Unternehmens und die weiter bestehenden verlagstechnischen Unklarheiten ablehnte.[51] So erschien das erste Heft erst im Oktober 1924 in einem provisorisch gegründeten „Verlag der Gelben Hefte".[52]

Immerhin nahmen die „Gelben Hefte" in den ersten Monaten ihres Erscheinens eine relativ gute Verkaufsentwicklung – die allerdings nicht lange währen sollte.[53] Einstweilen jedoch traten für Max Buchner und den Bayerischen Landeskatholikenausschuss andere gewichtige Entscheidungen in den Vordergrund.

Max Buchner und die Zustimmung der Deutschnationalen zum Bayerischen Konkordat 1924/25

Seit 1920 hatten sich die bayerische Regierung und die Münchner Nuntiatur mit besonderem Eifer um die Neugestaltung des Verhältnisses zwischen katholischer Kirche und Staat bemüht, die beiden Seiten durch die Umwälzungen von 1918/19 notwendig erschien. Dabei war es dem Nuntius Eugenio Pacelli[54] gelungen, bis 1923 einen Entwurf für ein neues Konkordat auszuhandeln, der gegenüber dem bisher gültigen Vertrag aus dem Jahre 1817 der Kirche nicht unbedeutende Verbesserungen brachte. Dies lag nicht zuletzt am Entgegenkommen der Regierung des neuen „Freistaats Bayern", die ja entscheidend – wenn auch nicht ausschließlich – von den Kräften des politischen Katholizismus getragen wurde.[55] So konnten Pacelli und der eben ernannte Bayerische Ministerpräsident Heinrich Held in herzlichem Einvernehmen am 29. März 1924 das neue Konkordat unterzeichnen. Indes, der Vertrag musste noch vom Landtag ratifiziert und in Gesetzesform gebracht werden.

Hier zeigte sich alsbald, dass die Regierungskoalition aus BVP, BMP und Bauernbund sich nicht einmal ihrer eigenen Abgeordneten sicher sein konnte. Die entscheidende „Sollbruchstelle" bildete dabei natürlich die betont protestantische, teils auch etatistisch-staatskonservative beziehungsweise nationalliberale Ausrichtung der

---

[50] Buchner an Landsberg 4.6.1924, in: Nachlass Buchner (wie Anm. 14), 66, sowie Korrespondenz Hermann von Lüninck – Buchner vom 12.6. bis zum 19.7.1924, in: Nachlass Buchner (wie Anm. 14), 68.

[51] Lüninck an Buchner 12.6.1924 und passim, in: Nachlass Buchner (wie Anm. 14), 68. Das Stammkapital der Firma betrug lediglich 7.000 M. Siehe Auszug aus dem Gründungsvertrag der „Gelbe Hefte G.m.b.H." vom 6.6.1924 in: Nachlass Landsberg (wie Anm. 27), E 13.

[52] Zur verlagstechnischen Entwicklung siehe: Weiß, Katholischer Konservatismus (wie Anm. 2), S. 108 f.

[53] Zur weiteren Entwicklung der „Gelben Hefte" siehe unten, Kapitel „Die Entwicklung der ‚Gelben Hefte' und ihre Haltung zum Nationalsozialismus".

[54] Zu Pacellis Münchner Zeit siehe jetzt: Gerhard Besier / Francesca Piombio, Der Heilige Stuhl und Hitler-Deutschland. Die Faszination des Totalitären, München 2004, S. 24–71.

[55] Barbara Pöhlmann, Heinrich Held als bayerischer Ministerpräsident (1924–1933), Phil. Diss. München 1995, S. 27; Lydia Schmidt, Kultusminister Franz Matt (1920–1926). Schul-, Kirchen- und Kunstpolitik in Bayern nach dem Umbruch von 1918 (Schriftenreihe zur Bayerischen Landesgeschichte 126), München 2000, S. 192–213.

Mehrzahl der deutschnationalen Landtagsabgeordneten.[56] Um das für das katholische Bayern prestigeträchtige Unternehmen nicht an dieser Stelle zu gefährden, wurde von der Ministerialbürokratie ein Mantelgesetz entworfen, in das neben dem Konkordat die zeitgleich ausgehandelten Verträge mit den beiden Evangelischen Landeskirchen aufgenommen werden sollten. Auf diese Weise wollte die Bayerische Volkspartei es den Abgeordneten ihres Koalitionspartners ermöglichen, das Konkordat gewissermaßen „inklusive" anzunehmen, da umgekehrt bei einer Ablehnung auch die protestantischen Kirchenverträge scheitern mussten.[57]

Nach der Unterzeichnung auch der evangelischen Kirchenverträge traten Ende November 1924 die Verhandlungen zwischen den Fraktionen des Landtags über die Ratifizierung beziehungsweise die Annahme des Mantelgesetzes in die entscheidende Phase. Nun zeigte sich in der Tat, dass die große Mehrheit der deutschnationalen Abgeordneten sich intern gegen eine Annahme des Gesetzes aussprach. In dieser Situation sah sich Buchner, der als kirchentreuer Katholik natürlich den Konkordatsabschluss befürwortete, als Vorsitzender des Landeskatholikenausschusses quasi automatisch in die Rolle des entscheidenden Vermittlers gedrängt.

Den Parteisatzungen gemäß ließ ihm der Fraktionsvorsitzende Baerwolff denn auch Ende November 1924 die betreffenden Gesetzes- und Vertragsentwürfe zukommen.[58] Buchner antwortete umgehend und ging dabei bereits auf die protestantischen Bedenken ein. Andererseits warnte er schon in diesem Brief an Baerwolff, dass eine Ablehnung des Konkordats mit einiger Sicherheit das Ende des katholischen Flügels der Partei bedeuten würde, da dann Zentrum und Bayerische Volkspartei mit Fug und Recht auf eine – angeblich seit den Tagen des Kulturkampfs überkommene – feindselige Haltung der National-Konservativen gegenüber der katholischen Kirche hinweisen könnten.[59]

Trotz dieser ersten eindringlichen Warnung durch Buchner in seiner Funktion als Vorsitzender des Katholikenausschusses kam es dann in einer erweiterten Fraktionssitzung am 10. Dezember 1924 zu heftigen Angriffen mehrerer einflussreicher Abgeordneter gegen das Konkordatsvorhaben. Besonders der bekannte lutherische Theologe Wilhelm Strathmann versuchte, anti-ultramontane Emotionen zu schüren. Buchner berichtete an von Landsberg, dass auf dieser Sitzung nur etwa ein Viertel der Anwesenden sich noch für eine Annahme des Konkordatsgesetzes ausgesprochen habe, wobei sich darunter immerhin der Landes-Parteivorsitzende Hans Hilpert sowie der – katholische – Justizminister Franz Gürtner befunden hätten. In demselben Schreiben informierte Buchner von Landsberg auch über eine Kontaktaufnahme seinerseits mit Nuntius Pacelli. Der Nuntius habe in einer Audienz ihm gegenüber am 9. Dezember prinzipiell wohlwollende Neutralität gegenüber den deutschnationalen Katholiken ge-

---

[56] Prinzipiell bestanden sowohl unter den kirchlich geprägten Protestanten wie auch unter den staatskonservativen evangelischen Beamten- und Wirtschaftskreisen der Mittelpartei große Vorbehalte gegen das Vertragsinstrument eines Konkordates an sich, da dieses die Anerkennung der katholischen Kirche und des Vatikans als staats- und völkerrechtlich gleichwertigen Partner implizierte – eine Vorstellung, die der erwähnten staatskirchlichen Tradition wie auch den Vorbehalten aus der Kulturkampfzeit stark zuwider lief.

[57] Herde, Buchner (wie Anm. 2), S. 204.

[58] Zum Folgenden siehe Buchner an Baerwolff, 30.11.1924, Abschrift im Nachlass Landsberg (wie Anm. 26), E 13. Das Original dieses Briefes ist nicht erhalten.

[59] Ebd.

zeigt, sie jedenfalls nicht auf Grund ihrer Parteizugehörigkeit als solcher verurteilt. Umso wichtiger sei es, diese Haltung des vatikanischen Vertreters nicht durch eine Ablehnung des Konkordats zu zerstören. Angesichts der hier anklingenden Bedeutung der anstehenden Entscheidungen bat Buchner von Landsberg daher, in seiner Eigenschaft als Vorsitzender des Reichskatholikenausschusses der DNVP bei den entscheidenden Stellen der bayerischen Landespartei zu intervenieren, bevor am 13. Dezember in Nürnberg die entscheidende Sitzung des bayerischen Landesparteiausschusses stattfände.[60]

Auf dieser von ungefähr 60 führenden Parteimitgliedern besuchten Sitzung trafen dann nochmals die Gegensätze hart aufeinander.[61] Allerdings hatte sich offenbar der das Konkordat befürwortende Parteivorsitzende Hilpert gut vorbereitet und manövrierte mit überlegener Taktik und Argumentation die Konkordatsgegner großenteils ins Abseits. Außerdem legten Buchner und Gürtner nochmals die entscheidenden parteitaktischen und staatspolitischen Vorteile der Konkordatsannahme dar beziehungsweise warnten eindringlich vor den unabsehbaren Folgen einer Ablehnung. Vor allem aber war inzwischen die von Buchner gewünschte Stellungnahme von Landsbergs eingetroffen, und dieser hatte offenbar auch den Nestor der nationalen Rechten, Großadmiral Alfred von Tirpitz, zu einem ähnlichen Statement veranlassen können. Diese beiden gewichtigen Stimmen aus dem Umfeld der Reichsparteileitung verfehlten ihre Wirkung nicht. Noch auf der Sitzung trat ein entscheidender Stimmungswechsel zu Gunsten des Konkordats ein.[62]

Und in der Tat stimmte die Fraktion nach der Weihnachtspause am 15. Januar 1925 im Landtag geschlossen für die Annahme des Konkordatsgesetzes. Dass dieser Erfolg der deutschnationalen Katholiken auch von kirchlicher Seite beachtet wurde, zeigte der umgehende Dank, den der Nuntius Buchner gegenüber aussprach.[63]

Max Buchners Berufung nach Würzburg 1926

Dieses gute Verhältnis zu Pacelli sollte sich in den folgenden Jahren noch einmal in einem – scheinbar – ganz anderen Zusammenhang positiv für Buchner auswirken. Im Herbst 1925 zeichnete sich für ihn endlich die konkrete Möglichkeit eines neuen beruflichen Karriereschrittes ab. Der Prorektor der Universität Würzburg, Professor Ruland, ließ zu dieser Zeit bei ihm anfragen, ob er als Nachfolger des vor der Emeritierung stehenden Ordinarius für Geschichte, Theodor Henner, zur Verfügung stehe. Trotz gewisser Bedenken sagte Buchner zu. Er tat dies in Erwartung von Schwierigkeiten allenfalls von Seiten des Inhabers der zweiten ordentlichen Geschichtsprofessur in Würzburg, des Neuzeitlers Anton Chroust. Bald wurde nämlich bekannt, dass

---

[60] Buchner an Landsberg 10.12.1924, in: Nachlass Landsberg (wie Anm. 27), E 13.
[61] Zum Folgenden siehe: Buchner an Landsberg 15.12.1924, in: Nachlass Landsberg (wie Anm. 27), E 13.
[62] Ebd.
[63] Buchner an Landsberg 28.1.1924, in: Nachlass Landsberg (wie Anm. 26), E 13: „Daß das Konkordat glücklich unter Dach und Fach ist, ist erfreulich. Der Herr Nuntius dankte mir warm für unsere Mitarbeit." Eine schriftliche Danksagung des Nuntius ist indes nicht erhalten. Siehe Buchners Korrespondenz mit Pacelli in: Nachlass Buchner (wie Anm. 14), 22 und 118.

dieser seinen akademischen Schüler, den Landeshistoriker und Archivar Joseph Friedrich Abert, auf der betreffenden Stelle sehen wollte.[64]

So kam es denn auch, dass Buchner auf der Vorschlagsliste der Fakultät nur den zweiten Platz hinter Abert erhielt. Abert jedoch zog kurzfristig seine Bewerbung zurück, um eine Archivstelle in Würzburg anzunehmen.[65] Daraufhin sah das Kultusministerium kein Hindernis mehr, Buchner zu berufen, zumal er auch in einem Sondervotum vom Münchner Ordinarius Michael Doeberl empfohlen wurde.[66]

Nun jedoch regte sich Widerstand von unerwarteter Seite. Bei der Würzburger Stelle handelte es sich um eine der sogenannten „Weltanschauungsprofessuren", die im – unter Buchners Mithilfe verabschiedeten – Konkordat von 1924/25 festgelegt worden waren. Bei ihrer Besetzung sollte der Staat darauf achten, dass gegen seine Kandidaten „hinsichtlich [des] katholisch-kirchlichen Standpunktes keine Erinnerung" seitens der Kirche erhoben werde.[67] Der zuständige Würzburger Diözesanbischof Matthias Ehrenfried antwortete nun aber auf eine diesbezügliche Anfrage des Kultusministeriums am 4. April 1926 mit einer glatten Ablehnung des Kandidaten. Dabei verwies er vielsagend darauf, dass neben der „innerkirchlichen Haltung" eines Kandidaten, also seiner persönlichen religiösen Tadellosigkeit, auch die „außerkirchliche […] Vertretung der Katholiken und der Kirche im öffentlichen Leben, und zwar im breitesten Ausmaße", zu berücksichtigen sei. Diese sei bei Buchner auf Grund seiner Tätigkeit als Herausgeber der „Gelben Hefte" nicht in der adäquaten Form gegeben.[68]

Interessanterweise widersprach der BVP-Kultusminister Franz Matt dem Bischof in seiner Antwort vom 13. April mit dem Hinweis, dass Buchner auch im „öffentlichen Wirken […] auf dem Boden der kirchlichen Lehre" stehe, was nicht zuletzt ersichtlich sei aus dem förmlichen Dank, den Nuntius Pacelli ihm für seine Mitwirkung bei der Konkordatsabstimmung ausgesprochen habe.[69] Der Kultusminister bat daher den Bischof um eine ausführlichere Begründung seiner Bedenken. Dieser lehnte jedoch am 5. Mai 1926 weitere Stellungnahmen ab.[70]

Daraufhin ließ Matt dem Bischof am 21. Mai ein langes Schreiben zukommen, in dem er nochmals auf Buchners Katholizität, seine Verdienste um das Zustandekommen des Konkordats und seine Verbindungen zu Nuntius Pacelli hinwies. Zugleich stellte er aber auch klar, dass nach Auffassung der Regierung der fragliche Artikel 4, Absatz 2 des Konkordates den Bischöfen lediglich das Recht auf eine Stellungnahme einräume, nicht jedoch die Regierung dann zwingend an dieselbe binde. Mit dieser

---

[64] Siehe dazu Buchners 17 Seiten umfassenden Bericht, den er am 5.8.1926 einem „Lieben Freund und Kartellbruder" [Willy Glasebock] zukommen ließ, in: Nachlass Buchner (wie Anm. 14), 123. – Siehe auch die eingängige Schilderung bei Herde, Buchner (wie Anm. 2), S. 201–211.

[65] Buchner an Glasebock 5.8.1926, in: Nachlass Buchner (wie Anm. 14), 123.

[66] Herde, Buchner (wie Anm. 2), S. 202.

[67] So der Artikel 4, Absatz 2 des Bayerischen Konkordates. Der Konkordatstext ist abgedruckt bei: Joseph Listl (Hg.), Die Konkordate und Kirchenverträge der Bundesrepublik Deutschland. Textausgabe für Wissenschaft und Praxis, Bd. 1, Berlin 1987, S. 287–302, hier S. 291.

[68] Ehrenfried an Matt 4.4.1926, in: Diözesanarchiv Würzburg, Bischöfliche Manualakten Ehrenfried, zitiert nach: Herde, Buchner (wie Anm. 2), S. 204.

[69] Matt an Ehrenfried 13.4.1926, in: Diözesanarchiv Würzburg, Bischöfliche Manualakten Ehrenfried, zitiert nach Herde, Buchner (wie Anm. 2), S. 205.

[70] Ehrenfried an Matt 5.5.1926, in: Diözesanarchiv Würzburg, Bischöfliche Manualakten Ehrenfried, zitiert nach Herde, Buchner (wie Anm. 2), S. 206.

Äußerung des Ministers tauchte das Gespenst eines neuerlichen Konfliktes zwischen Staat und Kirche über grundlegende kirchenrechtliche Fragen auf, wie es aus den alten staatskirchlichen Zeiten noch allen Beteiligten präsent sein musste. Ein solcher Konflikt konnte indes weder im Interesse der katholisch geprägten Bayerischen Volkspartei noch der Kirche sein. Matt kündigte daher an, die Regierung werde sich bei der vorliegenden Meinungsverschiedenheit direkt über den neuen Münchner Nuntius Torre Grossa an den Vatikan mit der Bitte um Schlichtung wenden. Sollte Rom bis zum 1. Oktober 1926 nicht antworten, werde die Regierung dies als stillschweigende Zustimmung zu ihrem Vorgehen werten.[71]

Inzwischen hatte jedoch auch Buchner selbst – trotz der offiziellen Geheimhaltung der Berufungsfragen – von dem Konflikt zwischen Ministerium und bischöflichem Ordinariat um seine Person erfahren und war daraufhin nicht untätig geblieben. Bereits am 21. April 1926 wandte er sich an den ihm seit 1924 bekannten, inzwischen in Berlin residierenden Nuntius Pacelli. Er legte ihm zunächst die von ihm, Buchner, wahrgenommene allgemeine „parteipolitische Hetze" von Zentrum und BVP gegen Katholiken, die sich ihnen verweigerten, dar. Geschickt leitete er dann zu seinem schwebenden Fall über, indem er darauf hinwies, der Bischof von Würzburg habe bei dem Berufungsverfahren offenbar Zweifel an seiner, Buchners, Katholizität geäußert, die, wie der Nuntius wisse, unmöglich begründet sein könnten. Folglich müssten hinter den bischöflichen Äußerungen parteipolitische Inspirationen seitens der Bayerischen Volkspartei oder des Zentrums stehen. Buchner stellte also sehr geschickt seinen Fall nur als Beispiel für die „Vermischung von Parteipolitik und Religion" hin und verwies auf die gefährlichen Folgen dieser Verquickung für die Kirche. Diese müsse so unweigerlich bei allen Katholiken, die sich nicht dem Lager von Zentrum und BVP zurechneten, an Glaubwürdigkeit verlieren.[72]

Buchners Vorgehen, die Angelegenheit in der Art des nur um den Glauben besorgten treuen Katholiken zu unterbreiten, blieb nicht ohne Wirkung. Der Nuntius antwortete am 23. Mai 1926 in entgegenkommendem Ton, es sei ihm, wie Buchner wisse, ein besonderes Anliegen, „dass die Verschiedenheit der politischen Ueberzeugung [sic!] der deutschen Katholiken doch nie Anlass werden möge, die Wahrheit und Liebe auf irgend einer Seite zu verletzen". Er nahm dann auf den konkreten Würzburger Streit Bezug und teilte mit, dass er bereits „an zuständiger Stelle den Fall aufklärend zur Sprache gebracht habe". Einschränkend fügte er hinzu, dass die Verhältnisse in Bayern ja inzwischen eigentlich nicht mehr in seinen Zuständigkeitsbereich fielen.[73] Welcher Art nun die Intervention Pacellis war und an welche Stelle er sie richtete, ist unklar. Immerhin jedoch war die von ihm gegebene Zusage mit einiger Sicherheit von großem Gewicht, kontrollierte seine Nuntiatur doch nach wie vor als zentrale Schaltstelle alle wichtigen Vorgänge zwischen der deutschen Politik und dem Vatikan.

Kurz nach Buchners Schreiben an Pacelli ergriffen dann auch die bayerischen Deutschnationalen, die ja nach wie vor der Staatsregierung angehörten, die Initiative.

---

[71] Matt an Ehrenfried 21.5.1926, in: Diözesanarchiv Würzburg, Bischöfliche Manualakten Ehrenfried, zitiert nach Herde, Buchner (wie Anm. 2), S. 206f.

[72] Buchner an Pacelli 21.4.1926, in: Nachlass Buchner (wie Anm. 14), 118. Dieses Schreiben ist nur in Form eines stenographischen Konzeptes erhalten. Für die Transskription der heute nicht mehr gebräuchlichen Kurzschrift habe ich Herrn Hans Gebhardt, Eckersdorf, zu danken.

[73] Pacelli an Buchner 23.5.1926, in: Nachlass Buchner (wie Anm. 14), 118.

Eine Delegation unter der Führung des Landesparteivorsitzenden Hilpert drohte bei einer Besprechung im Kultusministerium offen mit dem Bruch der Koalition, sollte der Minister von der Berufung Buchners auf Grund des bischöflichen Widerspruchs Abstand nehmen.[74]

Angesichts dieses Druckes erscheint es verständlich, dass die Staatsregierung nicht gewillt war, Bischof Ehrenfried nachzugeben. Indes, man wollte offenbar – wie dem Bischof zugesagt – das eventuelle vatikanische Statement abwarten. Die Angelegenheit blieb daher weiter in der Schwebe.

Seit Ende Juli 1926 setzte dann aber eine Kampagne deutschnationaler Zeitungen ein, die Buchner nach eigener Auskunft nicht selbst initiiert und auch nicht gewollt hatte, die aber geeignet war, den schwebenden „Fall" zu einem Gegenstand der Reichspolitik zu machen.[75] Weitere Presseäußerungen aus verschiedenen Lagern folgten.[76]

Offenbar veranlasste die sich hier deutlich zeigende Gefahr einer größeren, von der Presse begierig aufgegriffenen politischen Krise die Bayerische Staatsregierung nun doch zu raschem Handeln auch entgegen ihren Zusicherungen an den Bischof. Mit Datum vom 16. August 1926, mitten in der Sommerpause, ernannte Kultusminister Matt Buchner zum ordentlichen Professor der Geschichte an der Universität Würzburg. Das Versprechen der Regierung an Ehrenfried, zumindest bis zum 1. Oktober auf eventuelle vatikanische Rückäußerungen zu warten, war somit stillschweigend übergangen. Die Proteste des Bischofs dagegen nützten nichts mehr. Buchner trat am 1. September 1926 seine neue Stelle in Würzburg an, die er auch bis zu seiner freiwilligen Rückkehr nach München im Jahre 1935 behielt.[77]

Die Entwicklung der „Gelben Hefte" und ihre Haltung zum Nationalsozialismus bis 1933

Bestätigt durch den Ausgang dieser Affäre setzte Buchner in der zweiten Hälfte der 20er Jahre seine politischen Aktivitäten unbeirrt fort. Neben seinen Tätigkeiten in der Altherrenschaft des C.V., die schließlich Anfang 1932 zur Gründung einer „Gesinnungsgemeinschaft Schwarz-Weiß-Roter C.V.er" führte[78], betrieb er seine Agitation nun vor allem mittels seiner Zeitschrift, der „Gelben Hefte".

---

[74] Buchner an Glasebock 5.8.1926, in: Nachlass Buchner (wie Anm. 14), 123. Der Zeitpunkt der Besprechung lässt sich nicht exakt bestimmen, er muss aber vor der Zeitungskampagne Ende Juli gelegen haben.
[75] Den Anfang machte am 25.7.1926 die alldeutsche „Bergisch-Märkische Zeitung" mit dem Artikel „Würzburg und die Bayerische Politik", in welchem u.a. berichtet wurde, der Vatikan habe zwar eine Maßregelung des Bischofs abgelehnt, versuche jedoch über Pacelli weiter auf diesen einzuwirken: Bergisch-Märkische Zeitung vom 25.7.1926, Artikel „Würzburg und die Bayerische Politik", zitiert nach: Herde, Buchner (wie Anm. 2), S. 207.
[76] Herde, Buchner (wie Anm. 2), S. 207.
[77] Ebd., 208f.
[78] Siehe hierzu: Walter R. Konrad, Markomannia vom 60. Stiftungsfest 1931 bis zum Ende des Zweiten Weltkrieges, in: Thomas Sauer / Ralf Vollmuth (Hg.), Geschichte der katholischen deutschen Studentenverbindung Markomannia, Köln 1996, S. 17–134, hier S. 50–53.

In einem programmatischen Artikel „Unsere Wege und Ziele"[79] im ersten Heft vom Oktober 1924 hatte Buchner einen „ausgesprochen katholischen, nationalen, konservativen und überparteilichen Charakter" des neuen Organs – angeblich in der Tradition der „Historisch-Politischen Blätter" – festgelegt.[80] Dass dieses Bekenntnis zur Überparteilichkeit vor allem dazu dienen sollte, sich vom Zentrum abzusetzen, wurde im weiteren Verlauf des Artikels deutlich. Buchner wies hier bereits – wenn auch nur kurz – auf die unumgehbare Notwendigkeit einer großen gemeinsamen politischen „Kampffront" aller christlichen Kräfte gegen die atheistisch-materialistischen Mächte des politischen Umsturzes hin.[81] Dies war eine klare Aufforderung in Richtung Zentrumspartei, die sich gerade in dieser Zeit im wichtigsten Bundesstaat Preußen in einer heftigen inneren Diskussion über die Fortsetzung ihrer Koalition mit den „Linkskräften" SPD und DDP befand – die schließlich eben in der Fortführung des bewussten Bündnisses resultierte.

Auch im engeren Sinne nützte Buchners Bekenntnis zur angeblichen Überparteilichkeit seines Organs nicht viel. Bereits kurz nach dem ersten Erscheinen der „Gelben Hefte" im Oktober 1924 erfolgte eine Kampagne betont großdeutsch-bayerisch-föderalistischer Kräfte, darunter der erwähnte Franz Xaver Hoermann, die der neuen Zeitschrift unter Verweis auf Buchners politische Stellung deutschnationale Tendenzen vorwarf und diese als unvereinbar mit katholischen Anschauungen brandmarkte. Erste Annahmeverweigerungen von zugeschickten Probeexemplaren durch katholische Pfarrhäuser waren die Folge.[82] Dies war der Anfang einer langen Zeit der schleppenden Umsätze und finanziellen Schwierigkeiten, woran auch verlagstechnische Veränderungen und Einschränkungen im Umfang des Organs nur wenig ändern konnten.[83]

Indes, Buchner ließ sich in seinen Überzeugungen nicht beirren. Neben einer Vielzahl von Artikeln, die sich mit allgemeinen kulturellen, historischen, religiösen und auch politischen Themen beschäftigten, ließ er immer wieder die Stoßrichtung gegen die „Linkspolitik" des Zentrums und seit Ende der 20er Jahre auch der BVP durchblicken und setzte dieser die Forderung nach einer klaren Entscheidung der Parteien des politischen Katholizismus für eine christlich-nationale Rechte entgegen.[84] Besonderen Nachdruck verliehen die „Gelben Hefte" dieser Forderung durch ihre scharfe

---

[79] Max Buchner, Unsere Wege und Ziele. Ein programmatisches Geleitwort zu den „Gelben Heften", in: Gelbe Hefte 1, 1924, S. 1–16.
[80] Ebd., S. 5.
[81] Ebd., S. 12f.
[82] Richard Newald an Buchner 20.10.1924, in: Nachlass Buchner (wie Anm. 14), 74.
[83] Die Auflagenhöhe scheint nie über 1.500 gekommen zu sein. Die Verkaufszahlen bewegten sich zumeist unter 1.000 Stück, wobei Buchner Wert darauf legte, dass eine erkleckliche Anzahl von Exemplaren als Freistücke an katholische Verbindungshäuser und öffentliche Bibliotheken versandt wurde, um auf diese Weise den Wirkungskreis des Organs zu erhöhen. Siehe u. a. die Korrespondenz Buchners mit dem Geschäftsführer der GmbH Hermann von Lüninck in: Nachlass Buchner (wie Anm. 14), 68. Siehe auch: Weiß, Katholischer Konservatismus (wie Anm. 2), S. 108f, sowie: Christoph Hübner, National-konservatives Denken im deutschen Katholizismus der Weimarer Zeit. Die „Gelben Hefte" 1924–1933, Magisterarbeit (masch.) Erlangen-Nürnberg 2000, S. 26–28.
[84] So z.B. Max Buchner, Rückblick und Ausblick. Zugleich ein Beitrag zum 15. Juli in Wien, in: Gelbe Hefte 3, 1926/27, S. 932–342; ders., Eine historisch-politische Reisebeschreibung. Kritische Bemerkungen zur Geistes-Einstellung der Gegenwart, in: Gelbe Hefte 5, 1928/29, S. 1–37 und S. 65–108, hier v.a. S. 108.

Kritik an der Praxis von Zentrumspolitikern, die Kirche für ihre Parteiwerbung zu vereinnahmen. Unter Hinweis auf das Bündnis des Zentrums mit der „atheistischen" SPD und der „indifferenten" DDP kennzeichneten die „Gelben Hefte" dieses Vorgehen als besonders perfide Vermischung von Politik und Religion, die letztlich vor allem der Kirche schaden müsse – eine Argumentation, derer sich Buchner ja bereits 1926 in seiner Eingabe an den Nuntius bedient hatte.[85]

Mit den zunehmenden Wahlerfolgen der Nationalsozialisten sahen sich die Gelben Hefte sodann vor eine neue grundsätzliche Entscheidung gestellt. Ein Teil der Autoren sah, in Übereinstimmung mit den kirchlichen Verlautbarungen seit spätestens 1930, im Nationalsozialismus eine zutiefst völkisch-rassebiologisch-materialistische und daher religionsfeindliche Bewegung, die sich außerdem in wirtschaftspolitischer Hinsicht „sozialistisch" gerierte. Auf der anderen Seite betrachtete eine nicht unbedeutende Anzahl von Autoren der „Gelben Hefte" in einem typisch bürgerlichen Missverständnis die NSDAP im wesentlichen als radikale Speerspitze des nationalen Lagers, deren Schlagkraft man einsetzen müsse gegen die republikanisch-demokratischen wie auch linksradikalen Kräfte, wolle man nicht im Sozialismus und letztlich im Bolschewismus enden. Im übrigen würden sich nach einer gewissen Zeit auch die radikalen Auswüchse dieser „im Kern gesunden Bewegung" wie von selbst legen. Bezeichnend für die spezifische Sichtweise der Rechtskatholiken war hierbei die Argumentation, der Nationalsozialismus als solcher sei in seinen Ursprüngen in keiner Weise antikirchlich oder gar antireligiös; seine diesbezüglichen Äußerungen seien lediglich das Resultat der heftigen Attacken durch den politischen Katholizismus, die dieser unter Missbrauch der Kanzeln auch über die Kirche verlauten habe lassen. Damit war wieder die angebliche Vermischung von Religion und Parteipolitik seitens des Zentrums und der BVP als das entscheidende Problem einer christlich-konservativen Rechten hingestellt und vom völkischen Radikalismus der Nationalsozialisten abgelenkt.[86]

Buchner machte sodann redaktionell aus der Not der angeführten grundsätzlichen Meinungsverschiedenheiten eine Tugend. Er gab im November 1931 ein Sonderheft „Nationalsozialismus?" heraus, welches ein offenes Diskussionsforum für die Vertreter beider Anschauungen darstellen sollte. In der Tat kamen hier sowohl erklärte Gegner des Nationalsozialismus wie auch die taktischen und inhaltlichen Befürworter desselben zu Wort. Buchner selbst ließ in seinem Schlussartikel die letztere Sichtweise deutlich durchblicken.[87] Interessanterweise ergab sich seit dem Herbst 1931 auch wieder ein gewisser Anstieg der Verkaufszahlen der „Gelben Hefte" – ein Hin-

---

[85] So insbes. W. Büttner, Katholizismus und Politik in Deutschland, in: Gelbe Hefte 7, 1930/31, S. 455–516, und Max Buchner, Rückblick und Ausblick mit besonderer Berücksichtigung der Zentrumspolitik, in: Gelbe Hefte 7, 1930/31, S. 707–721 und Gelbe Hefte 8, 1931/32, S. 1–38. Zur Eingabe Buchners an Nuntius Pacelli siehe oben, Kapitel „Max Buchners Berufung nach Würzburg 1926".

[86] So Buchner erstmals in: Max Buchner, Zum Geheimbundwesen in alter und neuer Zeit. Zugleich ein Beitrag zu den inneren Zusammenhängen zwischen Freimaurertum und Republik, in: Gelbe Hefte 3, 1926/27, S. 801–839, hier S. 824f.

[87] Max Buchner, Nachwort, in: Gelbe Hefte 8, 1931/32, S. 186–203, insbesondere S. 187f. Siehe auch Weiß, Katholischer Konservatismus (wie Anm. 2), S. 112f.; ebenso: Steinle, Buchner (wie Anm. 2), S. 440–444, der die betreffende Nummer der „Gelben Hefte" irrtümlich ins Jahr 1932 verlegt.

weis darauf, dass die dort verhandelten Fragen eben doch das Interesse nicht weniger katholischer Kreise erregten.[88]

Im Frühjahr 1933 dann stellte Buchner sich mit seinem Organ ostentativ auf die Seite der neuen Machthaber.[89] Dies verwundert nach seinen Verlautbarungen seit Ende 1931 um so weniger, als 1933 noch allenthalben von konservativer Seite Hoffnungen auf eine „Zähmung" des Regimes, an dem die Deutschnationalen ja – noch – beteiligt waren, gehegt wurden; andererseits nahmen auch die katholischen Bischöfe ihre Warnungen zurück, und bald beruhigten Berichte über die Verhandlungen zu einem Reichskonkordat die Katholiken. Immerhin beharrte Buchner auch im Überschwang der „nationalen Revolution" weiterhin in seinen Artikeln auf der Restauration der Monarchie als politischem Endziel und äußerte bereits leise Kritik an der repressiven Pressepolitik der neuen Machthaber.[90]

Das Ende einer Illusion: Max Buchner und die „Gelben Hefte" nach 1933

Noch im Laufe des Jahres 1933 scheinen jedoch auch Buchner die Augen geöffnet worden zu sein – zu viele Anzeichen sprachen gegen die Möglichkeit einer konservativen Wende in der „nationalen Revolution". Sei es auf Grund der Erfahrung, dass alte Mitstreiter von ihren Posten entfernt oder gar ins KZ verschleppt wurden[91], sei es auf Grund der Aus- und Gleichschaltung auch aller konservativen politischen Kräfte bis spätestens Sommer 1934 und der Einsicht in die Unmöglichkeit einer monarchischen Restauration – Buchner erkannte jedenfalls bereits jetzt den sich abzeichnenden, im Kern totalitären Charakter des neuen Regimes. Im Juli 1934 sah er es schon für notwendig an, in den „Gelben Heften" den Unterschied zwischen Christentum und völkischer Rassenlehre in einem eigenen Artikel zu betonen und zum gemeinsamen Widerstand beider Konfessionen gegen völkisch-religiöse Propaganda offen aufzurufen.[92]

In der weiteren Entwicklung wurde sein Organ zu einer Art Forum für die „innere Emigration" Deutschlands. In der Zeit bis zur Einstellung des Erscheinens zum Jahresende 1941 schrieben etwa Reinhold Schneider, Ulrich von Hassell oder Wilhelm Wühr für die Gelben Hefte.[93]

---

[88] Buchner an Hermann von Lüninck 4.10.1931, in: Nachlass Buchner (wie Anm. 14), 68.

[89] Max Buchner, Rückblick und Ausblick, in: Gelbe Hefte 9, 1932/33, S. 745–765.

[90] Max Buchner, Rückblick und Ausblick, in: Gelbe Hefte 9, 1932/33, S. 745–765, hier S. 757f. und S. 762f.

[91] Dieses Schicksal ereilte den mit Buchner befreundeten Erwein von Aretin. Siehe: Erwein von Aretin, Krone und Ketten. Erinnerungen eines bayerischen Edelmannes, München 1955, S. 155f.

[92] Max Buchner, Christus oder Siegfried? Ein Beitrag zur Interessengemeinschaft der christlichen Konfessionen in der Gegenwart, in: Gelbe Hefte 10, 1933/34, S. 577–589.

[93] Siehe u.a.: Reinhold Schneider, Das Schicksal König Friedrich Wilhelms IV. von Preußen, in: Gelbe Hefte 11, 1934/35, S. 18–25; ders., Empire und Reich, in: Gelbe Hefte 11, 1934/35, S. 296–305; ders., Kraft des Reiches und Persönlichkeit des Herrschers, in: Gelbe Hefte 14, 1937/38, S. 32–40; Ulrich von Hassell, Chinas Erwachen um die Jahrhundertwende, in: Gelbe Hefte 16, 1939/40, S. 193–201; Wilhelm Wühr, Emigration und Volksgemeinschaft, in: Gelbe Hefte 15, 1938/39, S. 77–96; ders., Frau von Staël und ihr Deutschlandbuch, in: Gelbe Hefte 17, 1940/41, S. 1–14.

Buchner selbst kehrte im Jahre 1935 als Ordinarius an die Universität München zurück, wiederum nicht ohne im Hintergrund einige Hebel in Bewegung zu setzen.[94] Ob sich seine Rolle in der Folgezeit, gestützt auf die sich herausbildende neue Funktion der „Gelben Hefte", wirklich als die eines „Sammelpunkt[es] des geistigen Widerstands"[95] bezeichnen lässt, mag dahingestellt bleiben. Buchner starb im April 1941 verbittert nach kurzer, schwerer Krankheit. Vorher hatte er noch erleben müssen, wie die Nationalsozialisten im Zuge ihres Kirchenkampfes auch seinen Münchner konkordatsgebundenen Lehrstuhl praktisch aufhoben.[96]

Aus dem Schicksal Buchners nach 1933 wird deutlich, dass auch ein so weitgehender nationaler „Rechtskatholizismus" wie jener der „Gelben Hefte", der zeitweise seine eigenen konservativen Grundlagen für das Bündnis mit den Nationalsozialisten aufgegeben hatte, sich letztlich doch sehr rasch die Erkenntnis der unüberbrückbaren Trennlinie zur rassebiologisch-materialistischen Ideologie wie auch zur rücksichtslosen Herrschaftstechnik des im Kern totalitären Regimes Hitlers eingestehen musste.[97] Die von „Rechtskatholiken" wie Max Buchner so vehement vertretene national-konservativ-monarchistische Alternative zur christlichen Demokratie mit all ihren Implikationen hatte sich als Sackgasse in den politisch-gesellschaftlichen Umbrüchen der Moderne erwiesen.

---

[94] Hierzu ausführlich: Herde, Buchner (wie Anm. 2), S. 228–237.
[95] So sein Schüler Anton Ritthaler über ihn: Anton Ritthaler, Buchner, Max, in: NDB, Bd. 2, 1955, S. 707 f, Zitat S. 708.
[96] Herde, Buchner (wie Anm. 2), S. 245.
[97] Weiß, Katholischer Konservatismus (wie Anm. 2), S. 114.

Alfred Wendehorst

Die Zwischen- und die Nachkriegszeit im Erzbistum Bamberg

Einige Fakten und Beobachtungen zu den Auswirkungen politischer und gesellschaftlicher Veränderungen auf das kirchliche Leben

Kriege markieren seit dem Westfälischen Frieden (1648) kaum noch einmal Epochengrenzen in der Kirchengeschichte. In länger währenden Kriegen wuchsen jedoch auch den Kirchen jenseits der Aktualisierung von Gebeten und Predigten neue Aufgaben zu, welche über Warnungen vor Eskalationen und Friedensvermittlungsversuchen hinausgingen; auch das Problem des „gerechten Krieges" wurde immer wieder neu diskutiert. Dass die Kriegserfahrungen und Kriegsfolgen für die Kirchen tiefgehende, auch nach Waffenstillstand und Friedensschluss nicht nur als Verfall sittlicher Normen verändernd weiterwirkende Einflüsse haben, ist bereits mehrfach Gegenstand von Untersuchungen gewesen, zu deren Ergebnissen nicht zuletzt Werner K. Blessing beigetragen hat.[1] Das Thema ist nach wie vor aktuell[2] und wird wohl auch künftig seine bedrängende Aktualität nicht verlieren.

In den folgenden Skizzen[3] geht es indessen nicht um Grundsatzfragen, sondern nur um einige Détails aus der Geschichte des Erzbistums Bamberg während der Zeit vom Ende des Ersten Weltkriegs bis zu den Folgen des Zweiten, welche symptomatisch und jedenfalls in Teilen auch generalisierbar sind.

1. Die Kirche und die Republik

Nach dem Tod des Bamberger Erzbischofs Friedrich Philipp (von) Abert, der nach langem Siechtum am 23. April 1912, erst 59 Jahre alt, verstorben war, nominierte Prinzregent Luitpold von Bayern bereits am 4. Mai Pfarrer Jacobus Hauck zum neuen Erzbischof (1912–1943). Der 51jährige leitete damals die mit 46.000 Katholiken größte und wohl auch schwierigste Pfarrei des Erzbistums, St. Elisabeth in Nürnberg. In der Stadt wurde ihm nicht nur Tatkraft, sondern auch die in dieser Position erforderliche Besonnenheit attestiert.

---

[1] Werner K. Blessing, Kirchen und Krieg. Zur religiösen Deutung und Bewältigung außergewöhnlicher Zeit von der konfessionellen zur nationalen Epoche, in: Frank-Lothar Kroll (Hg.), Neue Wege der Ideengeschichte. Festschrift für Kurt Kluxen zum 85. Geburtstag, Paderborn u. a. 1996, S. 151–172.

[2] Im April 2005 veranstaltete die Katholische Akademie in Bayern ein Symposion über das Thema 'Kirche und Krieg 1939–1945'.

[3] Sie bildeten ursprünglich ein Kapitel einer vierten, neu bearbeiteten und bis zum Jahre 1976 weitergeführten Auflage der von Johannes Kist († 6.7.1972) verfassten Übersicht „Fürst- und Erzbistum Bamberg", die 1953 in erster, 1958 in zweiter und 1962 in dritter, stark erweiterter Auflage erschien. Die als Druckvorlage fertiggestellte vierte Auflage sollte zur Tausendjahrfeier des Bistums Bamberg (2007) vorliegen. Doch hätte der Text der letzten Abschnitte mit „Korrekturen" und Kompromissen erkauft werden müssen, die Johannes Kist kaum verantwortet hätte, und zu denen auch der Bearbeiter der vierten Auflage sich nicht hat entschließen können. – Die Literaturangaben sind dem ursprünglichen Konzept entsprechend am Ende dieses Beitrages, nach Abschnitten gegliedert, zusammengefasst.

In die lange Zeit von Haucks Episkopat fielen zwei Weltkriege, eine Revolution und die Machtübernahme der Nationalsozialisten samt ihrer schrecklichen Hinterlassenschaft. Anders als im Krieg 1870/71, dessen Ausgang im katholischen Bayern von nicht wenigen bedauert wurde, sowohl wegen der zu befürchtenden preußischen Dominanz, als auch wegen der Niederlage Frankreichs, das militärisch den Bestand des Kirchenstaates lange garantiert hatte, erfasste die nationale Euphorie 1914 auch die seit dem Kulturkampf sich im nationalen Abseits fühlenden bayerischen Katholiken, welche nun die Gelegenheit sahen, sich als national zuverlässig zu bewähren, zumal man allgemein von der Gerechtigkeit der eigenen Sache überzeugt war. Man vertraute auf den Sieg der Mittelmächte bis zu dem Zeitpunkt, an welchem sich deren militärische Niederlage abzeichnete. Der folgende politische Umsturz signalisierte den Kirchen, dass sie sich in einem neuen politischen und gesellschaftlichen System einzurichten haben, von dem sie nichts Gutes erwarteten. Aus dem Hirtenbrief des Erzbischofs vom 18. November 1918 spricht Schrecken und Trauer über die revolutionären Umwälzungen: „Der altehrwürdige Thron des bayerischen Königshauses ist durch eine gewaltsame Erhebung umgestürzt worden; die frei und rechtmäßig gewählten Vertreter des Gesamtvolkes sind von der Stätte ihrer Beratungen für des Landes Wohl vertrieben. Männer einer neuen Richtung haben sich der öffentlichen Gewalt bemächtigt, die Regierung an sich gerissen und den Volksstaat proklamiert. [...] Wie verschiedene Anzeichen es deutlich erkennen lassen, glauben die Feinde der Religion die mächtige, alle Staatsformen umstürzende Bewegung benützen zu können, um mit den Thronen auch die ihnen ebenso verhaßten Altäre zu zertrümmern. Diesen Versuchen gilt es von Anfang an den entschiedensten Widerstand entgegenzusetzen, um sie zum Scheitern zu bringen. Kein Katholik darf die drohende Gefahr verkennen, kein Katholik sich der Pflicht entziehen, mitzuwirken, um die Pläne der Gottlosen zuschanden zu machen." Die Kirche fordere, alles zu tun, „damit Religion und Sittlichkeit auch im künftigen Staat bewahrt werden als die festen Grundlagen der Gesellschaft, damit unser liebes Bayernland den Charakter eines christlichen Staates nicht verliere."

Wie der gesamte bayerische Episkopat, der am 18. Dezember 1918 gegen die Beseitigung der geistlichen Schulaufsicht protestierte, blieb Erzbischof Hauck bei einem Mindestmaß an Loyalität gegenüber der Republik, die bald Ordnung und Sicherheit gewährleisten konnte, Monarchist aus Überzeugung und bewahrte legitimistische Zweifel an der neuen demokratisch-republikanischen Staatsform; eine politische Einstellung, welche von seinen bayerischen Amtsbrüdern geteilt wurde. Dass die Regierung Johannes Hoffmann, als sie im April 1919 vor der in München nach bolschewistischem Muster regierenden Rätediktatur ausweichen musste, Bamberg als provisorischen Sitz wählte, wo am 12. August 1919 die neue Verfassung des Freistaates („Bamberger Verfassung") verabschiedet wurde, hatte in der Stadt und ihrem Umland eine gewisse stabilisierende Wirkung.

Ein regionaler, 1921 in Nürnberg abgehaltener Katholikentag, an dem sich mehr als 40.000 Menschen beteiligten, sollte Orientierung im neuen Umfeld vermitteln. Das von Papst Pius XI. (1922–1939) am 11. Dezember 1925 eingeführte Christ-Königsfest, welches gewiss mehrere Wurzeln hatte, wurde im katholischen Deutschland mit größerer Begeisterung aufgenommen als andere in neuerer Zeit eingeführte Feste. Es hat wohl dazu beigetragen, alte emotionale Bindungen an das Königshaus auf ein zeitloses, dem politischen Wandel enthobenes Königtum umzuleiten. Die zum Christkönig emporblickende, als Gefolgschaft empfundene Form der Gemeinschaft führte dann zu einer alle Lebensbereiche umfassenden Erneuerungsbewegung und einem bis in den Wortschatz hinein kämpferischen Stil in den katholischen Jugendverbänden. Die von Romano Guardini († 1968), damals in Berlin (1923–1939), Pius Parsch († 1954) in Klosterneuburg und Joseph Pascher († 1979) in München geprägte liturgische Bewegung war vor allem in zwei katholischen Schüler- und Jungmännerbünden mit der Tendenz zu Lebensbünden repräsentiert: *Quickborn* und *Bund Neudeutschland*, die beide 1939 von der Gestapo aufgelöst wurden. Ein neues, nach vielen Umfragen und langen Vorbereitungen 1935 im Erzbistum Bamberg eingeführtes Diözesan-Gebet- und Gesangbuch, *Lobt den Herrn*, versuchte, den modernen Entwicklungen Rechnung zu tragen. Die Form der Messe der jüngeren Generation war die „Gemeinschaftsmesse" mit tätiger Teilnahme der Gläubigen; ein Vorbeter trug die Lesungen und die meisten anderen Texte der Messe in deutscher Sprache vor, während der Priester (mit den Ministranten) alle Texte in lateinischer Sprache leise rezitierte. Man betete nach dem von dem Maria Laacher Benediktiner Anselm Schott († 1896) „für Laien bearbeiteten" und nach ihm benannten, erstmals 1884 veröffentlichten zweisprachigen *Missale Romanum* (wegen seiner lange Zeit monopolartigen Stellung kurz „der Schott" genannt) und sang aus dem *Kirchenlied*, einer 1938 erschienenen, mit einem Geleitwort des Jugendreferenten der Deutschen Bischofskonferenz Albert Stohr von Mainz (1935–1961) versehenen Auswahl von altem Liedgut („Und Unsrer Lieben Frauen, der traumete ein Traum") und neuem, jugendbewegtem mit kämpferischer Note („Nun stehet alle Mann für Mann und leget Gottes Rüstung an"). Dieser neue kirchliche und zugleich jugendbewegte Stil tendierte allerdings zu sozialer Separierung. In der Kirche selbst wurde er vom strikt römisch geprägten Klerus (Germaniker), zu welchem der damals schon einflussreiche spätere Weihbischof Landgraf (1895–1958) gehörte, mit Skepsis wahrgenommen; Jugendbewegte, welche nicht richtig erwachsen wurden, galten auch als kirchlich schwer integrierbar.

Als Schulreferent der Freisinger Bischofskonferenz hat Erzbischof Hauck bei einigen Weichenstellungen mitgewirkt. Die geistliche Schulaufsicht war ungeachtet kirchlicher Proteste 1918 beseitigt worden. Die katholischen Erwartungen bei der Neuordnung des Volksschulwesens fasste der Erzbischof mit dem Eichstätter Bischof Leo (von) Mergel (1905–1932) im Jahre 1919 in einer Denkschrift zusammen. Dass in Bayern die Konfessionsschule 1922 wieder Regelschule und als solche durch das bayerische Konkordat vom 29. März 1924 ausdrücklich bestätigt wurde, ist hauptsächlich seinem Verhandlungsgeschick zu verdanken, ebenso die Beibehaltung des strikt konfessionellen Charakters der Lehrerbildung. Dass die Schulbestimmungen des Konkordates später von staatlicher Seite nicht eingehalten wurden, ließ sich 1924 nicht voraussehen.

„Für die der Kirche nahestehende, mit ihr personell verschränkte Bayerische Volkspartei wurde in der Regel von der Kanzel, in den katholischen Vereinen und durch die kirchliche Presse so intensiv geworben, dass ein katholischer Gläubiger kaum eine andere Partei wählen konnte" (Blessing). Die Geschlossenheit der Bayerischen Volkspartei (BVP) zerbrach nur einmal. Entgegen dem Votum des Zentrums, ihrer Schwesterpartei, bei der Reichspräsidentenwahl 1925 für den von der „Weimarer Koalition" empfohlenen katholischen Kandidaten und zweimaligen Reichskanzler Wilhelm Marx († 1946) (Zentrum), zu stimmen, empfahl der Landesausschuss der BVP, Generalfeldmarschall von Hindenburg, den protestantischen Kandidaten des durch Elemente von borussischer Kontinuität ausgewiesenen rechten „Reichsblocks", zu wählen. Das Ergebnis war eine Zersplitterung der Bayerischen Volkspartei. Der Bamberger Prälat Johann Leicht († 1940), seit 1920 nach ihrer Abspaltung vom Zentrum ihr Fraktionsvorsitzender im Reichstag, empfand dies als politisches Unglück und, da er selbst aus seiner Hochschätzung des Zentrumskandidaten keinen Hehl gemacht hatte, als eine bittere persönlichen Niederlage. Die Zerstrittenheit in einer Frage, in welcher Geschlossenheit der bayerischen Katholiken erwartet werden konnte, bewirkte dann, als der Schock vorüber war, einen Umkehrschub. Das aus kirchlicher Bindung motivierte politische Wahlverhalten blieb bis zu den letzten halbwegs freien Reichstagswahlen am 5. März 1933 in den mehrheitlich katholischen Gemeinden nicht nur Ober- und Mittelfrankens bestimmend, obwohl nicht zu übersehen war, dass die Reichweite kirchlicher Wahlempfehlungen seit Mitte der zwanziger Jahre zugunsten jener Parteien abnahm, bei welchen die städtischen Wähler ihre Interessen am besten gewahrt sahen; davon profitierte zunächst die SPD, dann vor allem die NSDAP.

2. Moderner Kirchenbau – Wandlungen in der Seelsorge

Der Kirchenbau kam während des Ersten Weltkrieges nahezu zum Erliegen.[4] Im Juli 1914, kurz vor Kriegsausbruch, wurde die von Jugendstilelementen dominierte, von Otho Orlando Kurz († 1933) erbaute Pfarrkirche St. Otto in Bamberg nach zweijähriger Bauzeit geweiht. Mit der Vollendung von St. Otto war das Ende der nach Detailtreue strebenden Nachahmung historischer Bauformen im fränkischen Kirchenbau besiegelt. Auch im Osten der Stadt („jenseits der Bahn") hatte die Einwohnerzahl schon vor der Jahrhundertwende durch Anlage einer Kaserne, von Wohnblöcken der Eisenbahner und Gärtnersiedlungen zu wachsen begonnen. Nach einer wegen der Inflation schwierigen Planungsphase wurde von dem Augsburger Architekten Michael Kurz († 1957) 1927/29 St. Heinrich erbaut, der bedeutendste expressionistische Kirchenbau im Erzbistum. Die Betonwände sind von unverputztem Bruchsteinmauerwerk umkleidet, die wuchtigen, über Eck gestellten Fassadentürme prägen das Erscheinungsbild. Die Pfarrseelsorge wurde 1930 den Franziskanern übertragen.

Den schon seit einiger Zeit dringlicher werdenden Neubau des Priesterseminars hat Erzbischof Hauck bald nach seinem Amtsantritt in Angriff genommen. In das von dem Nürnberger Architekten Ludwig Ruff († 1934) geplante, vielbeachtete, moderne, unter dem Einfluss des Bauhauses entstandene Gebäude am Heinrichsdamm, ein Bauwerk von lichter Monumentalität, zogen am St. Heinrichstag des Jahres 1928 die Alumnen und Knabenseminaristen ein.

Beim Ausbau der kirchlichen Organisation wurde der Erzbischof unterstützt von dem ehemaligen Alumnus des Collegium Germanicum in Rom Adam Senger († 1935), seit 1911 Generalvikar, seit 1913 auch Weihbischof. Er gab auch im kirchlichen Bauwesen die Richtung an; es war die moderne, welche sich dem von den Folgen der Inflation erzwungenen Diktat der Sparsamkeit leichter fügte als die historisie-

---

[4] Zum Kirchenbau verdanke ich wichtige Auskünfte Herrn Dr. Peter Stuckenberger (München), der auch die Freundlichkeit hatte, diesen Abschnitt kritisch durchzusehen.

renden Bauweisen. An dieser Stelle kann nur auf die bemerkenswertesten Denkmäler hingewiesen werden. Noch in die zwanziger Jahre fallen die Kirchen St. Karl Borromäus in Nürnberg-Mögeldorf mit expressionistischen Bauelementen (1926/27) und St. Bonifaz in Erlangen (1927/28), beide erbaut von Fritz Fuchsenberger († 1945), der in den zwanziger Jahren mit mehreren Landkirchen in gotisierend-expressionistischen Formen einen eigenen Stil prägte; St. Georg in Weingarts (1926), St. Josef in Hohenberg (1928/29) und St. Bartholomäus in Priesendorf (1931) sind die bekanntesten Beispiele dafür. Doch dominierte nach 1930 vor allem in Nürnberg, wo mehrere Stadtkirchen gebaut wurden, noch ein neuromanischer Stil. Im Bamberger Anteil der Stadt Nürnberg – die südlichen Vororte gehören zur Diözese Eichstätt – bestanden 1925 zwölf katholische Pfarreien und eine Kuratie, von welchen sieben nur über Notkirchen verfügten. 1926 wurde die neuromanische Kirche St. Ludwig, die größte katholische Kirche der Stadt, nach Plänen von Otto Schulz († 1943) vollendet (bei den letzten Luftangriffen auf Nürnberg zerstört und im Jahre 1950 wiederaufgebaut). Die Kuratie St. Kunigund mit ihrer Notkirche für die fast ausschließlich von Industriebevölkerung bewohnten südöstlichen Vororte Gleißhammer, Zerzabelshof und Dutzendteich wurde 1921 von Patres der Gesellschaft Jesu übernommen. 1934/35 ersetzt man die Notkirche durch einen Bau nach Plänen des Augsburger Architekten Michael Kurz. Die von dem bekannten Wiener Architekten Clemens Holzmeister († 1983) erbaute Kirche St. Martin wurde 1935 vollendet und nach Kriegszerstörungen und Wiederaufbau im Jahre 1948 neuerlich geweiht.

Die Zahl der Seelsorgestellen stieg unter Erzbischof Hauck von 199 auf 239 Pfarreien und von 42 auf 45 Kuratien; allein in Nürnberg und Fürth wurden 12 neue Pfarreien und eine Kuratie errichtet. Während seines Episkopates wurden 117 Kirchen und Kapellen erbaut oder erweitert, nicht weniger als 75 neue Gotteshäuser erhielten durch ihn die kirchliche Weihe. Da die meisten der kirchlichen und caritativen Bauten in den zwanziger Jahren ausgeführt wurden, fanden in einer Zeit der Wirtschaftskrise und Arbeitslosigkeit hunderte von Menschen Arbeit und Brot. Als Auftrag- und Arbeitgeber verstärkte die Kirche ihre Bindekraft.

Im Jahre 1930 hatte kein bayerisches Bistum einen geringeren Katholikenanteil als das Erzbistum Bamberg, nämlich 34,89 % (zum Vergleich: Bistum Würzburg einschließlich der thüringischen Anteile 66 %, Bistum Passau 98,64 %). 1926 trafen in der Erzdiözese auf einen Pfarrer 2.254 Katholiken (in Bayern war nur in der Erzdiözese München und Freising das Verhältnis mit 2.743 Katholiken ungünstiger). Das Erzbistum Bamberg, dessen innere Einteilung noch aus den Tagen des Erzbischofs Joseph von Fraunberg (1824–1842) stammte, wurde 1937 der Bevölkerungsentwicklung entsprechend in 23 Dekanate neu gegliedert.

Bevor die Unterdrückungsmaßnahmen des NS-Regimes einsetzten, war das katholische „Bamberger Volksblatt" die auflagenstärkste Tageszeitung der Region. Kirchenbesuch und Osterkommunion erreichten in den vorwiegend katholischen Dekanaten Spitzenwerte von mehr als 70 %, lagen im industrialisierten Diasporagebiet Nürnberg/Fürth aber nur bei circa 30 %.

Bereits die zu Ende gehende Prinzregentenzeit, vor allem aber die Zwischenkriegszeit führte zu einem Aufblühen der Orden und Kongregationen, deren Angehörige in der allgemeinen, aber auch in der Sonderseelsorge tätig waren. Die erste nachreformatorische Niederlassung der Franziskaner in Nürnberg (St. Ludwig an der heutigen

Straßburger Straße) war staatlicherseits gegen den Widerstand nichtkatholischer Bevölkerungskreise und der Mehrheit des Stadtrates unter Erzbischof Friedrich Philipp (von) Abert Anfang Januar 1911 genehmigt worden, 1913 übernahm die bayerische Franziskanerprovinz die Pfarrei St. Ludwig, 1936 auch die Seelsorge in St. Franziskus an der Pachelbelstraße. 1918 begründeten Benediktiner der Abtei Weltenburg in Kirchschletten mit der Übernahme des Schlossgutes eine Zweigniederlassung. Noch König Ludwig III. genehmigte am 8. September des gleichen Jahres den Kauf des ehemaligen Franziskanerklosters in Forchheim durch den Redemptoristenorden (CSsR). Salesianer Don Boscos (SDB) begründeten wenig später in Bamberg in der Nähe der Jakobskirche ihr St. Josefsheim. Reichsdeutsche Trappisten, die nach dem Ende des Ersten Weltkriegs nicht mehr in ihre Abtei Ölenberg im Elsaß zurückkehren konnten, übernahmen 1920 das Kloster Banz, zogen aber schon 1926 weiter und begründeten das alte oberösterreichische Kloster Engelszell aufs Neue. Banz wurde 1934 von der *Gemeinschaft von den heiligen Engeln* übernommen, die sich der deutschen Auslandsseelsorge widmete; während des Dritten Reiches hielt das Auswärtige Amt seine schützende Hand über sie. Oblaten der Unbefleckten Jungfrau Maria (OMI), seit 1920 in der Festung Kronach ansässig, zogen 1927 in das ehemalige Franziskanerkloster um. Jesuiten (SJ) übernahmen 1921 die Seelsorge in St. Kunigund in Nürnberg, im gleichen Jahr richteten die Bruchsaler Pallottiner (SAC) in Untermerzbach ihr Noviziat ein, später auch eine Niederlassung in Bayreuth. 1933 erwarben die Comboni-Missionare vom Herzen Jesu (MCCJ) den ehemaligen Brandenburger Hof in Bamberg, in welchem sie ihr Missionsseminar St. Heinrich einrichteten.

Die 1890 in München errichtete Vereinigung der St. Josephsschwestern erwarb 1913 ein Gut bei Vierzehnheiligen. Während andere Kongregationen ihren Generalaten in Rom und letztlich der römischen Kongregation für die Ordensleute unterstanden, wurden die Schwestern in Vierzehnheiligen 1921 als Diözesankongregation der Franziskusschwestern von Erzbischof Jacobus (von) Hauck anerkannt. In Vierzehnheiligen richteten sie 1925 ihr Mutterhaus ein und hatten so großen Zulauf, dass sie nicht nur in vielen Orten der Erzdiözese wirken, sondern auch eine überseeische Missionsstation errichten konnten. 1926 zogen acht aus Augsburg kommende Dominikanerinnen wieder in ihr altes, in der Säkularisation aufgehobenes Kloster zum Heiligen Grab in Bamberg ein; die Überreste der gottseligen Klosterfrau Columba Schonath († 1787) wurden vom Städtischen Friedhof in die Seitenkapelle der Heilig-Grab-Kirche zurücküberführt. In mehr als hundert Orten widmeten sich Angehörige weiblicher Kongregationen und Orden Mädchenschulen und Kindergärten, der Kranken- und Altenpflege.

Katholische Vereine und Interessenvertretungen wuchsen nach dem Ersten Weltkrieg nicht nur zahlenmäßig nochmals an. Ihre Stärke wurde öffentlich sichtbar, wenn sie sich in geschlossener Formation an Prozessionen und Umzügen beteiligten.

Durch den Ausbau des Exerzitienheimes Herzogenaurach und den Neubau des Exerzitienheimes Vierzehnheiligen wurden Zentren religiöser Einkehr und innerer Erneuerung geschaffen; beide Häuser wurden 1940 beschlagnahmt und mit Bessarabiendeutschen belegt. Im Diözesan-Caritas-Verband gab der Oberhirte der kirchlichen Wohlfahrtspflege ein zusammenfassendes Organ. Dadurch war es möglich, auch größere Werke in Angriff zu nehmen und durchzuführen. In Nürnberg wurde 1928, zunächst als Belegklinik, das Theresienkrankenhaus im Stadtteil Schoppershof eröffnet, welches von Niederbronner Schwestern versorgt wurde. Der 1912 errichtete Heinrichs-Saalbau, zunächst für katholische Lehrlinge, dann für die katholische Jugend, das Canisius-Lehrlingsheim, beide in Bamberg, zahlreiche Kindergärten, Jugendheime und Krankenpflegestationen in der weiten Erzdiözese sind sichtbare Zeugen der caritativen Tätigkeit unter Haucks Episkopat.

Vier nicht nur äußere Höhepunkte ragen aus der Regierungszeit Erzbischof Haucks heraus: die Neunhundertjahrfeier des Todestages Kaiser Heinrichs II., des Bistumsgründers, 1924, der 70. Deutsche Katholikentag in Nürnberg 1931, das goldene Priesterjubiläum des Oberhirten im Jahre 1934, bei welchem der Münchner Kardinal Faulhaber in seiner Festpredigt vor mehr als 50.000 Menschen den christlichen Erlösungsglauben der völkischen Selbsterlösung gegenüberstellte, und schließlich das silberne Bischofsjubiläum 1937.

3. Unter dem Hakenkreuz

Während der Zeit der Weimarer Republik stieß der Nationalsozialismus in den ländlichen Gebieten des katholischen Oberfranken auf immunisierend wirkende gewachsene Traditionen. In der Stadt Bamberg allerdings, wo ein starkes, seit 1925 von dem populistischen Ortsgruppen-, späteren Kreisleiter und Oberbürgermeister Lorenz Zahneisen († 1950) aufgebautes nationalsozialistisches Wählerpotential bestand, hat Hitler am 14./15. Mai 1926, ein Jahr nach der Wiederbegründung der NSDAP, eine Führertagung abgehalten, auf welcher er seine Position gegen nationalbolschewistische Strömungen in der Partei festigen konnte. Obwohl Angehörige des öffentlichen Dienstes und Gewerbetreibende sich zum Teil seit 1933 nach außen hin arrangierten, hat die Bamberger Ortsgruppe nie in Konkurrenz mit Coburg oder Nürnberg, wo sich seit der Reformation eine andere Leitkultur aufgebaut hatte, treten können.

Nach der Machtübernahme stand Jacobus von Hauck dem Nationalsozialismus, dessen Selbstverwirklichung mit seinem gesamten kriminellen Potential ja nicht sofort einsetzte, zunächst nicht ohne Erwartungen gegenüber. Er war der einzige deutsche Bischof, der nach dem Abschluss des in seinem Wert für die Kirche damals schwer abzuschätzenden, am 10. September 1933 ratifizierten Reichskonkordates anordnete, aus diesem Grund im Anschluss an die Pfarrgottesdienste am 17. September 1933 ein Te Deum zu singen. Als es im Frühjahr 1934 über die Auseinandersetzungen um den Artikel 31 des Reichskonkordates, der den Schutz der kirchlichen Organisationen vorsah, zu einer Spaltung der deutschen Bischofskonferenz zu kommen schien, beschwor der Bamberger Oberhirte seine Mitbrüder, unter allen Umständen eine einheitliche Haltung einzunehmen – kompensierte diese doch strategische und taktische Schwäche und hatte sich in der Kulturkampfzeit bewährt. Daran zu erinnern, schien auch aktuell Erfolg zu versprechen, da nicht ohne Sorge beobachtet werden musste, dass katholische Kreise die politische Aufbruchstimmung mit einer kirchlichen glaubten verbinden zu können. Anders als die kampfbereiten Bischöfe Ehrenfried in Würzburg, Graf Preysing (1935–1950 Bischof von Berlin) und sein Nachfolger Rackl in Eichstätt, auch Faulhaber in München in seinen großen Stunden, wenn er seine Loyalitätsprobleme verdrängt hatte, ging der noch in der Zeit der Monarchie ernannte Erzbischof Jacobus (von) Hauck zunächst den Weg der Konfliktvermeidung und suchte nach Kompromissen. Gewiss bezog er klar Stellung und forderte konkordatäre Zusagen ein, wenn es um kirchliche Positionen ging, die er als überlebenswichtig einschätzte. Aber auch er musste erkennen, dass Loyalität zum Staat und Distanz zu der mit diesem eng verwobenen Partei ein Spagat war, der nicht gelingen konnte.

Eine Politik der begrenzten Verstöße gegen Buchstaben und Geist des Konkordates begann 1934 und erreichte 1936/37 mit ihrem Kampf gegen die Konfessionsschulen einen Höhepunkt. Die „Erklärung der deutschen Bischöfe zur kath. Bekenntnisschule", die am 17. Januar 1937 auch von den Kanzeln des Erzbistums verlesen wurde (aber auch in einer kürzeren, etwas abgemilderten Fassung vorgetragen werden konnte), zeigte, dass die Kampfansage von Seiten der Kirche ernst genommen wurde. Es seien in einigen Gegenden des Reiches Bekenntnisschulen auf Grund sogenannter Abstimmungen von Eltern beseitigt worden. Wer in der „Gegenwehr seine Christenpflicht nicht erfüllt oder gar als katholischer Vater oder Erzieher für die Gemeinschaftsschule wirbt, der kennt entweder die letzten Ziele unserer Gegner nicht oder beugt sich in unchristlicher und undeutscher Charakterschwäche vor irdischen Beweggründen oder der Zudringlichkeit und Gewalt und trägt damit eine schwere Verantwortung vor seinen eigenen Kindern und vor der gesamten christlichen Jugend, vor seinem Gewissen und unserer heiligen Mutter der Kirche und vor Gott, dem ewigen Richter." Doch führte die Berufung auf das Reichskonkordat um diese Zeit nur zu weiteren Repressionen, zumal große Teile auch der katholischen Lehrerschaft dem Nationalsozialistischen Deutschen Lehrerbund beigetreten waren und die Erteilung von Religionsunterricht verweigerten. War dies eine Langzeitwirkung der geistlichen Schulaufsicht? Nötigungen und Einschüchterungen taten ihre Wirkung. Den Kampf um die Bekenntnisschule hat die Kirche bald verloren. 1938 wurde in Bayern die Gemeinschaftsschule eingeführt, nachdem Schulschwestern der Unterricht an nichtprivaten Volksschulen bereits entzogen worden war. Eine Position aber gab es noch zu verteidigen: die Kreuze in den Klassenräumen. Ein Erlass des bayerischen Kultusministers Adolf Wagner († 1944) vom 23. April 1941, die Kreuze aus den Klassenzimmern allmählich („bei Baumaßnahmen, während der Ferien oder ähnl. Anlässen") zu entfernen, brachte die katholische Volksseele zum Kochen. Das Regime wich vor den unerwartet heftigen Protesten zurück. „Bedenklich für den NS-Staat wurde die Auseinandersetzung um die Kreuze vor allem dadurch, dass Kirche und Kirchenvolk die Aktion des Regimes als unverhüllten Beginn einer Unterdrückung des Christentums überhaupt deuteten, die nach dem Krieg erfolgen werde. Alle früheren Beteuerungen religiöser Freiheit und das immer wieder herausgestellte Motiv für den Krieg gegen Russland, den Kreuzzug gegen den Bolschewismus, erschienen als Täuschung" (Blessing).

Die schon vor 1933 von bürgerlichen und sozialistischen Freidenkern mit gewissen Erfolgen propagierte Kirchenaustrittsbewegung, deren Anhänger vorwiegend in akademischen Berufen und in der Volksschullehrerschaft zu finden waren, hielt sich außerhalb der größeren Städte in engen Grenzen. Nach einer deutlichen Abnahme der Kirchenaustritte und einer Zunahme der Rücktritte 1933/34 wurde die Kirchenaustrittsbewegung seit 1935 von einem anderen, dem nationalsozialistischen Motor angetrieben. Bezogen auf die Statistik der zwanziger Jahre verdoppelte sich die Zahl der Austritte im Jahre 1936. In einem Hirtenbrief vom 2. Februar 1937 beklagte Erzbischof Hauck die Kirchenaustrittsbewegung, welche auch in einem Teil der Erzdiözese förmlich organisiert werde; gemeint war die Stadt Nürnberg. In der Stadt Bamberg waren es jetzt vor allem höhere Parteifunktionäre und einige Angehörige der hier stationierten Regimenter, vorwiegend Unteroffiziere, welche sich von der Kirche förmlich trennten. Wie hoch aber die Hemmschwelle für einen Kirchenaustritt damals noch lag, zeigte sich darin, dass sich in den zwölf Jahren des Dritten Reiches im Erzbistum „nur" 8.738 Personen von der katholischen Kirche trennten.

Wie der politische Katholizismus wurden auch die katholischen Vereine durch das Reichskonkordat von 1933 aufgehoben beziehungsweise unter dem Dach der Katholischen Aktion auf den rein religiösen Bereich beschränkt und damit auch verkirchlicht. Öffentlich sichtbar waren nur noch die (seit 1941 auf den jeweils folgenden Sonntag verlegten) Wallfahrten und die Fronleichnamsprozessionen, die mit kräftigem Gesang eucharistischer Lieder, mit Kerzen und Weihrauch durch blumengeschmückte und von tausenden Gläubigen gesäumte Straßen zogen, aber ohne den verbotenen Fahnenschmuck der Vereine, ab 1937 selbst ohne die weiß-gelbe Kirchenfahne.

Dass es für Kirche und nationalsozialistischen Staat keine Koexistenz geben konnte, wurde nochmals deutlich vor Augen geführt bei der Verkündigung der vom Münchner Kardinal Faulhaber entworfenen Enzyklika *Mit brennender Sorge* vom 14. März 1937, die am darauf folgenden Sonntag (21. März) von fast allen Kanzeln des Deutsches Reiches verlesen wurde. Der ordinariatseigene St. Otto-Verlag, welcher die Enzyklika hatte drucken lassen, wurde enteignet, seine Funktionen übernahm der damals noch von der katholischen Kirche kontrollierte Sebaldus-Verlag in Nürnberg (was nach dem Krieg zu Zwistigkeiten führte).

Eine Reaktion auf die Enzyklika waren sogenannte Sittlichkeitsprozesse gegen katholische Geistliche. Drei wurden in Nürnberg öffentlichkeitswirksam inszeniert, hatten jedoch nicht die vom Regime erhoffte Wirkung. Predigten des wortgewandten Jesuiten P. Alois Jung in St. Kunigund in Nürnberg und von ihm verbreitete Flugschriften führten offenkundig zu verstärktem Misstrauen der katholischen Bevölkerung gegen nationalsozialistische Propaganda. Der Einfluss des P. Jung sollte ausgeschaltet werden; am 4. Juli 1939 wurde er wegen Verstoßes gegen das „Heimtückegesetz" zu zwei Jahren und acht Monaten Gefängnis verurteilt.

Das silberne Bischofsjubiläum Erzbischof Haucks 1937 wurde eine eindrucksvolle Glaubenskundgebung. „Neben dem Bamberger Oberhirten hatten dabei Kardinal Faulhaber, Inkarnation kirchlichen Selbstbewusstseins, Dompropst Johann Leicht, der prominente Veteran des politischen Katholizismus, und Graf Stauffenberg als Vertreter des kirchenverbundenen katholischen Adels Frankens eine tragende Rolle" (Blessing). Die Zahl der Teilnehmer, unter welchen Jugendliche auffallend stark vertreten waren, wurde auf 70.000 geschätzt.

Am 16. November 1937, nachdem alle nicht rein religiösen Jugendverbände zwangsweise aufgelöst worden waren, ernannte der Erzbischof zum ersten hauptamtlichen Jugendseelsorger den von der liturgischen Bewegung geprägten, aus Horchheim bei Koblenz (Diözese Trier) stammenden Kaplan an St. Martin in Bamberg Joseph („Jupp") Schneider (1903–1975), der später „in dieser Stellung zu einer katholischen Schlüsselfigur für Stadt und Diözese in der Kriegs- und Nachkriegszeit" wurde (Blessing). Er hat die mancherorts in die Defensive geratene Jugendarbeit mit Elan neu organisiert. In bedrängter Zeit verhalf er dem reichsweit abgehaltenen *Bekenntnistag der katholischen deutschen Jugend,* der seitens des NS-Regimes als widerständige Demonstration eingeschätzt wurde, in Bamberg zu Erfolgen, die sowohl das Erzbischöfliche Ordinariat als auch die Parteiorganisationen überraschten. Erstmals fand der Bekenntnistag am Sonntag nach dem Bonifatiusfest (6. Juni) 1937 statt, danach bis 1944 jeweils am Dreifaltigkeitssonntag, seit 1940 unter der Bezeichnung *Glaubensfest*. In Bamberg wurde die Zahl von 5.000 Teilnehmern gelegentlich übertroffen. Nach der Abschaffung des Religionsunterrichtes an den höheren Schulen ab der 4. Klasse und Erleichterungen bei der Abmeldung beteiligten sich an kirchlich empfohlenen Jugendstunden, Einkehrtagen, weniger an Wallfahrten, bis tief in die Kriegszeit hinein, wenn auch mit schwächer werdenden Zahlen, fast ein Drittel aller noch nicht einberufenen jungen Männer (15–25 Jahre); das war mehr als nur eine Kerngruppe. Der politische Gegenpol wurde sichtbar gemacht durch den als Typus eines als nordischen oder arischen Herrschers interpretierten und dadurch zur nationalen Ikone erhöhten Bamberger Reiter, dessen Photo in den meisten HJ-Heimen an der Wand hing.

Im Erzbistum Bamberg haben sich die meisten Priester aus dem Pfarr- und dem Ordensklerus und eine Anzahl von Laien dem Regime durch passiven Widerstand verweigert. Verstöße von Geistlichen gegen das „Reichsflaggengesetz", gegen das „Heimtückegesetz" und gegen das Verbot des „Umgangs mit (polnischen und französischen) Kriegsgefangenen" gaben häufig Anlass zu Verwarnungen, manchmal zu Anklagen. Doch wurde das latente Protestpotential nur selten bis zum äußersten aktiviert. Erster Pfarrer, der in sogenannte Schutzhaft genommen wurde, war Michael Schütz († 1963) in Burgebrach, der in seinen Predigten vor Fundamentalkritik am Nationalsozialismus nicht zurückschreckte. P. Petrus Mangold (* 1889) aus dem Franziskanerkloster Scheinfeld geriet als Kommissar seines Ordens für das Sudetenland in Konflikte mit der Geheimen Staatspolizei und starb im Konzentrationslager Dachau an Krankheiten, Hunger und Erschöpfung am 18. Juli 1942. Vom Konzentrationslager Dachau und von anderen Lagern im Reichsgebiet hatte man schon vor Beginn des Zweiten Weltkrieges mehr oder weniger sichere Kenntnisse. Von der systematischen Ermordung der Juden im besetzten Osten außerhalb des Reichsgebietes hat es vor dem Ende des Zweiten Weltkrieges innerhalb des Altreiches nur vage Gerüchte gegeben. Im Erzbistum gab es unter den katholischen Laien zwei Märtyrer im alten, engeren Sinn, das heißt: ihres Glaubenszeugnisses wegen Hingerichtete. Der im Zentrum engagierte, zuletzt in Berlin lebende Justizangestellte Alfred Heiß aus Triebenreuth bei Stadtsteinach (* 1904), der sich seit 1934 kritisch über den Nationalsozialismus äußerte, verweigerte nach seiner Einberufung im Jahre 1940, auf dem Höhepunkt der Macht des „Großdeutschen Reiches" und der nationalen Begeisterung, den Hitlergruß und das Anlegen von Uniformstücken mit dem Hakenkreuz. Der Überzeugungstäter wurde wegen „Zersetzung der Wehrkraft" nach kurzem Verfahren zum Tode verurteilt und am 24. September 1940 hingerichtet. Der Bamberger Rechtsanwalt Hans Wölfel (* 1902) hatte sich bereits in der Zeit der Weimarer Republik in Vorträgen und Broschüren gegen den Nationalsozialismus positioniert. Nach Kriegsbeginn nahm er Kontakt zu Widerstandskreisen auf. Als eine Parteigenossin politische Äußerungen von ihm anzeigte, wurde er vom Volksgerichtshof ebenfalls wegen Wehrkraftzersetzung zum Tode verurteilt und am 3. Juli 1944 im Gefängnis in Brandenburg a. d. Havel hingerichtet.

Das Erzbischöfliche Ordinariat hat am 3. Januar 1951 über politische Maßnahmen gegen katholische Geistliche und Laien an die *Zentralstelle für kirchliche Statistik* in

Köln berichtet: „248 Vorladungen, 72 Verwarnungen, 44 Hausdurchsuchungen, 6 Zwangsversetzungen, 4 Aufenthaltsbeschränkungen, 1 Ausweisung, 41 Schulverbote, 27 Geldstrafen, 5 Kautionsauflagen, 39 gerichtliche Verfahren, 1 Fall von Polizeihaft, 21 Fälle von Schutzhaft, 2 von Untersuchungshaft, 4 Gefängnisstrafen, 1 Konzentrationslagertoter (P. Petrus Mangold OFM). – Von Laien erhielten aus religiösen Gründen 26 Schutzhaft, 25 Gefängnis, 3 KZ (1 getötet: Kaufmann Andreas Heiss, Stadtsteinach), 20 Geldstrafen. – Beschlagnahmt wurden 6 Konvikte, 3 Klöster, 4 Krankenanstalten, 7 caritative Anstalten, 3 höhere Privatschulen, 3 private Elementarschulen, 8 Kindergärten. – Aufgelöst wurden 180 Jugendorganisationen mit 5400 Mitgliedern, 64 Erwachsenenorganisationen mit 2560 Mitgliedern. – Parteimitglieder waren 3 Geistliche."

In den Morgenstunden des 20. Januar 1943 verkündete der schwere Klang der Domglocken der Stadt und der Erzdiözese Bamberg den Heimgang ihres Oberhirten, der bis in sein hohes Alter den Anforderungen seines besonders seit der Machtübernahme schwierigen Amtes auf seine Weise gerecht zu werden versuchte. Die längste Regierungszeit in der Reihe der Bamberger Oberhirten war zu Ende gegangen. Als die Stadt Bamberg zur Überführung des Leichnams in den Dom die Stellung eines Leichenwagens ablehnte, stellte der Standortkommandant, General Gustav von Perfall († 1969), eine Geschützlafette zur Verfügung.

Der Vatikan ließ bei den damaligen kirchenpolitisch unübersichtlichen Verhältnissen nicht viel Zeit verstreichen, um der verwaisten Erzdiözese, erstmals nach dem bayerischen Konkordat von 1924, ein neues Oberhaupt zu geben. Schon in den Tagen der letzten Erkrankung des hochbetagten Erzbischofs Jacobus (von) Hauck war in Rom die Ernennung des 1881 in Seßlach geborenen Weihbischofs (seit 1935) Joseph Kolb zum Koadjutor mit dem Recht der Nachfolge erwogen worden. Papst Pius XII. (1939–1958) ernannte am 26. Januar 1943 den inzwischen auch zum Kapitularvikar gewählten Joseph Kolb (1943–1955) zum Erzbischof (erst als Bischof nannte er sich Joseph Otto). Wie sein Vorgänger Hauck war der tief religiöse Priester länger als ein Jahrzehnt Pfarrer von St. Elisabeth in Nürnberg gewesen (1924–1935). Am 9. Mai 1943 wurde er im Dom inthronisiert, die Festpredigt hielt einer der bekanntesten Geistlichen des Erzbistums, Prälat Georg Meixner († 1960).

4. Wiederaufbau, neue Kirchen, neue Klöster

Am 10. April 1945 wurde die Stadt Bamberg von amerikanischen Truppen eingenommen, am 19. April Fürth, am 20., dem Geburtstag des „Führers", die Stadt Nürnberg. Am 8. Mai 1945 musste die deutsche Wehrmacht bedingungslos kapitulieren. Als Befreiung, nicht als Zusammenbruch, wurde das Ende der politischen Despotie von der großen Mehrheit der Katholiken empfunden, auch als Befreiung von täglicher Angst. Aber die Kirche stellte sich nicht auf die Seite der Sieger. Das erste Nachkriegshirtenwort des Erzbischofs Kolb stand unter dem Leitwort „Die Fessel ist zerrissen – wir sind befreit (Ps. 123,7)." Die Ursachen für Aufstieg und Sieg des Nationalsozialismus sahen er und Geistliche jeden Ranges in der Entchristlichung, die bereits lange vor der Machtübernahme eingesetzt und deren Tempo das NS-Regime beschleunigt habe.

Der Einfluss der katholischen Kirche auf Politik und Kultur war unmittelbar nach dem Ende des Krieges weitreichend. Die *Christliche Kulturgemeinde* unter Prälat Meixner, deren Vortragsprogramm vorwiegend von Professoren der Philosophisch-Theologischen Hochschule Bamberg geleistet wurde, sollte allen Schichten christliche Orientierung neu vermitteln und katholisches Verhalten in einer sich verändernden Gesellschaft neu prägen. Die Pfarrer genossen zunächst das Vertrauen der amerikanischen Militärregierung, die oft auf ihren Vorschlag hin neue Bürgermeister einsetzte. Auf der Diözesansynode vom Herbst 1946 erörterte der Oberhirte unter maßgeblicher Mitwirkung des gelehrten Weihbischofs Artur Michael Landgraf mit seinem Klerus drängende seelsorgliche Probleme. Nach fast fünf Jahren Unterbrechung erschien am 5. Mai 1946 das offiziöse *St. Heinrichsblatt* wieder.[5] Die Volksmissionen, die von 1945 bis 1949 zunächst in der Stadt Bamberg, dann in der ganzen Erzdiözese durchgeführt wurden, sollten wieder persönliche religiöse Intensität, wo diese nach einem Jahrzehnt kirchenfeindlicher Propaganda Schaden genommen hatte, reaktivieren und missionarische Tätigkeit der Kirche einleiten helfen. War es doch nicht zu übersehen, dass Erosionen des katholischen Milieus unter der zwölfjährigen Diktatur und besonders in der zweiten Kriegshälfte, in der es um kaum mehr als um das nackte Überleben ging, nicht ausgeblieben waren. Die Zwanzig- bis Fünfzigjährigen, die aus Krieg und Gefangenschaft heimkehrten, waren nicht nur in die zivile Gesellschaft, sondern auch in das kirchliche Leben wieder einzugliedern. Wie nach jedem längeren Krieg waren Rechtsgefühl und sittliche Normen, wenn nicht zerfallen, so doch beschädigt. Die starke amerikanische Garnison in Bamberg führte zu Promiskuität und Prostitution in nicht zu übersehendem Ausmaß.

In seinem Fastenhirtenbrief 1947 und mehrfach auch später betonte Erzbischof Kolb die Verbundenheit Papst Pius' XII. mit Deutschland. Das Bekenntnis zum Papst, der sich gegen eine Kollektivschuld der Deutschen ausgesprochen hatte, bedeutete also auch die Selbstversicherung, dass man nicht nur zum jetzt weltweit geächteten deutschen Volk gehörte, sondern auch vom moralischen Glanz einer damals gänzlich außer Diskussion stehenden Instanz etwas abbekam. Man konnte auch auf Mutige und Märtyrer aus den eigenen Reihen hinweisen. Da die katholische Kirche zu den wenigen Institutionen gehörte, welche das sogenannte Dritte Reich insgesamt einigermaßen unbeschädigt überstanden hatten, erreichte die Zahl der Rück- und Übertritte in den Jahren 1945 bis 1948 einen Höchststand. An den Fronleichnamsprozessionen, Gradmesser für die öffentliche Geltung der Kirche, nahmen an vornehmer Stelle wieder die Spitzen der staatlichen und städtischen Behörden und der Justiz teil.

Die äußeren Kriegsschäden, welche die Bamberger Kirchenleitung zu beklagen hatte, waren hoch, wenn auch nicht so hoch wie die der westdeutschen Diözesen, und sie waren größtenteils auf die Stadt Nürnberg beschränkt. Das Erzbischöfliche Ordinariat teilte am 3. Januar 1951 der *Zentralstelle für kirchliche Statistik* in Köln folgende Schäden mit: „Zerstört: 18 Kirchen, schwer beschädigt: 9 Kirchen, leicht beschädigt: 18 Kirchen; zerstört: 9 Pfarrhäuser, beschädigt: 14 Pfarrhäuser; zerstört: 26

---

[5] Es wurde zu Beginn des Jahres 1990 in ‚Heinrichsblatt' umbenannt. In der Ausgabe vom 28.1.1990 (Jg. 97 Nr. 4) hieß die Wochenzeitung ‚St. Heinrichsblatt', seit der folgenden Ausgabe vom 4.2.1990 (Jg. 97 Nr. 5) erschien sie unter dem neuen Titel, ohne Begründung, ohne Erklärung, ohne Kommentar; kritische Leserbriefe zur Umbenennung sollen unterdrückt worden sein.

kirchliche Heime, beschädigt: 14 kirchliche Heime. Gesamtschaden: 7.400.000 DM, davon in Nürnberg: 6.300.000 DM."

Zwischen der katholischen Kirche und der amerikanischen Militärregierung blieben Konflikte nicht aus. Grundsätzliche Meinungsverschiedenheiten bestanden über den Wiederaufbau des Zeitungswesens und die Schulreform. Länger zog sich ein anderes Problem hin. Die von der Militärregierung angeordnete Entnazifizierung stellte manchen Pfarrer vor heikle Situationen. Um den Frieden in den Gemeinden zu wahren und um abgedriftete Gläubige zurückzugewinnen, hatten, wie es scheint, verhältnismäßig viele Pfarrer ziemlich großzügig sogenannte Persilscheine ausgestellt, in welchen sie manchen, die mitgemacht hatten, bestätigten, lediglich zum Schein oder nur gezwungenermaßen politische Aktivitäten entfaltet zu haben, innerlich aber vom Nationalsozialismus nicht kontaminiert worden zu sein. Andererseits kann nicht bezweifelt werden, dass Regimegegner mit der Kunst der Verstellung und der mehrdeutigen Rede überlebt hatten. Aus ihrem 1945 gestärkten Selbstbewusstsein warb die Kirche um christliche Nachsicht mit Gestrauchelten und um baldige Beendigung der Entnazifizierung durch eine weitgehende Amnestie.

Nachträgliche Identifikationen mit aktivem oder passivem Widerstand gegen das NS-System in angeblichen persönlichen Erinnerungen Einzelner, in lokal- und regionalgeschichtlichen Rückblicken, ergaben zusammenaddiert ein größeres Ganzes an Widerstand als tatsächlich, vor allem in den Jahren der politischen und militärischen Erfolge des NS-Regimes 1938 bis 1941, geleistet worden war.

Schon seit den späten vierziger Jahren galt es, neue Seelsorgestellen und neue gottesdienstliche Räume nicht nur in den mit katholischen Vertriebenen aufgefüllten Diasporagegenden, sondern auch in den Bamberger Kerngebieten zu schaffen, in welchen die stark gewachsene Katholikenzahl den Bau neuer Kirchen erforderlich machte. Zwar hatte Bamberg selbst als einzige der größeren Städte Frankens den Luft- und zuletzt auch den Landkrieg ohne größere Schäden überstanden, aber von Nürnberg, der auch an Katholikenzahl größten Stadt der Erzdiözese, war nur ein Trümmerfeld geblieben. Viele mehr oder weniger beschädigte Kirchen waren wieder benützbar zu machen. Neben den Wiederaufbauten in Nürnberg und Fürth wurden für die angewachsene Bevölkerung zahlreiche Kirchen neu erbaut und allein unter Erzbischof Schneider 53 neue Pfarreien (zum Teil allerdings durch Erhebung von Kuratien) errichtet. Die neuen Kirchenbauten sollen wenigstens in einer repäsentativen Auswahl vorgestellt werden: St. Kunigund in der Bamberger Gartenstadt, ein wuchtiger steinsichtiger Bau von Josef Lorenz (1952/53). In Nürnberg sind hervorzuheben: St. Georg (1956) im Stadtteil Ziegelstein, im Stadtteil Schweinau St. Wolfgang in konsequent modernen Formen (1958), in der Gartenstadt St. Franziskus (1960), St. Bonifaz im Stadtteil St. Leonhard (1964), St. Josef im Stadtteil Wöhrd (1967), im Stadtteil Zerzabelshof St. Stefan (1977); in Fürth schließlich: Christkönig mit Karmelitenkonvent (1961) und St. Christophorus (1973). Im Süden der überproportional rasch wachsenden Stadt Erlangen erbaute der Architekt Paul Becker auf quadratischem Grundriss St. Sebaldus (1967); es folgten im Stadtteil Bruck die 1969 geweihte Pfarrkirche Heilig Kreuz, deren Seelsorge von den Beschuhten Karmeliten der Oberdeutschen Provinz übernommen wurde, St. Heinrich in Alterlangen (1970) und St. Theresia in Sieglitzhof (1973). Weitere Kirchenneubauten bis zum Beginn der siebziger Jahre sind Mariä Himmelfahrt in Teuschnitz (1949), in Trockau St. Thomas von Aquin (1950), St. Otto in Ebersdorf bei Coburg (1952); 1954 folgten St. Hedwig in Oeslau und St. Konrad in Hof, 1957 Herz Jesu in Pressig, St. Otto in Cadolzburg und St. Marien in Rodach bei Coburg, 1959 Verklärung Christi in Forchheim, 1960 St. Hedwig in Bayreuth, 1961 St. Marien in Creußen, 1963 Maria Königin des Friedens in Bad Steben, St. Josef in Schwarzenstein und St. Michael in Wilhermsdorf, 1964 St. Johannes Nepomuk in Laineck, St. Marien in Coburg und Herz Jesu in Uffenheim, 1965 St. Kunigund in Uttenreuth bei Erlangen, Christkönig in Ansbach und St. Josef in Baiersdorf, 1965 St. Paulus in Schwaig, 1966 St. Paulus in Strullendorf und St. Josef der Arbeiter in Zirndorf, 1967 Mariä Heimsuchung in Bubenreuth und St. Anton von Padua in Oberkotzau.

Auch mehrere Klöster und neue geistliche Gemeinschaften traten nach dem Ende des Zweiten Weltkriegs neu ins Leben, von denen einige stellvertretend genannt seien: Heimatvertriebene Arme Schulschwestern von Unserer Lieben Frau der Marienbader Provinz kamen als Vertriebene 1946 nach Auerbach, dann auch nach Bamberg und Höchstadt an der Aisch. Servitinnen ließen sich 1949 für eine Zeit in Leutenbach nieder, Deutschordens-Schwestern in Sondernohe bei Flachslanden. In die Benediktinerniederlassung Maria Frieden in Kirchschletten zogen 1953 die Benediktinerinnen ein, deren erste Äbtissin 1973 geweiht wurde. Karmelitinnen besiedelten 1949 das 1554 aufgelöste Zisterzienserinnenkloster Schlüsselau, bezogen dann aber im Erlanger Stadtteil Büchenbach ein neues Kloster, das 1969 geweiht wurde (Dreifaltigkeit), nachdem der männliche Zweig des Ordens in Heilig Kreuz im benachbarten Stadtteil Bruck die Seelsorge übernommen hatte. 1950 übernahmen St. Franziskusschwestern von Vierzehnheiligen das neu erbaute Waldkrankenhaus St. Marien in Erlangen. 1964 wurde Kapuzinern der Bayerischen Provinz die Leitung der Pfarrei St. Marien in Coburg übertragen. Die Oberdeutsche Jesuitenprovinz eröffnete 1961 in Nürnberg neben der Kirche St. Klara als Heimstätte für die Jugend das Caritas-Pirckheimer-Haus, welchem die Patres Otto Schweikart († 1987) und Georg Deichstätter († 1995) ein hohes Ansehen verschafften. 1971 übernahm die Erzdiözese das Haus unter Beibehaltung des Namens als Akademie für Erwachsenenbildung, wie sie in vielen anderen deutschen Diözesen bereits bestanden.

5. Integration der Flüchtlinge und Vertriebenen

Ein Teil des riesigen Stromes von Flüchtlingen und Vertriebenen (circa 225.000) ergoss sich in den Jahren 1945/47 aus dem Osten nach Ober- und Mittelfranken, davon die meisten aus dem katholischen Sudentenland. Das Erzbischöfliche Ordinariat teilte dem *Christlichen Nachrichtendienst* am 24. September 1947, als die Vertreibung noch nicht abgeschlossen war, mit, dass von den 698.566 Katholiken der Erzdiözese 207.442 „Ostvertriebene" seien – was etwa einem Drittel entsprach –, von den 605 Priestern seien 150 „Ostvertriebene". 1947 stand eine Pastoralkonferenz unter dem Thema „Flüchtlingsseelsorge und Flüchtlingsfürsorge: moraltheologisch, kirchenrechtlich, pastorell und karitativ gesehen." Die Flüchtlinge fanden erste Aufnahme in bis dahin zum Teil geschlossen evangelischen Gebieten, deren Kirchenleitungen überall, wo es nötig war, ihre Kirchen für katholische Gottesdienste zur Verfügung stellten. Die Zahl der bald „Neubürger" genannten Vertriebenen machte in Bayern Ende

1948 etwa ein Viertel der Bevölkerung aus. Ihre Zusammendrängung auf verhältnismäßig engem Raum hatte nicht nur zur Folge, dass sich etwa im katholischen Forchheim die Katholikenzahl fast verdoppelte, sondern auch, dass Coburg eine Zeitlang die größte katholische Pfarrei im Erzbistum war.

Für die Kirche ging es bei der Hilfe für die zu einem großen Teil in menschenunwürdigen Lagern untergebrachten Flüchtlinge zunächst um die Sicherung der nackten Existenz. Der Diözesan-Caritas-Verband, dessen langjähriger Erster Vorsitzender Erzbischof Kolb gewesen war, hatte mit Einschränkungen das Dritte Reich überleben können, war aber, da jetzt die Nachfrage nach kirchlicher Hilfe und Sozialarbeit bei weitgehender Hilflosigkeit staatlicher Organe verzweifelter war als je zuvor, unter den 1945 gegebenen Beschränkungen funktionstüchtig geblieben und hat manche Not lindern können. Seit 1946 verteilte die Caritas Naturalspenden (Care-Pakete) amerikanischer Katholiken. Der Suchdienst der Caritas, der sich bald mit anderen Suchdiensten zusammenschloss, brachte Zehntausende von Menschen wieder zusammen. Landsmannschaftlich organisierte Gottesdienste mit festlicher Note an den Feiertagen und vertrauten Liedern aus der sudetendeutschen oder schlesischen Heimat in intakt gebliebenen Kirchen trugen dazu bei, den Vertriebenen ein Gefühl katholischer Identität zu erhalten. Aber zwischen Einheimischen und Vertriebenen zeigten sich doch immer wieder verschiedene katholische Mentalitäten. Zwischen den Richtungen „Bewahrung der Identität" und „Integration" setzte die Kirche früh auf Integration, der die Zukunft gehörte. Um Heimatvertriebenen, die in den zunächst noch von Evakuierten aus nord- und westdeutschen Großstädten überfüllten Dörfern oft auf Abwehrreflexe trafen, ein Dach über dem Kopf zu verschaffen, gründete Erzbischof Kolb, lokale Initiativen zusammenfassend, 1948 das Siedlungsunternehmen *St. Joseph-Stiftung*, das bald zum größten seiner Art in Oberfranken wurde. Auf Dauer angestrebt wurde im Einklang mit der katholischen Soziallehre das Eigenheim, von welchem man sich die äußeren Voraussetzungen für eine heile Familie und eine heile Welt versprach. In einem *Hirtenwort zum Bau- und Siedlungsunternehmen der St. Joseph-Stiftung* am Christkönigsfest 1949 zog er Bilanz: „Von 330 Wohnungen ist ein Teil fertiggestellt und bezogen, der andere wird spätestens im Frühjahr 1950 bezugsfertig sein. So ist es möglich, dass 330 Familien dem Wohnungselend entrissen und mit einem menschenwürdigen, abgeschlossenen und christlichen Heim beglückt werden, sei es zur Miete, sei es als Eigentum. Wenn die Familie die Urzelle von Kirche und Staat bildet und wenn gesunde christliche Familien den Absturz in Verzweiflung und Radikalismus verhindern werden, dann mag man ermessen, wie groß das Verdienst derer ist, die sich für die Entfaltung christlicher Familien einsetzen." Zu den größten Projekten der Stiftung zählen die Ketteler-Siedlung im Süden Nürnbergs und die Geigenbauersiedlung in Bubenreuth bei Erlangen. Bis zum Jahre 1955, als die Flüchtlingslager weitgehend aufgelöst waren, baute die St.-Josephs-Stiftung 3.882 Wohneinheiten, von denen 68 % Flüchtlingen und Vertriebenen, der Rest größtenteils Ausgebombten zugewiesen wurden.

6. Vereinswesen, religiöse Strömungen, politische Orientierungen

Der dichte Vereinskatholizismus im Vorfeld der Kirche, welcher dem Reichskonkordat geopfert worden war, war in seiner alten Form kaum rekonstruierbar. Man setzte zunächst auf Pfarrei-, Dekanats- und Diözesanorganisationen, auf welche man im Dritten Reich zurückgeworfen worden war. Deren fester Rahmen blieb, auch als manche der alten Vereine wiederbelebt wurden. Die nun für alle Arbeitnehmer offenen Arbeitervereine fassten als *Katholisches Werkvolk,* dessen Führung als Diözesanpräses Prälat Meixner übernahm, wieder Tritt, zunächst mit einer gemäßigten Tendenz zu einer Sozialisierung der Produktionsmittel und der Forderung eines Lastenausgleichs („Herz-Jesu-Sozialismus"). Doch wurde in katholischen Milieus Kapitalismuskritik nach dem vom Marshallplan angestoßenen Wiederaufbau und nach der Währungsreform (1948) mit der beginnenden wirtschaftlichen Prosperität („Wirtschaftswunder") gedämpfter bis kaum noch hörbar. Die einen Zerfall des katholischen Milieus einleitenden und einen postchristlichen Lebensstil konstituierenden gesellschaftlichen Veränderungen entzogen dem *Werkvolk* (seit 1971 *Katholische Arbeitnehmerbewegung*) in den sechziger Jahren das Gewicht und dann den Boden.

Die seit 1946 im *Diözesanjugendwerk St. Heinrich und St. Kunigund* organisierte katholische Jugend erhielt auf Initiative des Diözesanjugendseelsorgers Msgr. Joseph („Jupp") Schneider 1946 durch Anmietung, 1949 durch Ankauf der „Burg" Feuerstein bei Ebermannstadt einen Mittelpunkt für Lehr- und Schulungsarbeit, für Exerzitien und Einkehrtage, für Freizeit und Erholung. Die moderne Burgkirche erbaute 1961 der Würzburger Dombaumeister Hans Schädel († 1996), die Fenster entwarf Georg Meistermann († 1990). Feuerstein entwickelte sich auch zu einer internationalen Begegnungsstätte. Als die Franziskusschwestern von Vierzehnheiligen zum 1. Januar 1970 in ihr Mutterhaus zurückgeholt wurden, 1971 eine neue Satzung des Diözesanjugendwerkes in Kraft trat und der populäre Prälat Jupp Schneider am 1. Juni 1975 starb, veränderte sich allmählich der Charakter des Hauses. Im November 1989 fand auf Feuerstein das erste Diözesantreffen der „Wir-sind-Kirche-Bewegung" statt.

Nicht weit von Burg Feuerstein entfernt, auf der westlichen Seite der Regnitz, befand sich ein ganz anderer religiöser Anziehungspunkt: Heroldsbach, wo sieben Mädchen in einem nahegelegenen Birkenwäldchen erstmals am 9. Oktober 1949 Marienerscheinungen gehabt haben wollten. Die Stätte der Visionen zog binnen kürzester Zeit bis zu etwa 20.000 Menschen täglich an, die zum Teil in Sonderzügen und Bussen anreisten. Erzbischof Kolb zeigte sich zunächst zurückhaltend, von der Echtheit der Erscheinungen überzeugt war aber der seit 1914 in der Gemeinde wirkende, bis dahin nicht sonderlich marianisch geprägte einflussreiche Ortspfarrer Johann Gailer († 1959 als Kommorant in Kleinziegenfeld, bestattet in Heroldsbach). Das Ordinariat, vor allem bestärkt von Weihbischof Artur Michael Landgraf, ging seit der Jahreswende 1949/50 immer unnachsichtiger gegen die Wallfahrten nach Heroldsbach vor. Ungeachtet zweier erzbischöflicher Verbote strömten am Fest Mariä Himmelfahrt (15. August) 1950 mehr als 40.000 Pilger aus Süd- und Westdeutschland und aus dem deutschsprachigen Ausland nach Heroldsbach. Ein Dekret des Heiligen Offiziums vom 28. September 1950, das eine übernatürliche Ursache für die Vorgänge in Heroldsbach ausschloss, hatte Pfarrer Gailer am 8. Oktober 1950 während des Sonntagsgottesdienstes ohne Kommentar zu verlesen. Nichtsdestoweniger kamen am 8. Dezember (Fest der Unbefleckten Empfängnis) 1950 etwa 50.000 Pilger in 400 Bussen, mit der Eisenbahn, mit Autos, auf Fahrrädern und zu Fuß nach Heroldsbach. Ein verschärftes Dekret des Heiligen Offiziums vom 25. Juli 1951 kündigte Priestern, welche sich am Kult in Heroldsbach beteiligten, die Suspension an. Am 4. August 1951 wurde Pfarrer Johann Gailer nach 37jähriger Tätigkeit seines Amtes enthoben. Der neue Pfarrverweser Dr. Ernst Schmitt († 1990) verlas auf Bamberger Anweisung von der Kanzel die Namen der mit Kirchenstrafen belegten Sehermädchen und etwa 40 weiterer exkommunizierter Heroldsbachaktivisten. Viele leisteten Widerstand gegen die kirchlichen Verbote und ignorierten Kirchenstrafen, doch der Strom der Pilger begann allmählich, dann, nach der letzten Erscheinung am 31. Oktober 1952, stärker abzuebben. Das rigorose amtskirchliche Vorgehen, das auf einer Fehleinschätzung der Wirkungen von Marienerscheinungen (oder was man dafür hielt) auf Lebenswelten beruhte, die dafür empfänglich sind, ließ den Zustrom bis heute nicht völlig versiegen. Allerdings konnte sich der von Heroldsbachanhängern um religiöse Betreuung gebetene Augsburger Kaplan Walter Dettmann († 20. Januar 2000 im Seniorenheim St. Josef in Weihungszell, bestattet auf dem Friedhof der Wallfahrtskirche Sießen im Wald)[6] nach der Räumung des Erscheinungshügels von den ohne Baugenehmigung errichteten Baulichkeiten nicht gegen Ansprüche von Konkurrenten durchsetzen. Die Heroldsbachanhänger zerfielen in sich befehdende Fraktionen und Vereine. Jahrzehnte später erklärte Erzbischof Karl Braun (1995–2001) bei der Feier eines Gottesdienstes in Heroldsbach am 1. Mai 1998 den Ort zur Gebetsstätte, verlieh der hölzernen Kapelle den Titel „Maria Königin vom heiligen Rosenkranz" und der steinernen Kirche den Namen „Maria, Mutter der göttlichen Gnade." Die Warnungen vor sensationslüsterner Volksfrömmigkeit seien teilweise berechtigt, dürften aber nicht zum „Alibi für die Verabschiedung der Gottesmutter aus der Frömmigkeitspraxis" führen. Die Kirche und ihre großen Anliegen, die vielfältige Angst und Not in der Welt, das „Versagen der modernen Ersatzgötter" und das „unausrottbare Verlangen der Menschen nach mütterlicher Hilfe" würden die Verehrung der Gottesmutter nicht aussterben lassen.

In der Zeit der Weimarer Republik war die Bayerische Volkspartei Interessenvertretung und politische Heimat der Katholiken gewesen. In geschlossen katholischen Gebieten konnte sie selbst 1933 noch 80% der Wähler gewinnen. 1945 ist sie nicht mehr angetreten. Zwar wollten einflussreiche Kreise um Prälat Meixner, Luitpold Weegmann († 1966), den die amerikanische Militärregierung nach Kriegsende wieder in das Amt des Oberbürgermeisters von Bamberg eingesetzt hatte, aus welchem er 1934 vertrieben worden war, und Dr. Lorenz Krapp († 1947), dem Präsidenten des Oberlandesgerichtes Bamberg, zunächst wieder dort anknüpfen, wo man 1933 aufhören musste. Doch bildete die „Bamberger Denkschrift zur Schaffung einer politischen Einheitsfront aller Christen Deutschlands", verfasst von dem schlesischen Wirtschaftsfachmann Dr. rer. pol. Gerhard Kroll († 1966), den es nach Bamberg verschlagen hatte, die Grundlage der Diskussion mit der jüngeren, aus der Jugendbewegung kommenden Generation. Das Ergebnis war nicht mehr die Erneuerung des politischen Katholizismus im Sinne eines „Bollwerks der Kirche, sondern als kirchennahe Formierung innerhalb eines christlich-konservativen Zusammenschlusses" (Blessing). Unter zurückhaltender Beteiligung der evangelischen Seite genehmigte die amerikanische Mi-

---

[6] Freundliche Mitteilung von Hochw. Herrn P. Andreas Möhlmann (Stuttgart).

litärregierung noch im September 1945 die Gründung der CSU in der Stadt Bamberg und in Oberfranken (noch nicht auf Landesebene). Prälat Meixner zog 1946 in die Verfassunggebende Landesversammlung und auf der CSU-Liste in den ersten bayerischen Landtag ein, gewann seit 1948 als Vorsitzender des kulturpolitischen Ausschusses, von 1951 bis 1958 als Fraktionsvorsitzender großen Einfluss. Ihm vor allem gelang die Entspannung zwischen dem eher liberalen Parteigründer Josef Müller († 1979) und dem konservativ-föderalistischen Flügel um Minister Alois Hundhammer († 1974), auch der politische Brückenschlag zwischen den Konfessionen. Meixner war „Deutschlands letzter politischer Prälat" (Blessing). Am Aufbau der CSU in der Stadt und auf dem Lande wirkten viele Pfarrer mit, vor allem jene, welche mit dem NS-Regime in Konflikt geraten waren: Pfarrer Michael Schütz in Burgebrach, Pfarrer Dr. Franz Vogl in Pegnitz († 1990) und Prälat Ambros Neundörfer († 1987), von 1940 bis 1973 Pfarrer von St. Bonifaz in Erlangen. Doch es blieb bei einer Aufbauhilfe. Ende der fünfziger Jahre hatte der katholische Klerus sich überall aus der politischen Arena zurückgezogen. Wahrgenommen wurde die CSU auf dem katholischen Lande als katholische Partei, angereichert durch einige sozial im Bürgertum beheimatete Protestanten. Ihre anfänglich phänomenalen Wahlerfolge konnte sie jedoch nicht halten, als sie, durch Richtungskämpfe gelähmt, mit einer liberal-bürgerlichen Partei (FDP), einer Flüchtlingspartei (BHE), einer Protestpartei (WAV) und der Bayernpartei (BP) mit ihrem dezidiert christlichen Programm konkurrieren musste. Letztere sah sich in der Traditionslinie der alten BVP und profitierte lange von den Flügelkämpfen in der CSU, von deren konservativem, föderalistischem Spektrum sie in Oberfranken Wählerstimmen auch aus dem Klerus abschöpfen konnte. Erst seit den postkonziliaren Erosionserscheinungen wird schließlich immer eindringlicher die Frage nach der Legitimierung des C im Parteinamen CSU gestellt. Die Gegenfrage, ob man mit einem deutlichen Bekenntnis zum C Wahlen gewinnen könne, klingt verhaltener.

Bei großen Reserven gegen das *Grundgesetz der Bundesrepublik Deutschland* (1949), welche die deutschen Bischöfe in einem eigenen *Hirtenwort* aussprachen, aber einig mit der Politik der Westintegration Konrad Adenauers, in welchem man den Garanten eines Christlichen Abendlandes und dieses als Bollwerk gegen den vordringenden Bolschewismus sah, konnte die Kirche auf politische Einstellungen und Entscheidungen großen Einfluss nehmen. Doch ließ der seit etwa Mitte der fünfziger Jahre mit dem sogenannten Wirtschaftswunder einsetzende gesamtgesellschaftliche Säkularisierungsschub das katholische Milieu zunehmend durchlässiger werden. Konfrontationen, welche nicht neu waren und aus deren früherer Bewältigung man Erfahrung und Kraft hätte ziehen können, zeigte die Kirche sich jetzt kaum noch gewachsen. Schon in ihrem Hirtenbrief vom 1. März 1950, in welchem die deutschen Bischöfe mit dem Materialismus abrechneten, glaubten sie feststellen zu können, dass „eine wirkliche Rückkehr zu Gott ausgeblieben" sei. Ihre Analyse muss auch im Nachhinein als zutreffend angesehen werden: „Ob wir nach Osten oder Westen schauen, überall zeigt sich heute ein praktischer Materialismus, der das wirtschaftliche Fortkommen und den Lebensgenuss zum einzigen Lebensinhalt macht, weder nach Wahrheit noch nach Recht fragt, sich über die Herrenrechte Gottes und die Stimme des Gewissens hinwegsetzt und den heutigen Massenmenschen dazu verleitet, einfach draufloszuleben und sich auszuleben."

Die katholische Kirche kämpfte seit den fünfziger Jahren für den Schutz des ungeborenen Lebens, für die Stabilität der christlichen Familie und vor allem für das Elternrecht, näherhin die Konfessionsschule. Obwohl die Volksschulen in Bayern gleich nach ihrer Wiedereröffnung im Herbst 1945 als Bekenntnisschulen wiederhergestellt worden waren, hat die Durchmischung der Konfessionen im ganzen Land schon bald nach dem Krieg de facto zur Bildung von Gemeinschaftsschulen geführt. Erzbischof Kolb erließ im Oktober 1947 noch eine deutliche Warnung: „Haltet in allen Stürmen der Zeit an den Prinzipien fest! Gebt das Prinzip der Konfessionsschule nicht auf, auch wenn es bei den gegenwärtigen Verhältnissen nicht überall verwirklicht werden kann." Doch stieß die Kirche in diesem Punkt in einer nicht nur pluraler, sondern gleichzeitig säkularer werdenden Gesellschaft an die Grenzen ihrer Einflussmöglichkeiten. Nach dem Schulgesetz von 1966, das mindestens vierklassige Volksschulen vorsah, wurde nach Zustimmung der Kirchen und einem Volksentscheid vom 7. Juli 1968 die *Christliche Volksschule* Regelschule; doch blieb die Einrichtung von Bekenntnisklassen, wenn eine entsprechende Zahl von Eltern sie wünschte, weiterhin möglich. Erzbischof Joseph Otto Kolb hat das Ende der Entwicklung in der Schulfrage nicht mehr erlebt. Er war am 29. März 1955 verstorben.

7. Postkonziliare Progamme, Wege und Ziele

Nach kurzer Sedisvakanz wurde am 16. Mai 1955 Josef Schneider (1955–1976, † 1998), Professor für Moraltheologie an der Philosophisch-Theologischen Hochschule Bamberg, zum neuen Erzbischof ernannt. Der am 5. Februar 1906 in Nürnberg Geborene war auf Empfehlung des damaligen bischöflichen Sekretärs und späteren Weihbischofs Artur Michael Landgraf in das Collegium Germanicum in Rom aufgenommen worden. Dort hatte er seine geistliche Prägung erhalten. Wie viele seiner Amtsbrüder wurde er vom Zweiten Vatikanischen Konzil (1962–1965), in welchem er als Mitglied der Sakramentenkongregation wirkte und als Konsultor in die Kommission zur Revision des kirchlichen Gesetzbuches (Codex Iuris Canonici) berufen wurde, zwar umgeprägt, doch haben ihn offenbar die krisenhaften nachkonziliaren Entwicklungen, von denen auch das Erzbistum Bamberg nicht unbetroffen blieb, im Sommer 1976 zur Resignation veranlasst.

Das politische und gesellschaftliche Klima der unmittelbaren Nachkriegszeit war der katholischen Kirche einigermaßen günstig gewesen. Vor allem in Süd- und Westdeutschland hatte sie ihren Einfluss stärken und Erfolge erzielen können. Doch stand auch die Bamberger Kirchenleitung bald vor eine Reihe kaum lösbarer Probleme, die nur noch zum Teil mit der Zeit des Nationalsozialismus, dessen Ende und dessen unmittelbaren Folgen zusammenhingen. Ihre Dimension wurde erst allmählich sichtbar. Ein Indikator war, dass mit der Wiederkehr der politischen Normalität und dem wirtschaftlichen Aufschwung der Bundesrepublik der Besuch der Sonntagsmesse und die Teilnahme an der Osterkommunion wieder auf den Stand von vor 1933 zurücksanken. Der „religiöse Frühling" der unmittelbaren Nachkriegszeit war kein Vorzeichen eines neuen religiösen Zeitalters gewesen, sondern nur eine kurzfristige Reaktion.

Der Beginn des Zweiten Vatikanischen Konzils wurde von großen Hoffnungen begleitet. Das galt auch noch für den 81. Deutschen Katholikentag in Bamberg (1966) und mit Einschränkungen für die *Gemeinsame Synode der Bistümer der Bundesrepublik Deutschland* in Würzburg (1971–1975), welche das Konzil einzudeutschen versuchte. Allerdings wurde nicht nur in einem Zeitpunkt momentaner Euphorie die Wandlungsfähigkeit einer fast zweitausend Jahre alten Institution und die Veränderbarkeit eines volkskonservativen Christentums überschätzt, vielmehr erwies sich auch das Entwicklungspotential des Konzils und der Synode bald als unberechenbar, zumal sich etwa gleichzeitig die gesellschaftlichen Lebensbedingungen der katholischen Kirche auch im Erzbistum Bamberg veränderten.

Die 1968 vorwiegend von den Universitäten ausgehende „Kulturrevolution" hat in Deutschland (im Gegensatz etwa zu den USA) in einer aggressiven Weise auf das kirchliche Leben und die Theologie eingewirkt. Sie schuf nicht nur ein ungünstiges Klima für hierarchische Strukturen auf allen Gebieten. Auch im Erzbistum Bamberg erwies sich mit der Einführung zahlreicher Räte (1968) das synodale Prinzip als letztlich inkompatibel mit der hierarchischen Struktur der katholischen Kirche. Dass mit der etwa gleichzeitigen Realisierung der Liturgiereform, von der die Kirchenleitungen mit großer Zuversicht eine Zunahme des Gottesdienstbesuches erwarteten, die Zahl der Gottesdienstteilnehmer nochmals dramatisch absank, konnte bald auch von engagierten Reformanhängern kaum noch, ohne auf Widerspruch zu stoßen, als Zufall eingestuft werden, zumal sie mit einer abwertenden Kritik der Volkskirche verbunden war, die sich immerhin im sogenannten Dritten Reich als einer seiner am meisten ernstgenommenen Widersacher behaupten konnte.

Die tiefe Krise, in welche die katholische Kirche seit den späten sechziger Jahren geriet, führte zur Resignation Erzbischof Schneiders im Sommer 1976, später auch seiner beiden Nachfolger (jeweils „aus gesundheitlichen Gründen").

Die Polarisationen, welche die Krise manifest machten, erwuchsen aus den verschiedenen Interpretationen des Konzils. Auf der einen Seite hielten neugegründete Priesterbruderschaften und verschiedene Ecclesia-Dei- und Una-Voce-Gruppen an „nicht verhandelbaren Glaubenswahrheiten fest". Auf der anderen Seite waren für die in den Medien dominanten „Kirche-von-unten"-Bewegungen mit teils mehr, teils weniger organisierten Gruppen ebendiese „Glaubenswahrheiten" fragwürdige Traditionsbestände geworden, und die Dekonstruktion der Hierarchie, soweit sie für ihre Lehraussagen den Anspruch auf Verbindlichkeit erhob, bildete eine ihrer Hauptzielvorstellungen.

Quellen- und Literaturverzeichnis

Statistische Angaben und Jahreszahlen beruhen auf Quellen im Archiv des Erzbistums Bamberg, wo ich bei meinen Recherchen kenntnisreichen und freundlichen Rat bei Herrn Archivdirektor Dr. Josef Urban fand. Die folgenden Literaturangaben sind nach einigen übergreifenden Quellen, Untersuchungen und Darstellungen nach den einzelnen Abschnitten gegliedert.

Amtsblatt für die Erzdözese Bamberg 41 (1918) – 99 (1976).
Blessing, Werner K., „Deutschland in Not, wir im Glauben …". Kirche und Kirchenvolk in einer katholischen Region 1933–1949, in: Martin Broszat / Klaus-Dietmar Henke / Hans Woller (Hg.), Von Stalingrad zur Währungsreform. Zur Sozialgeschichte des Umbruchs in Deutschland, München 1988, S. 3–111.

Deuerlein, Ernst, Erzbischof Jakobus Hauck in der kirchenpolitischen Entwicklung Deutschlands 1912–1943, in: Hanns Seidel (Hg.), Festschrift zum 70. Geburtstag von Dr. Hans Ehard, München 1957, S. 225–231.

Erlanger Stadtlexikon, hg. von Christoph Friedrich / Berthold Frhr. von Haller / Andreas Jakob, Nürnberg 2002.

Stadtlexikon Nürnberg, hg. von Michael Diefenbacher / Rudolf Endres, Nürnberg ²2000.

Ulrich, Karl, Die katholischen Gemeinden von Nürnberg und Fürth im 19. und 20. Jahrhundert, Nürnberg 1989.

1.

Bericht über die 70. Generalversammlung der Katholiken Deutschlands in Nürnberg vom 26.–30. August 1931, Nürnberg 1931.

Blessing, Werner K., Georg Meixner (1887–1960), Prälat, Politiker, in: Fränkische Lebensbilder 16 (Veröffentlichungen der Gesellschaft für Fränkische Geschichte VIIa), Neustadt/Aisch 1996, S. 213–240.

– Johann Leicht (1868–1940), Prälat und Politiker, in: Fränkische Lebensbilder 17 (Veröffentlichungen der Gesellschaft für Fränkische Geschichte VIIa), Neustadt/Aisch 1998, S. 249–278.

Hürten, Heinz, Die katholische Kirche im Ersten Weltkrieg, in: Wolfgang Michalka (Hg.), Der Erste Weltkrieg. Wirkung, Wahrnehmung, Analyse, München u. a. 1994, S. 725–35.

Katholikentag Nürnberg 1921. Festbericht nebst einer Geschichte der kath. Gemeinden Nürnberg und Fürth … zusammengestellt von Georg Meixner, Nürnberg 1921.

Machilek, Franz, Artur Michael Landgraf (1895–1958), Theologe, Weihbischof, in: Fränkische Lebensbilder 16 (Veröffentlichungen der Gesellschaft für Fränkische Geschichte VIIa), Neustadt/Aisch 1996, S. 241–269.

2.

Laible, Ulrike, Bauen für die Kirche – Der Architekt Michael Kurz (Schriften des Architekturmuseums Schwaben 5), Berlin 2003.

Stuckenberger, Peter, Gottesburgen. Kirchenbau unter Erzbischof Jacobus von Hauck 1912–1943 (Studien zur Bamberger Bistumsgeschichte 1), Bamberg 2004.

3.

Anzeneder, Helmut, Erlanger Kapläne während des Dritten Reiches, in: Erlanger Bausteine zur fränkischen Heimatforschung 39, 1991, S. 79–100.

Bocksch, Mechthildis (Hg.), Hans Wölfel – Ein Bamberger im Widerstand gegen den Nationalsozialismus, Bamberg 2004.

Breuer, Thomas, Verordneter Wandel? Der Widerstreit zwischen nationalsozialistischem Herrschaftsanspruch und traditionaler Lebenswelt im Erzbistum Bamberg (Veröffentlichungen der Kommission für Zeitgeschichte B/60), Mainz 1992 (besprochen von Georg May: ZBLG 57, 1994, S. 298 f.).

Hambrecht, Rainer, Der Aufstieg der NSDAP in Mittel- und Oberfranken (1925–1933) (Nürnberger Werkstücke zur Stadt- und Landesgeschichte 17), Nürnberg 1976.

Maier, Gamelbert, Chronik der Pfarrei St. Ludwig in Nürnberg, bearb. von Clemens Wachter (Quellen zur Geschichte und Kultur der Stadt Nürnberg 26), Nürnberg 1997.

Meixner, Georg (Hg.), 25 Jahre Erzbischof. Festschrift zum Silbernen Bischofsjubiläum Sr. Exzellenz des Hochwürdigsten Herrn Erzbischofs von Bamberg Dr. Jacobus Ritter von Hauck, Bamberg [1937].

Moll, Helmut (Hg.), Zeugen für Christus. Das deutsche Martyrologium des 20. Jahrhunderts, 2 Bde., Paderborn u. a. 1999.

Reindl, Alwin, Alfred Andreas Heiß – Allein gegen den Nationalsozialismus (BHVB Schriftenreihe 37), Bamberg 2003.

— Die Märtyrer des 20. Jahrhunderts aus dem Erzbistum Bamberg, Bamberg 2002.

Schönhoven, Klaus, Die NSDAP im Dorf. Die Gleichschaltung der Gemeinden im Bezirksamt Bamberg 1933, in: BHVB 120 (Festschrift Gerd Zimmermann), 1984, S. 285–297.

Volk, Ludwig, Der bayerische Episkopat und der Nationalsozialismus 1930–1934 (Veröffentlichungen der Kommission für Zeitgeschichte B/1), Mainz 1965.

Wachter, Clemens, Die Auseinandersetzungen der katholischen Kirche mit dem nationalsozialistischen Regime in Nürnberg, in: MVGN 82, 1995, S. 275–319.

Witetschek, Helmut (Bearb.), Die kirchliche Lage in Bayern nach den Regierungspräsidentenberichten 1933–1943, 2: Regierungsbezirke Ober- und Mittelfranken (Veröffentlichungen der Kommission für Zeitgeschichte A/8), Mainz 1967.

4.

Burg Feuerstein – 10 Jahre Verklärungskirche – 25 Jahre Jugendhaus, München-Krailling 1971.

Eine Vielfalt, die befreit. 50 Jahre Jugendhaus Burg Feuerstein, Ebermannstadt 1996.

Hürten, Heinz, Die katholische Kirche im öffentlichen Leben Bayerns nach dem Krieg, in: ZBLG 50, 1987, S. 167–180.

Neue Kirchen in der Erzdiözese Bamberg 1948–1968, München 1970.

5.

Bendel, Rainer, Quellen zur Vertriebenenseelsorge. Teil I: Tagung ostdeutscher Priester Bayerns in Eichstätt vom 5. bis 7. August 1947; Teil II: Tagung der Flüchtlingsseelsorger in Eichstätt vom 6. bis 8. August 1946, in: Archiv für schlesische Kirchengeschichte 59, 2002, S. 5–123; 60, 2003, S. 9–85.

Bendel, Rainer / Janker, Stephan M. (Hg.), Vertriebene Katholiken – Impulse für Umbrüche in Kirche und Gesellschaft? (Beiträge zu Theologie, Kirche und Gesellschaft im 20. Jahrhundert 5), Münster 2005.

Zayas, Alfred M. de, Die deutschen Vertriebenen, Graz 2006.

6.

Faulhaber, Ludwig, Die Visionen von Heroldsbach, in: Münchener Theologische Zeitschrift 1, 1950, S. 98–104.

Göksu, Cornelia, Heroldsbach. Eine verbotene Wallfahrt, Würzburg 1991.

Möckl, Karl, Die Struktur der Christlich-Sozialen Union in Bayern in den ersten Jahren ihrer Gründung, in: ZBLG 36, 1973, S. 719–753.

Röhrig, Hans Günter u. a., Sorge um den Menschen. Festschrift zum 25jährigen Bischofsjubiläum von Alterzbischof Josef Schneider, Bamberg 1980.

Simon, Robert Ernst, Wohnungsbau ist heute in Wahrheit Dombau. Katholische Kirche und Wohnungsbau in Bayern 1945–1955 (Einzelarbeiten zur Kirchengeschichte Bayerns 70), Neustadt/Aisch 1995.

Spuren auf unserem Weg. Katholische Jugend im Erzbistum Bamberg 1933–1973. Erinnerungen und Dokumente, Bamberg 2001.

Unger, Ludwig, Die katholische Arbeitnehmerbewegung auf neuen Wegen. Das katholische Werkvolk in der Erzdiözese Bamberg von 1946 bis 1963 (BHVB Beiheft 29), Bamberg 1993.

Walz, Johann Baptist, Die Muttergottes-Erscheinungen von Heroldsbach-Thurn, 3 Bde., Manuskriptdruck, 1958.

7.

Hochschild, Michael, „Das Glaubensparadox". Von der Schwerkraft des Leichtsinns, in: Zur Debatte. Themen der Katholischen Akademie in Bayern 36, 2006, Heft 2, S. 1–4.

Kissler, Alexander, Aufbruch in den Untergang? Das Zweite Vatikanum und die Kirchenkrise des 21. Jahrhunderts, in: Zur Debatte. Themen der Katholischen Akademie in Bayern 35, 2005, Heft 7, S. 21–23.

Plettenberg, Gabriele Gräfin von (Hg.), Die Saat geht auf. Ist die Kirche mit ihrer Moral am Ende?, Aachen 1995.

Tiefensee, Eberhard, Ökumene der „dritten Art", Christliche Botschaft in areligiöser Umgebung, in: Zur Debatte. Themen der Katholischen Akademie in Bayern 36, 2006, Heft 2, S. 5–7.

Steven M. Zahlaus

„Ende des Patriarchats?"[*]
Zu Leben und Werk der Frauenrechtlerin Rosine Speicher

40 Jahre nach ihrem Tod am 2. Februar 1967 ist die langjährige Vorsitzende des Nürnberger Hausfrauen-Bundes (künftig: NHB) und Verlegerin Rosine Speicher selbst in Nürnberg, dem Hauptort ihres umfangreichen Wirkens, weitgehend vergessen. Somit widerfuhr ihr ein sehr vergleichbares Schicksal wie Josefine, genannt „Fini", Pfannes, der Präsidentin des Bundesverbandes des Deutschen Hausfrauen-Bundes (künftig: DHB) zwischen 1952 und 1956 sowie Vorsitzenden des Landesverbandes Hessen des DHB von 1956 bis 1967, deren Leben und vielfältige Tätigkeiten allerdings vor wenigen Jahren, trotz des nur äußerst spärlich vorhandenen Quellenmaterials, in einer eindringlichen Biographie kritisch hinterfragt und geschildert wurden.[1] Rosine Speicher hatte mit Fini Pfannes, die ebenfalls 1967, jedoch am Ende dieses Jahres, am 20. Dezember, verstarb, hinsichtlich der Forderungen der Hausfrauenbewegung und der beruflichen Ziele als Verlegerin viel gemeinsam, aber sie trennte im privaten Dasein und im öffentlichen Auftreten vermutlich noch deutlich mehr von ihr, zumal sich beide Persönlichkeiten als Bundes- beziehungsweise Verbandsorganisatorinnen und Verlegerinnen ebenso in einer eindeutigen Konkurrenzsituation miteinander befanden.[2] Die Zahl der biographischen Artikel über Rosine Speicher ist eher gering.[3] Die zumeist nur knappen, gedrängten Lebensläufe enthalten, vor allem aufgrund oftmals widersprüchlicher Aussagen in den vielen Zeitungsberichten, in denen Rosine Speicher Erwähnung findet, und noch fehlender Forschungsergebnisse zu ihrem privaten sowie beruflichen und öffentlichen Werdegang, etliche Lücken, Unstimmigkeiten und Unschärfen.[4] Die bislang ausführlichste biographische Skizze stammt von Hellmut Patzke, der in seiner Darstellung großes Gewicht auf die von Rosine Speicher verantwortete und von November 1928 bis Februar 1937 erschienene Zeitschrift „Nürnberger Hausfrauenzeitung" legt.[5]

---

[*] Frauenwelt, Jg. 15 Heft 17, 1951, S. 3: Titel des Leitartikels von Rosine Speicher zur Gleichberechtigungsfrage im Hinblick auf die kontrovers diskutierte Neuregelung des Ehe- und Familienrechts.

[1] Elke Schüller / Kerstin Wolff, Fini Pfannes (1894–1967). Protagonistin und Paradiesvogel der Nachkriegsfrauenbewegung, hg. vom DHB, Landesverband Hessen e.V. (Frauen und Politik in Hessen), Königstein i. Taunus 2000, vgl. hier bes. S. 7–9 (Vorwort von Ruth Hilgardt) und S. 11–13.

[2] Vgl. dazu: ebd., passim, und die nachfolgenden Ausführungen. Bei dem vorliegenden Aufsatz handelt es sich um eine Vorarbeit für eine sich in Vorbereitung befindende umfassende biographische Abhandlung des Verfassers zu Rosine Speicher und ihrem Lebenswerk.

[3] Erika Bosl, Speicher, Rosine, in: Karl Bosl (Hg.), Bosls bayerische Biographie. 8000 Persönlichkeiten aus 15 Jahrhunderten, Regensburg 1983, S. 736; Maritta Hein-Kremer, Speicher, Rosine, in: Michael Diefenbacher / Rudolf Endres (Hg.), Stadtlexikon Nürnberg, Nürnberg 1999, S. 1004; Walther Killy / (ab Bd. 4:) Rudolf Vierhaus (Hg.), Deutsche biographische Enzyklopädie (DBE), 10 Bde., München 2001, hier Bd. 9: Schmidt–Theyer, S. 391; Hans-Michael Körner (Hg.), Große bayerische biographische Enzyklopädie, 4 Bde., München 2005, hier Bd. 3: P–Z, S. 1858 (textidentisch mit dem Eintrag in der DBE).

[4] Dies trifft streckenweise auch für die hier vorliegende Studie zu, da erst der bei weitem kleinere Teil des – ungedruckten und gedruckten – Quellenbestandes gesichtet und ausgewertet werden konnte.

[5] Hellmut Patzke, Rosine Speicher (1884–1967), in: Inge Meidinger-Geise (Hg.), Frauengestalten in Franken. Eine Sammlung von Lebensbildern, Würzburg 1985, S. 214–218, vgl. zur merklichen Ausrichtung auf

Seit mehreren Jahren wird die von Rosine Speicher zwischen Dezember 1945 und Oktober 1957 herausgegebene Zeitschrift „Frauenwelt" (anschließend war Rosine Speicher noch bis Mai 1958 Mitherausgeberin) als wichtige Quelle zur Erforschung verschiedenster Aspekte der Nachkriegsgeschichte wahrgenommen und genutzt. Dies geschieht jedoch nur für in der Regel eng begrenzte Fragestellungen und im Wesentlichen beschränkt auf die Zeitspanne zwischen 1945 und 1950, wobei die Artikel Rosine Speichers zwar nicht zwangsläufig, doch durchaus häufig im Vordergrund des wissenschaftlichen Interesses stehen.[6] Zugleich wird Rosine Speicher auch als wichtige Autorin von Beiträgen in anderen (Frauen-) Zeitschriften jener Jahre sehr wohl zur Kenntnis genommen.[7] Eine durchgehende Auswertung sowohl der Nürnberger Hausfrauenzeitung als auch insbesondere der Frauenwelt, vor allem hinsichtlich der von Rosine Speicher verfassten, beinahe jedes Heft einleitenden Artikel, steht aber weiterhin aus.

Wolframs-Eschenbach – München – Ludwigshafen am Rhein

Rosine Speicher kam am 4. März 1884 im mittelfränkischen Eschenbach, dem heutigen Wolframs-Eschenbach[8], als Tochter des Schlossermeisters Josef Hafner und sei-

---

die Nürnberger Hausfrauenzeitung bes. S. 215 f. Auf Patzkes Darlegungen basiert völlig der biographische Exkurs bei: Ute Köhler, „Laßt uns möglichst viele Schicksalsschwestern unter das Banner der Organisation scharen ..." (Helene Grünberg). Die Rolle der Frau im Vereinsleben, dargestellt am Beispiel einer bayerischen Industriestadt vom ausgehenden 19. Jahrhundert bis zum Ende der Weimarer Republik. Ein Beitrag zur sozialen Lage der Frau und der Frauenbewegung unter besonderer Berücksichtigung vereinspolitischer Bestrebungen, unveröff. phil. Diss. Graz 2002, S. 88 f. Zur Ergänzung: Stadtarchiv Nürnberg (künftig: StadtAN) GSI 49 (Speicher, Rosine).

[6] Vgl. hauptsächlich: Angela Seeler, Ehe, Familie und andere Lebensformen in den Nachkriegsjahren im Spiegel der Frauenzeitschriften, in: Anna-Elisabeth Freier / Annette Kuhn (Hg.), Frauen in der Geschichte V: „Das Schicksal Deutschlands liegt in der Hand seiner Frauen" – Frauen in der deutschen Nachkriegsgeschichte (Geschichtsdidaktik. Studien – Materialien 20), Düsseldorf 1984, S. 90–121, bes. S. 90 f. (die diesem Aufsatz zugrunde liegende Darstellung von Angela Seeler-Bartnik, Die sozialen und politischen Vorstellungen der deutschen Frauenzeitschriften zwischen 1945 und 1949, unveröff. Magisterarbeit Darmstadt 1983, war dem Verfasser bislang leider nicht zugänglich); Clemens Wachter, Kultur in Nürnberg 1945–1950. Kulturpolitik, kulturelles Leben und Bild der Stadt zwischen dem Ende der NS-Diktatur und der Prosperität der fünfziger Jahre (Nürnberger Werkstücke zur Stadt- und Landesgeschichte 59), Nürnberg 1999, S. 241 f. und S. 251, Anm. 133 (hier, wie im Personenregister, S. 452, findet sich die immer wieder vorkommende falsche Schreibweise „Rosina Speicher"); Jutta Beyer, Not und Neubeginn. „Frauenwelt" im Nachkriegstrümmerland, in: Nadja Bennewitz / Gaby Franger (Hg.), Am Anfang war Sigena. Ein Nürnberger Frauengeschichtsbuch, Cadolzburg ²2000, S. 254–262, hier S. 259–261; Bärbel Maul, Akademikerinnen in der Nachkriegszeit. Ein Vergleich zwischen der Bundesrepublik Deutschland und der DDR (Campus Forschung 849), Frankfurt a. Main / New York 2002 (zugleich: phil. Diss. Mainz 2001), S. 26, 71 f., 162, 389 (Buttlar, Maria von), 394 (Gessner, Ursula), 406 (O. A.), 407 (Pietsch, Ursula), 413 (Speicher, Rosine), 416 (Wendel, Käthe); Oscar Schneider / Rudolf Endres / Martina Bauernfeind / Steven M. Zahlaus, Vertrauen und Verantwortung. 60 Jahre CSU-Bezirksverband Nürnberg-Fürth-Schwabach (1945–2005), hg. von der Fränkischen Gesellschaft für Kultur, Politik und Zeitgeschichte e.V., Nürnberg 2006, S. 56 (Abb. 16), 59, 61 f., 73, 78, 97 (Abb. 34).

[7] Beispielhaft für die Auswertung eines Artikels von Rosine Speicher, hier in „Die Welt der Frau": Dagmar Herzog, Die Politisierung der Lust. Sexualität in der deutschen Geschichte des zwanzigsten Jahrhunderts, übers. von Ursel Schäfer / Anne Emmert, München 2005, S. 98, S. 349 Anm. 64 und S. 421 (Speicher, Rosine).

[8] Wolframs-Eschenbach gilt als Heimat des hochmittelalterlichen Dichters Wolfram von Eschenbach; die Umbenennung erfolgte dank eines königlichen Dekrets vom 19.5.1917. Vgl. Anton Seitz, Wolframs Eschen-

ner Ehefrau Walburga, geborene Göttler, zur Welt.[9] Dort besuchte sie von 1890 bis 1898 die Volksschule, die sie mit dem Erhalt des Abschlusszeugnisses beendete.[10] Zur Weiterbildung belegte sie zwischen 1900 und 1904 private Kurse in München,[11] wo sie am 10. Dezember 1904 den am 24. Januar 1879 in Regensburg zur Welt gekommenen Philipp Johann Speicher, einen Beamten der Königlich Bayerischen Staatsbahnen, heiratete. Er war der Sohn des Zugführers Philipp Speicher und dessen Ehefrau Leopoldine, geborene Burckhardt, und gehörte wie seine Frau Rosine der katholischen Kirche an.[12] Am 31. August 1905 wurde in München ihr einziges Kind, der Sohn Philipp, geboren.[13]

Im rheinpfälzischen Ludwigshafen begann Ende 1918 das öffentliche Leben Rosine Speichers.[14] Um der „Gefahr für Deutschland, ins Chaos abzusinken," entgegenzuwirken, warb sie „in Hunderten von Versammlungen für die Einberufung einer Nationalversammlung" und versuchte auf diese Weise, „das Verlangen nach geordneten staatlichen Verhältnissen zu stärken."[15] Nachdem die Frauen in Bayern als erste Frauen in Deutschland im November 1918 das aktive und passive Wahlrecht erhalten hatten,[16] kandidierte daraufhin auch Rosine Speicher bei Wahlen zum bayerischen Landtag und zum Reichstag, blieb aber ohne Erfolg.[17] Dafür gelangte sie 1920 für die So-

---

bach. Die Stadt des Minnesängers und des Deutschen Ritterordens in Bayerisch-Franken unweit der Fränkischen Seen, hg. von der Stadt Wolframs-Eschenbach, Wolframs-Eschenbach [11]1994 (Informationsblatt), und Joachim Bumke, Wolfram von Eschenbach (Sammlung Metzler 36), Stuttgart / Weimar [6]1991, S. 1–7, bes. S. 1–4.

[9] Vgl. StadtAN C 21/III Nr. 1350.

[10] Vgl. StadtAN C 22/VI Nr. 1631.

[11] Vgl. ebd. Zur Problematik der Entwicklung der (bürgerlichen) Mädchen- und Frauenbildung zu jener Zeit vgl. u. a.: Daniela Weiland, Geschichte der Frauenemanzipation in Deutschland und Österreich. Biographien. Programme. Organisationen (Hermes Handlexikon), Düsseldorf 1983, S. 166–171; Ute Frevert, Frauen-Geschichte. Zwischen Bürgerlicher Verbesserung und Neuer Weiblichkeit (Neue Historische Bibliothek), Frankfurt a. Main [2]1987, S. 113–127; Marita A. Panzer, „Zwischen Küche und Katheder". Bürgerliche Frauen um die Jahrhundertwende 1890–1914, in: Bayerische Landeszentrale für politische Bildungsarbeit (Hg.), Frauenleben in Bayern von der Jahrhundertwende bis zur Trümmerzeit, München 1993, S. 86–118, hier S. 99–106; Barbara Hille, Geschlechtstypische Präferenzen und Benachteiligungen – Weibliche Jugendliche in Bildung, Ausbildung und Studium, in: Gisela Helwig / Hildegard Maria Nickel (Hg.), Frauen in Deutschland. 1945–1992, Berlin 1993, S. 215–231, hier S. 216 f.; Sabine Rehm, Verbesserung der Bildungsmöglichkeiten, in: Agnete von Specht (Hg.), Geschichte der Frauen in Bayern. Von der Völkerwanderung bis heute. Katalog zur Landesausstellung 1998 in den Ausstellungshallen im Klenzepark in Ingolstadt. 18. Juni bis 11. Oktober 1998 (Veröffentlichungen zur Bayerischen Geschichte und Kultur 39), Augsburg 1998, S. 278–280.

[12] Vgl. StadtAN C 21/III Nr. 1350.

[13] Vgl. ebd. und StadtAN C 21/III Nr. 1898.

[14] Nach Ludwigshafen war die Familie vermutlich wegen einer Versetzung Philipp Johann Speichers gekommen; dieser Umstand darf wohl auch für den 1921 vorgenommenen Umzug nach Nürnberg angenommen werden.

[15] Rosine Speicher, Hausfrau und Presse. Lehren aus einem Prozeßbericht, in: Frauenwelt, Jg. 22 Heft 11, 1957, S. 3 f., hier S. 3.

[16] Vgl. zur Verwirklichung des Frauenwahlrechts in Bayern: Panzer, „Zwischen Küche und Katheder" (wie Anm. 11), S. 113–116; Marita A. Panzer, Dr. jur. Anita Augspurg (1857–1943) und Lida Gustava Heymann (1868–1943). Radikale Frauenrechtlerinnen und Pazifistinnen, in: dies. / Elisabeth Plößl, Bavarias Töchter. Frauenporträts aus fünf Jahrhunderten, Regensburg 1997, S. 244–247, bes. S. 245–247; Specht, Geschichte der Frauen (wie Anm. 11), S. 311–314, bes. S. 312, 314.

[17] Als Folge ungenauer und unterschiedlicher Angaben ist noch nicht gänzlich geklärt, bei welchen Land- und Reichstagswahlen eine Kandidatur Rosine Speichers erfolgte. In Frage kommen die Landtagswahl am 12.1.1919 (in der Rheinpfalz wurde erst am 2.2.1919 abgestimmt), die Wahl zur Nationalversammlung am

Rosine Speicher (Stadtarchiv Nürnberg: C 21/VII Nr. 155).

zialdemokratische Partei Deutschlands (künftig: SPD) in den Ludwigshafener Stadtrat.[18] Des Weiteren versuchte sie in sogenannten „Frauenverhandlungen […] die Frau

19.1.1919 sowie die Landtagswahl am 6.6.1920 und die ebenfalls an diesem Tag durchgeführte Reichstagswahl. Die bisher gewonnenen Erkenntnisse deuten daraufhin, dass Rosine Speicher nur bei den beiden genannten Wahlen des Jahres 1919 als Bewerberin antrat.

[18] Vgl. StadtAN C 22/VI Nr. 1631. Aufgrund der Angaben des in diesem Bestand enthaltenen Fragebogens – Formular MG/PS/G/9 a – der US-amerikanischen Militärregierung, den Rosine Speicher im Rahmen der Entnazifizierung beantwortete (als Datum wurde der 1.7.1946 eingetragen), war sie zunächst Mitglied der SPD und später – der genaue Zeitpunkt ist unbekannt – der Bayerischen Volkspartei (künftig: BVP); bei den Reichstagswahlen am 6.11.1932 und 5.3.1933 votierte sie für die BVP. In seiner grundlegenden Arbeit über das viele Jahre ausschließlich mit Frauen belegte Konzentrationslager (künftig: KZ) Moringen, in dem Rosine Speicher 1937 annähernd 2 Monate inhaftiert war, gliedert Hans Hesse Rosine Speicher fälschlicherweise in die Häftlingsgruppe der Sozialdemokratinnen ein – zu diesem Zeitpunkt traf dieser Sachverhalt schon lange nicht mehr zu – und gibt überdies an, sie sei „bis 1921 Stadträtin der SPD in Nürnberg" gewesen, was bezüglich der Ortsangabe bekanntlich ebenfalls unrichtig ist (wahrscheinlich lassen sich diese Fehler auf Angaben in den verwendeten Archivunterlagen zurückführen): Hans Hesse, Das Frauen-KZ Moringen. 1933–1938. „... und wir daher an diesen Frauen verhältnismäßig gut verdienen. Es wäre daher erwünscht, möglichst viel weib-

für Staat und Familie aufzurufen"[19], das heißt, die Frauen für diesen Themenbereich nicht nur grundsätzlich zu interessieren, sondern sie auf der Basis einer intensiven Auseinandersetzung mit dieser Thematik ebenso gesellschaftlich zu mobilisieren. Vehement wandte sie sich zudem gegen die Separatismusbewegung in der Rheinpfalz, die infolge der Festlegungen des Versailler Vertrages von der französischen Besatzungsmacht kontrolliert wurde.[20] 1921 verlagerte die Familie Speicher ihren Wohnsitz von Ludwigshafen am Rhein nach Nürnberg.

Nürnberg – KZ Moringen – Wien

Seit dem 18. September 1921 war der inzwischen zum Eisenbahnobersekretär aufgestiegene Philipp Johann Speicher mit seiner Familie in Nürnberg gemeldet.[21] Hier setzte Rosine Speicher ihr öffentliches Wirken, nun mit etwas anderen Schwerpunkten, beherzt fort.[22] So wurde sie als Journalistin tätig, schrieb für verschiedene Tageszeitungen und hielt darüber hinaus auch Vorträge, beispielsweise zu dem Thema „Die sexuelle Ethik, ein Schutzwall der Frau."[23] Insbesondere nach dem verstärkten Aufkommen der Nationalsozialisten versuchte sie, mittels ihrer Artikel „in der damaligen politisch so unruhigen Zeit […] beruhigend und ausgleichend zu wirken."[24] Außerdem trat sie dem NHB bei, der sich neben dem verlegerischen und redaktionellen Schaffen zu ihrem jahrzehntelangen vorrangigen Betätigungsfeld entwickeln sollte.

In den Notzeiten des Ersten Weltkrieges, als sich im Laufe des Jahres 1915 die Ernährungslage zusehends verschlechterte, die Lebensmittelversorgung immer bedenklicher wurde[25], konnte auf Initiative von Hedwig Heyl[26] noch 1915 in Breslau der Verband Deutscher Hausfrauen (künftig: VDH) mit Sitz in Hamburg gegründet wer-

---

liche Polizeigefangene aufzunehmen.", hg. von der Lagergemeinschaft und KZ-Gedenkstätte Moringen e.V., Hürth ²2002, S. 188. Zur Tatsache, dass Rosine Speicher Stadträtin in Ludwigshafen war, vgl. z. B. auch eine anschauliche Vortragsankündigung von ihr im Fränkischen Kurier (künftig: FK), Nr. 59 vom Donnerstag, 28.2.1924, S. 8, in der auf diesen Umstand ausdrücklich hingewiesen wird.

[19] Speicher, Hausfrau und Presse (wie Anm. 15), S. 3.

[20] Vgl. ebd. Diese strikte Haltung Rosine Speichers gegen derartige Unabhängigkeitsbemühungen könnten vielleicht der eigentliche Grund für die Übersiedelung nach Nürnberg gewesen sein (vgl. Anm. 14), da die „Franzosen […] seit der Ausrufung der Räterepublik alle pfälzischen Autonomiebestrebungen [unterstützten] und […] laufend bayerntreue Beamte aus der Pfalz aus[wiesen].": Peter Claus Hartmann, Bayerns Weg in die Gegenwart. Vom Stammesherzogtum zum Freistaat heute, Regensburg 1989, S. 487.

[21] Vgl. StadtAN C 21/III Nr. 1350.

[22] Zu Rosine Speichers Tätigkeiten in den 1920er und 1930er Jahren vgl. vor allem: Patzke, Rosine Speicher (wie Anm. 5), S. 214–216.

[23] FK vom 28.2.1924 (wie Anm. 18), S. 8.

[24] Speicher, Hausfrau und Presse (wie Anm. 15), S. 3.

[25] Vgl. Meike Schönefeld, Hausfrau im Staat. Ein Beitrag zur Geschichte der Deutschen Hausfrauen-Bewegung, hg. vom DHB, Frankfurt a. Main [1952], S. 8, 10; Peter Graf Kielmannsegg, Deutschland und der Erste Weltkrieg, Stuttgart ²1980, S. 177; Frevert, Frauen-Geschichte (wie Anm. 11), S. 162.

[26] Vgl. zu Hedwig Heyl und ihren weit gespannten hilfreichen Aktivitäten: Schönefeld, Hausfrau (wie Anm. 25), S. 7–10; Lexikon der Frau in zwei Bänden, Zürich 1953–1954, hier Bd. I: A–H, 1953, Sp. 1398; Marie Lindemann, Heyl, Hedwig Henriette, in: Historische Gesellschaft zu Bremen / Staatsarchiv Bremen (Hg.), Bremische Biographie 1912–1962, bearb. von Wilhelm Lührs, Bremen 1969, S. 231 f.; Killy / Vierhaus, DBE (wie Anm. 3), hier Bd. 5: Hesselbach–Kofler, S. 22.

den.²⁷ Das Hauptanliegen des VDH, der 1924 in „Reichsverband Deutscher Hausfrauenvereine" (künftig: RDH) umbenannt wurde²⁸, war es, in diesen Krisenjahren eine effiziente Beratung und den Zeitumständen angemessene praktische Hilfestellungen der „nach Aufklärung und hauswirtschaftlicher Anleitung"²⁹ verlangenden Hausfrauen zu gewährleisten. Bis „zum Ende des 1. Geschäftsjahres" kam es bereits „zur Gründung von 65 örtlichen Vereinen mit 45 000 Mitgliedern".³⁰ So entstand 1916 mit dem NHB auch ein Nürnberger Ortsverein innerhalb des VDH.³¹

Der NHB war jedoch nicht der erste Hausfrauenverein in Nürnberg. Schon 1901 begründete die Inhaberin der privaten Nürnberger Frauen-, Arbeits- und Kochschule, Henriette Rötter (sie starb 1904), den über zahlreiche Jahre erfolgreich arbeitenden Nürnberger Hausfrauenverein. Die Absicht des Hausfrauenvereins, der eng mit der zunächst noch von Henriette Rötter geleiteten Schule zusammenarbeitete, bestand zuerst darin, insbesondere den Nürnberger Hausfrauen, die zugleich Vereinsmitglieder waren, gut ausgebildetes Personal für deren Haushalte zu verschaffen. Ab 1921 verfolgte der Verein das Ziel, den Töchtern des Bürgertums grundlegendes hauswirtschaftliches Wissen zu vermitteln, damit diese in einem eigenen Haushalt bestehen oder einen geeigneten Beruf ergreifen könnten. Der Nürnberger Hausfrauenverein erlosch um 1923/24.³² Hingegen kam der Gemeinnützige Hausfrauen-Verein Nürnberg und Umgebung e.V., dessen Zielgruppe wohlhabende (Haus-) Frauen waren, denen nicht zuletzt das gesellige Zusammensein am Herzen lag, vermutlich gar nicht über die Gründungsversammlung am 20. September 1909 hinaus.³³

Der bis zum heutigen Tage bestehende NHB wurde von der Frauenrechtlerin Elise Hopf ins Leben gerufen.³⁴ Während des Krieges versuchte der NHB vor allem durch den Unterhalt „öffentliche[r] Nähstuben und Küchen" die schlimmste „Not der Frauen und Mütter zu lindern."³⁵ Nach dem Ersten Weltkrieg wurden ansehnliche 1.500 Mitglieder gezählt.³⁶ Schon 1924 war Rosine Speicher zur Ersten Vorsitzenden des

---

²⁷ Vgl. Schönefeld, Hausfrau (wie Anm. 25), S. 9–11; Weiland, Frauenemanzipation (wie Anm. 11), S. 314; Heike Bartholomae / Hans Nokielski, Verbände im Schatten der Erwerbsgesellschaft. Hauswirtschaftliche Verbände in der Bundesrepublik Deutschland (Stiftung Der Private Haushalt 25), Frankfurt a. Main / New York 1995, S. 46, 51, 198.

²⁸ Vgl. Bartholomae / Nokielski, Verbände im Schatten (wie Anm. 27), S. 52.

²⁹ Schönefeld, Hausfrau (wie Anm. 25), S. 10.

³⁰ Ebd., S. 11.

³¹ Vgl. Nürnberger Nachrichten (künftig: NN), Nr. 238 vom Donnerstag, 13. 10. 1966, S. 15: In Notzeit gegründet, und NN, Nr. 28 vom Freitag, 3. 2. 1967, S. 9: Sie stritt für ihre Ideale.

³² Vgl. Köhler, „Schicksalsschwestern" (wie Anm. 5), S. 86 f., 196–198.

³³ Vgl. ebd., S. 87, 198.

³⁴ Zu Elise Hopf, einer frühen und wichtigen bürgerlichen Vertreterin der nürnbergischen und bayerischen Frauenbewegung, die auch Rosine Speicher in vielerlei Hinsicht voranging: StadtAN GSI 49 (Hopf, Elise, und Hopf, Hans); o.V., Die Führerinnen des Hauptverbandes bayerischer Frauenvereine, in: Bayerische Frauenzeitung, Jg. 5 Nr. 18, 1930, S. 213; Uta Brenner / Stefanie Dürr / Gertrud Lösel / Brigitte Mantze, Stationen der bürgerlichen Frauenbewegung in Nürnberg, in: Feministisches Informations-, Bildungs- und Dokumentationszentrum (FIBiDoZ) e.V. (Hg.), „Verlaßt Euch nicht auf die Hülfe der deutschen Männer!" Stationen der bürgerlichen und proletarischen Frauenbewegung in Nürnberg, Nürnberg 1990, S. 11–75, hier S. 46, 70–72, 75; Specht, Geschichte der Frauen (wie Anm. 11), S. 318–320; Ruth Bach-Damaskinos, Hopf, Elise, in: Diefenbacher / Endres, Stadtlexikon Nürnberg (wie Anm. 3), S. 460; Köhler, „Schicksalsschwestern" (wie Anm. 5), S. 131, 139.

³⁵ NN vom 13.10.1966 (wie Anm. 31), S. 15.

³⁶ Ebd.

NHB aufgerückt. Sie stärkte die bestehenden Vorhaben, baute diese weiter aus und ergriff gleichzeitig neue, dem Verein und dessen Mitgliedern nützliche Initiativen. Die Hauptaufgabe des NHB sah sie dabei stets „in der Stützung und Festigung der Familie"[37], wofür die Frauen die Hauptverantwortung trügen. So entstand „eine Konsumentengruppe, die genau die Preisentwicklung beobachtete"[38], wurden fachliche und kulturelle Vorträge und Kurse angeboten, die der „Bereicherung der hauswirtschaftlichen und allgemeinen Kenntnisse der Hausfrau"[39] dienten, und immer wieder „Fragen […] der Warenqualitäten, der Verkaufsmethoden, der Wohnungsgestaltung und Wohnungsbeschaffung, der hauswirtschaftlichen Ausbildung, der sittlichen Erziehung"[40] eingehend erörtert. Dies alles entsprach in hervorragender Weise den Absichten und dem allgemeinen Vorgehen des RDH nach Mitte der 1920er Jahre.[41]

Weitaus wichtiger noch als alles hauswirtschaftliche Wissen und Können war für Rosine Speicher jedoch die richtige innere Einstellung der Frauen als derjenigen zentralen Personen, von denen das Schicksal der Familien und damit letztendlich der Gesellschaft abhängig sei.[42] Ausgehend von ihrer eigenen „christlich-sittliche[n] Grundhaltung, ohne die [für sie] eine wirklich fruchtbare Arbeit nicht möglich [war]"[43], setzte sie sich deshalb unermüdlich und mit größter Tatkraft für die geistig-sittliche Unterstützung und Förderung der Frauen ein, wodurch sie einer drohenden „soziale[n] Abwertung der Hausfrau"[44] energisch entgegenwirken wollte. Auch mit dieser Sichtweise befand sie sich voll und ganz in Übereinstimmung mit dem RDH, der ebenfalls die „Durchgeistigung der Hausfrauentätigkeit" forderte, so dass die Hausfrau in die Lage versetzt würde, „sich als freie Persönlichkeit zu entfalten in ernster Verantwortung gegenüber der Familie und der Gesamtheit."[45] Nicht zuletzt um ihre derartigen Vorstellungen den Hausfrauen besser vermitteln zu können, gab Rosine Speicher ab Ende 1928 die Nürnberger Hausfrauenzeitung heraus. Neben Ausführungen zu grundlegenden Fragen und Sachverhalten einer sittlichen Lebensführung, wobei in den meisten Fällen durchaus eine pragmatische Haltung gegenüber den Gegenwartsproblemen Berücksichtigung fand,[46] waren in der Nürnberger Hausfrauenzeitung selbstverständlich ebenso „Hilfen für Nähkurse, Einkaufsratschläge, Anweisungen zur Führung eines Haushalts- und Wirtschaftsbuches und ähnliche nützliche Hinweise zur Bewältigung des Hausfrauenalltags zu lesen".[47] Auf diese Weise stellte die Nürnberger Hausfrauenzeitung die ideale inhaltliche Ergänzung und Vertiefung zu den Aktivitäten des NHB dar.

---

[37] Speicher, Hausfrau und Presse (wie Anm. 15), S. 3.
[38] NN vom 13.10.1966 (wie Anm. 31), S. 15.
[39] Patzke, Rosine Speicher (wie Anm. 5), S. 215.
[40] Ebd.
[41] Vgl. Schönefeld, Hausfrau (wie Anm. 25), S. 22–29.
[42] Vgl. u. a.: Patzke, Rosine Speicher (wie Anm. 5), S. 214 f.
[43] Rosine Speicher, An die Leserinnen der Nürnberger Hausfrauenzeitung!, in: Frauenwelt, Jg. 1 Heft 6, 1946, S. 3. Dieser Artikel hätte im April des Jahres 1937 in der Nürnberger Hausfrauenzeitung veröffentlicht werden sollen, was aber unmöglich geworden war, da das Blatt nach dem Erscheinen der Ausgabe Nr. 2 vom Februar 1937 verboten wurde.
[44] NN, Nr. 53 vom Mittwoch, 4.3.1964, S. 13: Eine Frau mit Ideen.
[45] Schönefeld, Hausfrau (wie Anm. 25), S. 20; vgl. ebd., S. 21.
[46] Es kann in diesem Zusammenhang aber sicherlich nicht von „hochphilosophischen Beiträgen" gesprochen werden: Patzke, Rosine Speicher (wie Anm. 5), S. 215.
[47] Ebd.

Titelzeile der Nürnberger Hausfrauenzeitung, Februar 1930 (Universitätsbibliothek Erlangen-Nürnberg: Ztschr. 4° A 135 [1930]).

Die Nürnberger Hausfrauenzeitung wurde zwischen November 1928 und Februar 1937 auf dem Druckschriftenmarkt angeboten. Bis zur vierten Ausgabe des dritten Jahrgangs (März 1931) führte die Hausfrauenzeitung den Zusatztitel „Mitteilungsblatt der Berufsorganisation Nürnberger Hausfrauen". Von der fünften Ausgabe des dritten Jahrgangs (April 1931) bis zur achten Ausgabe des fünften Jahrgangs (Oktober 1933) lautete der Zusatz „Mitteilungsblatt des Nürnberger Hausfrauenbundes". Danach erschien die Nürnberger Hausfrauenzeitung ohne jeden Nebentitel. Zwischen 1934 und 1936 umfasste die Druckauflage gemäß der nur für jene Jahre seitens des Verlages im Impressum gemachten Angaben 18.000 Exemplare. Diese Auflagenhöhe wird generell auch für den restlichen Erscheinungszeitraum angenommen.[48]

Nachdem Rosine Speicher schon in der Weimarer Republik die Ansichten der emporstrebenden Nationalsozialisten kritisiert hatte, blieb sie ebenso nach Anbruch des „Dritten Reiches" ihren sie prägenden christlich-konservativen Überzeugungen absolut treu. Rückblickend äußerte sie sich hierzu folgendermaßen: „Nach 1933 waren die christlich-humanitären Grundsätze ins Blickfeld zu rücken und zu verteidigen und es war auch an staatliche, im Gewande des Rechtes vorgenommene Maßnahmen die Sonde abendländischer Kultur und Sitte anzulegen."[49] Deshalb leistete sie „Widerstand gegen [den] Nationalsozialismus in Wort, Schrift u[.] Tat."[50] So verurteilte sie

---

[48] Vgl. Ernst Meier, Zeitungsstadt Nürnberg (Schriften des Instituts für Publizistik an der Universität Erlangen-Nürnberg 2), Berlin 1963, S. 100. In der Frauenwelt, Jg. 17 Heft 24, 1953, S. 3 f., hier S. 3, schrieb Rosine Speicher im Rückblick auf die Leserzahl der Nürnberger Hausfrauenzeitung und hinsichtlich der Bedeutung, die die Zeitschrift für ihre Leserschaft besaß, in dem Artikel „25 Jahre ‚Frauenwelt'": „In Nürnberg allein warteten ca. 20 000 Abonnentinnen und vielleicht die dreifache Zahl Nichtabonnentinnen mit ihren Männern auf das jeweilige Erscheinen der Zeitschrift, aus deren Inhalt sie Zuversicht, Kraft und Trost schöpften."

[49] Speicher, „Frauenwelt" (wie Anm. 48), S. 3.

[50] StadtAN C 22/VI Nr. 1631.

„aus Gewissensgründen [...] gewisse Maßnahmen der Partei," da sie ihr „für das deutsche Volk verhängnisvoll erschienen" und wandte sich „unter anderem auch aus humanitären und religiösen Gründen gegen die Judenverfolgungen."[51] Am wirkungsvollsten erreichte sie dies mit ihren Artikeln in der Nürnberger Hausfrauenzeitung, zum Beispiel wenn sie „die sittliche Verderbnis der Jugend durch den Stürmer und die pornographischen Reden des Herrn Streicher"[52] anprangerte. Dies geschah zwar eher verschleiert und in Anspielungen, doch verstanden die jeweils Betroffenen ganz genau, welche Personen und Sachverhalte gemeint waren.[53]

Infolge ihrer eindeutig oppositionellen Haltung gegenüber der totalitären Herrschaft der Nationalsozialisten unterlag Rosine Speicher frühzeitig massiven Beschränkungen und wurde außerdem bis 1943 insgesamt sechsmal verhaftet. 1933/34 konnte sie über ein halbes Jahr lang nicht als Verlegerin der Nürnberger Hausfrauenzeitung wirken. Zwischen Oktober 1933 (achte Ausgabe des fünften Jahrgangs) und Februar 1934 (erste Ausgabe des sechsten Jahrgangs) fungierte Anna Westermann als Verlegerin der Zeitschrift, und im März und April 1934 (zweite und dritte Ausgabe des sechsten Jahrgangs) wurde bei der Verlagsangabe die Nürnberger Hausfrauenzeitung GmbH genannt. Die Schriftleitung lag nach den Ausführungen im Impressum von Februar 1934 an wieder in den Händen von Rosine Speicher. Zudem wurde die Nürnberger Hausfrauenzeitung wiederholt verboten.[54] Ein 1934 durch die Deutsche Arbeitsfront (DAF) organisierter Auflauf führte zum gewaltsamen Eindringen in Rosine Speichers Räumlichkeiten und sogar zu ihrer Misshandlung.[55] Vom 15. bis zum 21. Februar 1934 wurde sie in Schutzhaft genommen.[56] Bereits 1933 war im Verlauf des Jahres die Tätigkeit des NHB allmählich zum Erliegen gekommen[57], und auch durch den RDH, der 1935 aufgelöst wurde,[58] erfuhr Rosine Speicher seit längerem immer weniger Rückhalt, da dieser, politisch schließlich weit rechts positioniert und sich als Teil der „Nationalen Opposition" verstehend, schon 1931 aus dem mehr liberal und demokratisch ausgerichteten Bund Deutscher Frauenvereine (BDF) ausgeschieden war.[59] Zwischen dem 19. und 21. Dezember 1936 erlitt Rosine Speicher erneut eine Haftstrafe.[60] Nach dem Erscheinen der zweiten Ausgabe des neunten Jahrgangs der Nürnberger Hausfrauenzeitung im Februar 1937 erfolgte das endgültige Verbot der Zeitschrift.[61] Rosine Speicher wurde in diesem Zusammenhang vom 2. bis 8. Februar

---

[51] Speicher, Hausfrau und Presse (wie Anm. 15), S. 3.

[52] O.V., Beleidigung des Herrn „z" ... Konzentrationslager, in: Frauenwelt, Jg. 1 Heft 6, 1946, S. 3.

[53] Exemplarisch: Rosine Speicher, Nicht mitzuhassen, mitzulieben sind wir da, in: Frauenwelt, Jg. 1 Heft 8, 1946, S. 2 (Wiederabdruck des erstmals im Februar 1937 in der letzten Ausgabe der Nürnberger Hausfrauenzeitung veröffentlichten Artikels), vgl. auch die redaktionelle Bemerkung auf dieser Seite.

[54] Vgl. StadtAN C 22/VI Nr. 1631.

[55] Vgl. ebd.

[56] Vgl. Hesse, Frauen-KZ Moringen (wie Anm. 18), S. 188.

[57] So musste auch der Titelzusatz „Mitteilungsblatt des Nürnberger Hausfrauenbundes" der Nürnberger Hausfrauenzeitung ab November 1933 (Jg. 5 Nr. 9) gestrichen werden.

[58] Vgl. Bartholomae / Nokielski, Verbände im Schatten (wie Anm. 27), S. 198, und Schönefeld, Hausfrau (wie Anm. 25), S. 38–41.

[59] Vgl. Frevert, Frauen-Geschichte (wie Anm. 11), S. 195; Schüller / Wolff, Fini Pfannes (wie Anm. 1), S. 135 f.; Petra Thomsen-Fells, Frauenzeitschriften im Dritten Reich von 1933–1939, unveröff. Magisterarbeit Erlangen-Nürnberg [1985], S. 11 f.; Weiland, Frauenemanzipation (wie Anm. 11), S. 55–58, hier S. 58.

[60] Vgl. Hesse, Frauen-KZ Moringen (wie Anm. 18), S. 188.

[61] Zu den Einzelheiten: o.V., Beleidigung (wie Anm. 52), S. 3, und Seeler, Ehe (wie Anm. 6), S. 90.

1937 ein weiteres Mal inhaftiert[62] und zudem aus der Reichskulturkammer und der Reichsschrifttumskammer, denen sie jeweils seit 1934 angehörte, ausgeschlossen sowie von der Schriftleiterliste gestrichen.[63] Wegen „ablehnende[r] Kritik am nationalen Staat"[64] am 15. April desselben Jahres abermals in Haft genommen, wurde sie einige Tage darauf „in das Frauenschutzhaftlager Moringen überstellt."[65]

Vom 28. April bis zum 15. Juni 1937 war Rosine Speicher Häftling des Frauen-KZ Moringen.[66] Das KZ Moringen, das am 8. April 1933 vorerst nur für Männer eingerichtet worden war (die ersten Gefangenen wurden am 11. April überstellt), nahm seit Anfang Juni 1933 auch weibliche Schutzhäftlinge auf und wurde ab dem 28. November 1933 ausschließlich als Frauen-KZ genutzt. Seit „März 1934" war es „in Preußen das zentrale KZ für Frauen."[67] Bald wurden auch Frauen aus anderen deutschen Ländern nach Moringen transportiert; Bayern war vom 20. Februar 1936 an einbezogen. Zwar unterschieden sich die Haftbedingungen im Allgemeinen „erheblich von denen späterer Frauenkonzentrationslager"[68], doch verschlechterten sich „im FKL [i. e. Frauenkonzentrationslager] Moringen [...] ab dem Frühjahr 1937 [...] die Verhältnisse rapide".[69] Zu diesem Zeitpunkt, als sich die Haftumstände für die Frauen vielfach „zu einer psychisch extrem belastenden Situation aus[wuchsen]"[70], kam Rosine Speicher nach Moringen. In jenen Wochen, als sie im KZ Moringen die erniedrigenden Haftbedingungen erdulden musste, besichtigte am 28. Mai 1937 Heinrich Himmler das Frauen-KZ und ordnete an, dass neun Frauen zu entlassen seien.[71] Nach Been-

---

[62] Vgl. Hesse, Frauen-KZ Moringen (wie Anm. 18), S. 188.

[63] Vgl. StadtAN C 22/VI Nr. 1631.

[64] Fränkische Tagespost (künftig: FT), Nr. 51 vom Dienstag, 3.3.1959, S. 6: Rosine Speicher 75 Jahre, und NN, Nr. 52 vom Mittwoch, 4.3.1959, S. 13: 27 „treue Perlen" geehrt; vgl. Hesse, Frauen-KZ Moringen (wie Anm. 18), S. 188.

[65] StadtAN C 21/III Nr. 1350.

[66] Grundlegend zum Frauenkonzentrationslager Moringen: Hesse, Frauen-KZ Moringen (wie Anm. 18), und Hans Hesse, Von der „Erziehung" zur „Ausmerzung": Das Konzentrationslager Moringen 1933–1945, in: Wolfgang Benz / Barbara Distel (Hg.), Instrumentarium der Macht. Frühe Konzentrationslager 1933–1937 (Geschichte der Konzentrationslager 1933–1945, Bd. 3), Berlin 2003, S. 111–146, hier S. 122–135. Einen prägnanten Überblick zur Gesamtgeschichte des Konzentrationslagers Moringen mit umfangreichen weiterführenden Literaturangaben bieten: Ulrike Puvogel / Martin Stankowski, Gedenkstätten für die Opfer des Nationalsozialismus. Eine Dokumentation, Bd. I: Baden-Württemberg, Bayern, Bremen, Hamburg, Hessen, Niedersachsen, Nordrhein-Westfalen, Rheinland-Pfalz, Saarland, Schleswig-Holstein, Bonn ²1995, ND Bonn 1996, S. 437–440, bes. S. 438 f. Ergänzend zum Frauen-KZ Moringen: Hanna Elling, Frauen im deutschen Widerstand 1933–45 (Bibliothek des Widerstandes), Frankfurt a. Main ³1981, S. 23 f., 30; Klaus Drobisch, Frauenkonzentrationslager im Schloß Lichtenburg, in: Dachauer Hefte. Studien und Dokumente zur Geschichte der nationalsozialistischen Konzentrationslager (künftig: Dachauer Hefte) 3, 1987, ND München 1993, S. 101–115, hier S. 102 f.; Ino Arndt, Das Frauenkonzentrationslager Ravensbrück, in: ebd., S. 125–157, hier S. 126–130; Jutta von Freyberg / Ursula Krause-Schmitt, Moringen. Lichtenburg. Ravensbrück. Frauen im Konzentrationslager 1933–1945. Lesebuch zur Ausstellung „Frauen im Konzentrationslager: Moringen, Lichtenburg, Ravensbrück 1933–1945", Frankfurt a. Main 1997, S. 15–39, 41–47; Renate Riebe, Frauen in Konzentrationslagern 1933–1939, in: Dachauer Hefte 14, 1998, S. 125–140, hier S. 125–135.

[67] Hesse, Frauen-KZ Moringen (wie Anm. 18), S. 35.

[68] Hesse, „Erziehung" (wie Anm. 66), S. 128.

[69] Hesse, Frauen-KZ Moringen (wie Anm. 18), S. 203.

[70] Ebd., S. 204.

[71] Es fällt auf, dass Rosine Speicher keine 2 Monate im Frauen-KZ Moringen verblieb, obgleich das Verbringen aus Bayern dorthin aufgrund der hohen Fahrtkosten nur im Fall einer Schutzhaftstrafe von mehr als 3 Monaten vorgenommen werden sollte. Inwieweit vielleicht eine Verbindung mit den von Heinrich Himmler

digung ihrer Haftzeit im KZ Moringen am 15. Juni 1937 ging Rosine Speicher, da sie ein „Aufenthaltsverbot für den Gau Franken, für Nürnberg" erhielt, das „bis zum Abgang der Partei" Gültigkeit besitzen sollte, wenig später nach Wien.[72] Das Frauen-KZ Moringen, das im November 1937 die höchste Belegungszahl aufwies, wurde mit dem dritten und letzten Verlegungstransport in das KZ Lichtenburg am 21. März 1938 aufgelöst. Mit dem „FKL Moringen", das „über Jahre das einzige Frauen-KZ im Deutschen Reich war," konnten „mit die ersten Erfahrungen in der ‚Behandlung' von Frauen im KZ gemacht" werden, von denen „ein Teil […] in die späteren FKL mit ein[floß]."[73] Zwischen 1940 und 1945 existierte in Moringen ein Jugend-KZ.

Um sich ihren Lebensunterhalt zu verdienen, war Rosine Speicher in Wien zunächst kurze Zeit als freie Schriftstellerin tätig. 1938 gab sie hier eine Broschüre heraus, deren Beiträge sie auch großteils verfasst hatte, in der Brautpaaren eine Vielzahl nützlicher Anregungen, Hinweise und Ratschläge, vor allem in hauswirtschaftlicher Hinsicht, gegeben wurde.[74] Diese betrafen, unter Berücksichtigung der jeweiligen zur Verfügung stehenden finanziellen Mittel, beispielsweise die Aussteuer, die Gestaltung der Wohnräume sowie die Hochzeitsfeier, -reise und -geschenke, doch ebenso eherechtliche Festlegungen und das unter bestimmten Bedingungen gewährte Ehestandsdarlehen, das von den Nationalsozialisten am 1. Juni 1933 nicht nur als Heiratsanreiz, sondern zuerst auch als – letztlich unwirksame – Maßnahme (die entsprechende gesetzliche Regelung wurde deshalb 1937 aufgehoben), die Frauen wieder aus dem Erwerbsleben zu verdrängen, eingeführt worden war.[75] Nach dem Anschluss Österreichs an das Deutsche Reich am 13. März 1938 war es Rosine Speicher nicht mehr möglich, als Schriftstellerin zu arbeiten, da sie von neuem eine politische „Verfolgung befürchten musste."[76] Schließlich gelang es ihr, von 1939 bis 1942 bei der Österreichischen Versicherungsanstalt in Wien eine Anstellung als Versicherungsinspektorin zu finden. In dieser Funktion wurde sie in den Bereichen „Personalanleitung u. Ab-

---

angeordneten Entlassungen (diese betrafen auch solche Frauen, die sich, wie Rosine Speicher, staatsfeindlich geäußert hatten) bestehen könnte – immerhin dauerte es bis zu Rosine Speichers Haftende noch über 2 Wochen –, ist allerdings völlig ungeklärt. Vgl. Arndt, Ravensbrück (wie Anm. 66), S. 129 f., und Hesse, Frauen-KZ Moringen (wie Anm. 18), S. 35, 39 f.

[72] StadtAN C 22/VI Nr. 1631.

[73] Hesse, Frauen-KZ Moringen (wie Anm. 18), S. 205.

[74] Vgl. Rosine Speicher (Hg.), Dem Brautpaar die Brauthilfe, Wien [1938]. Es handelt sich dabei um die einzige Publikation, die während des mehrjährigen Aufenthaltes Rosine Speichers in Wien infolge der gegebenen Umstände entstehen konnte.

[75] Vgl. ebd., S. 8, 10, 16, 18–22, 38–40, 47–51, 54 f., 57. Zur Bedeutung der Ehestandsdarlehen: Stadt Frankfurt, Dezernat für Kultur und Freizeit (Hg.), Frauenalltag und Frauenbewegung im 20. Jahrhundert. Materialsammlung zu der Abteilung 20. Jahrhundert im Historischen Museum Frankfurt, 4 Bde., Frankfurt a. Main 1980, hier Bd. III: Frauen im deutschen Faschismus. 1933–1945, zusammengestellt von Sabine Kübler / An[n]ette Kuhn / Wilma Wirtz, S. 101, 138, 140; Ursula Böhm, Kinderkriegen und Granatendrehen. Frauen im Nationalsozialismus, in: Bodo von Borries / Annette Kuhn (Hg.), Frauen in der Geschichte VIII: Zwischen Muttergottheiten und Männlichkeitswahn. Frauengeschichtliche Unterrichtsmodelle für die Sekundarstufe I (Geschichtsdidaktik. Studien – Materialien 42), Düsseldorf 1986, S. 153–202, hier S. 170–172, 176; o.V., Dem Führer ein Kind schenken. Mutterkult im Nationalsozialismus, in: Elefanten Press (Hg.), Hart und zart. Frauenleben 1920–1970, Berlin 1990, S. 165–173, hier S. 170; Marita A. Panzer, „Volksmütter". Frauen im Dritten Reich 1933–1945, in: Bayerische Landeszentrale für politische Bildungsarbeit, Frauenleben (wie Anm. 11), S. 234–319, hier S. 246.

[76] StadtAN C 22/VI Nr. 1631.

schlüsse"[77] eingesetzt. Gesundheitliche Gründe zwangen sie zur Aufgabe der Tätigkeit.[78] In Wien, wo sie fortan bis zu ihrer Rückkehr nach Nürnberg als Hausfrau lebte, wurde sie 1943 ein letztes Mal verhaftet.[79]

Nürnberg – Erlangen

Wieder in Nürnberg, knüpfte Rosine Speicher ab 1945 rasch und mit Erfolg an ihre vor dem Zweiten Weltkrieg zwangsweise beendeten Aktivitäten an. Sie machte aufs Neue den NHB zu einer in der Öffentlichkeit sehr deutlich wahrgenommenen Organisation und rief die Zeitschrift „Frauenwelt" als Nachfolgerin der Nürnberger Hausfrauenzeitung ins Leben. Dagegen mussten Rosine und Philipp Johann Speicher im Privatleben keine zwei Jahre nach Kriegsende den Tod ihres Sohnes Philipp hinnehmen. Philipp Speicher, der Jura studiert hatte und anschließend den Beruf des Rechtsanwaltes ausübte, heiratete am 12. September 1934 im mecklenburgischen Grevesmühlen die ebendort am 8. Dezember 1910 als Tochter des Arztes Hugo Mennenga und dessen Ehefrau Minna, geborene Johannsen, zur Welt gekommene Folka Mennenga. Während Philipp Speicher wie seine Eltern katholischen Glaubens war, gehörte die Lehrerin Folka Speicher der evangelischen Kirche an. Noch vor dem Zweiten Weltkrieg wurden zwei Kinder geboren. Am 30. August 1939 rückte Philipp Speicher zum Militärdienst ein. Nachdem er am 17. August 1945 aus der Kriegsgefangenschaft nach Nürnberg zurückgekehrt war, verstarb er dort am 20. Januar 1947 „an einem Kriegsleiden".[80] Seine Witwe war nach dem Kriegsende in Nürnberg zunächst als Übersetzerin und nach Mitte der 1950er Jahre als Sprachlehrerin tätig.[81]

Beim Wiederaufbau des NHB wirkte Rosine Speicher als dessen Erste Vorsitzende von Beginn an als die treibende Kraft. Die positiven Ergebnisse ihrer Arbeit, wozu

---

[77] Ebd.

[78] Vgl. ebd.

[79] Vgl. ebd. und NN vom 4.3.1964 (wie Anm. 44), S. 13. Über die genauen Zeitpunkte des Zuzuges Rosine Speichers nach Wien, der hier durchgeführten Umzüge und ihres Wegzuges nach Nürnberg herrscht als Folge vager, sich widersprechender bzw. überschneidender und / oder fehlender zeitlicher Angaben in den vorhandenen amtlichen Meldeunterlagen und Einwohnerbüchern noch kaum Klarheit. Fest steht, dass Rosine Speicher vor dem 15.4.1938 im Hotel Fuchs in der Mariahilfer Straße wohnte und von da an in Wien, zuerst im 9. Bezirk, Liechtensteinstraße 4, 3. Stiege, gemeldet war. Seit dem 17.6.1938 lag auch für Philipp Johann Speicher ein Meldeeintrag für Wien vor. Bis Anfang Mai 1939 wechselte der nun gemeinsame Unterkunftsort mehrere Male, anfangs bereits nach einigen Tagen oder Wochen Verbleib an einem Aufenthaltsort. Ab dem 3.5.1939 lebten beide im 13. Bezirk, Maxingstraße 18; eine Abmeldung von dort erfolgte nicht. Zugleich war das Ehepaar vom 14.3.1938 an in Nürnberg, Albrecht-Dürer-Platz 4a, 2. Stock, gemeldet (zuvor, seit dem 29.9.1932: Adlerstraße 21, 2. Stock). Zumindest für Rosine Speicher kann diese Angabe aufgrund der bisherigen Nachweise und Erkenntnisse unmöglich zutreffen und für Philipp Johann Speicher, wenn überhaupt, vermutlich nur für kürzere Zeiträume. Vgl. StadtAN C 21/III Nr. 1350, und Einwohnerbuch der Stadt der Reichsparteitage Nürnberg 1937–1942, Jg. 56–61, bearb. nach amtlichen Quellen, Nürnberg 1937–1942. Der Verfasser dankt Herrn Erich Denk vom Wiener Stadt- und Landesarchiv vielmals für die hilfreiche schriftliche Auskunft vom 27.7.2006.

[80] NN vom 4.3.1964 (wie Anm. 44), S. 13.

[81] Vgl. StadtAN C 21/III Nr. 1898, und W. Tümmels Buchdruckerei und Verlag GmbH (Hg.), Adressbuch bzw. (ab 1956) Einwohnerbuch der Stadt Nürnberg 1949–1968, Jg. 62–79, bearb. nach amtlichen und (ab 1954) eigenen Unterlagen, Nürnberg [1949–1968], sowie die weiterführenden Angaben in Anm. 79.

nicht zuletzt die häufige Berichterstattung über die mannigfaltigen rührigen Bemühungen des NHB in den Nürnberger Zeitungen gezählt werden muss, führten zur mehrfachen Wiederwahl Rosine Speichers in diese Position.[82] Erst kurz vor ihrem 78. Geburtstag gab sie in einer „außerordentlichen Generalversammlung" des NHB am 17. Januar 1962 „mit Rücksicht auf ihr Alter und ihren unbefriedigenden Gesundheitszustand" den Vereinsvorsitz auf.[83] Zur neuen Ersten Vorsitzenden wählte die Generalversammlung Marga von Mann.[84] Im Alter von 80 Jahren wurde Rosine Speicher am 11. November 1964 schließlich Ehrenvorsitzende des NHB.[85]

Unter der Ägide von Rosine Speicher trat der NHB nach dem Zweiten Weltkrieg „hauptsächlich [mit] Vorträge[n] und Lichtbildervorführungen kultureller, sachlicher und gesellschaftlicher Art sowie Führungen und Besichtigungen industrieller Betriebe in und außerhalb"[86] der Stadt Nürnberg hervor. Zu den bevorzugten Themen gehörten dabei die Konsumentenberatung und der Verbraucherschutz sowie Fragen hauswirtschaftlicher und gesundheitlicher Art. Besonders intensiv setzte sich Rosine Speicher im Rahmen des NHB für die „Ehrung von altgedienten Hausgehilfinnen" und „die hauswirtschaftliche Ausbildung der weiblichen Jugend" ein.[87] In der Anerkennung langjähriger, oftmals geradezu aufopfernder Arbeit von Hausgehilfinnen für fremde (Haus-) Frauen und deren Familien – die nach entsprechender Zeit von den Hausangestellten in vielen Fällen als eigene Familien wahrgenommen wurden –, wodurch diese eine fundamentale Unterstützung erfuhren, und in der Vermittlung solider praktischer Haushaltsfähigkeiten und -fertigkeiten an Mädchen und junge Frauen sah Rosine Speicher zwei überaus geeignete Maßnahmen, die eigentliche soziale Rolle der Hausfrauen und Mütter, als die aus ihrer Perspektive wirklichen Trägerinnen von Familie und Gesellschaft, zu fördern, zu stärken und zu betonen. Von 1952 an wurden alljährlich wiederkehrend die Verdienste von „ihren" Familien lange Jahre treu zur Seite stehenden Hausgehilfinnen vom NHB, jeweils durch die Verleihung einer Urkunde und die Überreichung eines kleinen Präsents, gewürdigt und damit eine Ehrung erneut eingeführt, die früher „durch die Stadtverwaltung vorgenommen"[88] worden war. Vielfach nahmen an diesen Feiern führende lokale Politiker teil, so 1952 Stadtrat Hans Thieme und 1959 Oberbürgermeister Andreas Urschlechter, der in Begleitung seiner Frau kam.[89] Die große Bedeutung, die Rosine Speicher dem Erwerb hauswirt-

---

[82] Vgl. z. B.: NN, Nr. 137 vom Donnerstag, 14.6.1956, S. 10: Einstimmig wiedergewählt.

[83] Nürnberger Zeitung (künftig: NZ), Nr. 18 vom Dienstag, 23.1.1962, S. 11: Wechsel im Vorsitz des Nürnberger Hausfrauenbundes.

[84] Vgl. ebd. und NN, Nr. 18 vom Dienstag, 23.1.1962, S. 10: NHB unter neuer Leitung. Auch Marga von Mann, die schon am 11.11.1964 „aus familiären Gründen als Vorsitzende" des NHB wieder zurücktrat, war sehr erfolgreich, denn unter ihrer Führung „stieg die Mitgliederzahl wesentlich an." FT, Nr. 265 vom Freitag, 13.11.1964, S. 6: Dank an die bisherige Vorsitzende des Nürnberger Hausfrauenbundes; vgl. NN, Nr. 264 vom Donnerstag, 12.11.1964, S. 19: Neue Vorsitzende: Pauline Hoffmann, und StadtAN C 22/VI Nr. 1631.

[85] Vgl. NN vom 12.11.1964 (wie Anm. 84), S. 19.

[86] NN vom 14.6.1956 (wie Anm. 82), S. 10.

[87] NN vom 4.3.1964 (wie Anm. 44), S. 13.

[88] NN, Nr. 11 vom Samstag, 19.1.1952, S. 10: „Perlen" – Jahrzehnte in treuen Diensten.

[89] Exemplarische Auswahl zur ausführlichen Berichterstattung über diese Feierstunden des NHB: NN, Nr. 198 vom Freitag, 21.12.1951, S. 10: Der Nürnberger Hausfrauen-Bund (in der Rubrik „Der Anschlag"); NN vom 19.1.1952 (wie Anm. 88), S. 10; NN, Nr. 12 vom Montag, 21.1.1952, S. 7: Die Hausangestellten-Ehrung (in der Rubrik „Der Anschlag"); NN, Nr. 14 vom Freitag, 25.1.1952, S. 9: Dank und Ehre für treue „Stützen";

schaftlichen Wissens durch alle Frauen und vor allem der hauswirtschaftlichen Ausbildung angehender Hausgehilfinnen beimaß, ist daran ersichtlich, dass sie nach ihrem Rücktritt als Erste Vorsitzende des NHB zu Beginn des Jahres 1962 noch einige Jahre die Vorsitzende dessen Ausschusses für hauswirtschaftliche Berufsausbildung blieb.[90]

Rosine Speicher war auch „maßgeblich an der Gründung des Deutschen Hausfrauenbundes beteiligt."[91] Der DHB wurde während einer Zusammenkunft der „Vertreterinnen der schon bestehenden Hausfrauenvereine der drei westlichen Zonen und Berlins"[92] zwischen dem 16. und 18. Juni 1949 im schleswig-holsteinischen Eutin als Nachfolgeorganisation des 1935 aufgelösten RDH ins Leben gerufen.[93] Auf der Delegiertentagung des DHB am 6. und 7. September 1952 in Würzburg wurde Fini Pfannes[94] aus Frankfurt am Main zur Ersten Vorsitzenden beziehungsweise Präsidentin, Charlotte Uekermann aus Herford zur stellvertretenden Vorsitzenden und Rosine Speicher zur zweiten stellvertretenden Vorsitzenden gewählt. Rosine Speicher übernahm darüber hinaus die Leitung des Bundesausschusses für Qualitäts- und Warenkunde. Insgesamt entstanden sechs Ausschüsse auf Bundesebene, die, bis auf den Ausschuss für Satzungsfragen, „den Vertretungen des Hausfrauenbundes bei den Bundesbehörden"[95] entsprachen. Ein Jahr darauf, Mitte September 1953, bezichtigte Rosine Speicher in einem Brief Fini Pfannes „der falschen Kassenabrechnung, der persönlichen Bereicherung und der Untätigkeit für die Belange des Bundes [i. e. DHB]."[96] Diese Vorwürfe wiederholte sie als Erste Vorsitzende des NHB – sie war zuvor aus der Führung des DHB ausgeschieden – auf einer Delegiertentagung des DHB in Bad Honnef im Herbst 1955.[97] Zusammen mit anderen Konfliktfeldern eskalierte die bereits mehr als angespannte Situation, wuchs „sich zu einer der größten Zerreißproben für den DHB"[98] aus und führte schließlich dazu, dass Fini Pfannes auf der ordentlichen Mitgliederversammlung des DHB am 30. Mai 1956 in Bad Wildun-

---

NN, Nr. 109 vom Freitag, 11.5.1956, S. 9: „Treue ist selten geworden"; NN vom 4.3.1959 (wie Anm. 64), S. 13; NZ, Nr. 52 vom Mittwoch, 4.3.1959, S. 9: Ehrung und Auszeichnung für „Perlen".

[90] Vgl. NN vom 4.3.1964 (wie Anm. 44), S. 13; NN, Nr. 162 vom Donnerstag, 16.7.1964, S. 11: 23 junge Hausgehilfinnen; NN vom 3.2.1967 (wie Anm. 31), S. 9.

[91] NZ, Nr. 52 vom Mittwoch, 4.3.1959, S. 10: Rosine Speicher wird heute 75; vgl. NN vom 4.3.1959 (wie Anm. 64), S. 13.

[92] Schönefeld, Hausfrau (wie Anm. 25), S. 41.

[93] Vgl. Bartholomae / Nokielski, Verbände im Schatten (wie Anm. 27), S. 52, 198, und Schüller / Wolff, Fini Pfannes (wie Anm. 1), S. 135. Rosine Speicher äußerte sich zu den Gründungsumständen des DHB rückblickend sehr kritisch; vgl. Rosine Speicher, Hausfrauen und Hausfrauen-Verbände, in: Frauenwelt, Jg. 20 Heft 13, 1956, S. 3.

[94] Ergänzend zu Fini Pfannes: Schönefeld, Hausfrau (wie Anm. 25), S. 41, 43–45; Lexikon der Frau (wie Anm. 26), hier Bd. II: I–Z, 1954, Sp. 901; Reinhard Frost, Pfannes, Fini (eigentl.: Josefine), in: Wolfgang Klötzer (Hg.), Frankfurter Biographie. Personengeschichtliches Lexikon, bearb. von Sabine Hock / Reinhard Frost, 2 Bde. (Veröffentlichungen der Frankfurter Historischen Kommission XIX, 1 und 2), Frankfurt a. Main 1994–1996, hier Bd. 2: M–Z, 1996, S. 132 f.; Killy / Vierhaus, DBE (wie Anm. 3), hier Bd. 7: May–Pleßner, S. 636.

[95] NZ, Nr. 141 vom Mittwoch, 10.9.1952, S. 8: Rosine Speicher im Bundesausschuß; vgl. NN, Nr. 143 vom Freitag, 12.9.1952, S. 10: Frau Rosine Speicher gewählt, und Schüller / Wolff, Fini Pfannes (wie Anm. 1), S. 156, 158 f.

[96] Schüller / Wolff, Fini Pfannes (wie Anm. 1), S. 170.

[97] Vgl. ebd., S. 177 f.

[98] Ebd., S. 173.

gen nicht mehr zur Wiederwahl als Präsidentin antrat.⁹⁹ Nachdem sich die Auseinandersetzungen innerhalb des DHB immer drastischer zugespitzt und entsprechende Aufmerksamkeit erregt hatten, widmete sogar die Zeitschrift „Der Spiegel" Fini Pfannes, ausgehend von den an sie gerichteten Anschuldigungen, Ende des Jahres 1955 eine die tatsächlichen Verhältnisse und Vorgänge, soweit diese auch damals schon bekannt waren, recht unzulänglich wiedergebende Titelgeschichte.¹⁰⁰ Ebenso schrieb Rosine Speicher zu den Geschehnissen im Juni 1956 und Mai 1957 zwei Leitartikel für die Frauenwelt, in denen sie Fini Pfannes hart angriff, indem sie einen Teil ihrer Anklagen wiederholte und der ehemaligen Ersten Vorsitzenden des DHB insbesondere vorwarf, sie sei zur Leitung dieses Verbandes nicht geeignet gewesen.¹⁰¹ Aus der ursprünglich beabsichtigten Zusammenarbeit zur Verwirklichung der Ziele des DHB war, angestoßen durch briefliche Bezichtigungen Rosine Speichers und verstärkt durch im Zuge der nachfolgenden Auseinandersetzung von beiden Seiten gemachte ehrverletzende Äußerungen, zuletzt eine Feindschaft zwischen Rosine Speicher und Fini Pfannes geworden. Der Privatkonflikt wurde seit Frühjahr 1956 vor Gericht ausgetragen und endete im Herbst 1957 mit einem Vergleich, das heißt, beide Streitparteien nahmen die gegenseitig geäußerten Vorwürfe und angestrengten Klagen zurück.¹⁰² Letztendlich handelte es sich aber um eine Niederlage Rosine Speichers, da es ihr bis zuletzt nicht gelang, die Beweise und Zeugen für die von ihr vorgebrachten Beschuldigungen zu erbringen.¹⁰³ Ob hinter diesem Streit tatsächlich auch wirtschaftliche Belange standen, denn sowohl Rosine Speicher als auch Fini Pfannes waren als Verlegerinnen unternehmerisch tätig (Fini Pfannes besaß unter anderem noch eine Werbeagentur, den „Werbedienst Pfannes") und sehr daran interessiert, für ihre Zeitschriften „Frauenwelt" beziehungsweise „Das Frauen-Journal für die Frau in Beruf und Haus" weitere Leser, zu denen selbstverständlich potentiell die Mitglieder des DHB zählten, zu gewinnen, darf vermutet werden, bleibt bisher allerdings, trotz vereinzelter, in diese Richtung deutender Hinweise, unbewiesen.¹⁰⁴

Wie bis Februar 1937 die Nürnberger Hausfrauenzeitung stellte ab Dezember 1945 die Zeitschrift „Frauenwelt" das Pendant zum Wirken des NHB dar. Die Frauenwelt gehörte zu den ersten drei Frauenzeitschriften, die in der US-amerikanischen Besatzungszone lizenziert worden waren.¹⁰⁵ Sie stand zwar in der Nachfolge der Nürnber-

---

⁹⁹ Zu den Einzelheiten des komplexen Sachverhaltes vgl.: ebd., S. 170–192.

¹⁰⁰ Vgl. o.V., Fini Pfannes. Die Perle in der Muschel, in: Der Spiegel. Das deutsche Nachrichten-Magazin, Jg. 9 Heft 51, 1955, S. 22–31, bes. S. 23 f. und S. 30 f. zu Rosine Speicher.

¹⁰¹ Vgl. Speicher, Hausfrauen und Hausfrauen-Verbände (wie Anm. 93), S. 3, und dies., Hausfrau und Presse (wie Anm. 15), S. 3 f., hier S. 3.

¹⁰² Vgl. Schüller / Wolff, Fini Pfannes (wie Anm. 1), S. 191 f.

¹⁰³ Vgl. ebd., S. 172 f., 177–179, 191 f.

¹⁰⁴ Vgl. ebd., S. 173, und S. 208–229, bes. S. 208–214, 220–225.

¹⁰⁵ Vgl. Rosine Speicher, Die neue Gartenlaube, in: Frauenwelt, Jg. 1 Heft 6, 1946, S. 2. Wahrscheinlich wurde die Frauenwelt, deren erstes Heft im Dezember 1945 herauskam, zuerst zugelassen, die erste Ausgabe der Zeitschrift „Sie" erschien jedoch bereits am 1. Dezember 1945, während die erste Nummer der Zeitschrift „Der Regenbogen" im Februar 1946 angeboten wurde; vgl. Seeler, Ehe (wie Anm. 6), S. 90–92, 94. Die Gewerbeanmeldung mit der Nr. 3882 für die Frauenzeitschrift „Frauenwelt" erfolgte nach den Angaben in der Meldekartei am 18.12.1946; vgl. StadtAN C 21/III Nr. 1350. In dem Bestand der Gewerbeanmeldungen für diesen Zeitraum (15.7.1946–31.3.1947) ist allerdings kein entsprechender Eintrag vorhanden; vgl. StadtAN C 22/II Nr. 300.

ger Hausfrauenzeitung, war aber, anders als diese, weniger abhängig von den Tätigkeiten des NHB, zumal sich ihr Verbreitungsgebiet grundsätzlich auf die gesamte spätere Bundesrepublik Deutschland erstreckte. Von Beginn an bis zum achten Heft des zweiten Jahrgangs (April 1947) erschien die Frauenwelt mit dem Zusatz „früher Nürnberger Hausfrauenzeitung".[106] Vom neunten Heft des zweiten Jahrgangs (Mai 1947) bis zum letzten Heft des dritten Jahrgangs (Dezember 1948) führte die Frauenwelt in der Regel keinen Zusatztitel.[107] Für die lange Zeitspanne zwischen dem ersten Heft des 13. Jahrgangs (Januar 1949)[108] und dem 24. Heft des 22. Jahrgangs (November 1957) lautete der Nebentitel „Zeitschrift für alle Gebiete des Frauenlebens" und vom 25. Heft desselben Jahrgangs (Dezember 1957) bis zum zehnten Heft des 23. Jahrgangs (Mai 1958) „Illustriertes Familienblatt".[109] Bis zur zehnten Ausgabe des 25. Jahrgangs im September 1960 erschien die Zeitschrift ausschließlich unter ihrem Haupttitel. Verlegerin und Herausgeberin der Frauenwelt war bis zum 21. Heft des 22. Jahrgangs (Oktober 1957) Rosine Speicher. Dann übernahm der in Frankfurt am Main ansässige Heimat-Verlag die Frauenwelt und gab sie bis zum siebten Heft des 24. Jahrgangs (Juni 1959) heraus.[110] Rosine Speicher blieb bis zum zehnten Heft des 23. Jahrgangs (Mai 1958) Mitherausgeberin der von ihr begründeten Zeitschrift. Der weitgehende Rückzug Rosine Speichers aus Alters- und Gesundheitsgründen 1957 hatte somit nicht „gleichzeitig das Ende der ‚Frauenwelt'"[111] bedeutet. Ab dem achten Heft des 24. Jahrgangs (Juli 1959) war der Münchener Verlag E. Albrecht die Heimat der Frauenwelt.[112] Mit der Vollendung des 25. Jahrgangs, im Dezember 1960, endete die Geschichte der Zeitschrift „Frauenwelt", die zuletzt im Baden-Badener Sonnenverlag erschien. Während sich der Umfang der Druckauflage der Frauenwelt zwischen 1945 und 1949 rasch und deutlich erhöhte, sank bis zur Mitte der 1950er Jahre die Auflagenhöhe ebenso beständig wie schnell und scheinbar unaufhaltsam; erst gegen Ende des Jahrzehnts wurden wieder höhere Werte erreicht. Die Zeitschrift begann mit einer Auflage von 23.000 Heften und steigerte die Auflagenhöhe im August 1946 auf 35.000 sowie ab November 1948 auf 50.000 Exemplare. Um die Jahreswende 1950/51 betrug die Auflagenzahl 38.000 Stück, 1953 wurden im Durchschnitt 19.000 Hefte gedruckt und 1955 durchschnittlich nur noch 10.000. Im dritten Quartal 1958 konnte eine Auflage von immerhin 36.800 Exemplaren erzielt werden, was ungefähr dem Wert zu Beginn der 1950er Jahre entsprach. Ende 1959 und 1960 lag die jetzt wieder rückläufige Auflagenhöhe bei 25.000 beziehungsweise 18.000 Heften.[113]

[106] Ab dem 2. Heft des 2. Jahrgangs (Januar 1947) lautete der Zusatz „Früher: Nürnberger Hausfrauenzeitung".

[107] Ausnahmen machten das 10., 14., 16. und 18. Heft des zweiten Jahrgangs (Mai, Juli, August bzw. September 1947) sowie die Doppelhefte 1/2 und 7/8 des 3. Jahrgangs (Januar bzw. April 1948), die wiederum den Zusatz „Früher: Nürnberger Hausfrauenzeitung" aufwiesen.

[108] Fortan wurden die 9 Jahrgänge der Nürnberger Hausfrauenzeitung in die Jahrgangszählung der Frauenwelt einbezogen.

[109] Heft 25 des 22. Jahrgangs (Dezember 1957) bis Heft 2 des 23. Jahrgangs (Januar 1958) führten den noch etwas ausführlicheren Nebentitel „Das illustrierte Familienblatt".

[110] Vgl. Rosine Speicher / Albert Smagon, Liebe Leserinnen!, in: Frauenwelt, Jg. 22 Heft 22, 1957, S. 3.

[111] Beyer, Not (wie Anm. 6), S. 261.

[112] Vgl. o.V., Liebe Leserin! Ein paar Worte zur neuen Heimat dieser Zeitschrift, in: Frauenwelt, Jg. 24 Heft 8, 1959, S. 3.

[113] Vgl. Seeler, Ehe (wie Anm. 6), S. 91; Die deutsche Presse 1946. Zeitungen und Zeitschriften von heute. Katalog der Vier-Zonen-Presseschau Marl und Dortmund, Recklinghausen 1946, S. 80; Deutscher Zeitungs-

Titelblatt der Frauenwelt, 21. Jg., Heft 23, November 1956 (Universitätsbibliothek Erlangen-Nürnberg: Ztschr. 4° A 135 [1956]).

Titelblatt der Frauenwelt, 22. Jg., Heft 13, Juni 1957 (Universitätsbibliothek Erlangen-Nürnberg: Ztschr. 4° A 135 [1957]).

Die Frauenwelt gehörte nach dem Zweiten Weltkrieg innerhalb des Spektrums der auf den Markt drängenden Frauenzeitschriften zu der sehr kleinen Gruppe der sogenannten Frauenkulturzeitschriften, die sich anfangs recht gut zu behaupten vermochten, aber im Zeichen der stürmischen wirtschaftlichen Aufwärtsentwicklung und auch damit einhergehender gesellschaftlicher Veränderungsprozesse im Verlauf der 1950er Jahre mehr und mehr um ihre Existenz kämpfen mussten, da zunehmend nach Ablenkung und Unterhaltung einfacherer Art von den großen Anstrengungen des Alltags verlangt wurde und die anspruchsvollere Lektüre, bei der die auf hohem Niveau stattfindende Auseinandersetzung mit unterschiedlichsten Gegenwartsproblemen eine entscheidende Rolle einnahm, immer weniger gefragt war. Gänzlich zu Recht wurde die Frauenwelt deshalb den Frauenzeitschriften zugeordnet, die ihre Aufgabe „in der Klä-

---

Verlag (Hg.), Handbuch Deutsche Presse, Bielefeld ²1951, S. 230 f.; Institut für Publizistik an der Freien Universität Berlin (Hg.), Die deutsche Presse 1954. Zeitungen und Zeitschriften, Berlin 1954, S. 245 f.; dass. (Hg.), Die deutsche Presse 1956. Zeitungen und Zeitschriften, Berlin 1956, S. 275; Willy Stamm (Hg.), Leitfaden für Presse und Werbung 1959, Essen-Stadtwald 1959, S. 501; ders. (Hg.), Leitfaden für Presse und Werbung 1960, Essen-Stadtwald 1960, S. 505; ders., Leitfaden für Presse und Werbung. Ausgabe 1961, Essen-Stadtwald 1961, Teil IV, S. 40.

rung sozialer, kultureller und auch politischer Fragen" sahen, „soweit diese das Dasein der Frauen mittelbar oder unmittelbar" berührten, und deren „publizistisches Ziel [...] von dem Bemühen gekennzeichnet [war], für die Frauen ihrer Zeit die Konsequenzen aus gewonnenen Erfahrungen und erwachsenden Anforderungen zu ziehen mit dem Ziel, den Frauen Gewinn und Vorteil für ihren Daseinskreis aufzuzeigen."[114] Darum wahrten diese Zeitschriften eine größtmögliche „Aufgeschlossenheit sämtlichen Lebensgebieten gegenüber, die dem fortgeschrittenen Grad der Bewusstheit, einem Wesenszug der modernen Frau, entspricht."[115] Solange Rosine Speicher für den Inhalt die Hauptverantwortung trug, bis Oktober 1957, erfüllte die Frauenwelt diese Vorgaben in annähernd idealer Weise. Ihre eigenen hohen sittlichen und intellektuellen Ansprüche wirkten jeglicher Verflachungstendenz geradezu unerbittlich entgegen. Ebenso wie in früheren Jahren fand Rosine Speichers politische Orientierung, insbesondere was die Parteizugehörigkeit betraf, in ihrer journalistischen und redaktionellen Arbeit für die Frauenwelt keinen Niederschlag. Nach dem Zweiten Weltkrieg war Rosine Speicher Mitglied einer neuen Partei, der Christlich-Sozialen Union (künftig: CSU), geworden. Sie kandidierte als eine der wenigen Frauen, die sich überhaupt in den ersten Nachkriegsjahren politisch engagierten, für die CSU erfolglos bei der Landtagswahl am 1. Dezember 1946 in Bayern sowie der Stadtratswahl am 30. Mai 1948 in Nürnberg und trat bald aus der Partei aus.[116]

Zwar wurden stets hauswirtschaftliche Themen in der Frauenwelt umfangreich berücksichtigt, doch versuchte die Zeitschrift „dem Schaffen und Wirken der Frau in allen Bezirken des Lebens und der Welt [gerecht zu werden]: Familie, Kunst und Kunsthandwerk, Wohnraumgestaltung, Mode, Medizin, Hygiene, Erziehung, Reise, Sport."[117] Aufgrund ihrer Ausrichtung nahmen bei den Frauenkulturzeitschriften wie der Frauenwelt allerdings Modethemen und generell Abbildungen eher wenig Raum in Anspruch.[118] Nach wie vor sah Rosine Speicher ihre vordringliche Aufgabe darin, die Hausfrauen und Mütter stärker für politische Belange zu interessieren, sie in größerem Maße am öffentlichen Leben teilhaben zu lassen, insgesamt deren sittliche und „geistige Hebung"[119] nach allen Möglichkeiten zu unterstützen und sie dadurch sozial aufzuwerten. Die Notwendigkeit der sittlichen und geistigen Förderung und Stärkung zeigte sich beispielhaft anhand der, vor allem in der ersten Hälfte der 1950er Jahre all-

---

[114] Ingelene Schwarz, Wesenszüge der modernen deutschen Frauenzeitschrift, unveröff. phil. Diss. Freie Universität Berlin 1956, S. 20.

[115] Ebd. Vgl. des Weiteren: ebd., S. 16, 21, 36, und Ulla C. Kill, Die Frauenzeitschriften, in: Walter Hagemann (Hg.), Die deutsche Zeitschrift der Gegenwart. Eine Untersuchung des Instituts für Publizistik der Westfälischen Wilhelms-Universität Münster, Münster 1957, S. 81–94, hier S. 82–84, 86–91, bes. S. 89 f. Nur ein einziges Mal fand sich eine etwas fragwürdige Einschätzung der Frauenwelt als eine Zeitschrift, die eine „Tendenz zur reißerischen Aufmachung (hingewischte Überschriften)" habe und bei deren Leserin es sich um „eine nicht sehr kultivierte, aber doch interessierte Frau aus der Provinz" handeln könne: Edith Kowohl, Die Frauenzeitschriften, in: Walter Hagemann (Hg.), Die deutsche Zeitschrift 1949/50. Untersuchung von Form und Inhalt, Münster 1950, S. 193–202, hier S. 198; vgl. ebd., S. 201.

[116] Vgl. Schneider / Endres / Bauernfeind / Zahlaus, Vertrauen und Verantwortung (wie Anm. 6), S. 56 (Abb. 16), 59, 73, 96 f.

[117] Speicher / Smagon, Leserinnen (wie Anm. 110), S. 3.

[118] Vgl. Schwarz, Wesenszüge (wie Anm. 114), S. 73, 99.

[119] NN vom 4.3.1964 (wie Anm. 44), S. 13; vgl. Speicher / Smagon, Leserinnen (wie Anm. 110), S. 3, und Schwarz, Wesenszüge (wie Anm. 114), S. 122.

gemein kontrovers diskutierten, als Folge der Verankerung des Gleichberechtigungsartikels im Grundgesetz erforderlich gewordenen Neuregelung von Teilen des Familienrechts, wobei unter anderem die Neugestaltung der Paragraphen 1354 und 1628 des Bürgerlichen Gesetzbuches, die das grundsätzliche Entscheidungsrecht des Mannes hinsichtlich aller Fragen des gemeinsamen Lebens der Eheleute beziehungsweise den väterlichen „Stichentscheid" – der das Letztentscheidungsrecht des Vaters über die Kinder im ehelichen Streitfall zum Ausdruck brachte – betrafen, im Vordergrund standen.[120] Zwischen 1951 und 1955 verfasste Rosine Speicher sieben Leitartikel in der Frauenwelt, in denen die Frage der Gleichberechtigung aus verschiedenen Blickwinkeln eingehend erörtert wurde.[121] Rosine Speicher trat, trotz ihrer erheblichen Bedenken, die neuen Gesetze könnten dazu führen, dass Hausfrauen zu sehr in die Berufsarbeit gedrängt würden, für eine umfassende Gleichberechtigung ein, zumal die Männer, wie die jüngere Vergangenheit gezeigt habe, ihre Pflichten als Ehemänner und Väter „nicht mehr ernst nahm[en]" und die Frauen zwangsläufig „mit ihren Kindern auf sich gestellt" waren.[122] Letztlich hätten die Männer es selbst verschuldet, wenn es mit dem Patriarchat zu Ende ginge. Infolge dieser Situation und der vorgesehenen gesetzlichen Regelungen trügen die Frauen die meiste Verantwortung, ja Last, für den Erhalt der Familie. Dies wiederum stelle höchste sittlich-geistige Anforderungen an die Frauen und deren Entscheidungen. Allen Überlegungen Rosine Speichers lag aber zugrunde, dass, auch beim Bestehen völliger Gleichberechtigung, Recht und Gesetz nicht in der Lage wären, eine gute Ehe herbeizuführen beziehungsweise zu gewährleisten. Sie forderte darum, die Ehe weniger als bürgerlichen Vertrag, sondern vielmehr als „sittliche Gemeinschaft" anzuerkennen und zu verwirklichen, was aus ihrer Sicht allein bedeuten konnte, „den Willen und die Bereitschaft [aufzubringen], die Ehe auch unter Schwierigkeiten als Lebensgemeinschaft und gestellte Aufgabe zu betrachten und zu führen", wozu größtmögliche gegenseitige Bemühungen erforderlich seien.[123] Darüber hinaus müsse die (Haus-) Frau gemäß „ihrem Wesen und ihren Aufgaben"[124] über höhere sittliche Qualitäten als der Mann verfügen. Zur Verwirkli-

---

[120] Aus der großen Fülle an Literatur zu dieser Thematik vgl. u.a.: Angela Delille / Andrea Grohn, Blick zurück aufs Glück. Frauenleben und Familienpolitik in den 50er Jahren, Berlin 1985, S. 129–151, bes. S. 138–143; Angela Vogel, Frauen und Frauenbewegung, in: Wolfgang Benz (Hg.), Die Geschichte der Bundesrepublik Deutschland, 4 Bde., Frankfurt a. Main 1989, hier Bd. 3: Gesellschaft, S. 162–206, hier S. 162–170, 202 f.; Ingrid Langer, In letzter Konsequenz … Uranbergwerk! Die Gleichberechtigung in Grundgesetz und Bürgerlichem Gesetzbuch, in: Elefanten Press, Hart und zart (wie Anm. 75), S. 260–269, bes. S. 263–269; Sabine Berghahn, Frauen, Recht und langer Atem – Bilanz nach über 40 Jahren Gleichstellungsgebot in Deutschland, in: Helwig / Nickel, Frauen in Deutschland (wie Anm. 11), S. 71–138 (passim). Vgl. zur öffentlichen Diskussion z.B.: NN, Nr. 61 vom Samstag, 19.4.1952, S. 25: Ist der Mann das „Haupt der Familie"?, und NN, Nr. 91 vom Freitag, 13.6.1952, S. 13: „Mit dem Makel der Weiblichkeit behaftet?".
[121] Vgl. Speicher, Ende (wie Anm. *), S. 3; Rosine Speicher, Väterlichkeit, in: Frauenwelt, Jg. 16 Heft 15, 1952, S. 3; dies., Die falsche Orientierung, in: Frauenwelt, Jg. 16 Heft 16, 1952, S. 3; dies., Die eheliche Gleichberechtigung. Ein Briefwechsel, in: Frauenwelt, Jg. 16 Heft 23, 1952, S. 3; dies., Das Vakuum, in: Frauenwelt, Jg. 17 Heft 9, 1953, S. 3; dies., Eine notwendige Klarstellung, in: Frauenwelt, Jg. 18 Heft 1, 1954, S. 3; dies., Frauen führender Männer, in: Frauenwelt, Jg. 19 Heft 7, 1955, S. 3.
[122] Speicher, Ende (wie Anm. *), S. 3; vgl. dies., Väterlichkeit (wie Anm. 121), S. 3, und dies., Klarstellung (wie Anm. 121), S. 3.
[123] Speicher, Gleichberechtigung (wie Anm. 121), S. 3; vgl. dies., Klarstellung (wie Anm. 121), S. 3.
[124] Speicher, Vakuum (wie Anm. 121), S. 3; vgl. dies., Väterlichkeit (wie Anm. 121), S. 3.

chung dieser Erfordernis trug Rosine Speicher mit Hilfe der Zeitschrift „Frauenwelt" sicherlich alles in ihrer Macht Stehende bei.

Ende 1966 zog Rosine Speicher, nicht zuletzt aufgrund ihrer gesundheitlichen Probleme, zusammen mit ihrem Mann „aus der lauten Fürther Straße", wo sie seit 1958 gelebt hatten, in das kurz zuvor fertiggestellte „ruhige Wohnstift Rathsberg" in Erlangen.[125] Bereits am 2. Februar 1967 starb Rosine Speicher knapp 83-jährig im dem Seniorenstift benachbarten Waldkrankenhaus St. Marien. Ihre Beerdigung auf dem Nürnberger Johannisfriedhof fand am 6. Februar 1967 unter Beteiligung zahlreicher Trauergäste statt.[126] Philipp Johann Speicher verstarb im Alter von 90 Jahren am 14. April 1969 ebenfalls in Erlangen.[127]

Mit Rosine Speicher, die Anfang des Jahres 1964 „auf die Auszeichnung mit dem Bundesverdienstkreuz am Bande" verzichtet hatte, da ihr an einer derartigen öffentlichen „Halbwegs-Anerkennung" nichts lag, verschwand eine späte Repräsentantin der bürgerlich geprägten Frauenbewegung, die von großer Bedeutung für den Raum Nürnberg war und darüber hinaus mittels der Zeitschrift „Frauenwelt" und ihrer Tätigkeit im DHB merkliche Spuren in der bundesrepublikanischen Nachkriegsgeschichte hinterlassen hat.[128] Sie starb nur wenige Jahre vor der Entstehung der Neuen Frauenbewegung, die sich eher an dem progressiven Bild der Neuen Frau der 1920er Jahre als an der Bürgerlichen Frauenbewegung orientierte und durch ihr beachtliches Wirken seit den 1970er Jahren auch dazu beigetragen hat, dass Persönlichkeiten wie Rosine Speicher allzu rasch in Vergessenheit gerieten. Zweifellos ist es infolge des Forschungsstandes noch viel zu früh für eine Gesamtbewertung ihres Lebens und ihrer Arbeit. Es kann jedoch jetzt schon festgehalten werden, dass Rosine Speicher stets ihren Idealen treu blieb, für ihre Überzeugungen überaus energisch eintrat und zu jeder Zeit bereit war, selbst äußerst unangenehme, ja leidvolle Konsequenzen ihres Handelns hinzunehmen und zu ertragen.

---

[125] NN vom 3.2.1967 (wie Anm. 31), S. 9. Vgl. StadtAN C 21/III Nr. 1350; Stadtarchiv Erlangen (künftig: StadtAE) III.248.S.1; Erlanger Tagblatt, Nr. 28 vom Freitag, 3.2.1967, S. 13: Rosine Speicher ist gestorben. Streiterin für die Aufwertung der Frau; Jutta Beyer, Wohnstift Rathsberg, in: Christoph Friederich / Bertold Frhr. von Haller / Andreas Jakob (Hg.), Erlanger Stadtlexikon, Nürnberg 2002, S. 756.

[126] Vgl. StadtAN C 21/III Nr. 1350; StadtAE III.248.S.1; NN vom 3.2.1967 (wie Anm. 31), S. 9; NZ, Nr. 29 vom Samstag, 4.2.1967, S. 11: Ein Leben für die Rechte der Nürnberger Hausfrau; NN, Nr. 31 vom Dienstag, 7.2.1967, S. 11: ‚Ihre Ideale werden weiterleben!'; Jutta Beyer, Waldkrankenhaus St. Marien, in: Friederich / Haller / Jakob, Erlanger Stadtlexikon (wie Anm. 125), S. 733.

[127] Freundliche Auskunft aus dem Melderegister der Stadt Erlangen von Frau Weisz vom 24.7.2006.

[128] NN vom 4.3.1964 (wie Anm. 44), S. 13.

Irene Ramorobi

Ein Arbeitgeber gestaltet eine Lebenswelt. Die Wohnfürsorgepolitik der Deutschen Reichsbahn-Gesellschaft am Beispiel Bayerns

Durch die Industrialisierung entstand nicht nur die Schicht der Industriearbeiter, die zu einem wichtigen Forschungsgegenstand der Sozial- und Gesellschaftsgeschichte wurde, sondern auch der sogenannte „Neue Mittelstand" mit den Angestellten. Ein Teil dieser Gruppe, die ihr Entstehen der Industrialisierung zu verdanken hat, sind die Arbeiter und die Beamten des niederen und mittleren Dienstes bei der modernen Leistungsverwaltung. Die Industrialisierung wäre ohne die Eisenbahn und das moderne Post- und Telegraphiewesen nicht möglich gewesen. Die moderne Verkehrsverwaltung, welche sich aus der staatlichen Eisenbahn- und Postverwaltung zusammensetzte, war ein wichtiger Motor der Hochindustrialisierung, da sie erst die infrastrukturellen Gegebenheiten für eine flächendeckende Industrialisierung schuf. Aus diesem Grund ist eine sozial- und gesellschaftsgeschichtliche Untersuchung des Personals dieses Zweiges der Verwaltung von besonderem Interesse, zumal in den 1920er Jahren die Reichsbahn der größte Arbeitgeber im Deutschen Reich war. Einschließlich der Ruheständler und der Familienangehörigen des Personals waren fünf Prozent der Reichsbevölkerung Mitglieder der „Reichsbahnfamilie".[1] Folglich ist die Unternehmenskultur des größten Arbeitgebers und sein Einfluss auf das Leben seiner Mitarbeiter ein Forschungsgegenstand, der uns einen tiefen Einblick in die Lebenswelt einer großen gesellschaftlichen Gruppe der Weimarer Republik gewährt. Die Reichsbahn betrieb damals eine über das übliche Maß hinaus gehende freiwillige Wohlfahrt, welche fast alle Lebensbereiche des Personals umfasste. Karl Heiges, der damalige Sozialreferent der Deutschen Reichsbahngesellschaft, begründete diese Bemühungen folgendermaßen: „Sie haben den Zweck, die äußeren Lebensbedingungen des Personals zu erleichtern und das Vertrauensverhältnis zwischen Personal und Verwaltung zu fördern."[2]

Hier wurden Traditionen der Länderbahnen fortgesetzt, die ihre Wurzeln in einem sozialen Verantwortungsbewusstsein des Arbeitgebers Staat hatten, der die wirtschaftliche und soziale Not „seiner" Leute sah, aber auch das Kalkül, die Arbeiter und Beamten durch Vergünstigungen an sich binden zu können. Die Wohnfürsorge der Reichsbahn ist beispielhaft für eine Unternehmenspolitik, die für ihre Zwecke die Mittel des entstehenden Wohlfahrtsstaates zu instrumentalisieren wusste.

Wie die meisten industriellen Großbetriebe war auch die Verwaltung der königlich bayerischen Staatsbahnen daran interessiert, ihre Bediensteten möglichst arbeitsplatznah unterzubringen. So kam es zu weniger Krankenständen, die durch den langen Weg zur Arbeit verursacht wurden, und die Bediensteten standen im Notfall auch außerhalb ihrer Dienstzeiten zur Verfügung. Bald wurde mit diesen praktischen Erwägungen das Bestreben verknüpft, die „minderbemittelten Klassen der Bevölkerung

---

[1] Eberhard Kolb, Die Reichsbahn vom Dawes-Plan bis zum Ende der Weimarer Republik, in: Lothar Gall / Manfred Pohl (Hg.), Die Eisenbahn in Deutschland, München 1999, S. 109–153, hier S. 150.
[2] Karl Heiges, Die Sozialversicherungs- und Wohlfahrtseinrichtungen bei der Deutschen Reichsbahn-Gesellschaft im Jahre 1927, in: Die Reichsbahn, Jg. 1927, Heft 42, S. 737–740, hier S. 737.

und damit auch eines großen Teils des Eisenbahnpersonals"[3] mit geeigneten Wohnungen zu versorgen. Die Verwaltung der bayerischen Staatsbahnen hatte erkannt, dass bei ihnen beschäftigte Arbeiter, untere und mittlere Beamte, in industriellen Zentren keinen oder nur schlechten Wohnraum für viel Geld erhielten. Bei der Bahn beschäftigte Personen verdienten in Industriestädten deutlich weniger als Industriearbeiter mit ähnlicher Qualifikation und vergleichbarer Tätigkeit. Angesichts der hohen Mieten in den rapide wachsenden Industriestädten befanden sich die schlecht verdienenden Eisenbahner bei der Wohnungssuche besonders im Nachteil. Ein Nachteil, der wiederum den Betrieb der damals für das Wirtschaftsleben unersetzlichen Bahn beeinträchtigen konnte.

Einer Befragung des Bayerischen Eisenbahnerverbandes – der christlichen Standesvertretung der Eisenbahner in Bayern, die in den Zeiten des Seidleinschen Revers geduldet wurde – zufolge, lebte gut die Hälfte der Eisenbahner nach eigenem Befinden „in äußerst gesundheitsschädlichen und sittengefährdenden Verhältnissen".[4] So beschloss der bayerische Landtag 1899 die Wohnfürsorge bei der königlich bayerischen Staatsbahn auszudehnen. Dies geschah natürlich nicht ohne den Hintergedanken, dass ein gemütliches Zuhause und ein intaktes Familienleben in einem solchen die „Dienstfreude" und Einsatzbereitschaft des Personals steigerte und auch die Verbundenheit mit der Bahn stärkte. Die Wohnfürsorge war nur einer der vielen Zweige der Sozialfürsorge bei den Bayerischen Staatsbahnen. Die Verwaltung unterstützte generell Selbsthilfeorganisationen der Bediensteten materiell und organisatorisch. Zu den Selbsthilfeorganisationen zählten neben den Baugenossenschaften auch Konsumgenossenschaften, bei denen Eisenbahner verbilligt Lebensmittel und Brennstoff beziehen konnten. Die Nähe der Selbsthilfeorganisation des Personals zur Verwaltung kann dadurch bewiesen werden, dass zum Beispiel in Bayern 1902 ein Revisionsverband zur Überwachung der Baugenossenschaften des Eisenbahnpersonals gegründet wurde, der enge Verbindungen zur Verwaltung der Staatsbahn hatte. Der Revisionsverband kontrollierte nicht nur die Tätigkeiten der Genossenschaften, sondern hatte eine beratende Funktion in finanziellen und technischen Fragen, die durch hochrangige Vertreter der Verwaltung wahrgenommen wurde.[5]

Indem die Verwaltung der Staatsbahnen den Bau und die Verwaltung von Wohnungen anderen überließ, konnten Kapital und Arbeitskraft eingespart und Folgekosten vermieden werden. So wurden die neu gegründeten Genossenschaften, deren Mitglieder Eisenbahner oder Mitglieder der anderen Leistungsverwaltungen, wie der Post, waren, mit niedrig verzinsten Darlehen und Erbbaugelände gefördert. Die Angehörigen der modernen Leistungsverwaltungen waren stark vernetzt. Es gab nicht nur aufgrund der ineinander verzahnten Aufgaben dienstliche Kontakte, Sigrid Amedieck stellte auch häufig private Kontakte, wie Heiratskontakte, zwischen den Beamten der

---

[3] Grübel, Die Wohnfürsorge für das Eisenbahnpersonal in Bayern in: Die Reichsbahn, Jg. 1927, Heft 21, S. 362.

[4] Die Baugenossenschaften des Bayerischen Eisenbahner-Verbandes, Bericht von M. Schmid und A. Brüchle, München 1899, S. 7. Bei dem nach dem damaligen Verkehrsminister benannten Seidleinschen Revers handelte es sich um eine von jedem zur Verbeamtung stehenden Eisenbahner zu unterzeichnende Erklärung, dass er nicht Mitglied einer sozialdemokratischen Gewerkschaft werden würde.

[5] Grübel, Wohnungsfürsorge (wie Anm. 3), S. 362.

Eisenbahn- und Postverwaltung fest.[6] Als Angehörige der neu entstandenen Verkehrsverwaltung hatten sie Amedieck zufolge häufig eine ähnliche soziale Herkunft und grenzten sich standesbewusst von der Arbeiterschaft ab. Von den anderen Beamten oder den „alten" Mittelständlern aus Kleinhandel, Handwerk und Gewerbe wurden sie selten völlig akzeptiert, obwohl sie sich dieser Schicht eher zugehörig fühlten als der Arbeiterschaft. Die Kredite für den Wohnungsbau kamen meist von der Verwaltung der Staatsbahn beziehungsweise vom Staat selbst oder waren Anleihen aus den Pensionskassen der Eisenbahner. Auf diese Weise entstanden neben Dienstwohnungen weitere preiswerte und gesunde Wohnungen für Eisenbahner. Seit Erlass des Genossenschaftsgesetzes von 1889 rückten viele Großbetriebe vom Bau von Werkswohnungen ab und gründeten für sie günstigere Genossenschaften.

Bereits vor dem Ersten Weltkrieg entstanden vor allem in der Nähe neu errichteter Verschubbahnhöfe oder Betriebs- und Ausbesserungswerke die ersten Eisenbahnersiedlungen. Diese Einrichtungen befanden sich logischerweise in industriellen Ballungszentren, wo die Wohnungsnot der Eisenbahner am größten war. Eisenbahnersiedlungen waren oft eigene Stadtviertel mit Läden, Schulen und Kirchen, die fast ausschließlich von Eisenbahnern und ihren Angehörigen bewohnt wurden. Eine der ersten Siedlungen einer Eisenbahnergenossenschaft entstand 1901 in München-Laim, wo 1.714 Personen in einem eigenen kleinen Stadtviertel lebten. Dieses verfügte mit einer Badeanstalt, mehreren Läden und drei Gastwirtschaften, von denen eine einen Festsaal mit Bühne und Kegelbahn hatte, über eine gute Infrastruktur.[7] An kleineren Standorten gab es ebenfalls Wohnungsbauten, die von der Bahn gefördert worden waren, hier fehlte natürlich die oben beschriebene Infrastruktur. Diese Bauten waren in den meisten Fällen lediglich einzelne Mehrfamilienhäuser in Bahnhofsnähe.

Im Jahr 1909 lebten im Bereich der königlich bayerischen Staatsbahn 21 Prozent der Bediensteten in bahneigenen oder in von der Bahnverwaltung bezuschussten Wohnungen. Im Bereich der preußisch-hessischen Bahnverwaltung lag die Quote nur bei 14,7 Prozent.[8] In Bayern konnte man sechzehn Jahre nach Beginn der Förderung schon auf den Bau von 16.259 Wohnungen zurückblicken, die von der Bahn entweder gebaut oder gefördert worden waren. Das bedeutete, dass immerhin 27 Prozent der Beschäftigten bei der Bahn in Bayern in bahneigenem oder von der Bahn gefördertem Wohnraum lebten.[9] Mit nicht geringem Stolz wies man in einem Zeitungsartikel über die Wohnfürsorge bei der Bahn auf die hier erbrachte Leistung hin: „Wer sich in diese Materie vertieft, der wird erkennen müssen, daß hier ein wirkliches Stück segensreicher staatlicher Sozialpolitik geschaffen worden ist und weiter geschaffen wird, dafür bürgen, die auf diesem Gebiete erzielten schönen Erfolge."[10]

Aber es gab auch kritische Stimmen. Die mittleren Beamten sahen sich zum Beispiel von der Verkehrsverwaltung bei der Wohnfürsorge nicht ausreichend berücksich-

---

[6] Sigrid Amedick, Männer am Schienenstrang, Stuttgart 1997, S. 153 passim.

[7] Jürgen Franzke / Matthias Murko, Die ‚Kolonie' war unsere Welt. Die Eisenbahnerbaugenossenschaften in Bayern und die Geschichte der „Wohnkolonie in Nürnberg-Rangierbahnhof", in: Zug der Zeit. Zeit der Züge. Deutsche Eisenbahn 1835–1985, Band 1, Berlin 1985, S. 286–303, hier S. 288 f.

[8] Fischl, Reichsbahn und Wohnungsnot, in: Zeitung des Vereins deutscher Eisenbahnverwaltungen 1925/2, S. 17.

[9] Bayerisches Hauptstaatsarchiv München (künftig: BayHStA), Verkehrsarchiv 8321.

[10] Ebd.

tigt. So merkte der Bayerische Verkehrsbeamtenverein in einem Brief an die Bahnverwaltung im Mai 1914 an: „Er (der mittlere Beamte; d. Verf.) muss, will er nicht in ausgesprochenen Arbeiterquartieren Unterkommen suchen, was er schon aus Rücksicht auf seinen Stand und aus Autoritätsrücksichten vermeiden muss, einen höheren Prozentsatz seines bescheidenen Einkommens für die Wohnungsmiete aufwenden […] Andrerseits kann sich der mittlere Beamte, wenn er pflichtgemäß sein Ansehen wahren will, in Bezug auf die Wahl seiner Wohnung nicht so sehr einschränken wie es dem Arbeiter usw. möglich ist. Er kann daher relativ schlechter gestellt sein, als so mancher Arbeiter und unterer Beamter, denen immerhin die Möglichkeit gegeben ist, ihr Berufseinkommen durch Nebenerwerb der Ehefrau und heranwachsenden Kinder zu erhöhen. […] Er sieht sich daher gezwungen, seine Lebenshaltung aufs Äusserste einzuschränken. Der Einschränkung des Aufwandes für die Wohnung ist aber durch die gebotene Rücksicht auf Gesundheit, Moral und Standesansehen eine nicht überschreitbare Grenze gezogen."[11] Diese Stellungnahme spiegelt deutlich das hierarchische Standesdenken und Selbstverständnis innerhalb der Eisenbahner wieder.

Nach dem Ersten Weltkrieg waren besonders die Eisenbahner von der allgemein vorherrschenden Wohnungsnot betroffen. Allein 35.000 Personen kamen mit ihren Familien aus den abgetretenen Gebieten in das Reichsgebiet und benötigten Wohnraum. Darunter befanden sich viele Eisenbahner, die als Beamte aus Gebieten wie Westpreußen, Oberschlesien oder Elsass-Lothringen in das Reich umziehen mussten. Die Bahnverwaltung fühlte sich als Dienstherr für diese Menschen verantwortlich. Durch die Gebietsverluste nach dem Ersten Weltkrieg wurden zudem Verkehrsknotenpunkte, Dienststellen, Grenzbahnhöfe und ganze Ämter verlegt, was Personalverschiebungen nach sich zog. Das gesamte Eisenbahnwesen wurde nach der Gründung der Deutschen Reichsbahn, der späteren Deutschen Reichsbahn Gesellschaft, einer grundlegenden Umstrukturierung unterzogen. Im Zuge der „Verreichlichung" erhielt die einst eigenständige bayerische Staatsbahn den Status einer Gruppenverwaltung, die dem Vorstand in Berlin untergeordnet war.

Eine weitere Härte stellte für Eisenbahner die Rheinlandbesetzung 1923/24 dar, als 25.000 Eisenbahnerfamilien vertrieben wurden und in anderen Teilen des Reiches untergebracht werden mussten.[12] In den Jahren 1921–1926 stellte man fest, dass ein relativ hoher Prozentsatz, zwischen fünf und sechs Prozent, der Eisenbahner unter der Wohnungsnot litten. Die neu entstandene Deutsche Reichsbahn-Gesellschaft übernahm die langjährige Wohnfürsorgepolitik der bayerischen Staatsbahnen und ihre Richtlinien.[13] Dies dokumentiert, dass die Leistungen der bayerischen Verkehrsverwaltung als besonders vorbildlich und nachahmenswert galten. Erhebungen zeigen, dass die Wohnungsnot innerhalb des Personals der Reichsbahn-Gesellschaft kontinuierlich angestiegen war und erst 1926 Aussicht auf Besserung bestand.[14]

---

[11] Ebd.

[12] Klein, Richtlinien für die Wohnungsfürsorge bei der DRG, Berlin 1931, S. 2f.

[13] Revisionsverband der Baugenossenschaft des Verkehrspersonals in Bayern (Hg), 25 Jahre Revisionsverband, o. O. 1927, S. 10.

[14] Klein, Wohnungsfürsorge (wie Anm. 12), S. 8.

Zeitpunkt[15]	Unter Wohnungsnot leidende Bedienstete in Zahlen	Unter Wohnungsnot leidende Bedienstete in Prozent
1. April 1921	48.570	4,62
1. April 1922	56.960	5,48
1. April 1923	43.147[16]	5,27
1. April 1924	45.535[17]	5,57
1. November 1925	45.983	6,28
1. November 1926	41.866	5,69

Bei der Wohnungsnot unterschied die Deutsche Reichsbahn-Gesellschaft zwischen sechs Kategorien:
– Bedienstete, deren Familien vom Dienstort so weit entfernt wohnten, dass das Leben in häuslicher Gemeinschaft unmöglich oder auf das Äußerste beschränkt war (Stand 1926: 21,0 Prozent).
– Bedienstete, die mit ihrer Familie vorläufig in Not- oder Behelfswohnungen untergebracht waren. Darunter sind Not- und Behelfswohnungen zu verstehen, die zweckentfremdet wurden und nur eine Zwischenlösung darstellten, wie Baracken, Stallräume, Wartesäle, Eisenbahnwagen, baufällige oder gesundheitsgefährdende Räume und ähnliches (Stand 1926: 13,1 Prozent).
– Bedienstete, die mit Familie in Dauerwohnungen untergebracht waren, die jedoch wegen tatsächlich völlig unzureichender Raumverhältnisse (im strengsten Sinne ausgelegt) eine größere Wohnung anstrebten (Stand 1926: 40,6 Prozent).
– Bedienstete, die mit Familie möblierte Räume mit Küche oder Küchenbenutzung gemietet oder solche Räume bei Eltern, Schwiegereltern und sonstigen Verwandten inne hatten und eigene Wohnungen suchten (Stand 1926: 18,4 Prozent).
– Bedienstete, die mit Familie möblierte Räume ohne Küchenbenutzung gemietet hatten und eigene Wohnung suchten (Stand 1926: 5,1 Prozent).
– Bedienstete, die mit ihren Familien wohnungslos waren, das heißt, wenn sie überhaupt obdachlos waren oder nur Schlafstellen bezogen oder vorübergehend Obdach bei Verwandten, in Heimen, beim Roten Kreuz, in Gasthöfen und ähnlichem gefunden hatten (Stand 1926: 1,8 Prozent).[18]

Von diesen unterschiedlichen Formen der Wohnungsnot waren Arbeiter rein statistisch stärker betroffen als Beamte. Da die Deutsche Reichsbahn-Gesellschaft im Gegensatz zu den Kommunen sehr gründliche Erhebungen machen konnte, errechnete man bei der Reichsbahn einen Bedarf an 20.468 Wohnungen. Mit diesen Zahlen konnte man auch den Bedarf an Wohnungen in den einzelnen Direktionen feststellen. In der Reichsbahndirektion München waren 4,2 Prozent der Eisenbahner mit ihren Familien von der Wohnungsnot betroffen, im Gebiet der Reichsbahndirektion Nürn-

---

[15] Tabelle entnommen aus: ebd., S. 3
[16] Ohne die Bediensteten im Gebiet der während der Rheinlandbesetzung von den belgischen und französischen Besatzern betriebenen Regie-Bahn.
[17] Ebenso.
[18] Klein, Wohnungsfürsorge, (wie Anm. 12), S. 4 f.

berg 5,2 Prozent.[19] Die Deutsche Reichsbahn-Gesellschaft sah durch diese Wohnungsnot ihren reibungslosen Betrieb gefährdet und klagte über die hohen Kosten von ungefähr drei Millionen Goldmark, die der Deutschen Reichsbahn-Gesellschaft durch Trennungsentschädigung an die von der Familie getrennten Bediensteten entstanden. Berechnungen ergaben auch, dass der Bau von Wohnungen weniger kostete als das Trennungsgeld und Wohnungen einen bleibenden Wert darstellten.[20] Ferner erachtete die Reichsbahn ein geordnetes Familienleben als der Diensterfüllung förderlich: „Schmerzlicher noch als die Verwaltung empfindet die Wohnungsnot der Bedienstete, der gezwungen ist, auf unabsehbare Zeit von seiner Familie getrennt zu leben. Das Fehlen des Familienhauptes wirkt sich oftmals ungünstig auf die Erziehung der Kinder aus. Der Zwang, die gewohnten häuslichen Bequemlichkeiten entbehren zu müssen, die Wirtshauskost, hundert andere Kleinigkeiten verleiden ihm das Dasein und trüben ihm notwendigerweise die Dienstfreudigkeit."[21]

Der Direktor des Reichsbahnausbesserungswerks Nürnberg beschrieb anlässlich der Wohnungserhebung 1925 in einem Bericht an die zuständige Reichsbahndirektion Nürnberg die Auswirkungen der Wohnungsnot auf den Betriebsablauf folgendermaßen: „Die Wohnungsnot und das Wohnungselend in Nürnberg sind sattsam bekannt. […] Auch der seit Monaten ungewöhnlich hohe Krankenstand beim EAW – tägl. 90–100 Mann – wird damit (den Krankheiten auslösenden Wohnungsmangel, d. Verf.) in Zusammenhang zu bringen sein. Diese Wohnungsnot brachte es auch mit sich, daß etwa 200 Arbeiter des EAW auswärts wohnen müssen; die Mehrzahl dieser Leute klagt ständig über Übermüdung, da sie früh bald aufstehen und einen weiten Weg bis zum Bahnhof zurücklegen müssen. 22 Bedienstete wohnen so ungünstig, daß sie wegen der großen Entfernung nur alle 8 Tage ihre Familie besuchen können; diese Leute wohnen vorwiegend nur in dürftigen Zimmern ohne jede Bequemlichkeit. Durch den Bau weiterer Wohnungen würden diese Übelstände beseitigt werden und zweifellos zur Hebung der Gesundheit und Zufriedenheit des Personals und damit auch zur Hebung der Leistung ganz wesentlich beitragen."[22]

Außerdem hoffte man mit dem Bau von Wohnungen die Volkswirtschaft anzukurbeln und somit wiederum dem eigenem Geschäft zu nutzen: „Zu diesen Vorteilen kommt noch hinzu, daß die Reichsbahn zufriedenes, in billigen und hygienischen Wohnungen untergebrachtes Personal hat [und] die volle Handlungsfreiheit in Personalwirtschaft und Organisation zurückgewinnt. Mit Inangriffnahme der Wohnungsbauten tritt eine außerordentliche Belebung des Arbeitsmarktes und damit eine Hebung der Kaufkraft der Bevölkerung, die wiederum in einer erhöhten Inanspruchnahme der Verkehrsleistungen der Reichsbahn zum Ausdruck kommt. Und schließlich darf sich die Reichsbahn das Verdienst zuschreiben, eine soziale Tat ersten Ranges vollbracht zu haben."[23]

Dennoch sah es die Reichsbahn nicht ein, alleine für die Wohnfürsorge an ihrem Personal verantwortlich zu sein: „Es kann auch nicht Aufgabe dieser Verwaltungen

---

[19] Ebd., S. 5.
[20] Fischl, Wohnungsnot (wie Anm. 8), S. 17.
[21] Ebd.
[22] BayHStA, Verkehrsarchiv 39292.
[23] Fischl, Wohnungsnot (wie Anm. 8), S. 18.

sein, die Wohnungsnot unter ihren Bediensteten zu beseitigen und damit die Länder und Gemeinden von Aufgaben zu entlasten, die ihnen für alle Bürger gleichmäßig obliegen."[24]

Die Reichsbahn betrieb eine aktive Wohnungspolitik, die auf zwei Säulen ruhte, der Erhaltung und der Vermehrung von Wohnraum. Die Reichsbahn förderte den Wohnungstausch unter Beamten, indem sie Beihilfen für einen Umzug oder Instandsetzung zur Verfügung stellte. Das System der Wohnungszwangswirtschaft wurde für Reichsbahnpersonal gemildert, da die Reichsbahnverwaltung bei den Wohnungsämtern durchsetzen konnte, dass ihre Bediensteten bevorzugt behandelt wurden und nicht so lange wie andere auf der Warteliste für eine Wohnung standen.[25] Diese Bevorzugung wurde mit dem Argument, dass die Eisenbahn unerlässlich für das Funktionieren der Volkswirtschaft sei, gerechtfertigt. Seit Beginn der Weimarer Republik konnte die Reichsbahn auf verschiedene Formen von Bauaktivitäten zurückblicken. Ähnlich wie Kommunen oder Länder versuchte man sich mit Baracken, Eisenbahnwaggons und der Zweckentfremdung bereits bestehender Gebäude zu behelfen. Ab 1926, mit dem eigentlichen Anlaufen der Hauszinssteuer, ist zu beobachten, dass sich die Reichsbahngesellschaft vermehrt auf die Förderung von Wohnungsbaugenossenschaften konzentrierte.

Geschäftsjahr[26]	Neubauwohnungen	Ein- und Ausbau in vorhandenen Reichsbahngebäuden	Not- und Behelfswohnungen	Geförderte Wohnungen	Gesamt
1920	2.064	1.410	2.326	3.435	9.235
1921	1.303	1.083	972	4.645	8.003
1922	2.307	975	599	4.672	8.553
1923	4.045	896	200	3.395	8.536
1924	3.387	405	151	1.088	5.031
1925	3.620	634	152	2.488	6.894
1926	722	315	70	4.736	5.843
1927	440	247	67	6.237	6.991
1928	444	140	18	5.804	6.406
1929	279	130	35	6.725	7.169

Ein großer Teil der Wohnungen wurde in der Hauszinssteuerära zwischen 1925 und 1929 mit 33.000 Wohnungen gebaut. Im Verlauf dieser Jahre wandte die Reichsbahn-Gesellschaft jährlich durchschnittlich 34,5 Millionen RM für den Bau von Wohnungen auf.[27] Dies geschah mit staatlichen Fördermitteln. Auf diese Weise konnte die

---

[24] Klein, Wohnfürsorge (wie Anm. 12), S. 7.
[25] Heintze, Das Wohnungs- und Siedlungswesen der Deutschen Reichsbahn-Gesellschaft, in: Zeitung des Vereins Deutscher Eisenbahnverwaltungen, Juli 1932, S. 646.
[26] Tabelle entnommen aus: Baumann, Deutsches Verkehrsbuch, Berlin 1930, S. 341.
[27] Ebd., S. 337 ff.

Reichsbahn 1932 auf einen Wohnungsbestand von 182.254 Wohnungen verweisen, davon waren 115.254 reichsbahneigene Wohnungen und 66.962 von der Reichsbahn bezuschusste Wohnungen. Dies bedeutete, dass 1931 28,31 Prozent der Reichsbahnbediensteten in von der Reichsbahn geförderten oder gebauten Wohnungen lebten. Bedenkt man, dass damals fünf Prozent der Bevölkerung des Deutschen Reichs bei der Deutschen Reichsbahn-Gesellschaft beschäftigt waren und die Familienmitglieder nicht mitgezählt wurden, wurde eine beträchtliche Zahl an Menschen mit Hilfe der Reichsbahn untergebracht. In Bayern lebten bereits 1926, bevor der große Bauboom der Hauszinssteuerphase zum Tragen gekommen war, 28,22 Prozent der Bediensteten bei der Reichsbahn in von der Bahn bezuschussten Wohnungen.[28] Den 5.545 Genossen mit ihren 21.273 Angehörigen standen 6.231 Wohnungen zur Verfügung.[29] Rund 78,4 Prozent der Genossen waren bei der Eisenbahn, der Rest bei der Post beschäftigt. Die Mehrzahl der Bewohner stellte die Beamtenschaft mit 43 Prozent.[30] Die Beamten erhielten überwiegend die größeren Wohnungen, worunter man die Wohnungen mit mehr als drei Zimmern verstand. Die Hälfte der Wohneinheiten in den Eisenbahnersiedlungen hatten vier Zimmer. Beinahe zwei Drittel der Eisenbahnerfamilien hatten entweder kein Kind oder nur eines.[31] Die Wohnungen waren also in den seltensten Fällen überbelegt. Die geringe Kinderzahl deutet außerdem darauf hin, das in den Familien gezielte Familienplanung betrieben wurde. Ein Charakteristikum der aufstiegsorientierten Kleinbürgerfamilien, die vor allem im Beamtentum zu finden waren. Einem Kind konnte eine bessere Ausbildung gewährt werden, Kinderreichtum galt als Hindernis beim sozialen Aufstieg und materiellen Fortkommen.

Es ist anzunehmen, dass bei der bis 1929 regen Bautätigkeit in Bayern noch mehr Eisenbahner in Bayern eine von der Bahn geförderte Wohnung bezogen als im restlichen Reich. Schätzungsweise lebten zu Beginn der dreißiger Jahre ein Drittel der Eisenbahner im Gebiet der Gruppenverwaltung Bayern in einer eisenbahneigenen oder durch Zuschüsse der Reichsbahn finanzierten Wohnung.

Angesichts dieser Statistiken befand die Verwaltung, dass das Personal ausreichend versorgt sei.[32] Ab 1931 stellte die Reichsbahnverwaltung unter anderem aus diesem Grund ihre umfangreiche Wohnungsbauförderung ein, denn man glaubte, den Bedarf der Bediensteten gedeckt zu haben und es waren auch nicht mehr die politisch-ökonomischen Voraussetzungen für den Wohnungsbau gegeben. Das Kabinett Brüning förderte im Rahmen der dritten Notverordnung nur noch den Bau von Eigenheimen. Die Deutsche Reichsbahn-Gesellschaft sah sich bei der Wohnungsfürsorge den Bediensteten verpflichtet, die aus dienstlichen Gründen von der Wohnungsnot betroffen waren, wollte diese aber nicht beim Bau von Eigenheimen unterstützen.[33] Man ging auch zu Recht davon aus, dass sich die wenigsten unter den Reichsbahnern ein Eigenheim leisten konnten.

---

[28] 25 Jahre Revisionsverband (wie Anm. 13), S. 102.
[29] Ebd., S. 23.
[30] Ebd., S. 127.
[31] Ebd., Anlagen 1 bis 3.
[32] Heintze, Wohnungs- und Siedlungswesen (wie Anm. 25), S. 650.
[33] Klein, Wohnungsfürsorge (wie Anm. 12), S. 24.

Man beschränkte sich lediglich darauf, bereits laufende Bauprojekte zu Ende zu führen.[34] Hier stellt sich die Frage, wie die Reichsbahn den Bau der Wohnungen organisierte. Gerade beim Bau von Siedlungen griff die Reichsbahn in der Weimarer Republik auf die schon bewährten Genossenschaften zurück und förderte bei Bedarf auch die Gründung neuer Genossenschaften. Prinzipiell konnte jede nachweislich gemeinnützige und leistungsfähige Genossenschaft von der Reichsbahn gefördert werden, die sich bereit erklärte, Wohnungen für Reichsbahnbedienstete zu bauen. Um zu beweisen, dass die Genossenschaft lebens- und leistungsfähig war, musste eine Genossenschaft mindestens 100 Mitglieder haben und ein Grundkapital von 20.000 RM. Bei Genossenschaften, die ausschließlich aus Beschäftigten der Reichsbahn bestanden, wurde eine Ausnahme gemacht und es reichte die Hälfte der Mitglieder und des Kapitals aus, um eine Förderung zu erhalten.[35] Die Vorgesetzten waren gehalten, Funktionäre bei den Baugenossenschaften für ihre Amtsausübung vom Dienst freizustellen, falls dies nötig war. Die Reichsbahnverwaltung unterstützte den Bau von Wohnungen in Form von niedrig verzinsten Darlehen. Die Reichsbahn nahm hierfür die staatlich gewährten Arbeitgeberdarlehen aus der Hauszinssteuer in Anspruch oder auch Kredite von Hypothekenbanken, Sparkassen, Pfandbriefanstalten, Versicherungen oder im speziellen Fall der Reichsbahn die sozialen Kassen der Reichsbahn wie die Reichsbahnbetriebskrankenkasse oder die Arbeiterpensionskassen.[36] Als eine weitere Geldquelle galt auch die Auslandsanleihe.[37] Eine andere Form der Unterstützung von Wohnungsbau war die Zurverfügungstellung von bahneigenen Grundstücken auf Erbpachtbasis – dies bedeutete, dass die Reichsbahn Eigentümerin des Grundstückes blieb. Auf diese Weise konnte die Reichsbahnverwaltung den Bauherren längerfristiger, als es bei einem Kredit möglich gewesen wäre, hinsichtlich der Vergabe und der Verwaltung der Wohnungen Bedingungen stellen und konnte auch die Nutzung der Gemeinschaftseinrichtungen, wie zum Beispiel Gastwirtschaften, Säle, Läden und ähnliches, kontrollieren.[38] Auf diese Weise konnte die zuständige Eisenbahndirektion als Arbeitgeber die Lebenswelt ihrer Beschäftigten gestalten beziehungsweise kontrollieren. Generell versuchten die Direktionen, Reformgaststätten, die keinen Alkohol ausschenkten, in den Siedlungen durchzusetzen. Damit wollte man wohl die Abstinenzlerbewegung unterstützen, die zumindest bei der Verwaltung großen Anklang fand – was auf einen unter Eisenbahnern, wie bei vielen Arbeitern, verbreiteten Alkoholmissbrauch hindeutet. Die Direktionen versuchten bei der Vergabe von Pachtverträgen auch auf das politische Leben der Bewohner Einfluss zu nehmen. Zum Beispiel war in Nürnberg die Siedlung am Rangierbahnhof schon vor dem Ersten Weltkrieg als „rote Hochburg" bekannt. Deshalb verhinderte die Reichsbahndirektion Nürnberg, dass der SPD-nahe, genossenschaftlich organisierte Konsumverein in der Siedlung Nürnberg-Rangierbahnhof einen Laden eröffnete. Obwohl die Mehrzahl der Bewohner Mitglieder im Konsumverein waren und es in der abgelegenen Siedlung keinen anderen Laden gab, untersagte die Verwaltung die Einrichtung eines Ladens.

---

[34] Heintze, Wohnungs- und Siedlungswesen (wie Anm. 25), S. 650.
[35] Klein, Wohnfürsorge (wie Anm. 12), S. 25.
[36] Heintze, Wohnungs- und Siedlungswesen (wie Anm. 25), S. 648.
[37] Fischl, Wohnungsnot (wie Anm. 8), S. 18.
[38] Klein, Wohnfürsorge (wie Anm. 12), S. 55.

Man nahm billigend in Kauf, dass die Bewohner für jede Besorgung den weiten Weg in die Stadt auf sich nehmen mußten, um den Einfluss der Sozialdemokratie einzudämmen. Aus demselben Grund verzögerte die Direktion auch den Bau eines Genossenschaftssaales für Versammlungen und Veranstaltungen, da man keine politischen Veranstaltungen in der Siedlung haben wollte, stellten sie doch ein gewisses Unruhepotential dar.[39] Diese Blockadehaltung wurde bis in die zwanziger Jahre durchgehalten. Auf ein Protestschreiben des damaligen evangelischen Pfarrers, dass die Verkehrsanbindung und die Infrastruktur der Siedlung unzureichend seien, reagierte die Verwaltung unbeeindruckt und ließ den Pfarrer wissen: „Die Kolonie ist für unteres Eisenbahnpersonal erbaut und nach dessen Bedürfnissen eingerichtet. Die Zweckmässigkeit und Güte ihrer Einrichtung müssen demnach ausschließlich von diesem Gesichtspunkt aus beurteilt werden; sie können nicht für ungenügend erachtet werden lediglich deshalb, weil sie etwa weitergehenden Ansprüchen einzelner Personen nicht voll genügen, die höheren gesellschaftlichen Kreisen angehören, nur ihres Berufes wegen dort zu wohnen gezwungen sind und dabei in gleicher Lage sich befinden, wie viele Geistliche, Lehrer und Ärzte auf dem Lande."[40]

Diese Stellungnahme dokumentiert, dass man den unteren Rängen das Recht auf eine gewisse „Lebensqualität" in Form von Läden, Dienstleistungen, Freizeitgestaltung, Bildung und Gemeinschaftseinrichtungen absprach. Man nahm an, dass in diesem sozialen Umfeld der Bedarf danach nicht bestünde. Dazu gehörte auch, dass die Wohnungen in Nürnberg-Rangierbahnhof keine Badezimmer hatten. Lediglich die Pfarrhäuser beider Konfessionen hatten Badezimmer. Von Arbeitern und kleinen Beamten wurde damals angenommen, dass sie zum Teil nicht einmal wüssten, wie man ein Bad benützen sollte. Andererseits wurden aber von der Direktion auch soziale Einrichtungen innerhalb einer Siedlung gefördert. Als in Nürnberg-Rangierbahnhof im Rahmen von Einsparmaßnahmen 1923 die Stelle der Kindergartenleiterin Fräulein Dorn vom Abbau bedroht war, setzte sich die Reichsbahndirektion Nürnberg bei der Gruppenverwaltung Bayern, deren Sitz sich in München befand, für den Erhalt der Stelle ein: „Der Vorteil dieser Einrichtung für die Verwaltung ist ganz unverkennbar. Ich selbst habe die Wahrnehmung gemacht, daß der sittliche Einfluß dieser durch die Schulleitung musterhaft geleiteten Schule auf die Kinder und die Mütter und mittelbar auch auf die Väter geradezu segensreich gewirkt hat. Mir als unruhig bekannte Elemente entwickeln sich zu zuverlässigen Mitgliedern der Belegschaft. Die Vorteile der Schule scheinen mir so wesentlich im Interesse der Verwaltung gelegen zu sein, daß ich schon aus diesem Grunde den Fortbestand der Schule dringend empfehlen möchte. Es darf schließlich auch nicht verkannt werden, daß Arbeiter, die ihre Kinder während der Arbeit in pfleglicher und sicherer Obhut wissen, unbedingt arbeitsfreudiger werden, abgesehen davon, daß der Gedanke, ihre Kinder in der Obhut ihrer Arbeitgeber zu wissen, sicherlich eine gewisse Dankbarkeit und Treue gegenüber dem Arbeitgeber auslösen muß."

Die Intervention hatte wohl gefruchtet, und Fräulein Dorn war dem Nürnberger Adressbuch von 1930 zufolge immer noch als Kindergartenleiterin in Nürnberg-Ran-

---

[39] BayHStA, Verkehrsarchiv 8314: Dienst- und Mietwohnungen einschließlich Arbeiterwohnungen, Dienstgebäude 1907–1917.

[40] BayHStA, Verkehrsarchiv 9181.

gierbahnhof wohnhaft. Daraus kann man den Schluss ziehen, dass besonders Einrichtungen gefördert wurden, welche das Vertrauen zwischen Verwaltung und Personal stärkten.

In der Weimarer Republik wurden die Regularien etwas gelockert. Die politische und konfessionelle Neutralität beim Personal der Eisenbahn wurde von den Behörden jedoch weiterhin gefördert. Trotz des politischen Wandels seit 1918 wurde in Nürnberg-Rangierbahnhof seitens der Verwaltung eine gewisse Blockadehaltung gegenüber sozialdemokratisch dominierten Einrichtungen beibehalten. Schließlich saßen immer noch dieselben höheren Beamten an den wichtigen Stellen. Die von der Deutschen Reichsbahn-Gesellschaft verbindliche Hausordnung für von ihr geförderte Bauten erlaubte ausdrücklich nur das Flaggen mit Schwarz-Rot-Gold oder den jeweiligen Landes- oder Stadtflaggen. Flaggen von Parteien waren nicht erwünscht. Die Siedlungen sollten ein politisch neutraler Raum sein, wo die in der Weimarer Republik oft auch gewalttätigen politischen Auseinandersetzungen nicht stattfinden sollten. Seit 1931 war es dem Personal der Eisenbahn untersagt, in Uniform an politischen Versammlungen teilzunehmen. Hier zeigte sich eine gewisse Loyalität zur Republik, deren Stärke aber immer von der jeweiligen Direktion und deren Umfeld abhing. Ein wichtiger Punkt war wohl auch, dass die Reichsbahn politische Unruhen, wie sie in der ganzen Weimarer Republik an der Tagesordnung waren, unter ihren Bediensteten am Arbeitsplatz und im privaten Umfeld vermeiden wollte. Das Leben in den Siedlungen unterlag also auch in der Weimarer Republik durch die Erbpachtverträge noch einer gewissen Kontrolle durch den Arbeitgeber.

Die Genossenschaften als Bauherren hatten im Gegenzug den Vorteil, für wenig Kapital ein Grundstück zu erwerben. Im Bedarfsfall übernahmen die technischen Mitarbeiter der Reichsbahnverwaltung gegen eine geringe Gebühr auch die Planung und technische Betreuung von Bauprojekten. Für den Standort einer neu zu errichtenden Siedlung stellte man einige Kriterien auf: Neben der Arbeitsplatznähe war der Anschluss des Baugeländes an das Kanalisations-, Wasser- und Elektrizitätsnetz sowie die räumliche Nähe zu Kirchen, Bildungs- und Erholungsstätten wichtig bei der Auswahl von Standorten für neue Wohnsiedlungen. Von Bedeutung waren auch eine gesunde windgeschützte sowie verkehrsgünstige Lage der Siedlung. Ferner waren die Bauträger auch gehalten, für infrastrukturelle Einrichtungen, wie Schulen und Kirchen, zu sorgen, wenn diese nötig waren.[41] Die Reichsbahndirektionen unterstützten in Einzelfällen den Bau der Kirchen. Präferiert wurde aber die Unterstützung von sozialen Einrichtungen wie Kindergärten, wobei Kirchen dann die bevorzugten Partner waren. Im Gegensatz zu vielen anderen Bauträgern in der Hauszinssteuerphase versuchte die Bahn bei der Ausführung und Ausstattung der Wohnungen möglichst sparsam zu sein. Die Verordnungen der Reichsbahn machten die Frage, ob moderne Flachbauten oder traditionelle Giebelhäuser, Ein- oder Mehrfamilienhäuser gebaut werden sollten, von den Gegebenheiten vor Ort abhängig. Die endgültige Entscheidung lag also bei der jeweiligen Reichsbahndirektion. Maxime war lediglich, dass beim Baumaterial, bei der Bauweise und bei der Konstruktion kostensparend, aber dennoch ästhetischen Ansprüchen genügend gebaut werden solle. Aus diesen Gründen wurden in den meisten Reichsbahndirektionen Mehrfamilienhäuser bevorzugt, da sie

---

[41] Klein, Wohnfürsorge (wie Anm. 12), S. 56.

preiswerter im Bau waren und auch eine gewisse Sicherheit für die Familien boten, da die Männer auch Nachtdienst hatten.[42]

Die Richtlinien der Reichsbahn waren so konzipiert, dass vorwiegend der Bau von Kleinwohnungen gefördert wurde. Unter einer Kleinwohnung verstand man eine Wohnung von circa 32 bis 45 qm, bei kinderreichen Familien wurden 60 qm gewährt. Also lebten die meisten Eisenbahnerfamilien in 2,5-Zimmerwohnungen zu einer Miete zwischen 20 und 40 RM, wobei mancherorts ein durchschnittliches Wochengehalt eines Arbeiters oder Hilfsbeamten bei der Reichsbahn laut Tarif zwischen 22 und 35 RM betrug. Hinsichtlich der Ausstattung beschränkte man sich gemäß der geltenden Richtlinien nur auf das Nötigste und war kostenorientiert, wie aus den Richtlinien der Wohnfürsorge ersichtlich ist:[43] „Die Ausstattung soll wirtschaftliche und einfache Führung des Haushalts erleichtern, muß aber jeden überflüssigen Aufwand vermeiden. Die Anlage von zentralen Gemeinschaftseinrichtungen (Heizung, Warmwasserbereitung, Bad, Waschküche) ist nur zulässig, wenn die Lasten der Mieter dadurch nicht erhöht werden. Soweit es zur Senkung der Miete notwendig ist, wird auf die Einrichtung von Bädern für die einzelne Wohnung zu verzichten sein. Die Gewährung öffentlicher Mittel darf keinesfalls von der Forderung eines Einzelbades abhängig gemacht werden. Im Übrigen sind bei der Ausstattung die ortsüblichen Einrichtungen und Lebensgewohnheiten zu berücksichtigen. Waschküchen und Keller sind auf das Nötigste zu beschränken."[44]

Im Fall der Reichsbahn ist die damals häufig geäußerte Kritik am öffentlichen Wohnungsbau, dass zu aufwendig gebaut würde, eindeutig nicht zutreffend. Die Planer, die sich mit den neusten Erkenntnissen der Wohnreform auseinandersetzten, nahmen hinsichtlich der Gestaltung eine moderate Haltung ein, indem sie vor allem Wert auf Zweckmäßigkeit und Hygiene der Bauten legten. Anhand der im Revisionsverband veröffentlichten Vortragsmanuskripte wird ersichtlich, dass man hier die neuesten Entwicklungen des Städte- und Wohnungsbaus wahrnahm, aber eher eine moderate Form der Architektur bevorzugte. So verzichtete man beispielsweise teilweise auf die damals propagierte hygienische kleine Kochküche und baute Wohnküchen, wie es die Mieter gewohnt waren. Diesem Entschluss lagen praktische Erfahrungen mit den Bewohnern zu Grunde.

Vor dem Krieg hatten zum Beispiel wohlmeinende Planer, die im Sinne der Heimatschutzbewegung handelten, in Nürnberg-Rangierhof die Erfahrung gemacht, dass eine Küche, die nur Platz zum Kochen bot, von den Hausfrauen im Viertel nicht akzeptiert wurde. Diese Kochküche war in Franken traditionell weitverbreitet und hatte zudem den Vorteil, nach damaligen Vorstellungen hygienischer als eine Wohnküche zu sein. Bei Nachforschungen hatte sich dann ergeben, dass die traditionelle fränkische Kochküche den vorwiegend aus der Oberpfalz stammenden Hausfrauen nicht bekannt war. Die Bewohnerinnen empfanden die Kochküche als unpraktisch, und die ganze Familie zwängte sich in die kleine Küche.[45]

---

[42] 25 Jahre Revisionsverband (wie Anm. 13), Anlage 1–3.
[43] Klein, Wohnfürsorge (wie Anm. 12), S. 132.
[44] Ebd., S. 120.
[45] Albert Lehr, Einzelheiten über die Wohnungsbauten in Nürnberg-Rangierbahnhof, in: Zeitschrift für Wohnungswesen in Bayern VII, S. 85–91, hier S. 88–90.

Der verantwortliche Architekt räumte ein, dass man die Lebens- und Wohngewohnheiten der Arbeiterschaft genauer zu beobachten habe. Die Planer gaben jedoch die Hoffnung nicht auf, dass sie die Bewohner zur richtigen Nutzung der Wohnung „erziehen" könnten. Folgendes Zitat illustriert diese Einstellung: „[…] Gewohnheiten der Menschen sind so schwer zu ändern. Was ist gegen die kalte Pracht der guten Stube geredet worden. Trotz vieler Rückschläge, trotz Beharrungsvermögen der Menschen kann man aber die Bestrebungen, bei neuen Grundrissen, die Vorzüge der Technik, die auf dem Gebiete der Heizung, der Lüftung und der Beleuchtung liegen nicht ausschalten, sondern es ist durchaus berechtigt, immer wieder und wieder nach neuen verbesserten Lösungen zu suchen und die Bewohner zur richtigen Nutzung der Wohnung zu erziehen."[46]

Zusammenfassend kann man sagen, dass die Reichsbahn-Gesellschaft von allen Großbetrieben im Deutschen Reich wohl eines der umfangreichsten Wohnungsbauprogramme unterhielt. Die Beweggründe waren sowohl unternehmerisch-betriebswirtschaftlicher Natur als auch die soziale Verantwortung gegenüber den Beschäftigten. Ähnlich wie das Reich, die Länder und die Gemeinden betrieb die Reichsbahn-Gesellschaft aus der Not heraus eine aktive Wohnungspolitik. In den ersten Nachkriegsjahren während der Inflation wurden in großer Zahl Notwohnungen oder zusätzliche Wohnungen in reichsbahneigenen Gebäuden gebaut. Umbauten und Notwohnungen machten allgemein im „normalen" Wohnungsbau der Inflationszeit einen hohen Prozentsatz aus. Mit Beginn der Hauszinssteuer-Ära erlebten die Reichsbahn wie auch der Rest des Reiches einen Bauboom, der mit dem Politikwechsel 1931 ebenfalls sein Ende nahm. Die Reichsbahn unternahm keine selbständige Wohnungspolitik, vielmehr nahm die Entwicklung der Wohnungsbaupolitik der Reichsbahn einen parallelen Verlauf zu der des Reiches. Sie nutzte aktiv die Angebote des Staates. Sie betrieb diese Politik jedoch nur so lange, wie die Förderung seitens des Staates bestand. Den Heimstättenbau unterstützte die Reichsbahn-Gesellschaft nicht, da ihr dieser nicht nützlich für ihre Zwecke erschien. Ziel der Reichsbahnverwaltung war es, Bedienstete angemessen, gesund, hygienisch und preiswert unterzubringen. Die von der Reichsbahn geförderten Wohnungen boten für heutige Standards geringen Komfort. In der Planung wurden aber die Erkenntnisse der Wohnreform weitestgehend verwirklicht. Die architektonische Gestaltung und die Ausstattung hingen hauptsächlich von den Vorstellungen der jeweiligen Reichsbahndirektion ab. Auffällig ist, dass bei der Planung die Ideen der Heimatschutz- und der Gartenstadtbewegung weitgehend übernommen wurden, welche vormoderne Ideale propagierten. Die Reichsbahn war zugleich ein Betrieb, der sonst für Innovation und Modernität schlechthin stand und sich als solcher auch darstellte. Aus den Planungen ist deutlich ersichtlich, dass die Planer ihr Ideal der bürgerlichen geschlossenen Kleinfamilie verwirklichten. Die Grundrisse boten nur Platz für ein Ehepaar und dessen Kinder. Die Hausordnungen verboten auch die Aufnahme von Untermietern. Grund für dieses Verbot waren hygienische und moralische Vorbehalte gegen die offene Familienstruktur der Arbeiter, die damals noch weit verbreitet war. Die Bewohner übernahmen gerne diese bürgerlichen

---

[46] Röttcher, Über Grundrissgestaltung kleiner Wohnungen, in: Zeitung des Vereins Deutscher Eisenbahnverwaltungen, 1931, Nr. 38, S. 1017.

Wohnformen und genossen die idyllischen Siedlungen als Gegenwelt zu ihrer hochtechnisierten Arbeitswelt.

Die Zielgruppe der Wohnfürsorge waren die geringer verdienenden Arbeiter sowie die unteren und mittleren Beamten, die sich auf dem freien Wohnungsmarkt in den Ballungsräumen nur schwer behaupten konnten. Die Haltung der Reichsbahn-Gesellschaft zur Wohnungspolitik des Reiches war ambivalent. Sie war, wie bereits erwähnt, der Ansicht, dass es eigentlich Aufgabe des Staates sei, für die Behebung der Wohnungsnot zu sorgen. Sie kritisierte gleichzeitig die Wohnungszwangswirtschaft, da sie die privatwirtschaftlichen Bestrebungen behinderte und der öffentliche Wohnungsbau häufig zu aufwendig und kostenintensiv baute.

An Errungenschaften wie dem staatlichen Baugeld wurde aber keine Kritik geübt, waren doch die Angehörigen der Reichsbahn Nutznießer dieser Förderungen. Man kann also auf eine insgesamt erfolgreiche Wohnungspolitik bei der Reichsbahn zurückblicken, die ohne den Staat und die gründlichen Vorarbeiten der Reichsbahn-Gesellschaft in Form von sehr gründlichen Statistiken und Bedarfsfeststellungen nicht möglich gewesen wäre. Man muss den Verantwortlichen allerdings zugute halten, dass sie wie kein anderes Großunternehmen die gebotenen Möglichkeiten zugunsten der Belegschaft ausschöpften. Die umfangreichen Sozialleistungen, die vom Staat mit finanziert wurden, stärkten aber auch die Bindung des Personals an den Arbeitgeber Reichsbahn beziehungsweise stärkten das Vertrauensverhältnis zwischen Vorgesetzten und Mitarbeitern. Die Verwaltung der Reichsbahn wusste, dass ihr Personal im Vergleich zu ähnlich qualifizierten Arbeitern in der Industrie schlecht bezahlt war. Da den Arbeitern und Beamten bei der Bahn besonders viele Lohnkürzungen und Arbeitszeiterhöhungen zugemutet wurden, war eine Kompensation durch die Wohnfürsorge in deren Augen nur gerecht.

Für den Sonderfall Bayern gilt, dass hier eine bereits vor 1914 erfolgreiche Wohnungspolitik fortgesetzt wurde, die für das gesamte Reich übernommen wurde. Ebenso ist deutlich ersichtlich, dass die Verwaltung der Reichsbahngesellschaft mittels der Erbpachtverträge die Lebenswelt der Eisenbahner und ihrer Familien nachhaltig gestalten konnte.

Thomas Horling

Kartell und ausländisches Kapital.*
Die deutsche Wälzlagerindustrie in den Jahren 1925–32

An der Wende zum 21. Jahrhundert hat sich die Gesellschaft an eine in früheren Epochen unvorstellbare Mobilität gewöhnt. Als Massenverkehrsmittel ermöglichen Autos, Eisenbahnen und Flugzeuge, in gewissem Umfang auch Fahrräder und Schiffe, die Überwindung großer Entfernungen in vergleichsweise kurzer Zeit. Unverzichtbar für jedes dieser modernen Fortbewegungsmittel ist ein Element, das entscheidend dazu beiträgt, die vom Menschen oder einem Antriebsgerät aufgewandte Energie in Bewegung umzusetzen: das Wälzlager. Auch im Maschinen- und Anlagenbau kommt eine Vielzahl verschiedenster Wälzlagerkonstruktionen zum Einsatz, vom Miniaturlager im Zahnarztbohrer oder Computerlaufwerk bis zum Großlager mit über vier Meter Durchmesser im Londoner „Millenium Wheel". In jüngster Zeit gewann die Windkraft als Geschäftsfeld zunehmend an Bedeutung. Unter dem Oberbegriff „Wälzlager" werden Kugel- und Rollenlager zusammengefaßt.[1] Das Wälzlager besteht aus einem Innenring und einem Außenring sowie Kugeln beziehungsweise Rollen, den sogenannten Wälzkörpern, die zumeist von einem Käfig in gleichmäßigem Abstand gehalten werden. Die Kugeln beziehungsweise Rollen laufen zwischen Innenring und Außenring. Als einfachste Anwendungsmöglichkeit wird einer der beiden Ringe mit einem Antriebselement, zum Beispiel einer Achse, der andere Ring mit einem starren Element, zum Beispiel dem Fahrzeuggehäuse, verbunden. Bei einsetzender Bewegung minimieren die Wälzkörper die zwischen dem beweglichen Element und dem starren Element auftretende Reibung und ermöglichen es, die eingesetzte Kraft effektiv zu nutzen. Kugellager waren in Europa bis circa 1920 die mit Abstand am häufigsten produzierten Wälzlager,[2] seitdem konnten Rollenlager eine etwa gleichrangige Position erobern.

Die Geschichte des modernen Wälzlagers beginnt in den siebziger Jahren des 19. Jahrhunderts.[3] Mit der fabrikmäßigen Herstellung des Fahrrades erkannte man zuneh-

---

* Der Verfasser dankt Herrn Walter Ragaller (SKF GmbH, Schweinfurt) sowie Herrn Walter Erke und Frau Brigitte Günther (ZF Sachs AG, Schweinfurt) für die freundliche Erlaubnis zur großzügigen Benutzung der jeweiligen Firmenarchive und zahlreiche Hinweise. Ebenso geht ein Dank an Herrn Dr. Adolf Lauerbach (ehemals FAG Kugelfischer, Schweinfurt) und Frau Sabine Köhler für freundliche Hinweise.

[1] Vgl. Wilhelm Jürgensmeyer, Die Wälzlager, Berlin 1937, Tafel 9,52: Benennung und Bezeichnung der Wälzlager.

[2] Dies ist wohl der Grund, weshalb die meisten Firmen z. T. bis heute lediglich das „Kugellager" im Namen führen, obwohl sie von Beginn an auch Rollenlager produzierten; vgl. etwa „Schweinfurter Präzisions-Kugellagerfabrik Fichtel & Sachs", „Deutsche Kugellagerfabrik", „Vereinigte Kugellagerfabriken", „Svenska Kullagerfabriken".

[3] Zur technischen Entwicklung der Wälzlager bis Mitte der 1930er Jahre vgl. das Standardwerk von Jürgensmeyer, Wälzlager (wie Anm. 1). Dr. Ing. Jürgensmeyer war als technischer Direktor bei VKF tätig. Als Überblick über den Stand der Technik in den 1920er Jahren vgl. auch Paul Haupt, Kugel- und Walzenlager in Theorie und Praxis, München 1920; Wilhelm Wirth, Kugel- und Walzenlager und die Entwicklung der Kugellagerindustrie, Diss. Frankfurt 1923 (masch.); vgl. auch die Broschüre „Vom Werden der Wälzlager", hg. von den Vereinigten Kugellagerfabriken AG, Schweinfurt 1933; Schweinfurter Präcisions-Kugel-Lager-Werke

mend die Vorzüge und Einsatzmöglichkeiten der Kugellager. Die in den Anfangsjahren vor allem in England, Deutschland und den USA produzierten Lager hatten jedoch noch mit technischen Schwierigkeiten zu kämpfen: bei hoher Drehzahl verursachten sie erheblichen Lärm, Kugeln zerbrachen häufig wegen zu hoher Belastung, die Herstellungskosten und infolge von Reibungsverlusten auch der Kraftaufwand waren noch vergleichsweise hoch.[4] Praktiker wie Friedrich Fischer, Wilhelm Höpflinger und Ernst Sachs hatten die am Ende des 19. Jahrhunderts auf dem Markt üblichen Wälzlager entwickelt. Theoretische Kenntnisse über die Tragfähigkeit und Wirkungsweise solcher Lager waren kaum vorhanden. Ebenso wußte man über die zweckmäßige Bauart, den geeignetsten Werkstoff und die bei Kugeln und Laufringen erforderliche Präzision nur sehr wenig.[5] Kugelgröße und Ringstärke wählte man je nach Platzbedarf aus. Die Deutschen Waffen- und Munitionsfabriken AG (DWF), Berlin-Karlsruhe, ein kapitalkräftiges Unternehmen, suchten ihre Position als Kugel- und Wälzlagerproduzent auszubauen und investierten erhebliche Mittel in Versuche, die Professor Stribeck von der „Centralstelle für wissenschaftlich-technische Untersuchungen" 1896–98 in Potsdam-Neubabelsberg durchführte.[6] Die von Stribeck vorgelegten Ergebnisse zu Tragfähigkeit, Reibung und Bauart bewirkten einen Entwicklungsschub in der Kugellagerindustrie.[7] Nach der Jahrhundertwende entstanden die meisten der in den zwanziger und dreißiger Jahren gängigen Bauformen: das Schulterkugellager (1902), das Radiaxlager (1903), das Rillenlager mit Einfüllöffnung (1903), das Schrägkugellager (1906), das Pendelkugellager (1907), das Zylinderrollenlager (1909) und das Tonnenlager (1912).[8] Bis heute hat sich an der damaligen Grundkonstruktion von Wälzlagern und am damaligen Grundwerkstoff (Chromstahl) nichts wesentliches geändert[9] – was freilich nicht bedeutet, daß seitdem keine Fortschritte mehr erzielt wurden. Eine dritte Entwicklungsphase wurde nach 1918 eingeleitet, als es gelang, „durch den gewaltigen Fortschritt in den Herstellungs- und Prüfverfahren des Werkstoffes und der Lager [...] in immer höherer Güte zu immer geringerem Preis" zu produzieren.[10] Auf dieser Grundlage konnten dem Wälzlager zahlreiche neue Anwendungsgebiete im Maschinen- und Fahrzeugbau erschlossen werden.

Am Beginn des 20. Jahrhunderts gab es in der deutschen Wälzlagerindustrie verschiedene Produktionszentren. Leistungsfähige Unternehmen waren in Schweinfurt, Berlin, Stuttgart-Cannstatt, Düsseldorf, Leipzig, Wuppertal-Elberfeld und Wetzlar entstanden. Unter diesen ist Schweinfurt bis in die Gegenwart der mit Abstand bedeu-

---

Fichtel & Sachs (Hg.), Geschichte der Kugel-, Walzen- und Rollenlager. Unter Mitwirkung des Historikers der Technik Franz Maria Feldhaus, Schweinfurt 1913.

[4] Jürgensmeier, Wälzlager (wie Anm. 1), S. 83.

[5] Ebd., S. 59 f.

[6] Vgl. unten Anm. 56.

[7] Richard Stribeck, Kugellager für beliebige Belastungen (Mitteilungen über Forschungsarbeiten auf dem Gebiete des Ingenieurwesens Heft 2), Berlin 1901; Bo Jacobson, The Stribeck memorial lecture, in: Tribology International 36/11, 2003, S. 781–789 (www.ScienceDirekt.com, 29.01.07).

[8] Jürgensmeier, Wälzlager (wie Anm. 1), S. 83 f.

[9] So das Resümee einer Studie der TU Dresden (2001), http://mciron.mw.tu-dresden.de/lut/sfu_vortrag_2001.pdf (21.1.2007).

[10] Jürgensmeier, Wälzlager (wie Anm. 1), S. 84.

tendste Standort.[11] Wie in keiner anderen Stadt wird die hier ansässige Industrie nunmehr seit mehr als 100 Jahren von dieser Branche geprägt. Vielfach wird Schweinfurt deshalb als „Kugellagerstadt" bezeichnet. Zu einem Zeitpunkt, da sich in Schweinfurt die Planungen für ein Industriemuseum konkretisieren,[12] versucht die vorliegende Studie, jene im Jahr 1929 getroffene Weichenstellung in ihren Grundzügen zu rekonstruieren, die sich als wegweisend für die Entwicklung der Branche erwiesen hat. Die damals getroffenen Entscheidungen wirken bis heute nach. Für den Historiker jedoch werden, je mehr er sich mit dem Thema beschäftigt, die Forschungsdefizite umso spürbarer. Dieser aktuelle Befund überrascht gerade deshalb, weil in der Zwischenkriegszeit durchaus wissenschaftliche Arbeiten – wenngleich von unterschiedlichem Wert – zur industriellen Entwicklung der Stadt vorgelegt wurden.[13] Eine modernen wissenschaftlichen Ansprüchen genügende Untersuchung zur Geschichte der Schweinfurter Industrie bleibt ein Desiderat.[14] Wenn der vorliegende Beitrag einen Anstoß geben könnte, sich dieses Themas anzunehmen, hätte er seinen Zweck erfüllt.

Die Studie gliedert sich in vier Teile: in einem Überblick werden zunächst die einzelnen deutschen Wälzlagerfirmen in ihrer Entwicklung bis zum Ende der Inflation (1924) vorgestellt. In einem zweiten Abschnitt soll das Kartellwesen am Beispiel der Branche mit seinen wichtigsten Strukturmerkmalen skizziert werden. Als dritter Punkt folgt die im wesentlichen chronologische Darstellung des in den Jahren 1925–29 von einem ausländischen Konzern angestoßenen Fusionsprozesses, welcher in der Bezeichnung „Kugellagerkrieg" einen treffenden Namen fand. Den Abschluß bildet ein kurzer Ausblick auf die, entscheidend von der Weltwirtschaftskrise beeinflußten, Ereignisse in den Jahren unmittelbar nach dem Zusammenschluß, die den Weg zu einem „Wälzlager-Dualismus" in Deutschland bereiteten. Die technische Entwicklung bleibt dabei weitgehend ausgespart, da dieser Themenkomplex einem Fachmann vorbehalten bleiben muß.

---

[11] In den vergangenen Jahrzehnten hat auch Herzogenaurach als Sitz von INA-Schäffler (gegr. 1946) erhebliche Bedeutung für die Wälzlagerindustrie gewonnen.

[12] Vgl. die Ausführungen von Erich Schneider, „Schweinfurt, eine schöne, industriöse und nahrhafte Stadt", in: Frankenland 2005/3, S. 182–193, hier S. 192 f. Das Schweinfurter Tagblatt berichtete am 21.7.2006 in dem Artikel „Kunsthalle wird Anfang 2009 eröffnen": „In naher Zukunft wird außerdem eine Fachfirma beauftragt, ein Grobkonzept für ein Industriemuseum in Schweinfurt zu erstellen. Die Mittel dazu hat der Stadtrat bereits genehmigt."

[13] Christan Lingl, Nationale und internationale Konkurrenz auf dem Kugellagermarkt. Unter besonderer Berücksichtigung der Schweinfurter Verhältnisse, Bochum 1935 (Diss. Frankfurt 1934); Georg Schunk, Die industrielle Entwicklung von Schweinfurt, Diss. Würzburg 1920 (masch.); Karl Emmerich, Wohnort und Arbeitsplatz. Untersucht an der Schweinfurter Großindustrie, Diss. Würzburg 1939 (masch.); zeitgebundene Aussagen finden sich in der Arbeit von Karl Heinz Barthel, Die Schweinfurter Wälzlager-Industrie unter dem Einfluß der Neugestaltung der deutschen Wirtschaft (Unter besonderer Berücksichtigung der Firma Kugelfischer), Diss. LMU München 1941/42 (masch., abgeschlossen 1938).

[14] Eine ausführliche und zuverlässige Zusammenfassung des auf der älteren Forschung basierenden Wissensstandes bieten jetzt immerhin die entsprechenden Kapitel bei Oskar Schwarzer / Doris Schwarzer, Schweinfurt. Von der „fruchtbaren markung" zur Chancenregion. Eine Sozial-, Wirtschafts- und Sparkassengeschichte, 2002, S. 139–171.

Die deutschen Wälzlagerfirmen

Kugelfabrik Fischer (FAG). – Am Beginn der deutschen Kugel- und Kugellagerindustrie steht Friedrich Fischer[15], dem es in Schweinfurt ab 1883 gelang, auf einer selbst konstruierten Kugelschleifmaschine, auch „Kugelmühle" genannt, in größeren Serien gehärtete Stahlkugeln herzustellen. Kugellager produzierte Fischer spätestens ab 1886. In Zusammenarbeit mit Wilhelm Höpflinger entwickelte Fischer die „Kugelmühle" ab 1887 entscheidend weiter und konnte so als erster mathematisch genau runde Stahlkugeln in Massenproduktion herstellen.[16] Damit war trotz des bereits 1890 erfolgten Ausscheidens von Höpflinger der Grundstein für den Aufschwung der Firma gelegt. Notwendige Investitionen brachten 1897 die Umwandlung in eine Aktiengesellschaft und die Umbenennung in „Erste Automatische Gußstahlkugel-Fabrik, vorm. Friedrich Fischer Actiengesellschaft". In einer ersten Blütezeit beschäftigte das Unternehmen bei einem Aktienkapital von 1 Mio. M damals 400 Mitarbeiter.[17] Nach Fischers Tod 1899 verlor es zunächst den Anschluß an die rasante Aufwärtsentwicklung des Industriezweiges.[18] Gleichwohl ließ man in dieser Zeit (1905) das Markenzeichen FAG (Fischer's Aktiengesellschaft) rechtlich schützen. 1909 wurde die „Kugelfabrik Fischer", wie sie meist genannt wurde, von Georg Schäfer sen. aufgekauft und in eine oHG umgewandelt. Mitgesellschafter waren Adolf Kuffer, Hermann Barthel, Otto und (ab 1912) Walter Kirchner.[19] Schäfer, der selbst seit 1906 Kugellager produziert hatte, leitete mit der Übernahme einen neuen Aufschwung ein. Die Beschäftigtenzahl betrug 1914 knapp 1.000 und verdoppelte sich bis Kriegsende, in den zwanziger Jahren schwankte sie zwischen 1.400 und gut 2.000.[20] 1919 waren Adolf Kuffer und die beiden Kirchners aus dem Unternehmen ausgetreten;[21] seitdem führten Georg Schäfer (gestorben 1925) und sein gleichnamiger Sohn[22] sowie deren Schwiegersohn bezie-

---

[15] Andrea Brandl, Friedrich Fischer (1849–1899), in: Fränkische Lebensbilder 18 (Veröffentlichungen der Gesellschaft für fränkische Geschichte VII A), Neustadt/Aisch 2000, S. 233–241; Ulrich Meer, Friedrich Fischer – der Erfinder der „Kugelmühle", in: Rainer A. Müller (Hg.), Unternehmer – Arbeitnehmer. Lebensbilder aus der Frühzeit der Industrialisierung in Bayern (Veröffentlichungen zur bayerischen Geschichte und Kultur 7), München ²1987, S. 237–242.

[16] Die bislang differenzierteste Darstellung der durchaus kontrovers diskutierten Frage, ob Fischer alleine (1883) oder erst in Zusammenarbeit mit Höpflinger (1887) der Durchbruch bei der Kugelherstellung gelang, bei Claude Robert Ellner, Die Entwicklung der Firma Kugelfischer Georg Schäfer & Co. unter besonderer Berücksichtigung der Kontinuität als Familienunternehmen und die regionalen Auswirkungen ihrer Entwicklung aus betriebs- und industriebezogener Sicht (Neue Würzburger Studien zur Soziologie 5), Würzburg 1988 (Diss. Würzburg 1985), S. 97 f.

[17] Brandl, Friedrich Fischer (wie Anm. 15), S. 238 f.

[18] Während sich die Beschäftigtenzahl bei Fischer zwischen 1900 (68 Arbeiter) und 1909 (256 Arbeiter) knapp vervierfachte, verzehnfachte sie sich bei F & S und F & H fast; vgl. Lingl, Kugellagermarkt (wie Anm. 13), S. 41.

[19] Staatsarchiv Würzburg, Amtsgericht Schweinfurt Handelsregisterakten 214 (Schäfer Industriegesellschaft).

[20] Lingl, Kugellagermarkt (wie Anm. 13), S. 41.

[21] Kuffer wurde ausbezahlt, die Gebrüder Kirchner erhielten die Anteile an den 1912 nach Königsberg i. Bay. verlagerten „Fränkischen Isolierrohrwerken"; Ellner, Entwicklung Kugelfischer (wie Anm. 16), S. 108.

[22] Erich Schneider, Georg Schäfer (1896–1975), in: Fränkische Lebensbilder 17 (Veröffentlichungen der Gesellschaft für fränkische Geschichte VII A), Neustadt/Aisch 1998, S. 307–321.

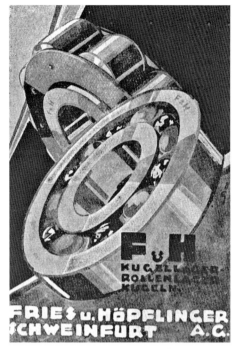

Anzeige der Kugelfabrik Fischer, Schweinfurt, 1916 (entnommen aus: Erich Schneider (Hg.), Reklame für Kugellager & Co. Made in Schweinfurt II (Schweinfurter Museumsschriften 115/ 2003), Schweinfurt 2003, Nr. 34).

Anzeige der Fries & Höpflinger AG, Schweinfurt, 1925 (Sammlung Edgar Kolb, Schweinfurt).

hungsweise Schwager Dipl. Ing. Hermann Barthel die Kugelfabrik Fischer. Den Schäfers gehörten zwei Drittel, Barthel ein Drittel der Firma.[23]

Fries & Höpflinger (F & H). – Gemeinsam mit Wilhelm Höpflinger[24] schied 1890 auch der Vertreter Engelbert Fries[25] bei Friedrich Fischer aus. Gestützt auf die techni-

---

[23] Ellner, Entwicklung Kugelfischer (wie Anm. 16), S. 108.

[24] Für biographische Angaben siehe http://emedia1.bsb-muenchen.de/han/WBIS. Der deutschlandweite Zugriff auf die Datenbank *World Biographical Information System* des K. G. Saur-Verlags wird durch die Förderung der Deutschen Forschungsgemeinschaft (DFG) ermöglicht und durch die Bayerische Staatsbibliothek München organisiert. Einzelpersonen mit ständigem Wohnsitz in der Bundesrepublik Deutschland können sich persönlich bei der Bayerischen Staatsbibliothek in München für einen kostenlosen Zugriff registrieren lassen, falls ihnen der Zugang über ein Universitätsnetz, bzw. über ihre wissenschaftliche Bibliothek, nicht zur Verfügung steht. Das *World Biographical Information System* (WBIS Online) umfaßt mehrere Millionen biographische Originalartikel aus zahlreichen Nachschlagewerken, die vom 16. Jahrhundert bis Mitte des 20. Jahrhunderts erschienen sind.

[25] Engelbert Fries, Mein Leben und Wirken in Schweinfurt, Maschinenmanuskript, Schweinfurt 1929. Diese ungeheuer materialreiche Autobiographie bietet in Abschrift zahlreiche Quellen zur Geschichte der Wälzla-

schen Kenntnisse von Höpflinger und das Kapital der Fries'schen Schwiegereltern gründeten beide noch im selben Jahr in Schweinfurt ihre eigene Firma. Ähnlich wie Fischer produzierten Fries & Höpflinger sowohl Kugellager wie auch Kugeln, und ebenso wie dort nahm das Geschäft auch hier einen raschen Aufschwung. Da die Gründer nicht über das für eine Expansion notwendige Kapital verfügten, entschlossen sie sich zur Umwandlung in eine Aktiengesellschaft (Grundkapital 600.000 Mark), hatten als Direktoren aber weiter die Leitung des Unternehmens inne, das sich nun „Deutsche Gußstahlkugel-(ab 1901: und Maschinen-)fabrik AG, vormals Fries & Höpflinger" nannte. Hausbank und wichtigster Aktionär war die Dresdner Bankfirma Gebr. Arnhold, eine der führenden deutschen Privatbanken.[26] Mehrere Kugellagerpatente Höpflingers und von Höpflinger-Schwiegersohn Ernst Sachs für dessen eigene Firma gegebene Abnahmegarantien für Kugeln ermöglichten in zwei Jahrzehnten ein kontinuierlich starkes Wachstum.[27] Die enge Zusammenarbeit mündete in einem F & H-Aufsichtsratssitz für Ernst Sachs (seit 1903). Vor dem ersten Weltkrieg galten Fries & Höpflinger und die englische Hoffmann Company als die bedeutendsten und leistungsfähigsten europäischen Kugel-Produzenten, die „sich beständig vergrößer[te]n und mit gutem Nutzen arbeite[te]n".[28] Das Aktienkapital stieg bis auf 4,24 Mio. M im Geschäftsjahr 1913/14. Der Kriegsausbruch erforderte zunächst eine Halbierung der Beschäftigtenzahl auf gut 1.000, diese stieg bis Kriegsende jedoch wieder auf über 2.200.[29] Das Kapital der Gesellschaft belief sich nach der Goldmarkeröffnungsbilanz vom 1. März 1924 auf 4,49 Mio. Goldmark.[30] Laut Beschluß der am 26. Juli 1924 in Dresden abgehaltenen Generalversammlung verteilte sich dieses auf 73.000 Stammaktien zu je 60 Goldmark, 5.000 Stamm(Schutz-)aktien zu je 1 Goldmark und 2.000 Vorzugsaktien zu je 55 Goldmark.[31] Die unterschiedliche Qualität der

---

gerindustrie. Sie umfaßt in sieben Bänden knapp 5.300 Seiten und ist bisher erst ansatzweise ausgewertet. Vgl. auch Ulrich Meer, Engelbert Fries – Ein Pionier der Schweinfurter Metallindustrie, in: Müller, Unternehmer – Arbeitnehmer (wie Anm. 15), S. 237–242, dieser Aufsatz bietet gleichzeitig den bislang detailliertesten Überblick zur Geschichte der Firma Fries & Höpflinger.

[26] Zur Geschichte des Bankhauses Gebr. Arnhold vgl. jetzt Ingo Köhler, Soziale und wirtschaftliche Vernetzung als Erfolgsfaktor. Das Dresdner Privatbankhaus Gebr. Arnhold 1864–1933, in: Ulrich Heß u. a. (Hg.), Unternehmen im regionalen Raum 1700–2000, Leipzig 2004, S. 301–316; Simone Lässig, Nationalsozialistische „Judenpolitik" und jüdische Selbstbehauptung vor dem Novemberpogrom: Das Beispiel der Dresdner Bankiersfamilie Arnhold, in: Reiner Pommerin (Hg.), Dresden unterm Hakenkreuz, Köln 1998, S. 136–191; vgl. auch das Kapitel „Unternehmenserwerb auf eigene Rechnung: Die Übernahme des Bankhauses Gebr. Arnhold, Dresden-Berlin", in: Dieter Ziegler unter Mitarbeit von Maren Janetzko, Ingo Köhler und Jörg Osterloh, Die Dresdner Bank und die deutschen Juden (Die Dresdner Bank im Dritten Reich, Band 2), München 2006, S. 135–161, insbesondere S. 135 ff.

[27] Dokumente der engen Zusammenarbeit zwischen F & S und F & H bei Fries, Mein Leben und Wirken (wie Anm. 25), S. 1936, 2173, 2176, 2184 ff., 2432 f., 2463.

[28] ThyssenKrupp Konzernarchiv A 684/3 Maschinenfabrik Rheinland (Interne Marktbeurteilung ca. 1913/14); zur Hoffmann Manufacturing Compagny vgl. Anm. 43 und 72.

[29] Fries, Mein Leben und Wirken (wie Anm. 25), S. 2949; Lingl, Kugellagermarkt (wie Anm. 13), S. 41.

[30] Bundesarchiv (künftig BA) Berlin-Lichterfelde, R 8127 Berliner Handelsgesellschaft, Nr. 13394 Deutsche Gußstahlkugel- und Maschinenfabrik AG, vormals Fries & Höpflinger, Schweinfurt, Artikel vom 27.7.1924. Bei diesem Bestand handelt es sich um eine Sammlung von Zeitungsartikeln (Frankfurter Zeitung, Berliner Börsen-Zeitung, Börsen-Courier, Berliner Tageblatt). Die Herkunft der Artikel konnte nicht immer eindeutig ermittelt werden.

[31] BA Berlin-Lichterfelde, R 8127, Nr. 13394 (wie Anm. 30), Artikel vom 15.12.1924.

Aktien, mit der feindliche Übernahmeversuche verhindert werden sollten, war in der Geschichte des Unternehmens mehrfach von entscheidender Bedeutung. Ab 1925 verfügte eine Stammaktie zu 60 RM über eine Stimme, jede Schutzaktie zu 1 RM über fünf Stimmen und jede Vorzugsaktie zu 55 RM über dreißig Stimmen.[32] Die Vorzugs- und Schutzaktien waren großteils im Besitz des Bankhauses Gebr. Arnhold, das damit die Firma kontrollierte, auch wenn es nicht die Mehrheit des Aktienkapitals besaß.

Fichtel & Sachs (F & S). – Ebenfalls in der Stadt am Main gründeten Karl Fichtel und Ernst Sachs[33] im Jahr 1895 die „Schweinfurter Präcisions-Kugellager-Werke Fichtel & Sachs" (F & S).[34] In den Anfangsjahren stand Fichtel als Kapitalgeber für die kaufmännische, Sachs für die technische Seite des Unternehmens. Zwei technische Erfolge sind mit dem Namen Ernst Sachs verbunden: die Torpedo-Freilaufnabe, die das Fahrradfahren revolutionierte, und das Sachs-Kugellager. Ab 1903 ging die Entwicklung steil nach oben. Enge Geschäftsbeziehungen bestanden von Anfang an zu Fries & Höpflinger, wo ein Großteil der für die Kugellagerherstellung benötigten Kugeln eingekauft wurde. Nach dem Tod von Fichtel führte Sachs die Firma seit 1911 alleine. Am Vorabend des ersten Weltkriegs nahm F & S unter den deutschen Wälzlagerherstellern die Spitzenposition ein. Angesichts von 33 Millionen produzierten Sachs-Lagern nannte sich das Unternehmen mit Tochterfirmen in Lancaster (USA, ab 1912) und Tschirnitz (Böhmen) bei Kriegsbeginn „grösste und älteste Special-Kugellagerfabrik der Welt".[35] Die Beschäftigtenzahl betrug 1913 circa 3.000 und erhöhte sich während des Ersten Weltkrieges, als vor allem Waffen und Geschosse produziert wurden, auf über 7.000.[36] Als Folge des verlorenen Krieges konnte der beabsichtigte Aufbau eines Zweigwerks in Sedan/Frankreich nicht verwirklicht werden und das Werk in Lancaster/USA ging verloren. 1923 erfolgte die Umwandlung der offenen Handelsgesellschaft in eine AG. Die Goldmarkeröffnungsbilanz weist das Aktienkapital mit 9 Mio. Goldmark aus, das sich in den Händen von Sachs-Ehefrau Betty (3,17 Mio. Goldmark),[37] Fichtels Witwe Hedwig Graetz (1,97 Mio. Goldmark), der Sachs

---

[32] BA Berlin-Lichterfelde, R 8127, Nr. 13394 (wie Anm. 30), Artikel vom 10.9.1925.

[33] Wilfried Rott, Sachs. Unternehmer – Playboys – Millionäre. Eine Geschichte von Vätern und Söhnen, München 2005, S. 1–106; Robert Allmers, Ernst Sachs, Großindustrieller (1867–1932), in: Lebensläufe aus Franken V (Veröffentlichungen der Gesellschaft für fränkische Geschichte VII), Erlangen 1936, S. 311–322; ders., Ernst Sachs. Leben und Wirken, München 1937; Barbara Beck, Ernst Sachs (1867–1932) – Vom Radrennfahrer zum Kugellagerfabrikanten, in: Müller (Hg.), Unternehmer – Arbeitnehmer (wie Anm. 15), S. 243–251.

[34] Ernst Bäumler, Fortschritt und Sicherheit. Der Weg des Werkes Fichtel & Sachs, München 1961.

[35] Artikel „33 Millionen F. & S.-Kugellager" in der Allgemeinen Automobil-Zeitung 1914.

[36] Zum Höchststand der Beschäftigten während des Ersten Weltkrieges gibt es unterschiedliche Angaben. In den Jubiläumsschriften zum 25-jährigen Bestehen 1920 ist von 7.000 die Rede (Allgemeine Automobil-Zeitung vom 4.9.1920, S. 29; MOTOR Ausgabe Juli/August 1920, S. 183); Karl Fischer, Kurzer Abriß über die Entstehung und Entwicklung der Industrie in Schweinfurt am Main bis Ende 1921, Schweinfurt 1921, S. 19 spricht von „zeitweise bis zu 8.000 Arbeiter[n]"; Allmers, Ernst Sachs (wie Anm. 33), S. 32 nennt ebenfalls die Zahl 8.000; Lingl, Kugellagermarkt (wie Anm. 13), S. 41 nennt für das Jahr 1917 6.631 Arbeiter (die Angestellten sind hier nicht berücksichtigt).

[37] Der Aktienbesitz von Betty Sachs spiegelt wohl das von ihrem Vater, dem F & H-Mitbegründer Wilhelm Höpflinger in das Unternehmen seines Schwiegersohns investierte Kapital wieder. Sachs dürfte seine Unabhängigkeit von den Banken zu einem nicht geringen Teil dem Vermögen seines Schwiegervaters verdankt haben.

Anzeige der SKF-Norma AG, Berlin-Cannstatt, 1924 (entnommen aus: Schneider (Hg.), Reklame für Kugellager & Co. (wie erste Abb.), Nr. 101).

Anzeige der Fichtel & Sachs AG, Schweinfurt, 1917 (entnommen aus: Schneider (Hg.), Reklame für Kugellager & Co. (wie erste Abb.), Nr. 147).

GmbH, München (3,67 Mio. Goldmark), und der Firma Fichtel & Sachs selbst (0,19 Mio. Goldmark) befand.[38] Angesichts notwendiger Investitionen wurde die nach der Inflation allerorts spürbare Kapitalnot zum Problem. Um einer drohenden Illiquidität vorzubeugen, wurde das Grundkapital 1926 auf 12 Mio. RM erhöht, wobei die Kapitalaufstockung fast gänzlich von Ernst Sachs finanziert wurde.[39] Durch die rechtzeitige Modernisierung des Werkes konnte die „Leistungsfähigkeit auf eine bisher nicht erreichte Höhe gebracht" werden.[40] Die wirtschaftliche Lage des Unternehmens entwickelte sich in den Folgejahren günstig. Trotz der allgemein beklagten Konjunkturabschwächung im Inland sprechen die Geschäftsberichte für 1927/28–29/30 bei steigenden Exporten von guter Liquidität und weisen eine achtprozentige Dividende aus.[41]

---

[38] ZF Sachs-Archiv, Protokoll der Gesellschafter-Versammlung vom 26.9.1925.
[39] ZF Sachs-Archiv, Protokoll der General-Versammlung vom 15.11.1926.
[40] ZF Sachs-Archiv, Bericht des Vorstandes über das Geschäftsjahr 1926/27.
[41] ZF Sachs-Archiv, Geschäftsberichte der Fichtel & Sachs AG für 1927/28, 1928/29 und 1929/30.

Norma Compagnie/SKF-Norma. – In Bad Cannstatt vor den Toren Stuttgarts gründeten der Ingenieur Albert Hirth[42] und Ernst August Hoffmann 1904 die Norma Compagnie GmbH.[43] Ein Jahr später traten der Kaufmann Emil Lilienfein und Dr. Ing. Erhard Junghans[44] dem Unternehmen bei. Eine Reihe innovativer Weiterentwicklungen auf dem Gebiet der Kugel- und Kugellagerfabrikation sicherten dem jungen Unternehmen mit seinen bei Kriegsausbruch 450 Beschäftigten einen anerkannten Platz unter den deutschen Wälzlagerproduzenten. 1912 hob man eine Tochtergesellschaft in Amerika aus der Taufe. Das schwedische Unternehmen „Aktiebolaget Svenska Kullagerfabriken" (SKF), 1907 in Göteborg von Sven Winquist gegründet,[45] suchte nach einem Partner in Deutschland und fand ihn in Norma. Winquists Erfindung, das Pendelkugellager, und der als Rohmaterial verwendete, mit Holzkohle verhüttete, erstklassige schwedische Stahl hatten SKF innerhalb kürzester Zeit einen atemberaubenden Aufstieg ermöglicht. Zehn Jahre nach der Gründung zählte man 12.000 Mitarbeiter. Da der heimische Markt nur geringe Entwicklungsmöglichkeiten bot, baute man innerhalb weniger Jahre eine weltumspannende Verkaufsorganisation auf.[46] Noch vor dem Ersten Weltkrieg errichtete SKF eigene Fabriken in England, Frankreich und den USA. In Deutschland begann die Zusammenarbeit mit Norma zum 1. Januar 1914: SKF erwarb die Hälfte des Unternehmens. Der Krieg verzögerte den raschen Ausbau der Stellung in Deutschland. Auf dem Weltmarkt jedoch löste SKF während dieser Zeit die vom Export und ihren Töchtern in Amerika, Frankreich und England abgeschnittenen deutschen Hersteller als führendes Unternehmen ab. Am 6. Dezember 1919 gründeten SKF und Norma für ihre Erzeugnisse eine gemeinsame Verkaufsgesellschaft, die SKF-Norma GmbH, mit Sitz in Berlin (Geschäftsführer Carl F. Böninger).[47] Die Leitung der Cannstatter Norma Compagnie lag von 1917 bis 1925 in den Händen von Dr. Erhard Junghans.[48] In den turbulenten Nachkriegsjahren und während der Inflation etablierte sich Norma am Beginn der zwanziger Jahre als einer der führenden deutschen Wälzlagerproduzenten. Die Goldmarkeröffnungsbilanz vom 1. Januar 1924 setzte das Stammkapital auf 4,2 Mio. Goldmark fest.[49] Am 12. Dezem-

---

[42] L[isa] Heiss, Hirth. Vater – Hellmuth – Wolf, Erfinder – Rennfahrer – Flieger, Stuttgart 1949.

[43] Den ausführlichsten Überblick zur Geschichte des SKF-Werkes Cannstatt bietet ein maschinenschriftliches Manuskript im Archiv der deutschen SKF in Schweinfurt „Chronik der SKF GmbH" Bd. 1, Die Geschichte des Werkes Cannstatt, 11 Seiten, verfaßt 1970 von PA/Bru. Zu Ernst August Hoffmann vgl. Anm. 28 und 72.

[44] Dr. Erhard Junghans aus der Uhrendynastie in Schramberg/Schwarzwald; für biographische Angaben siehe http://emedia1.bsb-muenchen.de/han/WBIS (wie Anm. 24).

[45] Birger Steckzén, SKF Svenska Kullagerfabriken. En svensk exportindustris historia 1907–1957, Göteborg 1957; das auf Schwedisch verfaßte Buch ist ausführlich eingearbeitet in das im Schweinfurter SKF-Archiv befindliche maschinenschriftliche Manuskript „Chronik der deutschen SKF" verfaßt von den Herren Bauersachs, Dierks und Gandorfer bis 1964; zum 100jährigen Jubiläum wird 2007 eine von Prof. Dr. Martin Fritz (Universität Göteborg) herausgegebene Geschichte des SKF-Konzerns erscheinen.

[46] Martin Fritz, LM Ericsson, Alfa-Laval, SKF and Others – The Emergence of Swedish Multinationals, in: Michael North (Hg.), Nordwesteuropa in der Weltwirtschaft 1750–1950, Stuttgart 1993, S. 79–93, hier S. 81, 89–93.

[47] Steckzén, Svenska Kullagerfabriken (wie Anm. 45), S. 366; Chronik der deutschen SKF (wie Anm. 45), C 6.

[48] SKF-Archiv, Chronik der deutschen SKF (wie Anm. 45), B 4.

[49] „Correspondenz Gelb" vom 29.1.1926; laut Notariatsurkunde über die Gründung der SKF-Norma AG vom 14.12.1925 im SKF-Archiv verteilte sich das Kapital der Norma Compagnie vor der Umwandlung in die

ber 1925 erfolgte die Umwandlung des Unternehmens in die SKF-Norma AG Berlin-Cannstatt mit einem Aktienkapital von 7,25 Mio. RM, an dem die Schweden nicht ganz zwei Drittel hielten.[50] Alleiniger Geschäftsführer im Auftrag von SKF wurde Carl F. Böninger.[51] Die Direktion wurde nach Berlin verlegt. Junghans wechselte in den Aufsichtsrat, die bisher noch als Berater tätig gewesenen Firmengründer Albert Hirth und Emil Lilienfein zogen sich aus dem aktiven Geschäft zurück.[52] Die Dividende für 1927 betrug 10 %.

Deutsche Waffen- und Munitionsfabriken (DWF). – Bei den „Deutschen Waffen- und Munitionsfabriken, Berlin-Karlsruhe, AG"[53] gilt 1889 als Gründungsjahr.[54] Der Produktionsstandort Karlsruhe geht auf die Patronenhülsenfabrik Henri Ehrmann & Cie, Karlsruhe, (gegr. 1872) zurück; in Berlin war 1896 die Waffenfabrik Ludwig Löwe übernommen worden. Karlsruhe war Standort der Munitionsfabrikation, während in Berlin Waffen hergestellt wurden. Um die Schwankungen der militärischen Aufträge abzufedern, produzierte DWF seit 1898 in Berlin-Martinikenfelde Kugellager, bereits ein Jahr zuvor hatte man mit der Herstellung von Kugeln in allen Größen begonnen. Verantwortlich für den Aufbau der Kugellagerfertigung in Berlin war der Ingenieur August Riebe[55], der im Zusammenwirken mit Professor Stribeck von der „Centralstelle für wissenschaftlich-technische Untersuchungen" in Potsdam-Neubabelsberg grundlegende Versuche über die Belastungsfähigkeit der Kugeln und Kugellager durchführte.[56] Nach Auffassung der Firma bildeten erst die Ergebnisse dieser Untersuchungen die entscheidende Grundlage für die Entwicklung des „modernen Kugellagers".[57] Im Mai 1907, just zu dem Zeitpunkt, als August Riebe ausschied,

---

AG auf folgende Teilhaber: SKF Göteborg (2,362 Mio. Goldmark), Albert Hirth (714.000 Goldmark), Dr. Erhard Junghans (882.000 Goldmark), Emil Lilienfein (241.000 Goldmark).

[50] Steckzén, Svenska Kullagerfabriken (wie Anm. 45), S. 498; Chronik der deutschen SKF (wie Anm. 45), C 12; SKF-Archiv Notariatsurkunde über die Gründung der SKF-Norma AG vom 14.12.1925. Aktionäre waren: SKF Göteborg (2,753 Mio. RM), Dr. Erhard Junghans (1,274 Mio. RM), Doris Landenberger, geb. Junghans (212.000 RM), Albert Hirth (756.000 RM), Emil Lilienfein (291.000 RM), Potsdamer Platz Grundstücksgesellschaft mbH (Geschäftsführer Carl F. Böninger, 750.000 RM), Uno Forsberg (314.000 RM), Assar Gabrielson und Einar Glimstedt (300.000 RM), Elon Jacobsson (300.000 RM).

[51] Für biographische Angaben siehe http://emedia1.bsb-muenchen.de/han/WBIS (wie Anm. 24).

[52] SKF-Archiv, Aufsichtsrat, Schreiben von Dr. E. Junghans an Direktor Arthur Maessing vom 21.12.1928.

[53] In der Literatur werden unterschiedliche Abkürzungen für die Firma verwendet. Die Kugellager wurden, auch nach der Umbenennung in Berlin-Karlsruher Industrie-Werke AG (1922) stets als „DWF-Lager" bezeichnet; siehe z.B. Zeitschrift „Motor", Ausgabe Januar/Februar 1924, S. 24a. Die dort gebrauchte Selbstbezeichnung als „ältestes und größtes Kugellagerwerk der Welt" entsprach freilich nicht der tatsächlichen Stellung der Firma.

[54] Friedrich Haßler (Bearb.), 50 Jahre Deutsche Waffen- und Munitionsfabriken AG, Berlin 1939.

[55] Für biographische Angaben siehe http://emedia1.bsb-muenchen.de/han/WBIS (wie Anm. 24).

[56] Haßler, 50 Jahre DWF (wie Anm. 54), S. 78 f.; vgl. oben Anm. 6.

[57] In einer Stellungnahme zur Berichterstattung über die Fusion von SKF-Norma, Fries & Höpflinger und der Kugellagerabteilung von Fichtel & Sachs schreibt die Verwaltung der Berlin-Karlsruher Industrie-Werke AG: „In fast sämtlichen Ausführungen über diesen Zusammenschluß wurde sachlich unrichtig mitgeteilt, daß die Kugel- und Rollenlager von einer Schweinfurter Firma erfunden seien. In dieser Form ist die Mitteilung unzutreffend. Gewiß hat die Firma Fischer in Schweinfurt […] zuerst Kugellager in Fahrrädern verwandt. Diese Kugellager sind aber nur als Vorläufer der heutigen im Gebrauch befindlichen Kugellager anzusehen. Sie waren nur für die verhältnismäßig einfachen Zwecke beim Fahrrad zu verwenden. Erst die Deutschen Waffen- und Munitionsfabriken (jetzt Berlin-Karlsruher Industrie-Werke A.-G.) haben unter Aufwendung großer Opfer in den Jahren 1896–98 in Zusammenarbeit mit Herrn Prof. Stribeck und der Zentralstelle für tech-

wurde die neue Kugellagerfabrik in Berlin-Wittenau in Betrieb genommen, ein Jahr später eine Fabrikationsstätte in Paris errichtet. Das Aktienkapital wurde 1914 noch vor Kriegsausbruch auf 30 Mio. RM erhöht. Während des Krieges gehörte DWF zu den wichtigsten Rüstungsbetrieben des Reiches und erzielte stattliche Gewinne, die überwiegend als stille Reserven angelegt wurden und die allein der Firma nach 1918, als fehlende Rüstungsaufträge den Betrieb in vielen Abteilungen zum Erliegen brachten, das Überleben sicherten. Versuche, neue Produktionszweige zu etablieren (unter anderem Nähmaschinen, Milchkannen, Spiralbohrer, Metallschrauben, Druckknöpfe, Aluminiumgeschirr, Schreibmaschinen, Fahrräder, Traktoren), brachten keinen nachhaltigen Erfolg.[58] Die Umstellung der Produktion wurde 1922 auch nach außen durch die Umbenennung in „Berlin-Karlsruher Industriewerke AG" dokumentiert. Jedoch konnte einzig die Kugellagerfabrik den Vorkriegsstand wieder erreichen. Sie war für das Werk Berlin-Wittenau „die weitaus wichtigste Abteilung [...], die allein es rechtfertigte, daß man diesen Betrieb überhaupt noch aufrechterhielt".[59] Fruchtlose Experimente mit neuen Produkten hatten Millionen verschlungen und das einstmals gut fundierte Unternehmen in Schieflage gebracht. Als die Verwaltung am 14. Juli 1928 die Halbierung des Aktienkapitals auf 15 Mio. Reichsmark vorschlug, wurde dies jedoch von der Generalversammlung mit überwältigender Mehrheit abgelehnt.[60] Es kam zu einem Machtwechsel. Als neue starke Männer traten nun die Industriellen Günther Quandt (Vorsitzender des Aufsichtsrates) und Paul Rohde[61] sowie der Bankier Paul Hamel vom Bankhaus Sponholz & Co in Erscheinung.[62] Rohde besaß bereits von einem weiteren Wälzlagerproduzenten, der Fries & Höpflinger AG, ein größeres Aktienpaket.[63] Auch Richard Kahn,[64] der gerade die Riebe-Werke mit Gewinn an SKF-Norma und Fichtel & Sachs verkauft hatte, verfügte bei BKI über Einfluß.[65] Ein Zeitungskommentator gab der neuen Verwaltung den Rat, „den Hauptton auf die Kugel-

---

nisch-wissenschaftliche Untersuchungen in Babelsberg die Grundlage geschaffen für das, was heute in der ganzen Welt als Kugel- und Rollenlager gilt. Insgesamt kosteten die Versuche, um brauchbare Kugellager zu schaffen, den Berlin-Karlsruher Industrie-Werken 2,8 Mill. Goldmark. Jahrelange Versuche und Untersuchungen dieser Firma über die Form der Kugellager und insbesondere der Laufbahnen der Kugeln mußten vorausgehen, bis es gelang, das Kugel- und Rollenlager so zu entwickeln, daß es als lebensfähiges Maschinenelement seinen Siegeszug in der Technik antreten konnte. Erst später fingen die Schweinfurter und andere Firmen, vor allem französische und englische, an, die Schöpfung der Berlin-Karlsruher Industrie-Werke nachzuahmen. Es gelang ihnen, wie das bei einer neuen Erfindung leicht möglich ist, die grundlegenden Patente zu umgehen. Die SKF-Norma kam erst viel später auf den Markt [...]."Artikel vom Mai 1929, BA Berlin-Lichterfelde, R 8127 Nr. 3363 (Berlin-Karlsruher Industriewerke AG).

[58] Haßler, 50 Jahre DWF (wie Anm. 54), S. 94–110; BA Berlin-Lichterfelde, R 8127 Nr. 794–795 (Deutsche Waffen- und Munitionsfabriken Berlin-Karlsruhe AG).

[59] Haßler, 50 Jahre DWF (wie Anm. 54), S. 108.

[60] BA Berlin-Lichterfelde, R 8127 Nr. 3363 (Berlin-Karlsruher Industriewerke AG); Haßler, 50 Jahre DWF (wie Anm. 54), S. 110 f.

[61] Für biographische Angaben siehe http://emedia1.bsb-muenchen.de/han/WBIS (wie Anm. 24).

[62] Artikel „Berlin-Karlsruher Industriewerke" in der Frankfurter Zeitung (II) vom 15.7.1928; BA Berlin-Lichterfelde, R 8127 Nr. 3363 (wie Anm. 57); vgl. Rüdiger Jungbluth, Die Quandts. Ihr leiser Aufstieg zur mächtigsten Wirtschaftsdynastie Deutschlands, München 2002, S. 85 f.

[63] Siehe unten Anm. 121 f.

[64] Für biographische Angaben siehe http://emedia1.bsb-muenchen.de/han/WBIS (wie Anm. 24).

[65] Als Kahn-Vertreter im Aufsichtsrat wird allgemein der Generalmajor a. D. Detlov v. Winterfeld bezeichnet, BA Berlin-Lichterfelde, R 8127 Nr. 3363 (wie Anm. 57), Artikel „Berlin-Karlsruher Industriewerke" in der Frankfurter Zeitung (II) vom 15.7.1928; zum Verkauf der Riebe-Werke vgl. unten Anm. 148 ff.

lagerfabrikation" zu legen. „Besonders dieser Zweig der Gesellschaft wird in Fachkreisen als sehr aussichtsreich und gut geleitet angesehen".[66]

Maschinenfabrik Rheinland AG (RHL). – Sie wurde in Düsseldorf 1906 zur Fortführung einer älteren Fabrik gleichen Namens, die sich in Liquidation befand, mit einem Grundkapital von 1 Mio. M errichtet.[67] Die Firma war ein Gemeinschaftsunternehmen der beiden Schwerindustriellen August Thyssen und Peter Klöckner unter Beteiligung von Franz Burgers.[68] Die Hauptaktionäre waren dieselben wie beim Krefelder Stahlwerk AG,[69] zu dem von Anfang an enge Beziehungen bestanden. Die technische Leitung des Unternehmens lag in den Händen des Ingenieurs Paul Brühl und man begann mit der Herstellung von Kugellagern und Kugeln. Doch war die Rentabilität der Maschinenfabrik Rheinland von Anfang an wenig befriedigend. Das Aktienkapital wurde bei der Goldmarkeröffnungsbilanz auf 1 Mio. RM festgelegt und – um Investitionen finanzieren zu können – am 9. April 1927 auf 3 Mio. RM erhöht.[70] Eine Dividende kam in den Jahren 1924–28 nicht zur Ausschüttung. Da das Werksgelände in Düsseldorf für die Umgestaltung der Produktion auf Fließbandarbeit nicht ausreichte, verlegte man die Kugellagerfertigung ab 1928 nach Krefeld auf das Werksgelände der Krefelder Stahlwerke.[71] Von dort bezog RHL bereits den Kugellagerstahl. Mit der Betriebsverlagerung waren eine Modernisierung der Produktionsstätten und erhebliche Investitionen verbunden.

Deutsche Kugellagerfabrik GmbH (DKF). – Das Unternehmen wurde 1906 in Leipzig-Plagwitz von Friedrich Wilhelm Witte und dem englischen Fabrikanten Ernst August Hoffmann, dem Inhaber von „The Hoffmann Manufacturing Co. Ltd." in Chelmsford, der anfänglich auch an der Cannstatter Norma Compagnie beteiligt gewesen war,[72] gegründet. Um Verluste auszugleichen, mußte das Stammkapital Ende 1926 um 10% von 770.000 RM auf 693.000 RM reduziert werden.[73]

Riebe-Werke. – Der Kugellagerpionier August Riebe[74] errichtete nach seinem Ausscheiden bei DWF 1909 gemeinsam mit der Oberschlesischen Eisenindustrie AG, Gleiwitz, die „Riebe Kugellager- und Werkzeugfabrik GmbH" und übernahm die Lei-

---

[66] Artikel „Grundsätzliches zur Generalversammlung der Berlin-Karlsruher Industrie-Werke" von Rechtsanwalt Dr. Adolf vom Berg in der [Börsen?]-Zeitung vom 17.7.1928, BA Berlin-Lichterfelde, R 8127 Nr. 3363 (wie Anm. 57).

[67] ThyssenKrupp Konzernarchiv A 684/3 Maschinenfabrik Rheinland, TEW 4, FA 1; BA Berlin-Lichterfelde, R 8127 Nr. 1107, Artikel vom 3.12.1906.

[68] Für biographische Angaben zu allen genannten Persönlichkeiten siehe http://emedia1.bsb-muenchen.de/han/WBIS (wie Anm. 24).

[69] Zum Krefelder Stahlwerk vgl. Wilhelm Ernst, Außer Samt und Seide auch Stahl und Eisen. Die Entwicklung der Maschinen-, Eisen-, und Stahlindustrie Krefelds 1835–1930, Krefeld 1997, S. 154–175.

[70] Artikel vom 10.5.1927, BA Berlin-Lichterfelde, R 8127 Nr. 1107.

[71] Zu den Besitzverhältnissen um die Krefelder Stahlwerke AG und die Deutschen Edelstahlwerke AG siehe die Graphik 5.7 bei Alfred Reckendress, Das „Stahltrust"-Projekt. Die Gründung der Vereinigte Stahlwerke AG und ihre Unternehmensentwicklung 1926–1933/34 (Schriftenreihe zur Zeitschrift für Unternehmensgeschichte 5), München 2000, S. 333 ff. Danach war das Krefelder Stahlwerk gemeinsamer Besitz von Thyssen und Klöckner, wobei letzterer ca. 50% besaß.

[72] Vgl. oben Anm. 28 und 43.

[73] Staatsarchiv Leipzig, 9.10 Metallwarenindustrie Nr. 20847: Deutsche Kugellagerfabrik GmbH, Böhlitz-Ehrenberg, Bilanz und Gewinn- & Verlust-Konto per 31.12.1926. Für frdl. Auskünfte danke ich Frau Marion Bähr, Staatsarchiv Leipzig.

[74] Für biographische Angaben siehe http://emedia1.bsb-muenchen.de/han/WBIS (wie Anm. 24).

tung der Firma.⁷⁵ 1913 erhöhte man das Gesellschaftskapital von 200.000 auf 500.000 Mark. Während des Ersten Weltkriegs nahm die Firma einen rasanten Aufschwung, wobei Kugellager nicht mehr die alleinige Hauptrolle spielten; immer wichtiger wurde die Produktion von Flugzeugmotoren, U-Boot- und Torpedoboot-Bauteilen sowie die Herstellung und Montage von „Tankzerstörern". Zum Jahreswechsel 1918 bezog die Firma einen sechsstöckigen Fabrikneubau mit 5.500 Beschäftigten, das Betriebsgelände umfaßte 145.000 qm.⁷⁶ Durch das Wegfallen der Kriegsaufträge geriet die Firma jedoch ab 1919 in Schieflage und mußte liquidiert werden. Ein Gesellschaftsvertrag vom 7. April 1920 regelte die Überführung der „Riebe Kugellager- und Werkzeug-Fabrik GmbH" in die „Riebe-Werke Aktiengesellschaft" mit einem Grundkapital von 300.000 Mark.⁷⁷ Die Oberschlesische Eisenindustrie AG hatte ihren Mehrheitsanteil an die „Rhemag" Rhenania Motorenfabrik AG in Heidelberg verkauft; damit verbunden war die Eingliederung in den Konzern des Fabrikanten Richard Kahn.⁷⁸ August Riebe war zunächst noch an der neuen Firma beteiligt, schied jedoch im Sommer 1921 als Gesellschafter aus. Richard Kahn, der neue Eigentümer, hatte seine Firmen durch Interessengemeinschaftsverträge zusammengeschlossen und seit September 1921 auch den Riebe-Aufsichtsratsvorsitz übernommen.⁷⁹ Kugellager wurden erneut zum wichtigsten Produkt der Firma. Die Goldmarkeröffnungsbilanz der Riebe-Werke AG legte das Aktienkapital auf 4,05 Mio. Goldmark fest. Im November 1924 beschäftigte das Unternehmen 150 Angestellte und 700 Arbeiter.⁸⁰ Ein Jahr später jedoch mußte der Kahn-Konzern Geschäftsaufsicht beantragen, die Märkischen Elektrizitätswerke stellten wegen ausbleibender Zahlungen zeitweise den Strom ab und legten so auch die Riebe-Produktion lahm.⁸¹ Für das Geschäftsjahr 1925 wurde bei Riebe ein Verlust von 3 Mio. RM ausgewiesen. Die Aufhebung des Interessengemeinschaftsvertrags mit den übrigen Kahn-Firmen sollte den Riebe-Werken nun eine günstigere Entwicklung sichern; dennoch mußte die Generalversammlung vom

---

⁷⁵ SKF-Archiv, Ordner Pressearchiv Riebe, Fries & Höpflinger, F & S: Zeitungsartikel 1913.
⁷⁶ SKF-Archiv, Ordner Pressearchiv Riebe, Fries & Höpflinger, F & S: Zeitungsartikel „Motor" 1918.
⁷⁷ BA Berlin-Lichterfelde, R 8127 Berliner Handelsgesellschaft oHG, Nr. 6682 Riebe-Werke AG, Zeitungsartikel vom 4.5.1920. Den Vorstand bildeten die beiden Direktoren Karl Achterberg und Erich Krämer. Gesellschafter waren Direktor August Riebe (Schmöckwitz bei Berlin), Dr. phil. Friedrich Hennings (Berlin-Charlottenburg), Kaufmann Hans Henning (Berlin-Schöneberg), Kaufmann Heinrich Friedrich Arthur Schneider (Berlin), Kaufmann Heinrich Georg Otto Collasius (Charlottenburg). Im Aufsichtsrat saßen Direktor Karl Jung (Berlin), Direktor Heinrich Prieger (Berlin-Oberschöneweide), Dr. jur. Arnold Libbertz (Berlin), Fabrikant Richard Kahn (Berlin).
⁷⁸ BA Berlin-Lichterfelde, R 8127 Nr. 6682 (wie Anm. 77), Zeitungsartikel vom 7.5.1920; für biographische Angaben siehe http://emedia1.bsb-muenchen.de/han/WBIS (wie Anm. 24).
⁷⁹ Zum Kahn-Konzern gehörten: „Rhemag" Rhenania Motorenfabrik AG (Berlin), Riebe-Werke AG (Berlin), Deutsche Niles-Werke AG (Berlin), Schnellpressenfabrik AG (Heidelberg), Allgemeine Werkzeug-Maschinenfabrik AG (Berlin), Mannheimer Schraubenfabrik GmbH (Heidelberg), C. Maquet GmbH (Heidelberg), später kam noch die Maschinenfabrik AG (Geislingen) dazu. Der Riebe-Anteil an dem Zusammenschluß betrug 19,2%; BA Berlin-Lichterfelde, R 8127 Nr. 6682 (wie Anm. 77), Zeitungsartikel vom 11.8., 2.9.1921 und 2.12.1924.
⁸⁰ BA Berlin-Lichterfelde, R 8127 Nr. 6682 (wie Anm. 77), Börsen-Zeitung vom 30.11.1924.
⁸¹ BA Berlin-Lichterfelde, R 8127 Nr. 6682 (wie Anm. 77), Zeitungsartikel von November 1925 bis März 1926.

14. Dezember 1926 das Aktienkapital von 4,05 Mio. RM auf 1,4 Mio. RM herabsetzen.[82]

Berliner Kugellager-Fabrik (BKF). – August Riebe übernahm im Herbst 1921 nach der Trennung von „seinen" Riebe-Werken die 1906 gegründete „Berliner Kugellager-Fabrik GmbH" (BKF) in Berlin-Wittenau. Unterstützt wurde er dabei von einer Reihe langjähriger Weggefährten, die ihm bei der Modernisierung des Unternehmens halfen.[83] Als die Kugellager-Konvention zum 31. März 1927 auslief und zur Verlängerung anstand, Riebe jedoch nicht verlängern konnte oder wollte, wurde seine BKF für 2 Mio. Mark von den übrigen Konventionsfirmen aufgekauft und nachfolgend liquidiert.[84] Riebe zog sich aus dem aktiven Kugellagergeschäft zurück und war fortan als Vertrauensmann der Konvention tätig.

Hollmann (FHW). – Die seit 1906 bestehende Kugellagerabteilung der „Fabrik für landwirtschaftliche Maschinen Heinrich Hollmann" in Burgsolms wurde am 1. Mai 1913 aus der Firma ausgegliedert und als „Friedrich Hollmann Präzisionskugellagerfabrik Wetzlar" (FHW) verselbständigt.[85] Die Firma hatte anfangs 40 Beschäftigte und gehörte zu den Gründungsmitgliedern der Kugellagerkonvention. FHW zählte zu den kleinen Kugellagerproduzenten, die sich auf Nischenprodukte spezialisiert hatten, und erlebte insbesondere während der Inflationszeit einen Aufschwung. Hollmann wandelte seine Firma 1923 in eine Aktiengesellschaft um, er wurde jedoch ebenso wie BKF (August Riebe) im Frühjahr 1927 von den übrigen Konventionsfirmen aufgekauft. Bei einem Aktienkapital von 605.000 RM betrug der Kaufpreis 2,25 Mio. RM.[86] Im Frühjahr 1929 erfolgte der Beschluß zur Liquidation.[87]

Alle bisher genannten Firmen gehörten den Wälzlager-Konventionen an. Als Nicht-Konventionsmitglieder traten in den zwanziger Jahren auch Georg Müller, Nürnberg (GMN) (gegr. 1908), Robert Kling, Wetzlar (RKW) (gegr. 1918),[88] die Norddeutsche Kugellagerfabrik GmbH, Berlin (NKF) (gegr. 1924) und die Bary'sche

---

[82] BA Berlin-Lichterfelde, R 8127 Nr. 6682 (wie Anm. 77), Zeitungsartikel Dezember 1926; Frankfurter Zeitung vom 25.6.1927.

[83] SKF-Archiv Ordner Presseberichte, Artikel der „Motor"-Zeitung aus dem Jahr 1923 „Generaldirektor A. Riebe 25 Jahre Kugellager-Konstrukteur".

[84] Abschrift des Konsortialvertrages vom 28.4.1927 und der Verkaufsurkunde vom 29.4.1927 bei Fries, Mein Leben und Wirken (wie Anm. 25), S. 3989 ff. und 3995 f.; Eigentümer waren August Riebe und Erich Krämer; SKF-Archiv Ordner Presseberichte, Artikel „August Riebe 60 Jahre" in der Zeitschrift „Das Fahrzeug" vom 30.12.1927.

[85] Wilhelm Biemer, Die industrielle Entwicklung der Stadt Wetzlar. Ein Beitrag zur industriellen Standortlehre, Bückeburg 1933, S. 95; Wolfgang Wiedl, Geschichte der Stadt Solms und ihrer Stadtteile Bd. 3: Von der Industrialisierung bis zur Gegenwart, Solms 1994, S. 115–119; für frdl. Auskünfte danke ich Herrn Wolfgang Wiedl, Stadtarchiv Wetzlar.

[86] Abschrift des Konsortialvertrages vom 28.4.1927 und der Verkaufsurkunde vom 29.4.1927 bei Fries, Mein Leben und Wirken (wie Anm. 25), S. 3989 ff., 3997 f., 4357; Eigentümer der Hollmann-Aktien waren die Herren Friedrich Hollmann, Ing. H. Schäffer und Charles Bender (beide Amerika) sowie die Treuhandgesellschaft L. Raab sen. GmbH, Wetzlar. Hollmann erhielt für seinen Anteil 1,77 Mio. RM, Schäffer und Bender 180.000 RM und die Treuhandgesellschaft Raab 300.000 RM.

[87] Bericht der Geschäftsführung von Fries & Höpflinger an den Aufsichtsratsvorsitzenden Dr. Josef Schmitt vom 18.3.1929, Fries, Mein Leben und Wirken (wie Anm. 25), S. 4346. Generaldirektor Hollmann sollte zum 30.6.1929 aus der Firma ausscheiden.

[88] Hans Tischert, Robert Kling Wetzlar GmbH. Wälzlagerwerke, Büromaschinenbau, Oberbiel, Kr. Wetzlar (Stätten Deutscher Arbeit), o.J. (ca. 1960). Die Kugellagerproduktion bei RKW wurde 1924 aufgenommen.

Kugellagerfabrik, Berlin, verstärkt am Markt auf. Auch DKW-Zschopau und SSW Nürnberg fertigten nun Rollenlager für den Eigenbedarf.[89]

An ausländischen Unternehmen, die in gewissem Umfang Wälzlager nach Deutschland importierten, sind neben den Konventionsmitgliedern SKF, Schmidt-Roost (Oerlikon-Zürich) und den Steyr-Werken (Wien) auch das zum FIAT-Konzern gehörende Unternehmen von Roberto Incerti, Villar Perosa (RIV) sowie aus Amerika The New Departure Mfg. Co. in Bristol/Conneticut und die Timken Roller Bearing Company, Canton/Ohio, zu erwähnen.[90]

Das Kartell

Anders als in der Wirtschaftsordnung der Bundesrepublik waren Kartelle in der Zeit des Kaiserreiches und der Weimarer Republik nicht nur erlaubt, sondern auch weit verbreitet. Kartelle sind Zusammenschlüsse von rechtlich und wirtschaftlich selbständigen Unternehmen, die dem Ziel dienen, durch Beschränkung des Wettbewerbs die Ertragslage der Unternehmen zu verbessern. In der zeitgenössischen Literatur, auch in der Wälzlagerbranche, wird statt „Kartell" häufig der Begriff „Konvention" verwendet.[91] Die öffentliche Meinung stand Kartellen durchaus positiv gegenüber, sah man in ihnen doch ein wirksames Instrument, konjunkturelle Schwankungen abzufedern, den Firmen ausreichende Gewinne zu sichern und auf diese Weise mögliche negative Folgen des freien („ruinösen") Wettbewerbs, insbesondere Unternehmenszusammenbrüche, abzuwenden. Gerade in einer Phase wirtschaftlicher Überkapazitäten und relativer Stagnation sah man in derartigen Kooperationen überwiegend Vorteile für die Entwicklung einer Volkswirtschaft. Die Angaben über die Zahl der Kartelle in der deutschen Industrie der zwanziger Jahre schwanken zwischen 1.000 und 2.500.[92] Man hat Deutschland deshalb das „klassische Land der Kartelle"[93] genannt und das hier praktizierte Modell des „kooperativen Kapitalismus" als „typisch deutsche Wirtschaftsweise" bezeichnet.[94]

Die Wälzlagerbranche wurde im Jahr 1905 von der Kartellbewegung erfaßt, als die acht wichtigsten Kugelfabriken zur Stahlkugel-Konvention zusammenfanden, um Normalpreise für ihre Produkte festzulegen, die nicht unterboten werden durften.[95] Das Vordringen der Kugellager in immer weitere Anwendungsbereiche und der damit einhergehende technische Fortschritt rückten die Patente und deren Schutz in den Mittelpunkt der Diskussionen. Um die ständigen Patentstreitigkeiten zu beenden,

---

[89] Chronik der deutschen SKF (wie Anm. 45), D 4–7.

[90] Lingl, Kugellagermarkt (wie Anm. 13), S. 15 ff., 146 f.

[91] Toni Pierenkemper, Unternehmensgeschichte. Eine Einführung in ihre Methoden und Ergebnisse (Grundzüge der modernen Wirtschaftsgeschichte 1), Stuttgart 2000, S. 233 f.; Lingl, Kugellagermarkt (wie Anm. 13), S. 70.

[92] Pierenkemper, Unternehmensgeschichte (wie Anm. 91), S. 237 f.

[93] Ulrich Wengenroth, zitiert nach Harm G. Schröter, Kartellierung und Dekartellierung in Deutschland 1890–1990, in: Vierteljahrschrift für Sozial- und Wirtschaftsgeschichte 81, 1994, S. 457–493, hier S. 457.

[94] Alfred D. Chandler, zitiert nach Schröter, Kartellierung und Dekartellierung 1890–1990 (wie Anm. 93), S. 457.

[95] Lingl, Kugellagermarkt (wie Anm. 13), S. 76; Fries, Mein Leben und Wirken (wie Anm. 25), S. 1704 f., 1717 f., 1733 f.

schloßen sich 1912 zunächst die drei Schweinfurter Kugellagerhersteller F & S, F & H und Kugelfabrik Fischer zu einem Patentblock zusammen.[96] Ein Jahr später, zum 1. Januar 1913, trat die Deutsche Kugellager-Konvention in Kraft. Ihr gehörten BKF (Riebe), DWF, F & H, DKF, Kugelfabrik Fischer, RHL, FHW, Riebe-Werk, F & S und Norma sowie Schmid-Roost, Oerlikon-Zürich (SRO), und die Steyr-Werke, Wien, an.[97] Damit war ein wesentliches Kriterium für das Funktionieren des Kartells erfüllt: alle bedeutenderen Firmen hatten sich der Vereinbarung angeschlossen. Die Geschäftsführung lag in Händen des neutralen Ingenieurbüros Ferdinand Adolf Pertsch (Darmstadt). Die Deutsche Kugellagerkonvention galt für Verkäufe innerhalb Deutschlands. Für den Export nach Österreich, der Tschechoslowakei und Ungarn gab es die Dreiland-Konvention. Die in der Zwischenkriegszeit steigende Bedeutung der Rollenlager gab Anlaß, mit Wirkung vom 1. Januar 1926 auch eine Deutsche und eine Dreiland-Rollenlagerkonvention ins Leben zu rufen, der sich neben den Firmen der Kugellagerkonvention auch die G. u. J. Jaeger GmbH, Wuppertal,[98] anschloß. Die Kartellverträge waren zeitlich befristet und standen in regelmäßigem Turnus zur Verlängerung an. Ende der zwanziger Jahre gab es für Deutschland und „Dreiland" je eine Kugellager- und eine Rollenlager-Konvention sowie nur für das Reich eine Kugel- und Kugelhalter-Konvention.[99] Zweck der Konventionen war es, „durch entsprechende Typisierung der Fabrikate und durch Verminderung der Typenzahl eine Vereinheitlichung und Vereinfachung der Fabrikation zu erzielen" und „ferner die gemeinsame Ueberwachung und Verwertung von eingebrachten Schutzrechten".[100] An anderer Stelle heißt es explizit, man wolle „einem Konkurrenzkampf in den nachstehend genauer bezeichneten und im wesentlichen durch Patente geschützten Conventionsartikeln Einhalt" gebieten.[101] Die beteiligten Firmen brachten bestimmte Patente und Gebrauchsmuster in die Konvention ein, die den anderen Herstellern zur Mitbenutzung offenstanden. Gerade SKF-Norma bestand jedoch darauf, daß einige wichtige, bei ihr entwickelte Patente der Konvention nicht zur Verfügung standen. Aus diesem Grund kam es im Januar 1926 wegen der sphärischen Rollenlager zu einer heftigen Auseinandersetzung zwischen Carl F. Böninger von SKF-Norma und August Riebe.[102]

---

[96] Fries, Mein Leben und Wirken (wie Anm. 25), S. 2455–2460 (Abschrift des Vertrags vom 4.6.1912); Chronik der deutschen SKF (wie Anm. 45), A 53 ff. spricht von einem Schweinfurter Patentblock bereits im Jahr 1911.

[97] Steckzén, SKF Svenska Kullagerfabriken (wie Anm. 45), S. 158, 165; Chronik der deutschen SKF (wie Anm. 45), A 57 f.

[98] G. u. J. Jaeger GmbH (Hg.), Kugeln, Rollen, Ringe. Den Freunden unseres Hauses und den Mitarbeitern des Werkes aus Anlaß des hundertjährigen Jubiläums überreicht, Wuppertal 1968; Artikel „G. u. J. Jaeger GmbH, Wuppertal", in: Julius Keil (Hg.) Die westdeutsche Wirtschaft und ihre führenden Männer. Ein Lesebuch der Industrie, Land Nordrhein-Westfalen, Teil III: Bergisches Land, o.J. [ca. 1965], S. 162–167; Artikel „G. u. J. Jaeger GmbH. Vom Eisenwerk zur Wälzlagerfabrik", in: Gerhart Werner u.a. (Hg.), Heimatchronik der Stadt Wuppertal, Köln [1959], S. 389–393.

[99] SKF-Archiv, „Kündigungstermine der Conventionen" (10.9.1928).

[100] SKF-Archiv, „Auszug aus den Conventionsvertrags-Bestimmungen" I. b (1926).

[101] SKF-Archiv, „Deutsche Kugellager-Convention, Conventions-Vertrag", „Maßgebendes Exemplar. Unterschrieben von mir am 8.6.1921, Carl F. Böninger" (§ 1).

[102] SKF-Archiv, Niederschrift „Betrifft: Rollenlager-Konvention" (13.1.1926, Böninger).

Die Konventionsfirmen waren verpflichtet, die gemeinsam vereinbarten Mindestpreise einzuhalten.[103] Nach einem festgelegten Meldesystem mußte jede Firma dem Konventionsbüro Pertsch täglich alle angenommenen Aufträge und getätigten Abschlüsse sowie die erfolgte Lieferung mit Ordereingangs- und Fakturenverzeichnissen anzeigen.[104] Sämtliche Rechnungen und Gutschriften waren im Original an das Konventionsbüro zu senden, wurden dort mit einem Sichtvermerk versehen und dem Kunden zugeleitet. In einer Kartei hielt man die mit jedem Käufer getätigten Aufträge und Abschlüsse fest. Auf dieser Basis meldete das Konventionsbüro monatlich den einzelnen Mitgliedern streng vertraulich ihren Marktanteil. Ein ausgeklügeltes Rabattsystem, das Nachlässe bis zu 60 % erlaubte, reduzierte die durch Konventionsbeschluß festgelegten Listenpreise erheblich.[105] Bei Verstößen gegen die Konventionsbestimmungen konnten durch ein Schiedsgericht, dem sich alle Mitglieder unterwarfen, hohe Konventionalstrafen verhängt werden. In der Praxis gab es phasenweise jedoch erhebliche Probleme mit der Preisdisziplin: Die Maschinenfabrik Rheinland beschwerte sich im Dezember 1926, „in Wirklichkeit [halte] augenblicklich nicht ein Konventionsmitglied mehr die Konventionsbedingungen aufrecht".[106] Die eine Hälfte der Firmen habe mit Preisunterbietungen angefangen, die andere mußte dann, wenn sie ihre Werke nicht schließen wollte, ebenfalls die Preise senken. Wie auch in den meisten anderen Zweigen der Industrie mangelte es somit auch dem Wälzlagerkartell vielfach an Effizienz.[107] Tendenziell aber schützte die Konvention weniger konkurrenzfähige Firmen durch höhere Preise, auch wenn damit ein Wettbewerbsnachteil verbunden war. Wegen der hohen Preise signalisierten die Ford-Werke in Berlin den deutschen Konventionsfirmen 1926, es sei „vorerst nicht daran zu denken, daß eine deutsche Kugellagerfabrik ins Geschäft komm[e]".[108] Denn natürlich hatten in Deutschland produzierende Abnehmer die Möglichkeit, billigere Wälzlager aus dem Ausland zu importieren. Auch von dieser Seite her geriet das festgelegte Preisgefüge der Konventionen unter Druck. Glaubt man den Klagen aus der deutschen Wirtschaft, so waren die deutschen Hersteller überdies durch die Zollpolitik der Reichsregierung, die seit 1925 die Einfuhr ausländischer Waren erleichtert hatte, erheblich benachteiligt. Denn das Beispiel der niedrigen deutschen Importzölle fand im Ausland keine Nachahmung. Amerika erhob auf Kugellager einen Einfuhrzoll von 33 %, während Lager von dort, aus der Schweiz und aus Italien mit 4–6 % Zoll ins Reich eingeführt

---

[103] Ausführlich zur Kugellagerkonvention Lingl, Kugellagermarkt (wie Anm. 13), S. 76–82; Chronik der deutschen SKF (wie Anm. 45), D 2 ff.

[104] Chronik der deutschen SKF (wie Anm. 45), A 59 f.

[105] SKF-Archiv, Führer durch die Bestimmungen der Deutschen Rollenlager-Convention. Im Selbstverlag des Unparteiischen und Vertrauensmannes Ferd. Adolf Pertsch, Darmstadt ¹1926; Führer durch die Bestimmungen der Deutschen Kugellager-Convention. Im Selbstverlag des Unparteiischen und Vertrauensmannes Ferd. Adolf Pertsch Konventionsbureau, Darmstadt 1928.

[106] SKF-Archiv, Rundschreiben der Maschinenfabrik Rheinland an die Mitglieder der Deutschen Kugellager-Konvention vom 4. 12. 1926.

[107] Toni Pierenkemper, Gewerbe und Industrie im 19. und 20. Jahrhundert (Oldenbourg Enzyklopädie Deutscher Geschichte 29), München 1994, S. 48.

[108] Fries, Mein Leben und Wirken (wie Anm. 25), S. 3892 (Bericht des F & H-Direktors Tully vom 3. 9. 1926).

werden konnten.[109] Die nackten Zahlen scheinen diese, von Ernst Sachs immer wieder vorgebrachte Argumentation zu bestätigen. Die Kugel- und Rollenlager-Einfuhr nach Deutschland verzehnfachte sich innerhalb von drei Jahren von 859.000 RM (1925) auf 8,26 Mio. RM (1928), der Löwenanteil davon entfiel auf SKF, die ihren Export ins Reich von 638.000 RM (1925) auf 5,4 Mio. RM (1928) steigerte.[110] Der deutsche Wälzlager-Export schwankte im selben Zeitraum zwischen 8,40 Mio. RM (1925) und 11,02 Mio. RM (1928).[111] Die Gesamtausfuhr sämtlicher deutscher Wälzlagerfirmen war somit im Jahr 1928 gerade einmal doppelt so hoch wie der Absatz des weltweit tätigen SKF-Konzerns allein in Deutschland, wobei die Produktion der deutschen Tochterfirma SKF-Norma nicht einmal mit eingerechnet ist.

Ein professioneller Beobachter listete Mitte 1927 die am deutschen Markt tätigen Firmen in der Reihenfolge ihrer Bedeutung auf: SKF-Norma, Fichtel & Sachs, DWF, Fries & Höpflinger, Kugelfabrik Fischer (FAG), Maschinenfabrik Rheinland, Schmidt-Roost (Oerlikon-Zürich) und die Wiener Steyr-Werke.[112] Als führende Köpfe der Branche werden Ernst Sachs, Carl F. Böninger (SKF-Norma) und Hermann Barthel (Fischer) bezeichnet.[113] Die von den Wälzlager-Konventionen erfaßte Produktion verteilte sich 1928 auf acht Firmen:[114]

Fichtel & Sachs AG, Schweinfurt	27,7 %
SKF-Norma AG, Cannstatt	27,2 %
Berlin-Karlsruher Industriewerke (DWF), Berlin	11,0 %
Fries & Höpflinger AG, Schweinfurt	10,7 %
Kugelfabrik Fischer oHG (FAG), Schweinfurt	9,5 %
Riebe-Werke AG, Berlin	6,0 %
Maschinenfabrik Rheinland AG, Düsseldorf	5,3 %
Deutsche Kugellagerfabrik GmbH, Leipzig	2,6 %

Experten äußerten die Einschätzung, die Kapazitäten der Branche seien mindestens zu 100 % überbesetzt.[115] Der Absatz ins Ausland war durch hohe Zollschranken erschwert, im Inland setzte sich die Krise der deutschen Automobilindustrie auch in den Jahren nach 1927 fort. Die Ertragslage der Firmen jedoch war unterschiedlich: Fries & Höpflinger, die Riebe-Werke, Maschinenfabrik Rheinland sowie die drei kleineren Konventionsfirmen BKF, FHW und DKF standen unter erheblichem Druck. Hingegen verdienten SKF-Norma, deren Kunden überwiegend aus dem Maschinen- und Anlagenbau kamen und die deshalb von der Automobilindustrie weniger abhängig war, und in gewissem Umfang wohl auch Fichtel & Sachs und die Kugelfabrik Fischer gut. Da Kartelle sich „zu keiner Zeit als geeignetes Instrument bei beabsichtigten Kapazi-

---

[109] Chronik der deutschen SKF (wie Anm. 45), D 9f.; Artikel „Fichtel & Sachs AG Schweinfurt" im Schweinfurter Tagblatt vom 16.9.1929.
[110] Lingl, Kugellagermarkt (wie Anm. 13), S. 146.
[111] Ebd., S. 90.
[112] Artikel „Keimzelle zum Kugellagertrust" von Dr. W. Engelhard im Berliner Börsen-Courier vom 9.6.1927, Abschrift bei Fries, Mein Leben und Wirken (wie Anm. 25), nach S. 4026.
[113] Ebd.
[114] Steckzén, SKF Svenska Kullagerfabriken (wie Anm. 45), S. 471.
[115] Ebd., S. 476f.

tätseinschränkungen und für eine Neuordnung der Produktion erwiesen hatten",[116] vermehrten sich am Horizont die Anzeichen für einen grundlegenden Strukturwandel in der Wälzlagerbranche. Die Zeit der branchenweit vertraglich vereinbarten Preisabsprachen und Patentvereinbarungen neigte sich dem Ende entgegen.

Der „Kugellagerkrieg" 1925–29

Angesichts der bestehenden Überkapazitäten konnte man ahnen, daß es ähnlich wie in der Automobil- (Daimler-Benz, 1926), der Stahl- (Vereinigte Stahlwerke, 1926) und der Chemischen Industrie (IG Farben, 1926) auch in der Wälzlagerindustrie zu Zusammenschlüssen und Fusionen kommen würde. Um dafür gewappnet zu sein, positionierte sich auch die Kugelfabrik Fischer. Ein Übernahme-Kandidat war der lokale Konkurrent Fries & Höpflinger. Dessen Aktien erzielten noch am 17. November 1925 einen Kurs von 119,5 %. Marktbeobachter bezeichneten die Aktie angesichts einer nur mäßigen Dividende von 6 % im abgelaufenen Geschäftsjahr als wesentlich zu hoch bewertet und erklärten sich dies mit gezielten Aufkäufen eines unbekannten Interessenten. Am 18. November jedoch mußte der Handel ausgesetzt werden, weil plötzlich ein Überangebot an Fries & Höpflinger-Aktien am Markt verfügbar war, für das keine Nachfrage bestand. Eine Woche später (25. November) kam mit Hilfe der Börsenkommissare wieder ein Kurs zustande, der bei 80 % und damit 39 Prozentpunkte niedriger als die letzte Notierung lag, am 10. Dezember schließlich wurde die Aktie nur noch zu 50¾ % gehandelt. Der Grund für diesen rapiden Kurssturz lag in einem Aktienpaket von nominal etwa 500.000 RM (über 10 % des Stammkapitals von Fries & Höpflinger), das an der Börse plaziert werden sollte, aber keinen Käufer fand. Dieses Aktienpaket war von der Berliner Bankfirma Reiwald & Hirsch vermutlich schon seit 1923 im Auftrag der Kugelfabrik Fischer außerbörslich erworben worden. Reiwald & Hirsch waren jedoch in finanzielle Schwierigkeiten geraten und benötigten selbst neues Kapital. Nachdem der Aktienbestand auf Stückekonto belassen worden und Fischer einen, wenn auch wohl nur geringen Teil des Kaufpreises schuldig geblieben war, hatten Reiwald & Hirsch über die Aktien verfügen können und sich selbst damit bei Großbanken Geld geliehen.[117] In Zeitungskommentaren ist davon die Rede, Fischer sei bei der Auswahl seiner Bankverbindung nicht sorgfältig genug gewesen. Denn als Reiwald & Hirsch Insolvenz anmeldeten,[118] waren die Rechte der Kugelfabrik Fischer in höchstem Maße gefährdet, da die Forderungen der Lombardeure Vorrang hatten und diese das Aktienpaket im November 1925 schließlich zum Verkauf an der Börse anboten, was zu dem dramatischen Kurssturz führte. Hinter den Kulissen liefen Verhandlungen „mit einem potenten Reflektanten" wegen der Übernahme des kompletten Aktienpakets, diese kamen jedoch zunächst nicht zum Abschluß. Es steht

---

[116] Reckendress, Das „Stahltrust"-Projekt (wie Anm. 71), S. 567.

[117] Artikel des Berliner Tageblatts vom 26.11.1925; Abschrift bei Fries, Mein Leben und Wirken (wie Anm. 25), S. 3796f.

[118] Das deutsche Privatbankgewerbe wurde in den Jahren 1924–27 von einer Konkurswelle erfaßt. Es gab damals eine Vielzahl kleiner Banken, zu denen offenbar auch Reiwald & Hirsch zählte, vgl. Klaus Schlegelmilch, Die Entwicklung des Privatbankiersgewerbes seit 1900 unter besonderer Berücksichtigung der Liquidationsursachen, Frankfurt 1964, S. 59–67.

zu vermuten, daß es sich bei dem nicht namentlich genannten Interessenten erneut um Georg Schäfer von der Kugelfabrik Fischer handelte, der sein Aktienpaket – wenn auch unter Verlusten – retten wollte.[119] Professionelle Beobachter äußerten die Ansicht, ein Aktienkauf auf Kredit, wie er hier von Schäfer verfolgt wurde, könne sich nur rentieren, wenn weiterreichende strategische Pläne damit verbunden seien. Gleichzeitig wurde darauf hingewiesen, daß „die Käufe nicht über den Rahmen der finanziellen Leistungsfähigkeit hinausgingen, dass also weder die Lage der Firma Fischer irgendwie gefährdet sei, noch ihre Verpflichtungen gegenüber der Bankfirma Reiwald & Hirsch deren Illiquidität irgendwie herbeigeführt" hätten.[120]

Knapp zwei Jahre später, im Frühjahr 1927, standen die Aktien der „Deutschen Gußstahlkugel- und Maschinenfabrik AG, vormals Fries & Höpflinger, Schweinfurt a. Main", erneut im Rampenlicht des Börsengeschehens. Obwohl das am 28. Februar abgelaufene Geschäftsjahr 1926/27 für die Inhaber von Stammaktien ohne Dividende geblieben war, notierte der Kurs Mitte April zwischen 135% und 145%. Im Vorfeld der für den 9. Juli 1927 in Dresden angesetzten Generalversammlung berichteten die Zeitungen von Machtkämpfen bei Fries & Höpflinger. Die beiden Schweinfurter Konkurrenten Fichtel & Sachs (25%) und Kugelfabrik Fischer (18%) sowie der als Stahllieferant in Frage kommende Paul Rohde[121] (25%) verfügten gemeinsam über mehr als zwei Drittel der Stammaktien.[122] Die vom Dresdner Bankhaus Gebr. Arnhold geführte Verwaltung war dem Nennwert der Aktien nach weitaus in die Minderheit geraten. Die mehrstimmigen Vorzugsaktien, die zwar lediglich 115.000 RM Kapital, aber 85.000 Stimmen repräsentierten, lagen jedoch weiterhin in Händen der Gebr. Arnhold, während das Stammaktienkapital (4,38 Mio. RM) nur über 73.000 Stimmen gebot. Die neuen Hauptaktionäre hatten also rein rechnerisch keinen entscheidenden Einfluß auf die Machtverhältnisse. Doch bezweifelten außenstehende Beobachter, ob man allein mit Vorzugsaktien auf die Dauer gegen eine geschlossene Stammaktienmehrheit regieren könne. Es hieß, die Gruppe Sachs-Rohde-Fischer beanspruche eine angemessene Teilhabe an der Führung der Gesellschaft. Die Inhaber der Vorzugsaktien (neben Gebr. Arnhold auch die Bayerische Vereinsbank) befänden sich bereits jetzt in einer Situation, aus der sie ohne Zugeständnisse schwerlich herauskommen könnten. Die Besprechungen zwischen den drei Hauptaktionären und den Inhabern der Vorzugsaktien seien bisher „noch sehr lose gewesen, so dass es noch nicht zu übersehen sei, ob nicht eine Einigungsformel gefunden [werde] und letzten Endes vielleicht eine Gemeinschaft aller drei Fabriken [F & S, F & H, Kugelfabrik Fischer] zustande komm[e]", meldete die Frankfurter Zeitung.[123] Der Börsen-Courier spekulierte über die Aufteilung der deutschen Kugellagerfabrikation in eine Schweinfurter (Fichtel & Sachs, Fries & Höpflinger, Kugelfabrik Fischer) und eine schwedische Gruppe (SKF-

---

[119] Eine Meldung im „Magazin der Wirtschaft" Nr. 28 vom 14.7.1927 hingegen legt den Schluß nahe, das Aktienpaket sei an Paul Rohde übergegangen. Dort ist mit Blick auf Rohde von F & H-Aktien die Rede, die „von einer früheren Bankierinsolvenz hier [sic!] im Gläubigerdepot lagen".

[120] BA Berlin-Lichterfelde, R 8127, Nr. 13394 (wie Anm. 30), Frankfurter Zeitung.

[121] Für Biographische Angaben siehe http://emedia1.bsb-muenchen.de/han/WBIS (wie Anm. 24).

[122] Sachs und Rohde verfügten jeweils über Aktienpakete im Nominalwert von ca. 1,1 Mio. RM, Fischer über ca. 0,7 Mio. RM. Lt. Anwesenheitsliste wurde das im Schäfer-Besitz befindliche Aktienpaket durch Sachs vertreten; Fries, Mein Leben und Wirken (wie Anm. 25), S. 4042 f.

[123] BA Berlin-Lichterfelde, R 8127, Nr. 13394 (wie Anm. 30), Frankfurter Zeitung vom 27.5.1927.

Norma). In unterrichteten Kreisen sei bereits ernsthaft über bevorstehende Fusionen gesprochen worden. Eventuell wolle man die Kugellagerfabriken enger als bisher in einem Syndikat oder in einem einzigen Unternehmen zusammenfassen. Die gegenwärtige Lage in der Kugellagerindustrie, so die Kommentatoren, lasse „einen möglichst raschen Zusammenschluß zur beschleunigten Durchführung der Normalisierung und Typisierung als notwendig erscheinen".[124]

Gleichzeitig wurden erneut Überlegungen lanciert, die Ernst Sachs auch an anderer Stelle[125] formuliert hat: „Kugellager werden in etwa 6.000 Dimensionen gebraucht, von denen aber größere Umsätze und erheblicher Bedarf, der eine Massenfabrikation rechtfertigt, nur für etwa 150 Sorten vorliegen, während die anderen Dimensionen jeweils nur in Mengen bis circa 100 Stück bestellt werden. Diese geringen Quantitäten sehr verschiedenartiger Dimensionen werden heute bei allen 10 deutschen Kugellagerfabriken angefragt, so dass sämtliche 10 Fabriken sich auf diese abnormalen Maße einstellen, die Werkzeuge dafür bereitstellen" müßten. Zweckmäßig sei es, den „Bedarf an diesen nicht für Massenherstellung geeigneten Kugellager-Dimensionen möglichst aus einer einzigen Fabrik zu decken, die mit solchen Dimensionen im Bedarfsfall die anderen Kugellagerfabriken beliefern soll[e]."[126] Die Verwaltung von Fries & Höpflinger wurde vom Verfasser des Artikels aufgefordert, zu dieser Frage Stellung zu beziehen, wobei gleichzeitig darauf hingewiesen wurde, „dass der Kugellagerindustrie nur durch Rationalisierung die gesunde Grundlage wiedergegeben [werden]" und „diese Rationalisierung durch Zusammenschluß mit Dritten auch zugunsten von Fries & Höpflinger erreicht werden" könne.[127] Die von den Blättern mit Spannung erwartete Generalversammlung verlief dann jedoch „für Außenseiter unklar und farblos".[128] Der F & H-Aufsichtsratsvorsitzende, Justizrat Dr. Josef Schmitt aus Bamberg, betonte „gegenüber anderweitigen Gerüchten, dass überhaupt seit Auftauchen der Normalisierungs- und Typisierungsfragen keinerlei Meinungsverschiedenheit innerhalb der Verwaltung aufgetaucht sei." Eine zunächst nicht näher erläuterte Verständigung zwischen den neuen Großaktionären und der Verwaltung „sichere auch weiterhin den seit der mehr als 30 Jahre zurückliegenden Gründung stets vorherrschenden Frieden."[129] Die Konfrontation auf offener Bühne war ausgeblieben, denn die Kontra-

---

[124] Börsen-Courier vom 1.6.1927, ähnlich die Deutsche Bergwerkszeitung (9.6.1927); BA Berlin-Lichterfelde, R 8127, Nr. 13394 (wie Anm. 30).

[125] SKF-Archiv, Ordner Presse-Archiv Fichtel & Sachs (1925).

[126] Artikel „Schweinfurter Kugellager. Rationalisierungsbestrebungen – Machtkämpfe – Der Bericht von Fries & Höpflinger" in der Frankfurter Zeitung vom 25.6.1927; Abschrift bei Fries, Mein Leben und Wirken (wie Anm. 25), nach S. 4032 und BA Berlin-Lichterfelde, R 8127, Nr. 13394 (wie Anm. 30).

[127] In einem Schreiben von Gebr. Arnhold an die F & H-Direktion (Engelbert Fries) vom 30.6.1927 entgegnen diese: „Sie wissen genau, […] daß meine Firma den Gedanken der Rationalisierung zu allererst im Einvernehmen mit Herrn Justizrat Dr. Schmitt [dem Aufsichtsratsvorsitzenden von F & H] angeregt und befürwortet hat und dass nicht meine Firma, sondern die Firma Fichtel & Sachs der Verwirklichung dieses Planes andauernd Schwierigkeiten entgegenstellt hat." Auch habe die Firma Gebr. Arnhold „verlockende Angebote, die ihr von der jetzigen Opposition gemacht worden sind, abgelehnt, […] weil sie die Interessen der Gesellschaft über ihre gestellt hat", Abschrift des Briefes bei Fries, Mein Leben und Wirken (wie Anm. 25), S. 4033.

[128] Frankfurter Zeitung vom 11.7.1927; BA Berlin-Lichterfelde, R 8127, Nr. 13394 (wie Anm. 30); Fries, Mein Leben und Wirken (wie Anm. 25), S. 4043.

[129] Börsen Zeitung Juli 1927; BA Berlin-Lichterfelde, R 8127, Nr. 13394 (wie Anm. 30).

henten hatten sich am Tag zuvor verständigt, ohne darüber jedoch die Generalversammlung im Detail zu informieren. Lediglich die Rückbenennung der Firma „Deutsche Gußstahlkugel- und Maschinenfabrik AG, vormals Fries & Höpflinger", in „Fries & Höpflinger AG" wurde bekanntgegeben. Erst über Umwege erfuhr die Öffentlichkeit, daß die 25.000 Stimmen der Stamm(schutz-)aktionäre, die bisher in der alleinigen Verfügung von Gebr. Arnhold gestanden waren, künftig vom Aufsichtsrat verwaltet werden sollten. Diesem kam damit bei Meinungsverschiedenheiten zwischen Vorzugs- und Stammaktionären der Ausschlag zu. In den Aufsichtsrat wurden Dr. Kurt Arnhold[130] als Vertreter der bisherigen Verwaltung[131] und Paul Rohde von der Opposition neu hinzugewählt. Ein weiteres Mandat sollte für Hermann Barthel von der Kugelfabrik Fischer freigehalten werden, bis ein zwischen Fischer und Gebr. Arnhold schwebender Prozeß wegen Fries & Höpflinger-Aktien beendet sei. Doch drangen nicht alle Einzelheiten der am Vorabend der Generalversammlung zwischen Sachs einerseits und Gebr. Arnhold andererseits getroffenen Vereinbarungen an die Öffentlichkeit. Die Arnholds mußten Sachs darüber hinaus zugestehen, ihn künftig „von allen wichtigen Gegenständen", die im Aufsichtsrat beraten werden sollten, vorher in Kenntnis zu setzen und seine Meinung darüber zu hören.[132] Wenn man in beiderseitigem Einverständnis von der Zuwahl eines Fischer-Vertreters in den Aufsichtsrat absehen wolle, dann habe Sachs das Recht, einen anderen Kandidaten vorzuschlagen.[133] Der Aufsichtsrat sollte eine Finanzkommission und eine technische Kommission einberufen, in beiden sollte Sachs Mitglied sein. Der Sachs'sche Einfluß bei F & H wurde damit auch institutionell gefestigt. Als Ergebnis der „Schlacht von Dresden"[134] meldete der „Börsen-Courier", „dass nunmehr der geplanten Rationalisierung und dem Werkszusammenschluß keine Hindernisse mehr im Wege [stünden]".[135]

Tatsächlich begannen sofort Verhandlungen zwischen Fichtel & Sachs und Fries & Höpflinger wegen der beabsichtigten Normierungen und Rationalisierungen.[136] Auf Basis detaillierter Produktionsziffern einigte man sich, wer künftig welche Lager-Typen produzieren sollte.[137] Die Kugelfabrik Fischer jedoch wurde in diese

---

[130] Dr. Kurt Arnhold, geb. 1887, Mitinhaber der Bankfirma Gebr. Arnhold, für biographische Angaben siehe http://emedia1.bsb-muenchen.de/han/WBIS (wie Anm. 24).

[131] Als Vertreter der Bayerischen Vereinsbank wurde für den ausscheidenden Berthold Kaufmann (München) Dr. Ing. e.h. Fritz Neumeyer (Nürnberg) gewählt.

[132] Abschrift der Vereinbarung vom 8.7.1927 bei Fries, Mein Leben und Wirken (wie Anm. 25), S. 4039f. Teilnehmer der Besprechung waren Geheimrat Sachs, [Heinz] Kaiser, Justizrat Dr. Schmitt, Dr. Heinrich Arnhold, Stadtbaurat Dr. Krüger, Dresden.

[133] Tatsächlich verzichtete man später nicht nur auf die Zuwahl von Hermann Barthel (Fischer), sondern überhaupt auf die Schaffung eines weiteren Sitzes im Aufsichtsrat; vgl. die Aufstellung über die F & H-Aufsichtsratswahlen bei Fries, Mein Leben und Wirken (wie Anm. 25), S. 4251.

[134] So die Formulierung von Engelbert Fries in einem Brief an den Aufsichtsratsvorsitzenden Dr. J. Schmitt vom 30.12.1927; Fries, Mein Leben und Wirken (wie Anm. 25), S. 4101.

[135] BA Berlin-Lichterfelde, R 8127, Nr. 13394 (wie Anm. 30), Börsen-Courier vom 9.7.1927. Drastischer formuliert das „Magazin der Wirtschaft" Nr. 28 vom 14.7.1927 in seinem Artikel „Transaktionen der Gruppe Rohde" in Anspielung auf die ausweichenden Formulierungen des Aufsichtsratsvorsitzenden Dr. Schmitt: „In normales Deutsch übersetzt heisst das, dass die Verwaltung sich jetzt dem Majoritätswillen des neuen Pools gefügt hat und zur Bildung eines Schweinfurter Kugellagertrusts bereit ist"; Fries, Mein Leben und Wirken (wie Anm. 25), S. 4045f.

[136] Fries, Mein Leben und Wirken (wie Anm. 25), S. 4045f.

[137] Ebd., S. 4067–71, 4093–97, 4127, 4134–40.

Absprachen nicht einbezogen. Auch wenn keine verläßlichen Zahlen vorliegen, so deuten am Jahreswechsel 1927/28 verschiedene Aussagen der Beteiligten doch auf eine zunehmend prekäre finanzielle Lage von Fries & Höpflinger hin. Die Finanzen des Unternehmens erforderten „Sparsamkeit und Zurückhaltung auf allen Gebieten", denn die Anspannung der Mittel sei „von Monat zu Monat eine grössere und ernstere geworden". Der Aufsichtsratsvorsitzende Dr. Schmitt ermahnte deshalb den Vorstand, „die unentbehrlichen guten Beziehungen zur Firma Fichtel & Sachs" nicht zu gefährden.[138]

Parallel zu den Vorgängen bei Fries & Höpflinger geriet 1927 ein zweites Wälzlagerunternehmen in die Schlagzeilen. Angesichts erheblicher finanzieller Schwierigkeiten setzte Richard Kahn bei den Riebe-Werken alles auf eine Karte und beteiligte sich nicht mehr an der Kugellagerkonvention, die zum 31. März 1927 ausgelaufen und von den übrigen Kugellagerfirmen verlängert worden war.[139] Die Riebe-Werke unterboten fortan mit ihren Verkaufspreisen die Konvention.[140] Als Außenseiter verkündete Kahn im Mai 1927, die Werke seien sehr gut beschäftigt. Entgegen anders lautenden Meldungen habe „der Auftragseingang in der letzten Zeit von Monat zu Monat wesentlich zugenommen [..., weshalb] die Belegschaft stark [habe] vermehrt werden [müssen]. Das Werk [sei] zur Zeit auf Monate hinaus sehr gut beschäftigt."[141] Im September 1927 platzte schließlich eine Bombe. Unter dem dringenden Verdacht der Betriebsspionage wurden die Riebe-Werke auf Anordnung der Staatsanwaltschaft Stuttgart in einer aufsehenerregenden Polizeiaktion durchsucht.[142] Die Polizei sperrte das Betriebsgelände ab und unterbrach die Telefonverbindung nach außen. Drei Werksangehörige wurden sofort, ein Riebe-Direktor während seines Kuraufenthalts in Bad Elster verhaftet. Anlaß der Untersuchung war eine Anzeige der Stuttgarter SKF-Norma gewesen, die den begründeten Verdacht hegte, aus ihrem Konstruktionsbüro seien Pläne kopiert worden, mit denen nun bei Riebe gearbeitet wurde. Vertretern der SKF-Norma wurde unter Polizeiaufsicht Einsicht in Riebe-Unterlagen gewährt. Richard Kahn gelang es durch eine geschickte Informationspolitik, die Berichterstattung vom Verdacht der Betriebsspionage weg auf den aus seiner Sicht eigentlichen Grund für das Vorgehen von SKF-Norma zu lenken, der es gelungen sei, die Staatsanwaltschaft für ihre Ziele zu instrumentalisieren: Kahn habe als Außenseiter die Kartell-

---

[138] Ebd., S. 4104.
[139] BA Berlin-Lichterfelde, R 8127 Nr. 6682 (wie Anm. 77), Frankfurter Zeitung vom 20.5.1927 (Abendausgabe); ausführliche Darstellung der Vorgänge um das Riebe-Werk bei Lingl, Kugellagermarkt (wie Anm. 13), S. 148–155, der die Vorgänge ebenso wie die zeitgenössische Presse aus einer nationalen Perspektive heraus deutet und deshalb übersieht, daß SKF-Norma das Unternehmen mit dem geringsten Interesse am Fortbestand der Konventionen war. Derselben Fehleinschätzung unterliegt auch noch Ellner, Entwicklung FAG Kugelfischer (wie Anm. 16), S. 112 wenn er davon spricht, SKF-Norma habe „den unliebsamen Konkurrenten mit Hilfe eines Werkspionageprozesses zu neutralisieren" versucht.
[140] BA Berlin-Lichterfelde, R 8127 Nr. 6682 (wie Anm. 77), Frankfurter Zeitung vom 25.5.1927.
[141] BA Berlin-Lichterfelde, R 8127 Nr. 6682 (wie Anm. 77), Börsen-Courier vom 28.5.1927. Im September 1927 behauptet Kahn, es sei „gelungen, zu Preisen zu arbeiten, die sich nennenswert unter den Preisen der Konvention hielten. Unter diesen Umständen habe sie [die Firma Riebe] einen großen neuen Kundenstamm erwerben und ihre Belegschaft fast verdreifachen können." Artikel „Konkurrenzkampf mit Polizeibeamten" vom 20.9.1927.
[142] BA Berlin-Lichterfelde, R 8127 Nr. 6682 (wie Anm. 77), Börsen-Zeitung vom 20.9.1927; Berliner Tageblatt vom 21.9.1927; Frankfurter Zeitung 20. und 28.9.1927.

preise unterboten und sei so zu einer Gefahr für die übrige, in der Konvention zusammengeschlossene Kugellagerindustrie geworden. Mit Hilfe staatlicher Stellen habe sich SKF-Norma einer unliebsamen Konkurrenz entledigen wollen. Der Hinweis, daß es sich bei SKF-Norma um ein übermächtiges, von ausländischem Kapital finanziertes Unternehmen handelte, dem Kahn erfolgreich die Stirn geboten habe, sicherte ihm das Wohlwollen der deutschen Presse,[143] auch weil er seine Beschäftigtenzahl offenbar wieder erheblich steigern konnte und im September 1927 etwa 800 Arbeiter und Angestellte bei ihm in Lohn und Brot standen. Der ab Pfingsten 1928 vor der Stuttgarter Strafkammer gegen die Riebe-Werke anhängige Werkspionage-Prozeß verlief aus Sicht von SKF-Norma dann alles andere als glücklich.[144] Die Anklage beschuldigte Kahn des „unlauteren Wettbewerbs". Es zeigte sich jedoch, daß die in Frage stehenden Spezialmaschinen[145] zur Herstellung von Kugellagern aus Gründen der Geheimhaltung von SKF-Norma nicht zum Patent angemeldet worden waren. Bei der für den Prozeß entscheidenden Frage, inwieweit hier ein Verrat von Betriebsgeheimnissen vorliege, wurde von beiden Seiten mit für die Öffentlichkeit nicht immer nachvollziehbaren technischen Details argumentiert. Die Presse diskutierte deshalb zunehmend andere Fragen, zum Beispiel aus welchen Gründen SKF-Norma-Generaldirektor Carl Friedrich Böninger, der als gebürtiger Deutscher während des Krieges im kaiserlichen Feldquartier gedient hatte, nunmehr als schwedischer Staatsbürger auftrat. Böninger agierte zudem unglücklich, als er nach einem Kreuzverhör zugeben mußte, Kahn noch während des Prozesses ein Kaufangebot für die Riebe-Werke unterbreitet zu haben, bei dessen Annahme SKF den Strafantrag zurückgezogen hätte. Mit dem Hinweis, daß es für ihn ein Leichtes gewesen wäre, den Prozeß zu vermeiden, wenn er auf dieses Angebot eingegangen wäre, konnte Kahn ein durchaus plausibles Argument für seine Unschuld vorbringen.[146] Das für Außenstehende zunehmend undurchsichtig gewordene Verfahren wurde auf Vermittlung des Reichsverbandes der deutschen Industrie am 14. Juni 1928 außergerichtlich beigelegt. Die in die Defensive geratene Nebenklägerin begnügte sich mit einer Erklärung der Riebe-Führung, in der diese einräumte, daß SKF-Norma auf Grund des vorliegenden Materials den Verdacht hegen mußte, es seien zugunsten der Riebe-Werke Betriebsgeheimnisse verraten worden. Dies sei jedoch nicht mit Wissen der Riebe-Führung geschehen, welche ihr Bedauern darüber äußerte, „wenn etwa untergeordnete Angestellte in übertriebenem Geschäftseifer zu derartigen Mitteln gegriffen haben sollten."[147] SKF-Norma zog daraufhin den Strafantrag zurück.

---

[143] Der Vorwärts vom 6.9.1927 spricht von einem „Kartellskandal – Stillegung, weil zu billig produziert und verkauft wird!" (Artikel „Betriebsräte klagen an"); Abschrift bei Fries, Mein Leben und Wirken (wie Anm. 25), nach S. 4058.

[144] Zum Werkspionage-Prozeß siehe die umfassende Berichterstattung in der Frankfurter Zeitung vom 30., 31.5., 1., 2., 3., 5., 6., 7., 8., 9., 13., 14., 15., 16.6.1928; Abschriften bei Fries, Mein Leben und Wirken (wie Anm. 25), S. 4199–4225.

[145] Es handelte sich um 18 sogenannte „Schulter-Schleif-Maschinen", die auf Anordnung der Staatsanwaltschaft Stuttgart bei Riebe beschlagnahmt worden waren. BA Berlin-Lichterfelde, R 8127 Nr. 6682 (wie Anm. 77), Frankfurter Zeitung vom 30.5.1928 (Abendausgabe).

[146] Berliner Tageblatt vom 7.6.1928; BA Berlin-Lichterfelde, R 8127 Nr. 6682 (wie Anm. 77).

[147] Artikel „Norma-Prozeß eingestellt", vom 7.6.1928; BA Berlin-Lichterfelde, R 8127 Nr. 6682 (wie Anm. 77).

Eine wichtige Weichenstellung bedeutete das Ende des Werkspionage-Prozesses insofern, als hinter den Kulissen der Verkauf der Riebe-Werke über die Bühne gegangen war. Diese Transaktion barg für die Öffentlichkeit gleich zwei Überraschungen in sich: zum einen trat SKF-Norma nicht alleine als Käufer auf, man hatte Fichtel & Sachs mit ins Boot holen können. War zunächst vermutet worden, der „weitaus überwiegende Anteil an dem Kaufkonsortium" werde von SKF-Norma übernommen[148], so zeigte sich bald, daß Fichtel & Sachs gleichberechtigt an den Riebe-Werken beteiligt waren. Mit dem Erwerb der Riebe-Werke und deren Wiedereingliederung in die Konvention wurde jene ausgerechnet von SKF-Norma stabilisiert, die in der Vergangenheit das geringste Interesse am Fortbestehen der Konvention gezeigt hatte. Es ist deshalb verständlich, daß das schwedische Unternehmen die Kosten nicht alleine schultern wollte. Der größte deutsche Kugellagerhersteller Fichtel & Sachs hingegen hatte ein vitales Interesse am Erhalt der Konvention und sah wohl aus diesem Grund keine andere Möglichkeit, als die Hälfte der Kosten zu übernehmen. Die beiden führenden Firmen der Konvention waren damit eine Verbindung eingegangen, die für die weitere Entwicklung von nicht zu unterschätzender Bedeutung gewesen sein dürfte.[149] Anders als im Jahr zuvor bei BKF (Riebe) und Hollmann beteiligten sich die übrigen Konventionsmitglieder finanziell nämlich nicht an der Erwerbung. In der Vorstandsetage von Fries & Höpflinger ging man gleichwohl davon aus, daß „die Weiterentwicklung des Zusammenschlussgedankens der deutschen Wälzlager-Industrie" nun sehr bald möglich sei. Auch DWF und die Kugelfabrik Fischer hätten dazu ihre Bereitschaft signalisiert.[150] Die zweite große Überraschung beim Riebe-Transfer, die bei vielen Beobachtern Kopfschütteln hervorrief, war der Kaufpreis. Das Konsortium hatte für ein Unternehmen mit einem Aktienwert von 1,4 Mio. RM, das in den vergangenen Jahren keinerlei Dividende erwirtschaftet hatte, 6,75 Mio. RM gezahlt. Offenbar hatten sich die Käufer, um einen außerhalb der Konvention stehenden Konkurrenten auszuschalten, auch von einem „Kampfpreis" nicht abschrecken lassen. Noch Mitte Juni 1928 wurde der Eigentümerwechsel bei den Riebe-Werken vollzogen.[151]

Im Spätherbst 1928 wurde dann öffentlich, was Insider von Anfang an vermutet hatten. SKF-Norma und Fichtel & Sachs warfen Richard Kahn vor, sie beim Vertragsabschluß über die wirtschaftliche Lage der Riebe-Werke getäuscht zu haben. Deren Rentabilität sei, inbesondere wegen eines Liefervertrags mit Opel, wesentlich niedriger, als man aufgrund der Angaben des Verkäufers habe annehmen dürfen.[152] Kahn habe „in dem Bestreben, den Geschäftsumfang um jeden Preis zu erweitern, teilweise

---

[148] Artikel „Der Preis der Kugellager-Einigung" im Berliner Tageblatt vom 15.6.1928. Die Frankfurter Zeitung meldete am gleichen Tag, SKF-Norma habe 90% der Riebe-Aktien übernommen, was jedoch nicht zutraf (Artikel „Das Ende des Kugellager-Prozesses: Verkauf der Riebe-Werke"); BA Berlin-Lichterfelde, R 8127 Nr. 6682 (wie Anm. 77); Fries, Mein Leben und Wirken (wie Anm. 25), S. 4221.

[149] In diesem Sinne äußerte sich auch Hermann Barthel (Fischer) im September 1928: Durch den Aufkauf des Riebe-Werkes hätten die Verhandlungen zwischen SKF und Fichtel & Sachs „einen anderen Fortgang genommen"; Fries, Mein Leben und Wirken (wie Anm. 25), S. 4268.

[150] Fries, Mein Leben und Wirken (wie Anm. 25), S. 4223.

[151] Artikel „Das Schicksal der Riebe-Werke" in der Frankfurter Zeitung vom 16.6.1928; BA Berlin-Lichterfelde, R 8127 Nr. 6682 (wie Anm. 77).

[152] Artikel „Erneute Kugellagerdifferenzen" in der Frankfurter Zeitung (Abendausgabe) vom 9.11.1928; Artikel „Kugellager-Spannungen"; BA Berlin-Lichterfelde, R 8127 Nr. 6682 (wie Anm. 77).

Abschlüsse zu absoluten Verlustpreisen hereingenommen".[153] Auch seien Verluste zum Teil schon in früheren Jahren entstanden, aber nicht bilanzmäßig ausgewiesen worden. Zur Beseitigung der aufgelaufenen Verluste blieb den neuen Eigentümern keine andere Möglichkeit, als das Aktienkapital von 1,4 Mio. RM auf 280.000 RM herabzusetzen und anschließend durch Ausgabe neuer Aktien im Gesamtbetrag von 1,72 Mio. RM frisches Geld in die Firma zu investieren.[154] Kahn hingegen erklärte, für „die kaufmännische Korrektheit des bei dem Verkauf gegebenen Zahlenmaterials [...] jede Garantie" zu übernehmen,[155] und betonte gleichzeitig, bei dem Erwerb sei es SKF-Norma einzig um die Beseitigung „eines mächtigen Außenseiters, der die wirtschaftliche Preiskonvention nicht mitmachen wollte", gegangen.[156] Es sei allen Beteiligten von Anfang an klar gewesen, daß der vereinbarte Kaufpreis in Höhe von 6,75 Mio. RM in keinem Verhältnis zum tatsächlichen Marktwert der Riebe-Werke stehe.

Die Käufer reichten Schadensersatzklage beim Landgericht I Berlin ein, die ab 22. März 1929 verhandelt wurde. Fichtel & Sachs forderten 2,0 Mio. RM, SKF-Norma 1,8 Mio. RM von Kahn zurück.[157] Die Riebe-Produktion lief zunächst weiter, Anfang September 1929 jedoch wurden über 100 der 732 Beschäftigte zählenden Belegschaft entlassen.[158] Der Anfang Januar 1930 veröffentlichte Geschäftsbericht für das Jahr 1929 nennt es unmöglich, die Produktion ohne erhebliche Investitionen rentabel zu gestalten.[159] Aus diesem Grund sei der Betrieb bereits in den letzten Monaten stark eingeschränkt worden. Faktisch stillgelegt wurde die Produktion in den Riebe-Werken zum Jahreswechsel 1929/30. Der Zivilprozeß gegen Richard Kahn zog sich über mehrere Jahre hin.[160] Als das Landgericht I Berlin den Klägern in einem Teilurteil 2,1 Mio. RM zusprach und die Forderung vollstreckt werden sollte, leistete Kahn Anfang November 1932 den Offenbarungseid.[161] Er setzte sich schließlich nach Frankreich ab und beging 1935 in Paris Selbstmord.[162]

---

[153] Artikel „Sanierung der Riebe-Werke-Akt. Ges." im Berliner Tageblatt II vom 9.1.1929; BA Berlin-Lichterfelde, R 8127 Nr. 6682 (wie Anm. 77).

[154] Artikel „Ein schlechter Kauf" im Würzburger General-Anzeiger vom 14.1.1929, Abschrift bei Fries, Mein Leben und Wirken (wie Anm. 25), S. 4283; Artikel „Riebe-Werke AG Berlin" in der Frankfurter Zeitung vom 2.2.1929, Fries, Mein Leben und Wirken (wie Anm. 25), S. 4288.

[155] Artikel „Die Auseinandersetzung zwischen Kahn und den Norma-Werken" in der Börsen-Zeitung vom Januar 1929; BA Berlin-Lichterfelde, R 8127 Nr. 6682 (wie Anm. 77); Artikel „Die Kugellager-Differenzen" in der Frankfurter Zeitung vom 23.1.1929, Fries, Mein Leben und Wirken (wie Anm. 25), S. 4287.

[156] Artikel „Erneute Kugellagerdifferenzen" in der Frankfurter Zeitung (Abendausgabe) vom 9.11.1928; BA Berlin-Lichterfelde, R 8127 Nr. 6682 (wie Anm. 77); Artikel „Die Nachklänge zum Kugellager-Prozeß" in der Frankfurter Zeitung vom 28.12.1928, Fries, Mein Leben und Wirken (wie Anm. 25), S. 4280.

[157] Artikel „Der große Kampf in der Kugellagerindustrie" 20.3.1929; Artikel „Wieder F. K. F. [sic!] Norma – Kahn" vom 23.3.1929; BA Berlin-Lichterfelde, R 8127 Nr. 6682 (wie Anm. 77); Artikel „Der Riebe Prozeß" in der Frankfurter Zeitung vom 23.3.1929, Abschrift bei Fries, Mein Leben und Wirken (wie Anm. 25), S. 4348; Artikel „Ein Nachspiel zum Stuttgarter Werkspionageprozess" im Schweinfurter Tagblatt vom 21.1.1929, Abschrift bei Fries, Mein Leben und Wirken (wie Anm. 25), S. 4285.

[158] Artikel „Erdrosselung der Riebe-Werke" vom 4.9.1929; BA Berlin-Lichterfelde, R 8127 Nr. 6682 (wie Anm. 77).

[159] Riebe-Geschäftsbericht 1929; BA Berlin-Lichterfelde, R 8127 Nr. 6682 (wie Anm. 77).

[160] SKF-Archiv, Kahn-Prozeß.

[161] Zeitungsartikel vom 3.11.1932; BA Berlin-Lichterfelde, R 8127 Nr. 6682 (wie Anm. 77).

[162] SKF-Archiv, Kahn-Prozeß.

Im Frühjahr 1928 waren parallel zum Werksspionage-Prozeß innerhalb der Wälzlager-Konventionen erneut Spannungen zutage getreten. Aus Sicht von Fries & Höpflinger war der Fortbestand der Kugel- und Rollenlagerkonvention im März 1928 aufs äußerste gefährdet.[163] SKF strebe nach einer Senkung der durch die Konvention festgelegten deutschen Preise, die deutlich über Weltmarktniveau lagen, während die deutschen Firmen, insbesondere Fries & Höpflinger, angesichts der kürzlich von den Tarifparteien vereinbarten Lohnerhöhung von 8 % eine Heraufsetzung der Preise für notwendig hielten. Bei derart gegensätzlichen Erwartungshaltungen drohe die Kündigung des Konventionsvertrags durch SKF-Norma, was unter allen Umständen verhindert werden müsse. Fries & Höpflinger sahen bei SKF zwei Strömungen am Werke, eine für die Beibehaltung der Konvention, die andere arbeite auf die „Niederwerfung der Gegener" [sic!] hin. Um die Kündigung der Konvention zu verhindern, helfe nur die Gründung eines „deutschen Blocks", „der den Schweden die Macht und Kraft der deutschen Kugellager- und Rollenlagerfabriken in der Geschlossenheit deutlich vor Augen führ[e]". Nach Gesprächen mit dem F & S-Aufsichtsrat Naumann habe man den Eindruck gewonnen, „dass es wohl auch für die an und für sich sehr mächtige Firma F & S ein Gebot der Stunde sein dürfte, sich den allenfalls kommenden schweren Ereignissen irgendwie anzupassen". Fichtel & Sachs und Fries & Höpflinger hatten ja mit der Typisierung bereits begonnen. Die nächste Aufgabe werde wohl sein, „hier an Ort und Stelle eine Einigkeit zu schaffen unter den drei Schweinfurter Firmen, vielleicht einschließlich DWF Berlin. Jedenfalls [sei] die DWF in Berlin mit allen Kräften dahinter her, in dieser Richtung etwas zustande zu bringen und Herr v. Gontard [der DWF-Generaldirektor, d. Verf.] [habe] sich diesbezügl. bereits weitgehend bemüht, ohne dass man recht vorwärts gekommen [sei], weil immer sehr viel [abhinge] von der persönlichen Meinung des Herrn Geheimrat Dr. Sachs". Ohne eine „grundlegende Änderung des bisherigen Systems" werde man sich nicht gegen SKF-Norma behaupten können. Zum einen seien die SKF-Lager „in der ganzen Welt als erstklassig bekannt", zum anderen drängten auch deutsche Großverbraucher, insbesondere die Automobilindustrie, die sich ihrerseits gegen die amerikanische Konkurrenz behaupten mußte, auf Preissenkungen. Doch hatte man bei Fries & Höpflinger keinen vollständigen Überblick über den Stand der Verhandlungen. Hinter den Kulissen der Konvention seien „schon allerhand stille Entschlüsse gefasst worden". Auf einmal seien Blockbildungen aller Art denkbar, worüber bei Fischer Meinungsverschiedenheiten zwischen Georg Schäfer und Hermann Barthel bestünden. Wahrscheinlich in Anspielung auf Fischer und DWF spricht man bei Fries & Höpflinger davon, man habe die „erstaunliche Feststellung" gemacht, „dass mehrere deutsche Conventionsfirmen [...] anscheinend die Absicht [hätten], vermittels einer Blockbildung unter sich ohne F & S und F & H quasi in das Lager der SKF überzugehen."[164] In dieser angespannten Situ-

---

[163] Alle folgenden Zitate sind entnommen aus Schreiben der Geschäftsführung von Fries & Höpflinger an die Aufsichtsräte William Busch, Dr. Josef Schmitt und Dr. Heinrich Arnhold vom 2.3.1928, Abschrift bei Fries, Mein Leben und Wirken (wie Anm. 25), S. 4173–4179 und einem Schreiben der Geschäftsführung von Fries & Höpflinger an Ernst Sachs vom 5.3.1928, Abschrift bei Fries, Mein Leben und Wirken (wie Anm. 25), S. 4181.
[164] Schreiben der F & H-Geschäftsführung an den Aufsichtsratsvorsitzenden Dr. Schmitt vom 5.3.1928, Abschrift bei Fries, Mein Leben und Wirken (wie Anm. 25), S. 4184.

ation trafen Georg Schäfer und Hermann Barthel auf der Leipziger Frühjahrsmesse mit Ernst Sachs zusammen und erzielten eine vorläufige Verständigung über das weitere Vorgehen, das die Erhaltung der Konvention zum Ziel hatte, und dem sich auch Fries & Höpflinger anschlossen.[165] Tatsächlich traten die drei Schweinfurter Firmen bei der Konventionssitzung in Düsseldorf Mitte März 1928 mit einer einheitlichen Linie auf, die Preiserhöhungen, wie sie F & H eigentlich nötig gehabt hätte, nicht länger forderte, weil diese gegen SKF-Norma nicht durchsetzbar waren. Der Fortbestand der Konvention unter Beteiligung von SKF-Norma konnte so zunächst gesichert, der freie Konkurrenzkampf vermieden werden.

Nicht einmal drei Monate später, Mitte Juni 1928, liefen erneute Verhandlungen unter den Mitgliedern der Wälzlager-Konventionen. In der F & H-Aufsichtsratssitzung vom 30. Juni berichtete Ernst Sachs über die Frage eines Zusammenschlusses einer Reihe von Firmen. Vier Wochen später informierte Direktor Heinz Kaiser als Vertreter von Sachs den F & H-Aufsichtsrat über die mit SKF-Norma geführten Gespräche.[166] In derselben Sitzung informierte der Aufsichtsratsvorsitzende Dr. Schmitt darüber, daß aktuell noch „nach keiner Richtung positive Richtlinien vorhanden [seien]", man strebe jedoch eine „Vollfusion auf horizontaler Ebene" an. In dieser Situation suchte die Verwaltung von Fries & Höpflinger die Position der eigenen Firma und deren Liquidität zu stärken und beschloß am 30. Juni 1928 die Ausgabe einer Obligationsanleihe in Höhe von 2 Mio. RM, für die als Sicherheit der Grundbesitz der Gesellschaft diente.[167] Dabei wurden bereits Überlegungen für den Fall angestellt, daß Fries & Höpflinger in einer anderen Firma aufgehen beziehungsweise liquidiert würden. Auf Veranlassung von Ernst Sachs und Paul Rohde wurde eine Bestimmung eingefügt, wonach die eigentlich mit einer Laufzeit von 25 Jahren ausgegebene Anleihe bereits nach zwei Jahren ganz oder teilweise zurückgezahlt werden konnte.[168] Die vom Bankhaus Gebr. Arnhold und der Bayerischen Vereinsbank ab 20. August 1928 zur Zeichnung herausgegebene Anleihe mit einer Verzinsung von mindestens 8% sollte auch den Kapitalbedarf decken, der sich aus einer beträchtlichen Umsatzsteigerung im laufenden Geschäftsjahr ergeben hatte. Nachdem in den Jahren '26 und '27 die Belegschaft teilweise um die Hälfte reduziert werden mußte, hatte sich die Geschäftsbelebung 1928 mit Ausnahme einer kurzen Unterbrechung lebhaft fortgesetzt und sicherte für die nächsten Monate eine ausreichende Beschäftigung. Unbestätigten Meldungen zufolge erwarb SKF „nennenswerte Anteile" an der Obligation[169] und dokumentierte damit ihr Interesse an Fries & Höpflinger.

Ende September 1928 berichtete die Geschäftsführung von Fries & Höpflinger an Gebr. Arnhold über den Verlauf einer Sitzung der Kugel-, Kugellager- und Rollenla-

---

[165] Was genau von den Gesprächspartnern vereinbart wurde, entzieht sich unserer Kenntnis; Schreiben der Fries & Höpflinger-Geschäftsführung an die Vertreter der Gebr. Arnhold im Aufsichtsrat (William Busch, Dr. Heinrich Arnhold, Dr. Josef Schmitt, Dr. Krüger) vom 12.3.1928, Fries, Mein Leben und Wirken (wie Anm. 25), S. 4188f.
[166] Fries, Mein Leben und Wirken (wie Anm. 25), S. 4250.
[167] Ebd., S. 4229f.; Artikel der Börsen-Zeitung, BA Berlin-Lichterfelde, R 8127, Nr. 13394 (wie Anm. 30).
[168] Fries, Mein Leben und Wirken (wie Anm. 25), S. 4243f., 4250.
[169] Ebd., S. 4270f.

ger-Konventionen in Düsseldorf.[170] Die Vertreter von SKF-Norma hätten sich „friedlich und freundlich verhalten", auch wenn Generaldirektor Prytz aus Göteborg nachgesagt werde, er sei aufgrund der SKF-feindlichen Berichterstattung der Presse beim Werkspionage-Prozeß sehr verärgert. Bei DWF gebe es nach dem Machtwechsel[171] eine gewisse Nervosität, man habe „es nun auf einmal sehr eilig […], irgend einer Verbindung so oder so beizutreten." Die drei Schweinfurter trafen sich im Anschluß an die Konventionssitzung zu einem Meinungsaustausch. Ernst Sachs, der seinerseits Verhandlungen mit SKF führte, „unterstrich dabei wiederholt alle Gefahrenmomente, z. B. die Möglichkeit der Deroutierung des deutschen Wälzlagermarktes von Frankreich her [wo SKF bereits die dominierende Position einnahm, d. Verf.] und die allenfallsigen anderen Kampfabsichten der SKF".[172] Hermann Barthel (Fischer) wiederum berichtete von seinen zahlreichen Gesprächen mit SKF-Generaldirektor Böninger in den letzten eineinhalb Jahren, in deren Verlauf an die Bildung eines „Schweinfurter Blocks" und eines zweiten Blocks, der die übrigen Konventionsmitglieder umfaßt hätte, gedacht worden war, was jedoch an der Ablehnung von DWF gescheitert sei. Doch Widerstand gegen dieses Bündnis kam nicht aus Berlin allein, mindestens genauso entscheidend dürfte die Haltung des Fischer-Haupteigentümers Georg Schäfer gewesen sein. Dieser „erging sich dann in längeren Ausführungen, indem er das Mißtrauen zum Ausdruck brachte, das ihn für seine Firma beseele angesichts der fortwährenden Bestrebungen, die Firma Kugelfischer in den Hintergrund zu drängen. Er fürchte eine Vergewaltigung seiner Firma." Zweifel an der Ernsthaftigkeit der Pläne über eine Zusammenarbeit der Schweinfurter Firmen waren bei Fischer vor allem deshalb aufgekommen, weil man nicht in die vor Jahresfrist vereinbarten Gespräche über die Typisierung einbezogen worden war. Ernst Sachs erklärte dieses Verhalten damit, daß „eine Zusammenarbeit nur dann zweckmäßig sei, wenn man auch in finanzieller Hinsicht irgendwie zusammengehe." Für diesen Fall aber hatte Georg Schäfer Garantien für das eingebrachte Kapital und dessen Verzinsung gefordert. Ohne entscheidende Fortschritte drehten sich die Verhandlungen so über Wochen und Monate im Kreise. Vertraulich hatte man bei Fries & Höpflinger erfahren, daß die Schweden Fichtel & Sachs bereits „eine Art Gemeinschaftsvertrag" angeboten hatten; doch noch lehnte Ernst Sachs ab.

Ein Grundkonsens über eine verstärkte Zusammenarbeit innerhalb der Branche bestand immerhin. Ende Februar 1929 diskutierte eine eigens gebildete Kommission über den Entwurf eines Syndikatsvertrags.[173] Es standen sich zwei Fraktionen gegenüber: Den Vertretern von F & S und F & H unter Führung von Ernst Sachs ging die Bildung eines Syndikats zum gegenwärtigen Zeitpunkt zu weit, sie wollten die Konventionen um einige Jahre verlängern. Sachs begründete seine Ablehnung mit einer

---

[170] Engelbert Fries und Max Kaiser an Justizrat Dr. Schmitt, Dr. Heinrich Arnhold und Dr. Krüger (22.9.1928); Abschrift bei Fries, Mein Leben und Wirken (wie Anm. 25), S. 4267 ff.

[171] Vgl. oben Anm. 60 ff.

[172] Fries, Mein Leben und Wirken (wie Anm. 25), S. 4267.

[173] Niederschrift über die Besprechungen der Syndikats-Kommission am 26. und 27.2.1929 in Berlin, Hotel „Der Kaiserhof", Abschrift bei Fries, Mein Leben und Wirken (wie Anm. 25), S. 4295–4300. An der Besprechung nahmen Ernst Sachs, Direktor Steinicke, Heinz Kaiser (Fichtel & Sachs), Max Kaiser (Fries & Höpflinger), Dr. Voigt, Direktor Wesemann (beide DWF), Paul Brühl (Maschinenfabrik Rheinland) sowie Carl F. Böninger und Dr. Erhard Junghans (beide SKF-Norma) teil.

fehlenden Regelung für den europäischen Markt, der für die traditionell stark exportabhängigen deutschen Unternehmen von zentraler Bedeutung sei. Um hier eine Vereinbarung zu erreichen, wolle er Zeit gewinnen. Er sei jedoch bereit, falls derartige Verhandlungen scheitern, das Ende der Konvention zu akzeptieren. Sachs erkannte, so die Protokollnotiz, „die Vollfusion als Endziel in gewissem Sinne an".[174] Auch SKF-Norma lehnte den Entwurf des Syndikatsvertrags ab, doch ging er ihr nicht weit genug. Die mit dem Syndikat verbundene gemeinsame Verkaufsorganisation bringe nur unwesentliche Einsparungen und ermögliche nicht die notwendige Rationalisierung. Das Ziel von SKF-Norma, dem sich auch DWF und die Maschinenfabrik Rheinland anschlossen, war der baldige vollständige Zusammenschluß der Unternehmen. Einig waren sich Sachs und SKF-Norma jedoch in der Forderung an die übrigen Konventionsmitglieder, sich an den Kosten für den Erwerb der Riebe-Werke zu beteiligen.

Angesichts der endlosen Verhandlungen demonstrierte SKF den übrigen Konventionsmitgliedern gegenüber auf den Konventionssitzungen in Frankfurt/Main vom 11. bis 15. März 1929 nun deutlich ihre Entschlossenheit: Wenn bis 1. Juli kein Fahrplan für einen engeren Zusammenschluß vorliege und dieser nicht zugleich von allen Mitgliedern angenommen sei, werde man die Verhandlungen als endgültig abgebrochen ansehen.[175] Das Ende der Konventionen wäre damit gekommen gewesen. Entscheidend für die nunmehr kompromißlose Haltung von SKF-Norma dürfte die Weigerung einiger Konventionsmitglieder (DWF und Maschinenfabrik Rheinland) gewesen sein, sich am Kaufpreis für die Riebe-Werke zu beteiligen, die von SKF-Norma und Fichtel & Sachs mit hohem Aufwand zur Stabilisierung des Wälzlagermarktes aufgekauft worden waren. SKF-Norma hatte mit ihren Forderungen den Druck auf die übrigen Konventionsmitglieder deutlich erhöht. Diese Haltung gab für Ernst Sachs mutmaßlich den entscheidenden Anstoß, die Verhandlungen mit SKF nunmehr zu forcieren. In einem mit „Streng vertraulich!" gekennzeichneten Schreiben vom 22. März 1929 ließ er beim schwedischen Konsul in Nürnberg anfragen, ob es möglich wäre, ihm die Bilanzen von SKF Göteborg aus den letzten fünf Jahren zukommen zu lassen.[176] Der Sachs'sche Sinneswandel war anderen Beteiligten, die eine Fusion ablehnten, offenbar nicht verborgen geblieben: Steyr-Generaldirektor von Sääf bot sich an, darüber zu einer Besprechung nach Schweinfurt zu kommen.[177]

Wohl hatte man in den Wirtschaftsnachrichten der überregionalen Zeitungen und Börsenblätter seit 1927 immer wieder von Fusionsabsichten in der Wälzlagerbranche lesen können, dennoch kam die Nachricht, als es soweit war, „so überraschend wie ein Blitz aus heiterem Himmel"[178]: Am 16. Mai 1929, morgens um 1.42 Uhr, waren die Verhandlungen zwischen SKF und Ernst Sachs im Berliner Hotel „Kaiserhof"

---

[174] Ebd., S. 4299. Die Niederschrift wurde von Dr. Erhard Junghans (SKF-Norma) verfaßt.

[175] Bericht der Geschäftsführung von Fries & Höpflinger an den Aufsichtsratsvorsitzenden Dr. Josef Schmitt vom 18.3.1929, Abschrift bei Fries, Mein Leben und Wirken (wie Anm. 25), S. 4345 ff. Außer SKF und den Riebe-Werken waren alle übrigen Konventionsfirmen bereit, über den 1.7.1929 hinaus zu verhandeln.

[176] ZF Sachs-Archiv, Briefwechsel Ernst Sachs, 22.3.1929.

[177] ZF Sachs-Archiv, Briefwechsel Ernst Sachs, 18.3.1929.

[178] So die Formulierung im Fränkischen Volksblatt vom 31.5.1929, Abschrift bei Fries, Mein Leben und Wirken (wie Anm. 25), S. 4374a.

zum Abschluß gekommen.[179] Sachs hatte „sich genötigt gesehen", „mit der SKF-Norma bindende Abmachungen über eine bessere Verständigung" zu treffen.[180] Wie es in der offiziellen Verlautbarung hieß, werde Sachs dazu seine „Wälzlagerabteilung aus organisatorischen Gründen in eine besondere Gesellschaftsform kleiden".[181] Gebr. Arnhold hatten sich der Sachs'schen Strategie angeschlossen und mit den Schweden die Abtretung von Fries & Höpflinger an SKF-Norma vereinbart.[182] Die endgültige Form der Zusammenarbeit der drei Firmen stand zwar noch nicht fest, doch schon in den nächsten Tagen zeigte sich, daß alles auf eine Vollfusion hinauslief. Sachs brachte seine Kugellagerabteilung, die etwa die Hälfte von Fichtel & Sachs ausmachte, in den Zusammenschluß ein. Gebr. Arnhold empfahlen den Aktionären von Fries & Höpflinger die Annahme des SKF-Angebots, 300 RM-F & H-Stammaktien in 100 SEK-SKF-Lit. B.-Aktien umzutauschen.[183] Bei einem Kurswert der SKF-Aktie von circa 300 RM erhielten die Aktionäre etwa pari. Gleichzeitig war SKF bereit, die Mittel für eine alsbaldige Rückzahlung der 2 Mio. RM-Obligation bereitzustellen.

Am 5. Juli 1929 fand bei F & H die erste Generalversammlung unter neuer Führung statt.[184] Auf SKF entfielen inzwischen etwa 74% des Aktienkapitals. Sachs, Rohde und die Arnholds besaßen nur noch geringe Anteile.[185] Die Versammlung mußte bereits kurz nach der Eröffnung unterbrochen werden, da eine Einigung zwischen der schwedischen Gruppe und Georg Schäfer über den Verkauf von dessen Fries & Höpflinger-Aktien (circa 19% des Aktienkapitals, die circa 8% der Stimmen hielten) noch ausstand. Um 15.00 Uhr konnte die Versammlung fortgesetzt werden. Man hatte sich über den Verkauf geeinigt und 93 ¾% des Aktienkapitals stimmten dem Umtausch zu. Fischer-Eigentümer Georg Schäfer hatte sicher kein schlechtes Geschäft gemacht.[186] Eine außerordentliche F & H-Generalversammlung genehmigte am 6. September 1929 schließlich den Fusionsvertrag mit der S.K.F. Norma AG, wodurch das auf 6,2 Mio. RM taxierte Vermögen von F & H unter Ausschluß der Liquidation an SKF-Norma übergehen und die früheren F & H-Aktionäre dafür Aktien des

---

[179] Fries, Mein Leben und Wirken (wie Anm. 25), S. 5088 f; vgl. Bäumler, Fortschritt und Sicherheit (wie Anm. 34), S. 99–113. Das erfolgreiche Ende der Verhandlungen hatte sich offenbar bereits Anfang Mai abgezeichnet, denn am Monatsersten erging eine Einladung zu einer F & H-Aufsichtsratssitzung am 31. d. M. Die Tagesordnung kündigte einen Vortrag von Ernst Sachs über das Für und Wider einer Fusion in der Wälzlagerindustrie mit anschließender Beschlußfassung zu diesem Thema an; Abschrift bei Fries, Mein Leben und Wirken (wie Anm. 25), S. 4360.
[180] So die Formulierung im Sitzungsprotokoll der Technischen Kommission des F & H-Aufsichtsrates in Berlin vom 16.5.1929, vgl. Fries, Mein Leben und Wirken (wie Anm. 25), S. 4361.
[181] Artikel „Interessengemeinschaft der Wälzlager-Industrie" im Schweinfurter Tagblatt vom 18.5.1929, Abschrift bei Fries, Mein Leben und Wirken (wie Anm. 25), S. 4365.
[182] Die Details mußten freilich noch ausgehandelt werden, bisher waren nur „Vorverhandlungen" eingeleitet worden, so Dr. Heinrich Arnhold am 16.5.1929 bei einer Sitzung der Technischen Kommission des F & H-Aufsichtsrates in Berlin, vgl. Fries, Mein Leben und Wirken (wie Anm. 25), S. 4361.
[183] Artikel „Fries & Höpflinger wird schwedisch" in der Frankfurter Zeitung vom 18.5.1929, Abschrift bei Fries, Mein Leben und Wirken (wie Anm. 25), S. 4366.
[184] Artikel der Frankfurter Zeitung vom 6.7.1929, Abschrift bei Fries, Mein Leben und Wirken (wie Anm. 25), S. 4402 f.; Protokoll der Generalversammlung vom 5.7.1929, Abschrift bei Fries, Mein Leben und Wirken (wie Anm. 25), S. 4398 f.
[185] Verzeichnis der zu der ordentlichen Generalversammlung der Firma Fries & Höpflinger am 5.7.1929 erschienenen Aktionäre; Abschrift bei Fries, Mein Leben und Wirken (wie Anm. 25), S. 4400.
[186] Berliner Tageblatt vom 7.7.1929, BA Berlin-Lichterfelde, R 8127, Nr. 13394 (wie Anm. 30).

neuen Unternehmens erhalten sollten. Damit hatte die Firma Fries & Höpflinger aufgehört zu existieren.[187] Einen Tag später genehmigte auch die Generalversammlung von SKF-Norma den Fusionsvertrag und beschloß die Erhöhung des Aktienkapitals von 7 Mio. RM auf 40 Mio. RM sowie die Umbenennung in Vereinigte Kugellagerfabriken AG.[188] Zur Durchführung der deutschen Transaktion erhöhte die SKF ihr Aktienkapital am 23. Juni um 24 Mio. SEK auf 130 Mio. SEK (circa 144 Mio. RM).[189] Die Neuemission repräsentierte nach damaligem Kurs der alten Aktien einen Börsenwert von etwa 65 Mio. SEK. Es handelte sich also um keine unbedeutende Erhöhung des Aktienkapitals. Zum Jahresende 1929 folgte schließlich die DWF dem bereits im August von der Maschinenfabrik Rheinland gegebenen Beispiel und trat ebenfalls den Vereinigten Kugellagerfabriken bei. Den Eigentümern der beiden letztgenannten Firmen, unter anderem Fritz Thyssen, Peter Klöckner und Günther Quandt, für die das Wälzlagergeschäft nur eine Nebenrolle spielte und die keine engere Beziehung zur Branche hatten, war der Verkauf sicher leichter gefallen als Ernst Sachs.

Zusammenfassend gibt es sicher mehrere Gründe für die Fusion in der Wälzlagerindustrie. An erster Stelle kann die Stärke des schwedischen Weltkonzerns genannt werden.[190] Zu Beginn des Jahres 1928 hatten die Svenska Kullagerfabriken Aktiebolaget das größte französische Kugellagerunternehmen, die Compagnie d'Applications Mécaniques, und einige kleinere Fabriken in anderen Ländern übernommen. Produziert wurde in elf Fabriken, die Verkaufsbüros befanden sich in allen Teilen der Welt. Das Aktienkapital belief sich auf 106 Mio. SEK (circa 118 Mio. RM).[191] Der Nettogewinn des Gesamtkonzerns verdoppelte sich in den Jahren 1923–26 von 5,6 auf 11,5 Mio. SEK. Das Unternehmen besaß eigene Eisenerzgruben und in Hofors ein eigenes Stahlwerk. Zusammen mit dem technischen Wissen der SKF-Ingenieure war es auf dieser Basis möglich, erstklassige Qualität zu niedrigen Preisen anzubieten.[192] Um 1930 war SKF mit einem Anteil von 30–35% das führende Unternehmen auf dem Weltmarkt. Allein im Geschäftsjahr 1928 erzielte der Konzern einen Reingewinn von 17,98 Mio. SEK (19,95 Mio. RM) und zahlte eine Dividende von 12%, von der die deutschen Wälzlagerhersteller nur träumen konnten.[193] Das Bar- und Bankguthaben betrug im April 1929 30,89 Mio. SEK (34,26 Mio. RM).[194] SKF verfügte also über

---

[187] Artikel „Die Fusion in der Kugellagerindustrie" im Schweinfurter Tagblatt vom 7.9.1929; Fries, Mein Leben und Wirken (wie Anm. 25), S. 4425–4432.

[188] Artikel „Die Kugellager-Fusion" in der Frankfurter Zeitung vom 8.9.1929, Abschrift bei Fries, Mein Leben und Wirken (wie Anm. 25), S. 4429.

[189] Artikel „Svenska Kugellager" am 24.6.1929 in der Frankfurter Zeitung, Abschrift bei Fries, Mein Leben und Wirken (wie Anm. 25), S. 4391.

[190] Ausführlich dazu Lingl, Kugellagermarkt (wie Anm. 13), S. 131–140.

[191] Fries, Mein Leben und Wirken (wie Anm. 25), S. 4247f.

[192] Zur besonderen Qualität des mit Holzkohle produzierten schwedischen Stahls vgl. z.B. den Artikel „Kugellagerüberfremdung und Stahlindustrie" von Dr. W. Bickerich in der Deutschen Bergwerkszeitung vom 14.6.1929, Abschrift bei Fries, Mein Leben und Wirken (wie Anm. 25), S. 4384ff.

[193] Frankfurter Zeitung vom 18.4.1929, Abschrift bei Fries, Mein Leben und Wirken (wie Anm. 25), S. 4355. Fries & Höpflinger wollten angesichts des scharfen Konkurrenzkampfes auf eine Dividendenzahlung verzichten, dafür sprachen jedoch „heuer Prestigefragen mehr denn je", ebd. S. 4353.

[194] Artikel „Der Schwedische Kugellager-Konzern" in der Frankfurter Zeitung vom 24.4.1929, Abschrift bei Fries, Mein Leben und Wirken (wie Anm. 25), S. 4356.

erhebliche Liquiditätsreserven, sie konnte bei besserer Qualität billiger produzieren als die Mehrzahl der deutschen Mitbewerber.

Mit dem Problem, daß durch die niedrigeren Weltmarktpreise auch die Inlandspreise unter Druck kamen, standen die Wälzlagerfirmen in der deutschen Wirtschaft nicht allein.[195] Die hohen Selbstkostenpreise ermöglichten nur geringe Erträge. Dauerhaft konnte auch die Kartellbildung hier keine Abhilfe schaffen. Ernst Sachs machte vor allem strukturelle Probleme dafür verantwortlich: als Versäumnis der Branche galt ihm die zwar stets als Ziel formulierte aber nur zögerlich umgesetzte Normierung der Lager, die für eine effizientere Produktionsweise unbedingt notwendig gewesen wäre. Doch wollte Sachs die Zusammenarbeit offenbar nur zu seinen Bedingungen, denn in die Gespräche über die Typisierung hatte er die Kugelfabrik Fischer nicht mit einbezogen, da Georg Schäfer auf seine Selbständigkeit pochte. Von Seiten des Staates verschärften die Sozialabgaben und die Zollgesetzgebung den Kostendruck aus seiner Sicht noch. Sachs kam deshalb zu dem Schluß: „Es sei aussichtslos, bei deutschen Selbstkostenverhältnissen auf die Dauer konkurrieren zu wollen gegen eine Gruppe, die durch ihre internationale Konstruktion in der Lage sei, Mindererträge in Deutschland durch Mehrerträge im Ausland auszugleichen. Auf die Dauer werde man dagegen nicht ankommen und man wolle lieber der erste sein, der geschluckt wird, als der letzte."[196]

Daß mit Sachs ausgerechnet der führende deutsche Wälzlagerproduzent die Verbindung mit SKF einging, führte in der Presse zu Spekulationen über ein weiteres mögliches Motiv: den verlustreichen Kauf der Riebe-Werke. Die deutsche SKF-Norma, die 1927 noch eine zehnprozentige Dividende gezahlt hatte, mußte die Dividende für 1928 wegen der aus dem Riebe-Erwerb resultierenden hohen Belastungen ausfallen lassen. Für Fichtel & Sachs dürften die Auswirkungen dieses Kaufs ähnlich gravierend gewesen sein. Während die deutsche Firma aber „einen schwerwiegenden Verlust erlitten [habe], [habe] derselbe für den SKF-Weltkonzern mit einem geschätzten Umsatz von 150–200 Mio. SEK [166,5–222 Mio. RM] nicht viel [bedeutet]." Jetzt wurde auch bekannt, daß Sachs zur Finanzierung des Riebe-Anteils einen Vorschuß von SKF erhalten hatte und wohl schon deswegen „in eine gewisse Abhängigkeit" geraten war.[197] Für die Beantwortung der Frage, ob SKF mit dem Angebot (oder war es eine Forderung?), das Riebe-Werk gemeinsam zu erwerben, Sachs ganz bewußt in eine Abhängigkeit hineinzogen und so die Zündschnur an das deutsche Wälzlagerkartell angelegt hatte, fehlen bisher Kenntnisse über die Strategie der Göteborger SKF-Zentrale. Am Ende jedenfalls hatte ein kapitalkräftiger ausländischer Konzern das deutsche Wälzlager-Kartell gesprengt.

---

[195] Allgemein lag das Preisniveau im Inland bei vielen Waren über dem im Ausland, vgl. Friedrich Wilhelm Henning, Deutsche Wirtschafts- und Sozialgeschichte in der ersten Hälfte des 20. Jahrhunderts. Teil I: Deutsche Wirtschafts- und Sozialgeschichte im Ersten Weltkrieg und in der Weimarer Republik 1914 bis 1932 (Handbuch der Wirtschafts- und Sozialgeschichte Deutschlands 3/1), Paderborn u. a. 2003, S. 389.

[196] Artikel „Kugellager-Vertrustung" in der Frankfurter Zeitung vom 19.5.1929, Abschrift bei Fries, Mein Leben und Wirken (wie Anm. 25), S. 4367 ff.; Artikel „Die Zukunft der Schweinfurter Industrie" im Fränkischen Volksblatt vom 31.5.1929, Abschrift bei Fries, Mein Leben und Wirken (wie Anm. 25), S. 4374a.f.

[197] Artikel „Die Ausdehnung der SKF in Deutschland" in der Frankfurter Zeitung vom 25.5.1929, Abschrift bei Fries, Mein Leben und Wirken (wie Anm. 25), S. 4374; Lingl, Kugellagermarkt (wie Anm. 13), S. 148.

Der von deutschen Kommentatoren immer wieder behauptete maßgebliche Einfluß des Finanzjongleurs Ivar Kreuger auf die expansive Geschäftspolitik von SKF wurde von der SKF-Führung zu allen Zeiten dementiert.[198] Jedoch war Kreuger mit 32,4 Mio. SEK (27% der Stimmen) größter Einzelaktionär bei SKF.[199] Sein Name war im Oktober 1929 in aller Munde, als er dem Deutschen Reich gegen Verpachtung des Zündholz-Monopols eine spektakuläre 125-Millionen-Dollar-Anleihe gewährte. Den Zusammenbruch des Kreuger-Imperiums 1932 überstand SKF offenbar problemlos.

Auf dem Weg zum „Wälzlager-Dualismus"

Vor der Fusion besaßen die am Zusammenschluß beteiligten Firmen in Deutschland einen Marktanteil von 80–85%. Eine den Markt beherrschende Monopolstellung der Vereinigten Kugellagerfabriken schien unvermeidlich. Die angekündigten Preissenkungen würden die verbliebenen Wälzlagerkonkurrenten, vor allem die Kugelfabrik Fischer, weiter unter Druck setzen, so die weit verbreitete Einschätzung. Doch es kam, für Insider nicht ganz überraschend, anders. Kaum einer der Großabnehmer war bereit, sich in die Abhängigkeit eines einzigen Lieferanten zu begeben. Die Aufträge wurden, auch um etwaige Lieferschwierigkeiten zu vermeiden, möglichst auf mehrere Hersteller verteilt.[200] Hinzu kam das von nationalem Denken dominierte öffentliche Klima, das sich in vielen Pressekommentaren äußerte. Nun gelte es, den einzig verbliebenen, rein deutschen Wälzlagerhersteller von Rang, die Kugelfabrik Fischer, zu stützen. Allgegenwärtig waren in der Presse Klagen über die eingetretene „Überfremdung" der für die Industrienation Deutschland so wichtigen Branche.[201] Eine im März 1933 abgeschlossene Dissertation widmet sich dem Thema „Überfremdung" in der Wirtschaft am Beispiel der Wälzlagerfusion auf 72 Seiten.[202] Als Gefahr erschien die „Überfremdung" vor allem deshalb, weil es sich um ausländisches, schwedisches Kapital handelte, und dieses stets mit Monopolabsichten in Verbindung gebracht wurde. Situationsbeschreibungen, in denen vom „Vernichtungswillen des Auslandstrust und von der tapferen Abwehr des Kugelfischer-Unternehmens" die Rede war, standen durchaus nicht alleine. Denn es „[dränge] sich der bekannte Auslandstrust mit geradezu kreugerhafter Betriebsamkeit in das deutsche Geschäft, [begnüge] sich auch nicht mit einer angemessenen Beteiligung", sondern strebe nach einem Monopol.[203] Bei VKF vermutete man dahinter eine von Kugelfischer gesteuerte Pressekampagne. Das

---

[198] Chronik der deutschen SKF (wie Anm. 45), D 14–18.
[199] Diese Zahl nennt Lars-Erik Thunholm, Ivar Kreuger. The Match King, Smedjebacken 2002, S. 154. Es ist unklar, ob Kreuger Pläne hatte, SKF enger an seinen Konzern zu binden.
[200] Steckzén, Svenska Kullagerfabriken (wie Anm. 45), S. 480; Chronik der SKF GmbH (wie Anm. 45), E 14f. Interne Schätzungen bei VKF gingen davon aus, daß man in den Jahren nach dem Zusammenschluß in Deutschland einen Marktanteil von „mehr als 50%" besaß.
[201] Vgl. z.B. der Artikel „Die Ueberfremdung der deutschen Kugellager-Industrie" im Schweinfurter Tagblatt vom 23.5.1929; Artikel „Kugellagerüberfremdung und Stahlindustrie" von Dr. W. Bickerich in der Deutschen Bergwerkszeitung vom 14.6.1929, Abschrift bei Fries, Mein Leben und Wirken (wie Anm. 25), S. 4384 ff.
[202] Lingl, Kugellagermarkt (wie Anm. 13), S. 100–172.
[203] Artikel „Der Entscheidungskampf um die deutsche Kugellager-Industrie" von Hanns Helmuth in der Zeitschrift „Arbeitertum" vom 1.6.1933; Abschrift im Stadtarchiv Schweinfurt 4° 07.121.

Thema beschäftigte unter anderem 1933 den VKF-Aufsichtsrat.[204] In gutem Glauben sprach SKF-Generaldirektor Prytz deswegen beim preußischen Ministerpräsidenten Hermann Göring vor und notierte befriedigt, daß „er [Göring] die Bedeutung der Gesellschaft [VKF] für das deutsche Wirtschaftsleben voll anerkenne und daß die in letzter Zeit erfolgten Presse-Angriffe der Konkurrenzfirma Kugelfischer von Seiten der Behörden stark gemißbilligt würden".[205]

Von der Öffentlichkeit weitgehend ignoriert wurde dabei die Tatsache, daß an VKF „zum großen Teil deutsches Kapital interessiert" war.[206] Die Vorbesitzer hielten Anteile auch an der neuen Firma. Im Juni 1930 verfügten die deutschen Aktionäre über die Mehrheit des Aktienkapitals wie auch über die Mehrzahl der Stimmen im Aufsichtsrat.[207] Zunächst gab es vor allem drei Großaktionäre:[208] SKF Göteborg (12 Mio. RM), Ernst Sachs (14,7 Mio. RM), Paul Kempner/Bankhaus Mendelsohn (13 Mio. RM).[209] Bei der Zusammenstellung des Aufsichtsrates gestand SKF den deutschen Mitgesellschaftern erheblichen Einfluß zu.[210] Zum Vorsitzenden wurde Ernst Sachs gewählt, zu seinen Stellvertretern Dr. Josef Schmitt (ehemals Fries & Höpflinger) und Paul Kempner (Bankhaus Mendelsohn).[211] Weitere Mitglieder[212] waren Fritz Thyssen und

---

[204] SKF-Archiv, Aufsichtsrat 1933.

[205] SKF-Archiv, Schreiben an das Aufsichtsratsmitglied Fritz Neumeyer vom 14.6.1933.

[206] Wälzlager in der deutschen Wirtschaft, hg. von den Vereinigten Kugellagerfabriken, Schweinfurt 1933.

[207] SKF Göteborg (120.000 Stimmen), Ernst Sachs (147.000 Stimmen), Paul Kempner (130.000 Stimmen), Gebr. Arnhold (802 Stimmen), Bayerische Vereinsbank (27 Stimmen), 2.111 Stimmen waren nicht vertreten, SKF-Archiv, Aufsichtsrat, 16.6.1930. Welche vertraglichen Vereinbarungen über die Ausübung des Stimmrechts und die eventuelle Weiterveräußerung der Aktien bestanden, ist bisher nicht bekannt. Später ist VKF in alleinigem Besitz des schwedischen Mutterkonzerns.

[208] SKF-Archiv, Aufsichtsrat, 16.6.1930. Ein Jahr später, bei der am 20.4.1931 abgehaltenen Generalversammlung, waren folgende VKF-Aktionäre anwesen: SKF Göteborg (12,67 Mio. RM), Paul Kempner (10 Mio. RM), Willy Sachs (10 Mio. RM), Gebr. Arnhold (12.000 RM). Bei der Generalversammlung am 16.6.1932 waren anwesend: SKF Göteborg (12,67 Mio. RM), Willy Sachs (7,32 Mio. RM), Dr. Josef Schmitt (4,21 Mio. RM), Gebr. Arnhold (3.500 RM). „Aufgrund späterer deutscher Devisenbestimmungen waren die inländischen Aktienbesitzer noch vor dem Zweiten Weltkrieg gezwungen, die schwedischen Aktien zu verkaufen"; so Steckzén, Svenska Kullagerfabriken (wie Anm. 45), S. 479; Chronik der SKF GmbH (wie Anm. 45), E 4.

[209] Im März 1933 ließ sich VKF vom Schweinfurter Stadtrat bestätigen, daß keine jüdische Kapitalbeteiligung (mehr) bestehe und sich der Großteil der Aktien in Händen rein deutschstämmiger Industrieller befand; Martin Broszat u. a. (Hg.), Bayern in der NS-Zeit Bd. 2: Herrschaft und Gesellschaft im Konflikt Teil A, München 1979, S. 262; Schwarzer / Schwarzer, Schweinfurt (wie Anm. 14), S. 160.

[210] Vgl. den Artikel der Frankfurter Zeitung vom 8.9.1929, Abschrift bei Fries, Mein Leben und Wirken (wie Anm. 25), S. 4427f.

[211] Paul Kempner legte am 5.5.1938 sein Aufsichtsratsmandat bei VKF nieder. Am gleichen Tag schrieb er an SKF-Generaldirektor Prytz: „I should like both you and Mr. Forsberg to feel that no further word of explanation is necessary between us on this matter. You know about my considering it as selfunderstanding to have acted for the best of the company´s requirements, and I know about both your desire to act in a gentlemanlike way towards me!", SKF-Archiv, Aufsichtsrat. Zur Biographie Kempners, der mit der Tochter des Bankiers Franz von Mendelsohn verheiratet war, vgl. den Internet-Beitrag von Sebastian Panwitz auf http://www.panwitz.net/person/kempner/paul.htm (21.1.2007). Die Dissertation von Herrn Panwitz über die „Gesellschaft der Freunde", bei der Paul Kempner Mitglied war, wird in der Reihe „Haskala. Wissenschaftliche Beiträge" (hg. vom Moses Mendelssohn-Zentrum für europäisch-jüdische Studien und dem Salomon Ludwig Steinheim-Institut für deutsch-jüdische Geschichte) erscheinen.

[212] Für biographische Angaben zu allen genannten Personen siehe http://emedia1.bsb-muenchen.de/han/WBIS (wie Anm. 24).

Peter Klöckner (beide Maschinenfabrik Rheinland), die gemeinsam mit Dr. Karl Wendt (Krupp, bisher schon Aufsichtsrat bei SKF-Norma) als Lieferanten von Kugellagerstahl in den Aufsichtsrat einrückten, des weiteren William Busch und Dr. Heinrich Arnhold (beide ehemals Fries & Höpflinger), Dr. Erhard Junghans (ehemals SKF-Norma), sowie von SKF Göteborg Björn Gustav Prytz und Uno Forsberg. Nach der Übernahme von DWF rückten noch Günther Quandt (DWF),[213] Paul Hamel (DWF, Bankhaus Sponholz & Co.), Fritz Neumeyer (Bayerische Vereinsbank)[214] und schließlich auch Willy Sachs (Fichtel & Sachs)[215] in den Aufsichtsrat ein.[216] Diese wahrhaft illustre Besetzung mit führenden Männern der deutschen Wirtschaft sollte zweifellos das in weiten Kreisen der Öffentlichkeit negativ besetzte Image von VKF als ausländischer Firma aufpolieren. Auf diese Weise demonstrierte man „die innige Verbundenheit mit der deutschen Wirtschaft".[217] SKF-Generaldirektor Prytz hat diese Zusammensetzung des Aufsichtsrates in seinem Gespräch mit Göring ausdrücklich hervorgehoben.[218]

Die Beschäftigtenzahlen der an der Fusion beteiligten Wälzlagerfirmen 1929:[219]

	Arbeiter	Angestellte	Gesamt
SKF-Norma, Berlin-Cannstatt	961	458	1.419
Fichtel & Sachs Wälzlagerabteilung, Schweinfurt	2.496	457	2.953
Fries & Höpflinger, Schweinfurt	1.540	145	1.685
Riebe-Werk, Berlin	635	115	750
Maschinenfabrik Rheinland, Düsseldorf-Krefeld	879	139	1.018
Berlin-Karlsruher Industriewerke (DWF) Wälzlagerabt.	950	205	1.155
Gesamt	7.461	1.519	8.980

Die Fusionsfirma VKF hatte freilich mit erheblichen Umstellungsschwierigkeiten zu kämpfen. Auch in Schweinfurt und Cannstatt, wo die Produktion konzentriert werden sollte, kam es zu einem erheblichen Personalabbau. Anfang Oktober 1929 wurden bei VKF in Schweinfurt 400,[220] sieben Wochen später noch einmal 170 Beschäftigte entlassen.[221] Innerhalb weniger Wochen stieg die Arbeitslosenzahl in der dortigen metallverarbeitenden Industrie von 1.714 (3. Oktober) auf 2.607 (15. Dezember).[222] Am Jahreswechsel 1929/30 konstatierte die lokale Zeitung, die mit dem Übergang der Schweinfurter Werke an die „Schwedengruppe" gegebenen Versprechungen seien „noch immer nicht erfüllt. Die Stillegungen und Entlassungen hätten vielmehr einen Umfang angenommen, wie er bei ‚Umstellungen' bisher nicht üblich [gewesen sei]".

---

[213] Ebd.; Jungbluth, Die Quandts (wie Anm. 62).
[214] Alle drei gewählt am 16.6.1930; SKF-Archiv, Aufsichtsrat.
[215] Gewählt am 20.4.1931; SKF-Archiv, Aufsichtsrat.
[216] SKF-Archiv, Aufsichtsrat, Rundschreiben vom 27.4.1931.
[217] So die VKF-Broschüre „Wälzlager in der deutschen Wirtschaft" 1933.
[218] SKF-Archiv, Schreiben an das Aufsichtsratsmitglied Fritz Neumeyer vom 14.6.1933.
[219] Steckzén, Svenska Kullagerfabriken (wie Anm. 45), S. 471; Chronik der SKF GmbH (wie Anm. 45), E 5.
[220] Artikel „Neue Arbeiterentlassungen in der Kugellagerindustrie" im Schweinfurter Tagblatt vom 5.10.1929.
[221] Artikel „Neue Ausstellungen in der Kugellagerindustrie" im Schweinfurter Tagblatt vom 23.11.1929.
[222] Berichte des Arbeitsamtes, veröffentlicht im Schweinfurter Tagblatt vom 3.10. und 19.12.1929.

Ungeduldig fragte man sich: „wie lange sollen die Schweinfurter Betriebe noch ohne ausreichende Beschäftigung bleiben? Der Konjunkturrückgang kann es doch unmöglich mit sich bringen, daß zwei große Werke, die vordem einen ganz erheblichen Anteil des Wälzlagerbedarfes zu decken hatten, nur noch ganz geringfügig beschäftigt sind".[223] Offenbar bestehe an der früher einmal geäußerten Absicht, die Hauptproduktion nach Cannstatt und Schweinfurt zu verlegen, nur noch geringes Interesse. Diese Einschätzung jedoch war verfrüht und, wie sich zeigen sollte, falsch. Zu Beginn des Jahres 1930 wurde die Ankündigung umgesetzt und die Fabrikation in Schweinfurt und Cannstatt zusammengefaßt. Ein deutliches Bekenntnis zum Standort war auch die aus Kostengründen zum 1. Januar 1932 vollzogene Verlegung der VKF-Hauptverwaltung von Berlin nach Schweinfurt.

Durch eine scharfe Reorganisation gelang es, die Fertigungskosten deutlich zu senken. Vor der Zusammenlegung fertigten knapp 9.000 Beschäftigte 48.000 Lager pro Tag. Ende 1931 betrug die Kapazität der VKF-Werke in Schweinfurt und Cannstatt bei knapp 3.000 Beschäftigten 60.000 Lager pro Tag.[224] Die Verkaufspreise für Qualitätslager sanken auf unter die Hälfte des Verkaufspreises von 1914. Was unter anderen konjunkturellen Bedingungen glänzende Perspektiven in Aussicht gestellt hätte, zeigte jedoch (noch) keine Wirkung. Inmitten der Weltwirtschaftskrise fand ein Wechsel in der Geschäftsführung statt, und Harald Hamberg übernahm am 7. September 1931 den Posten des VKF-Generaldirektors von Carl F. Böninger. Zur Vermeidung einer Unterbilanz mußte das Aktienkapital auf einer außerordentlichen Generalversammlung am 14. November 1931 um 10 Mio. RM auf 30 Mio. RM herabgesetzt werden.[225] SKF Göteborg stellte der VKF dafür Aktien im Wert von 10 Mio. RM unentgeltlich zur Verfügung.[226] Der anhaltende wirtschaftliche Niedergang zwang zum weiteren Beschäftigungsabbau. Die Zahl der Beschäftigten bei VKF in Schweinfurt und Cannstatt sank kontinuierlich von 4.930 (Ende 1930) über 3.694 (Ende 1931) auf 2.959 (März 1932).[227] Seit der Fusion waren damit bei VKF durch die Schließung der Werke in Berlin und Düsseldorf-Krefeld sowie den Abbau in Schweinfurt und Cannstatt fast 6.000 Arbeitsplätze verlorengegangen. Auch die Schweinfurter Statistik spricht eine deutliche Sprache: Der dortige Rückgang der Zahl der Arbeiter in den Jahren 1929–32 um über 3.500 ging fast ausschließlich auf das Konto von VKF.[228] Im selben Zeitraum sank sie bei Fichtel & Sachs um knapp 10 % auf 2.089, bei Kugelfischer hingegen stieg sie um knapp 10 % auf 2.397.[229] Die Lasten der von Branchenkennern für eine künftige gedeihliche Entwicklung als notwendig erachteten Marktbereinigung wurden somit allein von VKF getragen. Rechnet man die Aufwendungen

---

[223] Artikel „Schweinfurt und die Kugellagerindustrie" im Schweinfurter Tagblatt vom 3.1.1929.
[224] Steckzén, Svenska Kullagerfabriken (wie Anm. 45), S. 483 f.; SKF-Archiv, Chronik der deutschen SKF (wie Anm. 45), E 11 f.
[225] SKF-Archiv, Aufsichtsrat, 14.11.1931; es waren folgende Aktionäre vertreten: SKF Göteborg (10 Mio. RM), Ernst Sachs (6,4 Mio. RM), Carl F. Böninger (1,1 Mio. RM), Gebr. Arnhold (8.000 RM), Hausmann (500 RM).
[226] SKF-Archiv, Aufsichtsrat, Rundschreiben vom 11.3.1932.
[227] SKF-Archiv, Aufsichtsrat, Rundschreiben vom 11.3.1932.
[228] Lingl, Kugellagermarkt (wie Anm. 13), S. 163.
[229] Ebd.; hinzuzählen sind bei den drei Firmen insgesamt noch etwa 1.400 Angestellte und Werkmeister.

für sämtliche Erwerbungen zusammen, so hat der schwedische Mutterkonzern in den Jahren 1927 bis 1929 mindestens 25 Mio. RM in sein deutsches Projekt investiert.

Angesichts der sich zunehmend schwieriger gestaltenden Lage auf dem Inlandsmarkt wuchs dem Export für die deutsche Wirtschaft geradezu existenzielle Bedeutung zu. Das Deutsche Reich und die Sowjetunion sahen sich auch aus außenpolitischen Erwägungen heraus gleichsam als natürliche Partner.[230] Ein am Jahreswechsel 1928/29 von beiden Ländern unterzeichnetes Protokoll sollte die wirtschaftlichen Beziehungen vertiefen. Zu diesem Zeitpunkt begann in der Sowjetunion im Zeichen des Fünfjahresplanes eine forcierte Industrialisierung, während die Produktion in den kapitalistischen Ländern mit dem Einbruch der Weltwirtschaftskrise in einem nie gekannten Ausmaß schrumpfte. Wie viele andere deutsche Industrielle erkannte auch Georg Schäfer für seine Kugelfabrik Fischer in den Exporten in die Sowjetunion eine große Chance. Bereits im November 1929 nahm er mit der Handelsvertretung der UdSSR in Berlin Kontakt auf. Es gelang ihm zunächst, Aufträge im Gesamtwert von etwa 250.000 RM einzuholen, wobei auffällt, daß bei diesen Lieferungen fast ausschließlich SKF-Entwicklungen nachgebaut wurden.[231] Anfang 1930 erhielt die Kugelfabrik Fischer einen weiteren Auftrag aus Rußland über 1,2 Mio. RM, die erhofften Folgeaufträge blieben jedoch aus. Als man erfuhr, daß bei der schwedischen SKF und der italienischen RIV umfangreiche Bestellungen aus Rußland eingegangen waren, entschloß sich Georg Schäfer Mitte Dezember 1930, gemeinsam mit dem Leiter seiner Berliner Verkaufsabteilung Hugo Holzapfel nach Moskau zu fahren. In persönlichen Verhandlungen mit Technoscharsnab, einer Abteilung der zentralen Metallimportorganisation, informierten sich beide zehn Tage lang über die Geschäftslage.[232] Die Moskauer Kugellagerfabrik, die von SKF in Konzession betrieben wurde, galt den deutschen Beobachtern als veraltet. Gegen den schwedischen Konzern, der in erheblichem Umfang nach Rußland exportiere, komme man aber wegen bestimmter Umstände nicht an.[233] Hauptmitbewerber sei die italienische RIV, die Gerüchten zufolge kürzlich Aufträge über 10 Mio. RM pro Jahr erhalten habe. Nach den „schwierigsten Verhandlungen, die denkbar sind" habe man die Gastgeber aber dazu bewegen können, die Geschäftsverbindung mit Fischer wieder aufzunehmen. Entscheidendes Argument sei gewesen, daß auch die Russen ein Interesse am Fortbestand der Kugelfabrik Fischer haben müßten, da sie sich sonst einem Monopol auslieferten. Nur wenn die Firma wieder größere Bestellungen bekäme, könne deren Selbständigkeit erhalten

---

[230] Hans-Werner Niemann, Die „Russengeschäfte" der Ära Brüning, in: Vierteljahrschrift für Sozial- und Wirtschaftsgeschichte 72/2, 1985, S. 153–174, hier S. 154; vgl. jetzt auch die Würzburger Dissertation von Oleg Kashirskikh, Die deutsch-sowjetischen Handelsbeziehungen in den Jahren 1925–1932. Deutschlands Rolle im außenwirtschaftlichen Integrationsbestreben der Sowjetunion (Europäische Hochschulschriften Reihe 3, Bd. 1032), Frankfurt 2006.

[231] BA Berlin-Lichterfelde, R 3101 Nr. 19701 Handelsvertretung UdSSR ./. Kugelfabrik Fischer, S. 470–505.

[232] BA Berlin-Lichterfelde, R 3101 Nr. 19744 Handelsvertretung UdSSR ./. Kugelfabrik Fischer, S. 442–448 (Schreiben der Kugelfabrik Fischer an die Deutsche Revisions- und Treuhand AG vom 19.12.1930).

[233] Begründet wird die Übermacht der schwedischen Konkurrenz mit den engen Verbindungen zwischen Ivar Kreuger und Rußland. Kreuger sei „der oberste Chef" von SKF und gleichzeitig größter Kunde Rußlands für Espenholz, das zur Streichholzfabrikation unentbehrlich sei. Deshalb habe SKF eine wesentlich günstigere Verhandlungsposition als die Kugelfabrik Fischer. Zur Rolle Kreugers bei SKF vgl. Anm. 198 f.

werden. Schließlich gelang es, einen Auftrag über 5,4 Mio. RM an Land zu ziehen.²³⁴ Dieser Großauftrag kam in einer angespannten Situation gerade zur rechten Zeit. Angesichts fehlender Aufträge habe Fischer bereits Mitarbeiter entlassen müssen, und gegenwärtig stehe man im Begriff, weiteren 400 bis 500 zu kündigen. Mit dem Russengeschäft aber sei es nun möglich, nicht nur auf Entlassungen zu verzichten, sondern überdies etwa 400 Leute neu einzustellen. Angesichts der immer schwächer werdenden Inlandskonjunktur war der Kugelfabrik Fischer mit dieser Vereinbarung eine entscheidende Stabilisierung gelungen. In Schweinfurt hat der Umfang der Bestellungen aus Russland, die bis 1934 teilweise über 40% der Produktion ausmachten, „zunächst ungläubiges Erstaunen" hervorgerufen.²³⁵ Die von Georg Schäfer in späteren Jahren immer wieder hervorgehobene, existenzielle Bedeutung dieser Aufträge für den Fortbestand seines Unternehmens wird mit diesen Zahlen bestätigt.

Neben den „Russen-Geschäften" dürfte sich aber auch auf dem deutschen Markt das Klima zugunsten der Kugelfabrik Fischer verändert haben. Gewiß hat die als Damoklesschwert über allen Beteiligten schwebende Monopolstellung der VKF, deren Vorgängerfirmen zusammen einen Marktanteil von über 80% auf sich vereinigt hatten, die Verhandlungen mit Stahllieferanten ebenso erleichtert wie mit den Wälzlager-Kunden. In der Fachpresse wurde darüber spekuliert, „ob diejenigen Firmen, die vorläufig ihre Selbständigkeit zu behalten wünsch[t]en, auf Unterstützung der Stahlkonvention rechnen dürf[t]en."²³⁶ Dem angesichts der Konzentration in der Wälzlager-Branche gegründeten Kugellagerstahlverband GmbH, Düsseldorf, dem die Stahlwerke Becker mit 38,5%, die Deutschen Edelstahlwerke mit 34%, die Stahlwerke Röchling-Buderus mit 16,5% und Silesia Stahl mit 11% angehörten, fiel beim Selbstbehauptungskampf Georg Schäfers gewiß eine Schlüsselrolle zu, die eine nähere Untersuchung verdienen würde. Schäfer kam „neben der Güte der Erzeugnisse" gerade bei öffentlichen Aufträgen sicher auch „das nationale Argument" zugute und er hat dieses zweifelsohne auch in erheblichem Maße eingesetzt.²³⁷ Zuweilen waren auch recht martialische Töne zu hören: „Nur Kugelfischer nahm den Kampf auf, verschmähte den Kaufpreis, um Zeitgenossen und Enkeln zu zeigen, dass noch nicht alles verloren sei und Deutsche noch kämpfen können für ihre Sache, statt sie zu verschachern."²³⁸

Es sind mehrere Gründe, die zu der positiven Entwicklung der Kugelfabrik Fischer gerade in einer Zeit beitrugen, als andere Betriebe eine dramatische Krise durchlebten. In diesem Zusammenhang würde sicher auch die Frage der Innovationsfähigkeit eine Untersuchung verdienen. Betrachtet man die Zahl der Arbeiter, so fällt auf, daß

---

²³⁴ Die Bestellung umfaßte einen Gesamtwert von mindestens 3,2 Mio. RM sowie eine Option auf weitere 2,2 Mio. RM. Die von Käufer-Seite ausgesandten Signale ließen nach Einschätzung von Fischer-Direktor Holzapfel „deutlich erwarten, dass die Russen das ganze Objekt von 5,4 Millionen Reichsmark ausnützen [würden]"; BA Berlin-Lichterfelde, R 3101 Nr. 19744 Handelsvertretung UdSSR ./. Kugelfabrik Fischer, S. 435–441, 447.

²³⁵ Schneider, Georg Schäfer (wie Anm. 22), S. 310.

²³⁶ Artikel „Vom Kugellagergeschäft – Wachsender Export" in der Frankfurter Zeitung vom 3.8.1929, Abschrift bei Fries, Mein Leben und Wirken (wie Anm. 25), S. 4408.

²³⁷ Siehe oben Anm. 204 f. und Lingl, Kugellagermarkt (wie Anm. 13), S. 162.

²³⁸ Artikel „Der Entscheidungskampf um die deutsche Kugellager-Industrie" von Hanns Helmuth in der Zeitschrift „Arbeitertum" vom 1.6.1933; Stadtarchiv Schweinfurt 4° 07.121.

die Firma schon am Ende der zwanziger Jahre – auch wenn es Rückschläge gegeben hatte – Fries & Höpflinger überholt hatte.[239] Alles deutet darauf hin, daß die Kugelfabrik Fischer am Vorabend der Weltwirtschaftskrise auf einem soliden Fundament stand. Für eine Fusion mit anderen Unternehmen bestand keine Notwendigkeit. Gleichzeitig wußte der dreiunddreißigjährige Georg Schäfer, daß er bei einem Zusammenschluß mit anderen Firmen immer nur der Juniorpartner sein würde. Zu dominierend waren Ernst Sachs und SKF-Norma gewesen. Schäfer hat auf seine Chance spekuliert, die sich ihm als einzig verbliebenem wettbewerbsfähigen deutschen Wälzlagerhersteller möglicherweise eröffnen würde, und ganz auf die Abneigung der Kunden gegen ein Monopol von VKF-SKF gesetzt. Wider „allen rechnerischen Verstand" habe er an der Selbständigkeit seines Unternehmens festgehalten, wird Georg Schäfer später über sein damaliges Verhalten sagen.[240] Es war also gewiß eine Gratwanderung, auf die er sich begeben hatte. In einer Zeit des allgemeinen Niedergangs wurde bei Kugelfischer durch die Aufträge aus Rußland im Verbund mit dem nationalen Argument und der Abneigung der Kunden gegenüber einem Wälzlager-Monopol von VKF-SKF das Fundament für den atemberaubenden Aufstieg in den dreißiger Jahren gelegt. Dies ist auch deshalb bemerkenswert, weil die Kugelfabrik Fischer noch 1928 zwar zu den wichtigen, aber keineswegs zu den führenden Unternehmen der Branche gerechnet worden war.[241]

Eine Führungsposition hatte zweifellos Ernst Sachs besessen und er hatte sie – mehr oder minder freiwillig – aufgegeben. In der Öffentlichkeit wurde Sachs deshalb mit Vorwürfen konfrontiert, die Hälfte seines Unternehmens um des besseren Profits willen ans Ausland „verschachert" und dabei das Vorbild der ihm verwandtschaftlich verbundenen Familie Opel nachgeahmt zu haben, die nur wenige Wochen zuvor beim Verkauf an General-Motors einen satten Gewinn eingestrichen hatte.[242] Zunächst schienen die Perspektiven für das Rest-Unternehmen Fichtel & Sachs nicht sehr verheißungsvoll, denn die Blütezeit der Torpedo-Nabenfabrikation gehörte nach Einschätzung zeitgenössischer Beobachter der Vergangenheit an.[243] Ernst Sachs wußte dies und in vorausschauender Weise hat er sein Unternehmen neu ausgerichtet. Er hatte keineswegs die Absicht, sich mit 62 Jahren zur Ruhe zu setzen. Zunächst ermöglichte ihm der Verkauf der Wälzlagerabteilung die Umsetzung eines offenbar schon länger gehegten Planes. Nicht einmal zwei Wochen nach der Vereinbarung mit SKF einigte er sich mit den Fichtel-Erben auf den Erwerb von deren Aktienpaket (nominell 2,83 Mio. RM) für 7,2 Mio. RM.[244] Damit war die Firma zu 100 % im Besitz der Fa-

---

[239] Lingl, Kugellagermarkt (wie Anm. 13), S. 41.

[240] Frdl. Auskunft von Herrn Dr. Adolf Lauerbach (Brief vom 14.12.2006).

[241] Vgl. oben Anm. 112, 114.

[242] Artikel „Rettung oder Untergang der deutschen Automobilindustrie?" von Dr.-Ing. L. Betz, in: Das Volksauto Heft 1/1931, S. 88 f.; Börsen-Courier vom 18.5.1929; ausgewogener der Artikel „Die Zukunft der Schweinfurter Industrie" im Fränkischen Volksblatt vom 31.5.1929, Abschrift bei Fries, Mein Leben und Wirken (wie Anm. 25), S. 4374a.f.

[243] Artikel „Schweinfurt und die Kugellagerindustrie" im Schweinfurter Tagblatt vom 3.1.1930.

[244] ZF Sachs-Archiv, Kaufvertrag vom 29.5.1929; Kaufbestätigung vom 5.9.1929. Die Bezahlung sollte bei Veräußerung der F & S-Wälzlagerabteilung an SKF erfolgen, sollte dieser Verkauf nicht zustande kommen, konnte Sachs vom Vertrag zurücktreten. Die Familien Fichtel und Bock legten ihr Vermögen u. a. 1938 in der von ihrem Vermögensverwalter Karl Ritter von Gruny arisierten Augsburger Herrenkleiderfabrik Pflaunlacher & Schwab an, vgl. Ziegler, Die Dresdner Bank und die deutschen Juden (wie Anm. 26), S. 198 f.

milie Sachs und es vollzog sich quasi ein Neustart. Die Produktion der später legendären Sachs-Motoren war angelaufen, und der Absatz erfüllte schon nach kurzer Zeit in jeder Hinsicht die Erwartungen.[245] Zeitgleich zu den Verhandlungen mit SKF über die Wälzlagerfusion hatte Ernst Sachs die Weichen für einen weiteren zukunftsträchtigen Produktionszweig gestellt, der bis heute ein wichtiges Standbein des Unternehmens bildet. In der ersten Jahreshälfte 1929 erwarb er von Max Goldschmidt Lizenzrechte für dessen Kupplungspatent und innerhalb von zwei Jahren eroberte die Sachs-Mecano-Kupplung bei LKWs über 4 t gleichsam eine Monopolstellung auf dem deutschen Markt.[246] Auf der Automobilausstellung 1931 präsentierte sich die runderneuerte Fichtel & Sachs AG mit einem Fahrrad-Zweitaktmotor sowie Kupplungen und Komet-Stoßdämpfern.[247] Der Grundstein für den Wiederaufstieg des Werkes war gelegt.

Die Entscheidungen des Jahres 1929 (Fusion – Neuorientierung – Bewahrung der Selbständigkeit) haben die Entwicklung der Wälzlagerbranche wie auch der Stadt Schweinfurt bis weit in die Gegenwart geprägt. Die vorhandenen Überkapazitäten wurden, vor allem auf Kosten der fusionierten Firmen, abgebaut. Die beiden wichtigsten Wälzlagerhersteller in Deutschland, die den inländischen Markt über Jahrzehnte in einer Weise dominierten, daß man bis in die 1980er Jahre hinein durchaus von einem „Wälzlager-Dualismus" sprechen kann, produzieren bis heute in der unterfränkischen Industriestadt. Nach drei Jahrzehnten praktisch ungebremsten Aufschwungs, in denen Schweinfurt seine Einwohnerzahl auf 39.000 fast verdreifachen konnte, bedeuteten die Jahre um 1929 für die dortige Industrie eine Phase der Konsolidierung. Der Kommentator der Lokalzeitung aber, der damals in pessimistischer Einschätzung der Lage urteilte, „der Höhepunkt [sei] überschritten",[248] sollte sich täuschen. Noch stand die Motorisierung breiter Bevölkerungskreise, für die das Wälzlager einen unverzichtbaren Baustein bildete, bevor. Im Sog des Wirtschaftsaufschwungs der dreißiger Jahre und der Kriegsrüstung stiegen FAG Kugelfischer und VKF ebenso wie Fichtel & Sachs zu bis dahin nicht gekannter Größe auf. Schon nach wenigen Jahren hatten sich für alle Beteiligten die 1929 getroffenen Entscheidungen als richtig erwiesen. Die Zerstörungen des Zweiten Weltkriegs unterbrachen den Aufwärtstrend nur vorübergehend. Am Ausgang des bundesrepublikanischen Wirtschaftswunders erreichte die Großindustrie in Schweinfurt um 1970 mit über 35.000 Beschäftigten ihren Zenit.[249] Nach Jahren der Rationalisierung und einer tiefgreifenden Strukturkrise am Beginn der 1990er Jahre stabilisierte sich die Beschäftigungssituation am Beginn des neuen

[245] ZF Sachs-Archiv, Bericht des Vorstands über das Geschäftsjahr 1930/31.
[246] Gerhard Wolf, „To start new industry". Mac Goldsmith. A Study in Technology Transfer and Forced Migration. Diplomarbeit im Fachbereich Politik und Sozialwissenschaften der Freien Universität Berlin, Mai 2001, S. 25 ff.; zur späteren Enteignung Goldschmidts vgl. ebd. S. 40 ff. und Rott, Sachs (wie Anm. 33), S. 130 ff.
[247] SKF-Archiv, Presse-Ordner Fichtel & Sachs.
[248] Artikel „Die Zukunft der Schweinfurter Industrie" im Fränkischen Volksblatt vom 31.5.1929, Abschrift bei Fries, Mein Leben und Wirken (wie Anm. 25), S. 4374a.f.
[249] Vgl. z.B. die Ausgabe des Bayern Magazins (Zeitschrift für Kultur, Wirtschaft, Touristik) Nr. 6/7 Juni/Juli 1975: Schweinfurt – auf Kugeln gelagert; Erich Schneider / Uwe Müller / Andrea Brandl, 200 Jahre Schweinfurt in Bayern. Made in Schweinfurt V, Ausstellung der Museen und Galerien der Stadt Schweinfurt und des Stadtarchivs Schweinfurt in Zusammenarbeit mit dem Arbeitskreis Industriekultur, Schweinfurt, und dem Haus der Bayerischen Geschichte, Augsburg, vom 7.9.–31.10.2006 (Schweinfurter Museumsschriften 144/2006, Veröffentlichungen des Stadtarchivs Schweinfurt Nr. 21), Schweinfurt 2006.

Jahrtausends bei knapp 20.000 Industriearbeitsplätzen. Aktuell verdienen die Schweinfurter Unternehmen so gut wie lange nicht, und das Jahr 2006 brachte der 54.000 Einwohner-Stadt mit über 100 Millionen € einen Gewerbesteuerrekord.[250]

---

[250] Von diesem Betrag wird allerdings wohl ein Teil zurückerstattet werden müssen, Artikel „Weichen für die Großbaustelle" im Schweinfurter Tagblatt vom 15.1.2007.

Andreas Jakob

„Mögen im ewigen Auf und Ab, dem Gesetz allen Daseins, sich immer wieder starke Männer finden, die das aufwärts strebende Unternehmen erhalten, stärken und immer höher bringen!" Das Erlanger Baugeschäft Baßler von der Gründerzeit bis zum Ende des Zweiten Weltkrieges

Bevor die Siemens-Schuckertwerke nach dem Ende des Zweiten Weltkriegs ihre Hauptverwaltung von Berlin in die unzerstörte Mittelstadt Erlangen verlegten und dadurch deren Entwicklung eine völlig neue Ausrichtung und Dynamik verliehen, bestimmten außer der kleinen Universität und der Garnison nur relativ wenige Unternehmen das Bild der Stadt nach außen. Gegen Ende des 19. Jahrhunderts waren mehrere große Brauereien, einige Handschuh-, Spiegel-, Kamm- und Bürstenfabriken, Textil- und Bekleidungsunternehmen sowie die Mutter der heutigen Erlanger Medizintechnischen Industrien, die 1886 gegründete Firma Reiniger, Gebbert & Schall, vorherrschend. Das sonst noch vorhandene Handwerk und Gewerbe spielen in den bisherigen Darstellungen so gut wie keine Rolle.

Die Firmengeschichte

Um so wertvoller sind Aufzeichnungen, die Johann Georg Baßler und vor allem sein Sohn Michael Baßler über die Geschichte ihres Baugeschäftes hinterließen, da sie eine bislang weitgehend vernachlässigte Facette der hiesigen Wirtschaftsgeschichte beleuchten und die Sicht von wichtigen Vertretern ihres Berufsstandes auf das Zeitgeschehen wiedergeben, das die gesamte Epoche vom großen Aufschwung der Stadt in der Gründerzeit ab 1870 bis zum Beginn des Wirtschaftswunders 1948 umfaßt. Von besonderem Interesse wiederum ist dabei der Zeitraum von der Inflation 1923 und dem Neuanfang nach dem Ende des Zweiten Weltkriegs 1945. Die beiden Bücher in der Art von Poesiealben, jeweils im Format von circa 19 x 14,5 cm, sind mit Tinte, teilweise mit Bleistift beschrieben, das zweite allerdings nur auf den ersten etwa 70 Seiten. Bei der durch gelegentliche Tagesdaten, oft genug auch nur Jahreszahlen, gegliederten Darstellung handelt es sich weniger um ein Tagebuch, als um in unregelmäßigen Abständen relativ zeitnah abgefaßte Rückblicke auf die Geschichte des Unternehmens, die mit mitunter sehr ausführlichen persönlichen Kommentaren zu politischen und anderen Ereignissen durchsetzt sind. Wie die Bezeichnung des heutigen Ohmplatzes als „Schlageterplatz" bei den Ereignissen des Jahres 1931 zeigt, kann dieser Teil frühestens bei dessen Umbenennung 1933 abgefaßt worden sein.

Bemerkenswert ist die Zielsetzung. Nachdem Johann Georg Baßler, der Sohn des Firmengründers, seinen Teil der Firmengeschichte Weihnachten 1919 vollendet hatte, notierte sein Sohn Michael Baßler auf der folgenden Seite: „Für spätere Generationen will ich die vorausgehenden Aufzeichnungen meines Vaters, soweit dieser selbst nicht schon solche vom Jahr 1909 ab gemacht hat, weiterführen bzw. ergänzen". Wenngleich sich Michael Baßler Jahre später für sein Begräbnis jedes öffentliche Aufheben von seiner Person verbat, kann kein Zweifel daran bestehen, daß die teils sehr persönlichen Ausführungen trotz ihres privaten Charakters nicht nur für die Familie, sondern für ein breiteres Publikum gedacht waren. Verschiedene Anmerkungen machen das deutlich. Vermutlich mit derselben Intention hatte Michael Baßler dem Stadtarchiv Erlangen am 5. Februar 1949 mit der Begründung: „Es dürfte sicherlich im allgemeinen Interesse, besonders auch für spätere Zeiten, liegen", ein Album mit Aufnahmen vom Bau des neuen Schulhauses am Ohmplatz geschenkt.

Der von Michael Baßler verfaßte Teil der Firmengeschichte gehört zweifellos zu den wertvollsten, bislang aber weitgehend unbekannten Quellen zur Erlanger Stadtgeschichte des 20. Jahrhunderts. Der Dank gilt daher an dieser Stelle seiner Enkelin, Frau Barbara Strauß und der gesamten Familie Baßler, die diese Aufzeichnungen für die Auswertung durch die Stadtgeschichtsforschung zur Verfügung gestellt haben.

Vom Handwerksbetrieb zum mittelständischen Unternehmen

Die Baufirma wurde am 1. März 1868 von zwei Maurermeistern, dem Vater beziehungsweise Großvater der beiden Chronisten, Johann Karl Baßler (1824–1892), und Andreas Malter als Baugeschäft Baßler & Malter gegründet. Nach dem Tod seines Kompagnons 1874 führte Johann Karl Baßler den Betrieb bis 1884 als Alleininhaber, bevor sein ältester Sohn Johann Georg als Teilhaber in die nunmehrige Firma „Basler & Sohn" eintrat. 1888 übernahm Johann Georg Baßler die Leitung. Er war eine dynamische Unternehmerpersönlichkeit, unter der das Geschäft infolge geschickter Erweiterungen stark expandierte. 1889 errichtete Baßler mit dem früheren Zimmermeister Georg Friedrich Großhäuser eine Dampfziegelei in Sieglitzhof, die am 16. Dezember 1890 durch Brand fast völlig zerstört, bis Juni 1891 wieder aufgebaut und in Betrieb genommen wurde. Gleichzeitig pachtete er zunächst im Bubenreuther Wald beziehungsweise im Grundstück Burgbergstraße 88 Steinbrüche, die bis 1894 beziehungsweise 1900 ausgebeutet werden konnten.

Wegen Preisverfalls infolge Überangebots an Wohnungen verkaufte Johann Georg Baßler im Jahr 1900 den Baubetrieb für 2.500 Mark an seine Poliere Martin Schreyer und Paul Kunstmann, die ihn bis 1909 unter dem Namen Schreyer & Kunstmann führten. In diesem Jahr trat als weiterer Teilhaber der Enkel des Firmengründers, Michael Baßler, ein und übernahm sofort Buchführung und Organisation. 1910 verließ Martin Schreyer das Baugeschäft, das nunmehr als Baßler & Kunstmann firmierte. Nach dem Tod des verbliebenen Teilhabers war Michael Baßler seit dem 4. Dezember 1923 Alleininhaber der nunmehrigen Firma „M. Baßler, Baugeschäft".

Von der Gründerzeit bis zum Ersten Weltkrieg

Bis Mitte der 1870er Jahre beschränkte sich der Betrieb mehr auf Reparaturarbeiten und die Vergrößerung der Kelleranlagen im Burgberg bei den damals stark expandierenden Erlanger Bierbrauereien. Bei zwölfstündiger Arbeitszeit von früh 5 Uhr bis abends 7 Uhr verdiente ein Maurer oder Steinhauer damals 1 Gulden 30 Kreuzer (2

Mark 57 Pfennig), ein Handlanger 1 Gulden (1 Mark 70 Pfennig). 1874 wurde die Arbeitszeit nach einem Streik pro Tag um zwei Stunden gekürzt. 1883 errichtete die Firma den Wohnhausneubau für den Bierbrauereibesitzer Hans Weller, Theaterplatz 17, 1885 den Aussichtsturm auf dem Rathsberg (Architekt Christian Böhmer), 1889 die Fundamente für den Kunstbrunnen auf dem Marktplatz, 1890 den Rathausanbau in der Eichhornstraße, 1894 das Bahnhofshotel für den Bierbrauereibesitzer Karl Steinbach, 1896 den Fabrikneubau für die Bürstenfabrik Kränzlein neben dem Bubenreuther Haus und 1898/99 das Chemische Institut in der Fahrstraße.

Über diese erste Phase der Firma bis 1899 berichtete Johann Georg Baßler: „Die Gewissenhaftigkeit, Pünktlichkeit u. Reellität welcher bei dem Gründer u. Nachfolger im Geschäfte vorhanden war, sicherte denselben einen ständigen treuen Kundenkreis bei den hiesigen Hausbesitzern. […] Der Verdienst im Geschäft war stets ein bescheidener […] Mancher Bau wurde billig übernommen u. ausgeführt, um keinen Stillstand im Geschäft eintreten zu lassen […] Ich arbeitete mich trotzdem infolge des ausgedehnten Betriebes zu einer Höhe empor, die mich zufrieden stellte".

Nach dem Eintritt Michael Baßlers in die unter den neuen Eigentümern inzwischen etwas herabgekommene Firma beteiligte sich diese 1911 am Abbruch der ehemaligen Reifbrauerei und den Fundamentarbeiten für den Neubau der Universitätsbibliothek bis einschließlich des Sockelgeschosses. 1912/13 übernahm sie den kompletten Neubau der Universitätsbibliothek. Michael Baßler stellte mit Genugtuung fest: „Die Firma hatte sich also wieder einen Namen geschaffen".

Am 1. August 1914 begann der Erste Weltkrieg. Wenige Tage später wurde Michael Baßler eingezogen. „Mit Kriegsausbruch war in unserem Geschäft alles völlig lahmgelegt. […] Es gab keine Aufträge mehr und was noch an kleinen Reparaturarbeiten unbedingt zu machen war, konnte kaum mehr erledigt werden, weil fast alle Arbeitskräfte eingerückt bzw. im Feld waren." 1917 erhielt die Baufirma Baßler größere Bauaufträge für die Firma Progreß in Bruck, die Munition herstellte.

1918 kam Michael Baßler wieder nach Hause zurück. Er setzte seine Arbeit dort fort, wo er sie unfreiwillig unterbrochen hatte, und konnte bald feststellen: „Es ging wieder aufwärts". 1920 erwarb er den schon 1912 für den Neubau der Universitätsbibliothek gepachteten Steinbruch am Nordausgang des Henninger-Reif-Kellers, um die Steine für den Erweiterungsbau des Bahnhofs zu verwenden.

Den bislang stärksten Einbruch in die Erfolgsgeschichte der Firma Baßler brachte die Inflation, die 1923 ihren Höhepunkt erreichte. Vater Baßler verkaufte alle seine Häuser, ein schwerer Fehler, wie sich bald herausstellte. Sein Sohn hielt fest: „Sogar alte Möbelstücke und Kleider gaben wir zum Verkauf weg und so schlugen wir uns durch, dank des größten Schwindels, den die Welt je gesehen hat. […] So standen wir gegen Ende des Jahres 1923. Der Vater sein ganzes Vermögen verloren, und ich ebenso". Bis auf einen Garten, zwei Häuser und den Steinbruch hatte die Familie Baßler alles eingebüßt, was zwei Generationen bis dahin mit unermüdlichem Fleiß erworben hatten. Mit deutlichem Ingrimm notierte Michael Baßler: „Mit 5 Billionen = 5 Rentenmark, die ich von der städt. Sparkasse gepumpt erhielt, begann ich den Neuaufbau".

Exkurs: Michael Baßler, Baumeister

Am 7. Juli 1884 geboren, absolvierte Michael Baßler im Jahre 1900 die Realschule Erlangen, 1905 die Baugewerkschule in Nürnberg. Während der Sommersemester leistete er Praktika in der Firma Schreyer & Kunstmann und im Universitätsbauamt Erlangen. 1905/06 diente er als Einjährig-Freiwilliger beim kgl. bayerischen 10. Feldartillerieregiment in Erlangen. Von Oktober 1906 bis Januar 1909 war er als Techniker und Geschäftsführer in der Firma Carl Gagde jr. in Bad Kissingen tätig, wo er seine Frau Hedwig kennenlernte, die er am 26. September 1909 heiratete. Am 1. März 1909 absolvierte er die Meisterprüfung vor der Handelskammer für Mittelfranken in Nürnberg. Am 4. Juni 1910 wurde sein Sohn Rudolf Baßler geboren, am 30. September 1913 seine Tochter Irene. Bereits am 7. August 1914 eingezogen – im Unterschied zu zahllosen anderen Zeitgenossen nicht freiwillig und ohne große Begeisterung –, kam er am 12. Dezember 1914 ins Feld. Fast die komplette Dauer des Ersten Weltkriegs, bis 1918, mußte er Militärdienst leisten.

Seine ungewöhnlich tatkräftige Persönlichkeit deutet sich bereits in seinem ehrenamtlichen Engagement in verschiedenen, zumeist fachlich einschlägigen Gremien an. Michael Baßler war 1) seit 9. April 1911 stellvertretender Vorsitzender des Arbeitgeberverbandes für das Baugewerbe für Erlangen und Umgebung im Nordbayerischen Bezirksverband der Arbeitgeber für das Baugewerbe, seit 18. April 1913 Vorsitzender, seit Dezember 1921, dem Zusammenschluß des Nord- und Südbayerischen Bezirksverbandes zum Bayerischen Baugewerbeverband (BB), Vorsitzender des Ortsverbandes Erlangen des BB, 2) als solcher Mitglied des Gesamtvorstandes des BB, 3) seit 1922 Ersatzmitglied des geschäftsführenden Vorstandes des BB, 4) seit 1913 Schriftführer der auf sein Betreiben (1913) gegründeten Bauinnung Erlangen, seit 1929 Obermeister, 5) seit 1913 Mitglied des Ausschusses der Allgemeinen Ortskrankenkasse Erlangen-Stadt, 6) seit 1912 Beisitzer beim Gewerbegericht Erlangen, anschließend seit 1927 Arbeitsrichter beim Amtsgericht Erlangen, 7) seit 1929 Ausschußmitglied des „Gewerbe-Vereins" Erlangen, 8) seit 1929 2. Vorsitzender des Innungsausschusses Erlangen, 9) seit 1925 Mitglied des Einheitswert-Ausschusses beim Finanzamt Erlangen, 10) seit 1919 Vorsitzender der Schlichtungskommission Erlangen (für die Behandlung von Streitigkeiten aus dem Reichstarifvertrag für das Baugewerbe) (auch für Herzogenaurach, Forchheim, Baiersdorf), 11) seit 1925 Beisitzer beim Landgericht Fürth für Berufungssachen in Mietstreitigkeiten, 12) seit Mai 1930 Mitglied des Stadtrats (1909 hatte er es abgelehnt, sich auf die Liste für die Wahl zum Kollegium der Gemeindebevollmächtigten setzen zu lassen; „1919 und 1924 habe ich mich bereit erklärt, mich auf die Wahlliste zum Stadtrat an letzte Stelle zu setzen, um sicher zu sein, nicht dranzukommen"), und schließlich 13) seit August 1930 Delegierter für die bayerische Baugewerbs-Berufsgenossenschaft München (Ersatzdelegierter seit 1919).

Die Persönlichkeit Michael Baßlers ist mit kurzen Worten nur schwer zu erfassen. Aufgewachsen in einer durch ein wahres Arbeitsethos und patriarchalisches Verantwortungsbewußtsein für den Betrieb geprägten Dynastie von Bauunternehmern, stand zu jeder Zeit die Firma im Vordergrund. Als 1938 sein Vater starb, der durch die Inflation sein Vermögen von 280.000 Goldmark größtenteils verloren hatte, notierte er: „Trotz allem aber darf ich wohl in Anspruch für mich nehmen, daß ich bis jetzt im

Sinne meines verstorbenen Vaters weitergearbeitet habe und noch weiter nach seinem Wunsch handelte, den ich immer als Vermächtnis betrachte und den er in seinen Aufzeichnungen in diesem Buch festgelegt hat: ‚Möge es dieser Firma vergönnt sein, den Ruf ihres Gründers und dessen Nachfolgers nicht nur zu erhalten, sondern immer mehr auszubauen'. Dieses Vermächtnis soll mir auch weiter Richtschnur sein." Der Kampf um die Existenz in schwierigen Zeiten, der Erste Weltkrieg, die Inflationszeit, und die nicht enden wollende Auseinandersetzung mit den verschiedensten Verwaltungen und Behörden zieht sich wie ein roter Faden durch die Aufzeichnungen. Ein besonderer Kritikpunkt waren stets die zahlreichen neuen Vorschriften, die er mitunter als fast persönlich gegen ihn und seine Firma gerichtete Zumutungen und Schikanen ansah. Über die Vorliebe der Verwaltung für Abkürzungen konnte er sich endlos lustig machen. Lieblingsgegner waren die Beamten.

Scheinbar im Hintergrund standen dagegen die Ehefrau und die beiden Kinder, die er jedoch innig liebte und offenbar vor den Stürmen der Zeit zu schützen suchte. Während er nach außen manchmal den Eindruck graniterner Härte vermittelte, war er nach innen das Gegenteil. Anläßlich der Glückwünsche zu seinem 50. Geburtstag am 7. Juli 1934 notierte er: „Mit dem 1. Februar sind 25 Jahre vergangen, seit ich das Geschäft betreibe. Zu meinem 50ten Geburtstag schreibt mir der Bayer. Baugewerbeverband u. a. ‚Sie können dabei auf ein Leben reich an Sorgen u. Arbeit, aber auch reich an persönlichen u. geschäftlichen Erfolgen zurückblicken'. Das alles aber ist mir nicht so wichtig als wie die Freude, daß ich am 26. September ‚in herzlicher Liebe vereinigt', wie ich in der Grundsteuerurkunde meines Hauses Löwenichstr. 6 geschrieben habe, auf 25 Jahre glücklicher Ehe mit meiner geliebten Hedwig zurückblicken konnte. Sie allein ist es, die mich immer wieder beflügelt und teil nimmt an meinem Schaffen, Sorgen und Streben. Möge es uns beschieden sein, auch unsere goldene Hochzeit zu feiern, so wie es meinen Eltern vergönnt ist, nunmehr 52 Jahre in glücklicher Ehe zusammen zu sein". Zehn Jahre später vertraute er dem Papier an: „20. 7. 44. Ein Attentat auf Hitler mißglückt. Schade! 26.9.44. 35ter Hochzeitstag. Was es bedeutet schon 35 Jahre glücklich zusammenzuleben, können vielleicht nur wenige ermessen. Trotz zweier Kriege und trotz aller dadurch bedingter unermesslichen Schwierigkeiten in Liebe u. Treue zusammensein und zusammenarbeiten, einer im Anderen aufgehen, ist das Höchste u. Schönste".

Als wichtigste Garanten für die Zukunft der Firma als Familienbetrieb betrachtete er aber die männlichen Erben. Anläßlich der Geburt des Enkels Rolf Hartmut am 20. Juli 1940 stellte Michael Baßler Überlegungen über die Sicherung der 1868 von seinem Großvater gegründeten Firma an: „Damit ist hoffentlich (denn in diesem furchtbaren Krieg weiß man ja nicht, was uns allen bevorsteht), der Fortbestand des Familiennamens gesichert und hoffentlich auch der Fortbestand des Bauunternehmens, in dem, 1868 vom Urgroßvater des Rudolf Baßler gegründet, nunmehr die vierte Baumeistergeneration wirkt. Mögen im ewigen Auf und Ab, dem Gesetz allen Daseins sich immer wieder starke Männer finden, die das aufwärts strebende Unternehmen erhalten, stärken und immer höher bringen!" Beruflich und gesellschaftlich war er in Erlangen eher ein Einzelgänger. Ein besonderer Dorn im Auge war ihm die Titelsucht seiner Zeitgenossen: „Wenn jeder seine Pflicht erfüllt, treu zu seinem Beruf ist und bleibt, einen anständigen Charakter hat und stets den Standpunkt vertritt: ‚Ich bin ich', der kann auch recht gut ohne Titel leben." Offenkundig machte er sich mit dieser

Haltung einige Feinde. Nach 1945 wurde er aus offenkundig nichtigem Grund als Nazi denunziert.

Die Geschichte der Baufirma Baßler mit ihren Höhen und Tiefen und das enge Verhältnis des Inhabers zu ihr muß bei den Ereignissen insbesondere des Dritten Reichs und der unmittelbaren Nachkriegszeit berücksichtigt werden. Manche seiner Äußerungen oder Handlungen würden heute auf den Goldwaagen einer nachgeborenen Wohlstandsgesellschaft als zumindest verwerflich beurteilt werden. In einem eigenartigen Gegensatz zu seinem ausgeprägten Gerechtigkeitsgefühl, das sich etwa 1932 zeigte, als er als Geschworener bei einem Gerichtsverfahren am Landgericht Nürnberg-Fürth einem wegen 20 Mark Mietschulden wegen Meineids angeklagten jungen Mann durch seine geschickte Argumentation das Zuchthaus ersparte, steht beispielsweise der für ihn unproblematische Einsatz von Zwangsarbeitern und Kriegsgefangenen in seiner Firma. Merkwürdig, aber der damals in der Bevölkerung ganz allgemein ausgeprägten Haltung entsprechend, sich nicht persönlich für das NS-Regime verantwortlich fühlen zu müssen, mutet heute seine Kritik an dem Vorgehen nach 1945 gegen die „kleinen Nazi's" an. Hier zeigt sich deutlich, wie wenig Abstand viele Zeitgenossen unmittelbar nach Kriegsende zu den Ereignissen und Taten des Dritten Reiches besaßen. Michael Baßler war jedoch alles andere als ein Nationalsozialist oder auch nur ein Sympathisant, er war nicht einmal ein Nationalist, wie sie es damals gerade in Erlangen viele gab. Er war zunächst, ausschließlich und nur Bauunternehmer und sah aus dieser Perspektive die Welt, selbst wenn mancher das heute nicht als „Entschuldigung" gelten lassen möchte.

„In der Zeit einer Wirtschaftskrise, die noch nie da war"

1923 erhielt die Firma in Erlangen die Fortsetzung des Baus des Hauptsammelkanals ab Henke- bis Hilpertstraße übertragen, die 1935 abgeschlossen wurde. „Wir waren also wieder in langsam aufsteigender Linie. Es gab wieder Einnahmen". Zu den Aufträgen gehörte der Bau von städtischen Wohnhäusern und 1925 der Erweiterungsbau des städtischen Elektrizitätswerks.

Von Anfang an betrieb Michael Baßler seine Firma mit bemerkenswertem Weitblick. 1926 verlegte er sich als erster in Erlangen auf die Ausführung von Eisenbetonarbeiten, „um im Geschäft auf der Höhe zu bleiben bzw. weiter mit der Zeit zu gehen". Zu seiner Strategie gehörte es, sich durch gute Qualität möglichst dauerhaft an eines der großen Unternehmen zu binden. „Im Jahre 1927 glückte mir endlich, nachdem ich mich seit 1909 immer wieder vergeblich bemüht hatte, in die Fa. Reiniger, Gebbert & Schall A.G. Erlangen zu kommen". In diesem Jahr wurde ihm ebenso wie im darauffolgenden ein größerer Fabrikneubau übertragen. „Nachdem ich endlich einmal in die Firma hereingekommen war, konnte ich mich durch prompte Bedienung und tadellose Arbeiten einen Namen machen und die Firma als dauernde Kundschaft erhalten". 1928 erfolgte der Neubau der Reichsbank an der Schuhstraße, im selben Jahr führte er Arbeiten für die Oberpostdirektion Nürnberg in Erlangen durch, unter anderem die Verlegung des Telefonkabels von der Rathenaustraße bis zur Hauptpost und zur Brucker Straße. „Diese Behörde stellte mir sehr gute Referenzen aus". 1928 übernahm er auch die Wiederherstellung der Burgbergkapelle und der Martinskapelle.

Diese scheinbaren Erfolge relativierten sich durch die parallel laufenden Klagen über die Verschlechterung der Lage durch höhere Steuern, ständig neue Vorschriften, steigende soziale Lasten, die Abhängigkeit von den Konzernen etc. Rund 20 Prozent der Lohnsumme mußten für soziale Lasten und Steuern aufgewendet werden: „Unter diesen Umständen hatte es keinen Zweck mehr, viel Arbeit zu schlechten Preisen zu übernehmen und so recht viele Arbeiter mit zu ernähren und nur für die sozialen Einrichtungen zu arbeiten und nicht zuletzt noch, um bei dem schlechten Eingang der Zahlungen für die Bank zu arbeiten, daß Arbeitslöhne, Beiträge zu den sozialen Einrichtungen und Steuern [für] Bankkredite zu 12% Zins, bezahlt werden müssen. Unter solchen Umständen muß der Betrieb möglichst klein gehalten werden. Es gelang mir, die übrigen Kollegen soweit zu bringen, daß eine gewisse Mindestpreisbildung durch gegenseitige Verständigung eingehalten wird, und damit eine Verteilung der angefallenen Aufträge". 1929 übernahm Baßler unter anderem die Telephonkabelverlegung von Erlangen nach Bruck und von der Hauptpost durch die Hauptstraße zu den Werkern, außerdem wurde er am Neubau des Studentenhauses am Langemarckplatz beteiligt. 1930 verlegte die Firma das Telephonkabel auf der Strecke Erlangen – Uttenreuth. „Im Allgemeinen war das Geschäftsjahr 1930 nicht ungünstig, wenn doch ein Erfolg, wie er vor dem Krieg bei sovieler Arbeit möglich gewesen war, nicht mehr zu erreichen ist. Vor allem ist es nicht mehr möglich, irgend etwas für das Alter zurückzulegen. Was vom Gewinn nicht weggesteuert wird (bis 60%) fressen die sozialen Lasten auf und muß zur fortschrittlichen Weitereinrichtung des Geschäfts verwendet werden. Zudem ist das Leben sehr teuer, so daß es nur möglich ist, durch zähe Arbeit und vor allem auch dadurch, daß kein Büropersonal beschäftigt wird und nur die unbedingte nötige Zahl von Arbeitern, sich auf der Oberfläche zu erhalten. Allein das ist ein Kunststück in der Zeit einer Wirtschaftskrise, die noch nie da war. […] Es darf wohl ohne Überhebung festgestellt werden, daß das etwas viel für einen Einzelnen ist. Feststellen für spätere Zeiten möchte ich auch noch, was ich außer dem Geschäft noch für einen Wirkungskreis habe nach einem alten Grundsatz, daß jeder verpflichtet ist nicht allein für seine Familie und seinen Beruf tätig zu sein, sondern darüber hinaus noch für die Allgemeinheit zu wirken, soweit es ihm möglich ist".

1931 zahlten sich seine Bemühungen aus, Qualität und Spezialkenntnisse vor allem im Eisenbetonbau anbieten zu können. Die Firma erhielt Arbeiten für das städtische Wasserwerk und das städtische Altersheim am Ohmplatz übertragen, ferner für das Überlandwerk Oberfranken in Forchheim. Außerdem baute sie verschiedene Wohnhäuser in Erlangen und führte Kabelverlegungen durch. Charakteristisch sind die Überlegungen Baßlers zur Bekämpfung der Massenarbeitslosigkeit, wo er für Arbeitsbeschaffung statt Unterstützung der Arbeitslosen eintrat: „Ich aber bin der Auffassung, daß man dieses Problem aus politischen, besser gesagt, parteipolitischen Gründen nicht lösen will um die Massen der Arbeiter zu parteipolitischen Zwecken in der Unzufriedenheit zu behalten".

Das Baugeschäft Baßler im Dritten Reich

Den Beginn des Dritten Reichs kommentierte Michael Baßler in der für ihn typischen Weise: „1933. 30. Januar ‚Machtergreifung' durch die N.S.D.A.P. (Nationalsozialistische deutsche Arbeiterpartei). Also wieder eine Revolution. Adolf Hitler, der Führer der N.S.D.A.P. wird Reichskanzler. Neuwahlen. Mit Hilfe der deutschnationalen Volkspartei erringt die N.S.D.A.P. die absolute Mehrheit im deutschen Reichstag. Die übrigen 38, zum größten Teil Splitterparteien, verschwinden. Es beginnt ‚die neue Zeit', das ‚dritte Reich', das ‚tausendjährige Reich' (Als Zeitgenosse drei Reiche mit zu erleben, ist immerhin interessant). Die Arbeitslosigkeit wird verschwinden, also ‚will' man dieses Problem lösen. Und es wird tatsächlich auch richtig angepackt durch großzügige Projekte (Beginn des Baus der Reichsautobahn Darmstadt – Frankfurt/Main). Die Gewerkschaften verschwinden, die sozialdemokratischen Parteien werden aufgelöst, es wird alles ‚gleichgeschaltet'. Die Besetzung von Ämtern u. Stellen wird nicht mehr nach Parteizugehörigkeit erfolgen (Parteibuchbeamte). Das Parteiprogramm ist gut und vielversprechend. Hoffentlich wirken sich die Versprechungen der ‚Sozialistischen Arbeiterpartei' auch günstig für den ‚gewerblichen Mittelstand' aus, der bis jetzt immer derjenige war, auf den alle Lasten abgeladen wurden. Aber vorerst genug an Politik. ‚Man soll die Hand nicht zum Dolmetsch seiner Gedanken machen'. Besonders nicht in Revolutionszeiten."

Die Firma Baßler beteiligte sich am Hausbau in der Buckenhofer Siedlung. Das neue System brachte eine Reihe von Änderungen. „Durch die Gleichschaltung wurde natürlich alles umgeworfen, und so wurde ich mit einem Schlag alle meine vielen Posten los, glücklicherweise, denn ich hatte genug davon. Der Verband wurde von Pg. (Parteigenossen) geführt, in den Stadtrat kamen Pg.'s als ‚Ratsherren' usw., nur die Innung blieb mir zunächst, weil da überhaupt keiner dabei ist, der Pg. oder ‚alter Kämpfer' ist. Übrigens kam bald ein neues Innungsgesetz im Zuge des Neuaufbaues des Handwerks, nach welchem jeder (in Stadt und Land) seiner zuständigen Innung pflichtgemäß angehören muß. Das ist zweifellos ein großer Fortschritt. Man denke nur, was uns bisher die kleinen Landmeister für Schwierigkeiten u. Konkurrenz machten. Das ist vorüber."

„Auswärts ist man angesehener und wird mehr geschätzt, wie in seinem Heimatort"

Obwohl die Firma 1934 in Erlangen Kanalbauarbeiten für das Stadtbauamt durchführte und neue Wohnhäuser baute, sah Michael Baßler seine Zukunft außerhalb der Stadt: „Unverlangt schreibt Bayernwerk über die Abnahme der Arbeiten die Feststellung, daß die gesamten Arbeiten plangemäß und meisterhaft ausgeführt sind. Also auswärts ist man angesehener und wird mehr geschätzt, wie in seinem Heimatort. Wenn ich zurückdenke an die Kämpfe mit dem Stadtbauamt und andererseits an die geschäftlichen Schwierigkeiten, die ich hatte, weil ich nicht Mitglied einer Freimaurerloge oder einer ‚Schlaraffia' (und dazu war ich zu ehrlich gegen mich selbst) war, dann ist es zu verstehen, daß ich immer mehr bestrebt bin, auch auswärts Aufträge zu bekommen". Aufträge erteilte die Oberpostdirektion Bamberg in Gräfenberg und Forchheim. „Die Erhaltung der Qualität ist noch immer die sicherste Gewähr für die Erhaltung des Geschäftes. Diesem Grundsatz treu zu bleiben und dementsprechend auch auf alle Mitarbeiter einzuwirken, hat sich bis jetzt immer noch als richtig erwiesen". Auf Empfehlung der Oberpostdirektion erhielt Baßler Aufträge für die Deutsche Fernkabelgesellschaft GmbH Berlin, unter anderem für die Strecke Nürnberg – Bamberg. Diese Firma wurde in den kommenden Jahren sein wichtigster Partner.

Die Ausweitung des Betriebs erforderte Neuanschaffungen, vor allem den Kauf von Kraftfahrzeugen. „Bis 1932 war ich eigener Geschäftsführer, Lohnbuchhalter, Korrespondent, Bilanzbuchhalter, Techniker usw. Von da ab unterstützte mich mein Sohn, aber jetzt geht's ohne Bürohilfe nicht mehr. Die jetzige Lohnbuchhaltung allein beschäftigt einen Mann ständig mit ihren immer mehr werdenden Abzügen (Lohnsteuer, Bürgersteuer, Krankenversicherung, Invaliden-Erwerbslosenversicherung, Winterhilfswerk, Beiträge zur deutschen Arbeitsfront) und den Lohnzuschlägen (Wege-, Trennungs- und Übernachtungsgelder) das ist eine Wissenschaft für sich, noch dazu bei einer großen Zahl (beim Fernkabel allein 120) an Arbeitern [...]".

Weitsichtiger als andere konstatierte Michael Baßler die sich abzeichnende Militarisierung. „Gegen Ende 1934 machte sich bereits die kommende Wehrhaftmachung des deutschen Volkes bemerkbar. Überall wurde der Bau von modernen Kasernen projektiert und begonnen". Seine Firma beteiligte sich 1935 am Bau der Rheinlandkaserne in Erlangen und am Bau des Flugplatzes Herzogenaurach; dafür wurde unter anderem ein Deutz-Lkw mit Anhänger angeschafft. Außerdem verlegte sie das Fernkabel auf der Strecke Nürnberg – Ansbach – Feuchtwangen. Für das Einziehen des 282 Meter langen Kabel brauchte er mit Zugmaschine zehn Mann, ohne Maschine, nur mit der Hand, 60 Mann.

Zunehmend verlagerte sich der Schwerpunkt der gleichzeitig stark expandierenden Firma auf auswärtige Aufträge. 1936 führte sie Arbeiten unter anderem am Flugplatz Illesheim (bei Windsheim) aus, verlegte die Fernkabel auf den Strecken Brückenau – Römershag – Sulzthal (bei Schweinfurt) und Wüstenbuch (bei Burgwindheim) – Burgebrach – Bamberg. Im Herbst 1936 begann der Bau der Panzerkaserne in Erlangen: „Was heute in Auftrag gegeben wird, soll vorgestern schon fertig sein, das ist das heutige Tempo. Ich soll noch so ein Mannschaftshaus übernehmen. Ich mußte ablehnen, denn hierzu brauchte ich noch mal so viele Anschaffungen, wie ich sie schon bis jetzt machen mußte. Soweit will ich denn doch nicht reingehen, denn man kann nicht wissen, wie lange dieser Aufbau in dieser Weise weitergeht. Ich habe schon allerhand Fieberkurven im Geschäft mitgemacht." Die anfängliche Euphorie für das Programm der Regierung war damit rasch einer zunehmenden Skepsis gewichen.

1937 wurden die Fernkabel auf der Strecke Monheim – Wassertrüdingen, Langenzenn – Zirndorf – Nürnberg und Bamberg – Hollfeld – Bayreuth verlegt: „Diese bisherige Entwicklung sieht sich soweit ganz schön an, wer aber kann die Arbeitskraft und vor allem die Nervenkraft erachten, die zu diesem Aufbau erforderlich ist. Dazu gehören Nerven aus Drahtseil. Am aufreibendsten ist die Finanzierung, die fortwährende Sorge um das Geld. Während die Arbeitslöhne (wöchentlich bis 12000 Mk) immer bereit sein müssen, sind die Gelder nicht in diesem Tempo hereinzubekommen. [Es folgen Auslassungen über Banken, Steuern, Ortskrankenkassen etc.] Die Lasten werden immer mehr, statt umgekehrt. [...] Weiter kommen noch die Einführung des Urlaubs im Baugewerbe. Die zu klebenden Urlaubsmarken betragen 2% des Lohns und sind vom Unternehmer allein aufzubringen. Dann die Bezahlung der gesetzlichen Feiertage [...] Der immer umfangreicher werdende Papierkrieg erfordert immer mehr kaufmännisches Personal, dadurch erhöhen sich die Nebenkosten."

Weitere Probleme zeichneten sich 1938 ab. „Allmählich macht sich ein Mangel an Arbeitskräften und an Material geltend bedingt durch die vielen Arbeiten die im ganzen Reich begonnen und durchgeführt werden. Im Lauf des Jahres gelingt es mir, nach fast 2jährigem Bemühen, von der O.B.R. (Oberste Bauleitung der Reichsautobahnen) Aufträge zu bekommen." Die Firma übernimmt zuerst kleine Durchlässe bei Buchenbühl an der Strecke Nürnberg – Würzburg, im August 1938 eine Straßenüberführung und die Brücke über den Ludwig-Donau-Main-Kanal, beide bei Wendelstein bei Nürnberg an der Strecke Nürnberg – Stuttgart, außerdem die Fernkabel auf den Strecken Hemau – Greding, Gaildorf – Waldrems – Stuttgart, Seibelsdorf – Stadtsteinach – Bayreuth und Bayreuth – Creußen – Auerbach.

„Bereits im Frühjahr macht sich der kommende Krieg bemerkbar"

Bereits im Frühjahr 1939 warf der Krieg seine Schatten voraus. Ein großer Auftrag der Reichspostdirektion wurde zurückgezogen, Eisenmangel verzögerte den Bau der Autobahnbrücke: „[...] also wieder eine wirtschaftliche Krise". Viele Projekte mußten bei Kriegsausbruch eingestellt werden, unter anderem der Eisenbetondurchlaß für den Rhein-Main-Donau-Kanal bei Hüttendorf. Der anhaltende Arbeitskräftemangel hatte zur Folge, daß für den Bau der Autobahnbrücke sudetendeutsche Arbeitskräfte zugewiesen wurden. Weitere Projekte für die Kabelgesellschaft, unter anderem bei Landshut, hören Ende 1939 vollständig auf.

Nach Kriegsausbruch erhielt das Bauunternehmen Baßler den Auftrag für 28 Häuser der Werksiedlung Bruck (Hofmann-Werke). Die Wehrmacht beschlagnahmte Material und zog weitere Mitarbeiter ein, darunter am 20. November 1939 seinen Sohn: „Denn die Zahl der Gesamtbelegschaft, die in den letzten Jahren auf durchschnittl. 350 Mann gestiegen ist, verringerte sich (1938 wurden schon 60 Mann für den Bau des Westwalles dienstverpflichtet) immer mehr. [...] Ich sehe es kommen, daß ich den Karren, wie früher, wieder allein schieben muß. Verfügungen, Verordnungen, Erlaße u. wie die Dinge alle heißen, überstürzen sich. Den großen Lastwagen verkaufte ich im Juni, im August wird der zweite Lastwagen von der Wehrmacht geholt, bleibt noch die Zugmaschine." Überlegungen zum Krieg beziehungsweise der Entwicklung seit 1918 und den Verfall vieler Währungen beschloß er: „Und dennoch wieder Krieg. Für eine Generation etwas viel!"

„Eine furchtbare Zeit in jeder Hinsicht"

Nachdem die Kabelverlegungsarbeiten schlagartig aufgehört hatten, bestimmten zunehmende Schwierigkeiten aller Art den Firmenbetrieb, darunter nicht zuletzt der neue (zweite) Vierjahresplan. „So wie sich die ganze Lage bis jetzt übersehen läßt, wird es ein zweiter Weltkrieg unter Völkern von hoher Kulturstufe. Eine furchtbare Zeit in jeder Hinsicht. Ständig die Sorge um die Existenz und um die Erhaltung des Aufgebauten. Aber man kann nichts dagegen tun. [...] Wir leben schon seit Jahren im Zeitalter der Fragebogen. Alles ist erfaßt". Falsche Angaben wurden mit Strafe beziehungsweise Tod bedroht. „Aber trotz allem muß weitergemacht werden, allen Schwierigkeiten zum Trotz".

Ende August 1940 erhielt die Firma doch wieder einen Auftrag zur Kabelverlegung von Saarbrücken zur französischen Grenze, die innerhalb von vier Monaten mit Hilfe von 400 französischen Kriegsgefangenen, darunter 100 Marokkanern, durchgeführt wurde. Während dieser Zeit fuhr Baßler wöchentlich einmal nach Saarbrücken. Für den anschließenden Bau der Strecke Kulmbach – Untersteinach bis Januar 1941 wurden 100 polnische Kriegsgefangene zugeteilt. Außerdem übernahm die Firma verschiedene kleinere Arbeiten.

Die Dauerbelastung begann sich auf die Gesundheit auszuwirken. „Am 25. Juni 1941 hatte ich einen Anfall von Herzschwäche, verursacht durch die Überarbeitung und den Kampf um die Existenz. Am 28. Januar fahre ich schon wieder nach Berlin zwecks Verhandlungen wegen einer neuen Kabelstrecke. Ich habe keine Zeit zur Erholung". Michael Baßler erreichte einen Vertrag für die 99,8 km lange Strecke Einbeck – Hannoversch Münden. „Da Kriegsgefangene eingesetzt werden sollen, muß ich auch mit dem Offizier des Stalag`s [Kriegsgefangenen Mannschafts Stammlager] […] verhandeln, insbesondere wegen der Unterbringung der Kriegsgefangenen. Bei der Strecke Kulmbach-Untersteinach hatte ich die Kriegsgefangenen in einem Saal auf Strohlager mit Wolldecken. Jetzt sind Bettstellen vorgeschrieben". Nachdem die 100 Bettstellen angeschafft und sonstigen Auflagen erfüllt waren, geriet das Projekt ins Stocken. „Auf den ersten Antrag auf Kriegsgefangene kommt nichts. Angeblich sind keine da. Es wird anheimgestellt, einen weiteren Antrag auf ‚ausländische Zivilarbeiter' zu stellen. Darauf kommt wieder nichts. Ein weiterer Antrag (immer in achtfacher Fertigung an das Arbeitsamt) auf ‚Juden' ist wie die vorigen ergebnislos. Nach 6 Wochen Leerlauf […] gelingt es der Bauleitung, vom Erziehungslager Morringen 60 jugendliche Strafgefangene zu bekommen, mit denen Mitte März die Arbeiten begonnen werden. Nun läuft die Sache einigermaßen bis Ende Juni; die zugesagten Kriegsgefangenen sind aber noch nicht da und das Lager Battenhausen immer noch unbelegt." Um doch noch Arbeiter zu bekommen, mußte das Lager auf seine Kosten in den Ort eines anderen Wehrkreises verlegt werden. „Und was kommt von alledem? 80 französische Kriegsgefangene, die im Laufe des Jahres auf 30 zusammenschrumpfen. Die übrigen 70 Betten sind niemals belegt worden. Die später zugeteilten 30 Zuchthäusler aus dem Zuchthaus in Hameln wurden im Gefängnis Einbeck untergebracht und von dort täglich zur u. von der Baustelle (bis zu 80 km) […] gefahren. Die weiter auf kurze Zeit zugeteilten 30 Slowenen waren in Hann. Münden untergebracht. Aber eine Lagereinrichtung für 150 Mann, die mich ca. 10.000 Mk kostet, mußte ich beschaffen. Ich habe dieses Beispiel deshalb ausführlicher geschildert, weil das Finanzamt immer nicht zufrieden ist mit der Bilanz; ‚bei dem Umsatz muß ein viel größerer Reingewinn vorhanden sein', meint es. An der Reichsautobahn wird mit kleineren Arbeiten, Durchlaßverbreiterungen, Entwässerungsanlagen und sonstigen Fertigstellungsarbeiten weitergearbeitet (mit wenigen Fachkräften u. 25 Franzosen). Nun bin ich auch der ‚Hausmaurer', wie einer von der Bauleitung bemerkte. Auch die Abnahme der beiden Brücken ergab nicht die kleinste Beanstandung. Das will was heißen bei der Reichsautobahn."

In Erlangen und Umgebung konnte die Firma verschiedene kleinere Aufträge übernehmen. 1941 war „das Stammpersonal von 100 Mann […] auf 30 gesunken, die Wehrmacht holt, die Organisation Todt, der Baustab Speer, jeder holt sich".

Trotz Krieg und Arbeitskräftemangel funktionierte die Bürokratie auf Hochtouren. In seinem endlosen Kampf mit dem Finanzamt stellte Michael Baßler 1942 die seit 1934 neu eingeführten Betriebsausgaben zusammen: „Diese neuen Ausgaben dürfen bis jetzt nicht in die allgemeinen Geschäftsunkosten eingerechnet bzw. der Unkostensatz erhöht werden. Im Gegenteil, auf Anordnung des ‚Reichskommissars für die Preisbildung' mußten die bisher errechneten Zuschläge von 50% für Unkosten u. Gewinn auf 35% herabgesetzt werden. Wie reimt sich das zusammen! [...] Der Staat bezahlt 40% seiner Rechnungsbeträge mit Steuergutscheinen, die später einmal zur Bezahlung von Steuern verwendet werden sollen".

1942 scheiterte ein Auftrag der Fernkabelgesellschaft für einen Teil der Strecke Riga – Reval am nahen Winter. In Ermangelung von Arbeit im Reichsgebiet wandte sich Baßler an die Reichspostdirektionen Wien und Innsbruck. Anläßlich seines 75jährigen Firmenjubiläums 1943 errechnete er bisher durchgeführte Bauwerke im Gesamtwert von rund 5,4 Millionen Mark.

Die nicht auflösbare Diskrepanz zwischen Anspruch des Staates und Wirklichkeit entlockte Baßler 1943 den Seufzer: „Dieser kriegswichtige Bau soll so rasch wie möglich fertig sein und alle Mittel, die man zur Durchführung braucht, sind verboten. Verboten ist übrigens alles".

„ ... denn wenn man nichts daran ändern kann, soll man auch nicht darüber reden"

Den immer größeren Schwierigkeiten begegnete Michael Baßler mit einer Art sarkastischem Galgenhumor. Anfang 1944 schrieb er: „Wir sind im fünften Kriegsjahr. Bis jetzt habe ich, wie ich 1933 in diesem Buch festgelegt habe, nichts von der großen Politik erwähnt, will es auch weiter tun, denn wenn man nichts daran ändern kann, soll man auch nicht darüber reden (bis zum Jahr 1942 habe ich mich ja immer wieder aufgeregt, daß man nichts ändern kann, aber das ist überwunden. Das war schwer, denn wenn man in seinem Betrieb irgendwelche Schwierigkeiten hatte, suchte man früher immer und fand einen Weg die zu beseitigen und zu überwinden. Das kann man aber heute nicht mehr, weil man ‚gelenkt' wird). Also weiter in dieser Art. Eines schönen Tages wird's schon wieder anders". Ungeachtet aller Probleme ging der Betrieb weiter, wenn auch außerordentlich zäh. Schwierigkeiten ganz eigener Art bereitete der Einsatz von Zwangsarbeitern und Strafgefangenen. Als sich die Firma 1944 um den Bau von Studentenwohnungen (Baracken) bewarb, war eine tragfähige Kalkulation kaum möglich. „Eine Übernahme zu Festpreisen ist nicht möglich, da nur ein Teil der Arbeitskräfte (Polen) entlohnt werden, die andern erhalten weder von der Bauherrschaft noch von mir Lohn (Strafgefangene). Letztere werden andauernd ausgetauscht und müssen immer wieder neu angelernt werden. Die Materialbeschaffung geht infolge ganz mangelhafter Zuteilung von Treibstoffen so langsam vor sich, daß vielfach überhaupt kein Material an der Baustelle ist."

In diesem Zusammenhang gab Michael Baßler auch eine Erklärung für seine Aufzeichnungen, die keinen Zweifel daran läßt, daß er einen weiteren Adressatenkreis im Auge hatte. „Es mag dem Außenstehenden eigenartig anmuten, daß ich so viele Einzelheiten gerade auf dem Gebiet der Wirtschaftslenkung so ausführlich niederschreibe. Aber ich halte es für zu interessant, solche Experimente für später festzuhalten. Denn das alles kann nicht so bleiben und muß einmal früher oder später wieder in normale Bahnen zurückführen, denn es ist ein Unding und auf die Dauer für die Wirtschaft untragbar, daß soviel in sie hineinregiert wird. Partei, Staat u. Wehrmacht regieren jeder für sich und nebeneinander und von diesen noch so u. soviele Untergruppen. Der G.B.A. (Generalbevollmächtigte für den Arbeitseinsatz) und noch viele, viele mehr – man muß sich ein Wörterbuch anlegen, um all die Abkürzungen zu entziffern – alle überbieten sich in Erlaßen und der Betrieb ist bei allen der Prellbock. Aber das geht alles solange, bis …! Ich sagte schon vergangenes Jahr: ‚eines schönen Tages wird's schon wieder anders' und man merkt jetzt schon Anzeichen darüber". Einstweilen sah er aber keine Möglichkeit, den Verhältnissen zu entkommen. „Vorläufig können wir nur hoffen, daß dieser fürchterliche Krieg nun doch bald ein für uns günstiges Ende nimmt, daß wir vor Allem auch zu den ‚Überlebenden' gehören und von dem ‚Irrsinn' der Luftangriffe – wir hatten bereits 4 in Nbg. wobei wir auch immer zu leiden haben, aber glücklicherweise heil davon gekommen sind u. unsre Stadt blieb bis jetzt verschont – befreit werden und nicht obdachlos werden. Am 30. März [1944] sind es 35 Jahre, daß ich den Grundstein zu meinem Haus gelegt habe. In der Urkunde steht u. a. ‚Möge dieser Wunsch auch weiterhin erfüllt werden! – (In der Nacht schwerer Fliegerangriff auf Nürnberg). Am 1. April [1944] muß ich zur Musterung (mit bald 60 Jahren!)." Das Ergebnis war: tauglich für den Landsturm II.

Der angestaute Zorn über die Verhältnisse machte sich zunehmend Luft in sarkastischen Bemerkungen. Ebenfalls 1944 kritisierte er: „Man glaubte, mit Elefantenpfoten in das feine Räderwerk der Wirtschaft reinstapfen zu können. Das ist aber glänzend vorbeigelungen". Immer und immer wieder kreisten seine Gedanken um den Erhalt der Firma. Als ihm 1944 ein Oberbaudirektor sagte, „Sie gehen dahin, wo wir Sie hinschicken", antwortete er „Mir ist's gleich, erklärte ich, wo Sie mich hinschicken, ich möchte nur einen meinem Betrieb entsprechenden Einsatz, damit ich den Rest meines Stammpersonals (26 Mann) weiter erhalte und mir meine Geräte nicht beschlagnahmt werden können. […] Es ist also endgültig aus mit der Unternehmer-Initiative, mit dem freien Wettbewerb".

„Ob das nicht schon alles zu spät ist?"

In diesem Jahr 1944 begann Michael Baßler immer schwärzer für die Zukunft zu sehen: „Übrigens glaube ich, sowie die Kriegslage jetzt ist, daß keine Kabelverlegungsarbeiten mehr in den nächsten Jahren zu [er]warten sind und später auch nicht mehr. Auch glaube ich nicht mehr an den Bau von Reichsautobahnen – Also ich werde in Erlangen eingesetzt zum Ausbau der Burgbergkeller zum Zwecke der unterirdischen Verlagerung von Rüstungsindustrien (Siemens-Reiniger Werke, Gossen, Siemens-Schuckert, Siemens-Plania). Jetzt, am Ende des fünften Kriegsjahres, verkriecht man sich in die Berge, nachdem schon ein erheblicher Teil unserer Industrien durch Luftangriffe zerstört ist. Ob das nicht schon alles zu spät ist? Zu den Arbeiten kann ich einen großen Teil meiner Geräte u. Maschinen einsetzen und zu meinem Stammpersonal (Führungskräfte heißen die jetzt) habe ich 120 Mann Baukompanien (Flamen u. Wallonen), 30 IMI (Italienische Militär-Internierte) und noch 30 zivile Ausländer (Italiener u. Franzosen) nach Ablösung der Baukompagnie 150 russische Kriegsgefangene darunter 50 Offiziere u. Ärzte. An den Barackenbauten f. d. Studentenwerk habe ich zur Zeit 30 ausländische Strafgefangene, das sind Polen, Ukrainer, Franzosen, Serben, ein Grieche und 1 Spanier. Der Turmbau zu Babel".

*„Der Nationalsozialismus ist das größte Unglück, das über Deutschland
kommen konnte"*

Der Stolz auf das Erreichte, das für ihn immer eine große Rolle spielte, mischte sich mit dem Zorn auf die katastrophalen wirtschaftlichen Verhältnisse und der Angst um seinen Sohn: „Am 7. 7. [1944] konnte ich meinen Sechzigsten begehen. […] Daß ich geschafft habe bis jetzt, beweisen die Bauwerke, die durch meinen Betrieb entstanden sind. Alles in Allem betrachtet immerhin ein ideeller Erfolg, aber der materielle [ausführliche Betrachtung] […] Dann kam das dritte Reich (nationalsozialistisch). Alles, was ‚sozialistisch' heißt, ist der Wirtschaft recht wenig zuträglich. Und noch weniger die ‚staatliche Lenkung' der Wirtschaft. Dann noch der ‚zweite Weltkrieg' der nun schon seit 1939 wütet und ein Ende gar nicht abzusehen ist. Ich habe schon so viele Fieberkurven im Geschäft durchmachen müssen […]. Denn so, wie die Sache heute innenpolitisch aussieht, wird's wohl nicht anders kommen. Und außenpolitisch? Ich fürchte um den Bestand des Reiches, und daß ein viertes Reich gar nicht mehr entsteht bzw. bestehen wird. […] Ende Juli wird mein Sohn Rudolf, nachdem er nun schon seit Nov. 39 bei der Wehrmacht ist (davon 1 ½ Jahre auf der Insel Kreta) nach einem Offizierslehrgang in Hagenau nach Frankreich abgestellt. Dort sind bereits die Amerikaner gelandet. Ende Nov. 44 bekommen wir nach bangem Warten Nachricht, daß er 8 Tage nach seiner Ankunft in Frankreich in amerikanische Kriegsgefangenschaft geraten ist. Soweit man überhaupt von erfreulich reden kann, war es doch für uns alle beruhigend, denn für ihn war der Krieg aus. Es ist wenigstens zu hoffen, daß er wieder heimkommt und nicht diesem mörderischen Kriegsirrsinn zum Opfer gefallen ist."

Trotz der näherrückenden Kriegshandlungen entfalteten die Nationalsozialisten eine hektische Betriebsamkeit. Ende 1944 notierte Baßler: „Wenn alles kaputt ist, verkriecht man sich in die Berge oder man zieht sich zurück. Eher nicht. In das Bauvorhaben in den Burgbergkellern kommt jetzt auch eine Firma von Hanau. Jetzt erst, nachdem dort alles zerschlagen. Man glaubt nicht, daß man noch normal denkt. – Die Luftalarme werden immer mehr, fast jede Nacht im Luftschutzkeller."

In der Stadt herrschte ein Klima der Angst. Im September oder Oktober 1944 berichtete Baßler: „Die Todesstrafe hängt ständig über uns wie ein Damoklesschwert. Jede kleinste Äußerung die man nicht im Sinne der Herren Machthaber macht, kann dazu führen: […] Der Tod kann jede Minute kommen; zu jeder Tag- und Nachtzeit Kampfverbände. Nürnberg hatte wieder zwei schwere Luftangriffe mit großen Opfern an Toten u. Verwundeten, von den unermeßlichen Gebäudeschäden gar nicht zu reden. Ob es hier auch so gehen wird? Angeblich soll in einem von feindl. Flugzeug abgeworfenen Flugblatt gestanden haben: Bamberg verschonen wir, Erlangen überfliegen wir, Nürnberg vernichten wir. Hoffentlich. Aber hoffentlich wird auch Nürnberg erhalten".

Um dieselbe Zeit sollte das letzte Aufgebot die Katastrophe abwenden. Die Ausführungen Baßlers zur Situation wurden immer drastischer: „‚Das Volk steht auf, der Sturm bricht los', heißt es in so einem patriotischen Gedicht. Damit haben sie den ‚Volkssturm' erfunden, der jetzt helfen soll. Die Jugend mit 16 Jahren und die Alten über 60–80. Damit wollen sie den aussichtslosen Krieg gewinnen. Mit Kindern u. Greisen, ohne Waffen! Ich habe schon 1940 gesagt, die Sache geht wieder schief aus für uns, viele Hunde sind des Hasen Tod. Man hat mich für einen Miesmacher gehalten. Und jetzt? Leider habe ich Recht bekommen. So wie's jetzt aussieht, ist nicht mehr an einen nur einigermaßen günstigen Ausgang zu denken. Amerikaner u. Engländer stehen am Rhein, die Russen werden bald auf deutschem Gebiet sein. Und jetzt versteift man sich frech darauf: ‚Wenn der Krieg verloren wird, hat ihn die Wehrmacht verloren, wird er gewonnen, dann hat ihn die Partei gewonnen' (sagt der Gauleiter von München). ‚In diesem Krieg gibt es nur Überlebende oder Vernichtete' sagt nun Hitler. Ich habe nur einen Wunsch, nämlich zu den Überlebenden zu gehören, um das bestätigt zu erfahren, was ich vielfach im engsten Kreis voraussagte, aber nicht weiter festlegen konnte, aus Gründen der persönlichen Sicherheit. Aber eines ist sicher, die Herren Machthaber, die uns mit ihrer Brutalität u. Autorität in diese Lage gebracht haben, werden sich, wenn's soweit ist, empfehlen und uns lassen sie im Dreck sitzen".

Ungeachtet der sich abzeichnenden Entwicklung meldeten sich auf die Durchhalteparolen der Nationalsozialisten Freiwillige: „Der Volkssturm ist Pflicht bis zum 60. Lebensjahr, darüber hinaus werden aber auch noch Freiwillige angenommen. Und es gibt tatsächlich Leute mit 65 u. 70 und darüber, die so dumm sind. In erster Linie Parteigenossen. Mich wollen sie auch noch fangen, natürlich ergebnislos. – Der Geschäftsbetrieb läuft schlecht u. recht kriegsmäßig weiter, oft unterbrochen durch Fliegeralarme zu jeder Tag- u. Nachtzeit. – Gesamtumsatz rd. 338 000 Mk. Jahreslohnsumme rd. 101 000 Mk".

Nachdem Nürnberg in Schutt und Asche lag, bereiteten sich die Erlanger darauf vor, im Burgberg Schutz zu suchen. 2. Januar 1945: „Nürnberg, die Innenstadt (innerhalb des Ringes) mit allen seinen Baudenkmälern [...] durch einen Fliegerangriff von 3 Wellen zu je 400 Flugzeugen, begleitet von 120 Jagdflugzeugen in 45 Minuten zu einem Schutthaufen verwandelt. [...] Ein furchtbarer Druck lastet über jedem. Kommen wir in der nächsten halben Stunde auch dran? Das ist die ständige Sorge. In einer halben Stunde kann alles, was man mühsam erarbeitet u. aufgebaut hat, Haus, Möbel, Hausrat, ein Schutthaufen sein. [...] Die Fliegeralarme werden immer häufiger. Fast jede Nacht und öfters am Tage. Wir gehen nun meistens in den Wald, dann in die Bergkeller. Immer den Weg vom Haus dorthin, ist auch nicht angenehm, aber man hat im Bergkeller doch ein beruhigendes Gefühl. Bei dieser fortwährenden Unruhe Tag u. Nacht auch noch den Betrieb aufrechterhalten erfordert allerhand. [...] Der Nationalsozialismus ist das größte Unglück, das über Deutschland kommen konnte, aber das allergrößte Unglück ist, daß das Attentat am 20.7.44 auf Hitler nicht geglückt ist. Wäre es geglückt, dann kämen wir billiger weg. Unsere schönen Städte Nürnberg, Würzburg, Leipzig, Dresden, die jetzt Schutthaufen sind, wären erhalten geblieben und unsere Brücken, überhaupt alles, aber so ist der Gegner weit im Land und wird bald alles besetzt haben und erobert. [...] Daß es überhaupt zum Krieg gekommen ist, hierfür beschuldige ich unsere Generäle, die hätten von Anfang an nicht mitmachen dürfen [...] Die Generäle aber, die Aufrechten, die die Sache – leider auch schon zu spät – erkannten und den 20. Juli vorbereiteten, wurden gehängt. Und die Wehrmacht wird nun politisiert und der Waffen SS unterstellt. Ich habe schon 1938 gesagt, das kann nicht gut ausgehen, daß innerhalb der Wehrmacht noch eine Wehrmacht, die Waffen SS sich entwickelt."

„Unsere Stadt soll auch bis zum Letzten verteidigt werden"

„Unsere Stadt soll auch bis zum Letzten verteidigt werden. Wochenlange Verhandlungen mit der Parteileitung und maßgebenden Männern andererseits. Diese verlangen mit Rücksicht auf die Stadt, die Universitätsinstitute, Krankenhäuser, Lazarette mit ca. 7000 Verwundeten, daß Erlangen als offene Stadt erklärt u. kampflos übergeben werden soll. Die Parteileitung bleibt stur. Wie wird das ausgehen? Nachdem wir bis jetzt von Fliegerangriffen verschont blieben? Sollen wir zum Schluß auch noch dranglauben müssen? Und trotz des herannahenden Feindes müssen wir immer noch weiterarbeiten an dem Projekt in den Burgbergkellern, trotz der Aussichtslosigkeit des Unternehmens und der Zwecklosigkeit. Aufhören ist Sabotage. Ich darf den Betrieb nicht einstellen, auch nicht weil ich schon seit Monaten keine Zahlungen mehr bekomme. Aber ich habe trotzdem wenigstens abgestoppt. Am 24.3. kam der Befehl, daß, falls der Feind bis 30 km vor der Stadt ist, die Russen, die ich als Arbeiter an der Baustelle ‚Erna' hatte, abtransportiert werden müßten (ca. 150 Mann). Der Kommandoführer, ein Feldwebel, der diesen Befehl überbrachte, erklärte aber, ein Teil der Russen (vielleicht 50 Mann) dürfte noch, wenn es gewünscht wird, weiter dableiben. Er macht aber darauf aufmerksam, daß die Russen freigelassen werden, wenn die Amerikaner da sind, und daß niemand mehr die Verantwortung übernimmt, was dann passiert, nämlich Mord u. Plünderung usw. Verantwortung gegenüber der Gesamteinwohnerschaft. Besprechung mit der Bauleitung u. einem Vertreter der O.T. [Organisation Todt] Competenzfragen, wer entscheidet, erst bei der O.T. in Nürnberg anfragen, usw. All das habe ich nur kurz zugehört und dem Feldwebel erklärt: ‚Die Russen sind bei mir im Arbeitsverhältnis und Sie haben von mir den Auftrag, die Russen so rasch wie möglich abzutransportieren', ich frage nicht mehr nach Bauleitung, nach O.T. usw., die Russen müßen fort im Interesse der gesamten Stadt'. Keiner widersprach, die Russen gingen am 27.3. weg in Richtung Lager Moosburg. Am 29.3. kam der Feldwebel zu mir und erklärte: ‚Sind Sie froh, daß Sie so gehandelt haben, denn jetzt wäre es nicht mehr möglich gewesen'. Ich war froh und viele wohl auch, wenn sie es gewußt hätten. Daß es sich jetzt nur noch um Tage handeln konnte, bis die Amerikaner hier sind, war klar. Ständig flogen Gruppen von Jagdbombern über uns und schossen mit ihren Bordkanonen. Gut, daß die Baustelle am Burgberg viele Laubbäume hatte. Ständig Fliegeralarme, aber weitergearbeitet mußte immer noch werden. – Nun wurde es Zeit, Vorbereitungen für den Endspurt zu treffen. Im Henninger-Reifkeller schlug [ich] ein Lager auf für all die Meinigen, Bettstellen mit Strohsäcken aus dem Bestand der Lagereinrichtung, am Altstädter Schießhaus ließ ich 2 Bau-Wohnwagen aufstellen für alle Fälle, damit wir ein Dach überm Kopf haben, wenn's ganz schief gehen sollte. Mehrere Kisten mit Kleidern, Wäsche u. Betten u. sonstigem Wertvollen wurden in diesen Keller gebracht und so richteten wir uns im Henninger-Reifkeller, der große u. hohe Räume hat ein. Am Samstag 14.4. zogen wir ein. Bis Freitag 13.4. wurde noch gearbeitet, allerdings mit nur wenigen Leuten, die meisten, in erster Linie die auswärtigen kamen schon nicht mehr, d.h. sie konnten schon nicht mehr kommen, wegen der Flieger. Und das Artilleriefeuer war schon verdammt nahe, wir aber kampierten 45 m unter der Erde, d.h. über uns der Burgberg. Passieren konnte da nichts. Aber am Sonntag ging der elektr. Strom aus u. das Wasser. Und in den Kellern waren geschätzt 3000 Menschen. Mit Licht hatten wir vorgesorgt (Laternen) und Wasser gab die Quelle in meinem Steinbruch, der den Nordeingang des Henninger-Reifkellers bildet. Im Lauf des Sonntags, besonders in der Nacht zum Montag wurde der Artilleriebeschuß stärker. Einige Häuser bekamen etwas ab, in der Stadtmitte und jede der Kirchen (mit Ausnahme der reformierten) u. der Wasserturm auf dem Berg. Im Großen u. Ganzen jedoch gings verhältnismäßig gut ab. Die Regnitzbrücke, die Kanalbrücke bei Bruck und die dortige Regnitzbrücke wurden irrsinnigerweise von unseren Parteihelden gesprengt, als wenn solche Flüßchen ein Hindernis gewesen wären. Aber kaputt mußte ja alles werden, wollten die Bonzen. Dann die Verhandlungen wegen der Übergabe der Stadt am 16.4. vormittag. ‚Die Stadt hat kapituliert', hieß es gegen 10 Uhr. Alles atmete auf, die Amerikaner kamen auch bei den Bergkellern vorbei, ließen aber alles unbehelligt, nachdem sie erfahren hatten, daß in den Kellern nur Civilbevölkerung ist. Der Oberbürgermeister [gab Befehl zu Sprengungen am Marktplatz, die jedoch nicht ausgeführt wurden]."

„Es ist tieftraurig, daß das deutsche Volk sich selbst zerfleischt"

Das Ende des Zweiten Weltkrieges empfand Michael Baßler nicht als Befreiung oder Wende der Verhältnisse zum Besseren. Wie den meisten Deutschen war ihm der Gedanke fremd, eine persönliche Mitschuld an den Ereignissen des Dritten Reiches zu tragen. „Was die Nazi's versaut, müssen wir jetzt ausbaden", war auch seine Ansicht. Die Maßnahmen der Sieger sah er als nahtlose Fortsetzung des Unrechts. In manchen Äußerungen, die der inzwischen 61jährige in seiner offenbar maßlosen Verbitterung niederschrieb, zeigt sich, wie schwer es für die von der jahrelangen Nazipropaganda indoktrinierte Bevölkerung gewesen sein muß, von dem alten Gedankengut wegzukommen. „5. III. [1946] Wie vorauszusehen, hat das ‚4. Reich' bis jetzt nichts Neues gebracht. Im Gegenteil, der Papierkrieg, der Überbürokratismus, der schon im ‚3. Reich' furchtbar war, wird immer noch größer. So ein Volk, wie es das deutsche ist, muß doch aus Gußeisen sein, weil es so viel aushält. Unsere neuen Machthaber – jetzt haben wir ja 2 – amerikanische Militärregierung und sozialistisch-kommunistische bayer. Staatsregierung – füttern uns jetzt noch mehr mit Gesetzen, Verfügungen, Verordnungen, Fragebogen. Im amerikanischen Fragebogen sind 131 Fragen zu beantworten, angefangen vom Körpergewicht, Augen- u. Haarfarbe bis – das ist gar nicht alles zu beschreiben; fehlt nur noch die Schuh- u. Kragennummer. Und die bayer. Staatsregierung hat einen eigenen Minister (Kommunist) der die ‚Entnazifizierung' oder auch ‚Denazifizierung' als Geschäftsbereich hat. Es ist tieftraurig, daß das deutsche Volk sich selbst zerfleischt und den Amerikanern immer wieder Vorschläge macht, wie man die Nazi's bestrafen soll. Richtig, die wirklich ‚aktiven' Nazis gehören bestraft – insbesondere wenn sie kriminelle Verbrechen durch ihren Terror begangen haben –, denn das Unglück, das sie über Deutschland und einen großen Teil der Welt brachten, ist namenlos. Aber es gibt doch eine große Zahl, die mehr oder weniger zwangsläufig mitmachen mußten und diesem Verein beitraten. Aber alles wird bei uns schematisch durchgeführt und die wirklich ganz blindwütigen (195%ige) gehen dabei doch durch die Maschen. Es ist eine Schmach, daß man, wie die ‚Großaktiven' auch kleine Nazi's aus ihren Wohnungen schmeißt, sie im Wald (Holz-Aktion) oder am Schuttplatz arbeiten läßt, aus ihrem Beruf entfernt, statt sie wenigstens in ihren

Berufen zu belassen (Ärzte, Rechtsanwälte, Beamte, Lehrer usw.) […]. Judenverfolgung mit umgekehrten Vorzeichen! Revanche! Man braucht kein Nazifreund zu sein, um das zu verurteilen. Rein menschlich gesehen, ist dieses Vorgehen zu verwerfen, aber, wenn der Nationalsozialismus gesiegt hätte: Wir, die wir nicht mitmachten, wären erst recht um unsere Existenz gebracht worden, aus unseren Wohnungen geflogen und nicht so fein behandelt worden; wie früher in Rußland wären wir ‚liquidiert' worden".

Ausblick

Bei Kriegsende war Michael Baßler fast 61 Jahre alt. Mit ungebrochener Zähigkeit begann er erneut zum vierten – und nach der Währungsreform 1948 zum fünften Mal – mit dem Wiederaufbau seiner Firma. Nachdem er nach dem 16. April 1945 lediglich zwei Mitarbeiter beschäftigte, waren es am 27. Mai 1946 bereits wieder rund 100, im April 1947 rund 180 Mann. Dann traf ihn der nächste Schlag. Im Mai 1946 wegen angeblicher Mitgliedschaft bei der NSDAP oder einer ihrer Gliederungen denunziert, sollte er die Leitung seines Geschäftes abgeben. Nach zehn Monaten erhielt er den Status als vom Entnazifizierungsgesetz „nicht betroffen".

Bei der Gemeindewahl 1948 kandidierte er, ohne dieser Partei anzugehören, für die FDP und wurde von den Wählern mit 8.611 Stimmen vom dritten Listenplatz an die erste Stelle gesetzt. Den ihm daraufhin zustehenden Posten als Zweiten Bürgermeister lehnte er ab. Mit Überlegungen zu seinem 40jährigen Geschäftsjubiläum, zur „Steuerschraube" des Staates und über die Pensionsansprüche von Beamten brechen die Aufzeichnungen im April 1949 mitten im Satz ab.

Sein Wunsch, seinen 50. Hochzeitstag noch erleben zu dürfen, erfüllte sich nicht. Michael Baßler starb am 27. September 1951, einen Tag nach seinem 43. Hochzeitstag, im Alter von 67 Jahren, nur sechs Wochen vor seiner Frau Hedwig (* 15. August 1887), die ihm am 10. November folgte. Das Erlanger Tagblatt vom 3. Oktober 1951 würdigte den Verstorbenen: „Stadtrat Baßler war stets jeder Äußerlichkeit abhold, er wollte nie seine Persönlichkeit in den Vordergrund gerückt sehen oder Ehren teilhaftig werden". Sein Baugeschäft übernahm sein Sohn Rudolf Baßler (4. Juni 1910 – 2. Oktober 2001), der Urenkel des Gründers.

Hermann Rumschöttel

Die Aufnahme in das Maximilianeum.
Eine Fußnote zur politischen Biografie von Franz Josef Strauß

In seiner glänzenden Beschreibung und Analyse der Trauerfeierlichkeiten für den am 3. Oktober 1988 verstorbenen bayerischen Ministerpräsidenten Franz Josef Strauß hat Werner K. Blessing den „wichtigste[n] bayerische[n] Politiker der Bundesrepublik" mehrfach persönlich charakterisiert und zeithistorisch beurteilt.[1] „Energie, Kompetenz, Durchsetzungsvermögen und eine zupackende Rhetorik" seien schon am Beginn der politischen Karriere aufgefallen[2], kennzeichnende Züge treten Anfang der 60er Jahre hervor. „Analytischer Scharfsinn, hervorragendes Fachwissen, Führungsenergie, Machtinstinkt und ein wacher, ja bedenkenloser Pragmatismus speisten eine durchschlagende Dynamik, die freilich auch ihre Kontrollen leicht durchbrach. Ebenso aber zeigte sich bereits – was später stärker werden sollte – manch eigentümliches Zögern."[3] Dieses Urteil wurde von Karl-Ulrich Gelberg in das renommierte Handbuch der bayerischen Geschichte übernommen.[4] Auch Blessings Urteile über den Strauß der 1970er und 1980er Jahre überzeugen.

Blessing geht es, neben der Interpretation des „pompe funèbre", um einen Beitrag zur politischen Biografie des bedeutenden bayerischen Parteipolitikers und Staatsmannes Franz Josef Strauß. Deshalb wird die Zeit vor 1945/1946 nur beiläufig angesprochen. Da in den Vorkriegs- und Kriegsjahren wichtige Grundlagen für die spätere Entwicklung der Persönlichkeit Strauß' gelegt wurden und Fähigkeiten und Begabungen naturgemäß bereits damals erkennbar waren, dürften zeitgenössische Beurteilungen des jungen Franz Strauß am Übergang von der Schul- zur Studienzeit auch für eine politische Biografie von Bedeutung sein.

Gleichsam als Fußnote zu der umfangreichen wissenschaftlichen und populären Literatur über Franz Josef Strauß[5] werden hier einige Dokumente im Druck zugänglich gemacht, die in engerem oder weiterem Zusammenhang mit der Aufnahme des hoch begabten Münchener Schülers in die Stiftung Maximilianeum im Jahr 1935 stehen, einer Aufnahme, auf die Franz Strauß schließlich bewusst verzichtet hat.

Als archivalische Quellen wurden die Akten des Bayerischen Staatsministeriums für Unterricht und Kultus zum Maximilianeum herangezogen.[6] Der Strauß betreffen-

---

[1] Werner K. Blessing, Pompe funèbre für F.J.S. Zur politischen Repräsentation in der Demokratie, in: Helmut Altrichter (Hg.), Bilder erzählen Geschichte (Rombach Historiae 6), Freiburg im Breisgau 1994, S. 299–338, Zitat: S. 301.

[2] Ebd., S. 313.

[3] Ebd., S. 314.

[4] Karl-Ulrich Gelberg, Ausblick. Bayern 1978–1998, in: Alois Schmid (Hg.), Handbuch der bayerischen Geschichte 4, 1, München ²2003, S. 957–1008, hier S. 959.

[5] Auf ausführliche Literaturangaben muss hier verzichtet werden. Hingewiesen sei auf die gute Internetseite des Archivs für Christlich-Soziale Politik (künftig: ACSP) der Hanns-Seidel-Stiftung e.V. http://www.fjs.de, auf die Literaturhinweise bei Gelberg (wie Anm. 4) und die jüngeren Veröffentlichungen: Stefan Finger, Franz Josef Strauß. Ein politisches Leben, München 2005; Thomas Schuler, Strauß. Die Biographie einer Familie, Frankfurt am Main 2006; Werner Biermann, Strauß. Aufstieg und Fall einer Familie, Berlin ²2006.

[6] Vor allem: Bayerisches Hauptstaatsarchiv (künftig: BayHStA) MK 40815.

de Personalakt des Ministeriums befindet sich im Nachlass des Politikers. Diese Unterlagen werden im Archiv für Christlich-Soziale Politik (ACSP) verwahrt.[7] Die im Archiv der Ludwig-Maximilians-Universität München vorhandenen Akten über das Maximilianeum, die im wesentlichen aus dem Nachlass von Hans Rheinfelder stammen, enthalten keine Hinweise zu unserer Fragestellung.[8] In der Stiftung Maximilianeum ist der schriftliche Niederschlag der Aufnahmeprüfung 1935 ebenfalls überliefert. Ernennungsunterlagen des Lehrers Franz Strauß finden sich auch in einem schmalen Akt des Reichsstatthalters in Bayern, der lange im Berlin Document Center lag und in jüngerer Zeit vom Bundesarchiv an das Bayerische Hauptstaatsarchiv zurückgegeben worden ist.[9] Die Geschichte der Stiftung Maximilianeum in den Jahren zwischen 1933 und 1945 hat Stefan Fisch nach Auswertung der überlieferten Akten und nach Befragung noch lebender Stipendiaten sorgfältig und umfassend dargestellt.[10]

Nach § 13 der auch noch 1934/1935 grundsätzlich geltenden „Grundbestimmungen für das Königliche Maximilianeum in München" vom 20. August 1876[11] werden von der Stiftung „Jünglinge von hervorragender geistiger Begabung und tadelloser sittlicher Führung" mit christlichem Glaubensbekenntnis und bayerischer Staatsangehörigkeit aufgenommen. Auf den Stand und die Vermögensverhältnisse der Eltern soll keine Rücksicht genommen werden.[12] Die Leistungen der Stiftung bestehen vor allem aus der Bereitstellung von kostenloser Unterkunft, Verpflegung und pädagogisch-wissenschaftlicher Betreuung.

In der Weimarer Zeit wurden die Direktorate der Gymnasien beziehungsweise der höheren Lehranstalten regelmäßig gegen Jahresende vom Kultusministerium aufgefordert, Schüler vorzuschlagen, die sie für die Aufnahme in die Stiftung für würdig erachteten. Eine Aufnahmeprüfung fand dann im Rahmen der mündlichen Reifeprüfung statt, an der ein eigens zu diesem Zweck ernannter Ministerialkommissär teilnahm. Nachdem Prof. Dr. Hans Rheinfelder 1932 Vorstand der Stiftung geworden war, wurden diesem alle mündlichen Einzelprüfungen übertragen, was ihn rasch zeitlich überforderte. Seiner Bitte, ihn von diesen Prüfungsverpflichtungen zu entlasten, wurde entsprochen und ein zentralisiertes Aufnahmeverfahren durch eine eigene Sonderkommission eingeführt. Praktiziert wurde dieses neue Verfahren erstmals 1935, also im Prüfungsjahr des jungen Franz Strauß.[13]

---

[7] ACSP, Nachlass Strauß Fam. 22/1. Es ist zu vermuten, dass Strauß diesen Akt vom Kultusministerium erhalten hat. Ich danke an dieser Stelle Frau Staatsministerin Monika Hohlmeier MdL herzlich für die Genehmigung der Benützung des Nachlasses. Frau Dr. Renate Höpfinger und Herrn Dr. Claus Brügmann vom ACSP danke ich für freundliche Unterstützung und sachkundige Beratung. Zum Nachlaß Strauß: Claus Brügmann, Der Nachlaß F.J.S. im ACSP, in: Politische Studien 49, 361 (1998), S. 106–120.

[8] Universitätsarchiv München, Bestand MAX. Herrn Dr. Smolka und Frau Lochner danke ich für ihre Hilfe.

[9] BayHStA Reichsstatthalter 9183.

[10] Stefan Fisch, Die Stiftung Maximilianeum in den Jahren des Nationalsozialismus, in: Stiftung Maximilianeum (Hg.), 150 Jahre Stiftung Maximilianeum 1852–2002, München 2002, S. 5–100; zum Kultusministerium in der NS-Zeit: Winfried Müller, Gauleiter als Minister. Die Gauleiter Hans Schemm, Adolf Wagner, Paul Giesler und das Bayerische Staatsministerium für Unterricht und Kultus 1933–1945, in: ZBLG 60, 1997, S. 973–1021.

[11] Bayer. Gesetz- und Verordnungsblatt S. 595.

[12] Zur Geschichte des Maximilianeums siehe die Hinweise bei Fisch (wie Anm. 10), S. 9 f.

[13] BayHStA MK 40815 und Fisch (wie Anm. 10), passim, zur Zentralisierung des Aufnahmeverfahrens seit 1935: S. 91–94.

Die Ausschreibung des Jahres 1934 erfolgte ungewöhnlich spät und mit einer sehr kurzen Fristsetzung am 31. Dezember (Dokument 1). Auf die auch in diesem Ministerialschreiben sichtbar werdenden schleichenden Verfahrensveränderungen im nationalsozialsozialistischen Sinne hat Stefan Fisch mit Recht hingewiesen.[14] Am 18. Januar 1935 schlug der Direktor des Maximilians-Gymnasiums in München, Oberstudiendirektor Dr. Ernst Kemmer, dem Ministerium den hoch begabten Schüler Franz Strauß vor (Dokument 2). Bei dem vorangegangenen Lehrerratsbeschluss dürfte die Beurteilung durch den Leiter der Abiturklasse Dr. Friedrich Fischer eine gewichtige Rolle gespielt haben (Dokument 3).

Die Reifeprüfung fand im Februar und März statt. Anfang März 1935 berief das Ministerium die Sonderkommission, der unter der Leitung von Ministerialrat Dr. Johann Bauerschmidt[15] und Oberstudienrat Dr. Franz Schalk[16] (stv. Vorsitzender; Theresien-Gymnasium München) zehn weitere Lehrer Münchener Gymnasien und Oberrealschulen angehörten. Die mündliche Sonderprüfung 1935 wurde vom 18. bis 21. März im Theresien-Gymnasium abgehalten, der Prüfungsausschuss trat am 16. März zu einer vorbereitenden Sitzung zusammen, an der auch der zuständige Ministerialreferent Max Sayler[17] teilnahm.

Einleitend erläuterte Bauerschmidt das geänderte Prüfungsverfahren und ergänzte: „Neu sei ferner, daß das Ergebnis der Prüfung für das Reifezeugnis der Kandidaten keine Rolle mehr spiele. Die Prüfung diene dazu auf Grund der Berichte der einzelnen Anstalten und des Ergebnisses der Prüfung ein abgerundetes Bild der Kandidaten zu erhalten." Geprüft würden, nach einigen Rücktritten, 5 Absolventen von Gymnasien und 8 Absolventen von Oberrealschulen. Die Prüfung solle nicht länger als 75 Minuten dauern, für jedes Fach seien 10 Minuten vorgesehen, „auf Geschichte und Geografie könnten zusammen 15 Minuten verwendet werden; in den Sprachen werde nur unbehandelter Lehrstoff vorgelegt."

Ministerialreferent Max Sayler machte längere Ausführungen zu Sinn und Zweck der Prüfung. „Die Vorschriften über die Aufnahme in das Maximilianeum kennen nur eine Voraussetzung, nämlich hervorragende Begabung. Diese festzustellen sei Zweck der Prüfung. Es ist zu unterscheiden, ob das Ergebnis durch hervorragende Begabung oder großen Fleiß erzielt wurde. Jeder Bewerber ist in der gleichen schwierigen Lage, da er von einer ihm unbekannten Kommission geprüft wird. Wenn es sich auch weniger darum handelt, das Einzelergebnis notenmäßig festzulegen, so sollen doch die Kenntnisse in den verschiedenen Fächern bewertet werden. Die Kommission hat nicht die Entscheidung darüber zu treffen, welcher Bewerber in das Maximilianeum aufgenommen werden soll, aber sie soll das Ergebnis der Prüfung in einem Gutachten festlegen, welches dem Kuratorium übermittelt wird; die Auswahl trifft das Ministerium. Bei der Beurteilung der Kandidaten werden auch die sonstigen Voraussetzungen, wie arische Abstammung, nationale Einstellung oder die Turnnote geprüft werden; körperlich Gewandteren wird der Vorrang zugewiesen werden. Als bemerkenswerte Erschei-

---

[14] Fisch (wie Anm. 10), S. 85 ff.
[15] 1876–1968, Personalakt: BayHStA MK 43057.
[16] 1884–1958, Personalakt: BayHStA MK 47310.
[17] Max Sayler (bis 1931: Saule), 1883–1957, Personalakt: BayHStA MK 43104.

nung der letzten Jahre ergibt sich die Tatsache, daß die Direktoren der Oberrealschulen vorschlagsfreudiger sind als die der Gymnasien."

Franz Strauß wurde am Vormittag des 18. März 1935 geprüft. Sein hervorragendes Abiturzeugnis (Dokument 4), das beste, das 1935 an einem bayerischen Gymnasium erteilt wurde[18], lag der Prüfungskommission vor. Die Prüfung und ihr Ergebnis wurden vom stellvertretenden Kommissionsvorsitzenden und das Protokoll führenden Berichterstatter Franz Schalk gutachtlich zusammengefasst. Die Beurteilung ist eine bemerkenswerte und aussagekräftige Charakterisierung des jungen Franz Strauß (Dokument 5). Als Notendurchschnitt in der mündlichen Prüfung wurde bei Franz Strauß 1,44 ermittelt. Er lag damit unter den fünf Gymnasiasten an vierter Stelle.

Da man damit rechnete, dass insgesamt acht Kandidaten 1935 in das Maximilianeum aufgenommen werden können, wollte die Kommission drei Gymnasiasten und fünf Oberrealschüler benennen. Trotz seiner „Platzziffer" wurde Franz Strauß in die Gruppe der in erster Linie Vorzuschlagenden eingereiht, da die „nackten Noten [...] kein eindeutiges Bild von der wirklichen Begabung und dem wahren Wissensstand"

Franz Josef Strauß 1935 (Archiv für Christlich-Soziale Politik: Nachlass Strauß Fam. 22).

[18] Besser war lediglich ein Abiturzeugnis an einer Oberrealschule.

gäben. In einer zusammenfassenden Beurteilung aller mündlichen Prüfungen formulierte der Vorsitzende des Prüfungsausschusses: „Ein ganz überragender Schüler fehlte; es herrschte eine gewisse Gleichmäßigkeit vor: Es war keiner unter den Bewerbern, der bedeutend über den anderen gestanden wäre, aber auch keiner, der nach der schlechten Seite hin tief abgefallen" wäre.

Bei der weiteren Behandlung des Prüfungsergebnisses im Ministerium wurde bei Franz Strauß festgestellt, dass auf „eine Bestätigung über den Nachweis des früheren Besitzes der bayerischen Staatsangehörigkeit [...] im Hinblick auf die Bodenständigkeit der Familie" verzichtet werden könne. Im Maximilianeum standen insgesamt 34 Plätze zur Verfügung, das Ministerium wollte die Neuaufnahmen auf acht beschränken, um nicht die nächsten Jahrgänge zu stark zu benachteiligen. Kuratorium und Vorstand der Stiftung waren zu hören. Ihnen wurden die Unterlagen aller 13 Kandidaten zugeleitet. Das Kuratorium[19] schlug vor (26. Oktober 1935), neun Bewerber – darunter Franz Strauß – in erster Linie vorzusehen, die restlichen vier aber als Nachrücker ebenfalls ernsthaft in Betracht zu ziehen. Diesen Vorschlag übernahm das Ministerium und benachrichtigte in diesem Sinne am 28. Oktober den Vorstand des Maximilianeums.

Durch Beurlaubungen und Verzichte wurden Plätze frei, und letztlich konnten alle Kandidaten des Jahres 1935 aufgenommen werden. Zu Franz Strauß teilte Rheinfelder als Vorstand am 6. November dem Ministerium mit: „Herr Strauß (1935) aus München war noch nicht schlüssig, ob er im Maximilianeum oder bei seinen Eltern wohnen solle; er erklärte sich jedoch auf alle Fälle bereit, seinen Platz zur Verfügung zu stellen, wenn dafür irgend ein auswärtiger Bewerber mehr aufgenommen werden könnte."

In seinen Erinnerungen geht Franz Josef Strauß nur mit wenigen Zeilen auf den Maximilianeums-Vorgang ein: „Mit meinem Abitur erhielt ich nach einer zusätzlichen mündlichen Prüfung die ‚unbedingte Aufnahme' in die Maximilianeums-Stiftung, die, von König Max II. im vorigen Jahrhundert gegründet und bis auf den heutigen Tag lebendig, für die begabtesten Schüler Bayerns bestimmt ist. Auf kostenlose Unterkunft und Verpflegung im Maximilianeum am Hochufer der Isar verzichtete ich, da die Wohnung meiner Eltern in unmittelbarer Nähe der Universität lag."[20]

Die erfolgreiche mündliche Sonderprüfung und die Aufnahme ins Maximilianeum scheint Strauß für nicht besonders wichtig gehalten zu haben, denn bereits in einem ausführlicheren handschriftlichen Lebenslauf aus dem Jahr 1940 erwähnt er davon nichts (Dokument 6). Zu den gesellschaftlichen Veranstaltungen ist er, zumindest im Jahr 1935, eingeladen worden (Dokument 7). Die Stiftung Maximilianeum selbst führt ihn unter der Nummer 394, bis 1977 mit dem Hinweis „Aufnahme bewilligt, trat aber nicht ein", ab 1978, dem Jahr, in dem Franz Josef Strauß Bayerischer Ministerpräsident wurde, mit der Formulierung „Aufnahme bewilligt, hat aber nicht im Hause gewohnt."[21]

---

[19] Vorsitzender war seit 1.10.1935 der Ministerialdirektor im Kultusministerium Karl August Fischer.
[20] Franz Josef Strauß, Die Erinnerungen, Berlin 1989, S. 33.
[21] Siehe die gedruckten Mitgliederverzeichnisse. Im Nachlass Franz Josef Strauß finden sich drei Einladungen zu Veranstaltungen der Stiftung in den Jahren 1965, 1974 und 1975, die Strauß wegen anderer Verpflichtungen jeweils nicht wahrgenommen hat.

Anhang

Dokument 1

Schreiben des Bayerischen Staatsministeriums für Unterricht und Kultus vom 31. Dezember 1934 an die höheren Lehranstalten zur Aufnahme in das Maximilianeum (Entwurf)

Auszug
BayHStA MK 40815
St.M.f.Unt.u.Kult. Nr. VIII 62634 A. I.
München, den 31. Dez. 1934

An
die Direktorate der neunklassigen
höh. Lehranstalten für die männliche Jugend.
Betreff: Aufnahme in das Maximilianeum

Bis zum 20. Januar 1935 wolle berichtet werden, ob Schüler der Oberklasse für die Aufnahme in das Maximilianeum vorgeschlagen werden können.
 Nach den Grundbestimmungen für das Maximilianeum vom 20. August 1876 (KMBl. S. 242) kommen nur solche Schüler in Betracht, die geistig hervorragend begabt sind und sich bisher sittlich tadellos geführt haben.
 Die beteiligten Lehrer sind zu hören. Sollten sich Meinungsverschiedenheiten ergeben, so wäre hierüber unter näherer Begründung der gegensätzlichen Auffassung zu berichten.
 Vorzuschlagen sind nur arische Schüler. Die arische Abstammung ist durch Vorlage der standesamtlichen Geburtsurkunde des Schülers und der standesamtlichen Heiratsurkunde seiner Eltern nachzuweisen. Es wird ausdrücklich darauf aufmerksam gemacht, dass standesamtliche Heiratsscheine nur dann zum Nachweis der arischen Abstammung genügen, wenn sich aus ihnen die Eltern der Brautleute und deren Religionsverhältnisse ergeben. Die Reichsangehörigkeit der vorgeschlagenen Schüler ist ebenfalls urkundlich zu belegen. Außerdem ist darzutun, dass die Schüler bis zur Neuregelung der Reichsangehörigkeit die bayerische Staatsangehörigkeit besessen haben.[22]

---

[22] Im Entwurf folgt hier der letztlich gestrichene Satz: „Die Unterrichtsverwaltung muss auch fernerhin entsprechend der Zweckbestimmung des Maximilianeums daran festhalten, dass nur Landesangehörige aufgenommen werden können." Ein Referent verweist an dieser Stelle auf eine Bemerkung auf einem Ministerialschreiben (Entwurf) an Prof. Dr. Hans Rheinfelder vom 24.2.1934: „Der Schüler der Oberrealschule Fürth Fülbert war bis zur Einführung der unmittelbaren Reichsangehörigkeit Hesse. Er dürfte deshalb die Voraussetzung für die Aufnahme in das Maximilianeum nicht erfüllen. Nach dem Willen des Stifters ist der Besitz der bayer. Staatsangehörigkeit Voraussetzung. Der Wohnsitz in Bayern dürfte trotz der Einführung der unmittelbaren Reichsangehörigkeit nicht genügend sein, solange die Satzung („Grundbestimmungen") der Stiftung nicht geändert ist. Oberstes Gesetz des Stiftungswesens ist die Hochhaltung des Willens des Stifters."

Der Bericht hat sich auch auf die bisherigen Wahrnehmungen über die Gesundheitsverhältnisse der vorgeschlagenen Schüler zu erstrecken und insbesondere die Gründe für eine etwaige Befreiung vom Turnunterricht anzuführen. Schließlich ist noch festzustellen, dass die Schüler gewillt sind, sich der besonderen mündlichen Prüfung für die Aufnahme in das Maximilianeum zu unterziehen. […]

Dokument 2

Antrag des Maximilians-Gymnasiums München zur Aufnahme von Franz Strauß in das Maximilianeum (Original)

ACSP, Nachlass Strauß Fam. 22/1
Direktorat des
Maximilian-Gymnasiums
München, 18. Januar 1935
Morawitzkystraße 9

An
das Staatsministerium
für Unterricht und Kultus
Betreff: Aufnahme in das Maximilianeum
Zur Min.-Entschl. vom 31. Dezember 1934 Nr. VIII 62634[23]

Nach Lehrerratsbeschluß wurde der Schüler der 9. Klasse A Franz Strauß, geboren am 6. September 1915, katholischer Konfession, Sohn des Metzgermeisters Franz Strauß in München als würdig erachtet zur Aufnahme in das Maximilianeum vorgeschlagen zu werden. Die Voraussetzungen hinsichtlich der geistigen Begabung, der Charakteranlagen und sittlichen Führung treffen bei ihm nach der Ansicht der beteiligten Lehrer durchaus zu. Seine bisherigen Leistungen lassen erwarten, daß er auch die Reifeprüfung in der überwiegenden Mehrzahl der Fächer mit der 1. Note bestehen wird. Der Schüler ist gesund, körperlich kräftig entwickelt, ein guter Turner, ein ausdauernder Radfahrer und vorzüglicher Streckenläufer. Der besonderen mündlichen Prüfung wird er sich bereitwillig unterziehen.
Die erforderlichen Belege wird er in kürzester Zeit nachbringen.[24]
Dr. Kemmer[25]

---

[23] Dokument 1.
[24] Mit Schreiben vom 26.2.1935 wurden die „noch fehlenden Papiere zum Nachweise arischer Abstammung" und der Staatsangehörigkeitsausweis vorgelegt.
[25] Dr. Ernst Kemmer (geb. 1872, seit Juli 1934 Oberstudiendirektor am Maximilians-Gymnasium München, Ruhestandsversetzung 1937); Personalakt: BayHStA MK 33346.

Dokument 3

Schulische Beurteilung von Franz Strauß durch den Klassenleiter der Abiturklasse
(Original)

ACSP, Nachlass Strauß Fam. 22/1
Beurteilung[26]

Franz Strauß ist körperlich kräftig und durchaus gesund, ein sehr gewandter Turner, Läufer und ausdauernder Radfahrer. Er trat, von der Realschule kommend, in die zweite Klasse des Gymnasiums ein, hat sich in erstaunlich kurzer Zeit an die Spitze seiner Mitschüler emporgeschwungen und diese Stellung bis heute zu behaupten gewußt.
 Er ist geistig sehr gut begabt, für alle Fächer lebhaft interessiert, am meisten für die Sprachen. Sein heller, wacher Verstand ermöglicht es ihm sich rasch zurechtzufinden; er faßt schnell und sicher auf, besitzt Urteil und erfreut sich eines treuen Gedächtnisses. Sein nicht zu leugnender Ehrgeiz bewegt sich in gesunden Bahnen. Seinem Charakter kann das beste Zeugnis ausgestellt werden, seine vaterländische Gesinnung ist unbezweifelt.
Dr. F. Fischer
Klassleiter von 9 A[27]

Dokument 4

Reifezeugnis von Franz Strauß (Original)

ACSP, Nachlass Strauß Fam. 12
Maximilians-Gymnasium in München
Reifezeugnis

Strauß Franz,
Sohn des Metzgermeisters Herrn Franz Strauß in München, geboren am 6. September 1915 zu München,
katholischer Konfession, der seit 28. April 1927 Schüler am hiesigen Gymnasium war und die 9. Klasse während des Schuljahres 1934/35 besuchte, hat sich im Februar und März ds. Js. der Reifeprüfung unterzogen und ist nach dem Ergebnisse der Prüfung als befähigt zum Übertritt an die Hochschule erklärt worden.
 In der schriftlichen Prüfung erzielte er in allen Fächern die gleichen vorzüglichen Ergebnisse, wie sie schon der Jahresfortgang aufzeigt. Die mündliche Prüfung wurde ihm erlassen. Während seines Aufenthalts an der Anstalt hat er sich durch seinen ernsten, zielbewußten Fleiß, seine lebendige Teilnahme am Unterricht und seine sittliche Führung das volle Lob und Vertrauen aller seiner Lehrer erworben. Er verläßt die

---

[26] Undatiert; vermutlich Frühjahr 1935.
[27] Dr. Friedrich Fischer (1874–1939; seit 1919 am Maximilians-Gymnasium München); Personalakt: BayHStA MK 32601.

Schule mit einem durchweg sehr erfreulichen Maß gediegener Kenntnisse. Er ist körperlich sehr gut entwickelt, ein gewandter Turner, Läufer und Radfahrer. Besondere Erwähnung verdienen noch seine hervorragenden Leistungen in der Kurzschrift.

Im einzelnen lassen sich seine Kenntnisse nach den bei der Prüfung und während des Schuljahres gegebenen Proben folgendermaßen bezeichnen:

in der Religionslehre: hervorragend
in der deutschen Sprache: hervorragend
in der lateinischen Sprache: hervorragend
in der griechischen Sprache: hervorragend
in der englischen Sprache: hervorragend
in der Mathematik: hervorragend
in der Physik: hervorragend
in der Geschichte: hervorragend
in der Geographie: hervorragend
im Turnen: lobenswert.[28]

München, am 5. April 1935
Der Oberstudiendirektor
zugleich als Ministerialkommissär
Dr. Kemmer

Dokument 5

Niederschrift vom 30. März 1935 über die Sonderprüfung für die Aufnahme in das Maximilianeum für das Jahr 1935 (Original)

Auszug
BayHStA MK 40815
[...]
3. Franz Strauß
vom Maximiliansgymnasium in München, geb. am 6. Sept. 1915 zu München, kath., Sohn des Metzgermeisters Franz Strauß in München.

Bei der schriftlichen Reifeprüfung erzielte er in sämtlichen Fächern vorzügliche Ergebnisse. Seine Arbeiten beweisen durchweg klare Auffassung, reiches, nicht buchmäßiges Wissen, gesundes Urteil. Vorzüglich gefallen hat besonders sein deutscher Aufsatz über das Thema „Welche Gründe sprechen für die Einführung der allgemeinen Wehrpflicht in Deutschland?" Er hat sich hier vor einem Fehler gehütet, der in vielen anderen Aufsätzen zu finden war, dass er nämlich bei der Darstellung des allgemeinen Nutzens der Wehrpflicht die Beziehung auf Deutschland übersehen hätte. Der Aufsatz verdient ohne die Einschränkung „Noch eins" die erste Note. Sehr gut geraten ist auch die Übersetzung aus dem Lateinischen; er hat hier eine doppelte Ausfertigung eingereicht, offenbar, weil ihm die erste der äußeren Form nach nicht entsprochen hat. Wenn nun auch die zweite nicht besser gelungen ist, so beweist doch seine Absicht Sinn für Ordnung. Fehlerlos sind die Arbeiten aus der englischen Sprache.

---

[28] Auf dem Zeugnisformular werden die Notenstufen erläutert: 1 = hervorragend, 2 = lobenswert. Insgesamt sind 5 Notenstufen vorgesehen.

Die mündliche Prüfung fand am Montag den 18. März von 8 Uhr ab statt. In allen Einzelheiten der deutschen Literaturgeschichte war er sehr gut beschlagen. Über die Probleme zweier Dramen wußte er vollkommen zutreffend und fließend Auskunft zu geben. Seine ganze Art machte einen gewandten und überlegenen Eindruck.

Beim Überblick über größere Zusammenhänge bekundete er geistige Reife. Im Lateinischen hatte er sehr gute Kenntnisse und viel Verständnis für den Inhalt des abstrakten Textes. Im Griechischen wurde ihm eine schwierige Stelle aus Polybios vorgelegt in einem für ihn zum Teil fremdartigen Griechisch. Er hat sich mit allem (auch mit den griechischen Bezeichnungen für römische Einrichtungen) sehr gut abgefunden und wußte den Text fließend in deutscher Sprache wiederzugeben. In die englische Konversation fühlte er sich bei seiner geistigen Regsamkeit sehr rasch und gewandt ein und übersetzte recht gut. Die Art der gestellten mathematischen Aufgabe (Pyramide aus sechs Stäben) kam ihm im ersten Augenblick etwas überraschend; er fand sich jedoch auch hier schnell zurecht und kam ohne Beihilfe von selbst auf das Wesentliche, die Bestimmung des Maximums. In der Physik konnte er beim Vergleich Fernrohr-Mikroskop Übereinstimmendes und Unterschiedliches klar herausstellen, seine Antworten zeugten von gutem Verständnis. Hatte so die mündliche Prüfung fast in allen Fächern das gleiche vorzügliche Bild ergeben, wie es aus seinen schriftlichen Prüfungsarbeiten zu Tage getreten war, so fielen seine Leistungen aus Geschichte und Geographie stark ab. Sein Wissen war in diesen Fächern mäßig und anscheinend auch seine Liebe zu ihnen; er suchte durch allgemeine Wendungen um die Tatsachen herumzukommen.

Für die Beurteilung des Schülers war gerade die Prüfung aus diesen beiden Fächern sehr lehrreich: Er kann vielleicht in einen gewissen Gegensatz zu Kreuzhuber[29] gestellt werden: Dieser der musterhaft fleißige, gewissenhafte Schüler, der die ihm selbst bewußten, noch anhaftenden Lücken durch gediegene, angestrengteste Arbeit aufzufüllen versucht; Strauß der geistig noch begabtere, frische, gewandte, regsame Bewerber mit offenem Blick, der Großstädter gegenüber dem Seminaristen aus der Missionsschule, aber nicht ganz frei von Äußerlichkeit. Was Kreuzhuber etwa noch an Mängeln anhaftet, ersetzt er durch Fleiß; Strauß arbeitet mit seiner Begabung. Jeder könnte dem anderen etwas mitteilen. Einen Vorzug hat Strauß noch mehr: Er ist körperlich sehr gut entwickelt, ein gewandter Turner, Läufer und Radfahrer, vielleicht wäre aber Kreuzhuber bei anderem Ausbildungsgang ebenso geworden. Nach dem Urteil des Berichterstatters verdienen beide die Aufnahme in das Maximilianeum.
[…]
München am 30. März 1935
Der Berichterstatter:
Dr. Schalk

---

[29] Stephan Kreuzhuber (1913–1942, gefallen), Abitur am Gymnasium Passau, Personalakt: BayHStA MK 16513.

Dokument 6

Handschriftlicher Lebenslauf von Franz Strauß, Original, undatiert (1940)

ACSP, Nachlass Strauß Fam. 22/1

Am 6. September 1915 wurde ich als der eheliche Sohn des Metzgermeisters Franz Strauß und seiner Ehefrau Walburga, geb. Schießl, in München geboren. Im Jahre 1922 kam ich in die erste Klasse der Amalienschule zu München, von der ich 1926 nach Besuch von vier Klassen an die Gisela-Oberrealschule in München übertrat. Auf meinen eigenen Wunsch wechselte ich nach der ersten Klasse von dieser Anstalt in die zweite Klasse des Maxgymnasiums in München über. Dort legte ich im März 1935 die Reifeprüfung ab und gab um Zulassung zur Anwartschaft auf das Höhere Lehramt ein. Im folgenden Halbjahr erledigte ich meine Arbeitsdienstpflicht und schrieb mich Anfang November 1935 an der Universität München ein, wo ich Vorlesungen aus dem Gebiet der klassischen Philologie, der germanischen Sprachwissenschaft, der deutschen Literaturgeschichte und der Geschichte belegte. Im 7. u. 8. Semester kamen noch außerdem Vorlesungen aus dem Gebiet der Rechtswissenschaft und der Volkswirtschaft hinzu. Mein besonderes Arbeitsgebiet war alte Geschichte, aus der ich meine Doktorarbeit gewählt habe[30], neuere Geschichte und Volkswirtschaft. In den alten Sprachen habe ich Unter- Mittel- und Oberkurs des philologischen Seminars besucht. Nach acht Semestern an der Universität München wurde ich im August 1939 zum Heeresdienste einberufen. Am 1. November 1939 kam ich in das Operationsgebiet West. Zur Ablegung des I. Abschnitts der Staatsprüfung wurde ich vom 6. März bis 15. April 1940 beurlaubt und legte diese in den Fächern Geschichte, Latein und Griechisch ab.[31] Am 16. April kehrte ich wieder zur Truppe zurück, nahm an der Offensive im Westen teil, blieb nach ihrem Ende bei der Besatzungsarmee in Frankreich und wurde am 16. November wieder beurlaubt. Am 18. November nahm ich am Theresiengymnasium meine Tätigkeit als Studienreferendar auf.[32]
Franz Strauß

---

[30] Geplante, aber unvollendet gebliebene Dissertation bei Walter Otto über das Thema „Die Weltreichsidee bei Justins Historiae Philippicae des Trogus Pompeius".

[31] Im Akt liegt das Prüfungszeugnis vom 8.4.1940. „Prüfung mit der Hauptnote I = ‚sehr gut' bestanden." (Notendurchschnitt: 1,16).

[32] Im Akt befinden sich Unterlagen zur Referendarzeit, den Lehrproben, der pädagogischen Prüfung (Zeugnis vom 20.12.1940 „gut bestanden"), zur Tätigkeit als Assistent am Seminar für klassische Philologie und alte Geschichte an der Universität München vom Januar bis März 1941, zum Einsatz in der Oberschule an der Damenstiftstraße am 1.4.1941, zur Wiederaufnahme des Wehrdienstes ab 14.4.1941 und zu den Ernennungen zum außerplanmäßigen Beamten am 8.4.1942 und zum Studienrat am 20.4.1943.

Dokument 7

Prof. Dr. Hans Rheinfelder lädt Franz Strauß zum Katharinenkränzchen des
Maximilianeums am 30. November 1935 ein
(Original; Poststempel 22. November 1935)

ACSP, Nachlass Strauß Fam. 479

Mein lieber Herr Strauß!

Da Sie als Maximilianeer ja eigentlich selbst zu den Einladenden gehören, stelle ich es Ihnen frei, aus Ihrem Verwandten- oder Bekanntenkreis eine Dame mitzubringen, und würde Sie dann bitten, die betreffende Dame auch gleich in meinem Namen einzuladen.
Mit besten Grüßen
Ihr ergebenster Hans Rheinfelder
Kosten entstehen nicht.

Charlotte Bühl-Gramer

„... und muss ich sagen, hängt man an einer so schönen Stadt." Ein Kurzporträt der jüdischen Familie Astruck in Nürnberg

In der Pogromnacht vom 9./10. November 1938 wurden in Nürnberg 160 Männer von SA-Männern zum Polizeigefängnis getrieben. Neun Nürnberger Juden wurden umgebracht, zehn Frauen und Männer nahmen sich verzweifelt das Leben.[1] Auch der jüdische Fabrikant Siegfried Astruck wurde gegen fünf Uhr morgens in seiner Wohnung in der Unteren Pirckheimerstraße 9 aus dem Bett heraus verhaftet, ins Gefängnis verbracht und zusammen mit allen Personen unter 60 Jahren am folgenden Tag ins Konzentrationslager Dachau verschleppt. In der Wiedergutmachungs- beziehungsweise Entschädigungsakte „Astruck" schildert er seine Erlebnisse: „Ich konnte mir keinen Grund zu dieser Massnahme denken und war nicht wenig erstaunt noch einige hundert mir teils als sehr ehrenwerte Personen bekannt anzutreffen, durch welche ich erst erfuhr, dass ein Progrom [sic!] stattfaende bez. stattgefunden habe. Ich hatte grosses Glueck, dass ich durch aeltere Kriminalbeamte verhaftet wurde und nicht durch die S. A., denn einige mir befreundetet [sic!] Herren welche in der gleichen Strasse wohnten auch mittelere [sic!] Prikheimerstrasse [sic!] wurden regelrecht von der S. A. totgeschlagen – so ein gewisser Paul Lebrecht – ein Herr Loeb[2], meine Schwiegermutter Frau Kommerzienrat Max Herz wurde aus dem Bett geworfen, trotzdem es eine alte gelaehmte Dame war und das Mobiliar zertrummert[3] [sic!] [...] nach meiner erfolgten Abfuehrung – gegen 10h – war nur noch meine Frau in der Wohnung mit dem Dienstmaedchen – als zehn (10) oder 12 Maenner der S.A. in Uniform erschienen mit Axten-Haemmer und Beilen ausgeruestet und haben die gesamte Wohnungseinrichtung restlos zertruemmert. Man hat ausserdem die Betten zerschnitten, die Federn heruasgelassen [sic!] etc. etc. Der Hausherr der Villa untere Pirkheimerstr. 9 Karl Mayer (Hauptmann der Reserve) wollte gegen dieses sinnlose handeln Einspruch erheben, doch hat man ihm erklaert, sofern er sich nicht entfernt, man ihn niederschlagen wird. – Nachdem die S.A. volle Arbeit geleistet hatte [...] musste meine Frau noch dafur [sic!] sorgen, dass der Schutt abgefahren wird, waehrend der Hausherr Befehl erhielt, die Wohnung sei sofort judenfrei zu machen. Meine Frau musste Unterkunft bei Freunden suchen, da kein Moebelstueck mehr vorhanden war [...]."[4] Sieben Lastwagen Schutt musste Astrucks Ehefrau Gertraud (Trude) von dem Möbelschreiner

---

[1] Bernhard Kolb, zit. bei Arnd Müller, Geschichte der Juden in Nürnberg 1146–1945, Nürnberg 1968, S. 241 f.

[2] Vgl. http://www.jewishgen.org/yizkor/Nuremberg/nur012.html. (19.12.2006), Datenbank der Nürnberger Shoaopfer: Paul Lebrecht, Mittlere Pirkheimerstr. 20, gest. am 11.11.1938 in Fürth (vermutlich jüdisches Krankenhaus); Simon Löb, Mittlere Pirkheimerstr. 22, gest. am 10.11.1938.

[3] Klara Herz wohnte in der Lindenaststr. 21, im selben Haus starb in der Pogromnacht Karl Bamberger (wie Anm. 2).

[4] Stadtarchiv Nürnberg (künftig: StadtAN) E10/58 Nr. 48: Kopie der staatlichen Wiedergutmachungs- bzw. Entschädigungsakte „Astruck" (Bayerisches Hauptstaatsarchiv München (künftig: BayHStA), Landesentschädigungsamt, K-Akten Buchstabe A, Nr. 804). Eingabe bez. Wiedergutmachung von S. Astruck (undatiert). Bis zur Ausreise wohnten die Astrucks in der Blumenstraße 11 im Hause Kissinger. Martha und Thekla Kissinger waren mit den Brüdern Gertraud Astrucks verheiratet.

Heinrich Koch abfahren lassen, als Entschädigung überließ ihm die Familie die beschädigten und zum Teil noch erhaltenen Silbergegenstände sowie Möbelteile zur Restverwertung.⁵

Im Rahmen des Entschädigungs- und Rückerstattungsverfahrens gab der Möbelschreiner 1953 zu Protokoll: „Die gesamte Wohnungseinrichtung war mit Pickeln, Eisenteilen, 5-Kilogewichten und scharf geschliffenen Holzbeilen restlos zerstört. So waren von den vorhandenen 36 Stühlen gerade einer noch zu reparieren. Bei den Schränken waren mit Pickeln die Türen eingeschlagen, die darin befindliche Wäsche und Kleider waren mit Dolchen durchstochen und aufgeschlitzt, ebenso waren die Betten und Polstermöbel aufgeschlitzt, die Vorhänge heruntergerissen und zerschnitten, andere Schränke waren umgeworfen und mit Pickeln vollkommen zerschlagen worden [...] Einer meiner Gesellen schnitt aus zerstörten Möbelteilen 7 Stunden lang Brennholz [...] Ich habe auch die Geschäftsräume der Fa. Astruck nach der Zerstörung gesehen, die sich im seinerzeitigen Herz-Haus befanden. Auch in diesen Geschäftsräumen war alles zerstört. Ich erinnere mich, dass von den 7 bis 8 Schreibmaschinen, die vorhanden waren, nur eine einzige noch brauchbar war. Auch die übrigen Büroeinrichtungsgegenstände waren alle zerstört. Z. B. erinnere ich mich, dass die in den Geschäftsräumen vorhandenen Glaswände alle zerschlagen waren."⁶

Die Vorlage von Bescheinigungen der Auswandererberatungsstelle Bayern, die die Ausreiseabsicht der Astrucks nach England bestätigten, und der Einreise- und Niederlassungsbewilligung führte am 12. Dezember 1938 zur Entlassung Astrucks aus der „Schutzhaft".⁷ Drei Tage vorher musste Gertraud Astruck mit einem Nervenzusammenbruch in das jüdische Krankenhaus in Fürth eingeliefert werden; erst am 20. Februar 1939 konnte sie die Klinik wieder verlassen.⁸

Siegfried Astruck versuchte in der Zwischenzeit die Ausreise zu organisieren: Die Geschäftsführung der Firma hatte er im Zuge der Verordnung zur Ausschaltung der Juden aus dem deutschen Wirtschaftsleben vom 12. November 1938 verloren. Ohne jedes Einkommen und angewiesen auf die Unterstützung von Freunden und Verwandten verkaufte er letzte Möbelstücke⁹ und löste seine Lebensversicherungspolicen auf[10], um an Bargeld zu kommen. Seiner kranken Frau versuchte Astruck Mut zu machen: „Ich hoffe, daß ich nun endlich mal die Geschäftssorgen los zu werden [sic!], Arisierungsmöglichkeit habe [...] Verliere den Muth nicht u halte mit mir den Kopf hoch! Wenn wir auch als arme Leute in England oder Amerika ankommen, man wird uns nicht verhungern lassen u die Comite's werden schon die erste Zeit helfen u dann

---

⁵ StadtAN E10/58 Nr. 41: Brief Siegfried Astrucks an Heinrich Koch vom 14.12.1938.

⁶ StadtAN E10/58 Nr. 48: Kopie der staatlichen Wiedergutmachungs- bzw. Entschädigungsakte „Astruck" (BayHStA, Landesentschädigungsamt, K-Akten Buchstabe A, Nr. 804), Eidesstattliche Versicherung des Schreiners Heinrich Koch vom August 1953.

⁷ StadtAN E10/58 Nr. 41: Brief Gertraud Astrucks aus München vom 21.11.1938 an das Polizeipräsidium Nürnberg-Fürth; StadtAN E10/58 Nr. 43: Bescheinigungen der Auswanderer-Beratungsstelle Bayern vom 19.11.1938.

⁸ StadtAN E10/58 Nr. 45: Arztrechnung vom 22.2.1939.

⁹ Vgl. die Liste der arisierten Mobilien bei Wolf-Kristian Schneider, Der Arisierungsskandal in Nürnberg und Fürth, Diplomarbeit 1969, S. 87: Verkäufer: Astruck Mobiliar an W. Rück am 22.12.38; Wert 280.- bez. Betrag: 70 Mark.

[10] StadtAN E10/58 Nr. 42: Schriftwechsel zur Auflösung der Lebensversicherungspolicen bei der „Allianz" und „Gerling"-Versicherung

werde ich schon so viel verdienen, was 2 Leute brauchen! Die Kinder werden auch verdienen u schließlich wird doch Onkel Paul, Onkel Ernst[11] u.s.w. mal helfen, wenn es gar nicht klappt. Es ist natürlich traurig, wenn man sein ganzes Leben gearbeitet hat, immer correct u hilfsbereit war u in seinen alten Tagen nochmals ohne Mittel von vorne anfangen muß, aber es ist ja das Schicksal von so vielen vielen Menschen – also – werden wir es auch ertragen."[12] Reichsfluchtsteuer, Judenvermögens-, Dego- und Exportförderungsabgabe sowie die Abgabe von Schmuck und Edelmetallen im Nürnberger Leihamt gemäß der Verordnung vom 21. Februar 1939 machten es auch den Astrucks unmöglich, nennenswerte Barmittel zum Aufbau einer neuen Existenz nach England zu transferieren.[13] Da die für 28. April 1939 geplante Ausreise durch neuerliche Einwände des Passamts in Gefahr zu geraten drohte, entschloss sich das Ehepaar Astruck nach Rücksprache mit dem englischen Konsul in München, der ihm dringend riet, „sofort auf allerschnellstem Wege Deutschland zu verlassen [...] zumal in wenigen Tagen der Einreisetermin in England seine Gueltigkeit verlieren wuerde"[14], am 26. April von München aus zur sofortigen Ausreise in die Schweiz, wo Tochter Margot lebte; sie hatte die Höhere Mädchenschule Frauentor-Findelgasse 1935 verlassen müssen. Trude Astruck erlitt einen neuerlichen Zusammenbruch und musste sich in ein Schweizer Sanatorium begeben. Ihr Mann lotete in der Zwischenzeit in der Schweiz und in Frankreich – von dort lebenden Verwandten finanziell unterstützt – über Kundengespräche die Chancen für das Exportgeschäft aus. Seine Bilanz war negativ, doch hoffte er auf Besserung der politischen Lage.[15] Im Juni 1939 kam die Familie schließlich in London an; Sohn Gerhard ging spätestens seit 1938 in die renommierte Charterhouse School in Godalming, 60 Kilometer südwestlich von London. Trudes Mutter, Klara Herz, für die man ebenfalls einen Auswanderungsantrag gestellt hatte, bekam vom Nürnberger Finanzamt erst Ende Juni die Unbedenklichkeitserklärung für die Ausstellung eines Auslandspasses. Aus gesundheitlichen Gründen war sie jedoch nicht mehr reisefähig – im jüdischen Krankenhaus in Fürth beging sie am 20. April 1941 Selbstmord.[16]

Die erhaltenen Briefe Siegfried Astrucks zwischen Januar und August 1939 dokumentieren eindrücklich dessen Hoffnungen, Bemühungen und Enttäuschungen, sich in London mit Unterstützung seines Bruders Paul und in Zusammenarbeit mit dem

---

[11] Dr. phil. Dr. med. Paul Astruck war ein Bruder Siegfrieds und offenbar schon wesentlich früher emigriert, Ernst Herz war der Bruder von Trude Astruck und bereits nach Peru emigriert.

[12] StadtAN E10/58 Nr. 24: Brief Siegfried Astrucks (im Zug nach München) an seine Frau Trude vom 19.1.1939.

[13] Zur Arisierung in Nürnberg vgl. Martin Endres, Die „Entjudung" Nürnbergs 1933–1944, Zulassungsarbeit Erlangen-Nürnberg 1995.

[14] StadtAN E10/58 Nr. 33: Schreiben Astrucks aus Zürich an die neuen Geschäftsführer Herbert Angelbeck und Christian Hering vom 28.4.1939.

[15] StadtAN E10/58 Nr. 33: Schreiben Astrucks aus Montreux an Angelbeck vom 20.5.1939: „Im Augenblick halte ich es fur [sic!] ausgeschlossen, dass hier d e u t s c h e Ware zu verkaufen ist, weder in einem Warenhaus noch in einem Spezialgeschaeft ist deutsche Ware, insbesondere die als solche erkenntlich, ist [sic!] abzusetzen. Bis also die Gemueter sich wieder politisch beruhigt haben, was vielleicht bis zum Weihnachtseinkauf der fall – wenigstens hoffe ich – sind die Spesen fur [sic!] die Schweiz nicht herauszuwirtschaften.."

[16] StadtAN E10/58 Nr. 37: Brief der Buchhalterin Anni Link an Siegfried Astruck vom 29.6.1939 und von Siegfried Astruck an Anni Link vom 24.8.1939. Zum Freitod von Klara Herz vgl. Anm. 2.

ebenfalls erst 1939 emigrierten Bruder Josef[17] eine neue Existenz aufbauen zu können. An die Buchhalterin der Firma schrieb Astruck am 24. Juni 1939: „Wir selbst wohnen noch gemeinsam in einem Zimmer in einer Pension und stehen unsere Lifts noch beim Spediteur! Ich habe mir alles viel leichter vorgestellt und koennen Sie sich nicht vorstellen wie schwer es ist in diesem Alter neu aufzubauen."[18] Die von Siegfried Astruck beabsichtigte Liquidation der Firma noch im Dezember 1938 war abgelehnt worden, da sie arisiert werden sollte. Aus nicht mehr näher zu klärenden Umständen verzögerte sich die Arisierung bis zum 20. Juli 1939.[19] Astrucks Versuche, die Firma von England aus noch mit zu führen und dort Aufträge für das Exportgeschäft der Firma zu akquirieren, scheiterten: „[...] alle Firmen haben mir vor Zeugen erklaert, deutsche Waren kaufen sie nicht mehr, also was kann ich da machen?"[20] Am 25. Oktober 1940 ging die Firma Konkurs. Ob die Verwalter zur persönlichen Bereicherung gezielt misswirtschafteten, ist nicht eindeutig zu klären.[21]

Knapp zwei Monate später emigrierte die Familie nach Peru. Bereits am 12. Dezember 1942 starb Trude Astruck im Alter von nur 46 Jahren in Lima. Siegfried Astruck, seit 1944 peruanischer Staatsbürger, starb am 30. August 1952.

Im September 1997 übergab die Tochter von Siegfried und Gertraud Astruck, Frau Margot A. Sekkel, den Teil des schriftlichen Nachlasses ihrer Eltern dem Stadtarchiv Nürnberg, der bei der Auswanderung der Familie von Deutschland über England nach Peru in London verblieben war.[22] Dieser ermöglicht trotz der Lückenhaftigkeit der Überlieferung nicht ausschließlich Einblicke in Vertreibung, Flucht und Emigration, sondern auch in die Lebensumstände einer angesehen jüdischen Familie und ihre Vorgeschichte als aktive Mitglieder des Nürnberger Großbürgertums.

Siegfrieds Vater Gustav Astruck war 1874 im Alter von 23 Jahren aus dem unterfränkischen Marktbreit nach Nürnberg gekommen. Er trat am 13. April in die ein Jahr zuvor von Felix Baum gegründete Schnittwarenhandlung als Gesellschafter ein. Er war damit in derselben Branche tätig wie sein Vater Josef Astruck in Marktbreit.[23] Am 14. Juni 1878 gründete Gustav seinen eigenen Großhandel für Schnittwaren in der Waizenstraße 7 (heute Karl-Grillenberger-Straße), ein Jahr später erwarb er das Bürgerrecht und heiratete am 25. September 1879 die 1856 in Bretten geborene und in

---

[17] StadtAN E10/58 Nr. 41: Fragebogen mit Vermögensaufstellung für Auswanderer.

[18] StadtAN E10/58 Nr. 37: Brief Siegfried Astrucks an Anni Link vom 29.6.1939.

[19] StadtAN E10/58 Nr. 35: Brief Siegfried Astrucks an Angelbeck vom 24.6.1939: „Wenn durch den unfaehigen Kommissar Schaefer alles verfahren wurde und die Handelskammer I h n e n solange Schwierigkeiten machte, koennen wir doch nicht dafür [...]."

[20] StadtAN E10/58 Nr. 35: Brief Siegfried Astrucks an Angelbeck vom 24.6.1939.

[21] Vgl. ebd.: „[...] nachdem Herr Krakenberger den Betrag von Mark: 15.000 hergegeben hat zur Abwickelung der Firma, wenigstens haben Sie unter diesem Vorwand das Geld von ihm verlangt, so weiss ich ueberhaupt nicht wieso noch Schulden da sein sollen [...] denn bei meiner Abreise waren ja uberhaupt nur noch ca. – 9000 M Lieferantenverpflichtungen da und Gegenwert noch Aussenstaende".

[22] Margot Astruck heiratete 1945 in Argentinien Max Adolf Sekkel, einen gebürtigen Hamburger. Im Zuge der sich verschlechternden politischen und wirtschaftlichen Lage wanderte die Familie 1954 in die USA (Kalifornien) aus. 1974, ein Jahr vor dem Tod ihres Mannes, entschlossen sich die beiden zur Rückkehr nach Deutschland mit Wohnsitz in München. "Heimat ist, wo es mir gut geht". Der Nazihass vertrieb Margot Astruck und ihre Familie aus Nürnberg in sechs Länder auf drei Kontinenten, Nürnberger Zeitung vom 14.9.1999.

[23] StadtAN C22/II Nr. 7, 1874: Eintrag Nr. 434. Adressbuch 1874: Baum und Astruck, Klaragasse 24, Adressbuch 1876: Jakobstraße 12.

Mannheim beheimatete Fanny Reiss.[24] Aus der Ehe gingen vier Kinder hervor.[25] 1898 übernahm Gustav Astruck die Schildkrotwarenfabrikation von Georg Schlegel und verlegte sie in sein Anwesen in der Fürther Straße 38. Als Gustav Astruck 1908 starb, hinterließ er den Söhnen „ein grösseres Vermögen".[26] Die „Nürnberger Schildpatt & Hornwarenfabrik Gustav Astruck" wurde von den zwei Söhnen Josef und Siegfried Astruck übernommen und expandierte weiter: 1912 übernahmen die Brüder Astruck auch die Schildpattwarenfabrik der Firma L. Vogel & Co. Die Produktionsstätte befand sich mittlerweile in der Ziegelgasse 60.[27]

Die Familie Astruck hatte bis zum Ersten Weltkrieg einen rasanten wirtschaftlichen Aufstieg erlebt und gehörte zum wohlhabenden Wirtschaftsbürgertum Nürnbergs. Josef und Siegfried widmeten sich dem Unternehmen, die beiden anderen Brüder absolvierten Hochschulstudien. Ludwig war promovierter Jurist, hatte eine Stelle als Rechtspraktikant bei Magistratsrat Wilhelm Fleischmann und war seit 1914 Mitglied des Pegnesischen Blumenordens[28], Paul studierte an den Universitäten Berlin, Würzburg, München und Zürich und promovierte zum Dr. med. und Dr. phil.[29]

Seit 1884 war Gustav Astruck Mitglied der Gesellschaft Phoenix, ein 1873 von Kaufleuten gegründeter Geselligkeitsverein des jüdischen Großbürgertums, dem auch Siegfried 1904 und Ludwig 1912 beitraten.[30] Geschäftlich und familiär brachte der Erste Weltkrieg einschneidende Veränderungen: Der Betrieb mit hohem Exportanteil lag so gut wie still, zumal die Firma die Rohstoffe ausschließlich aus England bezog. Auf die finanzielle Lage hatte dies jedoch keinen Einfluss, „denn Siegfried Astruck verdient gerade jetzt horrentes [sic!] Geld".[31] Den Astrucks war es gelungen, sich im Auftrag der Heeresverwaltung in den okkupierten Gebieten Nordfrankreichs den Verkauf von militärischen Gebrauchsartikeln zu sichern und in über 20 militärisch besetzten Orten kleine Warenbazare zu unterhalten. Darüber hinaus wurde er mit dem Einkauf der Lebensmittel für die dortige Zivilbevölkerung betraut. Wegen dieser Aufgaben war Siegfried Astruck vom Militärdienst befreit. Sein Bruder Ludwig war einer von 1.543 Nürnberger Juden, die am Ersten Weltkrieg teilnahmen und auch einer der 178 jüdischen Gefallenen. Die aktive Teilnahme an der Front und die Aufträge von Seiten der Heeresleitung und anderer behördlicher Stellen, die Siegfried Astruck mit den weitestgehenden Vollmachten (freies Geleit, freie Fahrt) ausgestattet hatten, hat wohl auch bei den Astrucks das Gefühl der Zugehörigkeit zu Deutschland nachhaltig gestärkt.

Im Nachlass sind zahlreiche Feldpostbriefe Ludwigs erhalten, die er bis kurz vor seinem Tod am 3. Juli 1917 an die junge Gertraud Herz geschrieben hatte. Wie diese Verbindung zustande gekommen war, ist aus den Dokumenten nicht ersichtlich. Aus

---

[24] StadtAN C7/II Nr. 17563; StadtAN C22/II Nr. 10: 1878, Eintrag Nr. 781.
[25] Josef Astruck (15.6.1880–28.10.1944), Siegfried Astruck (26.12.1881–30.8.1952), Ludwig Astruck (27.9.1888–3.7.1917) und Paul Jakob Astruck (17.11.1897-?).
[26] StadtAN E10/58 Nr. 27: Schreiben vom 2.10.1915 (ohne Absender).
[27] Ziegelgasse 60: heute Karl-Bröger-Straße.
[28] www.irrhain.de (28.12.2006): Stammliste des Pegnesischen Blumenordens.
[29] StadtAN E10/58 Nr. 1; Matrikeledition der Universität Zürich: www.matrikel.unizh.ch (3.1.2007).
[30] StadtAN C7/V Nr. 432: Mitgliederverzeichnisse. Vgl. auch Stichwort Phoenix-Gesellschaft, in: Michael Diefenbacher / Rudolf Endres (Hg.), Stadtlexikon Nürnberg, Nürnberg 1999.
[31] StadtAN E10/58 Nr. 27: Schreiben vom 2.7.1915 (ohne Absender).

den Briefen Siegfried Astrucks wird deutlich, dass sich unmittelbar nach dem Tod Ludwigs eine Liebesbeziehung zwischen ihm und Trude anbahnte, die vor den Eltern wohl aufgrund des relativ großen Altersunterschieds von 15 Jahren zunächst geheim gehalten wurde und als äußerst innige Beziehung gelten kann.[32] Am 22. Dezember 1917 fand die Hochzeit statt. Gertrauds Vater, Max Herz, 1860 in Ernsbach in Württemberg geboren, war 1892 nach Nürnberg gekommen. Ein Jahr später betrieb er zusammen mit Emanuel Kocherthaler ein Schnittwaren-en-gros-Geschäft in der Sterngasse 1,[33] 1894 heiratete er die aus Stuttgart stammende Klara Schlüchterer. Der erfolgreiche Auf- und Ausbau seines Unternehmens zum Textilgroßhandel brachte ihm eine führende Stellung in der Branche ein und etablierte ihn sowohl im jüdischen wie auch im nichtjüdischen Wirtschafts- und Großbürgertum: Herz war 1904 ebenfalls der Gesellschaft Phönix beigetreten, er war Mitglied der Industrie- und Handelskammer, Vorstandsmitglied des Hansabunds und ehrenamtlicher Beisitzer des Gerichtshofs am Landesfinanzamt Nürnberg. 1926 wurde ihm der Titel eines Kommerzienrats verliehen.[34] Spätestens 1913 errichtete er am Bahnhofsplatz 6 ein imposantes Geschäftsgebäude mit eigenem Gleisanschluss an der Einmündung zur Eilgutstraße.[35] Infolge der Heiratsverbindung wurde die Verwaltung der Astruck-Firmen ins Herz-Haus verlegt.

Bürgersinn dokumentierte Siegfried Astruck, als er anlässlich der Geburt von Tochter Margot 1918 eine Stiftung einrichtete, durch die in allen Nürnberger Polizeistationen für unbemittelte Wöchnerinnen eine Wäscheausstattung hinterlegt und nach Rückgabe auf Kosten Astrucks gereinigt und sterilisiert wurde.[36] Die Kinder Margot und Gerhard wuchsen wohlhabend und behütet am Prinzregentenufer, einer der besten Wohngegenden der Stadt, auf. Es gab ein Kindermädchen, Ski- und Erholungsurlaube in der Schweiz; den Sommer verbrachte die Familie in einem Ferienhaus in Lauf, das 1926 erworben wurde. Margot Astruck erinnert sich an opulente Weihnachtsfeiern, da der Vater am zweiten Feiertag Geburtstag hatte, und an ihren 12. Geburtstag, der im Künstlerhaus mit 120 Kindern, acht Kasperletheatern und zahlreichen Kindergärtnerinnen gefeiert wurde.[37]

Die Familien Astruck und Herz können – so eine erste Bilanz – als aktive Mitglieder der Nürnberger Stadtgesellschaft charakterisiert werden, die sich gesellschaftlich voll etabliert und assimiliert hatten, was nicht ausschloss, dass sie Teile ihrer religiös-

---

[32] Bis August 1917 korrespondierten die beiden über eine Deckadresse beim Fränkischen Kurier. Vgl. auch StadtAN E10/59 Nr. 3: Brief von Siegfried an Paul Astruck vom 4.8.1917: „Der Schwachpunkt wird wohl der Vater sein, doch das mir bei diesem [...] aufrichtigen Mädel ganz egal ist, ob ihr der Vater nun eine Mark gibt oder viel, so werde ich schon aus Pietät für unsern sel. l. Louis alles aufbieten, um sie in u. Familie zu bringen."

[33] Adressbuch 1893.

[34] Fränkischer Kurier Nr. 94, 4.4.1930: Nachruf; Verwaltungsbericht der Stadt Nürnberg 1929/30, Nürnberg 1930, S. 50.

[35] Adressbuch 1913.

[36] StadtAN E10/58 Nr. 48: Kopie der staatlichen Wiedergutmachungs- bzw. Entschädigungsakte „Astruck" (BayHStA, Landesentschädigungsamt, K-Akten Buchstabe A, Nr. 804), Schreiben des Rechtsanwalts Hans W. Stoermer an das bayerische Landesentschädigungsamt vom 24.7.1963.

[37] Wie Anm. 22.

kulturellen Identität in geselligen Kreisen wie etwa der Gesellschaft Phoenix beibehielten.[38]

Seit der Weltwirtschaftskrise kam es jedoch in den Firmen zu wirtschaftlichen Rückschlägen. Überdies verstarb Max Herz am 31. März 1930. Ab 1931 arbeitete die Firma Astruck mit Verlust[39], 1932 ließ sich Siegfried Astruck wie viele Hausbesitzer Steuern stunden und beantragte deren Niederschlagung. Doch nach dem 31. Januar 1933 wurden derartige Anträge abschlägig beschieden mit der Begründung, dass Juden keine Steuernachlässe oder Niederschlagungen gewährt werden könnten.[40] Das Ferienhaus in Lauf musste 1934 verkauft werden, die Familie zog vom Prinzregentenufer in die Untere Pirckheimerstraße um, der Plan, Sohn Gerhard im Ausland zur Schule zu schicken, musste verschoben werden.[41] Zur Konsolidierung der angeschlagenen Firma gründete Siegfried am 8. Februar 1934 die Astruck GmbH und zeigte sich gegenüber seiner Frau verhalten optimistisch.[42]

Obwohl Siegfried Astruck bereits am 27. März 1933 von zehn SA-Leuten auf den Schmausenbuck geführt und misshandelt worden war[43], gehörte er offenbar zu denen, die mit Blick auf ihre Erfolgsgeschichte selbst noch in den 1930er Jahren glaubten, durch ihre deutschnationale Gesinnung vor Verfolgung geschützt zu sein und in der ersten Phase der NS-Judenpolitik den Gedanken an eine Auswanderung noch eindeutig negierten. In einem Brief äußerte er gegenüber seiner Frau sogar Begeisterung über die Rundfunkansprache Hitlers vom 17. August 1934, an anderer Stelle schrieb er von seiner Freude über das schöne Sommerwetter während des Reichsparteitags von 1934.[44]

---

[38] Vgl. etwa den Brief Siegfried Astrucks vom 27.6.1936 von einem Abend in der Gesellschaft Phoenix: „Wir sasen den ganzen Abend mit Dr. Heilbronn, Dr. Andorn und Dr. Spitzer zusammen und kannst Du Dir denken, dass dies mal eine ganz andere Umgebung für mich und die andern war. – Gott – lieber Schatz – wie einseitig sind diese Seelsorger – wenn man sie im Privatleben kennen lernt und was war unser Freudenthal da eine Kanone und Kaufmann!!!" (StadtAN E10/58 Nr. 22). Freudenthal war von 1907 bis 1934, Andorn von 1934 bis 1938 und Heilbronn von 1938 bis 1939 Erster Rabbiner.

[39] StadtAN E10/58 Nr. 48: Kopie der staatlichen Wiedergutmachungs- bzw. Entschädigungsakte „Astruck" (BayHStA, Landesentschädigungsamt, K-Akten Buchstabe A, Nr. 804): Aufstellung des Finanzamts Nürnberg-Ost für das bayer. Landesentschädigungsamt: Verlust aus Gewerbetrieb: 1931: 72.463 RM, 1932: 18.843 RM, 1933: 40.640 RM, 1935: 6.343 RM, 1936: 4.569. Einkommen: 1934: –12.010, 1937: –30.159, 1938: –30.239 RM.

[40] StadtAN E10/58 Nr. 51: Schreiben des Rechtsanwalts Nürnberger an die Wiedergutmachungskammer beim Landgericht Nürnberg vom 13.11.1951.

[41] StadtAN E10/58 Nr. 19: Briefe Siegfried Astrucks an seine Frau vom 21.8. und 1.9.1934.

[42] „[...] wenn ich meine Finanzierung durchbringe wird es diesen Herbst hoffentlich den Umschwung bringen" (StadtAN E10/58 Nr. 23: Brief vom 18.8.1934).

[43] StadtAN E10/58 Nr. 48: Kopie der staatlichen Wiedergutmachungs- bzw. Entschädigungsakte „Astruck" (BayHStA, Landesentschädigungsamt, K-Akten Buchstabe A, Nr. 804). Eingabe bez. Wiedergutmachung von S. Astruck (undatiert).

[44] StadtAN E10/58 Nr. 19: Brief vom 18.8.1934: „Gestern abend hörte ich fast zwei Stunden die Rede Hitlers – fabelhaft – Der Mann muss 100 % Stimmen bekommen." Am 19.8.1934 fand die Volksabstimmung zur Regelung der Frage des Staatsoberhauptes statt. In Nürnberg stimmten von 287.378 Wahlberechtigten 250.122 für die Vereinigung des Amtes des Reichspräsidenten mit dem des Reichskanzlers. Vgl. StadtAN F2 Nr. 46, S. 443. Zur Beschreibung des Reichsparteitages vgl. ebd., Brief vom 4.9.1934.

Die Brüder Paul, Josef und Siegfried Astruck vor dem Hotel Suisse in Genf. Undatierte Fotografie (Stadtarchiv Nürnberg: E10/66 Nr. 6, 3_108).

Die Hoffnungen auf finanzielle Konsolidierung erfüllten sich indes nicht. Die vom Vater 1908 übernommene Firma Astruck ging am 23. März 1937 in Liquidation.[45] Astruck verkehrte weiterhin in der Gesellschaft Phoenix, die nach ersten Schikanierungen 1933/34 ihr Vereinslokal am Frauentorgraben verlassen musste und 1935 in die Villa des ehemaligen Besitzers der Ardie-Werke Leo Bendit am Prinzregentenufer 41 umzog.[46] Die dort einlaufenden Nachrichten von der zunehmenden Emigrationswelle kommentierte Astruck resignativ und bedauernd zugleich: „Dr. Siegfried Guggenheimer hat auch sein Geschäft verkauft und zwar sehr günstig, so dass er nur noch das Ausland bearbeitet und weggehen wird. – Also immer das Gleiche [...] Sonst ist es hier wirklich schön und muss ich sagen, hängt man an einer so schönen Stadt."[47]

Im April beziehungsweise Mai 1938 wurden ein Familienanwesen der Astrucks in der Freytagstraße sowie die Produktionsstätte in der Ziegelgasse verkauft.[48] Ob Siegfried Astruck sich zu diesem Zeitpunkt bereits zur Emigration durchgerungen hatte, geht aus den Quellen nicht hervor. Dass nach der Pogromnacht und der erlittenen KZ-Haft als neuer Dimension der NS-Verbrechen gegen die Juden die Auswanderung die einzige Überlebenschance darstellte, wurde für Siegfried Astruck zur bitteren Erkenntnis. Im Januar 1939 schrieb er an seine Frau: „[...] ich mache mir schon den ganzen Tag und die halbe Nacht Vorwürfe, dass ich Dich durch meine Kurzsichtigkeit krank gemacht habe und keinen Weg weiss, wie ich dies wieder gut machen kann."[49]

---

[45] StadtAN E10/58 Nr. 48: Kopie der staatlichen Wiedergutmachungs- bzw. Entschädigungsakte „Astruck" (BayHStA, Landesentschädigungsamt, K-Akten Buchstabe A, Nr. 804), Schreiben des Rechtsanwalts Hans W. Stoermer an das bayerische Landesentschädigungsamt vom 24.7.1963.

[46] Bespitzelungen und Denunziationen der Gesellschaft Phoenix verschärften sich. Ab dem 10.11.1938 stellte der Verein jegliche Betätigung ein. Am 5.4.1939 wurde ihm die Rechtsfähigkeit entzogen. StadtAN C7/V Nr. 432. Vgl. auch Michael Maaß, Freizeitgestaltung und kulturelles Leben in Nürnberg 1930–1945. Eine Studie zu Alltag und Herrschaftsausübung im Nationalsozialismus (Nürnberger Werkstücke zur Stadt- und Landesgeschichte 53), Nürnberg 1994, S. 177f.

[47] StadtAN E10/58 Nr. 22: Brief an Trude vom 27.6.1937.

[48] StadtAN E10/58 Nr. 47: Nach Aktenvormerkung vom 22.10.1962 erhielt die Familie im Rahmen von Rückerstattungsansprüchen durch Vergleich vom 18.9.1952 eine Nachzahlung von DM 20.000, für das Anwesen Freytagstraße durch Vergleich vom 9.6.1950 eine Nachzahlung von DM 12.600. Für das Anwesen Fürther Straße, das im Juni 1939 verkauft worden war, wurde ein Rückerstattungsanspruch zurückgewiesen.

[49] StadtAN E10/58 Nr. 24: Brief vom 29.1.1939.

Michael Diefenbacher

Verschenkt, verkauft und wiedergewonnen – die abenteuerliche Geschichte eines Amtsbuchs aus dem Stadtarchiv Nürnberg nach dem Zweiten Weltkrieg

Die Nürnberger Stadtchronik – offiziell geführt seit 1801 und seit 1890 eine der Aufgaben des Stadtarchivs[1] – vermerkt zum 8. September 1936, zum ersten Tag des NS-„Parteitags der Ehre": „Schöner und festlicher als in den vergangenen Jahren hatte sich die Stadt zum diesjährigen Reichsparteitag geschmückt, den der bereits zur Tradition gewordene Empfang der Presse im Kulturvereinssaale durch Reichspressechef Dr. Dietrich einleitete. [...] Am Nachmittag traf der Führer auf dem Hauptbahnhof ein und fuhr wenig später unter dem brausenden Jubel der die Straße säumenden Menge zum Rathaus. Im alten Rathaussaal hieß Oberbürgermeister Liebel in Gegenwart der Spitzen von Partei und Staat den Führer willkommen und überreichte ihm als Geschenk der Stadt einen kostbaren Pergamentband aus dem Stadtarchiv, der, in silberner Kassette ruhend, die Vorschläge des Antonio Vasanni zur Verbesserung der Stadtbefestigung aus dem Jahre 1542 enthält".[2]

Die offene Kassette mit der eingelegten Handschrift (Foto: Stadtarchiv Nürnberg).

---

[1] Udo Winkel, Stadtchronik, in: Michael Diefenbacher / Rudolf Endres (Hg.), Stadtlexikon Nürnberg, Nürnberg ²2000, S. 1019.
[2] Stadtarchiv Nürnberg (künftig: StadtAN) F 2 Nr. 47, S. 103 f.

Oberbürgermeister Willy Liebel[3] überreichte Adolf Hitler die Kassette mit dem Band mit den Worten: „Ihnen aber, mein Führer, bittet die auch heute noch von wehrhaftem, nationalsozialistischem Geist erfüllte Stadt der Reichsparteitage Nürnberg gutem, altem Brauch getreu in diesem Jahre als äußeres Zeichen ihrer Dankbarkeit, Treue und Ergebenheit eine 400 Jahre alte, mit kolorierten Handzeichnungen versehene, bedeutsame Urkunde übergeben zu dürfen. [...] Ich bitte Sie, mein Führer, diese Gabe in einer von Künstlerhand geschaffenen und mit einer Darstellung der alten Nürnberger Stadtbefestigungen geschmückten Kassette als ein Geschenk der Stadt zur Erinnerung an den Reichsparteitag 1936 in Ihre Hände legen zu dürfen mit der herzlichen Bitte, Ihrer alten treuen Stadt der Reichsparteitage Nürnberg das ihr bisher in so reichem Maße immer von neuem bewiesene gütige Wohlwollen zu bewahren und ihrer auch fernerhin stets freundlich zu gedenken".[4]

Dem Archiv, das dieses Geschenk zumindest im Nachhinein als „Entfremdung" eines wertvollen Archivales ansah[5], war wenigstens gestattet worden, eine fotografische Kopie des Originalbandes anzufertigen, die fortan den Platz des Originals im Fundus des Stadtarchivs einnahm.[6]

Das heute im Bestand B 1 (Reichsstädtisches Bauamt) verwahrte Original von 1542 trägt den Titel „Verzaichnus vnnd beratschlagung welchermassen dise Stat Nurmberg auf antzaigung Anthoni vasanni zu der beuestigung gebauet werden muge" und ist ein 73 Papierblätter (davon 59 beschrieben) umfassendes, in Pergament gebundenes Gutachten zur Verbesserung der Nürnberger Stadtbefestigungen.[7] Es enthält unter anderem die Niederschrift der Beratung des damaligen Jüngeren Bürgermeisters Jobst Tetzel[8] mit dem aus Malta stammenden Festungsbaumeister Antonio Fazuni[9] über die Verstärkung der Nürnberger Mauern.[10] Der Band ist mit mehreren eingeklebten farbigen Zeichnungen illustriert.

Das Amtsbuch war in den Archivalientauschaktionen zwischen dem Stadtarchiv Nürnberg und den damaligen staatlichen Archiven in München (Allgemeines Reichsarchiv München) und Nürnberg (Kreisarchiv Nürnberg) der Jahre 1887 und 1903–1909[11] aus den Beständen des Kreisarchivs (heute: Staatsarchiv) Nürnberg, wo es Teil

---

[3] Zu ihm vgl. Siegfried Zelnhefer, Liebel, Willy, in: Stadtlexikon Nürnberg (wie Anm. 1), S. 631.

[4] Redemanuskript Liebels zum 8.9.1936, in: StadtAN C 29 Nr. 59, Bd. 1.

[5] So Archivdirektor Dr. Gerhard Pfeiffer in einem Vermerk an den Dezernenten für Schulwesen Dr. Hans Raab vom 30.4.1946, in: StadtAN C 36/I Nr. 196.

[6] Heute verwahrt unter der Signatur StadtAN B 1/I Nr. 70.

[7] StadtAN B 1/I Nr. 69.

[8] Jobst Tetzel, geb. 1503, gest. 1575, war 1540–1554 Jüngerer Bürgermeister, 1555–1557 Älterer Bürgermeister, 1558–1565 Septemvir und 1566–1575 Oberster Hauptmann; vgl. StadtAN GSI 152 (Genanntendatenbank).

[9] In Nürnberg belegt zwischen 1538 und 1555. Vgl. Michael Diefenbacher, Fazuni, Antonio, in: Stadtlexikon Nürnberg (wie Anm. 1), S. 276 f.

[10] Heinz-Joachim Neubauer, Der Bau der großen Bastei hinter der Veste 1538–1545, in: Mitteilungen des Vereins für Geschichte der Stadt Nürnberg (MVGN) 69, 1982, S. 196–263. – Vgl. auch Michael Diefenbacher (Bearb.), Die Annalen der Reichsstadt Nürnberg von 1623 von Johannes Müllner. Band III: 1470–1544 (Quellen und Forschungen zur Geschichte und Kultur der Stadt Nürnberg 32), Nürnberg 2003, S. 669–681 und 724.

[11] Vgl. Werner Schultheiß / Gerhard Hirschmann, Stadtarchiv Nürnberg 1865–1965. Festschrift zur Hundertjahrfeier (Quellen und Forschungen zur Geschichte der Stadt Nürnberg 8), Nürnberg 1964, S. 43 f.

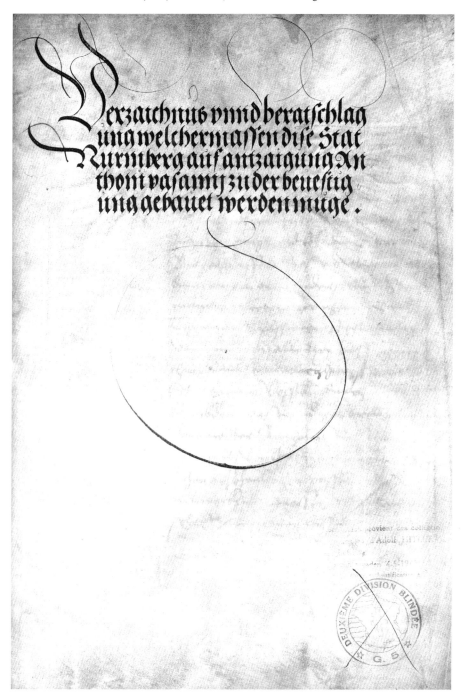

Titelblatt der Handschrift (Stadtarchiv Nürnberg: B 1/I Nr. 69).

der „Nürnberger Manuskripte" war[12], an das Stadtarchiv Nürnberg abgegeben worden. Hier wurde es im Bestand „Abgaben des Staatsarchivs Nürnberg" verwahrt.[13] Auch nach dem Rückerwerb wurde das Amtsbuch wieder dem Bestand „Abgaben des Staatsarchivs Nürnberg" zugeordnet und erst um 1964 provenienzmäßig in den Bestand „Reichsstädtisches Bauamt" integriert. Dieser war 1828 vom Rentamt Nürnberg an den Stadtmagistrat übergeben worden, wurde 1884/85 geordnet und verzeichnet und 1920–1922 verschlagwortet. Der Zettelkatalog wurde wie die meisten Findmittel und die Registratur des Stadtarchivs am 2. Januar 1945 vernichtet, und der Bestand ab 1948 neu verzeichnet.[14] Heute existiert ein modernes elektronisches Findbuch zum Bestand.

Wie aber kam es zum Neuerwerb des 1936 an Adolf Hitler verschenkten Amtsbuchs? Am 30. April 1946 hatte Archivdirektor Dr. Gerhard Pfeiffer beim Schuldezernenten Dr. Hans Raab in einem internen Vermerk angeregt, den Band, an dem laut Pfeiffer „ausserhalb Nürnbergs doch nur ein beschränktes Interesse besteht", durch Vermittlung der US-amerikanischen Militärbehörden aus dem beschlagnahmten Besitz Hitlers zurückzufordern.[15] Raab wandte sich daraufhin am 23. Mai an Leutnant Albright von der Military Government Nurnberg – erfolglos.[16] Ziel der Anfrage war der Collecting Point, später Collecting Center der Amerikaner in München, der unter anderem den ehemaligen Besitz Hitlers verwaltete. Die Anfrage aus Nürnberg wurde nicht einmal beantwortet.[17] Eine abermalige persönliche Nachforschung 1949 in München durch Professor Dr. Traugott Schulz, den langjährigen Direktor der Städtischen Kunstsammlungen[18], blieb ebenso erfolglos.[19]

Nach diesen wenig ermutigenden Vorstößen dauerte es weitere sechs Jahre, bis Pfeiffer abermals aktiv wurde. Zunächst mündlich und am 21. Januar 1955 per Vermerk regte er bei seiner vorgesetzten Behörde, dem mit Direktorialverfügung vom 22. Januar 1954 neu geschaffenen Kulturamt[20], an, sich abermals mit dem verschollenen Amtsbuch zu befassen, wobei er dabei selbst die Vermutung äußerte, die Handschrift könne auch beim Brand der Berliner Reichskanzlei in den Endtagen des Krieges vernichtet worden sein.[21] Der Leiter des Kulturamts, Dr. Herbert Weisel, versuchte zunächst über den Leiter des Amtes für zivile Angelegenheiten beim Headquaters Nurn-

---

[12] Altsignatur: Staatsarchiv Nürnberg (künftig: StAN), Reichsstadt Nürnberg, Nürnberger Manuskripte, Nr. 291.

[13] Altsignatur: StadtAN A 26 Rep. 52 Nr. 14.

[14] Bestandsgeschichte laut StadtAN GSI 87 (Archivorganisation: Bestandsbildung und Bestandsbeschreibung bis ca. 1966).

[15] Vermerk Pfeiffers an Raab vom 30.4.1946, in: StadtAN C 36/I Nr. 196.

[16] Schreiben Raabs an Albright vom 23.5.1946, in: StadtAN C 36/I Nr. 196.

[17] Vermerk Pfeiffers an den Leiter des Kulturamts Dr. Herbert Weisel vom 21.1.1955, in: StadtAN C 36/I Nr. 196.

[18] Zu ihm s. Michael Diefenbacher, Schulz, Fritz Traugott, Dr. phil., in: Stadtlexikon Nürnberg (wie Anm. 1), S. 957, zu seinem Wirken in Nürnberg vgl. Wiltrud Fischer-Pache, Von der „Kunst-Ausstellungs-Halle" zur „Kunsthalle". Die Fränkische Galerie und die Ausstellungstätigkeit der Städtischen Kunstsammlungen 1913–1966, in: Ellen Seifermann / Michael Diefenbacher (Hg.), Von der Kunst-Ausstellungs-Halle zur Kunsthalle 1913–2003, Nürnberg 2003, S. 38–67.

[19] Entwurf Pfeiffers für ein Schreiben des Nürnberger Oberbürgermeisters Otto Bärnreuther an den Kulturattaché der US-Botschaft vom 14.10.1955, in: StadtAN C 36/I Nr. 196.

[20] StadtAN GSI 129 (Datenbank mann-online), Nr. 1114.

[21] Vermerk Pfeiffers an Weisel vom 21.1.1955, in: StadtAN C 36/I Nr. 196.

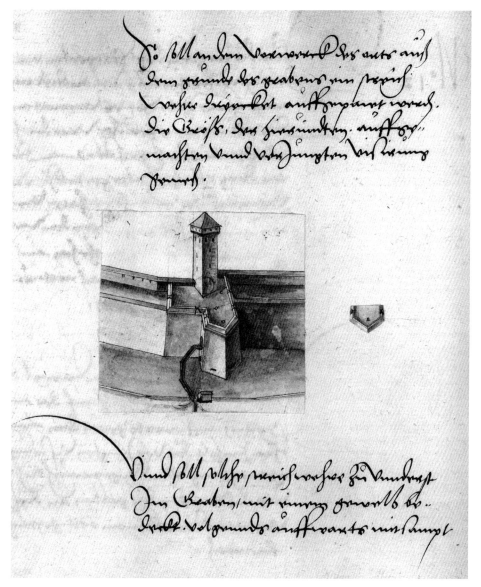

Blatt 20 verso mit einer Zeichnung Antonio Fazunis (Stadtarchiv Nürnberg: B 1/I Nr. 69).

berg Sub-Area Public Information Office in Fürth, Carl F. Fuchs, den kommandierenden US-Offizier des Militärdistrikts Nürnberg-Fürth, Colonel Alexander G. Kirby, für die Sache zu interessieren.[22] Fuchs sagte Unterstützung zu, schlug jedoch vor, sich zusätzlich direkt mit dem bei der US-Botschaft in Bonn akkreditierten Kulturattaché in Verbindung zu setzen, um der Sache den nötigen Nachdruck zu verleihen.[23]

Dies geschah mit Schreiben des Nürnberger Oberbürgermeisters Otto Bärnreuther[24] vom 18. Oktober 1955, in dem erstmals ausführlich auch die Schmuckkassette beschrieben wird, in der 1936 Liebel das Amtsbuch an Adolf Hitler überreichte. Es handelte sich um eine extra für diesen Zweck hergestellte Silberkassette, deren Deckel mit einer Elfenbeinschnitzerei verziert war, die die Nürnberger Stadtmauern um 1600 darstellte. Innerhalb des Mauerkranzes waren der Nürnberger Wappendreiverein (doppelköpfiger Reichsadler, Großes und Kleines Nürnberger Stadtwappen) in Elfenbein geschnitzt dargestellt sowie das Hakenkreuz und die Inschrift „Reichsparteitag 1936" angebracht. Innen war die Kassette mit rotem Plüsch ausgeschlagen.[25]

Aber auch die Anfrage in Bonn-Bad Godesberg führte zu keinem positiven Ergebnis. Der Kuturattaché an der US-Botschaft, C. V. Easum, hatte in Washington die Akten des Central Collecting Points überprüfen lassen und erfahren, dass sich weder die Kassette noch das gesuchte Archivale jemals in den Händen der Abteilung „Denkmäler, Schöne Künste und Archive" befunden habe, was übrigens 1946 und 1949 angeblich auch den Herren Dr. Raab und Professor Schulz mitgeteilt worden sei. Weitere Suchaufträge bei den National Archives, der Kongressbibliothek und beim Department of the Army (Armee-Amt) waren ebenso erfolglos. Easum vermutete eine eventuelle Verwahrung des Amtsbuchs in Hitlers Bibliothek in Linz und riet dem Nürnberger Oberbürgermeister, mit Unterstützung der Treuhandverwaltung für Kulturgut der kriegsbedingten Verlagerung der Hitlerschen Bibliothek nachzurecherchieren. Diese war in der Villa Castiglione am Grundlsee in Oberösterreich ausgelagert gewesen. Als zuständigen Kenner nannte der Kulturattaché Hitlers Bibliothekar Dr. Friedrich Wolffhardt, der bereits im Dezember 1945 in Ansbach aus einem Kriegsgefangenenlager entlassen worden war. Es war davon auszugehen, dass sich dieser an die schmuckvolle Kassette und ihren Inhalt erinnerte, wenn beide wirklich in der so genannten „Führerbibliothek" in Linz verwahrt worden waren.[26]

Damit hatte man in Nürnberg wenigstens eine neue Spur und machte sich auf die Suche nach Hitlers Bibliothekar. Der 1899 in Landshut geborene Friedrich Wolffhardt war seit November 1941 im Führerbau in München beschäftigt gewesen, bevor er 1943 zur Villa Castiglione am Grundlsee wechselte. Der SS-Hauptsturmführer (seit Mai 1942) und persönliche Freund des Reichsleiters Martin Bormann verwaltete die

---

[22] Vermerk Weisels vom 21.3.1955, Niederschrift der Dienststellenleiterbesprechung im Kulturamt vom 6.9.1955 und Schreiben Weisels an Fuchs vom 12.9.1955, in: StadtAN C 36/I Nr. 196.

[23] Schreiben Fuchs' an Weisel vom 19.9.1955, in: StadtAN C 36/I Nr. 196.

[24] Zu ihm s. Horst-Dieter Beyerstedt, Bärnreuther, Otto, Dr. h.c., in: Stadtlexikon Nürnberg (wie Anm. 1), S. 96.

[25] Schreiben Bärnreuthers an den US-Kulturattaché C. V. Easum in Bonn vom 18.10.1955, in: StadtAN C 36/I Nr. 196.

[26] Antwortschreiben Easums an Bärnreuther vom 29.2.1956 mit Übersetzung vom 2.3.1956, in: StadtAN C 36/I Nr. 196.

"Führerbibliothek" als Dienststelle der Parteikanzlei der NSDAP.[27] Die Suche nach Wolffhardt begann bei der Generaldirektion der Österreichischen Bibliotheken in Wien und – von Generaldirektor Dr. Josef Stummvoll angeregt – beim Gemeindeamt Grundlsee bei Bad Aussee/Oberösterreich; sie führte schließlich zur Generaldirektion der Bayerischen Staatlichen Bibliotheken in München. Vom Bürgermeister in Grundlsee erfuhren die Nürnberger, dass Wolffhardt am 6. März 1945 seinen Wohnsitz in Grundlsee aufgegeben hatte, weil er von der Wehrmacht eingezogen worden war. Seine Familie war im Zuge der „Rückführung" am 21. Juli 1945 nach Straubing verzogen.[28] Die Auskunft aus Straubing war abermals negativ, ein Dr. Friedrich Wolffhardt war hier nie gemeldet gewesen.[29] Die Generaldirektion der Bayerischen Staatlichen Bibliotheken jedoch konnte weiterhelfen: Wolffhardt wohnte laut eines Bewerbungsschreibens vom 22. Mai 1954 um eine Anstellung in Bayern und laut Stadtadressbuch 1956 in München.[30] Eine Anfrage bei ihm führte jedoch auch nicht weiter, er konnte sich an das Geschenk aus Nürnberg nicht erinnern.[31]

Bevor Wolffhardts Antwort im Nürnberger Stadtarchiv eingetroffen war, hatte sich jedoch das Blatt gewendet: Am 22. Juni 1956 berichtete der stellvertretende Archivleiter Dr. Werner Schultheiß[32] an das Kulturamt, dass Dr. Johannes Graf von Waldburg-Wolfegg das Amtsbuch in der Schweiz gefunden habe und dieses über Dr. Peter Strieder[33], Direktor am Germanischen Nationalmuseum, dem Archiv mitgeteilt habe. Der Jurist Schultheiß war auch der erste, der die nun anstehenden rechtlichen Fragen stellte. War denn die Schenkung an Adolf Hitler 1936 rechtskräftig? Wenn ja, wer ist der Rechtsnachfolger des Privateigentums Hitlers? Und, können Dritte aus dem Nachlass Hitlers überhaupt ein neues Eigentumsrecht erwerben? Das Hauptproblem war die Schweiz, das Amtsbuch war nicht auf deutschem oder bis 1945 deutschem Boden gefunden worden, sondern im Ausland.[34] Das konsultierte Nürnberger Rechtsamt vertrat folgende Position: 1. Die Schenkung des Jahres 1936 war rechtskräftig. 2. Ein Rückerwerb des Amtsbuchs ist nur im Wege des Kaufes möglich. 3. Der Freistaat Bayern, Verwalter des Nachlasses Hitlers, wird wohl kaum Ansprüche auf diesen Teil der Hinterlassenschaft Hitlers erheben, dennoch sollten Verhandlungen mit dem zu-

---

[27] Grundlegende Informationen aus The Linz Museum. Personalities of the Linz Commission (http://hist.claremontmckenna.edu/jpetropoulos/linz/personalitiesc.html#3, Zugriff am 21.7.2006). Vgl. auch die zum Teil (vor allem was Wolffhardts Vermisstsein an der Ostfront anbelangt) leider falschen Angaben bei Gerhart Marckhgott, Das Projekt „Führerbibliothek" in Linz, in: Entnazifizierung und Wiederaufbau in Linz (Historisches Jahrbuch der Stadt Linz 1995), Linz 1996, S. 411–434.
[28] Schreiben der Gemeinde Grundlsee an den Stadtrat zu Nürnberg vom 12.4.1956, in: StadtAN C 36/I Nr. 196.
[29] Auskunft der Stadt Straubing vom 19.4.1956, in: StadtAN C 36/I Nr. 196.
[30] Schreiben des Generaldirektors Dr. Hofmann an Pfeiffer vom 6.6.1956, in: StadtAN C 36/I Nr. 196.
[31] Schreiben Pfeiffers an Wolffhardt vom 15.6.1956 und Wolffhardts Antwort vom 27.6.1956, in: StadtAN C 36/I Nr. 196.
[32] Zu ihm vgl. Michael Diefenbacher, Schultheiß, Werner, Dr. jur., in: Stadtlexikon Nürnberg (wie Anm. 1), S. 956.
[33] Zu ihm vgl. Peter-Klaus Schuster, Die Gewalt der Kunst. Festvortrag zum 85. Geburtstag von Peter Strieder, in: Anzeiger des Germanischen Nationalmuseums, Nürnberg 1999, S. 227–233.
[34] Vermerk Schultheiß' an das Kulturamt vom 22.6.1956, in: StadtAN C 36/I Nr. 196.

Die geschlossene Kassette (Foto: Stadtarchiv Nürnberg).

ständigen Staatsministerium aufgenommen werden. Dieser Auffassung schloss sich das Nürnberger Kulturamt an.[35]

Parallel dazu holte das Stadtarchiv bei Johannes Graf von Waldburg-Wolfegg die noch ausstehenden Informationen über das Schicksal seines Archivales ein. Dieser hatte eher zufällig über einen Verwandten, Graf Theodor Esterhazy, von der Handschrift erfahren. Graf Esterhazy, der seine Besitzungen in Ungarn in Folge des Krieges verloren hatte, hatte sich nach 1945 in Genf im internationalen Kunstmarkt engagiert. Der derzeitige Besitzer des Nürnberger Amtsbuchs wollte dieses zu Geld machen und hatte primär an Interessenten in den USA gedacht, Esterhazy jedoch an die ehemaligen Eigentümer. Das Fazuni-Gutachten ist – laut Waldburg-Wolfegg – in Hit-

---

[35] Vermerke Pfeiffers an das Kulturamt vom 26. 6. 1956 und Weisels an das Direktorium A vom 29. 6. 1956, in: StadtAN C 36/I Nr. 196.

lers „Adlerhorst" über Berchtesgaden verwahrt gewesen. Von dort wurde es kurz vor Kriegsende von „Truppen der Alliierten" wie vieles andere als Andenken oder Kuriosum mitgenommen. Seine von Esterhazy übermittelte Beschreibung der Kassette und ihres Inhalts wies eindeutig auf das gesuchte Amtsbuch hin.[36]

Das gleichzeitig mitgeteilte Vermittlungsangebot des Grafen Waldburg nahm die Stadt Nürnberg dankend an und stellte umgehend Kontakt zu Graf Esterhazy her. Dieser startete die nun folgenden Verhandlungen klassisch mit dem großen Unbekannten – einem „bekannten Sammler" aus „Übersee" –, der das Stück unbedingt erwerben wolle. Von Graf Esterhazy sei jedoch der Besitzer überzeugt worden, das Archivale erst der Stadt Nürnberg als dem ehemaligen Besitzer anzubieten. Gleichzeitig nannte er erstmals die horrende Kaufsumme von 50.000 Schweizer Franken, was damals einem Wert von ca. 48.000 DM entsprach.[37]

Die Stadt Nürnberg schaltete daraufhin am 4. Juli zunächst das bayerische Staatsministerium für Kultus und Unterricht ein, um bei Hitlers Nachlassverwalter, dem Freistaat Bayern, grünes Licht für weitere Verhandlungen zu erhalten.[38] Zugleich aber wurden nun erstmals Rechtsreferent Hans Thieme und Stadtkämmerer Dr. Georg Zitzmann sowie der Nürnberger Stadtrat in die Angelegenheit einbezogen.[39] Archivdirektor Pfeiffer fügte jetzt der 1936 erfolgten Schenkung – sicherlich der Wahrheit entsprechend – taktisch eine neue Nuance hinzu: Das Archiv sei 1936 nicht bereit gewesen, Adolf Hitler das Original des Fazuni-Gutachtens zu überlassen, sondern wollte Oberbürgermeister Liebel zur Übergabe von Fotokopien überreden. Dies sei jedoch vom zuständigen Fachreferat unterbunden worden. Diese Feststellung impliziert, dass der anstehende Rückkauf nicht vom Archiv, sondern von der damaligen Stadtspitze zu verantworten war. Pfeiffers Theorie basiert auf den Erinnerungen seines Mitarbeiters Werner Schultheiß, Belege zu den Verhandlungen um die Schenkung 1936 aus dem Stadtarchiv existieren nicht, da die Registratur des Archivs am 2. Januar 1945 vernichtet wurde.[40]

Kaum gewonnen, schon zerronnen? Im Juli 1956 kamen die Bemühungen um einen Rückerwerb des Amtsbuchs ins Stocken. Dass der geforderte Preis von 50.000 Schweizer Franken überzogen war, war allen Nürnberger Beteiligten von vornherein klar. Ebenso wurde der angeblich vorhandene Käufer in Übersee angezweifelt und Graf Esterhazy selbst verdächtigt, Besitzer der Handschrift zu sein und als Preistreiber die Geschichte der Handschrift manipuliert zu haben. Dies leitete man aus den unterschiedlichen Darstellungen der Grafen Waldburg und Esterhazy über den Schicksalsweg des Archivales ab. Kritisch wurde auch die Position des bayerischen Staates gesehen: Die in Nürnberg Verantwortlichen zweifelten zwar an, dass der Freistaat selbst die Handschrift erwerben wollte, zumal sie nur von „lokalhistorischem Interesse" sei. Dennoch legte man ein berechtigtes Misstrauen an den Tag: „Dass der Staat, wenn er die Urkunde [gemeint ist das Amtsbuch] je erwirbt, sie der Stadt Nürnberg

---

[36] Schreiben Waldburgs an Schultheiß vom 23.6.1956, in: StadtAN C 36/I Nr. 196.
[37] Schreiben Esterhazys an Pfeiffer vom 29.6.1956, in: StadtAN C 36/I Nr. 196.
[38] Schreiben Bärnreuthers an das Ministerium vom 4.7.1956, in: StadtAN C 36/I Nr. 196.
[39] Vermerk Weisels an das Direktorium A vom 2.7.1956, in: StadtAN C 36/I Nr. 196.
[40] Vermerk Pfeiffers an das Direktorium A vom 2.7.1956, in: StadtAN C 36/I Nr. 196.

wieder zur Verfügung stellt, darf man nach den Erfahrungen mit anderen Objekten (die Apostelbilder von Dürer) nicht erwarten".[41]

Den Juli über zogen sich die Verhandlungen innerhalb der Nürnberger Verwaltung wie auch zwischen dem Stadtarchiv und Graf Esterhazy hin. Der für die Sache zuständige Verwaltungshauptausschuss des Stadtrats sah Handlungsbedarf zunächst bei der bayerischen Staatsregierung; die Frage, ob und wann Esterhazy inzwischen einen anderen Käufer findet, war für ihn zweitrangig.[42] Um die Sache zu beschleunigen, bat Graf Esterhazy mittlerweile einen Verwandten, Fürst Constantin von Hohenlohe in Weikersheim, mit Stadtarchivdirektor Pfeiffer weiter zu verhandeln. Fürst Hohenlohe wandte sich jedoch an den mit ihm bekannten Ersten Direktor des Germanischen Nationalmuseums, Ludwig Grote.[43] Im Schriftwechsel Esterhazy-Hohenlohe und Hohenlohe-Grote wurde erstmals unverhohlen die Behauptung aufgestellt, ein US-amerikanischer Soldat habe das Archivale aus dem „Führerhorst" bei Berchtesgaden entwendet und trete jetzt als Verkäufer auf. Hohenlohe zieht daraus gar den Schluss: „Meiner Ansicht nach hat der Nazi-Bürgermeister die Documente aus dem Archiv gestohlen, um sie Hitler zu schenken, und hat der Amerikaner sie dann nochmals gestohlen und müsste sie eigentlich unentgeltlich zurück geben, was vielleicht auf diplomatischem Wege zu erreichen wäre".[44]

Die Signale aus dem Nürnberger Stadtrat wurden mit der Zeit immer düsterer. Im September 1956 zeichnete sich ab, dass das politisch verantwortliche Gremium an einem Rückkauf des Fazuni-Gutachtens aus der Schweiz nicht sonderlich interessiert war. Das Direktorium A, also Oberbürgermeister Otto Bärnreuther selbst beziehungsweise sein persönlicher Mitarbeiter und Verwaltungsleiter seines Sekretariats, Dr. Otto Hild,[45] riet Pfeiffer daraufhin, sich einen Sponsor zu suchen, der für sich das Amtsbuch erwerben und es dann dem Archiv zur Verfügung stellen sollte.[46] Als Sponsor dachte man an den Handschriftenliebhaber Gustav Schickedanz, den Vorstand des Quellekonzerns.[47]

Parallel zu den Bemühungen, Geldgeber in der Nürnberg-Fürther Industrie zu finden, verhandelte Pfeiffer weiter mit Graf Esterhazy in Genf und legte ihm dabei die noch zu überwindenden Hindernisse offen.[48] Diese waren zunächst die von Esterhazy übermittelten Preisvorstellungen: Da der Wert des Amtsbuchs vor der Übergabe an Hitler mit 1.000 RM taxiert worden war, sah der Nürnberger Stadtrat einen Preis von 50.000 Schweizer Franken, selbst wenn man zwischenzeitliche Wertsteigerungen und

---

[41] Vermerk des Nürnberger Rechtsamts an Referat III (Rechts- und Ordnungsverwaltung) mit Abdruck an das Kulturamt und das Stadtarchiv vom 4.7.1956, in: StadtAN C 36/I Nr. 196.

[42] Vermerk des Direktorium A über Referat IV (Schul- und Kulturverwaltung) an das Kulturamt vom 17.7.1956, in: StadtAN C 36/I Nr. 196.

[43] Zu ihm vgl. G. Ulrich Großmann, Grote, Ludwig, in: Stadtlexikon Nürnberg (wie Anm. 1), S. 384.

[44] Schreiben Esterhazys an Hohenlohe vom 24.8.1956 und Schreiben Hohenlohes an Grote vom 26.9.1956 (Eingangsstempel des Germanischen Nationalmuseums), in: StadtAN C 36/I Nr. 196. Hier auch das Zitat.

[45] Vgl. Verwaltungsbericht der Stadt Nürnberg 1956, S. 7 und 9, und StadtAN GSI 49 (Personenkartei).

[46] Vermerk Pfeiffers an das Kulturamt vom 20.9.1956, in: StadtAN C 36/I Nr. 196.

[47] Ebd. – Zu Schickedanz vgl. Martina Bauernfeind, Schickedanz, Unternehmerfamilie, in: Stadtlexikon Nürnberg (wie Anm. 1), S. 932.

[48] Schreiben Pfeiffers an Esterhazy vom 5.10.1956, in: StadtAN C 36/I Nr. 196. Vgl. hier auch das Folgende.

Handschriftliches Schreiben Fürst Constantin von Hohenlohes an Ludwig Grote, 26. September 1956 (Stadtarchiv Nürnberg: C 36/I Nr. 196).

die extra angefertigte Schmuckkassette hinzurechnet, als weit überteuert an. Pfeiffer signalisierte zugleich, dass ein Preis zwischen 3.000 und 5.000 Franken akzeptabel und ihm hauptsächlich am Erwerb der Handschrift gelegen wäre, die Kassette also davon unabhängig an einen interessierten Sammler verkauft werden könne. Erschwerend wirkte, dass die 1936 angefertigten Kopien den Krieg überlebt hatten und zwischenzeitlich schon von der Forschung benutzt worden waren. Sodann kamen rechtliche Bedenken hinzu: Es war klar, dass der derzeitige Besitzer nicht der Eigentümer des Archivales war. Dieses gelangte entweder über den Obersalzberg plündernde SS-Truppen (so die von Kreisen der US-Army vertretene Version) oder über erobernde US-Soldaten (so die von Graf Esterhazy verbreitete Variante) in die Hände des derzeitigen Besitzers. Der rechtmäßige Eigentümer war aber aller Wahrscheinlichkeit nach auch nicht die Stadt Nürnberg, die die Handschrift ja an Adolf Hitler verschenkt hatte, sondern der Rechtsnachfolger von Hitlers Eigentum, also der bayerische Staat. Deshalb befürchtete der Nürnberger Stadtrat, das Archivale, nachdem er es für viel Geld zurückgekauft hätte, wieder an den bayerischen Staat zu verlieren.

Erst im Dezember 1956 kam endlich Bewegung in die Angelegenheit. Pfeiffer hatte keinen potentiellen Geldgeber für das Fazuni-Gutachten interessieren können,[49] zugleich aber war der Besitzer mit seinen Preisvorstellungen auf 10.000 Schweizer Franken heruntergegangen. Diese Summe wurde seitens Graf Esterhazys einmal mehr als letztes Angebot bezeichnet und abermals, falls Nürnberg sich nicht rasch entscheide, ein Verkauf des derzeit in Paris befindlichen Stückes an Dritte signalisiert. Pfeiffer appellierte nun dringend an Oberbürgermeister Bärnreuther, diese Summe, die damals 9.580 DM entsprach, aus den Verfügungsmitteln des Direktoriums A zur Verfügung zu stellen, um eine Abwanderung des Archivales nach Übersee zu verhindern. Er argumentierte dabei sehr geschickt mit dem Selbstverständnis der Stadt, die verpflichtet sei, „die im Nazizeitalter begangene Torheit wieder in Ordnung zu bringen; denn letztendlich fällt es auf Nürnberg zurück, wenn eine Handschrift der Stadt für uns verloren ist". Er unterschrieb den Vermerk mit der Bitte um Rücksprache mit dem fast martialisch anmutenden Zusatz: „[...] da mir als Stadtarchivar alles daran liegen muß, die Handschrift dorthin zurückzubringen, wohin sie gehört: ins Stadtarchiv".[50]

Nachdem Bewegung in die Preisverhandlungen gekommen war und aus dem Stadtrat beziehungsweise von der Stadtspitze Signale ausgesendet worden waren, dass diese „Entschädigungssumme" mitgetragen werden könne, galt es nun, vom Freistaat Bayern endlich eine Aussage zu dessen Rechtsansprüchen zu erhalten; die entsprechende Anfrage an das Kultusministerium lag nun schon ein halbes Jahr zurück.[51] Hierzu wurde nicht nur nochmals das Staatsministerium für Unterricht und Kultus in München direkt, sondern nun auch die Generaldirektion der staatlichen Archive Bayerns mit der Bitte um Fürsprache eingeschaltet.[52] Zugleich legte Pfeiffer Esterhazys Genfer Vermittler, Herrn Stefan de Moricz, mit der Kaufsumme von 8.500 Schweizer Franken für Handschrift und Kassette erstmals ein konkretes Gebot der Stadt Nürn-

---

[49] Schreiben Pfeiffers an Esterhazy vom 10.12.1956, in: StadtAN C 36/I Nr. 196.
[50] Vermerk Pfeiffers an Direktorium A vom 14.12.1956, in: StadtAN C 36/I Nr. 196.
[51] Vgl. Anm. 38.
[52] Schreiben Pfeiffers an den Staatssekretär im Ministerium für Unterricht und Kultus, Dr. Meinzolt, und an die Generaldirektion vom 17.12.1956, in: StadtAN C 36/I Nr. 196.

berg vor und sprach sofort auch die Abwicklungsmodalitäten an. Er bot an, wegen der schwierigen deutsch-schweizerischen Devisenbestimmungen, die einen Bargeldtransfer ausschlossen, einen auf die Schweizerische Bankgesellschaft in Zürich lautenden Scheck der Bayerischen Gemeindebank zu übergeben. Der Scheck könnte dann in der Genfer Filiale der Schweizerischen Bankgesellschaft eingelöst werden. Als Ort der Übergabe schlug er das Genfer Staatsarchiv vor.[53]

Die persönliche Vorsprache Pfeiffers in München brachte dann den Durchbruch. Sowohl im Kultus- als auch im Finanz- und im Innenministerium wurde dem Nürnberger Stadtarchivleiter versichert, dass der Freistaat Bayern als Nachlassverwalter Adolf Hitlers auf das staatliche Eigentumsrecht an dem Archivale verzichte, obwohl die Schenkung des Jahres 1936 rechtswirksam sei, und einem Rückerwerb durch die Stadt somit nichts mehr im Wege stehe. Auch der Generaldirektor der staatlichen Archive Bayerns, Dr. Wilhelm Winkler[54], betonte, dass die staatliche Archivverwaltung keine Ansprüche auf das ins Stadtarchiv Nürnberg gehörende Stück erhebe.[55] Deshalb bat Pfeiffer am 21. Dezember 1956 darum, ihm zwei Zahlungsanweisungen auszustellen, eine auf 8.000 Schweizer Franken für den Erwerb der Handschrift und eine auf 500 Schweizer Franken für eventuell anfallende Notariats- oder Bankgebühren, und ihm eine Vollmacht mitzugeben, die ihn berechtige, das Fazuni-Gutachten in Empfang zu nehmen.[56] Die Schweizer Verhandlungspartner hatten also einen Verkaufspreis von 8.000 Franken akzeptiert.

Am 27. Dezember wurden Pfeiffer in München die Schecks der Bayerischen Gemeindebank ausgehändigt.[57] In Genf vermittelte der Leiter des dortigen Staatsarchivs, Herr Vaucher, die Abwicklung der Übergabe mit der Firma Socimpex, wohl einem auf den internationalen Markt ausgerichteten Antiquariat, und stellte Pfeiffer für die Zollbehörden eine Bescheinigung aus, dass die Schweiz selbst kein Interesse an der Handschrift habe. Der Leiter der Socimpex, Herr Fabry, klärte den Nürnberger Archivleiter auch ein wenig über das zurückliegende Schicksal des Amtsbuchs auf: Der Marschall der französischen Armee Le Clerc habe bei der Eroberung Berchtesgadens und des Obersalzbergs Hitlers Kunstschätze an seine Stabsoffiziere verteilt. Der Offizier, der die Nürnberger Handschrift erhalten habe, sei wegen seiner vielen Kinder in Geldsorgen gewesen und habe deshalb das Stück verkaufen wollen. Der Stempelaufdruck der 2. französischen Panzerdivision auf dem Titelblatt des Archivales – heute nur noch sehr verblasst zu sehen[58] – bestätigt diese Version: „Cette pièce provient des collections / artificielles d'Adolf HITLER / au Berghof / Berchtesgaden, 4.5.1945 / pour identification / (Siegel der deuxième division blindée)."

Ob der französische Offizier von 1945 im Jahr 1956 der direkte Verkäufer des Amtsbuchs an die Stadt Nürnberg war, konnte Pfeiffer nicht erfahren; Fabry sprach

---

[53] Schreiben Pfeiffers an de Moricz vom 17.12.1956, in: StadtAN C 36/I Nr. 196.

[54] Zu ihm vgl. Wolfgang Leesch, Die deutschen Archivare 1500–1945, Bd. 2: Biographisches Lexikon, München u.a. 1992, S. 671.

[55] Schreiben des Kultusministeriums an Oberbürgermeister Bärnreuther vom 20.12.1956 und Vermerk Pfeiffers an Direktorium A vom 21.12.1956, in: StadtAN C 36/I Nr. 196.

[56] Vermerk Pfeiffers an Direktorium A vom 21.12.1956, in: StadtAN C 36/I Nr. 196.

[57] Hierzu und zum Folgenden Vermerk Pfeiffers an Direktorium A vom 2.1.1957, in: StadtAN C 36/I Nr. 196.

[58] StadtAN B 1/I Nr. 69, Bl. 1.

Der französische Besitzstempel auf dem Titelblatt der Handschrift (Stadtarchiv Nürnberg: B 1/I Nr. 69).

ebenfalls von einem „nordfranzösischen Industriellen". Sicher war nur, dass alle früheren Spekulationen um plündernde SS-Leute und erobernde US-Soldaten falsch gewesen waren. Erworben wurde die Handschrift nun tatsächlich um 8.000 Schweizer Franken, auf einen Kauf der Silberkassette, die nochmals 1.000 Franken gekostet hätte, hat Pfeiffer weisungsgemäß verzichtet. Auch hatte er gegenüber der verkaufenden Socimpex eine Erstattung von Bankgebühren abgelehnt und war damit durchgedrungen.[59]

Nach Nürnberg zurückgekehrt versuchte Pfeiffer, die Besitzer der Handschrift zwischen 1945 und 1956 zu ermitteln, jedoch ohne Erfolg.[60] Am 16. Februar 1957 konnte dann die Nürnberger Presse offiziell über das Ereignis berichten. Die Schlagzeilen der Nürnberger Nachrichten lauteten: Überschrift: „1936 Hitler geschenkt – nach dem Krieg verschollen – jetzt aufgefunden"; Haupttitel: „OBM kauft Dokument zurück"; Untertitel: „Für 8000 Schweizer Franken ging die Handschrift über Nürnbergs Befestigungen des 16. Jahrhunderts wieder in den Besitz der Stadt über – Niemand kennt letzten Besitzer".[61]

---

[59] Vermerk Pfeiffers an Direktorium A vom 2. 1. 1957, in: StadtAN C 36/I Nr. 196.

[60] Schreiben Pfeiffers an das Stadtarchiv Freiburg/Breisgau um Literatur zur 2. französischen Panzerdivision vom 4. 1. 1957, Schreiben Pfeiffers an Herrn Fabry von der Firma Socimpex in Genf vom 10. 1. 1957, in: StadtAN C 36/I Nr. 196.

[61] Nürnberger Nachrichten vom 16. 2. 1957, in: StadtAN C 36/I Nr. 196.

Heinz Hürten

Eine neue Quelle zur Freiheitsaktion Bayern

Das kühne, aber unzureichend vorbereitete Unternehmen des Hauptmanns Dr. Rupprecht Gerngroß, dem wankenden „Dritten Reich" den Stoß zu geben, der diesem ein Ende gesetzt und dem Süden seiner bayerischen Heimat manchen Schaden erspart hätte, ist in seinem Ablauf und Scheitern unverzichtbarer Gegenstand in den Darstellungen des Kriegsendes in Bayern. Weithin bekannt sind auch die dadurch ausgelösten Vorgänge in Altötting, Burghausen und Penzberg mit ihren Opfern und die in diesem Zusammenhang erfolgte Ermordung des Pfarrers von Götting durch die SS. Im Jahre 2005 ist nun eine Quellengruppe veröffentlicht worden, die bei ganz anderer Zielsetzung einige Informationen über Wirkung und Beurteilung des Aufrufs der Freiheitsaktion zum Widerstand im bayerischen Oberland enthält.

Die Erzdiözese München und Freising, deren Sprengel sich weitgehend mit dem Regierungsbezirk Oberbayern deckt, hat am 7. Juni 1945 alle unterstellten Seelsorgestellen (Pfarreien, Kuratien, Exposituren, Benefizien) aufgefordert, „einen ausführlichen Bericht über die Auswirkungen des letzten Krieges in der Seelsorgestelle und namentlich über die Ereignisse gelegentlich des Einmarsches der amerikanischen Truppen einzusenden". Dabei sollten vornehmlich die personellen Kriegsverluste und sachlichen Kriegsschäden näher bezeichnet werden.

Von den insgesamt 670 in Frage kommenden Seelsorgestellen sind im Archiv des Erzbistums 562 Berichte dieser Art erhalten. Das Defizit von 108 Berichten ist zu einem Teil daraus zu erklären, daß von diesen Seelsorgestellen keine Berichte eingesandt wurden, weil die vom Ordinariat angeforderten Angaben in anderer Weise, etwa im Rahmen der alljährlich fälligen Berichte über den Stand der Seelsorge, vorgelegt worden waren. Die vorhandenen „Einmarschberichte" sind vom Archiv des Erzbistums München und Freising vor kurzem vollständig ediert worden.[1]

Diese Berichte stellen eine vorzügliche Quelle nicht allein für die Situation der Kirche und ihres Klerus in der Zeit des Umbruchs dar, sondern auch, wenngleich unterschiedlich, für die militärischen Vorgänge, für Stimmung und Verhalten der Bevölkerung, für Praxis und Moral der abrückenden deutschen Truppen (vor allem der Waffen-SS) wie der einmarschierenden amerikanischen. Denn die weitaus meisten der Berichterstatter entledigten sich ihrer Aufgabe nicht durch lakonische Angaben, sondern durch umfangreiche Erzählungen des Erlebten. Noch unter dem Eindruck des Geschehens sprachen sie aus, was ihre Erinnerung erfüllte. Die besondere spirituelle Qualität der Berichterstatter wirkt sich naturgemäß, wenn auch in unterschiedlicher Intensität, auf ihre Relationen aus. Angaben, daß gefallene Soldaten und Zivilisten mit dem offiziellen Segen der Kirche, wenn sie als deren Glieder bekannt oder ermittelt waren, mit einfachem Gebet, wenn solches unbekannt blieb, oder gar ohne jegliche geistliche Assistenz beerdigt wurden (wobei die Praxis durchaus nicht einheitlich

---

[1] Peter Pfister (Hg.), Das Ende des Zweiten Weltkriegs im Erzbistum München und Freising. Die Kriegs- und Einmarschberichte im Archiv des Erzbistums München und Freising, 2 Teile, Regensburg 2005, 1497 Seiten.

war), finden sich häufig wie Erzählungen über die religiöse Praxis der Besatzungssoldaten oder deren moralische Defizite.

Von den 562 Berichten erwähnen insgesamt 29, davon 8 aus München (zwei weitere aus den nahen Orten Aschheim und Ottobrunn), die restlichen 19 aus dem übrigen Gebiet der Erzdiözese (mit Ausnahme von Bad Aibling und Dachau aus kleineren Orten) die Freiheitsaktion Bayern. Wenn dabei auch zu berücksichtigen ist, daß ein Teil der Erzdiözese bereits von alliierten Truppen besetzt war, als der Aufruf zum Aufstand erging, der für diesen also schon gegenstandslos war, so läßt sich doch die Feststellung nicht vermeiden, daß dieser offensichtlich nicht allgemein als Zeichen für eine tiefgreifende Veränderung wahrgenommen worden ist.

Immerhin zeigen die Berichte, welche die Freiheitsaktion erwähnen, ein Bild aus der Perspektive des Pfarrklerus, der in aller Regel unbeteiligter, wenigstens nichtaktiver Zeuge der Ereignisse war, aber durch seine Stellung als Seelsorger und moralische Autorität vielfach besonderes Gewicht besaß. Sie vermitteln insofern eine gewisse Erweiterung des bisherigen Bildes von der Freiheitsaktion Bayern und der Wirkung ihres Aufrufs, den sie am Morgen des 28. April 1945 über den Rundfunk ausstrahlte.[2]

Nur wenige Berichte sprechen von der Freiheitsaktion, ohne sich ihr näher zu widmen, größer ist die Zahl derer, welche eine Reaktion in der Bevölkerung oder unter den Soldaten auf den Aufruf zur „Fasanenjagd" verzeichnen. Diese war keineswegs einheitlich. Von „apathischer" Kenntnisnahme ist nur einmal ausdrücklich die Rede, ein andermal von „Verwirrung", häufiger sind Berichte über freudige und hoffnungsvolle Zustimmung, die sich auf die Nachricht von der Niederschlagung des Unternehmens in Enttäuschung, Orientierungslosigkeit und Niedergeschlagenheit wandelte. Nicht ohne eine Prise schwarzen Humors wird aus Rieden berichtet, daß eine solche lähmende Stimmung „nicht zuletzt" auch die Parteigenossen ergriffen habe. Denn diese hätten auf die Nachricht vom Aufruf der Freiheitspartei, „um ihre Anständigkeit zu beweisen", begonnen, „in aller Öffentlichkeit über Partei und Führer in allen Noten loszuziehen" und sich aller nationalsozialistischen Insignien zu entledigen; die Meldung von der Niederschlagung des Aufstandsversuchs habe sie schleunigst zur Kehrtwende veranlaßt: „Die Parteiabzeichen prangen wieder ostentativ an den Röcken".[3]

Ein wenig größer (12:8) ist die Zahl der Seelsorgestellen, die aus ihrem Bereich Aktivitäten zu berichten wußten, die durch das Signal der Freiheitsaktion ausgelöst wurden. In Aschheim „liefen die Soldaten auseinander, soweit sie das nicht schon vorher getan hatten".[4] Von „einer größeren Aktion der FAB" ist im Bericht der Pfarrei Leiden Christi in München-Obermenzing die Rede. Demnach hat eine Gruppe unter Führung eines namentlich genannten Forstbeamten die Hitlerjugend in ihrem Heim festgesetzt und führende Nationalsozialisten in Haft genommen, die aber von bewaffneten Kräften wieder befreit wurden. Ein Bauer, ein Baumeister und ein Autohändler seien festgenommen worden, um deren Freilassung sich der Berichterstatter vergeb-

---

[2] Ein Überblick bei Wolfgang Zorn, Bayerns Geschichte im 20. Jahrhundert, München 1986. Außerdem Karl-Ulrich Gelberg, Kriegsende, in: Handbuch der bayerischen Geschichte, begr. von Max Spindler, 4/1: Das neue Bayern von 1800 bis zur Gegenwart, hg. von Alois Schmid, München 2003, S. 634–656 und Hildebrand Troll, Aktionen zur Kriegsbeendigung im Frühjahr 1945, in: Martin Broszat u. a. (Hg.), Bayern in der NS-Zeit 4, München 1984, S. 645–689.

[3] Pfister, Ende des Zweiten Weltkriegs (wie Anm. 1), S. 1327f.

[4] Ebd., S. 221.

lich bemüht habe. Über ihr weiteres Schicksal nach der Überstellung zum Gauleiter wird nichts berichtet. Von Kontaktaufnahmen mit den anrückenden amerikanischen Truppen durch Mitglieder der Freiheitsaktion wird für Allach und Bad Aibling berichtet. Der Markt Grafing wurde von der Freiheitsaktion „kampflos übergeben".[5] In Schliersee fanden „Besprechungen im Pfarrhof über die Lage statt".[6] Dort soll die Freiheitsaktion „fieberhafte Tätigkeit" entfaltet haben, „um das drohende Unheil [der Verteidigung mit ihren Folgen] von Schliersee abzuwenden".[7] Eine symbolische Aktion des Umsturzes scheint sich in Perlach durch die Anwesenheit vermeintlich preußischer Truppen und Waffen-SS zerschlagen zu haben.[8] Dreißig Menschen, welche auf dem Pfanzeltplatz einen mit dem Hoheitszeichen versehenen Fahnenmast umstürzen wollten, ließen von ihrem Vorhaben ab, als sie sich von der „drohenden Haltung" der anwesenden militärischen Kräfte überzeugt hatten. Für Ottobrunn hingegen berichtet der Pfarrer von seiner persönlichen Beteiligung, er habe „ein halbes Jahr vorher" bereits „mutige Männer gesammelt, ohne diese untereinander in Verbindung zu bringen"; ihr Zusammenschluß sei mit dem Aufruf der Freiheitsaktion erfolgt, und ohne weitere Mitwirkung des Pfarrers seien sie aus eigenem Entschluß tätig geworden. „Sie halfen mit, Kzler zu befreien, stellten Wachen an Häusern gefährlicher Nazi und nahmen einige fest". Über endgültigen Erfolg oder Niederschlagung dieser Aktion enthält dieser Bericht nichts. In Berganger in der Nähe von Bad Aibling ging eine andere Aktion wenig glücklich aus. Ein Bauer, der mit anderen vom Volkssturmführer verlangte, ihnen die Gewehre auszuliefern, wurde von diesem auf der Stelle erschossen. Im Ort anwesende Soldaten sollen eine Eskalation verhindert haben. In Inzell wurden die Volkssturmführer von Dorfbewohnern festgesetzt, von Soldaten wieder befreit. Die Täter konnten sich nur durch schnelle Flucht retten.

Häufiger als direkte Aktionen erscheint die Hissung weißer und weiß-blauer Fahnen als Folge des Aufrufs vom Morgen des 28. April. Von der Pfarrei St. Benedikt in München wird mit unverhohlenem Stolz gemeldet, daß der dortige Stadtteil als erster „reich" mit solchen Flaggen versehen war, während sonst „in München um diese Zeit keine Fahnen zu sehen" gewesen seien. Ein wenig kleinlaut heißt es dann: „Sie wurden aber bald wieder eingezogen".[9] Verschiedentlich ist von Opfern die Rede, welche die vorzeitige Hissung weißer Fahnen verursacht hat. Dies gilt nicht nur vom Pfarrer Grimm von Götting, sondern auch von einem Oberwachtmeister und einem Straßenbahnbeamten in Giesing. In Kraiburg retteten sich zwei Männer, die auf dem Schloßberg die weiß-blaue Fahne gehißt hatten, vor ihren Verfolgern durch schleunige Flucht.

Ein vom bisherigen Kenntnisstand abweichendes Bild von den Vorgängen in Dachau zeichnet der Bericht der dortigen Pfarrei St. Jakob. Demnach sei „ein kleiner Trupp" der Freiheitsbewegung auf deren Aufruf hin in das Rathaus eingedrungen und habe den Bürgermeister gefangen gesetzt. Die vom Konzentrationslager herbeigerufene SS-Truppe habe durch ihre Übermacht die Freiheitsaktion überwältigt. „Und das Resultat: 6 Tote lagen in ihrem Blute in und um das Rathaus, 9 Schwerverletzte riefen

---

[5] Ebd., S. 577.
[6] Ebd., S. 809.
[7] Ebd., S. 810.
[8] Ebd., S. 296.
[9] Ebd.

um Hilfe, die ihnen auch mit der Einlieferung ins Lazarett gebracht wurde".[10] Nach diesem Bericht scheinen die Toten im Kampf gefallen, nicht vor dem Rathaus standrechtlich erschossen zu sein. Auf Kampf, nicht auf Exekution weist weiterhin die Erwähnung der in ein Lazarett eingelieferten Verwundeten hin. Dieser Bericht weicht in einigen Punkten nicht unerheblich von den (allerdings in großem zeitlichen Abstand von den Ereignissen) gesammelten Aussagen der Zeitzeugen ab, die in den Monaten August und September des Jahres 1982 in einer Dachauer Zeitung veröffentlicht worden sind.[11]

Zunächst fällt im Bericht des Pfarrers eine genaue Zeitangabe für den Beginn der kämpferischen Aktion auf (8 Uhr 20), die in den erwähnten Zeugenaussagen fehlt. Andrerseits war dem geistlichen Berichterstatter nicht bekannt, daß es in Dachau nicht nur (geringfügige) Kontakte zur Freiheitsaktion Bayern gab, sondern auch andere Planungen, um die Zerstörung der Stadt zu verhindern, die dann durch den unerwarteten Aufruf zur „Fasanenjagd" vorschnell und überstürzt realisiert werden mußten. Daß der Pfarrer von diesen Aktivitäten keine Kenntnis besaß, mag darin seinen Grund haben, daß die Aktivisten in Dachau mehrheitlich aus einem linken Milieu stammten, das der Kirche eher fernstand, aber auch in der Person des Pfarrers Pfanzelt, der mehrere Jahre hindurch die Erlaubnis besessen hatte, die Häftlinge im Konzentrationslager Dachau religiös zu betreuen, und aus solchen Gründen Kontakt mit der Lagerleitung hielt, was ihn naturgemäß nicht zu einem Vertrauensmann der auf Umsturz sinnenden Kräfte machte.[12]

Die Angabe von sechs Toten „in und um das Rathaus" stimmt mit den anderen Zeugenaussagen überein, die allerdings nichts von den neun Schwerverwundeten berichten, die um Hilfe riefen, bis sie in ein Lazarett abtransportiert wurden. Schwere Verwundung (mit tödlichem Ausgang) wurde bislang nur von dem Dachauer Bürger Heinrich Niederhoff bekannt, der die aufständische Besatzung des Rathauses mit einer Maschinenpistole bedrohte und von dieser sofort überwältigt und niedergeschossen wurde. Nach dem Zeugenbericht soll er jedoch sofort nach seiner Verwundung von Sanitätern versorgt und ins Krankenhaus geschafft worden sein. Ein wenig verwunderlich ist, daß Sanitäter sofort zur Stelle gewesen sein sollen, die sich also bei den Aufständischen im Rathaus oder in dessen unmittelbarer Nähe aufgehalten haben müßten. Ein anderer Bericht spricht davon, daß bei einem Schußwechsel „ein SS-Mann getroffen wurde"; er dürfte aber von seinen Kameraden geborgen worden sein und somit nicht zu denen gehören, die nach dem Bericht des Pfarrers auf der Straße liegend um Hilfe riefen.

Diese Erzählung der Vorgänge ist unter dem Gesichtspunkt, der für ihre Abfassung maßgeblich gewesen sein sollte, nämlich der geistlichen Bewältigung der Ereignisse, erstaunlich defizitär. Mit keinem Wort ist davon die Rede, daß den Verwundeten geistlicher Trost und den Erschossenen ein kirchliches Begräbnis zuteil wurde oder aus

---

[10] Ebd., S. 512 f.

[11] Zusammengefaßt und mit Ergänzungen veröffentlicht in: Hans Holzhaider, Die Sechs vom Rathausplatz, München ²1995.

[12] Eine wohl zu kritische Schilderung von Persönlichkeit und Tätigkeit des Pfarrers Friedrich Pfanzelt in: Sybille Steinbecher, Dachau – Die Stadt und das Konzentrationslager in der NS-Zeit. Die Untersuchung einer Nachbarschaft (Münchner Studien zur neueren und neuesten Geschichte 5), Frankfurt/M. u. a. 1991, S. 159–165.

welchem Grunde (etwa Verbot von seiten der SS oder Exkommunikation, Konfessionslosigkeit / Konfessionsverschiedenheit der Toten) ein solches unterblieben ist.

Eine moralische Qualifizierung des Aufstandsversuchs ist wie regelmäßig auch hier unterblieben; ausdrückliche Verurteilungen fehlen in den Berichten überhaupt ebenso wie ausdrückliche Zustimmungen. Durch manche Berichte scheint eine gewisse Zustimmung hindurchzuschimmern, die sich aus grundsätzlicher Ablehnung des NS-Regimes wie aus der Hoffnung auf ein baldiges Ende von Krieg und Terror ergeben haben mag. Dem stehen auch einige wenige Bemerkungen gegenüber, welche die Aktion als voreilig bezeichnen, ohne eine ausdrückliche Mißbilligung auszusprechen. In einem Falle werden jedoch Angehörige der Freiheitsaktion getadelt: in Allach war „die sog. Freiheitsbewegung [...] bald von zweifelhaften Elementen durchsetzt, die im Namen der Ordnung ebenfalls mitplünderten".[13]

Außer der Freiheitsbewegung Bayern wird nur an einer Stelle (Ottobrunn) eine Widerstandsgruppe genannt, im übrigen werden ihr alle Aktionen zur Beseitigung des noch bestehenden Systems zugerechnet. Daß dies nicht immer zu Recht geschieht, zeigen die Vorgänge in Dachau. Wahrscheinlich ist dies dadurch zu erklären, daß die Freiheitsaktion Bayern rasch bekannt wurde (der Verfasser hörte in dem von diesen Ereignissen weit entfernten westfälischen Münsterland im Mai des Jahres 1945 durch mündliche Vermittlung von ihr) und man mangels anderer Kenntnisse ihr alles zuschrieb, was an einschlägigen Vorgängen bekannt wurde, wie auch umgekehrt sich manche Aktion im Nachhinein als zur Freiheitsaktion gehörig bezeichnet haben mag, die vordem mit ihr nicht in Beziehung gestanden hatte. Nicht jede ihrer Erwähnungen in den hier vorgeführten Texten darf darum als Beleg für eine real existierende, mit der Gesamtorganisation in Kontakt stehende „Abteilung" oder „Ortsgruppe der Freiheitsaktion Bayern"[14] genommen werden. Denn wie der Erfolg viele Väter, so hat eine zur moralischen Entlastung taugliche Aktion viele Anhänger.

---

[13] Pfister, Ende des Zweiten Weltkriegs (wie Anm. 1), S. 280 f.
[14] Ebd., S. 57 u. 411.

Erich Schneider

"... von unbestreitbarem kunsthistorischen Wert". Olaf Andreas Gulbranssons Auferstehungskirche in Schwebheim und die bayerische Denkmalpflege

Der Kirchplatz von Schwebheim gilt als "einer der letzten einigermaßen ländlich gebliebenen Dorfplätze in einem weiten Umkreis von Schweinfurt."[1] Seine Mitte wird vom Rathaus sowie insbesondere von dem Ensemble aus der protestantischen Pfarrkirche von 1576[2] und der 1956/57 von Olaf Andreas Gulbransson (1916–1961) errichteten Auferstehungskirche[3] dominiert. Bereits 1961 lobte ein Kunstführer diese Kirche "in ihrer heutigen Gestalt […] als eine großartige Verbindung von alt und neu."[4] In diametralem Gegensatz dazu steht die Ablehnung durch das Bayerische Landesamt für Denkmalpflege (künftig: BLfD), das 1956 den "Neubau der Kirche als Fremdkörper im alten Ortsbild" kritisierte.[5] Weiter heißt es: "architektonische Experimente […] in einem geschlossenen dörflichen Raum [führen …] nicht zu einer Bereicherung des Raumbildes […], sondern zu einer Verarmung. Das Neuhinzukommende entspricht in seinem Wert in keiner Weise dem Aufgegebenen".[6]

Was war geschehen und wie konnte es zu einer derart gegensätzlichen Beurteilung der Situation kommen? Zur Beantwortung dieser Fragen möchte ich zunächst auf die Geschichte der Pfarrkirche von 1576 und ihrer Veränderungen eingehen. Im Anschluss daran werde ich mich mit der Planungs- und Baugeschichte der Auferstehungskirche in den 1950er Jahren auseinandersetzen.[7] Eine besondere Rolle wird dabei das Verhältnis der beiden durch Gulbransson miteinander verschmolzenen Gotteshäuser zum Kirchplatz spielen.

Einer Inschrift auf der Nordseite des Chores zufolge, wurde die Pfarrkirche von Schwebheim 1576 durch Heinrich von Bibra "neu zugerichtet".[8] Die 1494 datierte Sakramentsnische lässt darauf schließen, dass bereits ein Vorgängerbau existierte.[9] An die Ostseite der Kirche schmiegte sich der Friedhof an, der 1860 aufgelassen wurde.[10]

---

[1] Hartmut Holl, Dorferneuerung Schwebheim, in: Der Bayerische Bürgermeister, Juli 1979, S. 18.
[2] Felix Mader / Georg Lill, Die Kunstdenkmäler von Unterfranken und Aschaffenburg, Heft XVII Stadt und Bezirksamt Schweinfurt, München 1917, S. 253 f.
[3] Peter Poscharsky, Kirchen von Olaf Andreas Gulbransson, München 1966, S. 35–41.
[4] Karl Treutwein, Unterfranken. Landschaft, Geschichte, Kultur, Kunst, Nürnberg 1961, S. 219.
[5] Hauptkonservator und stellvertretender Direktor, ab 1957 stellvertretender Generalkonservator. Verf. dankt Frau Annerose März, BLfD München, für ergänzende Auskünfte zu den Mitarbeitern des BLfD im fraglichen Zeitraum.
[6] Gemeindearchiv Schwebheim, Sign. IV 3/16. Herrn Richard Ludwig, Schwebheim, intimer Kenner der örtlichen Archive und Verfasser mehrerer Bände "Schwebheimer Geschichte(n)" sei herzlich für dessen Unterstützung bei der Materialrecherche zu diesem Beitrag gedankt.
[7] Dem zuständigen Gebietsreferenten im BLfD, Herrn Dr. Martin Brandl, sei herzlich für seine intensiven Recherchen und die Möglichkeit zur Einsichtnahme in die Ortsakte von Schwebheim gedankt.
[8] Mader / Lill, Kunstdenkmäler (wie Anm. 2), S. 253 f.
[9] Otto Schwarz, Beiträge zur Geschichte Schwebheims, 1903 (Abschrift 1953, S. 38) und Otto Schwarz, Aus der Vergangenheit eines Bauerndorfes. Ein Beitrag zur Geschichte Schwebheims und seines Edelsitzes, o. O. 1906, S. 9.
[10] Schwarz, Vergangenheit (wie Anm. 9), S. 8–12.

Südlich der Kirche und leicht nach Westen vorgezogen erhoben sich einige zu unbekannter Zeit errichtete Gaden. Nördlich der Kirche und mit den genannten Gaden im Westen fluchtend befand sich ein Altes Spital genanntes Häuschen von 1770.[11] Zwischen Gaden und Altem Spital bildete die große Pforte den Abschluss und zugleich den Eingang in die Kirche und den Friedhof. Westlich von der Kirche befand beziehungsweise befindet sich der 1672 erstmals genannte Plan.[12] Dabei handelt es sich um eine befestigte, von Bäumen gesäumte Fläche, die seit jeher insbesondere zur Kirchweih und zum Erntedank eine große Rolle spielt. Das Ensemble mit Kirche, Altem Spital, Gaden und Plan sowie Friedhof beziehungsweise Schulhaus erhebt sich wie eine Insel inmitten eines weiträumigen, von meist giebelständigen bäuerlichen Anwesen begleiteten Platzes.

Im Verlaufe des 19. Jahrhunderts mehren sich die Anzeichen, dass man mit der alten Kirche und ihrem direkten Umfeld immer unzufriedener wurde. Eine 1872 angeregte Verschönerung der Kirche unterblieb aus Geldmangel.[13] 1885 schlug das Bezirksamt Schweinfurt vor, die baufälligen Gaden durch die Gemeinde zu erwerben und abzureißen.[14] Im gleichen Jahr beschäftigte man sich mit der „Erweiterung u. würdige[n] Erneuerung des Äußeren und Inneren der Kirche zu Schwebheim" und begann daraufhin Kontakt mit dem Nürnberger Baumeister Hermann Steindorff[15] aufzunehmen. Diese Pläne scheiterten 1886 erneut an den Kosten und der zögerlichen Haltung des Kirchenvorstands.[16] 1887 und 1888 wurden nur Schönheitsreparaturen vorgenommen.[17] 1888 reklamierte das Bezirksamt Schweinfurt erneut eine Generalsanierung und drängte auf eine Verschönerung des Kirchplatzes und den Abbruch einiger Nebengebäude, „um die Würde des Platzes zu heben."[18] 1889 wurde „der Torbogen vor der Kirche […] entfernt".[19] Das Bezirksamt lobte die Gemeinde am 25. Oktober 1890 dafür und brachte seine Hoffnung zum Ausdruck, „auch die beiden Scheunen werden wohl noch entfernt werden, damit die restaurierte Kirche besser zur Geltung kommt."[20]

Halten wir fest, dass in Schwebheim seit Mitte des 19. Jahrhunderts die verschiedensten Anstrengungen unternommen wurden, den Bereich um die Kirche beziehungsweise die Kirche selbst zu „verschönern". Von kleinen Reparaturen wie dem Streichen des Kircheninneren abgesehen, verstand man darunter stets den Abbruch al-

---

[11] Richard Ludwig, Schulgeschichte von Schwebheim, Schwebheim 1993, S. 58–60. Als Schule diente das Gebäude bis 1865 und als Lehrerwohnung bis 1882. Danach war es Spital, Armenwohnung, Kindergarten, Hitlerjugendheim und Mietwohnung.

[12] Richard Ludwig, Schwebheimer Geschichte(n), Band 1 vom Anfang bis 1900, Schwebheim 1997, S. 475.

[13] Archiv des Evang.-Luth. Pfarramts Schwebheim, Protokollbuch des Kirchenvorstands (künftig: Protokollbuch).

[14] Ludwig, Geschichte(n) 1 (wie Anm. 12), S. 409.

[15] Der Architekt und Fachschriftsteller Hermann Steindorff (1842–1917) war von 1877 bis 1908 Lehrer an der Kunstgewerbeschule Nürnberg. Er schuf zahlreiche Bauten in Bayern, darunter die protestantische St. Johanniskirche in Würzburg. Vgl. Hans Vollmer (Hg.), Allgemeines Lexikon der bildenden Künstler von der Antike bis zur Gegenwart. Begründet von Ulrich Thieme und Felix Becker, Bd. 31, Leipzig 1937, S. 553.

[16] Protokollbuch (wie Anm. 13) vom 16. 8. und 6. 12. 1885 sowie vom 15. 8. 1886.

[17] Protokollbuch (wie Anm. 13) vom 12. 7. 1887, 13. 5. und 27. 5. 1888.

[18] Ludwig, Geschichte(n) 1 (wie Anm. 12), S. 409 f.

[19] Richard Ludwig, Schwebheimer Geschichte(n), Band 2, Schwebheim 2001, S. 264.

[20] Ludwig, Geschichte(n) 1 (wie Anm. 12), S. 410.

ter, als baufällig angesehener Gebäude oder sonstige Eingriffe in die in Jahrhunderten gewachsene historische Substanz. Diese Maßnahmen wurden vom Bezirksamt Schweinfurt als der nächsthöheren Instanz nicht nur gefördert, sondern in den jährlichen Visitationsprotokollen mehrfach ausdrücklich gefordert. Weitere und tiefer gehende Eingriffe in die historische Substanz haben scheinbar nur die allfällige Geldnot und die beiden Weltkriege in der ersten Hälfte des 20. Jahrhunderts verhindert.

Keinen Einfluss auf die Meinungsbildung vor Ort scheint im Jahr 1917 das Erscheinen der „Kunstdenkmäler" gehabt zu haben. Felix Mader und Georg Lill boten darin erstmals aus Sicht der Denkmalpflege einen wissenschaftlich fundierten Überblick über Pfarrkirche und Schloss. Sie erwähnen die „Kirchhofsgaden" und die „ehem. Ortsbefestigung" mit knappen Worten, gehen jedoch auf die Lage der Kirche inmitten des Ortskerns und die diesen umgebenden Häuser – heute würde man von „Ensemble" sprechen – überhaupt nicht ein.[21]

Durch den Zweiten Weltkrieg war 1945 eine völlig neue Situation entstanden. Bedingt durch die Nähe zur Industriestadt Schweinfurt und eine große Zahl von Flüchtlingen waren die Bevölkerungszahlen sprunghaft angewachsen und die alte Pfarrkirche genügte den Anforderungen endgültig nicht mehr. Der am 1. November 1946[22] nach Schwebheim versetzte und zum 1. März 1948[23] zum Ortspfarrer ernannte Dr. Hans Rotter (1898–1989) trug sich deshalb bald mit Bauplänen. Der Architekt Rudolf Sauer bestätigte dem noch als Amtsaushilfe tätigen Pfarrer am 20. März 1947, dass „bei einer in absehbarer Zeit vorzunehmenden Kirchenerweiterung das auf der Westseite in einem Abstand von ca. 4.00 m stehende ältere Wohngebäude […] zweifellos störend im Wege steht." Ganz im Sinne der früheren Abbruchforderungen des Bezirksamtes Schweinfurt fügte er ergänzend an: „Durch die Beseitigung des älteren Gebäudes würde das gesamte Ortsbild an dieser Stelle ganz besonders gehoben werden."[24]

Wie aus einem Schreiben Rotters an den Landeskirchenrat in München vom 17. Juli 1950 hervorgeht, zählte die evangelische Gemeinde damals über 1.000 Köpfe, zu denen in den sechs umliegenden Dörfern weitere 300 Vertriebene kamen. Die alte Pfarrkirche war deshalb viel zu klein geworden. Angesichts der „vorbildlichen Kirchlichkeit der Gemeinde" quoll das Gotteshaus selbst an „gewöhnlichen" Sonntagen über, weshalb viele Gläubige wieder umkehren mussten. Rotter wartete bereits mit ersten Vorschlägen auf: „Die Erweiterung der Kirche könnte entweder in der Längsachse durch Verlängerung des Kirchenschiffes, oder in rechtsseitigem Ausbau geschehen."[25]

Überspringen wir die nächsten Jahre, in denen Rotter das Projekt vorantrieb, und konzentrieren wir uns im Folgenden auf die denkmalpflegerischen Aspekte der Maßnahme.[26] Bereits am 26. Juli 1950 hatte der Würzburger Regierungsvizepräsident Dr.

---

[21] Mader / Lill, Kunstdenkmäler (wie Anm. 2), S. 253–257.
[22] Archiv des Evang.-Luth. Pfarramts Schwebheim, Ordner ohne Nummer mit Korrespondenz zur Erbauung der Kirche (künftig: Bauakte), 1.11.1946.
[23] Ludwig, Geschichte(n) 2 (wie Anm. 19), S. 224.
[24] Gemeindearchiv Schwebheim, Sign. IV 3/16.
[25] Bauakte (wie Anm. 22), 17.7.1950.
[26] Eine ausführliche Planungs- und Baugeschichte der Auferstehungskirche von Schwebheim wird Gegenstand eines Beitrags des Verfassers in der Festschrift aus Anlass des fünfzigjährigen Weihejubiläums im Jahr 2007 sein.

Bayer den Schwebheimer Pfarrer wegen des „Altertums- und Denkmalwertes" der bestehenden Kirche auf eine Reihe einschlägiger Vorschriften hingewiesen.[27] Tatsächlich war das BLfD früh in das Vorhaben eingebunden, denn 1953 trat man bei der Suche nach einem Architekten auf Anraten von Dr. Franz Dambeck[28] „in ein zunächst unverbindliches Gespräch mit dem Regierungsbaumeister Architekt Gustav Gsaenger in München".[29] Fortan plante Rotter mit Kirchenvorstand und Gemeinderat „einen völligen Neubau des Kirchenschiffes". Am 14. November 1954 erinnerte er Dambeck an dessen Besuch in Schwebheim, „bei welcher Gelegenheit der Unterfertigte für die damals vorgetragenen Wünsche in oben erwähnter Hinsicht volle Zustimmung gefunden hat."[30]

Abgesehen von einer Projektbeschreibung vom 14. November 1954 scheint es damals keine ausgearbeiteten Pläne gegeben zu haben.[31] Unter dem gleichen Datum erhielt das BLfD Post aus Schwebheim mit dem „Ersuchen, einen Erweiterungsbau der evangelischen Kirche zu Schwebheim […] zu genehmigen."[32] Am 7. Dezember 1954 verweigerte Dr. Josef Maria Ritz vom BLfD dem Projekt seine Zustimmung: „Die Kirche ist […] von unbestreitbarem kunsthistorischen Wert. Dies trifft in besonderem Maß auch auf die Einrichtung zu, auf Altar, Kanzel, Taufstein, Epitaphien, Gestühl, welche man nicht als ‚Altertümer' eines Tages im zukünftigen Sakristeiraum abstellen sollte. Eine weitere nicht übersehbare Schwierigkeit ist das Vorhandensein von Restgaden, die bei der Vergrößerung der Kirche fallen müssten […]". Ritz kündigte eine Ortsbesichtigung an und bat „bis dahin um Geduld."[33] Damit waren die Fronten abgesteckt und der Pfarrer musste, wenn er mit den Kirchenplänen vorankommen wollte, die Zustimmung des BLfD finden. In seiner Antwort signalisierte Rotter sofort Gesprächsbereitschaft.[34]

Nachdem Rotter den Besuch des zuständigen Architekturreferenten Dipl. Ing. Hans Fredrich angemahnt hatte,[35] fand der Ortstermin am 17. Februar 1955 statt. Daran nahmen außer Rotter mit dem Kirchenvorstand Bürgermeister Weimer mit Gemeinderäten und der Kreisbaumeister Hans Schweinhuber[36] teil.[37] Man bestimmte auf Vorschlag Fredrichs den Architekten Karl Hans Seubert, der sich durch die Erbauung der Kirche in Sennfeld 1953/54[38] ausgewiesen hatte, für die Planung der Schwebheimer Kirche.[39]

---

[27] Bauakte (wie Anm. 22), 26.7.1953.
[28] Hauptkonservator, Referent für kirchliche Kunst und liturgische Fragen.
[29] Bauakte (wie Anm. 22), 10.11.1953.
[30] Bauakte (wie Anm. 22), 14.11.1954.
[31] Bauakte (wie Anm. 22), 14.11.1954.
[32] Archiv des BLfD, Memmelsdorf, Schloss Seehof, Ortsakte Schwebheim (künftig: Ortsakte), 14.11.1954.
[33] Bauakte (wie Anm. 22), 7.12.1954.
[34] Bauakte (wie Anm. 22), 13.12.1954.
[35] Ortsakte (wie Anm. 32), 8.2.1955 und 10.2.1955.
[36] Hans Schweinhuber war von 1951 bis 1969 Kreisbaumeister des Landkreises Schweinfurt (Verf. dankt Herrn Konrad Bonengel, Landratsamt Schweinfurt, sehr herzlich für diese Angaben).
[37] Archiv des Evang.-Luth. Pfarramts Schwebheim: „Pfarrbeschreibung ab 1. Jänner 1955" (künftig: Pfarrbeschreibung), Nr. 60, S. 2.
[38] Treutwein, Unterfranken (wie Anm. 4), S. 220.
[39] Bauakte (wie Anm. 22), 22.2.1955.

Die Evangelisch-Lutherische Kirche von Schwebheim mit Altem Spital (links) und Gaden (rechts) von Westen (Aufnahme aus den 1930er Jahren aus der Sammlung Edgar Kolb, Schweinfurt).

Bereits am 19. April 1955 sandte Rotter an das BLfD erste auf der Basis von Vorentwürfen Seuberts erarbeitete Skizzen und kündigte ein Modell an. Skizzen und Modell sind verschollen. Deshalb sind wir auf die Ausführungen des Pfarrers angewiesen: Der Bau sollte in Ost-West-Richtung wie das bestehende Kirchenschiff geführt werden. Die Gaden sollten stehen bleiben, das Spital aber hätte fallen müssen. Dann könnte „das Kirchenschiff […] sogar noch etwas weiter mehr nach links gerückt werden, so dass der Turm noch freier zu stehen käme. Um die Kirche nicht allzu lang bauen zu müssen, haben wir uns entschlossen, eine Seitenempore nach dem Vorbild der Christuskirche in Aschaffenburg zu bauen. Rotter schloss mit der Bitte um Abrissgenehmigung für das alte Spital.[40] Mit den Handskizzen des Pfarrers gab sich das BLfD nicht zufrieden und Ritz verlangte am 26. April 1955, dass Architekt Seubert seine Vorentwürfe und das Modell vorlegte.[41]

Ungeachtet dessen fand am 26. Mai 1955 eine „wichtige und erfolgreiche" Aussprache über die Kirchenbaupläne in Schwebheim statt, an der von Seiten des BLfD

---

[40] Bauakte (wie Anm. 22), 19.4.1955.
[41] Bauakte (wie Anm. 22), 26.4.1955.

Ritz und Fredrich teilnahmen.⁴² Fortan scheint sich Fredrich intensiv in die Planung eingeschaltet und engen Kontakt mit dem Architekten gehalten zu haben.⁴³ Im Rahmen der dabei gemeinsam erarbeiteten Planung stimmte das BLfD einem Abbruch des Alten Spitals zu: Da aber dessen „Maße im Platzbild zusammen mit dem Gaden für den Plan von Bedeutung sind, liegt uns lediglich noch an der Erhaltung der Baumaße mit ihrer Auswirkung auf den Platz."⁴⁴

Offenbar war zu diesem Zeitpunkt daran gedacht worden, das Alte Spital abzubrechen und in modifizierten Maßen wieder aufzubauen. Diesen Schluss lässt ein Schreiben Seuberts an das BLfD vom 9. Juni 1955 zu: „Herr Pfarrer Dr. Rotter wünscht nachdrücklich […], daß der Haupteingang nicht von der Seite, sondern vom Giebel aus sein müsste. Beides läßt sich aber in Anbetracht der geringen Höhe des Erdgeschoßes […] nicht durchführen. Ein Abbruch des Hauses mit Wiederaufbau und Vergrößern der Erdgeschoßhöhe wird deshalb notwendig sein."⁴⁵

Da sich das Ergebnis dieser gemeinsamen Anstrengungen von Architekt und BLfD nicht erhalten hat, muss erneut auf eine Beschreibung Rotters vom 18. Juni 1955 zurückgegriffen werden: „Die Gestaltung war bedingt durch die Aufgabe, die Kirche im Dorfe zu lassen und sie dem Kirchplatz einzuordnen, den Kirchturm zur Geltung zu bringen, die umliegenden Gebäude – Gaden und Altes Spital – mit dem Kirchbau zu einem Bauganzen zu vereinigen. […] Die Innengestaltung […] sieht einen weiten Altarraum, eine linksseitige Empore und eine große Orgelempore […] vor und unter der Orgelempore den Gemeindesaal, der mit dem Kirchenschiffe vereinigt werden kann. […] Der alte Chor wird mit Genehmigung des Landesdenkmalamtes zur historischen Kapelle und bleibt in seinem jetzigen Zustand erhalten, vermehrt um einige Denkmäler. Diese Kapelle kann auch als Taufkapelle Verwendung finden."⁴⁶ Diese Pläne wurden Baudirektor Wiesinger von der Regierung von Unterfranken vorgestellt, der erklärte, „daß ihn die Komposition des gesamten Komplexes mit den umliegenden Gebäuden sehr beeindrucke und dass er diese Lösung in der gesamten Anlage und im Raum des Dorfplatzes für äusserst glücklich halte und darum vollinhaltlich befürworten werde."⁴⁷

In dieser Situation tauchten völlig unerwartet neue Probleme auf. Am 21. Mai 1955 schaltete sich Oberkirchenanwalt Dr. v. Ammon vom Landeskirchenrat in München in die Diskussion ein und verwarf in pointierter Diktion die bisherige Planung: „Im Einvernehmen mit dem Bayer. Landesamt für Denkmalpflege können wir […] dem geplanten Umbau nach den vorgelegten Plänen nicht zustimmen. Es ist abwegig, das Kirchenschiff einzureißen, den bisherigen Chor zur Requisitenkammer zu machen und einen Kirchensaal in der üblichen Art zu bauen. Eine Vergrößerung der Sitzplatzzahl lässt sich auch durchführen, wenn das Überkommene geachtet wird. Die schwierige Aufgabe läßt sich nicht ohne guten Architekten durchführen. Wir empfehlen hier-

---

⁴² Pfarrbeschreibung (wie Anm. 37), Nr. 60, S. 8, 26.5.1955.
⁴³ Bauakte (wie Anm. 22), 9.6.1955.
⁴⁴ Bauakte (wie Anm. 22), 14.6.1955.
⁴⁵ Ortsakte (wie Anm. 32), 9.6.1955.
⁴⁶ Bauakte (wie Anm. 22), 18.6.1955.
⁴⁷ Bauakte (wie Anm. 22), 23.6.1955. Vgl. auch Pfarrbeschreibung (wie Anm. 37), Nr. 60, S. 9.

für Herrn Regierungsbaumeister Gustav Gsaenger, München-Obermenzing, […] oder Herrn Prof. Pfeiffer-Haardt, Bayreuth."[48]

Offenbar wusste von Ammon nichts von dem gefundenen Kompromiss zwischen dem BLfD und Pfarrer Rotter. Andererseits wird eindeutig klar gestellt, dass eine Planung ohne Zustimmung des Landeskirchenrates undenkbar war. Trotzdem versuchte Rotter noch von Ammon von den Kompromissplänen zu überzeugen und sandte diese am 18. Juni 1955 nach München.[49] Am 29. Juni 1955 besichtigte von Ammon die Schwebheimer Kirche, blieb aber bei seinem Einspruch.[50] Am 14. Juli 1955 kritisierte er ausdrücklich Seuberts Planung, weil danach „von der alten Kirche nur der Turm stehen" bleibt und verlangte, dass auf Kosten des Landeskirchenrates „von Architekt Olaf Gulbransson […] ein Gegenvorschlag ausgearbeitet werden" soll.[51] Später erläuterte er gegenüber dem BLfD seine Gründe ausführlicher. Abgesehen davon, dass er die alte Kirche erhalten wollte, schien ihm Seuberts Lösung zu teuer und „aus der Planabfassung ging deutlich hervor, dass die Planung des Kirchbaus das Arbeitsgebiet des Planfertigers überstieg".[52]

Trotz aller Enttäuschung[53] und eines vergeblichen Versuches des BLfD, beim Landeskirchenrat doch noch eine Zustimmung zur bisherigen Planung zu erhalten,[54] fügte sich Rotter. Er beauftragte am 3. August 1955 Gulbransson damit, „einen Vorentwurf unseres geplanten Kirchenerweiterungsbaues als Gegenvorschlag eines vom Landesdenkmalamte gemachten Vorentwurfs zu erstellen."[55] Die anfängliche Reserviertheit gegenüber dem aufgezwungenen Architekten wich sehr bald einer respektvollen, später freundschaftlichen Verbundenheit. Zwischen Schwebheim und München wurden fortan zahlreiche Briefe getauscht und sicher manches Telefonat geführt.[56] Am 10. September 1955 weilte Gulbransson in Schwebheim, um sich vor Ort ein Bild zu machen.[57] Am 6. Oktober 1955 zeichnete er den entscheidenden Entwurf[58] und erläuterte seine Modelle und Pläne am 28. Oktober 1955 in Schwebheim dem Pfarrer und anderen Honoratioren und „erweckte höchste Begeisterung".[59] Wenige Tage später „drängte" es einen „sehr glücklichen" Pfarrer an Gulbransson „zu schreiben, dass wir von Ihrem Kirchbauplane restlos begeistert sind […] und oft von dem Glück gesprochen haben, in Ihre Hände gefallen zu sein! […] Jetzt wissen wir, dass uns ein Bauwerk geschenkt werden wird, das nicht nur unseren Bedürfnissen voll Rechnung trägt, sondern auch eine Sehenswürdigkeit werden wird, die das Ansehen unseres an sich schon wegen seines Kräuterbaues und seines Fleißes und seiner Kirchlichkeit angesehenen Dorfes noch bedeutend heben wird."

---

[48] Bauakte (wie Anm. 22), 21.5.1955.
[49] Bauakte (wie Anm. 22), 18.6.1955.
[50] Pfarrbeschreibung (wie Anm. 37), Nr. 60, S. 10f.
[51] Bauakte (wie Anm. 22), 1.7.1955.
[52] Ortsakte (wie Anm. 32), 18.1.1956.
[53] Bauakte (wie Anm. 22), 16.7.1955.
[54] Bauakte (wie Anm. 22), 5.8. und 12.8.1955.
[55] Bauakte (wie Anm. 22), 3.8.1955.
[56] Bauakte (wie Anm. 22), 4.8.1955, 13.8.1955 und 8.9.1955.
[57] Pfarrbeschreibung (wie Anm. 37), Nr. 60, S. 12.
[58] Bauakte (wie Anm. 22), 6.10.1955.
[59] Pfarrbeschreibung (wie Anm. 37), Nr. 60, S. 15.

Was ist nun aus denkmalpflegerischer Sicht das Besondere an Gulbranssons Lösung? Seinen eigenen Worten zufolge galt es „einen Erweiterungsbau an das bestehende Gotteshaus anzufügen, der zwar in seiner Baumasse fast das Doppelte ausmachen würde, in der äußeren Erscheinung jedoch den alten Bestand als Schwerpunkt belassen sollte, besonders auch, da dieser unter Denkmalschutz stand und der Architekt es als seine Verpflichtung ansah, ihn soweit als irgend möglich zu erhalten. So wurde nördlich an das alte Schiff der neue Kirchenraum mit der Achse senkrecht zu diesem angeschlossen. [...] Da das Dach – nicht zuletzt, um den Körper des Neubaues von außen nicht hoch erscheinen zu lassen – in den Ecken heruntergezogen ist, steigt die Traufe zum Altar hin an. [...] Die alte Kirche, die jetzt als Gemeindesaal dient, kann [...] mit in den Kirchenraum einbezogen werden. Dabei ist im Innern der Eindruck angestrebt, vom niederen in den hohen Raum zu treten, während von außen der Neubau gegenüber dem Altbau zurücktritt."[60]

Trotzdem versagte das BLfD seine Zustimmung: „Uns schien die von Herrn Gulbransson in einem kleinen Modell erläuterte Untersuchung in Richtung einer zeitgemäßen Lösung bis zum gewissen Grad notwendig und im Rahmen solcher Aufgaben interessant und wir haben einen solchen Versuch zunächst begrüßt. Die Vorlage des endgültigen Entwurfs macht uns jedoch bedenklich. Wir müssen ihm nach reiflicher Prüfung unsere Zustimmung versagen, obwohl zugegeben werden muß, dass die räumliche Erhaltung der alten Kirche und die unveränderte Beibehaltung des Spitälchens mit dem Tanzplan gerade von der Denkmalpflege als positiv gewertet werden muß. U. E. bestehen jedoch in Schwebheim auch bedeutende Verpflichtungen gegenüber dem gerade in diesem Teil des Ortes noch erhaltenen alten Dorfbild, worin die Einfügung der vorgesehenen Baumasse uns kaum tragbar erscheint."[61]

In den folgenden Wochen wurde auf allen Ebenen alles unternommen, um Gulbranssons Planung durchzusetzen. Von Ammon wollte „versuchen, durch unmittelbare Verhandlungen mit dem Landesamt für Denkmalpflege und der Obersten Baubehörde die Bedenken des Landesamtes zu zerstreuen."[62] Rotter sprach am 6. Dezember 1955 gemeinsam mit Bürgermeister Weimer bei der Regierung von Unterfranken vor. Als Ergebnis stand fest: „Ein Zurück zu dem Entwurfe Frederich-Seubert kommt nicht mehr in Frage."[63] Am 18. Januar 1956 trat auch von Ammon mit dem BLfD „ins Benehmen".[64] Torsten Gebhard antwortete darauf am 23. Januar 1956: „Selbstverständlich kann es nur im Interesse der Denkmalpflege liegen, wenn ein vorhandener alter Kirchenraum in ein Erweiterungsprojekt nahezu unverändert aufgenommen und erhalten wird, unsere Bedenken richteten sich jedoch in erster Linie gegen die dem gegebenen Ortsbild neu einzufügende fremde Baumasse. Wir glaubten hier größere Forderungen stellen zu müssen, als bei der Erhaltung des nicht sehr bedeutenden Kirchenraums selbst".[65]

---

[60] Olaf Andreas Gulbransson, Gedanken zu den Kirchenbauten von Schwebheim und Schweinfurt, in: Die Mainleite. Berichte aus Leben und Kultur, Heft 2, 1960, S. 27–33, bes. S. 27.

[61] Bauakte (wie Anm. 22), Schreiben von Joseph Maria Ritz an die Regierung von Unterfranken vom 29.11.1955.

[62] Bauakte (wie Anm. 22), 6.12.1955.

[63] Bauakte (wie Anm. 22), 9.12.1955. Vgl. außerdem Pfarrbeschreibung (wie Anm. 37), Nr. 60, S. 18.

[64] Bauakte (wie Anm. 22), 18.1.1956.

[65] Bauakte (wie Anm. 22), 23.1.1956.

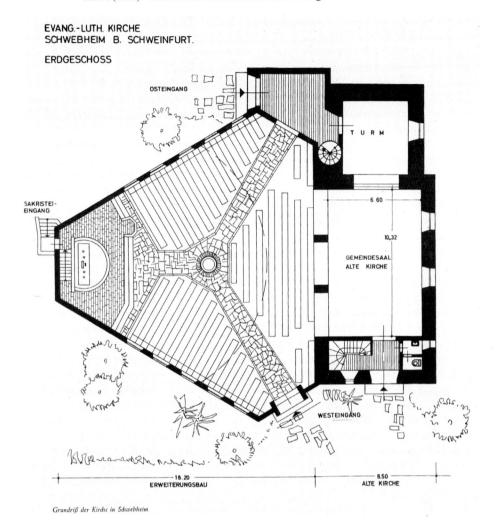

Olaf Andreas Gulbransson: Grundriss der Auferstehungskirche von Schwebheim mit der zum Gemeindesaal umgestalteten Kirche von 1576 (Aufnahme nach einem Photo im Gemeindearchiv Schwebheim).

Damit war der Damm gebrochen. Rotter informierte den Architekten am 15. Februar 1956 darüber, dass „das Denkmalamt nachgegeben hat" und mokierte sich über „die knieweiche Erklärung der Herren".[66] Gulbransson berichtete ebenfalls von „siegreichen Rückzugsgefechten des Landesamtes für Denkmalpflege", denn bei einer „vielköpfigen Besprechung" in der Obersten Baubehörde Anfang Februar waren seine

[66] Bauakte (wie Anm. 22), 15.2.1956.

Pläne genehmigt worden.[67] Trotzdem scheint das BLfD noch nicht aufgegeben zu haben, denn Ende Februar forderte das „Kultusministerium überraschend eine erneute Besprechung" von Gulbranssons Planung. Der genervte Architekt versprach Rotter: „Ich wetze bereits meine schneidendsten Reiß-Schienen."[68] Wenige Tage später meldete er Entwarnung und berichtete von der endgültigen Zustimmung des Kultusministeriums".[69] Am 26. März 1956 informierte Ministerialdirektor Dr. Bachl die Regierung von Unterfranken offiziell darüber, dass Gulbranssons Planung „nach obersttechnischer Überprüfung in schönheitlicher Hinsicht genehmigt [wird]. [...] Nach Auffassung der Obersten Baubehörde hat das Projekt den Vorzug, neben der Erhaltung der alten Bausubstanz bei der Erweiterung eine gute Gesamtform zu erzielen. Die Bedenken des Bayerischen Landesamtes für Denkmalpflege gegen den Entwurf können nicht überzeugen, da bei der Ausführung des jetzigen Entwurfes die alte Kirche erhalten bleibt, während der Tekturvorschlag des Landesamtes den Abbruch der bestehenden Kirche und einen vollkommenen Neubau vorsieht, dessen sehr hoher First die städtebauliche Wirkung des bestehen bleibenden alten Kirchturms stark beeinträchtigen würde".[70] Jetzt konnte es mit dem Um- beziehungsweise Neubau der Schwebheimer Kirche nach den Plänen von Olaf Andreas Gulbransson endlich losgehen. Bereits am 22. Mai 1956 begann die Schweinfurter Baufirma Jakob Glöckle gemeinsam mit zahlreichen freiwilligen Helfern mit den Arbeiten.[71]

Offenbar wollte man jedoch in Schwebheim auf allen Gebieten rasch nicht mehr zu verändernde Tatsachen schaffen, denn schon am 28. Mai 1956 wurde das Alte Spital abgerissen.[72] Dazu hatte das BLfD bereits früher, allerdings unter Berücksichtigung der Planung Seubert-Fredrich, seine Zustimmung erklärt. Noch aber standen die Gaden südwestlich der alten Kirche, die von Gulbranssons Planung ebenfalls nicht berührt waren. Das weitere Vorgehen der Behörden in dieser Angelegenheit ist widersprüchlich. Am 6. September 1956 besichtigte der Schweinfurter Kreisbaumeister Schweinhuber die Gaden. Er hielt fest, dass sie „stark baufällig sind und eine Gefahr für die öffentliche Sicherheit darstellen." Da eine Instandsetzung „aus wirtschaftlichen Gründen kaum zu vertreten" sei, schlug das Landratsamt den Abbruch vor und beantragte diesen am 20. September beim BLfD.[73] Am 25. September 1956 lehnte Torsten Gebhard den Abbruch der Gaden ebenso kategorisch wie frustriert ab: „[...]

---

[67] Bauakte (wie Anm. 22), 17.2.1956.
[68] Bauakte (wie Anm. 22), 28.2.1956. Wahrscheinlich in diese Zeit fällt jenes Erlebnis, von dem der damals im Architekturbüro Gulbransson beschäftigte Dipl.-Ing. (FH) Karl H. Schwabenbauer aus der Erinnerung in einem Schreiben vom Mai 2006 an Günther Birkle berichtet: „Sehr gut erinnere ich mich an den Tag, als OAG – entgegen seiner ansonsten überaus fröhlichen Art – völlig niedergeschlagen, ja verzweifelt die drei Stufen ins Büro wankte. Er kam, wie schon so oft, wieder einmal vom Landesamt für Denkmalpflege, und wieder einmal ohne Aussicht auf eine Genehmigung für die Kirchenplanung Schwebheim. Die Behörde wollte keinen seiner Vorschläge akzeptieren. Den Herren vom Landesamt war die Planung zu modern. Sie machten allen Ernstes und amtlich den Vorschlag, die alte Kirche abzureißen und ganz einfach im doppelten Maßstab wieder aufzubauen! Damit wäre ihrer Meinung nach sowohl den Erweiterungswünschen der Gemeinde wie den Anforderungen des Denkmalschutzes hinreichend Genüge getan. Eine Groteske."
[69] Bauakte (wie Anm. 22), 14.3.1956.
[70] Bauakte (wie Anm. 22), 26.3.1956.
[71] Bauakte (wie Anm. 22), 22.5.1956 und Pfarrbeschreibung (wie Anm. 37), Nr. 60, S. 25f.
[72] Pfarrbeschreibung (wie Anm. 37), Nr. 60, S. 26f.
[73] Ortsakte (wie Anm. 32), 20.9.1956.

auch die [...] als wesentlich erachteten Bemühungen um die Erhaltung des alten Kirchenraumes haben sich leider nicht gelohnt. Außerdem wurde das alte Spitälchen völlig aufgegeben und damit die dem Ortsbild eigentümliche alte, kulturgeschichtlich bedeutsame Einrichtung des Tanzplanes. Als letztes soll nun auch der Restgaden fallen, weil dieser baufällig ist und die Kosten der Instandsetzung nicht aufgebracht werden können. Von Seiten der Denkmalpflege muß diese Entwicklung aufs Tiefste bedauert werden." Gebhard sah keine Möglichkeit, „für diese Instandsetzung einen Staatszuschuß in Aussicht zu stellen. Wir müssen vielmehr in diesem Fall mit besonderem Nachdruck auf die Verpflichtung der Gemeinde zur Erhaltung der ihr zugehörigen Baudenkmäler hinweisen, wie diese in der Bayerischen Verfassung ausgesprochen ist."[74]

Am 22. Oktober 1956 forderte der Landeskirchenrat vom Schwebheimer Pfarrer Aufklärung über die Vorgänge.[75] Rotter war sich jedoch keiner Schuld bewusst, denn „das sog. ,Alte Spital' gehörte der politischen Gemeinde und wurde von dieser abgebrochen". Weder „Spital" noch Restgaden stehen außerdem „im Verzeichnis der denkmalgeschützten Gebäude". Außerdem ist „die Behauptung des Landesamtes, daß mit dem Abbruch des ,Alten Spitals' die ,dem Ortsbild eigentümliche alte, kulturgeschichtlich bedeutsame Einrichtung des Tanzplanes verloren gegangen' sei, [...] absurd. Wie kann jemand, der noch nie bei einem Plantanz zur Kirchweih dabei war, so eine Behauptung aufstellen. Gerade die heurige Kirchweih hat gezeigt, dass der Plan großartig gewonnen hat [...]". Abschließend wies er darauf hin, dass sich auf Betreiben des Gemeinderates die Landtagsabgeordneten Erich Rosa[76] (CSU) und Oskar Soldmann[77] (SPD) für die Genehmigung des Abbruches persönlich einsetzen werden.[78] Daraufhin teilte von Ammon am 7. November 1956 dem BLfD mit, dass „die Kirchengemeinde an der Beseitigung des Alten Spitals und dem beabsichtigten Abbruch der Gaden nicht beteiligt" ist.[79]

Am 27. Oktober 1956 erschien im Schweinfurter Tagblatt ein Artikel, in dem öffentlicher Druck für den Abriss der Gaden aufgebaut werden sollte. Nach lobenden Worten über Gulbranssons Architektur fuhr der Autor fort: „Wer nun die Kirche von der Hauptstraße her erblickt, ist nicht nur angenehm, sondern auch unangenehm überrascht, dann nämlich, wenn er die noch stehenden, verfallenen Restgaden neben der Kirche sieht und Vergleiche zieht. Jedermann fragt, ob und wann denn diese hässlichen ruinösen Hütten fallen werden. Leider ist diese Frage vor allen Dingen deshalb nicht zu beantworten, weil das Landesamt für Denkmalpflege sogar das vom Landratsamt eingebrachte Ansuchen zur Genehmigung des Abbruchs abgelehnt hat. [...] Wenn – wie etwa in Gochsheim – noch alle Gebäude und Mauern, die einst die Kirche zu einer kleinen Kirchenburg gemacht haben, vorhanden wären, würde natürlich

---

[74] Gemeindearchiv Schwebheim, Sign. IV 3/16.
[75] Bauakte (wie Anm. 22), 22.10.1956.
[76] Erich Rosa (1901–1960) war von 1954 bis zu seinem Tod 1960 CSU-Landtagsabgeordneter für den Stimmkreis Schweinfurt (Verf. dankt Herrn Konrad Bonengel, Landratsamt Schweinfurt, sehr herzlich für diese Angaben).
[77] Oskar Soldmann (1915–1999) war von 1954 bis 1978 SPD- Landtagsabgeordneter für den Stimmkreis Schweinfurt (Verf. dankt Herrn Thomas Benz, Landratsamt Schweinfurt, sehr herzlich für diese Angaben).
[78] Bauakte (wie Anm. 22), 26.10.1956.
[79] Ortsakte (wie Anm. 32), 7.11.1956.

niemand daran denken, den Abbruch der Gaden zu fordern. Aber nachdem im Lauf der letzten Jahrzehnte das Tor samt der Pforte, der alte Schulsaal, die Friedhofsmauer (beim Neubau der Schule) und zuletzt das ‚Alte Spital' – alle in höchst ruinösem Zustand – gefallen sind, gibt es keine Berechtigung mehr, die hässlichen Überbleibsel zu erhalten, sondern die neue Kirche fordert ihre Beseitigung." Mit seltener Konsequenz hat der Verfasser dieser Zeilen, hinter denen man den Schwebheimer Pfarrer Dr. Rotter vermuten darf, den Abbruch auch der Gaden als das Ergebnis einer seit den 1860er Jahren betriebenen Umgestaltung des Kirchplatzes beziehungsweise des Plans in Schwebheim dargestellt.

Nach Ablehnung der Abbruchpläne durch das BLfD schwenkte jedoch das Schweinfurter Landratsamt wieder auf die Linie des Staates ein. Mit nahezu den gleichen Worten, mit denen man vorher den Abbruch beantragt hatte, forderte das Landratsamt am 21. Dezember 1956 ultimativ bis zum 1. Mai 1957, dass „im Interesse einer öffentlichen Sicherheit und des Verkehrs [...] von den Eigentümern verlangt werden [muss], daß die Gaden baldmöglichst gründlich instandgesetzt werden."[80] Bereits am 28. Dezember 1956 fand in Schwebheim eine Aussprache mit den fünf Eigentümern der Gaden mit dem Ziel statt, diese kostenlos der Gemeinde zu übereignen. Die Vorverträge wurden bereits Anfang 1957 unterschrieben. Die notarielle Übereignung der Gaden aber wurde erst am 4. April 1957 – nach dem Abbruch – verbrieft.[81]

Am 7. März 1957 versuchten Regierungsbaudirektor Wiesinger und der Bezirksheimatpfleger bei einem Ortstermin „die Gemeinde dazu zu bewegen, dass wenigstens die ersten beiden Gaden von Osten her erhalten würden. [...] Alle Bemühungen scheiterten aber am Unverständnis des 1. und 2. Bürgermeisters, des Pfarrers und des Lehrers. Nach dem Willen des Pfarrers sollte gar nichts mehr gebaut werden, damit die Kirche schön frei steht (!), der Bürgermeister will ‚modern' sein und fürchtet den Spott über den ‚zwecklosen' ruinösen Gaden. Vergeblich wurde ihnen erklärt, daß ihre Modernität von vorgestern sei und daß viele Orte ihre abgebrochenen Tore und Türme heute gerne wieder hätten. Der Gesamteindruck ist der, daß mit einer auch nur teilweisen Erhaltung der Gaden nicht zu rechnen sein wird. Die negative Einstellung der Verantwortlichen ist zu offenkundig und nicht zu beeinflussen."[82]

Zwei Tage später wurde tabula rasa gemacht. Den Erinnerungen des Altbürgermeisters Fritz Roßteuscher zufolge rückten am Samstag, den 9. März 1957, „zahlreiche Schwebheimer mit Werkzeugen, Seilen und Fuhrwerken an und rissen die noch stehenden baufälligen Gaden ein. Auf diese Weise schufen sie Tatsachen, alle offiziellen Auflagen ignorierend."[83] Rotter notierte sich dieses Ereignis in seine Pfarrbeschreibung. Darunter klebte er eine Zeitungsnotiz, wonach die Steigerwaldgemeinde Falsbrunn ohne behördliche Genehmigung ihre den Verkehr in der Ortsmitte behindernde Kirche ebenfalls abgebrochen habe. In dem Augenblick, als die Polizei eintraf,

---

[80] Gemeindearchiv Schwebheim, Sign. IV 3/16.

[81] Gemeindearchiv Schwebheim, Sign. unbekannt (nach einer Abschrift von Herrn Richard Ludwig).

[82] Ortsakte (wie Anm. 32), 8.3.1957. Am Ende dieses Briefes machte Wiesinger noch auf ein weiteres Detail aufmerksam, das in der ganzen Diskussion um die Schwebheimer Kirche(n) aus denkmalpflegerischer Sicht bisher nie beachtet wurde: „Die inzwischen vorgenommene Tünchung des gesamten Kirchenbaues – alt und neu – ist im übrigen südbayerisch (weiß gekalkt). Franken kennt diese Farbe bei Kirchen nicht." Welche Farbfassung hatte die alte Kirche nun tatsächlich? M.W. gibt es dazu keine qualifizierten Untersuchungen.

[83] Frdl. Mitteilung von Herrn Richard Ludwig.

Schwebheim, Ensemble von Auferstehungskirche und ehemaliger Pfarrkirche von 1576 von Westen, nach 1957 (Aufnahme im Gemeindearchiv Schwebheim).

stürzte dort der letzte noch stehende Teil dieser Kirche zusammen.[84] In Schwebheim freilich weiß man nichts davon, dass die Polizei wegen des Abbruchs der allgemein als baufällig angesehenen Gaden ausgerückt sei.

Das BLfD hatte inzwischen offenbar resigniert. Am 19. Dezember 1956 hatte Ministerialdirektor Dr. Bachl vom Kultusministerium um Stellungnahme zu einem grundsätzlich positiven Gutachten der Obersten Baubehörde gebeten.[85] Am 23. Februar 1957 mahnte Ministerialrat Wallenreiter die noch immer fehlende Stellungnahme an.[86] Am 11. März 1957 warb Torsten Gebhard in seinem Antwortschreiben noch einmal für die Anliegen seines Amtes. Er stellte eingangs fest, dass sich die Ablehnung „nicht gegen die formalen Qualitäten des Projektes Gulbransson [richteten], der auch uns als guter Architekt bekannt ist. Unsere Bedenken betrafen vielmehr die Einordnung dieses Neubaues in die vorher bestandene Situation innerhalb des Dorfplatzes mit dem durch Kirche, Spitälchen und Restgaden bestimmten und kulturhistorisch bedeutsamen Tanzplan. […] Die bestimmenden Merkmale der alten Anordnung im alten Dorfbild waren die klare und beherrschende Richtung der Kirche mit Turm, der erhalten blieb, und die maßstabbildenden Nebenbauten, die einen intimen Hof umschlos-

---

[84] Pfarrbeschreibung (wie Anm. 37), Nr. 60, S. 37.
[85] Ortsakte (wie Anm. 32), 19.12.1957.
[86] Ortsakte (wie Anm. 32), 23.2.1957.

sen, auf welchem bei Durchführung des Tanzfestes Tische und Bänke aufgestellt waren […] Leider ist heute von dieser alten Situation so gut wie nichts noch übrig, das wenig Vorhandene scheint der Berücksichtigung nicht mehr wert." Mit geradezu prophetischen Worten schloss Gebhard: „Deshalb werden bei nachträglichen Ortsbesichtigungen dem Teilnehmer, der den alten Bestand nicht kannte, die vorher bestandenen Beziehungen vorenthalten bleiben. Er wird unsern Einspruch nicht begreifen. Aus diesem Grunde wird man die Angelegenheit auf sich beruhen lassen müssen."[87]

Anders als Pfarrer Dr. Rotter war der Architekt Olaf Andreas Gulbransson von Beginn an stets bemüht gewesen, sein Bauwerk in das Ensemble einzufügen. In einem frühen Stadium seiner Planungen äußerte er sich am 18. September 1955 dazu eindeutig: „[…] die Aufgabe in Schwebheim gehört – wenn man sie nicht oberflächlich oder überheblich lösen will – zu den ganz schweren. Der Wert des Bestehenden diktiert hier weitgehend die Planungsarbeit."[88] Jahre später hat Gulbransson erneut zum Abbruch der Schwebheimer Gaden Stellung bezogen und, seine frühere Äußerung bestätigend, darauf hingewiesen, dass er in seiner Planung bezüglich „der äußeren Erscheinung […] den alten Bestand als Schwerpunkt belassen [wollte …], besonders auch, da dieser unter Denkmalschutz stand und der Architekt es als seine Verpflichtung ansah, ihn soweit als irgendmöglich zu erhalten."[89] Gulbransson jedenfalls scheint das Fehlen der Gaden tatsächlich als Mangel verstanden zu haben und er versuchte wenigstens im Hinblick auf die Gesamterscheinung nachträgliche Korrekturen anzubringen. In einer Planskizze für die Umgebung des neuen Kirchenensembles vom 26. März 1957 schlug er wenige Wochen nach dem Abbruch genau an der Stelle der abgerissenen Gaden die Errichtung eines Musikpavillons vor, der allerdings nie realisiert wurde.[90]

Zieht man ein Fazit, dann wird man zunächst feststellen müssen, dass seit den 1860er Jahren die Verantwortlichen in der Gemeinde Schwebheim und im Bezirksamt beziehungsweise Landratsamt Schweinfurt unisono die Auffassung vertraten, dass eine „Verschönerung des Kirchplatzes" nur durch den Abbruch der als ruinös empfundenen Nebengebäude wie des Alten Spitals oder der Gaden zu erreichen war. Nur so war es möglich, „die Würde des Platzes zu heben" und die „Kirche besser zur Geltung kommen zu lassen". Städtebauliche Zusammenhänge oder historisch gewachsene Ensembles spielten bei dieser Einschätzung bis in die Mitte des 20. Jahrhunderts keine Rolle, wichtig war die Kirche als Solitär. Das BLfD reklamierte in seinen Stellungnahmen zum geplanten Kirchenbau ab 1954 den „kunsthistorischen Wert" der Kirche sowie ihrer Ausstattung *und* bezog in seine Überlegungen auch die Umgebung mit dem Altem Spital sowie den Restgaden mit ein. Trotzdem ließ es das Amt zu, dass in einer ersten Planung das Langhaus und das Alte Spital einem architektonisch schlichten Erweiterungsbau der Kirche geopfert werden sollten. Erst durch die Intervention des Landeskirchenrates kam mit Olaf Andreas Gulbransson ein Architekt ins Spiel, dem es in einem Geniestreich gelang, einen architektonisch anspruchsvollen, auf der

---

[87] Ortsakte (wie Anm. 32), 11.3.1957.
[88] Bauakte (wie Anm. 22), 18.9.1955.
[89] Gulbransson, Gedanken, S. 27–33, bes. S. 27. In gleichem Sinne äußert sich auch Herr Dipl. Ing. (FH) Karl H. Schwabenbauer, zur fraglichen Zeit Mitarbeiter im Architekturbüro Gulbranssons, in einem Schreiben vom Mai 2006 an Herrn Günther Birkle.
[90] Bauakte (wie Anm. 22), 26.3.1957.

Höhe der Zeit stehenden Neubau für die Auferstehungskirche zu erstellen *und* das Langhaus der Vorgängerkirche sowie Altes Spital und Gaden zu erhalten. Trotzdem wehrte sich das BLfD (aus verletztem Stolz?) mit nicht immer nachvollziehbaren Gründen vehement gegen diese Lösung, unterlag aber gegenüber der Allianz von Landeskirchenrat, Kultusministerium und Oberster Baubehörde. Diese Schwäche des BLfD nutzten die Verantwortlichen in Schwebheim geschickt unter Einsatz aller politischen Einflussmöglichkeiten und ließen in konsequenter Vollendung der seit dem 19. Jahrhundert gepflegten Anstrengungen das Alte Spital und die restlichen Gaden abbrechen. Olaf Andreas Gulbransson, dessen Planung eigentlich das vorhandene Ensemble bewahren wollte, blieb nur noch übrig, den Vorschlag zu machen, die entstandene Lücke im Ensemble architektonisch zu kaschieren; ohne Erfolg.

Inez Florschütz

Architektur zwischen Neuanfang und Rekonstruktion

Ein Streifzug durch die Fünfziger-Jahre-Architektur in Bayern[1]

Nierentische, Tütenlampen und Clubsessel finden schon seit geraumer Zeit wieder Einzug in unsere Wohnzimmer. Die Formen und Farben der Fifties erleben in der Mode sowie im Design eine Erneuerung. Cafés und Bars im „Wirtschaftswunderstil" erfreuen sich großer Beliebtheit. Ausstellungen präsentieren die diversen Kunstrichtungen der fünfziger Jahre, und das Design findet Eingang in Museen. In wissenschaftlichen Publikationen werden zunehmend alle Aspekte der Anfangsjahre der Bundesrepublik analysiert. In den letzten Jahren ist nun auch „die Fünfziger-Jahre-Architektur" zusehends ins allgemeine Bewusstsein gerückt und diskutiert worden. Ein wesentlicher Grund mag sein, dass sie immer mehr durch Abrisse aus unserem Stadtbild verschwindet oder durch Sanierungsmaßnahmen bis zur Unkenntlichkeit verändert wird.

Die fünfziger Jahre können jedoch nicht als einheitliche Epoche angesehen werden. Die Zeit war geprägt durch große Kontraste, die sich auch in der Architektur widerspiegeln. Der Wiederaufbau Westdeutschlands beziehungsweise Bayerns bewegt sich zwischen Extremen: einerseits ein radikaler Neuanfang in allen Lebensbereichen und andererseits eine Kontinuität. Zwischen den Begriffen Modernisierung und Restauration pendelt nicht nur die politische, sondern auch die architektonische Situation nach 1945.

Die unmittelbaren Jahre nach dem Krieg (1945–1949) waren von einem großen Mangel geprägt, der auch eine spezifische Architektur hervorbrachte wie Notkirchen (Notkirchenprogramm von Otto Barting)[2] und Einfachswohnungen. Wie sollte angesichts der riesigen Trümmerlandschaften Bayern wieder aufgebaut werden? Erste Neuorientierungen gaben Bauausstellungen, die die Frage stellten „Wie sollen wir bauen und wohnen?". Bereits 1949 wurde in Nürnberg in der unfertigen ehemaligen NS-Kongresshalle die „Deutsche Bauausstellung" veranstaltet, die erstmals nach 1945 die wesentlichen Entwicklungen der Architektur in den USA, Frankreich, England und der Schweiz vorstellte.

Ein brisantes Thema war der Wiederaufbau beziehungsweise Neubau der zerstörten Städte. Bei Kriegsende waren München, Nürnberg, Augsburg und Würzburg zwischen 50 und 80 Prozent zerstört. Über den Wiederaufbau herrschten die verschiedensten Vorstellungen. Von der Idee, die Ruinenstädte als Mahnmal liegen zu lassen und in unmittelbarer Nähe neue Städte zu errichten (so zum Beispiel München am Starnberger See oder Nürnberg südöstlich der Altstadt), über eine vollständige Rekonstruktion des Vorkriegszustandes bis zur radikalen Umstrukturierung durch Neubauten. Der

---

[1] Der Aufsatz basiert auf einem Forschungsprojekt, dessen Ergebnisse in dem Ausstellungskatalog „Architektur der Wunderkinder. Aufbruch und Verdrängung in Bayern 1945–1960", hg. von Winfried Nerdinger in Zusammenarbeit mit Inez Florschütz, München / Salzburg 2005, veröffentlicht worden sind.

[2] Notkirchen waren eine Kombination aus einer typisierten, industriell gefertigten transportablen Holzkonstruktion und nicht tragenden Wänden aus Trümmerziegeln, die in ein bis drei Wochen unter Mithilfe der Gemeinde errichtet werden konnten.

Wunsch nach einer umfassenden Neuordnung der Städte basierte auf den Prinzipien der Charta von Athen[3] sowie dem Leitbild einer gegliederten, aufgelockerten Stadt. Gegenüber dem Stadtumbau wurde insbesondere von den Bewohnern ein Festhalten an gewachsenen Stadtstrukturen, historischen Straßenbreiten, Bauhöhen und -fluchten gefordert. Aufgrund der wirtschaftlichen, politischen und gesellschaftlichen Entwicklungen setzte sich vielfach ein Mittelweg zwischen Wiederherstellung und Neubau durch, allerdings mit erheblichen Unterschieden in den einzelnen Bundesländern. In den drei bayerischen Großstädten München, Nürnberg und Augsburg kam es, nach anfänglichen äußerst kontrovers geführten Diskussionen, zu keinen radikalen Umbrüchen, sondern zumeist zu einem an lokalen Strukturen und an Verkehr, Komfort und moderner Architektur orientierten und angepassten Wiederaufbau.

Aufbruch in eine neue Gesellschaft

Als einer der ersten Einflussgeber auf den Wiederaufbau beziehungsweise auf die Architektur der fünfziger Jahre können die Amerikaner gelten: Die unmittelbar nach dem Zweiten Weltkrieg gegründeten „Amerika-Häuser" waren wesentlicher Bestandteil der amerikanischen Besatzungspolitik in Westdeutschland, die unter dem Begriff „Re-education"[4] zusammengefasst wird. Eine geistig-kulturelle Anbindung an die USA sollte die politische und kulturelle Umerziehung, die Demokratisierung der Deutschen sowie die Westintegration Deutschlands bewirken. Den Amerika-Häusern fiel „die Rolle eines kulturellen Botschafters der USA in Deutschland zu. Zugleich waren sie ein sinnlich erfahrbarer Ort, an dem man mit den USA in Kontakt treten konnte."[5] Die Amerika-Häuser in München, Nürnberg und Hof waren in gemäßigt moderner Form ein Zeichen des demokratischen Neuanfangs und dienten auch durch ihre Architektur als erziehende Einrichtung.

Mit der Stationierung amerikanischer Militäreinheiten wurde als eine Facette des „American Way of Life" auch eine typisch amerikanische Architektur wie auch Lebens- und Wohnart nach Westdeutschland transportiert. Zwischen 1950 und 1957 entstanden in Bayern circa 12.500 Wohnungseinheiten der US-Streitkräfte.[6] Als „Städte in den Städten" mit infrastrukturellen Einrichtungen wie Schulen (Abb. 1), Kirchen,

---

[3] Die Charta von Athen wurde auf dem IV. Kongress der CIAM, der sich unter dem Thema *Die funktionale Stadt* der modernen Stadtentwicklungen gewidmet hatte, 1933 in Athen verabschiedet. Unter der Federführung von Le Corbusier entwickelt, waren deren wesentliche Punkte eine Entflechtung städtischer Funktionsbereiche wie die Schaffung von getrennten Wohn- und Arbeitsumfeldern.

[4] Vgl. Maritta Hein-Kremer, Die amerikanische Kulturoffensive. Gründung und Entwicklung der amerikanischen Informations Centers in Westdeutschland und West-Berlin, 1945–1955, Köln 1996; Markus Mößlang, U.S. Informationszentren in Bayern. Die Gründungsgeschichte der Amerika-Häuser im Kontext der amerikanischen Umerziehungs- und auswärtigen Kulturpolitik, unveröffentlichte Magisterarbeit München 1995; Ernst-Karl Bungenstab, Entstehungs-, Bedeutungs- und Funktionswandel der Amerika-Häuser. Ein Beitrag zur Geschichte der amerikanischen Auslandsinformation nach dem 2. Weltkrieg, in: JbfAM 16, Heidelberg 1971, S. 189–203.

[5] Mößlang, Informationszentren (wie Anm. 4), S. 38.

[6] Vgl. Karte „Wohnungsbau der U.S. Army für amerikanische Familien in Deutschland, 1950–1957", in: Thomas Leurer, Die Stationierung amerikanischer Streitkräfte in Deutschland: Militärgemeinden der US-Army in Deutschland als ziviles Element der Stationierung der Vereinigten Staaten, Würzburg 1997, Anhang.

Karl Loibl (Gesamtplanung), Hans A. Endres, Immanuel Kroeker, Otto Roth und Carl Kergl: Amerikanische Schule, Treppenhaus, München 1955 (Abb. 1; alle Abbildungen (sofern nicht anders angegeben): Architekturmuseum der TU München).

Supermärkten und Kinos boten sie ihren Bewohnern die Atmosphäre eines „Little America". Neben München gab es in den Städten Augsburg, Fürth, Würzburg und Schweinfurt größere amerikanische Siedlungen.

Eine weitere amerikanische Hilfsmaßnahme für den Wiederaufbau waren die ECA-Siedlungen[7] im Rahmen des Marshallplan-Wohnraumprogramms. Von 1951 bis 1953 wurde in 15 Städten Westdeutschlands, darunter in den bayerischen Städten Kaufbeuren, München und Nürnberg jeweils auf einem Baugelände die Errichtung zwischen 200 bis 300 Wohnungen finanziert.[8]

Von der Bescheidenheit zum neuen Komfort

In den unmittelbaren Nachkriegsjahren herrschte eine besonders große Wohnungsnot, so auch in Bayern, wo teilweise mehr als die Hälfte der Wohnungen durch Bom-

---

[7] ECA = Economic Cooperation Adminstration = Organisation für wirtschaftliche Zusammenarbeit.
[8] Hermann Wandersleb (Hg.), Neuer Wohnbau, Bd. 1, Bauplanung. Bericht über die ECA-Siedlungen in Kaufbeuren, Nürnberg und München, Ravensburg 1952.

ben getroffen worden waren. Nach 1945 forderten besonders die Kommunen zur gesetzlichen Regulierung des Bauens und zur leichteren Enteignung von Grundstücken für Eingriffe in bestehende Besitzstrukturen eigene Aufbaugesetze, die auch bis zur Währungsreform fast überall in Deutschland verabschiedet wurden. In Bayern kam es jedoch zu keinem Gesetz, obwohl sich München, Nürnberg, Augsburg und Würzburg sowie die Architektenverbände massiv dafür einsetzten. Sowohl die amerikanische Militärregierung als auch die bayerische Regierung lehnten ein Enteignungsgesetz ab, das radikale Veränderungen der Städte ermöglicht hätte. Dies ist einer der entscheidenden Gründe für den „gemäßigten" Wiederaufbau in Bayern, denn die alten Grundstücksgrenzen und Besitzverhältnisse konnten nur in sehr langwierigen Umlegungsverfahren verändert werden.[9]

In Bayern wurden zwischen 1946 und 1956 an die 600.000 neue Wohnungen geschaffen. Etwa die Hälfte der fertiggestellten Wohnungen entsprach in den fünfziger Jahren den Vorgaben des sozialen Wohnungsbaus. Die Normen des sozialen Wohnungsbaus vom Anfang der fünfziger Jahre gestatteten, entsprechend dem Mangel an Geld und Material, nur sehr bescheidene Wohnungsgrößen.[10] Mit der zunehmenden Konsolidierung der Wirtschaft stiegen kontinuierlich die Wohnungsgrößen auch im sozialen Wohnungsbau. Es wurden großzügige, aufgelockerte und durchgrünte „Parkstadtsiedlungen" am Stadtrand möglich. Typische Siedlungen in diesem Stil waren in München die Siemenssiedlung Obersendling von Emil Freymuth, 1952 bis 1955 errichtet, wie auch die Parkstadt Bogenhausen (1954 bis 1957) von Franz Ruf und Johannes Ludwig (Abb. 2). Diese Siedlung, ausgestattet mit Ladenzentrum, Restaurant, Kindergarten, Schulen sowie Kirchen, umfasste über 2.000 Wohnungen mit Größen zwischen 26 bis 80 qm. Die gesamte Anlage wurde durch eine Hauptstraße, die sich mit einem großen Schwung durch die Parkstadt zog, erschlossen. Ein wesentliches Kennzeichen dieser Siedlungen war die großzügige und durchgrünte Anordnung der Bauten, die ein Wohnen fast wie im Park ermöglichte. Weitere nennenswerte Siedlungen in Bayern waren die Parkwohnanlage Nürnberg-Zollhaus wie die Wohnheimsiedlung Fürth-Hardhöhe, die ab 1954 in aufgelockerter, fast kreisrunder Bebauung mit 3.000 Wohnungen entstand.

Parallel zu dieser Entwicklung zielten die 1956 initiierten Demonstrativbauvorhaben der Bundesregierung – in Bayern in Amberg, Coburg, Kulmbach, Nürnberg und Würzburg – auf eine Steigerung der Bauproduktion durch Rationalisierung, weshalb Siedlungen mindestens 300 Wohneinheiten umfassen sollten, bei gleichzeitiger Erhöhung des Ausstattungsstandards. Die bescheidenen Bau- und Wohnformen vom Anfang der fünfziger Jahre wandelten sich somit allmählich im Laufe des Jahrzehnts.

---

[9] Vgl. Klaus von Beyme, Wohnen und Politik, in: Ingeborg Flagge (Hg.), Geschichte des Wohnens, Bd. 5: 1945 bis heute. Aufbau – Neubau – Umbau, Stuttgart 1999, S. 81–152.

[10] Georg Reinhardt / Michael Schneider / Albrecht Bufler, Sozialer Wohnungsbau im Lande Bayern, München 1957; Rainer G. Bachmann (Hg.), Die Leistungen im sozialen Wohnungsbau im Regierungsbezirk Oberbayern 1948–1954, in: Schrift, Zahl und Bild, München 1955.

Franz Ruf, Johannes Ludwig, Leonhard Schacht, Hans Knapp-Schachleitner und Matthä Schmölz: Parkstadt Bogenhausen, München 1958 (Abb. 2).

Bauten für Jugend und Erziehung

Neben der Bekämpfung des akuten Wohnraummangels war nach 1945 die Errichtung von Kindergärten, Schulbauten, Akademien bis hin zu Heimen für die Erziehung der Jugend eine der dringenden Aufgaben. Eines der großen Zielsetzungen von engagierten Architekten und Pädagogen war es, somit auch über die Architektur den „neuen Geist der Demokratie" zu vermitteln.[11] Bei dieser Bauaufgabe ging es nicht nur um formale Elemente, sondern um eine in „Architektur gefasste demokratische Pädagogik".[12] Der Wunsch nach einem Neuanfang und dem Begründen einer demokratischen Gesellschaft brachte eine bescheidene, sich an den Ideen des „Neuen Bauens" orientierende Architektur hervor, die auch als Abgrenzung zu den Bauten aus der NS-Zeit zu sehen ist. Ein herausragendes Beispiel dafür ist das Arbeiter- und Studentenheim am Maßmannplatz in München, das bereits 1948 unter Mithilfe der späteren Bewohner von einer jungen Architektengruppe um Werner Wirsing und dem Bayerischen Jugendsozialwerk errichtet worden ist (Abb. 3). Hier wurde Jungarbeitern und Studenten in den Zeiten äußerst knappen Wohnraums eine Unterkunft angeboten.

Werner Wirsing (Gesamtplanung), Erik Braun, Wolfgang Fuchs, Herbert Groethuysen, Gordon Ludwig und Jakob Semler: Wohnheimsiedlung für Jungarbeiter und Studenten, München um 1956 (Abb. 3).

---

[11] Erika Brödner / Immanuel Kroeker, Moderne Schulen, München 1951, S. 7.
[12] Oskar Splett / Werner Wirsing, Jugendbauten unserer Zeit, München 1953, S. 105.

Das Bayerische Jugendsozialwerk, ein Zusammenschluss freier Wohlfahrtsverbände, leistete somit nicht nur exemplarische Arbeit für die Entwicklung einer freien Jugend, sondern auch für die Durchsetzung der modernen Architektur. Im späteren Baubüro des Jugendsozialwerks arbeiteten junge Architekten an der Planung und Errichtung von etlichen Jugendheimen in ganz Bayern. Außerdem wurde im Auftrag der Obersten Baubehörde die Beratung und Begutachtung von 300 bis 400 Jugendheimen durchgeführt.

Die Neue Leichtigkeit

Die repräsentative Architektur der NS-Zeit war durch schwere, massive Materialien und symmetrisch angelegte monumentale Bauten gekennzeichnet, die den Eindruck ewiger Haltbarkeit und Dauer hervorrufen sollten. Genau gegen diese Charakteristika der NS-Architektur richteten sich nach 1945 diejenigen Architekten, die mit leichten transparenten Bauten und modernen Materialien wie Stahl, Glas und Beton den Aufbruch in eine neue Zeit auch architektonisch ausdrücken wollten.[13] Nach dem Kult um Bodenständigkeit und Heimat in der NS-Zeit sollte das neue „demokratische" Bauen und Wohnen leicht und beweglich sein, die Deutschen sollten sich buchstäblich vom Boden lösen und dadurch zu Weltbürgern werden. Die Neue Leichtigkeit im Bauen der fünfziger Jahre mit aufgeständerten Gebäuden, Flugdächern, transparenten Fassaden und minimierten Baudetails ist somit auch Ausdruck einer neuen weltoffenen Haltung.

Einer der Hauptvertreter dieser Richtung und ein wirklicher Meister seines Faches war Sep Ruf. Zu seinen Glanzleistungen in Bayern zählen die ab 1952 errichtete Akademie der Bildenden Künste in Nürnberg (Abb. 4), sowie seine Wohn- und Geschäftshäuser in München (Theresien- / Ecke Türkenstraße und Franz-Joseph-Straße / Ecke Habsburgerplatz) wie in Nürnberg (Hirschelgasse). Ruf war später für die Errichtung des Kanzlerbungalows sowie für den Deutschen Pavillon auf der Brüsseler Weltausstellung 1958 (mit-)verantwortlich. Ein weiteres Zeichen, dass die Moderne wie aber auch der amerikanische Lebensstil in Bayern Einzug hielt, war der Bau von zwei Motels. Das eine bei Leipheim an der Autobahnstrecke München-Stuttgart, das andere bei Rohrbrunn an der Würzburg-Frankfurter Strecke. Der junge Münchner Architekt Hans Maurer, bei dessen Bauten aus den fünfziger Jahren stark der Einfluss Mies van der Rohes zu spüren ist, setzte ebenfalls mit seinen Bungalows in München und Mindelheim wie mit dem Belegschaftshaus der Wacker-Chemie in Burghausen Maßstäbe für das „Bauen der Neuen Leichtigkeit".

„Swinging Fifties"

Die Begeisterung für geschwungene, gekurvte oder bewegte Formen in den fünfziger Jahren muss auch vor dem Hintergrund der schweren, starren Monumentalarchi-

---

[13] Vgl. Hans Scharoun, Struktur in Raum und Zeit, in: Reinhard Jaspert (Hg.), Handbuch moderner Architektur, Berlin 1957.

Sep Ruf: Akademie der Bildenden Künste, Nürnberg um 1956 (Abb. 4).

tektur der NS-Zeit gesehen werden. Wer sich Achsen und Symmetrie bediente, stellte sich automatisch in die Kontinuität zur NS-Zeit, während umgekehrt geschwungene Linien und gebrochene Achsen sowie „organische" Formen geradezu zum Symbol der neuen Zeit wurden. Die geschwungene Form vermittelte das Lebensgefühl des Swing, der Unbeschwertheit und Leichtigkeit, aber auch der Individualität und Menschlichkeit und repräsentierte somit Lebensformen, die während der NS-Zeit unterdrückt worden waren. Während jedoch beim Design von Vespa über Nierentisch bis zum Aschenbecher Schwünge relativ leicht herzustellen waren, bedeutete eine geschwungene Form in der Architektur immer einen konstruktiven und damit auch finanziellen Mehraufwand. Aus diesem Grund konzentrierten sich die geschwungenen Architekturformen häufig auf leichte Flug- und Vordächer, Balkone oder Treppenanlagen.[14]

Jedoch lassen sich auch in Bayern einige typische Bauten dieser Architekturrichtung finden. Eines der markantesten ist die evang.-luth. St. Matthäus Kirche am Sendlinger Tor Platz in München (Abb. 5). Sie wurde von 1953 bis 1955 durch Gustav Gsaenger in einer fließenden Form errichtet. Der Schwung des Platzes und die Ziegelfarbe des gegenüberliegenden mittelalterlichen Stadttores wurden bei dem circa 1.500 Personen fassenden Kirchenraum aufgenommen. Konvexe und konkave Formen mo-

---

[14] Vgl. Claude Lichtenstein / Franz Engler (Hg.), Stromlinienform. Streamline Aérodynamisme Aerodinamismo, Zürich 1992; Vital Forms. American Art and Design in the Atomic Age, 1940–1960, New York 2003.

Gustav Gsaenger: Evangelisch-Lutherische Kirche St. Matthäus, München, Entwurf 1952 (Abb. 5).

dellieren die gesamte Anlage und ergeben einen rhythmisch schwingenden Baukörper. Ein weiteres und bis heute gut erhaltenes Exempel für die „Swinging Fifties"-Architektur ist das Terrassen-Freischwimmbad in Bad Kissingen, dessen Mittelpunkt ein zweigeschossiges, rundes Café mit ausladenden Terrassen bildet, von denen man den gesamten Badebetrieb beobachten kann wie auch einen weiten Ausblick in das Rhöntal hat. Als erstes Schwimmbad-Ensemble der Nachkriegszeit steht es seit 1994 unter Denkmalschutz. Auch bei Kinobauten wurde diese Architekturrichtung besonders gerne eingesetzt. Herausragende Beispiele in Bayern waren dafür die Regina-Filmpaläste in Kaufbeuren und Memmingen (Abb. 6), wie auch der Atlantik-Palast in Nürnberg und die bis heute in sehr gutem Zustand erhaltene Theatiner Filmkunst in München.

Rasterbau zwischen Monotonie und Eleganz

Je mehr sich im Zuge des Wirtschaftswunders jedoch ökonomische Planung und zweckrationale Gestaltung durchsetzten, umso mehr wurde die swingende Leichtigkeit aus der Architektur verdrängt. Durch den ungeheuren Bedarf an Neubauten wie auch durch wachsende Normierung im Bauen veränderte sich gerade in diesem Jahr-

Gustav und Robert Reuter: Regina-Filmpalast, Memmingen 1955 (Abb. 6).

zehnt die Architektur gravierend: von einfachen handwerklich hergestellten Bauten mit traditionellen Materialien hin zu den „Rasterbauten", deren Fassaden nach einem geometrischen Schema additiv aus wenigen Elementen aufgebaut waren. Zumeist basierte der Raster auf den konstruktiven Maßen und Abständen von Stützen und Decken der Stahl- oder Stahlbetonkonstruktionen. Die Fassade demonstriert somit über den Raster eine strikt rationale und ökonomische Planung des Gebäudes. Dieses Entwurfsprinzip war zwar schon in den zwanziger Jahren entwickelt und in den dreißiger / vierziger Jahren in den USA, England, Frankreich oder in der Schweiz weitergeführt worden, und auch in Deutschland hatte Ernst Neufert in der NS-Zeit umfangreiche Untersuchungen zum Raster vorgelegt (Bauentwurfslehre 1936, Bauordnungslehre 1941), aber erst die quantitative Dimension des Wiederaufbaus verhalf dem Rasterbau in allen westlichen Ländern bei nahezu allen Bauaufgaben zum Durchbruch.[15]

Schon bald kamen jedoch Klagen über die „Rasteritis", über die anonymen, völlig ahistorischen Gebäude, mit denen Städte und Siedlungen ihren spezifischen Charakter verloren. Um so bedeutsamer sind die Beispiele, bei denen die Rasterbauten ein archi-

---

[15] Vgl. Winfried Nerdinger, Materialästhetik und Rasterbauweise. Zum Charakter der Architektur der 50er Jahre, in: Architektur und Städtebau der 50er Jahre (Schriftenreihe des Nationalkomitees für Denkmalschutz), Bonn 1990, S. 38–49.

Hans Maurer und Eduard von der Lippe: Verwaltungsgebäude der Siemens AG, München um 1958 (Abb. 7).

tektonisches oder städtebauliches Zeichen setzten. Häufig waren diese im Inneren verbunden mit geschwungenen Treppenanlagen oder zeigten eine künstlerische Ausstattung der Wände mit Mosaiken oder Fresken, die auch als Kontrast zum strengen Äußeren bewusst eingesetzt worden sind. Gerade die Konsolidierung der Wirtschaft drückte sich in zahlreichen anonymen Rasterbauten aus. Versicherungen, Banken und Firmen wie die Allianz oder Siemens errichteten sich dem Stil der Zeit entsprechend ihre repräsentativen Häuser in Form von Rasterbauten. In München waren das die neue Siemensverwaltung am Oskar-von-Miller-Ring von Hans Maurer und Eduard von der Lippe in Form eines Rasterbaus mit einen nach Innen schwingenden Dach (Abb. 7). Das sechsgeschossige Gebäude über einem quadratischen Grundriss umschließt einen 25 mal 25 Meter großen Innenhof und wurde für die Münchner Nachkriegsmoderne richtungsweisend. In Nürnberg plante Wilhelm Schlegtendal 1953 das damals mit 56 Meter höchste Hochhaus in ganz Bayern für die Stadtwerke als städtebauliche Dominante am Plärrer im Form eines Rasterbaus. Das Justizgebäude Neue Maxburg in München am Lenbachplatz errichteten Theo Pabst und Sep Ruf in Form eines Rasterbaus mit einem offenen Passagensystem mit Mischnutzung (Cafés, Läden und Büros) auf dem Ruinengrundstück. Dabei wurde der alte Maxburg-Turm freigestellt und saniert, seine Gliederung und die Proportion der Wandfelder von der neungeschossigen Fassade an der Pacellistraße übernommen.

Anknüpfung an der Geschichte

Seit Anfang 1944 waren auch bayerische Städte zum Ziel der Luftangriffe geworden. Schwere Schäden erlitten München und Nürnberg sowie die wichtigen Industriestandorte Augsburg und Schweinfurt, Würzburg wurde noch am 16. März 1945 bis zu 80 Prozent zerstört.

Angesichts der Zerstörungen äußerte zumindest ein Teil der Bevölkerung den Wunsch nach Wiederherstellung wenigstens der historisch bedeutendsten Bauten. Dagegen wurde der Vorwurf einer Geschichtsfälschung erhoben, der dadurch Brisanz erhielt, dass jede Rekonstruktion auf einem Bekenntnis zur Kontinuität von Geschichte basiert, das in Deutschland besonders problematisch war. Wer rekonstruierte, setzte sich dem Verdacht aus, er wolle mit der Wiederherstellung auch den Grund der Zerstörung, die Verbrechen des NS-Regimes, verdrängen oder beseitigen. Die Gesamtzahl der Rekonstruktionen ist dabei in Bayern wesentlich höher als in allen anderen Bundesländern. Grund dafür ist sicher nicht nur eine besondere Dichte von Baudenkmälern, sondern auch der schon bald formulierte politische Wille in bayerischen Ministerien und vielen Gemeinden, beim Wiederaufbau Modernisierung mit Traditionspflege zu verbinden. Beispielhaft zeigt sich das Festhalten überkommener Traditionen an der Rekonstruktion der Residenzen in Aschaffenburg, München und Würzburg, die, obwohl durch Säkularisation beziehungsweise Revolution ihrer Funktion als architektonischer Mittelpunkt des Staates beraubt, trotzdem immer noch als identifikationsstiftende Gebäude angesehen wurden. Diese Wiederherstellung der historischen (Stadt-)bilder der Vorkriegszeit wirkte auf große Teile der Bevölkerung gerade nach der Zeit des Dritten Reiches verbindend. Allerdings ist den nachwachsenden Generationen immer weniger bekannt, dass sie in Städten leben, die zu einem großen Teil erst nach 1945 neu entstanden sind, und dass sie von einer großen Anzahl scheinbar „historischer" Bauten umgeben sind, die ganz oder zumindest teilweise rekonstruiert sind. Das romantische Rothenburg ob der Tauber wurde zu 40 Prozent zerstört und nach dem Krieg in seiner ursprünglichen Form wieder aufgebaut. Aber bis heute wird den zahlreichen ausländischen Touristen erzählt, dass Rothenburg in seinem ursprünglichen Zustand erhalten ist. Weitere Beispiele für weitgehende Rekonstruktionen in Bayern sind zum Beispiel die Fuggerei in Augsburg, die Kaiserburg wie das Heilig-Geist-Spital in Nürnberg oder das Falkenhaus in Würzburg (Abb. 8).[16]

Vereinfachter oder „schöpferischer" Wiederaufbau

Über das „Wie" des Wiederaufbaus bestanden 1945 keine konkreten Vorstellungen, und auch in der Folge gab es keine verbindlichen Richtlinien.[17] Jedoch lassen sich Grundmuster bei der relativ häufigen Form eines vereinfachten, nicht streng rekon-

---

[16] Vgl. Karlheinz Hemmeter, Bayerische Baudenkmäler im Zweiten Weltkrieg. Verluste – Schäden – Wiederaufbau (Arbeitsheft des Bayerischen Landesamtes für Denkmalpflege 77), München 1995; Hartwig Besler / Niels Gutschow, Kriegsschicksale Deutscher Architektur. Verluste – Schäden – Wiederaufbau. Eine Dokumentation für das Gebiet der Bundesrepublik Deutschland, 2 Bde., Neumünster 1988.

[17] Vgl. Wolfgang Pehnt, Umgang mit Ruinen. Kulturbauten in der deutschen Nachkriegsarchitektur, in: Hugo Borger / Ekkehard Mai / Stephan Waetzoldt (Hg.), '45 und die Folgen; Werner Durth / Niels Gutschow,

Städtisches Hochbauamt: Rekonstruktion des Falkenhauses, Würzburg um 1953 (Abb. 8; Bay. Landesamt für Denkmalpflege).

struierenden Wiederaufbaus erkennen. Straßenzüge und Plätze, die wiederhergestellt wurden, wie die Reichsstraße Donauwörth oder der Wiederaufbau der Altstadt von Gemünden am Main, erhielten vereinfachte oder veränderte Fassaden. Vielfach beschränkten sich Rekonstruktionen auf den Außenbau, das Innere wurde oft zeitgenössischen Funktionen und Vorstellungen angepasst. Diese Trennung zwischen Innen und Außen findet sich besonders bei fürstlichen Residenzen und Sakralbauten. Puristischer oder „bereinigter" Wiederaufbau basierte häufig auch darauf, dass nach dem weitgehenden Verlust der Innenausstattung die „reine" Raumform, die zuvor in dieser Klarheit nicht ablesbar gewesen war, eine gewisse Faszination ausübte. Im romanischen Dom von Würzburg wurde auf die barocke Stuckierung verzichtet, in der Glyptothek in München auf die Ausmalung von Peter Cornelius.

Nur wenige Beispiele in Form der „schöpferischen Denkmalpflege" ließen die Spuren des Krieges als sichtbares Beispiel stehen. Eines der prominentesten ist die Alte Pinakothek in München, bei der Hans Döllgast die Fassade nicht in ihrer ursprünglichen Form wiederherstellte, sondern den Bombentrichter – also die Narbe, die der Krieg hinterließ – als sichtbares Zeichen gestaltete. In ähnlicher Weise verfuhr

---

Träume in Trümmern. Planungen zum Wiederaufbau zerstörter Städte im Westen Deutschlands 1940–1950, 2 Bde., Braunschweig / Wiesbaden 1988.

man mit dem Siegestor oder St. Bonifaz in München, der evang.-luth. St. Johanniskirche in Würzburg oder auch mit dem Goldenen Saal im Augsburger Rathaus, der von 1960 bis 1962 in vereinfachter, purifizierender Form wiederhergestellt worden ist. Eine vollständige Rekonstruktion der Innenausstattung des Goldenen Saals erfolgte dann aber ab den achtziger Jahren (Fertigstellung 1996).

Zwischen Anpassung und Kontrast

Unter den Vertretern des modernen Bauens galt die besonders in Bayern häufig zu findende „Anpassungsarchitektur" als Zeichen für eine rückwärts gewandte und deshalb moralisch verwerfliche Haltung. Durch einen bewussten Kontrast zum überkommenen Bestand glaubten viele Architekten, ein besonderes Zeichen für den Neuanfang setzen zu können. Diese im zeitgenössischen Sprachgebrauch als „ehrlich" bezeichnete Haltung geschah dagegen häufig mit der weiteren Beseitigung von Denkmalresten. In vielen Fällen ging es allerdings gar nicht darum, den Aufbruch in eine neue Zeit auch architektonisch zu zeigen, sondern es wurden einfach Neubauten errichtet, die ganz bewusst weder in Maßstab, Gliederung oder Material nicht die geringste Rücksicht auf historische Bauten in der Umgebung nahmen, sondern nur der Selbstdarstellung des Architekten oder Bauherrn dienten. Zu nennen wären hier die Bebauung direkt am Augsburger Rathaus, die gegenüberliegende Bebauung des Münchner Rathauses und der Kaufhausneubau für Hertie beim ehemaligen Zeughaus in Nürnberg. Jedoch kann man auch Beispiele für einen gekonnten Umgang zwischen Alt und Neu finden. So der Bau der Staatsbank in Nürnberg, die in der historischen Umgebung der Lorenzkirche zu einem überzeugenden Beispiel geworden ist. Eine weitere Variante war die bewusste Konfrontation zwischen Alt und Neu, aus der ein memorialer Charakter geschaffen wurde. Dies gelang auf beeindruckende Weise Fritz und Walter Mayer mit dem Pellerhaus in Nürnberg.

Monumentale Kontinuität

Auf der anderen Seite findet sich auch in den Jahren nach 1945 eine Architektur, die den Merkmalen des in der NS-Architektur gepflegten und geschätzten monumentalen Klassizismus verpflichtet war. Bauten, die diesen Charakter der repräsentativen NS-Architektur fortführten, waren der Herkulessaal in der Münchner Residenz, der mit scharfkantigen Stahlbetonpfeilern und einer kassettierten Stahlbetondecke an die Formensprache eines monumentalisierten Neoklassizismus, wie er gerne bei Repräsentationsräumen für NS-Bauten verwendet wurde, erinnert. Ebenso die Innenräume der Bayerischen Akademie der Wissenschaften, deren massiv schwerfällige Ausstattung, die besonders im Sitzungssaal monumental-klassizistische Züge aufweist, als eine direkte Fortführung des Repräsentationsstils der NS-Zeit angesehen werden kann. Auch bei Neubauten für Bahnhöfe finden sich Beispiele derartiger Kontinuitäten. Die monumentale Pfeilerhalle des Starnberger Flügelbahnhofs (Abb. 9) mit seiner scharfkantigen, reduzierten Formensprache entspricht dem vergröberten Neoklassizismus aus der Zeit von 1933 bis 1945 wie auch der Bahnhof in Landshut.

Heinrich Gerbel: Starnberger Flügelbahnhof, München um 1950 (Abb. 9).

Konservative Kontinuität

Im Laufe der fünfziger Jahre traten diese Beispiele mehr und mehr zurück. Der monumentale Ausdruck verschwand jedoch keineswegs, sondern verlagerte sich vom Neoklassizismus zu einer Monumentalarchitektur, die dem anonymen Machtanspruch von Konzernen oder Verwaltungen zu korrespondieren scheint.

In den zwanziger Jahren bildete sich in Stuttgart als Gegenposition zur modernen Architektur ein Zentrum konservativen Bauens. Die „Stuttgarter Schule" und deren Repräsentanten Paul Bonatz und Paul Schmitthenner vertraten eine Architektur, die auf handwerklichen Fähigkeiten sowie regionalen Traditionen und ortsüblichen Baumaterialien basierte. Nach dem Krieg konnte diese konservativ traditionelle Architekturrichtung wieder aufgegriffen werden, nicht zuletzt deshalb, weil sowohl bei repräsentativen Bauaufgaben als auch im Wohnungsbau häufig ein traditioneller Ausdruck von Bauherrn oder Bewohnern gewünscht wurde und da als Vorbild auf aktuelle traditionelle Architektur in demokratischen Ländern wie Dänemark, Schweden, aber auch England, verwiesen werden konnte.[18] Zudem unterstützten der Mangel an Stahl, Zement und Glas sowie die genügend vorhandenen Handwerkskräfte in den Anfangsjah-

---

[18] So vertrat Rudolf Pfister als leitender Redakteur der Architekturfachzeitschrift „Der Baumeister" in dieser einen anti-modernen, traditionsbewussten Wiederaufbau. Daneben wurden Architekturpublikationen aus der NS-Zeit in unveränderter Weise wieder aufgelegt, z. B. Guido Harbers Mustersammlung für konservative Eigenheime.

ren des Wiederaufbaus das konservativ geprägte Bauen. Erst mit der allmählichen Konsolidierung und Modernisierung der Bauwirtschaft und dem Vordringen internationaler Leitbilder, insbesondere aus den USA, wurde die konservative Architekturrichtung seit Mitte der fünfziger Jahre kontinuierlich zurückgedrängt. Bei der Frankona-Versicherung, die Paul Schmitthenner von 1956 bis 1957 in München errichtete, zeigt sich bis ins kleinste Detail, wie zum Beispiel bei den Treppengeländern, die Architektur als Baukunst. Die Gestaltung der Fassade erinnert an einen italienischen Renaissance-Palast. Die Architektur des C.H. Beck-Verlagsgebäudes in München, geplant von Roderich Fick, ist an die Architektur des späten 17. Jahrhunderts angelehnt und weckt die Erinnerung an ein italienisch geprägtes Landschloss aus der Zeit des bayerischen Barocks.

Skandinavien als Vorbild

Neoklassizistische Architektur, im Sinne einer Orientierung am Formenvokabular der klassischen Antike, zieht sich durch das gesamte 20. Jahrhundert. Während diesem Neoklassizismus in den meisten Ländern eine rückwärts gewandte konservative Architekturauffassung zugrunde lag, wurde in den skandinavischen Ländern schon frühzeitig versucht, die klassischen Formen für Aufgaben und Auffassungen der Gegenwart zu übernehmen. Nach dem Ende des Krieges suchten viele Architekten an diese adaptierte skandinavische Moderne anzuknüpfen, gleichzeitig griffen einige Vertreter einer konservativen Architektur, die den Wiederaufbau mit Bezügen zur Tradition und Geschichte verknüpfen wollten, auf „nordisch" klassizistische Vorbilder zurück.[19] Der Verweis auf die lange demokratische Staatsordnung dieser Länder sollte dabei helfen, den im Nationalsozialismus für monumentale Repräsentationszwecke missbrauchten Klassizismus wieder akzeptabel zu machen. Als ein Beispiel par excellence dieser Architekturrichtung der fünfziger Jahre kann die Allianz Generalverwaltung in München angesehen werden (Abb. 10). Der Architekt Josef Wiedemann stattete die große überkuppelte Halle, in der sich asymmetrisch eine Treppe in das erste Obergeschoss erhebt, äußerst aufwendig und kostspielig aus. Die Säulen sind mit weißem Nymphenburger Porzellan verkleidet, der Fußboden mit verschiedenfarbigen Natursteinen verlegt und die Terracottawände mit teils gegenständlichen, teils abstrakten Motiven gestaltet. In einer ähnlichen Art und Weise wurde dann einige Jahre später das Aschaffenburger Rathaus durch Diez Brandi errichtet.

Wie die Ausführungen über die „Architektur der fünfziger Jahre" in Bayern gezeigt haben, gibt es nicht die „Fünfziger-Jahre-Architektur", sondern eine Vielfalt an Richtungen. So wurden auf der einen Seite die durch Bombenhagel zerstörten historischen Bauten besonders in Bayern zu einer großen Anzahl wiederhergestellt, wenn auch in einer teilweise vereinfachten Form, und auf der anderen Seite unsere Stadtlandschaften durch die Anpassung an den seit Mitte der fünfziger Jahre stark anwachsenden Verkehr bis heute zusehends geprägt. Abschließend möchte ich bemerken, dass die

---

[19] Vgl. Hans Eckstein, Dieser unsterbliche Klassizismus. Eine verpaßte Chance, in: Die Neue Zeitung, 20.2.1952.

Auseinandersetzung mit der Architektur der Anfangsjahre der Republik beziehungsweise Bayerns auch aus dem Grund andauern sollte, weil die Städte in diesem Jahrzehnt die Gestalt angenommen haben, die sie zum größten Teil noch heute besitzen beziehungsweise von dieser Bauepoche stark geprägt sind.

Josef Wiedemann: Halle der Generaldirektion der Allianz Versicherungs-AG, München 1955 (Abb. 10).